MATHEMATIK eA
NEUE WEGE

Qualifikationsphase

erhöhtes Anforderungsniveau

Herausgegeben von
Henning Körner
Arno Lergenmüller
Günter Schmidt
Martin Zacharias

Schroedel
westermann

MATHEMATIK NEUE WEGE
Qualifikationsphase

erhöhtes Anforderungsniveau

Herausgegeben von:
Henning Körner, Arno Lergenmüller, Prof. Günter Schmidt, Martin Zacharias

Erarbeitet von:
Henning Körner, Oldenburg; Arno Lergenmüller, Roxheim; Martin Zacharias, Molfsee

Zu diesem Schülerband sind lieferbar:
Lösungen 1 978-3-507-**88745**-9
Lösungen 2 978-3-507-**88746**-6
Arbeitsheft mit Lösungen 978-3-507-**88762**-6

BiBox - Digitale Unterrichtsmaterialien
Lehrer-Einzellizenz WEB-507-**88747**
Lehrer-Kollegiumslizenz WEB-507-**88748**
Schüler-Einzellizenz (1 Schuljahr) WEB-507-**88773**
Schüler-Einzellizenz (4 Schuljahre) WEB-507-**06828**
Schüler-Einzellizenz PrintPlus WEB-507-**88776**

westermann GRUPPE

Druck A[1] / Jahr 2019
Alle Drucke der Serie A sind im Unterricht parallel verwendbar.

Redaktion: Björn Deling, Marcel Orban
Umschlagentwurf: Janssen Kahlert Design & Kommunikation GmbH, Hannover
Illustrationen: Mario Valentinelli, Rostock
techn. Zeichnungen: imprint, Zusmarshausen
Taschenrechner-Screenshots: Texas Instruments Education Technology GmbH, Freising

Druck und Bindung: Westermann Druck GmbH, Braunschweig

ISBN 978-3-507-**88743**-5

Inhalt

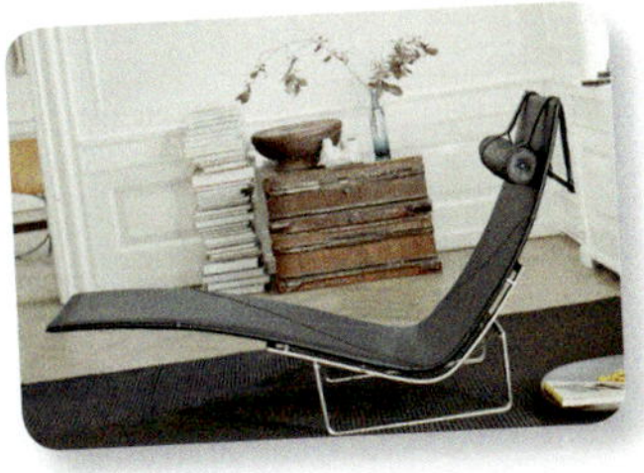

2,7182818284590452353602874713526624977572470936999595749

Kapitel und Lernabschnitte

Je zwei Auftaktseiten mit Bildern und kurzen Texten informieren Sie über die Inhalte jedes Kapitels.
Ein Kapitel besteht aus mehreren Lernabschnitten.
Jeder Lernabschnitt ist in drei Ebenen unterteilt: Grün – Weiß – Grün.

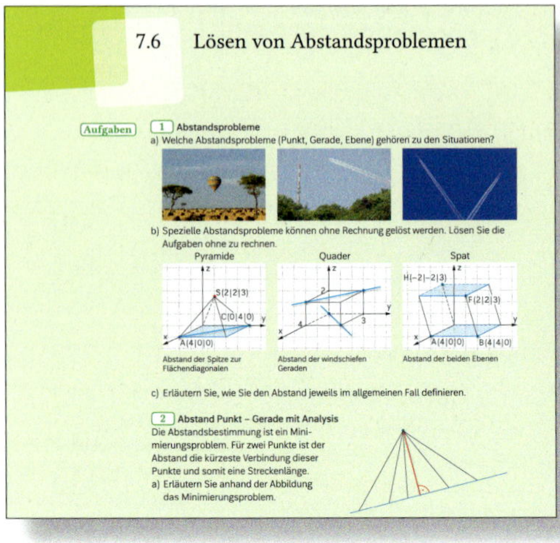

Die erste grüne Ebene

„Das Ziel vor Augen"

Einführende Aufgaben

In vertrauten Alltagsproblemen ist bereits viel Mathematik versteckt. Mit diesen Aufgaben können Sie interessante Zusammenhänge des Themas selbst entdecken und verstehen. Das gelingt besonders gut in der Zusammenarbeit mit einem oder mehreren Partnern.
Oft können Sie in dem vielfältigen Angebot nach Ihren Erfahrungen und Interessen auswählen.

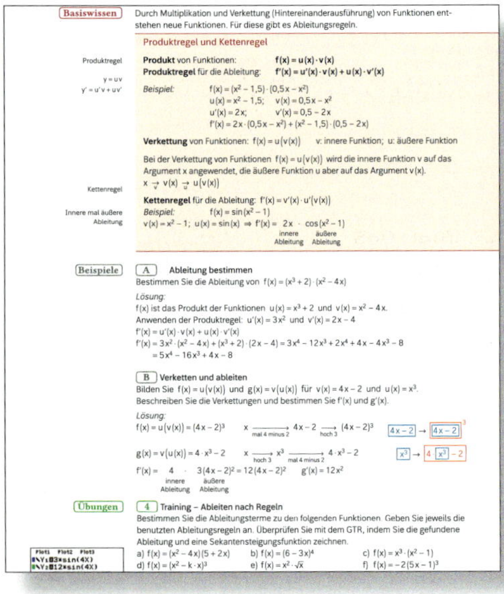

Die weiße Ebene

Basiswissen

Hier finden Sie alle im Kerncurriculum geforderten Inhalte kurz und bündig zusammengefasst.

Beispiele

Die durchgerechneten Musteraufgaben helfen Ihnen beim eigenständigen Lösen der Übungen.

Übungen

Die Übungen bieten reichlich Gelegenheit zu eigenen Aktivitäten, zum Verstehen und Anwenden. Zusätzliche „Trainingsangebote" führen zu Sicherheit und Routine.

Applets

Die im Buch angegebenen Applets finden Sie unter www.westermann.de/nw-88743.

Hilfsmittelfreie Übungen, eine Überprüfung der Ergebnisse mit dem GTR kann erfolgen.

Bei vielen Übungen finden Sie **Tipps** als Hilfe.

Tipp

Ein Produkt ist 0, wenn einer der Faktoren 0 ist.

Merkkarten

Auf Merkkarten sind wichtige Sachverhalte zusammengefasst, die das Basiswissen ergänzen.

Sattelpunkt

Ein Wendepunkt mit waagerechter Tangente wird als **Sattelpunkt** bezeichnet.

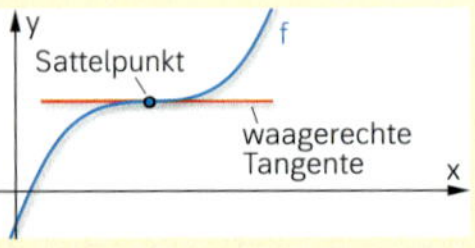

Werkzeuge

Die Nutzung von elektronischen Werkzeugen wie GTR, CAS oder Dynamische Geometriesoftware (DGS) wird in Werkzeugkästen dargestellt.

Werkzeug

Ableiten mit GTR

Der GTR kann näherungsweise ableiten mit einer Sekantensteigungsfunktion *nDeriv.*

```
6:fMin(
7:fMax(
8:nDeriv(
9↓fnInt(
```

```
\Y1=X^4
\Y2=d/dx(Y1)|X=X
```

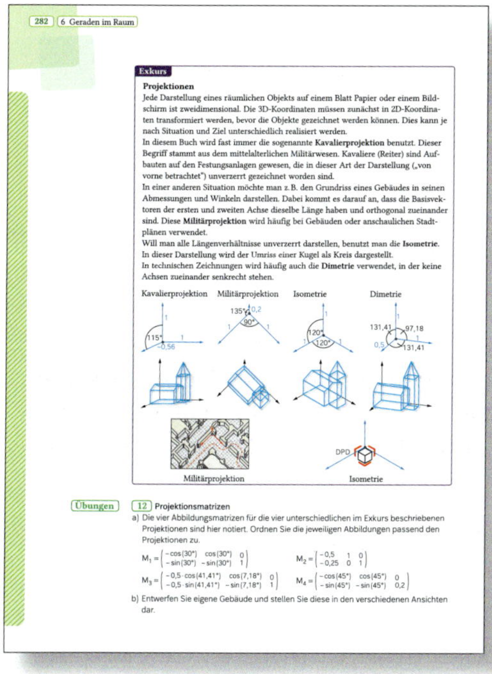

Die zweite grüne Ebene

„Mathematik – vielfältig und überall."

Hier finden Sie Anregungen für binnendifferenzierendes Arbeiten durch inhaltliche Ergänzungen. Dabei werden vielfältige Lebensweltbezüge ebenso angeboten wie Modellierungen und innermathematische Weitungen mit zugehörigen Vernetzungen. Dadurch werden individuelle Förderungen in gleicher Weise ermöglicht wie kooperative Lernformen in projektartig angelegten Problemstellungen.

Exkurse

Es gibt einiges zu erzählen über Menschen, Probleme und Anwendungen oder auch Seltsames und Lustiges.

Sichern Sie Ihr Wissen und Können gegen das Vergessen

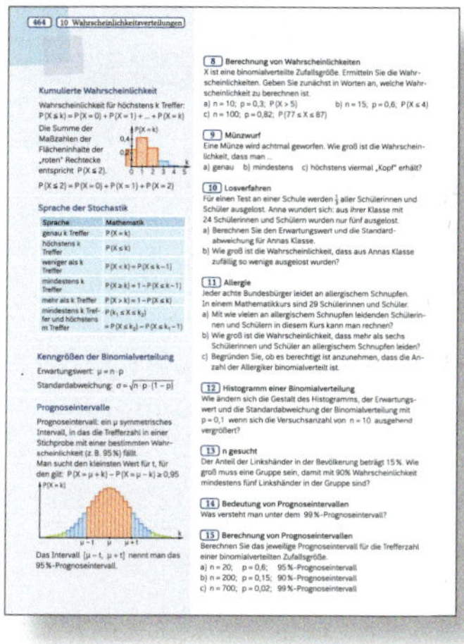

Check-up

„Alles klar?"

Nach jedem Kapitel finden Sie nochmal das Wichtigste übersichtlich zusammengefasst und typische Aufgaben, mit denen Sie Ihr Wissen festigen können. Hier können Sie sich gut auf Prüfungen vorbereiten. Die Lösungen dieser Aufgaben finden Sie am Ende des Buches.

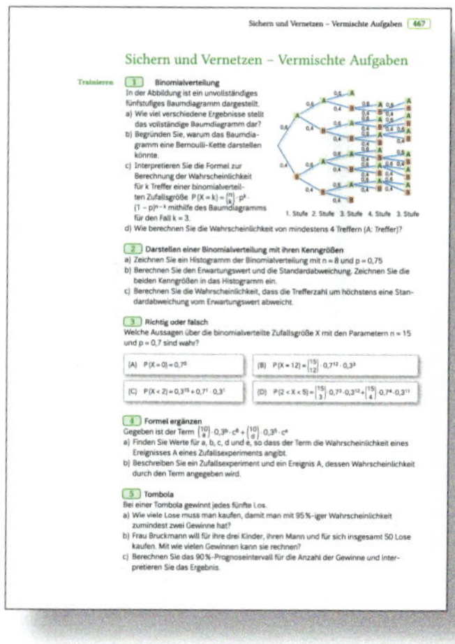

Sichern und Vernetzen – Vermischte Aufgaben

Hier finden Sie übergreifende Übungen zum Trainieren, Verstehen und Anwenden.
Die Lösungen können Sie im Internet unter *www.westermann.de/nw-88743* einsehen.

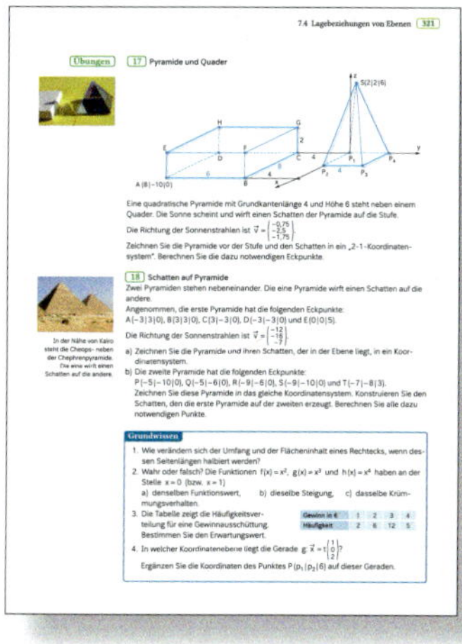

Grundwissen

„Vergessen ist menschlich."

Deshalb können Sie im Grundwissen am Ende jeder weißen Ebene früher erworbene Kenntnisse wiederholen und auffrischen.

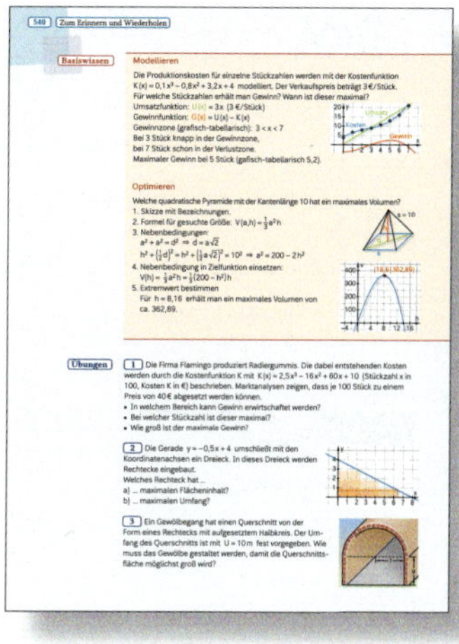

Zum Erinnern und Wiederholen

Hier ist Grundlegendes aus den vorhergehenden Inhalten knapp und übersichtlich zusammengestellt.

1

Integralrechnung

An einer Haltestelle steigen drei Personen in einen Bus ein. An der nächsten Haltestelle steigt eine Person aus und vier ein, an zwei weiteren Haltestellen steigen jeweils sieben Personen ein und zwei aus.
Wie viele Personen sitzen im Bus? Man weiß etwas über die Änderung der Fahrgastzahl und möchte etwas über die Anzahl der Fahrgäste wissen. Kann diese eindeutig ermittelt werden? Nein, da fehlt noch eine Information.
Schmuckstücke haben oft runde, aber nicht einfache, elementare Formen. Wie kann man deren Fläche berechnen?
Es zeigt sich, dass man die beiden so unterschiedlichen Probleme mit demselben mathematischen Werkzeug bearbeiten kann.

1.1

Von der Änderung zum Bestand

Aus einem Änderungsgraphen kann man mögliche Bestandsgraphen rekonstruieren. Hier hilft eine geometrische Interpretation; Flächen haben ihren Auftritt.

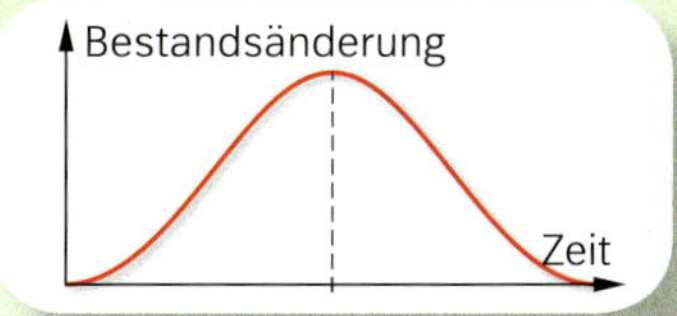

1.2

Von der Ableitung zur Bestandsfunktion – Stammfunktionen

Vom Bestand zur Änderung kommt man mit der Ableitung. Von der Änderung zum Bestand kommt man entsprechend auch mit dem „Umkehren“ des Ableitens.

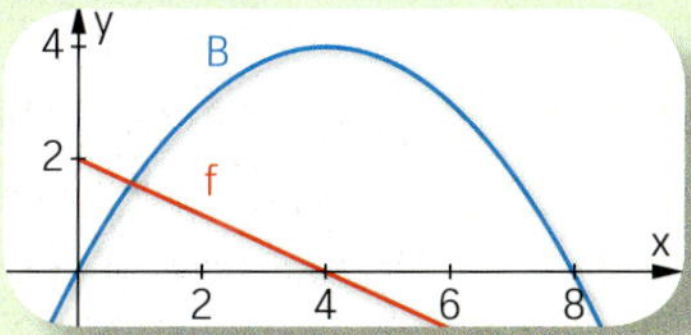

1.3

Der Hauptsatz der Differential- und Integralrechnung

Der allgemein formulierte Hauptsatz zeigt den engen Zusammenhang zwischen den Grundproblemen der Differential- und Integralrechnung auf.

$$I_a'(x) = f(x)$$

$$I_a(b) \int_a^b f(x)\,dx = F(b) - F(a)$$

1.4

Integrieren ohne Stammfunktion

Integrieren ist mehr als das Bilden von Stammfunktionen. Bei genauerem Hinsehen zeigt sich, dass wieder Grenzprozesse von grundlegender Bedeutung sind.

$$\lim_{n \to \infty} \sum_{k=1}^{n} f(x_k) \cdot \Delta x = \int_a^b f(x)\,dx$$

1.5

Bestände rekonstruieren

Mit Integralen können Anwendungen im Zusammenhang mit der Rekonstruktion von Beständen oft kalkülhaft gelöst werden. Sind nur einzelne Daten vorhanden, müssen Änderungsfunktionen modelliert werden.

1.6

Flächen berechnen

Mit Integralen können krummlinig berandete Flächen berechnet werden, wo keine elementaren Formeln zur Verfügung stehen.

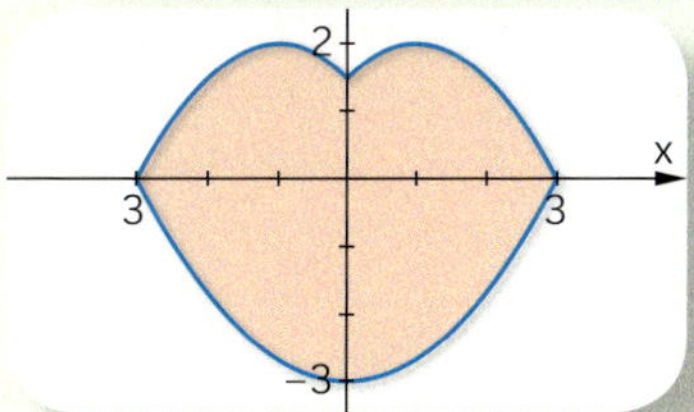

1.7

Offene Flächen berechnen

Mit Integralen können auch ins Unendliche offene Flächen untersucht werden, es treten wieder Grenzprozesse auf.

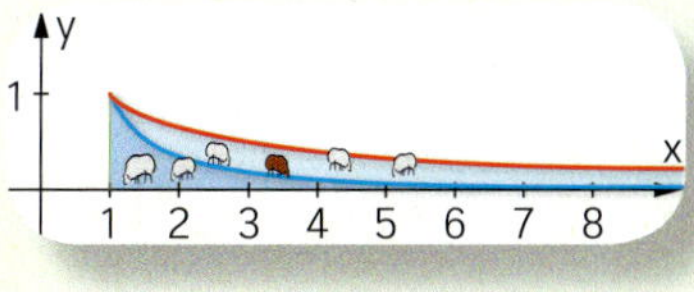

1.8

Volumen berechnen

Mit Integralen können auch ohne elementare Formeln spezielle Körpervolumen berechnet werden.

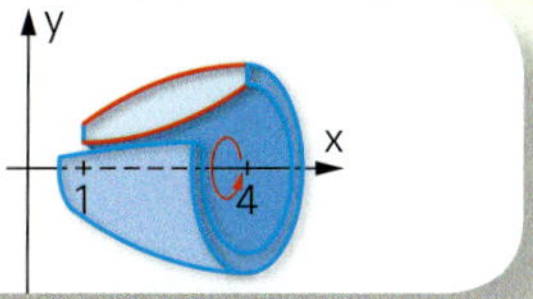

1.1 Von der Änderung zum Bestand

Aufgaben

1 Zumanjaro: Drop of Doom – der höchste Fallturm der Welt

Der Zumanjaro in New Jersey ist mit 126 m der höchste Freifallturm der Welt (2017). Die Passagiere werden in 40 Sekunden mit einer Geschwindigkeit von 3,15 m/s nach oben befördert, bevor nach 8 Sekunden der freie Fall mit einer Geschwindigkeit von bis zu 140 km/h beginnt. Ein magnetisches Bremssystem bringt die Gondel wieder zum Stoppen.

a) Erklären Sie mit dem Diagramm, welcher Teil der Fahrt zu welchem Teil des Graphen gehört und überprüfen Sie die Angaben im Text.

b) Wann und in welcher Höhe beginnt der Bremsvorgang?

c) Füllen Sie die Tabelle aus und erstellen Sie ein Zeit-Höhen-Diagramm.

Zeit in s	10	20	30	40	48	50	52	54
Höhe in m	■	■	■	■	■	■	■	■

d) Welcher geometrische Zusammenhang besteht zwischen dem Geschwindigkeit-Zeit-Diagramm und dem Zeit-Höhen-Diagramm?

2 Vom Zufluss zur Füllmenge – ein vereinfachtes Beispiel

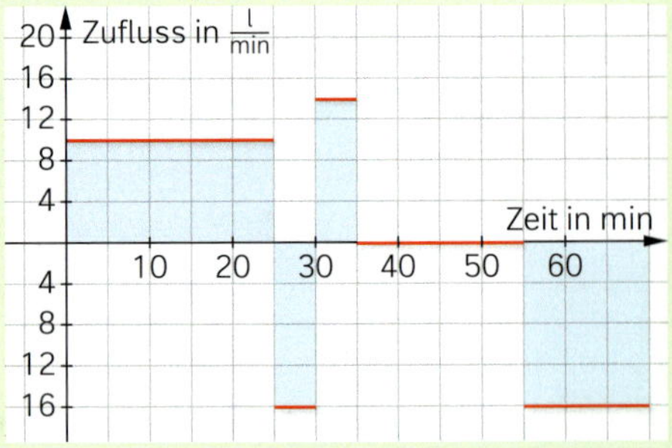

a) In der nebenstehenden Abbildung ist der Zufluss und Abfluss von Wasser in einer Badewanne dargestellt. Zu Beginn ist die Wanne leer. Interpretieren Sie den Graphen im Sachzusammenhang. Formulieren Sie eine Geschichte zu dem Badevergnügen.

b) Erstellen Sie eine Tabelle mit der Füllmenge (dem „Bestand") der Badewanne nach 5 (10, ..., 70) Minuten. Stellen Sie die Füllmenge der Badewanne in Abhängigkeit von der Zeit dar. Vergleichen Sie diesen Graphen mit dem Graphen in der Abbildung.

c) *Geometrische Interpretation:* Zur Berechnung der Füllmenge nach 5 Minuten muss das Produkt $5 \cdot 10$ berechnet werden. Das Produkt kann als Flächeninhalt des entsprechenden Rechtecks in der Grafik interpretiert werden. Interpretieren Sie geometrisch entsprechend die Füllmenge nach 20 (25, 30, 70) Minuten.

d) Ist die Badewanne nach 70 Minuten leer?
Was ändert sich am Graphen der Füllmenge („Bestandsfunktion"), wenn zu Beginn 30 Liter Wasser in der Wanne sind?

Basiswissen

Oft sind Änderungen von Prozessen gegeben. Man versucht dann, daraus auf die Bestandsentwicklung zu schließen.

Rekonstruktion des Bestandes aus bekannten Änderungen

Wenn Änderungen grafisch gegeben sind, können daraus Bestände entwickelt werden, indem der Inhalt der Fläche, die der Graph und die x-Achse im Intervall [0; a] umschließen, ermittelt wird. Positive Änderungen bewirken eine Zunahme des Bestandes, negative eine Abnahme. Liegen Flächen also unterhalb der x-Achse, dann zählt der Flächeninhalt negativ. Man spricht hier von **orientierten Flächeninhalten**.

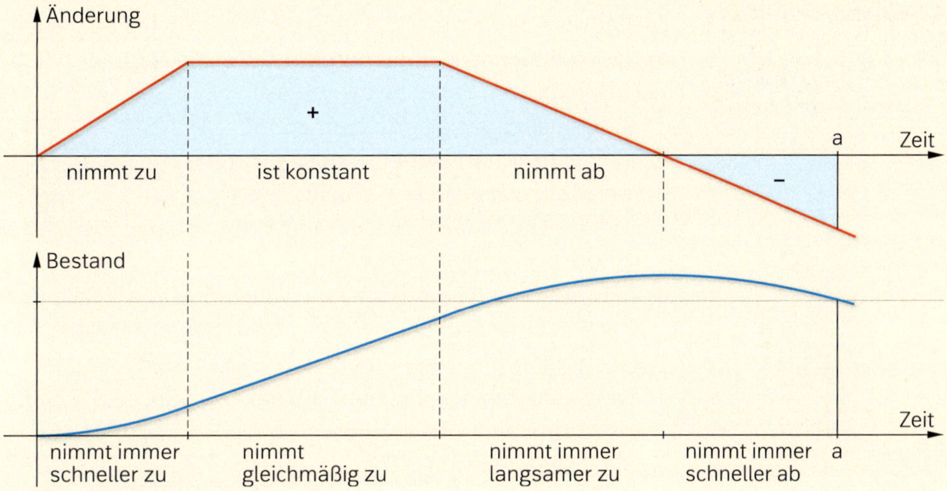

Es wird zunächst davon ausgegangen, dass bei $x = 0$ noch kein Bestand vorhanden ist.

Beispiele

A Ein Tank

Der Graph zeigt den Zu- und Abfluss einer Flüssigkeit in einem Tank in einem Zeitraum von 40 Stunden.

a) Beschreiben Sie den Zu- und Abfluss. Wann ist die größte Menge im Tank?

b) Bestimmen Sie die Flüssigkeitsmenge nach 5, 20, 25, 30 und 40 Stunden und skizzieren Sie einen Bestandsgraphen.

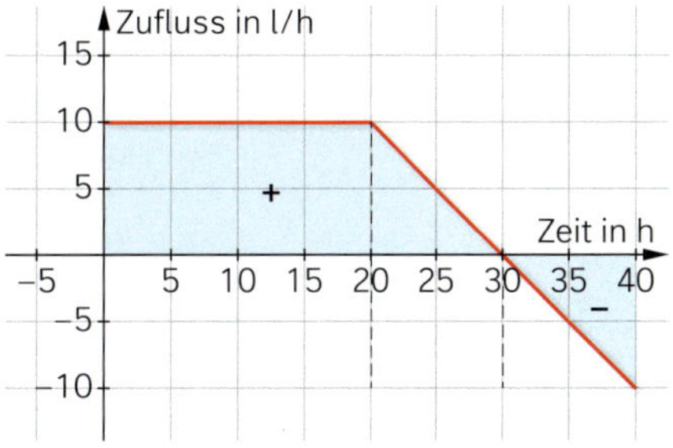

Lösung:

a) In den ersten 20 Stunden konstanter Zufluss mit 10 l/h. Dann 10 Stunden Zufluss mit abnehmender Zuflussgeschwindigkeit, ab der 30. Stunde Abfluss mit zunehmender Abflussgeschwindigkeit. Nach 30 Stunden ist die größte Menge im Tank.

Flächeninhalt Trapez: siehe Seite 542

b) Füllmenge nach 5 Stunden: $5\,h \cdot 10\,l/h = 50\,l$

Zeit	5	20	25	30	40
Bestand	50	200	237,5	250	200

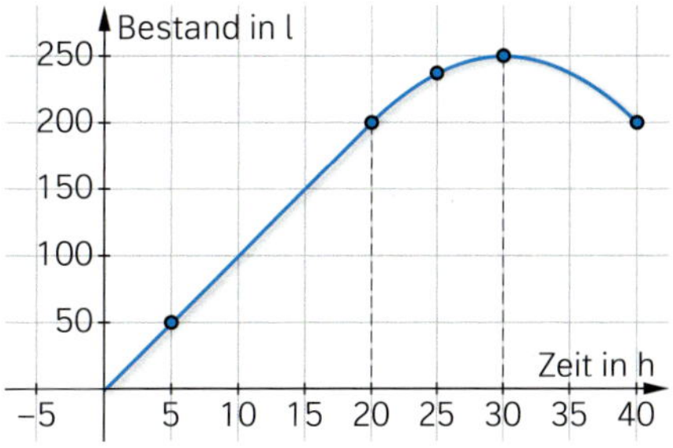

Beispiele

B Gewinnänderungen

Die Tabelle gibt die Gewinnänderungen eines Geschäfts im Laufe von 6 Jahren an.

Jahr	0	1	2	3	4	5	6
Gewinnänderungen in 1000 €/Jahr	−50	−20	0	15	50	70	40

Da es keine zusätzlichen Informationen über die Änderung des Gewinns im Verlaufe eines Jahres gibt, werden die Messpunkte durch Streckenzüge verbunden.

a) Erstellen Sie ein Diagramm und interpretieren Sie dieses.
b) Schätzen Sie den Gesamtgewinn in den 6 Jahren.

Lösung:

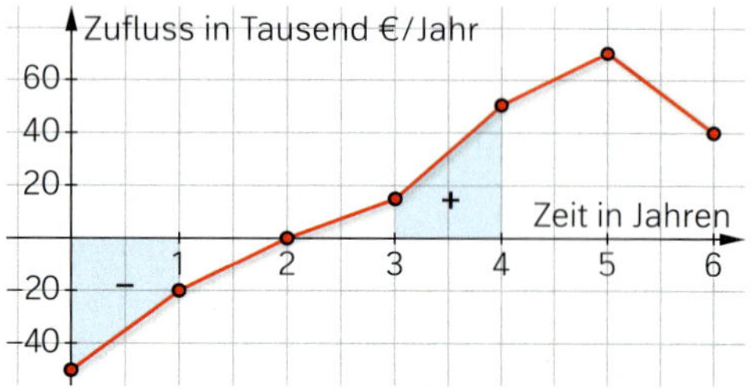

a) In den ersten zwei Jahren macht das Geschäft noch Verluste, allerdings zunehmend weniger. Ab dem dritten Jahr ist der Gewinnzufluss positiv. Drei Jahre lang wächst der Gewinnzufluss zunehmend, ehe im sechsten Jahr die Gewinnzunahme abnimmt.

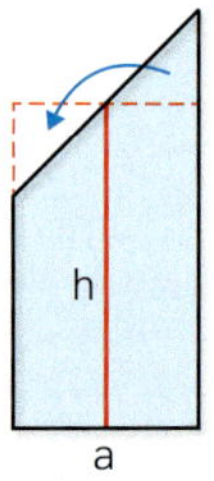

b) Der Gewinn ist der orientierte Flächeninhalt zwischen dem Graphen und der x-Achse. Flächen unterhalb der x-Achse liefern negative Werte, Flächen oberhalb positive.

(1) Einen Näherungswert erhält man, indem man Kästchen zählt (1 Kästchen ≙ 10 000 €). Ca. 4 Kästchen liegen unterhalb der x-Achse, ca. 15 Kästchen oberhalb der x-Achse, insgesamt also 11 Kästchen.
Der Gesamtgewinn in den 6 Jahren beträgt ca. 110 000 €.

(2) Man berechnet die Inhalte der einzelnen Trapeze und summiert diese jeweils mit entsprechendem Vorzeichen. Jedes Trapez ist 1 LE breit (a = 1).
$A = -\frac{1}{2}(50 + 20) - \frac{1}{2}(20 + 0) + \frac{1}{2}(15 + 0) + \frac{1}{2}(15 + 50) + \frac{1}{2}(50 + 70) + \frac{1}{2}(70 + 40) = 110$
Der Gesamtgewinn in den 6 Jahren beträgt ca. 110 000 €.

C Eine Bakterienpopulation

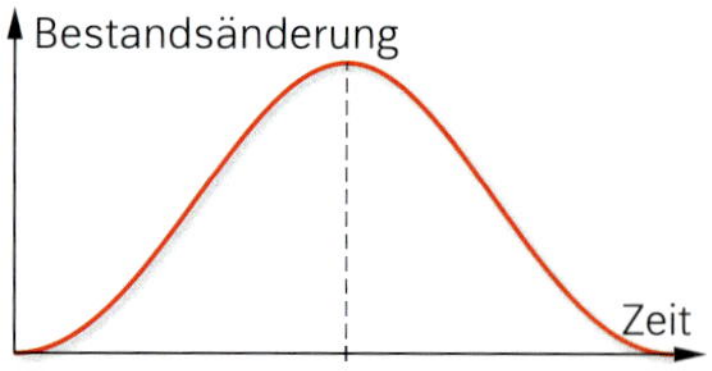

Die Grafik zeigt die Bestandsänderung einer Bakterienpopulation. Beschreiben Sie die Bestandsänderung und damit die Bestandsentwicklung. Skizzieren Sie ein Zeit-Bestand-Diagramm.

Lösung:

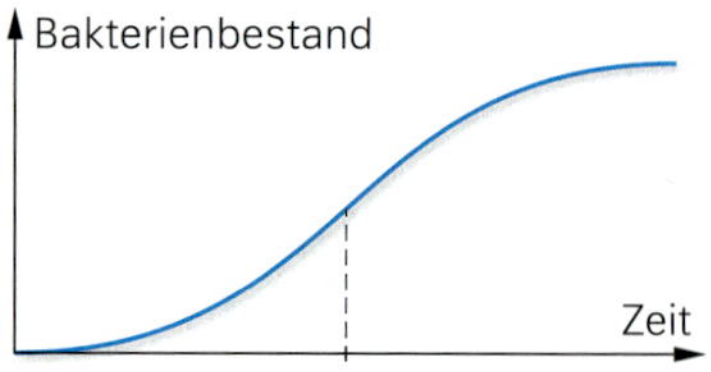

Der Bestand nimmt im gesamten Zeitraum zu, weil der Änderungsgraph nur oberhalb der x-Achse liegt. Bis zur Extremstelle wächst der Bestand mit zunehmender Geschwindigkeit, ab dann mit abnehmender Geschwindigkeit. Gegen Ende gibt es kein Wachstum mehr.

Übungen

3 Zufluss bekannt, Bestand gesucht

Rekonstruieren Sie aus dem Graphen der Zuflussrate von Wasser in ein Becken den Graphen der Bestandsfunktion (Wassermenge im Becken in Abhängigkeit von der Zeit).

Das Becken ist zu Beginn leer.

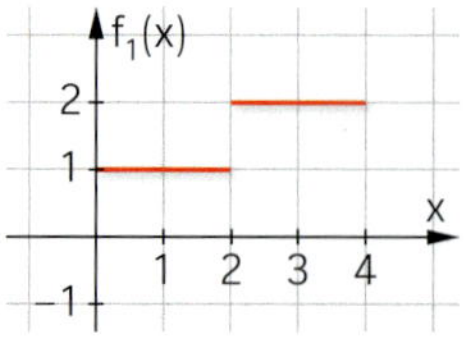

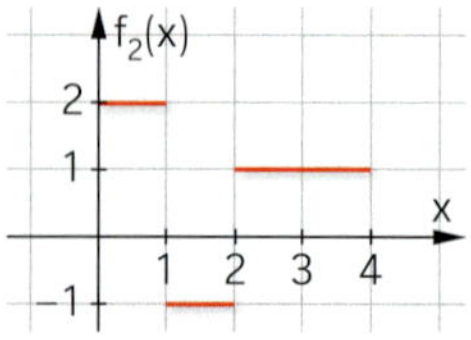

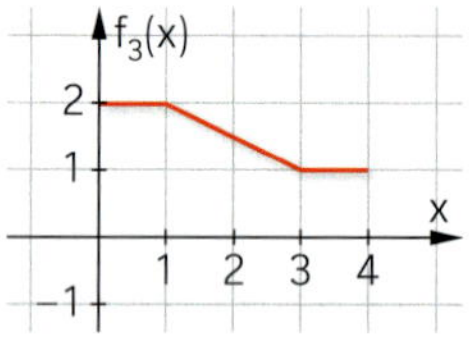

Übungen

4 Geschwindigkeit-Zeit-Diagramm eines Rennwagens

von 0 auf 100 km/h: 3,4 s;
von 100 auf 160 km/h: 3,4 s;
von 160 auf 200 km/h: 2,9 s;
von 200 auf 300 km/h: 13,6 s

Zeichnen Sie ein mögliches Geschwindigkeit-Zeit-Diagramm für den beschleunigenden Rennwagen. Welche Strecke legt er zurück, bis er 300 km/h schnell ist?

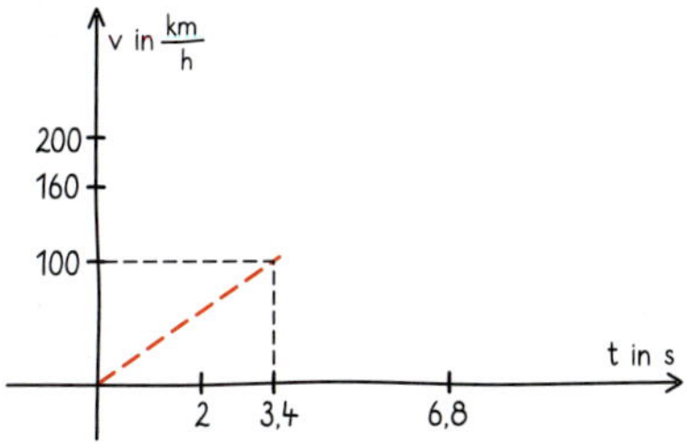

5 Zwei Lastkähne

Das Diagramm zeigt jeweils die „Zeit-Geschwindigkeit-Kurve" der Lastkähne „Luise" und „Kurt", die von derselben Stelle aus auf dem Küstenkanal in die gleiche Richtung fahren.

a) Beschreiben Sie die Fahrten von Luise und Kurt in dem gegebenen Zeitintervall.
b) Wer ist nach neun Stunden weiter gefahren?
c) Wann gibt es Überholvorgänge? Wer überholt wen?

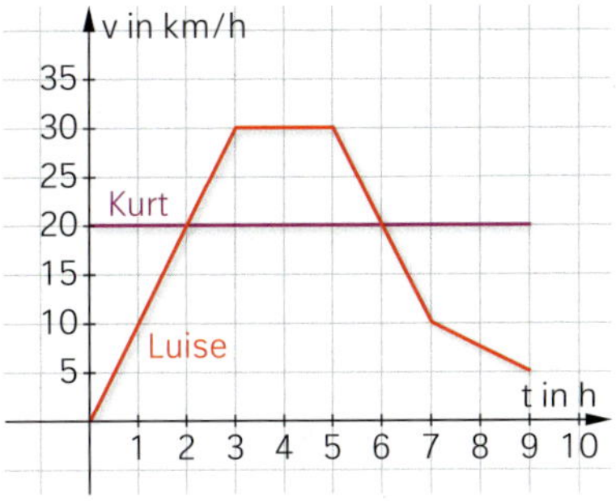

6 Ein Schiff

$t = 0 \triangleq$ 10:00 Uhr
$t = 1 \triangleq$ 11:00 Uhr

1 Seemeile (sm) = 1,852 km

Früher war die Geschwindigkeit eines Schiffes einfacher zu messen als der zurückgelegte Weg. Die Geschwindigkeit eines Schiffes wird alle 15 Minuten gemessen und in einer Tabelle registriert. Schätzen Sie, welche Strecke der Tanker von 10:00 bis 12:00 Uhr zurückgelegt hat.

Uhrzeit	10:00	10:15	10:30	10:45	11:00	11:15	11:30	11:45	12:00
Geschwindigkeit in sm/h	25	22	17	10	5	5	10	19	24

7 Gewinn – Verlust

Im Geschäftsbericht einer Firma wird der Gewinnzufluss in den vergangenen 18 Monaten in einem Diagramm dargestellt.

a) Interpretieren Sie das Diagramm.
b) Schätzen Sie mithilfe des Diagramms den gesamten Gewinn der Firma in den dargestellten 18 Monaten.

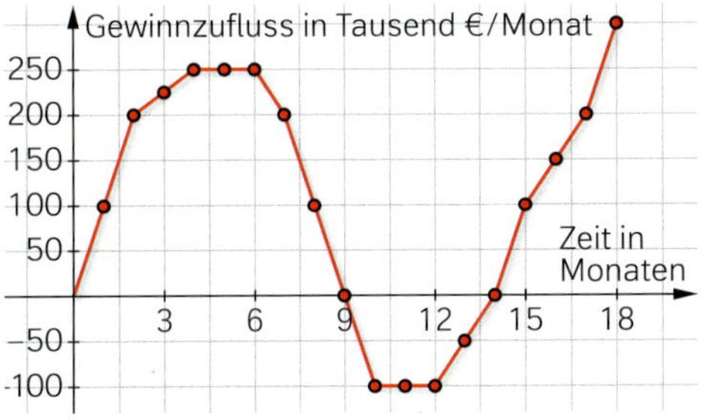

8 Tiere und ein Gebirgsprofil

Die Grafiken zeigen einen Änderungsgraphen zu zwei unterschiedlichen Situationen. Skizzieren Sie jeweils nach Anschauung einen Bestandsgraphen.

a) Eine Tierpopulation

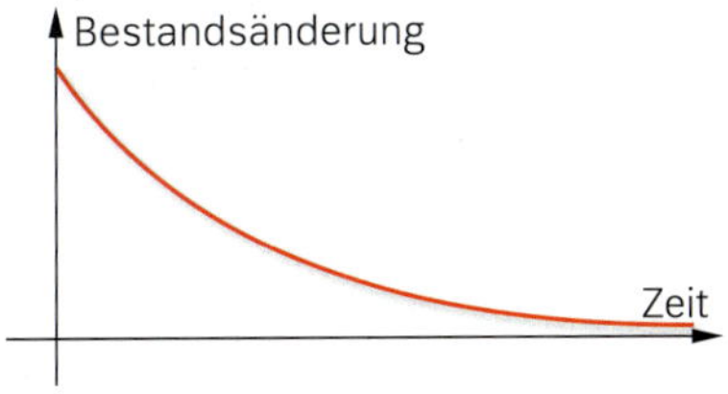

b) Ein Gebirgsprofil

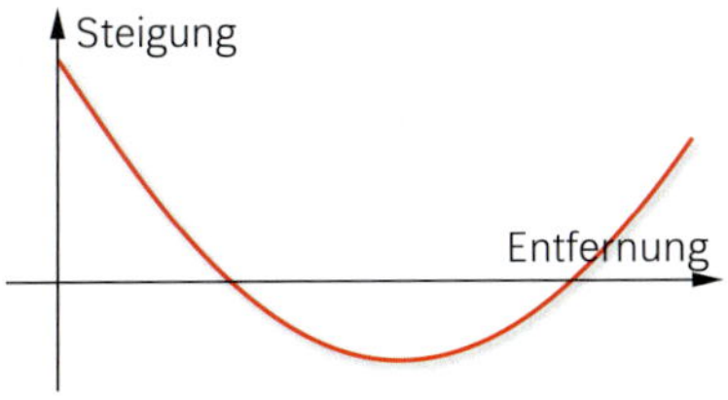

Exkurs

Elefantenrennen

Das Oberlandesgericht Hamm urteilte am 29.10.2008: „Das Überholen durch einen Lkw (sog. „Elefantenrennen") ist nur ahndungswürdig, wenn ein solcher Vorgang wegen zu geringer Differenzgeschwindigkeit eine unangemessene Zeitspanne in Anspruch nimmt. […]
Als Faustregel für einen noch regelkonformen Überholvorgang ist von einer Dauer von maximal 45 Sekunden auszugehen.
Unter Berücksichtigung der Länge eines zu überholenden Fahrzeugs von knapp 25 m und den vor und nach dem Überholen vorgeschriebenen Sicherheitsabständen von jeweils 50 m entspricht dies einer Geschwindigkeit von 80 km/h für das überholende und einer solchen von 70 km/h für das zu überholende Fahrzeug."

Übungen

9 Elefantenrennen

Überprüfen Sie, ob die Aussagen aus dem Text im Exkurs zutreffen. Die passenden Geschwindigkeit-Zeit-Diagramme und die Flächen unter den Graphen helfen dabei.

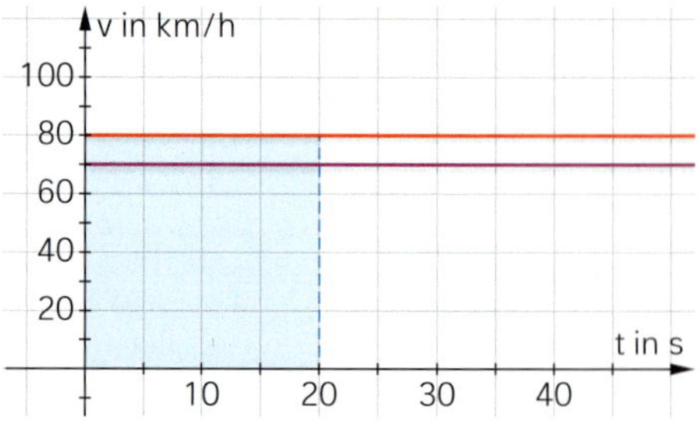

10 Fahrtenschreiber

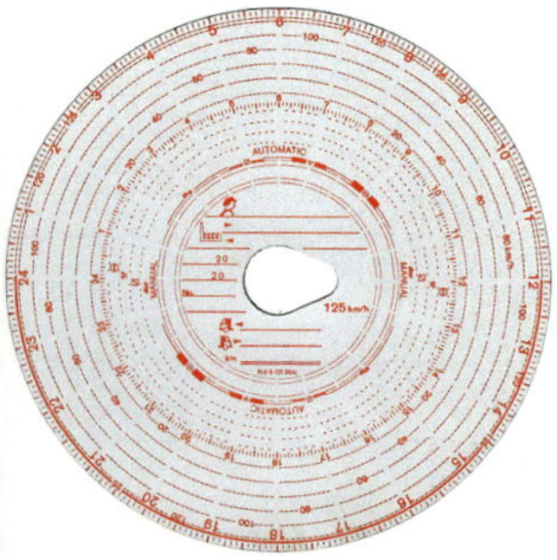

Überholvorgänge von Lkw können sehr lange dauern. Ein Lkw 1 überholt zum Zeitpunkt t_0 den neben ihm fahrenden Lkw 2. Der folgende Graph zeigt das Geschwindigkeit-Zeit-Diagramm und gibt Aufschluss über die weitere Fahrt.

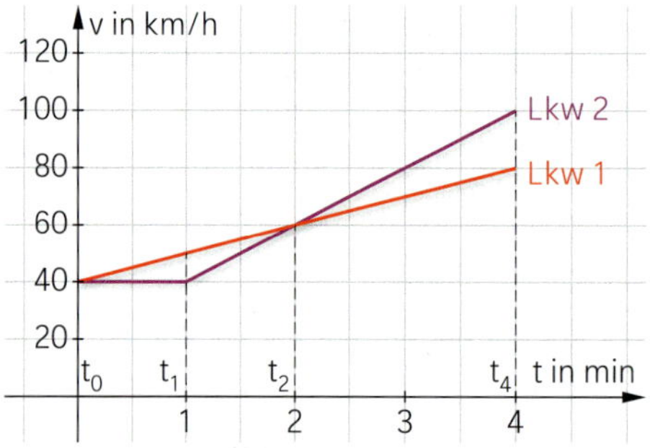

a) Beschreiben Sie die Fahrt der beiden Lkw anhand des Diagramms. Skizzieren Sie für beide Lkw den Graphen der Bestandsfunktion.

b) Begründen Sie, dass Lkw 1 zum Zeitpunkt t_1 die größere Strecke zurückgelegt hat.

c) Überholt Lkw 2 den Lkw 1 innerhalb des gegebenen Zeitintervalls $[t_0; t_4]$?

Grundwissen

1. Bestimmen Sie die ersten beiden Ableitungen.
   a) $f(x) = -2x^3 + 4x^2 - 7$ b) $f(x) = x^4 + \frac{1}{x}$ c) $f(x) = \frac{x^3 - 2x}{4}$
2. Bestimmen Sie den Flächeninhalt der Figuren.

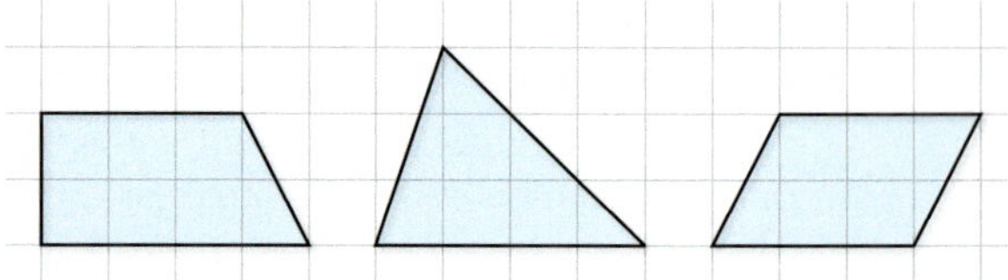

3. Aus einer Urne mit zwei roten und vier weißen Kugeln werden nacheinander zwei Kugeln ohne Zurücklegen gezogen. Wie groß ist die Wahrscheinlichkeit zwei rote Kugeln zu ziehen?

Aufgaben

11 Pumpspeicherwerk

In einem Pumpspeicherkraftwerk wird in Zeiten von „Stromüberschuss“ Wasser in einen Speichersee gepumpt. Im Bedarfsfall fließt Wasser aus dem Speichersee durch die stromerzeugenden Turbinen ab, um Spitzen des Stromverbrauches aufzufangen. In der Abbildung ist der Zufluss über 24 Stunden dargestellt.

a) Interpretieren Sie das Diagramm.

b) Schätzen Sie mit dem Diagramm die Wassermenge, um die sich die Gesamtwassermenge in den dargestellten 24 Stunden verändert hat.

c) Skizzieren Sie einen Graphen, der zu jedem Zeitpunkt die zugeflossene Wassermenge seit Beginn der Messung darstellt.

oberer Speichersee des Koepchenwerkes bei Herdecke, NRW

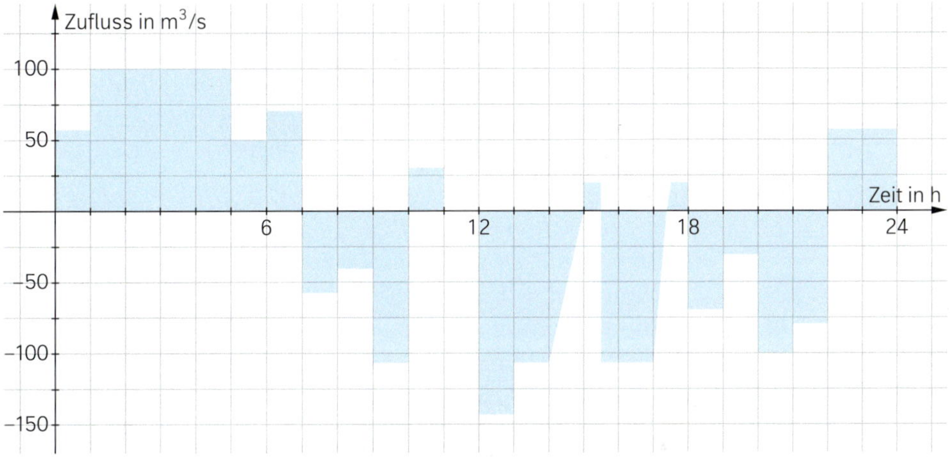

12 Eine Ballonfahrt

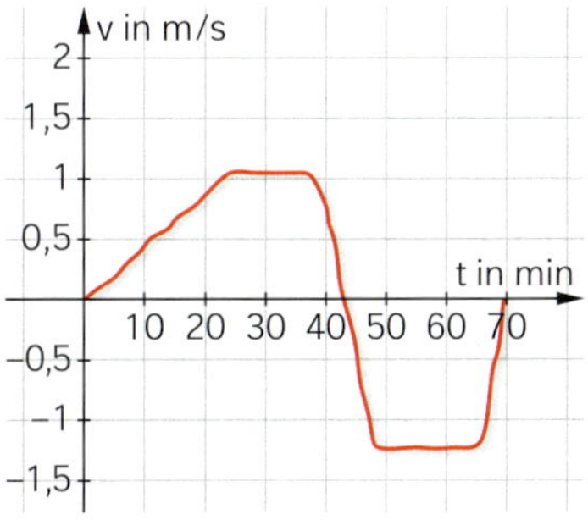

Ein Heißluftballon startet zur Zeit $t = 0$ vom Boden. Die Geschwindigkeit des Ballons in vertikaler Richtung wird durch das Diagramm beschrieben (Zeit: t in min, Geschwindigkeit v in m/s).

a) Beschreiben Sie den Bewegungsablauf qualitativ. Schätzen Sie die nach 30 Minuten erreichte Höhe. Was war die maximale Steighöhe des Heißluftballons, wann wurde sie erreicht?

b) Begründen Sie, dass die Ballonfahrt auf einem Hügel endet. Wie viel höher als der Startplatz liegt der Hügel?

c) Skizzieren Sie beispielhaft ein mögliches Diagramm für einen Heißluftballon mit qualitativ gleichem Steigverhalten, der allerdings auf einem Hügel startet und im Tal landet.

1.2 Von der Ableitung zur Bestandsfunktion – Stammfunktionen

Aufgaben

1 Fahren mit dem Elektroauto

Sie sind von einem Pkw-Hersteller beauftragt worden, die Fahrt eines neuen Pkw mit Elektroantrieb zu analysieren. Sie verfügen über das mit Telemetrie aufgezeichnete Geschwindigkeit-Zeit-Diagramm des beschleunigten Fahrzeugs.

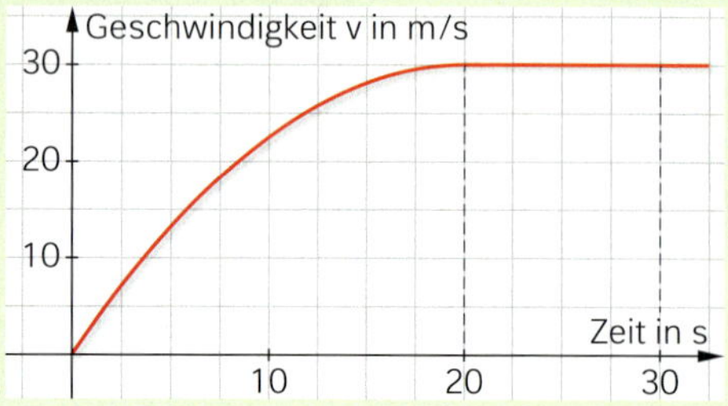

a) Beschreiben Sie den Verlauf der Fahrt. Welche Strecke legt das Fahrzeug von der 20. bis zur 30. Sekunde zurück?

b) Sie wollen herausfinden, welche Strecke das Fahrzeug in den ersten 20 Sekunden zurücklegt. Auf welches Problem stoßen Sie? Schätzen Sie den in den ersten 20 Sekunden zurückgelegten Weg mithilfe von Flächeninhalten.

c) Die Änderungsfunktion kann als Ableitung interpretiert werden. Wenn man für die ersten 20 Sekunden eine Funktionsgleichung dafür hat, kann man die „Wegfunktion" daraus ermitteln. Erläutern Sie.
Das Diagramm legt im Intervall [0; 20] eine quadratische Funktion mit dem Scheitelpunkt $(20|30)$ und durch den Punkt $(0|0)$ nahe. Bestimmen Sie mit diesen Daten eine passende Funktion für den Geschwindigkeitsverlauf in [0; 20].
Bestimmen Sie damit die Wegfunktion und die Länge der Strecke, die das Auto in den ersten 30 Sekunden zurückgelegt hat.

Tipp
Scheitelpunktform:
$f(x) = a(x-d)^2 + e$

2 Befüllen eines Wasserbeckens

Die Zuflussrate in einem Wasserbecken steigt im Zeitraum von 0 bis 10 Minuten gemäß der Funktionsgleichung $f(t) = 12t + 20$ (Zeit t in min und Zuflussrate f (t) in l/min).

a) Bestimmen Sie die Wassermenge nach 1, 5 und 10 Minuten.

b) Zeigen Sie, dass $B(t) = 6t^2 + 20t$ eine zu den berechneten Werten aus a) passende Bestandsfunktion für die zugeflossene Wassermenge ist. Erkennen Sie einen Zusammenhang zwischen der Bestandsfunktion und der Funktion für die Zuflussrate?

c) Welche Wassermenge ist nach 4 Minuten zugeflossen? Nach welcher Zeit sind 250 Liter zugeflossen?

Basiswissen

Bestandsfunktionen können aus Änderungsraten auch ohne Flächeninhaltsberechnungen ermittelt werden.

Bestandsfunktion – aus Änderungsraten rekonstruiert

Die Änderungsfunktion f kann als Ableitung interpretiert werden. Wenn für diese Funktion ein Funktionsterm bekannt ist, kann die Rekonstruktion der Bestandsfunktion B durch das Umkehren des Ableitens bestimmt werden. Dabei wird zunächst vorausgesetzt: Der Anfangsbestand zum Zeitpunkt $x = 0$ ist 0, also $B(0) = 0$.

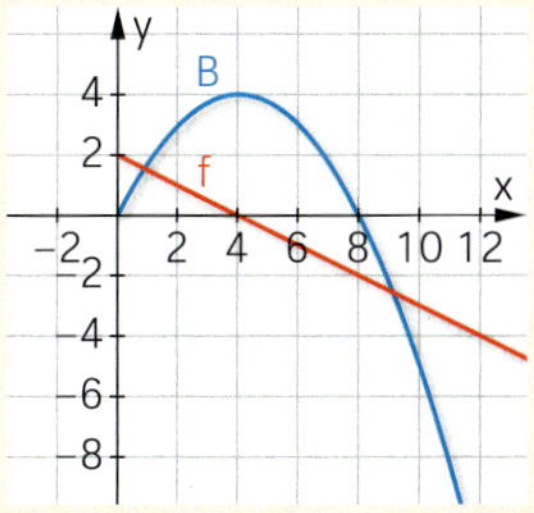

Änderungsfunktion (Ableitung)
$f(x) = -0{,}5x + 2$

→ Ableitung umkehren →

Bestandsfunktion
$B(x) = -0{,}25x^2 + 2x$
$B'(x) = f(x);\; B(0) = 0$

Beispiele

A Funktionsgleichung für Bestandsfunktion finden

Gegeben ist die Änderungsfunktion f mit $f(x) = -0{,}5x^2 + 3$.
Ermitteln Sie die Bestandsfunktion B. Skizzieren Sie f und B und überprüfen Sie, indem Sie sowohl B ableiten als auch den Flächeninhalt unter f in [0; 2] abschätzen.

Lösung:

$B(x) = -\frac{0{,}5}{3}x^3 + 3x = -\frac{1}{6}x^3 + 3x;\; B'(x) = -\frac{3\cdot 0{,}5}{3}x^2 + 3 = f(x)$

Durch Abzählen von Kästchen erhält man als Flächeninhalt ungefähr 5. Dies passt zu $B(2) = 4\frac{2}{3}$.

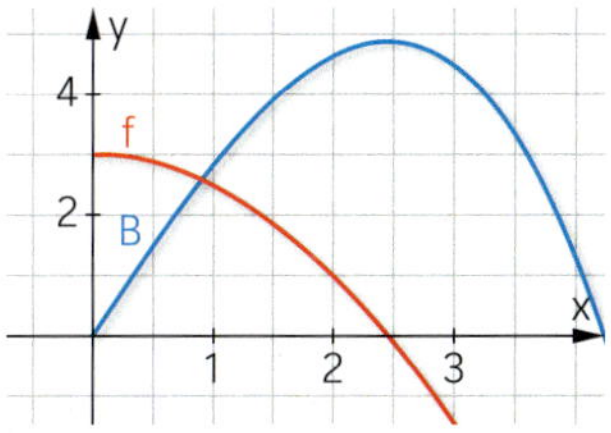

Übungen

3 Bestandsfunktionen aus Änderungsfunktion bestimmen

Ermitteln Sie zu der Änderungsfunktion f die Bestandsfunktion B. Skizzieren Sie f und B und überprüfen Sie, indem Sie sowohl B ableiten als auch den Flächeninhalt unter f in [0; 3] und [0; 5] abschätzen.

a) $f(x) = \frac{1}{2}x$ b) $f(x) = \frac{1}{4}x^2 + 1$ c) $f(x) = x\cdot(5 - x)$

4 Änderungsfunktionen und Bestandsfunktionen

a) Finden Sie die passende Bestandsfunktion zu den Änderungsfunktionen (1)-(4).

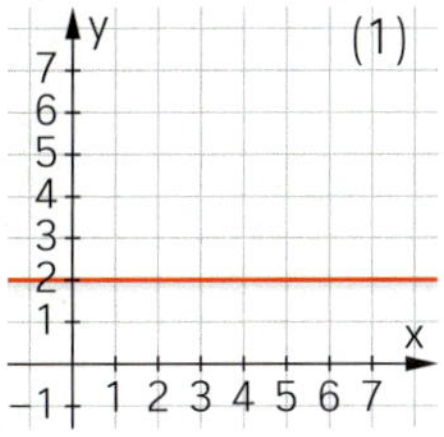

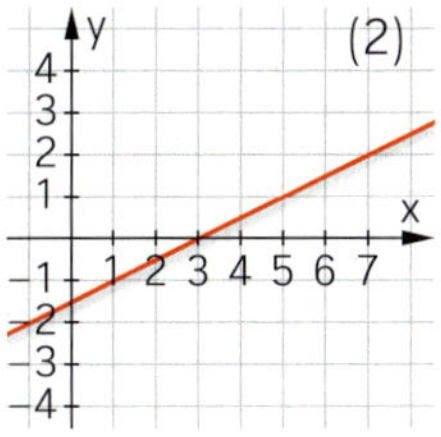

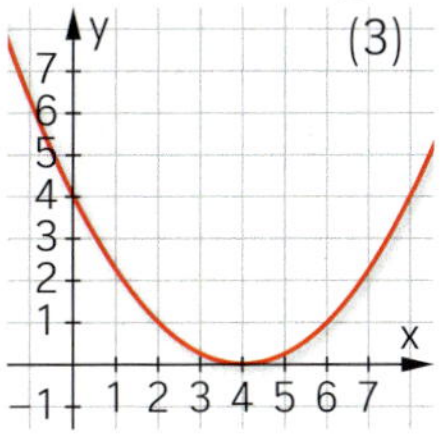

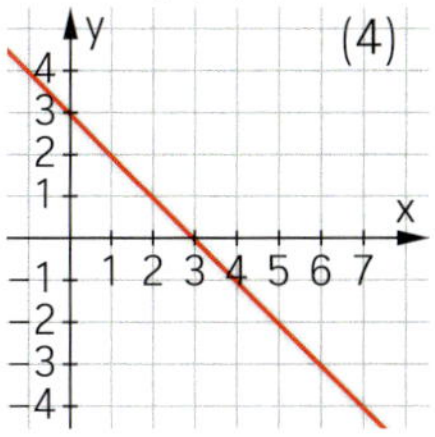

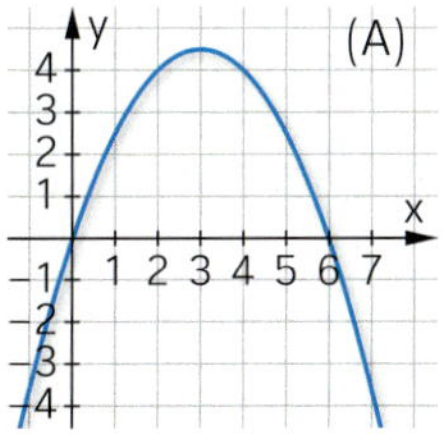

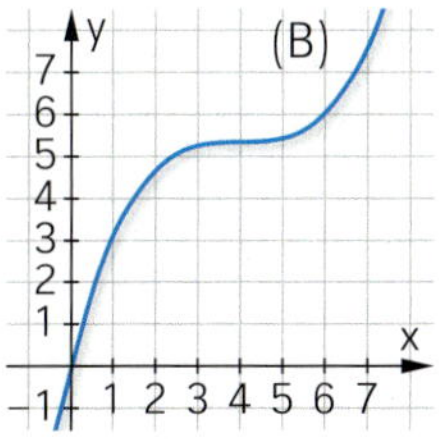

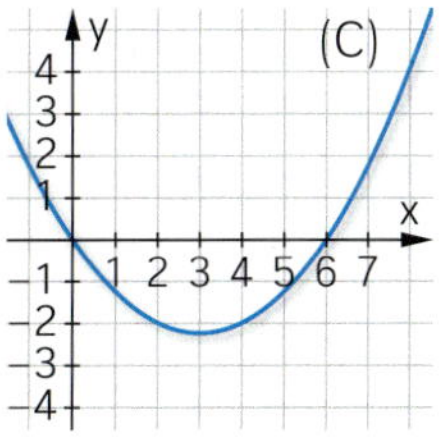

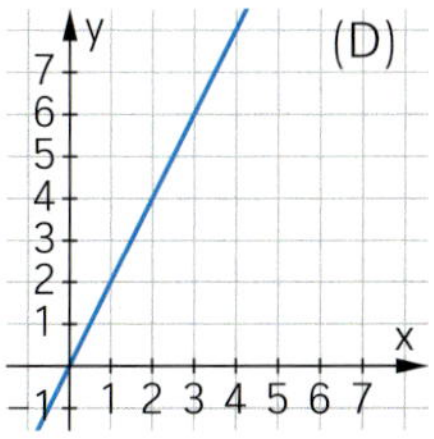

b) Ermitteln Sie passende Funktionsterme f′(x) und f(x). Begründen Sie Ihre Ergebnisse.

Übungen

5 **Unterschiedliche Anfangsbestände und Bestandsfunktionen**

Zu den Sachsituationen in Aufgabe 1 und 2 gehören folgende „Bestandsfunktionen“.

(1) Elektroauto in [0; 20]	(2) Wasserbecken in [0; 10]
$v(t) = -0{,}075t^2 + 3t$	$f(t) = 12t + 20$
$s(t) = -0{,}025t^3 + 1{,}5t^2$	$B(t) = 6t^2 + 20t$

(1) Zeigen Sie, dass $v(t)$ auch Änderungsfunktion zu $s(t) = -0{,}025t^3 + 1{,}5t^2 + 50$ und $s(t) = -0{,}025t^3 + 1{,}5t^2 + 200$ ist. Was hat sich bei diesen Wegfunktionen am Sachkontext geändert?

(2) Im Wasserbecken sind zu Beginn des Füllvorgangs schon 100 Liter bzw. 300 Liter vorhanden. Wie lauten jetzt die Bestandsfunktionen?

6 **Regeln für das Bestimmen von Bestandsfunktionen erkunden**

Die Ableitungsregeln finden Sie auf Seite 534.

Bestandsfunktionen sind Funktionen, deren Ableitung die Änderungsfunktion ist. Bei der Suche helfen die Ableitungsregeln. Ermitteln Sie eine Bestandsfunktion. Finden Sie zu einer Änderungsfunktion mehrere Bestandsfunktionen?

(1) $f(x) = \frac{1}{2}x + 3$ (2) $f(x) = x^2 - 4x$ (3) $f(x) = -\frac{1}{2}x^4 + 3x^2 - 1$

Basiswissen

Bei der Berechnung von orientierten Flächeninhalten und Bestandsrekonstruktionen rückt das Umgekehrte des Ableitens („Aufleiten“) in den Mittelpunkt.

Stammfunktionen

Eine Funktion F heißt **Stammfunktion** zu f, wenn **$F' = f$** gilt.

$f(x) = -0{,}5x + 2$
$F(x) = -0{,}25x^2 + 2x$

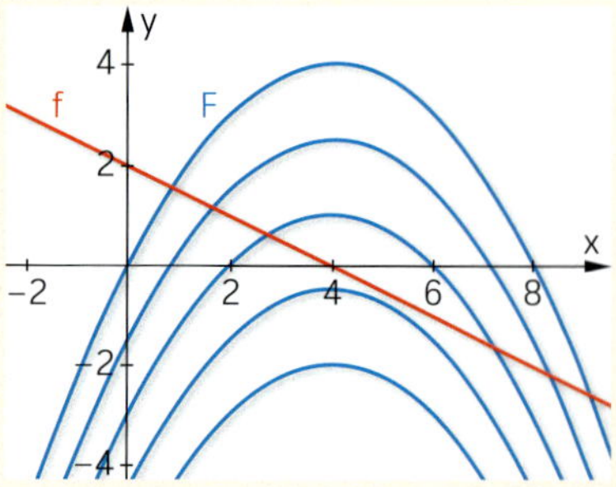

Wichtige Eigenschaften:
Wenn F Stammfunktion zu f ist, dann erhält man mit F + c (c Konstante) alle Stammfunktionen zu f.

$F_c(x) = -0{,}25x^2 + 2x + c$

Formeln und Regeln zum Bestimmen von Stammfunktionen

Zum Bestimmen von Stammfunktionen muss man „aufleiten“, d. h. das Ableiten (Differenzieren) umkehren.
F, G, H ist jeweils Stammfunktion zu f, g, h.

	Funktion	Stammfunktion	
Potenzregel	$f(x) = x^n$ $n \neq -1$	$F(x) = \frac{1}{n+1}x^{n+1}$	Exponent um 1 erhöhen, Koeffizient durch neuen Exponenten teilen.
Konstanter Faktor	$g(x) = a \cdot f(x)$	$G(x) = a \cdot F(x)$	Konstante Faktoren bleiben erhalten.
Summenregel	$h(x) = f(x) + g(x)$	$H(x) = F(x) + G(x)$	Summen von Funktionen werden summandenweise aufgeleitet.

Wichtige Funktionen und ihre Stammfunktionen

Funktion f(x)	$2x$	$3x^2$	$\frac{1}{x^2}$	$\sqrt{x}$	$\sin(x)$	$\cos(x)$
Stammfunktion F(x)	x^2	x^3	$-\frac{1}{x}$	$\frac{2}{3}\sqrt{x^3}$	$-\cos(x)$	$\sin(x)$

Beispiele

B **Stammfunktionen finden**

Ermitteln Sie alle Stammfunktionen zu $f(x) = 2x^2 - 4$ und überprüfen Sie.

Lösung:

$F(x) = \frac{2}{3}x^3 - 4x + c$ Probe: $F'(x) = 3 \cdot \frac{2}{3}x^2 - 4x = 2x^2 - 4 = f(x)$

Übungen

7 **Training**

Geben Sie alle Stammfunktionen an.

a) $f(x) = 3x^2 - 4x + 1$ b) $f(x) = -2x^3 + 6x$ c) $f(x) = \frac{1}{4}x^4 - 2x^2 + 8$

d) $f(x) = \frac{2}{x^2} + x^3$ e) $f(x) = (x + 2) \cdot (x - 3)$ f) $f(x) = 4 \cdot \sin(x)$

g) $f(x) = -\frac{1}{4}x^5 + 12x^2 - 8$ h) $f(x) = (3x - 2)^2$ i) $f(x) = \frac{3x^2 - 18x}{9}$

j) $f(x) = 2 \cdot \sqrt{x} - 1$ k) $f(x) = m \cdot x^2 + b$ l) $f(x) = x \cdot (x - a) \cdot (x + 1)$

8 **Zusammenhänge zwischen Ableitung und Funktion – Stammfunktionen klären**

Der Graph der Ableitungsfunktion f′ ist gegeben.

a) Begründen Sie mithilfe des Graphen von f′:
   (1) f hat zwei lokale Extrema,
   (2) f ist in [−1; 3] monoton fallend,
   (3) f hat einen Wendepunkt,
   (4) Die Tangente im Wendepunkt hat eine negative Steigung.

b) Ermitteln Sie einen Funktionsterm zu f′ und damit die Stammfunktionen. Überprüfen Sie damit die Aussagen aus a).

c) Welche der Stammfunktionen verläuft durch den Punkt (0 | 1), welche durch (1 | 0)?

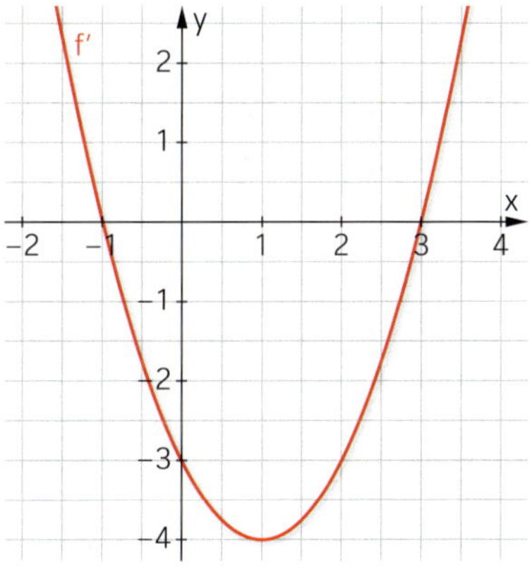

9 **Eine Lücke bei den Stammfunktionen**

Bei der Potenzregel wird $n \neq -1$ gefordert (vgl. Basiswissen).

- Begründen Sie durch Anwenden der Regel für $n = -1$, dass diese Forderung notwendig ist und Sie somit keine Stammfunktion zu $f(x) = \frac{1}{x}$ bilden können.
- Skizzieren Sie mithilfe des Graphen von $f(x) = \frac{1}{x}$ eine Stammfunktion von f.
- Zum Nachdenken: Wächst die Stammfunktion über alle Grenzen?

Grundwissen

1. Lösen Sie die Gleichungen. a) $(8 - x)^2 - 9 = 0$ b) $-\frac{1}{2}(x + 3) = 4 - (x + \frac{1}{2})$
2. Wahr oder falsch?
   a) Ganzrationale Funktionen vom Grad 3 haben immer einen Wendepunkt.
   b) Ganzrationale Funktionen vom Grad 4 haben immer zwei Wendepunkte.
   Widerlegen oder begründen Sie die Aussagen.
3. In einer Reisegruppe von 30 Personen gibt es 12 Männer. Wie viel Prozent von allen Reisenden sind das?
4. Gegeben ist die Funktion f mit $f(x) = -x^2 + 6$
   a) Skizzieren Sie den Graphen von f.
   b) Bestimmen Sie die mittlere Änderung in [−1; 2].
   c) In welchem Punkt hat der Graph die Steigung 1?
5. Ordnen Sie der Größe nach: -2; $-\sqrt{5}$; $-\frac{11}{5}$; $-(0{,}5 - 1{,}5)$
6. Geben Sie als Bruch, Dezimalzahl und Prozentzahl an: $\frac{3}{5}$; 0,125; $\frac{5}{4}$

Exkurs

Vom Nutzen der Bestandsfunktion in der Physik

Das Weg-Zeit-Gesetz beim freien Fall $s(t) = 5t^2$ diente als Beispiel bei der Entwicklung des Begriffs der zugehörigen Momentangeschwindigkeit $s'(t) = v(t) = 10t$.
Die dabei zugrunde liegende Beschleunigung ist die Änderungsrate der Geschwindigkeit. Man erhält sie als Ableitung der Geschwindigkeit: $s''(t) = a(t) = 10$.
Die Beschleunigung beim freien Fall ist also konstant etwa $10\,m/s^2$.
Weg $\rightarrow$ Geschwindigkeit $\rightarrow$ Beschleunigung

Durch Aufleiten kann man nun allein aus der Kenntnis der konstanten Beschleunigung die Weg-Zeit-Funktion für eine gleichmäßig beschleunigte Bewegung rekonstruieren: Die Geschwindigkeit ergibt sich als Bestand der Beschleunigung, der zurückgelegte Weg wiederum als Bestand der Geschwindigkeit.

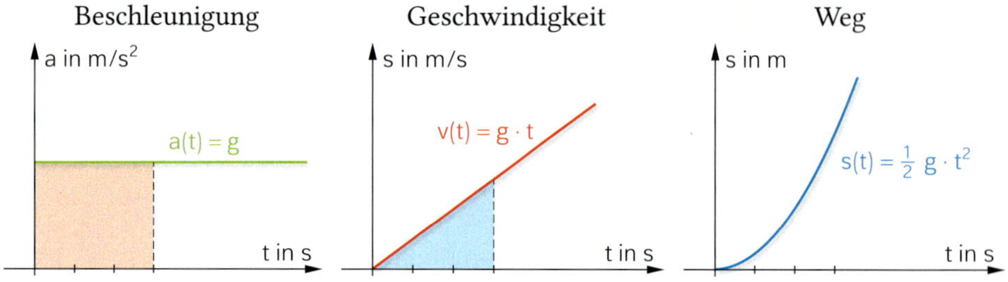

Aufgaben

10 Freier Fall auf dem Mond

Eine Schraube fällt auf dem Mond aus einer Höhe von 1,4 Meter. Wann und mit welcher Geschwindigkeit erreicht sie die Oberfläche des Mondes? Vergleichen Sie mit dem gleichen Vorgang auf der Erde. Die Fallbeschleunigung auf dem Mond beträgt $1{,}67\,m/s^2$.

11 Wachsende Beschleunigung

Ein Testfahrzeug startet zum Zeitpunkt $t = 0$ mit einer linear ansteigenden Beschleunigung $a(t) = 1{,}2 \cdot t$ $\left(t \text{ in s, a in } \frac{m}{s^2}\right)$. Welchen Weg hat es nach 5 s zurückgelegt?

Exkurs

Eine interessante Anwendung – Der digitale Wurfspeer

Das Fraunhofer-Institut Magdeburg hat einen „digitalen Wurfspeer“ entwickelt, mit dessen Hilfe man durch Sensoren den Beschleunigungsverlauf des Speeres während der Anlauf- und Abwurfphase erfassen kann. Die Geschwindigkeit des Speeres ergibt sich als Fläche in dem Beschleunigung-Zeit-Diagramm.
Aus dem zeitlichen Verlauf der Geschwindigkeit des Speeres lässt sich dann ein Geschwindigkeit-Zeit-Diagramm erstellen. Verwendet man nun dieses als Grundlage, so lässt sich der durch den Speer zurückgelegte Weg wiederum als Fläche im Geschwindigkeit-Zeit-Diagramm ablesen.
Auf diese Art kann letztlich die zurückgelegte Weite beim Speerwurf allein aus den Beschleunigungsdaten ermittelt werden. Theoretisch könnte also bei entsprechender Genauigkeit der gemessenen Werte die Weite durch den Speer selbst bestimmt werden. Tatsächlich kommen bei Wettkämpfen im Spitzensport Techniken wie die Laser-Weitenmessung mittels Tachymeter (Electronic Distance Measurement, EDM) oder die Video-Weitenmessung (Video Distance Measurement, VDM) zum Einsatz.

1.3 Der Hauptsatz der Differential- und Integralrechnung

Bisher haben Sie Bestandsrekonstruktionen immer mit Beginn bei $x = 0$ betrachtet und untersucht. Jetzt werden die Anfangswerte variiert. Um dies darstellen zu können, wird eine neue Schreibweise eingeführt:

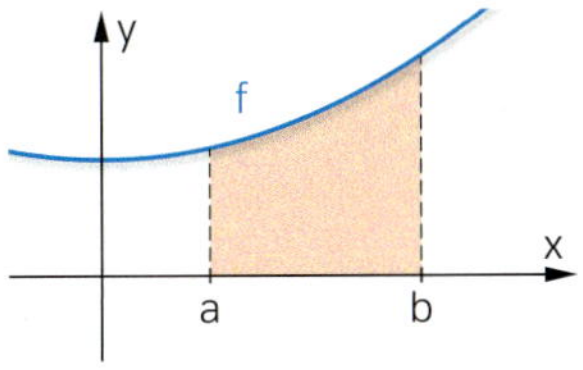

$\int_a^b f(x)\,dx$ gibt die Bestandsentwicklung in [a; b] an, dabei ist a (linke Grenze) der Startwert. In den bisherigen Untersuchungen galt immer $a = 0$. Der Ausdruck heißt Integral und wird gelesen „Integral f(x) von a bis b".

Aufgaben

1 **Bestandsrekonstruktionen – Variationen der Zeitintervalle**

a) Ein Zu- und Abflussprozess wird durch die Funktion $f(x) = -2x + 10$ beschrieben. Mit einem CAS sind verschiedene Bestandsrekonstruktionen berechnet worden. Skizzieren Sie die verschiedenen Bestände als Flächen und begründen Sie damit die Ergebnisse. Formulieren Sie zu den Integralen passende Sachsituationen.

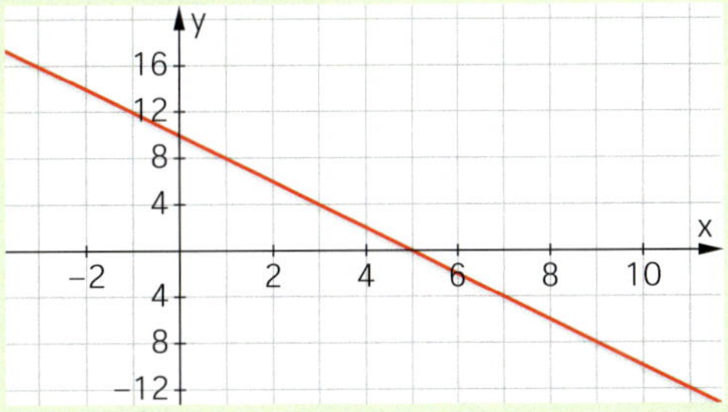

$\int_0^4 (-2\cdot x+10)\,dx \quad 24$

$\int_1^8 (-2\cdot x+10)\,dx \quad 7$

$\int_{-2}^8 (-2\cdot x+10)\,dx \quad 40$

Da x jetzt die variable Grenze des Intervalls ist, wird die Funktionsvariable hier mit t bezeichnet.

Lässt man den Anfangswert a fest und variiert den Endwert b, so erhält man eine Funktion $I_a(x) = \int_a^x f(t)\,dt$. Diese Funktion heißt **Integralfunktion**.

b) Ordnen Sie den Funktionstermen die passenden Namen zu.

(A) $I_0(x)$ (B) $I_1(x)$ (C) $I_{-2}(x)$

(1) $-x^2 + 10x - 9$ (2) $-x^2 + 10x$ (3) $-x^2 + 10x + 24$

c) Veranschaulichen und begründen Sie: (1) $\int_a^a f(t)\,dt = 0$ (2) $\int_a^x f(t)\,dt = \int_b^x f(t)\,dt + k$

2 **Flächeninhalte**

Erläutern Sie mithilfe der Bildfolge, wie man den Flächeninhalt unter f zwischen a und b ($a < b$) berechnen kann. Begründen Sie, dass für den Inhalt gilt: $\int_a^b f(x)\,dx = F(b) - F(a)$, wobei F eine Stammfunktion der Randfunktion f ist.

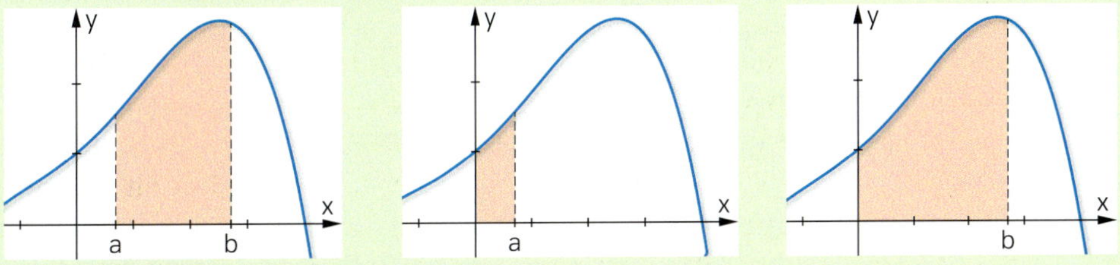

b) Bestimmen Sie den Flächeninhalt in den angegebenen Intervallen.

(1) $f(x) = 2x;\ a = 0{,}5;\ b = 3$ (2) $f(x) = 3x^2;\ a = 1;\ b = 2$

Basiswissen Mit der Definition von Integralen kann der Hauptsatz der Differential- und Integralrechnung formuliert werden.

Bestimmtes Integral

Der orientierte Flächeninhalt unter einer Randfunktion f im Intervall [a; b] heißt bestimmtes Integral.

Bezeichnung: $\int_a^b f(x)\,dx$

Sprechweise: „Integral f(x) von a bis b“

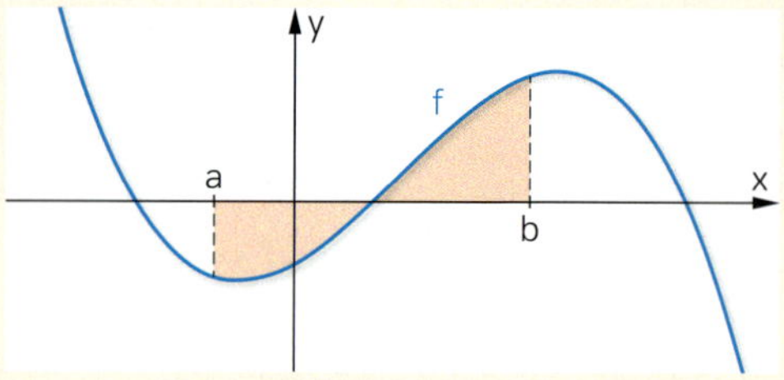

Integralfunktion

Die Funktion, die jedem x den orientierten Inhalt der Fläche zuordnet, die f(x) mit der x-Achse zwischen a und x einschließt, heißt Integralfunktion $I_a(x)$ zu f(x).

$I_a(x) = \int_a^x f(t)\,dt$

f: Integrand
a: untere Grenze
x: obere Grenze

Da x jetzt die variable Grenze des Intervalls ist, wird die Funktionsvariable von f hier mit t bezeichnet.

Bestimmte Integrale sind Funktionswerte der Integralfunktion.

Eigenschaften von Integralfunktionen:

(1) $I_a(a) = \int_a^a f(t)\,dt = 0$ Anfangsbedingung

(2) $\int_a^x f(t)\,dt = \int_b^x f(t)\,dt + k$

Integralfunktionen zu derselben Funktion unterscheiden sich nur um eine Konstante k. k gibt den orientierten Flächeninhalt unter f in [a; b] an.

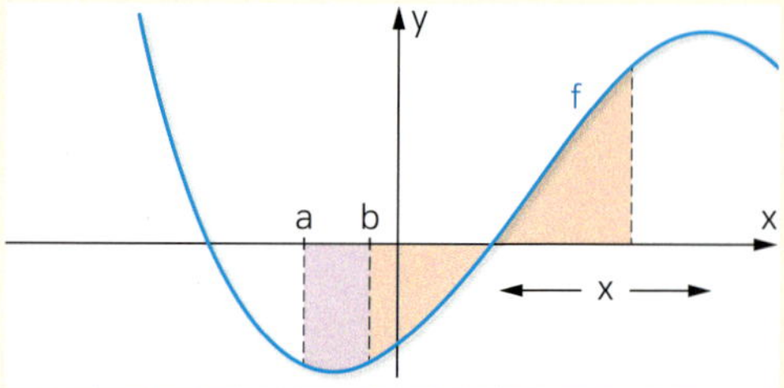

Der Hauptsatz der Differential- und Integralrechnung

Teil 1: $I_a'(x) = f(x)$ Integralfunktionen sind Stammfunktionen.

Teil 2: $I_a(b) = \int_a^b f(x)\,dx = F(b) - F(a)$ F ist eine Stammfunktion von f.

Zusammenhänge zwischen f und $\int_a^b f(x)\,dx$

f ist Änderungsfunktion eines Bestandes (Ableitung) → $\int_a^b f(x)\,dx$ beschreibt die Bestandsentwicklung (Bilanz) im Intervall [a; b]

f ist Randfunktion einer Fläche → $\int_a^b f(x)\,dx$ ist orientierter Flächeninhalt unter dem Graphen von f in [a; b]

Beispiele

A **Einen orientierten Inhalt bestimmen**

Bestimmen Sie den orientierten Flächeninhalt zwischen dem Graphen zu $f(x) = x^2 - 5x + 4$ und der x-Achse von 3 bis 6.

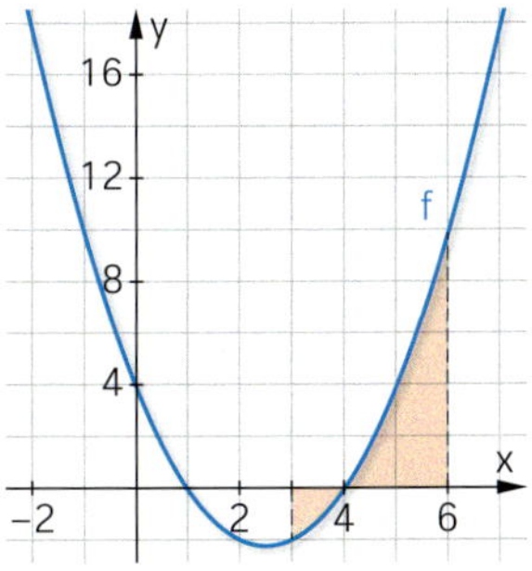

Lösung:

Anwendung des Hauptsatzes: Eine Stammfunktion zu f(x) ist $F(x) = \frac{1}{3}x^3 - \frac{5}{2}x^2 + 4x$. Zu berechnen ist F(6) − F(3).

$F(6) = \frac{1}{3} \cdot 6^3 - \frac{5}{2} \cdot 6^2 + 4 \cdot 6 = 6$; $F(3) = \frac{1}{3} \cdot 3^3 - \frac{5}{2} \cdot 3^2 + 4 \cdot 3 = -1{,}5$

Man schreibt: $\int_3^6 f(x)\,dx = [F(x)]_3^6 = F(6) - F(3) = 6 - (-1{,}5) = 7{,}5.$

Der gesuchte orientierte Flächeninhalt beträgt 7,5 FE.

B **Geometrische Interpretation und Ermittlung einer Integralfunktion**

Der blaue Graph gehört zu der Integralfunktion $I_{-3}(x) = \int_{-3}^{x} f(t)\,dt$ zu $f(x) = x^2 - 4$

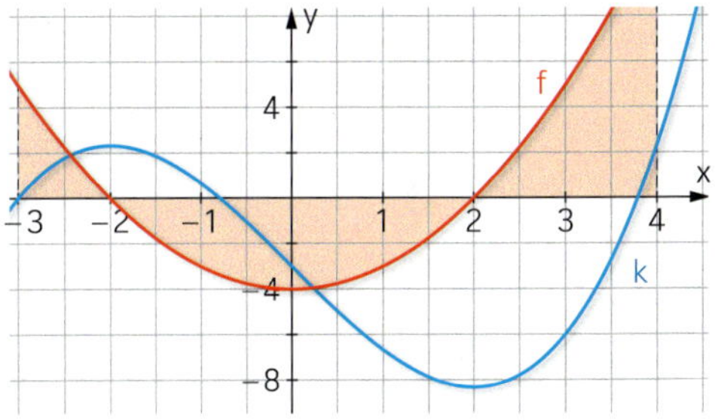

a) Beschreiben Sie geometrisch den Zusammenhang zwischen beiden Graphen.

b) Ermitteln Sie eine Gleichung zu $I_{-3}(x)$

Lösung:

a)
- k hat an der Stelle −3 eine Nullstelle. Das passt zu $I_{-3}(-3) = 0$.
- Bis zur Nullstelle von f bei $x = -2$ nimmt der orientierte Inhalt zu, danach nimmt er ab. k hat bei $x = -2$ ein Maximum.
- Bei $x = 0$ ist ein Übergang von zunehmender Abnahme des orientierten Inhalts zu abnehmender Abnahme. k hat dort eine Wendestelle.
- Ab $x = 2$ nimmt der orientierte Inhalt zu $(f(x) > 0)$; k wächst monoton.

b) $I_{-3}(x)$ ist Stammfunktion von f(x), also gilt: $\int_{-3}^{x} (t^2 - 4)\,dt = \frac{1}{3}x^3 - 4x + c$

Mit $I_{-3}(-3) = 0$ folgt: $\frac{1}{3}(-3)^3 - 4 \cdot (-3) + c = 0$, also: $c = -3$

$I_{-3}(x) = \int_{-3}^{x} (t^2 - 4)\,dt = \frac{1}{3}x^3 - 4x - 3$

Werkzeug

Integrale mit dem GTR

Mit dem GTR können Integrale numerisch und grafisch bestimmt werden:

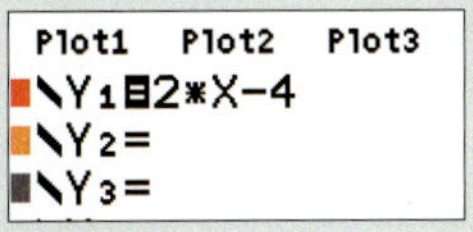

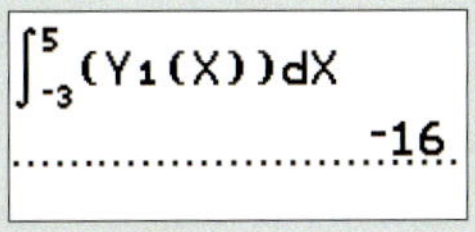

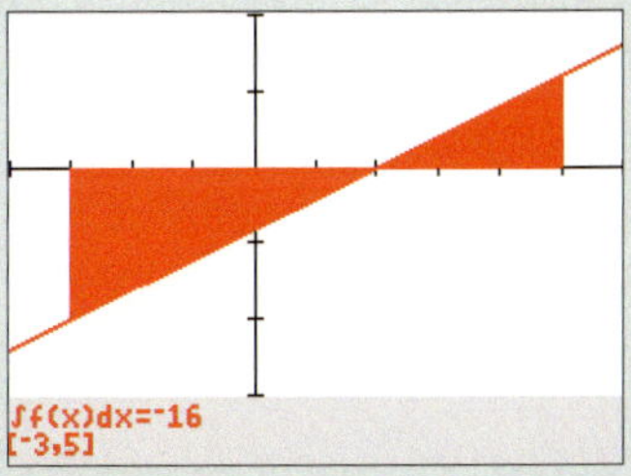

Ergebnisse sind meistens Näherungswerte.

Integrale mit CAS

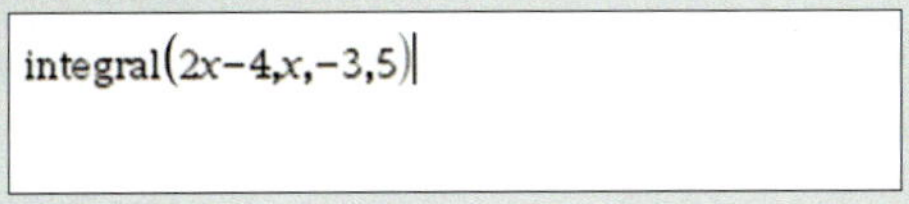

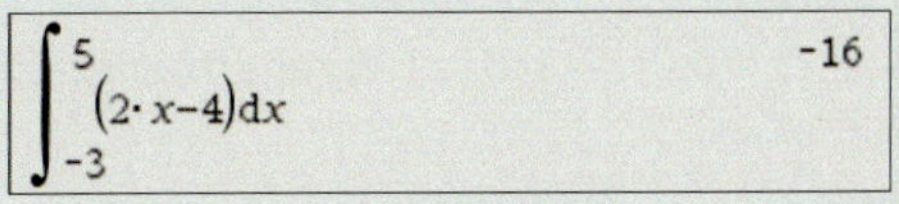

Übungen

Bestimmte Integrale

3 Berechnung von Integralen

Wenden Sie den Hauptsatz der Differential- und Integralrechnung an. Skizzieren Sie die zugehörigen Flächen. Überprüfen Sie die Ergebnisse mit dem GTR.

a) $\int_1^2 (4x^3)\,dx$ b) $\int_{-3}^5 (2x-4)\,dx$ c) $\int_{-1}^1 (9x^2-1)\,dx$ d) $\int_0^{\frac{\pi}{2}} (\sin(x))\,dx$

e) $\int_1^3 \left(\frac{1}{x^2}\right)dx$ f) $\int_0^4 (x\cdot(x-1))\,dx$ g) $\int_{-1}^1 (x^3-x)\,dx$ h) $\int_1^9 (5\cdot\sqrt{x}-2)\,dx$

i) $\int_1^a \left(x^2-\frac{1}{2}x\right)dx$ j) $\int_c^4 (-x^3+1)\,dx$ k) $\int_{-2}^4 (a\cdot x^2-1)\,dx$ l) $\int_{-\pi}^c (\cos(x)+2)\,dx$

4 Training: Integrale und Gleichungen

Es sei $\int_a^b f(x)\,dx = c$ gegeben.

Bestimmen Sie jeweils den fehlenden Eintrag und fertigen Sie zu jeder Teilaufgabe eine aussagekräftige Skizze an.

	a	b	c	f(x)
a)	1	3	■	$3x^2-1$
b)	−2	■	7	$2x-2$
c)	■	1	−15	$4x^3$
d)	■	2	6	$3x^2-x$

Hinweis: In b), c) und d) gibt es jeweils zwei Lösungen. Überprüfen Sie mit dem GTR.

$\int_a^b f$ ist Kurzschreibweise für $\int_a^b f(x)\,dx$

5 Integrationsregeln 1

Verdeutlichen und begründen Sie die Regeln geometrisch mithilfe der Bilder.

(1) $\int_a^b f + \int_b^c f = \int_a^c f$

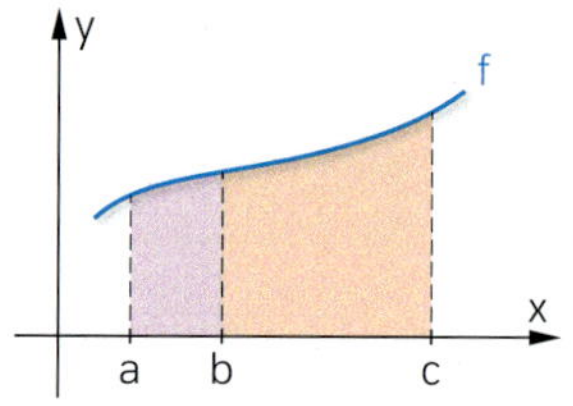

(2) $\int_a^b (-f) = -\int_a^b f$

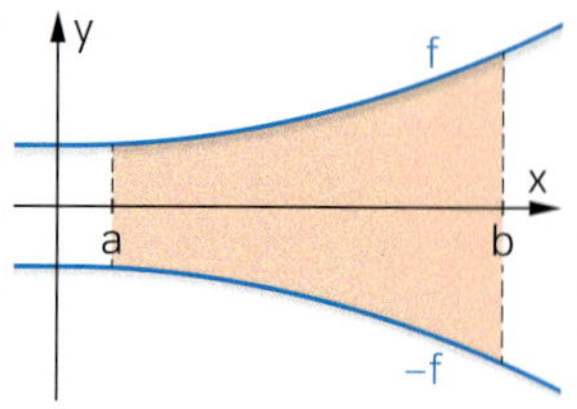

6 Integrationsregeln 2

a) Überprüfen Sie die Regeln für $k=2$, $f(x)=x^2$ und $g(x)=-x+1$.

(3) $\int_a^b k\cdot f = k\cdot\int_a^b f$

(4) $\int_a^b (f+g) = \int_a^b f + \int_a^b g$

b) Führen Sie einen allgemeinen Nachweis.

c) Was passiert, wenn man die Integrationsgrenzen vertauscht?

(5) $\int_a^b f = -\int_b^a f$

- Zeigen Sie (5) mithilfe des Hauptsatzes.
- Beschreiben Sie inhaltlich das Vertauschen der Integrationsgrenzen bei dem Zufluss-Abfluss-Prozess, der durch $\int_0^2 3\,dx$ beschrieben wird.

7 Eine bekannte Formel

Welche bekannte Formel verbirgt sich hinter $\int_0^a c\,dx$ mit $c > 0$?

Veranschaulichen Sie Ihre Antwort auch mithilfe einer Skizze.

Übungen

8 **Der Größe nach ordnen**

Ordnen Sie der Größe nach.

(1) $\int_a^d f$ (2) $\int_a^a f$ (3) $\int_a^b f$

(4) $\int_b^d f$ (5) $\int_a^c f$ (6) $\int_c^d f$

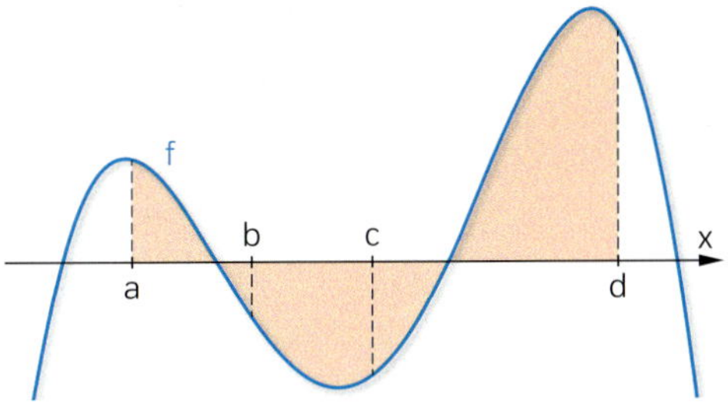

9 **Terme veranschaulichen**

Es gilt $F'(x) = f(x)$. Veranschaulichen Sie jeden der angegebenen Werte möglichst in beiden Diagrammen. Vergleichen Sie Ihre Ergebnisse mit denen anderer.

(1) $f(a)$ (2) $\int_a^b f(x)\,dx$ (3) $F'(a)$ (4) $F(b) - F(a)$

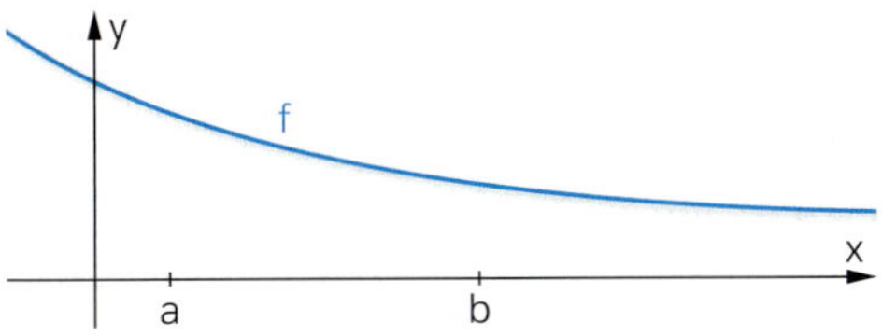

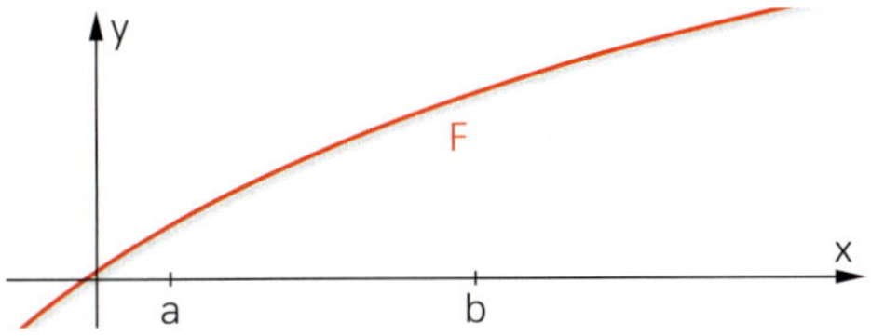

10 **Unterschiedliche Integrationsvariablen**

a) Wie kommt das CAS zu den Ergebnissen?

$\int_0^a x^2\,dx \quad \frac{a^3}{3}$ $\int_0^a a^2\,dx \quad a^3$ $\int_0^x a^2\,dx \quad a^2 \cdot x$ $\int_0^x a^2\,da \quad \frac{x^3}{3}$

b) Bestimmen Sie die Integrale.

(1) $\int_0^1 (t \cdot x^2)\,dx$ (2) $\int_0^1 (t \cdot x^2)\,dt$ (3) $\int_{-1}^1 (t \cdot x + x)\,dx$ (4) $\int_{-1}^1 (t \cdot x + x)\,dt$

c) Manche CAS rechnen so:
Was passt hier bei der Darstellung (Eingabe) eigentlich nicht?
Wie geht das CAS damit um?

$\int_0^x 2\,dx \quad 2 \cdot x$

Integralfunktionen

11 **Vom Bild zur Integralfunktion**

In dem Diagramm sind die Graphen einer Berandungsfunktion rot und einer zugehörigen Integralfunktion blau gezeichnet.

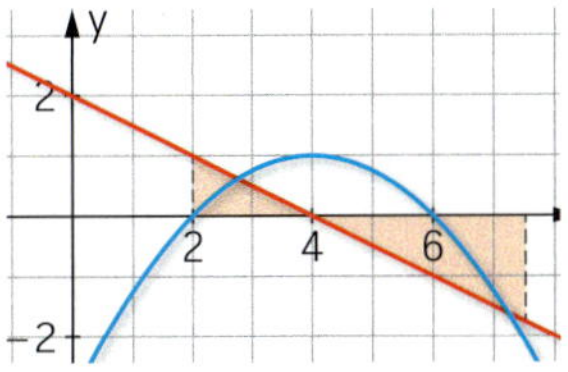

a) Bestimmen Sie die Gleichungen der beiden Funktionen.

b) Vergleichen Sie den Graphen der gezeichneten Integralfunktion mit dem Graphen von $I_0(x) = \int_0^x f(t)\,dt$.

12 **Integralfunktionen berechnen**

Berechnen Sie die Integralfunktion zu der Funktion $f(x)$. Skizzieren Sie $f(x)$ und die Integralfunktionen sowie die zugehörigen orientierten Flächeninhalte.

vgl. Beispiel B

a) $f(x) = 3x - 1;\ I_0(x);\ I_3(x)$ b) $f(x) = \sin(x);\ I_0(x);\ I_\pi(x)$

c) $f(x) = 4x^3 + x - 2;\ I_0(x);\ I_2(x)$ d) $f(x) = -\frac{1}{x^2};\ I_2(x)$

Übungen

vgl. Beispiel B

13 **Integralfunktion finden**

Gegeben ist $f(x) = x(x-2)(x-5)$. Welche der eingezeichneten Funktionsgraphen g, h und k könnten der Graph der Integralfunktion $\int_1^x f$ sein? Begründen Sie Ihre Entscheidung.

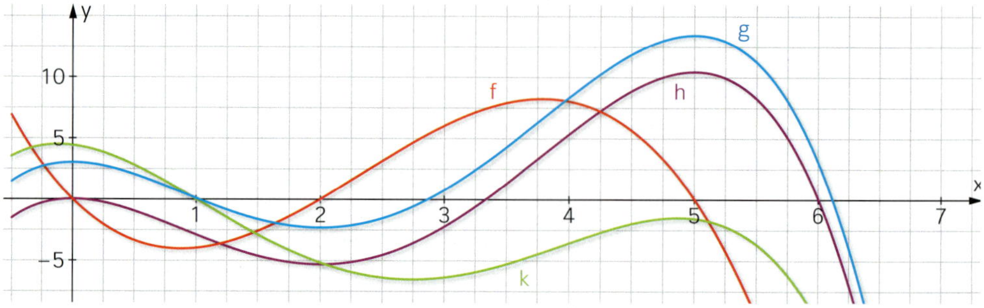

14 **Erkunden von Integralfunktionen mit dynamischem Funktionsplotter**

Mit einem dynamischen Funktionsplotter kann die Entstehung und der Verlauf der Integralfunktion bei vorgegebener linker Grenze a punktweise beobachtet werden.

Beispiel: $f(x) = x \cdot (x-3) \cdot (x-5)$; $a = -\frac{1}{2}$

Applet eA-1.3-14

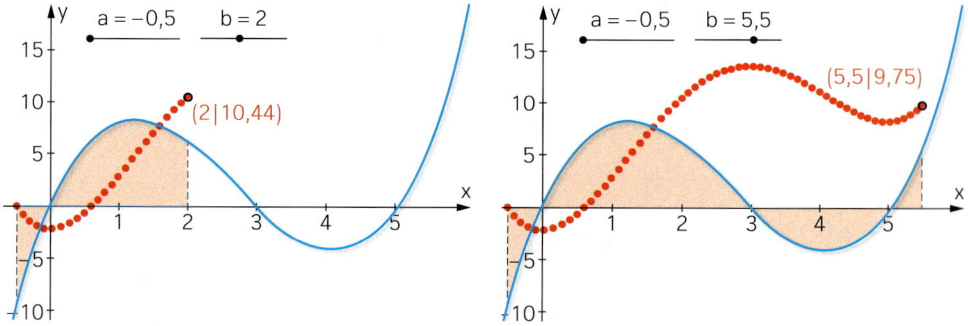

a) Bestimmen Sie die Integralfunktion zu dem Beispiel $f(x) = x \cdot (x-3) \cdot (x-5)$.

b) Erzeugen Sie mit dem Applet die Integralfunktionen aus Aufgabe 12 und beschreiben Sie grafisch die Integralfunktion und ihren Zusammenhang mit der Randfunktion f (Nullstellen, Extrem- und Wendestellen, Verhalten für $x \to \pm\infty$).

c) Untersuchen Sie mit dem Applet die Integralfunktionen zu den Randfunktionen. Warum können Sie bei (1) und (2) keine Integralfunktionen bestimmen?

(1) $f(x) = 2^x$; $a = -2$; $a = 1$

(2) $f(x) = \frac{6}{x^2+1}$; $a = -1$; $a = 1$

(3) $f(x) = 4 \cdot \sin(x) + \frac{1}{2}x$; $a = 0$; $a = 2$

15 **Integralfunktionen nach Anschauung**

Skizzieren Sie jeweils nach Anschauung (1) $I_1(x) = \int_1^x f(t)\,dt$ (2) $I_{-2}(x) = \int_{-2}^x f(t)\,dt$

a) 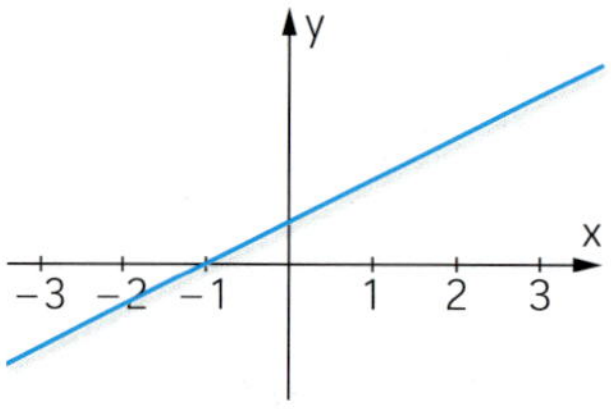

b) 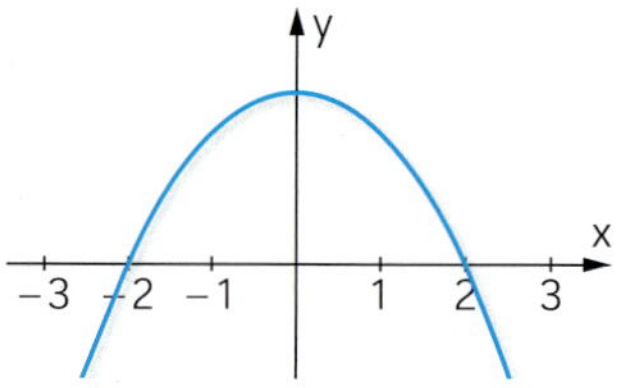

c) 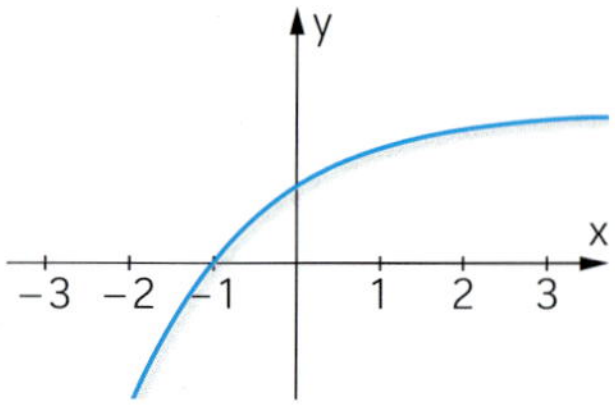

Übungen

Der Hauptsatz

16 Ein anschaulicher Beweis des Hauptsatzes Teil 1

Um Teil 1 des Hauptsatzes zu beweisen, geht man zunächst auf die Definition der Ableitung mithilfe des Differenzenquotienten zurück. Es muss dann gezeigt werden:

$I_a'(x) = \lim\limits_{h \to 0} \frac{I_a(x+h) - I_a(x)}{h} = f(x)$

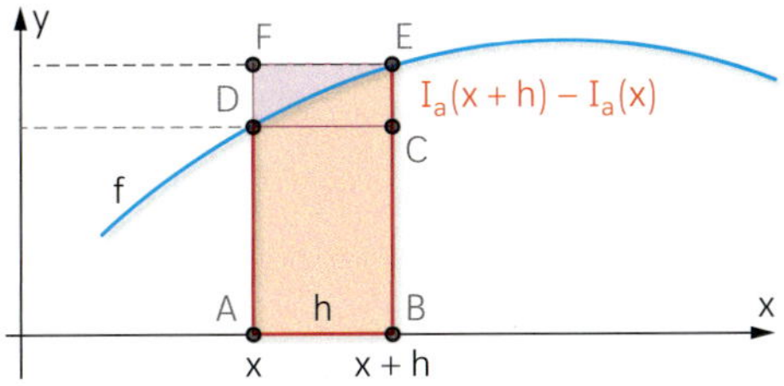

Veranschaulichung:

Der Zähler des Differenzenquotienten $I_a(x+h) - I_a(x)$ stellt den Inhalt des Flächenstücks dar, das unter dem Graphen von f im Intervall $[x, x+h]$ liegt.

Diese Fläche kann durch die zwei Rechtecke ABCD und ABEF abgeschätzt werden. Es gilt dann: $f(x) \cdot h \le I_a(x+h) - I_a(x) \le f(x+h) \cdot h$

Die Division durch h $(h > 0)$ ergibt:

Man erhält damit eine Abschätzung für die mittlere Änderungsrate von $I_a(x)$ in $[x, x+h]$. $f(x) \le \frac{I_a(x+h) - I_a(x)}{h} \le f(x+h)$

Für die lokale Änderungsrate muss der Grenzübergang $h \to 0$ vollzogen werden: $\lim\limits_{h \to 0} f(x) \le \lim\limits_{h \to 0} \frac{I_a(x+h) - I_a(x)}{h} \le \lim\limits_{h \to 0} f(x+h)$

Der linke Ausdruck ist unabhängig von h, der rechte Ausdruck strebt gegen f(x).

Man erhält damit: $f(x) \le I_a'(x) \le f(x)$, also: $I_a'(x) = f(x)$

a) Schauen Sie sich den Beweis genau an und gehen Sie ihn Schritt für Schritt durch.

b) In dem Beweis ist f monoton wachsend. Führen Sie den Beweis für eine monoton fallende Funktion durch.

17 Genauer hingeschaut

Der obige Beweis funktioniert für die rechts abgebildete Funktion an der Stelle 2 nicht.

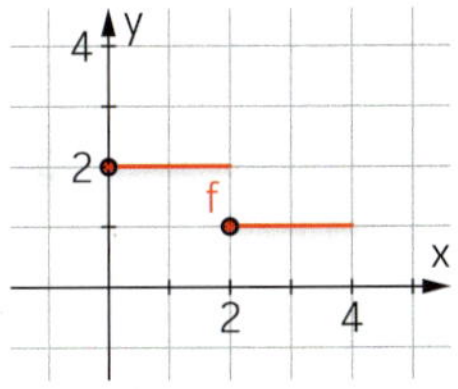

- Finden Sie den Argumentationsschritt in dem Beweis, der hier nicht klappt.
- Formulieren Sie die Voraussetzung für f, damit der Hauptsatz gilt.

18 Beweis des Hauptsatzes Teil 2

Beweisen Sie Teil 2 des Hauptsatzes.

Tipp

(1) $I_a(x) = F(x) + c$ (2) $I_a(a) = 0$

19 Integralfunktionen und Stammfunktionen

a) Begründen Sie, dass jede Integralfunktion mindestens eine Nullstelle hat.

b) *Stammfunktionen sind mehr als Integralfunktionen*
Zeigen Sie, dass $F(x) = x^2 + 1$ Stammfunktion von $f(x) = 2x$ ist, aber keine Integralfunktion sein kann.

c) *Integralfunktionen sind mehr als Stammfunktionen*
Begründen Sie, dass es Funktionen gibt, zu denen es eine Integralfunktion, aber keine Stammfunktion gibt. (Hinweis: Aufgabe 17 hilft)

Grundwissen

1. Bestimmen Sie die Schnittpunkte mit den Koordinatenachsen, sowie die Extrem- und Wendepunkte von f mit $f(x) = x^3 - 12x$.
2. Skizzieren Sie die Graphen von $f(x) = -x^2 + 1$ und $g(x) = 2\sin(x) - 1$.

1.4 Integrieren ohne Stammfunktion

Der Hauptsatz der Differential- und Integralrechnung stellt einen Zusammenhang zwischen dem Integrieren und dem Finden von Stammfunktionen her, so dass man denken könnte, dass „Integrieren" und „Stammfunktion finden" dasselbe ist. Wenn man eine Stammfunktion kennt oder bestimmen kann, ist das Ermitteln der Integrale und Flächeninhalte damit komfortabel und übersichtlich.

Die Abbildung zeigt Beispiele zu Stammfunktionen, die mit einem CAS erzeugt sind. An den Termen der Stammfunktionen ist zu erkennen, dass hinter ihrer Bestimmung wohl keine einfachen Verfahren stecken. Es ist aber noch schlimmer: Das dritte Beispiel zeigt, dass es wohl Funktionen gibt, zu denen keine Stammfunktion gefunden werden kann. Integrale über Stammfunktionen zu definieren greift also zu kurz (vgl. auch 1.3 Aufgabe 17, 19). Ziel ist also, eine Definition für das Integral zu finden, die ohne den Begriff der Stammfunktion auskommt. Wie lässt sich das Integral ohne Bezug zu Stammfunktionen durch eine Definition aus einfachen Bausteinen präzisieren?

$\int (x^3 \cdot \sin(x))\,dx$	$(6 \cdot x - x^3) \cdot \cos(x) + 3 \cdot (x^2 - 2) \cdot \sin(x)$
$\int \frac{1}{1+x^2}\,dx$	$\tan^{-1}(x)$
$\int 2^{-x^2}\,dx$	$\int 2^{-x^2}\,dx$

Prinzip:

Der Inhalt A der Fläche zwischen dem Graphen einer Funktion f und der x-Achse in einem Intervall wird durch Rechtecke angenähert. Die Breite h der Rechtecke wird verkleinert und der Grenzprozess $h \to 0$ untersucht.

Aufgaben

1 Rechtecke und Grenzprozesse – anschaulich

Erläutern Sie jeweils die Bildfolge.

a) Wählen Sie einen festen Endwert.

Applet eA-1.4-1

Was passiert mit den Rechtecksummen, wenn die Intervalle sukzessive verfeinert werden?

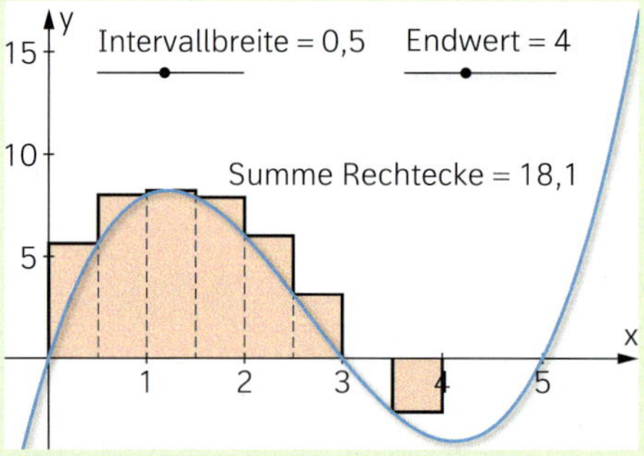

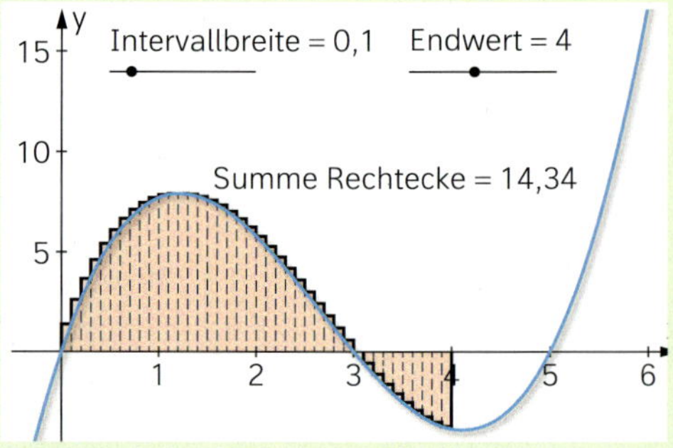

b) Wählen Sie eine feste Intervallbreite.

Beobachten Sie P (P(Endwert | Rechtecksumme)).

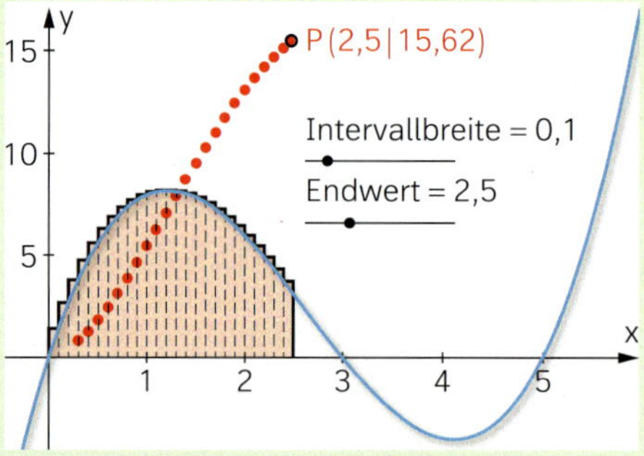

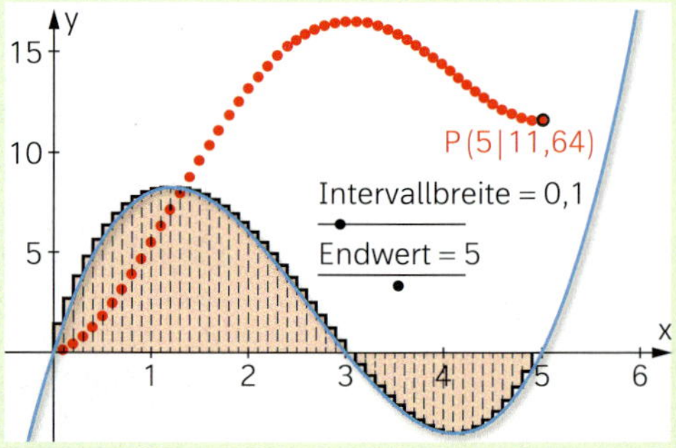

Experimentieren Sie mit dem Applet, indem Sie die Funktion f und die Intervallbreiten und Endwerte variieren.

Aufgaben

2 Rechtecke und Grenzprozesse – mit Berechnung

Der Inhalt A der Fläche zwischen dem Graphen von $f(x) = x^2$ und der x-Achse im Intervall [0; 1] wird durch Rechtecksummen angenähert.

a) Erläutern Sie die Bildfolge und die darunter stehenden Produktsummen für die Rechteckflächen und berechnen Sie diese.

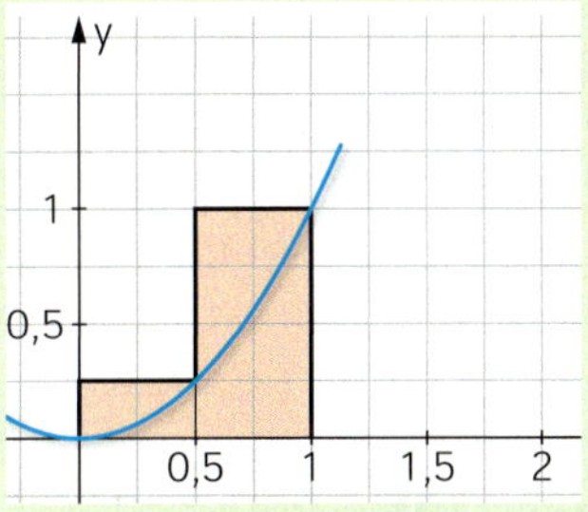

$S_2 = \frac{1}{2} \cdot \left(\frac{1}{2}\right)^2 + \frac{1}{2} \cdot 1^2$

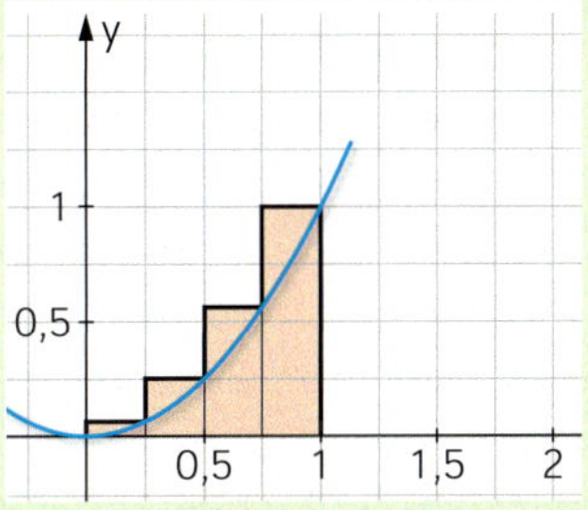

$S_4 = \frac{1}{4} \cdot \left(\frac{1}{4}\right)^2 + \frac{1}{4} \cdot \left(\frac{1}{2}\right)^2 + \frac{1}{4} \cdot \left(\frac{3}{4}\right)^2 + \frac{1}{4} \cdot 1^2$

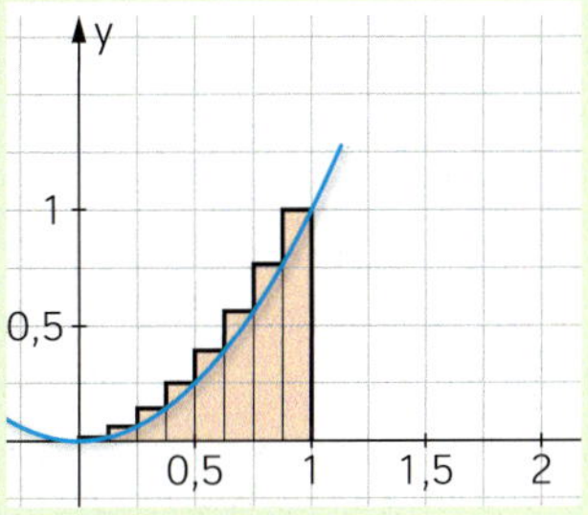

$S_8 = \frac{1}{8} \cdot \left(\frac{1}{8}\right)^2 + \frac{1}{8} \cdot \left(\frac{1}{4}\right)^2 + \ldots + \frac{1}{8} \cdot 1^2$

b) ▪ Begründen Sie die Formel $S_n = \frac{1}{n} \cdot \left(\frac{1}{n}\right)^2 + \frac{1}{n} \cdot \left(\frac{2}{n}\right)^2 + \ldots + \frac{1}{n} \cdot \left(\frac{n-1}{n}\right)^2 + \frac{1}{n} \cdot \left(\frac{n}{n}\right)^2$ für die Unterteilung in n Intervalle.

▪ Zeigen Sie, dass gilt: $S_n = \frac{1}{n^3}(1^2 + 2^2 + \ldots + (n-1)^2 + n^2)$

> Mit dem Summenzeichen $\sum$ erhält man eine kurze Darstellung von Summen, die aus vielen Summanden bestehen:
>
> Beispiel: $1 + \frac{1}{2} + \frac{1}{3} + \ldots + \frac{1}{n-1} + \frac{1}{n} = \sum_{i=1}^{n} \frac{1}{i}$

▪ Schreiben Sie die beiden Darstellungen von S_n mit dem Summenzeichen.

Untersuchung des Grenzprozess für $n \to \infty$.

Hier sind zwei Möglichkeiten:

(1) *Grenzprozess und Grenzwert mit CAS*

▪ Definieren Sie ein Makro für die Summe und untersuchen Sie es für größer werdendes n.

$\frac{1}{n^3} \cdot \sum_{i=1}^{n} (i^2) \rightarrow rechtsum(n)$	*Fertig*
$rechtsum(2)$	0.625

▪ Ein CAS kann häufig den Grenzwert auch angeben.

$\lim_{n \to \infty} (rechtsum(n))$	$\frac{1}{3}$

(2) *Grenzwert mit Formel für Summen und Grenzwertbildung „zu Fuß“*

Ein CAS kann Formeln für Summen angeben.

$\sum_{i=1}^{n} (i^2)$	$\frac{n \cdot (n+1) \cdot (2 \cdot n+1)}{6}$

▪ Zeigen Sie, dass man mit dieser Summenformel erhält: $S_n = \frac{1}{6} \cdot \left(1 + \frac{1}{n}\right) \cdot \left(2 + \frac{1}{n}\right)$

▪ Ermitteln Sie damit den Grenzwert.

Vergleichen Sie mit dem Ergebnis, das man durch Anwenden des Hauptsatzes erhält.

Basiswissen Eine Definition des bestimmten Integrals ohne Rückgriff auf Stammfunktionen

Das Integral als Grenzwert von Produktsummen

Zur näherungsweisen Bestimmung der krummlinig berandeten Fläche unter f wird das Intervall [a; b] in n gleich breite Teilintervalle aufgeteilt.
Zur Berechnung der Flächeninhalte der so entstandenen Rechtecke wird die Produktsumme gebildet:

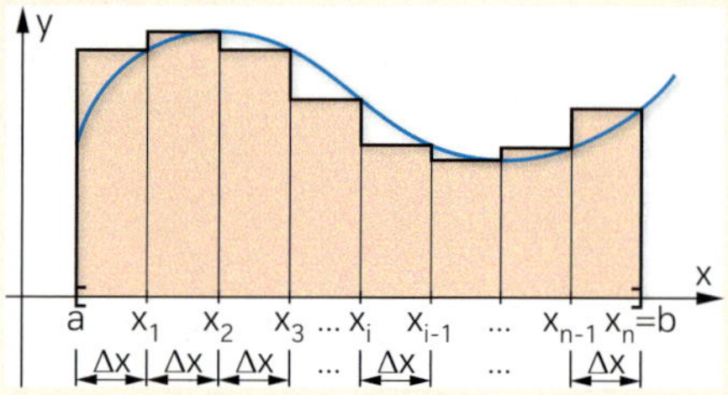

$$S_n = f(x_1)\cdot\Delta x + f(x_2)\cdot\Delta x + \ldots + f(x_n)\cdot\Delta x = \sum_{k=1}^{n} f(x_k)\cdot\Delta x$$

Es muss ein Grenzprozess durchgeführt werden $(\Delta x \to 0)$. Dies ist nicht überraschend, denn anschaulich sind bei der Rekonstruktion von Bestandsfunktionen unendlich viele lokale Änderungsraten addiert worden, oder geometrisch gesprochen: Es werden unendlich viele Rechtecke mit dem Flächeninhalt 0 addiert.
Was aber ist $\infty \cdot 0$?

Der Grenzwert dieser Produktsumme liefert eine Definition des bestimmten Integrals:

$$\lim_{n\to\infty}\sum_{k=1}^{n} f(x_k)\cdot\Delta x = \int_a^b f(x)\,dx$$

Damit lässt sich auch eine plausible Erklärung für die Schreibweise geben:
Das Integralzeichen kann man als langgezogenes S deuten, das sich aus dem Summenzeichen entwickelt hat. Das Zeichen dx steht für das beliebig kleine Δx.
Die Produktsumme kann als Summe der (orientierten) Flächeninhalte $f(x)\cdot dx$ kleiner Rechteckstreifen interpretiert werden.
Diese Definition des Integrals stammt von BERNHARD RIEMANN, der sie allerdings in einer noch allgemeineren Fassung entwickelt hat.

BERNHARD RIEMANN (1826 – 1866)

Beispiele

A Rechtecksummen in [0; b]

Zeigen Sie mithilfe der Definition des Integrals nach RIEMANN, dass $\int_0^b x^2\,dx = \frac{1}{3}b^3$ gilt.
Vergleichen Sie mit dem Ergebnis, das man mit dem Hauptsatz erhält.

Lösung:

Das Intervall [0; b] wird in n gleichbreite Abschnitte Δx zerlegt.

Dann gilt: $\Delta x = \frac{b}{n}$ und $x_k = k\cdot\Delta x = k\cdot\frac{b}{n}$.

Also gilt: $f(x_k) = \left(\frac{k\cdot b}{n}\right)^2$ und damit:

$$S_n = \frac{b}{n}\cdot\left(\frac{b}{n}\right)^2 + \frac{b}{n}\cdot\left(\frac{2b}{n}\right)^2 + \ldots + \frac{b}{n}\cdot\left(\frac{n\cdot b}{n}\right)^2$$

$$= \sum_{k=1}^{n}\left(\frac{b}{n}\cdot\left(\frac{k\cdot b}{n}\right)^2\right) = \sum_{k=1}^{n}\frac{b}{n}\cdot\frac{k^2\cdot b^2}{n^2} = \frac{b^3}{n^3}\sum_{k=1}^{n}k^2$$

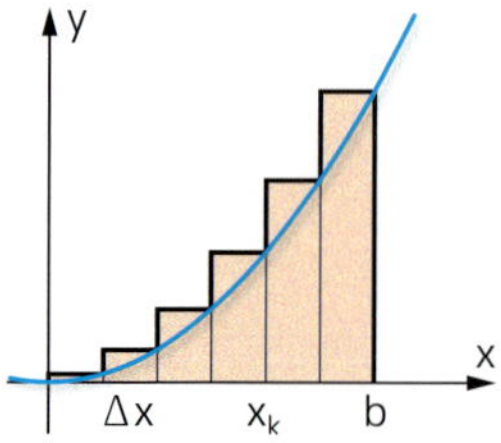

Formelsammlung oder CAS:
$$\sum_{k=1}^{n} k^2 = \frac{n^3}{3} + \frac{n^2}{2} + \frac{n}{6}$$

Mit der Formel für die Potenzsumme erhält man:

$$S_n = \frac{b^3}{n^3}\cdot\left(\frac{n^3}{3} + \frac{n^2}{2} + \frac{n}{6}\right) = \frac{b^3}{3} + \frac{b^3}{2n} + \frac{b^3}{6n^2}$$

Und damit: $\lim\limits_{n\to\infty} S_n = \lim\limits_{n\to\infty}\left(\frac{b^3}{3} + \frac{b^3}{2n} + \frac{b^3}{6n^2}\right) = \frac{b^3}{3}$;

Mit Hauptsatz: $F(x) = \frac{1}{3}x^3 \Rightarrow F(b) - F(0) = \frac{1}{3}b^3$

Übungen

3 Bestimmte Integrale von Potenzfunktionen mit Produktsummen

Ermitteln Sie die Integrale mit der Definition nach RIEMANN. Benutzen Sie die angegebenen Summenformeln.

a) $\int_0^b (x^3)\,dx$ b) $\int_0^b (x^4)\,dx$

$$\sum_{k=1}^{n} (k^3) \quad \frac{n^2 \cdot (n+1)^2}{4}$$

$$\text{expand}\left(\sum_{k=1}^{n} (k^4)\right) \quad \frac{n^5}{5}+\frac{n^4}{2}+\frac{n^3}{3}-\frac{n}{30}$$

Bestätigen Sie damit die Aussage des Hauptsatzes der Differential- und Integralrechnung.

4 Produktsummen in [a; b] – eine universelle Formel

CAS

Mit einem GTR oder CAS können die Grenzprozesse numerisch untersucht werden.

a) Leiten Sie die Formel für die näherungsweise Berechnung der Fläche unter dem Graphen einer Funktion f im Intervall [a, b] her.

$$A(n) = \frac{b-a}{n} \sum_{k=1}^{n} f\left(a + k \cdot \frac{b-a}{n}\right)$$

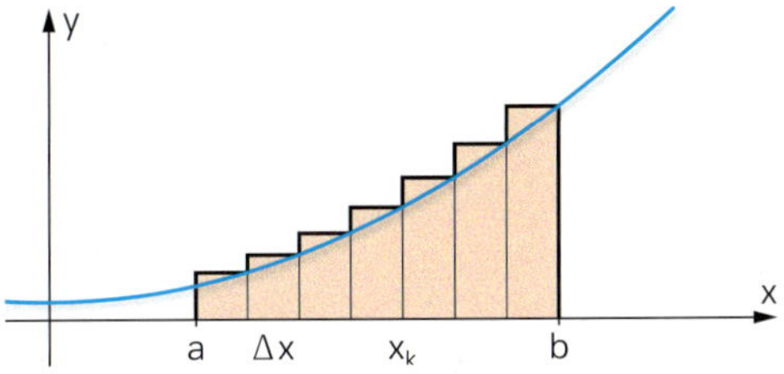

Begründen Sie zunächst:

$\Delta x = \frac{b-a}{n}$ und $x_k = a + k \cdot \frac{b-a}{n}$

n muss beim GTR x sein.

GTR

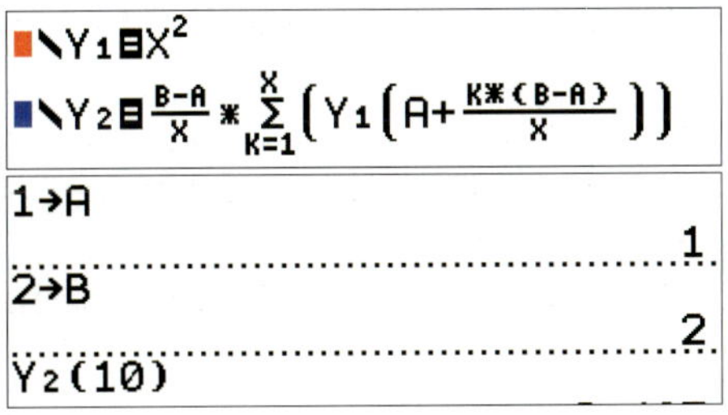

CAS

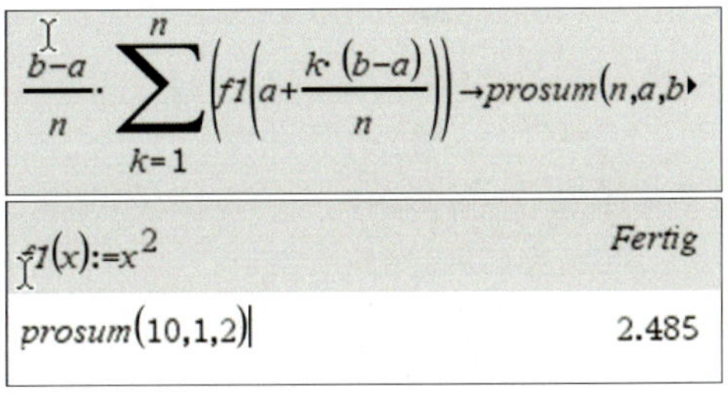

Testen Sie die Formel mit $\int_1^2 (x^2)\,dx$ für wachsende Werte von n. Vergleichen Sie mit dem Ergebnis, das Sie mit der Anwendung des Hauptsatzes erhalten.

b) Bestimmen Sie gute Näherungswerte für die Integrale. Geben Sie Gründe an, warum bei einigen die Ermittlung mithilfe des Hauptsatzes scheitert.

(1) $\int_1^{10} (\sqrt{x})\,dx$ (2) $\int_{-1}^{2} (2^x)\,dx$ (3) $\int_0^{\pi} (\sin(x))\,dx$ (4) $\int_{-1}^{1} (2^{-x^2})\,dx$

5 Integrale bei nicht stetigen Funktionen

vgl. 1.3 Aufgabe 17

a) Zeigen Sie mithilfe der Definition des Integrals nach RIEMANN, dass nebenstehende Funktion im Intervall [0; 4] integrierbar ist.

$$f(x) = \begin{cases} 2 & \text{für } 0 \le x < 2 \\ 1 & \text{für } 2 \le x \le 4 \end{cases}$$

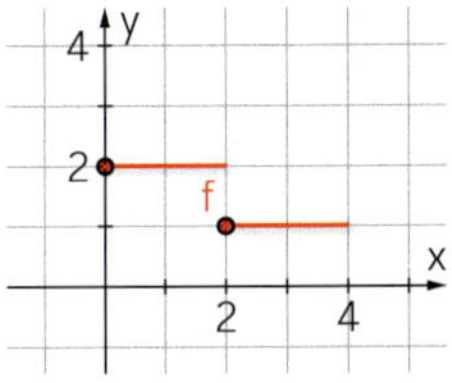

Grundwissen

1. Berechnen Sie: a) $10 - (-4 + (3-5) \cdot 4)$ b) $\frac{2}{3} \cdot \left(4 + \frac{5}{7}\right)$
2. Lösen Sie die Gleichung nach jeder Variablen: $a \cdot (x-2) = (a-1) \cdot x$

Aufgaben

6 Eine alternative Summenbildung

Applet eA-1.4-6

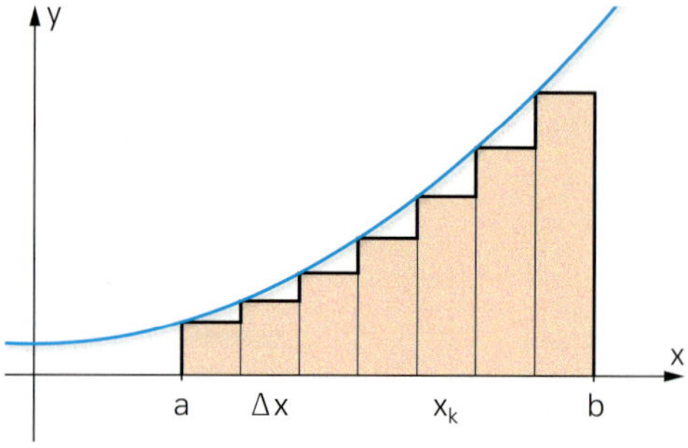

Bisher sind die Höhen der Rechtecke immer durch den rechten Funktionswert im entsprechenden Intervall festgelegt worden. Alternativ kann auch der Funktionswert am linken Rand benutzt werden.

a) Zeigen Sie, dass für die Produktsummen in diesem Fall gilt:

$$S2_n = \frac{b-a}{n} \cdot \int_{k=0}^{n-1} f\left(a + k \cdot \frac{b-a}{n}\right)$$

CAS b) Erzeugen Sie mit dem CAS ein Makro *prosum2(n,a,b)* zu diesen Produktsummen. Untersuchen Sie, ob der Unterschied zwischen *prosum* und *prosum2* für wachsendes n verschwindend klein wird.

> Die näherungsweise Bestimmung von Integralen mit geeigneten Rechtecken und der dazugehörige Grenzprozess führen zu einer Definition des Integrals ohne Rückgriff auf Stammfunktionen. Unabhängig von dem Bedürfnis nach einer analytischen Definition des Integrals gibt es noch weitere Möglichkeiten, Integrale näherungsweise (numerisch) zu bestimmen. Dies ist bedeutsam, wenn keine Stammfunktionen bekannt sind oder existieren. In den Aufgaben 7 und 8 werden Beispiele behandelt.

7 Trapezformel

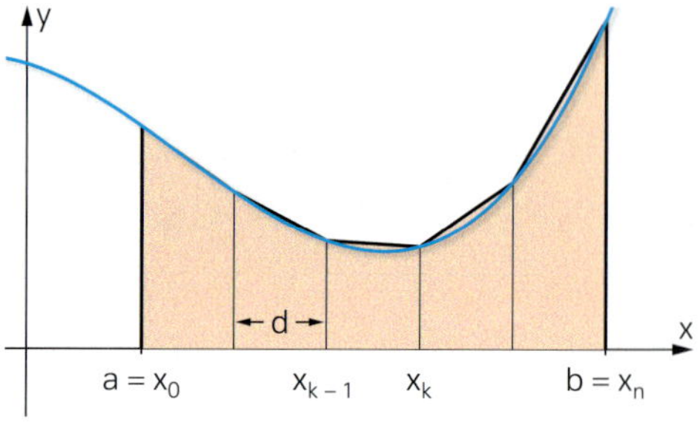

Prinzip: Der Graph von f wird in [a; b] in gleich breite Abschnitte zerlegt und in diesen stückweise durch Strecken näherungsweise beschrieben. Dadurch entstehen unter dem Graphen Trapeze. Die Summe der Flächeninhalte dieser Trapeze liefert einen Näherungswert für das Integral. Je größer die Anzahl der Trapeze, desto besser die Näherung.

a) Zeigen Sie zunächst, dass gilt:

$$T_n = \frac{d}{2} \cdot (f(x_0) + f(x_1)) + \frac{d}{2} \cdot (f(x_1) + f(x_2)) + \ldots + \frac{d}{2} \cdot (f(x_{n-1}) + f(x_n)) = \frac{d}{2} \cdot \sum_{k=1}^{n} (f(x_{k-1}) + f(x_k))$$

Mit $d = \frac{b-a}{n}$ und $x_k = a + k \cdot \frac{b-a}{n}$ gilt dann:

$$T_n = \frac{b-a}{2n} \cdot \sum_{k=1}^{n} \left(f\left(a + (k-1) \cdot \frac{b-a}{n}\right) + f\left(a + k \cdot \frac{b-a}{n}\right)\right)$$

b) Berechnen Sie $\int_0^1 (x^2)\,dx$ näherungsweise mit der Trapezformel und $n = 4$. Vergleichen Sie mit dem exakten Wert.

CAS c) Erzeugen Sie mit dem CAS ein Makro *trapez(n,a,b)* und bestimmen Sie damit Näherungswerte für die Integrale aus Aufgabe 4.

d) Bestimmen Sie mithilfe des Hauptsatzes $\int_0^4 (x^2)\,dx$ und füllen Sie die Tabelle aus. Vergleichen Sie die beiden Näherungsverfahren.

n	Rechtecke (prosum)	Trapeze (trapez)
5	■	■
10	■	■
100	■	■
1000	■	■

Aufgaben

Johannes Kepler (1571 – 1630)

8 Keplerregel

Von Johannes Kepler stammt folgende Näherungsformel für Integrale

$$\int_a^b f(x)\,dx = \frac{b-a}{6}\cdot\left(f(a) + 4\cdot f\left(\frac{a+b}{2}\right) + f(b)\right)$$

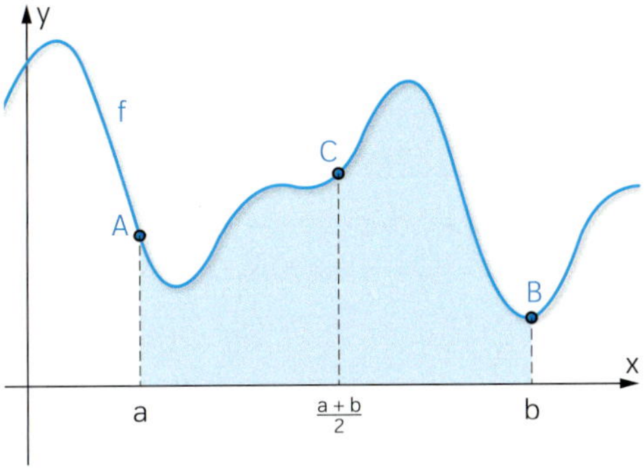

a) ▪ Bestimmen Sie mit der Formel Näherungswerte für die Integrale aus Aufgabe 4. Vergleichen Sie mit den dortigen Ergebnissen.
▪ Zeigen Sie für $a = -1$ und $b = 2$, dass die Formel für $f(x) = x^2$ das exakte Ergebnis liefert. Termprofis zeigen dies auch für beliebiges a und b.

CAS

b) ▪ Erläutern Sie, was hier mit dem CAS gezeigt wird.
▪ Beschreiben Sie mithilfe der Abbildung, was die Keplerformel anschaulich leistet.

$\frac{b-a}{6}\cdot\left(f1(a)+4\cdot f1\left(\frac{a+b}{2}\right)+f1(b)\right) \rightarrow kepler(a,b)$ *Fertig*

$f1(x):=k\cdot x^2+l\cdot x+m$ *Fertig*

$kepler(a,b)-\int_a^b f1(x)\,dx$ 0

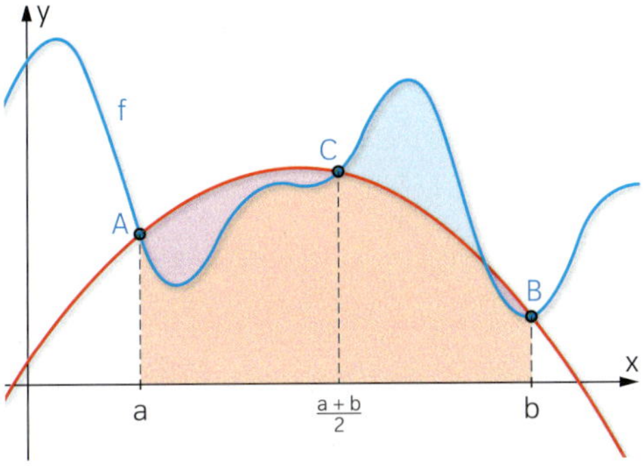

c) Untersuchen Sie für $f(x) = x^4$ den Fehler der Formel von Kepler in Abhängigkeit der Grenze b für $a = 0$.
Füllen Sie dazu die Tabelle aus.
Was fällt auf?
Hinweis: In 1.6 Aufgabe 23 wird die Keplerregel für kubische Funktionen untersucht.

b	Kepler(0,b)	$\int_0^b x^4\,dx$	$\frac{\text{Kepler}(0,b)}{\int_0^b x^4\,dx}$
1	▪	▪	▪
2	6,67	▪	▪
5	▪	625	▪
10	▪	▪	1,042

Peter-Gustav-Lejeune Dirichlet (1805 – 1859)

Henri Léon Lebesgue (1875 – 1941)

Exkurs

Nicht integrierbare Funktionen?

Die analytische Definition des Integrals nach Riemann ist so weit, dass damit auf abgeschlossenen Intervallen auch Funktionen mit Sprungstellen integrierbar sind, was auch der Anschauung entspricht, weil die Flächen augenscheinlich existieren. Gibt es dann überhaupt nach der analytischen Definition von Riemann nicht integrierbare Funktionen? Ja, der Mathematiker Dirichlet hat als erster eine solche angegeben. Diese Funktion hat unendlich viele Sprungstellen, sogar „überabzählbar" viele. Wenn man auch bei einer solchen Funktion Flächen messen will, muss der Integralbegriff noch einmal erweitert werden. Dies hat Lebesgue durchgeführt (Lebesgue-*Integral*).

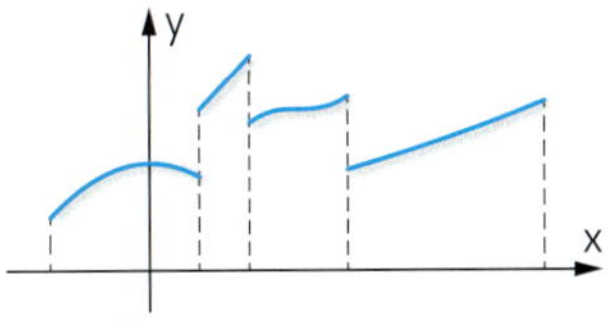

Dirichlet-Funktion:
$$f(x) = \begin{cases} 1 & \text{für } x \in \mathbb{Q} \\ 0 & \text{für } x \in \mathbb{R}\setminus\mathbb{Q} \end{cases}$$

1.5 Bestände rekonstruieren

Aufgaben

1 Auf Tauchgang

Das abgebildete U-Boot erreicht Tauchtiefen von bis zu 300 m.
Während der Tauchgänge wird die Tauchgeschwindigkeit sorgfältig dokumentiert.
Ein Tauchgang wird mit der Funktion
$f(x) = -0{,}02\,x\,(x-4)(x-8)(x-10)(x-15)$
modelliert.
Negative Geschwindigkeit: Abtauchen
Positive Geschwindigkeit: Auftauchen

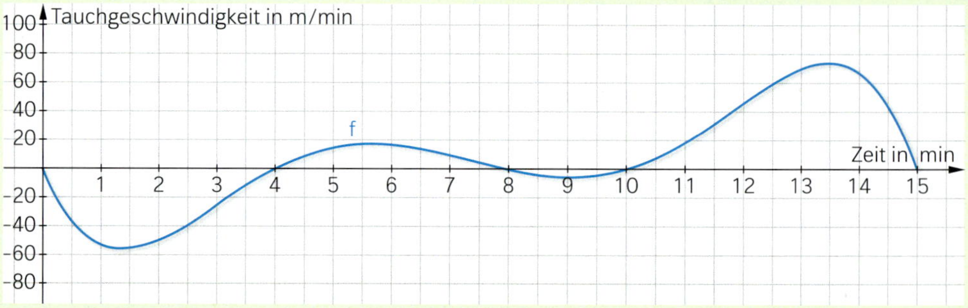

a) Zu welchem Zeitpunkt hat das Boot seine größte Tauchtiefe erreicht? Begründen Sie anschaulich.
b) Am Ende ist das U-Boot aufgetaucht. Entscheiden Sie begründet, ob sich das Boot zu Beginn der Messung auch an der Wasseroberfläche befand.
c) Berechnen Sie für alle vier Etappen des Tauchgangs (4 min, 4 min, 2 min, 5 min) die Zunahme bzw. Abnahme der Tauchtiefe. Beantworten Sie damit a) und b) mit Zahlen.

2 Befüllen eines Beckens

Das Befüllen eines Wasserbeckens wird durch Messungen der Zuflussgeschwindigkeit beschrieben. Passend zu den Daten wird der fünfstündige Füllvorgang mit $v(t) = 5t - t^2$ modelliert.
Dabei wird v in $\frac{m^3}{h}$ angegeben und t in Stunden.

a) Beschreiben Sie, wie sich die Zuflussgeschwindigkeit mit der Zeit ändert. Wann fließt das Wasser am schnellsten?
b) Berechnen Sie, welche Wassermenge insgesamt zugeflossen ist. Wie viel Wasser ist zwischen der zweiten und vierten Stunde dazugeflossen?
c) Die gesamte Wassermenge soll mit konstanter Abflussrate von $3\,\frac{m^3}{h}$ abgelassen werden. Wann ist das Becken wieder leer?
d) Skizzieren Sie die Wasserstandsfunktion für das Befüllen und Entleeren und geben Sie eine Funktionsgleichung an.

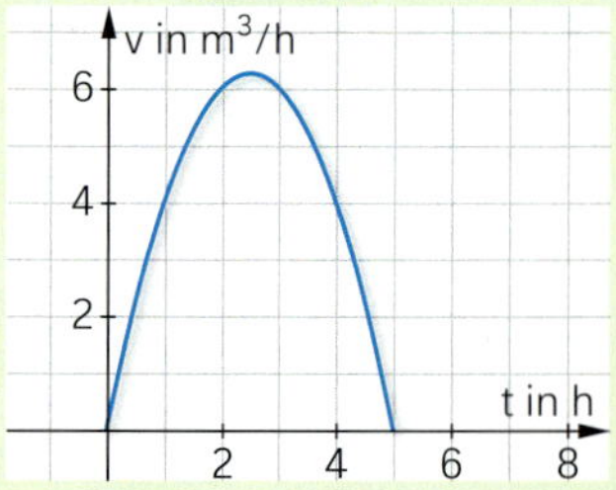

Basiswissen Wenn bekannt ist, wie sich Bestände verändert haben, können daraus Bestandsentwicklungen berechnet und untersucht werden.

Rekonstruktion von Bestandsentwicklungen aus Änderungen

Die Zuwachsrate eines Tierbestandes in einem Wald wird 12 Jahre lang aufgezeichnet und durch die Funktion mit $f(x) = 0{,}5x(x-7)(x-11)$ modelliert:
Zu Beginn der Aufzeichnung gab es 10 Tiere.

Aufgabe	Lösung
a) Begründen Sie anhand des Graphen, in welchen Zeiträumen der Bestand zunimmt bzw. abnimmt.	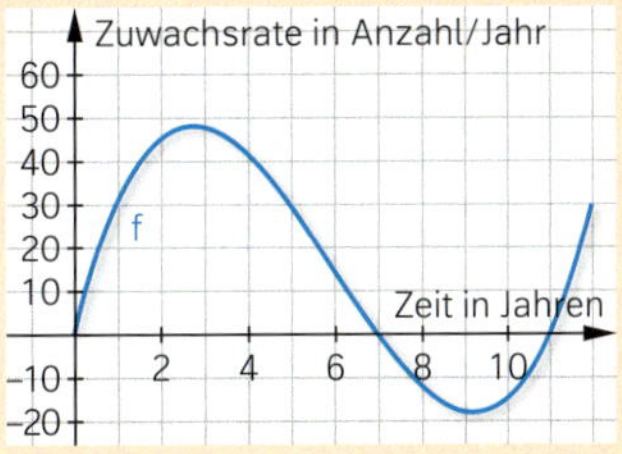 Der Bestand nimmt in den ersten 7 Jahren zu (die Zuwachsrate ist dann positiv) und in den folgenden 4 Jahren ab (die Zuwachsrate ist dann negativ). Im letzten Jahr nimmt er wieder zu.
b) Wann ist der Bestand maximal und wie groß ist er dann?	▪ Da die Fläche in [7; 11] unterhalb der x-Achse nach Augenmaß deutlich größer ist als die Fläche oberhalb der x-Achse in [11; 12], nimmt der Tierbestand in den letzten 5 Jahren insgesamt ab, der maximale Bestand ist am Ende des siebten Jahres erreicht: $10 + \int_0^7 f(x)\,dx = 224{,}375$ Der maximale Bestand beträgt ca. 224 Tiere.
Wann gab es den geringsten Bestand?	▪ Die Fläche unterhalb der x-Achse ist kleiner als die Fläche oberhalb und in den ersten Jahren gab es nur Zunahme. Also war der Anfangsbestand von 10 Tieren der niedrigste.
Wie groß ist der Bestand nach 12 Jahren?	▪ $\int_0^{12} f(x)\,dx = 180$ Der Bestand nach 12 Jahren beträgt ca. 190 Tiere.
c) Wann war die Zuwachsrate maximal, wann minimal? Wie groß waren die Raten jeweils?	▪ Extrempunkte von f: $f'(x) = 1{,}5x^2 - 18x + 38{,}5 = 0$ Grafische Lösung: $f(2{,}8) \approx -48{,}2$ $f(9{,}2) \approx -18{,}2$ 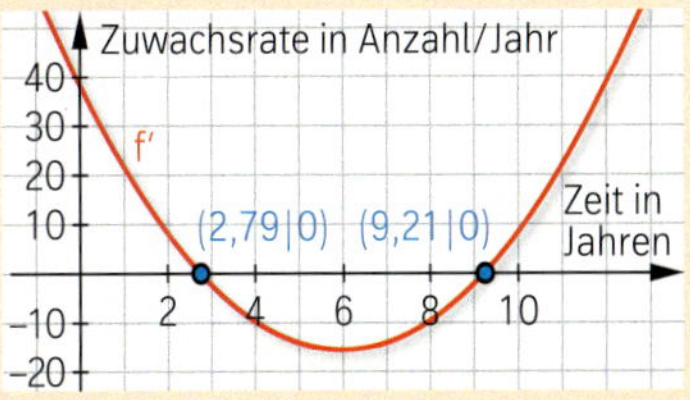 Maximale Zuwachsrate nach knapp 3 Jahren mit Rate von ca. 48 Tieren/Jahr. Minimale Zuwachsrate nach gut 9 Jahren mit Abnahmerate von ca. 18 Tieren/Jahr.

Übungen

3 **Pflanzenbestand**

Die Zuwachsrate eines Pflanzenbestandes wird durch folgende Funktion in einem Zeitraum von 20 Jahren modelliert:
$f(x) = 0{,}01 \cdot x \cdot (x - 12) \cdot (x - 20)$

a) Bestimmen und begründen Sie anhand des Graphen, in welchen Zeiträumen der Bestand zunimmt bzw. abnimmt.
b) Wann ist der Bestand maximal?
c) Zur Zeit $t = 0$ sind 100 Pflanzen vorhanden. Bestimmen Sie den Minimal- und den Maximalbestand in den nächsten 20 Jahren.

4 **Gewinnentwicklung**

Die Gewinnentwicklung in € pro Woche beim Verkauf eines neuen Produktes wird in den ersten 12 Monaten mit der Funktion $f(x) = -20x^3 + 240x^2 - 1200$ beschrieben (siehe Diagramm).
Die Zahlen auf der Zeitachse geben jeweils das Ende des entsprechenden Monats an.

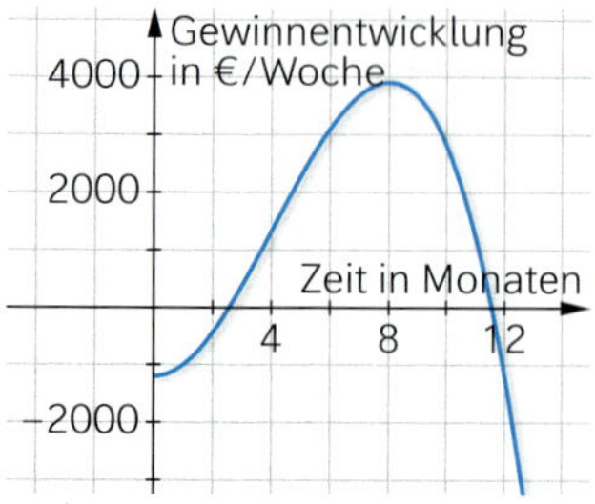

a) Beschreiben Sie den Verlauf der Gewinnentwicklung.
b) Ermitteln Sie den Gesamtgewinn in den ersten vier Monaten und vom Beginn des zweiten Monats bis zum Ende des zehnten Monats.
c) Was meinen Sie: Kann f die Gewinnentwicklung in den nächsten 12 Monaten angemessen beschreiben?

5 **Helikopter**

Die Funktionen modellieren die Steig- bzw. Sinkgeschwindigkeit von drei Helikoptern innerhalb eines einminütigen Fluges
(t: Zeit in s, f(t): Steiggeschwindigkeit in $\frac{m}{s}$).

$f_1(t) = 0{,}0007 \cdot t \cdot (t - 30) \cdot (t - 60)$
$f_2(t) = 0{,}0005 \cdot t \cdot (t - 20) \cdot (t - 60)$
$f_3(t) = 0{,}00025 \cdot t \cdot (t - 50) \cdot (t - 60)$

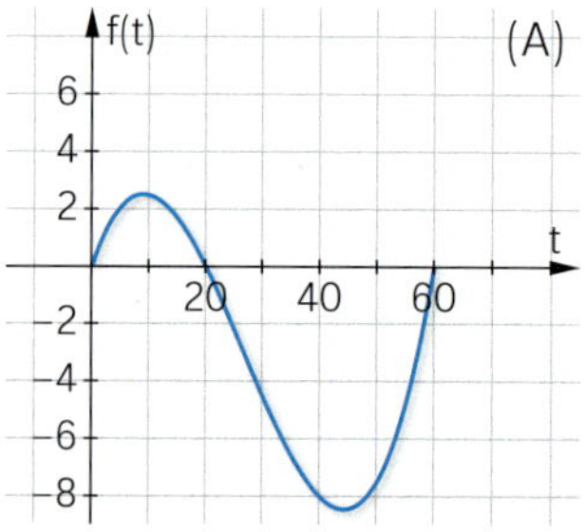

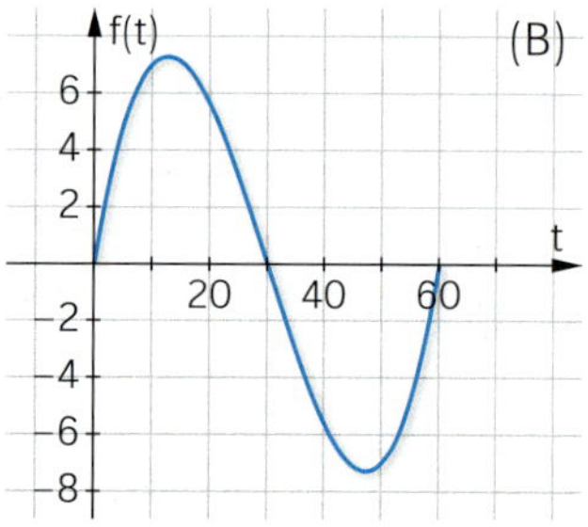

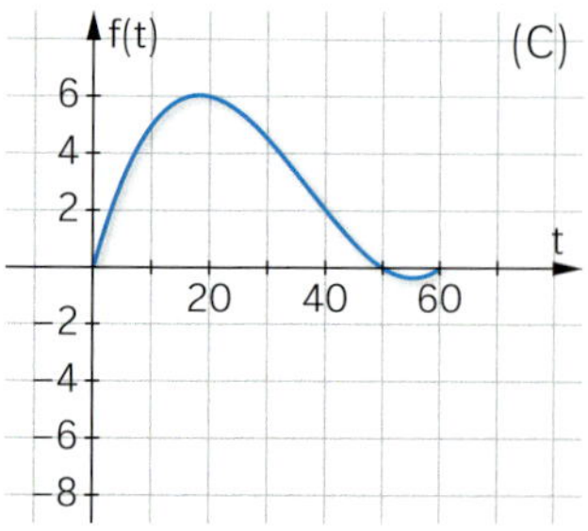

a) Ordnen Sie den Graphen die passende Funktionsgleichung zu und beschreiben Sie den jeweiligen Flug. Welche Bedeutung haben die Nullstellen und die Extrempunkte? Nennen Sie Gemeinsamkeiten und Unterschiede zwischen den Funktionen.
b)
- Welche Höhe haben die Helikopter eine Minute nach dem Start erreicht?
- Welcher Hubschrauber fliegt am höchsten?
- Welcher Hubschrauber hat die größte Steig- bzw. Sinkgeschwindigkeit?
- Welcher Hubschrauber landet auf der Ausgangshöhe?

Übungen

GTR: t in Bogenmaß

6 Eine Fuchspopulation

Die Anzahl von Füchsen in einem Revier schwankt periodisch in Abhängigkeit von dem Nahrungsangebot.
In zwei Revieren A und B werden die Zu- und Abnahmen jährlich aufgezeichnet und die Änderungsraten mit zwei unterschiedlichen Funktionen modelliert.

$f_A(t) = 200 \cdot \cos(t)$ $\quad$ $f_B(t) = 100 \cdot \cos(t) + 50$

Dabei ist t die Zeit in Jahren. Zu Beginn der Aufzeichnungen gab es jeweils 300 Füchse.

a) Zeichnen Sie die Graphen der Änderungsraten für die ersten 10 Jahre. Beschreiben Sie damit nach Anschauung die jeweilige Bestandsentwicklung.

b) Geben Sie jeweils die Zeitpunkte an, in denen die Population am stärksten wächst (fällt) oder sich nur wenig ändert.

c) Ermitteln Sie zu beiden Modellen die passende Bestandsfunktion und skizzieren Sie diese. Passt der Verlauf zu Ihren Vermutungen aus a)? In welchem Zeitpunkt gibt es in beiden Revieren die gleiche Anzahl von Tieren?

d) Berechnen Sie jeweils die Bestände in den ersten fünf Jahren und im gesamten Zeitraum von 10 Jahren.

7 Ein Wasserspeicher und ein Drachenflieger

Gegeben ist für $x \geq 0$ die Funktion $f(x) = x \cdot (x-1) \cdot (x-3)$

a) Skizzieren Sie f und erzählen Sie jeweils eine Geschichte, bei der in [0; 3] f die
(1) Zuflussrate in einem Wasserspeicher
(2) die Steiggeschwindigkeit eines Drachenfliegers
beschreibt. Wählen Sie jeweils sinnvolle Einheiten.
Zu (1): Wie viel Wasser muss zu Beginn bei $x = 0$ im Wasserspeicher mindestens sein?
Zu (2): Wie groß ist der Höhenunterschied zwischen Start und Landung?

b) Die Grafik zeigt neben f noch $I_0(x) = \int_0^x f(t)\,dt$.

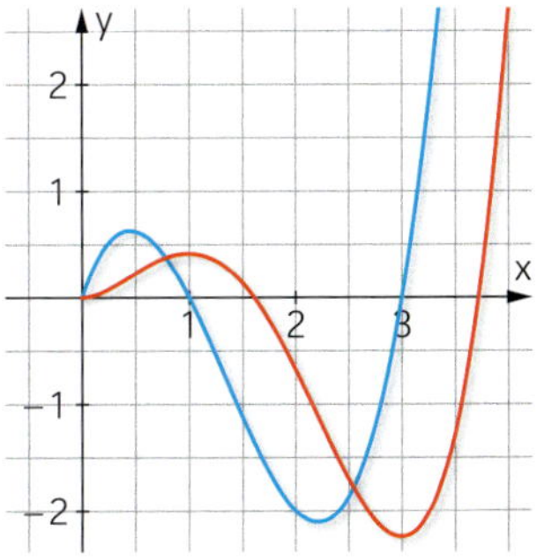

- Diese Integralfunktion hat noch zwei weitere Nullstellen in [1; 2] bzw. [3; 4]. Welche Bedeutung haben diese Nullstellen in den Sachzusammenhängen (1) und (2)?
  Berechnen Sie die Nullstellen.
- Geben Sie eine Integralfunktion zu (1) so an, dass bei $x = 3$ noch 2 Liter im Speicher sind.
- Wann sinkt der Drachenflieger am schnellsten?
- Geben Sie eine Stammfunktion von f an, die keine Integralfunktion zu f sein kann.

8 Variationen der Änderungsrate eines Tierbestandes

Untersuchen Sie die Fragestellungen aus dem Basiswissen für folgende Variationen der Zuwachsrate.

a) $f(x) = 0{,}5 \cdot x \cdot (x-6) \cdot (x-11)$; $B(0) = 10$ $\quad$ b) $f(x) = 0{,}5 \cdot x \cdot (x-5) \cdot (x-10)$; $B(0) = 50$

c) $f_k(x) = k \cdot x \cdot (x-6) \cdot (x-11)$; $k > 0$; $B(0) = 10$

- Skizzieren Sie für einige Werte von k die Zuwachsraten f_k. Welche Bedeutung hat k im Sachzusammenhang? Bei welchen Fragen bleiben die Antworten gleich, sind sie also unabhängig von k? Begründen Sie. Beantworten Sie die Fragen aus dem Basiswissen.

Übungen

9 Zuflussrate

Eine Zuflussrate wird durch folgende Funktion beschrieben (in l/min):

$$f(x) = \begin{cases} 10 & 0 \le x < 4 \\ -5x + 30 \text{ für } & 4 \le x < 7 \\ -5 & 7 \le x \le 10 \end{cases}$$

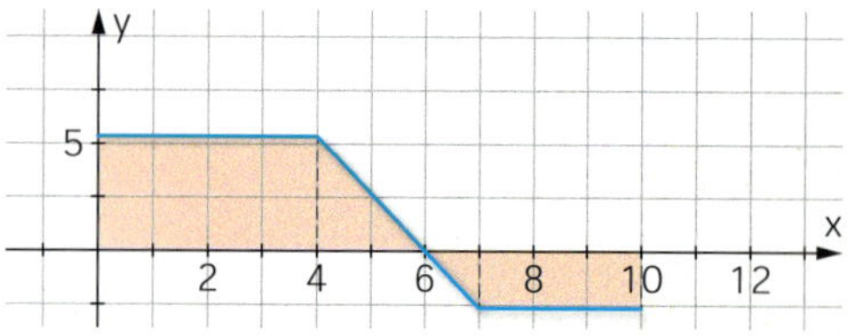

a) Bestimmen Sie die Terme der zugehörigen Bestandsfunktion, wenn am Beginn des Zuflusses 12 Liter im Behälter sind.

b) Zeigen Sie, dass die Bestandsfunktion an den Übergangsstellen der Intervalle jeweils die gleiche Steigung haben. Was bedeutet dies für den Zufluss? Vergleichen Sie mit der Zuflussrate an diesen Stellen.

10 Wasser im Keller

Familie Backhaus macht sich Sorgen: Nach einem starken Regen steht Wasser im Keller. Um den Schaden zu beheben, wird die Wasserpumpe eingesetzt.

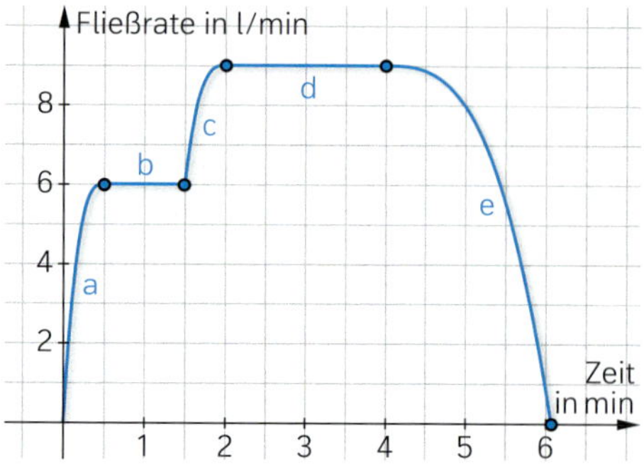

a) Erläutern Sie das Diagramm im Sachzusammenhang. Beschreiben Sie insbesondere die verschiedenen Phasen des Wasserpumpens und geben Sie die entsprechenden Zeitintervalle an.

b) Schätzen Sie die Menge an Wasser, die in den 6 Stunden insgesamt abgepumpt wurde.

c) Zeigen Sie, dass die nebenstehenden Funktionen passende mathematische Modelle für die einzelnen Phasen darstellen. Bestimmen Sie damit rechnerisch die Menge des Wassers, die insgesamt abgepumpt wurde.

$a(x) = 48x^3 - 72x^2 + 36x$
$b(x) = 6$
$c(x) = 24x^3 - 144x^2 + 288x - 183$
$d(x) = 9$
$e(x) = -x^3 + 12x^2 - 48x + 73$

Modellieren

11 Eine Quelle

Wegen mangelnder Regengüsse versiegt eine Quelle. Die Geschwindigkeiten, mit denen das Wasser an verschiedenen Tagen aus der Quelle sprudelt, lassen sich der Tabelle und der Grafik entnehmen.
Wie viel Wasser liefert die Quelle in acht Tagen?
Wie viel Wasser fließt noch bis zum Versiegen?

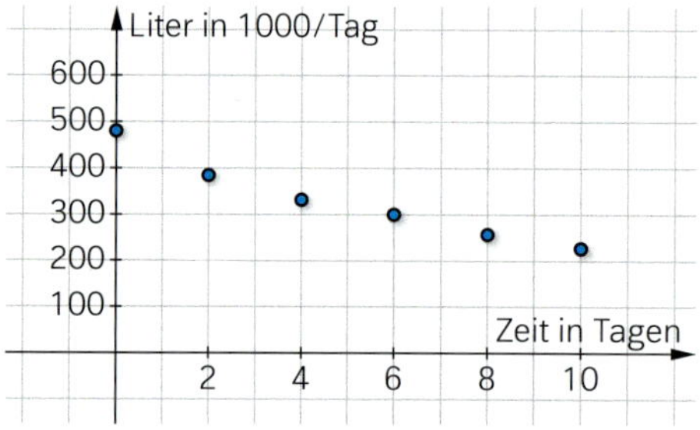

Tage	l in 1000/Tag
0	480
2	385
4	335
6	305
8	260
10	230

Tipps:

Passende Funktion zu den Daten finden.

Punkte geradlinig verbinden und Flächen bestimmen.

Übungen

12 Ein Bambus

Die Wachstumsgeschwindigkeit eines Bambus nach Einpflanzen wird mit der Funktion $f(x) = \frac{10}{x^2 - 10x + 29}$ modelliert. Begründen Sie, dass Sie die Höhe der Pflanze nach 1, 2, 3, ... Jahren nicht exakt berechnen können.

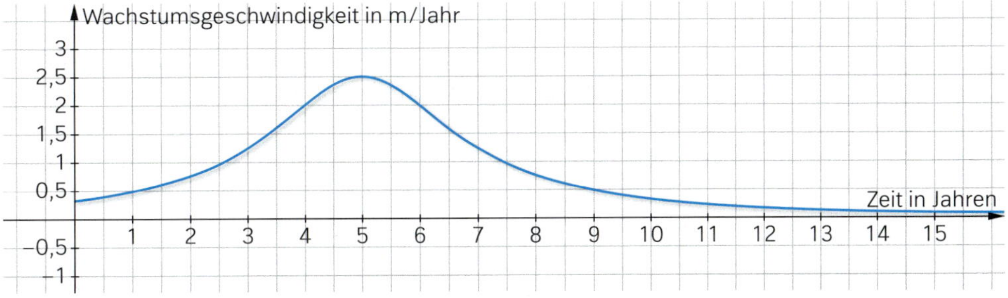

Füllen Sie die Tabelle mit Näherungswerten aus und skizzieren Sie mit diesen Werten einen Wachstumsgraphen. Wie groß wird der Bambus?

Jahr	1	2	3	4	5	6	7	8	9	10	11
Höhe	■	■	■	■	■	■	■	■	■	■	■

CAS: Bestimmen Sie mit dem Makro *prosum* (siehe Seite 31 oder *trapez*, siehe Seite 32) einen Näherungswert für die Höhe des Bambus.

13 „Vorauseilende" Ersatzteilproduktion

Ein Hersteller von Fernsehgeräten will die Produktion einer Modellreihe einstellen. Damit er die im Lager vorhandenen Geräte dieses Modells noch verkaufen kann und um Kunden, die bereits die entsprechenden Fernseher besitzen, nicht zu verärgern, sollen in diesem Jahr alle Ersatzteile produziert werden, die in den nächsten 10 Jahren voraussichtlich benötigt werden. Bekannt ist, dass sich die Nachfragerate nach Netzteilen für die Geräte (in Stückzahl pro Jahr) durch die Funktion $f(t) = 200 \cdot 0{,}85^t$ gut modellieren lässt.

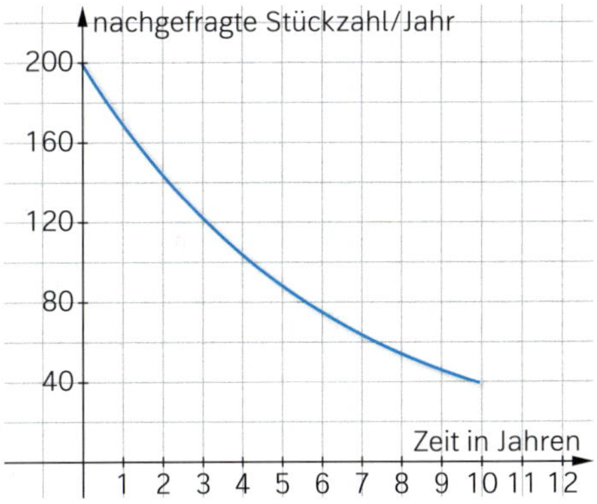

Begründen Sie, dass hier eine Bestandsfunktion nicht gefunden werden kann. Entwickeln Sie ein Verfahren, mit dem Sie abschätzen können, wie viele dieser Netzteile produziert und eingelagert werden müssen, damit die Nachfrage für die nächsten 10 Jahre befriedigt werden kann. Tipps:

Graphenverlauf durch einfache Funktion annähern, von der eine Bestandsfunktion bestimmt werden kann.	Flächeninhalt unter dem Graphen näherungsweise bestimmen.

CAS: Bestimmen Sie mit dem Makro *prosum* (siehe Seite 31 oder *trapez*, siehe Seite 32) einen Näherungswert für die Produktionsmenge.

Grundwissen

1. Bestimmen Sie die Gleichung der Tangente und Normalen von $f(x) = \frac{1}{2}x^2 - 4x$ im Punkt $P(2|f(2))$.
2. Ordnen Sie der Größe nach: $\left(\frac{1}{2}\right)^{-2}$; $\sqrt{2}$; -2^2; $\sin(200°)$

Beim Rekonstruieren von Beständen prägen zwei Grundvorstellungen das Vorgehen:
(1) Der Bestand wird als Fläche unter der Änderungsfunktion interpretiert.
(2) Der Bestand wird aus den Änderungsraten grafisch erschlossen.
Wenn Änderungsraten durch Funktionen gegeben sind, zu denen keine Stammfunktionen bekannt sind oder gar existieren, dann muss man die Bestände näherungsweise bestimmen. Mit der Grundvorstellung (1) liefern Produktsummen aus Rechtecken oder Trapezsummen Näherungsverfahren (vgl. 1.4), die gut mit digitalen Werkzeugen umgesetzt werden können. Mit *prosum(n,a,b)* und *trapez(n,a,b)* haben Sie zwei Werkzeuge kennengelernt. Es gibt ein anderes Verfahren, das die Grundvorstellung (2) benutzt.

Aufgaben

14 Bestandsfunktionen mit Richtungsfeldern

vgl. Aufgabe 12

Das Wachstum eines Bambus wird mit $f'(x) = \frac{10}{x^2 - 10x + 29}$ modelliert.
Die Gleichung gibt an, wie groß die momentane Änderung an einer Stelle ist. Geometrisch gibt dieser Wert die Steigung in dem Punkt $(x|y) = (x|f(x))$ an (f Bestandsfunktion).

Prinzip: In jedem Punkt $(x|y)$ wird die durch $f'(x)$ festgelegte Steigung bestimmt. Diese Steigung wird dann in Form eines kleinen Tangentenstücks eingezeichnet.

a) Begründen Sie, dass die Steigung in allen Punkten mit derselben x-Koordinate immer gleich ist. Füllen Sie die Tabelle aus und skizzieren Sie die Tangentenstücke in jedem Gitterpunkt. Es entsteht ein Richtungsfeld.

x	y	f'(x)
0	2	■
1	3	0,5
2	5	■
3	1	■
4	3	■
5	4	2,5
6	2	■
7	4	■
8	5	■

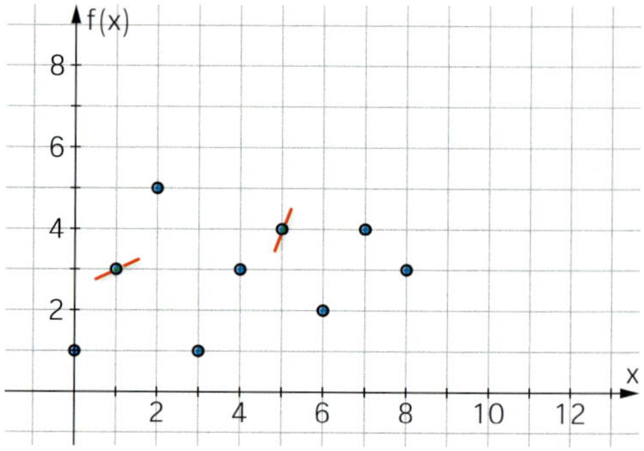

Wie findet man näherungsweise eine Bestandsfunktion?
- Man startet z. B. in (0|0).
- Dann geht man in Tangentenrichtung weiter. Wie weit? Bis man in genau dieser Richtung auf den nächsten Punkt auf der nächsten senkrechten Gitterlinie trifft. Wann kommt der nächste Punkt? Das hängt davon ab, wie eng das Gitter angelegt wurde (hier ist Gitterweite 1).

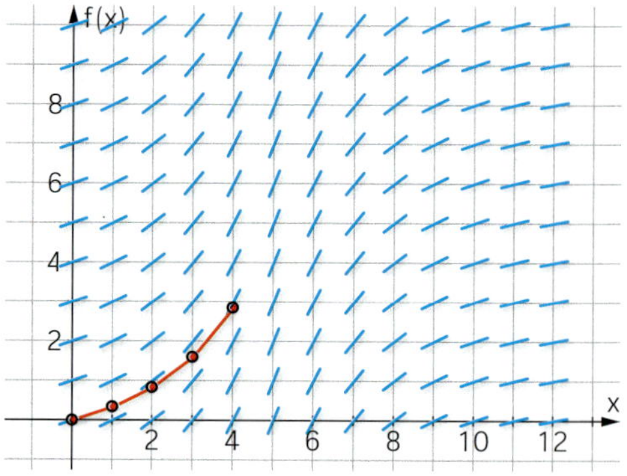

- Dann geht man von diesem Punkt aus in Tangentenrichtung weiter. Wie weit?

b) ▪ Ermitteln Sie grafisch näherungsweise die Bestandsfunktion bis $x = 12$.
▪ Erzeugen Sie auf gleiche Weise eine Näherungslösung für den Startwert (0|3).

Die grafisch ermittelten Näherungslösungen sind Polygonzüge. Wenn man die Abstände zwischen den x-Werten kleiner wählt, bekommt man eine bessere Näherungslösung, man muss aber viel mehr rechnen bzw. genauer zeichnen. Eine exakte Lösung schafft man so natürlich nicht, weil man nicht von „Punkt zu Punkt" vorgehen kann.

Werkzeug

Richtungsfelder und Lösungen mit GTR und CAS

Mit vielen GTR und mit CAS können Richtungsfelder (Steigungsfelder) und zugehörige Lösungsfunktionen erzeugt und dargestellt werden. Gleichung des Typs f′(x) = ... heißen Differentialgleichung.

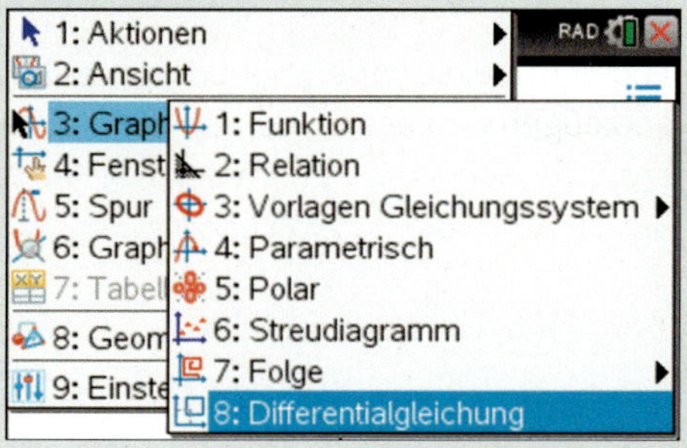

1. Grafikmodus: „Differentialgleichung“
2. Eingabe der Änderungsratenfunktion
3. Anfangsbedingung (x_0, $y1_0$) eingeben (ohne Eingabe erhält man nur Richtungsfeld)

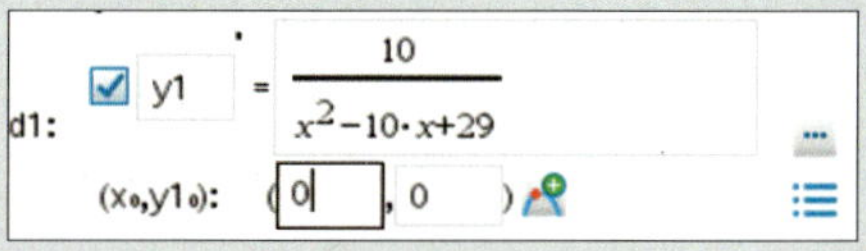

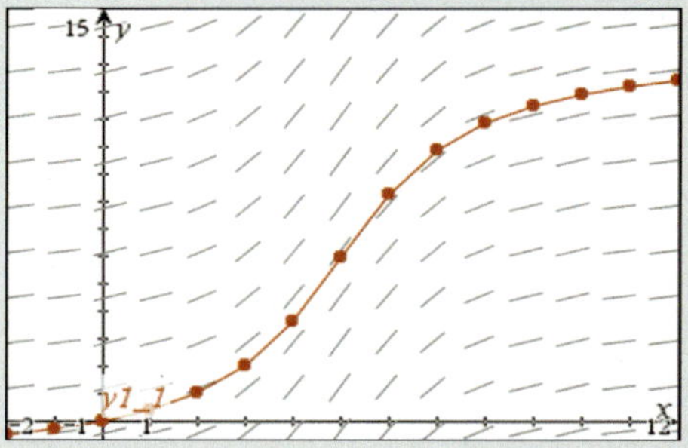

In einem Extramenü können Parameter eingestellt werden.

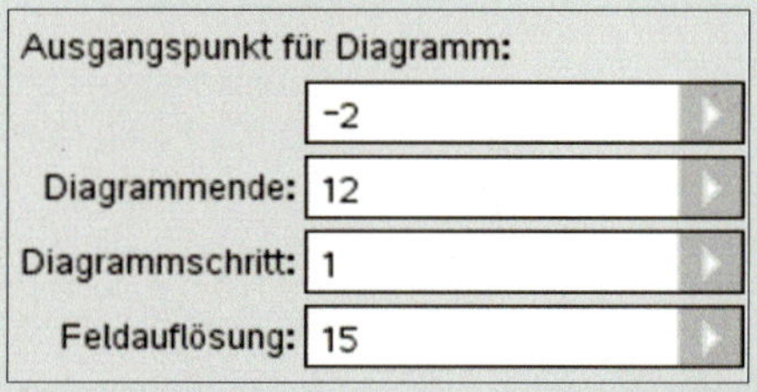

Aufgaben

15 Bambus – Variation der Anfangsbedingungen

Untersuchen Sie mit dem GTR (CAS), welche Auswirkungen eine Änderung der Anfangsbedingungen bei der Modellierung des Wachstums des Bambus (Aufgabe 12) hat.

- Was bedeuten bspw. die Anfangsbedingungen (0|3) bzw. (1|2) im Sachkontext.
- Welcher Wert gehört zu x = 0 bei der Anfangsbedingung (1|2)?

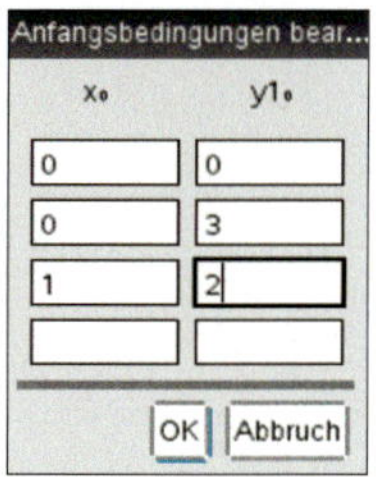

16 „Vorauseilende Ersatzteilproduktion“ – Langfristiger Bedarf

- Lösen Sie Aufgabe 13 mithilfe von Richtungsfeldern.
- Angenommen, die Firma möchte „auf Ewigkeit“ Ersatzteile vorrätig halten, müsste sie unendlich viele produzieren?

17 Gasförderung

Die Förderrate einer Gasquelle nimmt zunächst stark zu und dann mit der Zeit wegen des nachlassenden Gasdrucks wieder ab. Sie wird mit $g(t) = \frac{4t}{t^2 + 1}$ modelliert.

- Ermitteln Sie näherungsweise die Gasmenge, die die Quelle in 12 Jahren liefert.
- Welche Menge wird sie langfristig liefern?

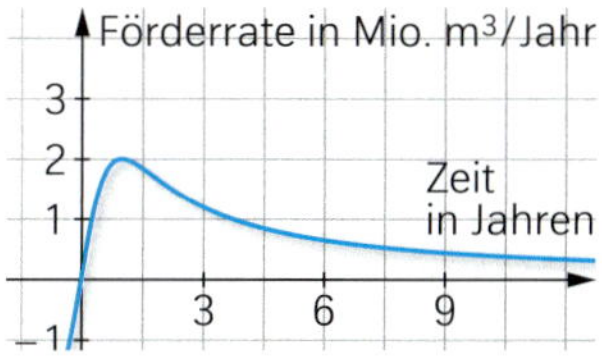

18 Integrale mit Richtungsfeldern

Bestimmen Sie mithilfe von Richtungsfeldern einen Näherungswert.

a) $\int_{-1}^{1} 2^{-x^2}dx$

b) $\int_{0}^{5} 2^{-x^2}dx$

1.6 Flächen berechnen

Aufgaben

1 Flächen zwischen Graphen und x-Achse

Berechnen Sie jeweils den Flächeninhalt der gefärbten Fläche. $f(x) = -x^2 + 2x + 3$

(1)

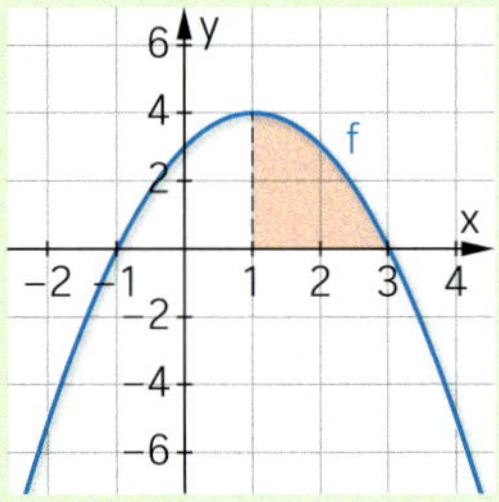

(2)

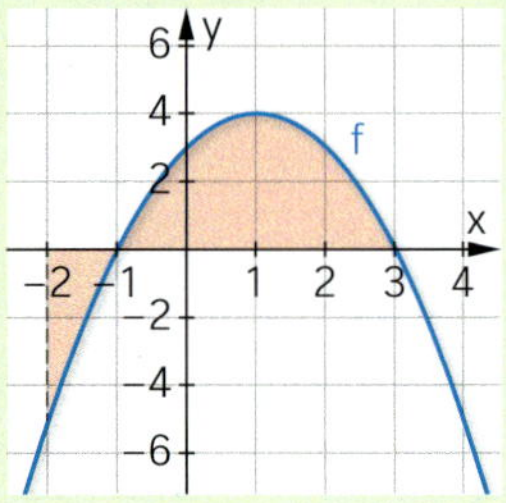

(3)

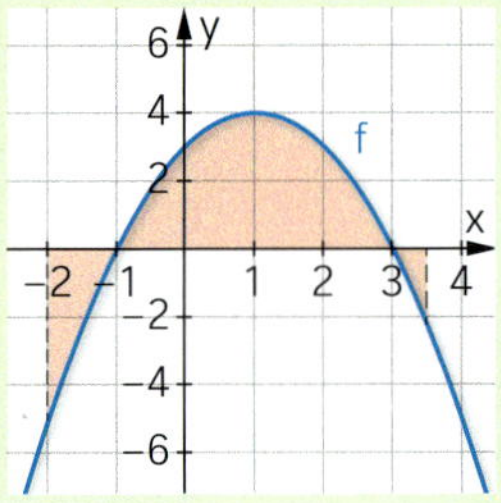

Dokumentieren Sie Ihre Lösungswege. Stellen Sie das Verfahren zur Berechnung des Inhalts der Fläche, die ein Graph im Intervall [a; b] mit der x-Achse einschließt, als Folge von Berechnungsschritten dar.

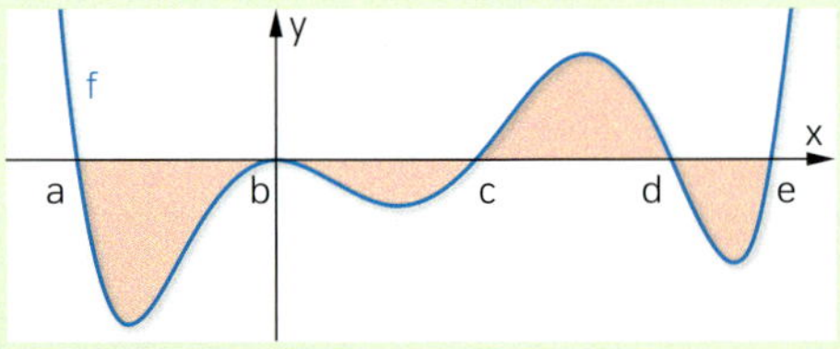

2 Fläche zwischen zwei Graphen

Anhand der folgenden Aufgabensequenz können Sie schrittweise eine Strategie zur Berechnung der Fläche zwischen den Graphen zweier Funktionen entwickeln.

Einfacher Spezialfall

$f(x) = x^2 + 1;\ g(x) = -\frac{1}{2}x^2 + 7$

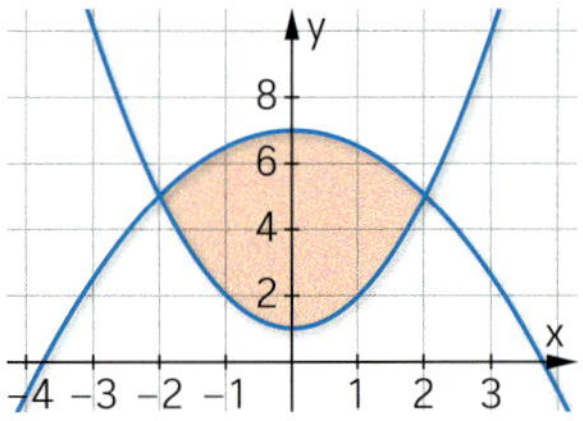

Tipp

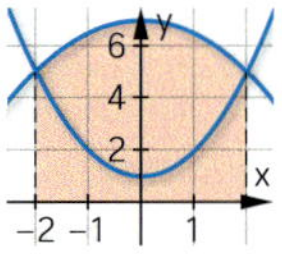

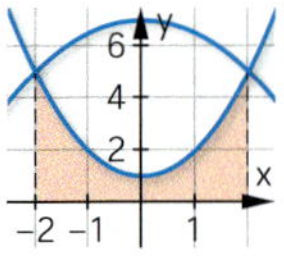

1. Verallgemeinerung

$f(x) = \frac{1}{2}x^2 - 3;\ g(x) = -x^2 + 3$

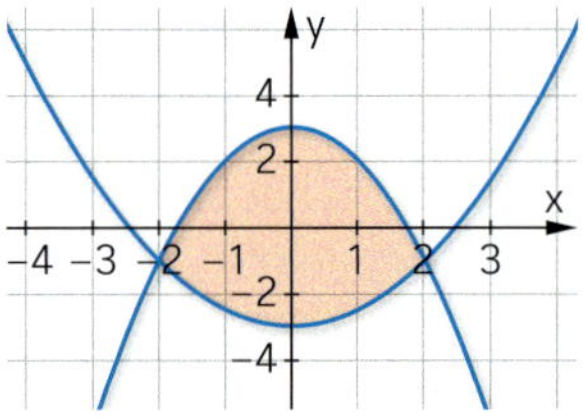

Hinweis: Verschiebung in y-Richtung.

2. Verallgemeinerung

$f(x) = x^2 + 1;\ g(x) = x^3 - 4x + 5$

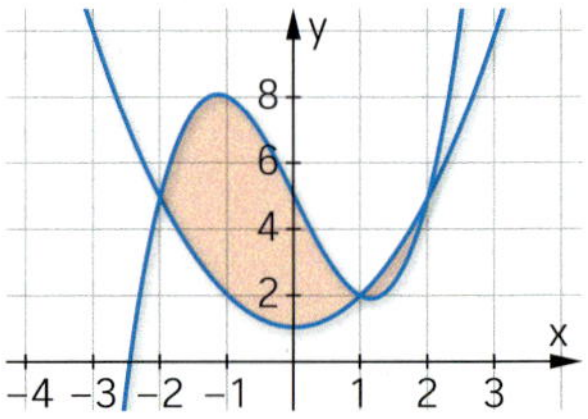

Hinweis: Lesen Sie die Schnittstellen von f und g aus der Grafik ab.

Formulieren Sie eine Strategie, wie man den Flächeninhalt zwischen den Graphen zweier Funktionen in [a; b] berechnen kann.

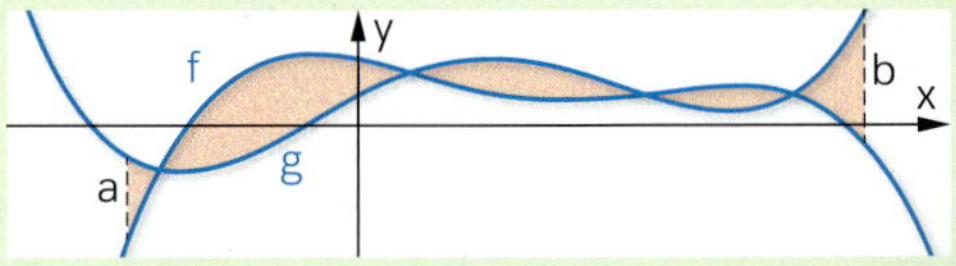

Basiswissen

Mit Integralen können Flächeninhalte der von Graphen begrenzten Flächen berechnet werden.

Flächeninhalte mit Integralen

Inhalt A der Fläche zwischen dem Graphen einer Funktion und der x-Achse in [a; b]

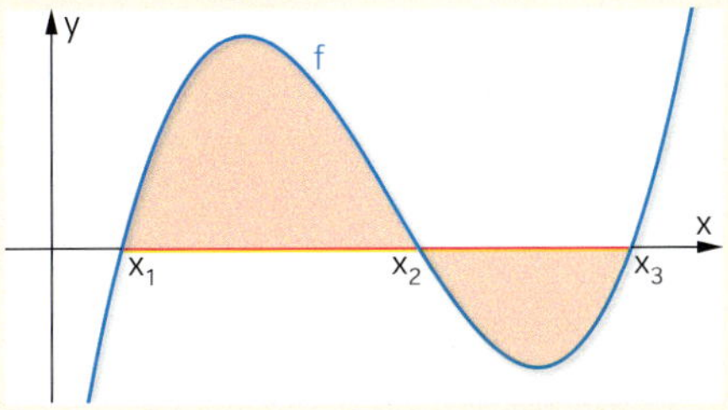

(1) Nullstellen bestimmen.
(2) Beginnend mit der linken Nullstelle von Nullstelle zu Nullstelle integrieren.
(3) Die Beträge der einzelnen Integrale addieren.

$$A = \left|\int_{x_1}^{x_2} f(x)\,dx\right| + \left|\int_{x_2}^{x_3} f(x)\,dx\right|$$

Inhalt A der Fläche zwischen den Graphen zweier Funktionen f und g

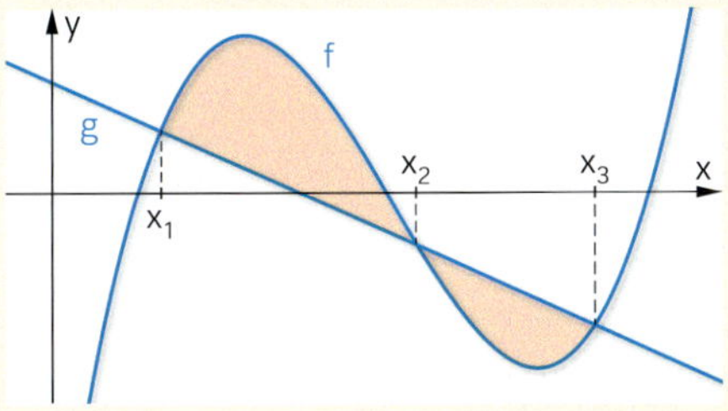

(1) Schnittstellen bestimmen.
(2) Beginnend mit der linken Schnittstelle von Schnittstelle zu Schnittstelle die Integrale der Differenz von f(x) und g(x) berechnen.
(3) Die Beträge der einzelnen Integrale addieren.

$$A = \left|\int_{x_1}^{x_2} (f(x) - g(x))\,dx\right| + \left|\int_{x_2}^{x_3} (f(x) - g(x))\,dx\right|$$

Beispiele

A Fläche zwischen Graph und x-Achse

Berechnen Sie die Fläche zwischen dem Graphen von $f(x) = x^2 - 4x$ und der x-Achse im Intervall $[-1; 4]$.

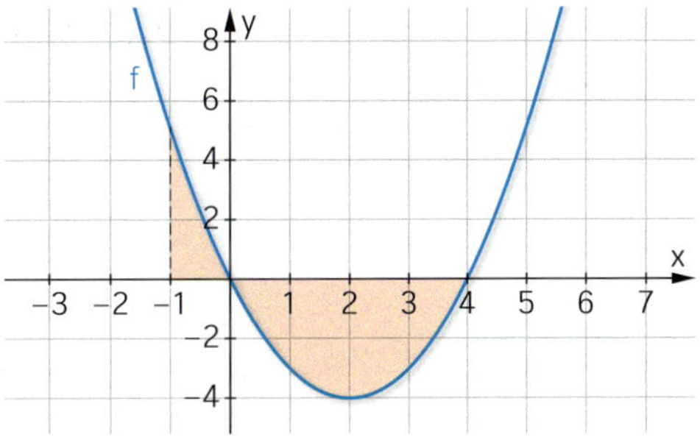

Lösung:

(1) Nullstellen sind 0 und 4.
(2) Da Teilflächen unter- und oberhalb der x-Achse liegen, muss von −1 bis 0 und von 0 bis 4 integriert werden.
Stammfunktion: $F(x) = \frac{1}{3}x^3 - 2x^2$
Funktionswerte von F berechnen:

$F(0) = 0;$

$F(-1) = \frac{1}{3} \cdot (-1)^3 - 2 \cdot (-1)^2 = -\frac{1}{3} - 2 = -\frac{7}{3}$

$F(4) = \frac{1}{3} \cdot 4^3 - 2 \cdot 4^2 = \frac{64}{3} - 32 = -\frac{32}{3}$

$\int_{-1}^{0} f(x)\,dx = F(0) - F(-1) = 0 - (-\frac{7}{3}) = \frac{7}{3};$ $\int_{0}^{4} f(x)\,dx = F(4) - F(0) = -\frac{32}{3} - 0 = -\frac{32}{3}$

(3) Damit gilt: $A = \left|\frac{7}{3}\right| + \left|-\frac{32}{3}\right| = \frac{7}{3} + \frac{32}{3} = 13$

Der gesuchte Flächeninhalt beträgt 13 Flächeneinheiten.

Beispiele

B Fläche zwischen zwei Graphen

Welchen Inhalt hat die Fläche, die von den Graphen der Funktionen $f(x) = x^3 - 2x^2 - 7x + 6$ und $g(x) = x + 6$ eingeschlossen wird?

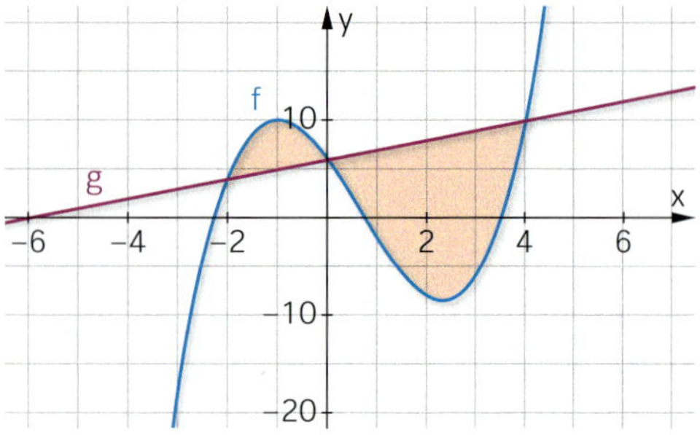

Lösung:

(1) Ermitteln der Schnittstellen aus der Grafik oder aus der Gleichung $f(x) = g(x)$:

$x^3 - 2x^2 - 7x + 6 = x + 6$

$\Leftrightarrow x \cdot (x^2 - 2x - 8) = 0$

pq-Formel

$\Rightarrow x = 0$ oder $x^2 - 2x - 8 = 0$

$\Rightarrow x_1 = 0;\ x_{2,3} = 1 \pm \sqrt{1 - (-8)} = 1 \pm 3 \Rightarrow x_2 = 4;\ x_3 = -2$

(2) Es müssen zwei Integrale ausgewertet und deren Beträge addiert werden:

Stammfunktion zu $h(x) = f(x) - g(x) = x^3 - 2x^2 - 8x$ ist $H(x) = \frac{1}{4}x^4 - \frac{2}{3}x^3 - 4x^2$;

Funktionswerte von H berechnen: $H(-2) = -\frac{20}{3}$; $H(0) = 0$; $H(4) = -\frac{128}{3}$

$$\int_{-2}^{0} (x^3 - 2x^2 - 8x)\,dx = H(0) - H(-2) = 0 - \left(-\frac{20}{3}\right) = \frac{20}{3};$$

$$\int_{0}^{4} (x^3 - 2x^2 - 8x)\,dx = H(4) - H(0) = -\frac{128}{3} - 0 = -\frac{128}{3}$$

(3) $A = \left|\frac{20}{3}\right| + \left|-\frac{128}{3}\right| = \frac{20}{3} + \frac{128}{3} = \frac{148}{3} = 49{,}\overline{3}$

Lösung mit dem GTR:

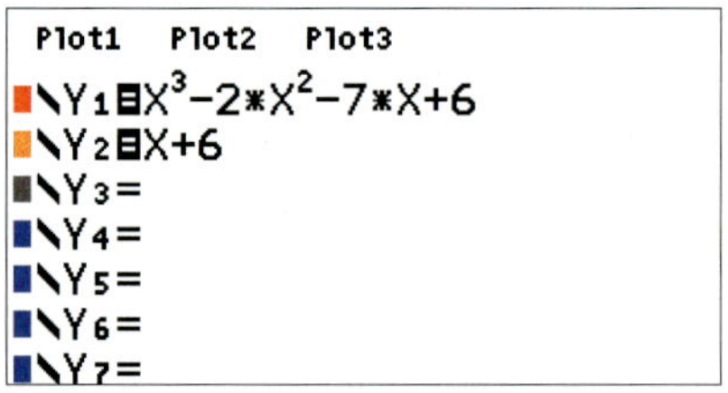

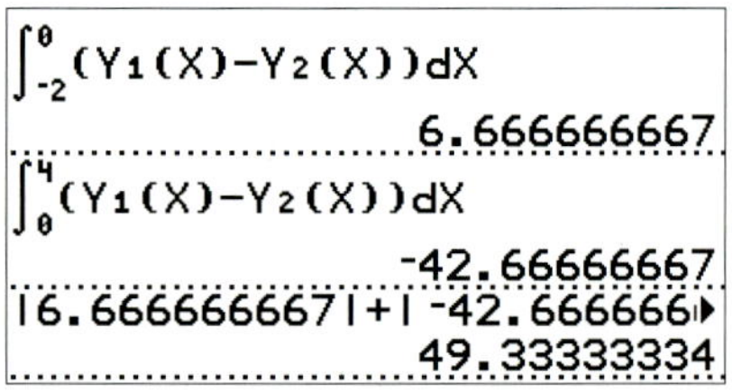

Übungen

3 Schätzen und Rechnen

Schätzen Sie den Inhalt der gefärbten Fläche und berechnen Sie ihn.

Fläche zwischen Graphen und x-Achse

a)
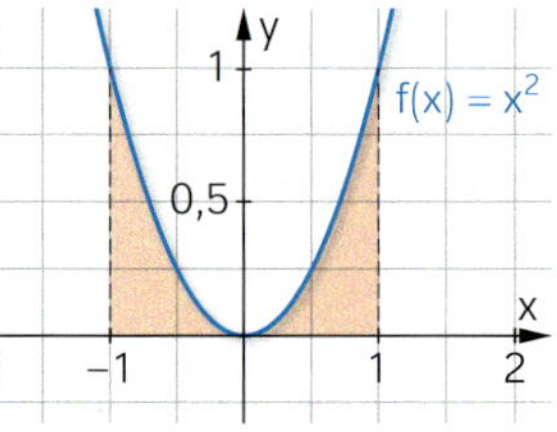

b)
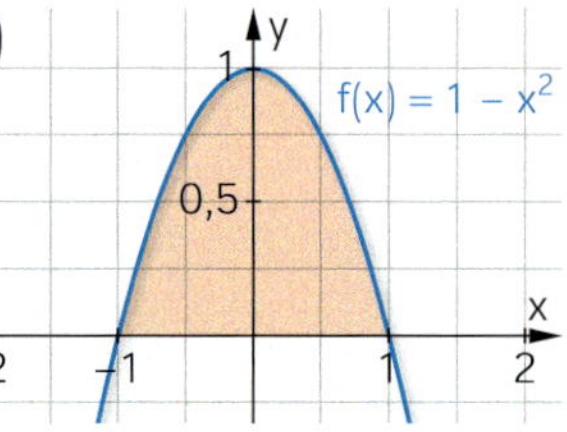

c)
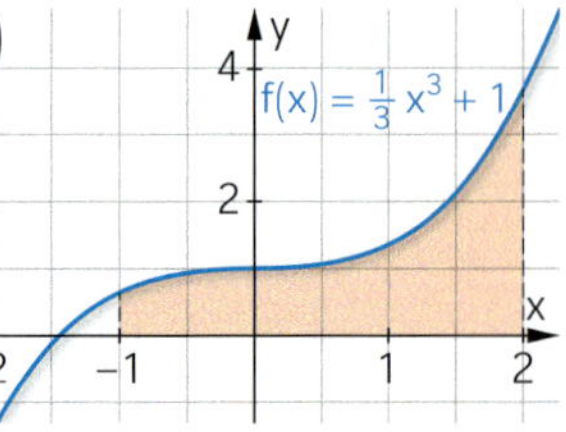

d)
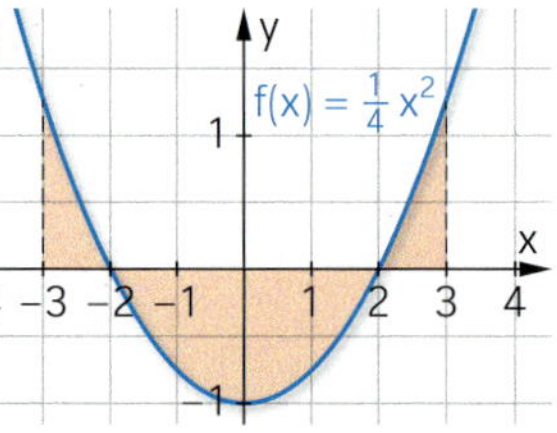

e)
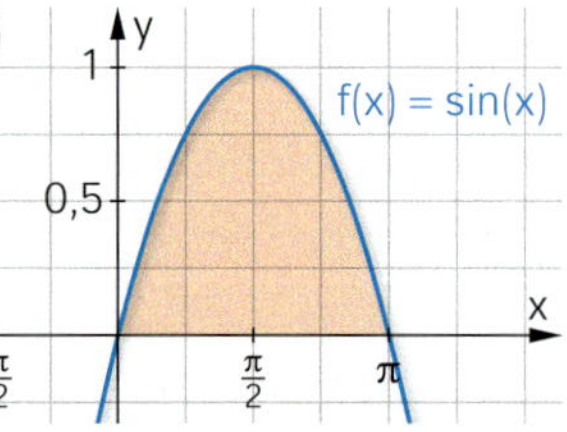

f)
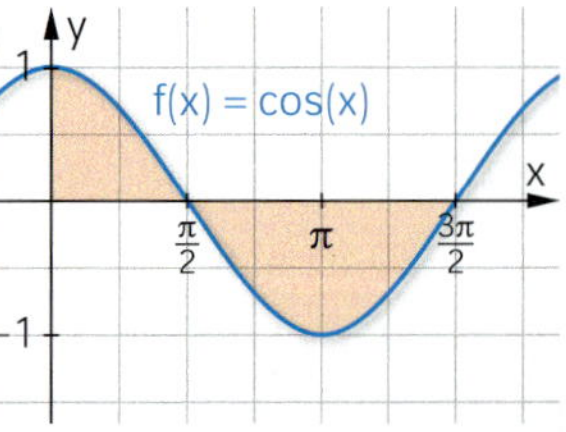

Übungen

4 Training

Skizzieren Sie den Graphen der jeweiligen Funktion und markieren Sie die Fläche, die von dem Graphen und der x-Achse im Intervall [a; b] eingeschlossen wird. Geben Sie einen Schätzwert für den Flächeninhalt an und berechnen Sie anschließend den Inhalt der Fläche.

a) $f(x) = x^2 - 2;\ a = -1,\ b = 3$
b) $f(x) = 4 - x^2;\ a = -4,\ b = 4$
c) $f(x) = \cos(x);\ a = 0,\ b = 2\pi$
d) $f(x) = \frac{1}{x^2};\ a = 1,\ b = 4$
e) $f(x) = -x^3 + 1;\ a = -2,\ b = 2$
f) $f(x) = \sin(x);\ a = -\pi,\ b = \pi$

5 Integrale und Flächeninhalte 1

Zeigen Sie, dass $f(x) = \frac{1}{2}x^3 - \frac{1}{2}x^2 - 3x$ die drei Nullstellen $a = -2$, $b = 0$ und $c = 3$ hat.

Bestimmen Sie die Integrale und interpretieren Sie die Ergebnisse geometrisch durch Skizzen.

(1) $\int_a^c f(x)\,dx$ (2) $\int_a^b f(x)\,dx + \int_b^c f(x)\,dx$ (3) $\int_a^b f(x)\,dx - \int_b^c f(x)\,dx$

6 Integrale und Flächeninhalte 2

Max soll $\int_{-2}^{2} x^2\,dx$ berechnen und berechnet stattdessen $2 \cdot \int_0^2 x^2\,dx$.

Liefern beide Integrale dasselbe Ergebnis? Warum ist die Methode von Max clever? Skizzieren Sie. Bei welchen Randfunktionen und welchen Grenzen darf sie angewendet werden?

7 Integrale und Flächeninhalte 3

- Bestimmen Sie folgende Integrale: (1) $\int_{-5}^{5} 2x\,dx$ (2) $\int_{-3}^{3} x^3 - 2x\,dx$
- Was überrascht am Ergebnis? Geben Sie eine Erklärung.
- Verallgemeinern Sie: Bei welchen Randfunktionen und welchen Grenzen tritt dieses Phänomen auf?

8 Parameterwerte bestimmen 1

Bestimmen Sie den Wert des Parameters a. Skizzieren Sie auch die zugehörigen Flächen.

a) $\int_0^a x^2\,dx = 4$ b) $\int_1^a (2x - 4)\,dx = 3$ c) $\int_1^2 (3x^2 + a)\,dx = 3$

Achtung: In einem Fall gibt es zwei Lösungen!

9 Parameterwerte bestimmen 2

Lösen Sie die Gleichungen und interpretieren Sie das Ergebnis geometrisch durch Skizzen.

a) $\int_0^k (-3x^2 + 4)\,dx = 0$
b) $\int_1^a (2x)\,dx = 0$
c) $\int_a^2 (2x)\,dx = 2 + a^2$
d) $\int_{-\sqrt{k}}^{\sqrt{k}} (x^2 - k)\,dx = -\frac{9}{2}$

Übungen

10 Flächenschrumpfung

Die Potenzfunktionen $f(x) = x^n$; $n \in \mathbb{N}_0$ schließen im Intervall [0; 1] jeweils mit der x-Achse eine Fläche ein, die für wachsendes n kleiner wird.

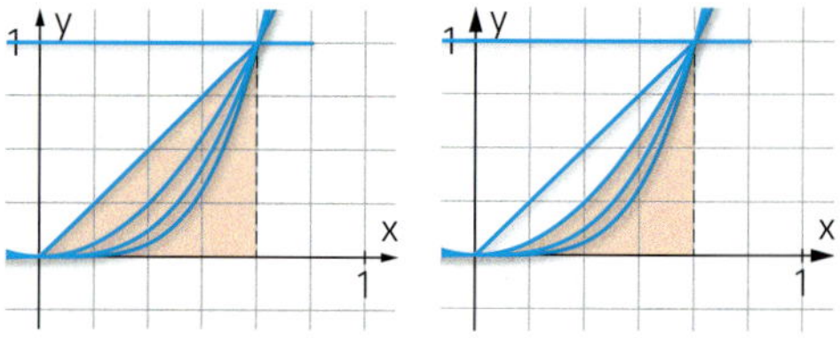

a) Begründen Sie: $\lim\limits_{n \to \infty} \int_0^1 x^n\,dx = 0.$

Für welches n wird die Fläche kleiner als $\frac{1}{1000}$?

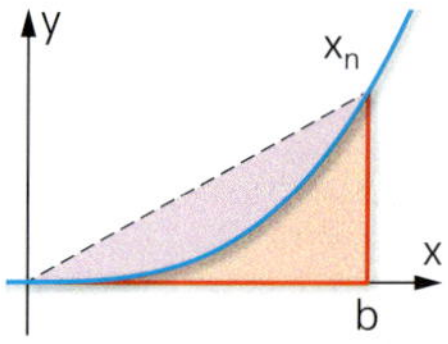

b) Untersuchen Sie das Verhältnis der Inhalte der skizzierten Flächen in Abhängigkeit von n.

c) Forschungsaufgabe: Untersuchen Sie $\int_1^{1+\frac{1}{n}} x^n\,dx$ für $n \to \infty$.

11 Flächen zwischen Graphen – schätzen und rechnen

Fläche zwischen zwei Graphen

Schätzen Sie jeweils den Inhalt der gefärbten Fläche und rechnen Sie nach.

a) $f(x) = -2x^2 + 2$
$g(x) = -x^2 + 1$

b) $f(x) = x^2 + 2x + 3$
$g(x) = 2x + 7$

c) $f(x) = x^3 - 3x$
$g(x) = 2x^2$

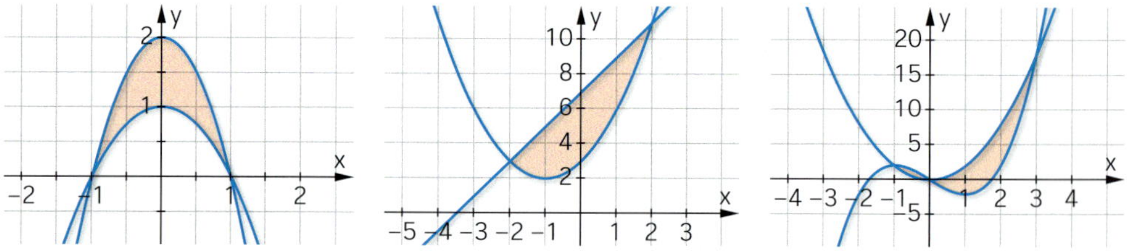

12 Training „zu Fuß"

Die Graphen der Funktionen f und g schließen Flächen ein. Zeichnen Sie die Graphen und berechnen Sie die von ihnen eingeschlossenen Flächen.

a) $f(x) = 6 - \frac{1}{2}x^2$; $g(x) = 2$

b) $f(x) = (x-1)^2$; $g(x) = -2x + 5$

c) $f(x) = x^3$; $g(x) = 4x$

d) $f(x) = 5x^4$; $g(x) = 5x^2$

e) $f(x) = \cos(x)$; $g(x) = 1$; $0 \le x \le 2\pi$

f) $f(x) = 2x^2 - 6$; $g(x) = x \cdot (x+1)$

13 Training mit GTR

Bestimmen Sie den Inhalt der Fläche, die von den Graphen der beiden Funktionen eingeschlossen wird. Verschaffen Sie sich zunächst einen Überblick über den grafischen Verlauf und stellen Sie eine aussagekräftige Skizze her. Hinweise:

- Manchmal können Schnittstellen nur grafisch-tabellarisch gefunden werden.
- Manchmal kann man auch zeigen, dass eine grafisch gefundene Lösung exakt ist.
- Manchmal muss man genau hinschauen.

a) $f(x) = x^3 - x^2 - 9x + 9$
$g(x) = 2x^2 - 3x + 1$

b) $f(x) = x^4 - x^3 + x^2 - 1$
$g(x) = 2x + 7$

c) $f(x) = x^3 - 4x^2 - x + 4$
$g(x) = x^2 - 3x - 4$

d) $f(x) = x^4 - 12x^2 + 8$
$g(x) = 7x - 10$

e) $f(x) = x^3 - 1$
$g(x) = 4x^2 - 4$

f) $f(x) = -4x^2 + 8x$
$g(x) = -\frac{1}{4}x^4 + 2x$

Übungen

14 **Integrale und Flächeninhalte 4**

Bestimmen Sie die Inhalte der skizzierten Flächen.
$f(x) = x^2$,
$g(x) = 2x + 3$,
$h(x) = x^2 - 2x - 3$
Was fällt Ihnen auf?
Geben Sie eine Erklärung und formulieren Sie den entdeckten Zusammenhang der Flächenbestimmungen.

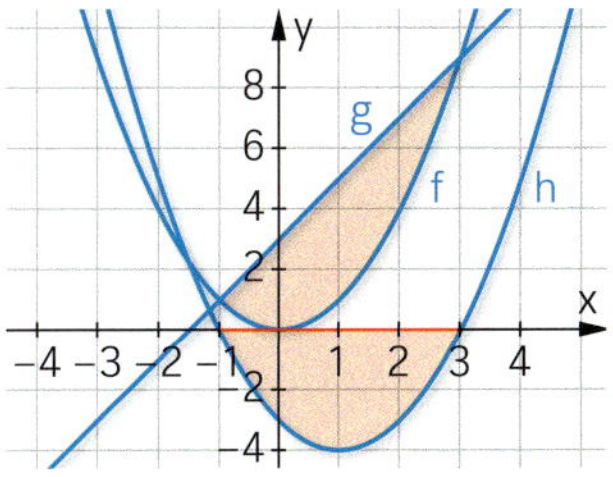

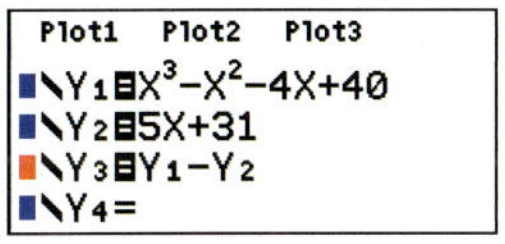

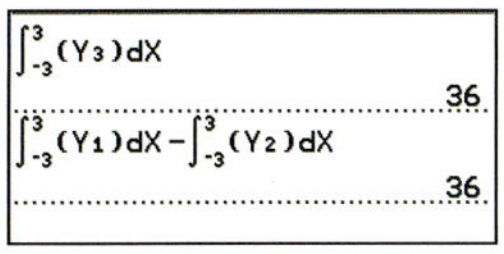

Ein Flächenvergleich

Die Bestimmung des Inhalts der Fläche zwischen zwei Funktionen f und g kann immer auch als Bestimmung der Fläche zwischen der Differenzfunktion $d = f - g$ und der x-Achse als Funktion $y = 0$ interpretiert werden.

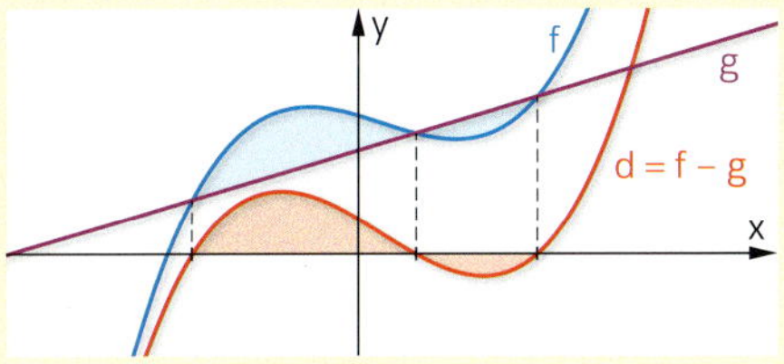

15 **Schmuckstücke im Parabeldesign**

Anwenden

Die folgenden Abbildungen zeigen Schmuckstücke, die mit einer dünnen Schicht Weißgold belegt werden sollen. Die Flächen werden von Parabeln begrenzt. Bei welchem Schmuckstück fallen die höchsten Materialkosten an? Begründen Sie.

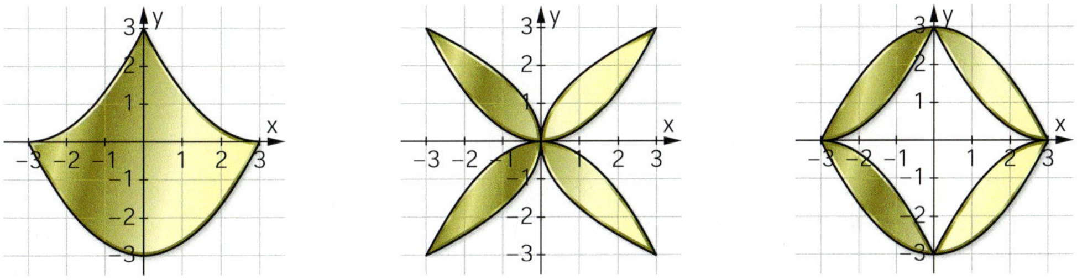

Tipp

- Man benötigt nur $y = x^2$ und $y = \sqrt{x}$ und ihre Verwandten.
- Symmetrien ausnutzen.
- Ein Schmuckstück kann man auch durch direktes geometrisches Sortieren berechnen.

16 **Ein Firmenlogo**

Die Firma GANZRATIO hat für einen Kunden ein Logo entwickelt. Der obere Rand wird durch $f(x) = x^4 - 2x^2 + 1$ in $[-1; 1]$ (x: in m; y: in m) beschrieben, der untere durch Spiegelung von f an der x-Achse.

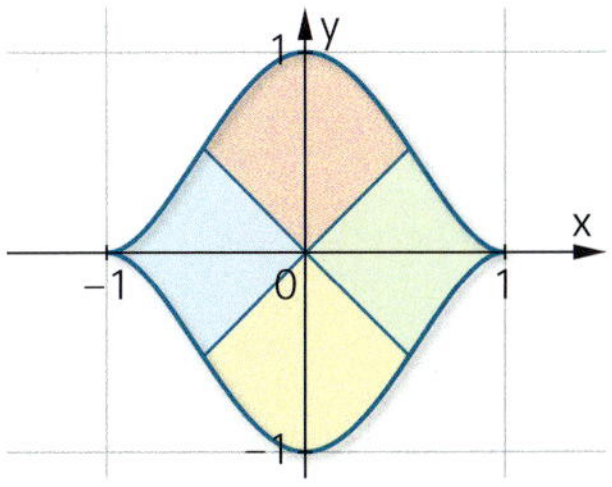

a) ▪ Geben Sie eine Funktionsgleichung für den unteren Rand an.
▪ Zeigen Sie, dass in den Spitzen keine Steigung vorliegt.

b) Das Logo soll 1 zu 1 produziert werden. Die Materialkosten dürfen 80 € nicht überschreiten. Was ist der höchste mögliche Preis/m²?

c) Die Trennungslinien der einzelnen Farbfelder werden durch $y = x$ und $y = -x$ beschrieben. Bestimmen Sie den Inhalt der einzelnen Flächen. Treffen die Trennungslinien den Rand in den Wendepunkten?

Übungen

17 Parabelhalbierung mithilfe passender Geraden

Halbieren Sie die Fläche, die der Graph von f(x) mit der x-Achse einschließt. Versuchen Sie es mithilfe einer Skizze per Augenmaß und rechnen Sie nach.

a) $f(x) = 9 - x^2$; Halbieren der Fläche durch eine Parallele zur x-Achse:

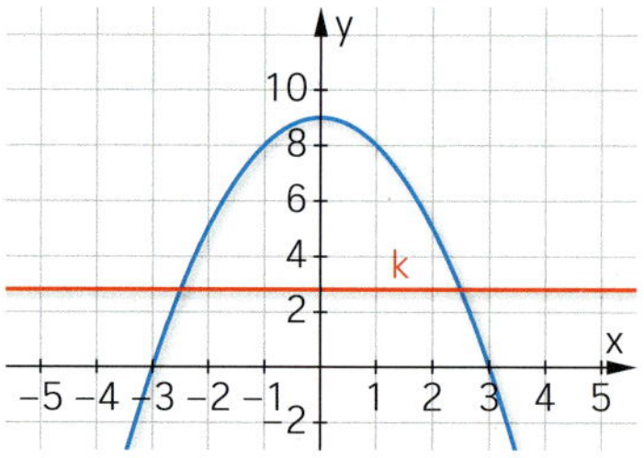

b) $f(x) = -0{,}5x^2 + 3x$; Halbieren der Fläche durch eine Ursprungsgerade:

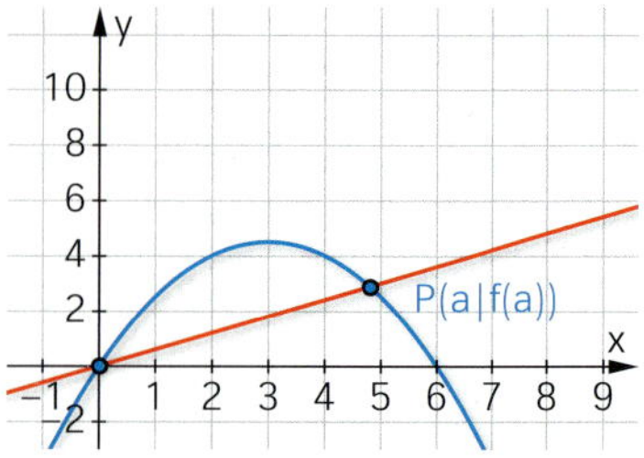

18 Wandernder Streifen

Der Funktionsgraph zu $f(x) = -\frac{1}{6}x^3 + x^2$ und die x-Achse begrenzen im ersten Quadranten des Koordinatensystems ein Flächenstück. Ein zur y-Achse paralleler Streifen der Breite $b = 3$ soll so gelegt werden, dass er aus diesem Flächenstück einen möglichst großen Teil ausschneidet. Wie ist der Streifen zu legen?

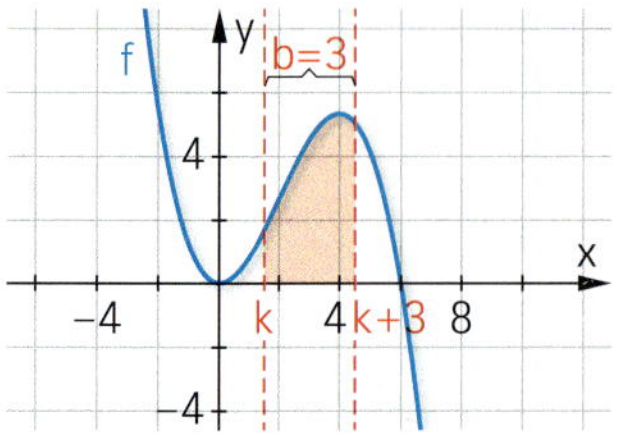

- Überprüfen Sie, ob man parallel zur x-Achse ein größeres 3 LE breites Stück herausschneiden kann. Warum muss hier eine Schnittkante die x-Achse sein?

19 Flächenstücke

Es sei die Funktion f mit $f(x) = x^3$ gegeben. Eine Parallele zur x-Achse soll jeweils konstruiert werden, sodass gilt:

a) $A_1 = A_2$

b) $A_1 + A_2$ ist minimal.

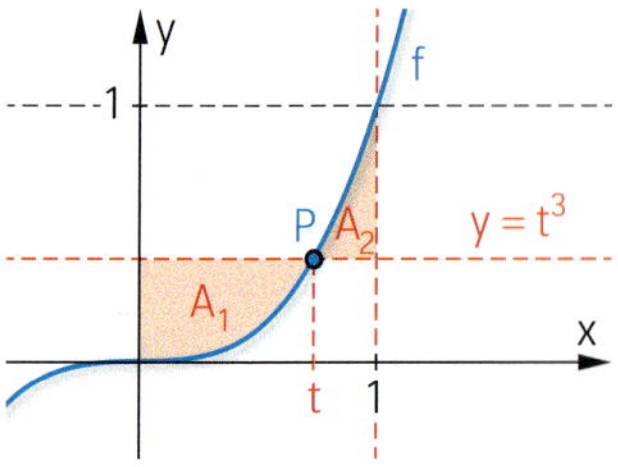

20 Ein maximales Rechteck

Die Graphen der Funktionen $f(x) = x^2$ und $g(x) = -x^2 + 6$ schließen eine Fläche ein. In diese Fläche wird ein Rechteck so gelegt, dass die Rechteckseiten parallel zu den Achsen verlaufen. Welche Koordinaten müssen die Eckpunkte des Rechtecks haben, damit der Flächeninhalt des Rechtecks maximal wird? Vergleichen Sie den Inhalt des Rechtecks mit dem Inhalt der von den Graphen umschlossenen Fläche.

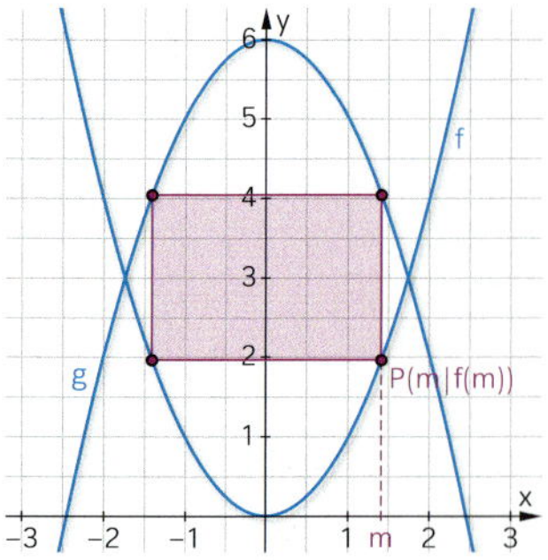

21 Puzzeln

Entwickeln und formulieren Sie eine Strategie zur Bestimmung des Inhalts der gefärbten Fläche. Finden Sie unterschiedliche Strategien?

Bestimmen Sie den Flächeninhalt. Machen Sie zunächst einen Überschlag.

$f(x) = \frac{1}{4}x^2$; $g(x) = 3 - x$; $h(x) = \frac{2}{3}x + \frac{4}{3}$

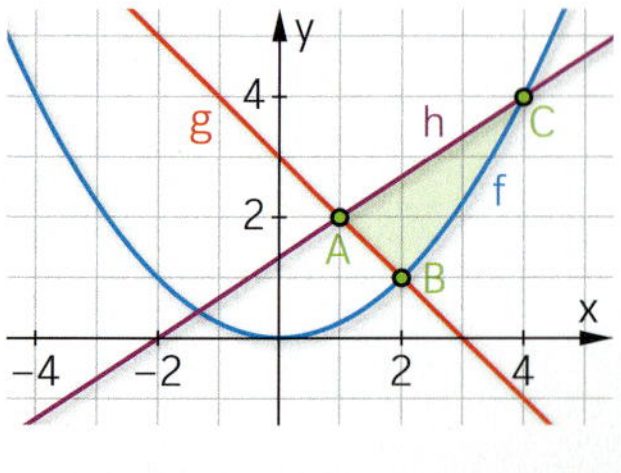

Übungen

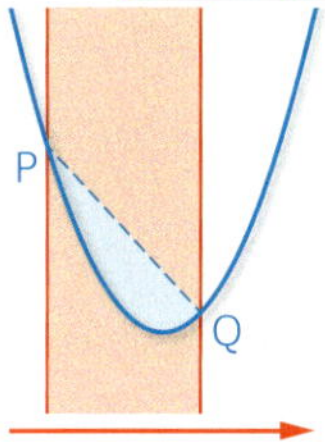

22 Parabelsegmente

Verschiebt man einen Streifen mit festgelegter Breite parallel zur Symmetrieachse einer Parabel, schneidet dieser Streifen die Parabel in zwei Punkten P und Q. Diese beiden Punkte legen ein Parabelsegment fest (Bild links).

a) Beschreiben Sie die Form des Segments, wenn der Streifen von links nach rechts wandert. In welcher Position des Streifens vermuten Sie den maximalen Flächeninhalt?

Applet eA-1.6-22

Verschaffen Sie sich einen Überblick mithilfe des Applets. Variieren Sie k (Streckfaktor der Parabel) und b (Breite des Segments).

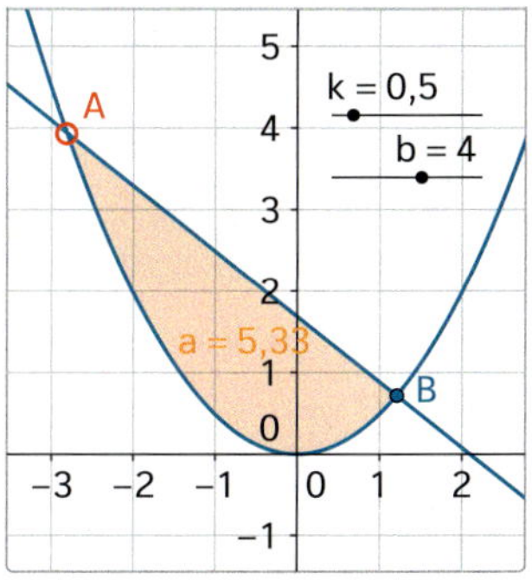

b) Zeigen Sie rechnerisch für $f(x) = x^2$, dass die Geraden $g_1(x) = 4$; $g_2(x) = 4x$; $g_3(x) = 2x + 3$ zu Streifen gleicher Breite gehören und berechnen Sie die zugehörigen Flächeninhalte. Wird Ihre Vermutung bestätigt?

CAS

c) Was wird mit dem Makro erzeugt?
Forschen Sie mithilfe des Makros:
(A) Gilt die Vermutung für $y = x^2$ und beliebige Segmente der Breite 4?
(B) Gilt die Vermutung auch für $y = k \cdot x^2$?
(C) Gilt die Vermutung auch für $y = x^2$ und Segmente beliebiger Breite?

$\text{solve}(yp=m\cdot xp+b \text{ and } yq=m\cdot xq+b,\{m,b\})$

$b=\frac{xp\cdot yq-xq\cdot yp}{xp-xq} \text{ and } m=\frac{yp-yq}{xp-xq}$

$\frac{yp-yq}{xp-xq}\cdot x+\frac{xp\cdot yq-xq\cdot yp}{xp-xq} \rightarrow zweipk(x,xp,yp,xq,yq)$ *Fertig*

Tipp
Segment der Breite 4:
$P(t|t^2)$;
$Q(t+4|(t+4)^2)$

23 Segmente bei Polynomen vom Grad 3 und Parabeln

Es werden gemeinsame Flächen von ganzrationalen Funktionen 3. Grades und Parabeln untersucht. Gegeben ist $f(x) = x^3 - 4\cdot x + 6$

a) (1) Ermitteln Sie den Inhalt der Fläche, die f(x) und $q1(x) = 6x^2 - 12x + 6$ umschließen.
(2) Zeigen Sie, dass −1 und 3 Schnittstellen von f(x) und $q2(x) = 3x^2 - 3x - 3$ sind,
und berechnen Sie $\int_{-1}^{3} (f(x) - q2(x))\,dx$.

- Fertigen Sie zu (1) und (2) aussagekräftige Skizzen an.
- Was fällt auf, wenn Sie die Schnittstellen und die Teilflächen in (1) und (2) vergleichen.

Was bedeutet dies jeweils für die Flächen unter f, q1 und q2 in diesen Intervallen?

b) Zeigen Sie, dass q1 und q2 aus a) zu den quadratischen Funktionen q mit $q(x) = 3(k+2)\cdot x^2 - 3(k+2)^2\cdot x + k^3 + 6k^2 + 8k + 6$ gehören.
Beschreiben Sie, was hier mit einem CAS gezeigt wird. Verallgemeinern Sie Ihre Entdeckung aus a). Welche weiteren Fragen ergeben sich?

$f1(x):=x^3-4\cdot x+6$ *Fertig*

$f2(x):=3\cdot(k+2)\cdot x^2-3\cdot(k+2)^2\cdot x+k^3+6\cdot k^2+8\cdot k+6$ *Fertig*

$\int_{k}^{k+4}(f1(x)-f2(x))\,dx$ 0

c) Stellen Sie einen Bezug zu Aufgabe 8 aus Kapitel 1.4 her (Keplerregel).

Grundwissen

1. Skizzieren Sie die Funktionen f und g mit $f(x) = -x^2 + 4$ und $g(x) = 2x + 1$ und berechnen Sie die Schnittpunkte.
2. Fassen Sie zusammen: a) $3ab - (b\cdot(a-2) + 4b)$ b) $-(-(b + a - (a - b)))$

Aufgaben

Integrale als Mittelwert

24 Mittlere Tagestemperatur

An einem Sommertag wird alle zwei Stunden die Temperatur gemessen.

Uhrzeit	0	2	4	6	8	10	12	14	16	18	20	22	24
Temp. in °C	13	12	13	16	20	24	27	28	27	25	21	17	14

a) Bestimmen Sie mithilfe der Messungen die durchschnittliche Tagestemperatur.

b) Die Messdaten werden durch die Funktion $f(x) = 8 \cdot \sin(0{,}5x - 2) + 20$ beschrieben.

Berechnen Sie das Integral $\frac{1}{24} \cdot \int_0^{24} f(x)\,dx$ mithilfe des GTR.

Vergleichen Sie die beiden Werte. Welcher ist Ihrer Meinung nach der bessere Wert für die mittlere Temperatur an diesem Tag?

Mittelwert einer Funktion auf einem Intervall

Mithilfe des Integrals kann die Definition des arithmetischen Mittelwertes von Daten auf den Fall übertragen werden, dass die Daten kontinuierlich durch eine Funktion beschrieben werden.
Der Mittelwert einer Funktion f im Intervall [a; b] ist gleich dem Wert des Integrals von f, dividiert durch die Länge des Intervalls.

$$y_m = \frac{1}{b-a} \cdot \int_a^b f(x)\,dx$$

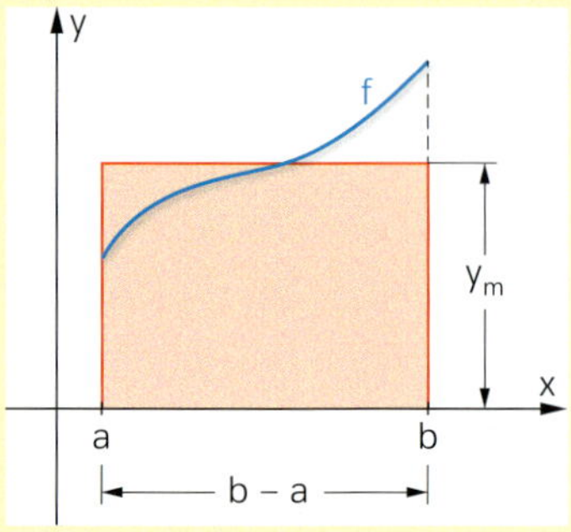

Geometrische Interpretation:
Der Flächeninhalt unter dem Graphen wurde in ein flächeninhaltsgleiches Rechteck mit der Höhe y_m und der Breite $b - a$ verwandelt.

25 Mittlerer Gewinn

Der Gewinnzufluss in € pro Woche beim Verkauf eines neuen Produktes wird in den ersten 12 Monaten mit der Funktion $f(x) = -20x^3 + 240x^2 - 1200$ beschrieben (vgl. 1.5 Aufgabe 4). Berechnen Sie den mittleren Gewinn in diesem Zeitraum.

26 Lagerhaltungskosten

Durchschnittliche Lagerhaltungskosten

Der Funktionsmittelwert wird in der Wirtschaft auch bei der Berechnung von Lagerhaltungskosten verwendet. Falls L(x) die Anzahl der Einheiten eines bestimmten Produkts ist, das eine Firma am Tag x auf Lager hält, dann gibt der Mittelwert L_M von L(x) über einen bestimmten Zeitraum $a \leq x \leq b$ die mittlere Anzahl der pro Tag gelagerten Produkteinheiten an.

Ein Großhändler erhält alle 30 Tage eine Sendung von 1200 Kisten Pralinenschachteln. Diese verkauft er an die Einzelhändler. x Tage nach Erhalt der Sendung beträgt die Anzahl der Kisten, die noch im Lager sind, $L(x) = \frac{4}{3}(x - 30)^2$.
Wie groß sind die durchschnittlichen täglichen Lagerkosten, wenn die täglichen Lagerkosten für eine Kiste 35 Cent betragen?

1.7 Offene Flächen berechnen

Es werden Flächen untersucht, die „ins Unendliche offen“ sind. Dabei kommt das Unendliche wieder ins Spiel.

Aufgaben

1 Wenn Flächen nicht ganz dicht sind – numerisch

Was vermuten Sie spontan zu der Entwicklung für $k \to \infty$ bzw. $k \to 0$? Untersuchen Sie mit dem GTR. Füllen Sie die Tabelle aus.

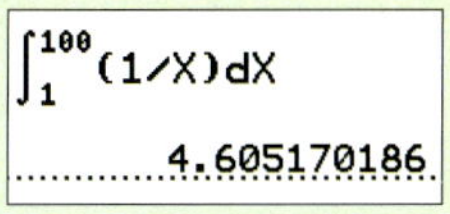

a) $f(x) = \left(\frac{1}{2}\right)^x$

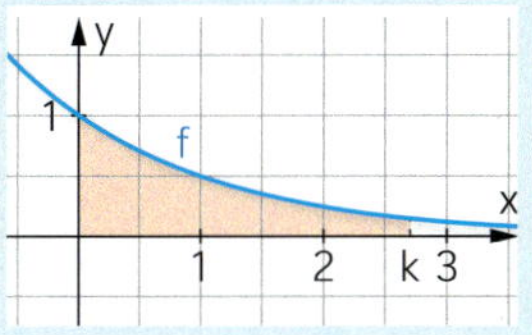

k = 5	
k = 10	
k = 50	
k = 100	
$k \to \infty$	

b) $g(x) = \frac{1}{x}$

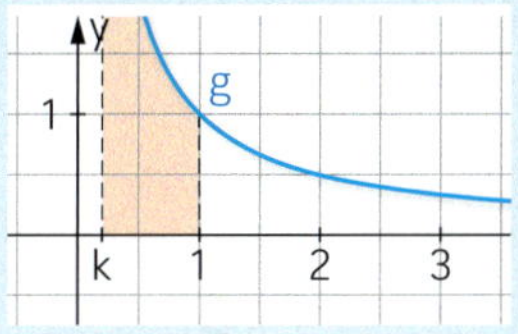

k = 5		k = 0,5	
k = 10		k = 0,1	
k = 50		k = 0,001	
k = 100		k = 0,0001	
$k \to \infty$		$k \to 0$	

Warum lassen sich die Fragen nicht eindeutig mit diesen Untersuchungen klären? Woran scheitert eine rechnerische Klärung?

2 Wenn Flächen nicht ganz dicht sind – grafisch und rechnerisch

Geben Sie die zu den Flächen passenden Integralfunktionen an. Welche Vermutung über die Flächenentwicklungen für $k \to \infty$ bzw. $k \to 0$ haben Sie mit den Graphen der Integralfunktionen? Untersuchen Sie die Grenzprozesse anhand der Terme für die Integralfunktionen. Überraschen Sie die Ergebnisse?

a) $f(x) = \frac{1}{x^2} = x^{-2}$; $\quad \int_1^k f(x)\,dx = ?$

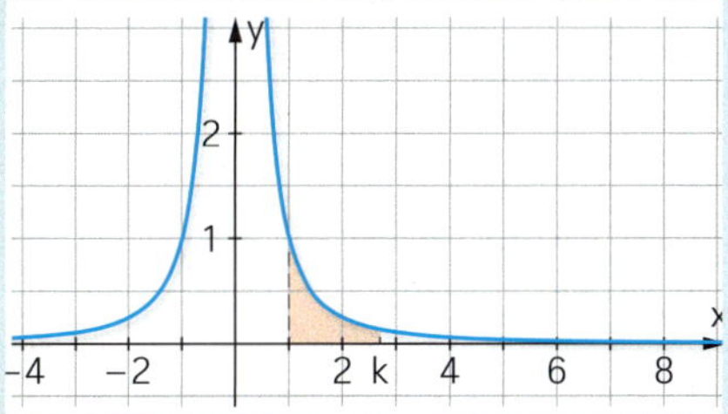

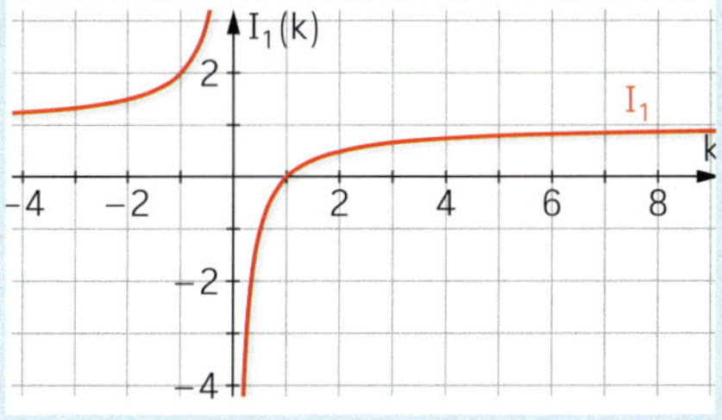

b) $f(x) = \frac{1}{\sqrt{x}} = x^{-\frac{1}{2}}$; $\quad \int_1^k f(x)\,dx = ?$

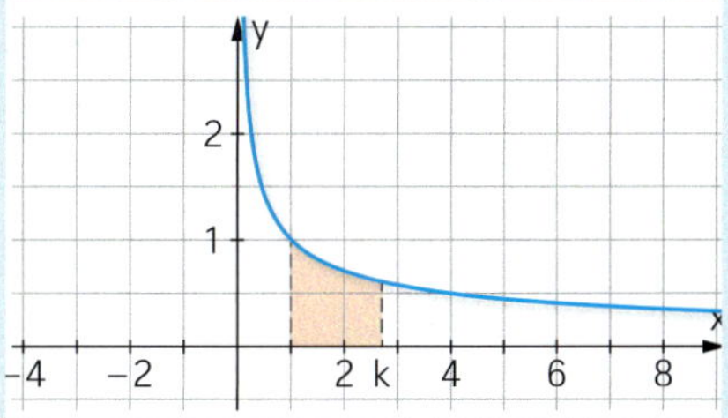

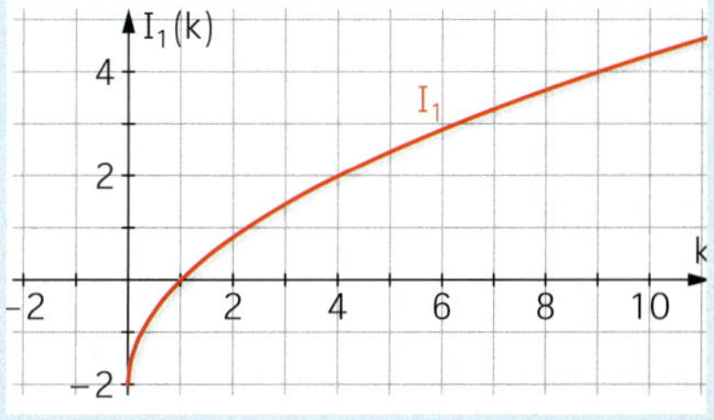

Basiswissen

Mithilfe der Integralrechnung können auch Flächen, die „ins Unendliche offen“ sind, untersucht werden.

Uneigentliche Integrale

Unbeschränkte Flächen können auf zwei Weisen entstehen.

(1) Eine Integrationsgrenze ist „∞“.

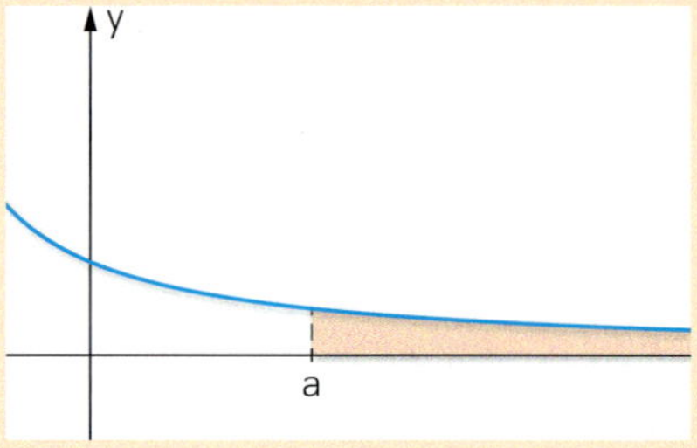

$\int_a^{\infty} f(x)\,dx$

(2) Der Integrand f(x) ist im Integrationsintervall unbeschränkt.

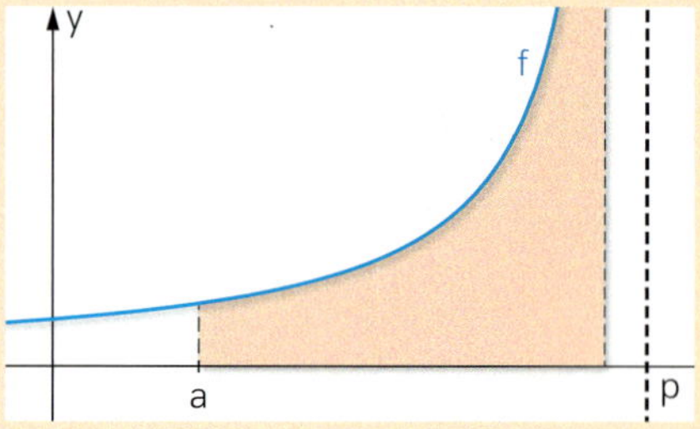

$\int_a^{p} f(x)\,dx$

Diese Integrale heißen Uneigentliche Integrale. Man untersucht sie, indem man prüft, ob die zugehörigen Grenzwerte existieren.

Beispiel: $f(x) = \frac{1}{x^2} = x^{-2}$; $F(x) = -\frac{1}{x}$

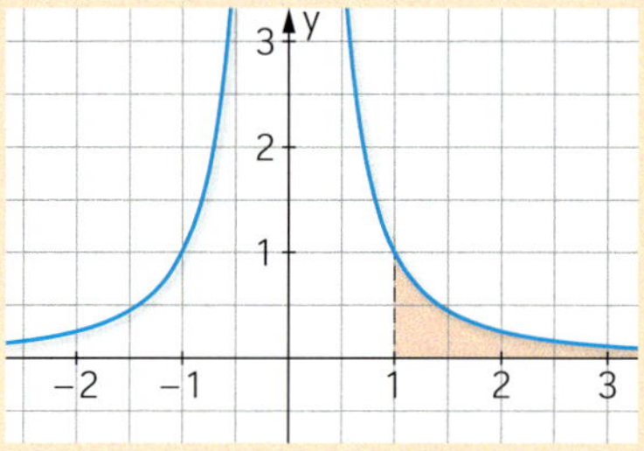

$\int_1^{k} (x^{-2})\,dx = -\frac{1}{k} - (-1) = 1 - \frac{1}{k}$

$\Rightarrow \lim\limits_{k \to \infty}\left(1 - \frac{1}{k}\right) = 1$

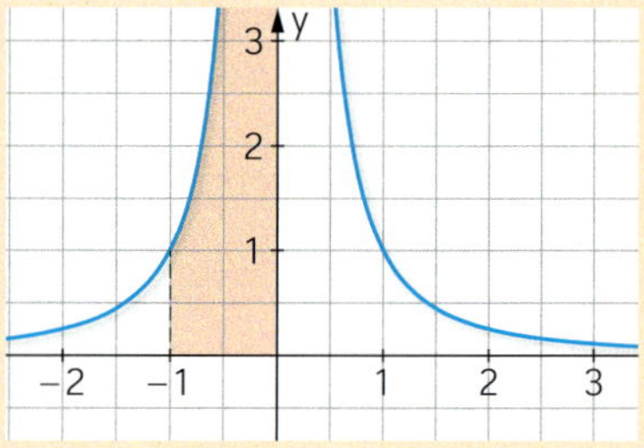

$\int_{-1}^{k} (x^{-2})\,dx = -\frac{1}{k} - 1 \xrightarrow[k \to 0]{} \infty$

Die Fläche wächst über alle Grenzen, es existiert kein Grenzwert.

Existieren diese Grenzwerte nicht, dann sagt man auch, dass das uneigentliche Integral nicht existiert.

Übungen

3 **Uneigentliche Integrale?**

Untersuchen Sie, ob die uneigentlichen Integrale $\int_2^{\infty} f(x)\,dx$ und $\int_0^{1} f(x)\,dx$ existieren.

Geben Sie gegebenenfalls ihren Wert an. Fertigen Sie Skizzen an.

a) $f(x) = \frac{2}{\sqrt{x}}$ b) $f(x) = \frac{1}{x^3}$ c) $f(x) = \frac{4}{\sqrt{x^3}}$ d) $f(x) = \frac{3}{x^2} + 1$

e) Bestimmen Sie in den Fällen, wo Konvergenz vorliegt, die Werte von x, ab denen der Abstand zum Grenzwert kleiner als (1) 0,01 (2) 0,0001 wird.

Übungen

4 Grafisch-numerische Untersuchungen

Untersuchen Sie grafisch-numerisch, ob die Grenzwerte der uneigentlichen Integrale existieren. Fertigen Sie dazu zunächst Skizzen an. Warum gelingt hier keine rechnerische Untersuchung und kein eindeutiges Ergebnis?

a) $\int_{-1}^{\infty} (3^{-x} + 1)\,dx$ b) $\int_{0}^{\infty} \left(\frac{1}{x^2+1}\right)dx$ c) $\int_{-2}^{0} \left(\frac{1}{x} + 2\right)dx \quad \int_{2}^{\infty} \left(\frac{1}{x} + 2\right)dx$

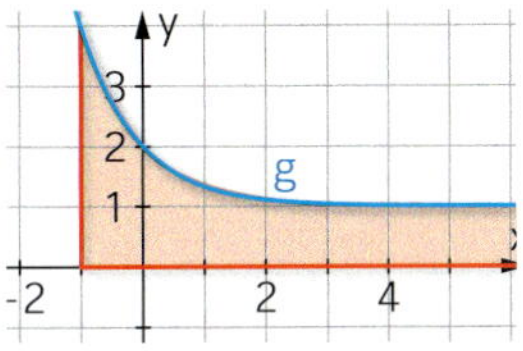

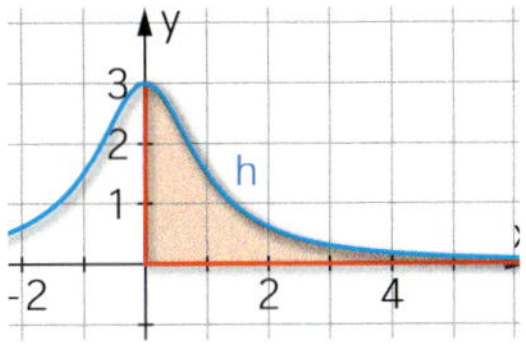

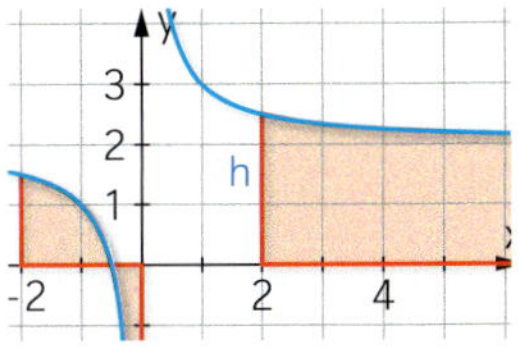

5 Von unendlich zu endlich

Sie haben erfahren, dass eine ins Unendliche offene Fläche einen endlichen Inhalt haben kann, aber auch über alle Grenzen wachsen kann.

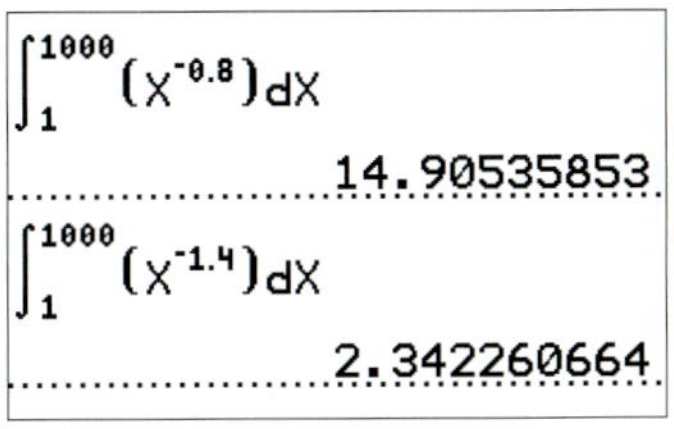

a) Untersuchen Sie mit dem GTR für verschiedene Werte von r mit $0{,}5 < r < 2$ die Entwicklung von $\int_1^k (x^{-r})\,dx$ für $k \to \infty$

Finden Sie den Übergang von unbegrenztem Wachstum des Flächeninhalts zu einem endlichen Wert?

b) Bestimmen Sie das Integral $\int_1^k (x^{-r})\,dx$ rechnerisch für den allgemeinen Fall. Beantworten Sie damit die Frage.

6 Parameterwerte gesucht

Lösen Sie die Gleichungen. Veranschaulichen Sie die Ergebnisse durch Skizzen. Achtung: Bei c) und d) aufpassen.

a) $\int_1^a x^{-2}\,dx = \frac{1}{2}$ b) $\int_1^a \frac{1}{\sqrt{x}}\,dx = 10$ c) $\int_a^2 x^{-3}\,dx = 1$ d) $\int_a^{a+1} \frac{1}{x^2}\,dx = 2$

7 Seltsame Technik 1

Begründen Sie ohne Rechnung, dass das CAS teilweise falsche Ergebnisse liefert.
Eine Skizze kann helfen.
Lösen Sie die Gleichungen.

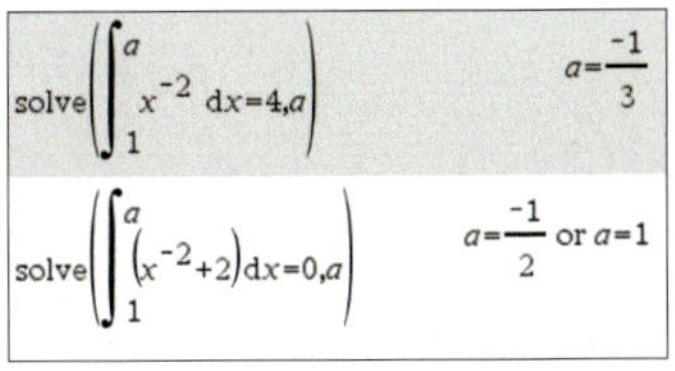

8 Seltsame Technik 2

Was wird hier untersucht?
Warum muss das zweite GTR-Ergebnis falsch sein?

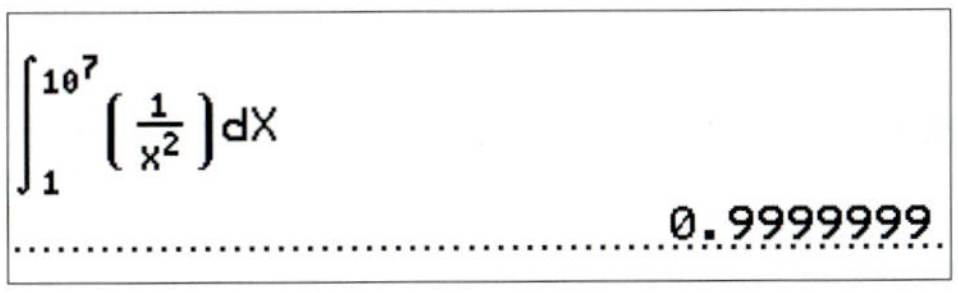

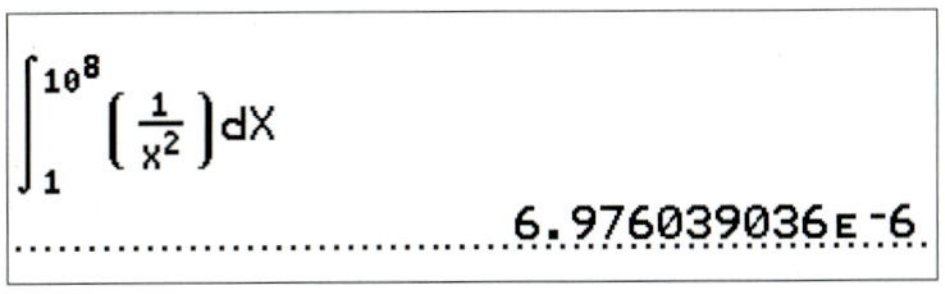

Die Endlichkeit der digitalen Werkzeuge

Digitale Werkzeuge wie GTR, CAS oder generell Computer verfügen immer nur über endlich viele Zahlen, mit denen sie arbeiten können, sie müssen zwangsläufig bei sehr vielen Rechnungen runden. Wenn bei Rechnungen Werte auftreten, die sehr nahe bei 0 liegen, dann wird auf 0 gerundet und damit weiter gerechnet. Dadurch kann das Ergebnis vollständig verändert werden.

$1/10^{99}$	1E-99
$1/10^{99.5}$	0
$1/10^{99.5}*10^{99.5}$	0

Übungen

9 Genauer hingeschaut

a) Untersuchen Sie, ob folgende Aussagen gelten.

(1) $\int_a^\infty f(x)\,dx = g \Rightarrow \int_a^\infty (f(x) + c)\,dx = g + c$

(2) $\int_a^\infty f(x)\,dx = g \Rightarrow \int_a^\infty a \cdot f(x)\,dx = a \cdot g$

(3) $\int_a^\infty f(x)\,dx = g \Rightarrow \int_a^\infty (f(x))^2\,dx = g^2$

b) Olga rechnet:

$\int_{-1}^{1} x^{-2}\,dx = \frac{-1}{1} - \left(\frac{-1}{-1}\right) = -2$

Jan meint skeptisch:
„Das kann nicht sein, die Fläche liegt doch oberhalb der x-Achse."

Wie kommt Olga auf ihr Ergebnis?
Was meint Jan?
Was ist Ihre Meinung dazu?

c) *Etwas zum Staunen*

Zu $\int_{-1}^{1} \frac{1}{x}\,dx$ sind Produktsummen mit *prosum* ermittelt worden (siehe Seite 31).
Was ist hier seltsam? Klären Sie das auf.
Was vermuten Sie als richtiges Ergebnis?

prosum(99,-1,1)	0.020202
prosum(100,-1,1)	undef
prosum(101,-1,1)	0.019802
prosum(100001,-1,1)	0.00002

10 Eine seltsame Weide

Obwohl das Schaf nur $2\,m^2$ Platz zum Weiden hat, reicht kein Zaun dieser Welt aus, um die Weide einzuzäunen. Wenn man den Zaun aber nur ein wenig nach außen versetzt, haben unendlich viele Schafe genug Platz zum Weiden.

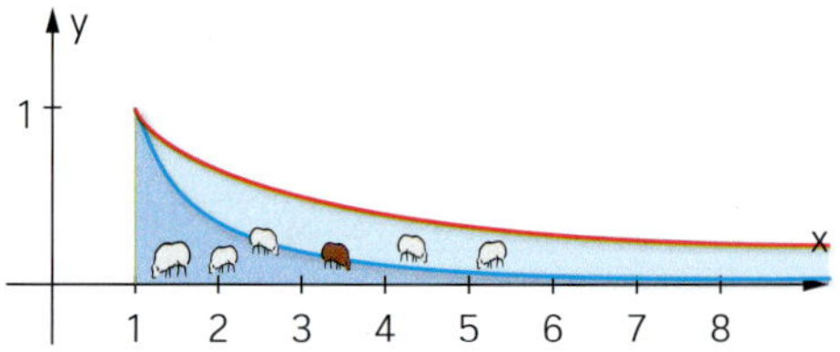

Erläutern Sie den Text mithilfe der Rechnungen und der Skizze.
Wie sind die Zäune „modelliert" worden?

$\int_1^\infty x^{\frac{-3}{2}}\,dx$ 2

$\int_1^\infty x^{\frac{-2}{3}}\,dx$ ∞

Grundwissen

1. Vergleichen Sie: $(10^2)^3$; $(10^3)^2$; $10^{(2^3)}$; $10^2 \cdot 10^3$.
2. a) Wie viel Liter sind $3\,m^3$? b) Geben Sie 32 g in kg an.
   c) Geben Sie 1 Stunde in Sekunden an. d) Wie viel m/s sind 72 km/h?

1.8 Volumen berechnen

Mit Integralen können Flächeninhalte von krummlinig berandeten Flächen berechnet werden. Auch bei der Volumenberechnung kann die Integralrechnung häufig helfen.

Aufgaben

1 Ein Paraboloid

Rotiert eine Parabel um ihre Symmetrieachse, entsteht ein Rotationskörper, in diesem Fall ein Paraboloid. Wenn man die x-Achse als Symmetrieachse wählt, ist die rotierende Funktion $f(x) = \sqrt{x}$.

Für eine Berechnung des Volumens dieses Paraboloids benutzt man wieder die Idee der Zerlegung der Fläche unter f in Rechtecke. Bei der Rotation entstehen daraus Zylinder, deren Volumen berechnet werden kann.

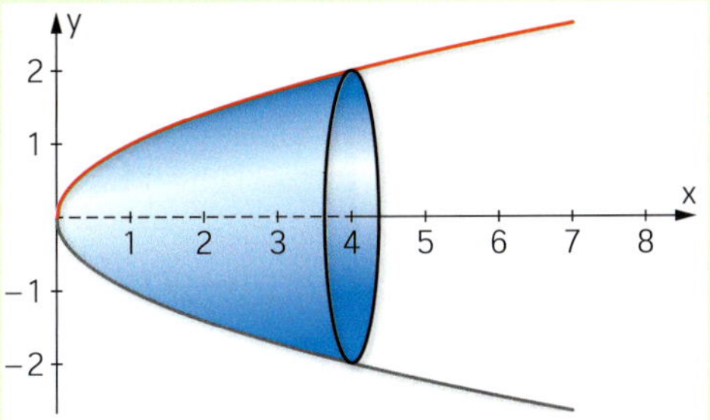

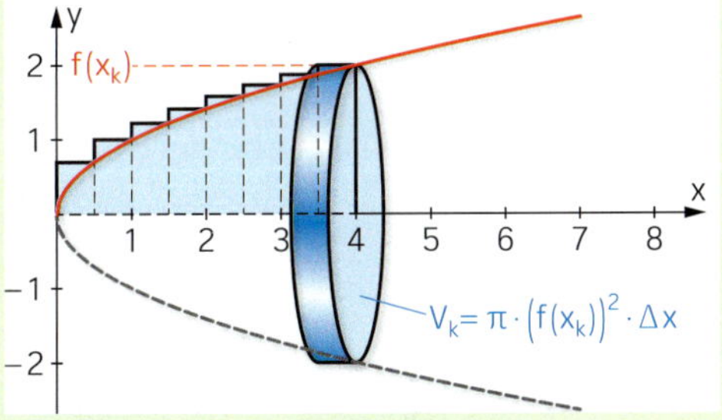

a) Was sind hier Radius und Höhe der Zylinderscheiben?

b) ▪ Berechnen Sie Näherungswerte für das Volumen des abgebildeten Paraboloids für eine Zerlegung in (1) vier Scheiben, (2) acht Scheiben.

▪ Begründen Sie, dass

$V_n = \pi \cdot (f(x_1))^2 \cdot \Delta x + \pi \cdot (f(x_2))^2 \cdot \Delta x + \ldots + \pi \cdot (f(x_n))^2 \cdot \Delta x = \pi \cdot \sum_{k=1}^{n} (f(x_k))^2 \cdot \Delta x$

eine allgemeine Formel für die Produktsumme liefert.

c) Mit GTR und CAS können komfortabel bessere Näherungen für das Volumen von Rotationskörpern berechnet werden.

GTR/CAS

n muss beim GTR x sein.

GTR

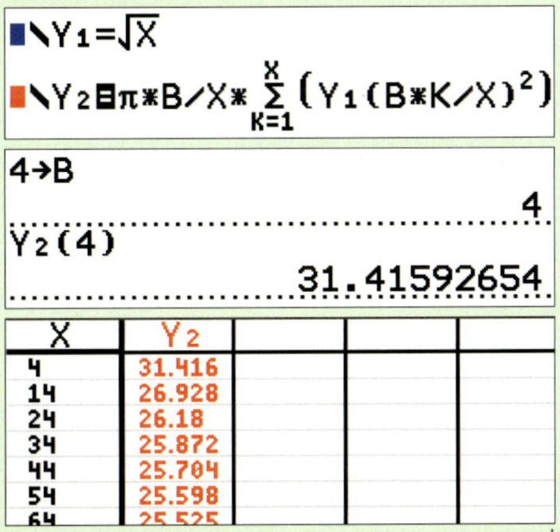

CAS

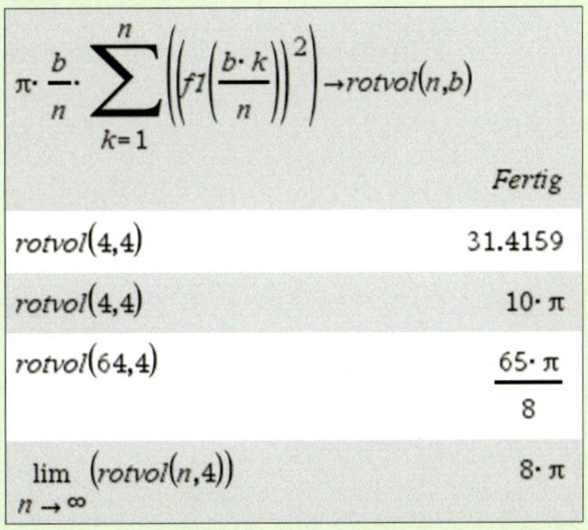

d) Begründen Sie, dass mit der Formel $\pi \cdot \int_a^b (f(x))^2\,dx$ das Volumen eines Rotationskörpers mit der x-Achse als Rotationsachse berechnet werden kann. Berechnen Sie damit das Volumen des Paraboloids.

Basiswissen Mithilfe der Integralrechnung können Volumen von Körpern berechnet werden, die durch die Rotation einer Kurve um eine Achse entstehen.

Volumen von Rotationskörpern

Die Fläche unter dem Graphen von f im Intervall [a; b] rotiert um die x-Achse. Man unterteilt das Intervall in n kleine Abschnitte der Breite $\Delta x = \frac{b-a}{n}$. Jeder der dadurch entstehenden Rechteckstreifen der Höhe $f(x_i)$ erzeugt bei der Rotation eine Zylinderscheibe.
Die Summe der Volumina dieser Zylinderscheiben liefert dann einen guten Näherungswert für das Volumen des Rotationskörpers.

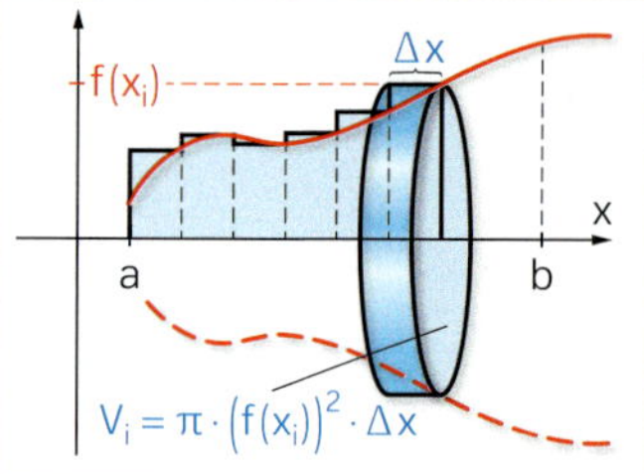

$$V \approx \pi \cdot (f(x_1))^2 \cdot \Delta x + \pi \cdot (f(x_2))^2 \cdot \Delta x + \ldots + \pi \cdot (f(x_n))^2 \cdot \Delta x = \pi \cdot \sum_{k=1}^{n} \left((f(x_k))^2 \cdot \Delta x\right)$$

Der Grenzwert dieser Produktsummen kann als Integral berechnet werden.

$$V = \lim_{n \to \infty} \left(\pi \cdot \sum_{k=1}^{n} \left((f(x_k))^2 \cdot \Delta x\right)\right) = \pi \cdot \int_a^b (f(x))^2\,dx$$

Beispiele

A Eine rotierende Parabel

Skizzieren Sie die Form des Körpers, der durch Rotation der Fläche unter dem Graphen von $f(x) = x^2 + 1$ im Intervall [−1; 1] entsteht. Bestimmen Sie sein Volumen.

Lösung:

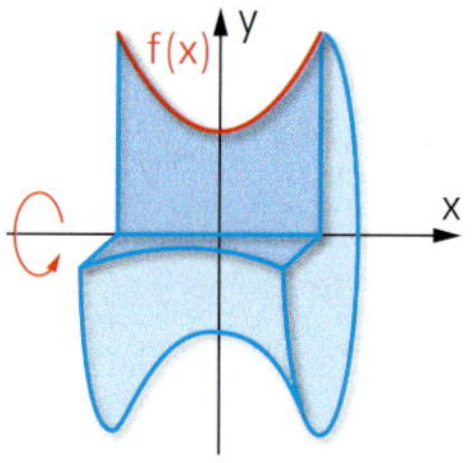

$$V = \pi \cdot \int_{-1}^{1} (x^2+1)^2\,dx = 2\pi \cdot \int_0^1 (x^4 + 2x^2 + 1)\,dx$$
$$= 2\pi \cdot \left[\tfrac{1}{5}x^5 + \tfrac{2}{3}x^3 + x\right]_0^1$$
$$= 2\pi \cdot \left(\tfrac{1}{5} + \tfrac{2}{3} + 1\right) = \tfrac{56}{15}\pi \approx 11{,}7$$

Übungen

2 Rotationskörper skizzieren und berechnen

Skizzieren Sie ein Bild des Körpers, der bei Rotation der Fläche unter dem Graphen von f im Intervall [a; b] um die x-Achse entsteht. Berechnen Sie sein Volumen.

a) $f(x) = x + 1$ [−2; 1]
b) $f(x) = \frac{1}{2} \cdot x^2$ [1; 2]
c) $f(x) = \sqrt{2x}$ [0; 4]
d) $f(x) = -x^2 + 4$ [−1; 3]

3 Potenzfunktionen

a) Berechnen Sie jeweils das Volumen des Körpers, der bei Rotation der Fläche unter dem Graphen der Potenzfunktion um die x-Achse im Intervall [0; 1] entsteht.
$f_1(x) = x$ $f_2(x) = x^2$ $f_3(x) = x^3$

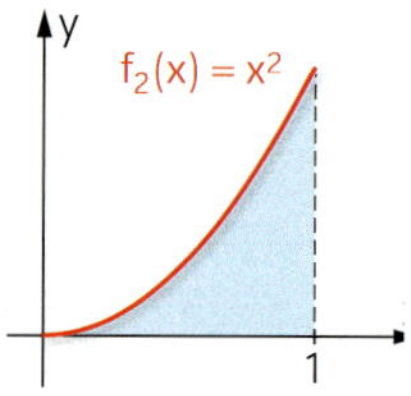

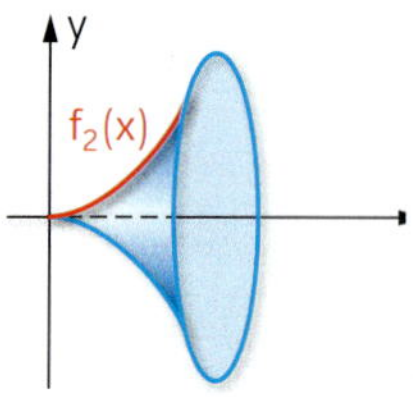

b) Wie entwickeln sich die Volumina der Rotationskörper, wenn die Exponenten über alle Grenzen wachsen? Vergleichen Sie mit der Entwicklung der Inhalte der entsprechenden Flächen.

Übungen

4 Bekanntes in neuem Gewand

a) Rotiert eine Ursprungsgerade $f(x) = m \cdot x$ in $[0;\, b]$ um die x-Achse, entsteht ein bekannter Körper, welcher? Berechnen Sie das Volumen mithilfe der Integralrechnung. Vergleichen Sie das Ergebnis mit der Formel aus der Formelsammlung.

b) Begründen Sie, dass $y = \sqrt{r^2 - x^2}$ die Gleichung eines Halbkreises mit $M(0|0)$ ist. Leiten Sie damit die Volumenformel für eine Kugel her.

5 Eine neue Formel mit Integralrechnung

Rotiert der Graph von $f(x) = m \cdot x$ in $[a;\, b]$ mit $a > 0$, $b > a$ um die x-Achse, entsteht ein Kegelstumpf.

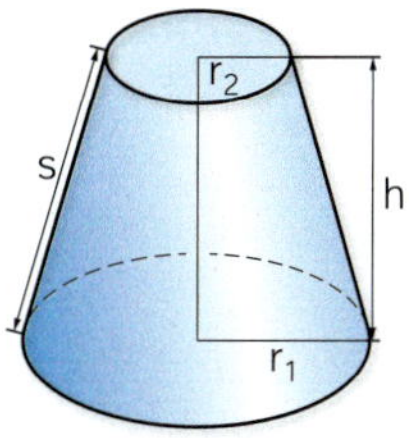

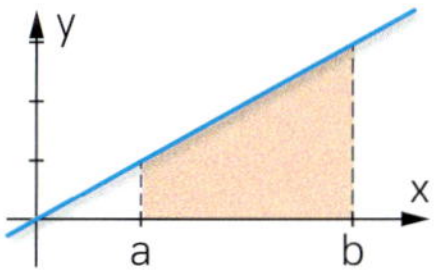

- Berechnen Sie das Volumen als Rotationskörper.
- Vergleichen Sie das Ergebnis mit der Formel aus der Formelsammlung:

$V = \frac{1}{3} \cdot \pi \cdot h \cdot (r_1^2 + r_1 \cdot r_2 + r_2^2)$

Hinweis: $(b^3 - a^3) = (b - a) \cdot (b^2 + a \cdot b + a^2)$

6 Eine mathematische Vase

Durch Rotation der blauen Fläche um die x-Achse entsteht eine „Vase". Der Materialbedarf soll berechnet werden.

Louis und Amelie machen folgende Ansätze:

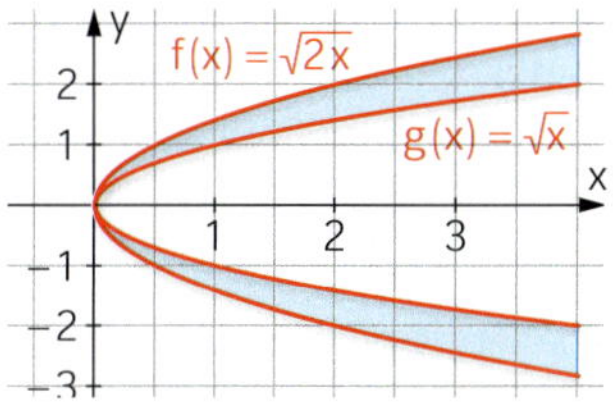

Louis:	Amelie:
$\pi \cdot \int_0^4 (f(x))^2\,dx - \pi \cdot \int_0^4 (g(x))^2\,dx$	$\pi \cdot \int_0^4 (f(x) - g(x))^2\,dx$

- Begründen Sie mithilfe der Terme, dass nicht beide Ansätze richtig sein können.
- Zu welchen Ergebnissen kommen Amelie und Louis?
- Welcher Ansatz ist richtig? Veranschaulichen Sie, was mit dem falschen Ansatz berechnet wird.

7 Hohlkörper

Berechnen Sie das Volumen der Drehkörper, die bei Rotation der blau gefärbten Fläche um die x-Achse entstehen.

a)

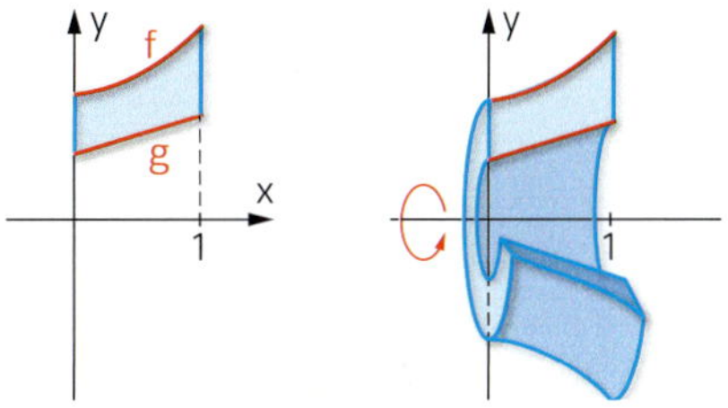

$f(x) = x^2 + 2$; $g(x) = \frac{1}{2}x + 1$

b)

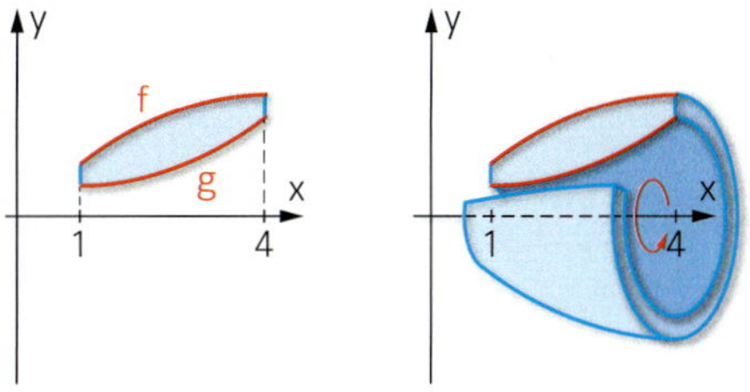

$f(x) = -\frac{1}{4}x^2 + 2x$; $g(x) = \frac{1}{4}x^2 - \frac{1}{2}x + \frac{5}{4}$

Grundwissen

1. Sind folgende Aussagen wahr, falsch oder nicht entscheidbar? Begründen Sie.
   a) Wenn eine Funktion f an der Stelle 1 den Funktionswert 2 hat, gilt $f(2) = 1$.
   b) Gilt $f'(2) = 1$, dann hat die Tangente an der Stelle 2 die Steigung 1.
   c) Gilt $f''(2) < 0$, dann gilt $f'(2) > 0$.

Aufgaben

8 Volumen eines Weinfasses

Von Johannes Kepler (1571–1630) stammt die folgende Formel zur Berechnung des Volumens eines Weinfasses:
$V = \frac{\pi}{15} \cdot h \cdot (8R^2 + 4Rr + 3r^2)$
Für eine parabelförmige Berandung liefert diese Formel den gleichen Wert wie die Integralformel für das Rotationsvolumen.

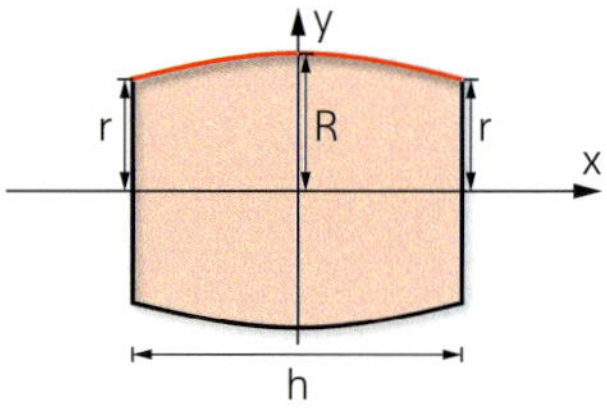

a) Bestätigen Sie die Aussage für ein Fass mit $R = 5$, $r = 4$ und $h = 12$ (Länge in dm).
b) Begründen Sie die Keplerformel allgemein mithilfe des Integrals.

Exkurs

Kepler und die Weinfässer

Im Jahre 1613 kauft Johannes Kepler einen Vorrat Wein in Fässern. Einige Tage später kommt der Kaufmann und misst nach, wie viel Wein Kepler gekauft hat. Dazu benutzt er eine Visierrute, die er in die horizontal liegenden Fässer steckt, schräg vom Spundloch bis zum Boden. Er liest dann direkt von der Visierrute den Inhalt des Fasses ab und berechnet danach den Preis. Kepler war nicht überzeugt davon, dass die Methode mit der Rute zutreffend sei. Das Problem, den Inhalt von fassartigen Körpern zu bestimmen, reizte ihn so sehr, dass er eine tiefgehende infinitesimal-geometrische Studie darüber anstellte, deren Resultate er 1615 publizierte. In diesen Büchern spricht er über Inhalte von Rotationskörpern von Kegelschnittsegmenten. Er kommt zu der Schlussfolgerung, dass man mit der Visierrute einen guten Näherungswert für den Inhalt österreichischer Weinfässer bestimmen kann. Der besondere Wert der Keplerschen Studien liegt darin, dass er neue Methoden zur Inhaltsberechnung von geometrischen Figuren entwickelte. Seine Methoden wurden von vielen Mathematikern des 17. Jahrhunderts studiert und dann auch weiterentwickelt. Sie bildeten einen wichtigen Baustein in der damaligen Entwicklung der Infinitesimalrechnung.

9 Ein Paradoxon

Obwohl nur etwas mehr als 3 Liter Farbe in den Behälter passen, reicht alle Farbe der Welt nicht aus, um den Behälter anzumalen. Torricelli konstruierte gedanklich einen solchen Behälter. Wegen seines Aussehens wird er auch „Torricelli-Trompete“ genannt.

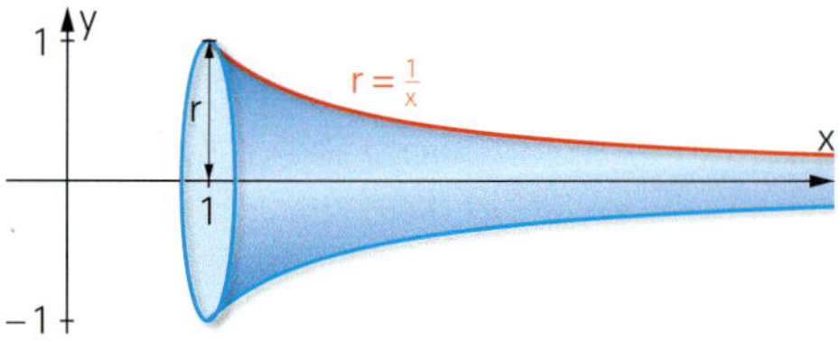

(1) Zeigen Sie, dass die Trompete ein endliches Volumen hat.

(2) Es gilt: $\int_1^k \frac{1}{x}\,dx \to \infty$. Begründen Sie, dass die Oberfläche über alle Grenzen wächst.

Exkurs

Ein Trinkgefäß oder ein weiteres Paradoxon

Torricelli konstruierte 1643 seine „Trompete“ mit unendlicher Oberfläche und endlichem Volumen. Kurze Zeit später, 1658, bauten Christian Huygens und Renè François de Sluze einen Körper, der ein endliches Volumen hat, aber ein unendliches Volumen „beinhalten“ kann. Rotiert die rote Fläche zwischen der Funktion $y = \sqrt{\frac{-x^3}{x-1}}$ und ihrer Asymptote $x = 1$ um die y-Achse, entsteht ein „Trinkbecher“. Man kann zeigen, dass dieser Trinkbecher aus endlich viel Material hergestellt werden kann, aber unendlich viel Flüssigkeit in ihn hinein passt. In einem Brief an Huygens beschreibt de Sluze den Körper als „...leichtgewichtiges Trinkglas, das nicht einmal der härteste Trinker leeren kann.“ Was ist die Ursache für solche Paradoxa?

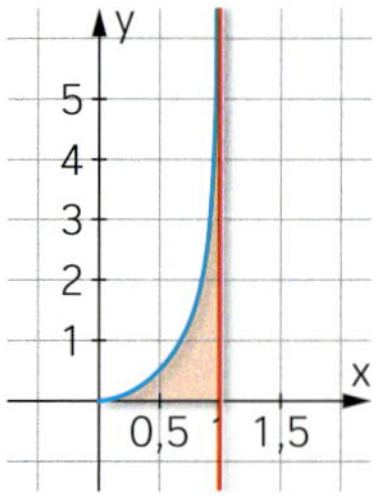

Galilei schreibt: „Paradoxa des Unendlichen entstehen nur dann, wenn wir versuchen, mit unserem endlichen Geist das Unendliche zu diskutieren und letzterem diejenigen Eigenschaften zuordnen, die wir dem Endlichen und Begrenzten geben.“

Mit Integralen können auch Kurvenlängen und Mantelflächen von „runden“ Körpern berechnet werden. Die Herleitungen werden hier in einer anschaulichen, eleganten Weise durchgeführt, allerdings werden dabei „unendlich kleine“ Größen benutzt, womit Mathematiker im 16. bis 18. Jahrhundert durchweg gearbeitet haben, ehe im 19. Jahrhundert eine exakte Analysis mit Grenzwerten entwickelt wurde, welche die „Fallstricke“ beim Umgang mit unendlich kleinen Größen umgeht.

Aufgaben

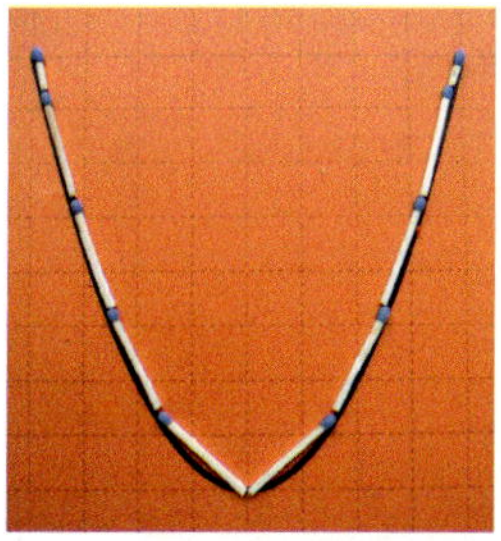

10 Bogenlänge

Idee: Die Kurve wird durch kleine Geradenstücke angenähert.

- Begründen Sie: $(\Delta s)^2 = (\Delta x)^2 + (\Delta y)^2$
- Zeigen Sie damit: $\Delta s = \sqrt{1 + \left(\frac{\Delta y}{\Delta x}\right)^2} \cdot \Delta x$

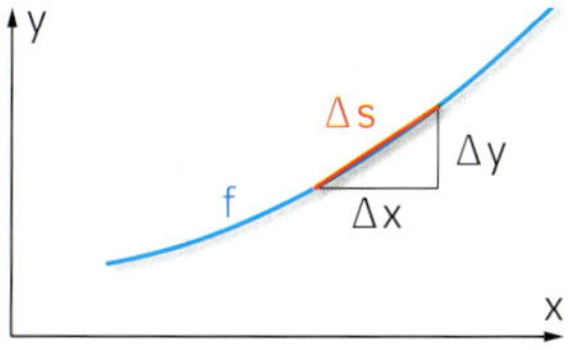

Beim Übergang zu der lokalen Änderung der Bogenlänge werden die Differenzen Δx und Δy „unendlich klein“. Notiert man dx und dy, erhält man: $ds = \sqrt{1 + \left(\frac{dy}{dx}\right)^2} \cdot dx$.
Leiten Sie damit die Formel für die Bogenlänge eines Funktionsgraphen in [a; b] her.

Die Bogenlänge

Die Bogenlänge von f in [a; b] kann mit $L = \int_a^b \sqrt{1 + (f'(x))^2}\,dx$ berechnet werden.

Die Integrale, die für die Ermittlung von Bogenlängen bestimmt werden müssen, können meist nur grafisch-numerisch berechnet werden.

11 Bogenlängen von Potenzfunktionen

Vergleichen Sie die Bogenlänge von $f(x) = x^n$ für $n = 2, 3, \ldots$ im Intervall [0; 1].
Was erhält man für $n \to \infty$? Begründen Sie auch anschaulich.

12 Streckenlängen

a) Ermitteln Sie den Abstand von $P(1|2)$ und $Q(3|6)$
  (1) mithilfe des Satzes von Pythagoras,
  (2) mithilfe der Formel für die Bogenlänge. Bestimmen Sie dazu zunächst die Gleichung der Geraden durch P und Q.

b) Zeigen Sie allgemein (1) und (2) für $P(a|m \cdot a)$ und $Q(b|m \cdot b)$.

13 Die Golden Gate Bridge

Die Hauptkabel einer Hängebrücke weisen die Form einer Parabel auf. Bei der Golden Gate Bridge in San Francisco ist die Höhe der Pfeiler über der Fahrbahn etwa 150 m, die Pfeiler sind 1280 m voneinander entfernt, der Scheitel ist 10 m oberhalb der Fahrbahn. Wie lang ist das Hauptkabel der Golden Gate Bridge?

Aufgaben

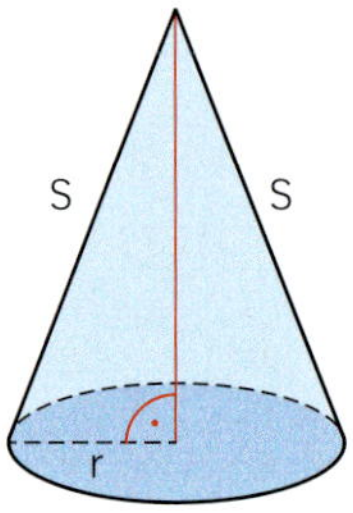

14 Mantelflächen von Rotationskörpern

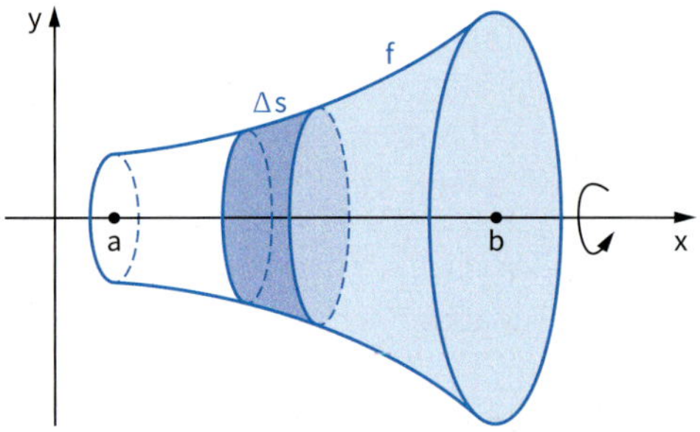

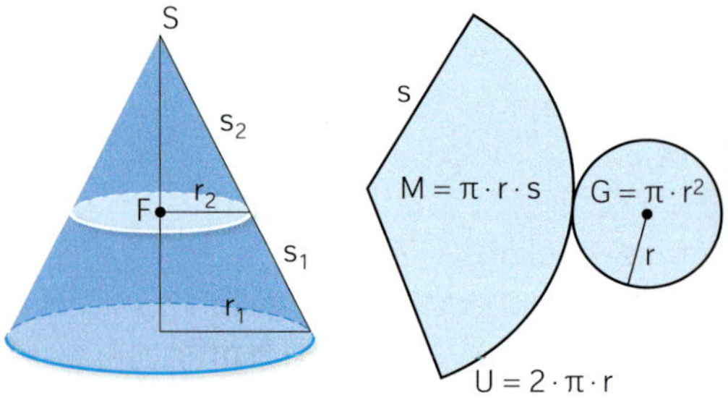

Idee: Die Mantelfläche wird durch kleine Kegelstumpfscheiben angenähert.

(1) Es muss zunächst die Mantelfläche eines Kegelstumpfes bestimmt werden. Mit den Bezeichnungen der Abbildung erhält man:

- gesamter Kegel: $M_{groß} = \pi \cdot r_1 \cdot (s_1 + s_2)$
- abgeschnittener Kegel: $M_{klein} = \pi \cdot r_2 \cdot s_2$

Zeigen Sie damit, dass $M_S = \pi \cdot s_1 \cdot r_1 + \pi \cdot s_2 \cdot (r_1 - r_2)$ die Mantelfläche M_S des Kegelstumpfes liefert.

(2) Zeigen Sie, dass gilt: $s_2 = \frac{r_2 \cdot s_1}{r_1 - r_2}$

(3) Leiten Sie her: $M_S = \pi \cdot s_1 \cdot (r_1 + r_2)$

Tipp
Ähnliche Dreiecke suchen, Strahlensätze

(4) Summiert man alle diese Mantelflächen der Kegelstumpfscheiben, erhält man näherungsweise für die Mantelfläche des Rotationskörpers:

$M = \pi \cdot \sum \Delta s \cdot (r_1 + r_2)$ mit $\Delta s = \sqrt{1 + \left(\frac{\Delta y}{\Delta x}\right)^2} \cdot \Delta x$ (vgl. Aufgabe 10)

(5) Im Grenzübergang („unendlich viele unendlich dünne Scheiben“) wird $r_1 = r_2$ und

$ds = \sqrt{1 + \left(\frac{dy}{dx}\right)^2} \cdot dx$ (vgl. Aufgabe 10).

Leiten Sie damit die Formel für die Mantelfläche her.

Die Mantelfläche eines Rotationskörpers

Der Inhalt der Mantelfläche, die der Graph von f bei Rotation um die x-Achse in [a; b] erzeugt, kann mit $M = 2\pi \cdot \int_a^b f(x) \cdot \sqrt{1 + (f'(x))^2}\, dx$ berechnet werden.

15 Mantelflächen von Potenzfunktionen

Vergleichen Sie die Mantelfläche von $f(x) = x^n$ für $n = 2, 3, \dots$ im Intervall [0; 1]. Die Integrale können nur grafisch-numerisch ausgewertet werden. Untersuchen Sie die Flächen für $n \to \infty$. Haben Sie eine Vermutung? Gelingt Ihnen eine anschauliche Begründung?

16 Football

Der NFL-American-Football ist normiert:
Länge: 27,5 - 29 cm;
Querumfang: 52,7 - 54 cm.

- Begründen Sie, dass $f(x) = -0{,}039 \cdot x^2 + 8{,}5$ die Kontur des Balls angemessen beschreibt.
- Bestimmen Sie Volumen und Materialbedarf für den Ball.

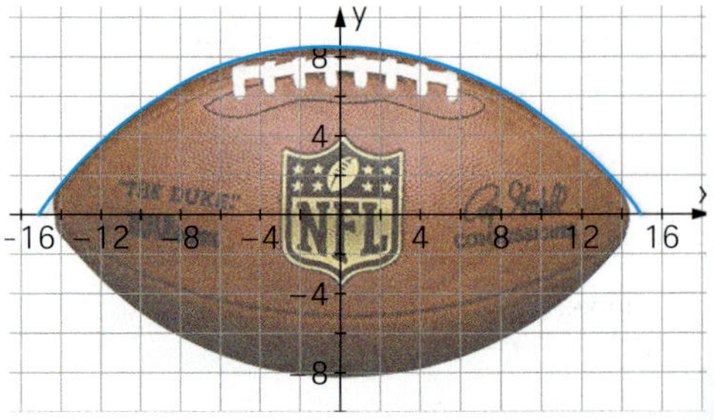

Bestand aus Änderung rekonstruieren

Bestände können aus bekannten Änderungen rekonstruiert werden.
Geometrisch kann man Werte B (a) der Bestandsfunktion B als **orientierten Flächeninhalt** unter dem Graphen der Änderungsfunktion von 0 bis a interpretieren.

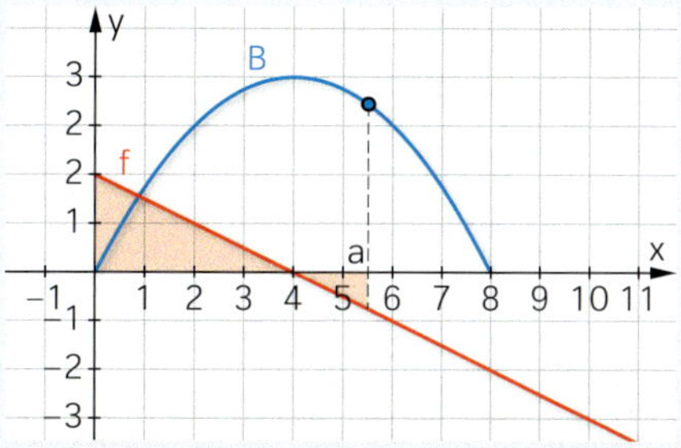

Rechnerisch erhält man die Bestandsfunktion durch das Umgekehrte des Ableitens („Aufleiten"). Dabei gilt $B(0) = 0$.

> Änderungsfunktion $f(x) = -0{,}5x + 2$
> ↓ „Aufleiten"
> Bestandsfunktion $B(x) = -0{,}25x^2 + 2x$

Änderung	Bestand
Geschwindigkeit	zurückgelegter Weg
Zuflussrate	Wassermenge
Gewinnzufluss	Gesamtgewinn

Stammfunktion

Eine Funktion F heißt Stammfunktion zu f, wenn $F'(x) = f(x)$ gilt.
$F + c$ sind alle Stammfunktionen von f.

Wichtige Stammfunktionen

f(x)	k	x^n	$\frac{1}{x^2}$	$\sqrt{x}$	sin (x)	cos (x)
F(x)	$k \cdot x$	$\frac{1}{n+1}x^{n+1}$	$-\frac{1}{x}$	$\frac{2}{3}\sqrt{x^3}$	$-\cos(x)$	$\sin(x)$

Regeln für Stammfunktionen

F, G, H ist jeweils Stammfunktion zu f, g, h.

	Funktion	Stammfunktion
Konstanter Faktor	$g(x) = a \cdot f(x)$	$G(x) = a \cdot F(x)$
Summenregel	$h(x) = f(x) + g(x)$	$H(x) = F(x) + G(x)$

Check-up

1 Zufluss im Wasserbecken

Die Grafik zeigt Zu- und Abfluss in einem Wasserbecken. Skizzieren Sie die zugehörige Bestandsfunktion. Was beschreibt diese Funktion?

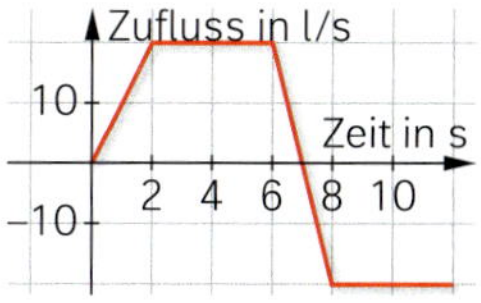

2 Rekonstruktion

Rekonstruieren Sie grafisch aus der Änderungsfunktion die Funktion der Gesamtänderung (Bestandsfunktion).

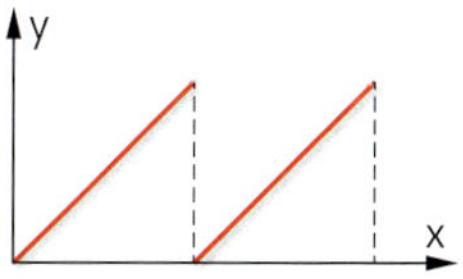

3 Von der Geschwindigkeit zum Weg

In der Tabelle ist der Geschwindigkeitsverlauf eines Autos während einer Stunde aufgezeichnet (t in min; v in $\frac{km}{h}$).

t	0	5	10	15	20	25	30	35	40	45	50	55	60
v	20	65	90	35	95	80	50	60	35	80	90	75	25

a) Schätzen Sie, wie weit das Auto in der Stunde gefahren ist.
b) Berechnen Sie einen Näherungswert, indem Sie die Messpunkte geradlinig verbinden.
c) Skizzieren Sie eine „Kurve", die in etwa die Messwerte der Tabelle erfasst. Skizzieren Sie dazu den Graphen der zugehörigen Bestandsfunktion.

4 Gärungsprozess

Der Graph zeigt die Gärungsgeschwindigkeit für Traubenmost (in Liter CO_2 pro Tag). Er kann beschrieben werden durch die Funktion:
$f(x) = -0{,}04x^3 + 0{,}34x^2 + 0{,}64x$

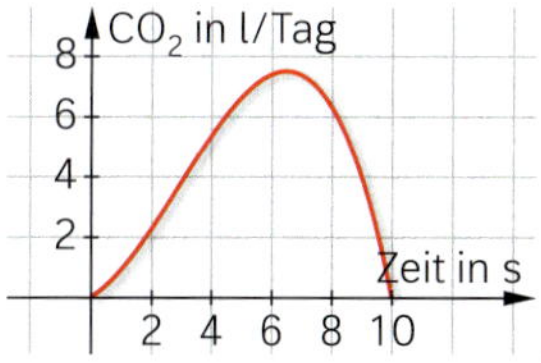

a) Beschreiben Sie den Gärungsprozess anhand des Graphen.
b) Geben Sie den Funktionsterm und den Graphen der Bestandsfunktion an. Welche Größe wird damit beschrieben?
c) Welche Menge an CO_2 wurde in den zehn Tagen produziert?

5 Änderung – Bestand – Fläche

In dem Bild sind die Graphen einer Änderungsfunktion f und einer Bestandsfunktion B dargestellt.
Bestimmen Sie die Gleichungen der beiden Funktionen. Überprüfen Sie Ihr Ergebnis durch Flächenbestimmungen in [0; 1], [0; 2] und [0; 3]

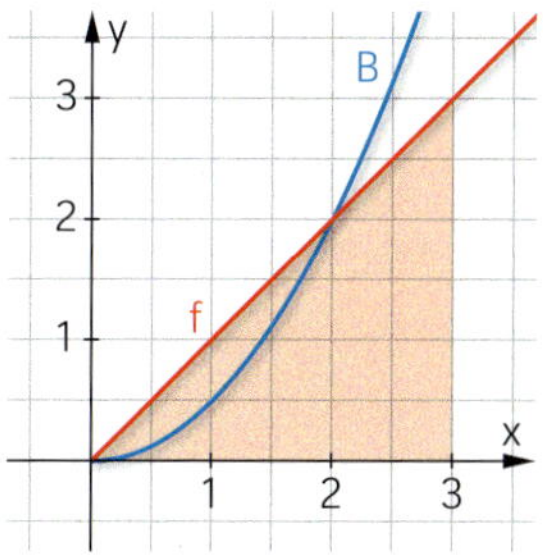

6 Stammfunktionen finden

$f_1(x) = 3$	$f_2(x) = 3x - 2$	$f_3(x) = x^4 - 4x^2 + 6$
$f_4(x) = x(x-1)^2$	$f_5(x) = (x+5)(x-5)$	$f_6(x) = \cos(x)$
$f_7(x) = 2 \cdot \sqrt{x}$	$f_8(x) = a \cdot x^2 - 2a$	$f_9(x) = \frac{k+2}{x^2}$

Bestimmtes Integral
Der orientierte Flächeninhalt unter einer Randfunktion f im Intervall [a; b] heißt
bestimmtes Integral

$\int_a^b f(x)\,dx$ („Integral f(x) von a bis b dx“)

Integralfunktion
Die Funktion, die jedem x den orientierten Inhalt der Fläche zuordnet, die f(x) mit der x-Achse zwischen a und x einschließt, heißt Integralfunktion zu f(x).

$I_a(x) = \int_a^x f(t)\,dt$

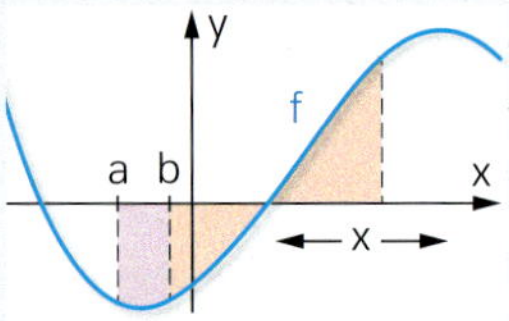

f: Integrand
a: untere Grenze
x: obere Grenze

$\int_a^a f(t)\,dt = 0$; $\int_a^x f(t)\,dt = \int_b^x f(t)\,dt + k$

Hauptsatz der Differential- und Integralrechnung
Teil 1: $I_a'(x) = f(x)$
Integralfunktionen sind Stammfunktionen

Teil 2: $I_a(b) = \int_a^b f(x)\,dx = F(b) - F(a)$

F(x) ist eine Stammfunktion von f(x).

Integral als Grenzwert von Produktsummen

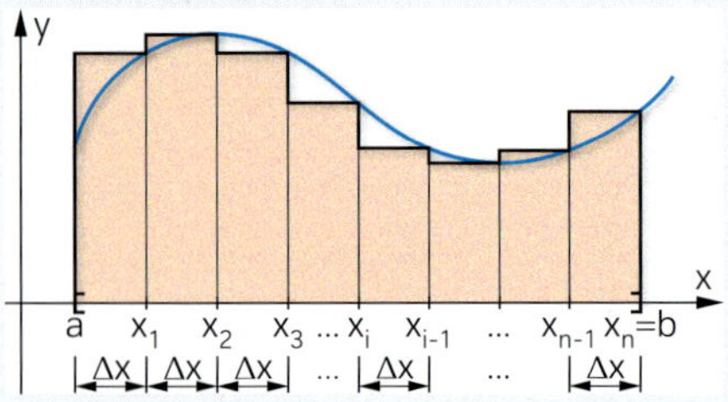

Summe von Rechteckflächen (Produktsummen):
$s_n = f(x_1)\cdot\Delta x + f(x_2)\cdot\Delta x + \ldots + f(x_n)\cdot\Delta x$

Bestimmtes Integral
Grenzwert der Produktsumme:

$$\lim_{n\to\infty}\sum_{k=1}^{n}(f(x_k)\cdot\Delta x) = \int_a^b f(x)\,dx$$

Check-up

7 Orientierte Flächeninhalte abschätzen

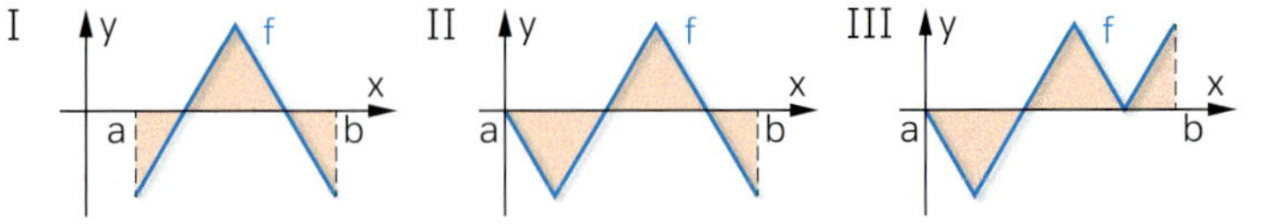

Schätzen Sie jeweils, ob $\int_a^b f(x)\,dx$ kleiner, größer oder gleich 0 ist.

8 Orientierte Flächeninhalte berechnen
Ohne GTR: Skizzieren Sie f und den zu den Integralen gehörenden orientierten Flächeninhalt. Berechnen Sie diesen Inhalt.

a) $\int_2^3 3x + 1\,dx$ b) $\int_{-2}^2 2 - x^2\,dx$ c) $\int_{\frac{\pi}{2}}^{2\pi} \cos(x)\,dx$ d) $\int_1^4 \sqrt{x}\,dx$

9 Integralfunktionen

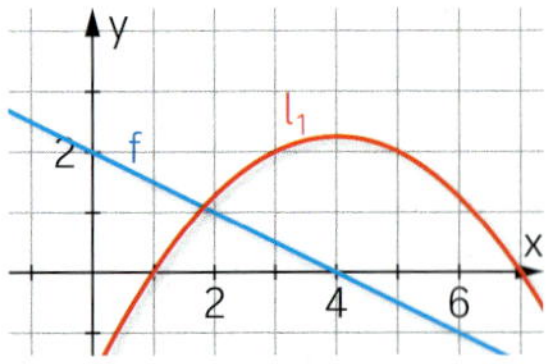

a) In dem Bild sind die Graphen einer Berandungsfunktion f(x) und einer zugehörigen Integralfunktion $I_1(x)$ dargestellt. Bestimmen Sie die Gleichungen der beiden Funktionen.
b) Vergleichen Sie die Graphen von $I_0(x)$ und $I_2(x)$ mit dem der gezeichneten Integralfunktion.

10 Aussagen überprüfen
Welche der Aussagen über die Integralfunktionen zu der Funktion f(x) sind richtig? Begründen Sie.

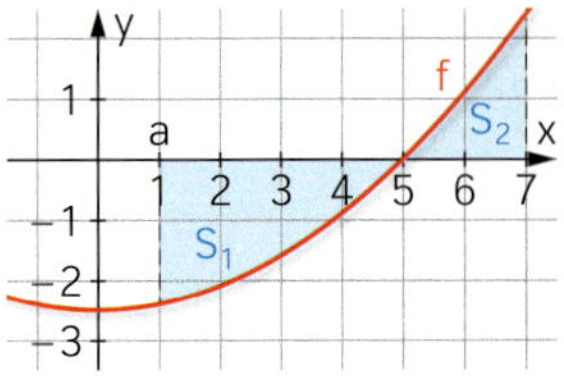

a) $I_a(a) = 0$
b) $I_a(x)$ ist für $a \neq 0$ stets positiv.
c) $I_a(b) = S_2 + S_1$
d) $I_a(b) = S_2 - S_1$

11 Näherungswerte für ein Integral mit Produktsummen
- Berechnen Sie ohne GTR $\int_0^4 (2^x)\,dx$ näherungsweise mit Produktsummen. (1) mit 4 Rechtecken (2) mit 8 Rechtecken
- Bestimmen Sie mit GTR oder *prosum* einen Näherungswert.

12 Wie entwickelt sich der Gewinn?
Der Gewinnzufluss einer Firma wird für die ersten drei Jahre prognostiziert.

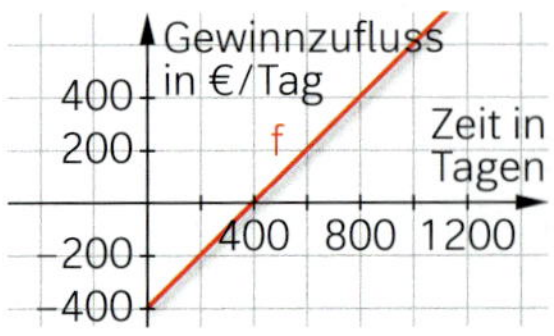

a) Wie entwickelt sich dieser?
b) Ermitteln Sie einen Funktionsterm für den Zufluss und den Gewinn.
c) Wie groß wird der Gewinn nach drei Jahren sein?
d) Eignet sich das Modell für eine 10-Jahresprognose?

Integrationsregeln

$\int_a^b k \cdot f = k \cdot \int_a^b f;$ $\quad \int_a^b (f+g) = \int_a^b f + \int_a^b g;$ $\quad \int_a^b f + \int_b^c f = \int_a^c f$

Rekonstruktion aus Änderungen

Beispiel:

Geschwindigkeit → Weg

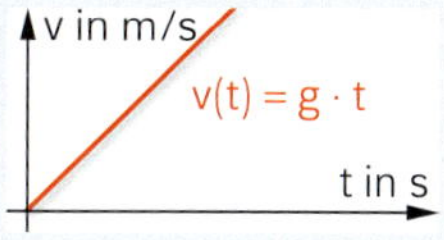

→

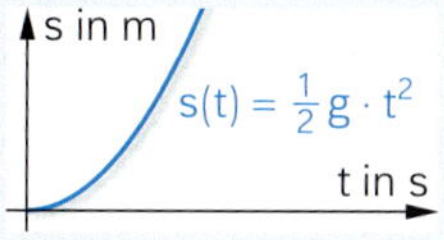

Flächenberechnungen

Fläche zwischen Kurve und x-Achse
„Von Nullstelle zu Nullstelle integrieren und jeweils Betrag nehmen"

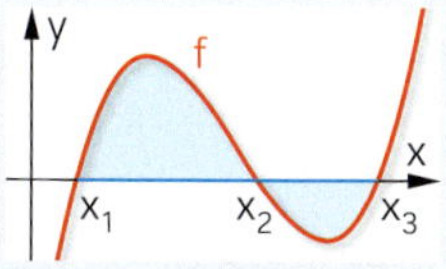

Fläche zwischen zwei Kurven
„Differenzfunktion von Schnittstelle zu Schnittstelle integrieren und jeweils Betrag nehmen"

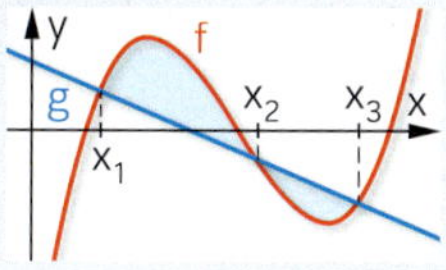

Uneigentliche Integrale

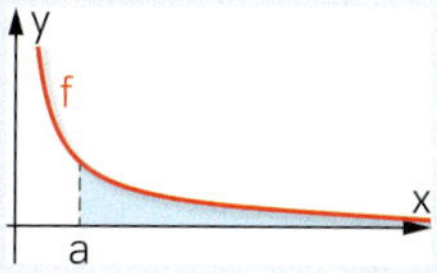

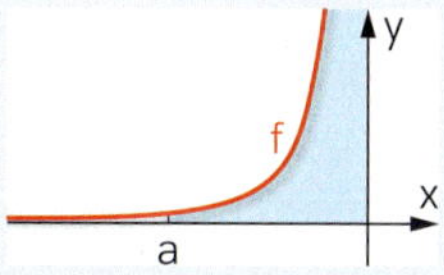

$\int_a^{\infty} f(x)\,dx$ $\quad \int_a^{0} f(x)\,dx$

Man untersucht diese Integrale, indem man überprüft, ob die Grenzwerte existieren.

$\lim\limits_{c \to \infty} \int_a^c f(x)\,dx$ $\quad \lim\limits_{c \to 0} \int_a^c f(x)\,dx$

Berechnung der Volumina von Rotationskörpern

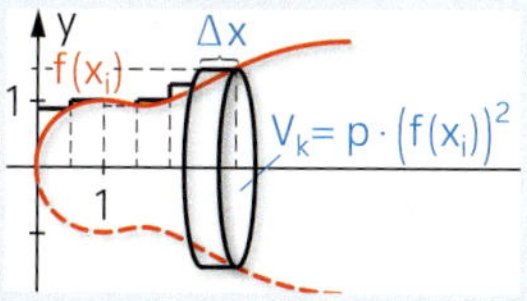

$V = \pi \int_a^b (f(x))^2\,dx$

Check-up

13 **Vokabellernen**

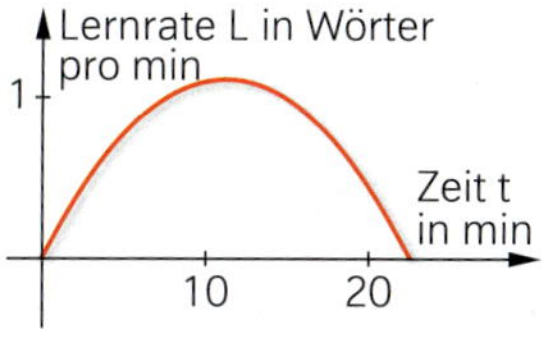

Beim Lernen von Vokabeln wird die Lernrate (Anzahl gelernter Wörter pro Minute) durch die Funktionsgleichung $L(t) = -0{,}009\,t^2 + 0{,}2\,t$ beschrieben.

a) Beschreiben Sie den Lernvorgang anhand des Graphen.

b) Wie viele Wörter wurden in den ersten zehn Minuten gelernt, wie viele bis zum Zeitpunkt, an dem die Lernrate auf null gesunken ist?

14 **Flächen zwischen Kurve und x-Achse – ohne GTR**

Skizzieren Sie den Graphen von f und bestimmen Sie den Inhalt der Fläche, die der Graph mit der x-Achse einschließt.

(1) $f(x) = 3x \cdot (x-4)$ (2) $f(x) = x^3 - 9x$
(3) $f(x) = \sin(x)$ in $[0; \pi]$ (4) $f(x) = x^4 - 16$
(5) $f(x) = -x^2 + 2x + 8$ (6) $f(x) = x^2 - k$

15 **Flächen zwischen zwei Kurven – ohne GTR**

Skizzieren Sie f, g und h und berechnen Sie jeweils den Inhalt der Fläche, die zwei der drei Funktionen umschließen.

$f(x) = 5x$ $g(x) = x^2 + 4$ $h(x) = -x^2 + 6$

16 **Flächen zwischen zwei Kurven – mit GTR**

Bestimmen Sie den Inhalt der Fläche, die $f(x) = x^3 - 6x + 3$ und $g(x) = x + 9$ umschließen.

17 **Gleichungen mit Integral lösen**

Lösen Sie die Gleichung. Skizzieren Sie den Integranden (Randfunktion) und veranschaulichen Sie die Lösung.

a) $\int_0^k (-x^2 + 6x)\,dx = 0$ b) $\int_0^k (-x^2 + 6x)\,dx = 18$

18 **Uneigentliche Integrale**

Untersuchen Sie, ob die Integrale existieren.

a) $\int_3^{\infty} \frac{2}{x^2}\,dx$ b) $\int_{-2}^{0} \frac{2}{x^2}\,dx$

19 **Rotationskörper**

Die Fläche zwischen den Graphen der Funktionen $f(x) = x^2$ und $g(x) = \sqrt{x}$ rotiert um die x-Achse. Beschreiben Sie die Form des dabei entstehenden Rotationskörpers und berechnen Sie sein Volumen.

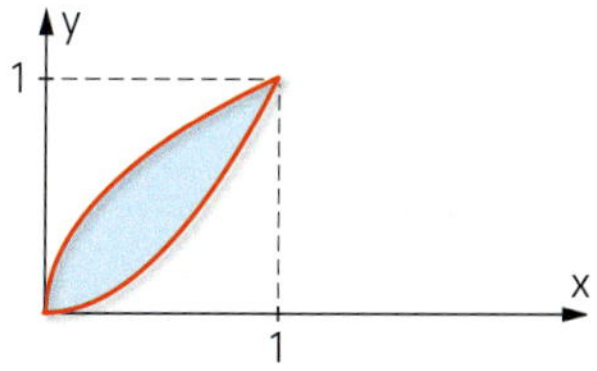

Sichern und Vernetzen – Vermischte Aufgaben zu Kapitel 1

Trainieren

1 Ein Wassertank

Die Grafik beschreibt den Zu- bzw. Abfluss Z(t) (in l/min) aus einem zum Zeitpunkt t = 0 leeren Wassertank in Abhängigkeit der Zeit (in min).
Wie viel Wasser befindet sich nach 8 min im Wassertank?

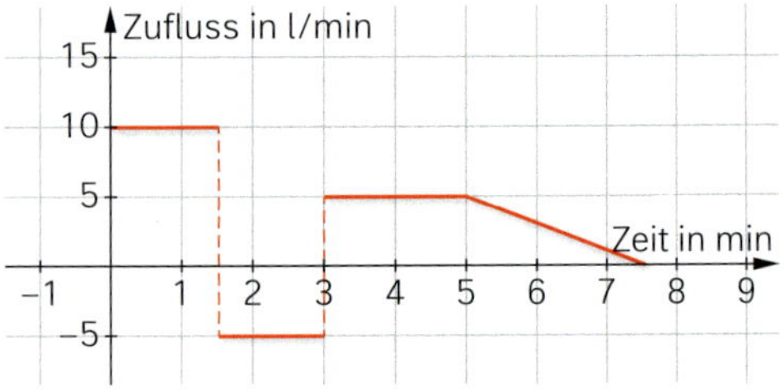

2 Funktionen und Stammfunktionen

a) Bestimmen Sie jeweils den fehlenden Eintrag.

Funktion f(x)	x + 1	■	$x(x^2-1)$	$\sqrt{x}$	■	cos(x)	■
Stammfunktion F(x)	■	$0{,}5x^2-4$	■	■	$\sqrt{x}$	■	cos(x)

b) Finden Sie jeweils eine Stammfunktion.
(1) $f(x) = 2x + t$ (2) $f(t) = 2t + x$ (3) $f(x) = a(x-b)^2$ (4) $f(x) = x^2(x-b)$

3 Integrale bestimmen

Bestimmen Sie jeweils den fehlenden Eintrag und fertigen Sie zu jeder Teilaufgabe eine aussagekräftige Skizze an.

	a	b	c	f(x)
a)	1	3	■	$3x^2-1$
b)	−2	■	7	$2x-2$
c)	■	1	−15	$4x^3$
d)	0	2	6	$m\cdot x+n$

4 Integral mit Produktsummen bestimmen

Ermitteln Sie das Integral $\int_0^b (x^5)\,dx$ mit der Definition nach RIEMANN. Benutzen Sie die angegebene Summenformel.

$$\text{expand}\left(\sum_{k=1}^{n}\left(k^5\right)\right) \qquad \frac{n^6}{6}+\frac{n^5}{2}+\frac{5\cdot n^4}{12}-\frac{n^2}{12}$$

5 Integral näherungsweise mit Produktsummen berechnen

Berechnen Sie die Integrale näherungsweise ohne GTR mit Produktsummen.
Benutzen Sie zunächst 4 Rechtecke und dann 8 Rechtecke. Vergleichen Sie jeweils die Näherungswerte. Bestimmen Sie dann mit GTR oder prosum einen guten Näherungswert.

(1) $\int_0^4 \left(\frac{10}{x^2+1}\right)dx$ (2) $\int_0^8 \left(\left(\frac{1}{2}\right)^x + 2\right)dx$

6 Flächeninhalte bestimmen 1

Ermitteln Sie jeweils den Inhalt der roten Fläche.

(1)

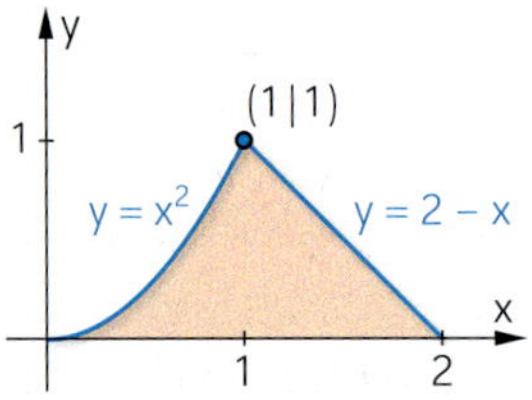

(2)

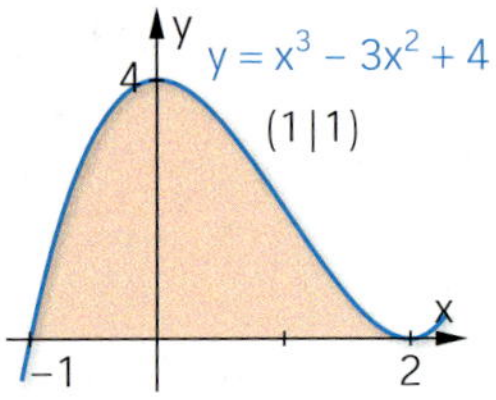

(3)

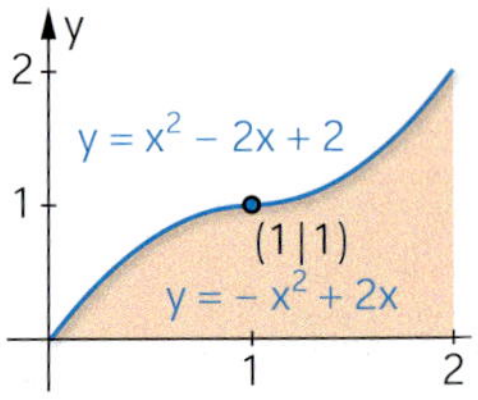

Trainieren

7 Flächeninhalte bestimmen 2

Ermitteln Sie den Inhalt der Fläche, die f mit der x-Achse einschließt. Lösen Sie a), b) und c) ohne GTR. Skizzieren Sie auch die Funktionen.

a) $f(x) = 9 - x^2$ b) $f(x) = x^3 - x$ c) $f(x) = 2x + x^2$
d) $f(x) = x(x-1)(x+3)$ e) $f(x) = x^3 + \frac{3}{2}x^2 - 10x$ f) $f(x) = (x^2 - 9)(x^2 + 1)$

8 Flächeninhalte bestimmen 3

Ermitteln Sie den Inhalt der Fläche, die f und g einschließen. Lösen Sie a) - c) ohne GTR.

a) $f(x) = -\frac{1}{2}x^2 + 4$, $g(x) = x^2 + 1$
b) $f(x) = x^2 - 1$, $g(x) = x + 1$
c) $f(x) = x^3 + x^2 - 6x$, $g(x) = -4x$
d) $f(x) = x^2(x - 3)$, $g(x) = x - 3$

9 Wendepunkt, Fläche und Flächenverhältnis

a) Ermitteln Sie den Wendepunkt von f mit $f(x) = x^3 - 3x^2$.
b) Durch den Wendepunkt wird eine Parallele zur y-Achse gezogen. Diese Parallele zerlegt die Fläche, die der Graph von f mit der x-Achse einschließt, in zwei Teilflächen. In welchem Verhältnis stehen die Inhalte der beiden Teilflächen zueinander?
c) In welchem Verhältnis teilt die Gerade durch den Wendepunkt und die positive Nullstelle die Fläche, die der Graph mit der x-Achse einschließt?

10 Parabelschar

Gegeben sind Parabeln mit der Gleichung $f(x) = -\frac{1}{a^3} \cdot x \cdot (x - a)$.

- Bestimmen Sie für $a = 1$, $a = -2$, $a = 3$ und $a = -4$ die Nullstellen und den Scheitelpunkt. Skizzieren Sie damit die Parabeln.
- Bestimmen Sie für ein beliebiges a den Inhalt der Fläche, die die Parabeln mit der x-Achse umschließen. Was ist das Besondere am Ergebnis?

11 Flächenentwicklungen

Untersuchen Sie jeweils die gefärbten Flächen für $c \to \infty$.
Beschreiben Sie die Besonderheiten und eventuell auftretenden Überraschungen.

$f(x) = -\frac{1}{\sqrt{x}} + 1$

$g(x) = -\frac{1}{x^2} + 1$

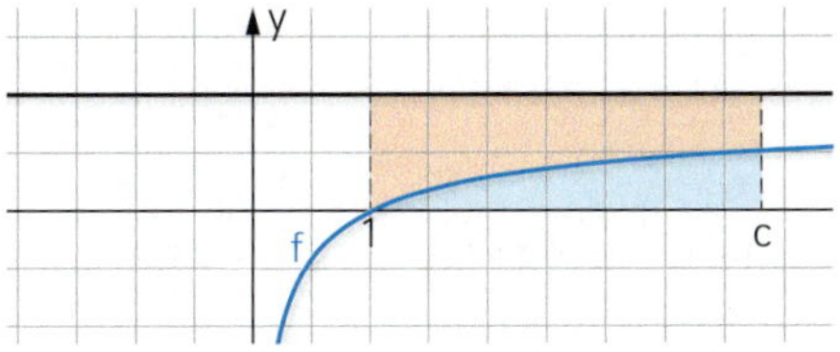

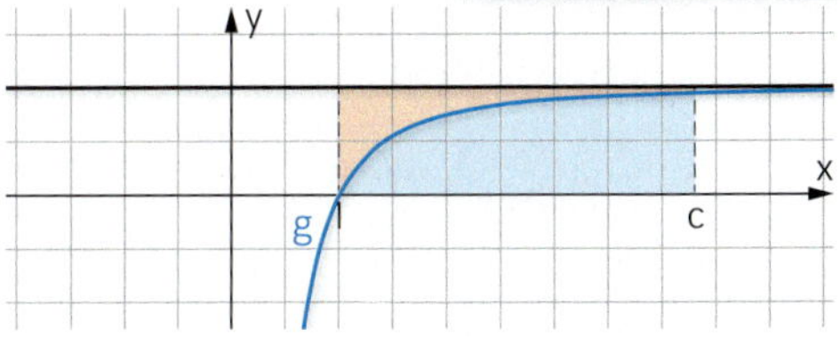

12 Flächeninhalt und Rotationsvolumen

Berechnen Sie jeweils im Intervall [a; b] den Inhalt der Fläche unter dem Graphen und das Rotationsvolumen, wenn die Fläche um die x-Achse rotiert.

a) $f(x) = 9 - x^2$, [1; 2] b) $g(x) = \sqrt{x}$, [1; 2] c) $h(x) = \sin x$, [0; π]

Verstehen

13 Wege und Geschwindigkeiten

Welches Objekt hat in den zehn Sekunden den größten Weg zurückgelegt?

(A)
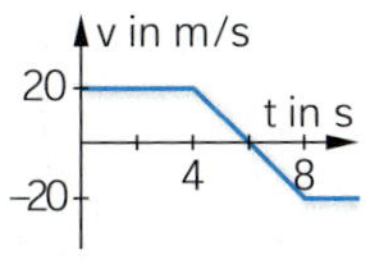

(B)
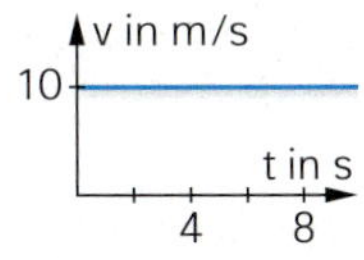

(C)
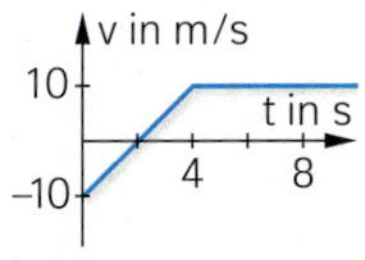

(D)
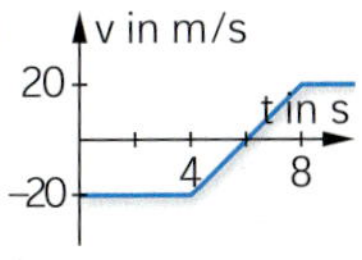

Verstehen

14 Eine Maus, ein Käsestück und eine Röhre

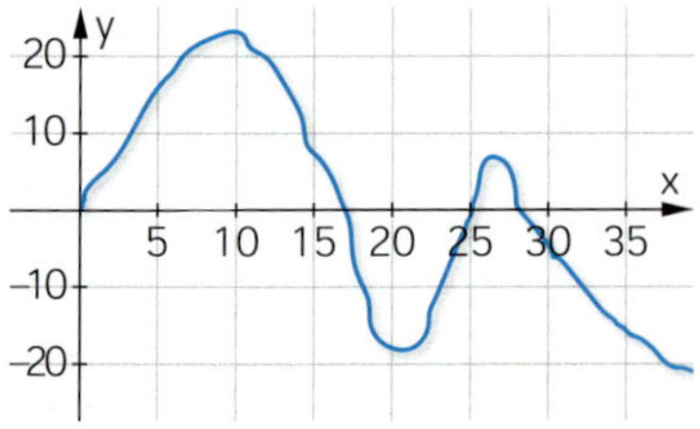

Eine Maus rennt in einer tunnelförmigen Röhre hin und her, angelockt von einem Käsestück, das abwechselnd in das rechte und linke Tunnelende gesteckt wird. Das Diagramm zeigt die Geschwindigkeit v der Maus, wobei positives v die Bewegung nach rechts, negatives entsprechend die Bewegung nach links bedeutet (v in cm/s, t in s).

a) Zu welchen Zeiten ändert die Maus ihre Richtung?

b) Wann hat sie die größte Geschwindigkeit nach rechts (nach links) erreicht?

c) Wann ist sie am weitesten rechts (links) von der Mitte, wie weit ist diese Entfernung jeweils?

d) Ist die Maus nach 40 Sekunden links oder rechts von der Mitte? Begründen Sie.

15 Veranschaulichen und Begründen

a) Geben Sie jeweils Intervalle [a; b] mit a < 0 und b > 0 so an, dass für $f(x) = x^3 - 4x$ gilt:

(1) $\int_a^b f(x)\,dx > 0$ (2) $\int_a^b f(x)\,dx = 0$ (3) $\int_a^b f(x)\,dx < 0$

Veranschaulichen und begründen Sie durch Skizzen.

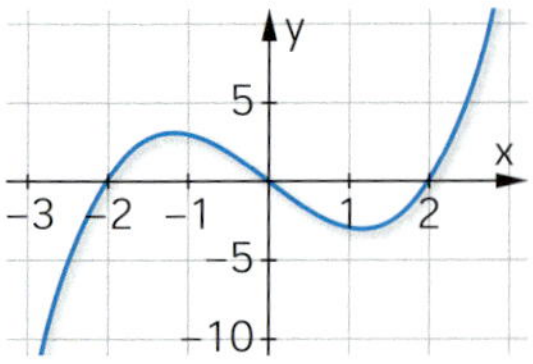

b) Für welche Funktionen f gilt: $\int_{-c}^{0} f(x)\,dx = -\int_{0}^{c} f(x)\,dx$?

16 Terme veranschaulichen

Die Funktion F(x) ist eine Stammfunktion von f(x). Veranschaulichen Sie die Terme am Graphen von f.

a) $f(b) - f(a)$ b) $\frac{f(b) - f(a)}{b - a}$ c) $F(b) - F(a)$

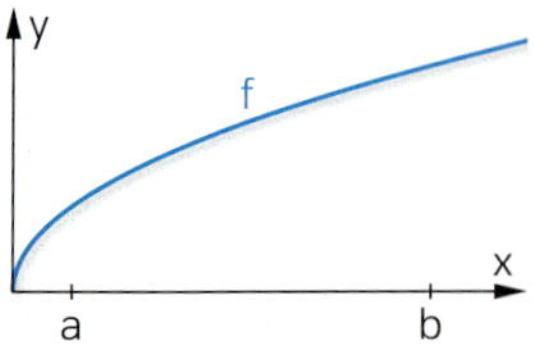

17 Bekanntes mit Produktsummen annähern

a) Erläutern Sie den Term $P(n) = \sum_{k=1}^{n} \frac{4}{n} \cdot \left(\frac{4k}{n} + 1\right)$ zu $f(x) = x + 1$. Was wird damit berechnet?

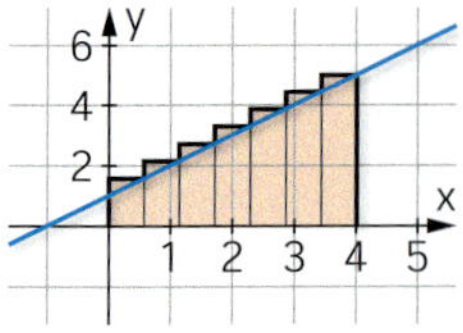

b) Es gilt: $\sum_{k=1}^{n} \frac{4}{n} \cdot \left(\frac{4k}{n} + 1\right) = \frac{12n + 8}{n}$

- Geben Sie den Flächeninhalt unter f in [0; 4] an.
- Wie groß muss n gewählt werden, damit der Abstand der Produktsummen P(n) von dem Flächeninhalt kleiner als $\frac{1}{10}$ wird?

18 Vergleichen von Flächen und Rotationsvolumina

a) Die Graphen der Funktionen $f(x) = \sqrt{x}$ und $g(x) = 2\sqrt{x}$ schließen jeweils mit der x-Achse im Intervall [0; 2] eine Fläche A_f bzw. A_g ein. Vergleichen Sie die Flächeninhalte.

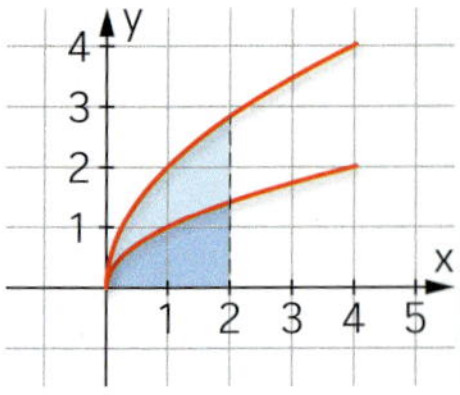

b) Was vermuten Sie über das Verhältnis der Rotationsvolumina, wenn die beiden Flächen um die x-Achse rotieren? Überprüfen Sie durch Nachrechnen.

c) Lassen sich die Beobachtungen auf andere Funktionen f(x) und $g(x) = 2 \cdot f(x)$ übertragen?

Anwenden

19 Von der Emissionsrate zum Gesamtausstoß

Nach einem Unfall in einer Fabrik tritt ein giftiges Gas aus. Von der Werksfeuerwehr wird die abnehmende Emissionsrate des Gases in mg/min gemessen.

Zeit in min	60	120	180	240
Gasemission in $\frac{mg}{min}$	9,0	2,4	0,8	0,1

Man will nun abschätzen, welche Gasmenge innerhalb der ersten vier Stunden in etwa freigesetzt wurde. Erläutern Sie Ihr Vorgehen. Was können Sie zur Genauigkeit Ihres Schätzwertes sagen?

20 Ein Benzintank

Ein Bodentank für Benzin fasst $30\,m^3$ Benzin. An der Tankstelle fließt das Benzin aus einem Tanklaster in den Tank. Die Grafik beschreibt den Zufluss Z(t) (in l/min).
Die Zuflussfunktion ist gegeben durch

$$f(x) = \begin{cases} 0{,}5x^2 & \text{für } 0 \le x \le 2 \\ -0{,}5x^2 + 4x - 4 & \text{für } 2 < x \le 4 \\ 4 & \text{für } x > 4 \end{cases}$$

Wann ist der Tank voll?

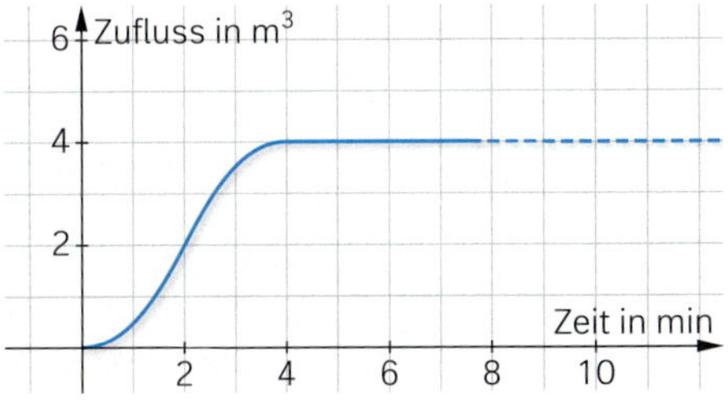

21 Datenübertragung

kbit ist die Einheit zur Messung der Datenmenge.

Wenn mit einem Computer Daten aus dem Internet geladen werden, kann man auf dem Bildschirm ständig die Übertragungsrate ablesen. Der Wert der Übertragungsrate ist in der Regel nicht konstant. Die Übertragungsrate wird in kbit/s gemessen.

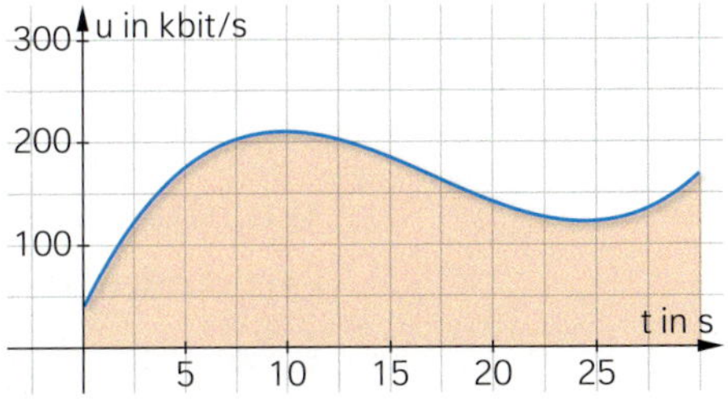

Bei einem Ladevorgang ergab sich eine Übertragungsratenfunktion mit der Gleichung $u(t) = 20 \cdot \left(\frac{t^3}{360} - \frac{t^2}{7} + 2t + 2\right)$. Der Übertragungsvorgang dauerte 30 Sekunden. Wie groß waren die minimale und die maximale Übertragungsrate während des Vorgangs? Wie groß war die durchschnittliche Übertragungsrate?
Wie groß war die gesamte übertragene Datenmenge? Zu welchem Zeitpunkt war die Hälfte der Datenmenge übertragen?

22 Wurzelbecher nach Maß

Ein Becher entsteht durch Rotation der blau gefärbten Fläche um die x-Achse. Welche Höhe h muss der Becher haben, damit das Rotationsvolumen ungefähr $200\,cm^3$ beträgt?
Die beiden Funktionen lauten:
$f(x) = \sqrt{5x + 4}$; $g(x) = \sqrt{5x - 4}$

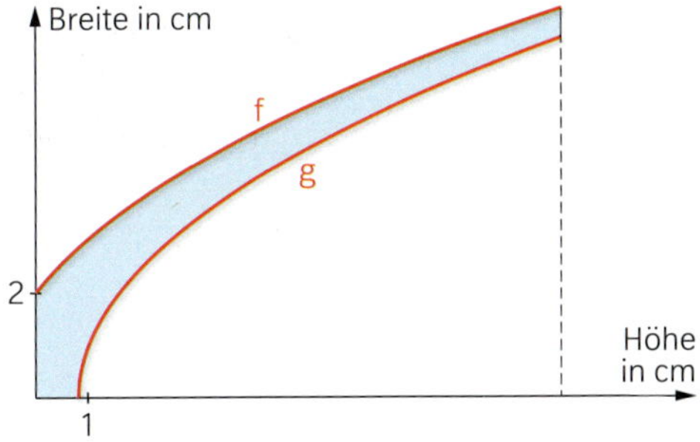

2

Kurvenanpassung

Der dänische Möbeldesigner Poul Kjærholm gehört zu den wichtigsten Vertretern des legendären dänischen Designs. 1965 entwickelte er die Liege „Hammock PK 24“. Die Form dieser Liege kann für die industrielle Fertigung als mathematische Kurve mit Computerunterstützung beschrieben und konstruiert werden (CAD: Computer aided design).
Bei der Modellierung solcher Formen treten ganzrationale Funktionen als Werkzeuge auf. Mit Kenntnissen über die besonderen Punkte solcher Funktionen können dann die unterschiedlichsten Formen beschrieben werden. Manchmal muss man eine Form auch aus mehreren Funktionen zusammensetzen. Dabei werden grundlegende Eigenschaften von Funktionen benötigt.

2.1 Kurvenanpassung mit ganzrationalen Funktionen

Wenn man einige die Form prägende Punkte herausliest, kann damit eine ganzrationale Funktion mithilfe linearer Gleichungssysteme bestimmt werden.

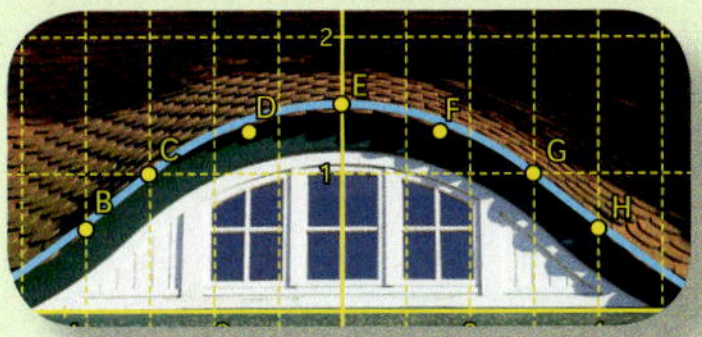

2.2 Lineare Gleichungssysteme – Gauß-Algorithmus

Lineare Gleichungssysteme können auch ohne GTR gelöst werden, wenn man durch Äquivalenzumformungen nur noch eine Gleichung mit nur einer Variablen hat.

$$\begin{aligned} 3a - 6b + 12c &= -21 \\ 3a - 5b + 2c &= -27 \\ 2a + b + 2c &= -4 \end{aligned}$$

2.3 Funktionen aus Bedingungen bestimmen

Bisher wurden vorgegebene Funktionen untersucht. Jetzt werden aus vorgegebenen Eigenschaften („Steckbriefen") die Funktionsgleichung und der vollständige Graph ermittelt.

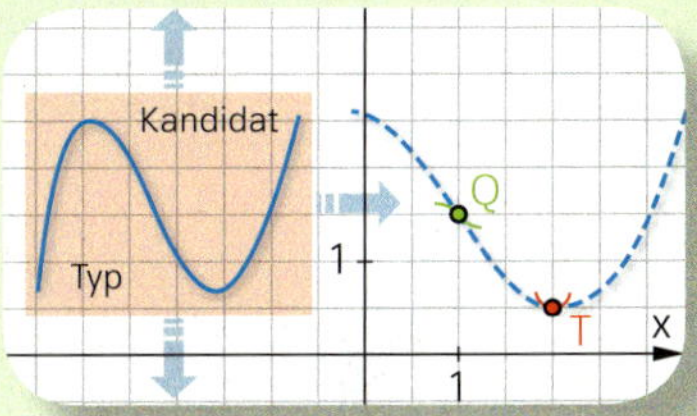

2.4 Modellieren mit abschnittsweise definierten Funktionen

Manchmal passt nicht eine einzige Funktion für eine zufriedenstellende Beschreibung einer Form. Man baut dann die Kontur aus mehreren Funktionen zusammen.

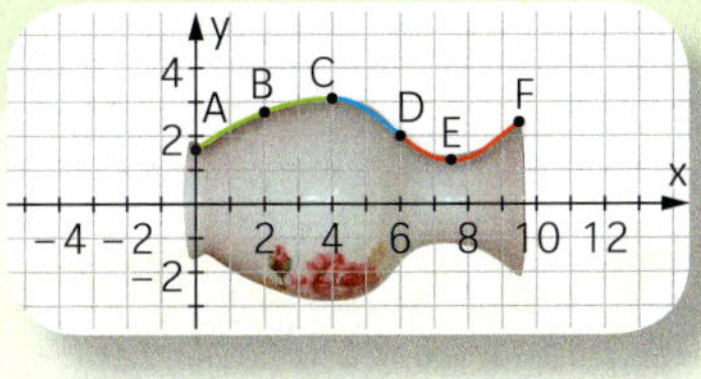

2.5 Stetigkeit und Differenzierbarkeit

Ganzrationale Funktionen sind überall glatt. Es gibt aber auch Funktionen, deren Graphen Sprünge und Knicke haben. Solche kritischen Stellen werden in diesem Lernabschnitt systematisch untersucht.

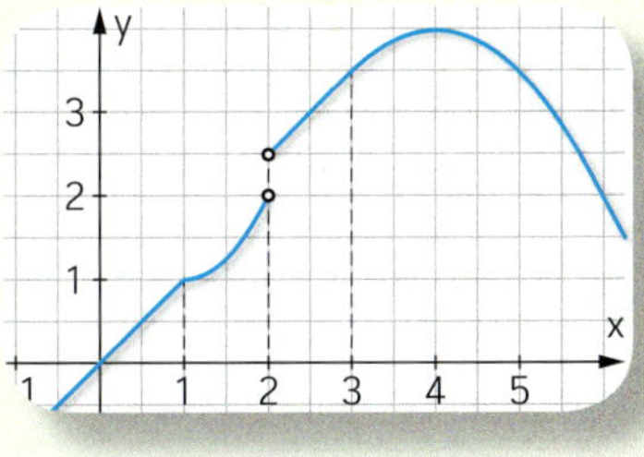

2.6 Funktionenscharen

Variable Bedingungen in Sachsituationen führen bei der mathematischen Beschreibung zu Funktionstermen mit Parametern. Die Untersuchung solcher Funktionenscharen verschafft Überblick.

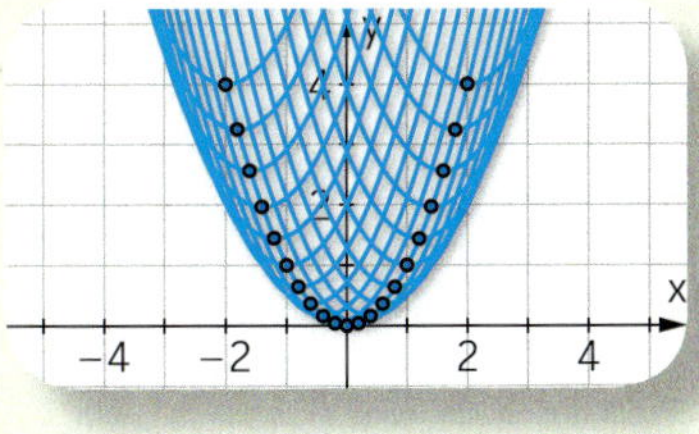

2.7 Gebietsübergreifende Aufgaben

In vielen Sachsituationen treten verschiedene mathematische Gebiete auf. Beispiele dafür werden hier untersucht. Flächen, Volumen, Kurvenanpassungen usw. haben ihren Auftritt.

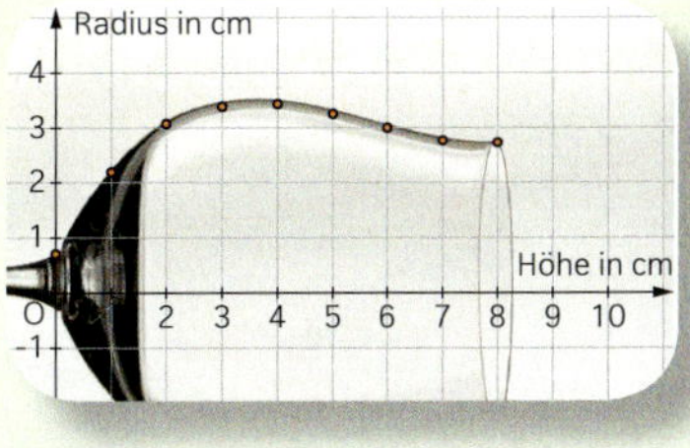

2.1 Kurvenanpassung mit ganzrationalen Funktionen

1 Eine Fledermausgaube

Für die computergestützte Fertigung einer Fledermausgaube soll die Form durch eine geeignete Kurve beschrieben werden. Ein Bild wird in ein Koordinatensystem eingepasst und Punkte werden ausgelesen:

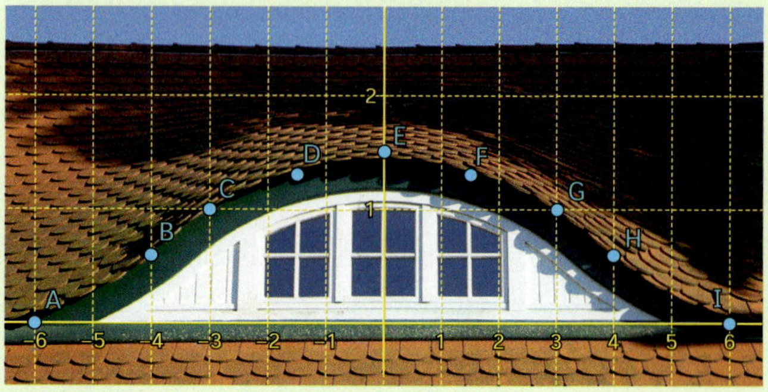

A(−6|0); B(−4|0,6); C(−3|1); D(−1,5|1,3); E(0|1,5); F(1,5|1,3); G(3|1); H(4|0,6); I(6|0)

In den Punkten A und I läuft die Gaube waagerecht aus.

a) ▪ Warum ist eine quadratische Funktion kein geeignetes Modell?

▪ Vergleichen Sie die Modelle (1), (2) und (3). In welcher Hinsicht passen einige, in welcher Hinsicht nicht? Was erwarten Sie, wenn man noch mehr Punkte ausliest und Interpolationspolynome von höherem Grad ermittelt?

Ermitteln Sie die passenden Funktionsgleichungen.

(1) Interpolationspolynom durch A, C, E, G und I

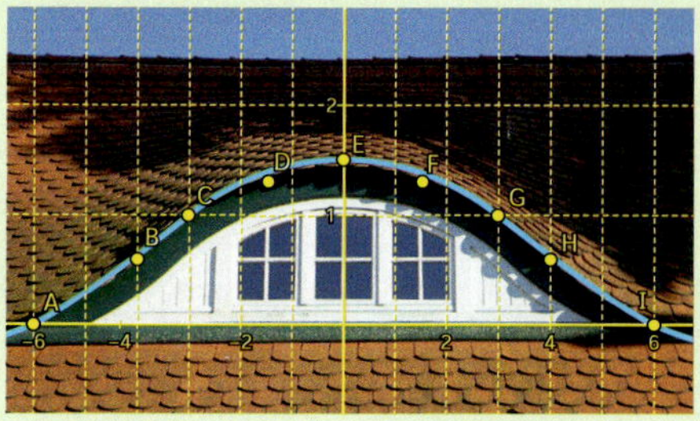

(2) Interpolationspolynom durch alle Punkte

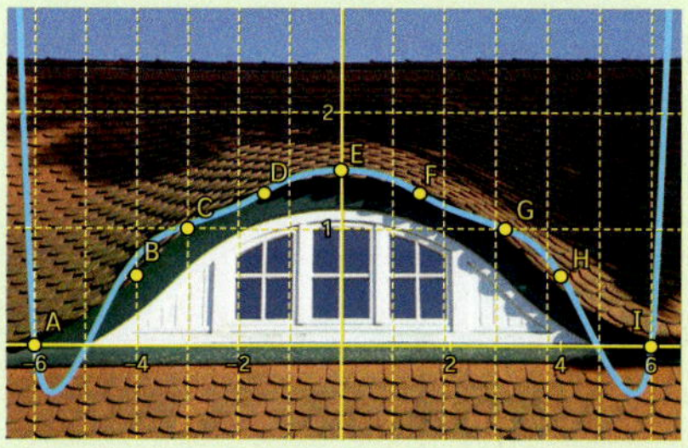

(3) Regressionsfunktion vom Grad 4 *(quartreg)*

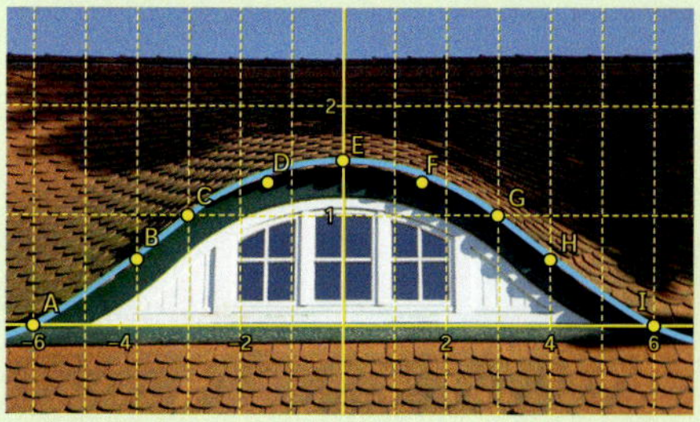

b) Die Werkzeuge „Interpolation“ und „Regression“ führen nicht immer zu zufriedenstellenden Ergebnissen. Sie benutzen nur die Punkte auf der gegebenen Form, nicht aber charakteristische Eigenschaften der Form.

Nach Konstruktion muss die Gaube in E(0|1,5) einen Hochpunkt und in A(−6|0) und I(6|0) waagerechte Tangenten haben.

▪ Begründen Sie, dass $f(x) = a \cdot x^4 + b \cdot x^2 + c$ ein sinnvoller Ansatz ist.

▪ Füllen Sie die Tabelle aus und ermitteln Sie eine passende Funktion.

	Bedingung	Gleichung
I	$f(0) = 1{,}5$	
II		$36a + 6b + c = 0$
III	$f'(6) = 0$	

▪ Warum benötigt man hier nicht die Bedingung $f'(0) = 0$?

Basiswissen Häufig benötigt man Funktionen zur Beschreibung von Formen und Konturen

Kurvenanpassung mit charakteristischen Punkten

Für eine computergestützte Fertigung sind Beschreibungen von Formen und Gegenständen durch mathematische Funktionen notwendig. Häufig hilft hier eine Beachtung besonderer Punkte und Eigenschaften.

(1) Geeignetes Koordinatensystem festlegen.

(2) Punkte auslesen:
A(0|0), B(1|−0,1), C(2|−0,4), D(3|−0,6), E(4|−0,3), F(5|0,5)

(3) Charakteristische Eigenschaften:
A ist Hochpunkt, D ist Tiefpunkt

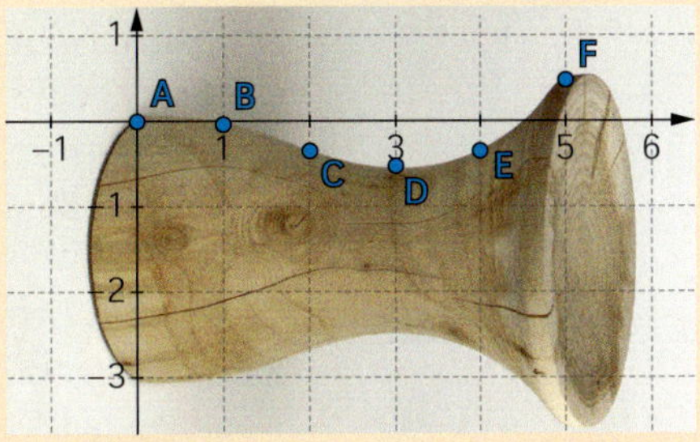

(4) Festlegung der Bedingungen und Auswahl eines passenden Funktionstyps:

- A ist Hochpunkt: $f(0) = 0$; $f'(0) = 0$
- D ist Tiefpunkt: $f(3) = -0{,}6$; $f'(3) = 0$
- F ist Punkt zu f: $f(5) = 0{,}5$

Fünf Bedingungen, also ganzrationale Funktion vom Grad 4:
$f(x) = ax^4 + bx^3 + cx^2 + dx + e$
$f'(x) = 4ax^3 + 3bx^2 + 2cx + d$

(5) a) Lösung mit GTR: LGS aufstellen und Matrizenkalkül:

$$\begin{array}{ll} \text{I} & e = 0 \\ \text{II} & d = 0 \\ \text{III} & 81a + 27b + 9c + 3d + e = -0{,}6 \\ \text{IV} & 108a + 27b + 6c + d = 0 \\ \text{V} & 625a + 125b + 25c + 5d + e = 0{,}5 \end{array} \Rightarrow \left|\begin{array}{cccccc} 0 & 0 & 0 & 0 & 1 & 0 \\ 0 & 0 & 0 & 1 & 0 & 0 \\ 81 & 27 & 9 & 3 & 1 & -0{,}6 \\ 108 & 27 & 6 & 1 & 0 & 0 \\ 625 & 125 & 25 & 5 & 1 & 0{,}5 \end{array}\right|$$

$$\xrightarrow{\text{rref}} \left|\begin{array}{cccccc} 1 & 0 & 0 & 0 & 0 & -0{,}00055 \\ 0 & 1 & 0 & 0 & 0 & 0{,}04777 \\ 0 & 0 & 1 & 0 & 0 & -0{,}205 \\ 0 & 0 & 0 & 1 & 0 & 0 \\ 0 & 0 & 0 & 0 & 1 & 0 \end{array}\right|$$

$f(x) = -0{,}00055x^4 + 0{,}04777x^3 - 0{,}205x^2$
Die Funktion passt gut.

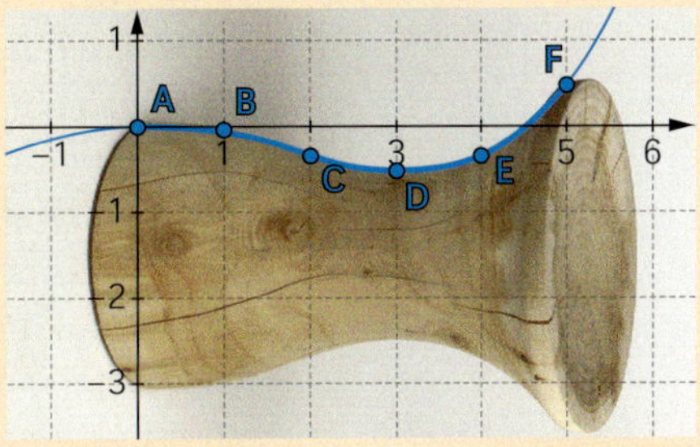

b) Lösung mit CAS:

$f(x):=a\cdot x^4+b\cdot x^3+c\cdot x^2+d\cdot x+e$ Fertig

$df(x):=\frac{d}{dx}(f(x))$ Fertig

solve(f(0)=0 and df(0)=0 and f(3)=-0.6 and df(3)=0 and f(5)=0.5,{a,b,c,d,e})
a=-0.000556 and b=0.047778 and c=-0.205 and d=0. and e=0.

(6) Überprüfung der Passung der Funktion mit der gegebenen Form. Bei schlechter Passung andere und/oder weitere Bedingungen aus der Form ablesen und Neuansatz mit passendem Funktionstyp durchführen.

Beispiele

A Minigolf mit Mathe

Bei einer Minigolfbahn soll eine Bande zwischen B und C so gebaut werden, dass man vom Abschlagpunkt A möglichst einfach direkt in L einlochen kann.

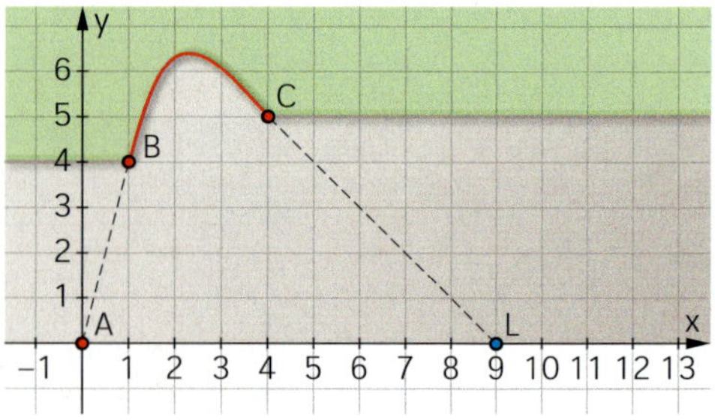

Lösung:

- Eine mögliche Funktion f muss durch die Punkte B und C verlaufen, also
  $f(1) = 4;\ f(4) = 5$
- Damit die Kugel „frei" läuft, darf in B und C kein Knick in der Bahn sein, f muss eine knickfreie Verbindung herstellen. Die Steigung von f in B und C muss also mit den Steigungen der Geraden AB bzw. CL übereinstimmen.
  $g_{AB}(x) = 4x;\ g_{CL}(x) = -x + 9$, also $f'(1) = 4;\ f'(4) = -1$

  $f(x) = ax^3 + bx^2 + cx + d$
  $f'(x) = 3ax^2 + 2bx + c$

  Weil es vier notwendige Bedingungen gibt, ist eine ganzrationale Funktion vom Grad 3 ein sinnvoller Ansatz.

I	$f(1) = 4$	$a + b + c + d = 4$
II	$f(4) = 5$	$64a + 16b + 4c + d = 5$
III	$f'(1) = 4$	$3a + 2b + c = 4$
IV	$f'(4) = -1$	$48a + 8b + c = -1$

  Lösungsfunktion mit GTR/CAS:
  $f(x) = 0{,}26x^3 - 2{,}78x^2 + 8{,}78;\ 1 \le x \le 4$

Übungen

2 Ein Firmenlogo

Das Designbüro *GanRat3* hat für einen Kunden ein neues Logo entwickelt. Das Logo ist punktsymmetrisch und wird in den angegebenen Maßen produziert. Die Designer haben ganzrationale Funktionen vom Grad 3 benutzt.

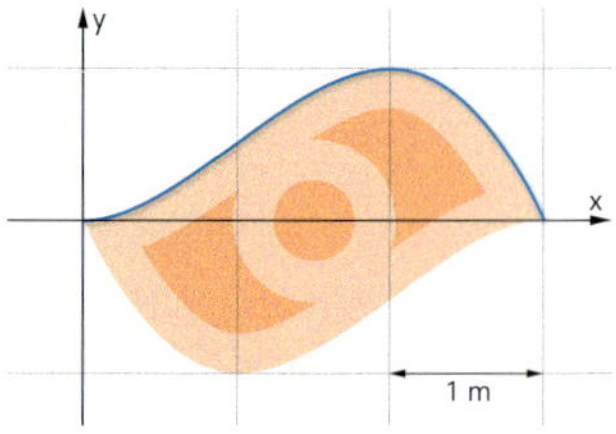

a) Ermitteln Sie passende Randfunktionen.
b) Berechnen Sie den Flächeninhalt des Logos.

3 Ein Dach

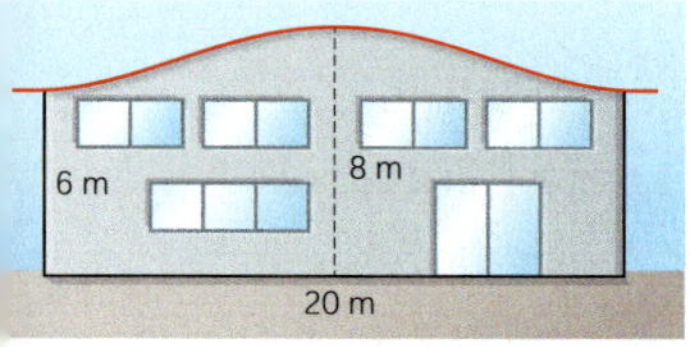

Ein Dach für eine Halle mit den angegebenen Maßen soll in der nebenstehenden Form konstruiert werden. Der höchste Punkt liegt in einer Höhe von 8 m, die seitlichen Stützmauern sind 6 m hoch, der Dachauslauf an den Seiten soll knickfrei und waagerecht seitlich der Stützmauern sein.

a) Ermitteln Sie eine geeignete Funktion.
b) An welcher Stelle ist das Dach am steilsten?

4 Ganzrationale Renovierung der Wasserrutsche

Die Wasserrutsche am Kinderbecken ist etwas in die Jahre gekommen. Sie soll durch eine Rutsche mit dem grafischen Design eines Polynoms 3. Grades ersetzt werden. Zwei Varianten werden vorgeschlagen:

I: Die Rutsche schließt in C und B knickfrei an die waagerechten Stücke an.

II: Das Polynomdesign reicht von C bis D und weist im Anfangs- und Endpunkt jeweils die Steigung 0 auf.

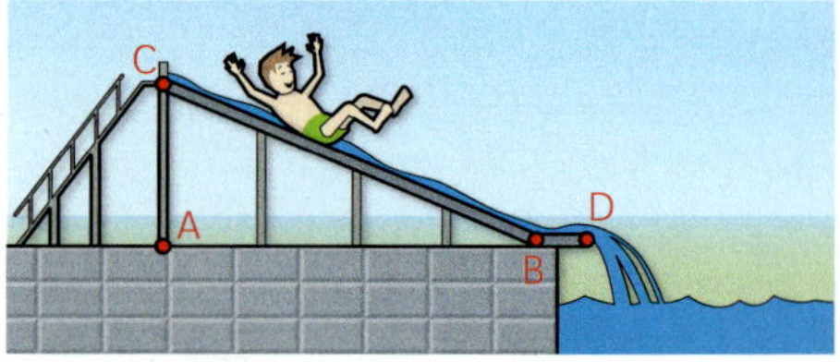

$\overline{AB} = 4\,m;\ \overline{AC} = 2\,m;\ \overline{BD} = 0{,}5\,m$

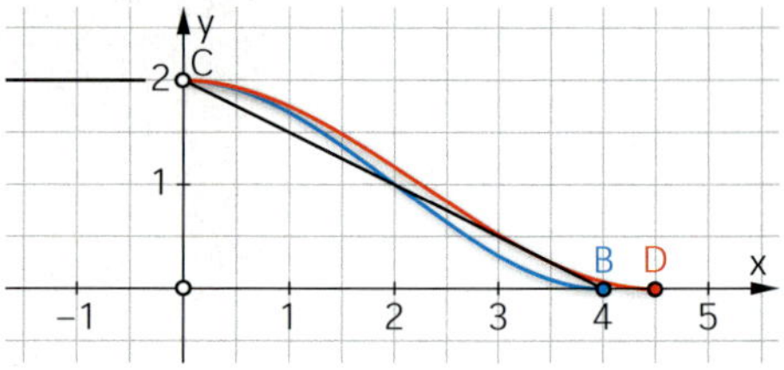

Da die Rutsche für Kinder genutzt wird, darf die maximale Steigung 120 % nicht überschreiten.

Übungen

5 Hell Gate Bridge

Die Hell Gate Bridge ist eine Eisenbahnbrücke über den East River in New York City. Sie war bei ihrer Fertigstellung 1916 die größte Bogenbrücke der Welt.

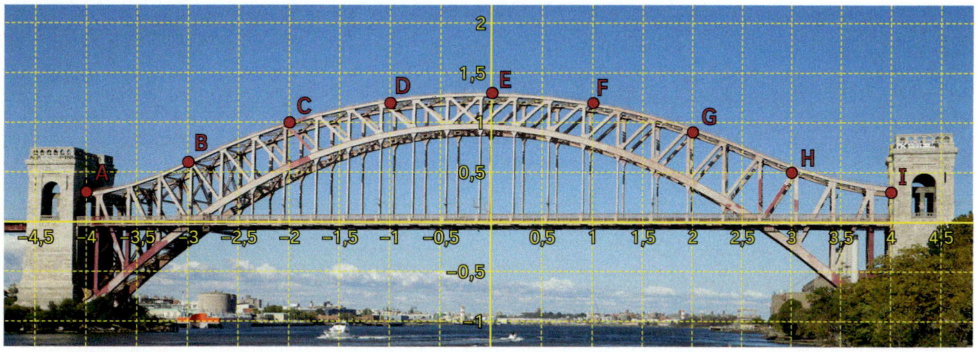

A(−4 | 0,3), B(−3 | 0,6), C(−2 | 1), D(−1 | 1,2), E(0 | 1,3), F(1 | 1,2), G(2 | 0,9), H(3 | 0,5), I(4 | 0,3)

a) Beschreiben Sie den oberen Brückenbogen durch eine geeignete Funktion mithilfe charakteristischer Punkte. Warum ist eine Parabel nicht passend? Vergleichen Sie Ihr Modell mit Regressionsfunktionen und Interpolationspolynomen.

b) Finden Sie für den unteren Bogen ein geeignetes Modell.

6 Pampulha und Gallery

Modellieren Sie jeweils die Kontur zweier Gebäude von OSCAR NIEMEYER.

(1) Ein Gebäude aus dem Ensemble der Moderne in Pampulha, einem Stadtteil von Belo Horizonte in Brasilien.

Wieviel Farbe benötigt man für die Vorderseite, wenn man 400 ml/m² braucht? Das Gebäude ist 20 m breit.

(2) Serpentine Gallery Pavillion von 2003.

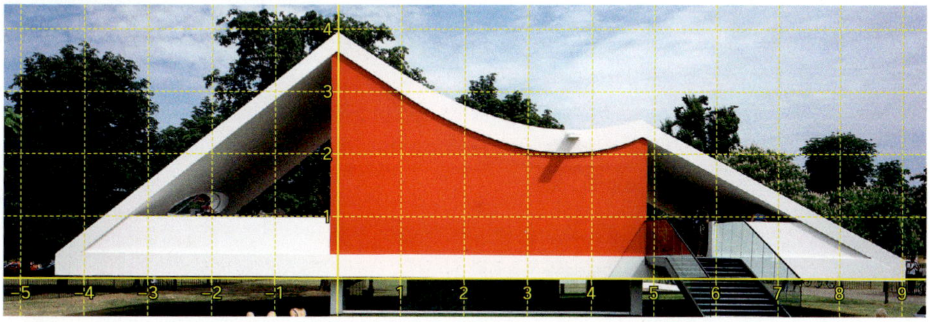

Wieviel rote Farbe benötigt man? Die Breite des roten Abschnitts beträgt 8 m.

Übungen

7 **Zwei unterschiedliche Sachsituationen**

(A) Die Kontur eines Gegenstandes soll modelliert werden. Dazu werden Punkte ausgelesen.

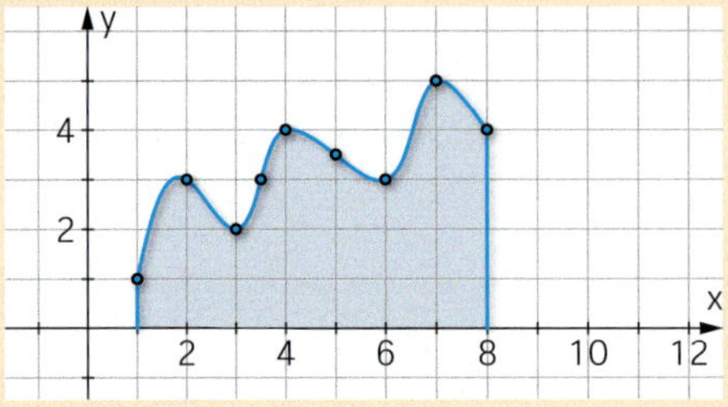

(B) Der Bestand einer Tierart in einem Naturpark wird jährlich gemessen (Angabe in Hundert).

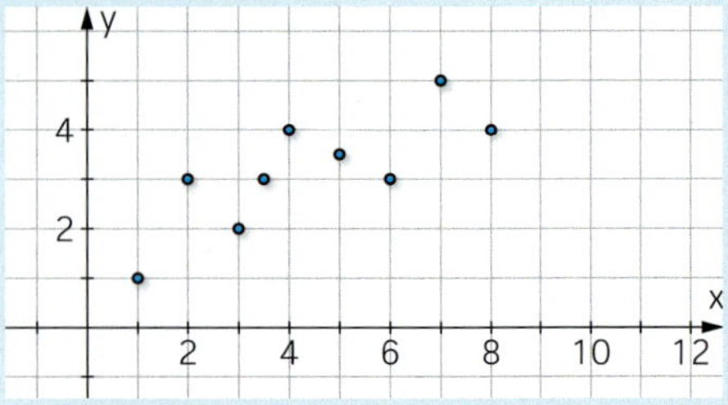

Die Abbildungen zeigen Modelle, die mit unterschiedlichen Methoden erzeugt sind. Wo sind die Modellierungen den Sachsituationen angemessen und wo nicht? Vergleichen Sie. Welche Ziele werden mit den Modellierungen in (A) und (B) verfolgt?

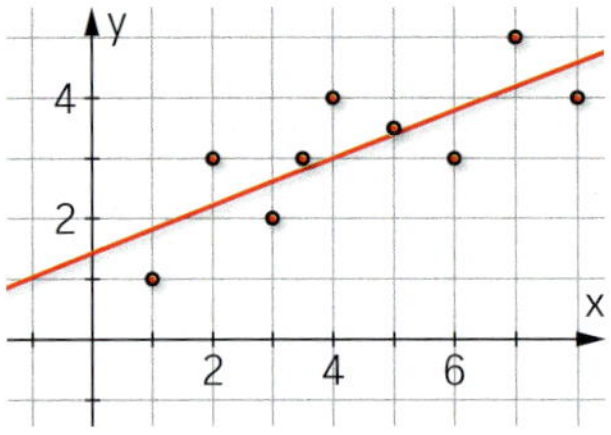

Lineare Regression

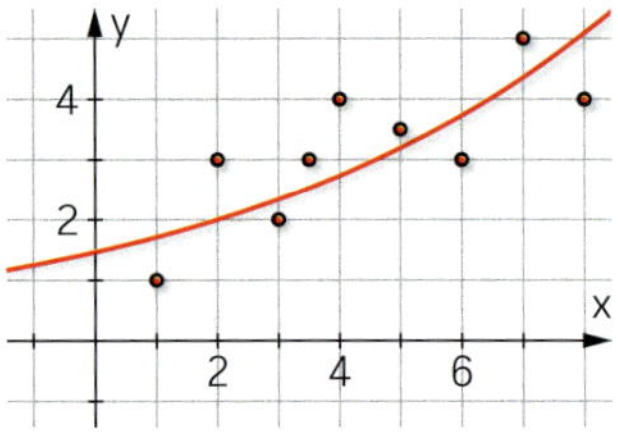

Exponentielle Regression

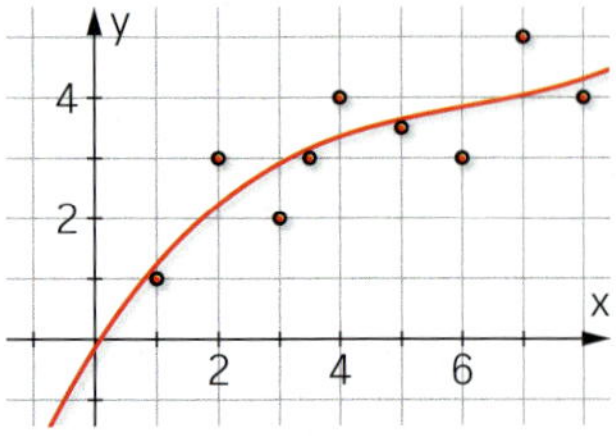

Kubische Regression

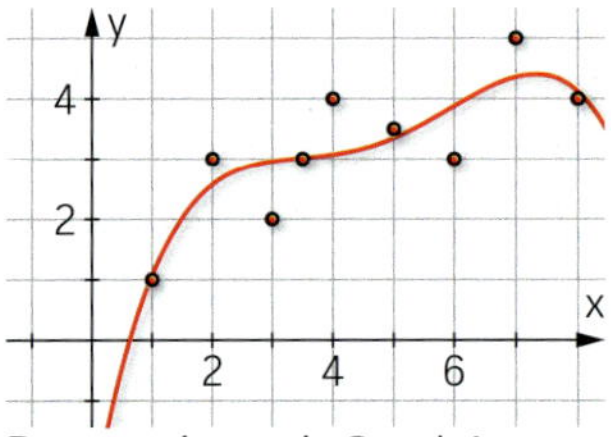

Regression mit Grad 4

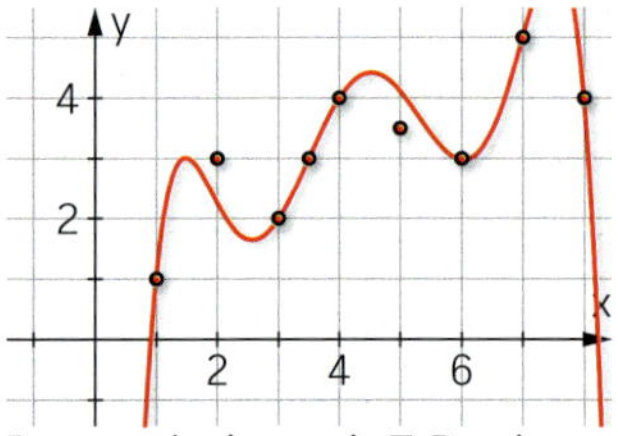

Interpolation mit 7 Punkten

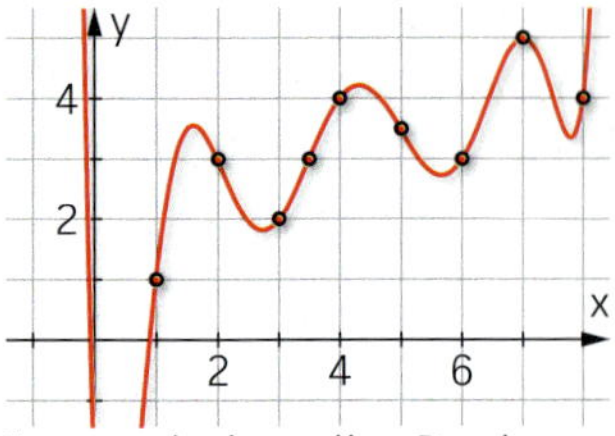

Interpolation aller Punkten

8 **Gewicht und Körpergröße von Fußballspielern**

Gibt es einen Zusammenhang zwischen dem Gewicht und der Körpergröße von Fußballspielern?
Eine erste Vermutung:
Je größer, desto schwerer.
Um Genaueres zu erfahren, werden Messungen vorgenommen.

Ausnahmen bestätigen die Regel: Peter Crouch (rechts; 2,01 m; ca. 75 kg) wog zu seinen Profizeiten weniger als Wayne Rooney (links; 1,76 m; ca. 83 kg)

Größe in cm	165	172	176	178	186	187	190
Gewicht in kg	62	64	74	80	82	77	86

Max, Moritz und Helena modellieren unterschiedlich.

Max	Interpolationspolynom vom Grad 6
Moritz	Lineare Regression
Helena	Quadratische Regression

Beurteilen Sie die Modellierungen.

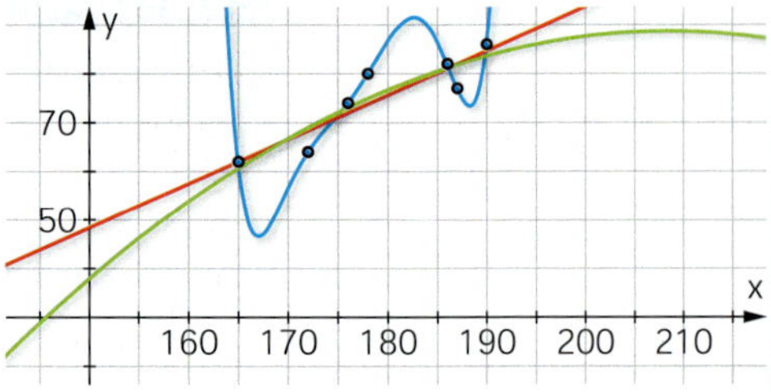

Exkurs

Interpolation und Regression

Mit Funktionen können verschiedene Sachsituationen beschrieben werden. Dies geschieht fast immer näherungsweise, viele Aspekte der Wirklichkeit müssen unberücksichtigt bleiben. Bei der Beschreibung gibt es zwei grundsätzlich unterschiedliche Ziele:

(1) Ziel ist eine möglichst gute Passung mit einem Gegenstand (Brücke, Dachform, Stuhl,..)

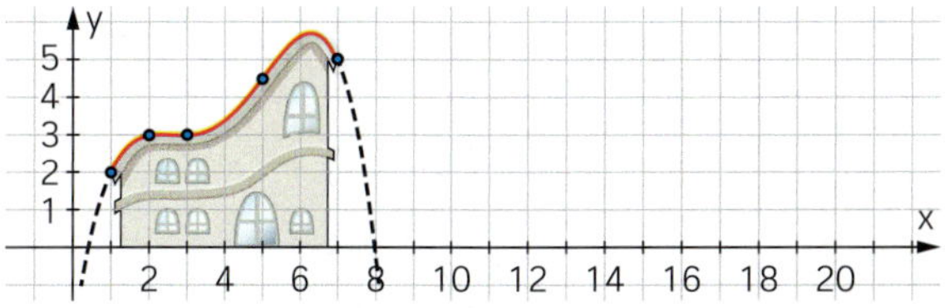

(2) Ziel sind Prognosen durch Auswertung von Datensätzen mit Funktionen (CO_2, Tierbestände, ...).

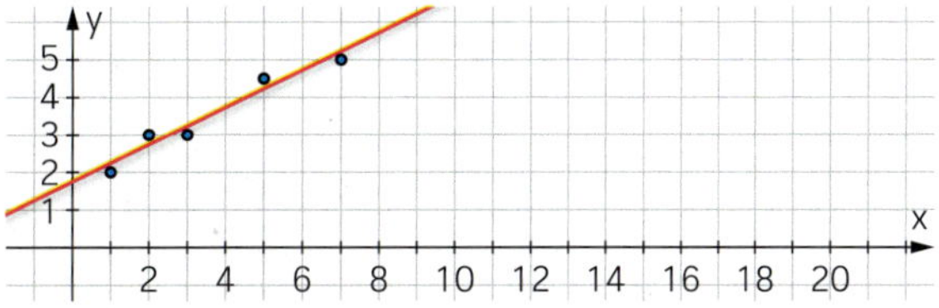

Während in (1) der Verlauf des Graphen außerhalb des interessierenden Intervalls nebensächlich ist, ist dieser bei (2) von zentralem Interesse (Voraussagen). Während in (1) die genaue Passung von hoher Wichtigkeit ist, ist diese bei (2) wenig entscheidend.

Zu (1): Interpolationspolynome liefern häufig noch kein zufriedenstellendes Ergebnis. Mit Hilfe ausgewählter Punkte und Eigenschaften findet man bessere Modelle. In 2.4 lernen Sie weitere Verfahren zu dieser Art des Modellierens kennen.

Zu (2): **Regressionskurven**

Ausgangspunkt sind die Tabelle und die grafische Darstellung (Streudiagramm) von gemessenen Wertepaaren zweier Größen. Man vermutet einen funktionalen Zusammenhang (wenn die Punkte z. B. in etwa auf einer Geraden oder einer Parabel liegen). Selbst wenn ein eindeutiger funktionaler Zusammenhang zwischen den Messgrößen zugrunde liegt, liegen die Punkte in der Regel nicht exakt auf dem zugehörigen Graphen. Man versucht nun, eine Funktion zu finden, die möglichst gut zu den gegebenen Punkten passt.
Dies gelingt oft schon recht gut durch Einzeichnen einer solchen Kurve „per Augenmaß“.

In der Regressionsrechnung wird die Kurve nach bestimmten Methoden berechnet, häufig nach der Methode der kleinsten Fehlerquadrate. Dabei werden die Koeffizienten der vermuteten Funktionsvorschrift so bestimmt, dass die Summe der Quadrate der lotrechten Abweichungen der Punkte von der Ausgleichskurve minimiert wird.

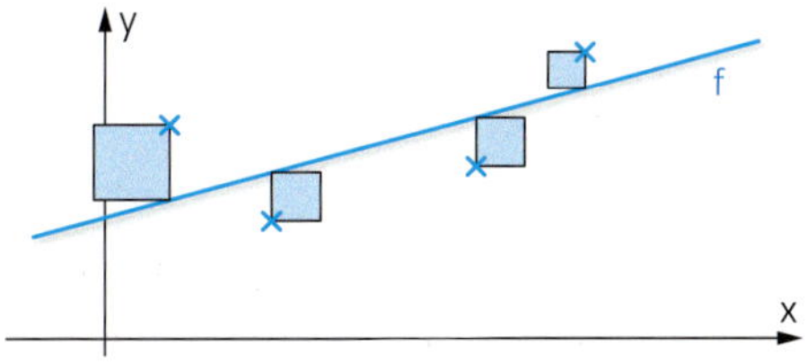

Wenn man die senkrechten Abstände oder die Beträge der Abstände als Kriterium für die Minimierung wählen würde, wäre der rechnerische Aufwand meist größer und keine einheitlichen Formeln möglich. Die Minimierung der quadratischen Abweichungen kann aber auch Nachteile haben. Falls in einem Datensatz ein oder mehrere Ausreißer vorkommen, bekommen diese durch das Quadrieren ein besonders großes Gewicht und verzerren die Regressionsfunktion in Richtung der Ausreißer. Manchmal werden die Ausreißer dann weggelassen. Dies muss im Sachzusammenhang diskutiert werden.

Grundwissen

1. Gegeben ist die Funktion f mit $f(x) = x^2 - x + 1$
   Geben Sie jeweils an und vereinfachen Sie – wenn möglich – die Terme.
   a) $f(3)$ b) $f(-a)$ c) $2 \cdot f(a)$ d) $f(a) - f(2)$ e) $f(2a)$ f) $f(a-1)$
2. Beschreiben Sie, wie der Graph der Funktion jeweils aus dem Graphen von f mit $f(x) = \sin(x)$ hervorgeht und skizzieren Sie die Graphen in $[0; 2\pi]$.
   a) $g(x) = 2 \cdot \sin(x)$ b) $h(x) = -\sin(x)$ c) $k(x) = \sin(-x)$

Übungen

9 Konzert- und Kongresshalle

Das Auditorium von Teneriffa ist eine Konzert- und Kongresshalle in Santa Cruz de Tenerife. Sie wurde vom spanischen Architekten SANTIAGO CALATRAVA entworfen.

Applet eA-2.1-9

Die Konturen der Dächer legen eine Modellierung mit Kreisen nahe.

a) Finden Sie mit dem Applet passende Kreise. Geben Sie jeweils Mittelpunkt und Radius an.

b) ▪ Begründen Sie, dass $x^2 + y^2 = r^2$ die Gleichung eines Kreises mit Mittelpunkt $(0|0)$ und Radius r ist. Begründen Sie damit, dass $(x - x_m)^2 + (y - y_m)^2 = r^2$ die Gleichung für einen Kreis mit Mittelpunkt $(x_m|y_m)$ ist.

▪ Geben Sie die Gleichungen zu den Kreisen aus a) an und überprüfen Sie diese durch Ablesen geeigneter Punkte.

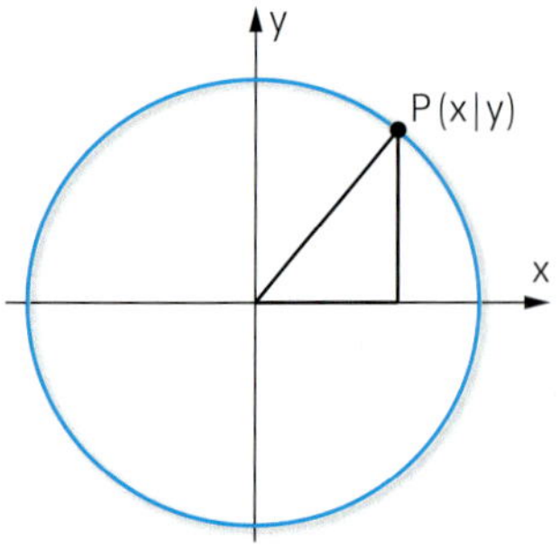

10 Die Reichstagskuppel

x	y
−20	0
−18	9
−15	15
−12	18
−8	21
0	23
8	21
12	18
15	15
18	9
20	0

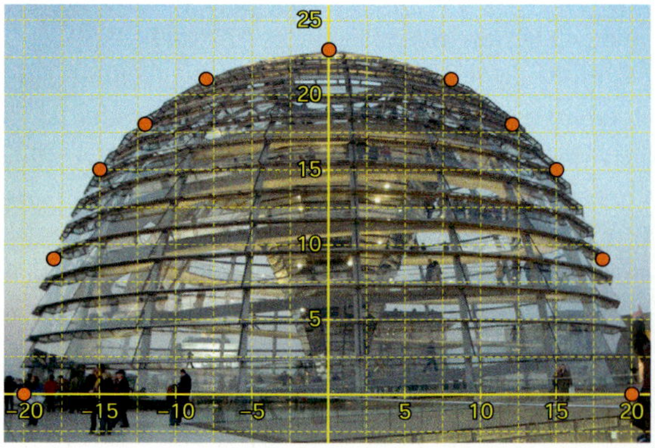

a) Versuchen Sie mithilfe der ausgelesenen Punkte eine geeignete Parabel zur Modellierung der Kuppelform zu finden. Beschreiben Sie eventuelle Schwierigkeiten. Versuchen Sie eine Modellierung mit Polynomen vom Grad 3 oder 4.

b) ▪ Begründen Sie, dass ein Kreisbogen kein passendes Modell sein kann.

▪ Passt $K(x) = \sqrt{529 - 1{,}3225x^2}$?

K(x) beschreibt eine Ellipse. Die allgemeine Gleichung lautet $\frac{x^2}{a^2} + \frac{y^2}{b^2} = 1$, wenn der Mittelpunkt $(0|0)$ ist. Bestimmen Sie zu K passende Werte von a und b.

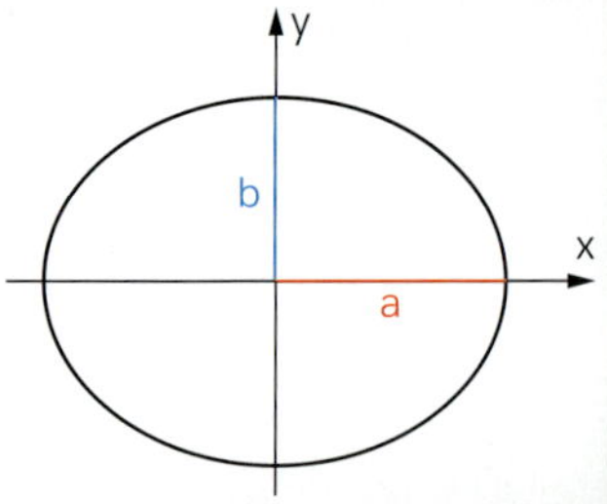

2.2 Lineare Gleichungssysteme – Gauß-Algorithmus

Aufgaben

1 Lineare Gleichungssysteme – die Anzahl der Variablen und Gleichungen wächst

Sie haben ohne digitale Werkzeuge bisher nur lineare Gleichungssysteme mit zwei Variablen und zwei Gleichungen gelöst. Wie kann man Systeme mit mehr Variablen und Gleichungen lösen? In Spezialfällen geht das recht einfach.

Lösen Sie die linearen Gleichungssysteme.
Beschreiben Sie die Besonderheit dieser Systeme.

(1)
I $2x - 4y = 14$
II $3y = -6$

(2)
I $-x + 2y - 2z = 7$
II $2y - z = 5$
III $z = 3$

(3)
I $4a + b - 2c + 3d = 0$
II $-2b + 3c - 4d = 1$
III $2c - d = 5$
IV $d = 1$

2 Lineares Gleichungssystem – „zu Fuß"

Lineare Gleichungssysteme mit mehr als zwei Gleichungen haben Sie bisher nur mit dem GTR gelöst. Nun lernen Sie, wie man ein solches System „zu Fuß" löst.

a) Es soll das Polynom zweiten Grades $f(x) = ax^2 + bx + c$ bestimmt werden, dessen Graph durch die Punkte $A(-1\,|\,6)$, $B(2\,|\,3)$ und $C(3\,|\,6)$ verläuft.

$A(-1\,|\,6)$:	I	$a - b + c = 6$
$B(2\,|\,3)$:	II	$4a + 2b + c = 3$
$C(3\,|\,6)$:	III	$9a + 3b + c = 6$
	I	$a - b + c = 6$
	II′: 4 I – II	$0 - 6b + 3c = 21$
	III	$9a + 3b + c = 6$
	I	$a - b + c = 6$
	II′	$-6b + 3c = 21$
	III′: 9 I – III	$0 - 12b + 8c = 48$
	I	$a - b + c = 6$
	II′	$-6b + 3c = 21$
	III″: –2 II′ + III′	$2c = 6$
	III‴: III″ : 2	$c = 3$

Strategie:
Ziel: Die Anzahl der Variablen in einer Gleichung verringern, sodass eine Gleichung mit nur einer Variablen entsteht.

- Wenn man die Gleichung I mit 4 multipliziert und dann von dieser neuen Gleichung die Gleichung II subtrahiert, erhält man die Gleichung II′ mit nur zwei Variablen.
- Mit der gleichen Strategie erhält man Gleichung III′.
- Mit den Gleichungen II′ und III′ wird b eliminiert, man erhält III″.

Durch „Rückwärtseinsetzen" in II′ und I erhält man:
II′: $-6b + 3 \cdot 3 = 21$, also $b = -2$
I: $a - (-2) + 3 = 6$, also $a = 1$
$f(x) = x^2 - 2x + 3$
Überprüfung durch Einsetzen der Punkte und Grafik.

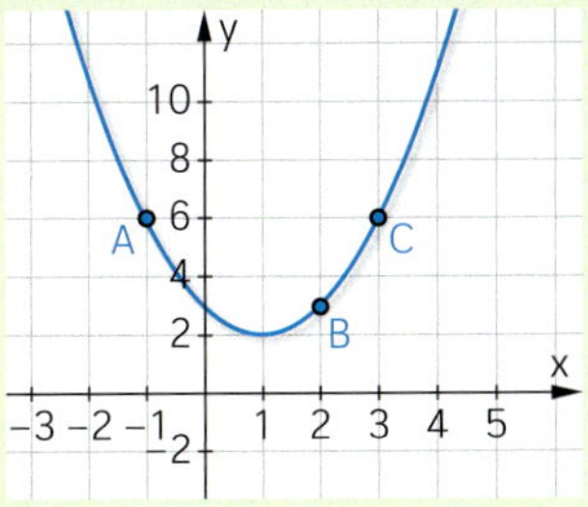

b) Bestimmen Sie nach dem obigen Verfahren das Polynom zweiten Grades, dessen Graph durch die Punkte $P(1\,|\,4)$, $Q(2\,|\,9)$ und $R(3\,|\,18)$ verläuft.

Basiswissen Lineare Gleichungssysteme lassen sich systematisch mit dem Gauß-Algorithmus lösen.

Der Gauß-Algorithmus

Durch geschicktes Multiplizieren der Gleichungen mit Zahlen und Addieren oder Subtrahieren von Gleichungen werden Gleichungen mit weniger Variablen erzeugt bis man eine Gleichung mit nur einer Variablen erhält. Der Wert dieser Variablen wird rückwärts in die anderen Gleichungen eingesetzt und so die übrigen Variablen berechnet.
Das Gleichungssystem kann übersichtlich als Matrix geschrieben werden, man berücksichtigt dann nur die Koeffizienten der Variablen. Ziel ist die Umformung der Matrix in eine Gestalt, bei der unter der Diagonalen nur Nullen stehen (Dreiecksform).

LGS: Lineares Gleichungssystem

LGS		Matrix
I $a + b + 2c = 12$ II $3a - 2b - 5c = 7$ III $a + 2b - c = -3$	▪ Koeffizienten zur gleichen Variablen in die gleiche Spalte ▪ „Zahl ohne Variable" rechts	$\begin{array}{ccc\|c} a & b & c & \\ \hline \end{array}$ $\left(\begin{array}{ccc\|c} 1 & 1 & 2 & 12 \\ 3 & -2 & -5 & 7 \\ 1 & 2 & -1 & -3 \end{array}\right)$
I $a + b + 2c = 12$ II′ $5b + 11c = 29$ III′ $-b + 3c = 15$	▪ II′: Multiplikation der Gleichung I mit 3 und Subtraktion der Gleichung II $(3 \cdot I - II)$ ▪ III′: Subtraktion der Gleichung III von der Gleichung I (I – III)	$\left(\begin{array}{ccc\|c} 1 & 1 & 2 & 12 \\ 0 & 5 & 11 & 29 \\ 0 & -1 & 3 & 15 \end{array}\right)$
I $a + b + 2c = 12$ II′ $5b + 11c = 29$ III″ $26c = 104$	▪ III″: Gleichung III′ mit 5 multiplizieren und mit II′ addieren. $(5 \cdot III' + II')$	$\left(\begin{array}{ccc\|c} 1 & 1 & 2 & 12 \\ 0 & 5 & 11 & 29 \\ 0 & 0 & 26 & 104 \end{array}\right)$ Dreiecksform
III″ $26c = 104 \Rightarrow c = 4$ II′ $5b + 11 \cdot 4 = 29 \Rightarrow b = -3$ I $a + (-3) + 2 \cdot 4 = 12 \Rightarrow a = 7$		Lösung des LGS: Zahlentripel $(a; b; c) = (7; -3; 4)$

Hinweis: Steht in der ersten Gleichung (Zeile) an der ersten Stelle eine 0, vertauscht man die Zeilen so, dass an erster Stelle keine 0 steht.

Beispiele

A Ein LGS lösen

Lösen Sie das LGS
$$\begin{aligned} y + z &= -1 \\ 2x &= 2z - 3y \\ 2y + 5 &= x - 3z \end{aligned}$$

Lösung:

1. Gleichungen so sortieren, dass sie die Form $a \cdot x + b \cdot y + c \cdot z = d$ haben und Matrix aufschreiben.

$$\begin{array}{ll} \text{I} & y + z = -1 \\ \text{II} & 2x + 3y - 2z = 0 \\ \text{III} & -x + 2y + 3z = -5 \end{array} \rightarrow \begin{pmatrix} 0 & 1 & 1 & -1 \\ 2 & 3 & -2 & 0 \\ -1 & 2 & 3 & -5 \end{pmatrix}$$

2. Gauß-Algorithmus zur Dreiecksform

$$\begin{array}{l} \text{II} \\ \text{I} \\ \text{III} \end{array} \begin{pmatrix} 2 & 3 & -2 & 0 \\ 0 & 1 & 1 & -1 \\ -1 & 2 & 3 & -5 \end{pmatrix} \rightarrow \begin{array}{l} \text{II} \\ \text{I} \\ \text{III}': \text{II} + 2\,\text{III} \end{array} \begin{pmatrix} 2 & 3 & -2 & 0 \\ 0 & 1 & 1 & -1 \\ 0 & 7 & 4 & -10 \end{pmatrix} \rightarrow \begin{array}{r} \text{II} \\ \text{I} \\ \text{III}'' = -7\,\text{I} + \text{III}' \end{array} \begin{pmatrix} 2 & 3 & -2 & 0 \\ 0 & 1 & 1 & -1 \\ 0 & 0 & -3 & -3 \end{pmatrix}$$

Zeilentausch

3. Rückwärts einsetzen:
$$\begin{array}{lrl} & -3z = -3 & \Rightarrow z = 1 \\ \text{I:} & y + 1 = -1 & \Rightarrow y = -2 \\ \text{II:} & 2x + 3 \cdot (-2) - 2 = 0 & \Rightarrow x = 4 \end{array}$$

Lösung: $(4; -2; 1)$

Übungen

3 Bekannte Systeme mit neuem Verfahren lösen

Auch die von früher bekannten LGS mit zwei Variablen und zwei Gleichungen lassen sich mit dem Gauß-Algorithmus lösen. Überprüfen Sie die Lösung durch Einsetzen.

a) $2x - y = -1$; $-4x + 3y = 7$ b) $6y = 4x + 2$; $x - 10 = -2y$ c) $4a - 10 = b$; $\frac{1}{2}b + 5 = a$ d) $2x = -4y + 5$; $2y = -4x - 5$

4 Training per Hand

a)
$$\begin{aligned} x + y + z &= 2 \\ x - y + 2z &= -3 \\ 2x + y + z &= 3 \end{aligned}$$

b)
$$\begin{aligned} x + y &= z - 2 \\ 2x + z + 2 &= 7 - y \\ 2y - 4 &= x + z - 1 \end{aligned}$$

c)
$$\begin{aligned} \tfrac{1}{4}y - \tfrac{1}{2}x - \tfrac{1}{4}z &= -\tfrac{1}{4} \\ x + y + 2z &= 2 - y - 2z \\ \tfrac{x}{3} + 1 &= \tfrac{1}{3}y - z \end{aligned}$$

5 Parabeln durch drei Punkte

Bestimmen Sie die Gleichung der Parabel $y = ax^2 + bx + c$ durch die gegebenen Punkte.

a) $A(-1|7)$; $B(0|4)$; $C(2|10)$ b) $A(-1|-6)$; $B(1|0)$; $C(3|-2)$
c) $A(-4|6)$; $B(2|0)$; $C(4|6)$ d) $A(-2|0)$; $B(1|1)$; $C(5|-2)$

6 Von der Dreiecksform zur Diagonalform

Die nebenstehende Form einer Matrix nennt man **Diagonalform**.

$$\left(\begin{array}{ccc|c} 1 & 0 & 0 & -3 \\ 0 & 1 & 0 & 4 \\ 0 & 0 & 1 & 1 \end{array}\right)$$

a) Schreiben Sie die Matrix als Gleichungssystem und geben Sie die Lösung an.

b) Aus der Dreiecksform kann durch Äquivalenzumformungen die Diagonalform hergestellt werden.

$$\left(\begin{array}{ccc|c} 1 & -2 & 4 & -7 \\ 0 & 1 & -2 & 2 \\ 0 & 0 & 1 & 1 \end{array}\right) \xrightarrow[\text{Zeile zur ersten addieren}]{\text{Das Doppelte der zweiten}} \left(\begin{array}{ccc|c} 1 & 0 & 0 & -3 \\ 0 & 1 & -2 & 2 \\ 0 & 0 & 1 & 1 \end{array}\right) \xrightarrow[\text{Zeile zur zweiten addieren}]{\text{Das Doppelte der dritten}} \left(\begin{array}{ccc|c} 1 & 0 & 0 & -3 \\ 0 & 1 & 0 & 4 \\ 0 & 0 & 1 & 1 \end{array}\right)$$

Erzeugen Sie zu den Dreicksformen aus Aufgabe 4 die Diagonalformen.

Werkzeug

LGS mithilfe von Matrizen mit GTR lösen

$$\begin{aligned} 3a - 6b + 12c &= -21 \\ 3a - 5b + 2c &= -27 \\ 2a + b - 2c &= -4 \end{aligned}$$

Im Matrix-Editor die „erweiterte Koeffizientenmatrix" eingeben

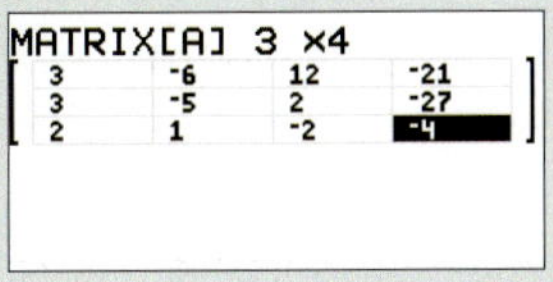

Koeffizientenmatrix

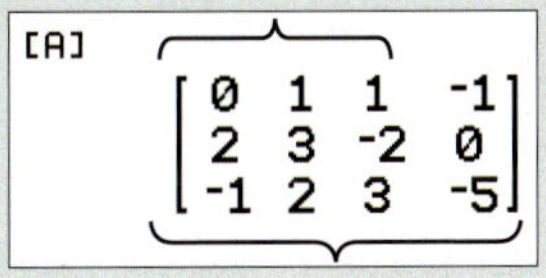

Erweiterte Koeffizientenmatrix

Mit dem Befehl rref wird die Matrix in Diagonalform überführt.

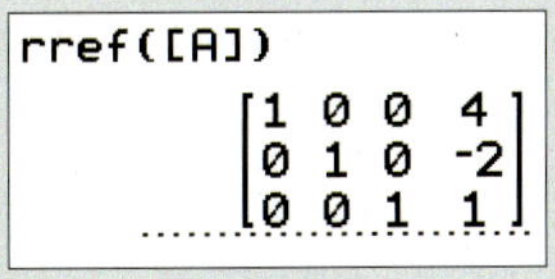

$a = -3$, $b = 4$, $a = 1$

Lösung: $(-3; 4; 1)$

7 Training mit dem GTR

Bestimmen Sie die Lösungen der Gleichungssysteme aus den Übungen 4 und 5 mit dem GTR mithilfe von Matrizen.

Übungen

8 **Immer eindeutige Lösung?**

Zu den vier Gleichungssystemen wurde mithilfe von *rref* die Diagonalform erstellt. Zusätzlich wurden die Graphen zu den einzelnen Gleichungen dargestellt.

> Ein lineares Gleichungssystem kann
> - genau eine,
> - unendlich viele oder
> - keine Lösung haben.

Ordnen Sie jeweils die drei passenden Karten (LGS, Matrix, Graph) einander zu.

① $\begin{aligned} 2x + y &= 3 \\ 7x + y &= 1 \end{aligned}$

② $\begin{aligned} -x + y &= 3 \\ 6x + y &= -2 \end{aligned}$

③ $\begin{aligned} -x - y &= -2 \\ x + y &= 2 \end{aligned}$

④ $\begin{aligned} 2x + y &= 4 \\ 2x + y &= -3 \end{aligned}$

Ⓐ $\begin{pmatrix} 1 & 0{,}5 & 0 \\ 0 & 0 & 1 \end{pmatrix}$

Ⓑ $\begin{pmatrix} 1 & 0 & -\frac{2}{5} \\ 0 & 1 & \frac{19}{5} \end{pmatrix}$

Ⓒ $\begin{pmatrix} 1 & 1 & 2 \\ 0 & 0 & 0 \end{pmatrix}$

Ⓓ $\begin{pmatrix} 1 & 0 & -\frac{5}{7} \\ 0 & 1 & \frac{16}{7} \end{pmatrix}$

Ⓘ
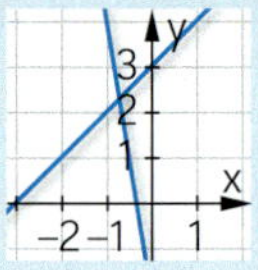

Ⓘⓘ
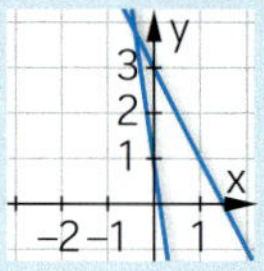

Ⓘⓘⓘ
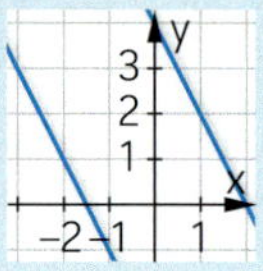

Ⓘⓥ
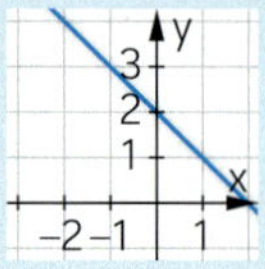

Wie erkennt man an der Diagonalform der Matrix die gegenseitige Lage der beiden Geraden? Übersetzen Sie dazu die Matrizen in lineare Gleichungssysteme.

9 **Fragen zum Verstehen**

a) In Beispiel A wurde zu Beginn des Verfahrens ein Zeilentausch (Vertauschen der Gleichungen I und II) vorgenommen. Warum war hier ein Zeilentausch sinnvoll? Begründen Sie, dass ein Zeilentausch die Lösungsmenge des linearen Gleichungssystems nicht verändert.

b) Man kann die Matrix auch in die nebenstehende Dreiecksform umformen. Was sind nun die Lösungen?

$$\left(\begin{array}{ccc|c} 0 & 0 & 1 & 3 \\ 0 & 1 & -1 & 2 \\ 1 & -2 & 4 & 1 \end{array}\right)$$

c) Ändert ein Spaltentausch die Lösungsmenge des Gleichungssystems?

Grundwissen

1. Berechnen Sie die Extrem- und Wendepunkte des Graphen der Funktion f mit $f(x) = x^3 - 6x + 1$. In welchem Bereich ist die Funktion f monoton fallend?
2. Gegeben sind $f(x) = x^2 + x - 2$ und $g(x) = 3x - 2$.
   a) Bestimmen Sie jeweils die Steigung der Graphen von f und g in ihren Schnittpunkten.
   b) In welchem Punkt hat der Graph von f die gleiche Steigung wie der von g?
3. Ordnen Sie begründet den Graphen eine passende Funktionsgleichung zu.

$f(x) = x^3 - 2x + 1$ | $g(x) = x^3 + 2x + 1$ | $h(x) = -x^3 + 2x + 1$

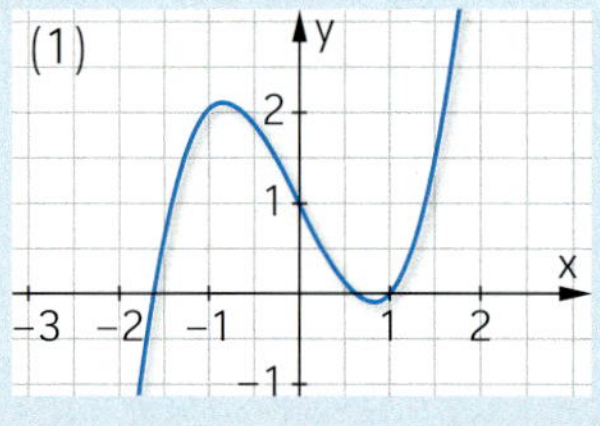

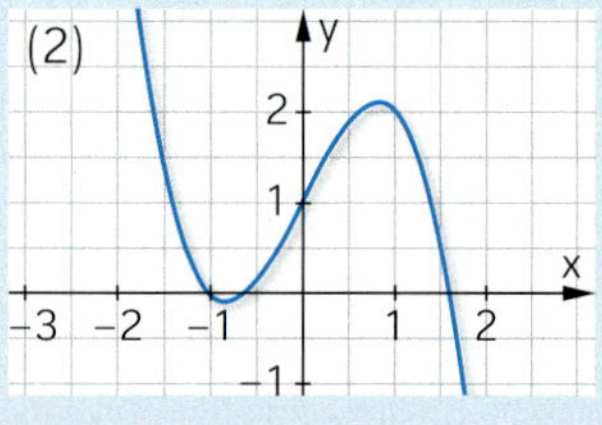

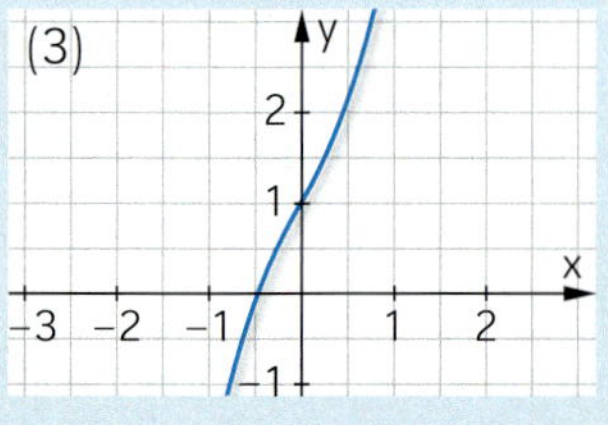

Exkurs

Ist Gauss der Erfinder des Gauss-Algorithmus?

Gauss hat das nach ihm benannte Lösungsverfahren nicht als Erster entwickelt. Bereits vor über 2000 Jahren verwendeten chinesische Mathematiker Zahlenschemata zur Lösung linearer Gleichungssysteme. In einem für die Ausbildung von Beamten geschriebenen Buch („Chiu Chang Suan Shu“ – Mathematik in neun Büchern) traten Beispiele für 3×3-Systeme auf, die in einer der Matrix ähnlichen Kurzform notiert und durch Überführung in eine Dreiecksform gelöst wurden. In der neuzeitlichen europäischen Mathematik wurden zunächst andere effektive Verfahren (Determinanten) zur Lösung linearer Gleichungssysteme entwickelt, bevor Gauss dann in seinen umfangreichen Arbeiten zur angewandten Mathematik der Verwendung von Dreiecksmatrizen großes Gewicht verlieh.

Aufgaben

10 Alte Aufgabe in neuem Gewand

Ein Beispiel aus dem chinesischen Buch:

3 Garben guter Ernte, 2 Garben mittlerer und 1 Garbe schlechter Ernte geben 39 dou; 2 Garben guter, 3 Garben mittlerer und 1 Garbe schlechter Ernte 34 dou; 1 Garbe guter, 2 Garben mittlerer und 3 Garben schlechter Ernte 26 dou.

Übersetzen Sie es in ein Gleichungssystem und bestimmen Sie die Lösung.

„dou“ bezeichnet ein altes chinesisches Volumenmaß

11 Rechendreiecke

Für jede Seite eines Dreiecks sind Zahlen vorgegeben (*Seitenzahlen*). An den Ecken sollen Zahlen (*Eckzahlen*) so gefunden, dass die Summe zweier Eckzahlen die zugehörige Seitenzahl ergibt. Rechts ist ein Beispiel angegeben.

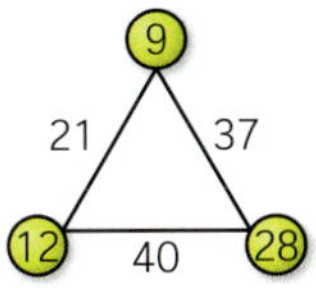

(1)

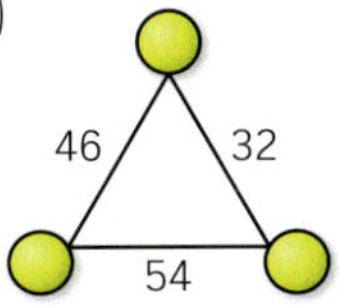

(2)

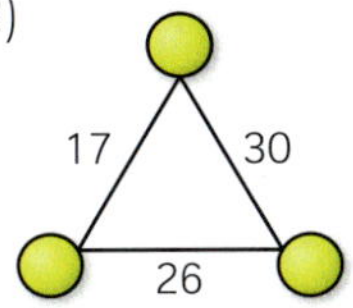

(3)

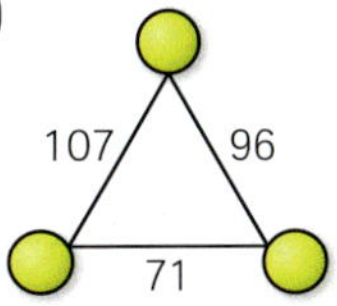

(4)

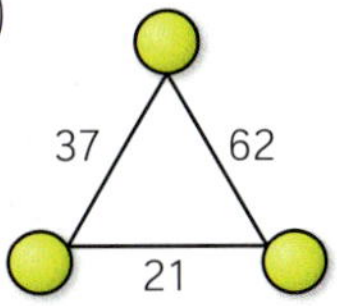

a) Suchen Sie Eckzahlen zu (1), (2), (3) und (4).

b) Man kann das Problem auf unterschiedliche Weise systematisch, ohne zu Probieren, lösen.

(1) Setzen Sie in einer Ecke „x“ ein und füllen Sie damit die anderen Ecken aus.

(2) Setzen Sie in den Ecken „x“, „y“ und „z“ ein.

Stufen	Bälle
1	1
2	4
3	10
4	20
5	35
6	56
7	84

12 Die Tennisballpyramide – Mit Polynom und LGS zur Formel

Tennisbälle werden in der Form eines gleichseitigen Dreiecks angeordnet, sodass sich darauf eine Pyramide aufbauen lässt. Erste Experimente verdeutlichen den stufenweisen Aufbau der Pyramiden und die schnell wachsende Anzahl von benötigten Tennisbällen.

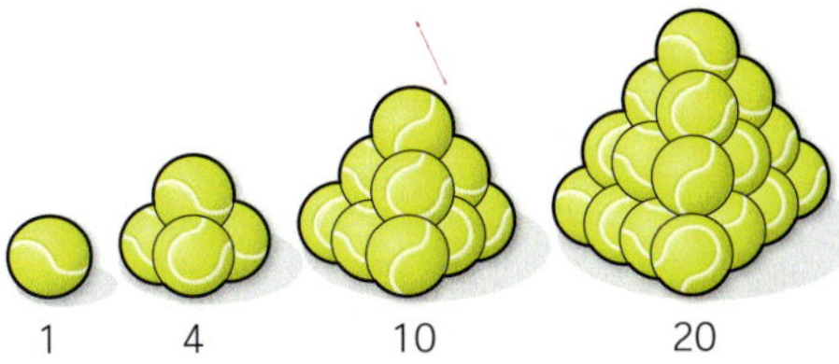

In der Tabelle ist die notwendige Anzahl von Tennisbällen für die ersten sieben Aufbaustufen festgehalten. Wie viele Bälle benötigt man für eine Pyramide der 50. Stufe? Passen die Bälle einer Pyramide der 100. Stufe auf einen Kleintransporter?

Versuchen Sie ein Polynom mit möglichst niedrigem Grad zu finden, das zu der Tabelle passt und beantworten Sie damit die Fragen.

2.3 Funktionen aus Bedingungen bestimmen

Aufgaben

1 Bedingungen für den Funktionsgraphen

a) Welche der angegebenen Eigenschaften werden jeweils von den Funktionsgraphen erfüllt? Gibt es Graphen, die alle vier Eigenschaften erfüllen?

① Der Punkt P(0|1) liegt auf dem Graphen.

② An der Stelle 0 hat der Graph die Steigung 2.

③ An der Stelle 2 hat der Graph die Steigung 0.

④ An der Stelle 0 hat der Graph einen Wendepunkt.

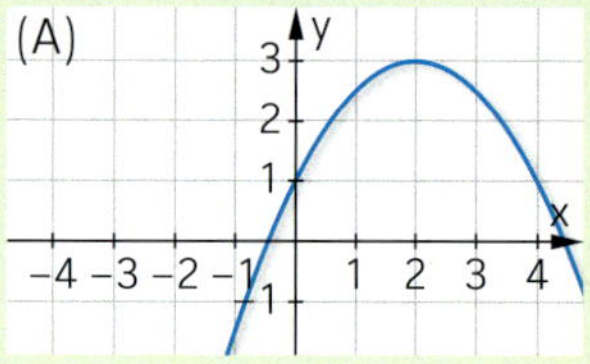

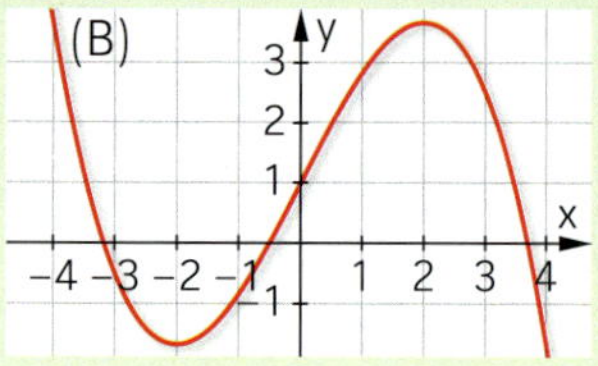

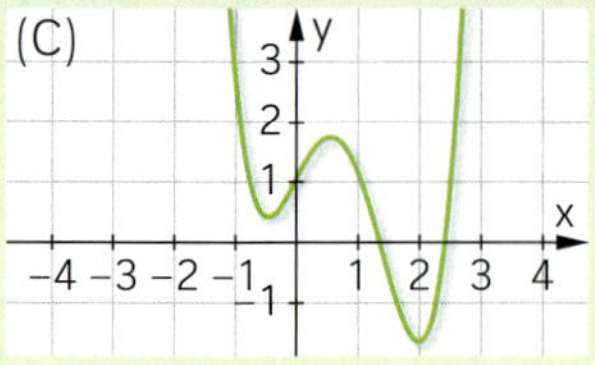

b) Wie kann eine passende Funktion bestimmt werden?
Begründen Sie, dass $f(x) = ax^3 + bx^2 + cx + d$ ein passender Funktionstyp sein kann.
Schreiben Sie die fehlenden Bedingungen und Gleichungen auf und lösen Sie das Gleichungssystem. Zeichnen Sie den Graphen der Funktion und vergleichen Sie mit den Graphen in a).

	Bedingung	Gleichung
I	$f(0) = 1$	■
II	■	■
III	■	■
IV	$f''(0) = 0$	■

c) Begründen Sie, dass der Graph (C) aus Aufgabe a) vermutlich zu einer Funktion vom Grad 4 gehört. Benutzen Sie als zusätzliche Bedingung, dass der Graph durch P(−1|3) verläuft und bestimmen Sie damit ein passendes Polynom. Vergleichen Sie mit Bild (C).

2 Zwei mathematische Steckbriefe

(1) Wanted!
Der Funktionsgraph geht durch die Punkte P(2|1) und Q(1|3). In P hat der Graph ein lokales Minimum, in Q wechselt er das Krümmungsverhalten.

(2) Wanted!
Der Graph der Funktion ist achsensymmetrisch zur y-Achse. Eine Nullstelle ist 4. In R(1|4) hat er eine zu $y = x$ parallele Tangente.

Um einen Überblick zu bekommen, ist es sinnvoll, die Eigenschaften zu skizzieren. Die Abbildung zeigt dies für den Steckbrief (1). Erzeugen Sie eine entsprechende Abbildung zu (2).

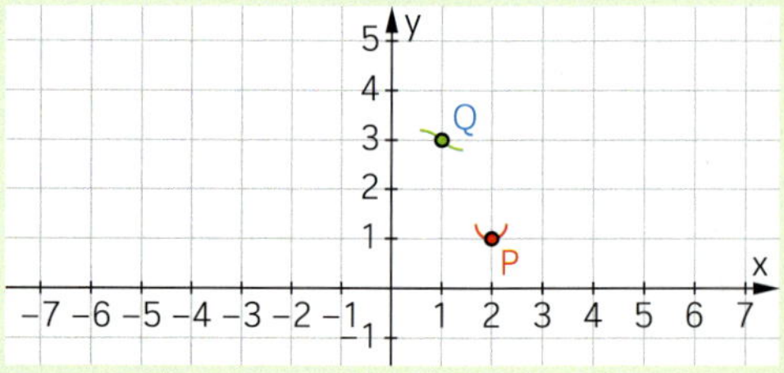

- Notieren Sie jeweils die geforderten Bedingungen in Funktionsschreibweise und erschließen Sie damit einen passenden Grad für einen Kandidaten. Skizzieren Sie nach Anschauung eine mögliche Lösungsfunktion.
- Übersetzen Sie die Bedingungen in Gleichungen und lösen Sie das entstehende Gleichungssystem. Überprüfen Sie Ihre Lösung grafisch und rechnerisch.

Basiswissen Wenn einzelne Bedingungen zu Funktionen gegeben sind, können daraus passende Funktionen berechnet werden.

Strategie zur Lösung von Steckbriefaufgaben

(1) Übersetzen der Bedingungen in Funktionsschreibweise und grafische Veranschaulichung.

Punkt P (a | b) liegt auf dem Graphen.	f hat an der Stelle a eine Nullstelle.	Der Graph hat an der Stelle a die Steigung m.	f hat an der Stelle a ein Extremum.	Der Graph hat an der Stelle a einen Wendepunkt.	Der Graph hat an der Stelle a einen Sattelpunkt.
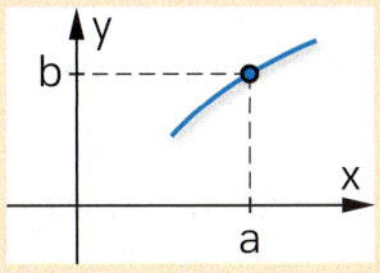	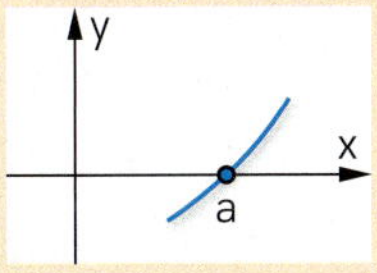	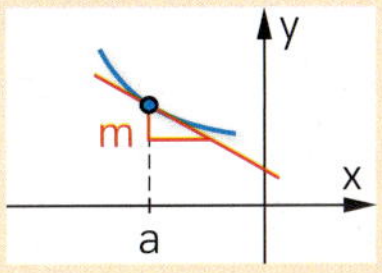	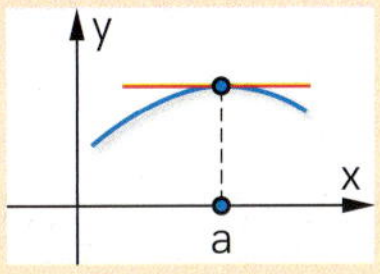	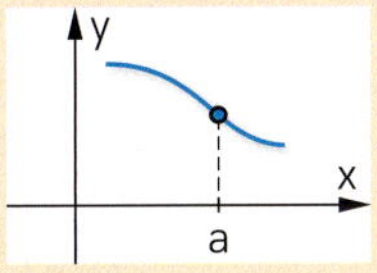	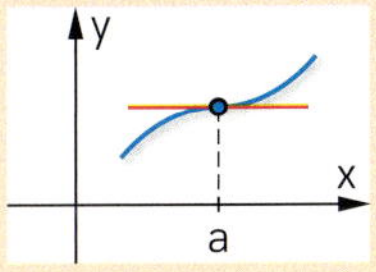
$f(a) = b$	$f(a) = 0$	$f'(a) = m$	$f'(a) = 0$ und $f''(a) \neq 0$	$f''(a) = 0$ und $f'''a) \neq 0$	$f'(a) = 0$ und $f''(a) = 0$

(2) Die Anzahl der Bedingungen liefert einen Ansatz für einen geeigneten Funktionstyp:
n Bedingungen: Polynom vom Grad $n - 1$

(3) Aufstellen des linearen Gleichungssystems (LGS) und Lösen des Systems.

(4) Überprüfen, ob alle Bedingungen erfüllt sind.

Beispiele

A **Innermathematischer Steckbrief**

Gesucht ist eine ganzrationale Funktion, die im Punkt P (0 | 0) einen Sattelpunkt hat, an der Stelle 3 eine Nullstelle und durch den Punkt Q (2 | −2) verläuft.

Lösung:

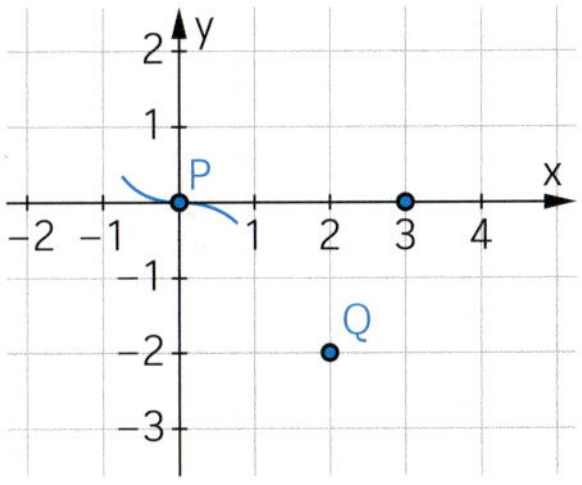

(1) Informationen grafisch und algebraisch festhalten und Kandidaten bestimmen.
Der Steckbrief liefert fünf Bedingungen:
I $f(0) = 0$ II $f'(0) = 0$ III $f''(0) = 0$
IV $f(3) = 0$ V $f(2) = -2$

(2) Weil es fünf Bedingungen für fünf Parameter gibt, kann eine Funktion vom Grad 4 passen.
$f(x) = ax^4 + bx^3 + cx^2 + dx + e$; $f'(x) = 4ax^3 + 3bx^2 + 2cx + d$;
$f''(x) = 12ax^2 + 6bx + 2c$

Lösung mit GTR:

```
[A]
[ 0  0  0  0  1  0 ]
[ 0  0  0  1  0  0 ]
[ 0  0  2  0  0  0 ]
[81 27  9  3  1  0 ]
[16  8  4  2  1 -2 ]
```

```
rref([A])
[1 0 0 0 0  .25]
[0 1 0 0 0 -.75]
[0 0 1 0 0  0  ]
[0 0 0 1 0  0  ]
[0 0 0 0 1  0  ]
```

(3) Gleichungssystem aufstellen und lösen.

$$\begin{array}{ll} \text{I} & e = 0 \\ \text{II} & d = 0 \\ \text{III} & c = 0 \\ \text{IV} & 81a + 27b + 9c + 3d + e = 0 \\ \text{V} & 16a + 8b + 4c + 2d + e = -2 \end{array}$$

Manchmal können Werte für einige Koeffizienten direkt angegeben werden. Einsetzen dieser Werte in die übrigen Gleichungen liefert dann ein einfacheres System, hier:

$$\begin{array}{ll} \text{I} & 81a + 27b = 0 \\ \text{II} & 16a + 8b = -2 \end{array}$$

Lösen mit Gleichsetzungsverfahren:

$$\begin{array}{ll} \text{I} & b = -3a \\ \text{II} & b = -2a - \frac{1}{4} \end{array} \Rightarrow -3a = -2a - \frac{1}{4} \Rightarrow a = \frac{1}{4} \Rightarrow b - \frac{3}{4}$$

Funktionsgleichung: $f(x) = \frac{1}{4}x^4 - \frac{3}{4}x^3$

Der Graph erfüllt die geforderten Eigenschaften.

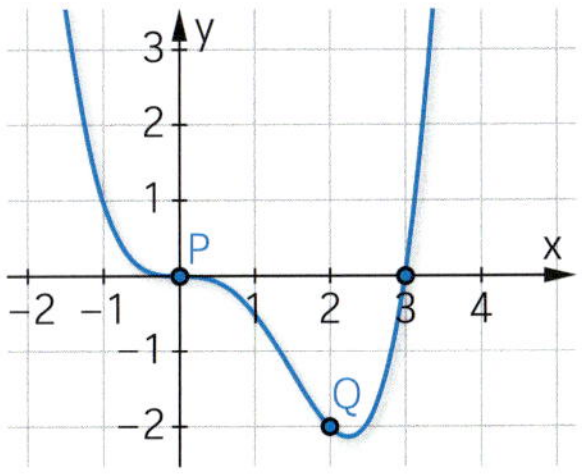

Übungen

3 Steckbriefe mit Vorgabe des Kandidaten

a) Der Graph einer ganzrationalen Funktion 3. Grades verläuft durch den Ursprung und hat die Nullstellen -2 und 4. Die Tangente an der Stelle 2 hat die Steigung -2.

b) Der Graph einer ganzrationalen Funktion 3. Grades geht durch den Punkt $A(0|-12)$, hat an der Stelle 4 einen lokalen Extremwert und in $P(3|6)$ einen Wendepunkt.

c) Eine ganzrationale Funktion 4. Grades hat im Ursprung einen Wendepunkt mit der x-Achse als Tangente und in $W(1|-1)$ einen weiteren Wendepunkt.

4 Steckbriefe ohne Vorgabe des Kandidaten

Gesucht ist jeweils eine ganzrationale Funktion mit den folgenden Eigenschaften.
a) und b) können händisch bearbeitet werden, für c) und d) benötigt man den GTR.

a) $P(0|1)$ liegt auf dem Graphen, $Q(1|4)$ ist ein Hochpunkt des Graphen. Der Graph hat an der Stelle 4 eine horizontale Tangente.

b) Der Graph hat einen Extrempunkt in $(0|3)$ und einen Wendepunkt an der Stelle 3. Er verläuft durch den Punkt $(1|1)$.

c) Der Graph hat in $H(-2|3)$ einen Hochpunkt, in $T(1|1)$ einen Tiefpunkt und einen weiteren Hochpunkt mit der x-Koordinate 2.

d) Der Graph hat einen Sattelpunkt $S(1|5)$, einen Tiefpunkt $T(2|2)$ und einen Hochpunkt bei 4.

5 Zwei Steckbriefe

Symmetrie, siehe Seite 537

a) Welches zur y-Achse symmetrische Polynom 4. Grades geht durch $A(0|2)$ und hat in $B(1|0)$ ein Minimum?

b) Welches zu $(0|0)$ symmetrische Polynom 5. Grades geht durch $\left(-1\middle|-\frac{9}{2}\right)$ und hat in $(2|0)$ einen Extrempunkt?

c) Stimmt das?
(1) Zur y-Achse symmetrische Polynome haben einen Extrempunkt auf der y-Achse.
(2) Zum Ursprung symmetrische Polynome haben im Ursprung einen Wendepunkt.

6 Grafische Steckbriefe

Durch die Abbildung ist jeweils der Graph einer ganzrationalen Funktion gegeben. Bestimmen Sie eine passende Funktionsgleichung.

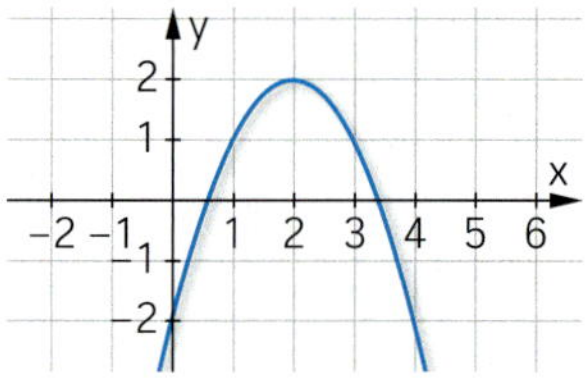

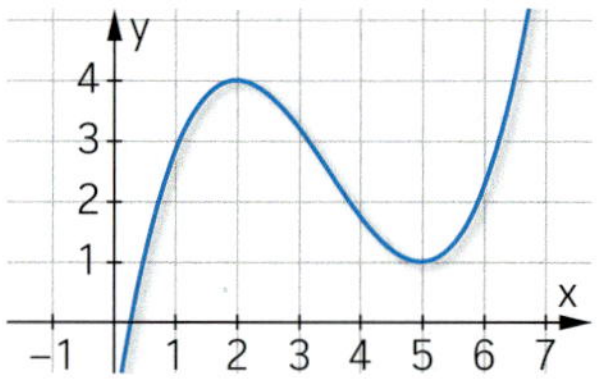

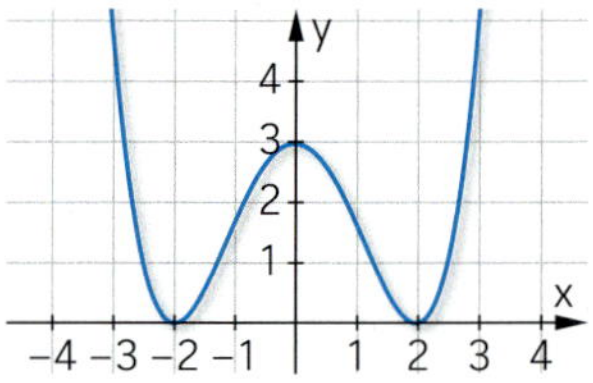

7 Viele Gleichungen finden

a) Finden Sie möglichst viele Gleichungen, die bei diesem Funktionsgraphen erfüllt sind.

b) Stellen Sie ein geeignetes LGS auf. Liefert die Lösung des Gleichungssystems den Funktionsgraphen?

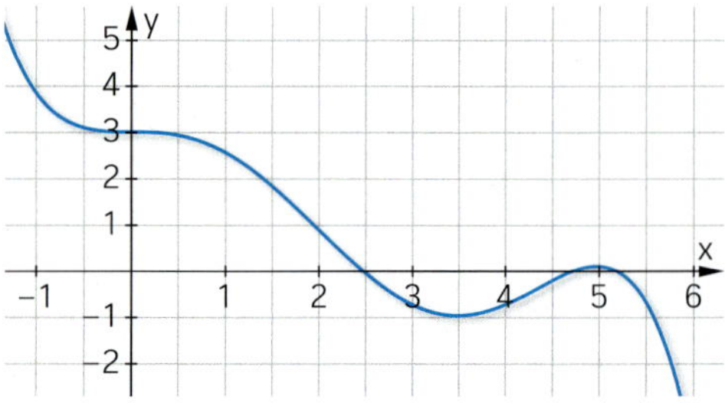

Übungen

8 Ganzrationale Funktionen durch zwei, drei, ... Punkte

a) Begründen Sie, dass im Allgemeinen $n+1$ Punkte ein Polynom n-ten Grades eindeutig festlegen.

b) Zeigen Sie am Beispiel von drei Punkten, dass es manchmal auch ein Polynom mit niedrigerem Grad gibt.

c) Zeigen Sie am Beispiel der drei Punkte $A(2|3)$, $B(-1|2)$ und $C(2|-1)$, dass es manchmal auch kein Polynom vom Grad 2 gibt.

d) Zeigen Sie am Beispiel der Punkte $A(0|0)$ und $B(2|0)$, dass es zu zwei Punkten unendlich viele quadratische Funktionen gibt.

9 Keine und viele Kandidaten 1

a) Untersuchen Sie, ob es eine lineare Funktion durch die Punkte $A(-1|0)$, $B(1|4)$ und $C(3|7)$ gibt. Wie sieht das LGS dazu aus und wie die Matrix in Diagonalform? Interpretieren Sie diese. Führen Sie diese Untersuchung für A, B und $C(3|8)$ durch.

b) ▪ Zeigen Sie durch Skizzen, dass viele quadratische Funktionen durch die Punkte $A(-1|0)$ und $B(1|2)$ verlaufen.
▪ Erzeugen Sie die zugehörige Matrix in Dreiecksform und begründen Sie die daraus resultierenden Gleichungen.
▪ Geben Sie damit eine Funktionsgleichung der Parabeln durch A und B an.

Matrix	Gleichungen
$\begin{pmatrix} 1 & 0 & 1 & 1 \\ 0 & 1 & 0 & 1 \end{pmatrix}$	$a+c=1$ $b=1$

10 Keine und viele Kandidaten 2

Gesucht ist eine quadratische Funktion, für die gilt:

a) Der Graph verläuft durch $A(0|3)$ und $B(2|1)$ und hat an der Stelle 1 die Steigung 0.

b) Der Graph verläuft durch $A(0|3)$ und $B(2|3)$ und hat an der Stelle 1 die Steigung 0.

Skizzieren Sie die Bedingungen. Stellen Sie jeweils das zugehörige LGS auf. Bestimmen Sie die zugehörige Matrix in Diagonalform und interpretieren Sie diese. Erläutern Sie das Ergebnis auch grafisch mit Ihrem Wissen über Parabeln.

↘ Lösungsvielfalt von Steckbriefaufgaben

	Anzahl der Lösungen eine Lösung	keine Lösung	unendlich viele Lösungen
Beispiele	▪ Interpolations-polynome	▪ „unmögliche" Informationen – vgl. 8c) und 10a)	▪ Polynome vom Grad n durch n Punkte ▪ „doppelte" Informationen (vgl. 10b)
Bedingungen und Koeffizienten	Anzahl Bedingungen = Anzahl Koeffizienten	Anzahl Bedingungen ≥ Anzahl Koeffizienten	Anzahl Bedingungen < Anzahl Koeffizienten
Matrix in Diagonalform	$\begin{pmatrix} 1 & 0 & 0 & * \\ 0 & 1 & 0 & * \\ 0 & 0 & 1 & * \end{pmatrix}$	$\begin{pmatrix} 1 & 0 & 0 & * \\ 0 & 1 & 0 & * \\ 0 & 0 & 0 & 1 \end{pmatrix}$ Letzte Zeile: $0 = 1$	$\begin{pmatrix} 1 & * & 0 & * \\ 0 & 1 & 0 & * \\ 0 & 0 & 0 & 0 \end{pmatrix}$ Letzte Zeile: $0 = 0$

11 Widersprüchliche Zeugenaussagen?

Gesucht ist eine ganzrationale Funktion dritten Grades, deren Graph an der Stelle $x=1$ einen Extrempunkt und an der Stelle $x=0$ einen Sattelpunkt hat.

Übungen

12 Steckbrief ohne und mit seltsamem Kandidaten

a) Eine ganzrationale Funktion 3. Grades soll in (1 | 1) einen Wendepunkt, an der Stelle −2 einen Hochpunkt und an der Stelle 2 einen Tiefpunkt haben.

b) Eine ganzrationale Funktion 3. Grades soll in (0 | 1) einen Wendepunkt, an der Stelle −2 einen Hochpunkt und an der Stelle 2 einen Tiefpunkt haben.

Funktionsbestimmungen mit Parametern

13 Eine Geradenschar und eine Parabelschar

a) Bestimmen Sie:

(1) die Geradenschar durch A (1 | 2)

(2) die Parabelschar durch A (1 | 2) und B (0 | 3)

b) Welche der Scharkurven aus Teil a)
- verläuft durch den Punkt C (4 | 3)?
- hat an der Stelle 1 die Steigung −2?

c) Man kann zu den Scharkurven aus a) eine zweite Funktionsgleichung mit dem anderen Parameter angeben.

14 Viele Kandidaten 1

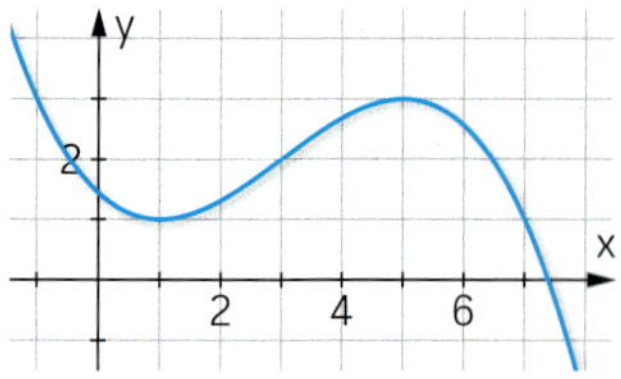

a) Begründen Sie anhand der Abbildung, dass der nebenstehende Graph eines Polynoms die folgenden Gleichungen erfüllt:
$f'(1) = 0;\quad f'(5) = 0;\quad f''(3) = 0 \quad \text{und} \quad f(3) = 2$

b) Wenn Sie mit dem passenden Gleichungssystem die Koeffizienten des Polynoms bestimmen, erleben Sie eine Überraschung bei der Matrix in Diagonalform. Finden Sie eine Erklärung für dieses Phänomen?

c) Suchen Sie mithilfe von Informationen aus der Skizze eine zum Graphen passende Funktionsgleichung.

d) Gelingt Ihnen eine Bestimmung der Gleichung der Funktionenschar mithilfe der Matrix in Diagonalform?

$$\left(\begin{array}{cccc|c} 1 & 0 & 0 & -\frac{1}{9} & -\frac{2}{9} \\ 0 & 1 & 0 & 1 & 2 \\ 0 & 0 & 1 & -\frac{5}{3} & -\frac{10}{3} \\ 0 & 0 & 0 & 0 & 0 \end{array}\right)$$

15 Viele Kandidaten 2

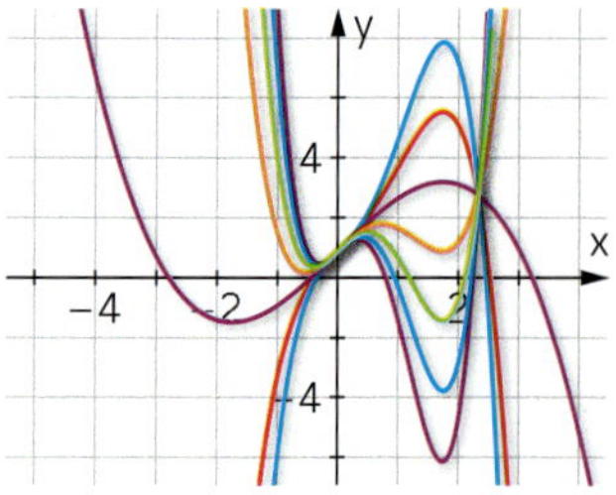

a) Zeigen Sie, dass alle Graphen der Funktionenschar
$f_a(x) = a \cdot x^4 - \left(\frac{8}{3}a + \frac{1}{6}\right)x^3 + 2x + 1$
die folgenden Bedingungen erfüllen:
$f_a(0) = 1;\; f_a'(0) = 2;\; \text{und} \;\; f_a''(0) = 0$

b) Leiten Sie die Gleichung der Schar mithilfe der Matrix in Diagonalform her.
Ansatz: Vier Gleichungen für fünf Koeffizienten und
$f(x) = a x^4 + b x^3 + c x^2 + d x + e$

$$\left(\begin{array}{ccccc|c} 1 & \frac{3}{8} & 0 & 0 & 0 & -\frac{1}{16} \\ 0 & 0 & 1 & 0 & 0 & 0 \\ 0 & 0 & 0 & 1 & 0 & 2 \\ 0 & 0 & 0 & 0 & 1 & 1 \end{array}\right)$$

Grundwissen

1. Gegeben ist die Funktion $f(x) = x^2 + 3x$.
   a) Ermitteln Sie den Scheitelpunkt der Parabel
   b) Bestimmen Sie die Gleichung der Tangente und Normalen im Punkt P (1 | f(1))
   c) Berechnen Sie den Inhalt der Fläche, die der Graph von f mit der x-Achse umschließt.

Übungen

16 „Tiefbohrung" an einer Stelle

a) Erstellen Sie zu jedem Steckbrief eine ganzrationale Funktion von möglichst geringem Grad.

(1)	(2)	(3)	(4)
$f_1(0)=1$ $f_1'(0)=1$	$f_2(0)=1$ $f_2'(0)=1$ $f_2''(0)=1$	$f_3(0)=1$ $f_3'(0)=1$ $f_3''(0)=1$ $f_3'''(0)=1$	$f_4(0)=1$ $f_4'(0)=1$ $f_4''(0)=1$ $f_4'''(0)=1$ $f_4^{IV}(0)=1$

b) Erstellen Sie eine aussagekräftige Skizze der vier Funktionen in einem Koordinatensystem und vergleichen Sie die Graphen.

c) ▪ Man kann weitere Funktionen mit folgendem Ansatz schnell finden:
$f_5(x) = a \cdot x^5 + f_4(x)$ [f_4 Funktion zu (4)]
Erläutern Sie diesen Ansatz und bestimmen Sie damit f_5 und f_6.

$n! = 1 \cdot 2 \cdot 3 \cdot \ldots \cdot n$
Sprich: n-Fakultät

▪ Beschreiben Sie, wie das Bauprinzip der Funktionen zu weiteren Steckbriefen ist.
▪ Erläutern Sie mithilfe der Ergebnisse unten stehende Bemerkung.

Wenn man eine ganzrationale Funktion an einer Stelle genau kennt, dann kennt man sie überall.

17 Sinusfunktion und Polynome

Ziel: Die Sinusfunktion soll durch Polynome von höher werdendem Grad angenähert werden.

a) Beschreiben Sie grundlegende Unterschiede zwischen der Sinusfunktion und ganzrationalen Funktionen.

b) Ansatz: Es wird die sukzessive Übereinstimmung der Polynome mit der Sinusfunktion an der Stelle 0 bezüglich Funktionswert und Ableitungen gefordert.
Füllen Sie die Tabelle aus und skizzieren Sie die Funktionen und die Sinusfunktion.

Steckbriefe	Funktionsgleichung
$P_1(0) = \sin(0)$; $P_1'(0) = \sin'(0)$	
$P_2(0) = \sin(0)$; $P_2'(0) = \sin'(0)$; $P_2''(0) = \sin''(0)$	
$P_3(0) = 0$; $P_3'(0) = 1$; $P_3''(0) = 0$; $P_3'''(0) = -1$	
Fünf Bedingungen	$P_5(x) = x - \frac{x^3}{6} + \frac{x^5}{120}$
Sieben Bedingungen	$P_7(x) =$ ▪

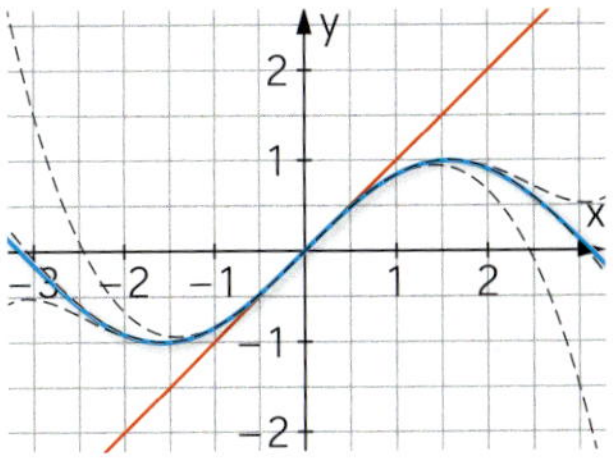

▪ Erklären Sie das Ergebnis in der zweiten Zeile. Warum brauchen nur Ansätze mit einer geraden Anzahl von Bedingungen untersucht werden?
Hinweis: Symmetrie.
▪ Beschreiben Sie den Zusammenhang zwischen der Sinusfunktion und einer sukzessiven Erhöhung des Grades der Polynome.
▪ Es gilt: $\sin(x) = x - \frac{x^3}{3!} + \frac{x^5}{5!} - \frac{x^7}{7!} \pm \ldots$ mit $n! = 1 \cdot 2 \cdot 3 \cdot \ldots \cdot n$
Geben Sie damit das Polynom 9. und 11. Grades an.

c) Führen Sie eine entsprechende Untersuchung für die Annäherung der Kosinusfunktion durch Polynome durch. Vergleichen Sie mit der Entwicklung bei der Sinusfunktion.

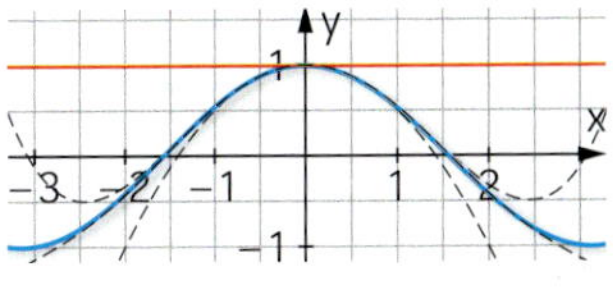

2.4 Modellieren mit abschnittsweise definierten Funktionen

Aufgaben

1 Die Vase

Ein Designer konstruiert in freier Skizze eine Vasenform. Für die computergestützte, industrielle Fertigung soll die Form der Vase durch eine geeignete Kurve beschrieben werden.

Zunächst wird das Profil in einem Koordinatensystem abgetragen.

Die folgenden Punkte sind ausgelesen:

	A	B	C	D	E	F
x	0	2	4	6	7,5	9,5
y	1,6	2,7	3,1	2	1,3	2,4

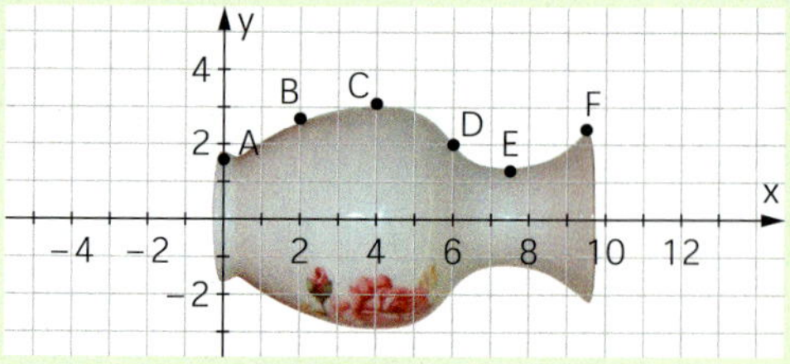

a) Die Abbildungen zeigen die Regressionsfunktion vom Grad 4 (links) und das Interpolationspolynom zu A, B, C, D, E und F (rechts). In welchen Bereichen passen diese Modelle ganz gut, in welchen weniger?

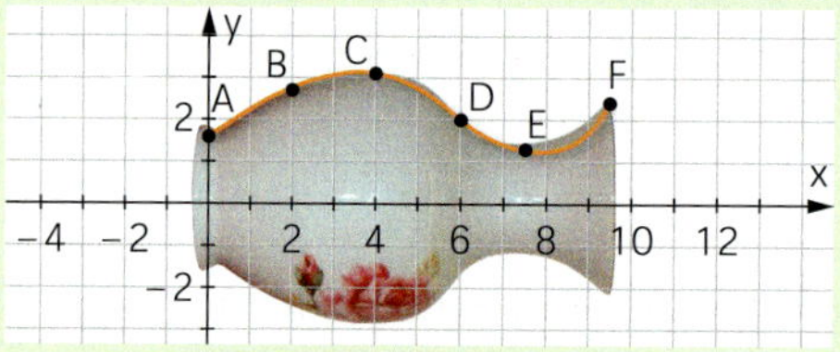

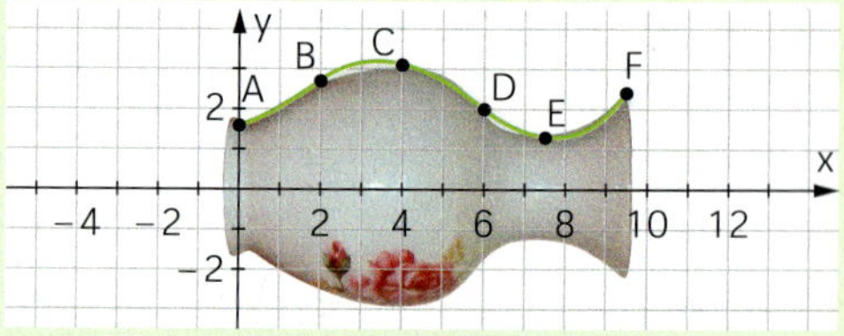

In den meisten Fällen gibt es nicht eine einzige Funktion, die gut zu der vorgegebenen Form passt. Wenn es nicht gelingt, eine passende Funktion für eine gegebene Form zu finden, ist eine abschnittsweise Modellierung oft erfolgreich.

Strategie:

- Unterteilen Sie die Form in Abschnitte.
- Notieren Sie die Bedingungen, die erfüllt sein müssen.
- Wählen Sie für jeden Abschnitt eine ganzrationale Funktion mit passendem Grad.
- Eine gute Strategie bleibt das Auslesen charakteristischer Punkte.

b) Modellieren Sie die Form der Vase. Hinweis: Die Form hat keine Knicke.
Beispiel:

(1)	A, B, C, C Hochpunkt
	▪ 4 Bedingungen/ Grad 3
(2)	C, D, C Hochpunkt, D Wendepunkt
	▪ 4 Bedingungen/ Grad 3
(3)	D, E, F, D Wendepunkt, E Tiefpunkt
	▪ 5 Bedingungen/ Grad 4

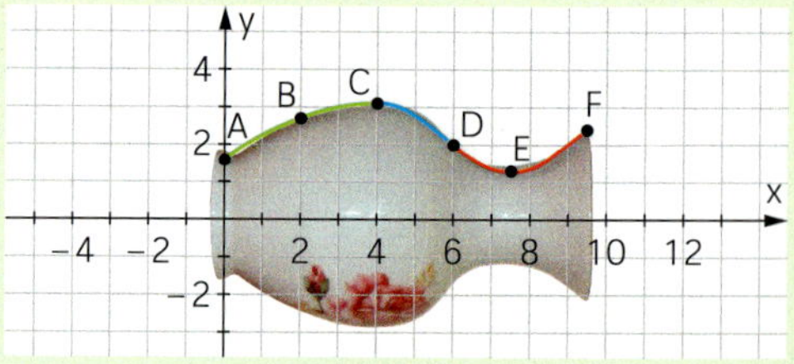

$$v(x) = \begin{cases} -0{,}0031x^3 - 0{,}069x^2 + 0{,}7\,x + 1{,}6 & ;\ 0 \le x \le 4 \\ 0{,}069\,x^3 - 1{,}24\,x^2 + 6{,}6\,x - 7{,}9 & ;\ 4 \le x \le 6 \\ 0{,}027x^4 + 0{,}81\,x^3 - 8{,}75\,x^2 + 40{,}15x - 63{,}74 & ;\ 6 \le x \le 9{,}5 \end{cases}$$

2 Übergänge – mit und ohne Ruck

Zwei geradlinige, zueinander parallel verlaufende Gleisstücke einer Modellbahn sollen durch ein Teilstück miteinander verbunden werden. Wie sollte diese Verbindung gestaltet sein, damit die Übergänge möglichst glatt und störungsfrei verlaufen? Bei der Modellbahn stehen gerade und kreisformig gebogene Gleise zur Verfügung. Es ist klar, dass eine geradlinige Verbindung nicht in Frage kommt.

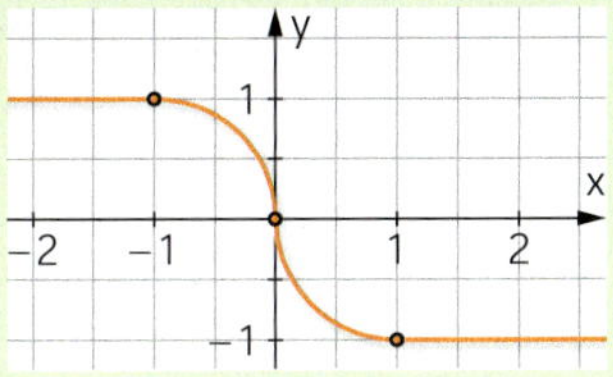

a) ▪ Begründen Sie, dass es in den Übergängen von den geradlinigen zu den kreisförmigen Gleisen k (x) keinen Knick gibt.
   ▪ Beim Führen eines Wagens spürt man aber trotzdem an den Übergängen einen Ruck. Man nennt dies Krümmungsruck. Wie ist dies zu erklären?

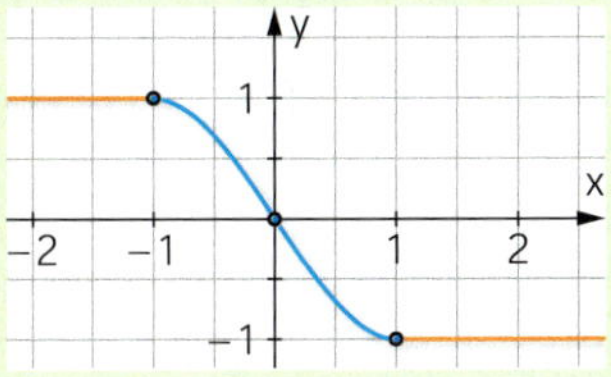

b) Es werden jetzt „ganzrationale Gleisstücke“ betrachtet: Ermitteln Sie ein passendes Polynom f(x). Nutzen Sie die Symmetrie aus.
Begründen Sie, dass der Krümmungsruck in $(0|0)$ beseitigt ist, aber nicht in $(-1|1)$ und $(1|-1)$.

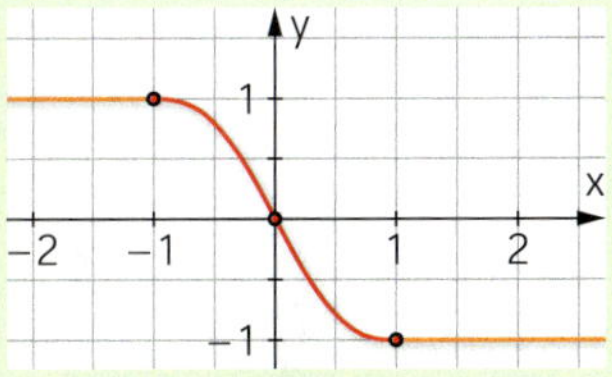

c) Welche Bedingungen müssen zusätzlich in $(-1|1)$ und $(1|-1)$ gelten, damit der Krümmungsruck nicht auftritt? Bestimmen Sie mit den zusätzlichen Bedingungen eine passende Funktion g(x) und überprüfen Sie, ob die Verbindung „krümmungsruckfrei“ ist.

Die Abbildungen zeigen jeweils die ersten beiden Ableitungen der Verbindungen. Beschreiben Sie damit die Unterschiede im Gleisverlauf und an den Übergängen. Erzeugen Sie die Bilder mit dem GTR/CAS. Hinweis GTR: Benutzen Sie *nderiv* bei k (x).

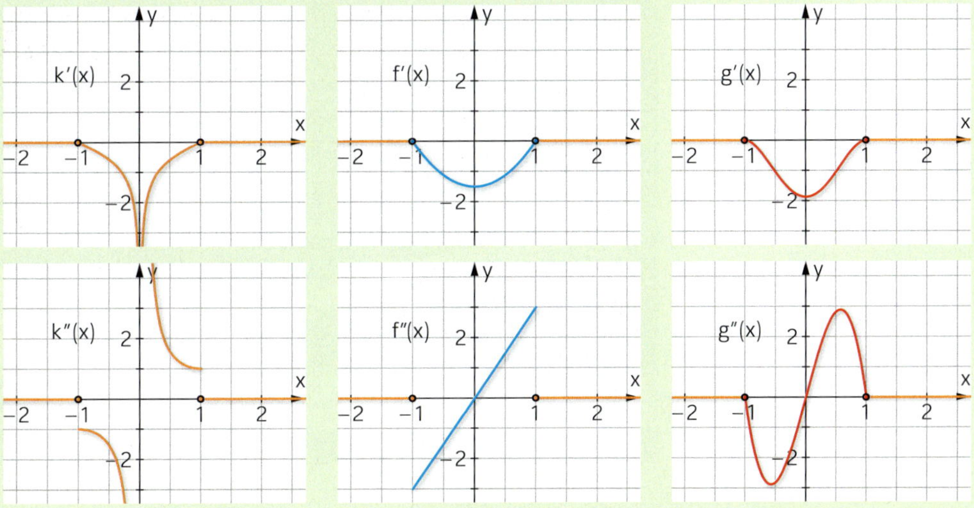

Basiswissen

Kurvenanpassung mit abschnittsweise definierten Funktionen

Der Stahlrahmen der Liege „Hammock PK 24“ von Poul Kjaerholm soll für eine industrielle Fertigung mathematisch erfasst werden. Dazu wurden Punkte ausgelesen.

	A	B	C	D	E
x	−7	−5	−3	−1	0
y	2,1	1,8	1,2	0,4	0
	F	G	H	I	J
x	1	2	2,5	3	3,3
Y	0,4	1,6	2,5	3,5	4,7

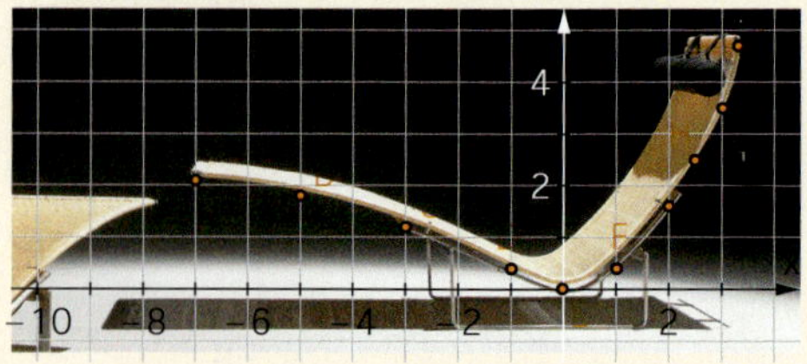

In den meisten Fällen gibt es nicht eine einzige Funktion, die gut zu einer vorgegebenen Form passt. Man unterteilt dann die Form in mehrere Abschnitte und formuliert notwendige Bedingungen, die in den Abschnitten gelten sollen. Dabei ist zu beachten, dass die Übergänge ohne Sprungstelle und meist knickfrei sein müssen. Beispiel:

(1) A, B, C, D

- 4 Bedingungen/Grad 3
- $f_1(-7) = 2{,}1$; $f_1(-5) = 1{,}8$; $f_1(-3) = 1{,}2$; $f_1(-1) = 0{,}4$

```
[A]
[-343 49 -7 1 2.1]
[-125 25 -5 1 1.8]
[ -27  9 -3 1 1.2]
[  -1  1 -1 1 0.4]
```

```
rref([A]
[1 0 0 0 0.0020833333]
[0 1 0 0   -0.00625  ]
[0 0 1 0 -0.4520833333]
[0 0 0 1   -0.04375  ]
```

(2) D, E, F, knickfrei in D

- 4 Bedingungen/ Grad 3
- $f_2(-1) = 0{,}4$; $f_2'(-1) = f_1'(-1) = -0{,}4332$; $f_2(0) = 0$; $f_2(1) = 0{,}4$

```
[B]
[-1  1 -1 1   0.4  ]
[ 3 -2  1 0 -0.4332]
[ 0  0  0 1   0    ]
[ 1  1  1 1   0.4  ]
```

```
[B]
[-1  1 -1 1   0.4  ]
[ 3 -2  1 0 -0.4332]
[ 0  0  0 1   0    ]
[ 1  1  1 1   0.4  ]
```

(3) F, G, H, I, J, knickfrei

- 6 Bedingungen/Grad 5
- $f_3(1) = 0{,}4$; $f_3'(1) = f_2'(1) = 1{,}1668$; $f_3(2) = 1{,}6$; $f_3(2{,}5) = 2{,}5$; $f_3(3) = 3{,}5$; $f_3(3{,}3) = 4{,}7$

```
[C]
    1          1         1
    5          4         3
   32         16         8
 97.65625   39.0625   15.625
  243         81        27
 391.35393  118.5921  35.937
```

```
rref([C])
[1 0 0 0 0 0 0.4282503029]
[0 1 0 0 0 0 -4.240644545]
[0 0 1 0 0 0 16.13890212 ]
[0 0 0 1 0 0 -29.00982636]
[0 0 0 0 1 0 25.59107303 ]
[0 0 0 0 0 1 -8.507754544]
```

$$f(x) = \begin{cases} 0{,}0021\,x^3 - 0{,}0063\,x^2 - 0{,}4521\,x - 0{,}0438 & \text{für } -7 \le x < -1 \\ 0{,}1834\,x^3 + 0{,}4\,x^2 - 0{,}1834\,x & \text{für } -1 \le x < 1 \\ 0{,}4283\,x^5 - 4{,}2406\,x^4 + 16{,}1389\,x^3 - 29{,}0098\,x^2 + 25{,}5911\,x - 8{,}5078 & \text{für } 1 \le x \le 3{,}3 \end{cases}$$

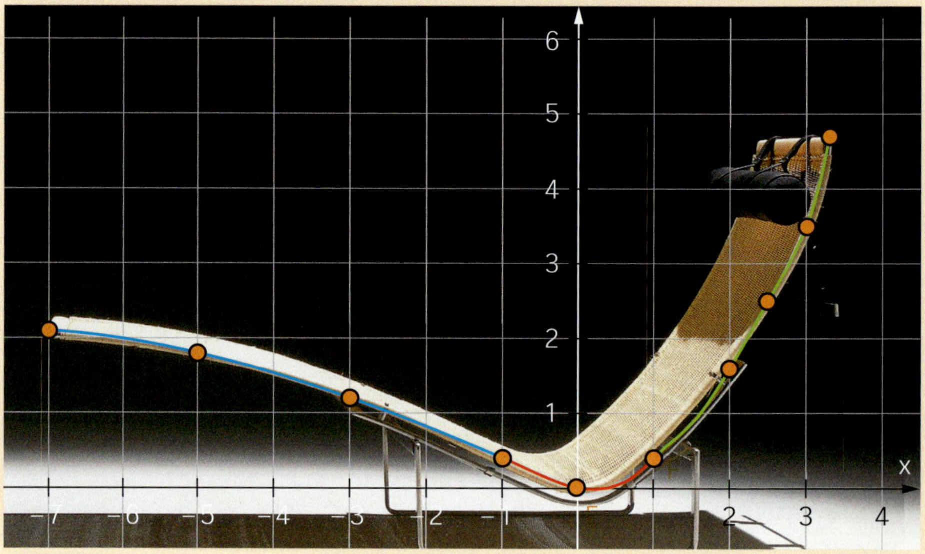

Werkzeug

Kurvenanpassung mit CAS

Die benötigten Polynome und Ableitungen in allgemeiner Form zu Beginn definieren.

$p3(x):=a\cdot x^3+b\cdot x^2+c\cdot x+d$ Fertig

$dp3(x):=\frac{d}{dx}(p3(x))$ Fertig

$p5(x):=a\cdot x^5+b\cdot x^4+c\cdot x^3+d\cdot x^2+e\cdot x+f$ Fertig

$dp5(x):=\frac{d}{dx}(p5(x))$ Fertig

Mit *solve* die Koeffizienten bestimmen und entsprechend die Funktionen f_1, f_2, usw. definieren.

Übungen

3 Theatro populo

Das Volkstheater in Niteroi in Brasilien wurde ebenfalls von OSCAR NIEMEYER entworfen und 2007 eröffnet.

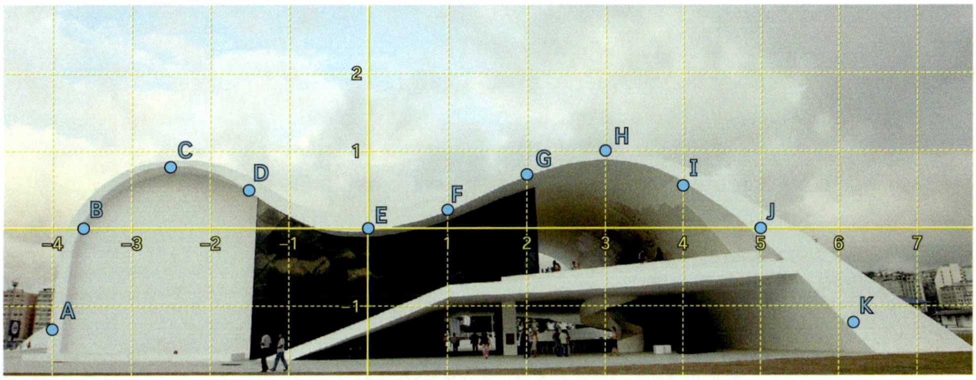

A(−4|−1,3), B(−3,6|0), C(−2,5|0,8), D(−1,5|0,5), E(0|0), F(1|0,25), G(2|0,7), H(3|1), I(4|0,55), J(5|0), K(6,2|−1,2)

Modellieren Sie die Form des Gebäudes. Arbeiten Sie ohne Regressionsfunktionen.

Hinweis
- Interpolationspolynome mit ausgewählten Punkten benutzen. Beispiel: EGHJK
- In B kann ein kleiner Knick sein.
- Geradlinige Stücke sind manchmal auch geeignet.

4 Die Vase – revisited

Die Modellierung von Formen mit mehreren abschnittsweise definierten Funktionen liefert meist bessere Modelle als die Verwendung einer einzigen Funktion. Allerdings ist man zunächst auf eine geeignete Wahl von Bedingungen und Funktionstypen angewiesen, man weiß auch kaum im Vorhinein, ob das Modell gut passt. Ein weiterführendes Ziel ist daher eine mechanisch reproduzierbare systematische Modellierung, ein einheitlicher Algorithmus.

Idee: Systematisch mit Parabeln von links nach rechts modellieren. Man benötigt jeweils drei Bedingungen (Punkte A, B, C, D, E,... ausgelesen):

1. Parabel durch A, B und C
2. Parabel durch C und D, knickfreier Anschluss in C.
3. Parabel durch D und E, knickfreier Anschluss in D...

Modellieren Sie die Vase aus Aufgabe 1 abschnittsweise mit Parabeln. Beurteilen Sie das Modell. Dieser Modelltyp heißt *Quadratischer Spline*.

Übungen

5 Ganzrationaler Straßenbau

Eine gerade Straße durch den Punkt A(−4|4) endet im Punkt B(−2|2). Die Fortsetzung der Straße ist der Teil der x-Achse, der rechts vom Punkt C(2|0) liegt.

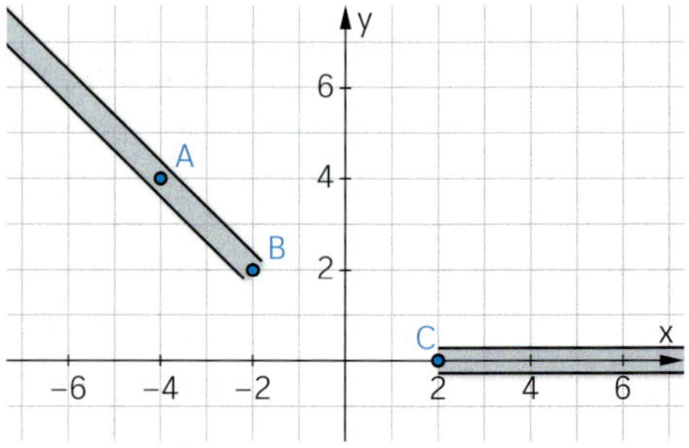

a) Bestimmen Sie die Verbindungskurve von B und C, die in beide geraden Straßenteile tangential einmündet.

b) Bestimmen Sie die Wendepunkte der von Ihnen in a) ermittelten Funktion.
Welche Schlüsse lassen sich aus der Lage der Wendepunkte für das Durchfahren der Verbindungskurve in den Anschlussstellen ziehen? Beachten Sie, wie ein Autofahrer in B und C das Lenkrad halten muss.
Modellieren Sie die Straße so, dass sie in B und C ohne „Krümmungsruck“ verläuft.

Exkurs

Sanfte Übergänge

Beim Straßen- und Schienenbau besteht ein Problem in dem Übergang von einer geraden Strecke zu einer Kurve. So muss möglichst darauf geachtet werden, dass die Krümmung sich nicht ruckartig ändert, wie es bei Übergängen von geradlinigen zu kreisförmigen Abschnitten der Fall ist. Tatsächlich wurden früher im Schienenbau teilweise ganzrationale Verbindungen näherungsweise benutzt, ehe variablere Bauweisen der Fahrwerke von Schienenfahrzeugen das Problem relativierten. Wegen der Möglichkeit von Autos, Kurven ‚anzuschneiden‘ besteht in der Praxis des Straßenbaus dieses Problem meist weniger. Verbindungen aus Kreis- und Geradenstücken sind hier durchaus üblich.
Will man tatsächlich wegen zunehmender Geschwindigkeiten der Fahrzeuge ruckfreie Übergänge haben, ist eine Modellierung mit Kurven, deren Krümmung proportional zur Länge zunimmt, meist das beste Modell. Solche Kurven heißen Klothoiden. Das Problem dieser Kurven liegt aber darin, dass sie nur sehr schwer mathematisch erfass- und bearbeitbar sind, es existiert keine geschlossene Darstellung als Funktionsterm. Ganzrationale Funktionen sind dann manchmal hinreichende Näherungslösungen. In einfachen Fällen kann man die Ruckfreiheit dann dadurch erreichen, dass die Funktionen an den Übergängen in ihrer ersten und zweiten Ableitung übereinstimmen.

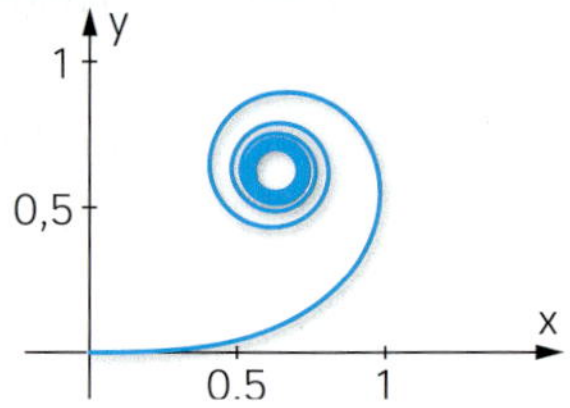

6 Vereinfachte Modellierung von Übergängen mit ganzrationalen Funktionen

In den folgenden Situationen sollen knick- und krümmungsruckfreie Übergangsbögen zwischen A und B gefunden werden. In c) soll dieser Bogen durch den Punkt C verlaufen.

a) 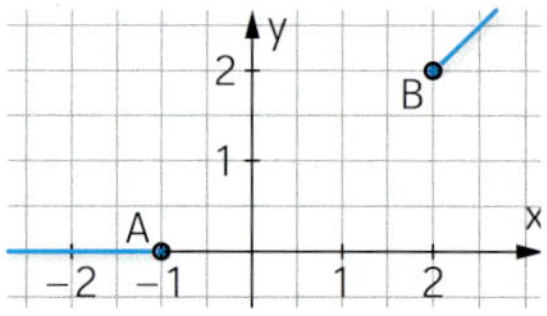

b) 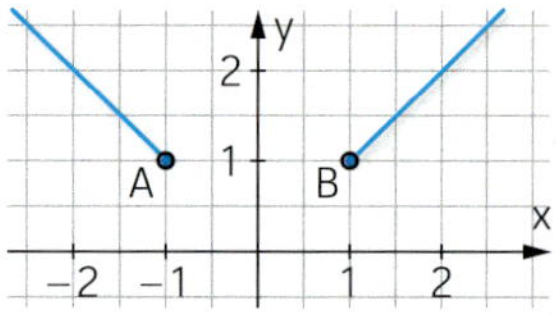

c) 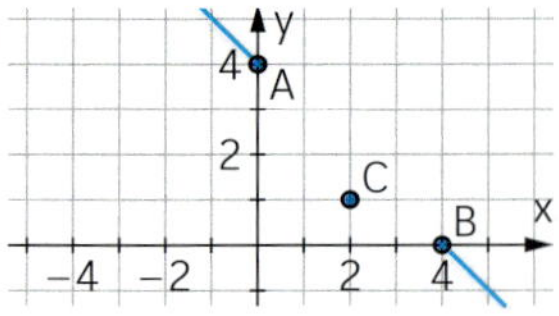

Grundwissen

1. Skizzieren Sie die Funktionen: a) $f(x) = 2 \cdot \sin\left(x - \frac{\pi}{2}\right) + 1$ b) $g(x) = \frac{1}{x+2} - 1$

Übungen

7 Die Vase – re-revisited

Da Parabeln keine Wendepunkte haben, also immer nur ein Krümmungsverhalten (links oder rechts), passen quadratische Splines (vgl. Aufgabe 4) schlecht, wenn zwischen zwei ausgelesenen Punkten die vorliegende Kurve ihr Krümmungsverhalten ändert. Man müsste dann auf jeden Fall mögliche Wendepunkte auslesen. Um darauf nicht angewiesen zu sein, ersetzt man die quadratischen Funktionen durch Polynome vom Grad 3. Entsprechend fordert man die Übereinstimmung der Übergänge auch in der zweiten Ableitung (Krümmungsverhalten).

Jeweils zwei benachbarte Punkte werden jetzt durch ganzrationale Funktionen 3. Grades sprungfrei, knickfrei und mit gleichem Krümmungsverhalten in den Stützpunkten verbunden.

Beispiel:

A(0|1,6), C(4|3,1), E(7,5|1,3), F(9,5|2,4)
Es sind drei ganzrationale Funktionen vom Grad 3 gesucht:

$s_1(x) = a_1x^3 + b_1x^2 + c_1x + d_1$
$s_2(x) = a_2x^3 + b_2x^2 + c_2x + d_2$
$s_3(x) = a_3x^3 + b_3x^2 + c_3x + d_3$

Man erhält folgende Bedingungen:

(1) Punkte und sprungfreie Verbindung	$s_1(0) = 1{,}6$; $s_1(4) = 3{,}1$; $s_2(4) = 3{,}1$; $s_2(7{,}5) = 1{,}3$; $s_3(7{,}5) = 1{,}3$; $s_3(9{,}5) = 2{,}4$
(2) Knickfreie Verbindung:	$s_1'(4) = s_2'(4)$; $s_2'(7{,}5) = s_3'(7{,}5)$
(3) Gleiches Krümmungsverhalten	$s_1''(4) = s_2''(4)$; $s_2''(7{,}5) = s_3''(7{,}5)$

Man erhält zehn Bedingungen. Für eine eindeutige Berechnung der Koeffizienten benötigt man aber zwölf Bedingungen. Man muss also noch zwei Bedingungen hinzufügen. Diese können je nach Sachkontext variieren. Meist geht man von einer geradlinigen Weiterführung an den Enden aus, also keiner Krümmung in diesen Punkten.

(4) Keine Krümmung an Enden	$s_1''(0) = 0$; $s_3''(9{,}5) = 0$

Die Besonderheit des Zusammenhanges dieser Bedingungen liegt jetzt darin, dass man nicht die einzelnen Funktionen hintereinander berechnen kann, wie das bei einer Modellierung mit quadratischen Funktionen möglich ist (vgl. Aufgabe 4). Die Berücksichtigung der Bedingungen (2) und (3) setzt nämlich immer ein Wissen über die nächste Funktion voraus. Erst alle Bedingungen zusammen ermöglichen die Berechnung aller Funktionen, man muss also alle Bedingungen auf einmal auswerten.

CAS: Die zwölf Bedingungen liefern ein lineares Gleichungssystem mit 12 Gleichungen. Dies kann mit einem CAS direkt gelöst werden. Die Teilfunktionen und ihre Ableitungen werden zu Beginn definiert.

$s1(x):=a1\cdot x^3+b1\cdot x^2+c1\cdot x+d1$	Fertig
$ds1(x):=\frac{d}{dx}(s1(x))$	Fertig
$dds1(x):=\frac{d^2}{dx^2}(s1(x))$	Fertig
$s2(x):=a2\cdot x^3+b2\cdot x^2+c2\cdot x+d2$	Fertig

$ds2(x):=\frac{d}{dx}(s2(x))$	Fertig
$dds2(x):=\frac{d^2}{dx^2}(s2(x))$	Fertig
$s3(x):=a3\cdot x^3+b3\cdot x^2+c3\cdot x+d3$	Fertig
$ds3(x):=\frac{d}{dx}(s3(x))$	Fertig

GTR: Beim Lösen des LGS mit Matrizenkalkül muss eine 12×13-Matrix erzeugt werden. Wegen der Einheitlichkeit der Matrixeingabe müssen die Gleichungen der Form $s_1'(4) = s_2'(4)$ in $s_1'(4) - s_2'(4) = 0$ umgeformt werden.

	1. Funktion				2. Funktion				3. Funktion				
	a_1	b_1	c_1	d_1	a_2	b_2	c_2	d_2	a_3	b_3	c_3	d_3	
$s_1(0) = 1{,}6$	0	0	0	1	0	0	0	0	0	0	0	0	1,6
$s_1(4) = 3{,}1$	■	■	■	■	■	■	■	■	■	■	■	■	■
$s_2(4) = 3{,}1$	0	0	0	0	64	16	4	1	0	0	0	0	3,1
$s_2(7{,}5) = 1{,}3$	■	■	■	■	■	■	■	■	■	■	■	■	■
$s_3(7{,}5) = 1{,}3$	■	■	■	■	■	■	■	■	■	■	■	■	■
$s_3(9{,}5) = 2{,}4$	0	0	0	0	0	0	0	0	857,375	90,25	9,5	1	2,4
$s_1'(4) - s_2'(4) = 0$	48	8	1	0	−48	−8	−1	0	0	0	0	0	0
$s_2'(7{,}5) - s_3'(7{,}5) = 0$	■	■	■	■	■	■	■	■	■	■	■	■	■
$s_1''(4) - s_2''(4) = 0$	24	2	0	0	−24	−2	0	0	0	0	0	0	0
$s_2''(7{,}5) - s_3''(7{,}5) = 0$	■	■	■	■	■	■	■	■	■	■	■	■	■
$s_1''(0) = 0$	■	■	■	■	■	■	■	■	■	■	■	■	■
$s_3''(9{,}5) = 0$	■	■	■	■	■	■	■	■	■	■	■	■	■

Übertragen Sie die Tabelle und füllen Sie diese vollständig aus.
Erzeugen Sie die Lösung mit dem CAS oder dem GTR. Skizzieren Sie die Lösung.

Die Lösungsfunktion ist: $sp(x) = \begin{cases} -0{,}0221x^3 + 0{,}7287x + 1{,}6 & ;\ 0 \le x \le 4 \\ 0{,}0609x^3 - 0{,}9966x^2 + 4{,}715x - 3{,}715 & ;\ 4 \le x \le 7{,}5 \\ -0{,}0624x^3 + 1{,}78x^2 - 16{,}11x + 48{,}34 & ;\ 7{,}5 \le x \le 9{,}5 \end{cases}$

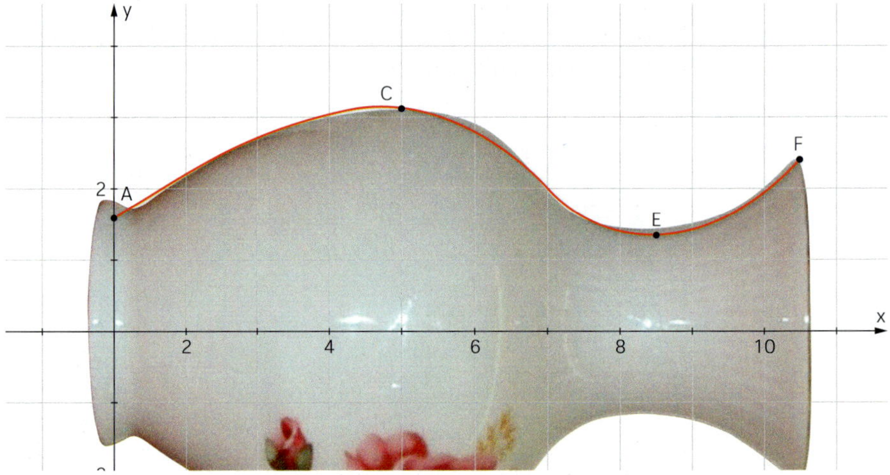

Obwohl nur vier Punkte benutzt wurden, passt das Modell schon ganz gut, allerdings noch nicht besser als die Modelle in Aufgabe 1 und Aufgabe 4. Man verbessert das Modell, indem man einen oder zwei weitere Punkte hinzunimmt und nach dem selben Prinzip vorgeht. Überlegen Sie zunächst, wie viele Bedingungen und Gleichungen Sie benötigen und ermitteln Sie dann den passenden Spline.

Mit dem Applet eA-2.4-7-1 können Sie einen Spline für vier Punkte erzeugen und dynamisch die vier Punkte so bewegen, dass die Passung mit der Vasenform besser wird. Erzeugen Sie dazu rechnerisch die Lösungsfunktion.
Im Applet eA-2.4-7.2 wird die Form der Vase mit einem Spline zu 10 Punkten modelliert. Ziehen Sie an den Punkten und beobachten Sie die entstehenden Kurven.

Applet
eA-2.4-7-1
eA-2.4-7-2

Übungen

8 Gitarrendesign
Modellieren Sie die Form der Gitarre zwischen OL und OR sowie zwischen UL und UR mithilfe von Splines. Auf der linken Seite von OL und UL ist die Form ein Halbkreis.

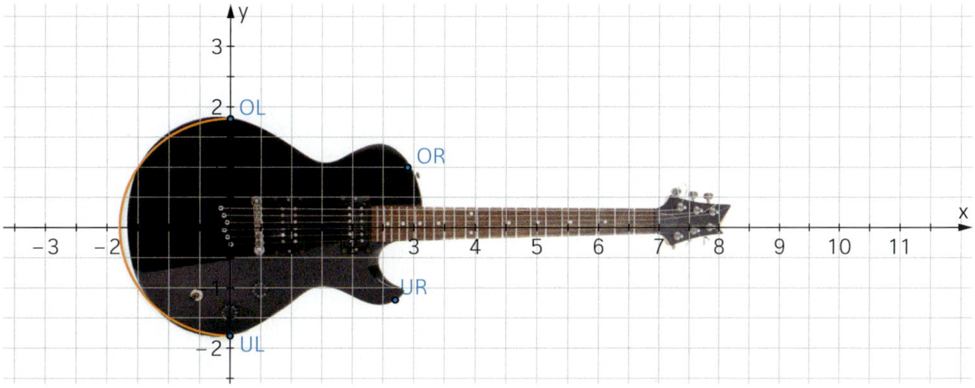

Exkurs

Formen mit CAD konstruieren
Ein wichtiges Anwendungsgebiet für Splines ist die Automobilindustrie, wo viele Teile nicht mehr nur auf Papier geplant und dann als Modell gefertigt werden, sondern auch mithilfe des Computers digitalisiert und am Bildschirm dreidimensional dargestellt werden. Das Arbeiten mit Computermodellen hat den Vorteil, dass eine Konstruktionsänderung in kurzer Zeit am Computer durchgeführt werden kann, das Anfertigen eines neuen Modells aus Holz, Plastik oder Metall benötigt viel mehr Zeit, Arbeit und auch Geld.

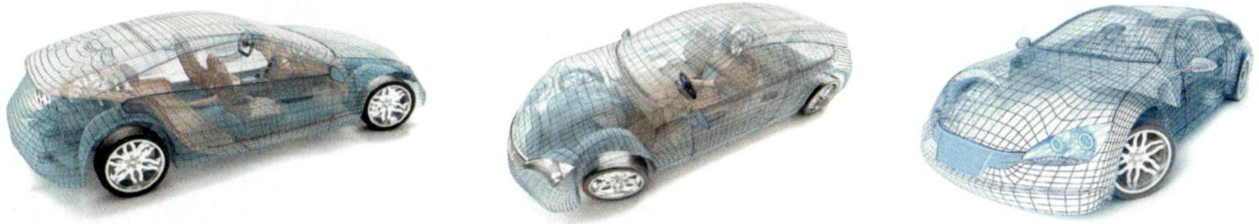

Splines im Schiffbau
Die Form eines Schiffsrumpfes hat erhebliche Auswirkungen auf die Geschwindigkeit und den Energieverbrauch von Schiffen. Gegenüber einer massiven Bauweise haben Konstruktionen mit Quer und Längslattungen einen erheblichen Gewichtsvorteil. Beim Bau von Schiffen wurden früher Straaklatten (engl.: spline = dünne Latte) benutzt, um eine optimale Form für den Schiffsrumpf zu finden. Dabei wurden leicht biegbare Latten um Befestigungspunkte gelegt, die durch das Konstruktionsprinzip des Schiffes vorgegeben waren. Die Latten nehmen aufgrund ihrer Elastizität von selbst eine Form an, die am wenigsten Biegeenergie erfordert und damit insgesamt die geringste Krümmung aufweist. Man hat nachgewiesen, dass die mathematischen Splines auch diese Eigenschaft besitzen.

2.5 Stetigkeit und Differenzierbarkeit

1 **Füllgraphen**

a) Begründen Sie die Knickstellen und die Sprungstelle in den Füllgraphen und Geschwindigkeitsgraphen. Argumentieren Sie dabei auch mit der Änderungsrate.

b) Zeichnen Sie zu allen drei Gefäßformen jeweils einen Beschleunigungsgraphen. Vergleichen Sie Ihre Ergebnisse.

c) Skizzieren Sie eine Gefäßform, bei der der Füllgraph drei Knicke aufweist. Wie sieht der zugehörige Geschwindigkeitsgraph aus?

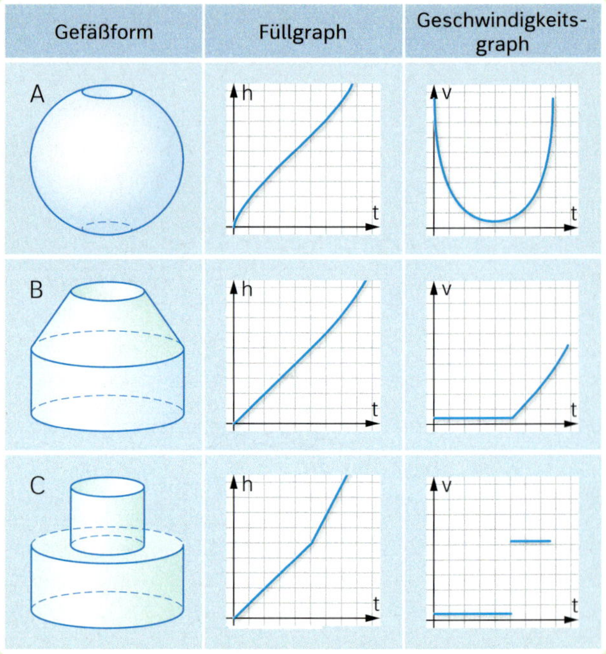

2 **Kritische Stellen**

a) Ordnen Sie den Graphen der vier Funktionen die passende Funktionsgleichung zu.

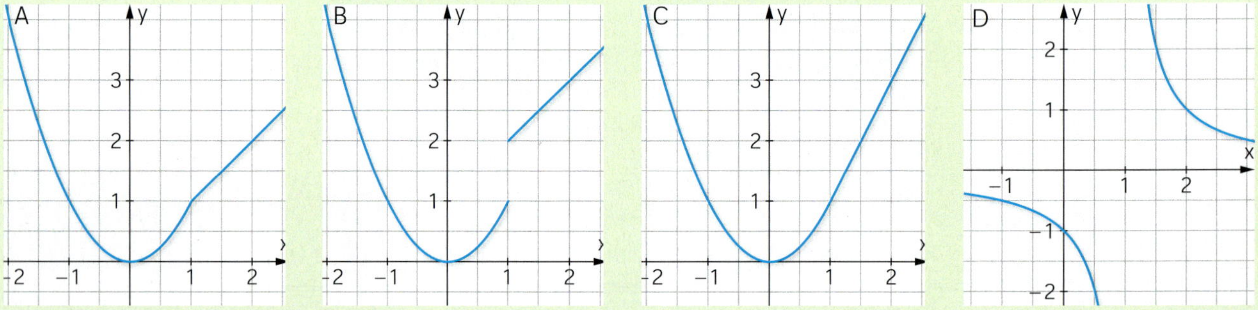

(1) $f_1(x) = \begin{cases} x^2 & \text{für } x \leq 1 \\ x+1 & x > 1 \end{cases}$

(2) $f_3(x) = \begin{cases} x^2 & \text{für } x \leq 1 \\ 2x-1 & x > 1 \end{cases}$

(3) $f_2(x) = \frac{1}{x-1}$

(4) $f_4(x) = \begin{cases} x^2 & \text{für } x \leq 1 \\ x & x > 1 \end{cases}$

b) Beschreiben Sie jeweils die Unterschiede des Graphenverlaufs in der Umgebung der Stelle $x = 1$. Benutzen Sie dabei auch das Steigungsverhalten.

c) Untersuchen Sie tabellarisch und grafisch sowohl den Funktionsverlauf als auch den Verlauf der Ableitung an der Stelle $x = 1$ mit dem GTR.

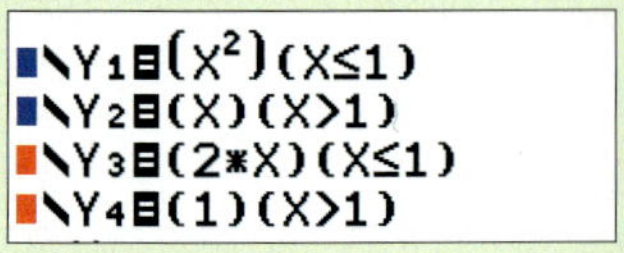

Basiswissen

Es gibt unterschiedliche Verhaltensweisen von Funktionen und ihren Graphen an einzelnen Stellen. Mit den Begriffen „Stetigkeit" und „Differenzierbarkeit" kann man diese beschreiben.

Stetigkeit

(1) Intuitive, anschauliche Vorstellung

Eine Funktion ist stetig, wenn man den Graphen in einem Zug durchzeichnen kann, ohne den Stift abzusetzen, d. h. es darf kein Sprung auftreten.

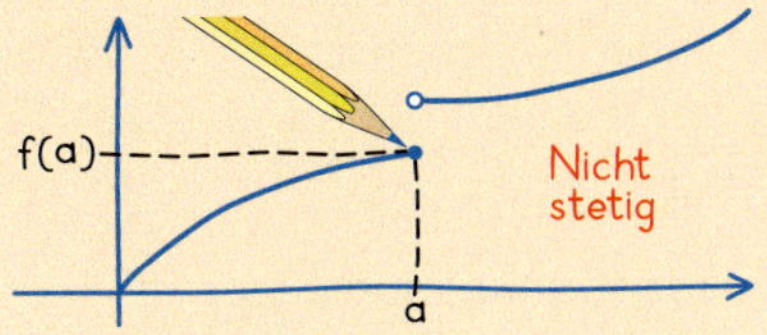

Differenzierbarkeit

Eine Funktion ist differenzierbar, wenn man den Graphen in einem Zug durchzeichnen kann und kein „Knick" auftritt.

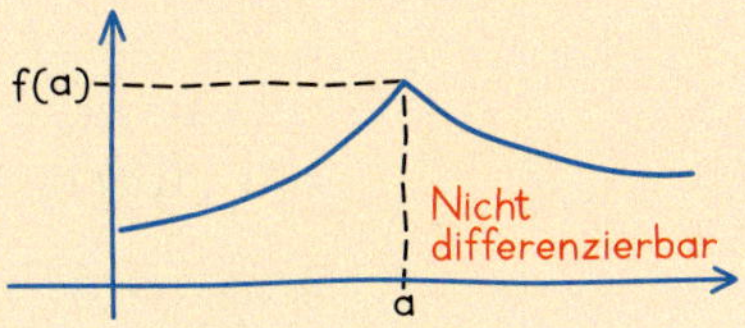

(2) Eine formale Definition mithilfe des Grenzwertbegriffs

Eine Funktion f ist **stetig an einer Stelle a**, wenn der links- und rechtseitige Grenzwert gleich dem Funktionswert an dieser Stelle ist.

$\lim\limits_{h \to 0} f(a-h) = \lim\limits_{h \to 0} f(a+h) = f(a)$.

Eine Funktion f heißt **stetig**, wenn sie an jeder Stelle ihres Definitionsbereichs stetig ist.

Eine stetige Funktion f ist **differenzierbar an der Stelle a**, wenn der Grenzwert des Differenzenquotienten existiert, d. h. der links- und rechtsseitige Grenzwert gleich sind:

$\lim\limits_{h \to 0} \frac{f(a+h)-f(a)}{h} = \lim\limits_{h \to 0} \frac{f(a-h)-f(a)}{h}$.

Eine Funktion heißt **differenzierbar**, wenn sie an jeder Stelle ihres Definitionsbereiches differenzierbar ist.

Beispiele

A Nicht stetige und nicht differenzierbare Graphen

(1) Für Diesel-Pkws müssen pro $100\,cm^3$ Hubraum 9,50 € Steuern bezahlt werden.

(2) Bei Abnahme von bis zu 10 l Olivenöl kostet der Liter 6 €, jeder weitere dann 5 €.

Skizzieren Sie zu beiden Sachverhalten einen passenden Graphen. Welche Bedeutung haben hier Stetigkeit und Differenzierbarkeit? Was liegt an den kritischen Stellen vor?

Lösung:

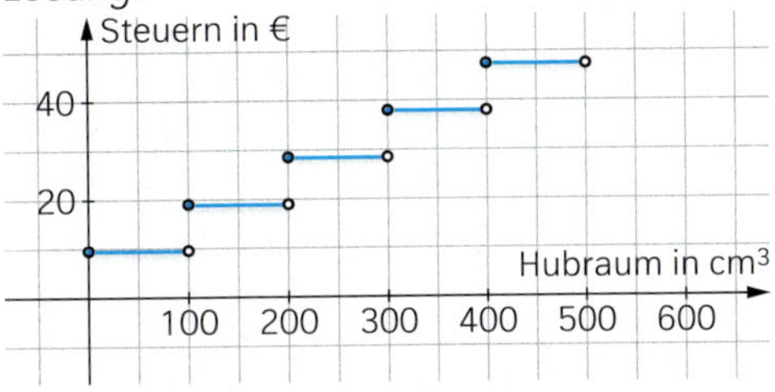

(1) Nach jeweils $100\,cm^3$ liegen Sprungstellen, also Unstetigkeitsstellen vor. Man muss abrupt mehr Steuern bezahlen.

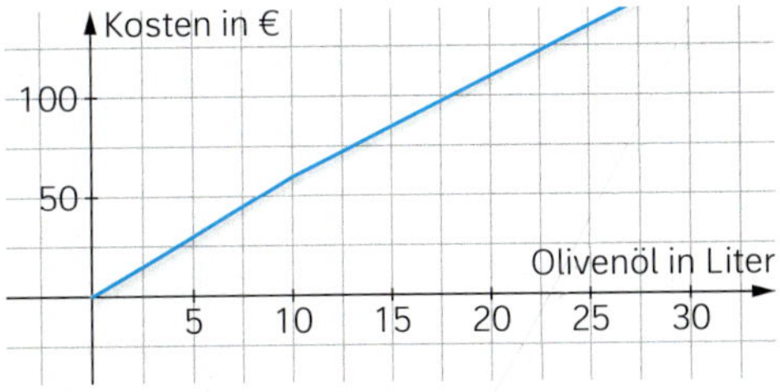

(2) Der Graph ist stetig, hat aber bei $x = 10$ einen Knick, ist dort also nicht differenzierbar. Die Kosten ändern sich bei 10 Litern abrupt.

Beispiele

B Untersuchung einer Funktion

Untersuchen Sie die Funktion an den Stellen $x = 1$, $x = 2$ und $x = 3$ auf Stetigkeit und Differenzierbarkeit.

● Punkt gehört zum Graphen
○ Punkt gehört nicht zum Graphen

$$f(x) = \begin{cases} x & \text{für } x \le 1 \\ x^2 - 2x + 2 & \text{für } 1 < x \le 2 \\ x + \frac{1}{2} & \text{für } 2 < x < 3 \\ -\frac{1}{2}x^2 + 4x - 4 & \text{für } x \ge 3 \end{cases}$$

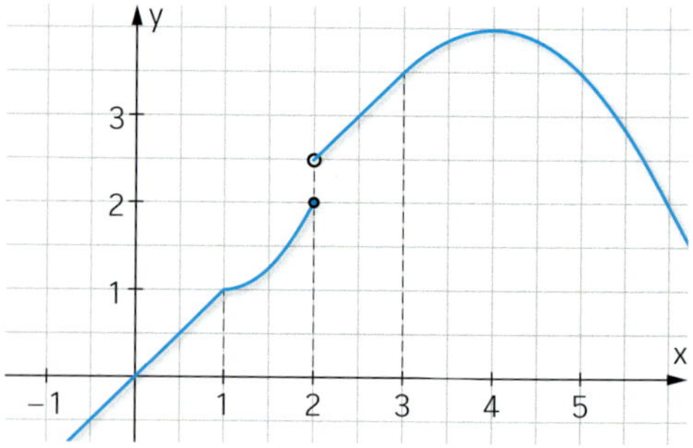

Lösung nach Anschauung:
An dem Graphen erkennt man, dass f an der Stelle $x = 2$ eine Sprungstelle hat, dort also nicht stetig ist. An allen anderen Stellen ist f stetig. Weil an der Stelle $x = 1$ ein Knick zu sehen ist, ist f hier wohl nicht differenzierbar. An der Stelle $x = 3$ scheint eine glatte Verbindung ohne Knick vorzuliegen, so dass f hier dann auch differenzierbar ist.

Nachweis mithilfe einer Grenzwertuntersuchung:
(1) Stetigkeit

	$x = 1$	$x = 2$	$x = 3$
Links	$f(1) = 1$	$f(2) = 2$	$\lim\limits_{x \to 3} \left(x + \frac{1}{2}\right) = 3{,}5$
Rechts	$\lim\limits_{x \to 1} (x^2 - 2x + 2) = 1 - 2 + 2 = 1$	$\lim\limits_{x \to 2} \left(x + \frac{1}{2}\right) = 2 + \frac{1}{2} = 2{,}5$	$f(3) = -\frac{9}{2} + 12 - 4 = 3{,}5$

(2) Differenzierbarkeit

$$f'(x) = \begin{cases} 1 & \text{für } x \le 1 \\ 2x - 2 & \text{für } 1 < x \le 2 \\ 1 & \text{für } 2 < x < 3 \\ -x + 4 & \text{für } x \ge 3 \end{cases}$$

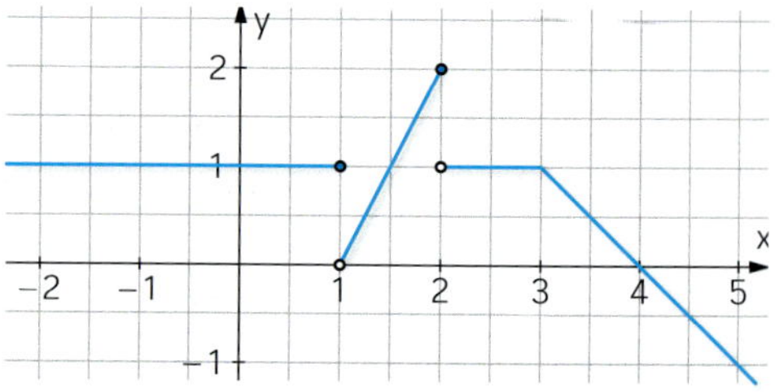

	$x = 1$	$x = 2$	$x = 3$
Links:	$f'(1) = 1$	weil f hier nicht stetig ist, ist f hier auch nicht differenzierbar	$\lim\limits_{x \to 3} (1) = 1$
Rechts:	$\lim\limits_{x \to 1} (2x - 2) = 0$		$f'(3) = 1$

Übungen

3 Stetigkeit und Differenzierbarkeit im Sachzusammenhang

(1) Bis zu 100 Kopien kostet die Kopie 10 Cent, ab 100 Kopien nur noch 8 Cent.

(2) Der Temperaturverlauf an einem Sommertag an der Nordsee.

(3) Als der Wasserstand auf 3 m über Normalstand stieg, wurde das Wehr geöffnet, sodass das Wasser wieder auf nur noch 1 m über Normalstand sank.

(4) Bei einem Mobilfunkvertrag werden pro angefangene Minute 30 Cent abgebucht. Ein Restguthaben beträgt 1,70 €.

Skizzieren Sie zu jedem Sachverhalt einen passenden Graphen. Welche Bedeutung haben Stetigkeit und Differenzierbarkeit in den jeweiligen Situationen? Untersuchen Sie die Graphen auf Stetigkeit und Differenzierbarkeit.

Übungen

4 **Stetige und differenzierbare Funktionen**

a) Zeichnen Sie jeweils den Graphen der Funktion in einem geeigneten Ausschnitt. Entscheiden Sie, ob die Funktion stetig ist. Bestimmen Sie gegebenenfalls die Unstetigkeitsstellen und begründen Sie.

b) Entscheiden Sie, ob die Funktion differenzierbar ist. Bestimmen Sie gegebenenfalls die Stellen, an denen die Funktion nicht differenzierbar ist, und begründen Sie.

$f_1(x) = \begin{cases} x^2 - 4 & \text{für } x < 2 \\ x - 2 & \phantom{\text{für }} x \geq 2 \end{cases}$ $\quad f_2(x) = \begin{cases} \frac{1}{2}x^2 - 1 & \text{für } x < 2 \\ -\frac{1}{4}x^2 + 3x - 4 & \phantom{\text{für }} x \geq 2 \end{cases}$ $\quad f_3(x) = \begin{cases} \frac{1}{x} & \text{für } x \neq 0 \\ 0 & \phantom{\text{für }} x = 0 \end{cases}$

$f_4(x) = x^2 - x - 6$ $\quad f_5(x) = |x| = \begin{cases} x & \text{für } x \geq 0 \\ -x & \phantom{\text{für }} x < 0 \end{cases}$ $\quad f_6(x) = \begin{cases} x^2 + 1 & \text{für } x \geq 0 \\ -x^2 - 1 & \phantom{\text{für }} x < 0 \end{cases}$

Die Betragsfunktion

Der Betrag einer Zahl ist der Abstand der Zahl von der 0 auf dem Zahlenstrahl. Ordnet man jeder Zahl ihren Betrag zu, so erhält man die Betragsfunktion

$$f(x) = |x| = \begin{cases} x & \text{für } x \geq 0 \\ -x & \text{für } x < 0 \end{cases}$$

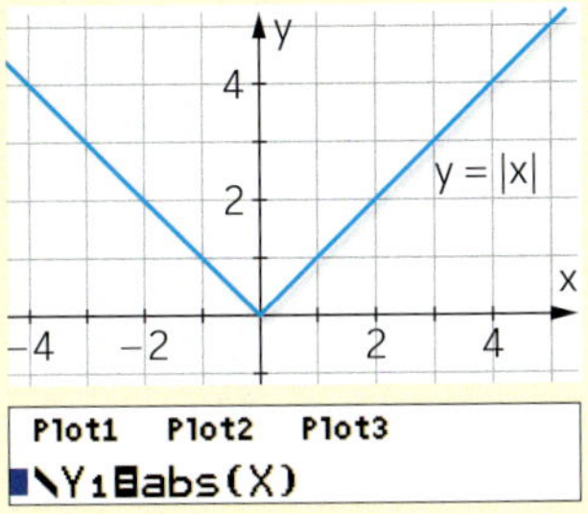

5 **Betragsfunktionen**

Notieren Sie die Funktionen als abschnittsweise definierte Funktionen. Skizzieren die Graphen und untersuchen Sie die Funktionen auf Stetigkeit und Differenzierbarkeit.

$f_1(x) = |x - 1|$ $\quad f_2(x) = |x^2 - 4|$ $\quad f_3(x) = |\cos(x)|$ $\quad f_4(x) = \begin{cases} \frac{|x|}{x} & \text{für } x \neq 0 \\ 1 & \phantom{\text{für }} x = 0 \end{cases}$

6 **Ähnlich und doch nicht gleich**

Skizzieren Sie jeweils die Funktionen f und g und vergleichen Sie die Funktionsverläufe bezüglich Stetigkeit und Differenzierbarkeit. Skizzieren Sie dazu jeweils auch die erste und zweite Ableitung der Funktionen.

a) $f(x) = \begin{cases} -x^2 & \text{für } x < 0 \\ x^2 & \phantom{\text{für }} x \geq 0 \end{cases}$

$g(x) = x^3$

b) $f(x) = \sin(x)$ für $0 \leq x \leq 2\pi$

$g(x) = \begin{cases} -\frac{4}{\pi^2}x^2 + \frac{4}{\pi}x & \text{für } 0 \leq x \leq \pi \\ \frac{4}{\pi^2}x^2 - \frac{12}{\pi}x + 8 & \phantom{\text{für }} \pi < x \leq 2\pi \end{cases}$

7 **Zwei unterschiedliche Kurvenanpassungen**

Zu den Stützpunkten A(0|0), B(5|2) und C(6|4) werden zwei unterschiedliche Kurven angepasst:

$\text{int}(x) = \frac{4}{15}x^2 - \frac{14}{15}x$

$\text{sp}(x) = \begin{cases} \frac{2}{75}x^3 - \frac{4}{15}x & \text{für } 0 \leq x \leq 5 \\ -\frac{2}{15}x^3 + \frac{12}{5}x^2 - \frac{184}{15}x + 20 & \phantom{\text{für }} 5 < x \leq 6 \end{cases}$

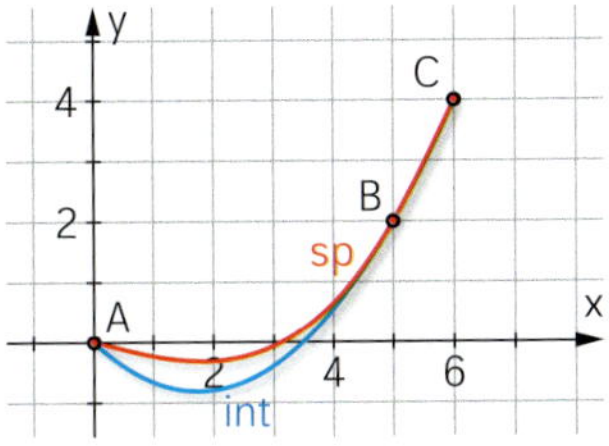

Skizzieren Sie jeweils die ersten beiden Ableitungen und vergleichen Sie die Funktionen bezüglich Stetigkeit und Differenzierbarkeit an der Stelle $x = 5$.

Übungen

8 Zwei Sätze

(1) Ist f an einer Stelle $x = a$ differenzierbar, dann ist f an der Stelle auch stetig.

Anschauliche Begründung
- Begründen Sie den Satz anschaulich-geometrisch.

Begründung mit Termen und Ableitungen
- Für eine formale, algebraische Begründung muss man einen Trick anwenden, den Sie schon einmal bei der Entwicklung eines Lösungsverfahrens (pq-Formel) für quadratische Gleichungen benutzt haben, nämlich eine geschickte Ergänzung:

  $f(x) = f(x) - f(a) + f(a) = \frac{f(x) - f(a)}{x - a} \cdot (x - a) + f(a)$

  Zeigen Sie damit, dass gilt: $\lim\limits_{x \to a} f(x) = f(a)$
- Zeigen Sie an einem Gegenbeispiel, dass die Umkehrung des Satzes nicht gilt

(2) Ganzrationale Funktionen sind überall stetig und differenzierbar.

Anschauliche Begründung
- Zoomen Sie den Graphen von $f(x) = \frac{1}{3}x^3 - 3x$ an verschiedenen Stellen. Wählen Sie verschiedene Punkte des Graphen als Zoom-Zentrum und zoomen Sie mehrmals. Beschreiben Sie Ihre Beobachtungen und begründen Sie damit anschaulich den Satz.
- Vergleichen Sie mit einem Zoomen von $f(x) = |x|$ an der Stelle $x = 0$.

Begründung mit Termen und Ableitungen
- Lineare und quadratische Funktionen sind überall stetig und differenzierbar. Begründen Sie damit, dass auch alle ganzrationalen Funktionen höheren Grades stetig und differenzierbar sind.
  Tipp: Die Potenzregel und Satz (1) helfen.

9 Zwei Sonderfälle

a) $f(x) = \sqrt{x}$ an der Stelle $x = 0$
Erläutern Sie an diesem Beispiel, dass eine Tangente im geometrischen Sinne existieren kann, obwohl die Funktion hier nicht differenzierbar ist.

b) $f(x) = \begin{cases} x^2 & \text{für } x \le 1 \\ 2x & x > 1 \end{cases}$
Erläutern Sie an diesem Beispiel, warum Stetigkeit eine Voraussetzung für Differenzierbarkeit sein muss, und die Existenz eines Grenzwertes des Differenzenquotienten nicht ausreicht.

10 Stetigkeit und Hauptsatz

Gehen Sie den Beweis des Hauptsatzes auf S. 27 durch. An welcher Stelle wird die Stetigkeit von f in der Beweisführung benötigt?

Grundwissen

1. Geben Sie den Funktionsterm einer Ursprungsgeraden an, die die Steigung von 50 % (100 %, 200 %) hat. Wie groß ist der Steigungswinkel jeweils?
2. Ergänzen Sie die Lücken in folgender Tabelle.

f(x)	$x^3 - 2x^2 + 1$	■	■	sin(x)	$\sqrt{x}$	■
f'(x)	■	2x	sin(x)	■	■	$3x^2 + 1$

Übungen

11 Mathematik und Sprache

Viele Begriffe der Mathematik sind der Alltagssprache entnommen. Deren vielfältige Bedeutungen werden in der Mathematik dann allerdings auf eindeutige Definitionen reduziert. Hier einige Beispiele für die Verwendung von „stetig“ in der Alltagssprache.

Für die klassische Betrachtung der Naturwissenschaften gilt: Die Natur macht keine Sprünge. Danach verlaufen zahlreiche Naturvorgänge stetig.

Der Umsatz geht stetig nach oben.

Gebühren bei Postsendungen verändern sich nicht stetig.

Stetige Veränderungen und Marktanpassungen sind heute Bedingung für die Überlebensfähigkeit von Organisationen aller Art.

Finden Sie selbst ähnliche Verwendungen von „stetig“ aus Ihrer Erfahrung. Bewerten Sie die „Nähe“ zur mathematischen Bedeutung der Begriffe.

12 Mathematik und Anschauung

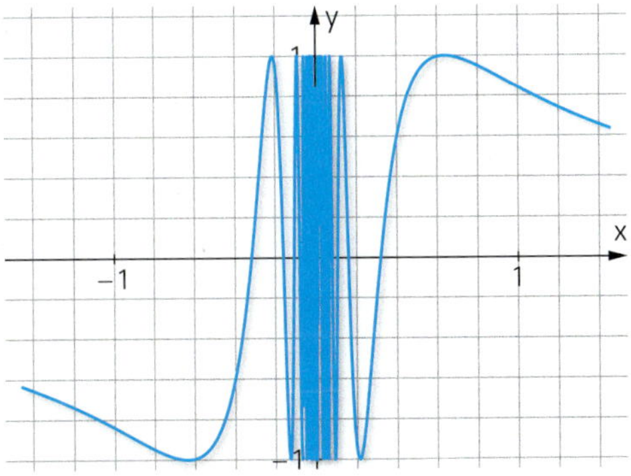

Nebenstehend ist der Graph der Funktion $f(x) = \sin\left(\frac{1}{x}\right)$ in einer Umgebung von 0 gezeichnet. Existiert $\lim\limits_{x \to 0} \sin\left(\frac{1}{x}\right)$?

a) Zeichnen Sie die Funktion mit Ihrem GTR. Zoomen Sie dann mehrmals um $x = 0$. Beschreiben Sie Ihre Beobachtung.

b) Finden Sie einen x-Wert zwischen 0 und 0,1, für den $f(x) = 1$ und einen anderen x-Wert, für den $f(x) = -1$ gilt?

c) Können Sie Werte für x zwischen 0 und jeder noch so kleinen positiven Zahl finden, für die $f(x) = 1$ oder $f(x) = -1$ erfüllt sind? Beschreiben Sie nun das Verhalten von $\sin(x) = \left(\frac{1}{x}\right)$ für $x \to 0$ genauer. Begründen Sie damit, dass die anschauliche Definition für Stetigkeit aus dem Basiswissen nicht ausreicht.

d) Skizzieren Sie f′ und beschreiben Sie den graphischen Verlauf um die Stelle $x = 0$.

e) Untersuchen Sie das Verhalten der Funktionen für $x \to 0$. Benutzen Sie auch die Ableitungen.

(1) $f(x) = \frac{1}{x} \cdot \sin\left(\frac{1}{x}\right)$ (2) $f(x) = \frac{1}{x^2} \cdot \sin\left(\frac{1}{x}\right)$

13 Mathematik und Denken

Der Nullstellensatz von Bolzano

Wenn die Funktion f stetig ist auf dem Intervall $I = [a; b]$ und $f(a) < 0$ und $f(b) > 0$ erfüllt sind, dann gibt es ein $x_0 \in I$ mit $f(x_0) = 0$.

Bernhard Bolzano
1781–1848

a) Veranschaulichen Sie die Aussage des Satzes an einer Skizze. Begründen Sie, warum die Stetigkeit als Voraussetzung gefordert ist.

b) Begründen Sie mithilfe dieses Satzes, dass eine ganzrationale Funktion dritten Grades mindestens eine Nullstelle hat.

c) Begründen Sie am Beispiel von $f(x) = x^2 - 2$, dass die reellen Zahlen als Grundmenge eine notwendige Voraussetzung für den Nullstellensatz sind.

Übungen

14 Funktionenpuzzle

a) Ordnen Sie den Funktionstermen die passende Grafik zu. Begründen Sie mithilfe des Funktionsterms.

(1) $f(x) = \frac{1}{(x-1)^2} - 2$ (2) $f(x) = \frac{1}{x-2} + 1$ (3) $f(x) = \frac{1}{x^2-1}$

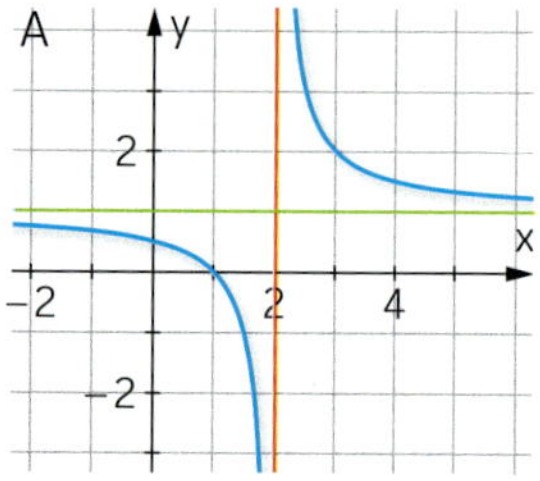

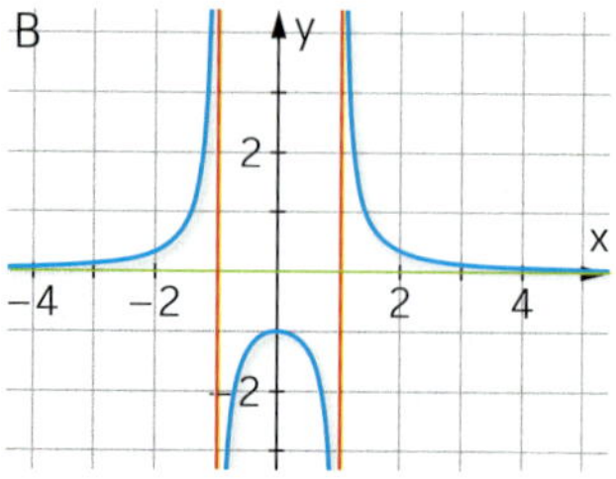

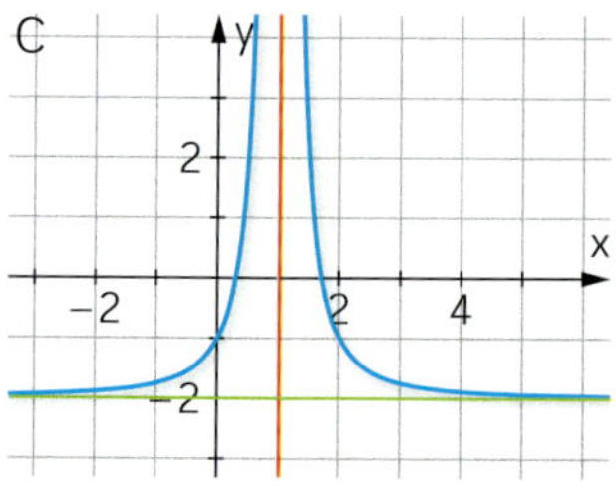

b) Beschreiben und untersuchen Sie jeweils die Funktionen grafisch und tabellarisch. Benutzen Sie dazu auch die roten und die grünen Geraden. Können Sie die Lage der grünen Geraden bereits an dem zum Graphen gehörigen Funktionsterm erkennen? Versuchen Sie eine Begründung für das Verhalten für x gegen ∞ bzw. −∞ mithilfe des Funktionsterms zu geben.

Funktionen mit Polstellen und Asymptoten

Ganzrationale Funktionen sind für alle reellen Zahlen definiert und streben für x gegen ∞ bzw. −∞ immer auch gegen ∞ oder −∞. Andere Funktionen haben dagegen Definitionslücken und ein anderes Verhalten für x gegen ∞ und −∞.

1. **Asymptoten**
Für x gegen ∞ bzw. −∞ nähern sich die Graphen von Funktionen, die nicht ganzrational sind, häufig einer Geraden an. Ist diese Gerade eine Parallele zur x-Achse, so heißt sie **waagerechte Asymptote** (grün).

2. **Polstellen**
Treten in Funktionstermen Bruchterme mit x im Nenner auf, haben diese Funktionen häufig Definitionslücken. An diesen Stellen streben die Funktionswerte im Allgemeinen gegen ∞ oder −∞. Solche Stellen heißen **Polstellen**, die Graphen nähern sich hier einer Parallelen zur y-Achse an, die **senkrechte Asymptote** heißt.
Es gibt Polstellen mit (rot) und ohne (violett) Vorzeichenwechsel (VZW).

$f(x) = \frac{1}{(x+1)^2(x-1)} + 2$

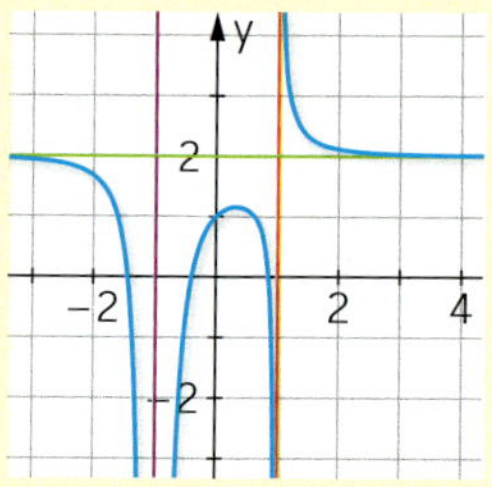

$y = 2$: Asymptote
$x = 1$: Pol mit VZW
$x = -1$: Pol ohne VZW

$f(x) = \frac{1}{x}$ und $f(x) = \frac{1}{x^2}$ sind die „Eltern" für Funktionen mit beiden Typen von Polstellen und waagerechten Asymptoten.

15 Polstellen und Asymptoten-Training

a) Geben Sie Polstellen und Asymptoten an. Machen Sie eine Probe am Graphen.

(1) $f(x) = \frac{2x-6}{x+4}$ (2) $f(x) = 3 + \frac{2}{4x-1}$ (3) $f(x) = \frac{x}{x^2-4}$ (4) $f(x) = \frac{3x}{x^2+4}$

b) Ein erster Blick auf den Funktionsterm von $f(x) = \frac{x^2-1}{x-1}$ lässt eine Polstelle bei $x = 1$ vermuten. Skizzieren Sie den Graphen. Was beobachten Sie?

- Geben Sie einen Funktionsterm g(x) für den beobachteten Graphen an.
- Beschreiben Sie das Verhalten von f für $x \to 1$ durch Untersuchung der Tabelle.
- Durch welche Termumformung lässt sich f(x) in g(x) überführen?
- Formulieren Sie eine weitere Möglichkeit für das Verhalten von Funktionen an Definitionslücken.

2.6 Funktionenscharen

Aufgaben

1 Stühle

Eine Möbelfirma stellt u. a. Stühle her. Die Produktionskosten K hängen von der an einem Tag produzierten Menge x ab.
Es werden maximal 600 Stühle produziert.
In betriebsinternen Untersuchungen wurde folgende Kostenfunktion entwickelt:

$K(x) = \frac{1}{3}x^3 - x^2 + 2x + 5$; x in 100 Stück, K(x) in 10 000 €

a) Der Umsatz kann mit $U_p(x) = p \cdot x$ (p in 100 €) modelliert werden. Welche Bedeutung hat der konstante Faktor p?
Skizzieren Sie K und U_p für einige Werte von p mit $3 \leq p \leq 7$ in ein Koordinatensystem. Beschreiben Sie die Entwicklung der Produktionskosten in Abhängigkeit von der Menge. Warum ist eine lineare Entwicklung meist nicht angemessen?

b)
- Begründen Sie, dass $G_p(x) = -x^3 + 3x^2 + (p - 6) \cdot x - 1$ eine passende Gewinnfunktion ist. Skizzieren Sie einige Gewinnfunktionen.
- Bestimmen Sie den Extrempunkt von G_p in Abhängigkeit von p und grafisch-numerisch Nullstellen für selbst gewählte Werte von p. Interpretieren Sie die Ergebnisse im Sachzusammenhang.
- Geben Sie dem Betriebschef eine Empfehlung (Verkaufspreis, Gewinnzone, Höhe des Gewinns, ...).

2 Parabelmuster

Die allgemeine Form einer Parabelgleichung ist $f(x) = ax^2 + bx + c$. Wie wirkt sich die Veränderung eines Parameters auf die Gestalt und Lage der Parabeln aus, wenn die zwei anderen Parameter fest gewählt werden?

a) Ordnen Sie den Graphen die passende Funktionsgleichung zu. Die Parameter sind jeweils aus dem Intervall [−5; 5] gewählt. Stellen Sie eine eigene Skizze der Graphen her und beschreiben Sie die Lage der Parabeln in Abhängigkeit des Parameters.

(1) $f_a(x) = ax^2 + x + 1$ (2) $f_b(x) = x^2 + bx + 1$ (3) $f_c(x) = x^2 + x + c$

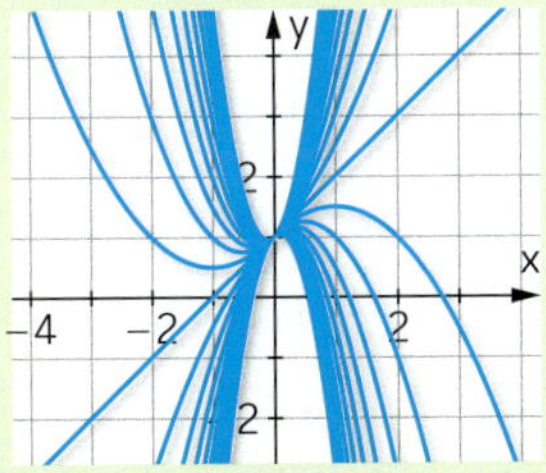

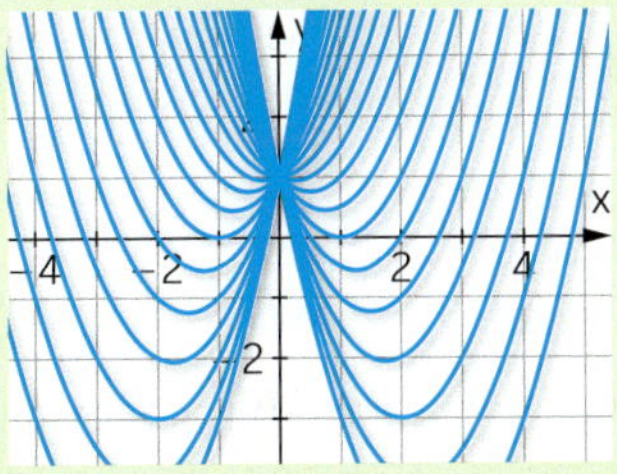

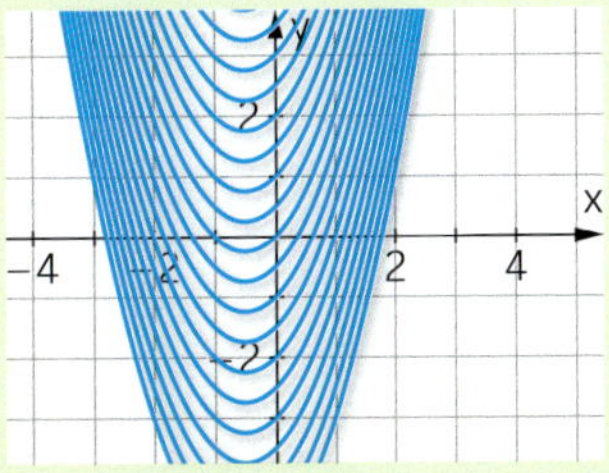

b) Bestimmen Sie die Scheitelpunkte und Nullstellen in Abhängigkeit des Parameters. Markieren Sie die Scheitelpunkte in der Skizze. Versuchen Sie die Lage der Scheitelpunkte in Abhängigkeit des Parameters zu beschreiben

Basiswissen Funktionsterme mit Parametern führen zu Funktionenscharen.

Funktionenscharen

Wenn eine charakterisierende Größe einer Funktion variabel gehalten wird, setzt man dafür einen Parameter und erhält eine Funktionenschar.

Die Flugbahn eines Golfballs kann für einen Abschlagwinkel von 45° und unterschiedliche Abschlaggeschwindigkeiten v sehr vereinfacht durch folgende Funktionenschar modelliert werden:

$f_v(x) = -\frac{10}{v^2}x^2 + x$

v: Abschlaggeschwindigkeit in m/s
x: Flugweite in m
$f_v(x)$: Flughöhe in m

Die maximal erzielte Abschlaggeschwindigkeit liegt bei ca. 350 km/h.

(1) Skizzieren und beschreiben Sie die Flugkurven in Abhängigkeit der Geschwindigkeit v.

$10 \le v \le 50$, Schrittweite 2

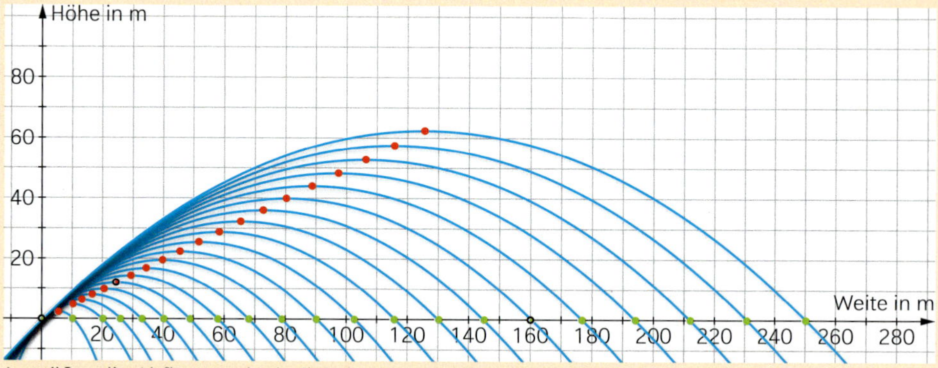

Je größer die Abfluggeschwindigkeit, desto größer die Flugweite. Maximale Höhe wird nach der halben Flugweite erreicht, sie ist proportional zur bis dahin erreichten Weite.

(2)
- Wie weit und wie hoch fliegt der Golfball in Abhängigkeit von v?
- Wie weit und wie hoch fliegt ein Ball, der mit 30 m/s abgeschlagen wird?
- Mit welcher Geschwindigkeit wurde ein Ball abgeschlagen, der 150 m weit flog?

- Der Abschlagpunkt ist (0|0).

Flugweite: $f_v(x) = 0$, also: $-\frac{10}{v^2}x^2 + x = x\left(1 - \frac{10}{v^2}x\right) \Rightarrow x_1 = 0;\ x_2 = \frac{v^2}{10}$

Maximale Flughöhe: $f'_v(x) = 0$

$f'_v(x) = -\frac{20}{v^2}x + 1 = 0 \Rightarrow x_{max} = \frac{v^2}{20};\ f_v(x_{max}) = -\frac{10}{v^2} \cdot \frac{v^4}{400} + \frac{v^2}{20} = \frac{v^2}{40}$

Alternativ: Graphen sind Parabeln. Wegen der Symmetrie ist x-Koordinate des Scheitelpunktes die Mitte der beiden Nullstellen.

Die Flugweite beträgt $\frac{v^2}{10}$ Meter, die maximale Höhe $\frac{v^2}{40}$ also ein Viertel der Flugweite.

$\frac{v^2}{40} : \frac{v^2}{20} = 0{,}5$. Maximale Höhe und Flugstrecke sind proportional.

- Flugweite: 90 m $\left(\frac{900}{10} = 90\right)$; Flughöhe: 22,5 m $\left(\frac{900}{40} = 22{,}5\right)$
- Abschlaggeschwindigkeit: ca. 38,7 $\frac{m}{s}$ $\left(150 = \frac{v^2}{10} \Rightarrow v = \sqrt{1500} \approx 38{,}7\right)$

Beispiele

A Eine Funktionenschar vierten Grades

Gegeben ist die Funktionenschar f_k mit $f_k(x) = \frac{1}{2}x^4 - 3kx^2$

a) Skizzieren Sie die Schar. Beschreiben Sie die unterschiedlichen graphischen Verläufe.

b) Untersuchen Sie die Anzahl der Nullstellen, Extrempunkte und Wendepunkte in Abhängigkeit von k.

Lösung:

a) $-3 \leq k \leq 3$, Schrittweite 0,5

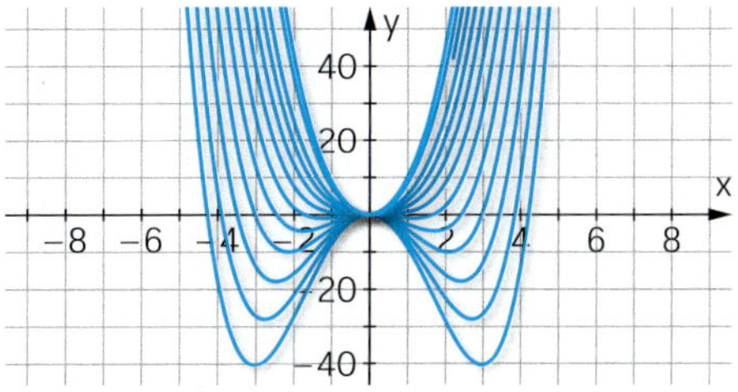

Alle Kurven verlaufen durch (0|0).
Es gibt zwei typische Kurvenverläufe:

k > 0:

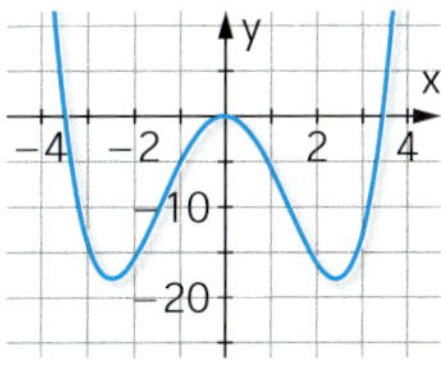

k ≤ 0:

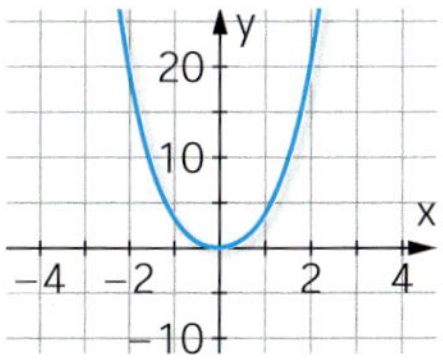

b) $f_k'(x) = 2x^3 - 6kx$; $f_k''(x) = 6x^2 - 6k$; $f'''(x) = 12x$

Nullstellen: $\frac{1}{2}x^4 - 3kx^2 = \frac{1}{2}x^2(x^2 - 6k) = 0 \Rightarrow x_{n_1} = 0$; $x^2 = 6k$

$k > 0$: $x_{n_2, n_3} = \pm\sqrt{6k}$; $k \leq 0$: $x_{n_1} = 0$

Extrempunkte: $2x^3 - 6kx = 2x(x^2 - 3k) = 0 \Rightarrow x_{e_1} = 0$; $x_{e2} = -\sqrt{3k}$

$f''(0) = -6k$; $f_k''(\sqrt{3k}) = 12k$; $f_k(\sqrt{3k}) = -\frac{9}{2}k^2$

$k > 0$: HP(0|0); $TP_{1,2}\left(\pm\sqrt{3k} \middle| -\frac{9}{2}k^2\right)$; $k \leq 0$: TP(0|0)

Wendepunkte: $6x^2 - 6k = 0 \Rightarrow x^2 = k$; $f_k'''(\sqrt{k}) = 12(\sqrt{k})$; $f_k(\sqrt{k}) = -\frac{5}{2}k^2$

$k > 0$: $WP_{1,2}\left(\sqrt{k} \middle| -\frac{5}{2}k^2\right)$; $k \leq 0$: keine Wendepunkte

Übungen

3 Untersuchungen von Funktionenscharen

a) Skizzieren Sie die Scharen für selbst gewählte Parameterwerte zwischen −5 und 5 mit dem GTR. Beschreiben Sie den grafischen Verlauf in Abhängigkeit des Parameters. Machen Sie Vermutungen über die Anzahl der Nullstellen, lokalen Extrempunkte und Wendepunkte. Überprüfen Sie die Vermutungen rechnerisch.
Hinweis: Manchmal sind nur grafisch-numerische Methoden möglich.

(1) $f(x) = x^3 + b \cdot x^2 + 2$	(2) $f(x) = a \cdot x^4 - 2x$	(3) $f(x) = x^3 - k \cdot x + k$

b) Bestimmen Sie jeweils einen passenden Wert für den Parameter so, dass die Funktion die geforderte Bedingung erfüllt.
(1) Der Graph verläuft durch den Punkt P(2|6).
(2) f hat an der Stelle −1 eine lokale Extremstelle.
(3) Die Tangente im Punkt P(3|?) hat die Steigung −6.
(4) Der Graph hat einen Wendepunkt mit der x-Koordinate 12.
(5) Der Graph berührt die x-Achse.

4 Unvollständiger Steckbrief

Steckbrief: Polynom vom Grad 3;
punktsymmetrisch zu (0|0); $f'(0) = 1$

a) Bestimmen Sie einen Funktionsterm $f_a(x)$.

b)
- Zeigen Sie, dass die Funktionen mit $a > 0$ keine Extrempunkte besitzen.
- Welche Kurve der Schar hat in (2|?) einen Extrempunkt?

Übungen

5 Mehrdeutiger Steckbrief

Steckbrief
$f(0) = 5;\ f'(2) = 0;\ f''(2) = 1$

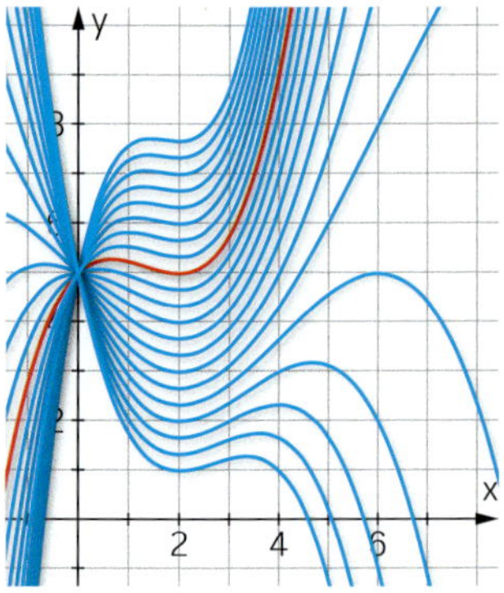

a) Zeigen Sie, dass die Funktionenschar f_c den Steckbrief erfüllt.

$$f_c(x) = \left(\frac{1}{12}c + \frac{1}{6}\right)x^3 + \left(-\frac{1}{2}c - \frac{1}{2}\right)x^2 + cx + 5$$

b) In der Schar ist eine Parabel enthalten, $c = ?$
Erklären Sie das Phänomen.

c) Welche Kurve der Schar hat den Wendepunkt in $(0|5)$?
Welche Kurve hat einen Extrempunkt an der Stelle -1?

6 Erkundungen mit dem GTR

a)
- Geben Sie allein mithilfe des Funktionsterms die Anzahl der Nullstellen in Abhängigkeit des Parameters an.
- Skizzieren Sie die Scharen mit dem GTR und klassifizieren Sie damit nach der Gestalt in Abhängigkeit des Parameters. Versuchen Sie mithilfe der Nullstellen Begründungen für die Anzahl von Extrem- und Wendepunkten zu geben.

(1) $f_a(x) = (x-1)(x^2-a)$ (2) $f_a(x) = (x-a)(x^2-1)$ (3) $f_a(x) = (x^2-1)(x^2-a)$
(4) $f_a(x) = (x^3-1)(x-a)$ (5) $f_a(x) = (x^3-a)(x-1)$ (6) $f_a(x) = (x^4-1)(x-a)$

CAS: Untersuchen Sie die Scharen auf Extrem- und Wendepunkte in Abhängigkeit von a.

Werkzeug

Vgl. Beispiel A

Funktionenscharen mit dem CAS untersuchen

Funktionenscharen sollten mit einem CAS als zweistellige Funktionen definiert werden.

$fk(x,k) := \frac{1}{2}\cdot x^4 - 3\cdot k\cdot x^2$ *Fertig*

$\text{solve}\left(\frac{d}{dx}(fk(x,k))=0,x\right)$
$x=-\sqrt{3\cdot k}$ and $k\geq 0$ or $x=\sqrt{3\cdot k}$ and $k\geq 0$ or $x=0$
$fk(-\sqrt{3\cdot k},k)$ $\frac{-9\cdot k^2}{2}$

$\text{solve}\left(\frac{d^2}{dx^2}(fk(x,k))=0,x\right)$
$x=-\sqrt{k}$ and $k\geq 0$ or $x=\sqrt{k}$ and $k\geq 0$
$fk(\sqrt{k},k)$ $\frac{-5\cdot k^2}{2}$

7 Optimieren

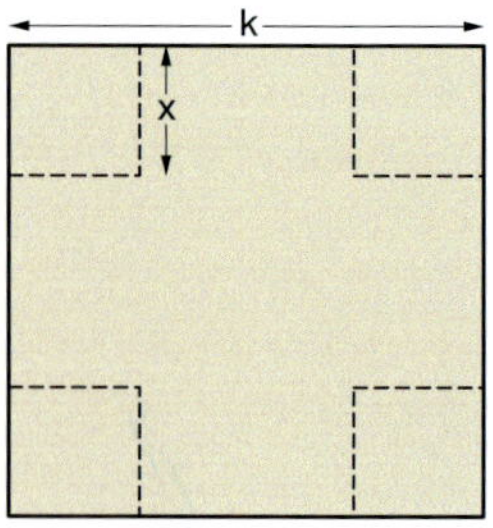

Eine Firma soll aus verschieden großen quadratischen Pappbögen mit der Kantenlänge k oben offene Schachteln mit möglichst großem Fassungsvermögen herstellen.

a) Begründen Sie, dass $V_k(x) = x \cdot (k-2x)^2$ eine passende Formel für das Volumen in Abhängigkeit der Kantenlänge k ist.

b) Ermitteln Sie das maximale Volumen in Abhängigkeit von k.

c) Die Firma möchte eine Tabelle haben, in der zu vorgegebener Größe des Pappbogens sowohl Einschnittweite als auch maximales Volumen angegeben werden. Ergänzen Sie die Tabelle. Erstellen Sie auch eine grafische Darstellung, die das maximale Volumen in Abhängigkeit der Einschnittweite zeigt. Wie viel Pappe benötigt man mindestens, um ein Volumen von $1000\,cm^3$ zu erzeugen?

Kantenlänge k des Pappbogens (in cm)	Einschnitt-weite (in cm)	Maximales Volumen (in cm^3)
5	■	■
10	■	■
...	■	■
30	5	2000
...	■	■

Übungen

8 Der Preis beeinflusst die Nachfrage

Im vergangenen Jahr kosteten die Eintrittskarten für die Theateraufführung der Graf-Anton-Günther-Schule 6 €. Es kamen 300 Besucher. In diesem Jahr möchte man einen größeren Gewinn erzielen und beabsichtigt, die Eintrittspreise zu erhöhen. Man vermutet, dass bei einer Erhöhung um je 1 € ungefähr 30 Besucher weniger kommen, bei einer entsprechenden Senkung um 1 € ungefähr 30 Besucher mehr.

a) Erläutern Sie, dass $E(x) = (6 + x) \cdot (300 - 30x)$ eine angemessene Modellierung für die Einnahmen ist. Für welche Preisänderung erhält man die größten Einnahmen?

> Welchen Einfluss auf die Einnahmen hat der ursprüngliche Preis, welchen die ursprüngliche Zuschauerzahl? Dass 30 Zuschauer mehr oder weniger kommen, war eine Schätzung. Wie sieht die Entwicklung der Einnahmen aus, wenn dieser Wert größer oder kleiner ist?

b) Erläutern Sie die Bedeutung der Parameter p, Z und b im Sachzusammenhang und beantworten Sie die Fragen durch eine Skizze und Untersuchung der Funktionenscharen.

$E_p(x) = (p + x)(300 - 30x)$ $E_z(x) = (6 + x)(z - 30x)$ $E_b(x) = (6 + x)(300 - bx)$

c) Für den Veranstalter ist der Zusammenhang zwischen Preisänderung und maximalen Einnahmen bzw. Anzahl der zusätzlichen Besucher und maximalen Einnahmen interessant. Füllen Sie die Tabellen aus.

p	x_{max}	$E_p(x_{max})$
2	■	■
4	■	■
6	2	1920
8	■	■

z	x_{max}	$E_z(x_{max})$
100	■	■
200	■	■
300	2	1920
400	■	■

b	x_{max}	$E_b(x_{max})$
20	■	■
30	2	1920
40	■	■
50	■	■

9 Stühle – revisited

Untersuchen Sie den Gewinn der Firma, wenn $K_c(x) = \frac{1}{3}x^3 - x^2 + 2x + c$ die Kostenfunktion und $U(x) = 6x$ die Umsatzfunktion ist. Welche Bedeutung hat c im Sachkontext? (vgl. Aufgabe 1)

10 Golfball und „Funktionenschar vierten Grades" – revisited

a) Basiswissen: Der Hochpunkt beim Flug eines Golfballs ist $\left(\frac{v^2}{20} \middle| \frac{v^2}{40}\right)$.
Begründen Sie, dass diese Punkte auf der Geraden $y = x$ liegen.

b) Beispiel A: $k > 0$: $TP_{1,2}\left(\pm\sqrt{3k} \middle| -\frac{9}{2}k^2\right)$
Nach Anschauung liegen die Tiefpunkte auf einer Funktion des Typs $y = ax^4$ mit $a < 0$.
Die Kurve, auf der die Tiefpunkte liegen, kann berechnet werden:
1. $x = \sqrt{3k}$ nach k auflösen.
2. Term für k in $y = -\frac{9}{2}k^2$ einsetzen.

- Bestimmen Sie die Gleichung der Kurve.
- Bestimmen Sie die Gleichung der Kurve, auf der die Wendepunkte liegen.

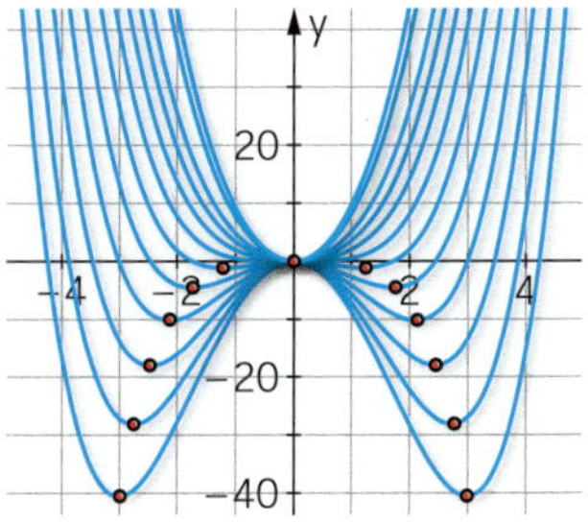

Ortskurven bei Funktionenscharen

Besondere Punkte der Funktionen einer Schar liegen auf einer **Ortskurve**, mit deren Hilfe man die Schar oft genauer beschreiben und charakterisieren kann.

Beispiel: $f_t(x) = \frac{1}{3}x^3 - 2tx^2$

Für $t \neq 0$ sind EP $\left(4t \middle| -\frac{32}{3}t^3\right)$ Extrempunkte.

Bestimmung der Ortskurve:

Strategie	Rechnung
1. Gleichung für x-Koordinate nach dem Parameter auflösen	$x = 4t \Rightarrow t = \frac{x}{4}$
2. Einsetzen für Parameter in Gleichung für y-Koordinate	$y = -\frac{32}{3}t^3$ $= -\frac{32}{3}\left(\frac{x}{4}\right)^3 = -\frac{1}{6}x^3$

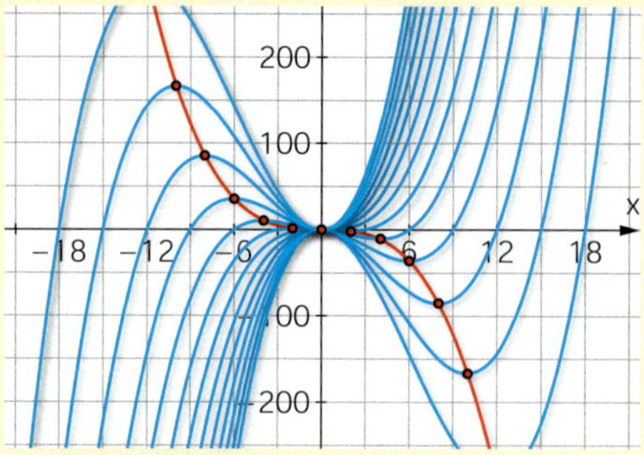

Das Verfahren heißt **Parameterelimination**.

Übungen

11 Ortskurven bestimmen – Training

a) Bestimmen Sie die Ortskurve der Wendepunkte zu der Schar aus der gelben Karte.

b) Bestimmen Sie zu den Funktionenscharen aus Aufgabe 3 die Ortskurven der Extrem- und Wendepunkte, soweit sie existieren.

12 Vielfältige Muster – auch selbst erzeugen

a) Die Abbildungen zeigen zwei Parabelscharen. Ordnen Sie jeder Schar die passende Funktionsgleichung zu. Geben Sie die Ortskurve der Scheitelpunkte an. Dies ist ohne Rechnung möglich.

(1) $f_t(x) = (x - \cos(t))^2 + \sin(t)$
(2) $f_k(x) = (x - k)^2 + k^2$

(A)

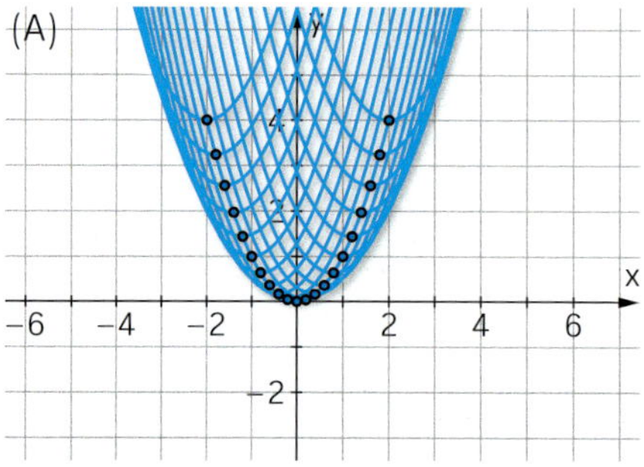

(B)

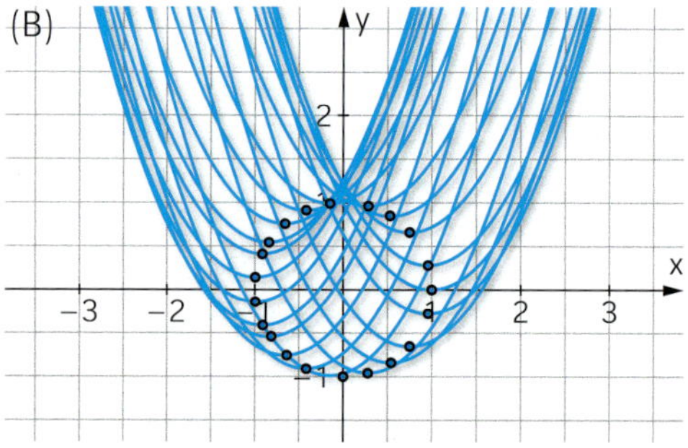

b) Die Parabeln in (A) werden anscheinend wiederum von einer Parabel eingehüllt. Finden Sie für diese eine Funktionsgleichung?
Hüllen die Parabeln in (B) auch eine Parabel ein?

c) Erzeugen Sie nach dem selben Bauprinzip schöne Bilder mit Parabelscharen.

Grundwissen

1. Lösen Sie die Gleichungen nach jeder Variable auf:
   a) $ax - 2 = 3$ b) $3(x^2 - a) = a$ c) $(x - 3)(x - k) = 0$
2. Fassen Sie zusammmen:
   a) $\left(-\frac{3}{8}\right) + \frac{1}{4}$ b) $\frac{1}{3} \cdot \left(-\frac{2}{7}\right)$ c) $\left(-\frac{7}{8}\right) - \frac{3}{4}$ d) $\frac{2}{5} : \left(-\frac{3}{4}\right)$

Exkurs

Kurven in Parameterdarstellung

Punkte $(x(t)\,|\,y(t))$, deren Koordinaten von einem Parameter abhängen, erzeugen eine Kurve. Der Parameter t durchläuft die reellen Zahlen oder ein bestimmtes Intervall.
Beispiel: $P(t^3\,|\,t^2)$

t	x(t)	y(t)
−2	−8	4
−1	−1	1
0	0	0
$\frac{3}{2}$	$\frac{27}{8}$	$\frac{9}{4}$
$\frac{7}{4}$	$\frac{343}{64}$	$\frac{49}{16}$

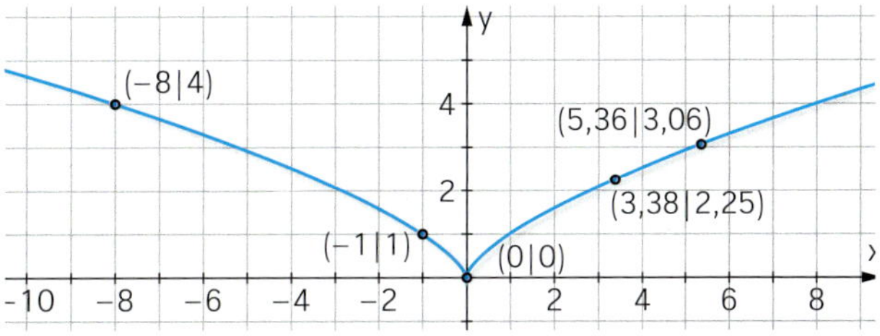

Man schreibt für die Kurve: K: $\begin{array}{l} x(t) = t^3 \\ y(t) = t^2 \end{array}$

(1) Besondere Punkte von Funktionenscharen erzeugen Kurven in Parameterdarstellung.

(2) Jede Funktion lässt sich als Kurve in Parameterdarstellung schreiben:

$$f(x) = x^2 + 1 \;\rightarrow\; K: \begin{array}{l} x(t) = t \\ y(t) = t^2 + 1 \end{array};\quad t \in \mathbb{R}$$

Werkzeug

Kurven in Parameterdarstellung mit dem GTR

- Modus „parametric“ einstellen.
- Parametergleichungen in „y=“
- Fenster: Intervall für t, je kleiner *tstep* desto langsamer entsteht der Graph.

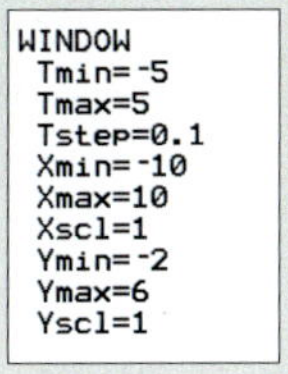

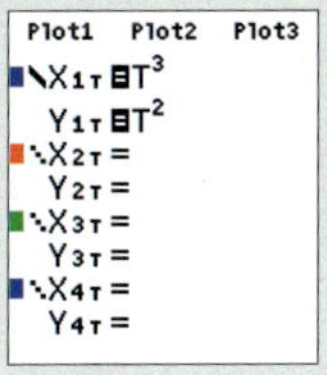

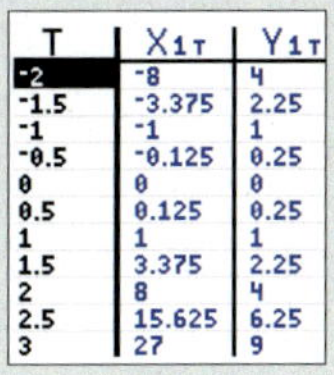

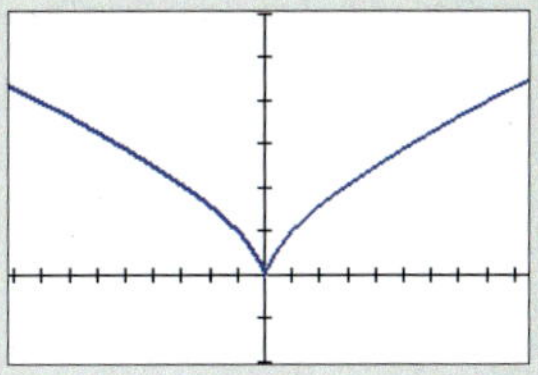

Übungen

13 Kreise und Ellipsen

Kurven, die keine Funktionen sind, können einfach als Kurve in Parameterform dargestellt werden.

K: $\begin{array}{l} x(t) = 2\cdot\cos(t) \\ y(t) = 2\cdot\sin(t) \end{array};\quad 0 \le t \le 2\pi$ (Kreis)

E: $\begin{array}{l} x(t) = 2\cdot\cos(t) + 4 \\ y(t) = \sin(t) + 3 \end{array};\quad 0 \le t \le 2\pi$
(Ellipse)

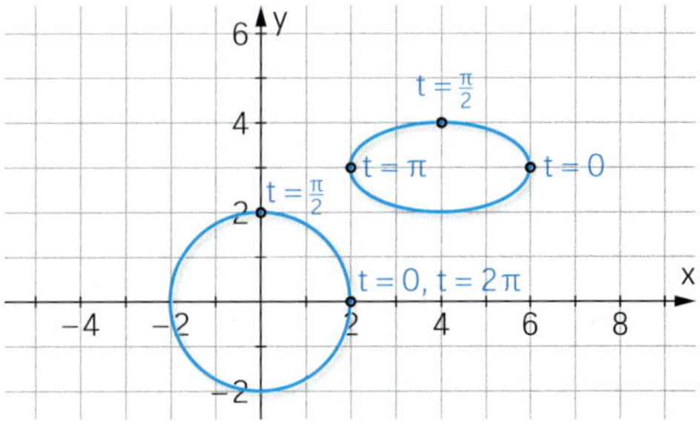

a) Wie müssen die Gleichungen geändert werden, damit
- ein Kreis mit dem Mittelpunkt M(1 | 2) und dem Radius 3,
- eine Ellipse mit dem Mittelpunkt im Ursprung und den Halbachsen $a = 3$ und $b = 1$

gezeichnet wird? Überprüfen Sie mit dem GTR.

b) Welche Bilder entstehen bei der folgenden Parameterdarstellung?
$x(t) = 0{,}2t\cdot\sin(t);\; y(t) = 0{,}2t\cdot\cos(t);\; 0 \le t \le 6\pi$
Experimentieren Sie auch mit anderen Faktoren anstelle von 0,2.

2.7 Gebietsübergreifende Aufgaben

Aufgaben

1 Ein Dachprofil

Das Dachprofil eines Cafes soll modelliert werden. Die Grundrissfläche des Gebäudes ist ein Quadrat mit der Seitenlänge 16 m. (1 LE entspricht 1 m)

a) Es werden zwei Modelle aufgestellt:

(1) A(x): Interpolationspolynom zu A, B, C und D

(2) B(x): Ganzrationale Funktion durch A, B, C und D; B ist Hochpunkt, D ist Tiefpunkt.

Ermitteln Sie die beiden Funktionsgleichungen A(x) und B(x). Zeigen Sie durch Betrachtung von $d(x) = A(x) - B(x)$, dass beide Modelle gut passen.

b) Bestimmen Sie den Inhalt der sichtbaren Frontfläche. Geben Sie einen begründeten Näherungswert für den Rauminhalt des Cafés an.

c) Am Rand (Punkt A und Punkt D) sollen knickfrei geradlinige Dachüberstände angebaut werden. In welchem Winkel, gemessen zur Horizontalen, muss dies geschehen?

d) Das Dach soll mit Kunststoffplatten gedeckt werden, für die eine Mindestdachneigung von 10° vorgesehen ist, damit das Regenwasser gut abläuft. Untersuchen Sie, ob diese Bedingung bei dem Dach weitestgehend erfüllt ist. Warum kann sie hier nicht an jeder Stelle erfüllt sein?

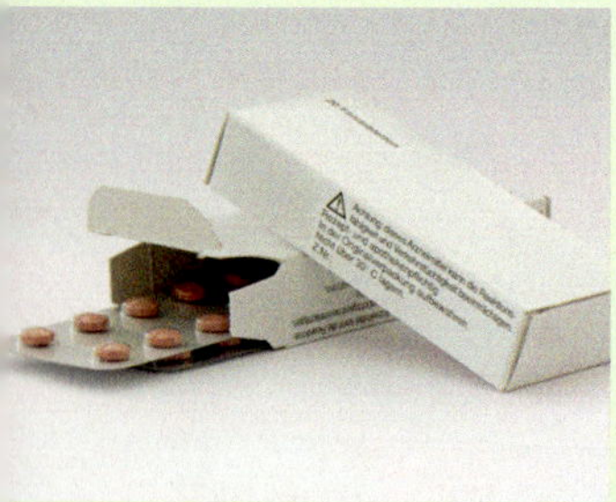

2 Konzentration eines Medikaments

Die Konzentration eines Medikaments in der Leber kann in Abhängigkeit der Anfangsdosis a näherungsweise durch $f_a(t) = 0{,}02\,a\,t \cdot (t-a)^2$ beschrieben werden (t: Zeit in Stunden; f(t): Menge in mg). Das Modell ist sinnvoll, solange das Medikament in der Leber nicht vollständig abgebaut ist.

a) ▪ Geben Sie den passenden Definitionsbereich für das Modell an.
▪ Über das Medikament weiß man bei einer Anfangsdosis von 4:
(1) Die momentane Änderungsrate der Konzentration bei der Einnahme ist $1{,}28\,\frac{\text{mg}}{\text{h}}$,
(2) Die maximale Konzentration ist nach einer Stunde und 20 Minuten vorhanden.
(3) Nach 2 Stunden und 40 Minuten ist die Abnahme der Konzentration am größten.
Zeigen Sie, dass $f_4(t)$ zu den Informationen (1), (2) und (3) passt.

b) Für die medizinische Wirksamkeit kommt es neben der Menge auch auf die Zeit an, in welcher der Wirkstoff für den Körper zur Verfügung steht. Das Produkt aus Menge und Zeit wird „Wirksamkeit" genannt. Berechnen Sie die Wirksamkeit des Medikaments in Abhängigkeit der Anfangsdosis a.

c) Die maximale Menge zu einem Zeitpunkt darf 5 mg nicht übersteigen. Bestimmen Sie die dadurch bedingte maximale Anfangsdosis und die zugehörige maximale Wirksamkeit.

d) Weisen Sie nach, dass $t = \frac{a}{3}$ und $t = a$ Extremstellen sind und die maximale Abnahme der Konzentration zeitlich genau in der Mitte zwischen maximaler Konzentration und vollständigem Abbau liegt.

Basiswissen

Vielfältige Funktionsuntersuchung

Es soll die Funktionenschar $f_k(x) = -\frac{1}{8}x^3 + \frac{3k}{8}x^2$; $k \geq 0$ untersucht werden.

a) ▪ Erstellen Sie eine aussagekräftige Skizze der Schar und beschreiben Sie die Scharkurven in Abhängigkeit von k.
▪ Welche Kurve der Schar verläuft durch den Punkt $(-2|10)$?
▪ Welche Scharkurve hat an der Stelle 4 die Steigung 1?

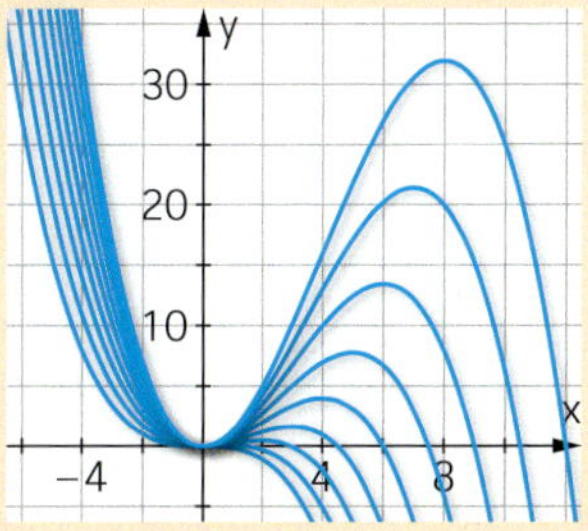

▪ Jede Kurve hat den TP $(0|0)$ unabhängig von k und einen Hochpunkt. Je größer k, desto größer die Koordinaten des Hochpunktes.

▪ $-\frac{1}{8}\cdot(-2)^3 + \frac{3k}{8}\cdot(-2)^2 = 10 \Rightarrow 1 + \frac{3}{2}k = 10 \Rightarrow k = 6$

▪ $f_k'(x) = -\frac{3}{8}x^2 + \frac{3k}{4}x$;
$f_k'(4) = -\frac{3}{8}\cdot 4^2 + \frac{3k}{4}\cdot 4 = 1 \Rightarrow k = \frac{7}{3}$

b) ▪ Zeigen Sie, dass f_2 den Wendepunkt $(2|2)$ hat.
▪ Ermitteln Sie den Inhalt der Fläche, die der Graph von f_2 mit dem Graphen von g mit $g(x) = -\frac{1}{2}x + 3$ umschließt.
▪ Begründen Sie den Wert von $\int_{2-c}^{2+c} (f_2(x) - g(x))\,dx$ ohne Rechnung.

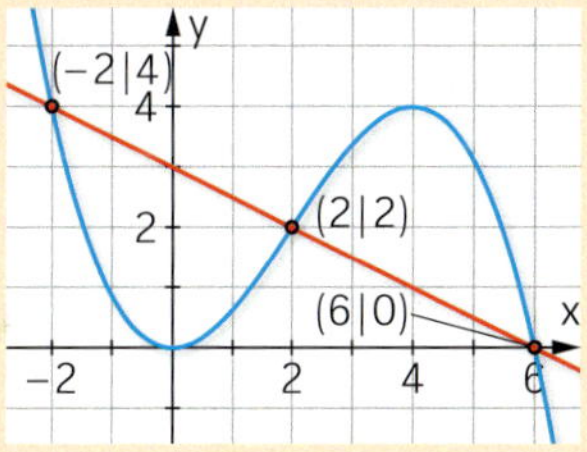

▪ $f_2(x) = -\frac{1}{8}x^3 + \frac{3}{4}x^2$; $f_2'(x) = -\frac{3}{8}x^2 + \frac{3}{2}x$;
$f_2''(x) = -\frac{3}{4}x + \frac{3}{2}$; $f_2''(2) = 0$; $f_2(2) = 2$

▪ Schnittstellen: $-\frac{1}{8}x^3 + \frac{3}{4}x^2 = -\frac{1}{2}x + 3$;
kein algebraisches Lösungsverfahren bekannt.
Vermutung aus Grafik und Tabelle: $x_1 = -2$; $x_2 = 2$; $x_3 = 6$.
Bestätigung: $f_2(-2) = f_2(2) = f_2(6) = 0$

$$\int_{-2}^{2} (g(x) - f(x))\,dx = \int_{-2}^{2} \left(-\frac{1}{2}x + 3 + \frac{1}{8}x^3 - \frac{3}{4}x^2\right)dx = \left[\frac{1}{32}x^4 - \frac{1}{4}x^3 - \frac{1}{4}x^2 + 3x\right]_{-2}^{2} = \frac{7}{2} - \left(-\frac{9}{2}\right) = 8$$

$$\int_{2}^{6} (g(x) - f(x))\,dx = -\frac{9}{2} - \frac{7}{2} = -8 \text{ (folgt auch aus Symmetrie); } A = 16$$

▪ g verläuft durch Wendepunkt von f_2. Wegen der Symmetrie ganzrationaler Funktionen vom Grad 3 zum Wendepunkt, sind die beiden Teilflächen kongruent, das Integral ist für jeden Wert von c Null.

c) ▪ Bestimmen Sie den Hochpunkt und den Wendepunkt in Abhängigkeit von k.
▪ Zeigen Sie, dass die Hochpunkte auf $y = \frac{1}{16}x^3$ liegen.
▪ Auf welcher Kurve liegen die Wendepunkte?

▪ $f_k'(x) = -\frac{3}{8}x^2 + \frac{3k}{4} = 0 \Rightarrow x_1 = 0$; $x_2 = 2k$; $f(2k) = \frac{1}{2}k^3 \Rightarrow \text{HP}\left(2k \middle| \frac{1}{2}k^3\right)$
$f_k''(x) = -\frac{3}{4}x + \frac{3k}{4} = 0 \Rightarrow x = k \Rightarrow \text{WP}\left(k \middle| \frac{1}{4}k^3\right)$

▪ $\frac{1}{16}\cdot(2k)^3 = \frac{1}{2}k^3$ ▪ Die Wendepunkte liegen auf $y = \frac{1}{4}x^3$

Beispiele

A Reaktionsstärke und Empfindlichkeit eines Medikaments

In der Medizin wird die Reaktionsstärke R auf ein Medikament der Dosis x häufig durch eine Funktion des Typs $R_k(x) = x^2 \cdot (k - 2x);\; k \geq 0$ angegeben.

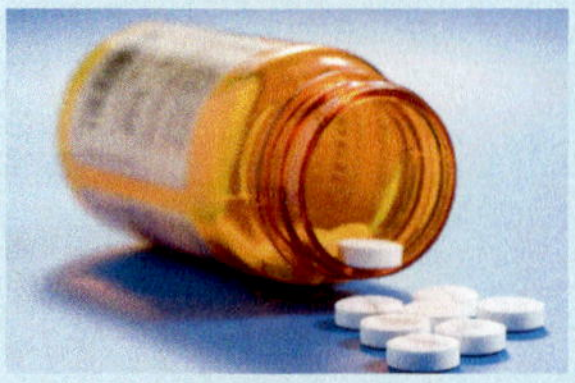

a) Das Modell ist so lange sinnvoll, wie die Reaktionsstärke positiv ist. Bestimmen Sie den Definitionsbereich von $R_k(x)$.

b) Erstellen Sie eine aussagekräftige Skizze von R_k. Beschreiben Sie den Verlauf von R_k in Abhängigkeit der Dosis und des Parameters k. Welche Bedeutung kann k haben? Erläutern Sie, in welcher Weise der grafische Verlauf der Reaktionsstärke sinnvoll ist.

c) Erläutern Sie mithilfe des Begriffs der Ableitung und ihrer Bedeutung, dass es sinnvoll ist, die Empfindlichkeit des Körpers auf die Dosis x durch die Ableitung zu definieren.

d) Zeigen Sie für beliebige Werte von k:
Die stärkste Empfindlichkeit liegt bei der Hälfte der stärksten Reaktion.

Lösung:

a) $R_k(x) = x^2 \cdot (k - 2x) = 0 \;\Rightarrow\; x_1 = 0;\; x_2 = \frac{k}{2} \;\Rightarrow\; x \in \left[0; \frac{k}{2}\right]$

b) Die Reaktion nimmt bis zu einer gewissen Größe der Dosis zu (Hochpunkt) und zwar zunächst zunehmend, dann abnehmend (Wendepunkt markiert Übergang). Danach nimmt die Reaktion mit zunehmender Geschwindigkeit ab, wenn die Dosis erhöht wird. Ab einer gewissen Dosisgröße (Nullstelle) gibt es keine Reaktion mehr (oder ‚negative' Reaktion). k kann sich auf unterschiedliche Medikamente beziehen, aber auch auf unterschiedliche Konstitutionen der Patienten. Der Verlauf ist insofern sinnvoll, dass die Erhöhung von Dosen zunächst stärkere Reaktionen hervorruft, Überdosierungen aber meist kontraproduktiv und schädlich sind. Es gilt nicht „Viel hilft viel."

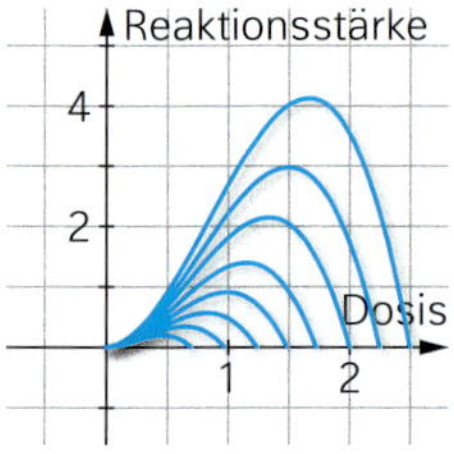

c) Die Ableitung beschreibt hier die Änderung der Reaktion. Es ist sinnvoll, dies Empfindlichkeit zu nennen, weil die unterschiedliche Reaktion auf verschiedene Dosen Empfindlichkeit darstellt.

d) $R_k'(x) = -6x^2 + 2kx;\; R_k''(x) = -12x + 2k;$
$R_k'(x) = 0 \;\Rightarrow\; x_e = \frac{k}{3};\; R_k''(x) = 0 \;\Rightarrow\; x_w = \frac{k}{6} \;\Rightarrow\; x_w = \frac{1}{2}x_e$

Übungen

3 Flächeninhalte, Tangente und Wendepunkt

Gegeben ist die Funktion $f(x) = \frac{1}{3}x^3 - 2x^2 + 3x$.

a) Erstellen Sie eine aussagekräftige Skizze und ermitteln Sie den Inhalt der von der Kurve und der x-Achse eingeschlossenen Fläche.

b) Bestimmen Sie den Hochpunkt H von f. Die Tangente in H und f umschließen eine Fläche. Berechnen Sie deren Inhalt.

c) Zeigen Sie, dass die Kurve und die Gerade g durch den Ursprung und den Wendepunkt von f eine Fläche mit dem Inhalt $\frac{4}{3}$ Flächeneinheiten einschließen.
Wo taucht eine Fläche gleichen Inhalts beim Schnitt der Geraden g mit f noch einmal auf? Skizzieren und begründen Sie.

Übungen

4 Normale, Tangente, Steigungen und eine Parameterbestimmung

Gegeben ist die Funktion $f(x) = -\frac{2}{3}x^3 + 3x$

a) Skizzieren Sie f und bestimmen Sie den Inhalt der Fläche, die die Normale im Wendepunkt von f mit dem Graphen von f umschließt. Warum umschließt die Tangente im Wendepunkt keine Fläche mit dem Graphen von f?

b) Wo hat f die Steigung −5? Was ist die maximale Steigung des Graphen?

c) Bestimmen Sie k so, dass $\int_0^k f(x)\,dx = 0$ gilt. Veranschaulichen Sie die Lösungen.

5 Extremale Dreiecke, Tangenten und Flächen

Gegeben ist die Funktionenschar $f_a(x) = -\frac{a}{3}x^4 + 2ax^2$.

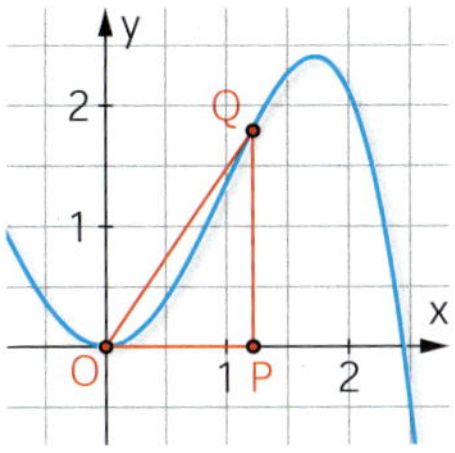

a) ▪ Erstellen Sie eine aussagekräftige Skizze der Funktionenschar.
▪ Zeigen Sie, dass die Nullstellen unabhängig von a sind. Geben Sie eine geometrische Begründung.
▪ Bestimmen Sie die Nullstellen und Tangenten in den Wendepunkten. Die Gleichungen der Tangenten liefern eine Möglichkeit, diese geometrisch zu konstruieren, wie?

b) Welches der Dreiecke $O(0|0)$, $Q(t|0)$ und $P(t|f_a(t))$ hat einen maximalen Flächeninhalt?

c) Bestimmen Sie den Inhalt der Fläche, die die Graphen von f_a mit der x-Achse einschließen. Erläutern Sie den Satz:
Dieser Flächeninhalt ist proportional zu a.

6 Ein Weinglas

Das Foto der Umrisse des Weinglases wird maßstabgetreu ins Koordinatensystem übertragen und ausgemessen.

A	B	C	D	E	F	G	H	I
0	1	2	3	4	5	6	7	8
2,7	2,2	3,1	3,4	3,4	3,2	3	2,8	2,8

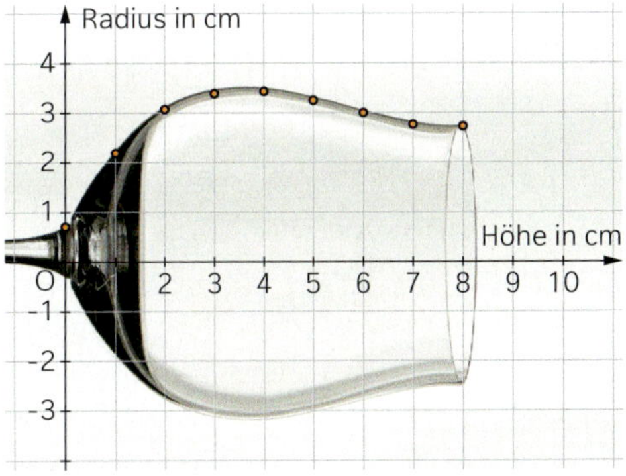

a) Schätzen Sie das Fassungsvermögen.

b) Modellieren Sie die Randkurve des Glases und bestimmen Sie damit sein Volumen. Vergleichen Sie mit Ihren Schätzwerten.

c) Wie hoch stehen 0,1 l Wein im Glas?

7 Ein Straußenei

„Ein Straußenei entspricht 25 bis 35 Hühnereiern.“ – Kann das sein?

a) Zeigen Sie, dass die Modellierung die Form des Straußeneis weder durch eine quadratische Regression noch durch die Parabel durch B, C und D ein zufriedenstellendes Ergebnis liefert.

b) Modellieren Sie die Eiform mithilfe
(1) eines Interpolationspolynoms
(2) der Parabel durch B, C und D in [2; 14] und linearen Funktionen in den übrigen Intervallen.
Vergleichen Sie beide Modellierungen.

A	B	C	D	E
0	2	8	14	16,5
0	4	6,7	4,6	0

Hühnerei:
5 cm lang
5 cm ≙ 3 LE

Exkurs

Lorenzkurve und Gini-Koeffizient

Wie ist das Einkommen oder das Vermögen in der Bevölkerung eines Landes verteilt? Wie kann man z. B. entscheiden, ob das Vermögen in einem Land gerechter verteilt ist als in einem anderen? Solche Fragen sind für Wirtschaftsfachleute und Politiker bedeutsam. Die beiden Statistiker MAX OTTO LORENZ und CORRADO GINI haben dazu ein Modell entwickelt, das in den Sozialwissenschaften häufig benutzt wird. Dazu wird eine Funktion L(x) konstruiert (Lorenzkurve), die den Zusammenhang zwischen dem Bevölkerungsanteil (x-Achse) und dem Anteil am Einkommen (y-Achse) beschreibt. Der Punkt P gehört zu der Information: 60 % der Bevölkerung besitzen 35 % des verfügbaren Einkommens. Das blaue Geradenstück ist auch eine Lorenzkurve. Sie stellt die gleichmäßige Verteilung des Einkommens in der Bevölkerung dar. Ein Maß für die Stärke der Abweichung der konkreten Einkommensverteilung von der gleichmäßigen Verteilung ist der Gini-Koeffizient G: Er wird definiert als das Doppelte des Inhalts der Fläche zwischen der blauen und der roten Kurve, also:

$$G = 2 \cdot \int_0^1 (x - L(x))\,dx$$

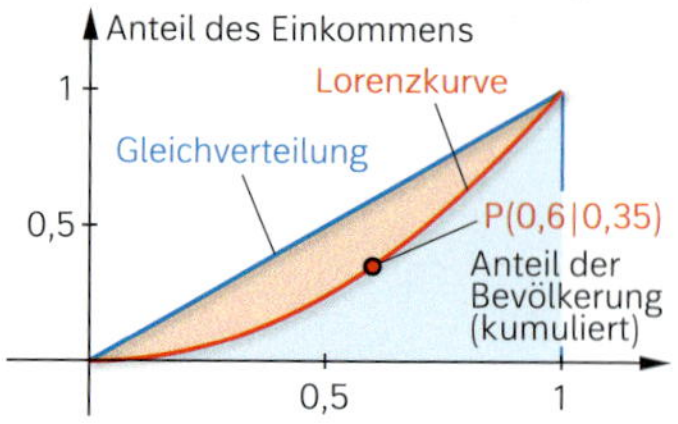

Übungen

8 Gerechte und ungerechte Verteilungen

a) Begründen Sie, dass die Gerade $y = x$ als Lorenzkurve die „vollkommen gerechte Verteilung“ angibt. Welcher Gini-Koeffizient gehört dazu?

b) Welcher Gini-Koeffizient gehört zu der größtmöglichen „Ungerechtigkeitsverteilung“? Wie sieht die zugehörige Lorenzkurve aus?

9 Fiktiver Ländervergleich

Land A: 60 % der Bevölkerung besitzen 35 % des verfügbaren Einkommens.
Land B: 90 % der Bevölkerung besitzen 70 % des Einkommens.

a) In welchem Land ist das Einkommen ungerechter verteilt? Was meinen Sie?

b) Zeigen Sie, dass $A(x) = 0{,}97x^2$ und $B(x) = 0{,}95x^3$ passende Lorenzfunktionen sind. Berechnen Sie die Gini-Koeffizienten und vergleichen Sie damit die Einkommensverteilung beider Länder. Passen die Berechnungen zu Ihren Vermutungen aus a)?

Durch Dezile (lat. „Zehntelwerte“) wird die Verteilung in zehn gleich große Teile zerlegt.

10 Einkommensverteilung in Deutschland 2005

Dezil	1.	2.	3.	4.	5.	6.	7.	8.	9.	10.
vollzeitbeschäftigte Arbeitnehmer (in %)	2,5	4,7	6,2	7,4	8,4	9,0	10,5	12,6	14,9	23,1
Arbeitnehmer insgesamt (in %)	0,5	1,6	2,9	5,3	7,4	9,8	11,8	14,4	17,8	23,4

Quelle SOEP: Bundesministerium für Arbeit und Soziales (BMAS): Lebenslagen in Deutschland

Für das Ermitteln einer Lorenzkurve müssen die y-Werte aufaddiert (kumuliert) werden.

Dezil	1.	2.	3.	...
Vollzeitb. kumuliert	2,5	7,2	13,4	...

a) Modellieren Sie jeweils eine Lorenzkurve zu den Daten und berechnen Sie damit die zugehörigen Gini-Koeffizienten.

b) In den Sozialwissenschaften wird meist das „Polygonzugmodell“ verwendet, also die geradlinige Verbindung der Messpunkte durch einen Streckenzug.
- Bestimmen Sie mit dieser Methode den Gini-Koeffizient.
Hinweis: Trapezflächen unter der „Lorenzkurve“ berechnen und von Fläche des Dreiecks unter $y = x$ subtrahieren.
- Vergleichen Sie die Methoden.

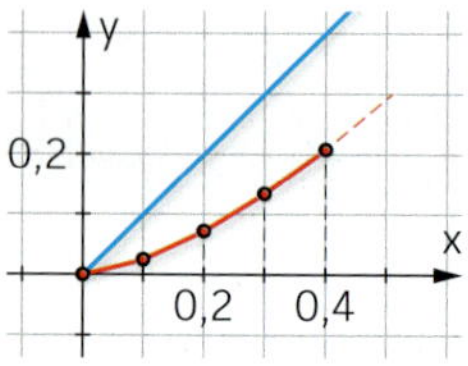

Übungen

11 **Schweinezucht – mit und ohne Medikament**

In Ländern mit intensiver Schweinehaltung tritt bei neugeborenen Ferkeln häufig eine Erkrankung (Kokzidiose) auf, die durch Parasiten verursacht wird. Auch nach dem Abklingen der akuten Erkrankung bleiben viele Tiere im Wachstum hinter gesunden Tieren zurück. Neben den hygienischen Maßnahmen kann vorbeugend ein Medikament eingesetzt werden. Es wird den Ferkeln einmal im Alter von drei bis fünf Tagen verabreicht.

Ferkel A und Ferkel B aus einem Wurf wiegen bei ihrer Geburt jeweils 1,2 kg. Ferkel B wird an seinem 3. Lebenstag das Medikament verabreicht, Ferkel A bleibt unbehandelt. Am fünften Lebenstag wiegen Ferkel A 2000 g und Ferkel B 1900 g.
Im Laufe der nächsten Tage wird die Gewichtszunahme beider Ferkel gemessen.

Alter in Tagen	5	6	7	8	10	12	14	17
Ferkel A	160	305	140	−100	−10	120	210	30
Ferkel B	150	200	215	−140	450	400	235	100

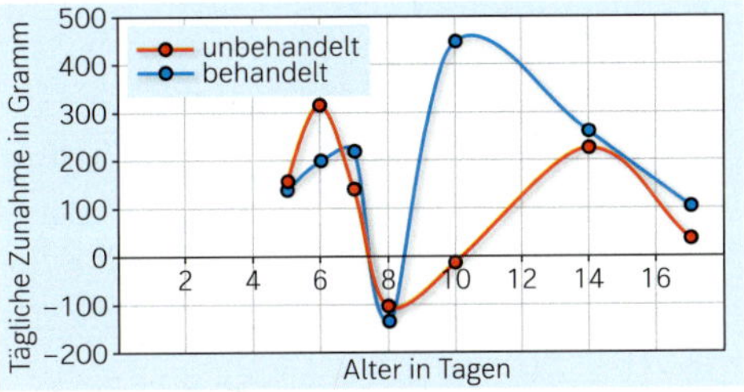

a) Welche Unterschiede ergeben sich laut Diagramm für die beiden Ferkel?

b) Interpretieren Sie die Flächen, die von den einzelnen Graphen im Zeitintervall [5; 17] eingeschlossen werden, im Sachkontext. Welche Bedeutung haben die Inhalte der Flächen, die unterhalb der Zeitachse liegen?

c) f_A und f_B beschreiben die tägliche Gewichtszunahme. Welche wirtschaftliche Bedeutung hat der Ausdruck $\int_5^{17} f_A(x)\,dx - \int_5^{17} f_B(x)\,dx$?

d) Modellieren Sie die tägliche Gewichtszunahme der beiden Ferkel jeweils in den Intervallen [5; 8] und [8; 17] mit einem Interpolationspolynom. Warum ist der „Knick" an der Verbindung kein gravierender Modellierungsfehler?
Berechnen Sie damit die Flächen aus b) und den Ausdruck aus c).

Grundwissen

1. Lösen Sie das Gleichungssystem.
$$\begin{aligned} 2x - y + z &= -2 \\ y &= 3 \\ x - y + 2z &= 5 \end{aligned}$$

2. Geben Sie jeweils einen Funktionsterm an.

a)
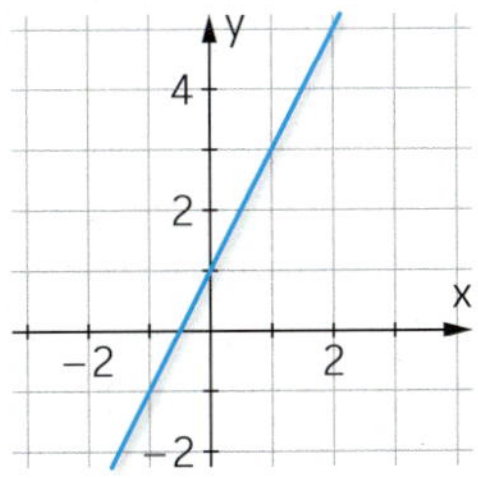

b)
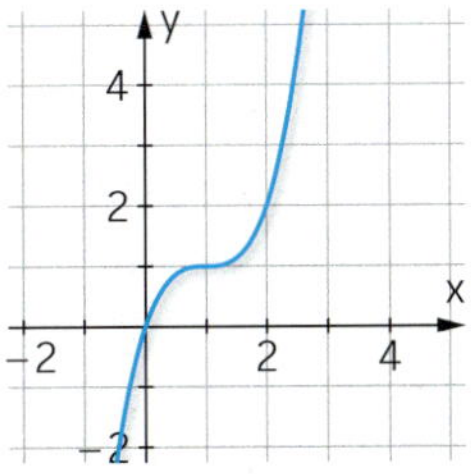

c)
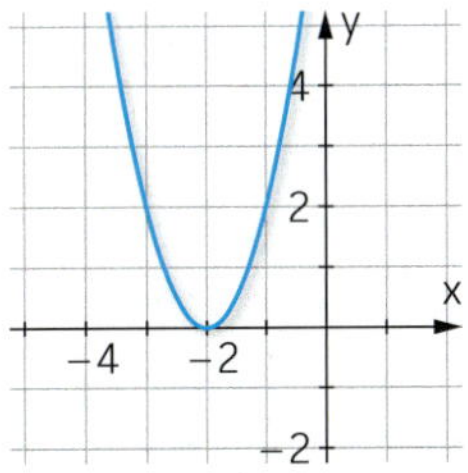

Lineare Gleichungssysteme (LGS) lösen

Die Gleichungen eines linearen Gleichungssystems (LGS) werden zunächst auf die Form $ax + by + cz = d$ gebracht.

$$\begin{array}{ll} \text{I} & y + z + 1 = 0 \\ \text{II} & 4x + 3y = 2x + 2z \\ \text{III} & -x + 2y + 3z = -5 \end{array} \rightarrow \begin{array}{ll} \text{I} & y + z = -1 \\ \text{II} & 2x + 3y - 2z = 0 \\ \text{III} & -x + 2y + 3z = -5 \end{array}$$

1. Lösen mit Gauß-Algorithmus ohne GTR

Mit Äquivalenzumformungen wird das LGS auf Dreiecksform gebracht.

$$\begin{array}{ll} \text{I} & y + z = -1 \\ \text{II} & 2x + 3y - 2z = 0 \\ \text{III} & -x + 2y + 3z = -5 \end{array}$$

$$\begin{array}{ll} \text{I} & 2x + 3y - 2z = 0 \\ \text{II} & y + z = -1 \\ \text{III} & -x + 2y + 3z = -5 \end{array}$$

$$\begin{array}{ll} \text{I} & 2x + 3y - 2z = 0 \\ \text{II} & y + z = -1 \\ \text{III}'\text{: I} + 2\,\text{III} & 7y + 4z = -10 \end{array}$$

$$\begin{array}{ll} \text{I} & 2x + 3y - 2z = 0 \\ \text{II} & y + z = -1 \\ \text{III}''\text{: III}' - 7\,\text{II} & -3z = -3 \end{array}$$

Die letzte Zeile liefert $-3z = -3$ und damit $z = 1$. Rückwärtseinsetzen dann $y = -2$ und $x = 4$. Lösung: $(4, -2, 1)$

2. Lösen mit Matrizen und GTR

Die Koeffizienten der Gleichungen werden als Matrix geschrieben.

[A] $\begin{bmatrix} 0 & 1 & 1 & -1 \\ 2 & 3 & -2 & 0 \\ -1 & 2 & 3 & -5 \end{bmatrix}$ rref([A]) $\begin{bmatrix} 1 & 0 & 0 & 4 \\ 0 & 1 & 0 & -2 \\ 0 & 0 & 1 & 1 \end{bmatrix}$

Modellieren mit Funktionen – Kurvenanpassung: Strategie

1. Koordinatensystem festlegen.
2. Punkte aus gegebener Form auslesen.
3. Punkte, die für die Form charakteristisch sind, festlegen und zugehörige Bedingungen notieren.
4. Ganzrationale Funktion mit Grad „Anzahl Bedingungen + 1" liefert Ansatz.
5. LGS aufstellen und lösen.
6. Graphen zeichnen. Passt er nicht zur gegebenen Form, dann andere Punkte und Eigenschaften benutzen.

Check-up

1 Gleichungssysteme händisch lösen

Lösen Sie die Gleichungssysteme per Hand und überprüfen Sie.

a) $4x - 16 = 2y$; $-3x - 3y = -3$

b) $4x + y + z = -4$; $2y + 6z = 4$; $z = -1$

c) $x + y = 6$; $y = z - 4$; $z = x + 2$

d) $x - y + 2z = 1$; $2x + y - z = 3$; $x + y - z = 2$

e) $2x + y - z = 2$; $x + 2y + z = 1$; $2x - y + 3z = -10$

f) $2x - y - 4z = -1$; $y + 8z = 1$; $4x + 4z = 4 - y$

2 Gleichungssysteme mit Parameter

Ermittteln Sie jeweils die Lösung des Gleichungssystems in Abhängigkeit des Parameters k. Beschreiben Sie die Lösungen.

a) I $2x - y = -2$; II $kx + y = 4$

b) I $x + y - z = 2$; II $x - y + z = 1$; III $x - y = k$

3 Ganzrationaler Giebel

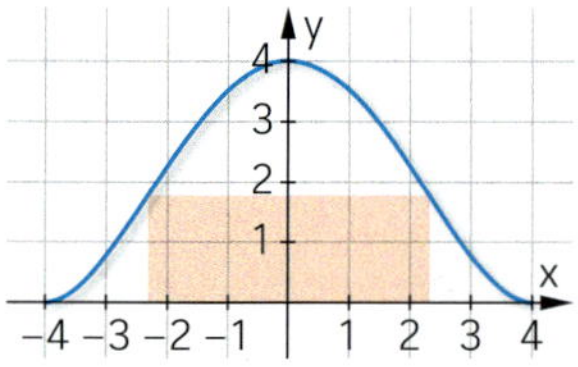

Der geschwungene Giebel eines alten Hauses lässt sich durch eine ganzrationale Funktion 4. Grades modellieren. Die oberen Ecken des eingebauten Fensters befinden sich in den Wendepunkten der Funktion. Wie groß ist die Fläche des Fensters (Maße in m)? Schätzen und rechnen Sie.

4 Ganzrationale Autobahnstücke

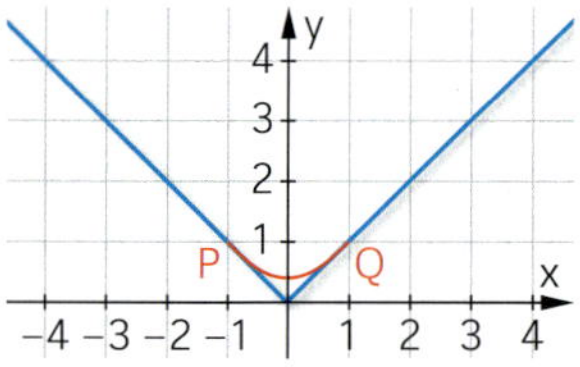

Zwei gradlinige Autobahnstücke lassen sich durch die Geraden $y = x$ und $y = -x$ beschreiben. Die beiden Autobahnen sollen zwischen den Punkten $P(-1|1)$ und $Q(1|1)$ knickfrei verbunden werden.

5 Eine Vase

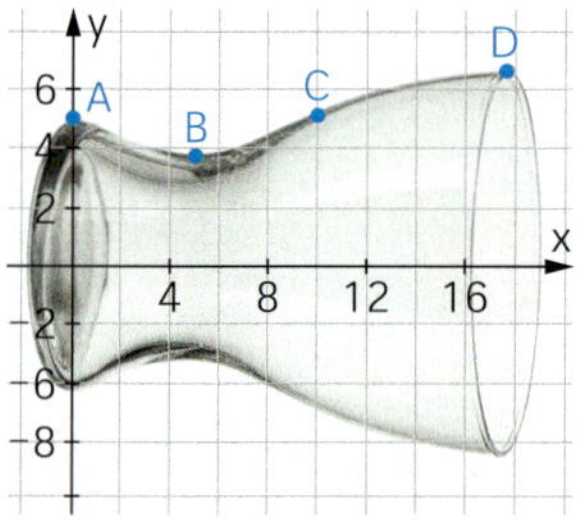

Modellieren Sie die Form der Vase auf zwei verschiedene Weisen. Vergleichen Sie Ihre Modelle.
$A(0|5)$; $B(5|3{,}6)$; $C(10|4{,}8)$; $D(18|7)$

6 Kugelstoßen

Die Bahn der Kugel beim Kugelstoßen ist wie die Flugbahn beim Volleyballaufschlag parabelförmig. Eine Kugel wird aus einer Höhe von 1,80 m unter einem Winkel von 42° gegen die Horizontale abgestoßen. Die Stoßweite beträgt 8,40 m. Bestimmen Sie mit diesen Angaben die Gleichung der Modellfunktion. Wie groß ist die maximale Höhe der Flugbahn? In welchem Winkel trifft die Kugel auf dem Boden auf?

Modellieren mit abschnittsweise definierten Funktionen: Strategie

Häufig gelingt keine Modellierung mit einer einzigen Funktion. Dann passt man mit mehreren miteinander verbundenen Kurvenstücken an. Dabei sind insbesondere die Übergänge zu beachten.

1. Reale Kurve in Abschnitte einteilen.
2. Notwendige Eigenschaften für jeden Abschnitt notieren.
3. Sprung- und knickfreie Übergänge berücksichtigen (manchmal außerdem „Krümmungsruck" vermeiden).
4. Für jeden Abschnitt passende ganzrationale Funktion aufstellen.
5. Fertiges Modell mit Realität vergleichen.

Strategie zur Lösung von Steckbriefaufgaben zu ganzrationalen Funktionen

(1) Übersetzen der Bedingungen in Funktionsschreibweise und grafische Veranschaulichung.

Punkt P(a|b) liegt auf dem Graphen	f hat an der Stelle a eine Nullstelle.	Der Graph hat an der Stelle a die Steigung m
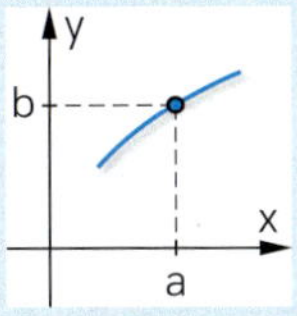	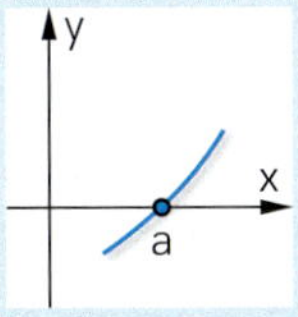	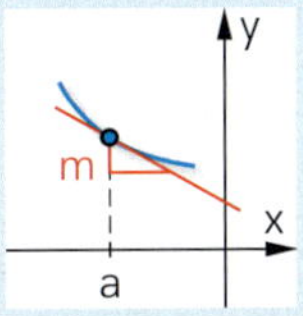
$f(a) = b$	$f(a) = 0$	$f'(a) = m$

f hat an der Stelle a ein Extremum.	Der Graph hat an der Stelle a einen Wendepunkt.	Der Graph hat an der Stelle a einen Sattelpunkt.
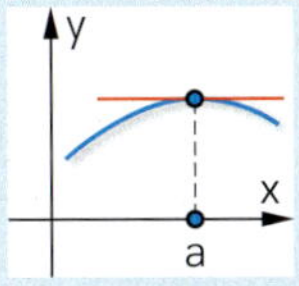	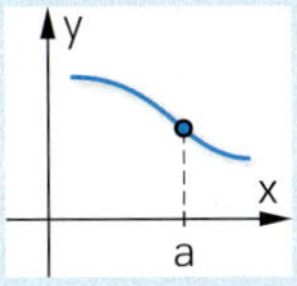	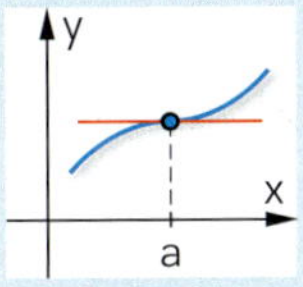
$f'(a) = 0$ und $f''(a) \neq 0$	$f''(a) = 0$ und $f'''(a) \neq 0$	$f'(a) = 0$ und $f''(a) = 0$

(2) Ansatz: n Bedingungen: Polynom vom Grad n-1.
(3) LGS aufstellen und lösen.
(4) Funktionsgleichung angeben.
(5) Graphen zeichnen.
(6) Bedingungen überprüfen.

Check-up

7 Ein Türbogen

Für eine industrielle Fertigung soll ein Türbogen mit Computergrafik nachgebildet werden. Es werden Punkte ausgelesen: A(−5|1,8), B(−3|2,6), C(0|3, D(3|2,7), E(6|2,1), F(9,4|1,5)

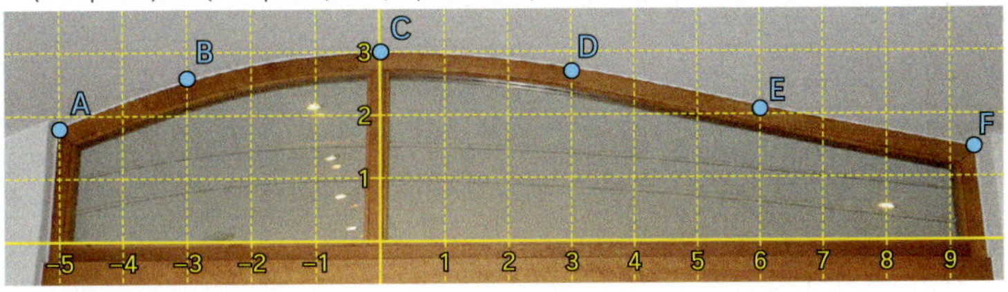

Modellieren Sie den Türbogen auf unterschiedliche Weise. Vergleichen Sie die Passung der Modelle. Benutzen Sie bei einer Bewertung der Güte auch den Rechenaufwand.

8 Ein Fischbestand

In einem Teich wurden vor fünf Jahren Fische ausgesetzt. Dann wurde jährlich der Bestand gemessen.

Jahr	0	1	2	3	4	5
Anzahl	20	32	50	82	130	201

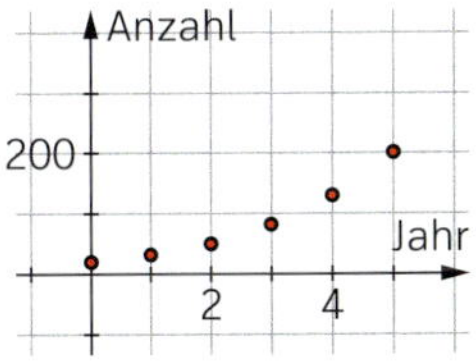

Ermitteln Sie verschiedene Funktionen, die die Entwicklung des Fischbestandes gut beschreiben. Wie entwickelt sich der Bestand nach den Modellen in den nächsten Jahren? Geben Sie die Werte für das zehnte Jahr an. Was halten Sie von Ihren Modellen, wenn Sie die langfristige Entwicklung betrachten? Warum ist ein Interpolationspolynom bei diesem Problem meist nicht das beste Modell? Warum sind Modelle aus stückweise zusammengesetzten Funktionen hier nicht sinnvoll?

9 Zwei Steckbriefe mit besonderen Punkten

a) Der Graph einer Funktion hat einen Sattelpunkt (1|5), einen Tiefpunkt (2|2) und einen Hochpunkt bei $x = 4$. Bestimmen Sie die Funktionsgleichung.

b) Der Graph einer Funktion hat einen Hochpunkt (−2|3), einen Tiefpunkt (1|1) und einen weiteren Hochpunkt mit der x-Koordinate 2. Bestimmen Sie eine Funktionsgleichung. Wie lautet die y-Koordinate des zweiten Hochpunktes?

10 Zwei Steckbriefe mit Graphen

Bestimmen Sie jeweils eine passende Funktionsgleichung.

a) 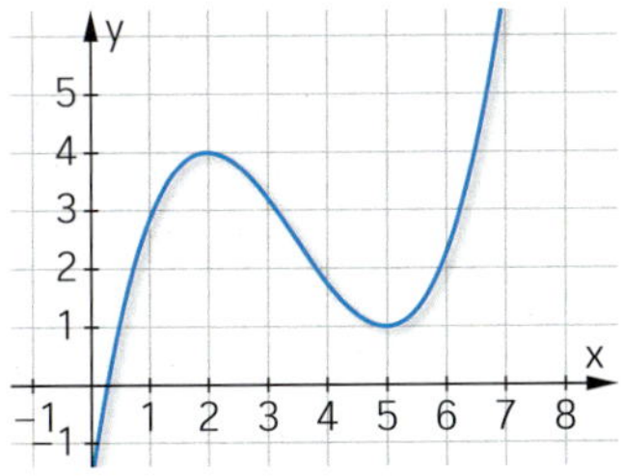

b) 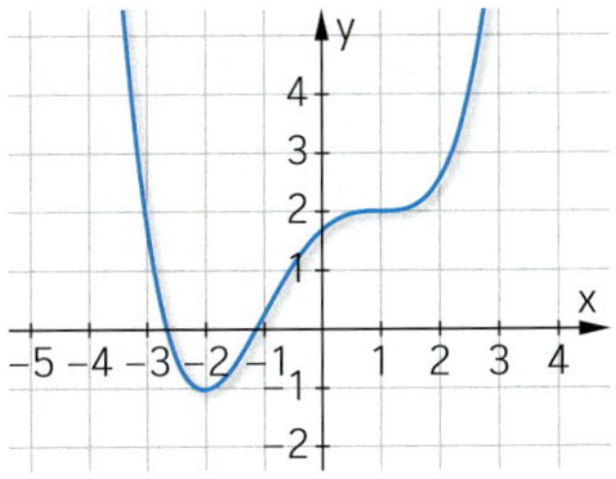

Stetigkeit

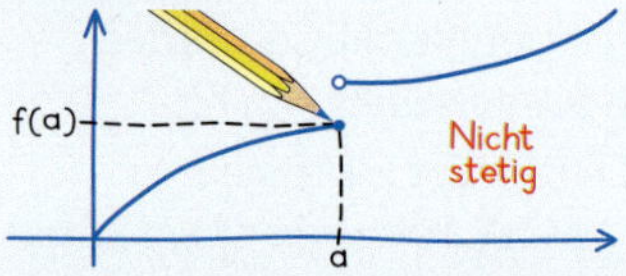

Eine Funktion f ist stetig an einer Stelle a, wenn der links- und rechtseitige Grenzwert gleich dem Funktionswert an dieser Stelle ist.

$\lim\limits_{x \to a} f(x) = f(a)$

Differenzierbarkeit

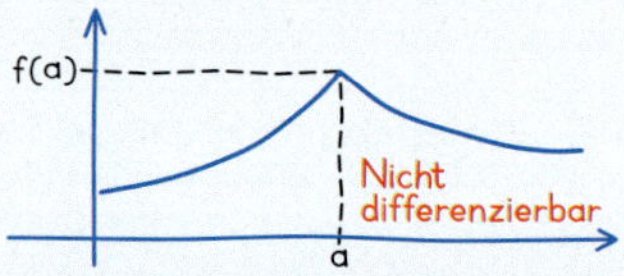

Die Funktion f ist **differenzierbar an der Stelle $x = a$** ($a \in D_f$), falls der Grenzwert des Differenzenquotienten an dieser Stelle existiert.

$\lim\limits_{x \to a} \frac{f(x) - f(a)}{x - a} = f'(a)$

Eine Funktion f wird **differenzierbar** genannt, falls sie an jeder Stelle ihres Definitionsbereichs differenzierbar ist.

Funktionenscharen

Funktionenscharen können entstehen, wenn man

- Koeffizienten oder Zahlen variabel hält,
- weniger Bedingungen für eine Funktion zur Verfügung hat als zu einer eindeutigen Bestimmung notwendig sind. Der Funktonsterm enthält dann Parameter.

Beispiel:
Die vier Bedingungen $f(0) = 0$, $f(-2) = 2$, $f(2) = 0$ und $f''(0) = 0$ führen mit dem Ansatz eines Polynoms vom Grad 3 zu der Funktionenschar $f_a'(x) = a x^3 - 4 a x$.

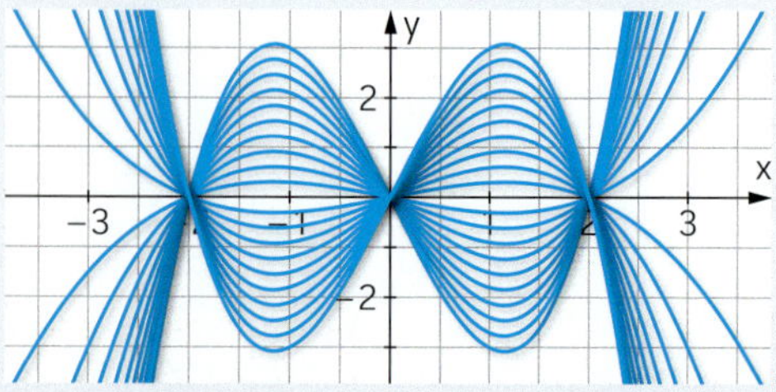

Check-up

11 Untersuchung kritischer Stellen

Skizzieren Sie die Funktionen und untersuchen Sie die kritischen Stellen auf Stetigkeit und Differenzierbarkeit.

a) $f(x) = \begin{cases} 2x & \text{für } x \le 3 \\ x^2 - 3 & \text{für } x > 3 \end{cases}$ b) $f(x) = \begin{cases} x^3 & \text{für } x \le 1 \\ 3x & \text{für } x > 1 \end{cases}$

c) $f(x) = \begin{cases} x^3 + 1 & \text{für } x \le 1 \\ -x^2 + 5x - 2 & \text{für } x > 1 \end{cases}$

12 Wahr oder falsch?

a) Eine stetige Funktion ist differenzierbar.
b) Eine differenzierbare Funktion ist stetig.

13 Funktion passend ergänzen

Ermitteln Sie g(x) so, dass für $f(x) = \begin{cases} 2 & \text{für } x \le 1 \\ g(x) & \text{für } x > 1 \end{cases}$ gilt:

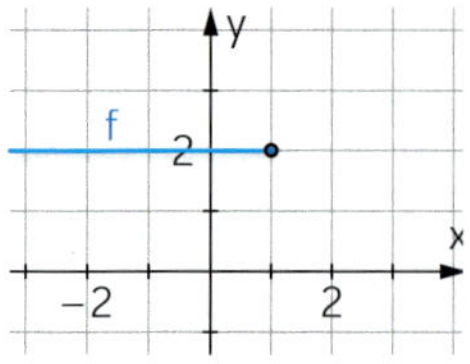

a) f stetig, aber nicht differenzierbar an der Stelle $x = 1$ ist.
b) f stetig und differenzierbar ist und g eine quadratische Funktion ist.

14 Eine Fahrradfahrt

Ein Fahrradfahrer fährt an einem Tag von 10:00 Uhr bis 18:00 Uhr von A nach B und am nächsten Tag im gleichen Zeitraum wieder zurück. Gibt es auf der Strecke eine Stelle, an der der Fahrradfahrer zur selben Zeit wie am Vortag ist? Kann es zwei solcher Stellen geben? Skizzieren Sie jeweils ein mögliches Weg-Zeit-Diagramm.

15 Eine Schar kubischer Funktionen

Gegeben ist die Funktionenschar $f_k(x) = x^3 - 2kx^2 + k^2x$

a) Erstellen Sie eine aussagekräftige Skizze der Scharkurven und beschreiben Sie den grafischen Verlauf. Wie unterscheiden sich die Kurven zu $k \ge 0$ und $k < 0$?
b) Zeigen Sie, dass jede Schar dieser Kurve eine doppelte und eine einfache Nullstelle aufweist. Welche dieser Nullstellen ist unabhängig vom Parameter k?
c) Bestimmen Sie die Extrem- und Wendepunkte in Abhängigkeit von k.

16 Die Parabelschar $f_a(x) = 4 - a^2x^2$, $a \ne 0$.

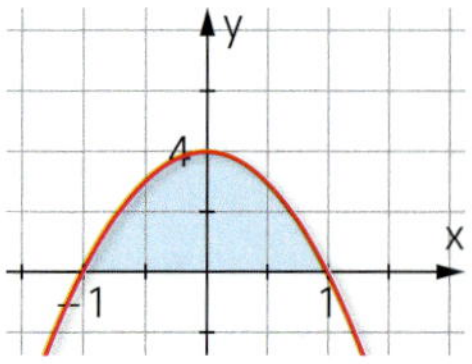

a) Berechnen Sie den Inhalt der Fläche zwischen einer Scharkurve und der x-Achse.
b) Für welchen Wert von a hat der Flächeninhalt den Wert 1?
c) Untersuchen Sie den Inhalt der Fläche für $a \to 0$ und $a \to \infty$ anschaulich und mithilfe des Terms.

Sichern und Vernetzen – Vermischte Aufgaben zu Kapitel 2

Trainieren

1 Lineare Gleichungssysteme – zu Fuß

Lösen Sie die linearen Gleichungssysteme.

a) $2x + y = -4$; $-x + 2y = 7$

b) $x + 6 = 3y$; $6 - 2y = -x$

c) $3a = b - 4$; $b = a - 4$

d) $4r + 3s = 3$; $8r - 6s = -2$

e) $x + 2y - z = -3$; $3x + y + z = 4$; $-x - y - z = -2$

f) $a + b - c = 3$; $a + b - 2c = 0$; $a - b - c = 3$

g) $a = b - 3c$; $a + b + 3c = 0$; $a + c = 4$

h) $3x + y = 2z - 3$; $\frac{1}{2}y - 1 = x - 4z$; $x + y - 2z = -4$

2 Punkte bestimmen Funktionen

Bestimmen Sie jeweils eine passende Funktion des angegebenen Typs durch die vorliegenden Punkte.

a) Gerade durch $A(3|5)$ und $B(-21|-3)$

b) Parabel durch $A(-22|5)$, $B(2|3)$ und $C(4|-1)$

c) $y = x^3 + bx^2 + cx + d$; $A(-2|-1)$, $B(1|2)$, $C(0|3)$

3 Übersetzungen

Ordnen Sie den Beschreibungen die passenden Gleichungen zu.

(1) Der Graph von f ist symmetrisch zur y-Achse.

(2) Die Tangente im Punkt $(a|f(a))$ hat die Steigung 2.

(3) f hat an der Stelle a einen lokalen Extremwert.

(4) f hat an der Stelle a eine Wendestelle.

(5) f hat an der Stelle a einen Sattelpunkt.

(6) f ist punktsymmetrisch zum Ursprung.

(7) Der Graph von f schneidet die x-Achse an der Stelle a.

(8) Der Graph von f berührt an der Stelle a die x-Achse.

(9) Die Wendetangente von f an der Stelle a hat die Gleichung $y = 2x - 1$.

(A) $f(a) = 0$ (B) $f(x) = f(-x)$ (C) $f(a) = 0$ und $f'(a) = 0$

(D) $f(x) = -f(-x)$ (E) $f''(a) = 0$ (F) $f'(a) = 0$

(G) $f'(a) = 2$ und $f''(a) = 0$ (H) $f'(a) = 2$ (I) $f'(a) = 0$ und $f''(a) = 0$

4 Steckbriefe mit Angabe des Grades

a) Der Graph einer quadratischen Funktion hat in $A(-21|6)$ die Steigung 5 und an der Stelle 0 die Steigung 3.

b) Die Funktion mit der Gleichung $f(x) = ax^3 + bx^2 + c$ hat im Wendepunkt $(-1|1)$ die Steigung -3.

c) Eine Funktion 3. Grades hat im Ursprung die Tangente mit der Gleichung $y = 2x$ und den Wendepunkt $(3|-2)$.

d) Der Graph einer ganzrationalen Funktion 4. Grades hat im Punkt $P(1|1)$ die Steigung 2 und im Punkt $Q(0|0)$ einen Sattelpunkt.

5 Steckbriefe ohne Angabe des Grades

a) Der Graph von f hat den Hochpunkt $(1|3)$ und den y-Achsenabschnitt -1 sowie die Wendestelle 2.

b) Finden Sie eine ganzrationale Funktion, die in $(-1|3)$ einen Sattelpunkt und in $(1|-5)$ einen Tiefpunkt hat.

c)

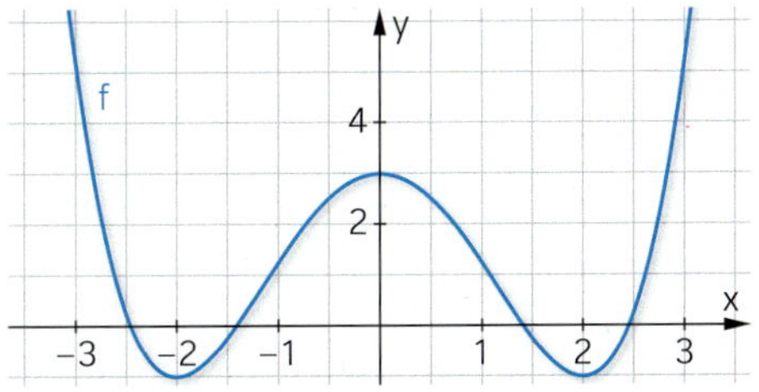

Trainieren

6 Kandidaten für einen Graphen

Begründen Sie, dass der Graph nicht durch eine Gleichung 3. Grades beschrieben werden kann. Geben Sie verschiedene Argumente an. Bestimmen Sie den Grad, den die Funktionsgleichung mindestens haben muss. Finden Sie eine passende Funktionsgleichung.

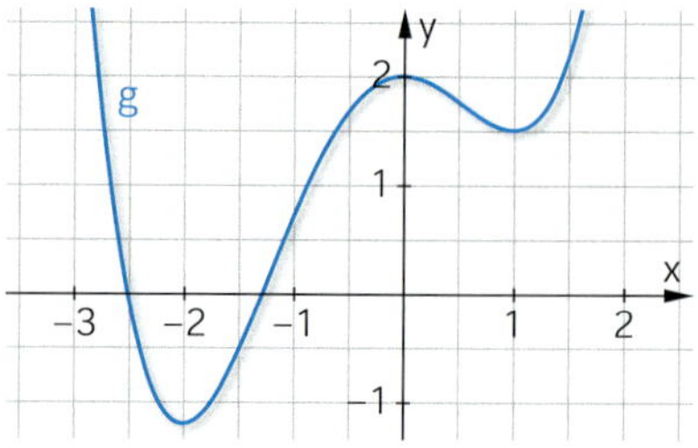

7 Stetige und differenzierbare Funktionen

Skizzieren Sie zu ausgewählten Werten von t aus [−5; 5] Kurven der Funktionenschar. Bestimmen Sie den Wert des Parameters t so, dass f stetig ist. Liegt auch Differenzierbarkeit an der kritischen Stelle vor?

a) $f(x) = \begin{cases} x^2 - 1 & \text{für } x \leq 2 \\ 3x - t & \text{für } x > 2 \end{cases}$

b) $f(x) = \begin{cases} tx + 1 & \text{für } x < 1 \\ -x^2 & \text{für } x \geq 1 \end{cases}$

8 Vielfältige Verbindungen

Gegeben ist jeweils die Funktionenschar $f_{a,b}$ durch

(1) $f_{a,b}(x) = \begin{cases} ax^2 + b & \text{für } x \leq 2 \\ -x & \text{für } x > 2 \end{cases}$

(2) $f_{a,b}(x) = \begin{cases} ax + 1 & \text{für } x \leq 2 \\ x^2 + b & \text{für } x > 2 \end{cases}$

a) Begründen Sie anschaulich, dass es unendlich viele Möglichkeiten dafür gibt, dass $f_{a,b}$ stetig ist. Ermitteln Sie dann die Bedingung dazu für a und b. Skizzieren Sie jeweils drei Beispiele.

b) Bestimmen Sie jeweils die Bedingung dafür, dass $f_{a,b}$ differenzierbar ist.

9 Untersuchungen von Funktionenscharen

a) Skizzieren Sie die Scharen für selbst gewählte Parameterwerte zwischen −5 und 5 mit dem GTR. Beschreiben Sie den grafischen Verlauf in Abhängigkeit des Parameters. Machen Sie Vermutungen über die Anzahl der Nullstellen, lokalen Extrempunkte und Wendepunkte. Überprüfen Sie die Vermutungen rechnerisch. Hinweis: Manchmal sind nur grafisch-numerische Methoden möglich.

(1) $f_a(x) = x^3 - ax$ (2) $f_b(x) = \frac{1}{4}x^4 - \frac{1}{b}x^3$ (3) $f_c(x) = x^5 - \frac{5}{3}cx^3$

b)
- Bestimmen Sie jeweils einen passenden Wert für den Parameter so, dass die Funktion die geforderte Bedingung erfüllt.
  (1) Der Graph verläuft durch den Punkt P(1 | −4)
  (2) f hat an der Stelle 2 eine lokale Extremstelle.
  (3) Die Tangente im Punkt P(1 | ?) hat die Steigung −1.
  (4) Der Graph hat einen Wendepunkt mit der x-Koordinate 5 .
  (5) Der Graph umschließt für $x \geq 0$ mit der x-Achse eine Fläche mit dem Inhalt 5 FE.
- Gibt es Punkte, die zu keiner Scharkurve gehören?

10 Funktionenschar und ein spezieller Vertreter

a) Die Graphen einer Schar ganzrationaler Funktionen 3. Grades sind punktsymmetrisch zum Ursprung und gehen durch den Punkt P(3 | 0). Bestimmen Sie die Gleichung der Schar mit einem Parameter.

b) Bestimmen Sie die Gleichung der Scharkurve, auf der der Punkt $Q\left(2 \mid \frac{32}{9}\right)$ liegt.

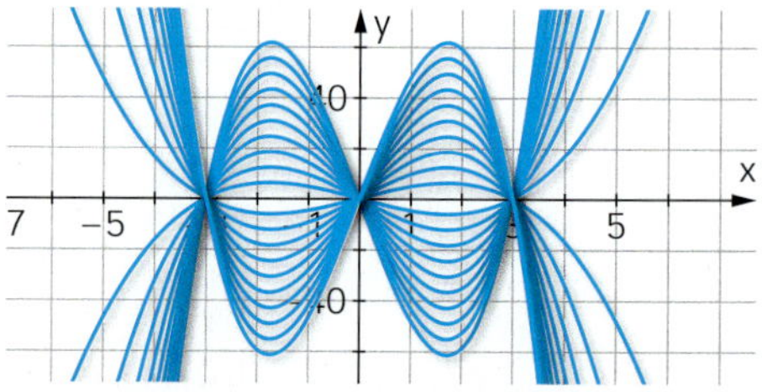

Verstehen

11 Wahr oder falsch?

Entscheiden und begründen Sie jeweils.

(A) Funktionen mit drei Extrempunkten sind mindestens vom Grad 4.

(B) Durch vier Punkte kann immer eine Funktion 3. Grades gelegt werden.

(C) Es gibt überall monoton wachsende Funktionen vom Grad 4.

(D) „Bei $x = 3$ liegt ein Hochpunkt vor“ lässt sich zu $f'(3) = 0$ und $f''(3) < 0$ übersetzen.

(E) Eine Funktion 4. Grades hat immer mindestens einen Wendepunkt.

(F) Es kann sein, dass man zu fünf Bedingungen eine passende Funktion 3. Grades finden kann.

12 Zusammenhänge zwischen Matrizen und Graphen

Es werden Parabeln durch drei Punkte betrachtet.

- Welche Matrix gehört zu welchen Punkten? Entscheiden Sie begründet ohne Rechnung.
- Ermitteln Sie die Gleichung der Parabelschar durch die Punkte A_k, B und C.

Skizzieren Sie einge Parabeln der Schar und erläutern Sie den Zusammenhang zwischen den Scharkurven und der zeilenreduzierten Matrix.

a) $A_k(0|k)$; $B(1|0)$; $C(-1|2)$

b) $A_k(k|1)$; $B(0|1)$; $C(1|0)$

(1) $\begin{pmatrix} 1 & 0 & 0 & 1-k \\ 0 & 1 & 0 & -1 \\ 0 & 0 & 1 & k \end{pmatrix}$

(2) $\begin{pmatrix} 1 & 0 & 0 & \frac{1}{k-1} \\ 0 & 1 & 0 & \frac{-k}{k-1} \\ 0 & 0 & 1 & 1 \end{pmatrix}$

13 Wahr oder falsch? Begründen Sie Ihre Antwort.

a) Es ist möglich, dass eine Funktion an einer Stelle stetig ist, dort aber nicht differenzierbar ist.

b) Eine Funktion, die eine Sprungstelle hat, kann dort nicht differenzierbar sein.

c) Wenn rechtsseitiger und linksseitiger Grenzwert des Differenzenquotienten an einer Stelle übereinstimmen, ist die Funktion dort stetig.

14 Von Extrempunkten zu Sattelpunkten

Die Abbildung zeigt drei Graphen der Funktionenschar $f_k(x) = x^3 + kx$

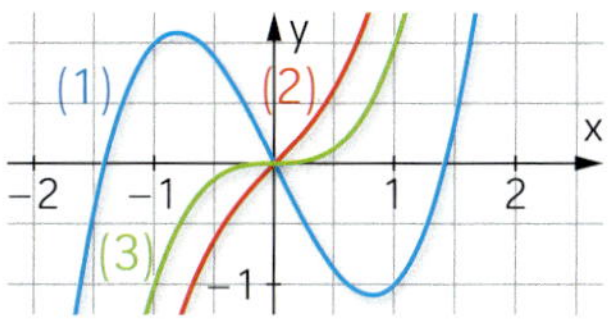

a) Ermitteln Sie die zugehörigen Parameterwerte ohne Benutzung eines GTR, benutzen Sie dazu auch die Ableitung.

b) Skizzieren Sie einige Kurven der Schar und erläutern Sie an diesem Beispiel: *Ein Sattelpunkt entsteht durch Verschmelzung zweier Extrempunkte.*

15 Funktion mit Parameter

$f(x) = x^3 + 6x^2 - 3ax + 1$

Bestimmen Sie jeweils einen Wert von a, sodass der Graph von f

a) einen Sattelpunkt

b) zwei lokale Extrema

c) einen Wendepunkt mit positiver Steigung der Wendetangente hat.

16 Die Geradenschar $g_k(x) = (k - k^2) \cdot x + k - 1;\ k > 0$

a) Bestimmen Sie die Schnittpunkte mit den Koordinatenachsen. Skizzieren Sie damit einige Geraden der Schar.

b) Bestimmen Sie den Inhalt der Fläche, die die Geraden mit den Achsen einschließen. Untersuchen Sie diesen Inhalt für $k \to 0$ und $k \to \infty$.

Anwenden

17 Eine Vase

Eine Vase hat folgendes Aussehen: Die Vase ist 18 cm hoch. Der obere innere Rand ist ein Kreis mit dem Durchmesser 13,6 cm. Die Bodenfläche innen ist ein Kreis mit dem Durchmesser 8 cm. An der schmalsten Stelle (5 cm über der Bodenfläche) hat die Vase einen Innendurchmesser von 7 cm.
Die Vasenform lässt sich durch die Rotation einer passenden Kurve um die x-Achse simulieren.
Legen Sie ein Koordinatensystem sinnvoll fest und bestimmen Sie eine ganzrationale Funktion, deren Graph den oberen Verlauf der Kontur der Vase beschreibt.

18 Umsatzentwicklung

Durch den Graphen wird näherungsweise die Umsatzentwicklung eines Unternehmens im Laufe von 5 Jahren dargestellt. Die Umsätze sind in Millionen Euro angegeben. Bestimmen Sie eine Funktionsgleichung. Interpretieren Sie die Bedeutung des Wendepunktes und die relativ geringe Steigung der Wendetangente im Sachzusammenhang.

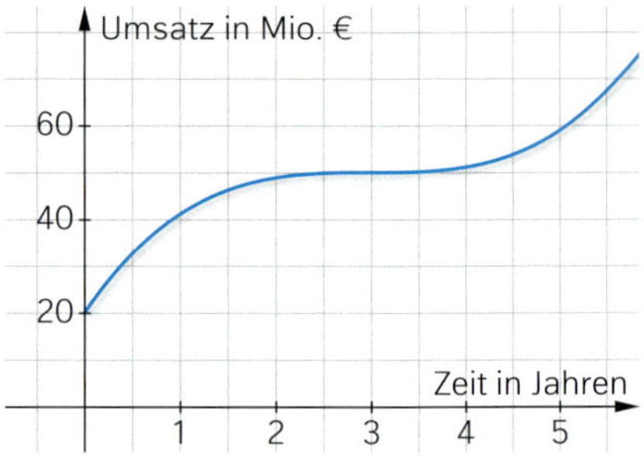

19 Eine Fledermausgaube

Modellieren Sie die Form der Fledermausgaube.

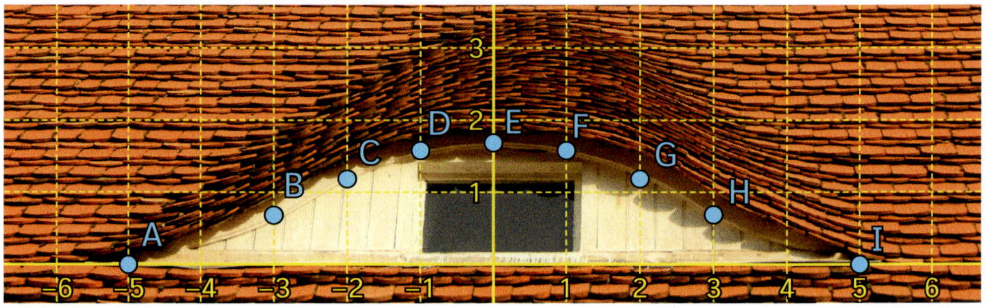

A(−5|0), B(−3|0,7), C(−2|1,2), D(−1|1,6), E(0|1,7), F(1|1,6), G(2|1,2), H(3|0,7), I(5|0).

20 Ein Torbogen

Das Tor im Bild hat im oberen Bereich eine gebogene Querverbindung, die mathematisch modelliert werden soll. Beschreiben Sie anhand der Abbildungen unten die verwendeten Modellansätze. Diskutieren Sie die Qualität der Ergebnisse und nennen Sie Verbesserungsmöglichkeiten.
A(−1|0,85); B(−0,5|1); C(0|1,23); D(0,5|1); E(1|0,85)

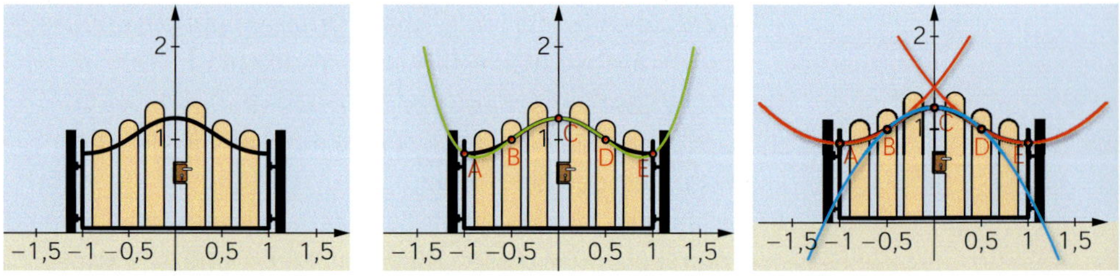

Anwenden

21 Schmetterlingsflügel

Das Bild im Diagramm zeigt einen seltenen Schmetterling aus der Familie der Bläulinge.
Helena, die von Schmetterlingen begeistert ist, möchte den Flächeninhalt seines Hinterflügels anhand des Fotos möglichst genau bestimmen.

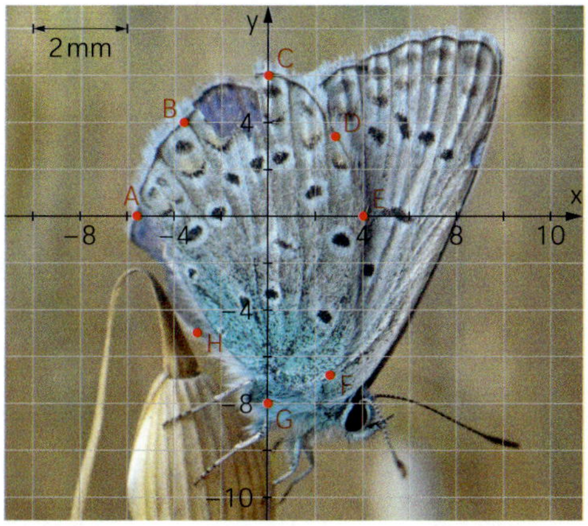

Helena wählt zur Modellierung die folgenden Punkte am Flügelrand:
A(−5,5 | 0), B(−3,5 | 4), C(0 | 5,6), D(2,5 | 3,6), E(4 | 0), F(2,5 | −7), G(0 | −8), H(−3 | −5).

a) Modellieren Sie den Flügelrand. Warum benötigt man mindestens zwei Funktionen? Warum ist eine knickfreie Modellierung nicht möglich?
b) Ermitteln Sie den Flächeninhalt des Flügels.

22 Kostenfunktionen

Die Grafiken zeigen verschiedene Kostenfunktionen
(x: Produktionsmenge in 100/Zeiteinheit; y: Kosten in 1000 €).

(1) Lineare Funktion

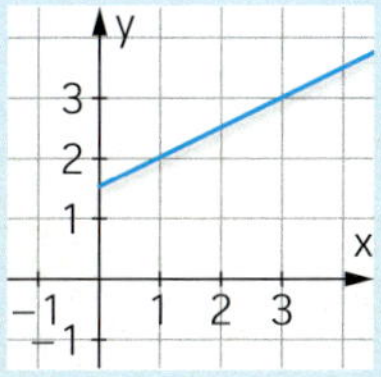

(2) Quadratische Funktion

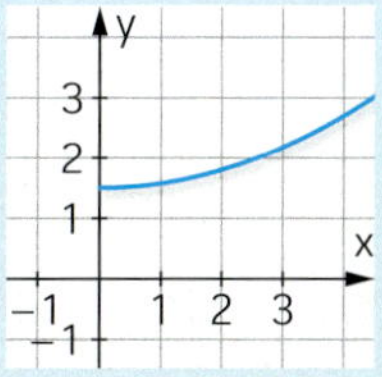

(3) Polynom 3. Grades

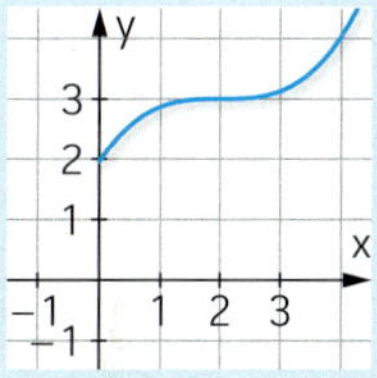

a) Beschreiben Sie jeweils kurz die Entwicklung der Produktionskosten in Abhängigkeit von der produzierten Menge. Benutzen Sie dazu auch die Änderung der Kosten. Ermitteln Sie zu den drei Modellen jeweils eine Funktionsgleichung.

b) Durch $K_a(x) = \frac{1}{10}x^3 - \frac{3}{10}a x^2 + \frac{3}{10}a^2 x - \frac{1}{10}a^3 + a + 2$ ist eine Schar von Kostenfunktionen im Intervall $I = [0; 5]$ gegeben (x und y analog Teil a)).
Skizzieren Sie für $-1 < k < 5$ einige Kurven der Schar.
Bestimmen Sie die Wendepunkte. Diese Punkte sollen im 1. Quadranten liegen. Ermitteln Sie die dafür notwendige Bedingung für a.
Bestimmen Sie die Steigung im Wendepunkt. Welche inhaltliche Bedeutung hat das Ergebnis hier?
Es gibt noch eine weitere Bedingung für a, damit das Modell sinnvoll ist. Welche ist dies, und warum ist dies so?

c) Die Umsatzfunktion U zur Kostenfunktion $K_2(x) = \frac{1}{10}x^3 - \frac{3}{5}x^2 + \frac{6}{5}x + \frac{16}{5}$ ist $U(x) = 3x$.
Untersuchen Sie mit der Gewinnfunktion G mit $G(x) = U(x) - K_2(x)$, wann die Firma Gewinn macht, und wie groß dieser maximal sein kann.
Skizzieren Sie zu Umsatzfunktionen $U_p(x) = p \cdot x \; (1 \leq p \leq 4)$ mit unterschiedlichen Preisen p einige Gewinnfunktionen. Beschreiben Sie den Gewinn in Abhängigkeit von p.

3 e-Funktionen

Was die Zahl π für den Kreis ist, ist die Zahl e für Wachstumsprozesse. Sie hat als Basis einer Exponentialfunktion eine ganz besondere Bedeutung im Zusammenhang mit den Ableitungen von solchen Funktionen. Ihren Namen hat sie von LEONARD EULER, sie tritt aber auch bei einem Problem auf, das von JAKOB BERNOULLI 1689 formuliert wurde:
Eine Summe Geldes sei auf Zinsen angelegt, dass in den einzelnen Augenblicken ein proportionaler Teil der Jahreszinsen zum Kapital geschlagen wird.
Die Abbildung oben legt es nahe, e ist auch eine irrationale Zahl.

3.1 Neue Ableitungsregeln

Mithilfe von zwei neuen Ableitungsregeln können die Ableitungen von vielen zusammengesetzten Funktionen berechnet werden.

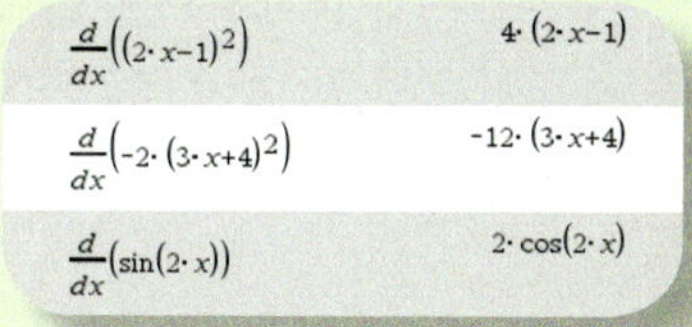

3.2 Die e-Funktion

Die Ableitung einer Exponentialfunktion $f(x) = b^x$ kann mit den bisher erarbeiteten Verfahren nicht bestimmt werden. Auf dem Weg dahin, wird eine „schöne“ Funktion gesucht und eine besondere Zahl entdeckt, die Eulersche Zahl e.

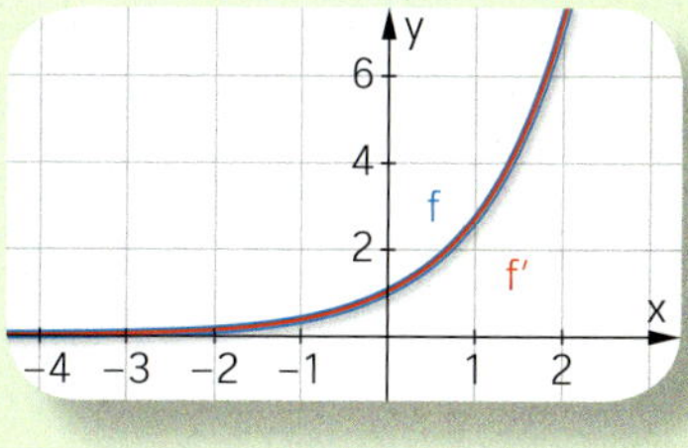

3.3 Logarithmus, Exponentialfunktionen und Logarithmusfunktion

Wie das Quadrieren hat auch das „Exponieren“ eine Umkehrung, das Logarithmieren. Damit können dann auch Exponentialgleichungen in einfachen Fällen algebraisch gelöst werden. Es zeigt sich, dass alle Exponentialfunktionen als Verwandte von $f(x) = e^x$ geschrieben werden können.
So wie die Wurzelfunktion die nächste Verwandte der quadratischen Funktion ist, hat $f(x) = e^x$ auch eine nächste Verwandte, die natürliche Logarithmusfunktion $g(x) = \ln(x)$. Deren Ableitung schließt eine Lücke.

$$e^x = a$$
$$\Rightarrow x = \ln(a)$$
$$b^x = e^{\ln(b)\cdot x}$$

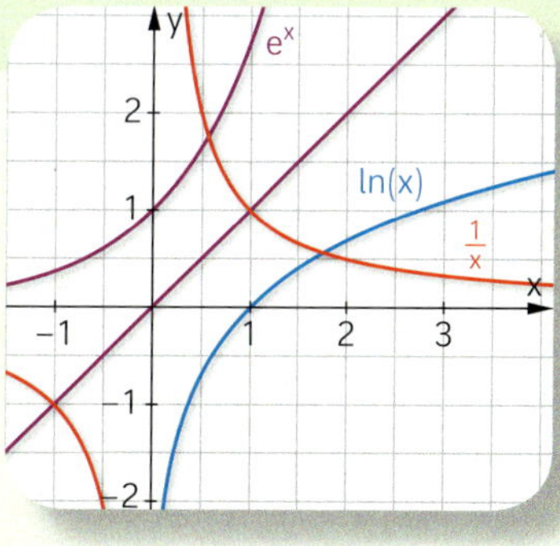

3.4 Innermathematisches mit e-Funktionen

Muster, charakteristische Eigenschaften und andere innermathematische Zusammenhänge von e-Funktionen werden untersucht.
Verschiedene Funktionen vom gleichen Typ können zu Funktionenscharen zusammengefasst und untersucht werden.
Vielfältige Verknüpfungen mit den ganzrationalen Funktionen erzeugen neuartige Kurvenverläufe.

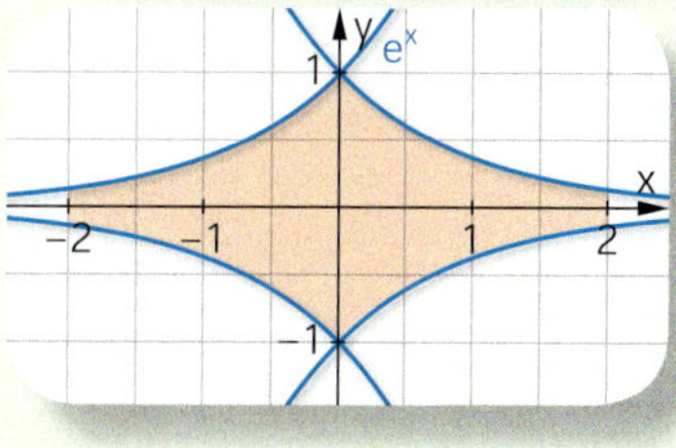

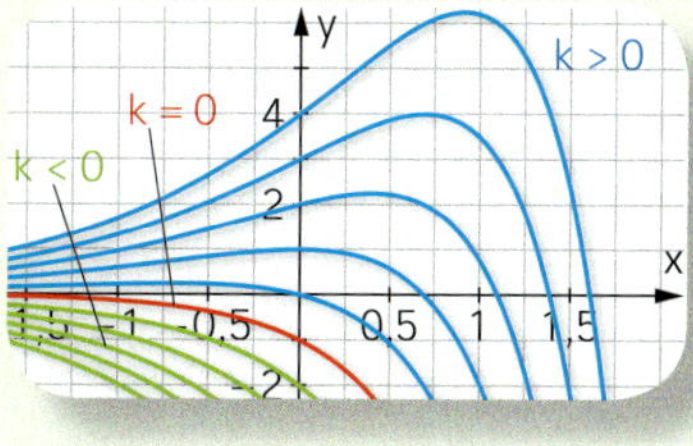

3.1 Neue Ableitungsregeln

Aufgaben

1 Ableiten von Produkten

a) Begründen Sie am Beispiel von $f(x) = x \cdot (x^2 + 1)$, dass für Produkte $f(x) = g(x) \cdot h(x)$ nicht eine gleichartige Ableitungsregel wie bei Summen gilt, dass also $f'(x) \neq g'(x) \cdot h'(x)$ ist.
Die „Produktregel“ ist in Kurzform als Merkregel aufgeführt.

b) Formulieren Sie die Regel in ausführlicher Notation, also mit $p(x) = f(x) \cdot g(x)$.

c) Wenden Sie die Regel auf folgende Funktionen an:
(1) $f(x) = x^2 \cdot x^3$ (2) $f(x) = (x^2 - 2x) \cdot (5x - 4)$ (3) $f(x) = x \cdot \sin(x)$
Überprüfen Sie Ihre Ergebnisse mit dem GTR mithilfe einer Sekantensteigungsfunktion. In zwei Fällen können Sie auch durch eine Termumformung der Ausgangsfunktion die Ableitung mit bekannten Regeln finden und damit die Überprüfung vornehmen.

Produktregel
$y = uv$
$y' = u'v + uv'$

2 Funktionen verketten

Summen- und Produktbildung von Funktionen sind schon bekannt. Eine besondere „Verknüpfung“ zweier Funktionen ist die Verkettung. Beispiel: $f(x) = x^2$; $g(x) = x + 1$

Es gibt zwei Möglichkeiten, f mit g zu verketten. Man kann zunächst g ausführen und dann auf das Ergebnis f anwenden oder umgekehrt.

$x \underset{g}{\rightarrow} x + 1 \underset{f}{\rightarrow} f(x + 1)$ $x \underset{f}{\rightarrow} x^2 \underset{g}{\rightarrow} g(x^2)$

x	f(x)	g(f(x))
−3	9	10
−1	■	2
0	■	■
2	■	■
4	■	■
a	■	■

x	g(x)	f(g(x))
−3	■	■
−1	■	■
0	■	■
2	3	9
4	■	■
a	■	■

a) Füllen Sie die Tabelle aus. Ergänzen Sie die Tabelle ggf. mit weiteren x-Werten und skizzieren Sie damit die Graphen von $g(f(x))$ und $f(g(x))$.

b) Man kann die Hintereinanderausführung auch mit dem GTR durchführen.
Überprüfen Sie damit a).

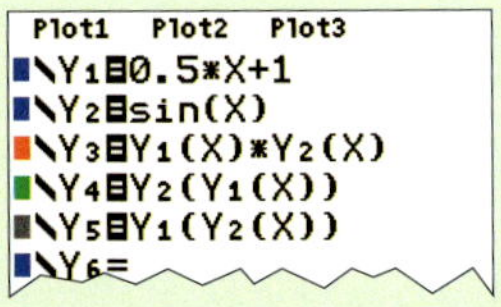

Untersuchen Sie die Verkettungen von $f_1(x) = 2x + 1$; $f_2(x) = \sin(x)$; $f_3(x) = x^2$.
Wählen Sie jeweils zwei Funktionen aus, erzeugen Sie die Graphen der Hintereinanderausführungen und bestimmen Sie die Funktionsterme (insgesamt also sechs Funktionen). Überprüfen Sie die Ergebnisse mit dem GTR.

3 Kettenregel mit CAS entdecken

$\frac{d}{dx}$ bedeutet: Leiten Sie den Term in der Klammer nach x ab.

Mit dem CAS wurden einige Ableitungen von verketteten Funktionen berechnet.

$\frac{d}{dx}(\sin(x^2))$	$2 \cdot x \cdot \cos(x^2)$
$\frac{d}{dx}(\sin(x^3))$	$3 \cdot x^2 \cdot \cos(x^3)$
$\frac{d}{dx}(\sin(x^4))$	$4 \cdot x^3 \cdot \cos(x^4)$

a) Erkennen Sie ein Muster?
Formulieren Sie eine Ableitungsregel für verkettete Funktionen.
$f'(g(x)) = \ldots$

b) Überprüfen Sie Ihre gefundene Regel an folgenden Funktionen:
(1) $f(x) = (x^3 - 2x)^4$ (2) $f(x) = \cos(x^2)$
(3) $f(x) = \sqrt{4x^2}$

Überprüfungsmöglichkeiten:
- Sekantensteigungsfunktion
- CAS
- Termumformungen

Basiswissen

Durch Multiplikation und Verkettung (Hintereinanderausführung) von Funktionen entstehen neue Funktionen. Für diese gibt es Ableitungsregeln.

Produktregel und Kettenregel

Produktregel

$y = uv$
$y' = u'v + uv'$

Produkt von Funktionen: $\mathbf{f(x) = u(x) \cdot v(x)}$
Produktregel für die Ableitung: $\mathbf{f'(x) = u'(x) \cdot v(x) + u(x) \cdot v'(x)}$

Beispiel: $f(x) = (x^2 - 1{,}5) \cdot (0{,}5x - x^2)$
$u(x) = x^2 - 1{,}5;\quad v(x) = 0{,}5x - x^2$
$u'(x) = 2x;\quad v'(x) = 0{,}5 - 2x$
$f'(x) = 2x \cdot (0{,}5x - x^2) + (x^2 - 1{,}5) \cdot (0{,}5 - 2x)$

Verkettung von Funktionen: $f(x) = u(v(x))$ v: innere Funktion; u: äußere Funktion

Bei der Verkettung von Funktionen $f(x) = u(v(x))$ wird die innere Funktion v auf das Argument x angewendet, die äußere Funktion u aber auf das Argument v(x).
$x \xrightarrow[v]{} v(x) \xrightarrow[u]{} u(v(x))$

Kettenregel

Innere mal äußere Ableitung

Kettenregel für die Ableitung: $f'(x) = v'(x) \cdot u'(v(x))$
Beispiel: $f(x) = \sin(x^2 - 1)$
$v(x) = x^2 - 1;\ u(x) = \sin(x) \Rightarrow f'(x) = \underbrace{2x}_{\text{innere Ableitung}} \cdot \underbrace{\cos(x^2 - 1)}_{\text{äußere Ableitung}}$

Beispiele

A Ableitung bestimmen

Bestimmen Sie die Ableitung von $f(x) = (x^3 + 2) \cdot (x^2 - 4x)$

Lösung:
f(x) ist das Produkt der Funktionen $u(x) = x^3 + 2$ und $v(x) = x^2 - 4x$.
Anwenden der Produktregel: $u'(x) = 3x^2$ und $v'(x) = 2x - 4$
$f'(x) = u'(x) \cdot v(x) + u(x) \cdot v'(x)$
$f'(x) = 3x^2 \cdot (x^2 - 4x) + (x^3 + 2) \cdot (2x - 4) = 3x^4 - 12x^3 + 2x^4 + 4x - 4x^3 - 8$
$= 5x^4 - 16x^3 + 4x - 8$

B Verketten und ableiten

Bilden Sie $f(x) = u(v(x))$ und $g(x) = v(u(x))$ für $v(x) = 4x - 2$ und $u(x) = x^3$.
Beschreiben Sie die Verkettungen und bestimmen Sie f'(x) und g'(x).

Lösung:
$f(x) = u(v(x)) = (4x - 2)^3$ $\quad x \xrightarrow[\text{mal 4 minus 2}]{} 4x - 2 \xrightarrow[\text{hoch 3}]{} (4x - 2)^3$ $\quad \boxed{4x - 2} \rightarrow \boxed{\boxed{4x - 2}}^3$

$g(x) = v(u(x)) = 4 \cdot x^3 - 2$ $\quad x \xrightarrow[\text{hoch 3}]{} x^3 \xrightarrow[\text{mal 4 minus 2}]{} 4 \cdot x^3 - 2$ $\quad \boxed{x^3} \rightarrow \boxed{4 \cdot \boxed{x^3} - 2}$

$f'(x) = \underbrace{4}_{\text{innere Ableitung}} \cdot \underbrace{3(4x - 2)^2}_{\text{äußere Ableitung}} = 12(4x - 2)^2$ $\quad g'(x) = 12x^2$

Übungen

4 Training – Ableiten nach Regeln

Bestimmen Sie die Ableitungsterme zu den folgenden Funktionen. Geben Sie jeweils die benutzten Ableitungsregeln an. Überprüfen Sie mit dem GTR, indem Sie die gefundene Ableitung und eine Sekantensteigungsfunktion zeichnen.

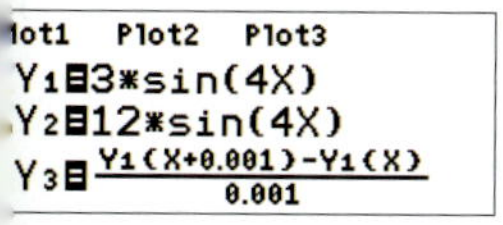

a) $f(x) = (x^2 - 4x)(5 + 2x)$ b) $f(x) = (6 - 3x)^4$ c) $f(x) = x^3 \cdot (x^2 - 1)$
d) $f(x) = (x^2 - k \cdot x)^3$ e) $f(x) = x^2 \cdot \sqrt{x}$ f) $f(x) = -2(5x - 1)^3$
g) $f(x) = \cos(x) \cdot \sin(x)$ h) $f(x) = (2x^3 + 1)^{-2}$ i) $f(x) = a \cdot (\cos(x))^3 + x$

In einigen Fällen gibt es verschiedene Möglichkeiten zur Bestimmung des Ableitungsterms – z. B. bei a): Produktregel oder Ausmultiplizieren und Summenregel.

Übungen

5 Training im Verketten und Ableiten

Formulieren Sie die Funktionen f und g als Handlungsanweisungen (vgl. Beispiel B) und bilden Sie damit jeweils die Verkettungen $f(g(x))$ und $g(f(x))$. Bestimmen Sie dann auch die ersten beiden Ableitungen der Verkettungen.

$f(x)$	$\sqrt{x}$	$x-5$	$\sin(x)$	$ax+b$	$(x+2)^2$
$g(x)$	x^2+4	x^2	$3x$	x^4	$\sqrt{x}$

6 Bekanntes in neuem Kleid

Zeigen Sie, dass sich die Faktorregel als Spezialfall der Produktregel ergibt mit $u(x) = a$ und $v(x) = g(x)$.

Faktorregel
$f(x) = a \cdot g(x) \Rightarrow f'(x) = a \cdot g'(x)$
„Ein konstanter Faktor bleibt beim Ableiten erhalten.“

7 Wo steckt der Fehler?

Bei vier der sechs Aufgaben haben sich Fehler eingeschlichen. Finden und benennen Sie diese und korrigieren Sie sie.

a) $f(x) = 3x \cdot \sqrt{x} \Rightarrow f'(x) = 3x \cdot \sqrt{x} + 3 \cdot \frac{1}{2\sqrt{x}}$

b) $f(x) = (x-2) \cdot x^6 \Rightarrow f'(x) = x^6 + 6 \cdot (x-2)^5$

c) $f(x) = \sqrt{x^2+2} \Rightarrow f'(x) = \frac{1}{2\sqrt{x}} \cdot 2x$

d) $f(x) = x^2 \cdot \sin(x) \Rightarrow f'(x) = 2x \cdot \sin(x) + x^2 \cdot \cos(x)$

e) $f(x) = (x^2+3)^5 \Rightarrow f'(x) = 5x^2 \cdot 2x$

f) $f(x) = 2 \cdot (4x+7)^4 \Rightarrow f'(x) = 32 \cdot (4x+7)^3$

8 Ableitungsregeln mehrmals

Manchmal muss man beide Ableitungsregeln anwenden.

a) $f(x) = x^2 \cdot (4x+1)^2$ b) $f(x) = x^2 \cdot \sin(4x)$ c) $f(x) = (x \cdot \sin(x))^2$

9 Mehrwert durch Kettenregel

a) Könnten Sie die Ableitung von $f(x) = (2x+4)^6$ ohne Kettenregel bilden? Welche Schwierigkeiten ergeben sich aber? Wie hilft hier die Kettenregel?

b) Beantworten Sie die Fragen aus a) für $f(x) = \sin(4x)$

c) $f(x) = 2^{3x-1}$ ist auch eine Verkettung. Geben Sie die innere und die äußere Funktion an. Welche Schwierigkeiten ergeben sich hier beim Versuch, die Ableitung zu bestimmen?

10 Ableitungen im Kontext

(1) Berechnen Sie die Steigung der Funktion $f(x) = (3x+2)^4$ an den Stellen $x = 0$ und $x = -1$.

(2) Bestimmen Sie die Steigung von $f(x) = (x^2-1) \cdot (2x-8)$ in den Schnittpunkten mit der x-Achse.

(3) An welchen Stellen hat $f(x) = \frac{1}{2}(2x-6)^3$ eine waagerechte Tangente?

(4) Bestimmen Sie die Gleichung der Tangente an den Graphen der Funktion $f(x) = (x^3-2) \cdot (4-x)$ im Schnittpunkt mit der y-Achse.

11 Ein Extremwertproblem

Der Punkt C des Rechtecks liegt auf dem Graphen von $y = \sqrt{1-x}$, $0 < x < 1$. Welchen maximalen Flächeninhalt kann das Rechteck erreichen?

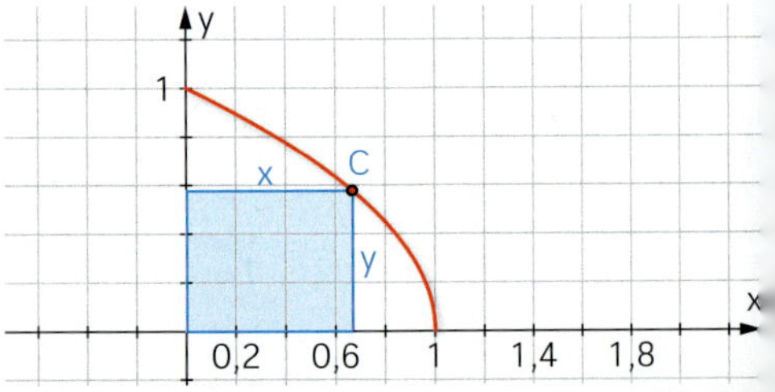

Übungen

12 **Wahr oder falsch?**

Für welche der folgenden Beispiele trifft die nebenstehende Aussage zu?

a) $f(x) = (g(x))^2$

b) $f(x) = \sqrt{g(x)}$

c) $f(x) = (x^2 + 1) \cdot g(x)$

> Falls der Graph von g an der Stelle a eine waagerechte Tangente hat, dann hat auch der Graph der Funktion f an dieser Stelle eine waagerechte Tangente.

Begründen Sie jeweils Ihre Entscheidung.

> Das Finden von Ableitungsregeln und das Beweisen derselben sind zwei verschiedene Dinge. Das Beweisen wird meist erst dann in Angriff genommen, wenn man die Regel schon kennt und von ihrer Richtigkeit überzeugt ist. Zum Beweis ist eine exakte Formulierung der Aussage – vor allem die genaue Formulierung der Voraussetzungen – von entscheidender Bedeutung.

13 **Beweis der Produktregel**

Die Produktregel in der Wenn-Dann-Formulierung:

$f(x) = u(x) \cdot v(x)$ ist im Intervall I definiert und $u(x)$ und $v(x)$ sind im Intervall I differenzierbar	$\Rightarrow$	$f(x)$ ist in I differenzierbar und es gilt: $f'(x) = u'(x) \cdot v(x) + u(x) \cdot v'(x)$

Beweis mithilfe des Differenzenquotienten. Es ist zu zeigen:

$$\lim_{h \to 0} \frac{f(x+h) - f(x)}{h} = \lim_{h \to 0} \frac{u(x+h) - u(x)}{h} \cdot v(x) + u(x) \cdot \lim_{h \to 0} \frac{v(x+h) - v(x)}{h}$$

Ausgangspunkt ist der Differenzenquotient zu $f(x)$. Die entscheidende Idee liegt in einer geschickten Umformung (Ergänzung) des Zählers.

$$\frac{f(x+h) - f(x)}{h} = \frac{u(x+h) \cdot v(x+h) - u(x) \cdot v(x)}{h}$$
$$= \frac{u(x+h) \cdot v(x+h) - u(x) \cdot v(x+h) + u(x) \cdot v(x+h) - u(x) \cdot v(x)}{h}$$

a) Formen Sie weiter um zu

$$\frac{f(x+h) - f(x)}{h} = \frac{u(x+h) - u(x)}{h} \cdot v(x+h) + u(x) \cdot \frac{v(x+h) - v(x)}{h}$$

und führen Sie den Grenzübergang $h \to 0$ durch.

b)
- Erläutern Sie, dass in der ersten Zeile des Beweises „Es ist zu zeigen …" die Formel der Produktregel versteckt ist.
- Warum wird die trickreiche Umformung des Zählers vorgenommen?
- An welcher Stelle wird in dem Beweis die Voraussetzung der Differenzierbarkeit von u und v benötigt?

14 **Beweis der Kettenregel**

Für einen Beweis der Kettenregel muss der Differenzenquotient wieder geschickt umgeformt werden. Ähnlich wie bei der Produktregel oder bei der quadratischen Ergänzung beim Lösen einer quadratischen Gleichung wird ein Term geschickt ergänzt.

$$\frac{u(v(x+h)) - u(v(x))}{h} = \frac{u(v(x+h)) - u(v(x))}{h} \cdot \frac{v(x+h) - v(x)}{v(x+h) - v(x)}.$$

Leiten Sie daraus die Regel ab.

Übungen

15 Ableitung von Quotienten

Für Summen, Produkte sowie Verkettungen von Funktionen sind Ihnen nun verschiedene grundlegende Ableitungsregeln bekannt.

Wie leitet man aber Quotientenfunktionen $f(x) = \frac{u(x)}{v(x)}$ ab?

Mit einer geschickten Umformung kann f(x) auf bekannte Funktionstypen gebracht werden: $f(x) = \frac{u(x)}{v(x)} = u(x) \cdot \frac{1}{v(x)} = u(x) \cdot v(x)^{-1}$

Leiten Sie $f(x) = u(x) \cdot v(x)^{-1}$ mithilfe der Produkt-, Ketten- und Potenzregel ab und entwickeln Sie damit eine Quotientenregel.

Die Quotientenregel

$$f(x) = \frac{u(x)}{v(x)} \Rightarrow f'(x) = \frac{u'(x) \cdot v(x) - u(x) \cdot v'(x)}{(v(x))^2}$$

16 Training

Bestimmen Sie die ersten beiden Ableitungen. Überprüfen Sie grafisch mithilfe des GTR.

a) $f(x) = \frac{4x}{x^2 + 2}$ b) $f(x) = \frac{x^2 - 4}{x + 8}$ c) $f(x) = \frac{2x^2}{x^3 - 4}$

d) $f(x) = \frac{\sin(x)}{x + 1}$ e) $f(x) = \frac{a - x}{x^2 + a}$ f) $f(x) = \frac{a \cdot x^2}{2x - a}$

Geometrische Bedeutung der linearen Verkettung

Ist $k(x) = f(ax + b) = f\left(a\left(x + \frac{b}{a}\right)\right)$, so erhält man den Graphen von k aus dem Graphen von f, indem man nacheinander eine Verschiebung um $\frac{b}{a}$ Einheiten in x-Richtung und eine horizontale Streckung/Stauchung mit dem Faktor $\frac{1}{a}$ ausführt.

Beispiel:

$f(x) = x^2$; $k(x) = f(2x - 1) = (2x - 1)^2 = (2(x - 0,5))^2$

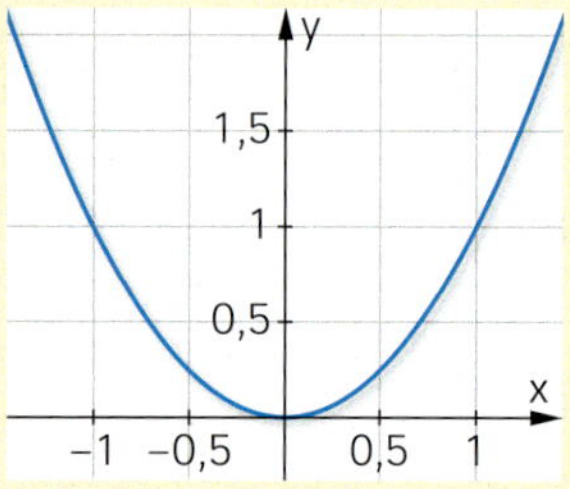

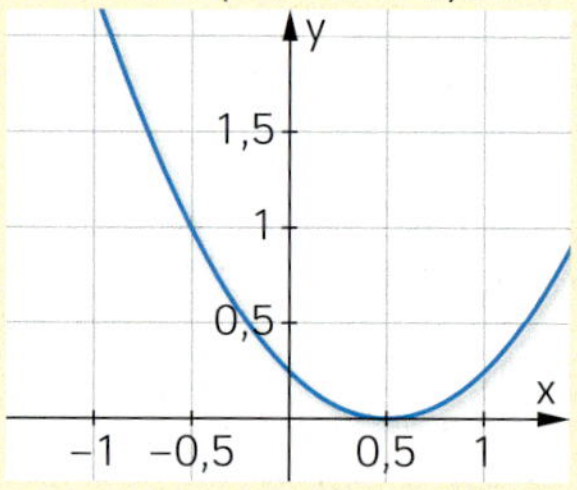

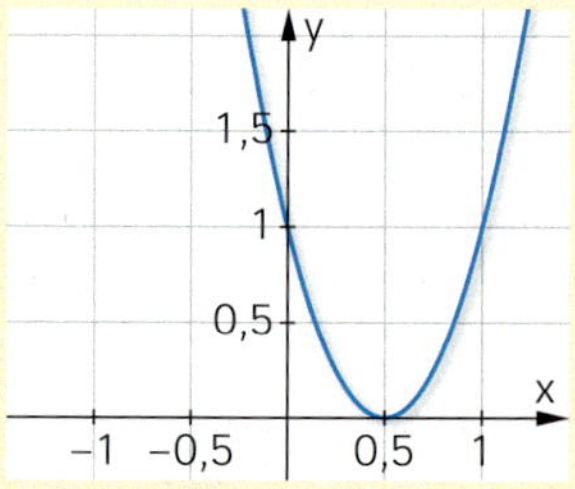

$f(x)$ → $f(x - 0,5)$ → $f(2(x - 0,5))$

17 Lineare Verkettung – Verschieben und Strecken

Beschreiben Sie die geometrische Bedeutung der Verkettungen in Aufgabe 4 b) und 4 f). Skizzieren Sie die äußere Funktion und die Verkettung.

Grundwissen

1. Zeigen Sie, dass die Funktion $G(x) = x^4 - 2x^{\frac{3}{2}} - \sqrt{2}$ $(x \geq 0)$ eine Stammfunktion von $f(x) = 4x^3 - 3\sqrt{x}$ ist.
2. Lösen Sie die Gleichung: $x^2 - 4x = x(2x + 4)$
3. Schreiben Sie jeweils als Bruch, Dezimalzahl und Prozentzahl: 0,075; $\frac{11}{8}$; 0,37 %

Exkurs

Die Leibniz-Notation für die Ableitung

$\frac{\Delta y}{\Delta x} = \frac{y_2 - y_1}{x_2 - x_1}$ ist der Differenzenquotient von f zu den Punkten $(x_1 | y_1)$ und $(x_2 | y_2)$ von f.

Zur Berechnung der Ableitung überlegte Leibniz: Nähert sich der eine x-Wert dem anderen, so werden Δx und Δy immer kleiner. Schließlich erhält man „unendlichkleine Größen“. Leibniz bezeichnete diese mit dx und dy und nannte sie Differenziale. Die Zahl, der sich der Quotient $\frac{\Delta y}{\Delta x}$ nähert, wurde als Quotient dieser Differenziale angesehen, mit $\frac{dy}{dx}$ bezeichnet und Differenzialquotient genannt. Mit heutiger Schreibweise gilt also: $f'(x) = \frac{dy}{dx}$

Diese Überlegung ist nicht unproblematisch. Was sind unendlich kleine Größen? Wie kann man aus ihnen einen Quotienten berechnen? Obwohl Leibniz dies nicht näher erklären konnte und obwohl diese Schreibweise vielfach kritisiert wurde, verwendet man sie auch heute noch, weil sie sich in Anwendungen (z.B. in der Physik) als äußerst nützlich erweist. Man darf $\frac{dy}{dx}$ auf keinen Fall als Bruch ansehen, vielmehr als Anweisung, die Funktion $y = f(x)$ nach der Variablen x abzuleiten. Das Symbol hat nur als Ganzes einen Sinn – man liest „dy nach dx“.

Ein Streit unter berühmten Naturwissenschaftlern

Eine der berühmtesten Auseinandersetzungen zwischen zwei Naturwissenschaftlern ist der Streit zwischen Leibniz und Newton über die Erstentdeckung der Infinitesimalrechnung, der sog. „Prioritätsstreit“.

Gottfried Wilhelm Leibniz

* 01.07.1646
† 14.11.1716

Leibniz fand seinen Differenzialkalkül auf der Suche nach Tangenten, Maxima und Minima bei elementaren (d.h. ableitbaren) Funktionen. Dies sind genau die Fragestellungen, die auch heute im Analysisunterricht im Zentrum stehen. Er entwarf dazu ein Kalkül (Calculus), d.h. Regeln, die unseren heutigen Ableitungsregeln entsprechen und die er so notierte:

$d x^a = a x^{a-1}$

Leibniz notierte dazu: *„Kennt man, wenn ich so sagen soll, den obigen Algorithmus dieses Kalküls, den ich Differentialrechnung nenne, so lassen sich alle anderen Differentialgleichungen durch ein gemeinsames Rechnungsverfahren finden, es lassen sich die Maxima und Minima sowie die Tangenten erhalten, ohne dass es dabei nötig ist, Brüche oder Irrationalitäten oder andere Verwicklungen zu beseitigen, was nach den bisher bekannt gegebenen Methoden doch geschehen musste.“*

Sir Isaac Newton

* 04.01.1643
† 31.03.1727

Newton kam von der Physik. Er betrachtete die Bewegung eines Punktes (auf einer Kurve) mit einer bestimmten Geschwindigkeit während eines gleichmäßig fließenden Zeitparameters t. Somit „fließen“ die Koordinaten x, y (Fluenten) der Kurvenpunkte. Ihre Geschwindigkeiten
$\dot{x}$ und $\dot{y}$ sind dann die Fluxionen. Damit konnte er alle Infinitesimalrechnungen ausführen. Bis heute ist folgende Einstellung in der Analysis maßgeblich: *„Wenn daher irgendwann im Folgenden um der leichteren Verständlichkeit willen die Ausdrücke „unendlich klein“ oder „verschwinden“ oder „letzte“ gebraucht werden, bezogen auf Größen, so muss man sich hüten, darunter dem Ausmaß nach bestimmte Größen zu verstehen, und sie in allen Fällen auffassen als Größen, die unbegrenzt abnehmen.“*

Historische Forschungen belegen: Newton entdeckte seinen Infinitesimalkalkül bereits um 1665, also etwa zehn Jahre vor Leibniz. Allerdings beschritten beide Forscher unabhängig voneinander unterschiedliche Wege, die zum gleichen Ergebnis führten. Warum wurde also gestritten? Leibniz hatte seine Ergebnisse zuerst veröffentlicht. Zuvor hatte aber Newton in einem Brief an Leibniz eine Idee zur Infinitesimalrechung formuliert – jedoch nur in verschlüsselter Form. Später wurde Leibniz beschuldigt, er habe in Kenntnis der Newton'schen Schriften und nur mit deren Hilfe „seine eigene“ Infinitesimalrechnung entwickelt. Leibniz wollte dies nicht auf sich sitzen lassen. Der Streit beeinflusste die naturwissenschaftlichen Arbeiten auf dem europäischen Festland und der britischen Insel nachhaltig, ohne dass sich die Kontrahenten je persönlich gegenüber standen.

3.2 Die e-Funktion

Aufgaben

1 Eine besondere Exponentialfunktion – grafisch-numerisch

Wie sieht die Ableitung von Exponentialfunktionen aus? Skizzieren Sie $f(x) = 2^x$. Ein erster Blick auf den Graphen verdeutlicht bereits, dass die Tangentensteigungen mit wachsendem x immer größer werden.

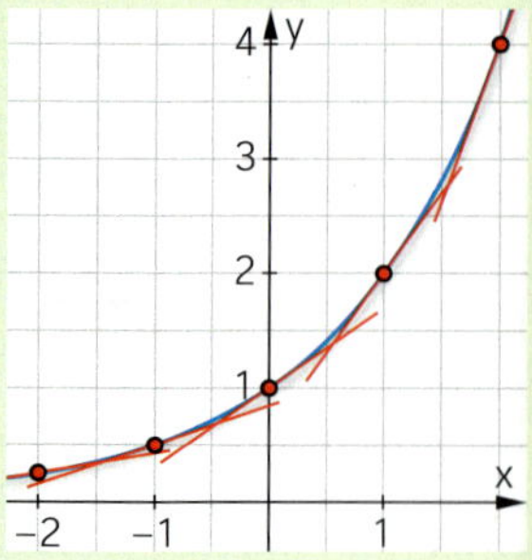

a) Skizzieren Sie nach Anschauung die Ableitung.
Die Sekantensteigungsfunktion $msek(x) = \frac{2^{x+0{,}001} - 2^x}{0{,}001}$ oder *nderiv* (GTR) liefern eine gute Näherung für die Ableitung. Vergleichen Sie mit Ihrer anschaulich erzeugten Ableitung.

b) Der Graph der Ableitung sieht wieder aus wie eine Exponentialfunktion. Bestätigt sich diese Vermutung bei anderen Exponentialfunktionen?
Überprüfen Sie für $f(x) = 3^x$ und $f(x) = 7^x$. Gilt die Vermutung auch für $f(x) = 0{,}5^x$?

c) Wenn die Ableitungen von Exponentialfunktionen wieder Exponentialfunktionen sind, dann könnte es auch eine Exponentialfunktion $f(x) = b^x$ geben, für die die Ableitung mit der Ausgangsfunktion übereinstimmt, für die also $f'(x) = f(x)$ gilt.
Im Folgenden können Sie auf zwei verschiedenen experimentellen Wegen auf die Suche nach einem Näherungswert für eine solch spezielle Basis b gehen.

(A) Stützen Sie mithilfe der Grafiken die Vermutung, dass die Basis zwischen 2 und 4 liegen muss. Variieren Sie die Basis so, dass nach Augenmaß f und die Sekantensteigungsfunktion übereinstimmen.

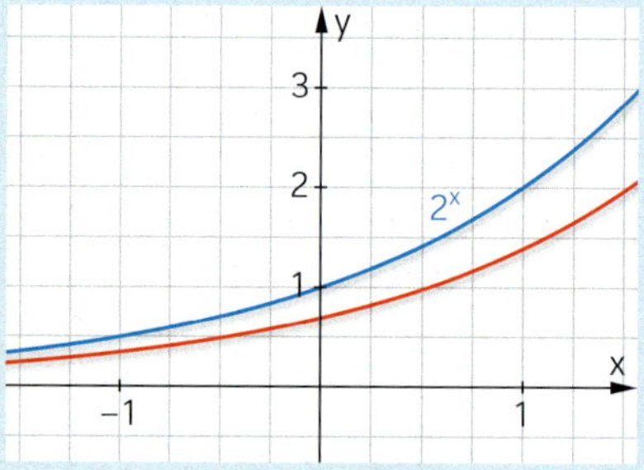

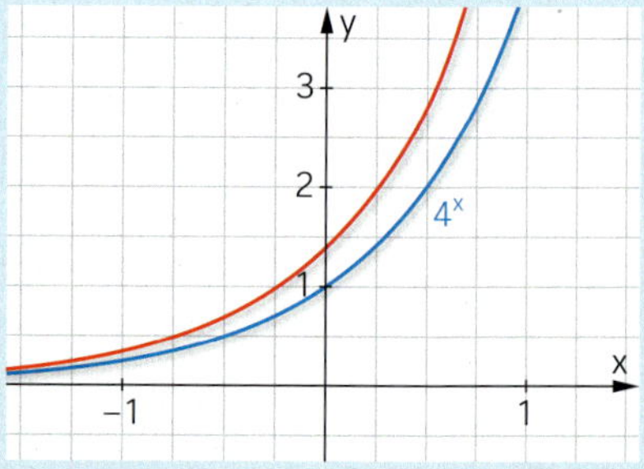

(B) Wenn die Ableitung mit der Ausgangsfunktion übereinstimmt, dann gilt insbesondere $f'(0) = f(0) = b^0 = 1$. Zeigen Sie damit, dass $y = x + 1$ die Gleichung der Tangente in $(0|1)$ ist. Begründen Sie mithilfe der Grafiken, dass die Basis zwischen 2 und 4 liegen muss. Betrachten Sie dazu die Schnittpunkte von f und der Tangente. Variieren Sie nun die Basis so, dass die Berühreigenschaft annähernd erfüllt ist.

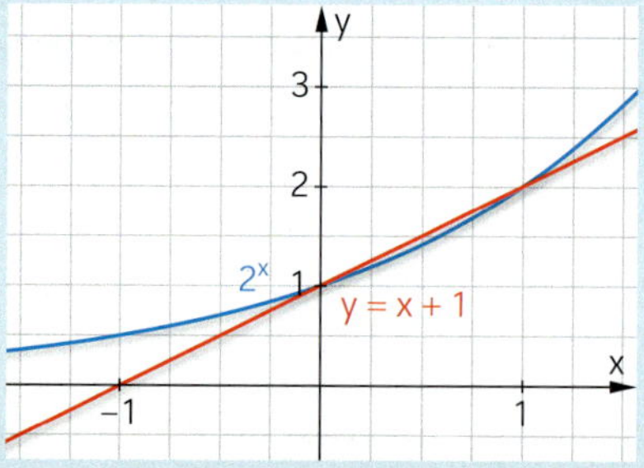

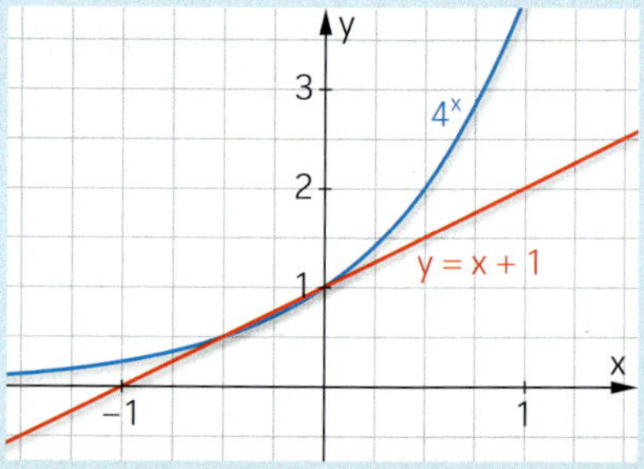

Aufgaben

2 Eine besondere Exponentialfunktion – mit Differenzenquotient und Grenzverhalten

Wie erhält man die Ableitung von Exponentialfunktionen $f(x) = b^x$? Zur Ermittlung muss $\lim\limits_{h \to 0} \frac{b^{x+h} - b^x}{h}$ untersucht werden. Bei ganzrationalen Funktionen gelang der Grenzübergang durch Ausklammern von h im Zähler (*h-Methode*), hier kann aber nicht h ausgeklammert werden und $h = 0$ liefert wieder den undefinierten Ausdruck $\frac{0}{0}$.

Tipp

$a^{m+n} = a^m \cdot a^n$

$b^0 = 1$

- Zeigen Sie: (1) $f'(x) = \lim\limits_{h \to 0} \frac{b^{x+h} - b^x}{h} = b^x \cdot \lim\limits_{h \to 0} \frac{b^h - 1}{h}$ und (2) $f'(0) = \lim\limits_{h \to \infty} \frac{b^h - 1}{h}$

Erläutern Sie damit: $f'(x) = f'(0) \cdot f(x)$ und $f'(x) = f(x)$ für $f'(0) = \lim\limits_{h \to 0} \frac{b^h - 1}{h} = 1$

- Zeigen für $h = \frac{1}{n}$: $\frac{b^h - 1}{h} = 1 \Leftrightarrow b = \left(1 + \frac{1}{n}\right)^n$
- Untersuchen Sie $\left(1 + \frac{1}{n}\right)^n$ für $n \to \infty$. Welchen Wert für b erhalten Sie?

```
nMin=1
▪∖u(n)▪(1+1/n)^n
 u(nMin)▪
▪∖v(n)=
```

3 Eine besondere Zahl – Stetige Verzinsung

JAKOB BERNOULLI (1654 – 1705)

JAKOB BERNOULLI formulierte 1689 folgendes Zinsproblem:
Eine Summe Geldes sei auf Zinsen angelegt, dass in den einzelnen Augenblicken ein proportionaler Teil der Jahreszinsen zum Kapital geschlagen wird.

Ein frisch gebackener Millionär hat 1 Million Euro und möchte durch geschickte Geldanlage innerhalb eines Jahres noch mehr Geld daraus machen. Das Kapital soll sich durch Zinsen vermehren.
Vier Banken bieten verschiedene Anlagemodelle an:

Ganzjahresbank	Verzinsung pro Jahr mit 6 %
Halbjahresbank	Verzinsung pro Halbjahr mit $\frac{6}{2}\,\% = 3\,\%$
Monatsbank	Verzinsung pro Monat mit $\frac{6}{12}\,\% = 0{,}5\,\%$
Tagesbank	Verzinsung pro Tag mit $\frac{6}{360}\,\% = \frac{1}{60}\,\%$

Zinseszinsformel

$K(t) = K_0 \cdot \left(1 + \frac{p}{100}\right)^t$

K_0: Anfangskapital

p: jährlicher Zinssatz

t: Zeit

a) Untersuchen Sie, wie sich die 1 Million Euro bei den verschiedenen Banken nach einem Jahr vermehrt haben. Begründen Sie, dass mit der Formel $K(n) = 1 \cdot \left(1 + \frac{6}{100} \cdot \frac{1}{n}\right)^n$ das Kapital bei der „1/n-Jahresbank" berechnet werden kann.

b) Die „1/n-Momentanbank" bietet eine stetige Verzinsung bei einem utopischen Jahreszinssatz von 100 % an. Es werden also unmittelbar in jedem Augenblick auch die Zinseszinsen gutgeschrieben. Wächst das Vermögen ins Unendliche, wenn die Million dort angelegt wird?

- Begründen Sie, dass $K(n) = \left(1 + \frac{1}{n}\right)^n$ das Kapital nach einem Jahr angibt.
- Füllen Sie die Tabelle aus:

Verzinsung pro...	Monat	Tag	Stunde	Minute	Sekunde
n	12	365	8760	■	■
$\left(1 + \frac{1}{n}\right)^n$	■	■	■	■	■

Was vermuten Sie über den Ausdruck $\left(1 + \frac{1}{n}\right)^n$, wenn n gegen unendlich strebt?

Basiswissen

Unter den Exponentialfunktionen $f(x) = b^x$ gibt es eine mit einer besonderen Basis und besonderen Eigenschaften.

Die natürliche Exponentialfunktion

Die Exponentialfunktion $f(x) = e^x$ mit der Basis $e \approx 2{,}718281...$ heißt *natürliche Exponentialfunktion*.
Sie wird auch als e-Funktion bezeichnet.

Eine besondere Eigenschaft der e-Funktion besteht darin, dass sie mit ihrer Ableitung übereinstimmt.

$f(x) = e^x \Rightarrow f'(x) = e^x$

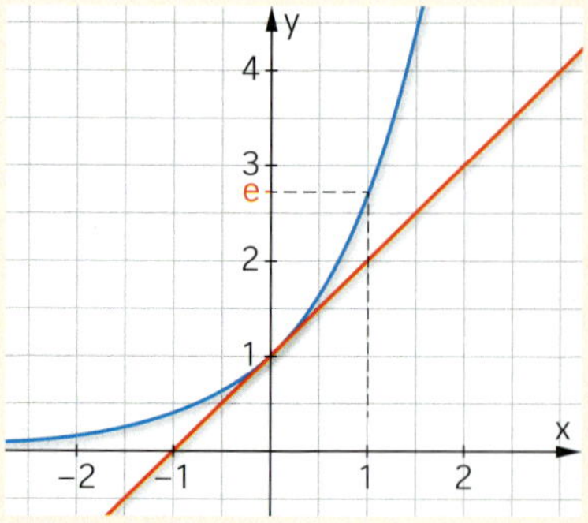

Die Tangente der e-Funktion im Punkt $P(0|1)$ hat die Gleichung $y = x + 1$.

Beispiele

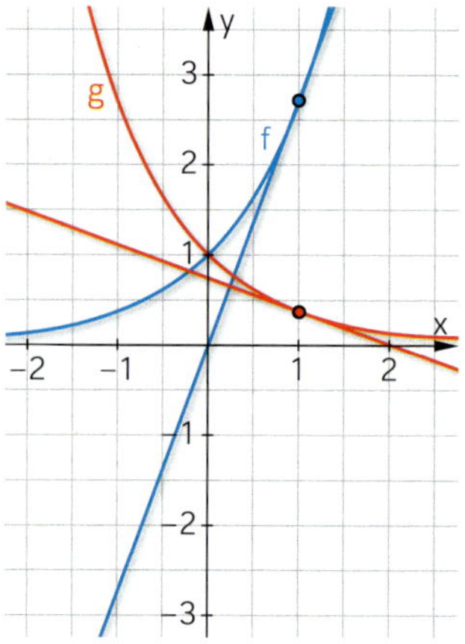

A e-Funktionen und Tangenten

a) Vergleichen Sie die Graphen der Funktionen $f(x) = e^x$ und $g(x) = e^{-x}$

b) Bestimmen Sie jeweils die Gleichungen der Tangenten an der Stelle 1 und zeigen Sie, dass diese Tangenten senkrecht zueinander liegen.

Lösung:

a) Der Graph von g entsteht durch Spiegeln des Graphen von f an der y-Achse.

b) Gleichung der Tangente in $P(a|f(a))$: $t\colon y = f'(a) \cdot (x - a) + f(a)$

f(x)	f′(x)	f(1)	f′(1)	Tangente an der Stelle 1
$f(x) = e^x$	$f'(x) = e^x$	$f(1) = e$	$f'(1) = e$	$y = e \cdot (x - 1) + e = e \cdot x$
$g(x) = e^{-x}$	$g'(x) = -e^{-x}$ Kettenregel	$g(1) = e^{-1} = \frac{1}{e}$	$g'(1) = -e^{-1} = -\frac{1}{e}$	$y = -\frac{1}{e}(x - 1) + \frac{1}{e} = -\frac{1}{e}x + \frac{2}{e}$

Bedingung für senkrechte Geraden: Produkt der Steigungen ist −1: $m_f \cdot m_g = e \cdot \left(-\frac{1}{e}\right) = -1$

Exkurs

Die Euler'sche Zahl e

Neben der Zahl π gehört die Zahl e zu den besonderen, merkwürdigen Zahlen der Mathematik. Während die Kreiszahl π in unmittelbarem Zusammenhang mit dem Kreis steht, taucht die Zahl e vor allem bei Wachstumsvorgängen auf.
Der in Basel geborene Mathematiker Leonhard Euler (1707–1783) hat Wesentliches zur Analyse dieser Zahl beigetragen. Die Zahl e wird heute auch *Euler'sche Zahl* genannt. So wie π ist auch e eine irrationale Zahl. Sie lässt sich nur näherungsweise bestimmen.

$e \approx 2{,}718\,281\,828\,459\,045\,235\,360\,287\,471\,352\,662\,497\,757\,247\,093\,699\,95...$

Übungen

4 Eigenschaften der e-Funktion

a) Begründen Sie mithilfe der Ableitungen, dass $f(x) = e^x$ keine Extrem- und Wendepunkte besitzt.

b) Untersuchen Sie mithilfe der Ableitungen das Monotonie- und das Krümmungsverhalten von $f(x) = e^x$.

Übungen

5 e-Funktionen ableiten

(1) Bestimmen Sie die ersten beiden Ableitungen.

(2) Bestimmen Sie jeweils die Gleichung der Tangente und Normale in $P(-1 \mid f(-1))$ und $Q(2 \mid f(2))$.

a) $f(x) = -e^x + 5$ b) $f(x) = 0{,}1 \cdot e^{x+6}$ c) $f(x) = \left(\frac{1}{e}\right)^x - e$ d) $f(x) = -e^{-x}$

6 Ableitungen und Tangenten komplexerer e-Funktionen

a) Ordnen Sie die Funktionsgraphen den Funktionsgleichungen zu.

$f_1(x) = 2e^x$ $f_2(x) = e^{2x}$

$f_3(x) = e^{x-2}$ $f_4(x) = 0{,}5e^x - 3$

Durch welche geometrischen Abbildungen gehen diese jeweils aus dem Graphen von $f(x) = e^x$ hervor?

b) Bestimmen Sie die Ableitungen und zeichnen Sie deren Graphen.

c) Wie unterscheiden sich die Ableitungsgraphen von dem Graphen der Ableitung von $f(x) = e^x$?

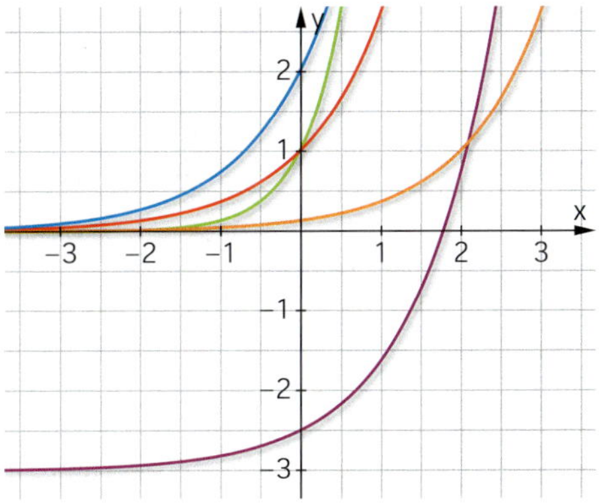

7 Stammfunktionen

a) Geben Sie jeweils eine Stammfunktion F an. Überprüfen Sie Ihr Ergebnis, indem Sie zeigen, dass $F'(x) = f(x)$ gilt.

(1) $f(x) = e^x$ (2) $f(x) = 3e^x$ (3) $f(x) = e^{2x}$ (4) $f(x) = 3e^{2x}$

b) Ermitteln Sie zu $f(x) = a \cdot e^{kx}$ eine Stammfunktion F. Wie unterscheiden sich die Graphen von F und f?

8 Viele Ableitungen: Exponentialfunktionen und Potenzfunktionen

Bestimmen Sie die ersten drei Ableitungen der Funktionen. Wie lautet die n-te Ableitung der Funktion? Zeichnen Sie jeweils die ersten fünf Ableitungen. Beschreiben Sie die Unterschiede bei der Entwicklung höherer Ableitungen von Exponential- und Potenzfunktionen.

a) $f(x) = 0{,}9 \cdot e^{0{,}5x}$

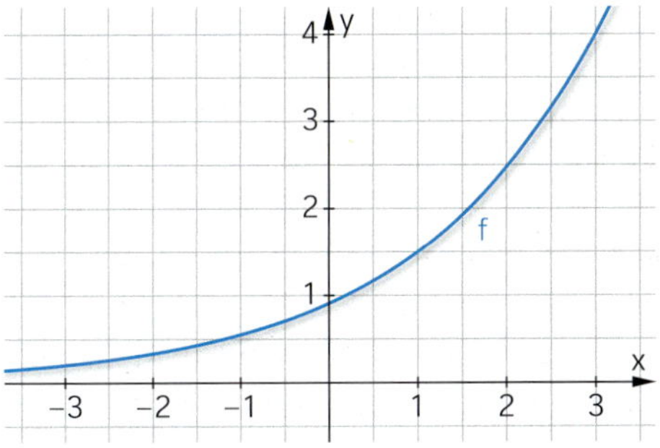

b) $f(x) = \frac{1}{30}x^6$

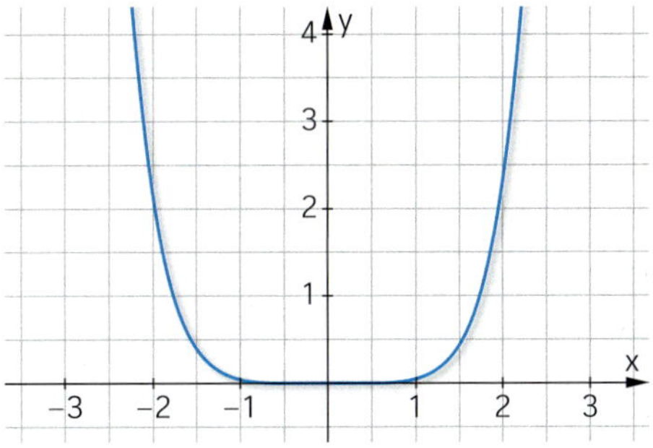

Grundwissen

1. Skizzieren Sie den Graphen einer ganzrationalen Funktion f, für die gilt: Die Funktion der 1. Ableitung hat genau drei Nullstellen, die Funktion der 2. Ableitung ist an diesen Stellen ungleich Null. Wie viele Krümmungswechsel hat der Graph?
2. Bestimmen Sie den Flächeninhalt, den der Graph von $f(x) = \sin(x)$ in $[0; \pi]$ mit der x-Achse einschließt.

Aufgaben

9 Die Zahl e als Grenzwert einer Folge

Mona und Leo haben bei der Untersuchung von $\left(1+\frac{1}{n}\right)^n$ nicht Werte eingesetzt und probiert, sondern über das Verhalten für $n \to \infty$ nachgedacht.

> Mona:
> *Die Basis ist immer größer als 1, also strebt der Ausdruck gegen unendlich.*

> Leo:
> *Die Basis strebt für n gegen unendlich gegen 1 und 1 hoch irgendwas ist immer 1, also strebt der Ausdruck gegen 1.*

Können Sie den Streit klären? Entdecken Sie die „Denkfehler“ von Mona und Leo?

Die Existenz eines Grenzwerts von $a_n = \left(1+\frac{1}{n}\right)^n$ für $n \to \infty$ ist am Term nicht zu erfassen. Weil die Steigung einer Exponentialfunktion an der Stelle 0 anschaulich existiert, zweifelt man wenig an der Existenz eines Grenzwerts. Wenn man mathematisch exakt denkt, muss diese Existenz aber unabhängig von der Anschauung gezeigt werden.

Die Folge a_n wächst monoton $\Leftrightarrow a_n > a_{n-1}$

Es gilt:

> (A) Eine Folge a_n wächst monoton und ist beschränkt $\Rightarrow$ a_n konvergiert.
> (B) $(1+x)^n > 1 + n \cdot x;\ n \geq 2;\ x > -1$ (Bernoulli-Ungleichung)

(1) $\frac{\left(1+\frac{1}{n}\right)^n}{\left(1+\frac{1}{n-1}\right)^{n-1}} = \frac{\left(\frac{n+1}{n}\right)^n}{\left(\frac{n}{n-1}\right)^{n-1}} = \ldots = \left(\frac{n+1}{n}\right)^n \cdot \left(\frac{n-1}{n}\right)^n \cdot \left(\frac{n}{n-1}\right) = \ldots = \left(1-\frac{1}{n^2}\right)^n \cdot \left(\frac{n}{n-1}\right) \underset{(B)}{>} \left(1-\frac{1}{n}\right) \cdot \left(\frac{n}{n-1}\right) = 1$

Füllen Sie die Lücken aus und begründen Sie damit, dass $a_n = \left(1+\frac{1}{n}\right)^n$ monoton wächst.

(2) Es gilt: $a_n = \left(1+\frac{1}{n}\right)^n < \left(1+\frac{1}{n}\right)^n \cdot \left(1+\frac{1}{n}\right) = \left(1+\frac{1}{n}\right)^{n+1} = b_n$

$\frac{n^2}{n^2-1} = 1 + \frac{1}{n^2-1}$

Zeigen Sie $\frac{b_{n-1}}{b_n} > 1$ (wie in (1)) und damit, dass b_n monoton fällt.

(3) Begründen Sie mit (1) und (2), dass a_n beschränkt ist.

10 Die Zahl e als Grenzwert einer Reihe

Die charakteristische Eigenschaft $f'(x) = f(x)$ von $f(x) = e^x$ hat zur Folge, dass auch die Werte der höheren Ableitungen an einer Stelle alle gleich sind:
$f(0) = f'(0) = f''(0) = \ldots = f^{(n)}(0) = 1$

a) Ermitteln Sie die ersten fünf Interpolationspolynome, also:
   1. Gerade durch (0|1) mit Steigung 1
   2. Parabel mit $f(0) = 1$, $f'(0) = 1$ und $f''(0) = 1$
   3. ...

Bedingungen	Interpolationspolynom
$f(0) = 1$ und $f'(0) = 1$	$p(x) = 1 + x$
... und $f''(0) = 1$	■
... und $f'''(0) = 1$	$p(x) = 1 + x + \frac{1}{2}x^2 + \frac{1}{6}x^3$
... und $f^{(4)}(0) = 1$	■
... und $f^{(5)}(0) = 1$	■

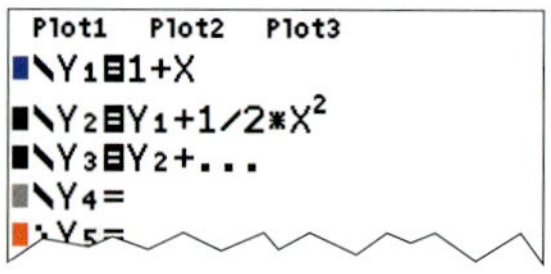

b) Zeichnen Sie jeweils die Graphen der Polynome und vergleichen Sie mit dem Graphen von $y = e^x$. Beschreiben Sie die Entwicklung.

c) Die Polynome in der Tabelle sind die ersten Glieder einer Reihe (Taylorreihe), mit der man die natürliche Exponentialfunktion beliebig gut annähern kann.

$$e^x \approx 1 + x + \frac{x^2}{2} + \frac{x^3}{6} + \frac{x^4}{24} + \ldots \frac{x^n}{1 \cdot 2 \cdot 3 \ldots \cdot n} = \sum_{k=0}^{n} \frac{x^k}{k!}$$

$$\lim_{n \to \infty} \sum_{k=0}^{n} \frac{x^k}{k!} = e^x$$

$n! = 1 \cdot 2 \cdot \ldots \cdot n$
„n Fakultät“

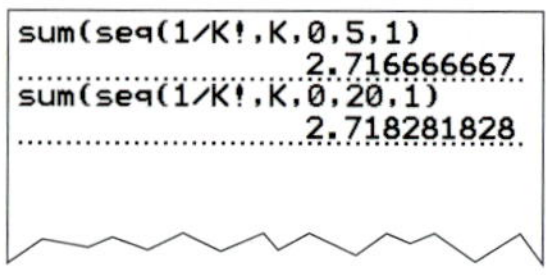

Erläutern Sie, wie man damit die nebenstehende Näherungsformel für die Zahl e erhält. Berechnen Sie die Näherungswerte für n = 1 (5,10).

> $e \approx 1 + 1 + \frac{1}{2} + \frac{1}{6} + \frac{1}{24} + \ldots \frac{1}{1 \cdot 2 \cdot 3 \ldots \cdot n} = \sum_{k=0}^{n} \frac{1}{k!}$
>
> $\lim_{n \to \infty} \sum_{k=0}^{n} \frac{1}{k!} = e$

3.3 Logarithmus, Exponentialfunktionen und Logarithmusfunktion

Aufgaben

1 **x aus gegebenem y bestimmen**

- An welcher Stelle hat $f(x) = e^x$ den Funktionswert 2?
- Wo schneidet der Graph von $f(x) = e^x$ die Gerade $y = 2$?
- An welcher Stelle hat der Graph von $f(x) = e^x$ die Steigung 2?

Alle diese Fragen führen zu dem Problem, die Exponentialgleichung $e^x = 2$ zu lösen.

Lösen Sie die Gleichungen:

(1) $e^x = 2$ (2) $e^x = 5$
(3) $e^x = 50$ (4) $e^x = 0{,}2$

a) durch Abschätzen/Probieren.
b) grafisch-tabellarisch mit dem GTR.
c) Rechnerisch können solche Gleichungen durch Logarithmieren gelöst werden.

Es gilt: $b^x = a \Rightarrow x = \log_b(a)$

Als Basis muss hier die Eulerzahl e gewählt werden. Man erhält für die Gleichung $e^x = 2$: $x = \log_e(2)$
Geben Sie die entsprechenden Lösungen zu (2), (3) und (4) an.

2 **Graphen einfacher Exponentialfunktionen – eine nützliche Wiederholung**

a) Die Graphen verschiedener Exponentialfunktionen sind unten dargestellt. Welcher Graph gehört zu welcher Funktionsgleichung? Entscheiden Sie zunächst ohne GTR. Begründen Sie Ihre Zuordnung und überprüfen Sie mit dem GTR.

$y_1 = 2^x$ $y_3 = \left(\frac{1}{2}\right)^x$ $y_5 = -\left(\frac{1}{4}\right)^x$ $y_7 = -2^x + 2$

$y_2 = 3^{-x}$ $y_4 = -3^x$ $y_6 = 4 \cdot 2^x$ $y_8 = 2^{x-3}$

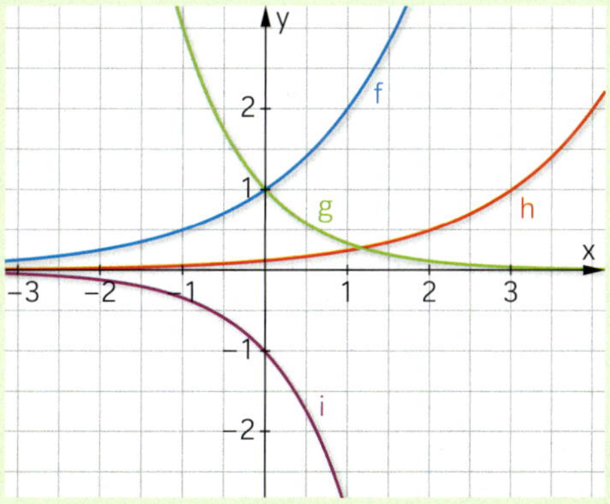

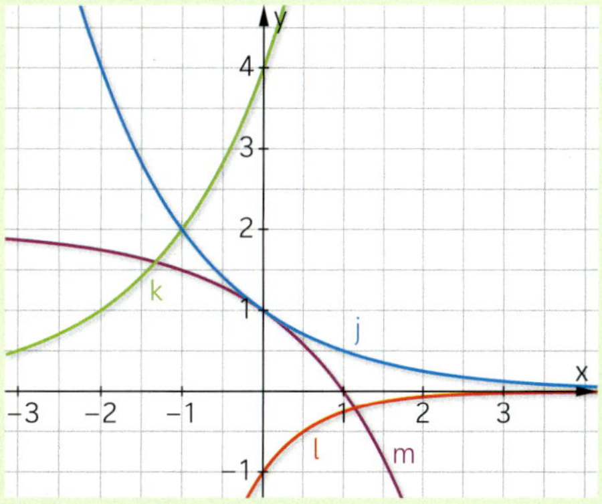

b) Beschreiben Sie die einzelnen Graphen. Gehen Sie dabei auch auf das Steigungsverhalten ein.
Vergleichen Sie die Graphen zu ganzzahligen Basen mit denen zu gebrochenen Basen.

Basiswissen

Wie das Subtrahieren die Umkehrung des Addierens, das Dividieren die Umkehrung des Multiplizierens ist, so ist das Logarithmieren die Umkehrung des „Exponierens“.

Natürlicher Logarithmus

Die Gleichung $e^x = a \ (a > 0)$ wird durch die Umkehroperation, das Logarithmieren, gelöst.

$e^x = a \Rightarrow x = \log_e(a) = \ln(a)$

Der Logarithmus zur Basis e heißt **natürlicher Logarithmus**, er wird mit **ln** bezeichnet.

Es gilt: $e^{\ln(a)} = \ln(e^a) = a$

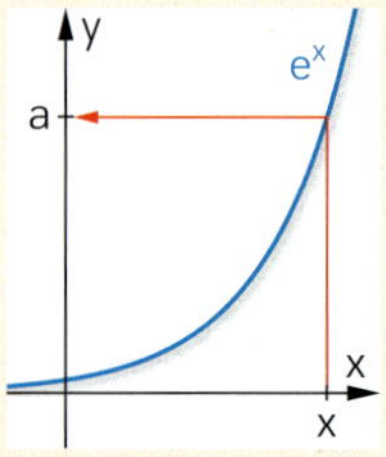

Zum x-Wert den zugehörigen Funktionswert $f(x) = a$ finden: $a = e^x$

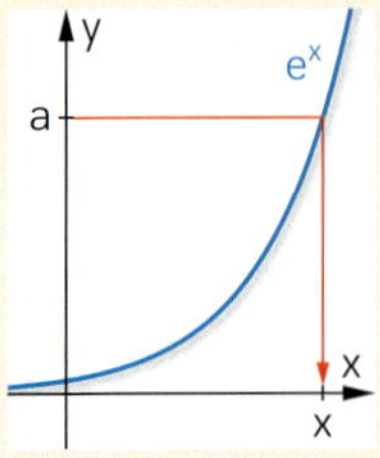

Zum Funktionswert $a = f(x)$ den zugehörigen x-Wert finden: $x = \ln(a)$

Beispiele

A Terme

Vereinfachen Sie die Terme: a) $\ln(e^2)$ b) $e^{3 \cdot \ln(2)}$

Lösung:

a) Gesucht ist der Exponent x, für den gilt: $e^x = e^2$, also $x = 2$

b) $e^{3 \cdot \ln(2)} = (e^{\ln(2)})^3 = 2^3 = 8$

B Einfache Gleichungen durch Logarithmieren lösen

Lösen Sie die Gleichungen rechnerisch. Überprüfen Sie grafisch.

(1) $e^x = 15$

Lösung:

$x = \ln(15) \approx 2{,}71$

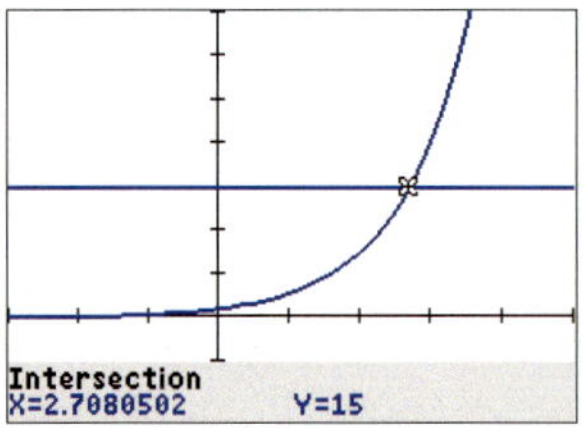

(2) $e^{2x} = 35$

Lösung:

$2x = \ln(35)$

$x = \frac{1}{2} \cdot \ln(35) \approx 1{,}78$

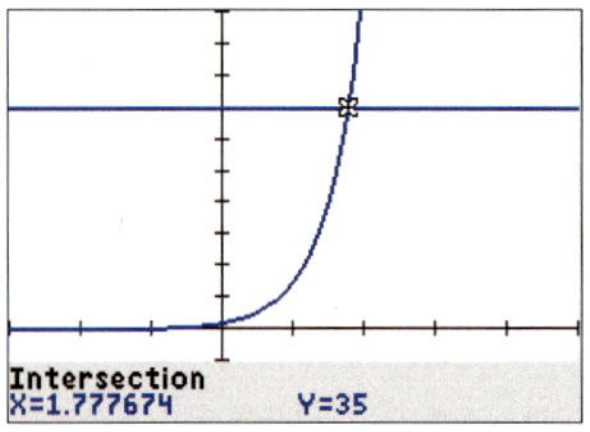

(3) $e^{-0{,}2x} = 0{,}5$

Lösung:

$-0{,}2x = \ln(0{,}5)$

$x = -5 \cdot \ln(0{,}5) \approx 3{,}47$

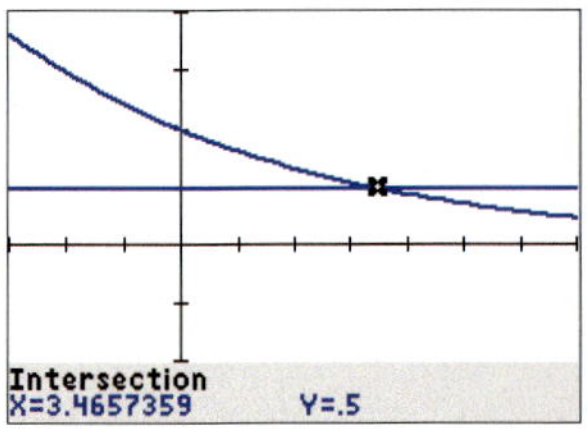

C Komplexe Exponentialgleichung mit GTR lösen

Lösen Sie die Gleichung $e^x = x + 2$.

Lösung:

Weil x sowohl als Exponent als auch als Basis auftritt, lässt sich die Gleichung nicht algebraisch lösen.

Grafisch-tabellarische Lösung:

$x_1 = -1{,}8414$ und $x_1 \approx 1{,}1462$.

Wegen des charakteristischen Verlaufs von $y = e^x$ und $y = x + 2$ kann es keine weiteren Lösungen geben.

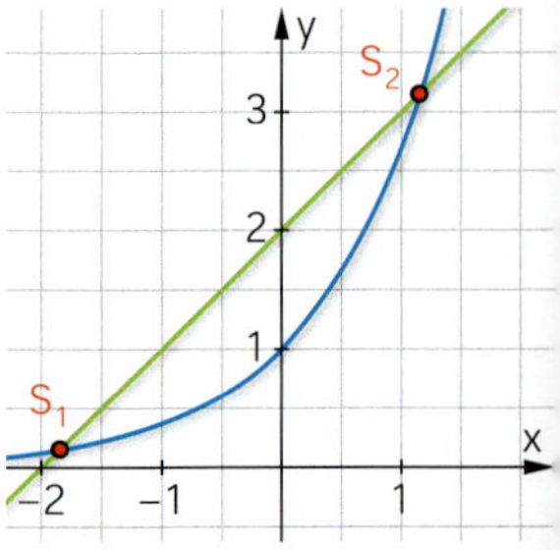

Übungen

3 Terme vereinfachen

Vereinfachen Sie die Terme.

a) $\ln(e^4)$ b) $\ln(1)$ c) $e^{\ln(1000)}$ d) $\ln(\sqrt{e})$ e) $e^{-\ln(10)}$

f) $\ln\left(\frac{1}{e}\right)$ g) $e^{\ln(e)}$ h) $\ln(e^3) - \ln(e^2)$ i) $\ln(e^k) \cdot \ln(e^{-k})$ j) $e^{\ln(2) - \ln(10)}$

4 Exponentialgleichungen lösen 1

Lösen Sie die Gleichungen.

a) $10 \cdot e^{2x} = 5000$ b) $2e^{-x+4} + 10 = 30$ c) $-70 \cdot e^{-0,2x} + 100 = 30$

d) $(e^x - 1) \cdot e^x = 0$ e) $\frac{1}{2} \cdot e^{-x} - 3 = -\frac{3}{4}$ f) $e^{2x-4} = e^6$

g) $e^x - e^{-x} = 0$ h) $(x + 1) \cdot e^x = 0$ i) $(x^2 - 4) \cdot e^x = 0$

5 Exponentialgleichungen lösen 2

Lösen Sie die Gleichungen, wenn möglich algebraisch, und überprüfen Sie Ihre Ergebnisse grafisch.

a) $e^x = 10000$ b) $e^{x-3} = 200$ c) $2 \cdot e^{0,15x} = 8$

d) $0,5 \cdot e^{-2x} = 300$ e) $e^x - x^2 = 0$ f) $e^{0,5x} = e^{x-1}$

g) $10 \cdot e^{-x} = -\frac{1}{2}x + 10$ h) $e^{x^2} = 1000$ i) $e^x + x^4 = 0$

6 Exponentialgleichungen lösen 3

Lösen Sie die Gleichungen in Abhängigkeit des Parameters k.

a) $e^{k \cdot x} = 10000$ b) $e^{4x} = 2k$ c) $e^{x-k} = k - 1$

d) $k \cdot e^x + 100 = 20$ e) $\frac{10}{k + e^x} = 2$ f) $\frac{k}{1 + e^{-x}} = 1$

7 Integralgleichungen

Lösen Sie die Gleichungen. Veranschaulichen Sie die Integrale.

a) $\int_2^k (e^x)\,dx = 20$ b) $\int_0^1 (e^{kx})\,dx = 2$ c) $\int_0^{10} (e^{-x})\,dx = k$

8 Abschätzen

Wie lautet die kleinste bzw. größte ganze Zahl x, für die Folgendes gilt? Untersuchen Sie grafisch.

a) $e^x > 1000000$ b) $e^x < 0,00001$ c) $e^x > 10^{-7}$ d) $e^x < 10^5$

9 Steigungen und Flächen

a) Wie groß ist die Steigung der Funktion $f(x) = 2e^x$ an der Stelle $x = 3$? An welcher Stelle hat die Funktion die Steigung 10?

b) Wie groß ist die Steigung von $f(x) = e^{-x} - 5$ in den Schnittpunkten mit den Koordinatenachsen? Wo hat f die Steigung -10?

c) Für welchen Wert von k umschließt $f(x) = e^x + k$ im Intervall [0; 1] mit der x-Achse eine Fläche mit dem Inhalt 3?

d) Für welchen Wert von k umschließt $f(x) = e^x + 1$ im Intervall [0; k] mit der x-Achse eine Fläche mit dem Inhalt 3?

Übungen

10 Von e^x zu b^x

Auf der Suche nach der Ableitung von Exponentialfunktionen haben Sie die natürliche Exponentialfunktion $f(x) = e^x$ kennengelernt, deren Besonderheit darin liegt, dass ihre Ableitung mit der Ausgangsfunktion übereinstimmt. Wie bekommt man nun aber die Ableitungen beliebiger Exponentialfunktionen wie $f(x) = 2^x$ oder $f(x) = 0{,}9^x$?

Mit einem CAS sind Ableitungen von Exponentialfunktionen $y = b^x$ gebildet worden.

$\frac{d}{dx}(2^x)$	$\ln(2) \cdot 2^x$
$\frac{d}{dx}(5^x)$	$\ln(5) \cdot 5^x$
$\frac{d}{dx}\left(\left(\frac{1}{2}\right)^x\right)$	$-\ln(2) \cdot 2^{-x}$
$\frac{d}{dx}((1.2)^x)$	$0.182322 \cdot (1.2)^x$

a) Entdecken Sie eine Regel? Welchen Ausdruck kann man für 0,182322 schreiben?

Hinweis: Es gilt: $\ln\left(\frac{1}{k}\right) = \ln(k^{-1}) = -\ln(k)$

b) Begründen Sie die Regel mithilfe der Beziehung $e^{\ln(a)} = a$ (vgl. Basiswissen).

Basiswissen

Für die Vielfalt der Exponentialfunktionen braucht man nur eine Basis.

Die allgemeine Exponentialfunktion als e-Funktion und ihre Ableitung

Wurzelziehen ist die Umkehrung des Quadrierens; es gilt: $a = \sqrt{a^2} = (\sqrt{a})^2$, $a \geq 0$.

Logarithmieren ist die Umkehrung des „Exponierens"; es gilt: $b = \ln(e^b) = e^{\ln(b)}$, $b > 0$.

Es gilt daher:
Jede Exponentialfunktion b^x lässt sich als Funktion zur Basis e darstellen:

$$\mathbf{f(x) = b^x = (e^{\ln(b)})^x = e^{\ln(b) \cdot x}}$$

Mit der Kettenregel erhält man für die Ableitung von $f(x) = b^x$: $\mathbf{f'(x) = \ln(b) \cdot b^x}$

Beispiele

D Von der Basis b zur Basis e und zurück

a) Schreiben Sie $f(x) = 2^x$ und $g(x) = \left(\frac{1}{2}\right)^x$ mit Basis e.

b) Schreiben Sie $f(x) = e^{0{,}2x}$ und $g(x) = e^{-0{,}1x}$ ohne Basis e.

Lösung:

a) $f(x) = 2^x = e^{\ln(2) \cdot x} \approx e^{0{,}6931x}$ $\quad g(x) = \left(\frac{1}{2}\right)^x = e^{\ln\left(\frac{1}{2}\right) \cdot x} \approx e^{-0{,}6931x}$

b) $f(x) = e^{0{,}2x} \Rightarrow b = e^{0{,}2} \approx 1{,}2214$ $\quad \Rightarrow f(x) = 1{,}2214^x$
$g(x) = e^{-0{,}1x} \Rightarrow b = e^{-0{,}1} \approx 0{,}9048$ $\quad \Rightarrow g(x) = 0{,}9048^x$

Übungen

11 Ableitungen von Exponentialfunktionen

Bestimmen Sie die ersten beiden Ableitungen. Schreiben Sie die Funktionen auch mit der Basis e auf.

(1) $f(x) = 2^x$ (2) $f(x) = 0{,}5^x$ (3) $f(x) = 4 \cdot 3^x$ (4) $f(x) = 4^{x-1}$

12 Die Umkehrung der e-Funktion

Die Logarithmusfunktion $L(x) = \ln(x)$ ist die Umkehrung der natürlichen Exponentialfunktion $E(x) = e^x$.

x	−2	−1	0	1	2	5	10
$y = e^x$	■	$\frac{1}{e}$	1	e	■	■	■

a) Füllen Sie die Tabelle aus und erstellen Sie durch Vertauschen von x- und y-Wert in der Tabelle für E(x) eine Tabelle für L(x). Skizzieren Sie damit den Graphen von L(x).

b) Überzeugen Sie sich, dass Sie den Graphen von ln(x) auch durch Spiegeln des Graphen von e^x an der ersten Winkelhalbierenden erhalten.

Übungen

13 Die Ableitung der natürlichen Logarithmusfunktion

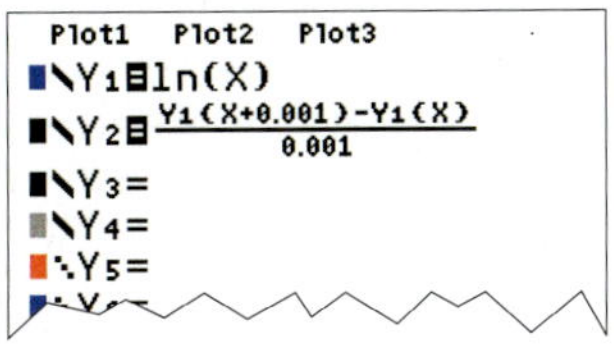

$f(x) = e^x$ hat eine sehr einfache Ableitung. Gilt das für die natürliche Logarithmusfunktion auch?
Skizzieren Sie die Ableitung von $\ln(x)$ nach Augenmaß und mithilfe einer Sekantensteigungsfunktion bzw. mit der entsprechenden Funktion des GTR (nderiv).
Welche Vermutung über den Ableitungsterm für $\ln(x)$ haben Sie? Überprüfen Sie diese mithilfe des Graphen und der Tabelle der Sekantensteigungsfunktion.

Basiswissen

Die natürliche Logarithmusfunktion und ihre Ableitung

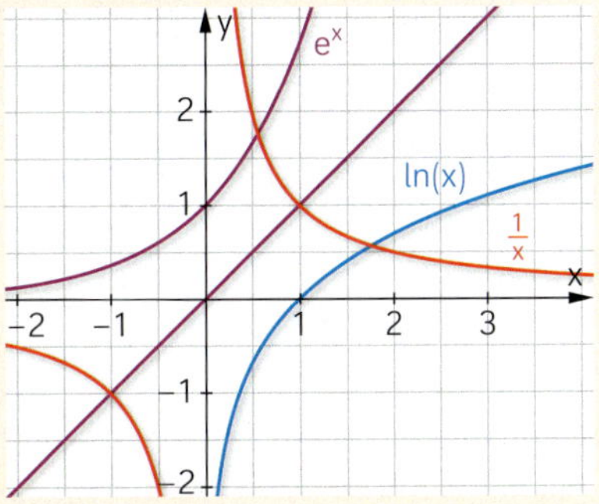

Die Funktion $\mathbf{L(x) = \ln(x)}$ ist die Umkehrfunktion von $E(x) = e^x$.
Sie heißt *natürliche Logarithmusfunktion*.
Sie ist für alle positiven reellen Zahlen definiert. Ihr Wertebereich sind alle reellen Zahlen. Es gilt:

für $0 < x < 1$ ist $\ln(x) < 0$
für $x = 1$ ist $\ln(x) = 0$
für $x > 1$ ist $\ln(x) > 0$

Für die Ableitung von $L(x) = \ln(x)$ gilt: $\mathbf{L'(x) = \frac{1}{x}}$
Für $x > 0$ ist $L(x) = \ln(x)$ eine Stammfunktion zu $f(x) = \frac{1}{x}$.
Damit ist eine früher aufgetretene Lücke geschlossen.

f(x)	...	x^4	x^3	x^2	x	1	x^{-1}	x^{-2}	x^{-3}	x^{-4}	...
F(x)	...	$\frac{1}{5}x^5$	$\frac{1}{4}x^4$	$\frac{1}{3}x^3$	$\frac{1}{2}x^2$	x	?	$-x^{-1}$	$-\frac{1}{2}x^{-2}$	$-\frac{1}{3}x^{-3}$	...

Die Formel $F(x) = \frac{1}{n+1} \cdot x^{n+1}$ für Stammfunktionen von Polynomen ist für $n = -1$ nicht definiert gewesen. Überraschend bleibt, dass hier die Stammfunktion einen ganz anderen Funktionstyp liefert.

14 Ableitungen

Bestimmen Sie die Ableitungen. Skizzieren Sie die Funktionen und ihre Ableitungen. Beschreiben Sie, wie die Graphen aus $f(x) = \ln(x)$ entstehen.

a) $f(x) = 3 \cdot \ln(x)$ b) $f(x) = \ln(x-3)$ c) $f(x) = \ln(x) - 3$ d) $f(x) = -\ln(x)$

15 Begründung der Ableitungsregel

Für die Funktion $E(x) = e^x$ und ihre Umkehrfunktion $L(x) = \ln(x)$ gilt: $E(L(x)) = x$
Ableiten auf beiden Seiten der Gleichung liefert: $E(L(x))' = (e^{\ln(x)})' = 1$
Begründen Sie: $(e^{\ln(x)})' = \ln(x)' \cdot e^{\ln(x)}$ und zeigen Sie damit die Ableitungsregel.

16 Eine überraschende Entdeckung

- Bilden Sie die Ableitungen der Funktionen $f_1(x) = \ln(x)$, $f_2(x) = \ln(2x)$, $f_3(x) = \ln(3x)$. Was fällt auf? Welche Vermutung haben Sie für die Ableitung von $f_k(x) = \ln(k \cdot x)$?
- Es gilt: $\ln(a \cdot b) = \ln(a) + \ln(b)$. Begründen Sie damit die Vermutung.

Übungen

$|x| = \begin{cases} x & \text{für } x \geq 0 \\ -x & x < 0 \end{cases}$

17 **Stammfunktionen zu $f(x) = \frac{1}{x}$**

Begründen Sie mithilfe von Symmetriebetrachtungen, dass $f(x) = \ln(-x)$ eine Stammfunktion von $f(x) = \frac{1}{x}$ für $x < 0$ ist und damit, dass gilt: $f(x) = \frac{1}{x} \Rightarrow F(x) = \ln(|x|)$

18 **Stammfunktionen zu $f(x) = \ln(x)$**

Eine Stammfunktion zu $f(x) = \ln(x)$ kann mit den bisher bekannten Mitteln nicht bestimmt werden.

a) Skizzieren Sie eine Stammfunktion nach Anschauung.

b) Zeigen Sie, dass $F(x) = x \cdot \ln(x) - x$ eine Stammfunktion zu $f(x) = \ln(x)$ ist.

19 **Flächen unter der Hyperbel**

Die Hyperbel schließt mit der x-Achse im Intervall $\left[\frac{1}{e}; 1\right]$ eine Fläche A und im Intervall $[1; e]$ eine Fläche B ein.

a) Schätzen Sie die Inhalte der Flächen A und B. Welche Fläche hat den größeren Inhalt?

b) Berechnen Sie die Flächen mit dem Integral. Wird Ihre Schätzung bestätigt?

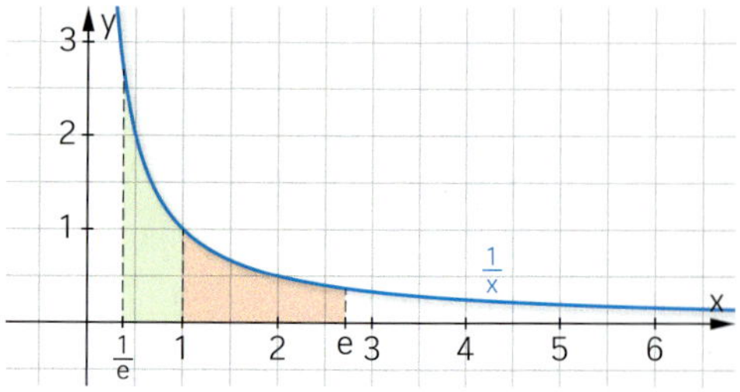

20 **Wie wächst ln(x)?**

Für die Potenzen von e lassen sich die Funktionswerte von ln(x) bestimmen.

x	$e \approx 2{,}71...$	$e^2 \approx 7{,}38...$	$e^3 \approx 20{,}08...$	$e^4 \approx 54{,}59...$	$e^5 \approx 148{,}41...$
ln(x)	1	2	3	4	5

Man erkennt, dass die Funktion sehr langsam wächst.

a) Begründen Sie mithilfe der Beziehung von ln(x) zu e^x, dass die natürliche Logarithmusfunktion über alle Grenzen wächst.

b) Um eine gute Vorstellung über die Langsamkeit des Wachstums zu bekommen, hilft folgendes Gedankenexperiment:

- Wie lang müsste die x-Achse sein, damit bei einer Skalierung 1 LE ≙ 1 cm der Graph der natürlichen Logarithmusfunktion 10 cm oberhalb der x-Achse angelangt ist?

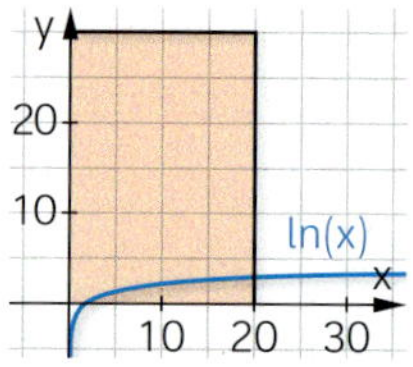

- Ein DIN-A4-Blatt ist etwa 30 cm hoch. Wenn die Unterkante die x-Achse ist, wie lang müsste sie gezeichnet werden, damit der Graph von ln(x) die Oberkante des Blatts erreicht? Wie oft könnte man dieses Stück der x-Achse um den Äquator wickeln?

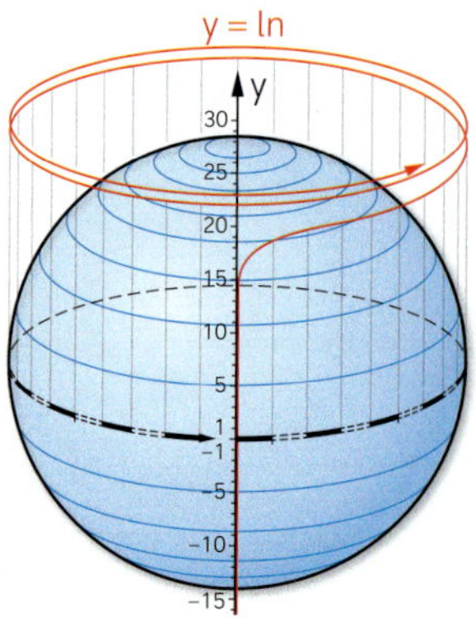

Grundwissen

1. Leon muss morgens zwei Ampelkreuzungen passieren. Die erste Ampel zeigt 15 s Grün und 45 s Rot. Die zweite Ampel zeigt 20 s Grün und 40 s Rot. Erstellen Sie ein Baumdiagramm und geben Sie die Wahrscheinlichkeiten an.
2. Skizzieren Sie:

   a) $f(x) = -\sin(2x)$ b) $f(x) = 0{,}5x^4 - 2$ c) $f(x) = \sqrt{x - 2}$

Aufgaben

21 Ein Wettrennen im Schnellwachsen und ein Wettrennen im Langsamwachsen

a) (1) Wird $y = e^x$ die Funktion $y = x^{10}$ noch einmal schneiden?

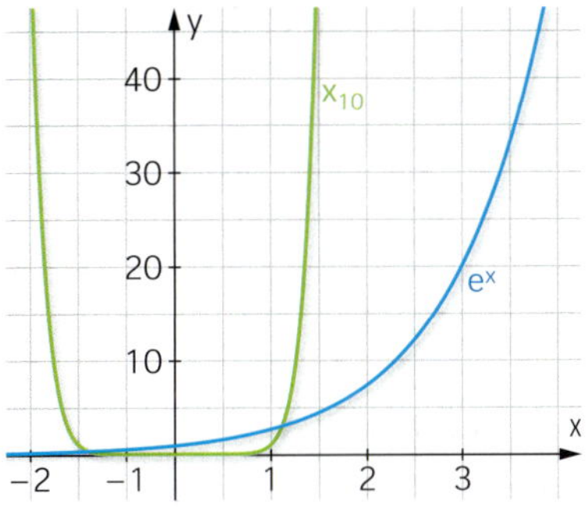

(2) Wird $y = \sqrt[10]{x}$ die Funktion $y = \ln(x)$ noch einmal schneiden?
Wo schneiden sie sich überhaupt das erste Mal?

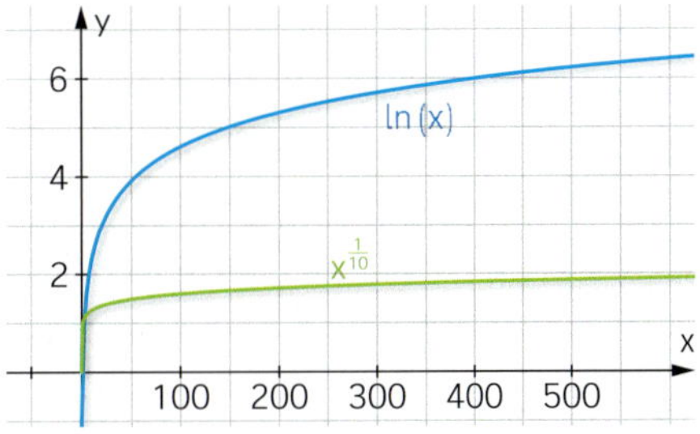

b) Wählen Sie andere Basen und Exponenten und vergleichen Sie die Funktionsgraphen mit denen aus a).

Wachsen von Exponentialfunktionen und Potenzfunktionen im Vergleich

(1) Exponentialfunktionen mit $a > 1$ wachsen auf Dauer immer stärker als jede Potenzfunktion.

$$\lim_{x \to \infty} \frac{x^n}{a^x} = 0$$

(2) Logarithmusfunktionen wachsen auf Dauer immer langsamer als jede Wurzelfunktion

$$\lim_{x \to \infty} \frac{\ln(x)}{\sqrt[n]{x}} = 0$$

22 Eine außergewöhnliche Funktion

Bei Potenzfunktionen $\text{pot}(x) = x^n$ ist die Basis die Funktionsvariable x und bei Exponentialfunktionen $\exp(x) = b^x$ der Exponent. Was für eine Funktion ist aber $f(x) = x^x$?

a) Begründen Sie, dass f nur für $x > 0$ definiert ist. Füllen Sie die Tabelle aus und verschaffen Sie sich ohne GTR einen Überblick über den Graphen.

x	$\frac{1}{4}$	$\frac{1}{2}$	1	2	5
f(x)	■	■	■	■	■

b) ▪ Begründen Sie, dass für die Ableitung keine Regel zur Verfügung steht.
▪ Zeigen Sie, dass gilt: $x^x = e^{x \cdot \ln(x)}$. Bestimmen Sie damit die Ableitung von f und den Extrempunkt.
▪ Zeigen Sie, dass f überall linksgekrümmt ist.
▪ Untersuchen Sie f(x) und f′(x) für $x \to 0$.
▪ Begründen Sie anschaulich, dass f für $x \to \infty$ stärker als Exponentialfunktionen wächst.

23 Rechnen mit Logarithmen

Ähnlich den Rechengesetzen für Potenzen gibt es auch Rechengesetze für Logarithmen.

a) Wenden Sie die Gesetze an.

(1) $\ln(x) + \ln(3)$ (2) $\ln(100) - \ln(x)$
(3) $2 \cdot \ln(x) - \ln(2x)$ (4) $-\ln\left(\frac{1}{x}\right)$
(5) $2 \cdot \ln(x^2) - \ln(x)$ (6) $\ln(2 \cdot e^4) - \ln(2)$

b) Begründen Sie die Rechengesetze.

Rechengesetze für Logarithmen

$\ln(a \cdot b) = \ln(a) + \ln(b)$ $(a > 0, b > 0)$

$\ln\left(\frac{a}{b}\right) = \ln(a) - \ln(b)$ $(a > 0, b > 0)$

$\ln(a^c) = c \cdot \ln(a) (a > 0)$

Tipp
$e^{\ln(a \cdot b)} = a \cdot b = \ldots$

3.4 Innermathematisches mit e-Funktionen

Aufgaben

1 Mustererkennung bei zusammengesetzten e-Funktionen

a) ▪ Ordnen Sie ohne GTR mit Begründung den Funktionen die passende Grafik (blau) zu.
▪ Bestimmen Sie die Ableitungen. Vergleichen Sie die Graphen der Funktionen und ihrer Ableitungen (rot). Was fällt Ihnen Besonderes auf? Gelingt Ihnen eine Skizze von $f_4(x) = (x-4) \cdot e^x$ ohne GTR?

$f_1(x) = (x-1) \cdot e^x$

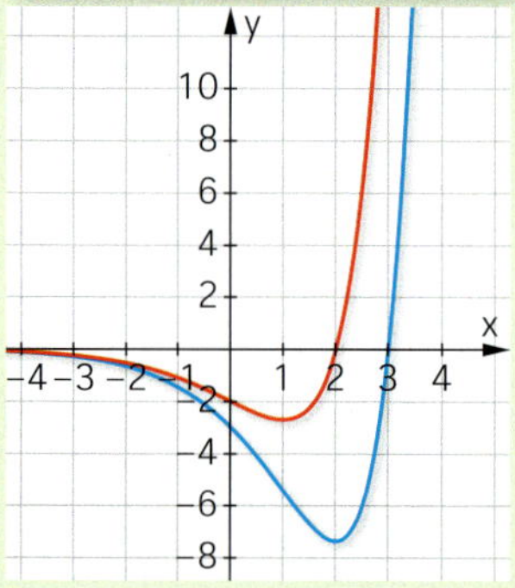

$f_2(x) = (x-2) \cdot e^x$

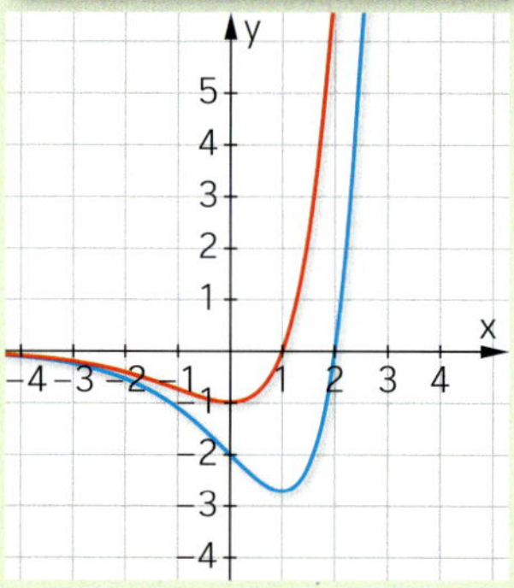

$f_3(x) = (x-3) \cdot e^x$

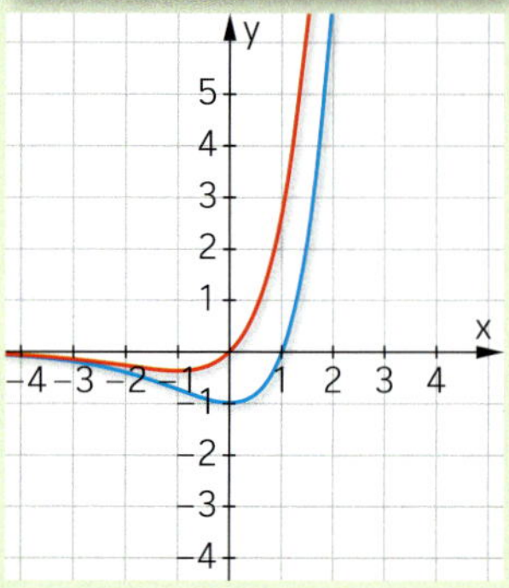

b) Die Funktionen gehören zu der Funktionenschar $f_k(x) = (x-k) \cdot e^x$.
▪ Ermitteln Sie die Extrem- und Wendepunkte in Abhängigkeit von k.
▪ Bestimmen Sie die Gleichungen der Tangenten und der Normalen in den Schnittpunkten mit den Koordinatenachsen.

2 „Linear minus exponentiell"

a) Ordnen Sie den Funktionsgleichungen den passenden Graphen allein durch Überlegungen bezüglich des Funktionsterms zu .

$f(x) = x + e^x$

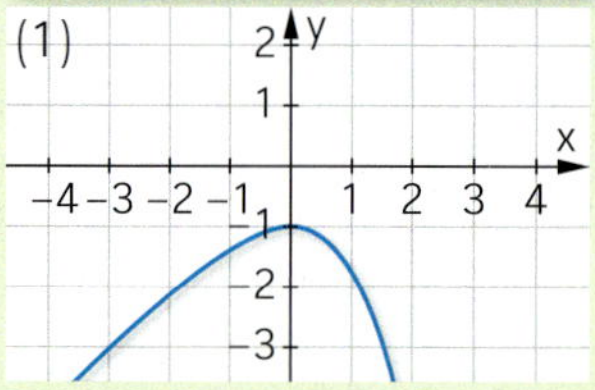

$g(x) = x - 0{,}2 \cdot e^x$

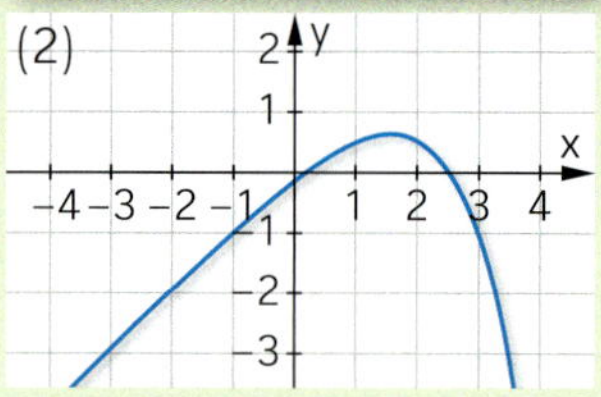

$h(x) = x - e^x$

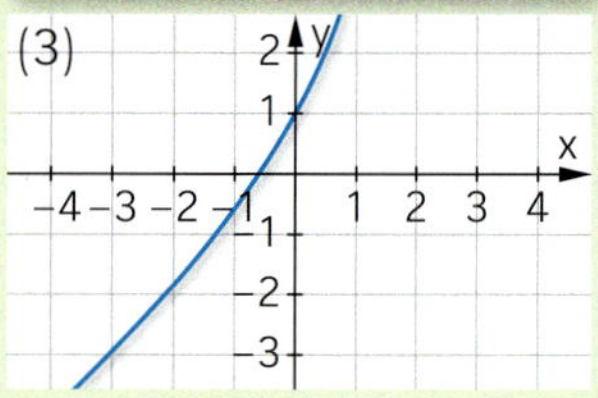

Die Funktionen gehören zu der Funktionenschar $f_k(x) = x - k \cdot e^x$.

b) ▪ Erstellen Sie eine aussagekräftige Skizze der Schar.
▪ Begründen Sie das Verhalten für $x \to \infty$ und dass $y = x$ die Asymptote für $x \to -\infty$ ist.
▪ Ermitteln Sie die Extrempunkte in Abhängigkeit von k. Zeigen Sie, dass diese Punkte auf der Geraden $y = x - 1$ liegen. Untersuchen Sie das Krümmungsverhalten in Abhängigkeit von k.
▪ Warum können die Nullstellen nicht algebraisch berechnet werden? Untersuchen Sie die Anzahl der Nullstellen in Abhängigkeit von k, die Extrempunkte helfen dabei.

c) ▪ Zeigen Sie, dass die Tangenten in $P(1 \mid f_k(1))$ einen gemeinsamen Punkt haben.
▪ Lösen Sie $\int_0^1 f_k(x)\,dx = 0$ und veranschaulichen Sie die Lösung.

Basiswissen

Innermathematische Fragen zu e-Funktionen

Es werden Fragen zu f mit $f(x) = e^x \cdot (4 - e^x) = 4 \cdot e^x - e^{2x}$ untersucht.

(1) Skizzieren Sie f und begründen Sie das Verhalten von f für $x \to \infty$ und $x \to -\infty$.

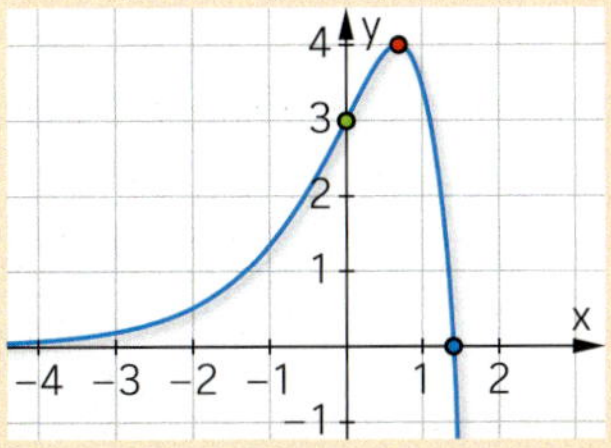

$x \to \infty$: e^x strebt gegen ∞ und $4 - e^x$ strebt gegen $-\infty$. Also strebt $e^x \cdot (4 - e^x)$ gegen $-\infty$.

$x \to -\infty$: e^x strebt gegen 0 und $4 - e^x$ gegen 4. Also strebt $e^x \cdot (4 - e^x)$ gegen $0 \cdot 4 = 0$.

(2) Untersuchen Sie f auf Extrem- und Wendepunkte.

$f'(x) = 4e^x - 2e^{2x} = 2e^x(2 - e^x)$;

$f''(x) = 4e^x - 4e^{2x} = 4e^x(1 - e^x)$

Ein Produkt ist Null, wenn ein Faktor Null ist.

$e^{\ln(k)} = k$

Extrempunkte: $f'(x) = 0 \Rightarrow 2 - e^x = 0 \Rightarrow x = \ln(2) \approx 0{,}6931$

$f''(\ln(2)) = 4e^{\ln(2)}(1 - e^{\ln(2)}) = 4 \cdot 2 \cdot (1 - 2) = -8 < 0$;

$f(\ln(2)) = e^{\ln(2)} \cdot (4 - e^{\ln(2)}) = 2 \cdot (4 - 2) = 4$; HP $(\ln(2) | 4)$

Wendepunkte: $f''(x) = 0 \Rightarrow 1 - e^x = 0 \Rightarrow x = 0$

$f(0) = e^0 \cdot (4 - e^0) = 3$; WP $(0 | 3)$

(3) Die Tangente und die Normale im Schnittpunkt von f mit der y-Achse bilden ein Dreieck mit der x-Achse. Bestimmen Sie den Flächeninhalt.

Schnittpunkt mit y-Achse: WP $(0 | 3)$

Tangente: $f'(0) = 4 \cdot e^0 - 2 \cdot e^0 = 2 \Rightarrow t(x) = 2x + 3$

Nullstelle $t(x)$: $x = -\frac{3}{2}$;

Normale $n(x) = -\frac{1}{2} \cdot x + 3$; Nullstelle $n(x)$: $x = 6$;

Flächeninhalt des Dreiecks: $F = \frac{1}{2} \cdot \frac{15}{2} \cdot 3 = \frac{45}{4} = 11\frac{1}{4}$

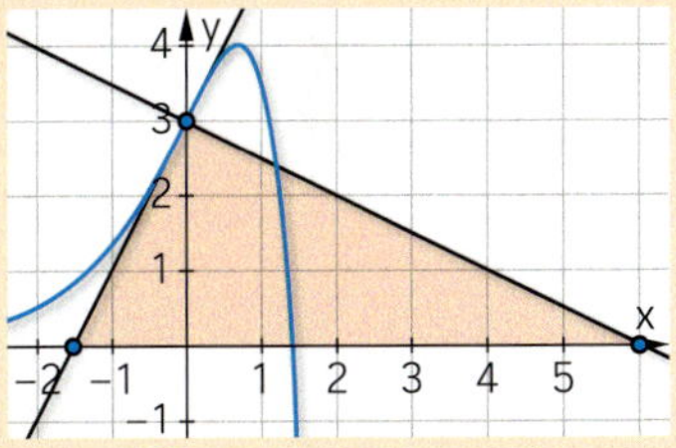

(4) In welchem Verhältnis teilt $g(x) = e^x$ die Fläche, die der Graph von f zwischen $x = 0$ und dem Schnittpunkt mit der x-Achse einschließt.

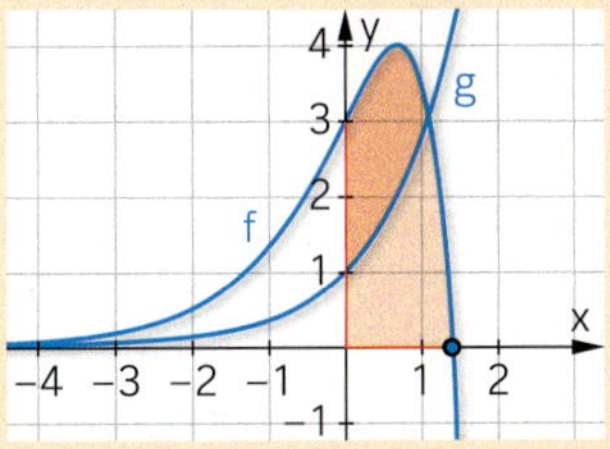

Nullstelle f: $e^x \neq 0$; $4 - e^x = 0 \Rightarrow x = \ln(4)$

$$\int_0^{\ln(4)} f(x)\,dx = \left[4e^x - \tfrac{1}{2}e^{2x}\right]_0^{\ln(4)} = \left[e^x\left(4 - \tfrac{1}{2}e^x\right)\right]_0^{\ln(4)}$$

$$= 4(4 - 2) - \left(1\left(4 - \tfrac{1}{2}\right)\right) = 8 - \tfrac{7}{2} = \tfrac{9}{2}$$

Schnittstelle f und g:

$e^x(4 - e^x) = e^x \Rightarrow 4 - e^x = 1 \Rightarrow x = \ln(3)$

$$\int_0^{\ln(3)} f(x) - g(x)\,dx = \int_0^{\ln(3)} 4e^x - e^{2x} - e^x\,dx = \int_0^{\ln(3)} 3e^x - e^{2x}\,dx = \left[3e^x - \tfrac{1}{2}e^{2x}\right]_0^{\ln(3)} = 9 - \tfrac{9}{2} - \tfrac{5}{2} = 2$$

Flächenverhältnis: $2 : \frac{9}{2} = 4 : 9$

Werkzeug

Funktionsuntersuchungen mit CAS

Die Fragen aus dem Basiswissen können mit einem CAS bearbeitet werden.

(1)

$\lim_{x \to \infty} (f1(x))$ $\quad -\infty$

$\lim_{x \to -\infty} (f1(x))$ $\quad 0$

(2)

$\text{solve}\left(\frac{d}{dx}(f1(x))=0,x\right)$ $\quad x=\ln(2)$

$f1(\ln(2))$ $\quad 4$

$\text{solve}\left(\frac{d^2}{dx^2}(f1(x))=0,x\right)$ $\quad x=0$

$f1(0)$ $\quad 3$

(3)

$f1(0)$ $\quad 3$

$\left(\frac{d}{dx}(f1(x))|x=0\right)\cdot(x-0)+f1(0)$ $\quad 2\cdot x+3$

$\frac{-1}{\frac{d}{dx}(f1(x))|x=0}\cdot(x-0)+f1(0)$ $\quad 3-\frac{x}{2}$

(4)

$\text{solve}(f1(x)=0,x)$ $\quad x=2\cdot\ln(2)$

$\int_0^{2\cdot\ln(2)} f1(x)\,dx$ $\quad \frac{9}{2}$

$\text{solve}(f1(x)=f2(x),x)$ $\quad x=\ln(3)$

$\int_0^{\ln(3)} (f1(x)-f2(x))\,dx$ $\quad 2$

Beispiele

A Fragen zu einer Schar von e-Funktionen

Die Funktion aus dem Basiswissen gehört zu der Funktionenschar $f_k(x) = e^x \cdot (k - e^x)$

a) Erstellen Sie eine aussagekräftige Skizze der Schar und beschreiben Sie den Graphenverlauf in Abhängigkeit von k.

b) ▪ Bestimmen Sie lokale Extrempunkte in Abhängigkeit von k.
▪ Zeigen Sie, dass die Extrempunkte auf $y = e^{2x}$ liegen.

Lösung:

a)

	e^x	$k - e^x$	$f_k(x)$
$x \to \infty$	$\to \infty$	$\to -\infty$	$\to -\infty$
$x \to -\infty$	$\to 0$	$\to k$	$\to 0$

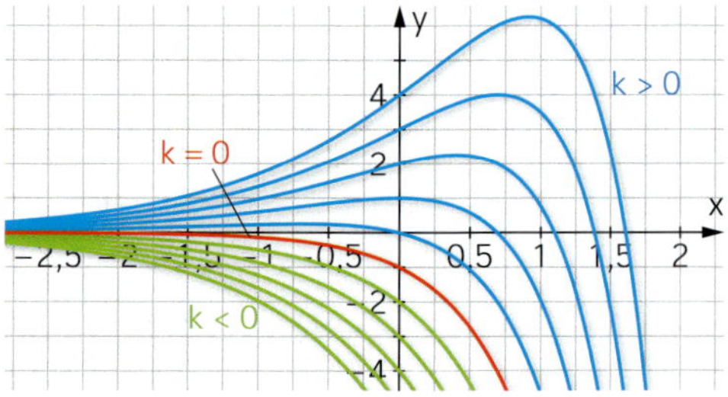

▪ $k = 0$: $f(x) = -e^{2x}$: e^{2x} an x-Achse gespiegelt.
$k > 0$: Ein Hochpunkt und ein Wendepunkt.
Je größer k desto höher liegen Hoch- und Wendepunkt.
$k < 0$: Keine Extrem- und Wendepunkte.

▪ $(0 | k - 1)$ ist Schnittpunkt mit y-Achse.

b) $f_k'(x) = k \cdot e^x - 2e^{2x} = e^x \cdot (k - 2e^x) = 0 \Rightarrow 2e^x = k \underset{k>0}{\Rightarrow} x = \ln\left(\frac{k}{2}\right)$

$f_k''(x) = k \cdot e^x - 4e^{2x} = e^x \cdot (k - 4e^x)$; $\quad f_k''\left(\ln\left(\frac{k}{2}\right)\right) = \frac{k}{2} \cdot \left(k - 4 \cdot \frac{k}{2}\right) = -\frac{k^2}{2} \underset{k>0}{<} 0$

$f_k\left(\ln\left(\frac{k}{2}\right)\right) = e^{\ln\left(\frac{k}{2}\right)} \cdot \left(k - e^{\ln\left(\frac{k}{2}\right)}\right) = \frac{k}{2}\left(k - \frac{k}{2}\right) = \frac{k^2}{4}$

$k > 0$: HP $\left(\ln\left(\frac{k}{2}\right) \middle| \frac{k^2}{4}\right)$; $k \le 0$: keine Extrempunkte.

▪ $e^{2 \cdot \ln\left(\frac{k}{2}\right)} = \left(e^{\ln\left(\frac{k}{2}\right)}\right)^2 = \left(\frac{k}{2}\right)^2 = \frac{k^2}{4}$

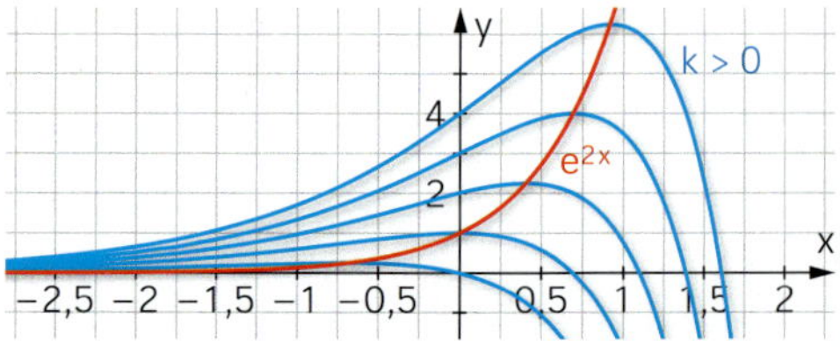

Werkzeug

Funktionenscharen mit CAS untersuchen

Empfehlenswert ist die Definition der Schar als zweistellige Funktion und die entsprechende Definition der Ableitungen, so dass mehrfach darauf Bezug genommen werden kann.

$fk(x,k):=e^{x}\cdot(k-e^{x})$	*Fertig*
$dfk(x,k):=\frac{d}{dx}(fk(x,k))$	*Fertig*
$ddfk(x,k):=\frac{d^2}{dx^2}(fk(x,k))$	*Fertig*

$e^{2\cdot\ln\left(\frac{k}{2}\right)}$	$\frac{k^2}{4}$

solve$(dfk(x,k)=0,x)$	$x=\ln\left(\frac{k}{2}\right)$ and $k>0$
$fk\left(\ln\left(\frac{k}{2}\right),k\right)$	$\frac{k^2}{4}$
$ddfk\left(\ln\left(\frac{k}{2}\right),k\right)$	$\frac{-k^2}{2}$

Übungen

3 Produkte mit e-Funktionen

$f(x) = e^x$ hat keine Nullstellen, Extrempunkte und Wendepunkte. Gilt dies auch für zusammengesetzte Funktionen $f(x) = g(x)\cdot e^x$?

a) Welche Funktion gehört zu welchem Graphen? Gelingt Ihnen eine Zuordnung ohne Benutzung des GTR?

$f_1(x) = x\cdot e^x$ $\quad f_2(x) = x\cdot e^{-x}$

$f_3(x) = x^2\cdot e^x$ $\quad f_4(x) = (x-1)\cdot e^x$

b) Ermitteln Sie die Gleichungen der Tangenten an den Stellen $x = -1$ und $x = 0$.

c) Untersuchen Sie die Funktionen auf Nullstellen, Extrempunkte und Wendepunkte.

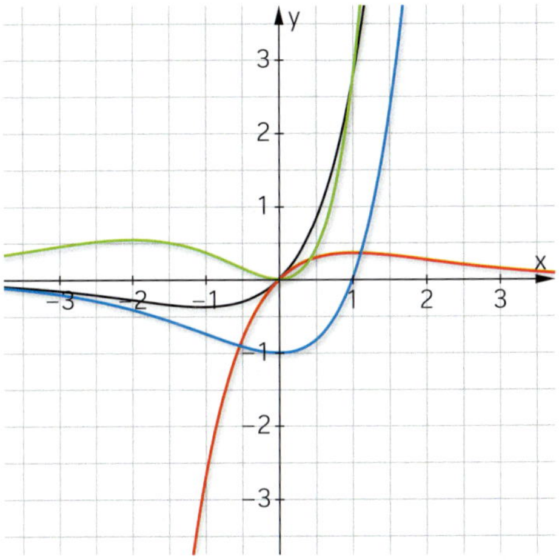

4 Flächeninhalte und Schnittpunkte – Schätzen und Rechnen

Gegeben sind die drei Funktionen f, g und h durch

(1) $f(x) = e^x$ $\quad$ (2) $g(x) = 2\cdot e^x$ $\quad$ (3) $h(x) = e^{2x}$

a) Skizzieren Sie die drei Funktionen in einem Koordinatensystem und untersuchen Sie die Funktionen auf gemeinsame Punkte.

b) Schätzen Sie jeweils ab, wie groß der Inhalt der Fläche ist, die der Graph von f im Intervall [0; 1] mit der x-Achse einschließt. Bestimmen Sie dann den Wert mithilfe des Integrals und vergleichen Sie.

5 Flächen 1

a) Geben Sie die Funktionsterme aller Randfunktionen an.

b) Ermitteln Sie den Inhalt der farbigen Fläche.

c) Was für eine Figur bilden die vier Tangenten in den Schnittpunkten mit der y-Achse? Und die Normalen?

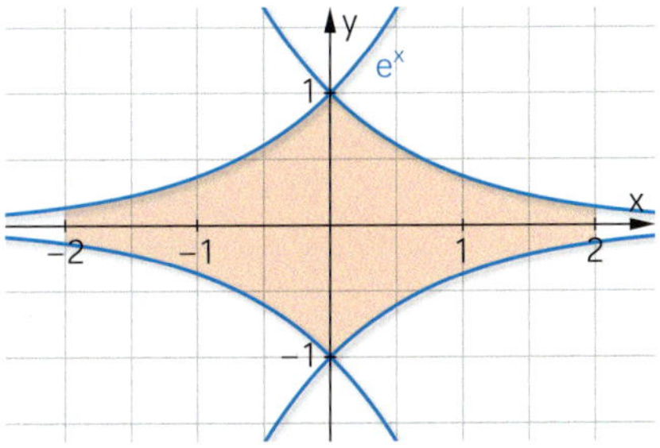

Übungen

6 Flächen 2

Bestimmen Sie jeweils den Inhalt der gefärbten Fläche.

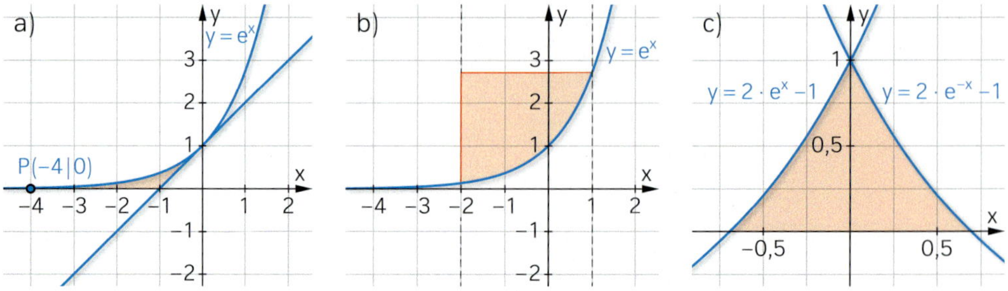

7 Besondere Eigenschaft der e-Funktion

Die e-Funktion $f(x) = e^x$ stimmt mit ihrer Ableitung überein. Zeigen Sie, dass alle Funktionen $g(x) = c \cdot e^x$ diese Eigenschaft haben. Untersuchen Sie auch die Funktionen $h(x) = e^{cx}$ und $d(x) = e^{x+c}$ bezüglich dieser Eigenschaft.

8 Intensivtraining – Charakteristische Punkte

Skizzieren Sie f. Bestimmen Sie jeweils die Schnittpunkte mit den Koordinatenachsen und die lokalen Extrempunkte, die notwendige Bedingung reicht aus.
Versuchen Sie zunächst Lösungen ohne GTR und CAS. Begründen Sie gegebenenfalls, warum eine algebraische Lösung nicht möglich ist.

a) $f(x) = 4x - e^x$ b) $f(x) = e^x - e \cdot x$ c) $f(x) = x^2 \cdot e^x$ d) $f(x) = (x - 2) \cdot e^x$

9 Intensivtraining – Tangenten und Normalen

Bestimmen Sie jeweils die Gleichung der Tangente und der Normalen in den Punkten $(0|f(0))$ und $(2|f(2))$.

a) $f(x) = e^{2x}$ b) $f(x) = 2 \cdot e^x$ c) $f(x) = e^x + x$ d) $f(x) = x \cdot e^x$

10 Eine besondere Funktion

Die Funktion $f(x) = e^x + e^{-x}$ hat besondere Eigenschaften.

Siehe auch S. 198

a) Bilden Sie die ersten beiden Ableitungen und skizzieren Sie f und die Ableitungen. Was fällt Ihnen auf? Vergleichen Sie mit den Ableitungen von g mit $g(x) = x^2 + 1$.
b) Bestimmen Sie für f
- die Steigung an der Stelle a
- den Flächeninhalt unter der Kurve im Intervall [0; a]

Vergleichen und interpretieren Sie die Ergebnisse.

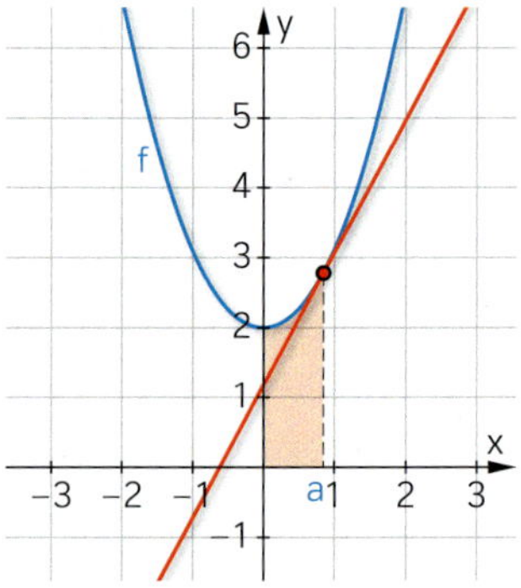

11 Ein Extremalproblem

Unter der Randfunktion $f(x) = e^{-x}$ soll ein Rechteck wie in der Abbildung skizziert so eingebaut werden, dass es maximalen Flächeninhalt hat. Begründen Sie zunächst anschaulich, dass es ein Rechteck mit maximalem Flächeninhalt geben muss.

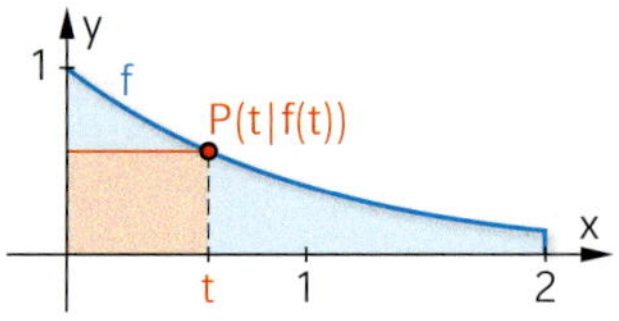

Übungen

12 Asymptoten, Extrempunkte und Flächen

Gegeben ist die Funktion
$f(x) = e^{2x} - 2e^x + 1$.

a) Begründen Sie, dass $y = 1$ eine Asymptote für $x \to -\infty$ ist und dass für $x \to \infty$ die Funktionswerte f(x) gegen ∞ streben.

b) Bestimmen Sie den Tief- und den Wendepunkt von f(x).

c) Wo schneidet f die waagerechte Asymptote $y = 1$?

uneigentliches Integral

Ermitteln Sie jeweils den Inhalt der gefärbten Flächen.

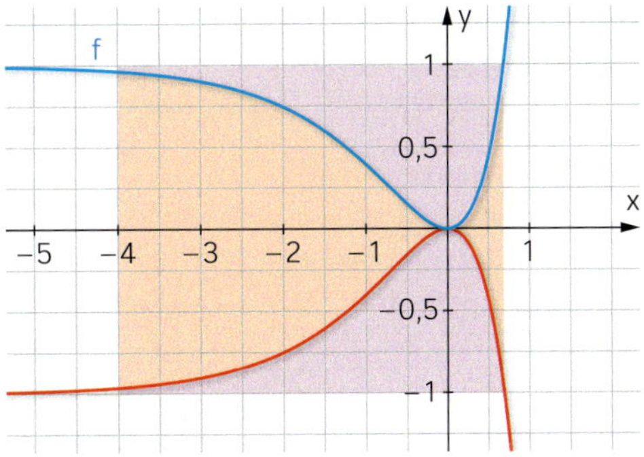

13 Zwei Funktionenscharen

Funktionenscharen

Skizzieren Sie jeweils die Schar mit dem GTR und beschreiben Sie die Gestalt der Graphen in Abhängigkeit vom Parameter k. Beantworten Sie dann die Fragen.

(1) Gegeben ist die Funktionenschar
$f_k(x) = e^x - kx$.

a) Welche Kurve verläuft durch (1 | 4)?

b) Wie lautet der Funktionswert an der Stelle 2?
Welche Kurve schneidet dort die x-Achse?

c) Geben Sie für $k = 1$ alle Stammfunktionen an. Welche verläuft durch (1 | 0)?

d) Bestimmen Sie:

(1) $\int_{-1}^{1} f_k(x)\,dx$ (2) $\int_{-t}^{t} f_1(x)\,dx$

(2) Gegeben ist die Funktionenschar
$f_k(x) = (x - k) \cdot e^x$.

a)
- Welche der Kurven verläuft durch den Ursprung, welche durch (1 | 1)?
- Welche Kurve hat an der Stelle $x = 0$ eine waagerechte Tangente?
- Welche Kurve hat an der Stelle $x = 1$ die Steigung 2?

b) Welche Kurve hat an der Stelle $x = 0$ einen Krümmungswechsel?

c) Für welchen Wert von k wechselt die Steigung an der Stelle 1 ihr Vorzeichen?

14 Weitere Fragen zur Schar aus Beispiel A

a) Bestimmen Sie die Wendepunkte. Zeigen Sie, dass sie auf der Kurve $y = 3 \cdot e^{2x}$ liegen.

b) Ermitteln Sie die Gleichung der Tangente im Schnittpunkt mit der y-Achse.
- Welche dieser Tangenten hat die Steigung −2?
- Welcher dieser Tangenten verläuft durch den Punkt P (1 | 2)?
- Welche dieser Tangenten verläuft senkrecht zu $y = -\frac{1}{2}x + 5$? Wo schneiden sich die beiden Geraden?

c) Welche Fragen werden mit dem CAS beantwortet? Benutzen Sie auch Skizzen.

$fk(x,k) := e^x \cdot (k - e^x)$ Fertig

(1) $\text{solve}(fk(1,k) = -1, k)$ $k = 2.3504$

(2) $\text{solve}\left(\frac{d}{dx}(fk(x,-2)) = 1, x\right)$ false

(3) $\text{solve}\left(\int_{-1}^{1} fk(x,k)\,dx = 0, x\right)$ $k = 1.54308$

(4) $\text{solve}\left(\int_{-1}^{a} fk(x,3)\,dx = 0, a\right)$ $a = -1.$ or $a = 1.72849$

Übungen

Klassifikationen von e-Funktionen

15 **Verknüpfung linearer Funktionen mit Exponentialfunktionen**

Was passiert, wenn man eine lineare Funktion $l(x) = ax + b$ mit einer Exponentialfunktion $g(x) = e^{kx}$ zu $f(x) = (ax + b) \cdot e^{kx}$ verknüpft?

a) Ordnen Sie begründet den Funktionsgleichungen passende Grafiken zu. Versuchen Sie eine Zuordnung ohne technische Hilfsmittel.

(1) $f_b(x) = (x + b) \cdot e^x$ (2) $f_a(x) = a \cdot x \cdot e^x$ (3) $f_k(x) = x \cdot e^{kx}$

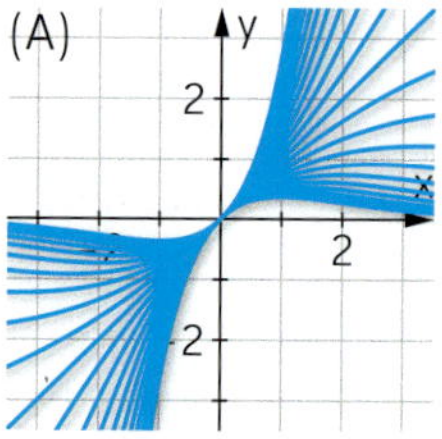

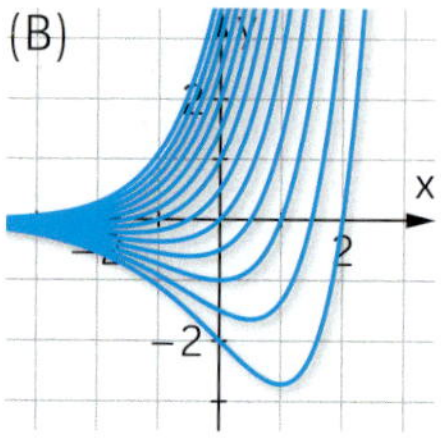

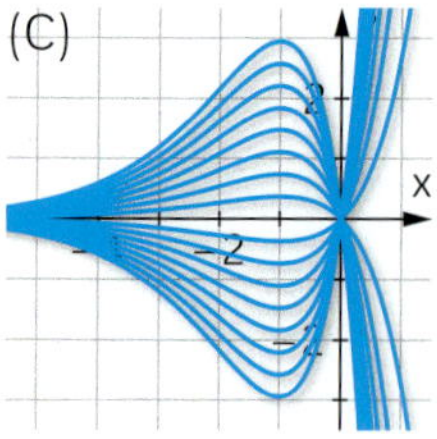

b) Geben Sie Begründungen für das Verhalten der Funktionen für $x \to \pm\infty$. Untersuchen Sie die Funktionenscharen jeweils auf Nullstellen, Extrem- und Wendepunkte.

c) Beschreiben Sie die Gemeinsamkeiten und Unterschiede der Scharen f_a, f_b und f_k. Schreiben Sie einen Bericht zu der Ausgangsfrage.

CAS d) Untersuchen Sie mit dem CAS $f(x) = (ax + b) \cdot e^{kx}$ auf das Verhalten für $x \to \pm\infty$, sowie Nullstellen, Extrem- und Wendepunkte.

16 **Verknüpfung von Potenzfunktionen mit e-Funktionen**

Was passiert, wenn man eine Potenzfunktion $p(x) = x^n$; $n \in \mathbb{N}$; mit einer Exponentialfunktion $g(x) = e^x$; zu $f_n(x) = x^n \cdot e^x$ verknüpft?

a) Ordnen Sie den Funktionsgleichungen begründet ohne Benutzung eines GTR eine passende Grafik zu.
Hinweis: Betrachten Sie den besonderen Punkt (0|0).

$f_1(x) = x \cdot e^x$ $f_2(x) = x^2 \cdot e^x$ $f_3(x) = x^3 \cdot e^x$

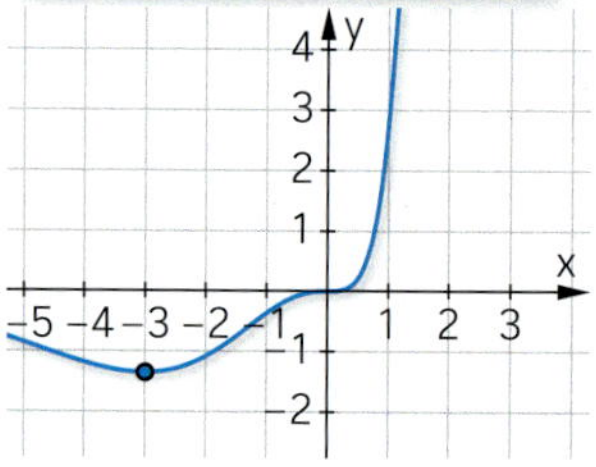

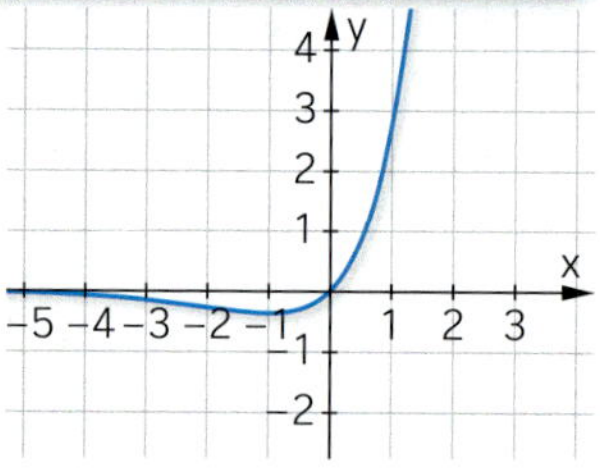

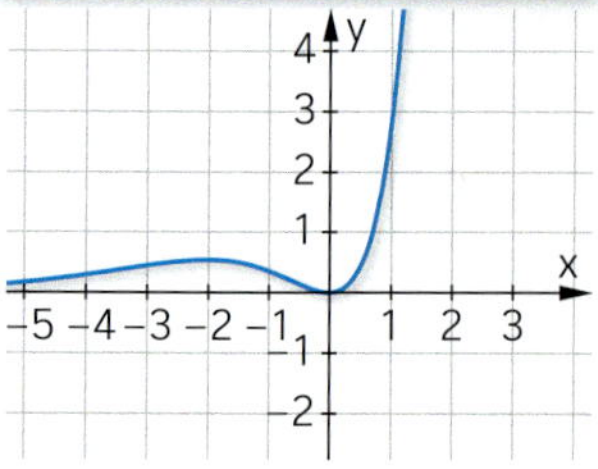

Beschreiben Sie qualitativ den graphischen Verlauf von $f_4(x) = x^4 \cdot e^x$; $f_5(x) = x^5 \cdot e^x$...
Überprüfen Sie Ihre Aussagen mit dem GTR.

b) Berechnen Sie die charakteristischen Punkte von f_1, f_2 und f_3.
Mit CAS: Bestimmen Sie die charakteristischen Punkte für ein beliebiges n.

17 **Forschungsaufgaben**

e-Funktionen können mit verschiedenen Funktionen verknüpft werden. Untersuchen Sie die Verknüpfungen. Wählen Sie zunächst so viele Parameter fest vor, dass jeweils nur Scharen mit einem Parameter verbleiben. Fertigen Sie aussagekräftige Skizzen an. Schreiben sie jeweils einen Forschungsbericht.

$f(x) = e^{ax^2 + bx + c}$ $f(x) = x^2 \cdot e^{ax + b}$ $f(x) = a \cdot e^{bx} + cx$

Übungen

Vernetzende Übungen

18 **Tangenten und ein Extremwertproblem**

a) Wählen Sie verschiedene Punkte von $y = e^x$ und ermitteln Sie die Gleichungen der zugehörigen Tangenten. Wo schneiden diese die x-Achse?
Was fällt auf? Formulieren Sie eine Vermutung und erhärten Sie diese durch ein weiteres Beispiel. Beschreiben Sie damit, wie die Tangente an $y = e^x$ in einem Punkt geometrisch konstruiert werden kann.

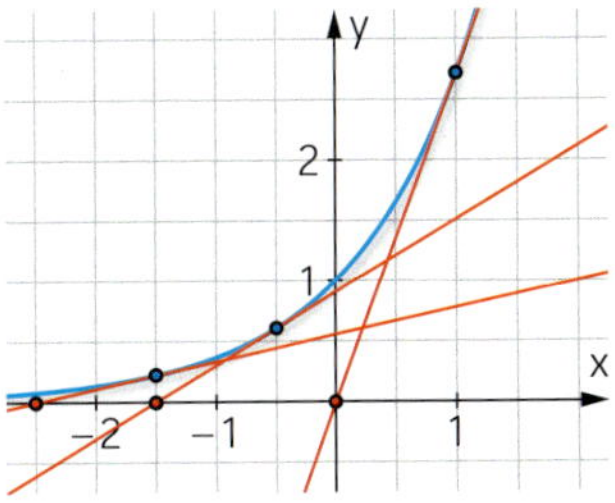

b) Jede der Tangenten schließt mit den Koordinatenachsen ein Dreieck ein. Berechnen Sie für die in a) gewählten Punkte die Flächeninhalte dieser Dreiecke.

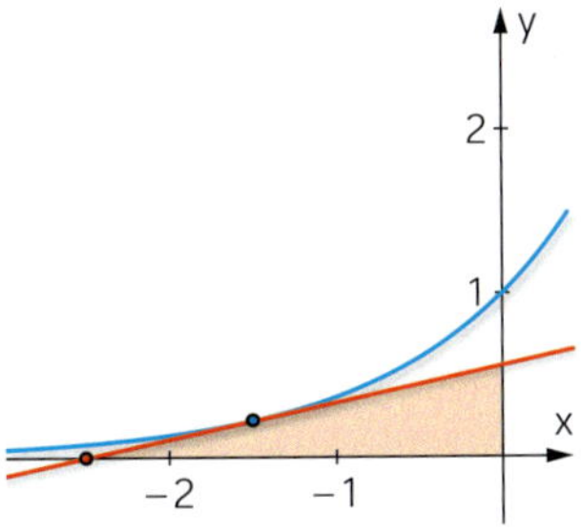

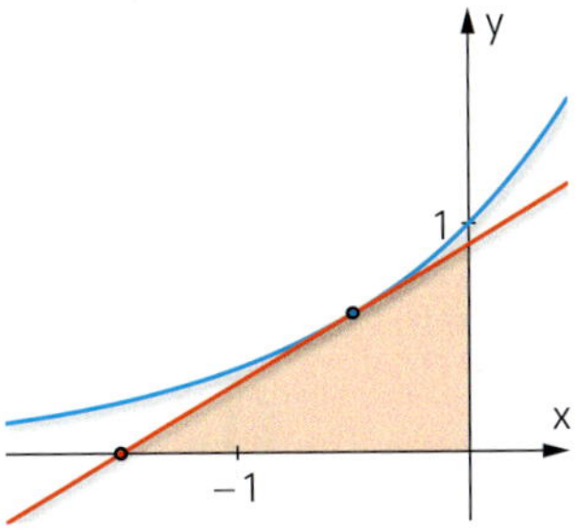

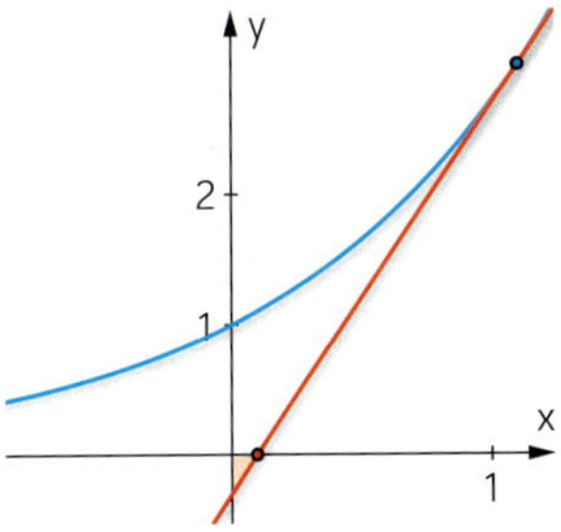

c) Beweisen Sie die Vermutung aus a) allgemein für den beliebigen Punkt $(t \mid e^t)$.
Zeigen Sie, dass $A(t) = \frac{1}{2}(t-1)^2 \cdot e^t$ den Flächeninhalt für das Dreieck angibt, das die Tangente in $(t \mid e^t)$ mit den Koordinatenachsen umschließt. Für welche Werte von t ist der Flächeninhalt maximal beziehungsweise minimal?

19 **Eine Glockenkurve**

Der Graph von $f(x) = e^{-\frac{1}{2}x^2}$ ist ein Beispiel für eine Glockenkurve.

a) Skizzieren Sie f. Begründen Sie Symmetrie und das Verhalten für $x \to \pm\infty$. Bestimmen Sie den Hochpunkt.

b) Zu f kann keine Stammfunktion angegeben werden. Um die Fläche unter der Kurve im Intervall $[0; 2]$ zu bestimmen, kann die Glockenkurve z. B. durch einfache Funktionen angenähert werden. Hier einige Tipps zur Bestimmung von Näherungskurven:

(1) Benutzen der Tangente im Wendepunkt.

(2) Kurve durch zwei Parabeln annähern:
$p_1(x) = bx^2 + 1$ in $[0; 1]$
$p_2(x) = a(x-3)^2$

(3) Punkte aus der Wertetabelle von f auslesen und Regressionsfunktionen (Polynomfunktion) auswählen.

Grundwissen

1. Lösen Sie die Gleichung $V = \frac{1}{3}\pi \cdot r^2 \cdot h$ einmal nach r und einmal nach h auf. Welche geometrische Bedeutung hat die Gleichung?
2. Welche der folgenden Gleichungen hat keine Lösung, genau eine Lösung, genau zwei Lösungen oder mehr als zwei Lösungen? Verdeutlichen Sie jeweils anhand eines Graphen.
   a) $x^2 - 2 = -2$ b) $x^3 - x = 0$ c) $-1 = 2x^2 + 2$ d) $x^2 - 2 = x + 1$

Exkurs

Die Zahl e – allgegenwärtig und seltsam

Auf der Suche nach einer Funktion, deren Ableitung wieder die Ausgangsfunktion ist, haben Sie auf experimentellem Weg die Zahl e entdeckt. Charakteristisch für diese Zahl ist damit, dass sie Zusammenhänge zwischen Beständen (Funktionswerten) und Änderungen (Ableitungen) beschreibt. Sie hat deswegen auch ihren großen Auftritt bei der Modellierung von Wachstumsprozessen. Das Faszinierende an der Zahl e ist, dass sie in ganz unterschiedlichen Bereichen auftritt, die auf den ersten Blick gar nichts miteinander zu tun haben. Ein und derselbe mathematische Gegenstand taucht also in verschiedenen Zusammenhängen auf; ein für die Mathematik typisches Phänomen.

e und der Zufall

In der Stochastik hat e eine große Bedeutung bei der Beschreibung von Verteilungen. Das Diagramm zeigt die Verteilung der Körpergröße von 454 Männern. Die Gauß'sche Glockenkurve (Abb. rechts) beschreibt solche Verteilungen.

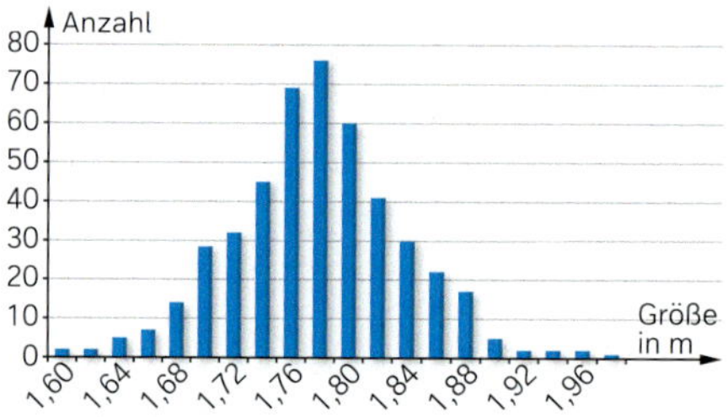

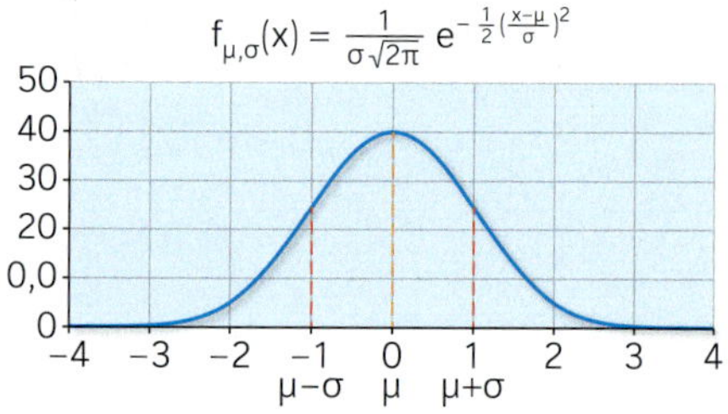

e und natürliche Formen

Spiralförmige Schnecken werden gut durch logarithmische Spiralen beschrieben. Diese haben in einem Polarkoordinatensystem die Gleichung $r = e^{k \cdot \varphi}$.
Dabei ist r der Abstand eines Punktes vom Ursprung und φ der Winkel gegen den Uhrzeigersinn bezüglich der x-Achse.

Nautilus-Schnecke

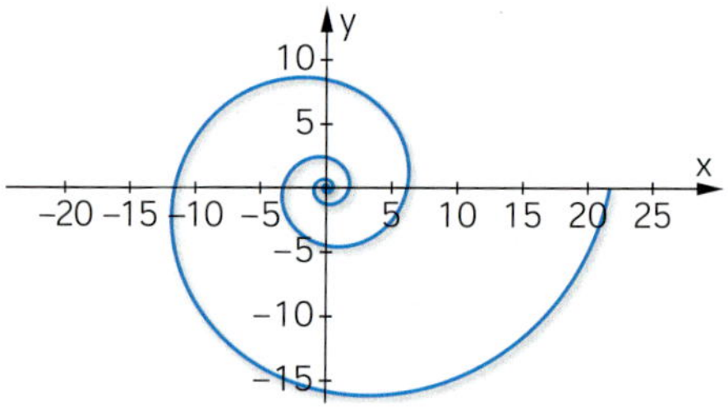

Was ist e für eine Zahl?

e ist eine irrationale Zahl, sie lässt sich also nicht als Bruch darstellen, man kann immer nur Näherungen finden. Dies hat e mit $\sqrt{2}$ gemeinsam. Mathematiker haben unterschiedliche systematische Verfahren entwickelt, um Näherungswerte zu bestimmen.

e als Grenzwert einer Folge

$e = \lim\limits_{n \to \infty} \left(1 + \frac{1}{n}\right)^n$

e als unendliche Summe

$e = 1 + \frac{1}{1 \cdot 2} + \frac{1}{1 \cdot 2 \cdot 3} + \ldots$

e als Kettenbruch

$e = \cfrac{2}{2 + \cfrac{3}{3 + \cfrac{4}{4+}}} \ldots$

e ist aber noch seltsamer als $\sqrt{2}$. $\sqrt{2}$ ist Lösung der Gleichung $x^2 - 2 = 0$.
Zahlen, die Lösung einer Polynomgleichung $a_n x^n + a_{n-1} x^{n-1} + \ldots + a_1 x + a_0 = 0$ mit rationalen Koeffizienten sind, heißen *algebraische* Zahlen.
Es gibt nun keine solche Gleichung, deren Lösung e ist. e ist also keine algebraische Zahl. Solche Zahlen heißen *transzendent*.

Check-up

Ableitungsregeln

Produktregel

$f(x) = u(x) \cdot v(x)$

$f'(x) = u'(x) \cdot v(x) + u(x) \cdot v'(x)$

Kurzform: $(uv)' = u'v + uv'$

Kettenregel

$f(x) = u(v(x))$

$f'(x) = v'(x) \cdot u'(v(x))$

Merkregel: Ableitung der inneren Funktion mal Ableitung der äußeren Funktion

e-Funktion

Die besondere Eigenschaft der e-Funktion besteht darin, dass sie mit ihrer Ableitung übereinstimmt.

$f(x) = e^x \Rightarrow f'(x) = e^x$ mit $e = 2{,}718281\ldots$

Die Tangente der e-Funktion im Punkt P(0|1) hat die Gleichung $y = x + 1$.

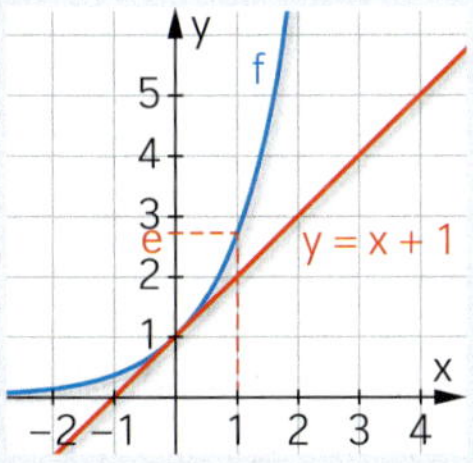

$f(x) = a \cdot e^{cx} \Rightarrow F(x) = \frac{a}{c} e^{cx}$

Natürlicher Logarithmus

Die Gleichung $e^x = a$ $(a > 0)$ wird durch Logarithmieren (Umkehroperation) gelöst.

$e^x = a \Rightarrow x = \ln(a)$

Der Logarithmus zur Basis e heißt **natürlicher Logarithmus**, er wird mit **ln** bezeichnet.

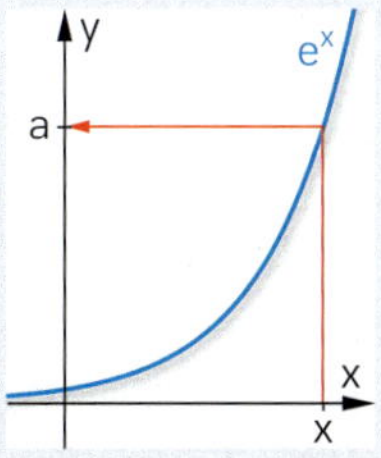

Zum x-Wert den zugehörigen Funktionswert $f(x) = a$ finden: $a = e^x$

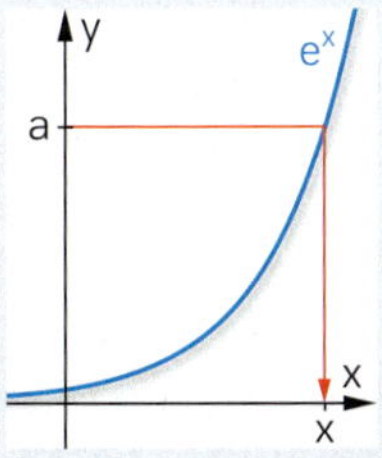

Zum Funktionswert $a = f(x)$ den zugehörigen x-Wert finden: $x = \ln(a)$

1 Ableitungen bestimmen 1

Bestimmen Sie die Ableitung. Geben Sie die verwendete Regel an.

a) $f(x) = (x^2 + 1)(3x - 1)$
b) $f(x) = (4x - 2)^5$
c) $f(x) = \sin(x^2 - 2x)$
d) $f(x) = \sqrt{3x^2 - x + 1}$
e) $f(x) = \sin(x) \cdot \cos(x)$
f) $x^2 \cdot \sin(x)$

2 Eine „Warum"-Frage und eine Begründung

Warum ist die Ableitung von $f(x) = e^{-x}$ nicht $f'(x) = e^{-x}$?

a) Geben Sie eine Erklärung mithilfe der Ableitungsregeln.
b) Begründen Sie grafischgeometrisch, dass $f'(x) = -e^{-x}$ gilt.

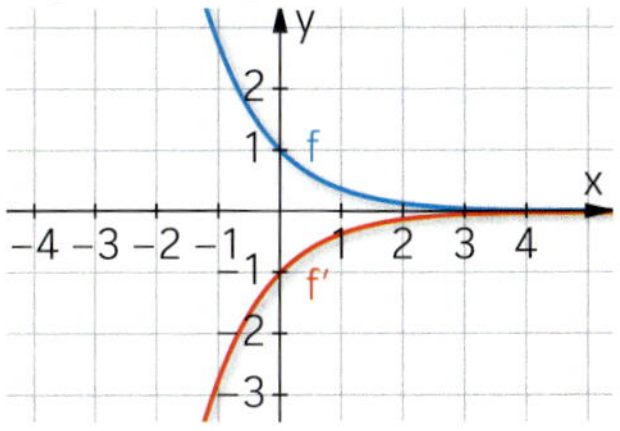

3 Funktionsterme finden

Geben Sie zu jedem Bild einen geeigneten Funktionsterm an. Benutzen Sie zur Überprüfung auch f'.

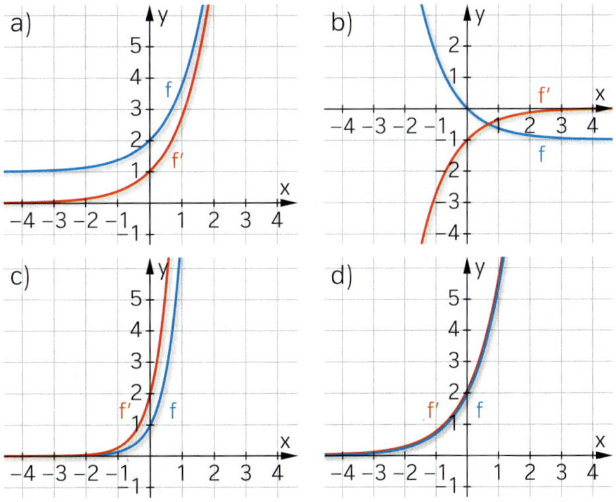

4 e-Funktionen bewegen

a) Geben Sie den Funktionsterm an, wenn man $f(x) = e^x$
   (1) an der y-Achse spiegelt.
   (2) an der x-Achse spiegelt.
   (3) um 3 Einheiten in die negative x-Richtung verschiebt.
   (4) um 2 Einheiten in die positive y-Richtung verschiebt.
b) Durch welche geometrischen Abbildungen lassen sich die Funktionen f, g und h aus $f(x) = e^x$ erzeugen?
   $f(x) = e^{x-2} - 1$ $g(x) = 3 \cdot e^{-x}$ $h(x) = -2 \cdot e^{-x} + 1$

5 Gleichungen lösen 1

Lösen Sie die Gleichungen, wenn möglich algebraisch ohne GTR.

a) $1000 - 2e^x = 100$
b) $2 \cdot e^{\frac{1}{2}x} = 1000$
c) $e^{x-2} = 200000$
d) $(e^x + 1)(e^x - 1) = 0$
e) $e^{x^2-1} = 1$
f) $4 \cdot e^{-x} = -x + 4$
g) $e^{4x-3} = e^{7-x}$
h) $e^x = x - 2$
i) $\ln(x + 1) = 2$

Zusammenhänge zwischen e und ln

(1) $e^{\ln(a)} = a \quad (a > 0)$

(2) $\ln(e^a) = a$

Exponentialgleichung lösen

$$e^{k \cdot x} = c$$
$$\ln\left(e^{k \cdot x}\right) = \ln(c)$$
$$k \cdot x = \ln(c)$$
$$x = \tfrac{1}{k} \cdot \ln(c)$$

Ableitung von $f(x) = b^x$

Jede **Exponentialfunktion** $f(x) = b^x$ lässt sich als Funktion zur Basis e darstellen.

$f(x) = b^x = \left(e^{\ln(b)}\right)^x = e^{\ln(b) \cdot x}$

Für die Ableitung von $f(x) = b^x = e^{\ln(b) \cdot x}$ gilt: $f'(x) = \ln(b) \cdot e^{\ln(b) x} = \ln(b) \cdot b^x$

Natürliche Logarithmusfunktion

Die natürliche Logarithmusfunktion $L(x) = \ln(x)$ ist die Umkehrfunktion von $E(x) = e^x$.

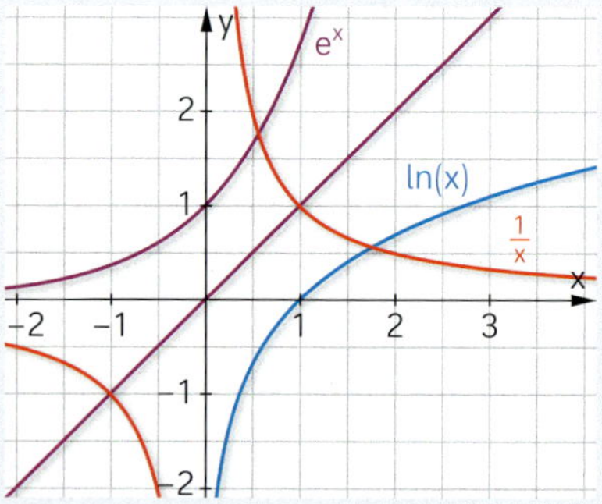

Sie ist für alle positiven reellen Zahlen definiert. Ihr Wertebereich sind alle reellen Zahlen. Es gilt:

für $0 < x < 1$ ist $\ln(x) < 0$
für $x = 1$ ist $\ln(x) = 0$
für $x > 1$ ist $\ln(x) > 0$

Ableitung von $L(x) = \ln(x)$: $L'(x) = \frac{1}{x}$

Die natürliche Logarithmusfunktion ist Stammfunktion von $\frac{1}{x}$.

$f(x) = \frac{1}{x} \Rightarrow F(x) = \ln(x)$ für $x > 0$

Check-up

6 Ableitungen bestimmen 2

Ermitteln Sie jeweils die ersten beiden Ableitungen.

a) $f(x) = 3e^{0,5x}$ b) $f(x) = e^{2x} - x^2$ c) $f(x) = (2x + 1)e^x$
d) $f(x) = (x^2 - 1)e^x$ e) $f(x) = 4x \cdot e^{-x}$ f) $f(x) = x^2 \cdot e^x$
g) $f(x) = (kx^2 - 1) \cdot e^{-x}$ h) $f(x) = \ln(x^2 + 1)$; (nur $f'(x)$)
i) $f(x) = 2e^{x^2 - kx}$

7 Integrale bestimmen

Bestimmen Sie die Integrale und veranschaulichen Sie diese.

a) $\int_{-1}^{2} (e^x)\,dx$ b) $\int_{-3}^{0} (e^{-x})\,dx$ c) $\int_{0}^{2} (e^x - e^{-x})\,dx$ d) $\int_{-1}^{3} (e^{0,5x})\,dx$

8 Gleichungen lösen 2

Lösen Sie die Gleichungen.

a) $e^{kx} = 2000$ b) $a \cdot e^{-x} = 0,5$ c) $e^{2x-k} = e^{x^2}$

9 Tangenten

Bestimmen Sie die Gleichung der Tangente von $f(x) = e^{2x}$ in:

a) $(0\,|\,f(0))$ b) $(1\,|\,f(1))$ c) $(-0,5\,|\,f(-0,5))$

10 Besondere Stellen

Gegeben ist die Funktion $f(x) = e^{0,5x}$.

a) Welche Steigung hat f an der Stelle 2?
b) An welcher Stelle hat f den Wert 8?
c) An welcher Stelle hat f die Steigung 15?
d) Ermitteln Sie den markierten Flächeninhalt.

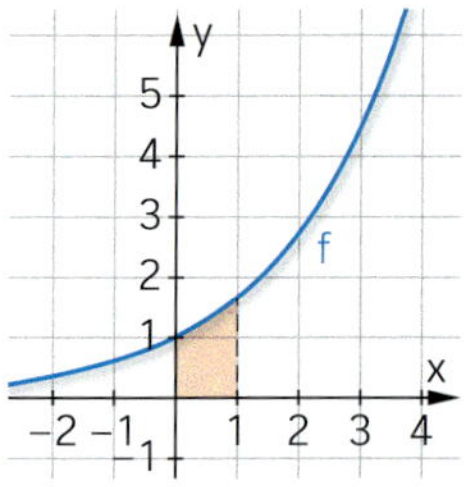

11 Funktionsuntersuchungen

Skizzieren Sie jeweils die Paare von Funktionen und untersuchen Sie diese auf ihr Verhalten für $|x| \to \infty$, Nullstellen, Extrem- und Wendepunkte.

a) $f_1(x) = e^x + x$
$f_2(x) = e^x - 2x$

b) $g_1(x) = e^x + x^2$
$g_2(x) = e^x - x^2$

c) $l_1(x) = (e^x - 1)^2$
$l_2(x) = (e^x + 2)^2$

d) $m_1(x) = e^{x^2}$
$m_2(x) = e^{x^3}$

12 Funktionenscharen

a) Fertigen Sie zunächst eine aussagekräftige Skizze der Funktionenscharen an. Beschreiben Sie die Kurven in Abhängigkeit des Parameters. Bestimmen Sie Achsenschnittpunkte, Extrem- und Wendepunkte in Abhängigkeit des Parameters.
(A) $f_a(x) = e^x + ax$ (B) $f_b(x) = (e^x - b)^2$

b) Bestimmen Sie jeweils für die beiden Scharen.
(1) die Tangente und die Normale im Schnittpunkt mit der y-Achse.
(2) die Kurve der Schar, die durch den Punkt $(1\,|\,4)$ verläuft.

Sichern und Vernetzen – Vermischte Aufgaben zu Kapitel 3

Trainieren

1 Ableitungen bestimmen

Bestimmen Sie die Ableitungen. Geben Sie jeweils an, welche Ableitungsregeln Sie benutzt haben.
Manchmal gibt es mehrere Möglichkeiten, benutzen Sie diese.

a) $f(x) = x^2 \cdot x^3$
b) $f(x) = \sin(x) \cdot \cos(x)$
c) $f(x) = 3 \cdot e^{0,1x}$
d) $f(x) = (x^2 - 1) \cdot (x^2 + 1)$
e) $f(x) = e^x + e^{2x}$
f) $f(x) = e^x \cdot e^{2x}$
g) $f(x) = x \cdot e^{-x}$
h) $f(x) = 2 \cdot (x^2)^3$
i) $f(x) = (x^2 - 2) \cdot e^x$
j) $f(x) = 2e^{-x^2 + 2x}$
k) $f(x) = (e^x - kx)^2$
l) $f(x) = \sin(x^2) \cdot \cos(2x)$

2 Terme

Fassen Sie die Terme zusammen.

a) $\ln(e^5)$
b) $e^{-\ln(2)}$
c) $e^{\ln(1)} \cdot e^{\ln(e)}$
d) $\ln(e^2 + 1)$
e) $\left(\ln\left(\frac{1}{e}\right)\right)^2$

3 Gleichungen

Lösen Sie die Gleichungen.

a) $3e^{-x} = 102$
b) $e^{x+1} \cdot e^{x-1} = 1000$
c) $e^{2x} = -x + 2$
d) $\ln(x - 4) = 2$

4 Bewegte Graphen

a) Ermitteln Sie zu den Graphen jeweils eine Funktionsgleichung. Es handelt sich jeweils um eine verschobene oder gespiegelte Funktion von $f(x) = e^x$. Beschreiben Sie, durch welche geometrischen Abbildungen die Graphen aus dem Graphen von $f(x) = e^x$ entstehen.
b) Geben Sie die Asymptoten an.

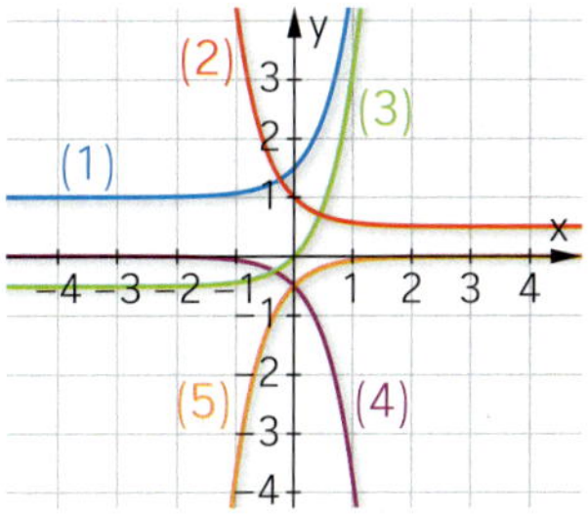

5 Lokale Extrempunkte und Tangenten

Skizzieren Sie die Funktionen. Bestimmen Sie jeweils die lokalen Extrempunkte und die Gleichungen der Tangenten in den Schnittpunkten mit den Koordinatenachsen, sofern diese existieren.

a) $f(x) = (x - 2) \cdot e^x$
b) $f(x) = e^x + e^{-x}$
c) $f(x) = 2x \cdot e^{0,5x}$

6 Integrale zuordnen

Veranschaulichen Sie jedes Integral und ordnen Sie den Integralen (1) – (4) den passenden Wert (A) – (D) zu. Versuchen Sie zunächst eine Zuordnung ohne GTR und weitere Rechnungen. Ein Term passt zu zwei Integralen, ein Term zu keinem Integral. Gelingt Ihnen der Bau eines Integrals, zu dem dieser Term passt?

(1) $\int_{-4}^{2} e^{\frac{1}{2}x}$	(2) $\int_{-1}^{1} 2e^x\,dx$	(3) $\int_{1}^{5} \frac{2}{x}\,dx$	(4) $\int_{-1}^{1} (e^x + e^{-x})\,dx$
(A) $2\left(e - \frac{1}{e^2}\right)$	(B) $2 \cdot \ln(5)$	(C) $2e - \frac{2}{e}$	(D) $e^5 - 1$

Trainieren

7 Parameterwerte bestimmen

Bestimmen Sie den Wert des Parameters jeweils so, dass der Punkt P auf dem Graphen von f liegt. Skizzieren Sie f und überprüfen Sie Ihr Ergebnis grafisch.

a) $f(x) = 6 \cdot e^{kx}$
P(3|50)

b) $f(x) = A \cdot e^{-0{,}005x} + 200$
P(10|4)

c) $f(x) = A \cdot e^{-0{,}00015x}$
P(200|15)

8 Flächeninhalte

Bestimmen Sie jeweils die Flächeninhalte der farbigen Flächen. In den drei Abbildungen ist jeweils $f_1(x) = e^x$ gewählt. Hinweis: $F(x) = x \cdot \ln(x) - x$ ist eine Stammfunktion von $f(x) = \ln(x)$. Hinweis zu b): $f_3(x) = e^x + e^{-x} - 2$.

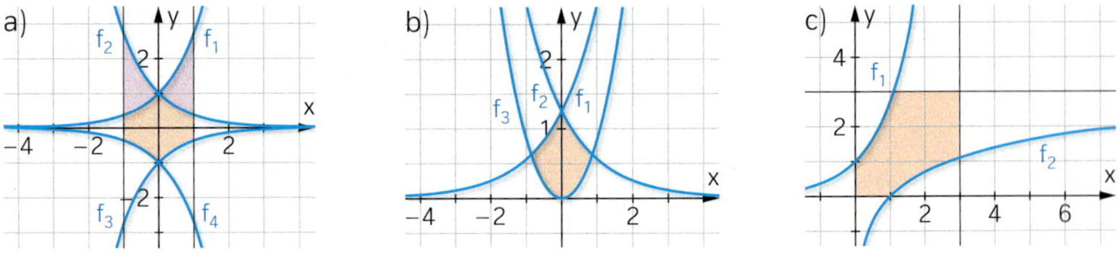

9 Eine Funktionenschar

Gegeben ist die Funktionenschar $f_k(x) = (x - k) \cdot e^x$.

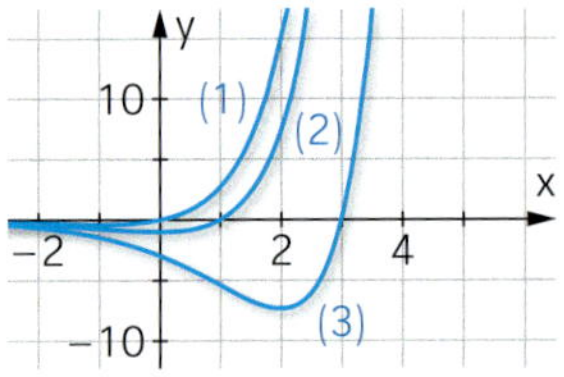

a) Zu welchen Werten von k gehören die Kurven in der Abbildung? Ordnen Sie ohne Rechnung zu.
b) Welche Funktion verläuft durch (1|1)?
c) Welche Funktion hat im Schnittpunkt mit der y-Achse eine waagerechte Tangente?
d) Zeigen Sie, dass keine Funktion im Schnittpunkt mit der x-Achse eine waagerechte Tangente hat.
e) Ermitteln Sie die Extrem- und Wendepunkte in Abhängigkeit von k. Zeigen Sie, dass die Extrempunkte auf der Kurve $y = -e^x$ liegen und die Wendepunkte auf $y = -2e^x$.

Verstehen

10 Der Größe nach ordnen

Ordnen Sie die Zahlen der Größe nach ohne Benutzung eines Hilfsmittels. Beginnen Sie mit der kleinsten.

-1; 1; e; π; $\ln(1)$; 0; $-e$; 4; e^0; $\ln(e)$; 2; $\sqrt{2}$; e^{-1}; $\ln(e^2)$; $\sqrt{3}$; $\ln\left(\frac{1}{e}\right)$; $e^{\ln(2)}$

11 Einzelinformationen

Gegeben sind folgende Werte der Funktionen $g(x)$, $g'(x)$, $h(x)$ und $h'(x)$:

x	g(x)	g'(x)	h(x)	h'(x)
−1	3	4	2	5
0	4	−3	1	3
2	0	2	0	−1

Berechnen Sie daraus $f(x)$ und $f'(x)$ an den Stellen −1, 0 und 2 für:

$f_1(x) = g(x) + h(x)$ $f_2(x) = g(x) \cdot h(x)$ $f_3(x) = g(h(x))$ $f_4(x) = h(g(x))$

Die Berechnung ist nicht immer möglich. Warum?

12 Funktionsgraphen zeichnen

Zeichnen Sie für jeden der Fälle A bis D einen passenden Funktionsgraphen des Typs $f(x) = a \cdot e^{kx}$ und geben Sie mögliche zugehörige Werte für a und k an.

	$f'(x) > 0$	$f'(x) < 0$
$f''(x) > 0$	A	B
$f''(x) < 0$	C	D

Verstehen

13 Wahr oder falsch?

Welche der Aussagen sind wahr? Geben Sie eine Begründung.

(1) $e^a \cdot e^b = e^{a+b}$

(2) Für $f(x) = -e^{-x}$ gilt: $f'(x) = -f(-x)$

(3) Eine Verschiebung von $y = e^x$ in x-Richtung ist gleichzeitig eine Streckung in y-Richtung.

(4) Für $f(x) = e^{-x}$ gilt: $f'(x) = f(-x)$

14 Warum-Fragen

a) Warum ist die natürliche Logarithmusfunktion $f(x) = \ln(x)$ nur für positive Werte von x definiert?

b) Warum gilt für $f(x) = e^x$ nicht $f'(x) = x \cdot e^{x-1}$? Finden Sie drei verschiedene Begründungen?

15 Funktionsbeziehungen

Erläutern Sie: *e^x verhält sich zu $\ln(x)$ wie x^2 zu $\sqrt{x}$*. Inwiefern besteht ein Unterschied?

16 Erläutern, Begründen und Skizzieren

Man kann folgende Funktionsterme erhalten, wenn man $f(x) = e^x$ quadriert:

$f_1(x) = (e^x)^2$ $\qquad f_2(x) = e^{2x}$ $\qquad f_3(x) = e^x \cdot e^x$

a) Zeigen Sie die Gleichwertigkeit (Äquivalenz) der Darstellungen.

b) Bestimmen Sie jeweils die Ableitung und nennen Sie die benutzten Ableitungsregeln. Erläutern Sie an diesem Beispiel, dass die Regeln sich vertragen.

c) In welcher Darstellung können Sie unmittelbar eine Stammfunktion bilden? Warum gelingt das in den anderen Darstellungen nicht unmittelbar?

d) Welche Auswirkungen auf den Graphen hat das Quadrieren? Vergleichen Sie mit dem Quadrieren von $g(x) = x$ und $h(x) = \sin(x)$. Fertigen Sie Skizzen an.

17 Graphen werden Termen zugeordnet

Ordnen Sie begründet – ohne Verwendung eines Hilfsmittels – den Funktionsgleichungen den passenden Graphen (A) – (C) und den Graphen die passende Ableitung (D) – (F) zu. Überprüfen Sie Ihre Zuordnungen mithilfe des GTR.

$f_1(x) = (x-2) \cdot e^{-0{,}5x}$ $\qquad f_2(x) = (e^x - 1)^2$ $\qquad f_3(x) = x \cdot e^{-0{,}5x}$

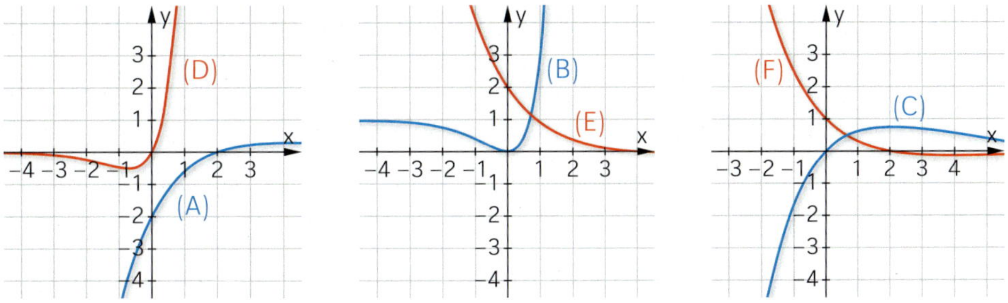

Anwenden

18 Wie schnell öffnet und schließt eine Tür?

Eine Tür mit einem automatischen Türöffner öffnet und schließt sich.

Die Abhängigkeit des Öffnungswinkels α von der Zeit t kann durch folgende Funktion beschrieben werden:

$\alpha(t) = 200 \cdot t \cdot e^{-0{,}7t}$ (t in s, α in °)

Skizzieren Sie α und beschreiben Sie damit den Vorgang.

- Wann ist die Tür ganz geöffnet?
- Wann ist die Tür geschlossen?
- Wann ist die Schließbewegung am schnellsten?

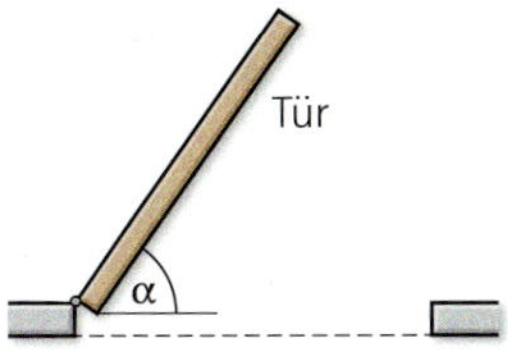

4

Wachstum

Wachstum und Veränderungen kennzeichnen Natur und Kultur. Wie wachsen Populationen? Wie werden Stoffe im Körper abgebaut? Wie hängt die Zunahme der Verkaufszahlen von der Anzahl der verkauften Produkte ab? Wie wächst das Internet? Bei der Untersuchung solcher Fragen spielen die Zusammenhänge zwischen den Beständen (mathematisch: den Funktionswerten) und ihren Änderungen (mathematisch: der Ableitung) eine zentrale Rolle. Die Beschreibung solcher Zusammenhänge zwischen Funktionen und Ableitungen gelingt mit einer neuen Art von Gleichungen. Man erhält damit Einsicht in Wachstumsprozesse, wodurch Prognosen möglich werden.

4.1 Exponentielles Wachstum

Die Entwicklung der Anzahl der Internet-Anschlüsse lässt sich mit demselben Wachstumsmodell beschreiben wie der Abbau von Medikamenten im Körper. Die Änderungsrate ist hier immer proportional zum aktuellen Bestand.

4.2 Begrenztes Wachstum

„Die Bäume wachsen nicht in den Himmel." Es gibt Grenzen. Auf diese bekannte Tatsache kann man in einem entsprechenden Wachstumsmodell reagieren: Je näher man an die Grenze kommt, desto schwächer wird das Wachstum sein. Dies gilt zum Beispiel bei der Entwicklung von Populationen in einem begrenzten Lebensraum.

4.3 Logistisches Wachstum

Das Modell des begrenzten Wachstums berücksichtigt angemessen den Einfluss der gegebenen Grenzen. Am Beginn des Wachstums passt das Modell aber häufig nicht zu dem beobachtbaren Wachstumsverlauf, wie er zum Beispiel bei Sonnenblumen oder auch bei der Verbreitung von Gerüchten auftritt.

4.4 Modelle mit e-Funktionen

Wie ändert sich die Konzentration eines Wirkstoffs im Körper? Wie entwickeln sich Verkaufszahlen von Produkten? Wie wachsen Tierpopulationen? Wenn es um Änderungsprozesse geht, sind häufig zusammengesetzte Exponentialfunktionen geeignete Modelle zur Beschreibung.

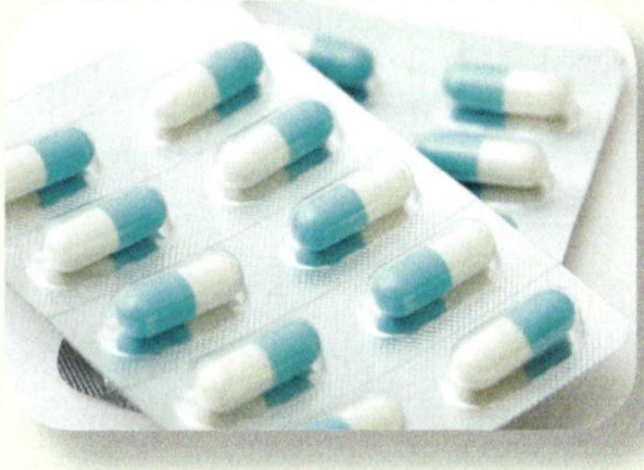

4.5 Phasendiagramme (fakultativ)

Wenn man die Änderungsraten (Ableitungen) nicht in Abhängigkeit von der Zeit, sondern in Abhängigkeit des Bestandes (Funktionswerte) betrachtet, erhält man neuartige Diagramme, die weitere Einsichten in Änderungsprozesse ermöglichen und Zusammenhänge aufzeigen.

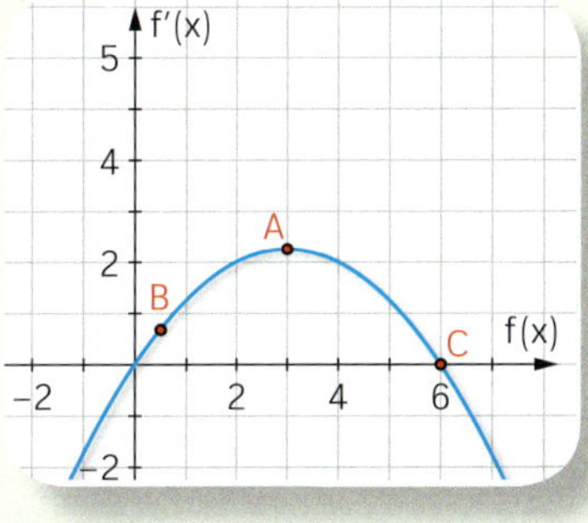

4.1 Exponentielles Wachstum

Aufgaben

1 Von Heuschrecken und Nashörnern

(1) Eine Heuschreckenpopulation aus anfänglich 1000 Tieren wächst wöchentlich um 30 %.

(2) Eine Nashornpopulation von 200 Tieren nimmt jährlich um 10 % ab.

a) Geben Sie zu den Heuschrecken und den Nashörnern den passenden Wachstumsfaktor und die zugehörige Wachstumsfunktion $f(x) = A \cdot b^x$ an.

b) Beim mathematischen Modellieren wird meist die e-Funktion benutzt, also $f(x) = A \cdot b^x = A \cdot (e^k)^x$. Dazu muss der Wachstumsfaktor b in die passende e-Potenz e^k umgerechnet werden, also $b = e^k$.
Zeigen Sie, dass man für die Heuschreckenpopulation $h(x) = 1000 \cdot e^{0{,}2624x}$ erhält.
Welche Funktionsgleichung erhält man für die Nashornpopulation?

c)
- Die größten Heuschreckenschwärme sind 1784 in Südafrika dokumentiert worden. Es sollen damals 300 Milliarden Insekten das Land bedeckt haben. Nach wie vielen Wochen wäre die Population nach dem Modell in a) so groß?
- Nach wie vielen Jahren hat sich die Nashornpopulation halbiert?

d) Zeigen Sie, dass für beide Populationen die Gleichung $f'(x) = k \cdot f(x)$ gilt. Geben Sie jeweils k an und beschreiben Sie mit dieser Gleichung das Änderungsverhalten.

2 **Geschwindigkeit, Vermehrung und Verkäufe – neue Gleichungen**

a) Ordnen Sie den Texten die passende Beschreibung und Gleichung zu.

Beschleunigung: Änderung der Geschwindigkeit

(A) Max fährt mit konstanter Beschleunigung.	(B) Jedes Jahr vermehrte sich die Hasenpopulation um 25 %.	(C) Pro Woche wurden zwei Autos mehr verkauft.
(D) Die Änderung ist proportional zum Bestand.	(E) Die Änderung ist proportional zur Zeit.	(F) Die Änderung ist konstant.
(1) $f_1'(x) = 2$	(2) $f_2'(x) = 0{,}5 \cdot x$	(3) $f_3'(x) = \ln(1{,}25) \cdot f_3(x)$

Differentialgleichung DGL

Das Besondere der Gleichungen (1), (2) und (3) liegt darin, dass sie einen Zusammenhang zwischen dem Änderungsverhalten von Beständen und den Beständen selbst beschreiben. Solche Gleichungen heißen **Differentialgleichungen**, abgekürzt **DGL.** Lösungen solcher Gleichungen sind Funktionen.

b) Geben Sie zu (1), (2) und (3) eine passende Lösungsfunktion an. Benutzen Sie Ihr Wissen über Funktionen und ihre Ableitungen. Warum gibt es zu jeder Gleichung mehrere Lösungsfunktionen? Beschreiben Sie jeweils alle Lösungen.

fakultativ

3 **Geschwindigkeit, Vermehrung und Verkäufe – grafische Lösungen**

Die Gleichungen (1), (2) und (3) aus Aufgabe 2 geben an, wie groß die momentane Änderung an einer Stelle ist. Geometrisch gibt dieser Wert die Steigung in dem Punkt $(x|y) = (x|f(x))$ an. Dies wird grafisch umgesetzt.

Richtungsfelder

Prinzip: In jedem Punkt $(x|y)$ wird die durch $f'(x)$ festgelegte Steigung bestimmt. Diese Steigung wird dann in Form eines kleinen Tangentenstücks eingezeichnet.

$\ln(1{,}25) \approx 0{,}223$

a) Füllen Sie die Tabelle aus und skizzieren Sie in jeweils ein Koordinatensystem die Tangentenstücke aus der Tabelle. Skizzieren Sie dann die Tangentenstücke in allen Gitterpunkten. Dies gelingt ohne weitere Rechnungen. Es entsteht ein Richtungsfeld.

x	y	$f_1'(x)$	$f_2'(x)$	$f_3'(x)$
−1	2			0,45
0	1			
0	5			
1	0			
1	4			0,89
2	2			0,45
3	5			
4	3			
5	1			

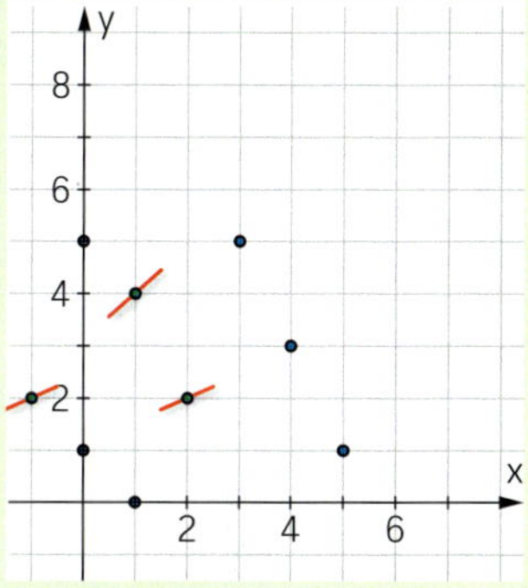

Wie findet man näherungsweise eine Lösungsfunktion der Differentialgleichung?

- Man startet z. B. in $(0|1)$.
- Dann geht man in Tangentenrichtung weiter. Wie weit? Bis man in genau dieser Richtung auf den nächsten Punkt auf der nächsten senkrechten Gitterlinie trifft. Wann kommt der nächste Punkt? Das hängt davon ab, wie eng das Gitter angelegt ist (hier ist Gitterweite 1).
- Dann geht man von diesem Punkt aus in Tangentenrichtung weiter. Wie weit? Bis man...

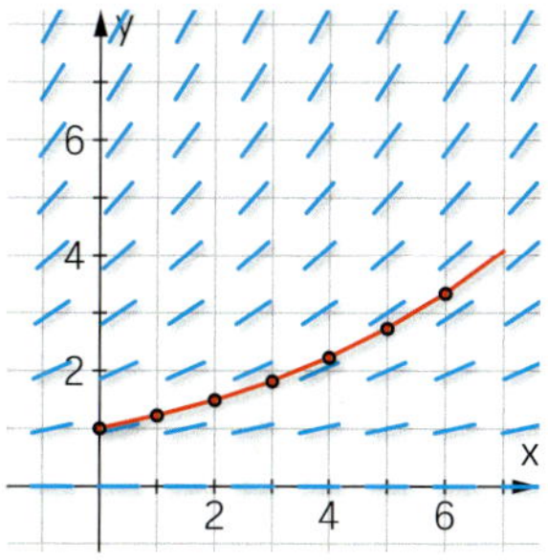

b) ▪ Skizzieren Sie in den Richtungsfeldern näherungsweise die Lösungsfunktionen zu (1), (2) und (3), wenn man jeweils in $(0|1)$ startet.
▪ Erzeugen Sie auf gleiche Weise jeweils eine Näherungslösung für den Startwert $(0|3)$.

Werkzeug

Richtungsfelder und Lösungen von DGLn mit GTR und CAS

Mit vielen GTR und mit CAS können Richtungsfelder (Steigungsfelder) und zugehörige Lösungsfunktionen erzeugt und dargestellt werden.

vgl. 1.5, S.40

1. Grafikmodus: „Differentialgleichung“
2. Eingabe der DGL.
3. Anfangsbedingung $(x_0, y1_0)$ eingeben (ohne Eingabe erhält man nur Richtungsfeld)

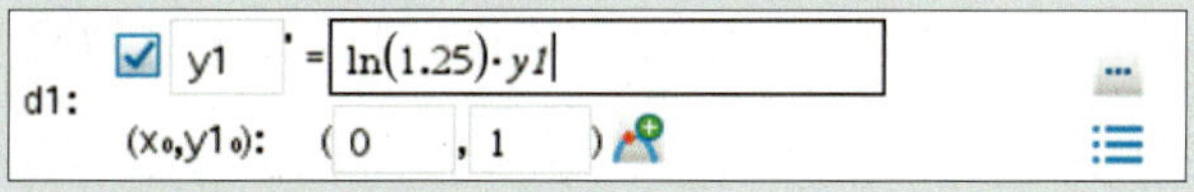

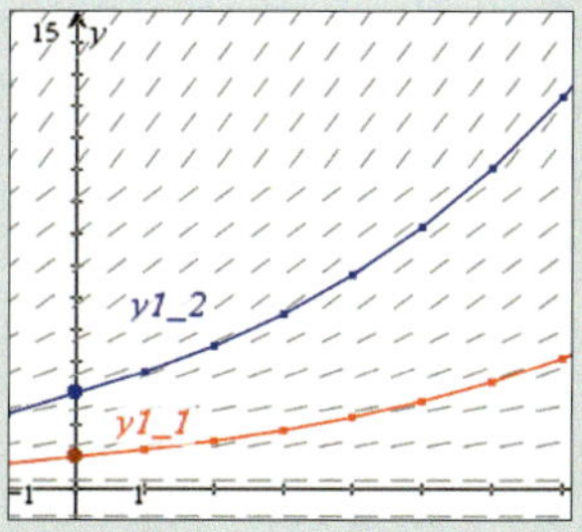

4. Es können mehrere Anfangsbedingungen eingegeben werden.

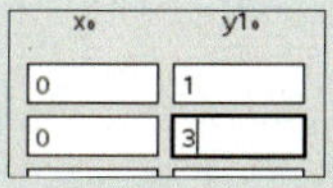

Basiswissen Wachstumsprozesse werden hauptsächlich mit e-Funktionen beschrieben.

Exponentielles Wachstum
Wachtums-DGL, Wachstumsfaktor und Wachstumskonstante

Die mathematische Modellierung von Wachstumsprozessen erfolgt meistens mithilfe von Gleichungen, die den Zusammenhang zwischen der Änderung und dem Bestand berschreiben. Solche Gleichungen heißen **Differentialgleichungen (DGL)**. Lösungen solcher Gleichungen sind Funktionen.

Beispiel:

In einer Schonung sind 100 Borkenkäfer. Jedes Jahr kommen 20 % dazu.
Modellierung mit exponentiellem Wachstum

	Allgemein	Borkenkäfer	
DGL	$f'(x) = k \cdot f(x)$ Die Änderung ist proportional zum Bestand.	$f'(x) = \ln(1{,}2) \cdot f(x)$ $= 0{,}1823 \cdot f(x)$ $f(0) = 100$	
Wachstumsfunktion:	$f(x) = A \cdot b^x$ $= A \cdot e^{\ln(b) \cdot x}$ $= A \cdot e^{k \cdot x}$	$f(x) = 100 \cdot 1{,}2^x$ $= 100 \cdot e^{\ln(1{,}2) \cdot x}$ $= 100 \cdot e^{0{,}1823x}$	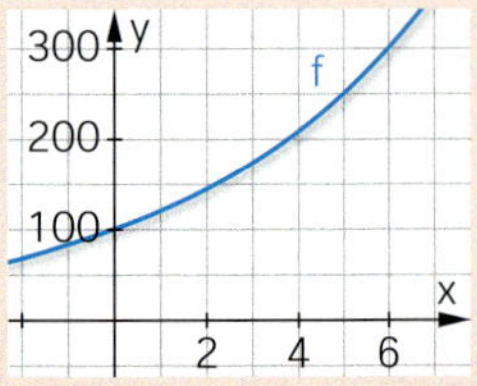
Anfangsbestand: Wachstumsfaktor: Wachstumskonstante:	A b $k = \ln(b)$	100 1,2 0,1823	

Es gilt:

(1) Prozentuale Zunahme um $p\,\% = 20\,\%$ führt zum Wachstumsfaktor
$b = 1 + p\,\% = 1 + \frac{20}{100} = 1{,}2$

(2) Die prozentuale Änderung bezieht sich auf einen Zeitraum, ist also eine mittlere Änderungsrate. Die Wachstumskonstante beschreibt die momentane Änderungsrate.

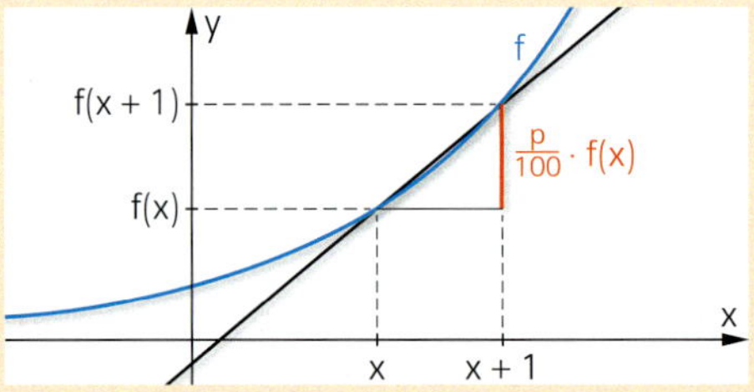

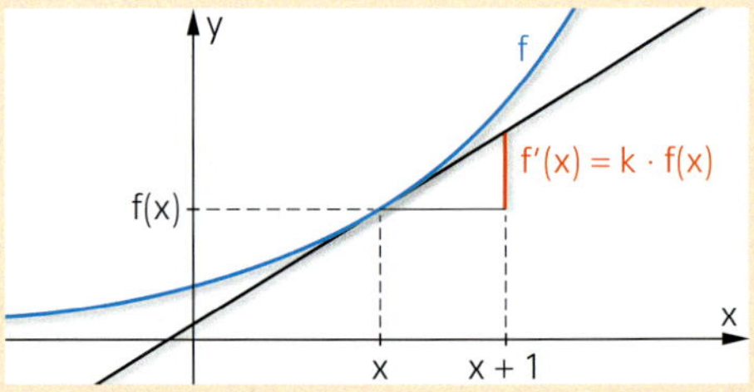

Beispiele

A Von der DGL zur Wachstumsfunktion und zurück

a) Geben Sie zu folgenden Differentialgleichungen eine passende Wachstumsfunktion an.
(1) $f'(x) = 0{,}7 \cdot f(x)$ $A = f(0) = 2$
(2) $f'(x) = -f(x)$ $A = f(0) = 1000$

b) Geben Sie zu folgenden Funktionen eine passende DGL an:
(3) $f(x) = 4 \cdot e^{2x}$
(4) $f(x) = -e^{-0{,}025x}$

Lösung:

a) (1) $f(x) = 2 \cdot e^{0{,}7x}$
(2) $f(x) = 1000 \cdot e^{-x}$

b) (3) $f'(x) = 2 \cdot f(x)$
$A = f(0) = 4$
(4) $f'(x) = -0{,}025 \cdot f(x)$
$A = f(0) = -1$

Beispiele

B **Radioaktiver Zerfall**

Strontium-90 zerfällt mit einer Zerfallskonstanten $k = -0{,}02476$

a) Ermitteln Sie die Zerfallsfunktion und den prozentualen Zerfall.

b) Wann hat sich ein Anfangsbestand von 100 000 Teilchen halbiert?

Lösung:

a) Da kein Anfangsbestand angegeben ist, wird dieser als Parameter angegeben:

$$f(x) = A \cdot e^{-0{,}02476x}$$

$$-0{,}02476 = \ln(b) \Rightarrow b = e^{-0{,}02476} \approx 0{,}9755$$

Es zerfallen ca. 2,45 % in jeder Zeiteinheit.

b) $$f(x) = 100\,000 \cdot e^{-0{,}02476x}$$

$$100\,000 \cdot e^{-0{,}02476x} = 50\,000$$

$$e^{-0{,}02476x} = 0{,}5$$

$$-0{,}02476x = \ln(0{,}5)$$

$$x = \frac{\ln(0{,}5)}{-0{,}02476} \approx 28{,}06$$

Nach ca. 28 Jahren hat sich der Bestand halbiert.

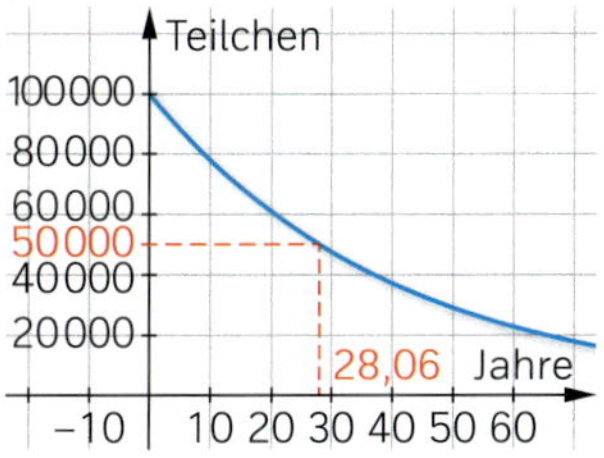

C **Verschiedene Gleichungstypen**

Lösen Sie jeweils die Gleichungen und beschreiben Sie die Unterschiede zwischen den Gleichungstypen.

(1) $2x + 5 = -x + 11$ (2) $f'(x) = 0{,}5 \cdot f(x)$; $f(0) = 5$

Lösung: $x = 2$ *Lösung:* $f(x) = 5 \cdot e^{0{,}5x}$

Unterschiede: Die Gleichung (1) ist eine Gleichung für Zahlen, Lösungen sind also Zahlen. Die DGL (2) ist eine Gleichung für Funktionen, Lösungen sind also Funktionen. Wenn in (2) die zusätzliche Information $f(0) = 5$ nicht gegeben ist, erhält man unendlich viele Lösungen, nämlich die Funktionenschar $f(x) = A \cdot e^{0{,}5x}$.

Übungen

4 **Von der prozentualen Zunahme/Abnahme zur Wachstumskonstanten**

Geben Sie jeweils den Wachstumsfaktor und die Exponentialfunktion mit der Basis e an, die die folgenden Wachstums- und Zerfallsprozesse beschreiben.

(1) 4 % Zinsen/Jahr (mit Zinseszins)

(2) 12 % jährlicher Wertverlust

(3) Verdreifachung pro Jahr

(4) Halbierung pro Woche

5 **Von der Wachstumskonstanten zum Wachstumsfaktor und Prozentsatz**

Geben Sie die Wachstumskonstante an. Bestimmen Sie den Anfangsbestand, den Wachstumsfaktor und die prozentuale Änderung pro Zeiteinheit.

(1) $f(x) = 100 \cdot e^{0{,}3x}$ (2) $f(x) = 5 \cdot e^{-0{,}002x}$ (3) $f(x) = e^{4x}$ (4) $f(x) = 25 \cdot e^{0{,}0158x}$

6 **Zusammenhang zwischen Wachstumskonstante und Prozentsatz**

Zeigen Sie, dass der Zusammenhang zwischen der Wachstumskonstanten k und dem Prozentsatz p durch folgende Formel beschrieben werden kann: $k = \ln\left(1 + \frac{p}{100}\right)$.

Erläutern Sie anhand der nebenstehenden Grafik, dass kleine Prozentsätze gute Näherungen für die Wachstumskonstante sind, große Prozentsätze dagegen nicht.

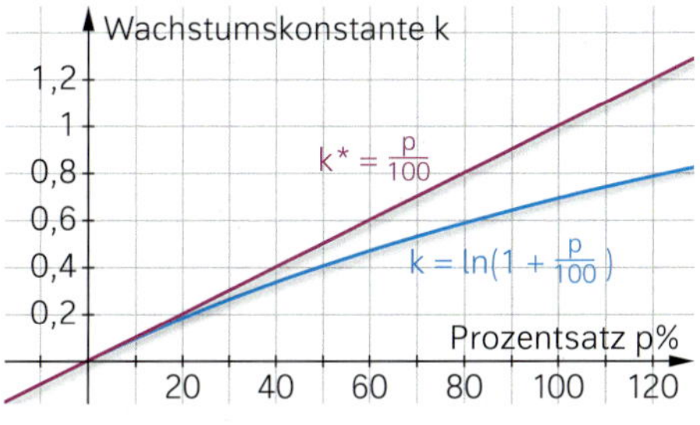

Übungen

7 Lösungsfunktionen

Bestimmen Sie jeweils die passende Lösungsfunktion zu der DGL.

a) $f'(x) = 1{,}3 \cdot f(x)$
$f(0) = 2$

b) $f'(x) = -1{,}2 \cdot f(x)$
$f(0) = 5000$

c) $f'(x) = 0{,}5 \cdot f(x)$
$f(1) = 2$

8 Differentialgleichungen lösen

Eine Lösung:
$f(x) = 3 \cdot e^{mx}$

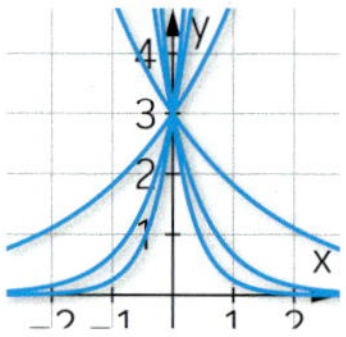

a) Bestimmen Sie alle Lösungen der Differentialgleichungen und skizzieren Sie einige zugehörige Graphen.

(1) $f'(x) = 0{,}257 \cdot f(x)$; $f(0) = m$
(2) $f'(x) = m \cdot f(x)$; $f(0) = 3$
(3) $f'(x) = m$; $f(0) = 3$
(4) $f'(x) = 2x + 1$
(5) $f'(x) = \frac{1}{x}$; $f(1) = 10$
(6) $f'(x) = -f(x)$; $f(2) = 1$

b) Erläutern Sie an (4) und (5) den nebenstehenden Satz:

Das Finden von Stammfunktionen entspricht dem Lösen einer DGL.

9 Bakterien

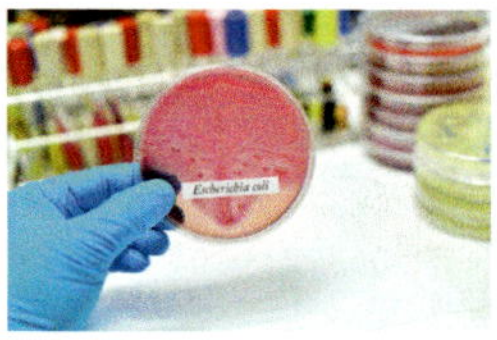

Eine Bakterienkultur aus anfänglich 10 000 Bakterien wächst mit $k = 0{,}15$ (Zeit in Tagen).

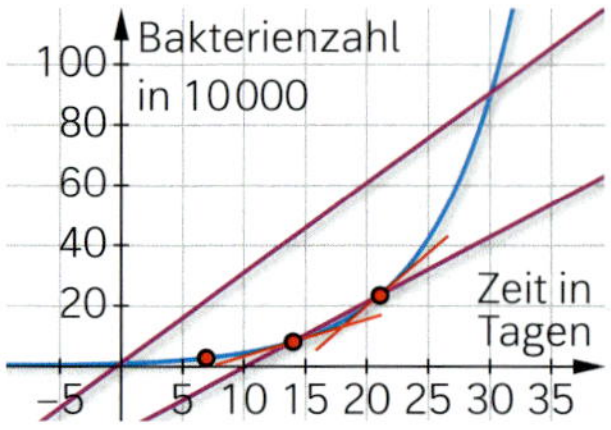

a) Geben Sie ein passendes Wachstumsmodell an. Wie hoch ist die prozentuale Zunahme pro Tag?
b) Bestimmen Sie die Anzahl der Bakterien nach einer Woche und einem Monat.
c) Ermitteln Sie die mittlere Änderungsrate in der ersten Woche, in der zweiten und dritten Woche sowie im ersten Monat. Vergleichen Sie jeweils mit der momentanen Änderungsrate an den Stellen 7, 14, 21 und 30.

Beim Reaktorunfall in Tschernobyl trat sehr viel Cäsium mit einer Halbwertszeit von 30 Jahren aus.

Halbwertszeit bei radioaktivem Zerfall

Der radioaktive Zerfall eines chemischen Elementes wird durch die Funktion $f(t) = A \cdot e^{-kt}$ $(k > 0)$ beschrieben. Der Faktor k heißt in diesem Fall **Zerfallskonstante**. Charakteristisch für den Zerfallsprozess ist auch die Halbwertszeit t_H. Die Halbwertszeit t_H gibt an, in welcher Zeit sich die Menge der vorhandenen Substanz gerade halbiert. $t_H = \frac{\ln(2)}{k}$

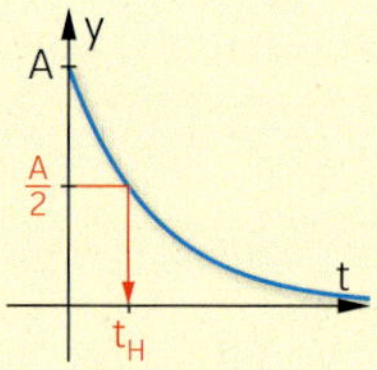

Nuklid	Halbwertszeit
^{235}U	704 Mio. Jahre
^{14}C	5730 Jahre
^{226}Ra	1602 Jahre
^{222}Rn	3,8 Tage
^{223}Th	0,6 Sekunden

10 Halbwertszeit

a) Leiten Sie die Formel zur Bestimmung der Halbwertszeit mithilfe der Funktionsgleichung $f(t) = A \cdot e^{-kt}$ her.
b) Begründen Sie, dass diese Zeit umgekehrt proportional zur Zerfallskonstante k ist.
c) Ermitteln Sie die Zerfallskonstanten zu den Nukliden aus der gelben Karte.

11 Plutonium

Plutonium 239 ist ein verbreitetes Reaktorprodukt mit einer sehr kleinen Zerfallskonstanten von $k = 285 \cdot 10^{-7}$.

a) Geben Sie die Zerfallsfunktion M(t) in Abhängigkeit der Zeit t an, wenn die Ausgangsmenge $A = M(0) = 20\,g$ beträgt. Skizzieren Sie den Graphen.
b) Wie viel ist nach 1000 Jahren noch vorhanden? Wann ist nur noch 1 g übrig?
c) Wie groß ist die Halbwertszeit von Plutonium?

Übungen

12 Verdopplungszeit

Bei einem exponentiellen Wachstumsprozess $f(t) = A \cdot e^{kt}$ $(k > 0)$ gibt die Verdopplungszeit t_D an, in welcher Zeit sich die Menge der vorhandenen Substanz verdoppelt.

a) Leiten Sie eine Formel zur Bestimmung der Verdopplungszeit t_D mithilfe der Funktionsgleichung $f(t) = A \cdot e^{kt}$ her. Vergleichen Sie mit der Formel für die Halbwertszeit bei einem Zerfallsprozess.

b)
- Eine Bevölkerung wächst gegenwärtig mit 1,7 % pro Jahr. Wie groß ist die Verdopplungszeit bei gleichbleibendem Wachstum?
- Vergleichen Sie mit der Verdopplungszeit bei 1 % bzw. 2 % Wachstum pro Jahr.
- Verdoppelt sich auch die Wachstumsgeschwindigkeit jeweils in der Zeit t_D?

13 Waschbären

Man schätzt, dass sich die Anzahl der Waschbären einer Kolonie alle drei Jahre verdoppelt. Zum Zeitpunkt $t = 0$ (t in Jahren) werden 20 000 Waschbären gezählt.

a) Finden Sie ein passendes exponentielles Modell $f(x) = A \cdot e^{kx}$ für die Bestandsentwicklung.

b) Wie viele Waschbären sind nach einem Jahr, nach vier Jahren, nach sechs Jahren zu erwarten? Welche dieser Fragen kann man ohne Rechnung beantworten?

c) Wie lange wird es laut Modell dauern, bis die Population mehr als eine Million Waschbären zählt? Für wie angemessen halten Sie das Modell?

14 Lineares und quadratisches Wachstum

Auch lineares und quadratisches Wachstum lassen sich durch DGLn beschreiben.
- Begründen Sie, dass (1) $f'(x) = c$ und (2) $f'(x) = a \cdot x$ passende DGLn sind.
- Formulieren Sie diese Gleichungen in Worten. Vergleichen Sie mit der DGL für exponentielles Wachstum.
- Geben Sie die allgemeine Lösung dieser DGLn an.

15 Exponentielles und lineares Wachstum

Stellen Sie zu den Wachstumsprozessen jeweils die passende Wachstums-DGL und Wachstumsfunktion auf. Skizzieren Sie die Graphen der Wachstumsfunktionen und ordnen Sie nach Typen des Wachstums.

a) Eine Insektenpopulation von 80 Tieren wächst monatlich um 15 %.

b) Eine 24 cm lange Kerze brennt stündlich um 0,5 cm ab.

c) Röntgenstrahlen werden durch Bleiplatten abgeschwächt. Die Strahlungsintensität nimmt dabei um 5 % ab, wenn die Platten 1 mm dicker werden.

d) In einem Liter Vollmilch sind 13 mg Vitamin C. Licht zersetzt stündlich 5 % der Vitamin-C-Menge, wenn die Milch in einer farblosen Flasche aufbewahrt wird.

e) In eine 15 m^3 große Zisterne fließen täglich durchschnittlich 50 Liter Regenwasser.

f) Frau Meier hat 5000 € zu 2,5 % Zinsen pro Jahr angelegt.

HOIMAR VON DITFURTH (1921 – 1989)

Vergleich: Lineares und exponentielles Wachstum

Lineares und exponentielles Wachstum sind zwei grundlegende Wachstumsmodelle, die aber zu sehr unterschiedlichen Einschätzungen zukünftiger Entwicklungen führen können. Der Mensch neigt zu dem Denken, dass alle Prozesse linear sind, in der Natur verlaufen aber viele Prozesse häufig zunächst eher exponentiell. Hoimar von Ditfurth drückte das in den 80er Jahren des 20. Jahrhundert so aus: *Menschen zählen zeitlebens wie ABC-Schützen: eins, zwei... viele. Die Natur zählt, etwa bei Zellteilungen, anders: 400, 800, 1600, 3200... unendlich. Wenn der Mensch nicht bald lernt, naturgemäß zu zählen, sprich: mit der Natur zu rechnen, wird er ausgezählt.*

HOIMAR VON DITFURTH: „Unfähig zu zählen" (Natur 2/1985)

Übungen

16 Seerosen

Auf einem 8 ha großen See befindet sich ein 100 m² großes Feld von Seerosen. Jährlich verdoppelt sich diese Fläche. Wenn ein See vollständig mit Seerosen bedeckt ist, stirbt er. Wann ist der See vollständig bedeckt? Wann ist er halbvoll bedeckt? Als er halbvoll bedeckt ist, bemerkt eine Spaziergängerin: *„Oh, wie schön, diese Seerosen!"* Was würden Sie ihr erzählen? Nehmen Sie Bezug zum Zitat von HOIMAR VON DITFURTH.

THOMAS ROBERT MALTHUS (1766 – 1834)

17 Bevölkerung und Nahrungsmittel

Der britische Nationalökonom THOMAS ROBERT MALTHUS beschäftigte sich mit der Bevölkerungsentwicklung. Seine Kernaussagen lauten:

1. Die Bevölkerung wächst exponentiell.
2. Die Nahrungsproduktion wächst linear, da das Ackerland begrenzt ist und das pflanzliche Wachstum nicht beliebig gesteigert werden kann.

Im Original formuliert MALTHUS:

I said that population, when unchecked, increased in a geometrical ratio, and subsistence for man in an arithmetical ratio. Let us examine whether this position be just.
(An essay on the principle of population,1798, S. 6)

- Nennen Sie Gründe, die den Annahmen von MALTHUS bzgl. des Bevölkerungswachstums und der Nahrungsmittelproduktion zugrunde liegen können.
- Als Konsequenz seiner Kernaussagen sagte MALTHUS Hungerepidemien voraus und sprach von einem „Krisenpunkt". Warum? Erläutern Sie dies und erstellen Sie zu den Kernaussagen eine aussagekräftige Skizze.
- Warum sind die Hungerepidemien ausgeblieben? Was konnte MALTHUS nicht wissen?

18 Exponentielles und quadratisches Wachstum im Vergleich

Die beiden Graphen haben ein ähnliches Aussehen, einer gehört zu $f_1(x) = e^x$, der andere zu $f_2(x) = 1{,}7x^2 + 1$.

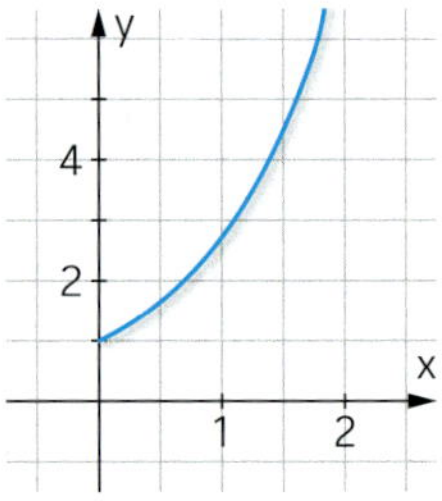

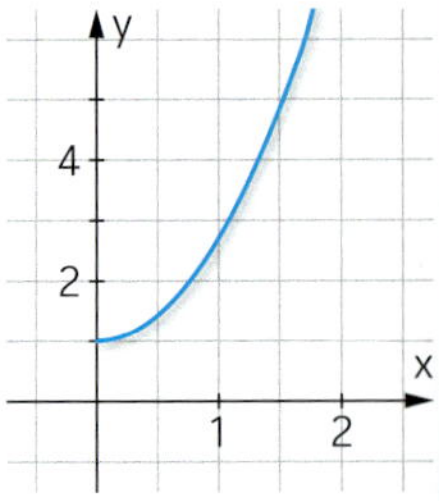

a) Ordnen Sie nach Augenmaß zu.
b) Bestimmen und skizzieren Sie jeweils die ersten drei Ableitungen und beschreiben Sie mit deren Hilfe den qualitativen Unterschied beider Graphen.
c) $f(x) = e^x$ ist Lösung der DGL $f'(x) = f(x)$. Zeigen Sie, dass $g(x) = 1{,}7x^2 + 1$ keine Lösung dieser DGL ist.
d) Begründen Sie, dass keine ganzrationale Funktion $f(x) = a_n x^n + a_{n-1} x^{n-1} + \ldots + a_1 x + a_0$ Lösungsfunktion der DGL $f'(x) = f(x)$ sein kann.

Übungen

19 Ein Zeitungsartikel aus dem Jahr 1997

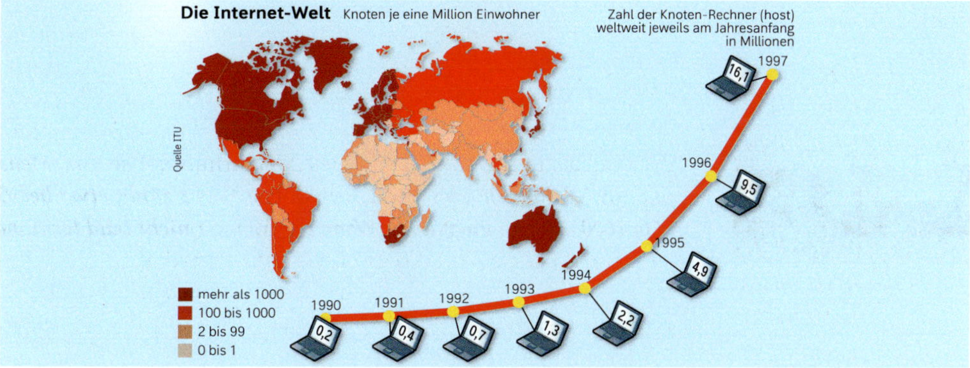

a) Ermitteln Sie zu den Daten eine geeignete Exponentialfunktion mit der Basis e. Wählen Sie hier $x = 0$ für das Jahr 1990.

b) Machen Sie mit Ihrem Modell eine Prognose für 2010. Versuchen Sie, aktuelle Daten zu bekommen.

Basiswissen

Mit Exponentialfunktionen können viele Situationen in der Biologie, Soziologie, Physik, Psychologie und den Wirtschaftswissenschaften modelliert werden.

Modellieren von Daten mit Exponentialfunktionen

Eine Tierpopulation entwickelt sich in folgender Weise:

Zeit in Jahren	0	1	2	3	4	5
Anzahl	10	18	35	69	123	234

Um weitergehende Aussagen über den Wachstumsprozess machen zu können, benötigt man eine passende Funktion. Eine sinnvolle Vorgehensweise dazu ist:

Modellierung

(1) Festlegung eines Funktionstyps durch Analyse der Messwerte

Bilden der Quotienten von Messwerten:

$\frac{18}{10} = 1{,}8;\quad \frac{35}{18} \approx 1{,}94;\quad \frac{69}{35} \approx 1{,}97;\quad \frac{123}{69} \approx 1{,}78;\quad \frac{234}{123} \approx 1{,}90$

Die Quotienten sind annähernd konstant mit $b \approx 1{,}9$. Dies legt ein exponentielles Modell $f(x) = A \cdot b^x = A \cdot e^{k \cdot x}$ mit $k = \ln(b)$ nahe.

Mathematische Auswertung

(2) Bestimmung der notwendigen Parameter für eine konkrete Funktion

Hierzu gibt es verschiedene Strategien:

(A) Anfangswert $f(0) = 10$ und passender Quotient als Wachstumsfaktor:
$f(x) = 10 \cdot 1{,}9^x$

(B) Anfangswert $f(0) = 10$ und ein geeigneter Messpunkt: $P(4\,|\,123)$:
$10 \cdot b^4 = 123 \;\Rightarrow\; b = \sqrt[4]{12{,}3} \approx 1{,}8727$
$f(x) = 10 \cdot 1{,}8727^x = 10 \cdot e^{0{,}6274x}$

(C) Regressionsfunktion:
$f(x) = 9{,}86 \cdot 1{,}8861^x = 9{,}86 \cdot e^{0{,}6345x}$

(D) Grafische Anpassung mit Schiebereglern:
$f(x) = 10 \cdot e^{0{,}625x}$

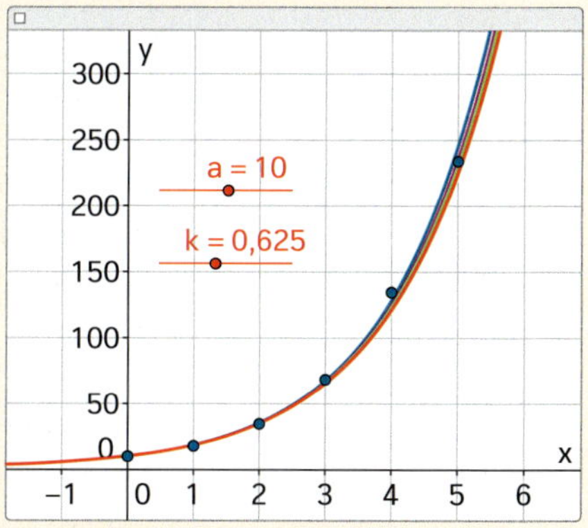

Validierung

Die Modelle passen alle recht gut zu den Daten. Manche passen besser am Beginn der Messung, manche am Ende der Messung. Die Auswahl wird auch vom Sachzusammenhang abhängen: Wo ist eine besonders gute Passung wichtig?

Übungen

20 Hundewelpen

Seit Geburt wurde ein Hundewelpe gewogen.

Woche	0	1	2	3	4
Gewicht in kg	0,50	0,61	0,72	0,87	1,05
Woche	5	6	7	8	
Gewicht in kg	1,26	1,50	1,82	2,18	

Bestimmen Sie anhand der Daten unterschiedliche exponentielle Modelle und vergleichen Sie diese bezüglich der Passung in dieser Wachstumsphase.

21 Kresse

Ein Biologiekurs beobachtet das Wachstum von Kresse nach Beginn der Wurzelbildung und misst täglich zum gleichen Zeitpunkt die erreichte Höhe.

Zeit (Tage)	0	1	2	3	4	5
Höhe (cm)	0,2	0,3	0,5	1,1	2,4	4,1

a) ▪ Ermitteln Sie ein zu den Daten passendes Modell.
▪ Bestimmen Sie mithilfe Ihres Modells die mittlere Wachstumsrate in der 1. Woche.
▪ Wann ist in Ihrem Modell die momentane Wachstumsrate größer als 10 cm/Tag?

b) An den nächsten drei Tagen wird weiter gemessen. Passt Ihr Modell noch? Finden Sie ein besseres?

6	7	8
5,4	6,5	7,1

22 Ein Fischbestand – drei Modelle

In einem Teich wurden vor 5 Jahren Fische ausgesetzt. Dann wurde jährlich der Bestand gemessen.

Jahr	0	1	2	3	4	5
Anzahl	20	32	50	82	130	201

Um zu wissen, wie der Fischbestand sich mittelfristig entwickelt, werden drei Institute beauftragt, Prognosen zu erstellen. Sie benutzen dabei unterschiedliche Modelle.

Institut A: $A(x) = 20\,e^{0{,}45x}$

Institut B: $B(x) = 7x^2 + 20$

Institut C: $C(x) = (x+1)^3 + 20$

a) Zeigen Sie, dass alle drei Modelle gut zu den Daten passen.

b) Wie viele Fische wird es nach den Modellen in 3 bzw. in 5 Jahren geben? Wann wird es nach den Modellen 800 Fische in dem See geben? Welchem Modell stimmen Sie am ehesten zu? Begründen Sie.

c) Nehmen Sie auf Grundlage der Ergebnisse aus a) und b) Stellung zu der nebenstehenden Aussage.

Auch sehr unterschiedliche Prognosen können gleichzeitig gut begründet sein.

Grundwissen

1. Welche Terme sind äquivalent: $(-x)^6$, $-x^6$, $(x^7)^{-1}$, $x^7 \cdot x^{-1}$, $-x \cdot x^5$, $(x^2)^3$
2. An welchen Stellen haben $f(x) = 3x^2$ und $g(x) = 2x^3$ dieselbe Steigung?
3. Ordnen Sie der Größe nach: 1,1; $\frac{10}{9}$; $\ln(e)$; $\sqrt{1{,}44}$

Aufgaben

23 **Weltbevölkerung**

Die Daten der Weltbevölkerung

Jahr	Bevölkerung in Mrd.	Jahr	Bevölkerung in Mrd.
700	0,2	1950	2,52
1000	0,31	1960	3,02
1250	0,4	1970	3,70
1500	0,5	1980	4,45
1750	0,79	1990	5,29
1800	0,98	1994	5,66
1900	1,65	1998	5,97
1910	1,75	2002	6,23
1920	1,86	2006	6,54
1930	2,07	2009	6,82
1940	2,30	2012	7,00

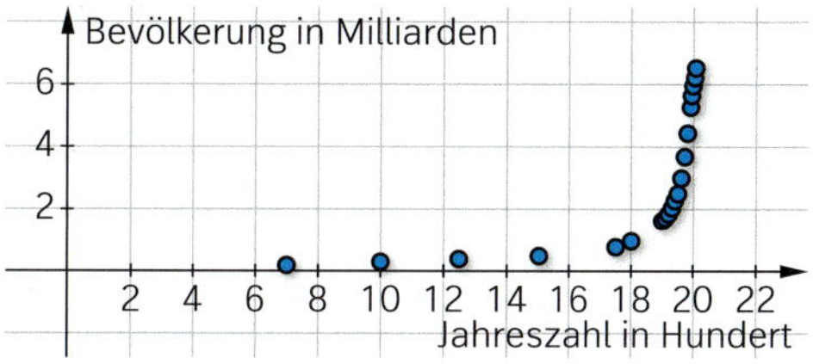

a) Führen Sie eine exponentielle Regression durch und begründen Sie damit, dass die gesamte Entwicklung der Weltbevölkerung nicht sinnvoll durch ein exponentielles Modell beschrieben werden kann.

b) Zeigen Sie, dass für die Entwicklung zwischen 700 und 1750 sowohl ein lineares als auch ein exponentielles Modell gut passt.
Erläutern Sie damit den Satz:

> Am Wachstumsbeginn kann häufig exponentielles Wachstum gut durch lineares Wachstum ersetzt werden.

Finden Sie Zeitabschnitte, in denen ein exponentielles Modell gut passt und modellieren Sie damit stückweise die Entwicklung der Weltbevölkerung.
Warum lassen sich mit einer solchen stückweisen Modellierung nur schlecht Prognosen erstellen?

c) Erläutern Sie anhand der Verdopplungszeiträume, dass das Wachstum der Weltbevölkerung zwischen 700 und 2006 stärker als exponentielles Wachstum ist.
Will man also die gesamte Entwicklung durch eine einzige Modellfunktion beschreiben, muss man eine Funktion finden, deren Wachstumsgeschwindigkeit größer ist, als die des exponentiellen Wachstums.
Beschreiben Sie die DGL $f'(x) = k \cdot (f(x))^2$ und begründen Sie, dass sie ein stärkeres Wachstum als exponentielles modelliert.

d) Zeigen Sie, dass die Funktion $f(x) = \frac{-20}{6x-125} = -20 \cdot (6x-125)^{-1}$ die DGL $f'(x) = 0{,}3 \cdot (f(x))^2$ erfüllt und zu den Daten passt. Worin liegt ein qualitativer Unterschied zu jeder Exponentialfunktion? Begründen Sie mithilfe des Funktionsterms.
Was würde es für die Weltbevölkerung bedeuten, wenn $f(x) = \frac{-20}{6x-125}$ ein angemessenes Modell wäre?

Richtungsfelder

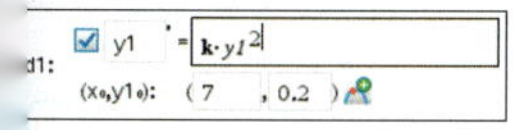

e) Erzeugen Sie ein Richtungsfeld, legen Sie einen geeigneten Anfangswert fest, z. B. den ersten Messwert, und führen Sie eine Parameteranpassung für k so durch, dass der Graph der Näherungslösung zu den Daten passt. Machen Sie damit eine Prognose für die nächsten Jahre.

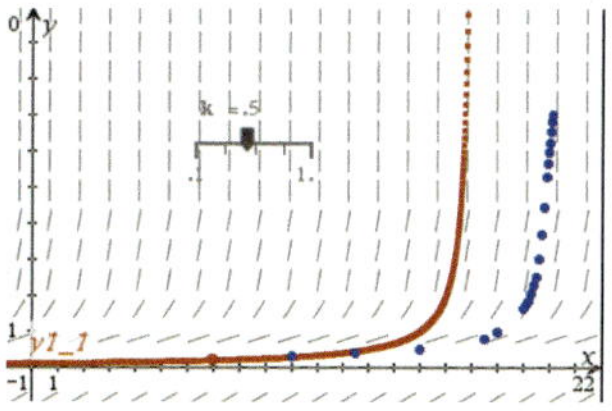

Aufgaben

24 **Ein Näherungsverfahren zum Lösen von DGLn**

Eine DGL gibt Auskunft über das Änderungsverhalten von Funktionen. Geometrisch bedeutet dies, dass solche Gleichungen angeben, wie groß die Steigung in einem Punkt ist, also in welcher Richtung Kurven von einem Punkt aus verlaufen.

> Anschauliche Vorstellung:
> Sie stehen in einem Punkt und laufen in Richtung der Tangente los, bis Sie zur nächsten ‚Station' (Gitterpunkt) kommen. Von dort laufen Sie in Richtung der Tangente in diesem Punkt weiter, usw.

Für die „Laufrichtung" (Steigung der Tangente) gilt:

$f'(x) \approx \frac{\Delta y}{\Delta x}$, also: $\Delta y \approx \Delta x \cdot f'(x)$

Wenn wir uns im Punkt $P_n(x_n | y_n)$ befinden, kommen wir zu $P_{n+1}(x_{n+1} | y_{n+1})$ mit:

$x_{n+1} = x_n + \Delta x$

$y_{n+1} = y_n + \Delta x \cdot f'(x_n)$

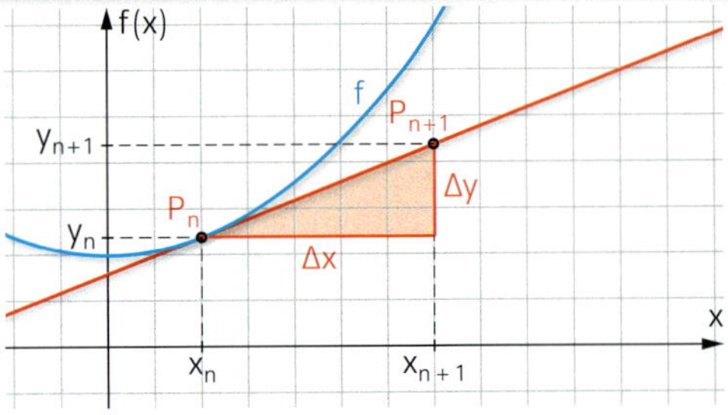

Man erhält jeweils eine Iterationsformel für die x-Koordinate und die y-Koordinate. Diese Formel geht auf LEONHARD EULER zurück.

a) Bestimmen Sie mit dem Euler-Verfahren fünf Punkte für eine Näherungslösung zu $f'(x) = 0{,}2 \cdot f(x)$ mit dem Startwert $(0|1)$ und $\Delta x = 0{,}5$. Füllen Sie dazu die Tabelle aus.

n	x_n	y_n	
0	0	1	$x_1 = 0 + 0{,}5 = 0{,}5$ $y_1 = 1 + 0{,}5 \cdot 0{,}2 \cdot 1 = 1{,}1$
1	0,5	1,1	$x_2 = 0{,}5 + 0{,}5 = 1$ $y_2 = 1{,}1 + 0{,}5 \cdot 0{,}2 \cdot 1{,}1 = 1{,}21$
2	1	1,21	…
…			

- Bestimmen Sie fünf Punkte mit $\Delta x = 0{,}1$
- Skizzieren Sie die Punkte beider Lösungen in einem Koordinatensystem und vergleichen Sie die Werte mit den Funktionswerten der Lösungsfunktion $y = e^{0{,}2x}$

b) Bestimmen Sie Näherungslösungen zu folgenden Differentialgleichungen:

(1) $f'(x) = 0{,}5 \cdot x$ mit $f(0) = 1$ und $\Delta x = 0{,}5$

(2) $f'(x) = \frac{1}{f(x)}$ mit $f(0) = 2$ und $\Delta x = 1$

Werkzeug

Das Euler-Verfahren mit dem GTR

Die beiden Iterationsformeln für x_n und y_n werden als zwei Folgen u(n) und v(n) eingegeben. Für eine grafische Darstellung muss dann das uv-Diagramm im [FORMAT]-Menü ausgewählt werden.

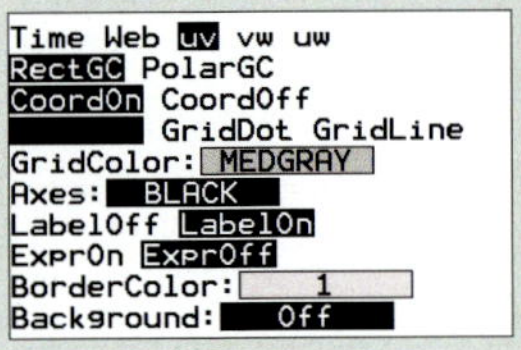

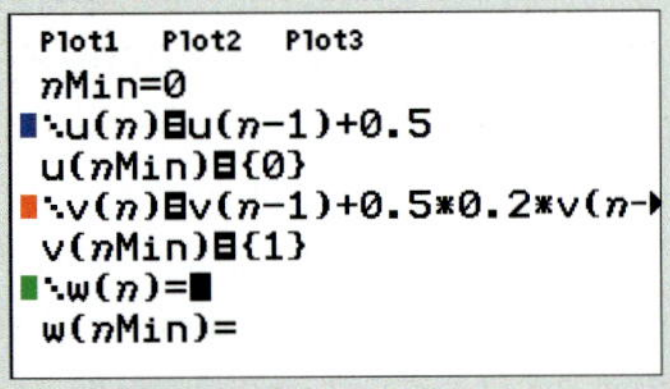

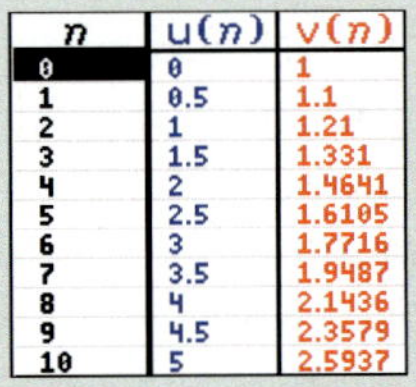

n	u(n)	v(n)
0	0	1
1	0.5	1.1
2	1	1.21
3	1.5	1.331
4	2	1.4641
5	2.5	1.6105
6	3	1.7716
7	3.5	1.9487
8	4	2.1436
9	4.5	2.3579
10	5	2.5937

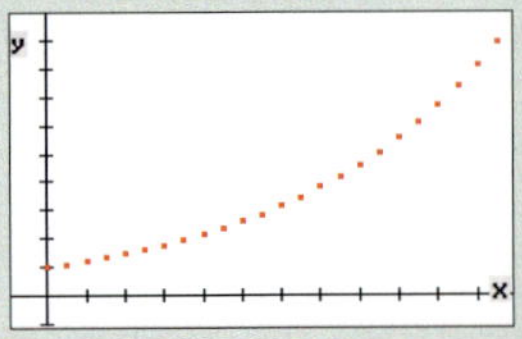

Lösen Sie mit einem GTR oder CAS folgende Differentialgleichungen grafisch-numerisch. Variieren Sie die Anfangswerte $f(0) = A$.

(1) $f'(x) = x + f(x)$

(2) $f'(x) = \frac{-x}{f(x)}$

(3) $f'(x) = \frac{x}{f(x)}$

(4) $f'(x) = (0{,}25 - 0{,}03x) \cdot f(x)$; $f(0) = 1$

4.2 Begrenztes Wachstum

„Die Bäume wachsen nicht in den Himmel." Es gibt Grenzen.
So haben in einem Gebiet immer nur eine bestimmte Anzahl von Tieren eine Lebenschance. Abkühlender Kaffee kann nicht kälter werden als die Raumtemperatur und Autos können nur bis zu einer gewissen Menge verkauft werden. Sowohl bei linearem, als auch bei exponentiellem Wachstum wachsen die Bestände aber über alle Grenzen. Es müssen also neue Modelle gefunden oder die bestehenden verändert werden. Grundlegend ist dabei die Beobachtung, dass das Wachstum schwächer wird, wenn man in die Nähe der Grenze kommt. Der Weg dahin kann unterschiedlich verlaufen. Es gibt zwei wesentliche Verlaufsformen.

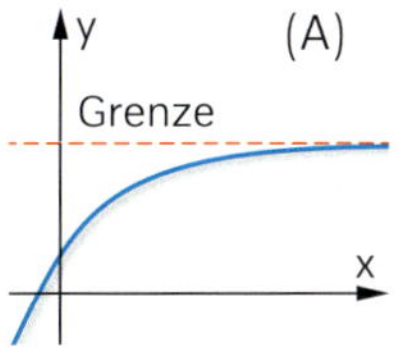

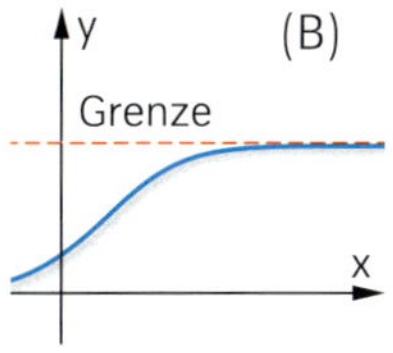

Aufgaben

1 Smartphones, Sonnenblumen, ein Gerücht und Säugetiere

a) Beschreiben Sie die Bestandsentwicklungen zu den beiden Modellen (A) und (B) aus dem obigen Text. Beziehen Sie dabei auch Skizzen der Ableitungsfunktionen mit ein.

b) Welches Modell erscheint Ihnen in den Situationen (1) – (4) angemessen? Geben Sie jeweils eine Begründung an.

(1) Entwicklung der Verkaufszahlen eines Smartphones.

(2) Entwicklung des Längenwachstums von Sonnenblumen.

(3) Zwei Schüler setzen ein Gerücht in Umlauf. Wie verbreitet sich das Gerücht an der Schule?

(4) Wie entwickelt sich die Anzahl von Säugetieren, die ein Mensch in Minutenschritten nennen kann?

2 Ein TV-Gerät

Ein TV-Gerät wird bei seiner Markteinführung 2000-mal verkauft. Umfragen haben ergeben, dass es maximal 20000-mal verkauft werden kann und dass die Verkaufsrate zu Beginn am größten ist.

a) Begründen Sie, dass $f'(x) = 0{,}15 \cdot (20 - f(x))$ (x: Zeit in Monaten; f(x): Anzahl verkaufter Geräte in 1000 Stück) eine zur Sachsituation passende DGL ist.
Welche Bedeutung hat der Term $20 - f(x)$? Welches ist hier der Anfangswert?

b) Zeigen Sie, dass $f(x) = -18 \cdot e^{-0{,}15x} + 20$ eine Lösung der DGL ist.
- Wie viele Geräte sind nach zehn Monaten verkauft?
- Wann ist die Hälfte der maximalen Anzahl verkauft?
  Vergleichen Sie die Verkaufsraten zu diesen Zeitpunkten.

c) Beschreiben Sie die Entwicklung der Verkaufszahlen 2-5 Jahre nach Markteinführung. Wann werden keine Geräte mehr verkauft? Vergleichen Sie Modell und Wirklichkeit.

3 Ein Experiment aus der Physik

Die Experimente in den Aufgaben 3 und 4 sollten selbst durchgeführt werden und mit den eigenen Werten weitergearbeitet werden.

Wann ist frisch gebrühter Kaffee trinkbar? Wann ist er lauwarm und wann kalt?
Es wird alle zwei Minuten gemessen, die Raumtemperatur beträgt 20 °C.

Zeit in min	0	2	4	6	8	10	12	14	16
Temp. in °C	84	72	62	56	51	47	44	41	38

a) Stellen Sie den Datensatz grafisch dar und beschreiben Sie einen von Ihnen vermuteten Zusammenhang zwischen Abkühlung, Kaffeetemperatur und Raumtemperatur. Berücksichtigen Sie die Differenzen der gemessenen Temperatur zu der des Raums.

b) Formulieren Sie die beschriebenen Zusammenhänge zwischen den Änderungen und den „Beständen" verallgemeinernd in Worten („Die Änderung ist proportional zu…") und durch eine DGL $(f'(x) = \dots)$.

c) Zeigen Sie, dass $f(t) = 64 \cdot e^{-0{,}086t} + 20$ zu den Daten passt und die gefundene DGL löst.

Die Zitate können helfen:

> Je näher die Temperatur an der Umgebungstemperatur ist, desto geringer werden die Änderungen.

> Je mehr Zeit vergeht, desto langsamer nimmt die Temperatur ab.

4 Ein Experiment aus der Psychologie

Hinweise zum Test: Test partnerweise durchführen. Einer führt Strichliste. Das Experiment sollte unmittelbar nach Bekanntgabe durchgeführt werden, damit nicht schon vorher Tiere assoziiert werden.

Zeit in min	Anzahl genannter Tierarten	
	Strichliste	Summe
1	■	■
2	■	■
3	■	■
…	■	■

Wie viele Säugetierarten kennt eine Person? Wie schnell erfolgen die Nennungen? Gibt es einen Zusammenhang zwischen der Anzahl der Arten, die eine Person kennt, und der Geschwindigkeit, diese zu nennen? Die Tabelle gibt ein Testergebnis zur Nennung von Säugetierarten an. Dabei wurden nach zwei Minuten immer neue Strichlisten geführt, „Anzahl" gibt die aufsummierten Nennungen an.

Zeit (min)	2	4	6	8	10	12	14	16	18	20
Anzahl	22	33	40	45	50	54	57	59	61	63

a) Stellen Sie den Datensatz grafisch dar und beschreiben Sie einen von Ihnen vermuteten Zusammenhang zwischen Zunahme der Nennungen, Anzahl der Nennungen und Gesamtzahl der bekannten Tierarten. Berücksichtigen Sie die Differenzen der genannten Anzahl und der maximal bekannten Anzahl.
- Formulieren Sie die beschriebenen Zusammenhänge zwischen den Änderungen und den „Beständen" verallgemeinernd in Worten („Die Änderung ist proportional zu…") und durch eine DGL $(f'(x) = \dots)$.

Die Zitate können helfen:

> Je weniger Arten noch übrig sind, desto geringer ist die Anzahl zusätzlich genannter Arten.

> Nach einer gewissen Zeit kam man immer wieder auf schon genannte Tiere.

b) Solche Assoziationstests sind von den Psychologen Bousfield und seinen Schülern um 1950 durchgeführt worden. Sie benutzten zur Modellierung die Funktionen $f(t) = -G \cdot e^{-m \cdot t} + G$
- Welche Bedeutung im Sachkontext haben t, m und G?
- Zeigen Sie, dass die Funktionen, die in a) gefundenen DGL lösen. Ermitteln Sie passende Werte zu dem Datensatz.

Richtungsfelder

c) Werten Sie die gefundenen DGLn mithilfe von Richtungsfeldern aus.
Die Abbildung zeigt ein Richtungsfeld, Daten und eine mögliche Lösung zu $f'(t) = m \cdot (G - f(t))$.

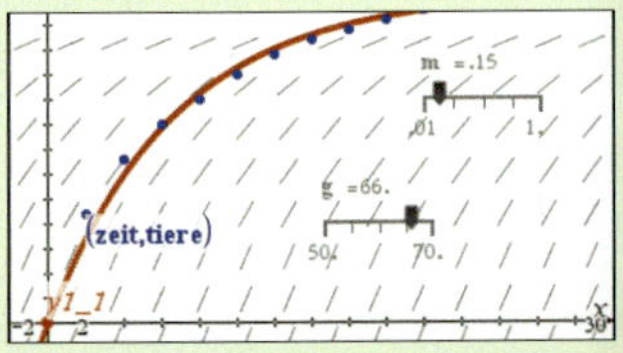

Basiswissen

Wachstum hat immer Grenzen. Ein Modell ist „Begrenztes Wachstum“.

Begrenztes Wachstum

Exponentielles Wachstum ist unbegrenzt. Das ist in der Realität nie möglich.
Das Wachstum nimmt meist ab, wenn sich die Bestände einer vorhandenen Grenze nähern. Das begrenzte Wachstum ist eine Möglichkeit, dies zu modellieren.

In einem Wald leben 30 Wildschweine. Er bietet Platz für 200 Wildschweine.
Die Wachstumskonstante k beträgt 0,22.

	Allgemein	Wildschweine
DGL	Die Änderung ist proportional zur Differenz aus Bestand und Grenze, also proportional zum möglichen Restbestand.	
	$f'(x) = k \cdot (G - f(x))$	$f'(x) = 0{,}22 \cdot (200 - f(x))$
Funktion (Lösung der DGL)	$f(x) = (A - G) \cdot e^{-kx} + G$	$f(x) = -170 \cdot e^{-0{,}22x} + 200$
Anfangsbestand Grenzbestand Wachstumskonstante	$A = f(0)$ G k	$f(0) = 30$ 200 0,22

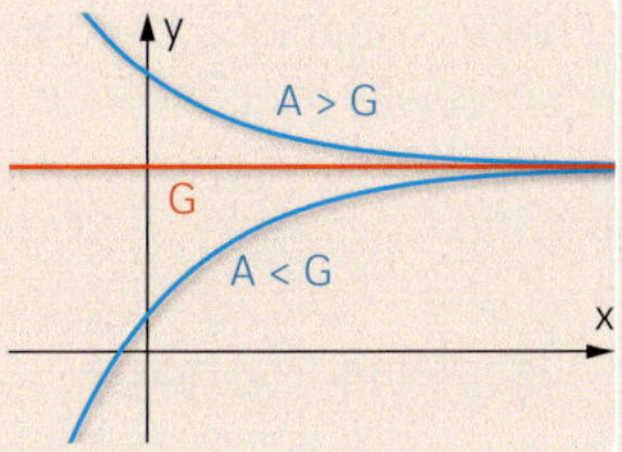

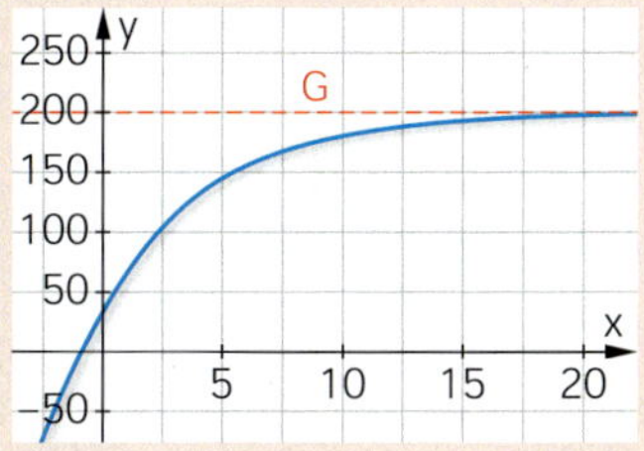

Es gilt:
(1) G ist Grenzwert von f, wenn x über alle Grenzen wächst: $\lim\limits_{x \to \infty} f(x) = G$
(2) Die Gerade $y = G$ heißt Asymptote von f.

Beispiele

A Orangensaft

Aus einem 7 °C kalten Kühlschrank wird ein Orangensaft auf den Tisch eines 25 °C warmen Raumes gestellt.

a) Beschreiben Sie den Erwärmungsvorgang mit einer DGL für beschränktes Wachstum und geben Sie die dazu passende Funktion f an.
b) Nach 6 Minuten ist der Saft 11 °C warm. Ermitteln Sie damit einen passenden Wert für die Wachstumskonstante. Skizzieren Sie f.
c) Wann ist der Saft 20 °C warm?

Lösung:

a) Die Wachstumskonstante ist unbekannt.
$f'(x) = k \cdot (25 - f(x))$;
$f(x) = -18 \cdot e^{-kx} + 25$

b) $f(6) = 11 \Rightarrow -18 \cdot e^{-6k} + 25 = 11$
$\Rightarrow 18 \cdot e^{-6k} = 14 \Rightarrow -6k = \ln\left(\frac{7}{9}\right)$
$\Rightarrow k \approx 0{,}042$
$f(x) = -18 \cdot e^{-0{,}042x} + 25$

c) $-18 \cdot e^{-0{,}042x} + 25 = 20$
$\Rightarrow x = \frac{\ln\left(\frac{5}{18}\right)}{-0{,}042} \approx 30{,}49$

Nach ca. einer halben Stunde ist der Orangensaft 20 °C warm.

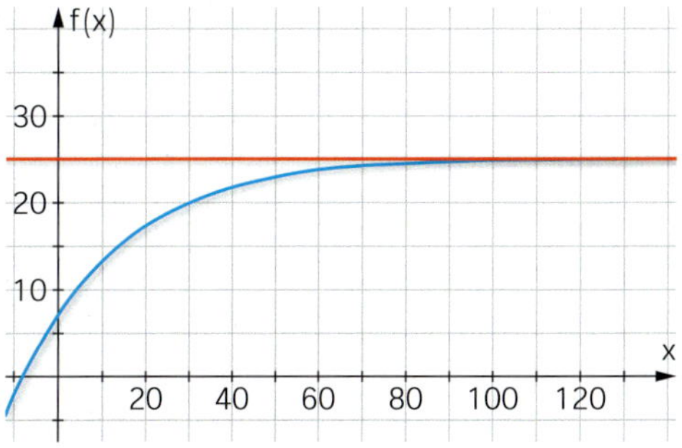

Beispiele

B Nachweis für Lösung der DGL

Weisen Sie nach, dass die Lösungsfunktion $f(x) = -170 \cdot e^{-0{,}22x} + 200$ für die Entwicklung des Wildschweinbestandes aus dem Basiswissen die zugehörige DGL löst.

Lösung:

(1) Ableitung von f: $f'(x) = (-0{,}22) \cdot (-170 \cdot e^{-0{,}22x}) = 0{,}22 \cdot 170 \cdot e^{-0{,}22x} = 37{,}4 \cdot e^{-0{,}22x}$

(2) Einsetzen von f(x) in die DGL $f'(x) = 0{,}22 \cdot (200 - f(x))$:

$$f'(x) = 0{,}22 \cdot \left(200 - (-170 \cdot e^{-0{,}22x} + 200)\right) = 0{,}22 \cdot (200 + 170 \cdot e^{-0{,}22x} - 200)$$
$$= 0{,}22 \cdot 170 \cdot e^{-0{,}22x}$$

Übungen

5 DGL und Funktion aus bekannten Parametern

Geben Sie jeweils zu den angegebenen Werten die zugehörige DGL und die Wachstumsfunktion an. Beschreiben Sie jeweils den Wachstumsprozess als Populationsentwicklung einer Tierart. Skizzieren Sie die Funktionen.

a) $A = 50$; $G = 250$; $k = 0{,}15$
b) $A = 32\,000$; $G = 20\,000$; $k = 0{,}3$
c) A variabel; $G = 4 \cdot A$; $k = 0{,}1$
d) $A = 250$; $G = 250$; $k = 0{,}18$

6 Funktion aus DGL bestimmen

Geben Sie jeweils die passende Wachstumsfunktion an.

a) $f'(x) = 0{,}4 \cdot (100 - f(x))$; $f(0) = 25$
b) $f'(x) = 0{,}05 \cdot (250 - f(x))$; $f(0) = 400$
c) $f'(x) = 400 - 0{,}1 \cdot f(x)$; $f(0) = 500$
d) $f'(x) = 0{,}1 \cdot (100 - f(x))$; $f(0) = 50$

7 Allgemeiner Nachweis

Weisen Sie für beliebiges A, k und G nach, dass $f(x) = (A - G) \cdot e^{-kx} + G$ Lösung der DGL $f'(x) = k \cdot (G - f(x))$ ist. Zeigen Sie die Äquivalenz der DGL zu $f'(x) = a \cdot f(x) + b$.

8 Orangensaft und Kaffee

a) Was ändert sich an dem Erwärmungsvorgang des Orangensafts aus Beispiel A,
- wenn die Temperatur im Kühlschrank 3 °C beträgt,
- wenn die Raumtemperatur 18 °C beträgt?

Benutzen Sie $k = 0{,}05$.

b) Nach dem Aufbrühen wird ein Kaffee mit 90 °C in einem 21 °C warmen Raum abgestellt. Wann ist er 55 °C warm? Beantworten Sie die Frage für
(1) $k = 0{,}1$ (2) $k = 0{,}07$ und (3) $k = 0{,}05$ Wann hat der Kaffee Raumtemperatur?

9 Staubsaugerroboter

In einer Stadt mit 120 000 Haushalten wird vermutet, dass jeder dritte Haushalt einen Staubsaugerroboter nutzen möchte. Eine Firma hat nach einem Monat 4285 Geräte verkauft. Die Firmenleitung möchte genaueres über die vermutliche Verkaufsentwicklung wissen. Sie geht davon aus, dass die Zunahme des Verkaufs bei Markteinführung am größten war.

a) Begründen Sie, dass $f(x) = -40\,000 \cdot e^{-kx} + 40\,000$ ein geeignetes Modell ist. Berechnen Sie k mithilfe der nach einem Monat verkauften Geräte.

b)
- Wird die Firma im ersten Jahr 30 000 Geräte verkaufen?
- Wann werden 50 % der Haushalte ein solches Gerät haben?
- Wann werden alle Haushalte ein Gerät haben?

c) Bestimmen Sie die mittlere Änderungsrate der Verkaufsentwicklung im ersten Jahr. Wann hatte die lokale Änderungsrate diesen Wert? Welche Bedeutung hat diese im Sachzusammenhang?

Übungen

10 Einatmen

Bei Lungenuntersuchungen muss man vollständig ausatmen und danach 5 Sekunden lang so tief wie möglich einatmen.
Bei zwei Personen lässt sich das Einatmen durch folgende Funktionen beschreiben:
$L_1(x) = 5 - 5 \cdot e^{-x}$ und $L_2(x) = 4 - 4 \cdot e^{-x}$
(x: Zeit in s, L(x): Lungenvolumen in l).

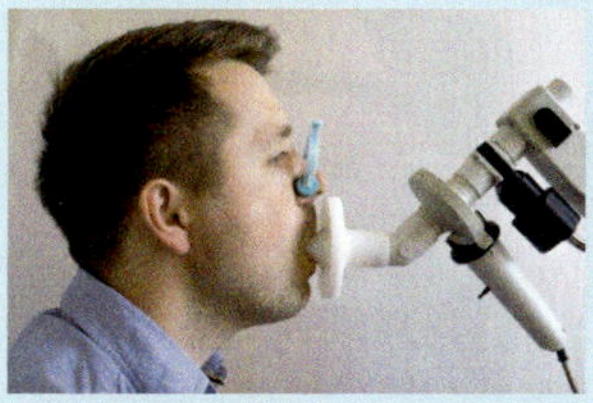

a) Skizzieren Sie beide Modellfunktionen. Beschreiben und vergleichen Sie das jeweilige Einatmen. Wo liegt jeweils die Grenze und welche Bedeutung hat sie im Sachkontext?

b) Begründen Sie, auch mithilfe der Ableitung, dass das Änderungsverhalten am Anfang am stärksten ist und umso geringer wird, je näher das Volumen an die Sättigungsgrenze heran kommt.

c) Zu welchem Zeitpunkt haben beide Personen dieselbe Menge Luft eingeatmet? Vergleichen Sie die momentane Änderungsrate zu diesem Zeitpunkt.

d) Bei gesunden Menschen gilt allgemein $L(x) = V - V \cdot e^{-kx}$; $k > 0$ als passendes Modell zur Beschreibung des Einatmens. Erstellen Sie zu (1) $L_V(x) = V - V \cdot e^{-x}$ und (2) $L_k(x) = 6 - 6 \cdot e^{-kx}$ aussagekräftige Skizzen und beschreiben Sie das Einatmen in Abhängigkeit des Parameters. Erklären Sie die Bedeutung von k und V.
Jemand hat nach 5 Sekunden 3 Liter eingeatmet.
Bestimmen Sie jeweils die passende Funktion zu (1) und (2). Vergleichen Sie das jeweilige Einatmen.

11 Eine Tierpopulation

Die Tabelle zeigt die Populationsentwicklung einer Vogelart in einem Sumpfgebiet.

Zeit in Monaten	0	1	2	3	6	12
Anzahl der Tiere	20	24	32	42	78	190

a) Modellieren Sie mit einem exponentiellen Modell $f(x) = A \cdot e^{k \cdot x}$. Bestimmen Sie die Parameter A und k mit den ersten beiden Messwerten. Überprüfen Sie die Passung mit den Daten. Vergleichen Sie mit der exponentiellen Regression
$r(x) = 21{,}648 \cdot e^{0{,}1888x}$.

b)
- Ab welchem Tag wird die momentane Änderungsrate erstmalig größer als 100 Tiere pro Monat?
- Wieviele Tiere werden nach den beiden Modellen nach 3, 4 und 5 Jahren in dem Sumpfgebiet leben?

Was meinen Sie zu den Ergebnissen aus b)?

c) Als Konsequenz der Ergebnisse aus b) wird für die Entwicklung nach einem Jahr mit begrenztem Wachstum modelliert. Es wird für $x \geq 12$ das Modell
$g(x) = -1400 \cdot e^{-0{,}1x} + 600$ benutzt.
- Welche Grenzkapazität wird in dem Modell angenommen?
- Wann wird die Population 90 % des angenommenen Grenzbestandes erreicht haben?
- Begründen Sie, dass g(x) keine stetige Fortsetzung von f(x) oder r(x) ist. Warum kann g(x) trotzdem ein sinnvolles Modell sein?
- Bestimmen Sie die momentane Änderungsrate zum Zeitpunkt $x = 12$ nach Modell f und nach Modell g. Interpretieren Sie das Ergebnis im Sachzusammenhang.

Übungen

12 Tablet

Die Firma Peach bringt das Tablet EiPit auf den Markt. Die Marktforschungsabteilung hat herausgefunden, dass der Absatz gut mit begrenztem Wachstum beschrieben werden kann. Es liegen folgende Daten zugrunde: Maximal 12 Millionen Geräte werden absetzbar sein. Zur Markteinführung werden 1 Million Stück verkauft. Die Wachstumskonstante wird mit 0,15 vermutet, wenn die Zeiteinteilung x in Monaten erfolgt.

a) ▪ Bestimmen Sie eine passende DGL und Funktionsgleichung.
▪ Wie viele Geräte werden nach einem Jahr verkauft sein?
▪ Wann ist damit zu rechnen, dass mehr als 10 Millionen Geräte verkauft sind?
▪ Wann wird vermutlich so gut wie kein Gerät mehr verkauft werden?

b) Die Firma interessiert sich auch dafür, wie die Verkaufsentwicklung sein wird, wenn
(1) die Zahl maximal verkaufbarer Geräte variiert,
(2) die Wachstumskonstante variiert,
(3) die Anzahl anfänglich verkaufter Geräte variiert.
Stellen Sie zu (1) – (3) passende DGLn und Funktionsgleichungen auf, erstellen Sie jeweils eine aussagekräftige Grafik und beschreiben Sie die Verkaufsentwicklung in Abhängigkeit des jeweiligen Parameters.

c) Die Ausdrücke (A) – (C) geben zu (1) – (3) jeweils die Anzahl verkaufter Geräte nach 10 Monaten an. Leiten Sie die Ausdrücke her und beschreiben Sie die Anzahl in Abhängigkeit des Parameters.

(A) $f_G(10) \approx 0{,}78 \cdot G + 0{,}22$
(B) $f_k(10) = 12 - 11 \cdot e^{-10k}$
(C) $f_A(x) \approx 0{,}22 \cdot A + 9{,}32$

13 Die Kurve der Sünde

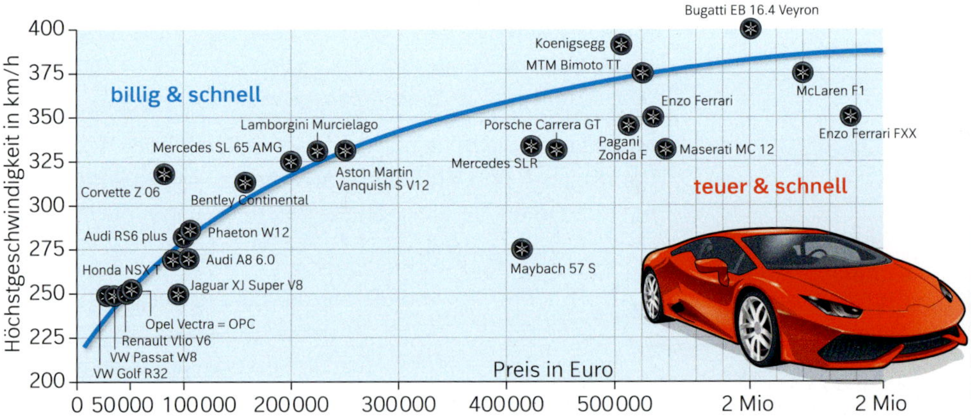

Modellieren Sie die Kurve mit begrenztem Wachstum. Geben Sie die passende DGL an und interpretieren Sie diese im Sachzusammenhang.

Grundwissen

1. Lösen Sie das lineare Gleichungssystem.
I $2x + 4y = 8$
II $-x - y = -1$
2. Berechnen Sie das arithmetische Mittel und die Standardabweichung für folgende Messreihe bezüglich der Rotationsdauer eines Kreisels:
14 s; 16 s; 14 s; 26 s; 20 s.

Aufgaben

In der Natur und Kultur kommt es immer wieder zu Austauschprozessen, bei denen Zu- und Abflüsse stattfinden. Beispiele hierfür sind:
1. Über Bäche fließt Wasser in einen Stausee hinein und gleichzeitig fließt aber auch immer ein gewisser Anteil an Wasser ab.
2. Über einen Tropf wird ein Wirkstoff zugeführt, der im Körper wieder abgebaut wird.

14 Ein Medikament

Ein Patient, der täglich ein Medikament über einen Tropf einnimmt, baut in der Zwischenzeit in seinem Körper einen Teil des Wirkstoffes ab. Die tägliche Dosis beträgt 100 mg. Von der im Körper vorhandenen Menge werden im Laufe des Tages 30 % wieder abgebaut.

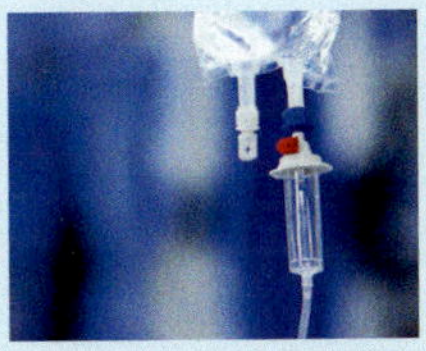

Wir betrachten zunächst Zu- und Abfluss getrennt voneinander:
- Abbau ohne Zufluss (Tropf): $a'(x) = \ln(0{,}7) \cdot a(x)$
- Zufluss ohne Abfluss: $z'(x) = 100$

Die naheliegende Addition beider Prozesse $a'(x) + z'(x)$ birgt aber nun ein zentrales Problem: Beide Prozesse hängen voneinander ab, immer, wenn etwas zufließt, fließt auch etwas ab. Zu- und Abfluss sind nicht unabhängig voneinander! Tut man bei der Addition nicht aber so, als ob sie es wären? In „unendlich kleinen“ (infinitesimalen) Zeitabschnitten sind die beiden Prozesse aber annähernd unabhängig, so dass die additive Verknüpfung sinnvoll ist, weil hier momentane Änderungen betrachtet werden. Damit beschreibt $f'(x) = \ln(0{,}7) \cdot f(x) + 100$ sinnvoll das Änderungsverhalten des Wirkstoffs.

Das Zufluss-Abfluss-Modell

Die **Änderung** setzt sich aus einem **zum Bestand proportionalen Anteil** und einem **konstanten Anteil** zusammen.

DGL: $f'(x) = k \cdot f(x) + b$ — $k \cdot f(x)$: exponentieller Anteil; b: linearer Anteil

Die Umformung $f'(x) = k^* \cdot (G - f(x)) = -k^* \cdot f(x) + k^* \cdot G$ zeigt, dass die DGL für $k = -k^*$ und $b = k^* \cdot G$ äquivalent zu der DGL des begrenzten Wachstums ist.
Mit $G = -\frac{b}{k}$ erhält man als Lösungsfunktion $f(x) = \left(A + \frac{b}{k}\right) \cdot e^{k \cdot x} - \frac{b}{k}$; $A = f(0)$

a) Geben Sie die Lösungsfunktion zu der DGL an und untersuchen Sie die langfristige Entwicklung des Wirkstoffniveaus im Körper.
b) Auf welche tägliche Dosis muss die Einnahme geändert werden, wenn das dauerhafte Wirkstoffniveau bei 500 mg sein soll?

15 Ein Selbstreinigungsmodell

Ein Wissenschaftler behauptet:
Wenn wir davon ausgehen, dass in einem Jahr 40 t Düngemittel in einen See gespült werden und dass 50 % der im Wasser gelösten Düngemittel pro Jahr abgebaut werden, dann steigt die Düngemittelkonzentration nur bis zu einer gewissen Grenze.

a) Hat der Wissenschaftler Recht? Am Anfang ist kein Düngemittel im See.
b) Was passiert, wenn jährlich über 40 t Dünger eingeleitet werden? Wie viel Dünger darf jährlich höchstens eingeleitet werden, wenn der See auf Dauer mit höchstens 30 t Dünger belastet werden soll? Was halten Sie von den Annahmen des Wissenschaftlers?

Aufgaben

16 Forellenzucht

In einer Zucht werden 2000 Forellen in einem Teich ausgesetzt. Man geht davon aus, dass die Fische sich mit einer Wachstumskonstanten $k = 0{,}26$ vermehren (x: Zeit in Jahren). Der Teichwirt erlaubte bisher das Abfischen von jährlich 500 Forellen. Nun drängen Angler auf eine Erhöhung der Fangmenge auf 550 Fische.

Erarbeiten Sie eine Empfehlung. Wie viele Forellen dürfen geangelt werden, wenn der Bestand langfristig möglichst konstant bei 2000 Fischen bleiben soll?

17 Begrenztes Wachstum und Zufluss-Abfluss-Modell: Variationen

$f'(x) = k \cdot (G - f(x))$
$k < 0;\ G > 0$

Beim begrenzten Wachstum wurde immer $k > 0$ betrachtet, warum? Es soll jetzt zunächst der Fall $k < 0$ untersucht werden.

a) Geben Sie zu $k = -2$ und $G = 3$ die Lösungsfunktion an und skizzieren Sie diese für die Startwerte $A = 1;\ A = 2;\ A = 3;\ A = 4;\ A = 5$. Vergleichen Sie den Kurvenverlauf mit dem der Kurven zum begrenzten Wachstum.

b) Die Grafiken zeigen jeweils Lösungskurven zur DGL $f'(x) = k \cdot f(x) + b$ für zwei verschiedene Anfangswerte. Ordnen Sie den Parameterwerten begründet die passende Grafik zu. Versuchen Sie zunächst eine Zuordnung ohne GTR.

(A) $k > 0;\ b > 0$ (B) $k < 0;\ b > 0$ (C) $k > 0;\ b < 0$ (D) $k < 0;\ b < 0$

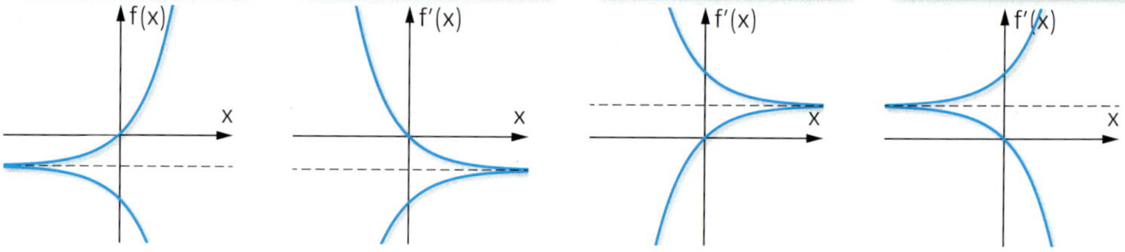

Beschreiben Sie die unterschiedlichen Verhalten bei Startwerten in der Nähe der Grenze. Anstatt von „Grenze" spricht man hier gegebenfalls von „Schwelle". Erläutern Sie dies. Erläutern Sie in diesem Zusammenhang den Satz:

Eine minimale Änderung des Anfangswertes kann ein gänzlich anderes Langzeitverhalten bewirken.

18 Kaffeeabkühlung – mal anders

Man kann den Abkühlvorgang von Kaffee auch anders modellieren.
Zeigen Sie, dass $g(x) = \frac{380}{x+6} + 20 = 380 \cdot (x+6)^{-1} + 20$ auch zu dem Datensatz aus Aufgabe 3 passt, aber nicht die DGL des beschränkten Wachstums erfüllt. Warum sind Exponentialfunktionen das bessere Modell zur Beschreibung von Abkühlvorgängen?

Isaac Newton
(1643–1727)

Exkurs

Newtonsches Abkühlungsgesetz

Wenn das einzige Kriterium für die Güte eines Modells die (statistisch) gute Übereinstimmung mit den Messwerten wäre, dann beschreiben sowohl die Exponentialfunktionen als auch die Hyperbeln in gleicher Weise angemessen den Abkühlungsprozess. Eine Differentialgleichung beschreibt darüber hinaus einen gesetzmäßigen Zusammenhang zwischen den Größen (z. B. Zeit und Temperatur). Die Differentialgleichung des beschränkten Wachstums wurde von Newton im Zusammenhang mit Abkühlungsprozessen entwickelt und heißt dementsprechend auch Newtonsches Abkühlungsgesetz.

4.3 Logistisches Wachstum

Aufgaben

1 Ein Gerücht

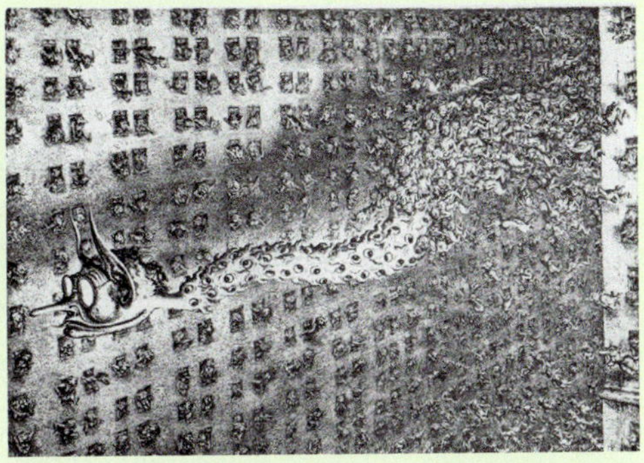

P. Weber: Das Gerücht

Vier Schüler fangen an, um 8:00 Uhr in einer Schule mit 900 Schülerinnen und Schülern ein Gerücht zu verbreiten. Um 9:00 Uhr kennen schon 24 Schüler das Gerücht.
Wie verbreitet sich das Gerücht?

a) Beschreiben Sie, wie sich Ihrer Meinung nach das Gerücht ausbreitet und skizzieren Sie ein dazu passendes Diagramm (x: Zeit in Stunden; y: Anzahl der Schüler, die Gerücht kennen). Achten Sie auch auf die Ausbreitungsgeschwindigkeit.
- Begründen Sie, dass die Verbreitung des Gerüchts durch eine geeignete Kombination aus exponentiellem und begrenztem Wachstum modelliert werden kann.
- Welche der Differentialgleichungen passt zu der Verbreitung des Gerüchts? Begründen Sie Ihre Auswahl. Formulieren Sie die gewählte DGL in Worten.

(1) $f'(x) = 0{,}002 \cdot f(x) + 0{,}002 \cdot (900 - f(x))$
(2) $f'(x) = 0{,}002 \cdot f(x) + 0{,}004 \cdot (900 - f(x))$
(3) $f'(x) = 0{,}002 \cdot f(x) \cdot (900 - f(x))$

Richtungsfelder

b) Überprüfen Sie die Passung der DGLn (1), (2) und (3) zum Sachverhalt mithilfe von Richtungsfeldern. Vergleichen Sie mit Ihrer Skizze aus a).

c) Zeigen Sie, dass $f(x) = \frac{900}{1 + 224 \cdot e^{-1{,}8x}}$ gut zu den Daten passt. Skizzieren Sie f. Vergleichen Sie mit Ihrem Graphen aus a).

d) ▪ Wie viele Schüler kennen nach dem Modell in b) das Gerücht nach zwei Stunden, wie viele nach vier Stunden?
▪ Wann kennen 450 Schüler das Gerücht? Wann alle 900?

e) ▪ Zum rechnerischen Überprüfen der Lösung der DGL muss f′ gebildet werden. Warum gelingt Ihnen dies hier nicht ohne CAS?
▪ Überprüfen Sie, ob f die DGL löst.

(1) GTR (grafisch-tabellarisch)

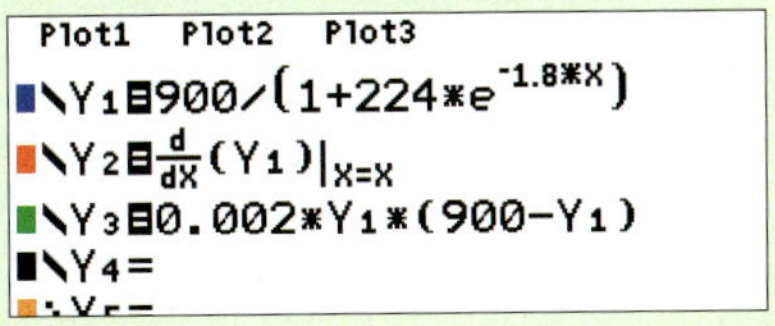

(2) CAS (algebraisch)

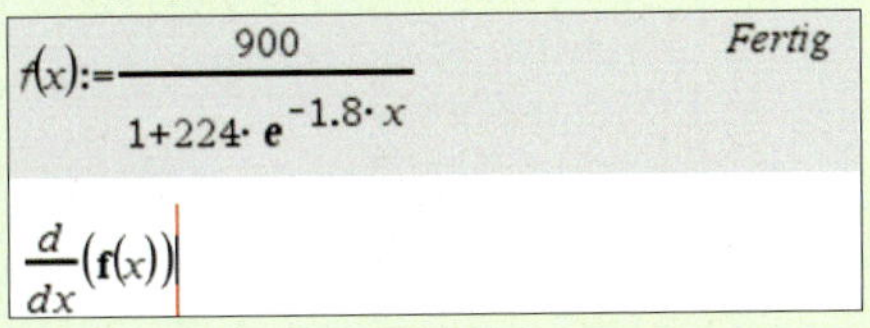

Zeigen Sie, dass f von der Form $f(x) = \frac{A \cdot G}{A + (G - A) \cdot e^{-k \cdot G \cdot x}}$ ist. Welchen Vorteil hat diese Darstellung?

Aufgaben

2 Sonnenblumen

Zeit (Tage)	Höhe (cm)
0	8,0
7	17,9
14	36,4
21	67,8
28	98,1
35	131,0
42	169,5
49	205,5
56	228,3
63	247,1
70	250,5
77	253,8
84	254,5

1919 untersuchten H. S. Reed und R. H. Holland das Wachstum von Sonnenblumen. Die Tabelle gibt ihre Messdaten an.

Die Grafik zu den Messwerten legt eine Zusammensetzung der Wachstumskurve aus exponentiellem Wachstum und begrenztem Wachstum nahe. Eine Verknüpfung beider Wachstumsarten, wie in der Abbildung dargestellt, kann aber nur eine grobe Näherung liefern, weil Wachstum im zeitlichen Verlauf nicht zu Beginn ausschließlich exponentiell und dann, nach z. B. 28 Tagen, allein begrenzt verläuft. Eine solche Zusammensetzung erscheint recht willkürlich.

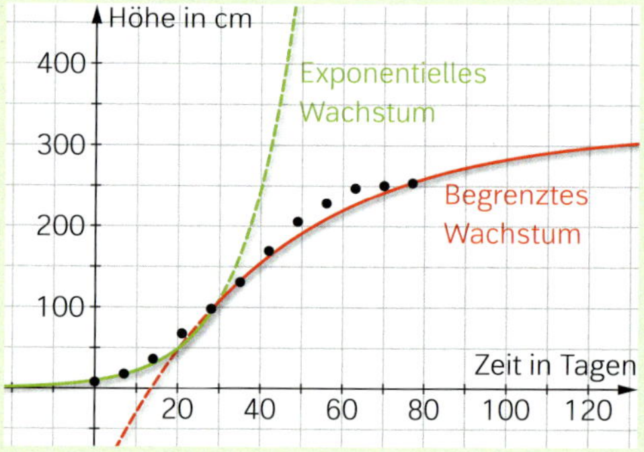

Ziel ist es, *eine* Funktion für den *gesamten* Verlauf zu finden.

a) Zeigen Sie, dass $f(x) = \frac{260}{1 + 25e^{-0{,}1x}}$ gut zu den Daten passt. Wie hoch wächst nach diesem Modell die Sonnenblume? Skizzieren Sie die Wachstumsgeschwindigkeit mithilfe einer Sekantensteigungsfunktion. An welchem Tag ist die Wachstumsgeschwindigkeit am größten?

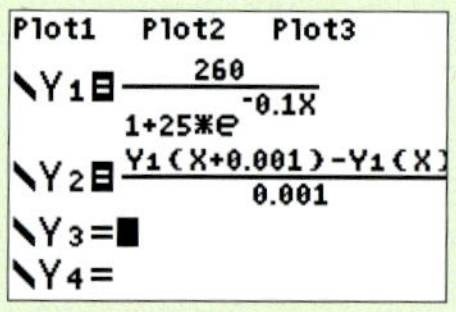

b) Der Wachstumsverlauf legt nahe, dass sich die DGL zu diesem Wachstumsprozess auch aus den entsprechenden Differentialgleichungen des exponentiellen und begrenzten Wachstums zusammensetzt. Ein möglicher Zusammenhang zwischen der Änderungsrate und dem Bestand (Höhe der Pflanze) ist:

Die *Änderungsrate ist gleichzeitig proportional zum Bestand und zum möglichen Restbestand*.

Die passende DGL dazu lautet dann: $f'(x) = \frac{1}{2600} \cdot f(x) \cdot (260 - f(x))$

c) ▪ Zum rechnerischen Überprüfen der Lösung der DGL muss f′ gebildet werden. Warum gelingt Ihnen dies hier nicht ohne CAS?

▪ Zeigen Sie grafisch-tabellarisch mit dem GTR, dass f diese DGL erfüllt.

▪ Zeigen Sie, dass f von der Form $f(x) = \frac{A \cdot G}{A + (G - A) \cdot e^{-k \cdot G \cdot x}}$ ist. Welchen Vorteil hat diese Darstellung?

Basiswissen Ein weiteres Modell mit Grenze ist das logistische Wachstum.

Logistisches Wachstum

Viele Wachstumsprozesse haben einen s-förmigen Verlauf. Dann nimmt die Wachstumsgeschwindigkeit anfänglich zu und ab einem gewissen Zeitpunkt immer mehr ab, so dass der Bestand sich einer Grenze nähert.

Ein Zyperngras wird mit 10 cm Länge eingepflanzt. Es wird maximal 1,5 m hoch. Die Wachstumskonstante beträgt 0,003.

	Allgemein	Zyperngras
DGL	Die Änderung ist proportional zum Bestand und zum Restbestand.	
	$f'(x) = k \cdot f(x) \cdot (G - f(x))$	$f'(x) = 0{,}22 \cdot (200 - f(x))$
Funktion (Lösung der DGL)	$f(x) = \frac{A \cdot G}{A + (G - A) \cdot e^{-k \cdot G \cdot x}}$	$f(x) = \frac{1500}{10 + 140 \cdot e^{-0{,}45x}}$
Anfangsbestand Grenzbestand Wachstumskonstante	A=f(0) G k	f(0) = 10 150 0,003
	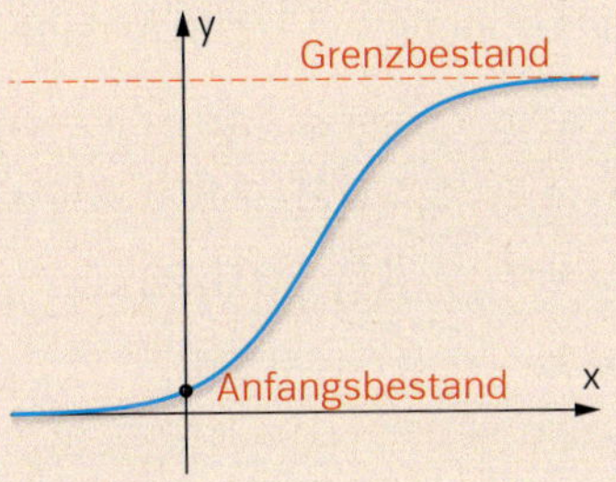	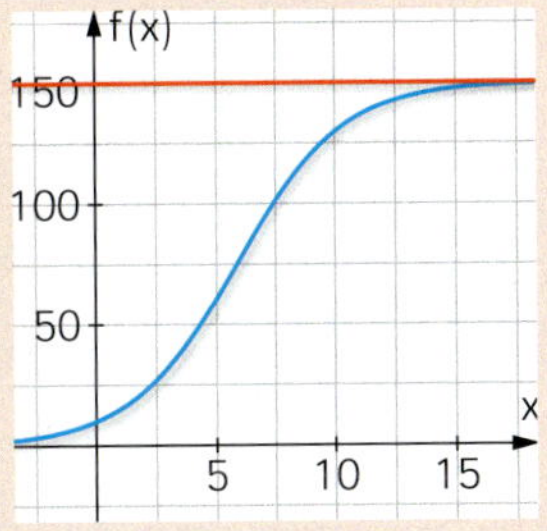

Beispiele

A Von der DGL zur Funktion

Bestimmen Sie die Wachstumsfunktion zu $f'(x) = 0{,}04 \cdot f(x) \cdot (50 - f(x))$; $f(0) = 3$.
Wie lautet die Gleichung für einen beliebigen Anfangswert A?

Lösung:

$k = 0{,}04$; $A = 3$; $G = 50$: $f(x) = \frac{3 \cdot 50}{3 + 47 \cdot e^{-0{,}04 \cdot 50x}}$

Damit lautet die Funktionsgleichung: $f(x) = \frac{150}{3 + 47 \cdot e^{-2x}}$

Die Gleichung für einen beliebigen Anfangswert A lautet: $f(x) = \frac{50A}{A + (50 - A) \cdot e^{-2x}}$

B Von der Funktion zur DGL

Bestimmen Sie eine passende DGL zu $f(x) = \frac{240}{1 + 4 \cdot e^{-0{,}72x}}$

Lösung:

$A = f(0) = \frac{240}{1 + 4 \cdot e^{-0{,}72 \cdot 0}} = \frac{240}{5} = 48$

$\lim\limits_{x \to \infty} f(x) = \lim\limits_{x \to \infty} \frac{240}{1 + 4 \cdot e^{-0{,}72x}} = \frac{240}{1 + 4 \cdot 0} = 240$

Somit gilt: $G = 240$.

$k \cdot 240 = 0{,}72 \Rightarrow k = 0{,}003$

Damit lautet die DGL: $f'(x) = 0{,}003 \cdot f(x) \cdot (240 - f(x))$

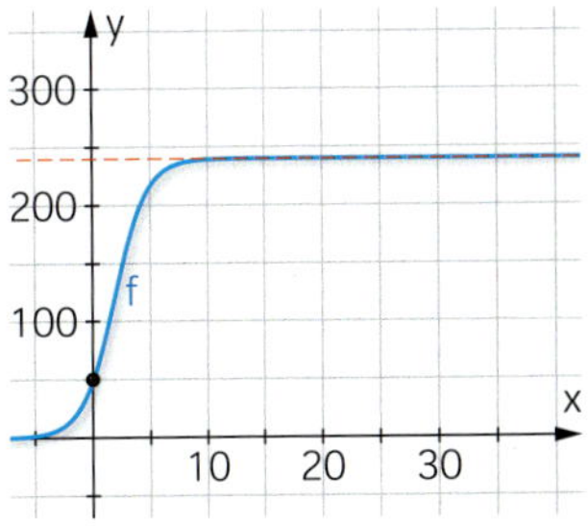

Beispiele

C Kresse

Ein Biologiekurs beobachtet das Wachstum von Kresse nach Beginn der Wurzelbildung und misst täglich zum gleichen Zeitpunkt die erreichte Höhe.

Zeit (Tage)	0	1	2	3	4	5	6	7	8
Höhe (cm)	0,2	0,3	0,5	1,1	2,4	4,1	5,4	6,5	7,1

a) Ermitteln Sie eine passende logistische Wachstumsfunktion.

b) Wächst die Kresse am 2. Tag stärker als am 7. Tag? Wann wächst die Kresse am stärksten?

Lösung:

a) Anfangshöhe: $A = f(0) = 0{,}2$

Annahme über maximale Höhe erfolgt aus den Messdaten: $G = 8$

Berechnung von k z. B. mithilfe des Messwertes (6 | 5,4):

$f(6) = \frac{0{,}2 \cdot 8}{0{,}2 + 7{,}8 \cdot e^{-48k}} = 5{,}4$

$\Rightarrow 1{,}6 = 5{,}4(0{,}2 + 7{,}8 \cdot e^{-48k}) = 1{,}08 + 42{,}12 \cdot e^{-48k}$

$\Rightarrow e^{-48k} = \frac{0{,}52}{42{,}12} \approx 0{,}0123$

$\Rightarrow k \approx \frac{\ln(0{,}0123)}{-48} \approx 0{,}092$

Somit gilt: $f(x) = \frac{1{,}6}{0{,}2 + 7{,}8 \cdot e^{-0{,}736x}}$

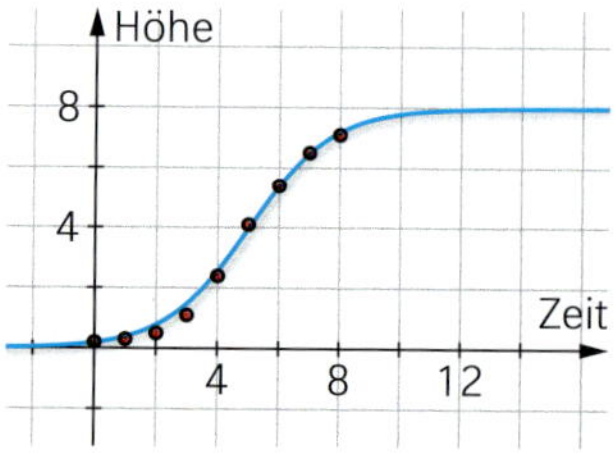

b) Die Ableitung wird mit einer Sekantensteigungsfunktion angenähert. Damit werden die Fragen grafisch-tabellarisch beantwortet.

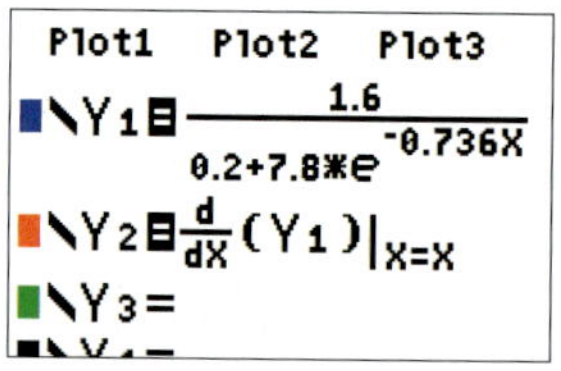

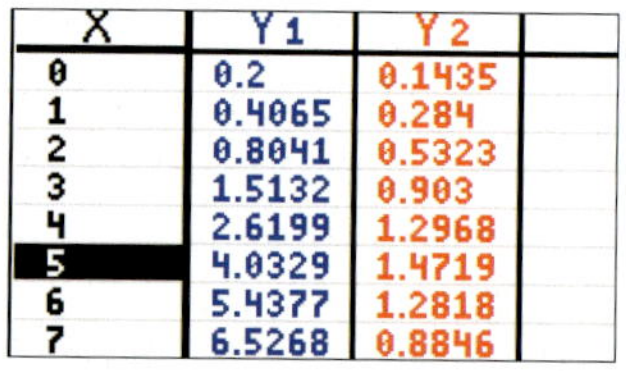

X	Y1	Y2
0	0.2	0.1435
1	0.4065	0.284
2	0.8041	0.5323
3	1.5132	0.903
4	2.6199	1.2968
5	4.0329	1.4719
6	5.4377	1.2818
7	6.5268	0.8846

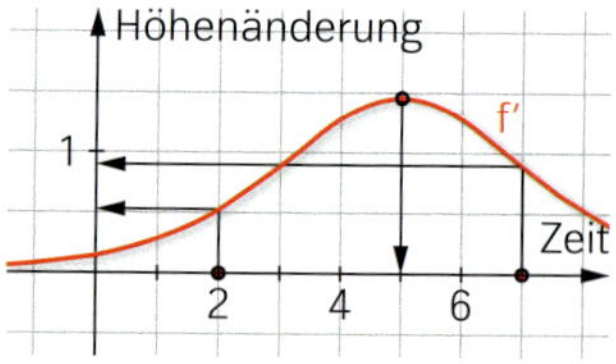

Die Kresse wächst am 7. Tag stärker als am 2. Tag und am 5. Tag am stärksten.

Übungen

3 Funktion finden zu einer DGL

Geben Sie jeweils die Wachstumskonstante und die Kapazitätsgrenze an. Bestimmen Sie zu den Differentialgleichungen die passende Funktionsgleichung und skizzieren Sie den Graphen von f bzw. die Scharen in c), d) und e).

a) $f'(x) = 0{,}008 \cdot f(x) \cdot (50 - f(x))$; $f(0) = 3$

b) $f'(x) = 0{,}01 \cdot f(x) \cdot (7 - f(x))$; $f(0) = 1$

c) $f'(x) = 0{,}1 \cdot f(x) \cdot (10 - f(x))$; $f(0) = A$

d) $f'(x) = 0{,}02 \cdot f(x) \cdot (G - f(x))$; $f(0) = 10$

e) $f'(x) = k \cdot f(x) \cdot (300 - f(x))$; $f(0) = 25$

f) $f'(x) = 1{,}6 \cdot f(x) - 0{,}2 \cdot f(x)^2$; $f(0) = 1$

4 DGL finden zu einer Funktion

Geben Sie zu den Funktionen jeweils eine passende DGL an. Bestimmen Sie Anfangswert, Wachstumskonstante und Bestandsgrenze.

a) $f(x) = \frac{150}{5 + 25 \cdot e^{-0{,}6x}}$

b) $f(x) = \frac{20000}{100 + 100 \cdot e^{-0{,}1x}}$

c) $f(x) = \frac{9}{1 + 8 \cdot e^{-0{,}15x}}$

d) $f(x) = \frac{150}{15 - 5 \cdot e^{-0{,}3x}}$

Übungen

5 Parameterbestimmung für Funktionen bei gegebenem Punkt

Bestimmen Sie den Wert des Parameters jeweils so, dass der Punkt P auf dem Graphen von f liegt.

a) $f(x) = \frac{20}{1 + 4 \cdot e^{-kx}}$ P(1 | 6)

b) $f(x) = \frac{100}{c + 2 \cdot e^{-0,2x}}$ P(1 | 8)

c) $f(x) = \frac{a}{1 + 5 \cdot e^{-0,1x}}$ P(1 | 25)

6 Funktion und DGL aus Grafik

Die Graphen stellen logistisches Wachstum dar. Ermitteln Sie jeweils eine passende Funktionsgleichung und DGL. Lesen Sie dazu einen passenden Punkt aus.

Eine Lösung: $f(x) = \frac{2000}{10 + 190 \cdot e^{-3x}}$

a)

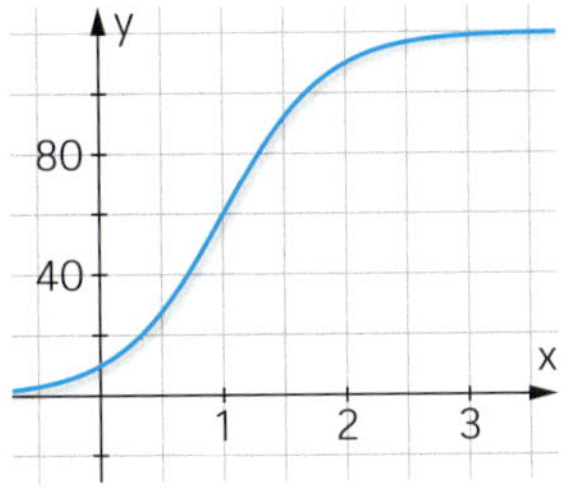

b)

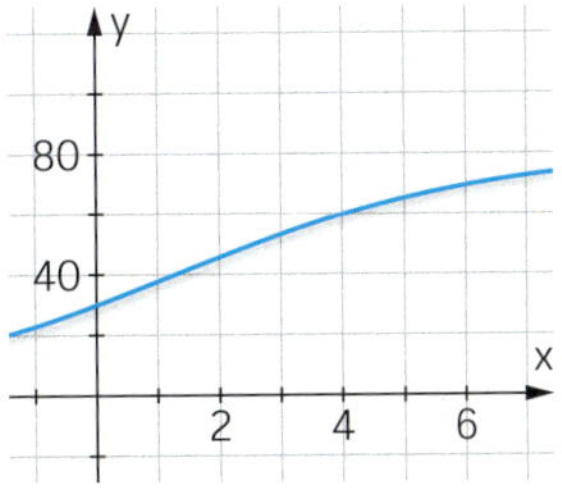

c)

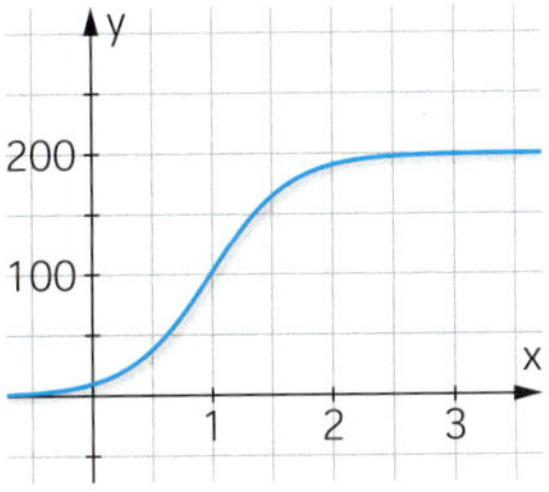

7 Funktionsgleichungen – Variationen

In Formelsammlungen und CAS-Geräten werden oft unterschiedliche Darstellungen für den Funktionsterm des logistischen Wachstums benutzt. Zeigen Sie, dass alle Terme gleichwertig zu dem Term aus dem Basiswissen sind.

(1) $f(x) = \frac{G}{1 + \left(\frac{G}{A} - 1\right) \cdot e^{-k \cdot G \cdot x}}$

(2) $f(x) = \frac{a}{1 + b \cdot e^{-cx}}$

(3) $f(x) = \frac{A \cdot G \cdot e^{k \cdot G \cdot x}}{A \cdot e^{k \cdot G \cdot x} - A + G}$

8 Forellen und eine Grippewelle

Ein See bietet 600 Forellen Lebensraum. Es werden 50 Forellen ausgesetzt. Aus Erfahrung weiß man, dass die Wachstumskonstante 0,0015 beträgt (Zeit in Jahren).

In einem Feriencamp, in dem sich 180 Jugendliche aufhalten, bricht eine Grippewelle aus. Die Zahl der Erkrankten wächst in der ersten Woche von anfänglich 15 auf 24.

a) Begründen Sie, dass logistisches Wachstum in beiden Situationen ein angemessenes Modell sein kann und ermitteln Sie jeweils ein passendes konkretes Modell.

b) Untersuchen Sie, wann der halbe Grenzbestand erreicht ist.

c) Bestimmen Sie die Wachstumsgeschwindigkeit zur Zeit $x = 1$. Zu welchem Zeitpunkt hat sie wieder denselben Wert? Wann ist die Wachstumsgeschwindigkeit am größten? Benutzen Sie hierfür z. B. eine Sekantensteigungsfunktion.

d) Die Ergebnisse aus b) und c) legen eine Vermutung nahe. Formulieren Sie diese und überprüfen Sie die Vermutung grafisch-numerisch an den Funktionen aus Aufgabe 4.

e) Beurteilen Sie die Modellierung für einen langen Zeitraum.

Wendepunkt beim logistischen Wachstum

Die Wachstumsgeschwindigkeit einer Population ist zu dem Zeitpunkt maximal, an dem die Population den halben Grenzbestand (Kapazitätsgrenze) erreicht hat.

Der Zeitpunkt ist $x = \frac{\ln\left(\frac{G}{A} - 1\right)}{k \cdot G}$.

Der zugehörige Punkt $(x|f(x))$ ist Wendepunkt des logistischen Wachstumsmodells.

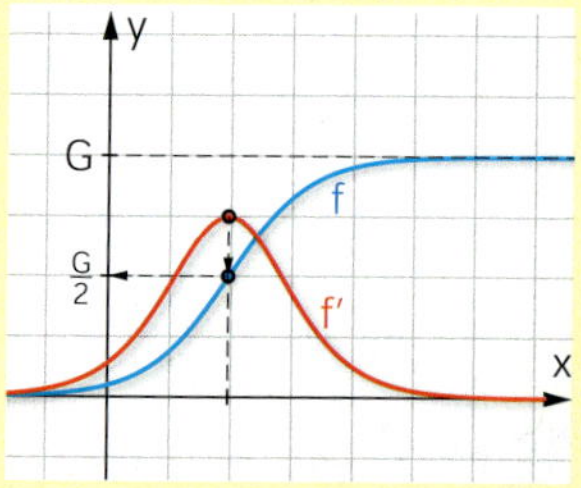

Übungen

9 Die Kraft des CAS

a) Johanna möchte die Aussage der gelben Karte beweisen und arbeitet mit dem CAS.

- Beschreiben Sie, was Johanna mit den beiden Schritten berechnet.
- Neben dem erhofften Ergebnis $f(x) = \frac{g}{2}$ gibt das CAS noch zwei weitere Ergebnisse an. Interpretieren Sie diese.
- Für Termexperten: Führen Sie die erste Umformung ‚zu Fuß' durch (Hinweis: Benutzen Sie die Produktregel des Ableitens)

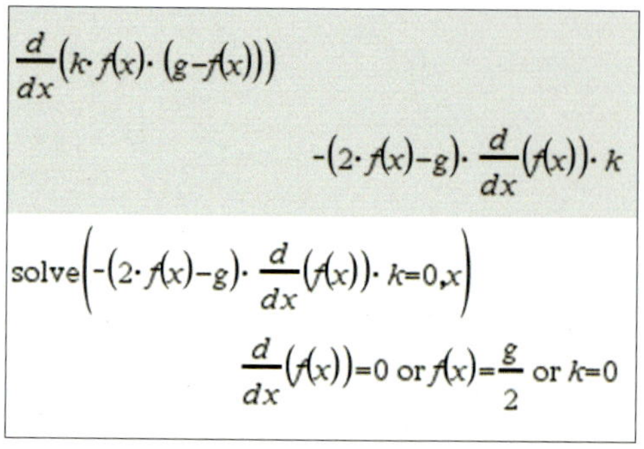

CAS b)
- Mit einem CAS kann auch der Zeitpunkt der maximalen Wachstumsgeschwindigkeit einfach ermittelt werden. Bestimmen Sie damit auch den zugehörigen Bestand.
- Begründen Sie, dass der vom CAS zusätzlich angegebene Ausdruck $a \cdot (a - g) \cdot g^3 \cdot k^2$ bezogen auf die Sachsituationen immer ungleich 0 ist.

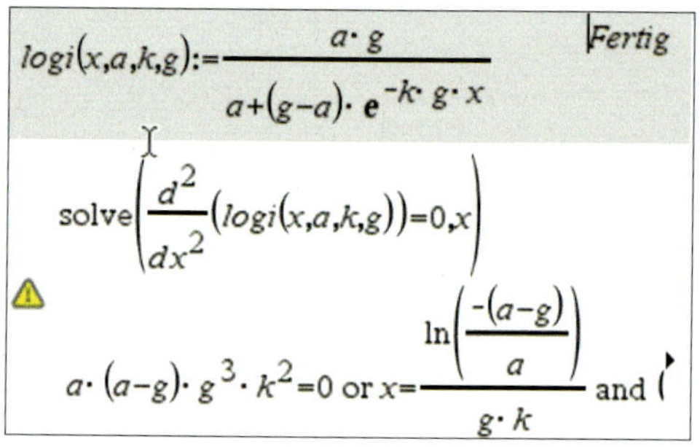

10 Unterschiedliche Situationen – gleicher Modelltyp

Die Wachstumskonstante k beim exponentiellen Wachstum setzt sich aus einer jeweils konstanten Geburtenrate g und Sterberate s zusammen, also: $f'(x) = (g - s) \cdot f(x)$

a) Ordnen Sie den drei DGLn die passende Beschreibung zu.

(1)	(2)	(3)
$f'(x) = k \cdot f(x) \cdot (G - f(x))$	$f'(x) = (g - s \cdot f(x)) \cdot f(x)$	$f'(x) = g \cdot f(x) - s \cdot (f(x))^2$

(A)	(B)	(C)
Änderung setzt sich aus konstanter Geburtenrate und zum Bestand proportionaler Sterberate zusammen.	Änderung ist proportional zum Bestand und zum möglichen Restbestand.	Exponentielles Wachstum wird eingeschränkt durch Begegnungen der Art mit sich selbst (Futterkonkurrenz, Kannibalismus).

b)
- Zeigen Sie, dass die drei DGLn algebraisch äquivalent sind.
- Erläutern Sie:

> Gänzlich unterschiedliche Sachsituationen können durch die selbe mathematische Struktur beschrieben werden.

Übungen

Modellieren mit Daten

vgl. Beispiel C

11 Pflanzenwachstum

Schüler haben im Biologieunterricht das Wachstum verschiedener Pflanzen gemessen und die Daten tabelliert. Stellen Sie die Daten grafisch dar und bestimmen Sie ein passendes logistisches Modell. Vergleichen Sie Ihre Modelle.

a) Prunkbohne

Zeit (Tage)	0	1	2	3	4	5	6	7	8	9	10	11	12	13
Höhe (cm)	0,4	1,5	3,1	5,1	8,6	13,7	18,9	29,5	41,3	48,9	51,8	54,8	59,3	61,5

b) Weizen

Zeit (Tage)	0	1	2	3	4	5	6	7	8	9	10	11	12	13
Höhe (cm)	0,1	0,2	0,8	2,3	5,2	9,2	13,0	15,5	23,1	25,4	27,9	29,9	32,0	35,0

c) Borretsch

Zeit (Tage)	0	1	2	3	4	5	6	7	8	9	10	11	12	13
Höhe (cm)	4	5	5	7	10	15	17	20	25	30	37	41	46	50

12 Die Entwicklung der Bevölkerung der USA seit 1790

Jahr	1790	1800	1810	1820	1830	1840	1850	1860	1870	1880	1890
Bevölkerung in Millionen	3,93	5,31	7,24	9,64	12,87	17,07	23,19	31,44	38,56	50,19	62,98

Jahr	1900	1910	1920	1930	1940	1950	1960	1970	1980	1990	2000
Bevölkerung in Millionen	76,21	92,23	106,02	123,20	132,16	151,13	179,33	203,30	226,54	248,71	281,42

(Quelle: US Bureau of Census)

Applet eA-4.3-12

a) Berechnen Sie ein logistisches Modell für $A = 4$; $G = 400$ und $(180|200)$. Überprüfen Sie die Passung mit den Daten. (Hinweis zur Prüfung: $k \approx 0{,}0000638$)
Mit einem dynamischen Funktionenplotter (Schieberegler) können weitere Modelle gefunden werden. Die Abbildung zeigt eine Möglichkeit. Finden Sie weitere durch sinnvolle Variation von A, G und k.

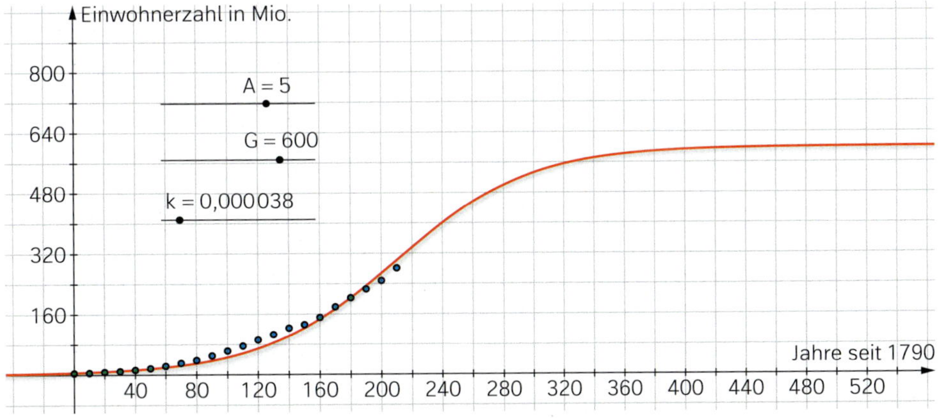

b) Erläutern Sie mithilfe von Beispiel C und den Daten zu den Einwohnerzahlen der USA:

> Der Vorteil mathematisch formulierter Gesetzmäßigkeiten liegt darin, dass man Prognosen machen kann. Bei Prozessen, die ihren Wendepunkt deutlich überschritten haben, sind Vorhersagen über die weitere Entwicklung gut möglich, in anderen Fällen wesentlich problematischer.

Übungen

Funktionenschar

13 Eine Bärenpopulation mit Variationen

Für eine Bärenpopulation in einem Wildpark gelten folgende Parameterwerte: $A = 1$; $k = 0{,}15$; $G = 5$ (A und G jeweils in 100).
Durch Veränderung der Lebensbedingungen kann man Einfluss auf die Entwicklung nehmen. Solchen Eingriffen entsprechen Veränderungen der einzelnen Parameterwerte.

a) Übertragen Sie die Tabelle und füllen Sie sie aus.

	Variation von k $A = 1$; $G = 5$	Variation von G $k = 0{,}15$; $A = 1$	Variation von A $k = 0{,}15$; $G = 5$
Handlung	■	■	Aussetzen unterschiedlich vieler Tiere zu Beginn der Messung
Funktionsgleichung	$f_k(x) = \frac{5}{1 + 4 \cdot e^{-5kx}}$	■	■
Parameterbereich	■	■	$0 < A < 10$ Schrittweite 0,5
Grafik	■	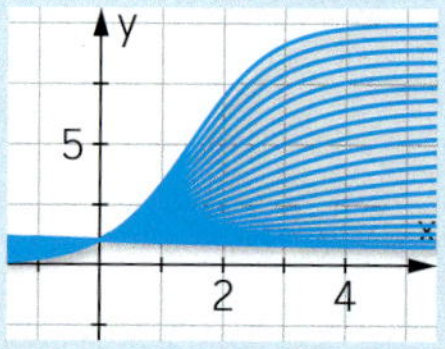	■
Interpretation	■	■	■

b) Der Anfangsbestand wird meist kleiner als der Grenzbestand gewählt. Was passiert mit der Bärenpopulation aber, wenn der Anfangsbestand größer als der Grenzbestand ist? Was vermuten Sie von der Sachsituation her? Führen Sie entsprechende Parametervariationen mit $A > G$ durch. Skizzieren und interpretieren Sie die Bestandsentwicklungen.

Exkurs

Eine Modellanalyse klärt Unerwartetes auf

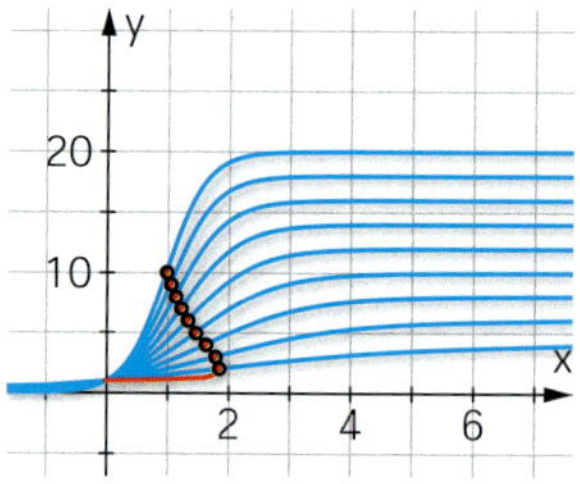

Bei der Variation der Grenze passiert etwas Seltsames: Der Bestand scheint sich umso schneller der Grenze zu nähern, je weiter diese noch vom aktuellen Bestand entfernt ist, je mehr Lebensraum also noch zur Verfügung steht. Der Zeitpunkt maximaler Zunahme liegt umso früher, je weiter die Wachstumsgrenze vom Ausgangsbestand entfernt liegt. Dies zeigt die in der Abbildung skizzierte Ortskurve der Wendepunkte. Man erwartet aber eigentlich das Folgende: Je weiter die Wachstumsgrenze vom Ausgangsbestand entfernt liegt, desto später der Zeitpunkt maximalen Wachstums und des Erreichens der Grenze. Passt das Modell nicht zur Realität? Ein genauer Blick auf die Wachstumsfunktion klärt hier auf: Die Wachstumskonstante von $f(x) = \frac{A \cdot G}{A + (G - A) \cdot e^{-k \cdot G \cdot x}}$ ist eigentlich $k \cdot G$, die Grenze beeinflusst also die Wachstumsintensität. Um dies zu vermeiden, muss das Modell leicht variiert werden zu $f'(x) = k \cdot f(x) \cdot \left(1 - \frac{f(x)}{G}\right)$ mit $f(x) = \frac{A \cdot G}{A + (G - A) \cdot e^{-kx}}$

14 Eine Bärenpopulation – revisited

a) Untersuchen Sie die Bärenpopulation aus Aufgabe 13 für $A = 1$; $k = 0{,}15$ und variabler Grenze G mithilfe des modifizierten Modells aus dem Exkurs.

b) CAS: Weisen Sie nach, dass die Funktion die modifizierte DGL löst.

Alle bisher behandelten Wachstumsmodelle beschreiben nur wachsende oder nur abnehmende Bestandsentwicklungen. Wenn Bakterien in einer Petrischale aber

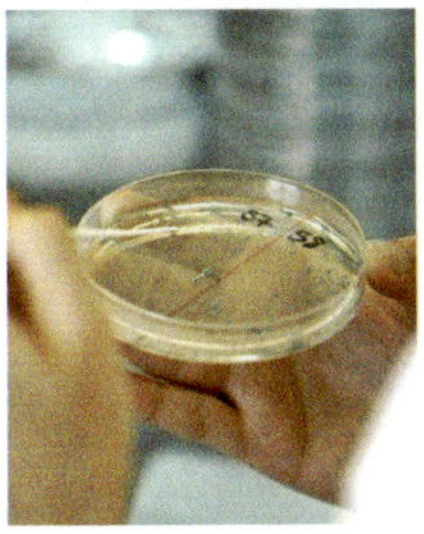

den Nahrungsvorrat verbraucht haben, hält sich der Bestand nicht an der Grenze, sondern die Bakterien sterben. Nährstoffmangel und toxische Stoffwechselprodukte wirken wie ein „Gift“. Wenn die Anzahl Infizierter während einer Grippewelle zunächst nach dem logistischen Modell wächst, so kann dieses Modell aber nicht

das anschließende Abklingen der Grippewelle erfassen. Nach dem logistischen Modell bleiben Infizierte immer infiziert bzw. krank.

Übungen

15 Wachstum mit „Gift“ oder Grippe mit Heilung

Es gilt: $f'(x) = k \cdot f(x) \cdot (G - f(x)) = (k \cdot G - k \cdot f(x)) \cdot f(x)$
Setzt man $g = k \cdot G$ und $s = k$ dann ergibt sich folgende Darstellung des logistischen Wachstums: $f'(x) = (g - s \cdot f(x)) \cdot f(x)$.
Der Faktor $g - s \cdot f(x)$ setzt sich aus der konstanten Geburtenrate g und einer zum Bestand proportionalen Sterberate $s \cdot f(x)$ zusammen.
Bei Bakterien hängt das Absterben, genau wie das Gesunden bei der Grippewelle, eher von der Zeit als vom Bestand ab. Es liegt daher folgende Modellierung nahe:

$f'(x) = (g - s \cdot x) \cdot f(x)$
$g > 0; \quad s > 0$

a) Interpretieren Sie die DGL. Welche Bedeutung haben g und s? Interpretieren Sie für beide Sachsituation, den Bakterienbestand und die Grippewelle.Gelingt Ihnen daraus ein qualitatives Erschließen der Langzeitentwicklung?

Richtungsfelder

(A) *Lösung mit Richtungsfeld*
Untersuchen Sie die Bestandsentwicklung für die angegebenen Werte. Variieren Sie g und s.

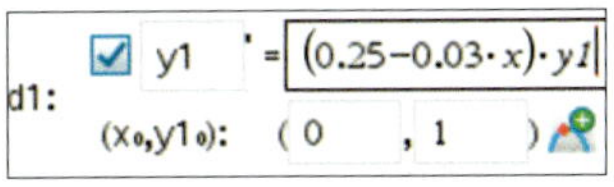

(B) *Lösung mit Funktion*
Zeigen Sie, dass $f(x) = e^{g \cdot x - \frac{s}{2}x^2}$ die Lösungsfunktion zu der DGL ist. Skizzieren Sie die Funktion für $g = 0{,}25$ und $s = 0{,}03$. Bestimmen Sie den maximalen Bestand und die Zeitpunkte maximaler Zunahme bzw. Abnahme des Bestandes.

b) Welche Bedeutung haben Variationen der Parameter g und s bei der Grippewelle? Beschreiben Sie jeweils die Auswirkungen von unterschiedlichen Ansteckungs- und Gesundungsraten.
(1) g variabel; $s = 0{,}03$ (2) $g = 0{,}25$; s variabel.
- Erstellen Sie jeweils eine aussagekräftige Skizze.
- Bestimmen Sie die maximale Anzahl Grippekranker und die Zeitpunkte maximaler Zu- bzw. Abnahme der Infizierten.

Beschreiben Sie die Bedeutung und Auswirkungen von Variationen von g und s, wenn es sich um die Entwicklung von Bakterien in einer Petrischale handelt

Grundwissen

1. Lösen Sie die Gleichung: a) $x(2x + 6) = 0$ b) $2x^3 = 12$
2. Die Preissteigerung hat abgenommen. Skizzieren Sie ein Zeit-Preis-Diagramm.
3. Schreiben Sie auf einen Bruchstrich:
$\frac{1}{a} + \frac{1}{a^2}$

Aufgaben

16 Sprachwandelgesetz

Sprachwandelgesetz

Nicht nur unsere Zahlzeichen sondern auch viele unserer mathematischen Begriffe stammen aus dem Arabischen. So leitet sich das Wort Ziffer vom arabischen Wort Sifr ab, welches Null bedeutet. Wie viele Begriffe unserer Sprache stammen aus dem Arabischen und wann sind sie übernommen worden? Dieser und ähnlichen Fragen geht die quantitative Linguistik (Sprachwissenschaft) nach. Dabei ist das Sprachwandelgesetz eines der vielen mathematisch formulierten und anhand vieler Daten überprüften Sprachgesetze. Es besagt, dass beliebige Sprachwandelprozesse einen gesetzmäßigen Verlauf nehmen:

Sprachwandel beginnen langsam, beschleunigen und verlangsamen sich dann wieder. Das Sprachwandelgesetz ist in der Linguistik auch unter dem Namen Piotrowski-Gesetz bekannt. Es ist benannt nach dem St. Petersburger Linguisten Rajmund G. Piotrowski (1922–2009), der als erster mathematische Modelle in der Sprachwissenschaft einsetzte. Dieses Sprachwandelgesetz folgt dem logistischen Modell.

(1) Die Tabelle zeigt die steigende Zahl von Arabismen (Entlehnungen aus dem Arabischen) in der deutschen Sprache im Laufe der vergangenen Jahrhunderte.
Die Daten entstammen dem Duden-Herkunftswörterbuch.

Jahrhundert	14.	15.	16.	17.	18.	19.	20.
Zahl der Arabismen	38	52	84	110	131	145	150

Finden Sie eine passende logistische Funktion. Was besagt das Modell über die Entwicklung der Arabismen in den nächsten Jahrhunderten?

(2) Die Tabelle gibt die Entlehnungen aus dem Lateinischen und dem Englischen in der deutschen Sprache im Laufe der letzten Jahrhunderte an.
(11. Jahrhundert $\hat{=}$ $x = 0$)

Jhd.	11.	12.	13	14.	15.	16.	17.	18.	19.	20.
Latein	268	270	290	347	759	1292	1548	1857	2001	2031
Englisch	1	1	1	1	1	3	13	73	216	519

Bestimmen Sie zu den Entlehnungen aus dem Lateinischen zwei passende logistische Funktionen. Warum passen die ermittelten logistischen Funktionen zu Beginn nicht so gut? Welche Gründe kann es dafür geben?

Die Grafik zeigt mit $E_1(x) = \frac{4100}{1 + 409999 \cdot e^{1{,}23x}}$ und $E_2(x) = \frac{1250}{1 + 124999 \cdot e^{1{,}25x}}$ zwei logistische Funktionen zu den Entlehnungen aus dem Englischen.

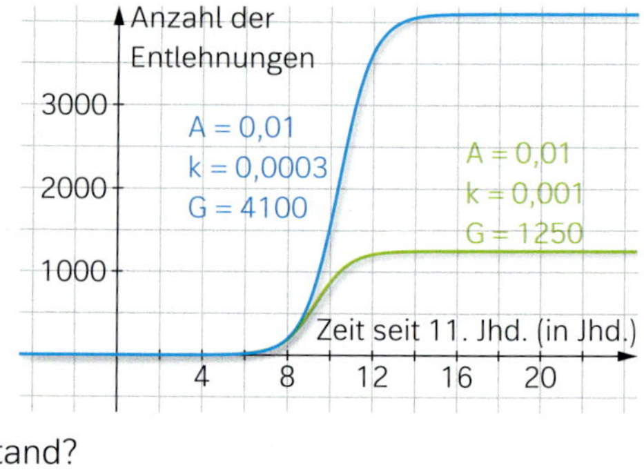

- Zeigen Sie, dass beide Modelle gut zu den Daten passen.
  Finden Sie eine passende Funktion mit $G = 6000$?

Finden Sie zu den „Lateindaten“ auch eine Funktion mit ganz anderem Grenzbestand?

Vgl. Aufgabe 12

Diskutieren Sie die Modellierungen in (1) und (2). Warum gibt es bei der Modellierung der Daten zu den Entlehnungen aus dem Englischen so unterschiedliche passende Modelle? Welche Konsequenzen hat dies für die Prognosen, die aus den Modellen erstellt werden?

Exkurs

Historischer Hintergrund zum logistischen Wachstumsmodell

Das logistische Wachstumsmodell ist zuerst von Pierre-Francois Verhulst in seiner Schrift „Mathematische Untersuchungen über das Gesetz des Bevölkerungswachstums“ von 1844/45 im Zusammenhang mit Auswertungen verfügbarer Bevölkerungsdaten entwickelt worden. Er schrieb:

„... §2. Zur Menge der Ursachen, die einen konstanten Einfluß auf das Bevölkerungswachstum ausüben, zählen wir die Fruchtbarkeit der menschlichen Rasse, die Gesundheitspflege des Landes, die Sitten der betrachteten Nation, ihre zivilen und religiösen Gesetze. Was die variablen Ursachen betrifft, die man nicht als zufällig betrachten kann, vereinigen sie sich im allgemeinen in der nach und nach zunehmenden Schwierigkeit, die die Bevölkerung bei der Beschaffung des Lebensunterhaltes erfährt, sobald sie erst genügend zahlreich ist, so daß alles fruchtbare Land besiedelt ist.“

Pierre-François Verhulst (1804 – 1849)

Nachdem er dann das exponentielle Wachstum als charakteristische Wachstumsform für uneingeschränktes Wachstum darlegte, schrieb er:

„... Wir bestehen nicht länger auf der Hypothese des geometrischen Wachstums angesichts dessen, daß sie sich nur unter außergewöhnlichen Umständen realisiert; z.B. wenn ein fruchtbares und in gewisser Weise unbegrenzt ausgedehntes Gebiet von einem Volk mit sehr fortschrittlicher Zivilisation bewohnt wird wie bei den ersten Kolonien der Vereinigten Staaten ...

... Man kann eine Unzahl von Hypothesen über das Gesetz der Verringerung des Koeffizienten $\frac{\ell}{M}$ aufstellen. Die einfachste besteht darin, diese Verringerung als proportional anzusehen zum Zuwachs der Bevölkerung seit dem Zeitpunkt, an dem die Schwierigkeiten, fruchtbares Land zu finden, bemerkbar wurden.“

$\frac{l}{M}$ ist die Wachstumskonstante k in $f'(x) = k \cdot f(x)$

Mit diesen und weiteren Überlegungen entwickelte er dann die DGL:

$$\ldots\ dt = \frac{M\,dp}{mp - np^2}$$

Die Schreibweise ist eine andere:

$t \mathrel{\hat{=}} x;\ p(t) \mathrel{\hat{=}} f(x);\ \frac{dp}{dt} \mathrel{\hat{=}} f'(x);$ M, m, n: Konstanten

Also: $dt = \frac{M\,dp}{mp - np^2} \Rightarrow (mp - np^2)\,dt = M\,dp \Rightarrow \frac{dp}{dt} = \frac{1}{M} \cdot (mp - np^2) = \frac{m}{M}p - \frac{n}{M}p^2$

Dies ist in unserer Schreibweise: $f'(x) = k \cdot f(x) - b \cdot f(x)^2$ mit $k = \frac{m}{M}$ und $b = \frac{n}{M}$

Verhulst wendete dann das gedanklich entwickelte Modell auf die ihm zur Verfügung stehenden Daten aus Belgien und Frankreich an. Seine Schlussfolgerungen waren:

„... §23. Das Bevölkerungsgesetz ist uns unbekannt, denn man kennt nicht die Natur der Funktion, die als Maß für die Hindernisse, sowohl vorbeugende als auch zerstörende, dient, die sich dem unbeschränkten Wachstum der menschlichen Rasse entgegenstellen.

Wenn man jedoch annimmt, daß diese Hindernisse genau in demselben Verhältnis zunehmen wie die überzählige Bevölkerung, erhält man die vollständige Lösung des Problems vom mathematischen Standpunkt aus.

Man findet dann unter Benutzung von durch die belgische und französische Regierung veröffentlichten statistischen Dokumenten, daß die äußerste Grenze der Bevölkerung vierzig Millionen Einwohner für Frankreich und sechs Millionen sechshundert Tausend für Belgien ist.“

Aufgaben

17 Ein DGL-Puzzle

Sie haben in diesem Kapitel erfahren, wie man die linearen Funktionen und die Exponentialfunktionen durch ihr Änderungsverhalten charakterisieren kann.
Dieses Änderungsverhalten wird durch Differentialgleichungen beschrieben, also Gleichungen, bei denen im Allgemeinen sowohl die Funktion f als auch ihre Ableitung f′ auftreten.
Lassen sich andere Grundtypen von Funktionen (Quadratische Funktionen, Potenzfunktionen, Wurzelfunktionen etc.) ebenfalls durch ihr Änderungsverhalten, also durch Differentialgleichungen, charakterisieren?

a) Welche Texte, Differentialgleichungen, Funktionen und Graphen gehören zusammen?

(1) Änderung proportional zum Bestand	(2) Änderung umgekehrt proportional zur Zeit	(3) Änderung konstant	(4) Änderung umgekehrt proportional zum Bestand	(5) Änderung proportional zur Zeit
(a) $f'(x) = \frac{k}{x}$	(b) $f'(x) = kx$	(c) $f'(x) = \frac{k}{f(x)}$	(d) $f'(x) = k$	(e) $f'(x) = \ln(k) \cdot f(x)$
(A) $f(x) = k^x$	(B) $f(x) = k \cdot \ln(x)$	(C) $f(x) = \frac{1}{2}kx^2$	(D) $f(x) = kx$	(E) $f(x) = \sqrt{2kx}$

(I)
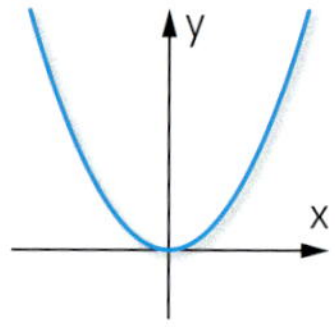

(II)
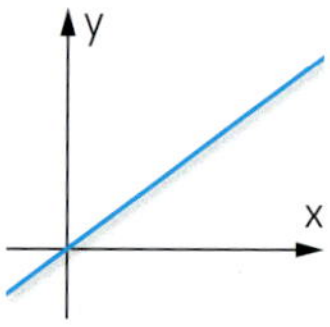

(III)
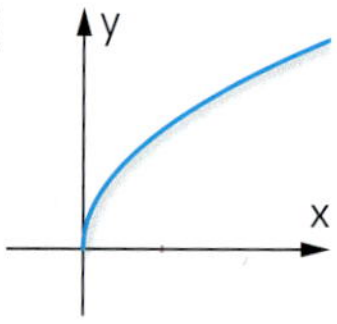

(IV)
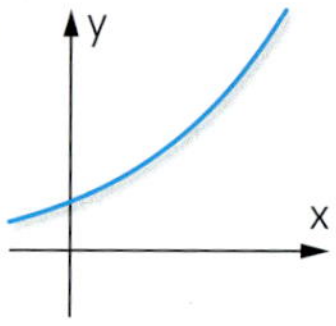

(V)
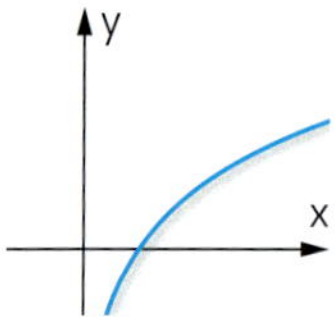

b) Weisen Sie rechnerisch nach, dass die Funktionen die zugehörige DGL lösen. Ordnen Sie die Funktionen nach ihrer Wachstumsintensität, geordnet vom schwächsten zum stärksten Wachstum.

c) Potenzfunktionen und Winkelfunktionen kann man auch über Differentialgleichungen charakterisieren. Diese beiden Funktionsklassen sind aber etwas anders gebaut. Welche DGL gehört zu welcher Funktion? Führen Sie auch einen rechnerischen Nachweis. Beschreiben Sie die DGL in Worten.

(1) $f''(x) = -f(x)$	(2) $f'(x) = \frac{k \cdot f(x)}{x}$	(A) $f(x) = \sin(x)$	(B) $f(x) = x^k$

Exkurs

Differentialgleichungen in der Physik

Differentialgleichungen sind ein mächtiges Werkzeug zur Beschreibung und Analyse von Phänomenen aus Natur und Technik. Vor allem in der Physik treten sie in vielfältigen Zusammenhängen auf. So ist z. B. der von NEWTON entdeckte Zusammenhang $F = m \cdot a$ (Kraft = Masse · Beschleunigung) eine DGL $x''(t) = a(t) = \frac{F}{m}$.
Je nach Art der Kraft F erhält man mit dem Ort x(t) zur Zeit t:

	Freier Fall: Konstante Gewichtskraft: $F = m \cdot g$	Harmonische Schwingung Federpendel: $F = -D \cdot x(t)$	Gedämpfte Schwingung $F = -D \cdot x(t) - r \cdot x'(t)$
DGL	$x''(t) = g$	$x''(t) = -\frac{D}{m} \cdot x(t)$	$x''(t) = -\frac{D}{m} \cdot x(t) - \frac{r}{m} \cdot x'(t)$
Lösung x(t)	$x(t) = \frac{1}{2} g \cdot t^2$	$x(t) = x_{max} \cdot \cos\left(\sqrt{\frac{D}{m}} \cdot t\right)$	$x(t) = x_{max} \cdot e^{-k \cdot t} \cdot \cos\left(\sqrt{\left(\frac{D}{m} - k^2\right)} \cdot t\right)$
Beobachtung	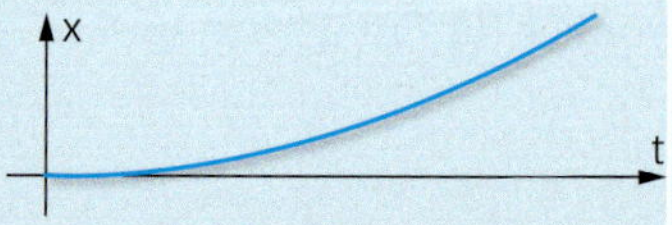	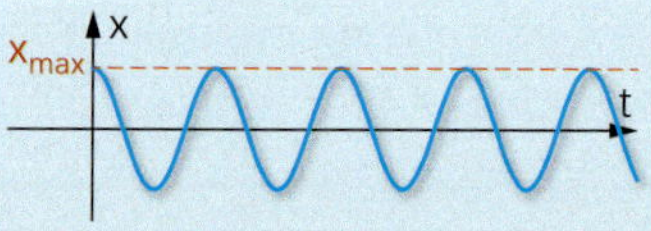	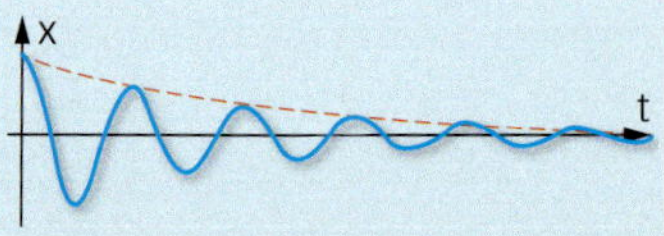

4.4 Modelle mit e-Funktionen

Aufgaben

1 Konzentration eines Medikaments

Die Wirkung eines Medikaments hängt entscheidend von seiner Dosierung ab. Zu kleine Dosen entfalten oft keine Wirkung, zu hohe sind oft schädlich oder führen sogar zu Vergiftungen.
Die Abbildung zeigt den zeitlichen Verlauf der Konzentration eines Medikaments im Blut.
Pharmakologen verwenden zum Modellieren der Konzentration häufig Exponentialfunktionen.

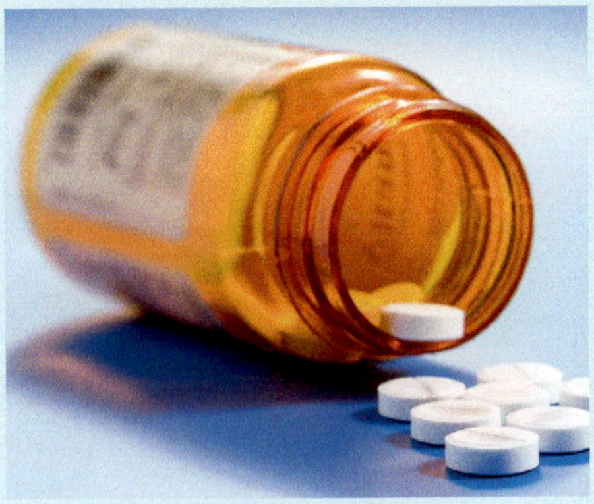

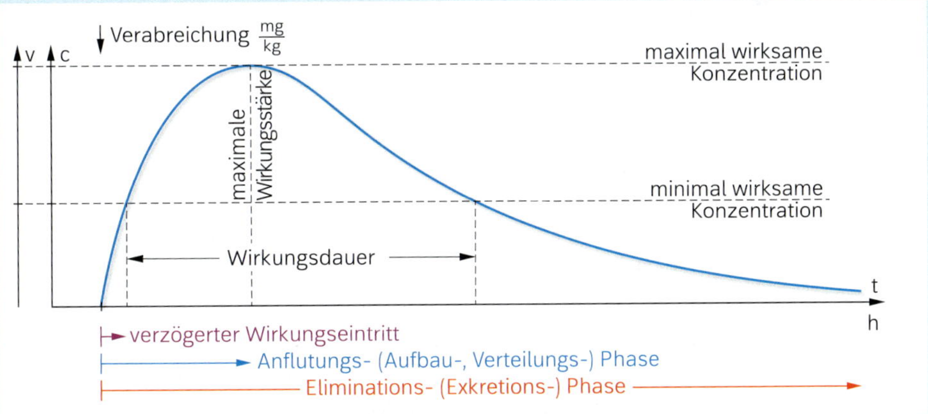

a) Die Funktion $K(t) = t \cdot e^{-0{,}1t}$ (t in h; K(t) in mg/kg) ist ein Modell für den zeitlichen Verlauf der Wirksamkeit eines Medikaments. Beschreiben Sie die in der Grafik eingetragenen Bereiche (Wirkungsdauer, maximale Wirkungsstärke usw.) zu diesem Medikament und geben Sie die zugehörigen Werte an. Die minimal wirksame Konzentration beträgt 2 mg/kg.

b)
- Bestimmen Sie die maximale Wirkungsstärke.
- Zu welchem Zeitpunkt ist der Aufbau der Konzentration am stärksten, zu welchem ist der Abbau am stärksten?
- Wann ist das Medikament vollständig abgebaut? Vergleichen Sie Modell und Wirklichkeit.
- Wie lang ist die Wirkungsdauer? Wie hoch ist die durchschnittliche Konzentration während der gesamten Wirkungsdauer?

c) $K_c(t) = t \cdot e^{-c \cdot t}$ beschreibt die Konzentration für unterschiedliche Medikamente. Die minimal wirksame Konzentration beträgt $\frac{0{,}2}{c}$ mg/kg.
Skizzieren und beschreiben Sie den Verlauf der Konzentration in Abhängigkeit ausgewählter Werte für $0 < c < 0{,}3$. Bestimmen Sie Wirkungsdauer, maximale Wirkungsstärke und die Zeitpunkte für den stärksten Aufbau bzw. Abbau in Abhängigkeit von c.

Aufgaben

2 Aus der Ökonomie

Bei der Absatzplanung von Firmen ist häufig die Frage bedeutsam:
Welcher Stückpreis kann bei einer angestrebten Absatzmenge erzielt werden?
Meistens gilt: Wenn man viel verkaufen will, müssen die Produkte günstig sein. Wenn sie aber zu günstig sind, bleibt vielleicht kaum ein Gewinn übrig.

Da Unternehmen meist nicht wissen, wie viele Produkte sie zu welchem Preis verkaufen können, sind sie zunächst auf gedankliche Modelle angewiesen. Dazu konstruieren sie Preisabsatzfunktionen, die einer Absatzmenge x einen Stückpreis P (x) zuordnen.

a) Beschreiben Sie, in welcher Weise die drei Graphen den Zusammenhang zwischen Absatzmenge x und Stückpreis P (x) modellieren. Welche der Graphen erscheinen Ihnen sinnvoll zu sein? Wo liegen die Unterschiede in den Modellen?

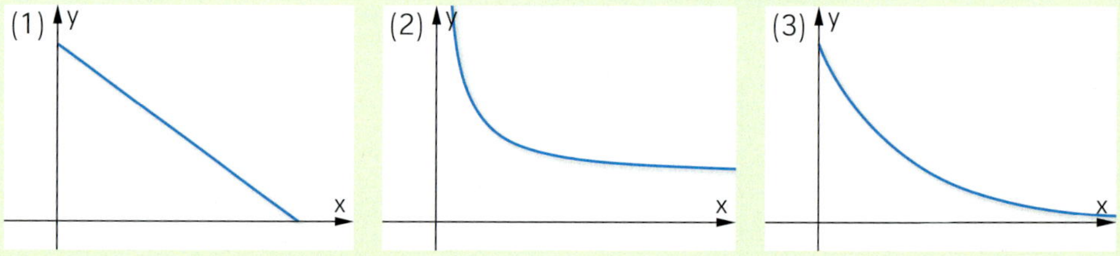

Der Umsatz wird auf diese Art modelliert: Umsatz = Preis · Menge

Warum gilt hier nicht: „Je mehr verkauft wird, desto höher der Umsatz"?
Haben Sie eine Vermutung zur Entwicklung des Umsatzes in Abhängigkeit der Absatzmenge? Skizzieren Sie einen möglichen Graphen einer Umsatzfunktion (x: Absatzmenge; U (x): Umsatz).

b) Eine Firma hat aus früheren Erfahrungen und Umfragen ein Modell erarbeitet, das den Preis P (x) eines Produktes in Abhängigkeit vom angestrebten Absatz von x Einheiten/Tag durch folgende Funktion beschreibt:
$P_1(x) = 300 \cdot e^{-0{,}02x}$ (x: Absatzmenge in Stück; P (x): Stückpreis in €)
- Skizzieren Sie $P_1(x)$ und beschreiben Sie die Entwicklung des Verkaufspreises in Abhängigkeit der nachgefragten Menge. Vergleichen Sie mit den Graphen aus a).
- Geben Sie die Umsatzfunktion $U_1(x)$ an. Skizzieren Sie $U_1(x)$ und beschreiben Sie die Entwicklung des Umsatzes in Abhängigkeit der nachgefragten Menge. Ermitteln Sie den maximalen Umsatz.

c) $P_2(x) = 500 \cdot e^{-0{,}02x}$ und $P_3(x) = 300 \cdot e^{-0{,}01x}$ sind andere Preisabsatzfunktionen von demselben Typ. Beschreiben Sie die Unterschiede zu P_1 im Sachzusammenhang. Wie entwickeln sich hier die Umsätze?

Zum Weiterforschen:

d) P_4 und P_5 sind Preisabsatzfunktionen von einem anderen Typ als P_1. Skizzieren Sie diese Funktionen und geben Sie die zugehörigen Umsatzfunktionen an. Wie entwickeln sich hier die Umsätze?

$P_4(x) = -1{,}5x + 300$
$P_5(x) = \frac{5000}{x} + 100$

Vergleichen Sie die Modelle P_1, P_4 und P_5 und die zugehörigen Umsatzentwicklungen. Worin liegen die Unterschiede?

Basiswissen

e-Funktionen treten in vielen Anwendungen auf. Wenn man ein mathematisches Modell zur Verfügung hat, sollte man überprüfen, ob es zur Realsituation passt, ehe man dann mit dem Modell Fragen an die Realität mathematisch beantwortet.

Anwendungen mit exponentiellen Modellen

Situation: Die Bekämpfung von sehr schnell wachsenden Schädlingsbeständen mit Pestiziden führt meist nicht zur sofortigen Abnahme und Beseitigung der Schädlinge, weil die Wirkung der eingesetzten Mittel erst mit der Zeit erfolgreich einsetzt.

Modell: $S(t) = e^{0,2t}(50 - e^{0,2t}) = 50e^{0,2t} - e^{0,4t}$
(t: Zeit in Tagen; S(t): Anzahl der Schädlinge in 1000 Stück)

(1) Beschreibt die Funktion S(t) den zeitlichen Verlauf eines Schädlingbestandes nach Versprühen eines Pestizids (t = 0) angemessen?
- **Wann sind nach diesem Modell die Schädlinge beseitigt?**

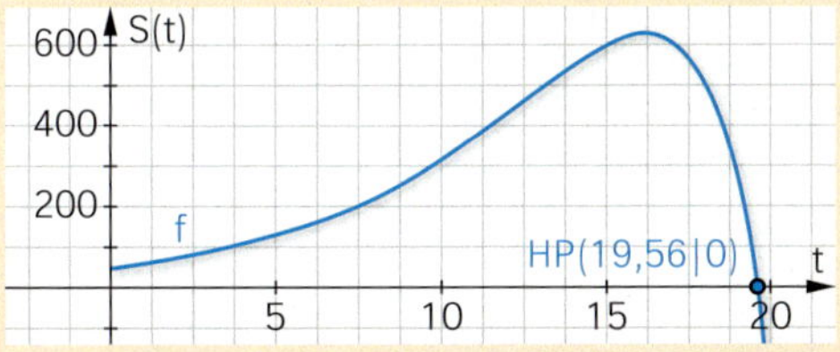

Graphen zeichnen und beschreiben

Die Population wächst zunächst, dann bei $t \approx 16$ schnelle Abnahme, nach ca. 20 Tagen sind keine Schädlinge mehr vorhanden (Nullstelle: $x_n \approx 19,56$)

(2)
- **Wann ist der Höchststand an Schädlingen vorhanden?**
- **Wann ist die Wachstumsgeschwindigkeit am größten?**

Charakteristische Punkte bestimmen. In Anwendungssituationen sind Näherungslösungen immer sinnvoll. Bei der Suche nach Wendestellen hilft die grafisch-tabellarische Untersuchung der zweiten Ableitung.

GTR:
Grafisch-tabellarische Lösung, Ableitungen mit Sekantensteigungsfunktion oder *nderiv*

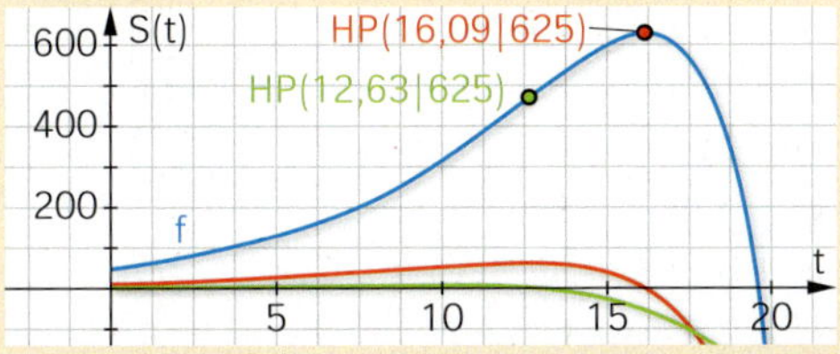

CAS:

$\text{solve}\left(\frac{d}{dx}(f1(x))=0,x\right)$	x=16.0944
$\text{solve}\left(\frac{d^2}{dx^2}(f1(x))=0,x\right)$	x=12.6286
f1(16.09)	625.
f1(12.63)	468.835

Der Höchststand (Hochpunkt) sind ca. 625 000 Schädlinge nach 16 Tagen. Die maximale Wachstumsgeschwindigkeit ist nach 12 bis 13 Tagen (Wendepunkt) erreicht.

(3) Jeder Schädling vertilgt pro Tag ca. 4 cm² Blattfläche. Wie viel Blattfläche wurde von den Schädlingen insgesamt gefressen?

Gesamtanzahl der verzehrten Tagesportionen: Integral unter der Kurve in [0; 19,56]

GTR:

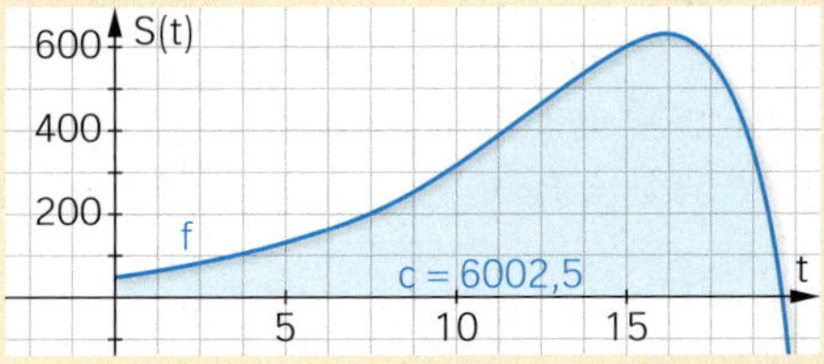

CAS:

$\text{solve}(f1(x)=0,x)$	x=19.5601
$\int_0^{19.56} f1(x)\,dx$	6002.5

$6000 \cdot 4\,cm^2 \cdot 1000 = 24\,000\,000\,cm^2 = 2400\,m^2$

Es werden ca. 2400 m² Blattfläche gefressen.

Beispiele

A Unterschiedliche Wirkungen von Pestiziden

Verschiedene Pestizide wirken bei Schädlingen unterschiedlich schnell und stark, was Einfluss auf das Wachstum der Populationen und den Zeitpunkt der Beseitigung hat.
Modell:
$S_k(t) = e^{kt}(50 - e^{kt}) = 50\,e^{kt} - e^{2kt}$ (t: Zeit in Tagen, $S_k(t)$: Schädlinge in 1 000 Stück)

a) Erstellen Sie eine aussagekräftige Skizze der Funktionenschar. Beschreiben Sie die Schädlichgsbestände in Abhängigkeit von k. Welche Bedeutung hat k?
b) Wann liegt der maximale Schädlingsbestand vor? Wie hoch ist dieser?
c) ▪ Wie lange dauert es bis zur Beseitigung des Schädlingbestandes? Beschreiben Sie den Zusammenhang zwischen dieser Zeitdauer t und k.
▪ Untersuchen Sie $k \to 1$ und interpretieren Sie das Ergebnis.
d) Welche Frage beantwortet die Gleichung $S_k(1) = 400$? Beantworten Sie die Frage.

Lösung:

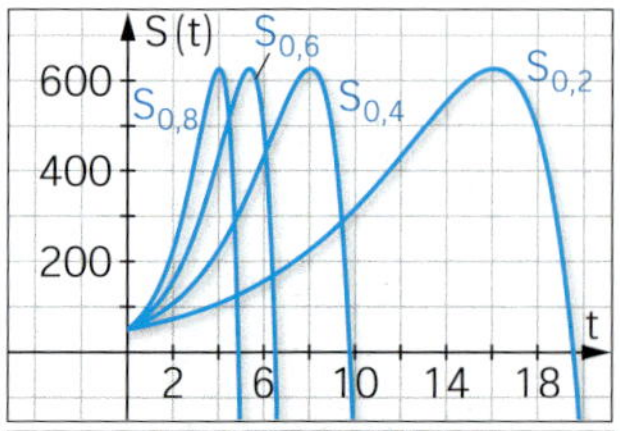

a) Je größer k ist, desto schneller wachsen die Bestände, sie sterben dann aber auch entsprechend früher aus. Das Maximum scheint unabhängig von k zu sein. k ist ein Maß dafür, wie schnell das Pestizid wirkt.
b) Hochpunkt: $S_k'(t) = 50k \cdot e^{kt} - 2k \cdot e^{2kt} = 2k \cdot e^{kt}(25 - e^{kt})$
$S_k'(t) = 0 \Rightarrow t = \frac{\ln(25)}{k};\ S_k\left(\frac{\ln(25)}{k}\right) = 25(50 - 25) = 625$

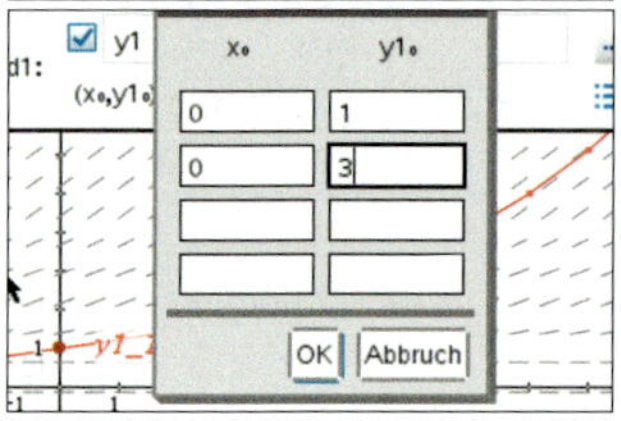

c) ▪ Nullstelle: $e^{kt}(50 - e^{kt}) = 0 \Rightarrow 50 - e^{kt} = 0 \Rightarrow t = \frac{\ln(50)}{k}$
▪ Das Maß für die Wirkung k und die Zeitdauer bis zur Beseitigung der Pestizide ist umgekehrt proportional.
▪ Für $k \to 1$ strebt der Zeitpunkt der Beseitigung gegen $\ln(50) \approx 3{,}9$. Es gibt mindestens 4 Tage lang Schädlinge.
d) Für welches Maß k gibt es nach einem Tag noch 400 Schädlinge?
$S_k(1) = 400 = 50\,e^k - e^{2k}$. Die Gleichung kann hier nur grafisch-tabellarisch gelöst werden: $k \approx 2{,}3$

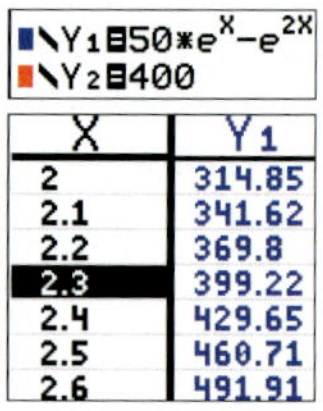

Y1=50*e^X−e^2X
Y2=400

X	Y1
2	314.85
2.1	341.62
2.2	369.8
2.3	399.22
2.4	429.65
2.5	460.71
2.6	491.91

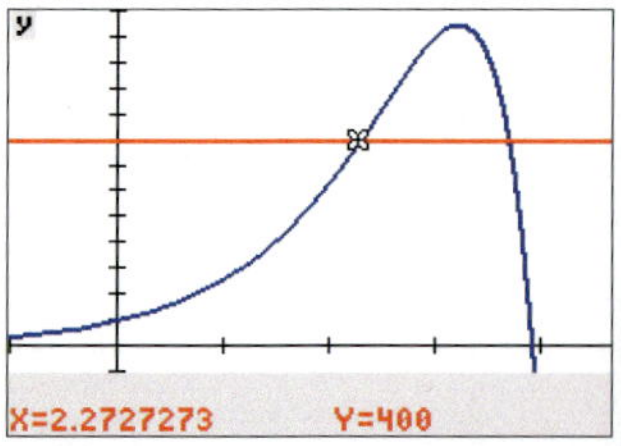

Übungen

3 Ausatmen

Bei einem Atemstoßtest soll der Patient einmal möglichst vollständig und schnell ausatmen. Die hierbei pro Zeit ausgeatmete Luft wird als Atemfluss bezeichnet. Dieser wird in Litern pro Sekunde und die Zeit in Sekunden gemessen. Bei einer Person wird der Atemfluss mit $A(t) = 50 \cdot t \cdot e^{-3t}$ modelliert.
t in Sekunden, A(t) in Liter/Sekunde

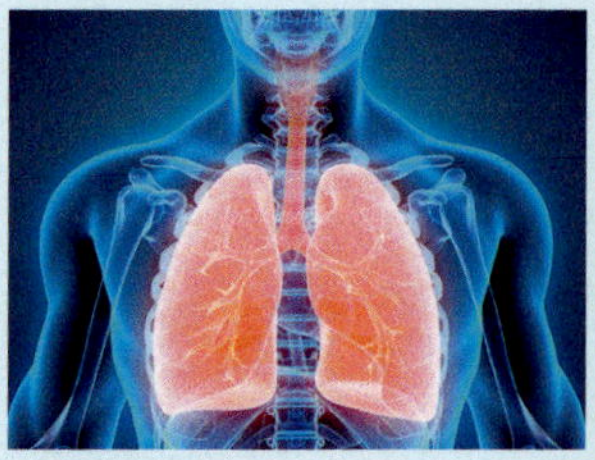

a) Wann ist der Atemfluss maximal? Wann nimmt der Atemfluss am stärksten ab? Der Messvorgang wird beendet, wenn der Atemfluss die Grenze von $0{,}1\,\frac{l}{s}$ unterschreitet. Berechnen Sie die Dauer des Messvorgangs.
b) Es wird modellhaft vorausgesetzt, dass die Lunge zum Zeitpunkt $t = 0\,s$ voll und zum Zeitpunkt $t = 3\,s$ leer ist. Ein Patient wird als gesund eingestuft, wenn er innerhalb der ersten Sekunde mindestens 75 % der in seiner Lunge vorhandenen Luft ausatmet. Entscheiden Sie, ob der obige Patient bezüglich dieses Kriteriums als gesund eingestuft werden kann.
c) Bestimmen Sie das Zeitintervall symmetrisch um die Extremstelle von A(t) so, dass der Patient innerhalb dieses Zeitintervalls 2 Liter Luft ausatmet.

Übungen

4 Ein Medikament

Die Firma *Phazierma* bietet das Beruhigungsmittel *Riezan* an. Für zwei unterschiedliche Dosen wird die Wirkung f (in Prozent) in Abhängigkeit von der Zeit x (in min) durch die beiden Funktionen $f_1(x) = x \cdot e^{-0,01x}$ und $f_2(x) = 1,5x \cdot e^{-\frac{x}{150}}$ beschrieben.
$x = 0$: Zeitpunkt der Einnahme

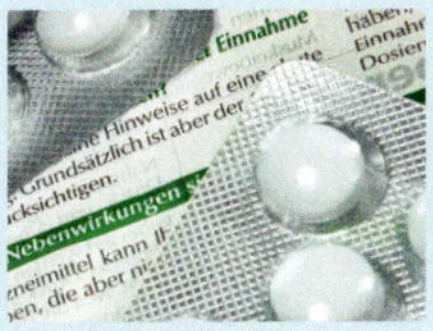

a) ▪ Erläutern Sie für beide Dosen den Verlauf des Graphen und vergleichen Sie die Wirkungen miteinander.
▪ Ermitteln Sie jeweils das Maximum der Wirkung und den Zeitpunkt der maximalen Abnahme. Wie hoch ist zu diesem Zeitpunkt noch die Wirkung?

b) Phazierma hat festgestellt, dass die Fläche unter dem Graphen von f ein Maß für die Belastung des Körpers durch das Präparat ist. Bestimmen Sie für beide Dosen die Werte für die Belastung im Zeitraum von 12 Stunden nach Einnahme.
▪ Wie hoch ist die Belastung des Körpers im gesamten Wirkzeitraum?

Harry Bateman
(1882–1946)
britischer Mathematiker

5 Aufnahme und Abgabe von Stoffen

Wirkstoffe von Arzneimitteln werden vom Körper aufgenommen, verteilen sich im Körper, unterliegen Stoffwechselprozessen und werden wieder abgegeben. In einem vereinfachenden Modell wird angenommen, dass die Aufnahme und Abgabe jeweils exponentiell zerfallend ist.
Dieses Modell geht auf den Mathematiker Harry Bateman zurück. Die *Bateman-Funktionen* haben die allgemeine Gleichung $f(x) = k \cdot (e^{-ax} - e^{-bx})$; $k, a, b \geq 0$, $a < b$.

Die Funktion $f(x) = 2(e^{-0,5x} - e^{-3x})$ (x: Zeit in Stunden; f(x): Konzentration in mg/l) beschreibt einen solchen Prozess.

a) Skizzieren Sie f und f′. Beschreiben Sie mithilfe beider Funktionen den Verlauf der Konzentration des Medikaments im Blut.
Bestimmen Sie den Hoch- und den Wendepunkt. Interpretieren Sie die berechneten Werte im Sachkontext.

b) Das Medikament wirkt, wenn die Konzentration mindestens 0,25 mg/l beträgt. Bestimmen Sie den Wirkzeitraum des Medikaments nach Einnahme.

c) Wie wirken sich Veränderungen der Parameter k, a und b aus?
▪ Geben Sie jeweils die Funktionsgleichungen an. Für welchen Wert des Parameters ist die Konzentration nach zwei Stunden 1 mg/l?
(1) $a = 0,5$; $b = 3$; k variabel (2) a variabel; $b = 3$; $k = 2$
(3) $a = 0,5$; b variabel; $k = 2$
▪ Beschreiben Sie die Auswirkungen mithilfe der Skizzen. Warum muss $a < b$ gelten?

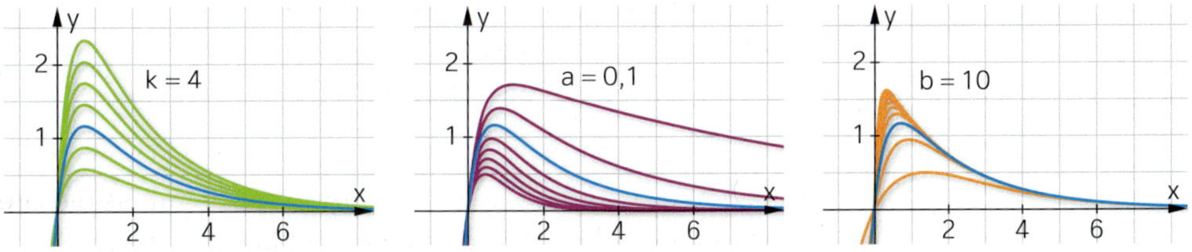

▪ Bestimmen Sie für (1), (2) und (3) den Zeitpunkt der maximalen Konzentration und den Zeitpunkt der maximalen Abnahme der Konzentration. Begründen Sie, dass die maximale Zunahme unabhängig von den Parameterwerten immer zum Zeitpunkt $x = 0$ ist. Beschreiben Sie anschaulich die Entwicklung der maximalen Konzentration in Abhängigkeit des Parameters.

Übungen

6 Kaffeeautomaten

Zwei unterschiedliche Typen von Kaffeeautomaten werden gleichzeitig am Markt eingeführt.
Auf der Grundlage von Umfragen und bisherigen Erfahrungen wird der Verkauf durch die Funktionen T_1 und T_2 modelliert.
(x: Zeit in Monaten; x = 0: Zeitpunkt der Markteinführung; y: Stück in 1000/Monat)

Typ 1:
$T_1(x) = 3x \cdot e^{-0,25x}$

Typ 2:
$T_2(x) = 0,5x^2 \cdot e^{-0,25x}$

a) Skizzieren Sie jeweils die Absatzfunktionen. Beschreiben und vergleichen Sie die jeweiligen Absätze. Wo liegt ein wesentlicher Unterschied in der Modellierung des Absatzes der beiden Gerätetypen?
b) Bestimmen Sie jeweils die maximalen Absätze pro Monat und deren Zeitpunkt. Wann sind die Zunahme bzw. Abnahme der abgesetzten Stückzahlen/Monat jeweils maximal? Erklären Sie damit rechnerisch den qualitativen Unterschied in der Absatzentwicklung.
c) Begründen Sie, dass die Absatzfunktionen Änderungsfunktionen sind.
Wie viele Geräte werden nach den Modellen jeweils in den ersten 3 Monaten abgesetzt, wie viele in den ersten 2 Jahren? Interpretieren Sie das Ergebnis.
d) Untersuchen Sie, wann von beiden Gerätetypen gleich viele abgesetzt wurden.

7 Eine Digitalkamera

Die Firma *KONIN* bringt eine neue Digitalkamera auf den Markt. Aus Erfahrung mit der Verkaufsentwicklung anderer, ähnlicher Produkte weiß die Firma, dass die Funktion f mit $f(x) = 800 \cdot x \cdot e^{-0,1x}$, die Verkaufsentwicklung gut beschreibt (x: Zeit nach Verkaufsbeginn in Wochen; f(x): Stückzahl pro Woche).

a) Skizzieren Sie f und beschreiben Sie die Verkaufsentwicklung. Zeigen Sie, dass $G(x) = 80\,000 - 8\,000 \cdot (x + 10) \cdot e^{-0,1x}$ die Gesamtanzahl der nach x Wochen verkauften Kameras beschreibt. Wie viele Kameras werden im ersten halben Jahr verkauft? Wie viele Kameras können nach dem Modell langfristig abgesetzt werden?
b) In welcher Woche werden am meisten Kameras verkauft werden?
Mit den Großhändlern ist vereinbart, dass die Bestellmengen reduziert werden, wenn die Abnahme der wöchentlichen Verkaufszahlen am größten ist. Wann tritt dies ein?
c) Die Produktionskapazität der Firma liegt bei 2000 Kameras pro Woche. Begründen Sie anhand der Skizze, dass vor dem Verkaufsstart Kameras produziert sein müssen, damit zu jedem Zeitpunkt genügend Kameras bereitstehen.
Wie viele Kameras müssen vorweg produziert sein?

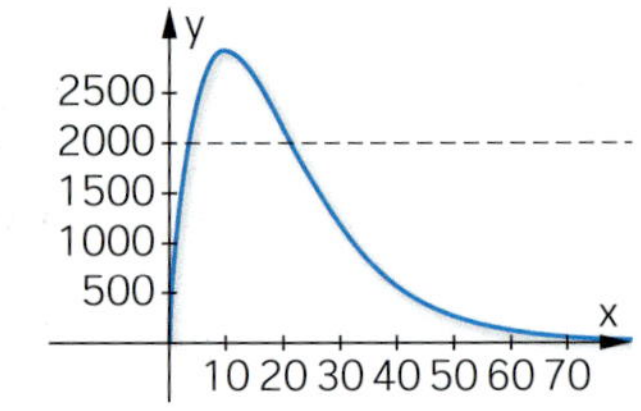

d) Um Verluste zu vermeiden, hat die Firma beschlossen, die Produktion einzustellen, wenn nach dem Modell insgesamt nur noch 5000 Kameras verkauft werden können. Wann wird dieser Zeitpunkt sein?

Übungen

8 Ein blutdrucksenkendes Mittel

Es wird das Anwachsen und Abfallen der Wirkung eines bestimmten blutdrucksenkenden Mittels betrachtet. Zahlreiche Tests haben ergeben, dass der zeitliche Verlauf der Wirkung jeweils gut näherungsweise durch folgende Funktion beschrieben werden kann: $f_m(x) = m^2 \cdot (9 - m) \cdot x^2 \cdot e^{-x}$; $0 < m < 9$; $x \geq 0$
(m: verabreichte Menge in mg (Dosis); x: Zeit in Stunden seit Verabreichung)

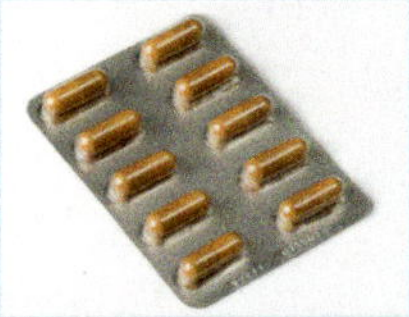

a) Skizzieren Sie drei Kurven, die den typischen Verlauf der Graphenschar wiedergeben. Beschreiben Sie die Wirkung im Verlaufe der Zeit in Abhängigkeit von m. Nennen Sie Gemeinsamkeiten und Unterschiede. Begründen Sie das Verhalten für $x \to \infty$.
b) Ermitteln Sie den Zeitpunkt und die Größe der maximalen Wirkung. Oft wird behauptet „*Viel hilft sofort*". Nehmen Sie dazu unter Bezugnahme auf f_m Stellung. Beschreiben Sie, in welcher Weise die jeweiligen maximalen Wirkungen von der eingenommenen Menge m abhängen. Geben Sie eine Funktionsgleichung für die maximale Wirkung w_{max} in Abhängigkeit der verabreichten Menge m an. Was ist die optimale Dosis?
c) Neben der größten auftretenden Wirkung für jede verabreichte Menge m spielt die Summe aller Wirkungen innerhalb relevanter Zeitspannen für jedes m eine wichtige Rolle. Eine relevante Wirkungszeitspanne bildet der Zeitraum zwischen den beiden Zeitpunkten mit der stärksten Wirkungsänderung. Bestimmen Sie diese Zeitpunkte.
Hinweise: Stammfunktion: $F_m(x) = m^2(m - 9)(x^2 + 2x + 2)e^{-x}$ 2. Ableitung: $f''_m(x) = m^2(9 - m)(x^2 - 4x + 2)e^{-x}$
Berechnen Sie die Summe der Wirkungen im relevanten Zeitraum in Abhängigkeit von m. Veranschaulichen Sie die Wirksumme grafisch und beschreiben Sie sie in Abhängigkeit von m. Häufig wird die Meinung „*Viel hilft viel*" vertreten; nehmen Sie Stellung.

9 Eine Hängebrücke

Die Skizze zeigt eine Hängebrücke in Seitenansicht. Die Pylone sind 80 m hoch und haben einen Abstand von 1200 m voneinander. Die Widerlager haben einen Abstand von 400 m von den Pylonen. Die Seile haben im Widerlager eine Steigung von 0,05. Das Seil in der Mitte hängt 40 m über der Fahrbahn.

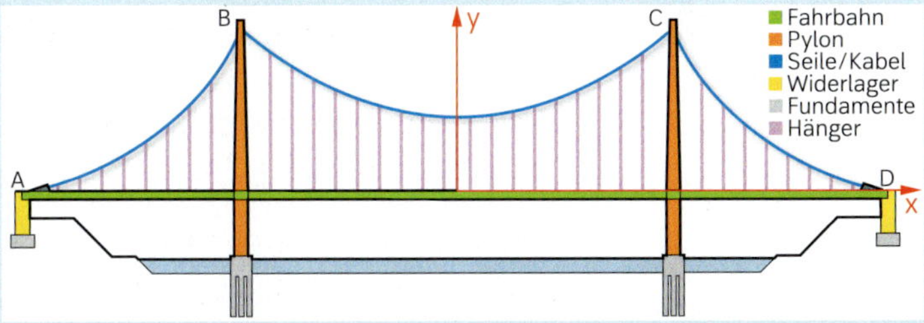

a) Modellieren Sie mithilfe von ganzrationalen Funktionen möglichst niedrigen Grades den Verlauf der Spanndrahtseile.
b) Der Seilverlauf von B nach C wird jetzt mit $f_{k,c}(x) = e^{kx} + e^{-kx} + c$ modelliert. Bestimmen Sie c und k. Hinweis: k ist sehr klein!
c) Vergleichen Sie die Modelle aus a) und b). Wo ist die Abweichung voneinander am größten?

Grundwissen

1. Vereinfachen Sie den Term: $1 - (1 - 2p)^2$
2. Skizzieren Sie die Graphen der Funktionen $f(x) = 3x + 1$ und $g(x) = x^2 - 2x$ und bestimmen Sie jeweils die Tangente an der Stelle 2.

Aufgaben

10 Kettenlinie

Eine frei hängende Kette nimmt unabhängig von der Aufhängung und der Länge eine parabelförmige Form an. Ist es auch eine Parabel?
Zeichnen Sie die beiden Graphen zu $P(x) = 0{,}75 \cdot x^2 + 1$ und $K(x) = 0{,}5 \cdot (e^x + e^{-x})$.
Beschreiben Sie den unterschiedlichen Verlauf. Präzisieren Sie die Unterschiede mithilfe der ersten und zweiten Ableitungen.

Exkurs

Das Problem der hängenden Kette

Das Problem, die Linie einer frei hängenden Kette durch eine Funktion zu beschreiben, taucht schon bei GALILEI auf. Er glaubte, dass die Kurve eine Parabel ist. HUYGENS wies dann als 17-Jähriger nach, dass es keine Parabel sein kann. Später (1690) wurde das Problem von LEIBNIZ, HUYGENS und JOHANN BERNOULLI gelöst. Sie konnten mit physikalisch-mathematischen Mitteln zeigen, dass die Kette folgende Bedingung erfüllen muss: $f''(x) = k \cdot \sqrt{1 + (f'(x))^2}$. Diese DGL wird aber nur von $K(x)$ erfüllt und nicht von Parabeln. Diese Funktionen heißen daher auch Kettenlinien.

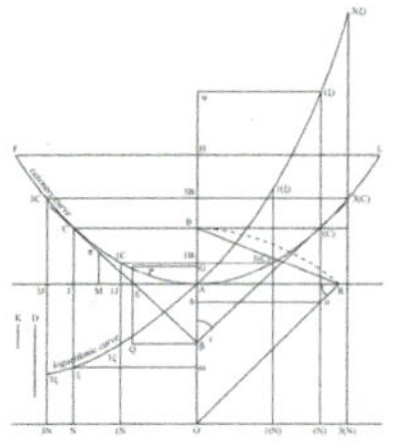

Aus einem Manuskript von LEIBNIZ

(A) – (C) sind einzelne Projektaufgaben, die weitgehend unabhängig voneinander behandelt werden können.

(A) *Besonderheiten der Kettenlinie*
Bestimmen Sie für $K(x) = \frac{1}{2}(e^x + e^{-x})$ die
(1) Steigung an der Stelle a
(2) den Flächeninhalt unter der Kurve in [0; a]
(3) die Länge des Bogens in [0; a].
Vergleichen und interpretieren Sie die Ergebnisse.

Bogenlänge von K in [0; a]:
$\int_0^a \sqrt{1 + (K'(x))^2}\,dx$ *(vgl. S. 59)*

(B) *Kettenlinien und Parabeln unterscheiden*
Für Termexperten: Zeigen Sie, dass Kettenlinien $K_k(x) = \frac{1}{2k}(e^{kx} + e^{-kx})$ die Bedingung $f''(x) = c \cdot \sqrt{1 + f'(x)^2}$ erfüllen und die Parabeln $P_a(x) = a x^2 + 0{,}5$ nicht.

(C) *Anpassen von Polynomen an Kettenlinie*
Die Kettenlinie ist keine Parabel, hat aber eine ähnliche Form. Welche Parabel passt gut zur Kettenlinie? Benutzen Sie als Kettenlinie $K(x) = \frac{1}{2}(e^x + e^{-x})$.
An der Stelle $x = 0$ sollen die Parabel und die Kettenlinie im Funktionswert und in den ersten beiden Ableitungen übereinstimmen. Eine bessere Anpassung an die Kettenlinie erhält man, wenn man Polynome höheren Grades ermittelt und dazu die entsprechende Übereinstimmung an der Stelle $x = 0$ auch in den höheren Ableitungen fordert. Warum werden in den Lösungen nur gerade Exponenten auftreten?
Bestimmen Sie das Polynom vom Grad 4 und das vom Grad 6. Wie lautet das Polynom vom Grad 8, wie das Polynom vom Grad n? Skizzieren Sie K und die Polynome.

$n! = 1 \cdot 2 \cdot 3 \cdot \ldots \cdot n$

Exkurs

Brücken und Kettenlinien

Mit mathematisch-physikalischen Methoden kann man zeigen, dass die Bögen bei Hängebrücken wie der Golden Gate Bridge angemessener mit Parabeln modelliert werden, frei hängende Hängebrücken, wie die Salbitbrücke, besser mit einer Kettenlinie. Wo liegt der Unterschied? Bei den Straßenbrücken hängt an den Bögen eine sehr große Last, nämlich die Fahrbahn. Dies ist bei den frei hängenden Brücken nicht der Fall.

Salbitbrücke (Schweiz)

Golden Gate Bridge (USA)

4.5 Phasendiagramme (fakultativ)

Ein neuer funktionaler Zusammenhang – das Phasendiagramm

Die Bestandsfunktionen beschreiben einen Zusammenhang zwischen der Zeit x und dem Bestand f(x). Die Ableitungen f′(x) beschreiben entsprechend einen Zusammenhang zwischen der Zeit und der Änderungsrate (Wachstumsgeschwindigkeit). Die charakteristische Gleichung für das exponentielle Wachstum $f'(x) = k \cdot f(x)$ legt noch einen anderen funktionalen Zusammenhang nahe, nämlich den zwischen Bestand f(x) und Änderungsrate f′(x). Jedem Bestand f(x) wird eine Änderungsrate f′(x) zugeordnet. Die Bilder zeigen die drei Zuordnungen für $f(x) = 2 \cdot e^{0,4x}$.

(1) $f(x) = 2 \cdot e^{0,4x}$ (2) $f'(x) = 0,8 \cdot e^{0,4x}$ (3) $f'(x) = 0,4 \cdot f(x)$

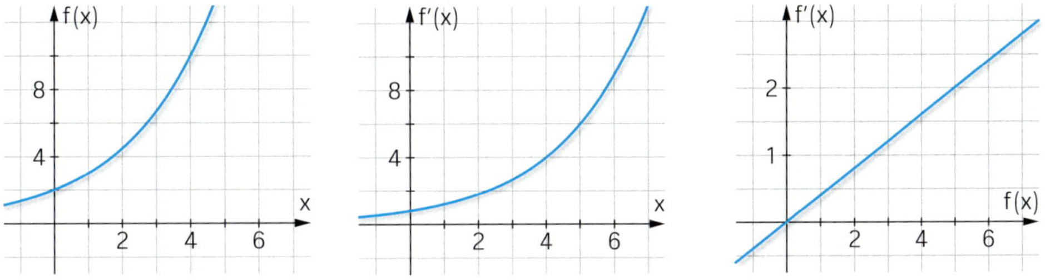

Bestandsdiagramm $x \to f(x)$ Änderungsdiagramm $x \to f'(x)$ Phasendiagramm $f(x) \to f'(x)$

Aufgaben

1 Vom Phasendiagramm zum Bestandsdiagramm

a) Vergleichen Sie die Zuordnung beim Phasendiagramm mit dem Bestands- und Änderungsdiagramm. Warum erhält man beim Phasendiagramm des exponentiellen Wachstums eine Ursprungsgerade?
Wenn ein Phasendiagramm gegeben ist, kann man die Entwicklung des Bestandes in Abhängigkeit der Zeit (Bestandsfunktion) grafisch aus dem Diagramm ablesen:

> Zum Startwert $A = f(0) = 2$ liest man die momentane Änderungsrate ab. Diese ist mit $f'(0) = 0,8$ positiv, der Bestand wächst. Somit geht man auf dem Graphen nach rechts (positive Richtung der waagerechten Achse). Da die Änderungsraten dort auch immer positiv sind und zunehmend größere Werte annehmen, wächst der Bestand immer stärker. Der Bestandsgraph ist entsprechend linksgekrümmt.

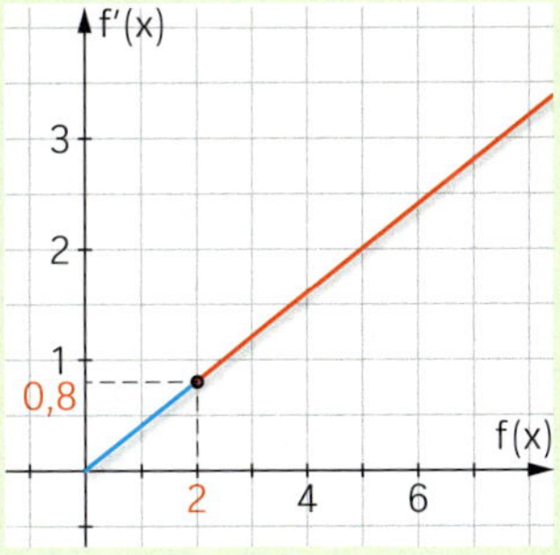

b) Erstellen Sie jeweils ein entsprechendes Diagramm zu folgenden Differentialgleichungen:
(1) $f'(x) = 2 \cdot f(x)$
(2) $f'(x) = -1,25 \cdot f(x)$
Beschreiben Sie wie oben die Bestandsentwicklung am Graphen. Wählen Sie verschiedene Anfangswerte.

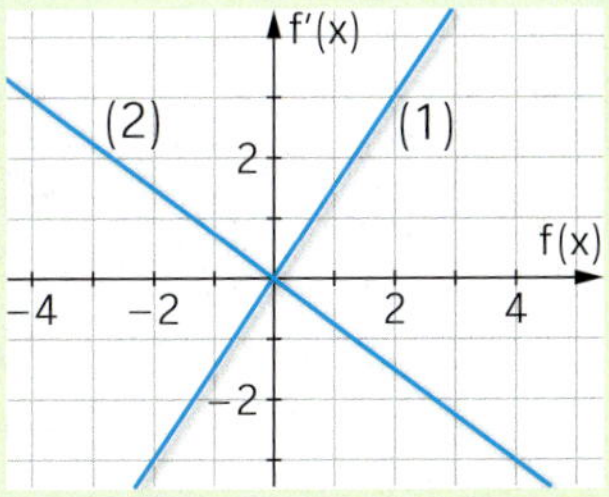

c) Geben Sie zu den nebenstehenden Phasendiagrammen die zugehörige DGL an.
Der Punkt (0|0) wird Fixpunkt genannt. Können Sie diesen Sachverhalt erläutern?

Basiswissen

Phasendiagramme

Bei Wachstumsmodellen ist häufig ein f(x)-f′(x)-Diagramm sehr aussagekräftig. Solche **Phasendiagramme** stellen eine funktionale Beziehung zwischen zwei Größen her, in diesem Fall zwischen dem Bestand f(x) und der Änderungsrate f′(x). Für das exponentielle Wachstum erhält man Ursprungsgeraden mit:
1. positiver Steigung: Wachstum
2. negativer Steigung: Zerfall

Phasendiagramm zu $f'(x) = k \cdot f(x)$

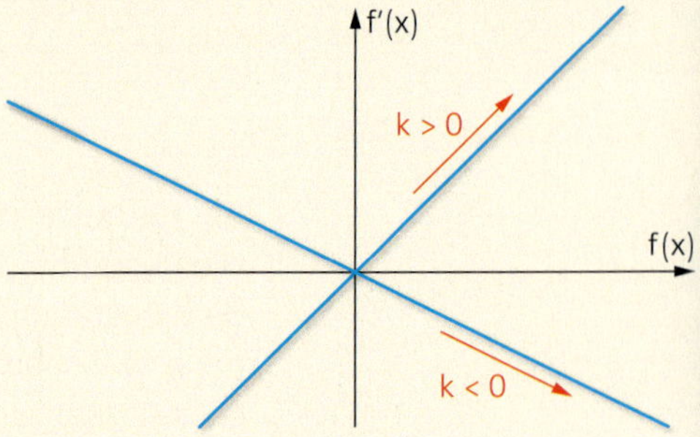

Der zeitliche Verlauf der Bestandsentwicklung kann aus dem Phasendiagramm abgeleitet werden, indem man beim Anfangsbestand beginnt und dann unter Berücksichtigung des Ableitungswertes in die entsprechende Richtung auf dem Graphen des Phasendiagramms entlang geht.
1. Wachstum: Punkte streben im Phasendiagramm vom Ursprung weg.
2. Zerfall: Punkte streben im Phasendiagramm auf Ursprung zu.

Exkurs

Phasendiagramme in den Naturwissenschaften

Bestand und Änderung sind bei Wachstumsmodellen die beiden zusammenhängenden Größen. In den Naturwissenschaften werden Phasendiagramme häufig dann benutzt, wenn zwei beliebige Größen und ihre verschiedenen Zustände miteinander verglichen werden. Beispiele:

(1) Wasser
(Größe 1: Temperatur, Größe 2: Druck)

Phasendiagramm des Wassers

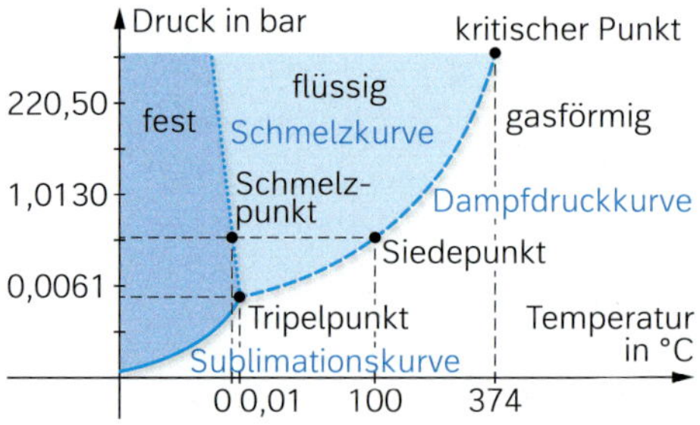

(2) Räuber-Beute-Modell
(Größe 1: Füchse, Größe 2: Hasen)

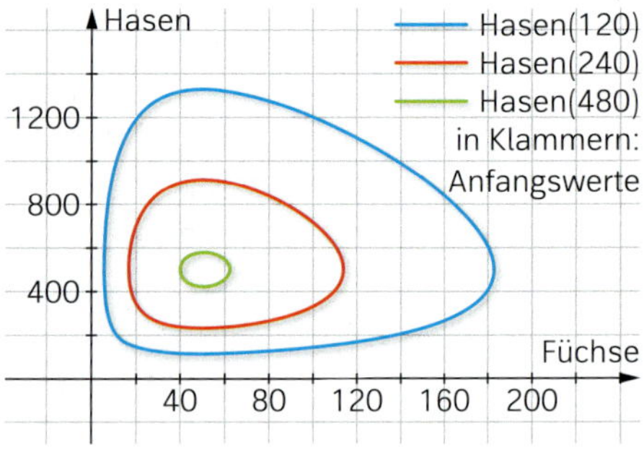

Übungen

2 Phasendiagramme des begrenzten Wachstums

a) Begründen Sie, dass das Phasendiagramm zu der DGL $f'(x) = k \cdot (G - f(x))$ eine Gerade mit der Steigung $-k$ und der Nullstelle G ist.

b) Beschreiben Sie zunächst die Bestandsentwicklung zum Anfangswert A beziehungsweise B im Phasendiagramm und skizzieren Sie anschließend jeweils das x-f(x)-Diagramm.

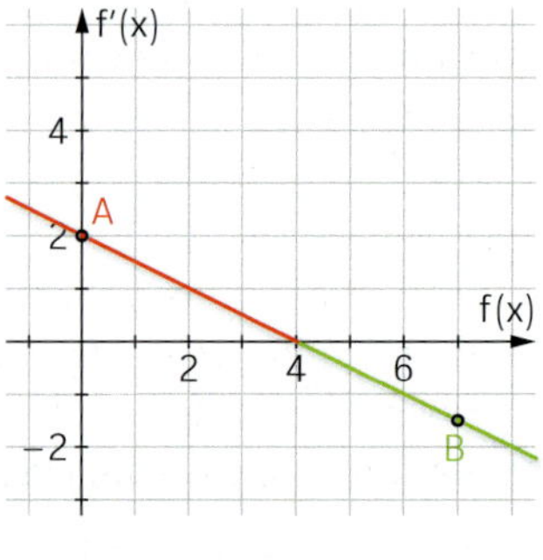

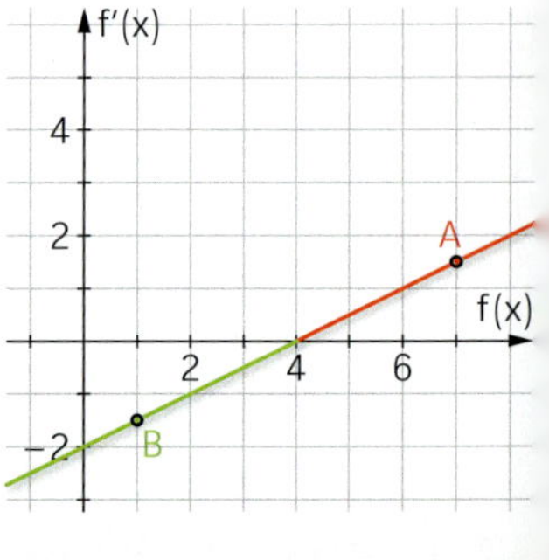

Übungen

3 Anziehendes und Abstoßendes

Je nach Vorzeichen von k und G lassen sich bei der DGL zum begrenzten Wachstum vier Typen unterscheiden.

	$k > 0$	$k < 0$
$G > 0$	■	■
$G < 0$	■	(A) (1)

a) Ordnen Sie die Phasen- und Bestandsdiagramme in die Tabelle ein und markieren Sie in den Phasendiagrammen jeweils die Bereiche, zu denen die einzelnen Bestandsgraphen gehören (rot/grün). Markieren Sie im Phasendiagramm auch ungefähr den Startwert $A = f(0)$.

Phasendiagramme

(A) (B) (C) (D)

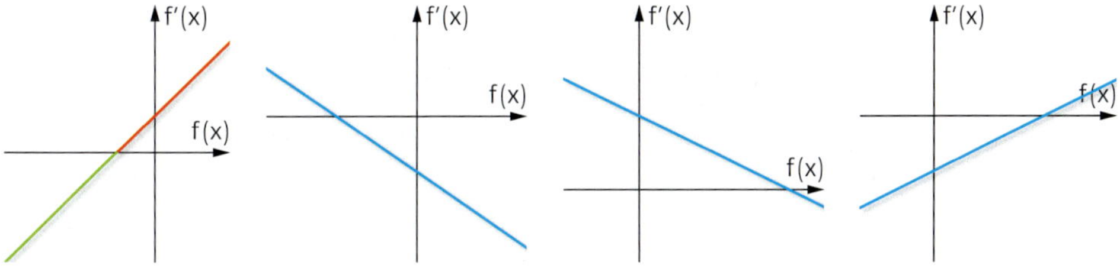

Bestandsdiagramme

(1) (2) (3) (4)

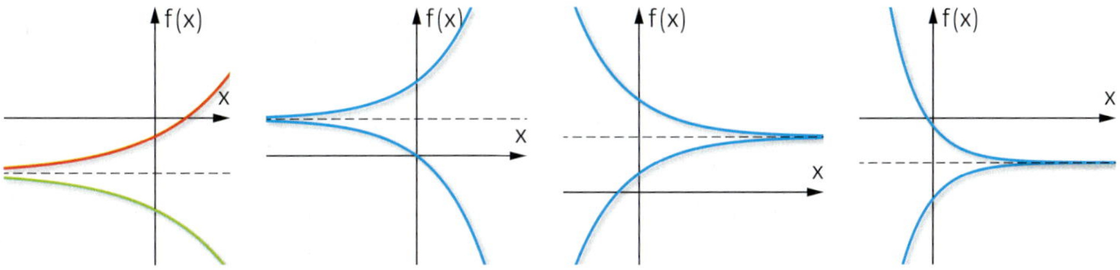

b) Was passiert, wenn man im Phasendiagramm bei der Nullstelle startet?
Was passiert, wenn man nahe bei der Nullstelle startet? Man spricht von anziehenden und abstoßenden Fixwerten. Erläutern Sie, was damit gemeint ist.

c) Erläutern Sie am Beispiel von Bild (2) den Satz:
Eine minimale Änderung des Anfangswertes kann ein gänzlich anderes Langzeitverhalten bewirken.

4 Phasendiagramm des logistischen Wachstums

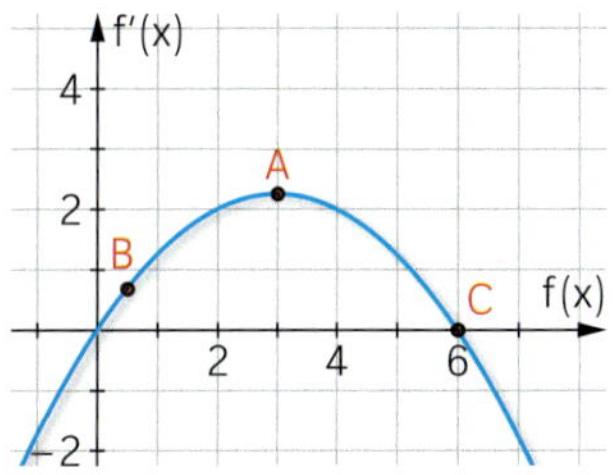

a) ▪ Begründen Sie, dass die Abbildung ein Phasendiagramm zu logistischem Wachstum zeigt. Ermitteln Sie die DGL.
▪ Skizzieren Sie nach Anschauung Bestandsdiagramme zu den Anfangswerten A, B und C. Überprüfen Sie mithilfe der Lösungsfunktionen.

b) ▪ Skizzieren Sie Phasendiagramme zu $f'(x) = k \cdot f(x) \cdot (G - f(x))$, begründen Sie damit die Aussage der Merkkarte auf S. 184
▪ Begründen Sie, dass $(0|0)$ ein abstoßender Fixpunkt und $(G|0)$ ein anziehender Fixpunkt ist, in dem Sie jeweils in der Nähe der Fixpunkte starten.
▪ Finden Sie ein Kriterium, wie man am Phasendiagramm erkennen kann, ob es sich um anziehende oder abstoßende Fixpunkte handelt?

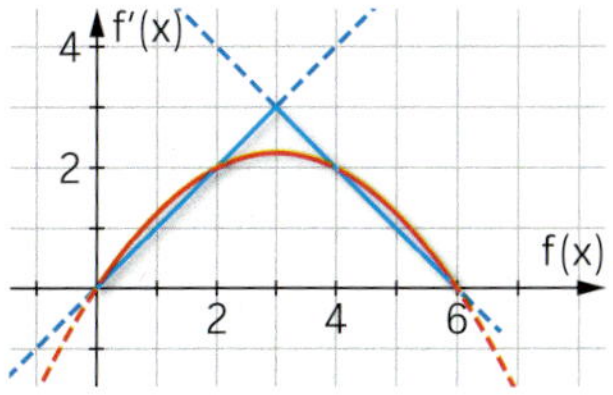

c) Erläutern Sie mithilfe der Abbildung, dass logistisches Wachstum eine Überlagerung von exponentiellem und begrenzten Wachstum ist.

d) Skizzieren Sie Phasendiagramme zum logistischen Wachstum für $k < 0$ und $G = 6$. Entwickeln Sie daraus Bestandsdiagramme für unterschiedliche Startwerte. Beschreiben Sie die jeweiligen Bestandsentwicklungen.

Übungen

5 **Phasendiagramm beim linearen und quadratischen Wachstum**

a) Wie sehen Phasendiagramme zum linearen Wachstum $f'(x) = c$ aus?

b) Die DGL des quadratischen Wachstums lautet $f'(x) = k \cdot x$.

- Wieso kann daraus nicht unmittelbar ein Phasendiagramm erstellt werden?
- Die Lösungsfunktion der DGL ist $f(x) = \frac{k}{2}x^2 + c$. Man erhält das Phasendiagramm indem man diese Gleichung nach x auflöst und den gefundenen Term für x in die DGL einsetzt. Skizzieren Sie für $c = 1$ und $k > 0$ oder $k < 0$ charakteristische Phasendiagramme.

c) Vergleichen Sie die Wachstumsformen des linearen, quadratischen, exponentiellen und logistischen Wachstums anhand der zugehörigen Phasendiagramme.

6 **Fischfang**

Aus Erfahrung und Messungen weiß man, dass die Entwicklung einer Fischpopulation gut mit dem logistischen Modell $f'(x) = 0{,}1 \cdot f(x) \cdot (5 - f(x))$; $f(0) = 1$ (x: Zeit in Jahren, y: Anzahl der Fische in Tausend) beschrieben werden kann.

Es sollen zwei unterschiedliche Fischfangmodelle untersucht werden:

(1) $f'(x) = 0{,}1 \cdot f(x) \cdot (5 - f(x)) - k \cdot f(x)$ (2) $f'(x) = 0{,}1 \cdot f(x) \cdot (5 - f(x)) - c$

Zu (1):

a) Beschreiben Sie beide Modelle und deren Unterschied im Sachkontext.

b) Zeigen Sie, dass für (1) gilt: $f'(x) = 0{,}1 \cdot f(x) \cdot (5 - 10k - f(x))$

Begründen Sie damit, dass es sich bei (1) insgesamt wieder um logistisches Wachstum handelt. Leiten Sie damit folgende Funktionsgleichung her:

$f_k(x) = \frac{5 - 10k}{1 + (4 - 10k) \cdot e^{(k - 0{,}5)x}}$

Skizzieren Sie einige Kurven für $0 < k < 1$ und beschreiben Sie die Entwicklung des Bestandes in Abhängigkeit der Fangquote k. Geben Sie eine Empfehlung. Bei welcher Quote bleibt der Bestand konstant? Warum muss $k \neq 0{,}5$ gelten?

- Welche DGL erhält man für $k = 0{,}5$? Welche Bedeutung hat dieser Wert im Sachzusammenhang?
  Zeigen Sie, dass $g(x) = \frac{10}{x + 10}$ diese DGL löst und klären Sie damit die Entwicklung des Fischbestandes.
- Geben Sie eine Fischfangempfehlung.

Zu (2):

- Warum ist nur $0 \leq c \leq 1$ sinnvoll?
- Begründen Sie, dass es sich bei den Phasendiagrammen um in y-Richtung verschobene Parabeln handelt. Skizzieren Sie zu verschiedenen Werten von c jeweils ein Phasendiagramm und entwickeln Sie daraus Bestandsdiagramme. Es gibt eine „sensible“ Fangmenge c, welche ist das?
- Geben Sie eine „Fischfangempfehlung“.

Vergleichen und bewerten Sie die beiden Modelle. Erläutern Sie:

In Selbstversorgungskulturen haben sich sinnvolle Fangmengen im Laufe der Zeit entwickelt und führen bei entsprechender Lebensweise zu einer stabilen Entwicklung. Erntet man unter Optimierungsgesichtspunkten (Weiterverkauf etc.), dann sollte man zusätzliches Wissen über die aktuellen Bestände besitzen.

Übungen

7 Wandertaube

"Todgeweiht ist eine Spezies freilich lange bevor ihr letzter Vertreter auf Nimmerwiedersehen verschwunden ist. So gab es wenige Jahre vor dem Aussterben der Wandertaube noch einige tausend Vögel, die nicht mehr bejagt wurden. Das waren offenbar zu wenige, um den Fortbestand dieser Art zu sichern [...]. Wie viele Individuen eine Art zum Überleben braucht, welcher Schwellenwert über Gedeih oder Verderb einer Lebensform bestimmt, hängt von den zahllosen Eigenschaften ab: was die Vertreter der jeweiligen Spezies fressen, wie viel und wie oft; ob sie gesellig leben oder allein, ob sie ein Revier brauchen oder nicht; wann sie sich fortpflanzen, wie oft und mit wie vielen Partnern. So entscheidet nicht allein das Ausmaß menschlicher Verfolgung über das Fortbestehen einer Art, sondern zu einem guten Teil auch ihre biologische Ausstattung."
aus: *Gleich et al.; Life Counts – Eine Globale Bilanz des Lebens; Berlin (2000); S. 102*

a) Skizzieren Sie zu diversen Startwerten zum Text passende Bestandsdiagramme.
b) Es sollen zwei Modellierungen verglichen werden.

(1) $f'(x) = 0{,}04 \cdot f(x) \cdot (f(x) - 3) \cdot (10 - f(x))$

(2) $f'(x) = 0{,}2 \cdot (f(x) - 3) \cdot (10 - f(x))$

- Gelingt Ihnen eine Angabe des Schwellenwerts und der Kapazitätsgrenze mithilfe der Termdarstellung der DGLn?
- Beschreiben Sie die Modellierungen in Worten. Worin liegt der Unterschied?

(A) *Modellieren mit Phasendiagrammen*
Skizzieren Sie die Phasendiagramme und entwickeln Sie jeweils Bestandsdiagramme zu den eingezeichneten Startwerten.

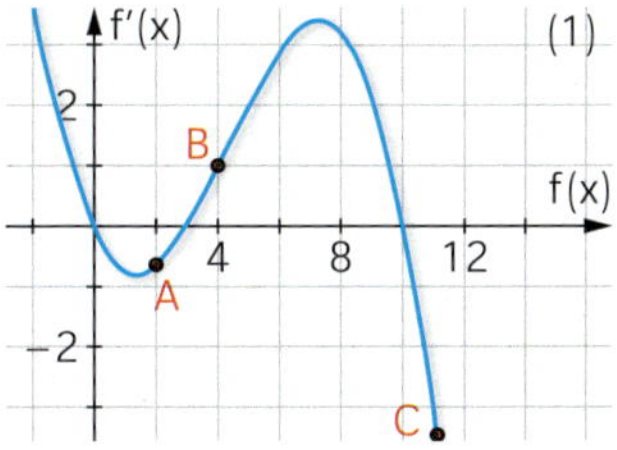

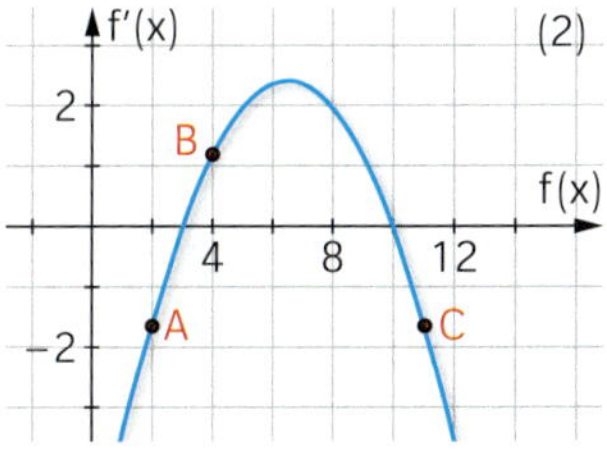

(B) *Modellieren mit Richtungsfeldern*
Untersuchen Sie mithilfe verschiedener Ausgangswerte die Bestandsentwicklungen und überprüfen Sie die Passung zu den Textaussagen. Begründen Sie, dass die Modelle zum Text passen.

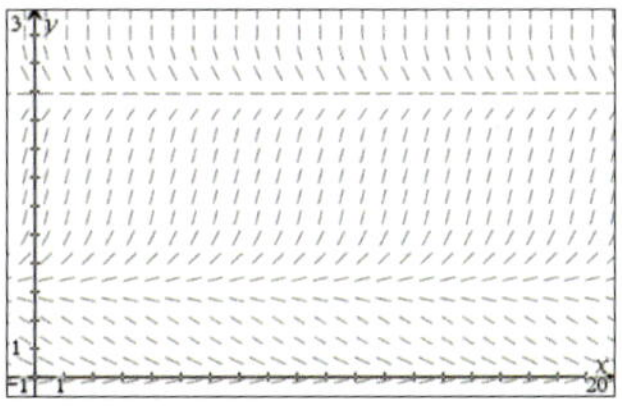

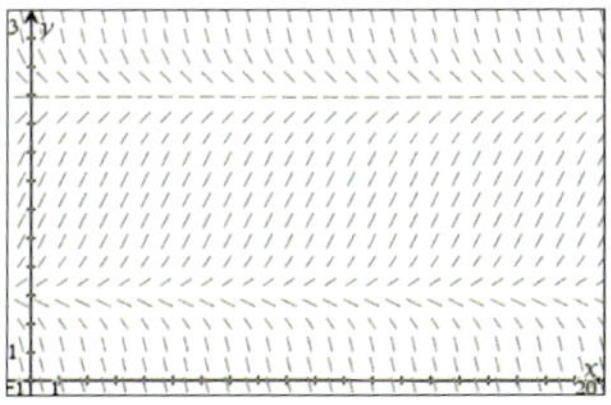

8 Neuartige Phasendiagramme

a) Entwickeln Sie aus dem Phasendiagramm zu den markierten Anfangsbeständen ein Bestandsdiagramm. Was wird aus den Extrempunkten des Phasendiagramms im Bestandsdiagramm?

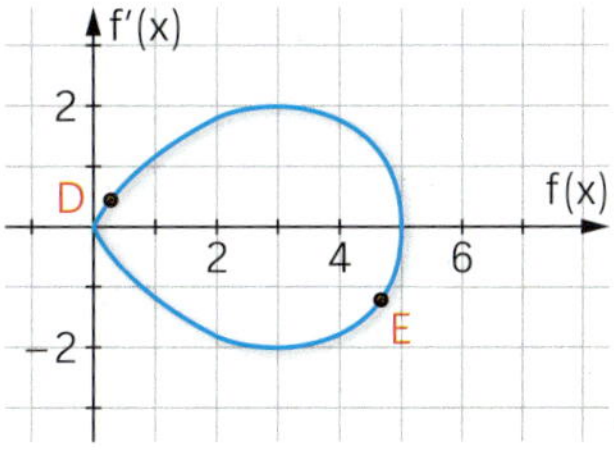

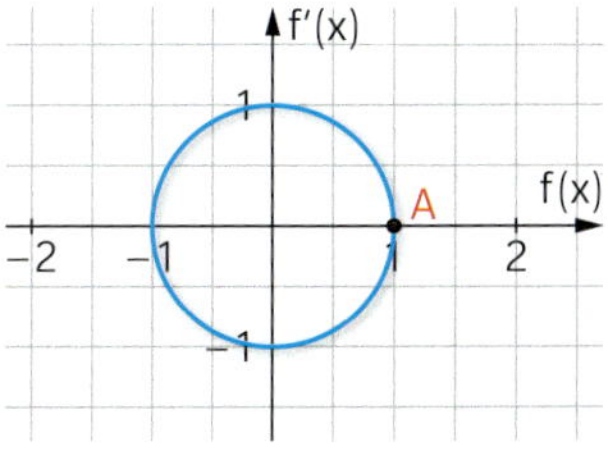

b) Warum ist hier die Formulierung einer passenden DGL schwierig? Haben Sie eine Vermutung zur Lösungsfunktion in (2)?

Exponentielles Wachstum

Die Änderung ist proportional zum Bestand.

DGL: $f'(x) = k \cdot f(x)$

$f(x) = A \cdot e^{kx}$

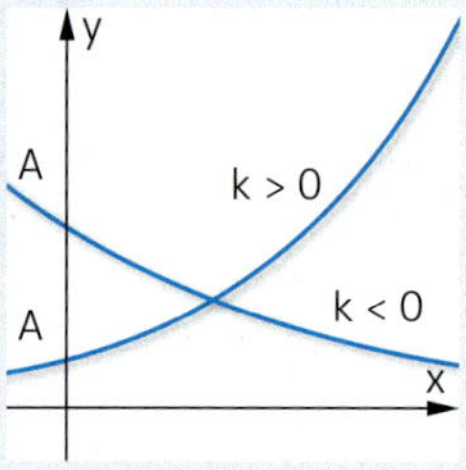

$k > 0$: Wachstum
$k < 0$: Zerfall

Anfangsbestand $A = f(0)$
Wachstumskonstante k

Zusammenhang b, k , p %:
$\left(1 + \frac{p}{100}\right)^x = b^x = e^{\ln(b)x} = e^{kx}$

Halbwertszeit: $x = \frac{-\ln(2)}{k}$

Begrenztes Wachstum

Die Änderung ist proportional zur Differenz aus Bestand f(x) und Grenze G.

$f'(x) = k \cdot (G - f(x))$

$f(x) = (A - G) \cdot e^{-kx} + G$

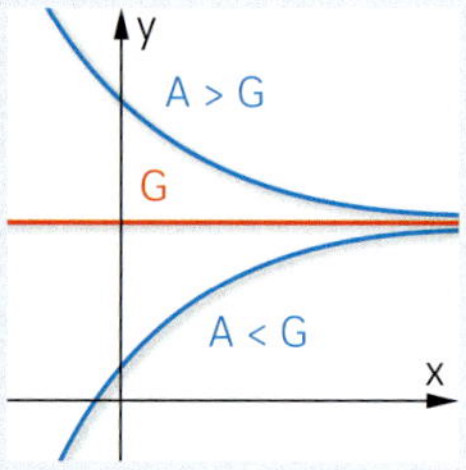

Anfangsbestand: A
Wachstumskonstante: k
Grenzbestand: G

Es gilt: $\lim_{x \to \infty} f(x) = G$

Die Gerade $y = G$ ist **Asymptote** von f.

Logistisches Wachstum

Die Änderung ist proportional zum Bestand und zum Restbestand.

$f'(x) = k \cdot f(x) \cdot (G - f(x))$

$f(x) = \frac{A \cdot G}{A + (G - A) \cdot e^{-k \cdot G \cdot x}} = \frac{G}{1 + b \cdot e^{-cx}}$

Kennzeichen für logistisches Wachstum ist, dass die größte Wachstumsgeschwindigkeit (Wendepunkt) vorliegt, wenn die Population den halben Grenzbestand erreicht hat:

$WP\left(\frac{\ln\left(\frac{G}{A-1}\right)}{k \cdot G} \middle| \frac{G}{2}\right)$ $\quad WP\left(\frac{\ln(b)}{c} \middle| \frac{G}{2}\right)$

Check-up

1 Wachstum - kreuz und quer

a) Geben Sie den Wachstumstyp an. Bestimmen Sie den Anfangsbestand und das Langzeitverhalten. Skizzieren Sie f.

b) Berechnen Sie jeweils den Bestand zum Zeitpunkt $x = 5$ und den Zeitpunkt, wann der Bestand den Wert 30 hat.

(1) $f(x) = -45e^{-0,2x} + 60$ (2) $f(x) = 1000\,e^{-0,05x}$

(3) $f(x) = \frac{1000}{10 + 990e^{-2x}}$ (4) $f(x) = 50\left(e^{-0,1x} + 1\right)$

(5) $f(x) = \frac{37}{1 + 36e^{-0,8x}}$ (6) $f(x) = e^{x+1}$

2 DGLn und Wachstumsfunktionen

Bestimmen Sie die Lösungsfunktion bzw. die DGL und skizzieren Sie die Funktionen.

a) Exponentielles Wachstum:
1) $f'(x) = 0,8 \cdot f(x)$; $f(0) = a$ 2) $f'(x) = k \cdot f(x)$; $f(0) = 8$
3) $f'(x) = -m \cdot f(x)$; $f(1) = 20$ 4) $f'(x) = \ln(1,5) \cdot f(x)$; $f(0) = 10$

b) Begrenztes Wachstum:
1) $f'(x) = 0,2 \cdot (100 - f(x))$; $A = 15$
2) $f'(x) = 0,25 \cdot (10 - f(x))$; $A = 18$
3) $f(x) = -1200 \cdot e^{-0,128x} + 1500$
4) $f(x) = e^{-0,45x} + 1$

c) Logistisches Wachstum:
1) $f'(x) = 0,003 \cdot f(x) \cdot (90 - f(x))$; $f(0) = 25$
2) $f'(x) = 0,0001 \cdot f(x) \cdot (1200 - f(x))$; $f(0) = 450$
3) $f(x) = \frac{16}{2 + 6 \cdot e^{-0,24x}}$ 4) $f(x) = \frac{20000}{100 \cdot (1 + e^{-0,25x})}$

3 Modelle aus Sachsituationen

Ermitteln Sie jeweils eine geeignete Wachstumsfunktion.

a) Pro Jahr nimmt die Population von 250 Tieren um 9 % ab.

b) Ein Biotop bietet Platz für 2000 Tiere einer Art. Es werden 100 Tiere ausgesetzt. Nach einem Jahr sind es 200. Die größte Wachstumsgeschwindigkeit ist zum Zeitpunkt des Aussetzens.

c) 20 Tiere werden in einem Reservat ausgesetzt. Die maximale Wachstumsgeschwindigkeit ist nach 5 Jahren, wenn die Population auf 200 Tiere angewachsen ist.

4 Eine Schimmelpilzkultur

Eine Schimmelpilzkultur von anfänglich $20\,cm^2$ wächst täglich um 50 %.

a) Stellen Sie eine passende Wachstumsfunktion auf.

b) Bestimmen Sie die momentanen Änderungsraten zu Beginn, nach einem, zwei und drei Tagen. Vergleichen Sie diese mit den durchschnittlichen Änderungsraten am ersten, zweiten und dritten Tag. Fertigen Sie eine zugehörige Skizze an.

c) Nach wie vielen Tagen ist die vom Schimmelpilz bedeckte Fläche $100\,m^2$ groß?

d) Nach wie vielen Tagen wäre die gesamte Landfläche der Erde (149 Mio. km^2) bedeckt? Schätzen Sie zunächst.

Modellfindung aus Daten

Zeit x	Bestand f(x)
0	12
1	14
2	18
3	25
4	35

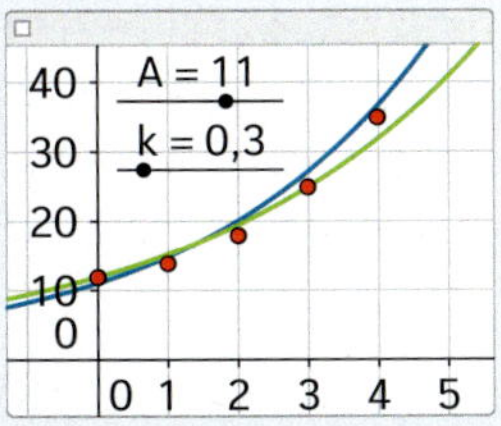

1. Festlegen des Modelltyps $f(x) = A \cdot e^{kx}$
2. Bestimmen passender Parameterwerte
   (A) Mit dynamischen Funktionenplotter
   (B) Mit sinnvollen Messwerten Gleichungen aufstellen
   $(0|12)$: $A = 12$;
   $(3|25)$: $25 = 12e^{3k}$
   $\Rightarrow k = \frac{1}{3}\ln\left(\frac{25}{12}\right) \approx 0{,}2446$

Anwendungsprobleme beim Wachstum

Die momentane Wachstumsrate einer Tierpopulation wird durch $f(x) = x \cdot e^{-0{,}2x}$ beschrieben (x: Zeit in Jahren; y in 100).

Wann hat die Wachstumsrate den Wert 1?
Aus Grafik:
Nach ca. 1,3 und 12,7 Jahren.

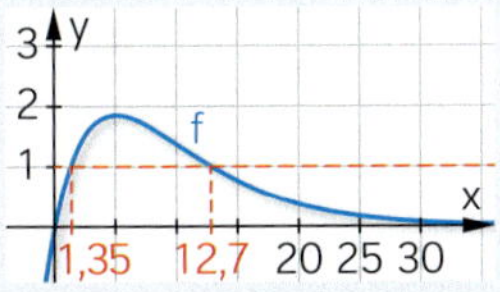

Wann ist die maximale Wachstumsrate erreicht? Welchen Wert hat sie?
$f'(x) = (1 - 0{,}2x)e^{-0{,}2x} = 0 \Rightarrow x = 5$
$f(5) = \frac{5}{e} \approx 1{,}84$
Nach 5 Jahren hat die Wachstumsrate den maximalen Wert 1,84 erreicht.

Wann erfolgt die größte Abnahme der Wachstumsrate?
$f''(x) = (0{,}04x - 0{,}4)e^{-0{,}2x} = 0 \Rightarrow x = 10$
Nach 10 Jahren nimmt die Rate am stärksten ab.

Welcher Bestand entsteht in 24 Jahren ?
$F(x) = (-5x - 25)e^{-0{,}2x}$
$\int_0^{24} f(x)\,dx = -145e^{-4{,}8} - (-25) \approx 23{,}8$
Nach 24 Jahren sind es ca. 2400 Tiere.

Check-up

5 Eine Tasse Kaffee

Das Abkühlen einer frisch gekochten Tasse Kaffee kann durch $f(x) = 65 \cdot e^{-0{,}2x} + 20$ modelliert werden. Skizzieren Sie f und beantworten Sie die Fragen grafisch und rechnerisch.

a) Wie heiß war der Kaffee zu Beginn der Messung?
b) Wie hoch ist die Raumtemperatur?
c) Wie warm ist der Kaffee nach 15 Minuten?
d) Wann ist der Kaffee 40 °C warm?

6 Logistisches Wachstum – ein Spezialfall

Zeigen Sie, dass $f(x) = \frac{G}{1 + e^{-kGx}}$ die Bestandsfunktion des logistischen Wachstums für $A = \frac{G}{2}$ ist. Erläutern Sie die Besonderheit des Anfangswertes in diesem Fall.

7 Solarenergie in den USA

Die Tabelle gibt die jährlich installierten Solarenergiemodule in den USA an (x: Jahr; y: Kapazität in Megawatt).
Ermitteln Sie zwei verschiedene passende Modelle und stellen Sie Prognosen für 2005 und 2018 auf.

Jahr	Kapazität
1986	6,6
1988	10,0
1990	13,8
1992	15,6
1994	26,1
1996	35,5
1998	50,6

8 Ein Fichtenstamm

Die Tabelle gibt den mittleren Zuwachs eines anfänglich 20 mm starken Fichtenstamms im 5-Jahres-Rhythmus nach Pflanzung an. Welchen Stammdurchmesser wird der Baum haben, wenn er 50 bzw. 100 Jahre alt ist?

Jahr	5	10	15	20	25	30	35
Zuwachs in mm	10	18	32	40	29	16	6

9 Algenwachstum

Das Wachstum von Algen hängt von der Wasserzusammensetzung, den Wetterbedingungen und von anderen Aspekten ab. Die Funktionen $A_{a,k}(t) = a \cdot t \cdot e^{-kt}$ beschreiben unterschiedliche zeitliche Verläufe von Algenbeständen.
(t: Zeit in Tagen; A(t): Fläche in $1000\,m^2$)

a) Beantworten Sie für (1) $a = 1$; $k = 0{,}1$ und (2) $a = 2$; $k = 0{,}2$.
- Wie groß ist die Fläche jeweils nach 5 Tagen?
- Wann ist die Fläche $2000\,m^2$ groß?
- Wie groß ist die maximale von Algen bedeckte Fläche?
- Wann ist die Zu- bzw. Abnahme der Algenmenge maximal?

b)
- Erstellen Sie jeweils eine aussagekräftige Skizze der Schar zu (1) $a = 1$; k variabel und (2) $k = 0{,}1$; a variabel.
- Ermitteln Sie jeweils die maximal bedeckte Fläche und den Zeitpunkt maximaler Abnahme der Fläche.

Sichern und Vernetzen – Vermischte Aufgaben zu Kapitel 4

Trainieren

1 DGL – Funktion – Anfangswert

Füllen Sie die Lücken in der Tabelle aus. Benutzen Sie einen Parameter, wenn es mehrere Möglichkeiten gibt.
Skizzieren Sie jeweils die Funktionen und geben Sie die Kenngrößen (Wachstumskonstante, Grenze, Anfangswert) an.

	DGL	Anfangswert	Funktion
a)	■	■	$f(x) = 150 \cdot e^{0{,}72x}$
b)	$f'(x) = 2{,}3$	■	■
c)	$f'(x) = 0{,}1 \cdot f(x) \cdot (20 - f(x))$	$f(0) = 3$	■
d)	$f'(x) = -0{,}34 \cdot f(x)$	$f(0) = 200$	■
e)	■	■	$f(x) = 0{,}25x^2 + 10$
f)	■	■	$f(x) = -75 \cdot e^{-0{,}1x} + 100$
g)	$f'(x) = k \cdot f(x) - 30$	$f(0) = 5$	■
h)	■	■	$f(x) = \frac{3000}{30 + 70 \cdot e^{-0{,}35x}}$
i)	$f'(x) = 0{,}06 \cdot (40 - f(x))$	■	■

2 Funktion – Graph – DGL

Ordnen Sie den Graphen die passenden Funktionsgleichungen zu. Geben Sie die zugehörige DGL an.

$f_1(x) = -90 \cdot e^{-0{,}4x} + 120$ $\quad f_2(x) = 100 \cdot e^{-0{,}6x} + 100$ $\quad f_3(x) = -120 \cdot e^{-0{,}6x} + 90$

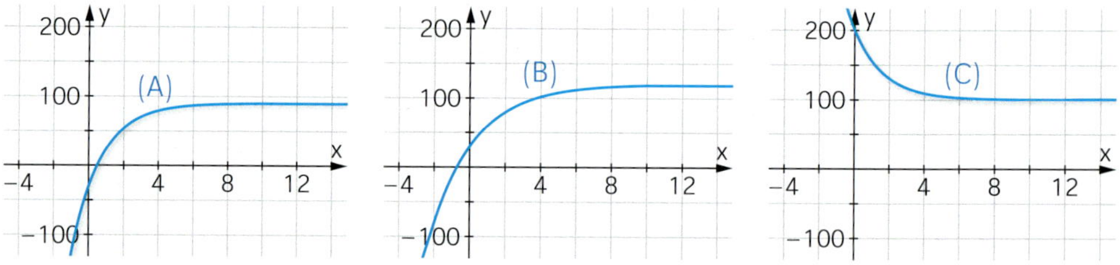

3 Parameter bestimmen

Bestimmen Sie den Wert des jeweiligen Parameters so, dass der Punkt P auf dem Graphen von f liegt.
Skizzieren Sie f und überprüfen Sie Ihr Ergebnis grafisch.

a) $f(x) = (100 - G) \cdot e^{-0{,}012x} + G$
P(5|60)

b) $f(x) = \frac{500}{10 + 40 \cdot e^{-50kx}}$
P(2|50)

c) $f(x) = \frac{5A}{A + (5 - A) \cdot e^{-x}}$
P(1|2)

d) $f(x) = 6 \cdot e^{kx}$
P(3|50)

e) $f(x) = a \cdot e^{-0{,}0005x} + 200$
P(10|4)

f) $f(x) = A \cdot e^{-0{,}00015x}$
P(200|15)

4 Momentane Änderungsraten

Mit f(x) werden Wachstumsmodelle beschrieben. Wie groß ist die momentane Änderungsrate an der Stelle $x = 5$?
An welcher Stelle hat die momentane Änderungsrate den Wert 1?
Wann haben sich die Bestände verdoppelt bzw. halbiert?

(1) $f(x) = 2 \cdot e^{0{,}25x}$ $\quad$ (2) $f(x) = 1000 \cdot e^{-0{,}1x}$ $\quad$ (3) $f(x) = 50 \cdot e^{-0{,}05x} + 20$

Verstehen

Zu b) und e) siehe S.177 (Merkkarte).

5 Vom Text zur DGL zur Funktion

Stellen Sie zu den Texten eine passende DGL sowie die zugehörige Funktion auf.

a) Ein anfänglich 250 m^2 großer Algenteppich vergrößert sich wöchentlich um 10 %.

b) Aus einem See mit anfänglich 52 000 m^3 Wasser fließen monatlich 20 % der vorhandenen Wassermenge ab. Es werden im selben Zeitraum immer 8 000 m^3 zugeführt.

c) Aus einem 20 m^3 fassenden Öltank werden wöchentlich 70 Liter entnommen.

d) 1 kg Pilze verlieren beim Trocknen an Gewicht, bis sie nur noch 10 % ihres Ausgangsgewichts wiegen.

e) In einem Tierreservat leben 2 000 Tiere mit einer jährlichen Vermehrungsrate von 15 %. Jährlich werden 400 Tiere erlegt.

6 Wahr oder falsch?

Wahr oder falsch? Geben Sie jeweils eine Begründung.

a) Wenn die Halbwertszeit eines radioaktiven Stoffes 12 Jahre beträgt, dann sind nach 24 Jahren noch 25 % vorhanden.
b) Beim exponentiellen Wachstum kann keine Funktion durch (0|0) verlaufen.
c) Beim begrenzten Wachstum gibt es immer eine waagerechte Asymptote.
d) Das logistische Wachstum ist halb exponentielles, halb begrenztes Wachstum.
e) Das Bilden einer Stammfunktion entspricht auch dem Lösen einer DGL.
f) Radioaktiver Zerfall ist ein Spezialfall des begrenzten Wachstums.

7 Zwei Warum-Fragen

a) Warum ist die Wachstumskonstante nicht dasselbe wie die Prozentzahl der Änderung in einem Zeitabschnitt?
b) Warum können die Grenzbestände beim begrenzten und logistischen Wachstum nicht exakt erreicht werden? Welchen Ausnahmefall gibt es immer?

8 Vom Text zur DGL

Ordnen Sie den Texten die passende DGL zu

a) Die Änderung setzt sich aus exponentiellem Zerfall und linearer Zunahme zusammen.

b) Die Änderung ist proportional zum Quadrat der Zeit.

c) Die Änderung ist umgekehrt proportional zum Bestand.

d) Die Änderung ist proportional zum Quadrat des Bestandes.

(A)	(B)	(C)	(D)
$f'(x) = -0{,}5 \cdot f(x) + 1$	$f'(x) = 0{,}02 \cdot f(x)^2$	$f'(x) = \frac{10}{f(x)}$	$f'(x) = 0{,}5x^2$

Anwenden

9 Füchse

Man schätzt, dass sich die Anzahl der Füchse in einem Waldgebiet alle vier Jahre verdoppelt. Zum Zeitpunkt $t = 0$ (t in Jahren) werden 250 Füchse gezählt.

a) Stellen Sie ein exponentielles Modell $f(x) = A \cdot e^{kx}$ für die Bestandsentwicklung auf.
b) Wie viele Füchse sind nach einem Jahr, nach drei Jahren, nach acht Jahren zu erwarten? Welche dieser Fragen kann man ohne Rechnung beantworten?
c) Wie lange wird es laut Modell dauern, bis die Population mehr als 10 000 Füchse zählt? Für wie angemessen halten Sie das Modell?

10 Zwei Datensätze

Die Tabelle gibt die Bestandsentwicklung zweier Tierarten in einem Reservat an. Finden Sie zu jeder Tierart eine passende Bestandsfunktion des Typs $g(x) = mx + b$ bzw. $f(x) = A \cdot e^{kx}$. Machen Sie jeweils eine Prognose für die nächsten 5 Jahre. Vergleichen Sie die Modelle bezüglich ihrer Güte.

Zeit (in Jahren)	0	1	2	3	4	5
Tier A	200	212	230	250	278	310
Tier B	150	126	112	94	78	65

11 Drei Modelle

In einem Teich wurden vor 5 Jahren Fische ausgesetzt. Dann wurde jährlich der Bestand gemessen.

Jahr	0	1	2	3	4	5
Anzahl	20	32	50	82	130	201

Um zu wissen, wie der Fischbestand sich mittelfristig entwickelt, werden drei Institute beauftragt, Prognosen zu erstellen. Sie benutzen dabei unterschiedliche Modelle.

Institut A:
$A(x) = 20e^{0,45x}$

Institut B:
$B(x) = 7x^2 + 20$

Institut C:
$C(x) = \frac{600}{1 + 29e^{-0,5x}}$

a) Zeigen Sie, dass alle drei Modelle gut zu den Daten passen. Weshalb hat kein Institut mit begrenztem Wachstum modelliert?

b) Wie viele Fische wird es nach den Modellen in 3 bzw. in 5 Jahren geben?
Wann wird es nach den Modellen 800 Fische in dem See geben?
Wann wächst der Fischbestand nach den Modellen am stärksten?
Welchem Modell stimmen Sie am ehesten zu? Begründen Sie.

12 Ein Wachstumsmodell

Mit $f(x) = A \cdot e^{k \cdot x^2}$ können für $-1 \le k \le 1$ und $A > 0$ Wachstumsvorgänge beschrieben werden (x: Zeit; f(x): Bestand).

a) Begründen Sie die langfristige Bestandsentwicklung in Abhängigkeit von k und A.

b) Ordnen Sie begründet den Bildern (I) bis (IV) passende Parameterwerte bzw. -bereiche zu. Beschreiben Sie die unterschiedlichen Arten des Wachstums.

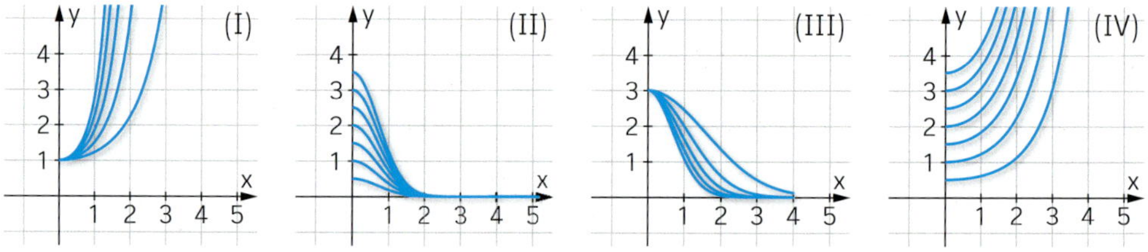

c) Wann liegt bei (II) und (III) die stärkste Abnahme des Bestandes vor? Wie groß sind die Bestände zu diesem Zeitpunkt? Interpretieren Sie das Ergebnis.

d) Zeigen Sie, dass die Funktionen f die DGL $f'(x) = k \cdot x \cdot f(x)$ lösen. Beschreiben Sie damit das Änderungsverhalten. Vergleichen Sie mit dem exponentiellen und logistischen Wachstum.

e) Die Wachstumsintensität ist das Verhältnis aus momentaner Wachstumsgeschwindigkeit und Bestand zu jedem Zeitpunkt. Die Abbildung stellt die zeitlichen Entwicklungen von Wachstumsintensitäten des exponentiellen und des hier behandelten Modells dar.
Ordnen Sie zu, begründen Sie den Verlauf der Graphen und vergleichen Sie diesbezüglich die beiden Modelle.

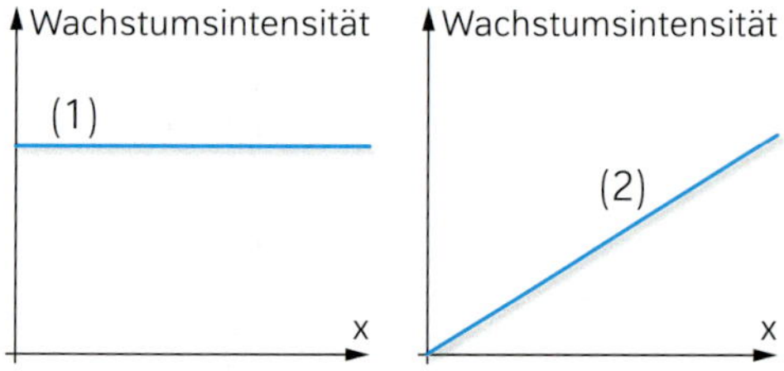

Anwenden

13 Algenwachstum

Auf einem kleinen See von ca. 6000 m^2 Größe kommt es im Sommer zu einer „Algenpest". Zu Beginn der Beobachtung $(t = 0)$ ist die von Algen bedeckte Fläche etwa 200 m^2 groß, am Ende einer Woche $(t = 7)$ sind bereits 350 m^2 Wasserfläche bedeckt.

a) Zwei Gruppen beschreiben das Wachstum durch zwei unterschiedliche Modelle:
(1) $L(t) = a \cdot t + b$; (2) $E(t) = A \cdot e^{kt}$.
Bestimmen Sie zu beiden Modellen die passenden Werte für die Parameter. Wann wäre nach (1) und (2) der See vollständig mit Algen bedeckt? Warum sind die Modelle nicht zur Beschreibung des Algenwachstums über einen langen Zeitraum geeignet?

Aus Erfahrung weiß man, dass die „Algenpest" nach einem Höhepunkt wieder abnimmt und im Herbst verschwindet.

b) Zeigen Sie, dass sowohl $G_1(t) = 200 \cdot e^{0{,}09t - 0{,}001t^2}$ als auch $G_2(t) = 200 \cdot e^{0{,}1t - 0{,}0025t^2}$ zu der Erfahrung und den Messwerten passende Funktionen sind.
Wie groß wird die von Algen bedeckte Fläche nach den beiden Modellen jeweils maximal werden. Wie könnte man eine Entscheidung finden, welches Modell besser ist?

c) Zeigen Sie, dass für die Modelle L, E und G_1 jeweils folgende Gleichungen gelten:
(1) $L'(t) = 21{,}4$ (2) $E'(t) = 0{,}08 \cdot E(t)$ (3) $G_1'(t) = (0{,}09 - 0{,}002 \cdot t) \cdot G_1(t)$.
Beschreiben Sie mithilfe der DGLn das Änderungsverhalten des Wachstums der Algen.

14 Fichtenwachstum

Die Wachstumsgeschwindigkeit einer Fichte kann in Abhängigkeit der Zeit durch $f(x) = 0{,}3 \cdot x \cdot e^{-0{,}1x}$ beschrieben werden.
($x \geq 0$: Zeit in Jahren; f(x): momentane Wachstumsrate in m/Jahr),
Zum Zeitpunkt $t = 0$ hat die Fichte eine Höhe von ca. 1 m.

a) ▪ Skizzieren Sie den Graphen von f und beschreiben Sie das Wachstum der Fichte.
▪ Bestimmen Sie f(30) und interpretieren Sie das Ergebnis im Sachzusammenhang.

b) ▪ Wann wächst die Fichte am stärksten, wie groß ist dann die Wachstumsgeschwindigkeit?

c) ▪ Begründen Sie anschaulich anhand des Graphen, dass die Fichte nach 20 Jahren weniger als 20 Meter hoch ist.
▪ Zeigen Sie, dass $F(x) = -3 \cdot (x + 10) \cdot e^{-0{,}1x} + c$ die Menge der Stammfunktionen von f ist. Berechnen Sie die zu erwartende Höhe der Fichte nach 20 Jahren. Wie groß wird die Fichte werden? Skizzieren Sie ein Zeit-Höhen-Diagramm und vergleichen Sie dies mit Ihrer Beschreibung in a).

d) Auf öffentlichen Plätzen werden Fichten mit 8 m Höhe als Weihnachtsbäume aufgestellt. Wann müssen die gefällt werden?

e) $f(x) = A \cdot x \cdot e^{-kx}$; $A > 0$; $k > 0$ beschreibt die Wachstumsgeschwindigkeit unterschiedlicher Fichten in unterschiedlichen Umgebungsbedingungen.
▪ Erstellen Sie jeweils zu (1) $f(x) = A \cdot x \cdot e^{-0{,}1x}$ und (2) $f(x) = 0{,}3 \cdot x \cdot e^{-kx}$ eine aussagekräftige Skizze und beschreiben Sie das unterschiedliche Wuchsverhalten. Welche sachbezogene Bedeutung können die Parameter A und k haben?
▪ Bestimmen Sie jeweils die maximale Wachstumsgeschwindigkeit in Abhängigkeit des Parameters. Auf welcher Kurve liegen die zugehörigen Hochpunkte bei (1)? Zeigen Sie, dass die Hochpunkte zu (2) auf $y = \frac{3}{10e}x$ liegen.
Präzisieren Sie damit die Beschreibung der Wirkung der Parameter.

5

Orientieren und Bewegen im Raum

Die analytische Geometrie ist geprägt durch das Zusammenspiel von Geometrie und Algebra. In einem Koordinatensystem lassen sich Punkte und geometrische Objekte mithilfe von Zahlen, den Koordinaten, beschreiben. Bewegungen können durch Vektoren beschrieben werden.
Mit der Interpretation von Zahlentripeln als Punkte im Raum oder als Bewegungen im Raum erhält man wirkungsvolle Werkzeuge zur Lösung geometrischer Probleme.

5.1 Orientieren im Raum – Koordinaten

In einem Würfel wird über entsprechende Kantenmitten ein Sechseck konstruiert. Ist dieses Sechseck regelmäßig? Am Würfelschnitt lässt sich die Vermutung am realen Modell überprüfen.
In unterschiedlichen Koordinatensystemen kann man verschiedene Perspektiven darstellen. Mit Computersoftware lässt sich dies dynamisch beobachten.

5.2 Bewegen im Raum – Vektoren

Zahlenpaare und Zahlentripel können nicht nur als Beschreibung von Punkten im ebenen und räumlichen Koordinatensystem genutzt werden, sondern zusätzlich auch als Bewegung (Verschiebungen) mithilfe von Vektoren interpretiert werden.

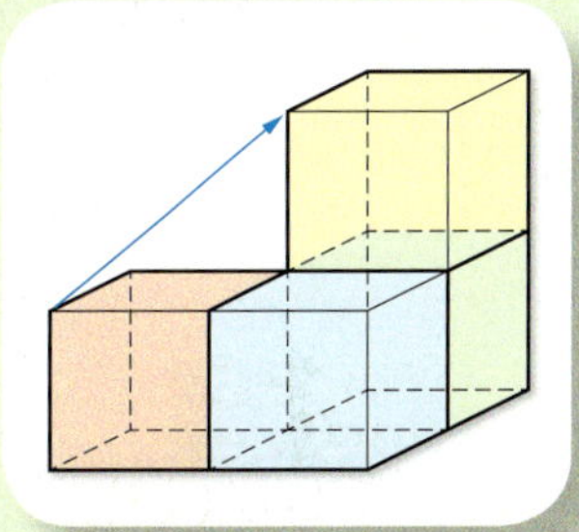

5.3 Rechnen mit Vektoren

Aus Experimenten am Realmodell oder mit DGS gewinnt man die Vermutung, dass das Mittenviereck eines beliebigen Vierecks im Raum immer ein Parallelogramm ist. Mithilfe der Darstellung und dem Rechnen mit Vektoren lässt sich die Vermutung beweisen.

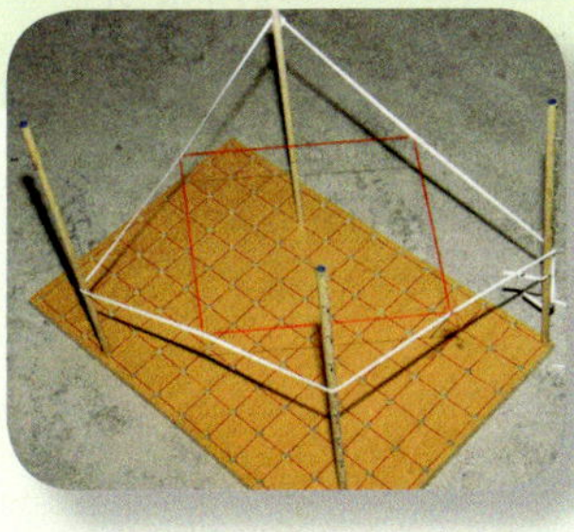

5.4 Skalarprodukt und Winkel

Mit dem Skalarprodukt von Vektoren können Winkel zwischen zwei Vektoren algebraisch berechnet werden. Dadurch kann man auf einfache Weise die Orthogonalität von Vektoren als Spezialfall beschreiben und rechnerisch nachweisen.
Auch in der Physik findet das Skalarprodukt viele Anwendungen.

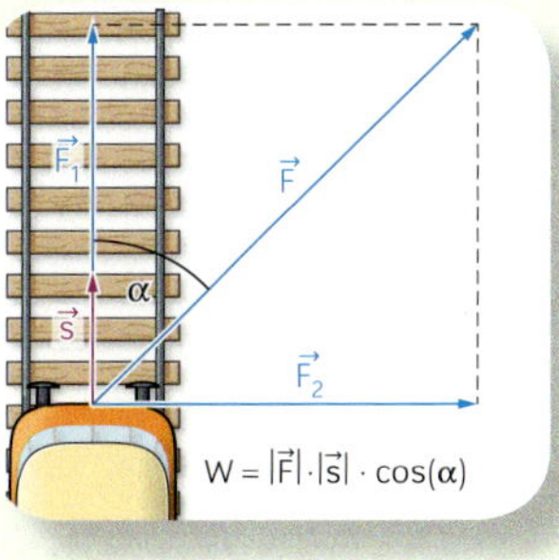

5.5 Nicht geometrische Vektoren (fakultativ)

Neben Pfeilen können sogar Funktionen oder Matrizen Vektoren sein. Daher werden Vektoren nicht nach ihrer Bedeutung definiert, sondern durch Angabe der Regeln, wie man mit ihnen umgeht. Wie bei einem Schachspiel. Das Wesentliche sind die Regeln, nicht das Material aus dem die Figuren bestehen.

5.1 Orientieren im Raum – Koordinaten

Aufgaben

1 Punkte im Raum

a) Skizzieren Sie im Koordinatensystem den Punkt P (1 | 2 | 3) und alle Punkte, die man erhält, wenn man die Koordinaten von P beliebig vertauscht. Was für eine Figur erhält man?

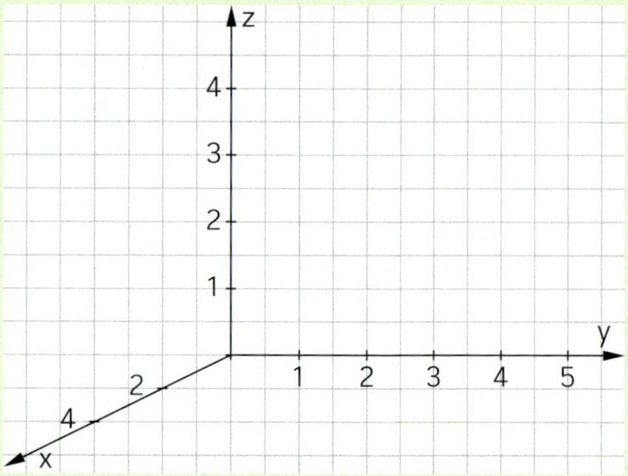

b) Louis behauptet, dass alle Punkte denselben Abstand vom Ursprung haben. Um die Behauptung zu überprüfen, muss man die Abstände von Punkten im Raum berechnen.

Satz des Pythagoras

In der Ebene ist das bekannt. Berechnen Sie den Abstand des Punktes P (2 | 3) vom Ursprung und vom Punkt Q (6 | 1). Übertragen Sie diesen Ansatz auf den Raum und überprüfen Sie damit die Behauptung von Louis.

c) Versuchen Sie, Ihre Vermutung aus a) zu beweisen.

2 Körper im dreidimensionalen Koordinatensystem – Schrägbilder

In der Skizze sehen Sie das Schrägbild eines Würfels mit der Kantenlänge 4. Der Punkt D liegt im Koordinatenursprung. Sechs Kantenmitten wurden miteinander verbunden.

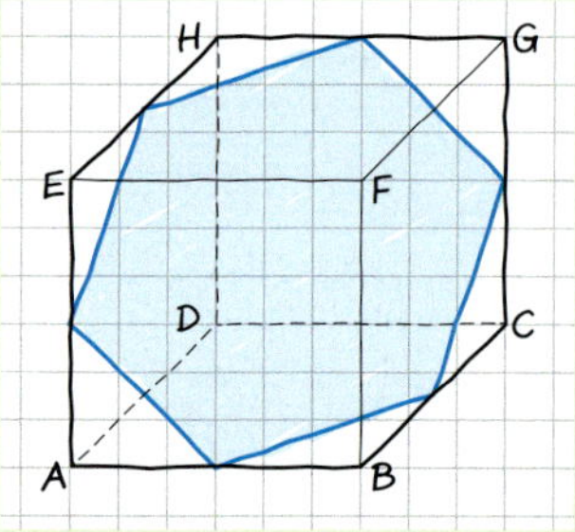

a) Zeichnen Sie das Schrägbild in ein Koordinatensystem wie in Aufgabe 1 abgebildet.

b) Geben Sie die Koordinaten der Eckpunkte des Würfels und die Koordinaten der Kantenmitten an. Was fällt Ihnen auf?

c) Experimentieren Sie auch mit einem Würfel mit der Kantenlänge 6.

3 Quader

a) Skizzieren Sie den Quader, der durch die Eckpunkte A (6 | 2 | 0), B (6 | 7 | 0), D (2 | 2 | 0) und E (6 | 2 | 3) festgelegt ist. Geben Sie die restlichen Koordinaten der Eckpunkte an.

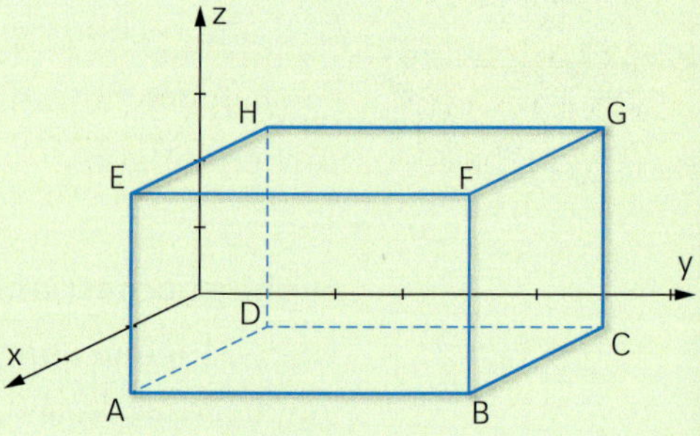

Satz des Pythagoras

b) Welcher Eckpunkt des Quaders ist vom Punkt P (0 | 0 | 3) am weitesten entfernt? Begründen Sie nach Anschauung. Bestimmen Sie die Abstände der Eckpunkte des Quaders vom Punkt P.

c) Geben Sie die Koordinaten der Mittelpunkte der sechs Seitenflächen an.

d) Im Quader wird die Ecke F über die Kantenmitten abgeschnitten. Geben Sie die Koordinaten der Mittelpunkte der Kanten $\overline{BF}$, $\overline{EF}$ und $\overline{FG}$ an und skizzieren Sie die Schnittfläche mithilfe der Eckpunkte der Schnittfläche.

Basiswissen

In einem Koordinatensystem können Punkte und geometrische Objekte mithilfe von Zahlen – den Koordinaten – beschrieben werden. Man unterscheidet Koordinatensysteme im Raum und in der Ebene.

Die Achsen stehen zueinander senkrecht.

Koordinatensystem

Koordinatensystem in der Ebene

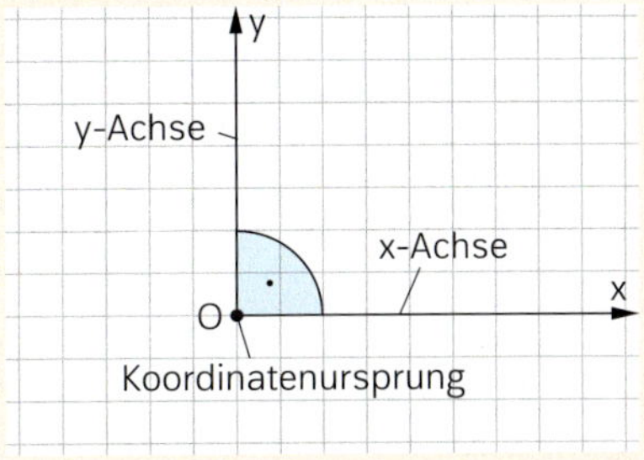

zwei zueinander senkrechte Achsen mit Ursprung O

Koordinatensystem im Raum

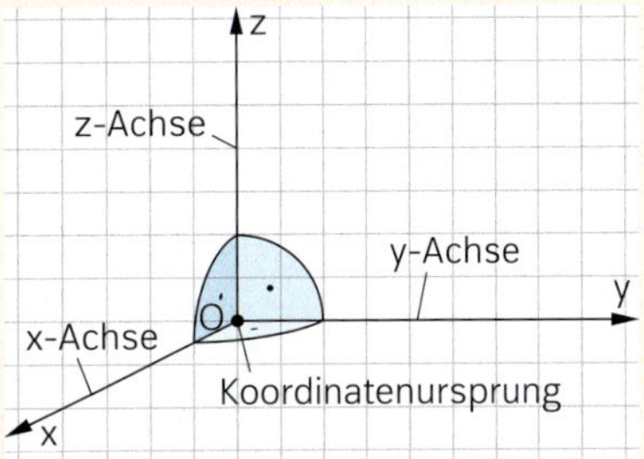

drei zueinander senkrechte Achsen mit Ursprung O

Der Punkt P wird festgelegt durch das:

Zahlenpaar $(x_P | y_P)$

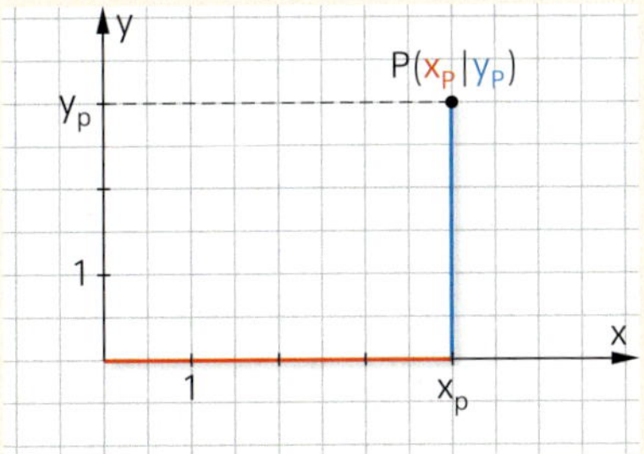

Zahlentripel $(x_P | y_P | z_P)$

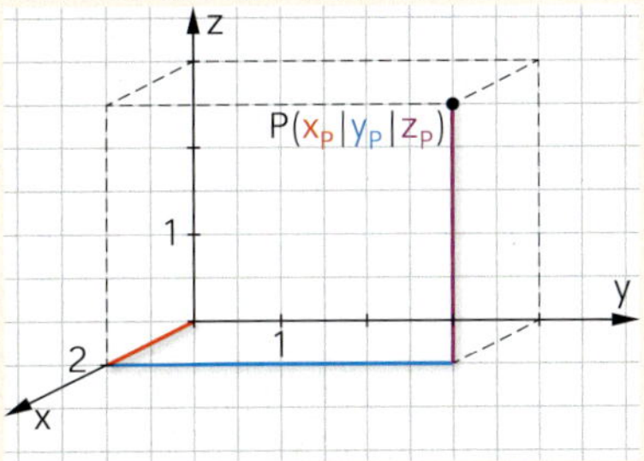

Berechnung der Abstandsformeln mithilfe des Satzes von Pythagoras.

Der **Abstand zweier Punkte** P_1, P_2 kann mithilfe der Koordinaten bestimmt werden.

$d = \overline{P_1P_2} = \sqrt{(x_2 - x_1)^2 + (y_2 - y_1)^2}$

$d = \overline{P_1P_2} = \sqrt{(x_2 - x_1)^2 + (y_2 - y_1)^2 + (z_2 - z_1)^2}$

Beispiele

A **Ebener Schnitt am Würfel**

Das Bild zeigt einen Holzwürfel mit einer Kantenlänge 4 cm, bei dem eine Ecke über die Kantenmitten abgeschnitten wurde. Geben Sie die Koordinaten der Ecken des Würfels an und beschreiben Sie die Schnittfläche mithilfe der Eckpunkte der Schnittfläche.

Lösung:

1. Schritt:
Einen Würfel mit der Kantenlänge 4 im Koordinatensystem zeichnen.

2. Schritt:
Die Eckpunkte des Würfels ablesen:
A(4|0|0); B(4|4|0); C(0|4|0); D(0|0|0);
E(4|0|4); F(4|4|4); G(0|4|4); H(0|0|4)

3. Schritt:
Die Eckpunkte der dreieckigen Schnittfläche als Mitten K, L und M der drei Vorderkanten kennzeichnen.

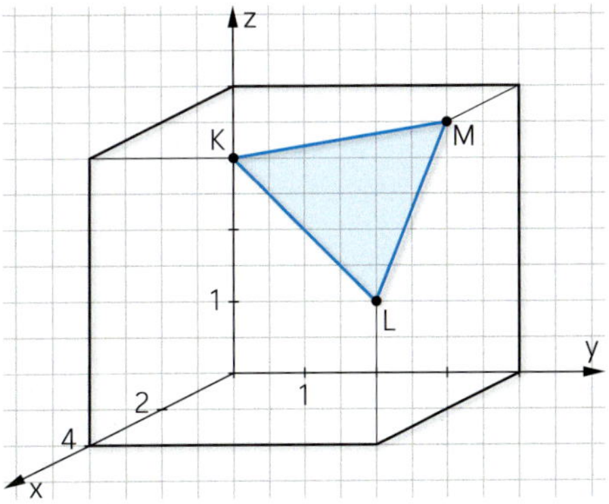

4. Schritt:
Die Koordinaten der Eckpunkte bestimmen. K(4|2|4); L(4|4|2); M(2|4|4)

Beispiele

B Seitenlänge in quadratischer Pyramide

Eine regelmäßige quadratische Pyramide mit der Höhe 4 wird durch die Bodeneckpunkte A(0|0|0), B(0|4|0), C(−4|4|0) und D(−4|0|0) und die Spitze S beschrieben. Wie lang ist die Höhe d in einem Seitendreieck der Pyramide?

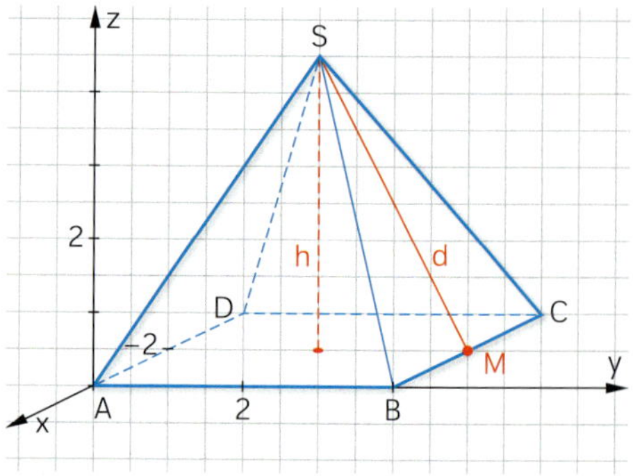

Lösung:
Die Länge der Dreieckshöhe d ist der Abstand zwischen S und M.
S(−2|2|4) und M(−2|4|0) ablesen.

Für d gilt: $d = \sqrt{(-2-(-2))^2 + (4-2)^2 + (0-4)^2} = \sqrt{0^2 + 2^2 + (-4)^2} = \sqrt{20}$

Übungen

4 Dreieck

a) Zeichnen Sie das Dreieck ABC mit A(2|2|1), B(4|1|3), C(0|4|−1) in ein Koordinatensystem.

b) Bestimmen Sie den Abstand des Punktes A vom Koordinatenursprung.

c) Prüfen Sie, ob das Dreieck ABC gleichschenklig oder gleichseitig ist.

5 Mittenviereck

a) Zeigen Sie, dass die gegenüberliegenden Seiten im Mittenviereck gleich lang sind.

b) Der Punkt D des Vierecks wird in D(−4|8) verändert. Sind auch dann noch die gegenüberliegenden Seiten des Mittenvierecks gleich lang?

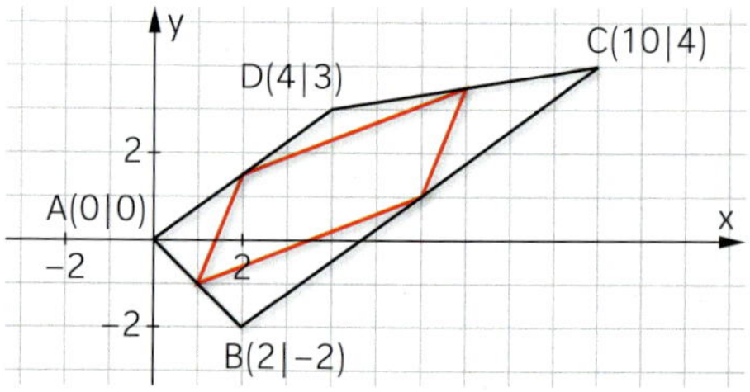

6 Diagonalen

a) Von einem Quader sind die Eckpunkte A(6|2|1), B(6|8|1), C(2|8|1), D(2|2|1) und E(6|2|4) bekannt. Bestimmen Sie die Koordinaten der restlichen Punkte und zeichnen Sie den Quader in ein Koordinatensystem.

b) Welche der Strecken $\overline{DM}$ oder $\overline{BG}$ ist länger? Schätzen und berechnen Sie.

c) Im Schrägbild sieht es so aus, als ob die Strecken $\overline{DM}$ und $\overline{BG}$ parallel sind. Kann das sein?

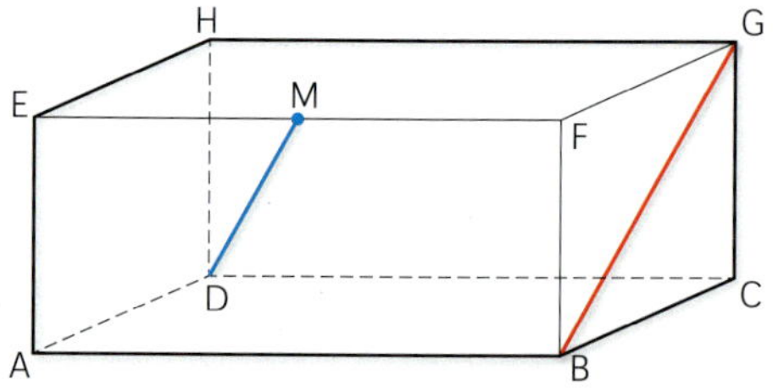

M ist der Mittelpunkt der Strecke $\overline{EF}$.

7 Punkte im Würfel

a) Zeichnen Sie einen Würfel ABCDEFGH mit der Kantenlänge 6 so in ein Koordinatensystem, dass alle Kanten parallel zu den Koordinatenachsen verlaufen und der Mittelpunkt des Würfels der Punkt M(0|0|0) ist.

b) Prüfen Sie, welche der folgenden Punkte auf der Würfeloberfläche, welche innerhalb des Würfels und welche außerhalb des Würfels liegen:
$P_1(4|2|1)$, $P_2(2|0|1)$, $P_3(3|3|1)$, $P_4(0|3|1)$, $P_5(4|5|6)$, $P_6(-1|2|1)$

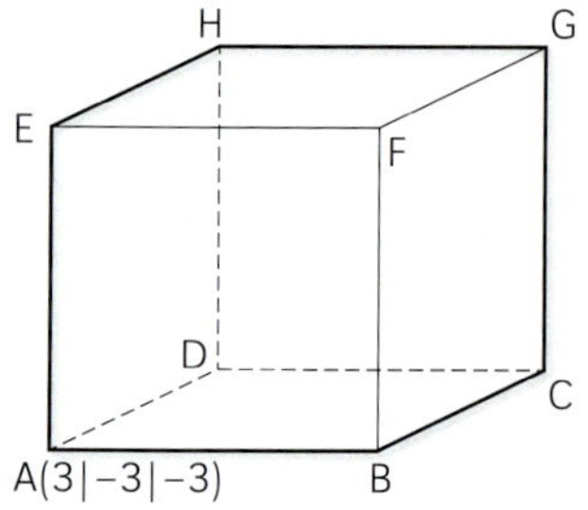

c) Wo liegen die Punkte $Q_1(3|3|-3)$, $Q_2(3|0|-3)$, $Q_3(0|0|3)$ in Bezug auf den Würfel?

Übungen

8 Dachformen

Die Dachformen lassen sich durch die Koordinaten von sechs Punkten im räumlichen Koordinatensystem darstellen.

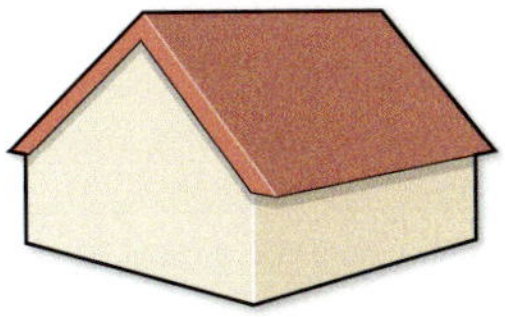
Satteldach

Walmdach

Pultdach

(1) A(2|−3|2); B(2|3|2); C(−2|3|2); D(−2|−3|2); E(0|−2|5); F(0|2|5)

(2) A(2|−3|2); B(2|3|2); C(−2|3|2); D(−2|−3|2); E(2|3|5); F(−2|3|5)

(3) A(2|−3|2); B(2|3|2); C(−2|3|2); D(−2|−3|2); E(0|−3|5); F(0|3|5)

a) Zeichnen Sie die Dächer in ein geeignetes Koordinatensystem.

b) Welche Koordinaten gehören zu welcher Dachform? Begründen Sie.

Exkurs

Zeichnen auf Papier

Bei der Darstellung eines räumlichen Objekts auf einem Blatt Papier stehen nur zwei Dimensionen zur Verfügung. Ziel ist es, durch geschickte Wahl der drei Achsen ein möglichst anschauliches Bild des Objekts zu erzeugen. Dabei kommt es darauf an, in welcher Richtung die Achsen gezeichnet werden. Je nach Situation können unterschiedliche Koordinatensysteme gezeichnet werden, wobei die Kästchen des Karopapiers gut zur Festlegung der Richtungen der Achsen genutzt werden können.

Die Bezeichnungen „2-1-Koordinatensystem" und „1-1-Koordinatensystem" orientieren sich am Einzeichnen der x-Achse im Karopapier.

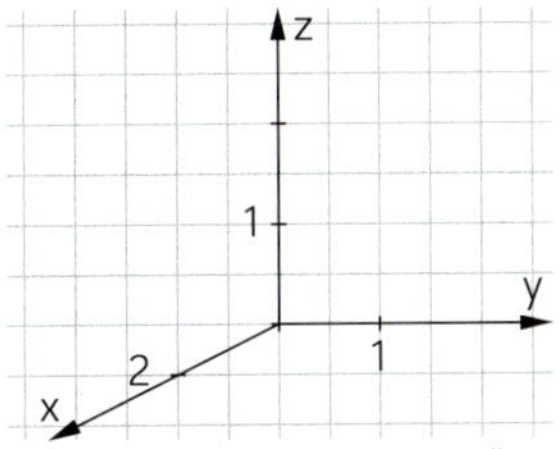

„2-1-Koordinatensystem"

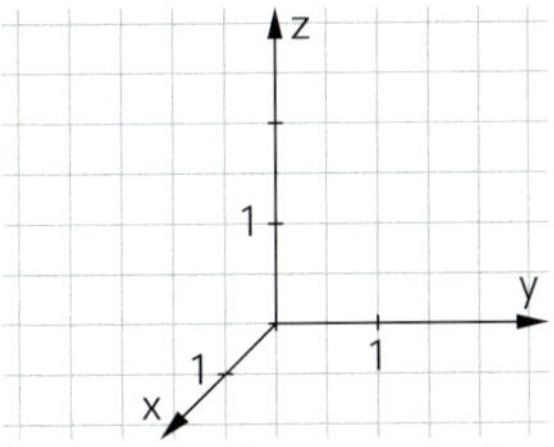

„1-1-Koordinatensystem"

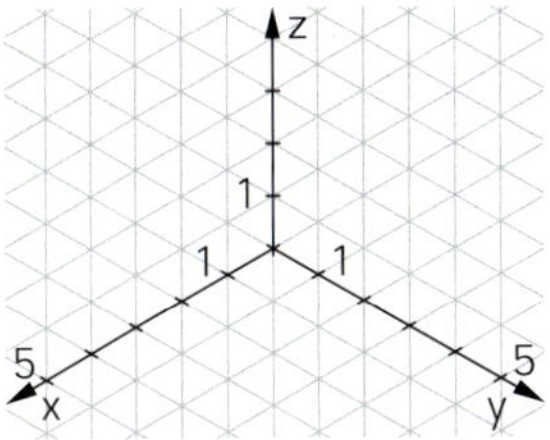

„Isometrisches Koordinatensystem"

Koordinatenweg

Hilfreich beim Einzeichnen eines Punktes P ist der „Koordinatenweg" vom Ursprung des Koordinatensystems bis zum Punkt P:

Für P(2|3|1,5) geht man

- zunächst 2 Einheiten parallel zur x-Achse,
- danach 3 Einheiten parallel zur y-Achse,
- und nun 1,5 Einheiten parallel zur z-Achse.

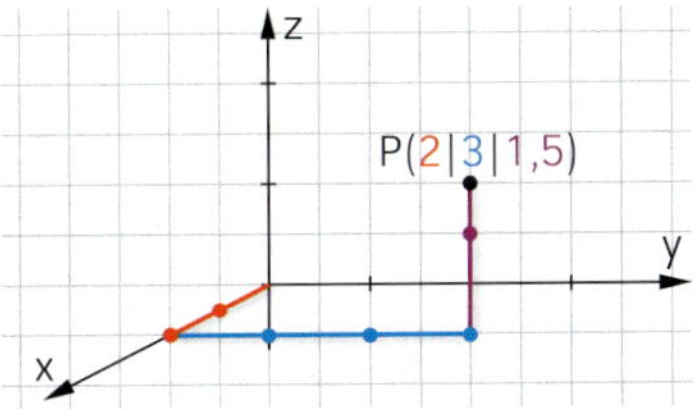

Das Einzeichnen des **Koordinatenquaders** stützt zusätzlich die Anschauung.

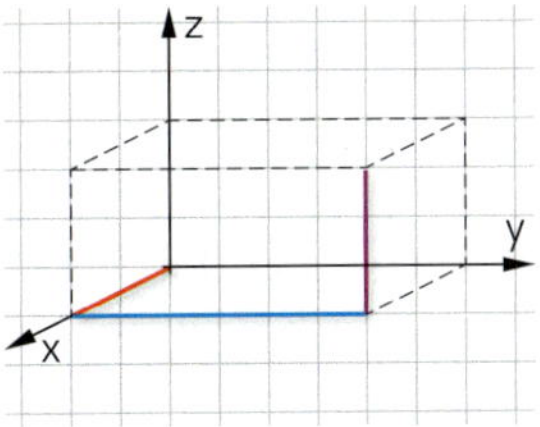

„2-1-Koordinatensystem"

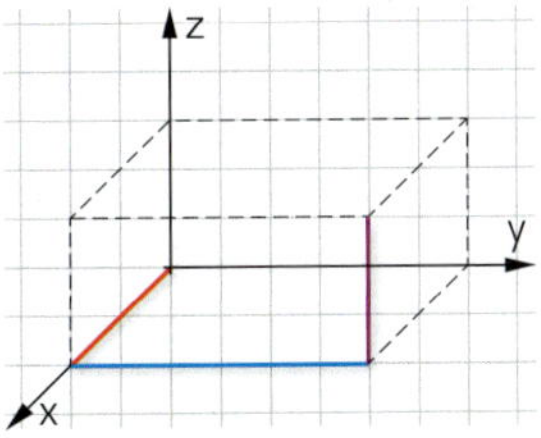

„1-1-Koordinatensystem"

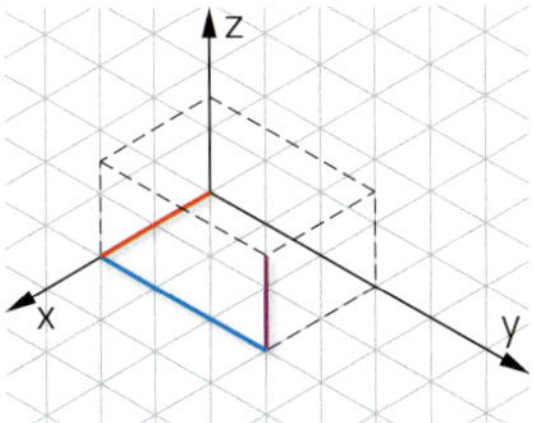

„Isometrisches Koordinatensystem"

Übungen

9 Ablesen von Punkten in einem Schrägbild

a) Paula, Emil und Lara lesen die Koordinaten des eingezeichneten Punktes S ab.
Sie erhalten verschiedene Ergebnisse:
Paula: S(0|−2|9)
Emil: S(8|2|11)
Lara: S(−4|−4|8)
Kann das sein? Zeichnen Sie das Bild in Ihr Heft.
Prüfen Sie durch Einzeichnen der jeweiligen Koordinatenwege.

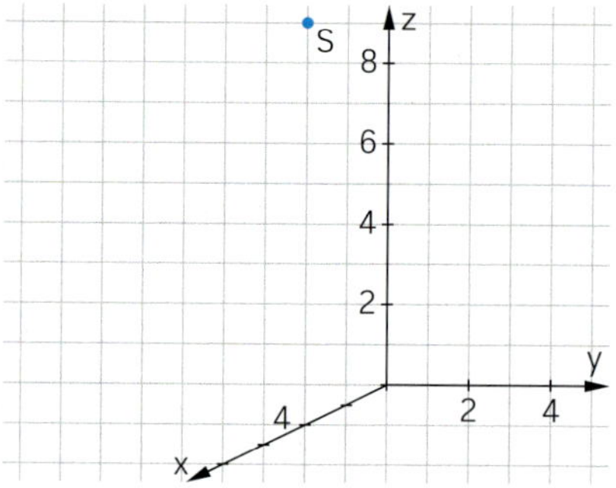

b) Sie erhalten die Zusatzinformation, dass S die Spitze einer quadratischen Pyramide ist. Die Pyramide hat die Höhe 9 sowie die Kante $\overline{AB}$ mit A(4|2|0) und B(−4|2|0). Lassen sich nun die Koordinaten der Spitze S eindeutig bestimmen?

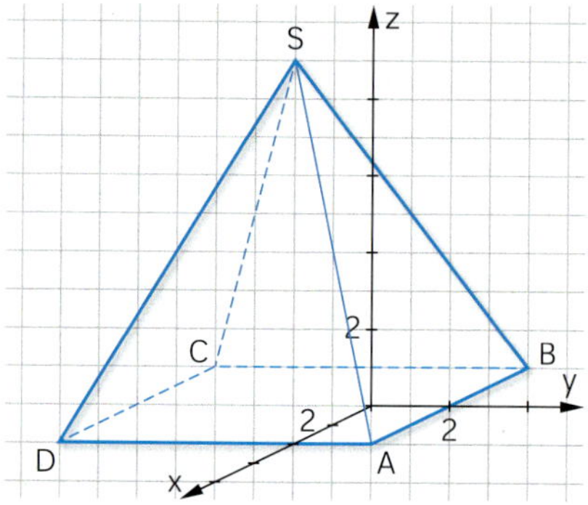

c) Der eingezeichnete Punkt A könnte auch die Koordinaten A(0|0|−1) haben. Bestätigen Sie dies durch Einzeichnen des Koordinatenweges. Versuchen Sie, dazu passende Punkte B, C, D und S für eine quadratische Pyramide zu bestimmen.
Halten Sie Ihre Beobachtungen in einem Bericht fest (zum Beispiel unter dem Thema *„Traue keinem Schrägbild“*).

Exkurs

DESCARTES-Lexikon – Verbindung zwischen Geometrie und Algebra

Die Analytische Geometrie ist geprägt durch das Zusammenspiel von Geometrie und Algebra.
Dabei werden geometrische Sachverhalte mithilfe der Sprache der Algebra beschrieben.
Ein wesentliches Hilfsmittel ist das Koordinatensystem, in dem sich Punkte und geometrische Objekte mithilfe von Zahlen, den Koordinaten, beschreiben lassen.

In der Mittelstufe haben Sie bereits in unterschiedlichen Zusammenhängen Verbindungen zwischen Geometrie und Algebra kennengelernt.

Der französische Mathematiker und Philosoph RENÉ DESCARTES (1596 – 1650) wird als Begründer der Analytischen Geometrie angesehen.

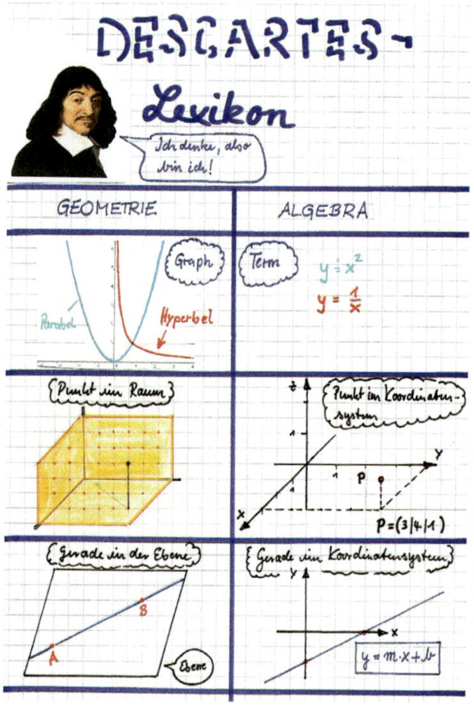

Übungen

10 DESCARTES-Lexikon

a) Je zwei der abgebildeten Karten bilden ein Paar Geometrie – Algebra.
Finden Sie die Paare und ergänzen Sie damit das DESCARTES-Lexikon.

(A) *Senkrechte Geraden*

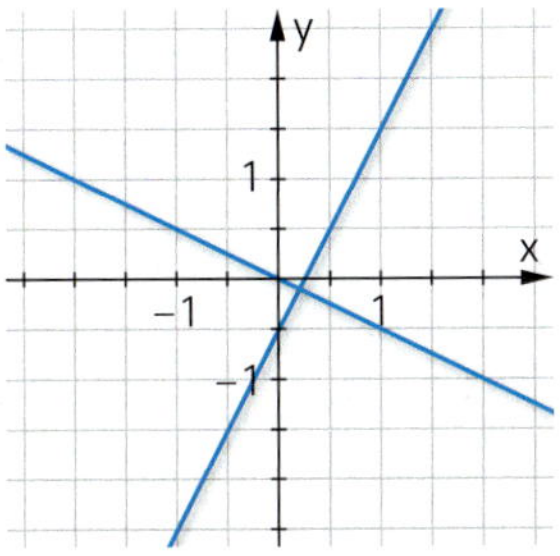

(B) *Abstand eines Punktes P vom Koordinatenursprung*

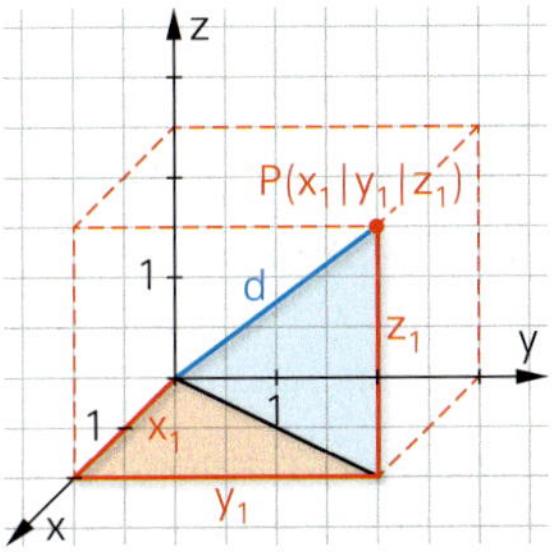

(C) *Kreis mit Mittelpunkt M(0|0) und r = 4*

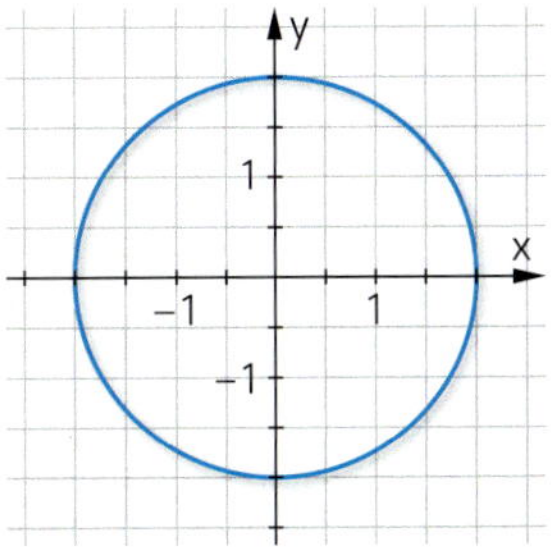

(1) $d = \sqrt{x_1^2 + y_1^2 + z_1^2}$

(2) $x^2 + y^2 = 4$

(3) $y_1(x) = 2x - 0{,}5$
$y_2(x) = -0{,}5x$
$m_1 = -\frac{1}{m_2}$

b) Ergänzen Sie das DESCARTES-Lexikon durch weitere Beispiele.

11 **Punktmengen – geometrisch und algebraisch**

Ordnen Sie den geometrischen Beschreibungen die algebraische Beschreibung zu.

(A)
yz-Ebene

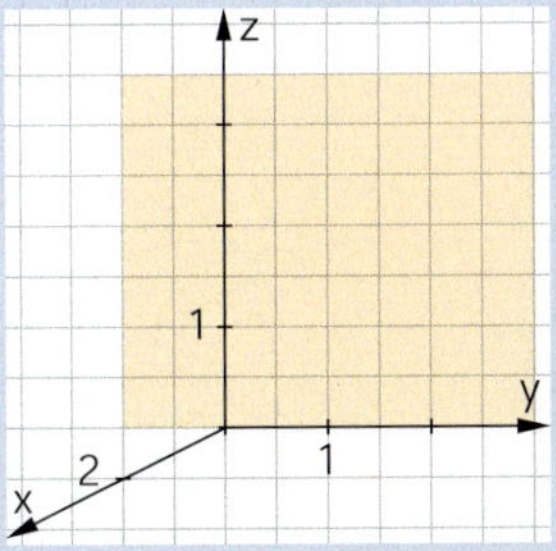

(B)
Ebene parallel zur yz-Ebene durch den Punkt (2|0|0)

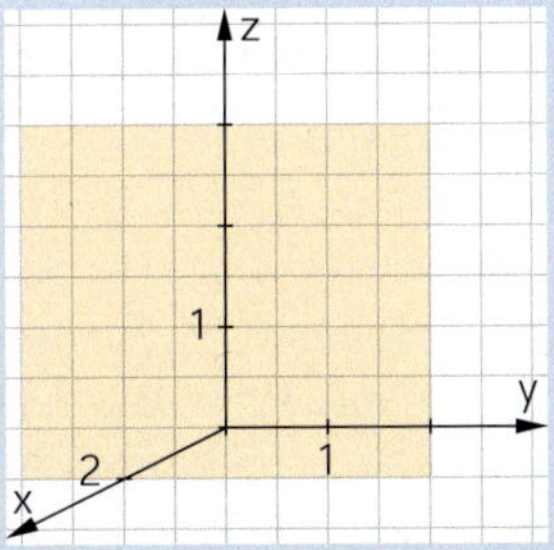

(1)
Alle Tripel (x|1|2) mit x aus ℝ

(2)
Alle Tripel (0|0|z) mit z aus ℝ

(C)
z-Achse

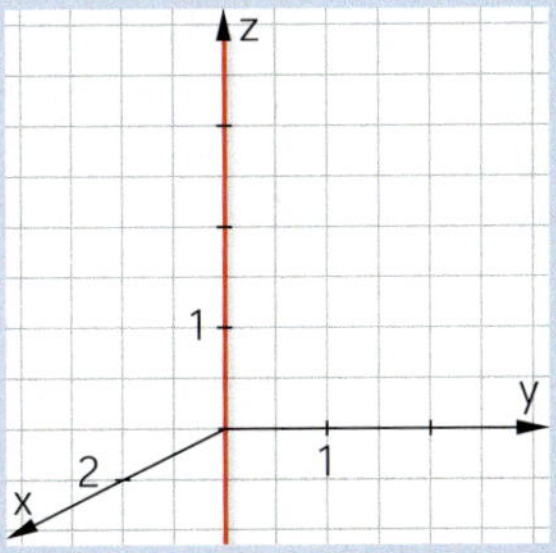

(D)
Parallele zur x-Achse durch den Punkt (0|1|2)

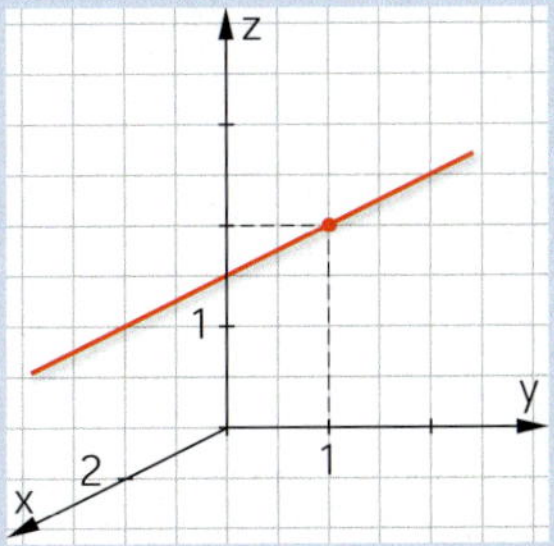

(3)
Alle Tripel (2|y|z) mit y und z aus ℝ

(4)
Alle Tripel (0|y|z) mit y und z aus ℝ

Übungen

12 **Spiegeln in der Ebene**

Wie kann man mit Koordinaten eine Spiegelung beschreiben?
Spiegeln Sie das Dreieck ABC mit A(2|1), B(5|0,5) und C(3|4)
- an den Koordinatenachsen,
- am Ursprung,
- an der Winkelhalbierenden des ersten Quadranten.

Bestimmen Sie jeweils die Koordinaten der Bildpunkte und zeichnen Sie die Bilddreiecke.

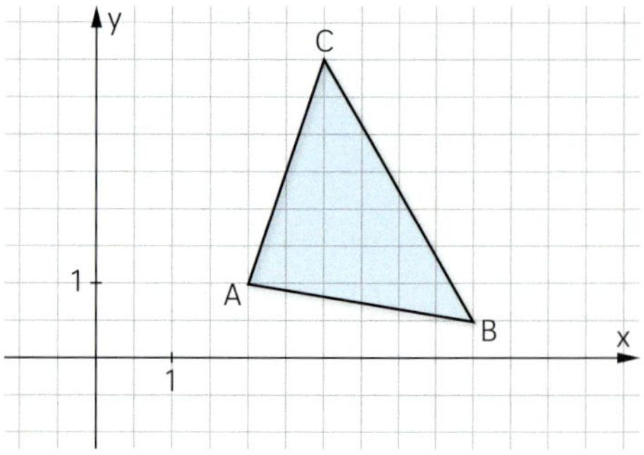

13 **Spiegeln im Raum**

Durch Spiegeln an der yz-Ebene wird der Punkt P(4|3|2) auf den Punkt P_1(−4|3|2) abgebildet. Bestimmen Sie jeweils die Koordinaten der Bildpunkte von P bei Spiegelungen an den Koordinatenebenen, an den Koordinatenachsen sowie am Ursprung und zeichnen Sie diese in ein Koordinatensystem.

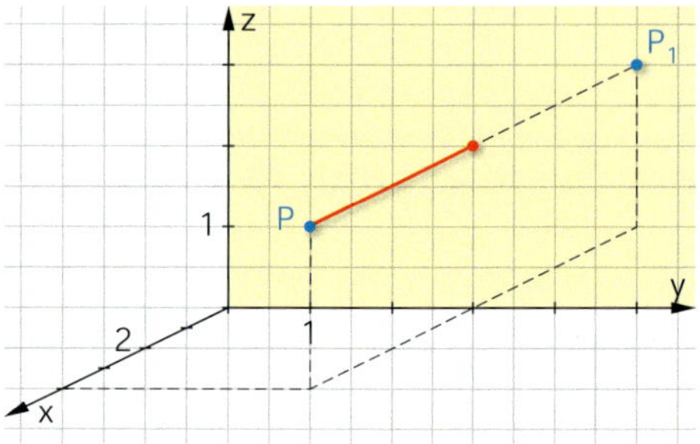

14 **Spiegeldreiecke**

Das gleichseitige Dreieck ABC mit A(4|0|0), B(0|4|0), C(0|0|4) wird an den drei Koordinatenebenen, den drei Koordinatenachsen sowie am Ursprung gespiegelt.
Die Spiegelung des Dreiecks ABC an der xz-Ebene ergibt das Dreieck AB_1C mit den Bildpunkten A(4|0|0), B_1(0|−4|0), C(0|0|4).
Geben Sie die weiteren Spiegeldreiecke an. Wie viele Punkte ergeben sich insgesamt? Welcher „schöne“ Körper wird durch die acht Dreiecke begrenzt?

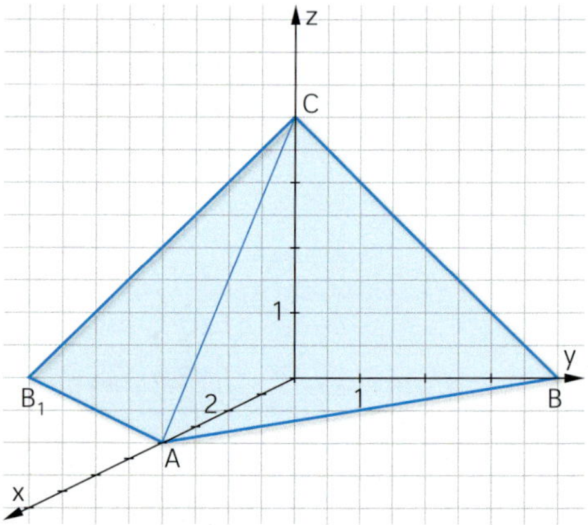

Grundwissen

1. Vereinfachen Sie den Term und bestimmen Sie die 1. Ableitung:
   $f(x) = (2x - 1) \cdot (x + 3)$
2. Der Punkt P liegt auf der Geraden $f(x) = \frac{3}{4}x$.
   Skizzieren Sie dazu zwei nicht kongruente Steigungsdreiecke mit P als Eckpunkt.
   a) Was haben die beiden Steigungsdreiecke gemeinsam?
   Wie ist jeweils das Längenverhältnis der Katheten der Steigungsdreiecke?
   b) Bestimmen Sie den Abstand des Punktes P(8|f(8)) bzw. P(a|f(a)) vom Ursprung.
3. Wie breit ist ein Rechteck, wenn es 5,5 cm lang ist und einen Umfang von 25 cm hat?
4. Lösen Sie das Gleichungssystem: $\begin{matrix} y - 2x = -3 \\ y + 3x = 2 \end{matrix}$

Projekt Ebene Würfelschnitte

A Unterschiedliche Schnittflächen

Ein ebener Schnitt durch einen Würfel zerlegt diesen in zwei Teile. Welche geometrischen Formen weisen die Schnittflächen auf? Welche Schnittflächen entstehen, wenn der Schnitt senkrecht zur Raumdiagonalen erfolgt? Zeichnen Sie diese Schnittflächen in ein Schrägbild. Vergleichen Sie den Umfang und den Flächeninhalt der verschiedenen Formen. Gibt es Schnittflächen mit maximalen Werten?

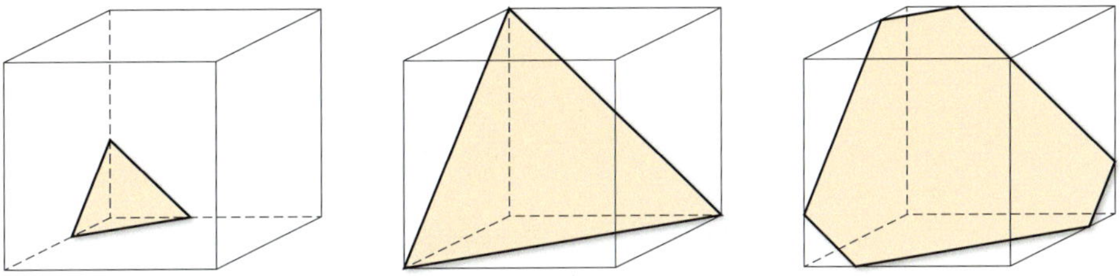

B Würfelhalbierungen

Suchen Sie nach ebenen Würfelschnitten, die den Würfel in zwei volumengleiche Teile zerlegen.
Welche Schnittflächen kommen vor, welche besonderen Eigenschaften haben diese?
Sind die entstehenden Teilkörper immer kongruent zueinander?
Welche der gefundenen Schnittflächen haben den größten oder kleinsten Umfang?
Welche haben den größten oder kleinsten Flächeninhalt?

An einem halb mit Flüssigkeit gefüllten Plexiglaswürfel lässt sich sehr gut experimentieren.

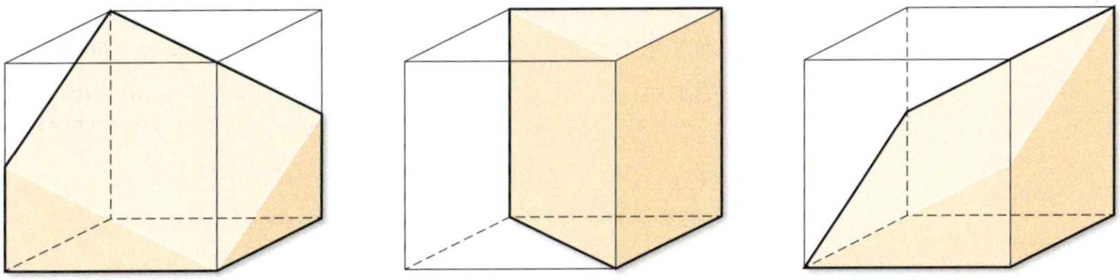

5.2 Bewegen im Raum – Vektoren

Aufgaben

1 Eine Spinne auf der Jagd

In einer Ecke eines quaderförmigen Kartons (8 dm × 12 dm × 4 dm) sitzt eine Spinne und in der gegenüberliegenden Ecke ein Käfer. Um zum Käfer zu gelangen, muss die Spinne, da sie nicht fliegen kann, über die Innenflächen bzw. -kanten des Kartons laufen. Zur Beschreibung möglicher Wege wird ein Koordinatensystem verwendet, dessen Ursprung in der „Spinnenecke" liegt und in dem sich der Käfer im Punkt G(8|12|4) befindet. Jedes Wegstück lässt sich dann durch die Positionsänderungen bezüglich der drei Koordinatenrichtungen beschreiben.

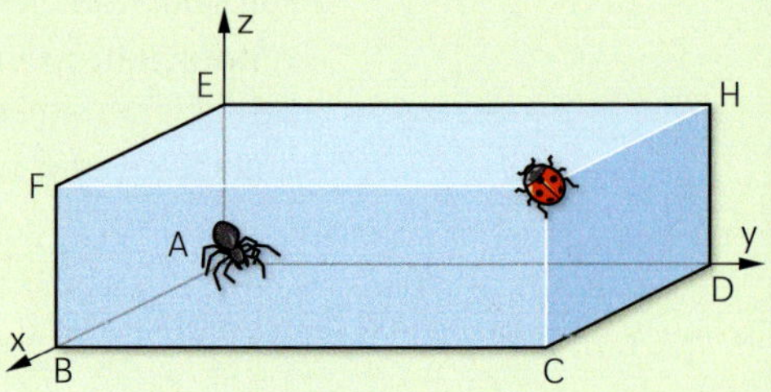

	A(0|0|0) → B(8|0|0)	B(8|0|0) → C(8|12|0)	C(8|12|0) → G(8|12|4)
$\begin{pmatrix} \text{Änderung in x-Richtung} \\ \text{Änderung in y-Richtung} \\ \text{Änderung in z-Richtung} \end{pmatrix}$	$\begin{pmatrix} 8 \\ 0 \\ 0 \end{pmatrix}$	$\begin{pmatrix} 0 \\ 12 \\ 0 \end{pmatrix}$	$\begin{pmatrix} 0 \\ 0 \\ 4 \end{pmatrix}$

Eine solche Darstellung bezeichnet man als Vektor.

Die Positionsänderung zwischen Anfangs- und Endpunkt ergibt sich dann aus der Summe der einzelnen Änderungen:

$$A(0|0|0) \rightarrow G(8|12|4): \begin{pmatrix} 8+0+0 \\ 0+12+0 \\ 0+0+4 \end{pmatrix} = \begin{pmatrix} 8 \\ 12 \\ 4 \end{pmatrix}$$

Punkte
Ortsvektoren

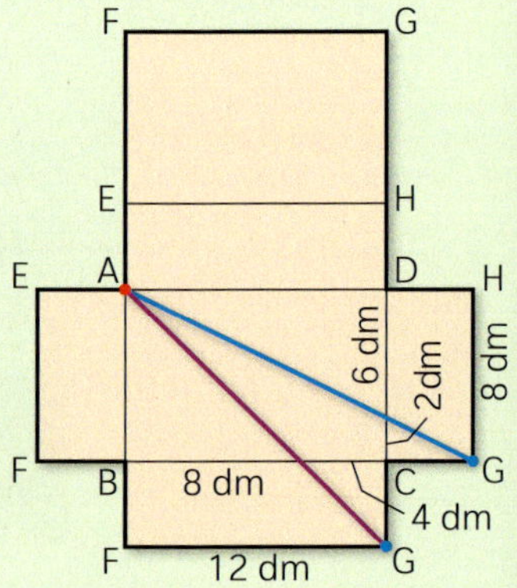

a) Finden Sie weitere Wege und stellen Sie diese mithilfe von Vektoren dar. Lassen Sie die Spinne dabei auch über Flächendiagonalen laufen.

b) In dem dargestellten Netz erkennt man, dass es noch kürzere Wege gibt. Beschreiben Sie die beiden eingezeichneten Wege ebenfalls durch Vektoren.

c) Vergleichen Sie die Längen Ihrer bisherigen Wege. Finden Sie weitere möglichst kurze Wege.

2 Würfelverschiebungen

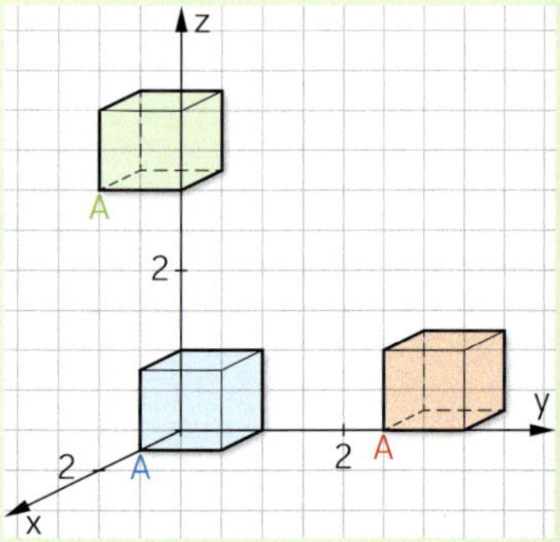

a) Beschreiben Sie die Verschiebung des blauen Würfels in den roten anhand der Ecke A. Wie werden die weiteren Eckpunkte des Würfels verschoben?

b) Geben Sie die Verschiebung des blauen Würfels in den grünen an. Wie wird der grüne Würfel in den roten verschoben?

c) Geben Sie die Verschiebung an, wenn der Punkt A des roten Würfels in den Punkt A'(2|4|3) verschoben wird. Welche Koordinaten haben die anderen Eckpunkte?

Basiswissen Mit Vektoren wird nun ein neues Werkzeug eingeführt, mit dem im Koordinatensystem neben der Lage von Punkten nun auch Bewegungen beschrieben werden können.

Vektoren

Vektoren können als **Verschiebungen** im Raum interpretiert werden.
Sie werden als Zahlentripel in Spaltenform geschrieben.
Die reellen Zahlen v_1, v_2, v_3 heißen **Komponenten des Vektors**.

Der Vektor $\vec{v} = \begin{pmatrix} -2 \\ 1 \\ 3 \end{pmatrix}$ verschiebt Punkte

- um -2 parallel zur x-Achse
- um 1 parallel zur y-Achse
- um 3 parallel zur z-Achse

Der Punkt A(1 | 1 | 3) wird in den Bildpunkt A'(– 1 | 2 | 6) verschoben.

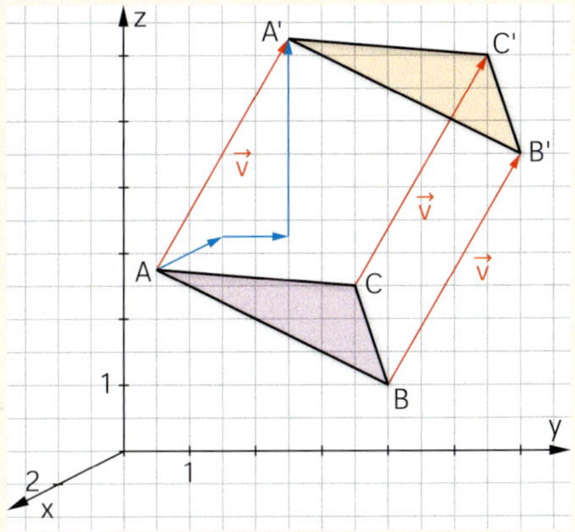

Der Vektor wird durch einen **Pfeil** gekennzeichnet. Pfeile gleicher Länge und gleicher Richtung kennzeichnen denselben Vektor.

Vektoren werden mit kleinen Buchstaben und einem zusätzlichen Pfeil bezeichnet.

Die Pfeile $\overrightarrow{AA'}$, $\overrightarrow{BB'}$ und $\overrightarrow{CC'}$ haben jeweils die gleiche Richtung und die gleiche Länge. Jeder dieser Pfeile kennzeichnet den Vektor

$$\vec{v} = \begin{pmatrix} v_1 \\ v_2 \\ v_3 \end{pmatrix} = \begin{pmatrix} -2 \\ 1 \\ 3 \end{pmatrix}.$$

Vektor aus Punkt und Bildpunkt berechnen

Aus den Koordinaten eines Punktes A(1 | 1 | 3) und seines Bildpunktes A'(– 1 | 2 | 6) können die Komponenten des Vektors (der Verschiebung) berechnet werden.

$$\overrightarrow{AA'} = \begin{pmatrix} a_1' - a_1 \\ a_2' - a_2 \\ a_3' - a_3 \end{pmatrix} = \begin{pmatrix} -1-1 \\ 2-1 \\ 6-3 \end{pmatrix} = \begin{pmatrix} -2 \\ 1 \\ 3 \end{pmatrix}$$

Punkte

Vektoren können auch als **Punkte im Koordinatensystem** interpretiert werden.

Ortsvektoren

Zeichnet man vom Ursprung O des Koordinatensystems einen Pfeil zum Punkt P(– 2 | 1 | 3), so repräsentiert dieser den Vektor $\overrightarrow{OP} = \begin{pmatrix} -2 \\ 1 \\ 3 \end{pmatrix}$.

Gleichzeitig kennzeichnet er auch den Punkt P.

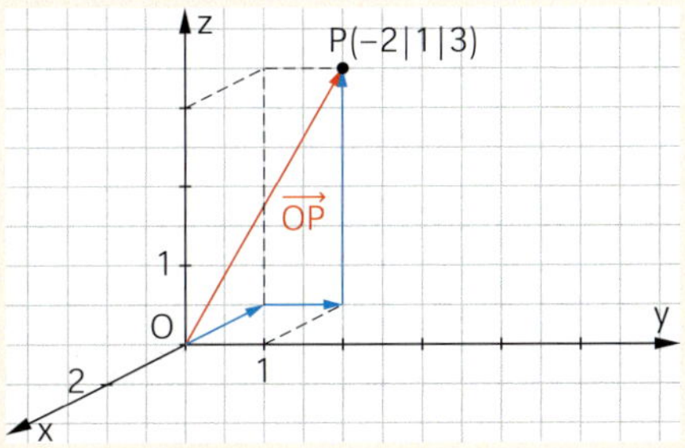

$\overrightarrow{OP}$ wird als **Ortsvektor** des Punktes P bezeichnet.

Beispiele

A Verschieben eines Dreiecks

Das Dreieck ABC wird in das Dreieck DEF verschoben. Geben Sie den Verschiebungsvektor $\vec{v}$ und die Koordinaten der Eckpunkte des Bilddreiecks an, wenn A(2|0|0), B(−2|4|0), C(−2|2|4) und D(2|4|4) ist.

Lösung:
Vektor $\vec{v}$ aus Koordinaten des Punktes A und seines Bildpunktes D berechnen.

$$\vec{v} = \overrightarrow{AD} = \begin{pmatrix} 2-2 \\ 4-0 \\ 4-0 \end{pmatrix} = \begin{pmatrix} 0 \\ 4 \\ 4 \end{pmatrix}$$

Durch Addieren der Komponenten von $\vec{v}$ zu den jeweiligen Koordinaten der Punkte B und C erhält man dann die Bildpunkte: E(−2|8|4) und F(−2|6|8).

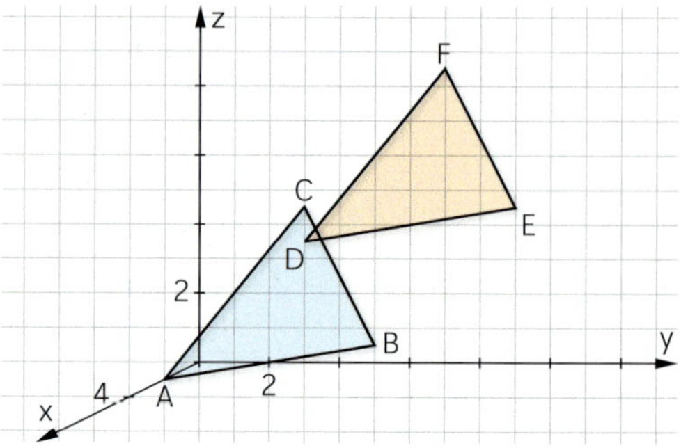

Übungen

3 Dreieck verschieben

Der Verschiebungsvektor $\vec{v} = \begin{pmatrix} 1 \\ -2 \\ 4 \end{pmatrix}$ verschiebt das Dreieck ABC mit A(2|2|1), B(4|1|3) und C(0|4|−1). Geben Sie die Koordinaten der Bildpunkte an.

4 Verschiebungsvektor

a) Das Dreieck ABC mit A(2|2,5|−1), B(6|8,5|1) und C(−2|3,5|0) wird mit dem Vektor $\vec{v}$ verschoben. A hat den Bildpunkt A′(2|1,5|4).
Bestimmen Sie den Verschiebungsvektor $\vec{v}$ und die Bildpunkte B′ und C′.
Zeichnen Sie das durch Urbild- und Bilddreieck entstehende dreiseitige Prisma.

b) Bestimmen Sie aus dem Bilddreieck D′E′F′ mit D′(3|2|0), E′(−4|0|−3) und F′(−3|4|−1) sowie D(5|−2|−3) die Urbildpunkte E und F.

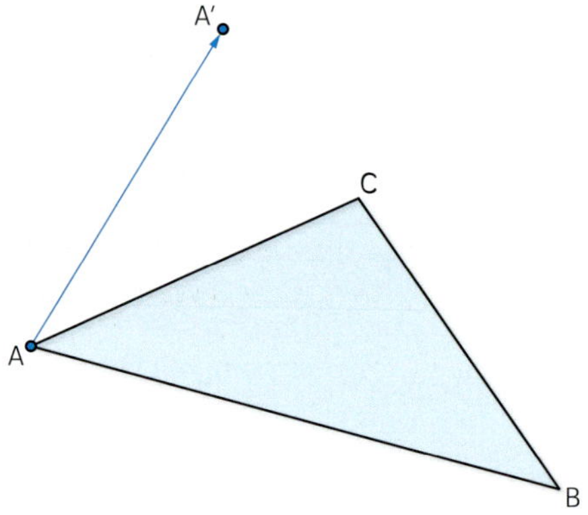

5 Würfelverschiebungen

Der rote Würfel mit der Kantenlänge 4 wurde mehrfach verschoben. Führen Sie ein geeignetes Koordinatensystem ein und beschreiben Sie die Verschiebungen jeweils durch den passenden Vektor.

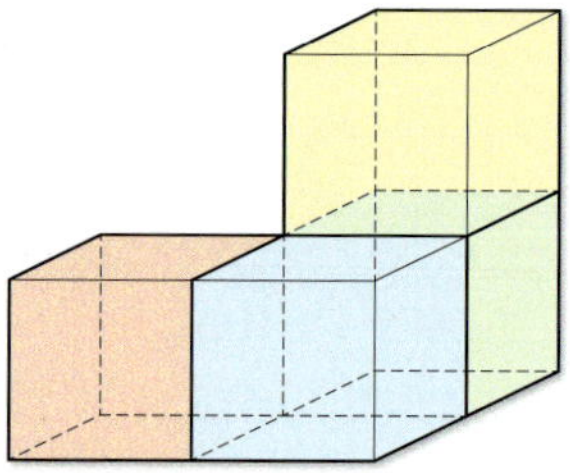

6 Vektoren in Parkettierungen

Viele Parkette entstehen durch Verschiebung derselben Grundfigur(en). Die Grundfiguren entstehen meistens aus einem Rechteck, Quadrat oder Dreieck. Die Abbildung zeigt eine Parkettierung, über die ein Koordinatensystem gelegt wurde. Ermitteln Sie aus der Abbildung verschiedene Verschiebungsvektoren, die sich zur Erzeugung des Parketts eignen.

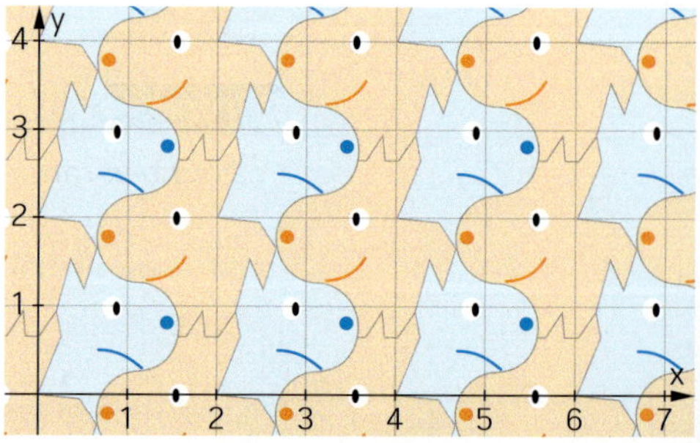

Übungen

7 **Parkett aus gleichseitigen Dreiecken**

Das Parkett lässt sich aus dem Dreieck $A(1\,|\,0)$, $B(3\,|\,0)$ und $C\left(2\,|\,\sqrt{3}\right)$ erzeugen.

a) Zeigen Sie, dass das Dreieck ABC gleichseitig ist.

b) Bestimmen Sie die Koordinaten der eingezeichneten Vektoren. Überlegen Sie, ob man mit diesen Vektoren das Parkett erzeugen kann. Finden Sie noch andere Vektoren, die sich eignen?

c) Bestimmen Sie die Koordinaten der Punkte D, E und F.

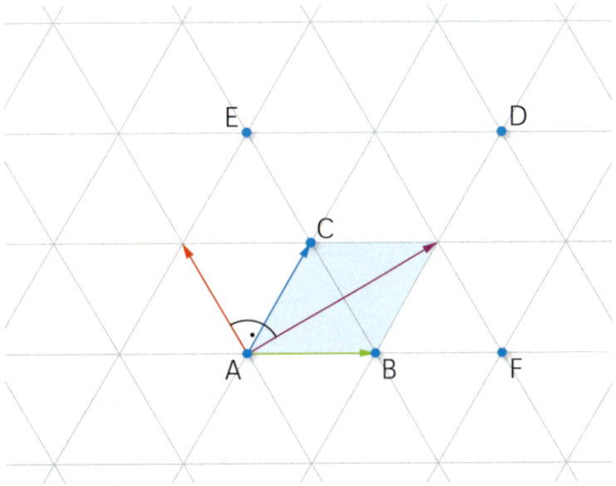

8 **Dreiseitiges Prisma**

Prüfen Sie, ob es sich bei dem nebenstehenden Körper um ein dreiseitiges Prisma handelt.
Geben Sie gegebenenfalls den Verschiebungsvektor an, durch den das Dreieck ABC auf das Dreieck DEF abgebildet wurde.
Welcher Verschiebungsvektor bildet das Dreieck DEF auf ABC ab?

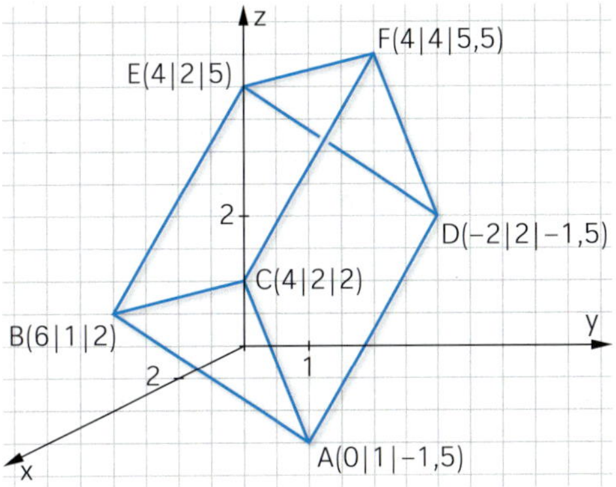

9 **Pfeile für denselben Vektor**

Welche der Pfeile kennzeichnen denselben Vektor?

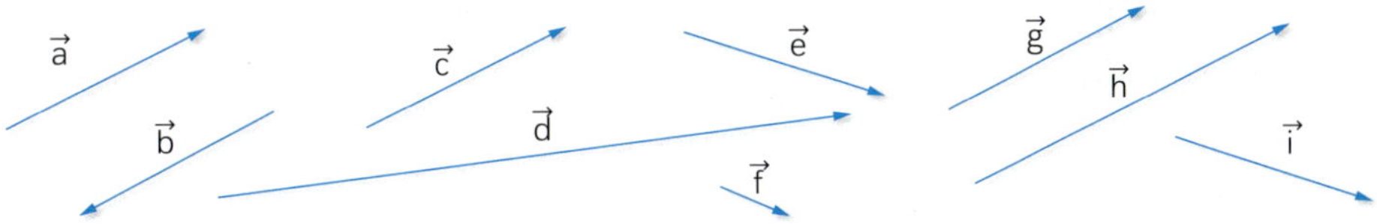

10 **Pfeile in einer Figur**

Zeichnen Sie die Figur ab und tragen Sie Pfeile ein, die jeweils gleiche Vektoren kennzeichnen. Wie viele verschiedene Vektoren finden Sie?

$\overrightarrow{AF} = \overrightarrow{EK}$; $\overrightarrow{IB} = \overrightarrow{KC}$

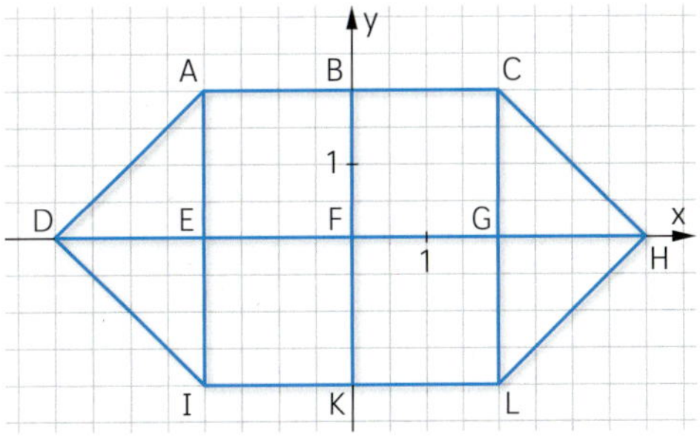

Grundwissen

1. Wie verändern sich der Umfang und der Flächeninhalt eines Rechtecks, wenn dessen Seitenlängen verdoppelt werden?
2. a) Wieviel Liter sind $3\,m^3$?
   b) Geben Sie 32 g in kg an.
   c) Wieviel m/s sind 72 km/h?

Exkurs

Anfänge der Analytischen Geometrie

Sucht man nach den Wurzeln der Analytischen Geometrie, so stößt man auf zwei Namen: René Descartes und Pierre de Fermat. Beide haben sich am Anfang des 17. Jahrhunderts unabhängig voneinander mit geometrischen Problemen befasst und neue Denkwege eingeschlagen. Dabei haben sie – jeder auf eigene Weise – Algebra und Geometrie miteinander verbunden und damit den Grundstein der modernen Analytischen Geometrie gelegt.

René Descartes (1596–1650)
„Cogito ergo sum."
(Ich denke, also bin ich.)

Descartes gilt als Begründer der neuzeitlichen Philosophie. Sein Lebensziel war die Errichtung eines philosophischen Weltsystems, welches logisch aufgebaut sein sollte. Hierbei schienen ihm mathematische Methoden hilfreich. Deshalb befasste er sich intensiv mit mathematischen Fragestellungen. Eine seiner großen Leistungen war es, dass er eine Verbindung zwischen geometrischen Linien und Zahlen suchte.

„... um die Linie zu umfassen, wurde ich mir darüber klar, dass ich diese durch bestimmte Zahlzeichen erklären müsste, ..."

Durch die Einführung einer Einheitsstrecke ordnete er jeder Strecke eine Zahl zu. Damit konnte er dann rechnen. Dies war neu in der Geometrie.

„... und ich werde mich nicht scheuen, diese der Arithmetik entnommenen Ausdrücke in die Geometrie einzuführen, um mich dadurch verständlicher zu machen."

Neben der Einheitsstrecke führte Descartes auch einen Bezugspunkt 0 (Ursprung) und eine Koordinatenachse ein und ordnete jedem Punkt der Ebene zwei Zahlen zu (Koordinate und Entfernung von der Koordinatenachse). In Anlehnung an Descartes spricht man bis heute vom „Kartesischen Koordinatensystem". Eine zweite Koordinatenachse wurde aber erst von Leibniz (1646–1716) eingeführt.
Durch die Charakterisierung von Punkten durch zwei Zahlen gelang Descartes die Beschreibung krummer Linien (Kurven). Galt für jeden Punkt einer Kurve zwischen den beiden Zahlen dieselbe Beziehung, so nannte er diese Beziehung die Gleichung der Kurve.

Pierre de Fermat (1601–1665)

Fermat war von Beruf Jurist. Die Mathematik war für ihn eine Freizeitbeschäftigung. Dabei strebte er die Verbindung antiker und zeitgenössischer Methoden an. Seine geometrischen Untersuchungen begann er mit der Untersuchung von Ortslinien. Darunter versteht man Kurven, die durch bestimmte geometrische Eigenschaften der auf ihnen liegenden Punkte gekennzeichnet sind. Die Ortslinie aller Punkte, die von einem gegebenen Punkt denselben Abstand haben, ist ein Kreis. Die Ortslinie aller Punkte, die zu einer gegebenen Gerade und einem gegebenen Punkt den gleichen Abstand haben, ist eine Parabel.

„Es ist kein Zweifel, dass die Alten sehr viel über Örter geschrieben haben. ... Aber wenn wir uns nicht täuschen, fiel ihnen die Untersuchung der Örter nicht gerade leicht ..... Wir unterwerfen daher diesen Wissenszweig einer besonderen, ihm eigens angepassten Analyse, ..."

Diese Analyse bestand darin, Örter (Ortslinien) durch Gleichungen zu beschreiben. Dabei fiel Fermat auf, dass man zu jeder Gleichung mit zwei unbekannten Größen eine Kurve finden kann.

„Sobald in einer Schlussgleichung zwei unbekannte Größen auftreten, hat man einen Ort, ... Die Gleichungen kann man aber bequem versinnlichen, wenn man die beiden unbekannten Größen in einem gegebenen Winkel (den wir meist gleich einem Rechten nehmen) aneinandersetzt."

Mit dem Aneinandersetzen der beiden Größen ist das Darstellen von Punkten in einem Koordinatensystem gemeint. Auch Fermat bediente sich also eines von ihm erdachten Koordinatensystems.

5.3 Rechnen mit Vektoren

Aufgaben

1 **Körper im dreidimensionalen Koordinatensystem**

Die Punkte A (2|3|0), B (6|7|2), D (4|−1|4) und E (−2|5|4) bilden eine Ecke eines Würfels im Raum.

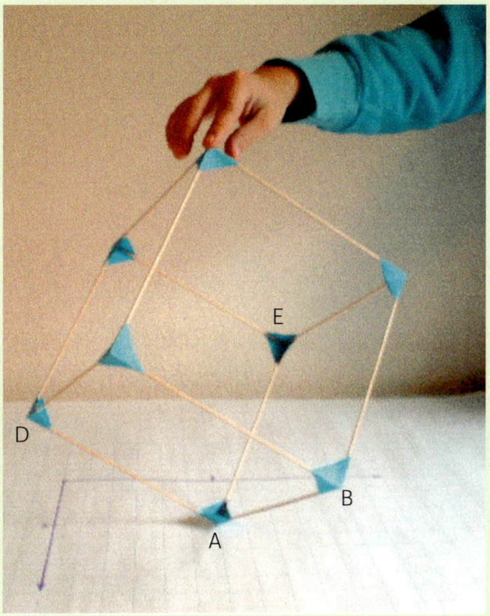

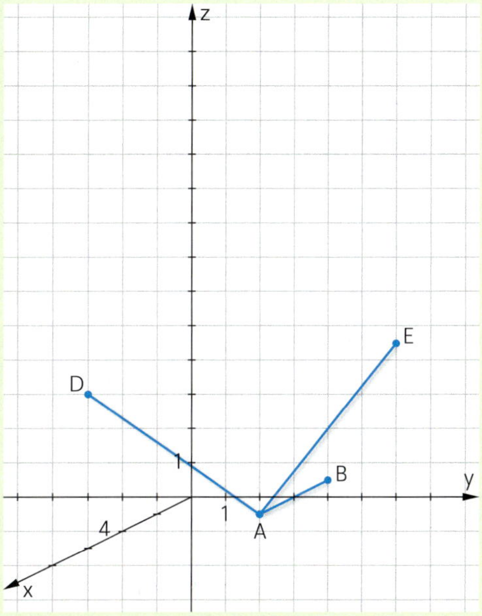

a) Zeichnen Sie die Punkte A, B, D und E sowie die Kanten $\overline{AB}$, $\overline{AD}$, $\overline{AE}$ im räumlichen Koordinatensystem. Rekonstruieren Sie aus diesen Angaben den Würfel, d. h. bestimmen Sie die Koordinaten der anderen Eckpunkte. Das ist nicht ganz einfach, weil der Würfel „schräg" im Koordinatensystem liegt.
Beschreiben Sie Ihr Vorgehen. Vergleichen Sie mit den Strategien anderer.
Zeichnen Sie den Würfel so, dass deutlich wird, welche Kanten sichtbar und welche verdeckt sind.

b) Beschreiben Sie die Kanten des Würfels mit Vektoren.

2 **Vektorzüge im Raum**

Auf den Ursprung werden nacheinander die Vektoren $\vec{u}$, $\vec{v}$ und $\vec{w}$ angewendet.

$\vec{u} = \begin{pmatrix} -1 \\ 2 \\ -2 \end{pmatrix}$; $\vec{v} = \begin{pmatrix} 2 \\ 1 \\ 2 \end{pmatrix}$; $\vec{w} = \begin{pmatrix} 1 \\ 4 \\ -1 \end{pmatrix}$

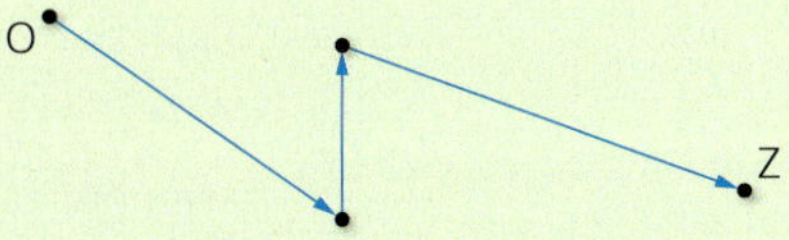

a) Welche Koordinaten hat der Endpunkt Z? Durch welchen Vektor kommt man von O(0|0|0) direkt zum Endpunkt Z?

b) Welche Koordinaten hat der Endpunkt Y, wenn Vektor $\vec{u}$ verdoppelt wird? Erstellen Sie auch eine Skizze. Welche Koordinaten hat der Endpunkt, wenn $\vec{v}$ verdreifacht wird?

c) Bei welcher Reihenfolge der Vektoren $\vec{u}$, $\vec{v}$, $\vec{w}$ erhält man nacheinander die Zwischenpunkte: (2|1|2), (3|5|1) und (2|7|−1)?

d) Vergleichen Sie die Länge der Vektorzüge aus a) und c).

e) Wenden Sie die Vektoren $\vec{u}$, $\vec{v}$, $\vec{w}$ auf den Punkt P(1|−2|3) an. Welche Koordinaten hat nun der Endpunkt Z? Durch welchen Vektor kommt man direkt von P nach Z?

Basiswissen

Mit Vektoren kann man „rechnen“. Da sich die Rechenoperationen mithilfe der Pfeile auch geometrisch interpretieren lassen, gewinnt man damit ein wirkungsvolles Werkzeug zum Darstellen und Lösen geometrischer Probleme.

Rechnen mit Vektoren – algebraisch und geometrisch

algebraisch	geometrisch
Länge eines Vektors Die Länge eines Vektors oder auch der Betrag eines Vektors $\vec{a} = \begin{pmatrix} a_1 \\ a_2 \\ a_3 \end{pmatrix}$ ist $\lvert\vec{a}\rvert = \sqrt{a_1^2 + a_2^2 + a_3^2}$. $\vec{a} = \begin{pmatrix} 4 \\ 5 \\ 2 \end{pmatrix}$; $\lvert\vec{a}\rvert = \sqrt{4^2 + 5^2 + 2^2} = \sqrt{45}$	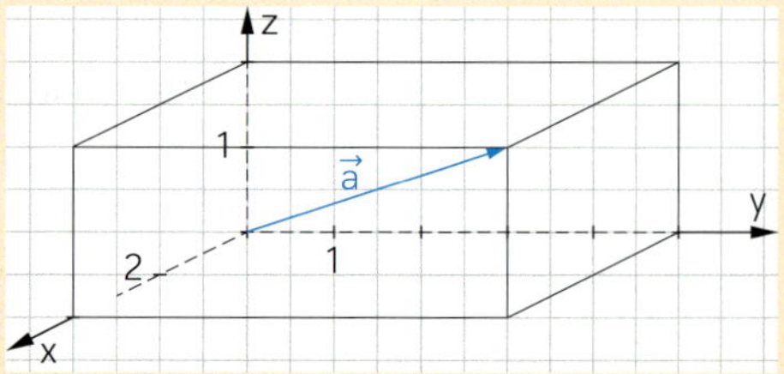
Addition $\vec{a} + \vec{b} = \begin{pmatrix} a_1 \\ a_2 \\ a_3 \end{pmatrix} + \begin{pmatrix} b_1 \\ b_2 \\ b_3 \end{pmatrix} = \begin{pmatrix} a_1 + b_1 \\ a_2 + b_2 \\ a_3 + b_3 \end{pmatrix}$ Die einzelnen Komponenten der beiden Vektoren $\vec{a}$ und $\vec{b}$ werden jeweils addiert. $\begin{pmatrix} -2 \\ 4 \\ 3 \end{pmatrix} + \begin{pmatrix} 3 \\ 2 \\ -1 \end{pmatrix} = \begin{pmatrix} 1 \\ 6 \\ 2 \end{pmatrix}$	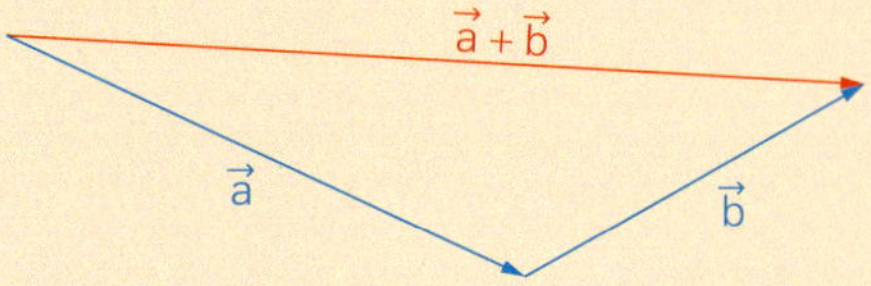Die Pfeile werden aneinandergehängt. Dies entspricht dem Nacheinanderausführen der durch $\vec{a}$ und $\vec{b}$ gegebenen Verschiebungen. Der resultierende Pfeil kennzeichnet den Summenvektor $\vec{a} + \vec{b}$.
S-Multiplikation $s \cdot \vec{a} = s \cdot \begin{pmatrix} a_1 \\ a_2 \\ a_3 \end{pmatrix} = \begin{pmatrix} s a_1 \\ s a_2 \\ s a_3 \end{pmatrix}$; $s \in \mathbb{R}$ Jede Komponete des Vektors $\vec{a}$ wird mit der reellen Zahl s multipliziert. $1{,}9 \cdot \begin{pmatrix} -2 \\ 4 \\ 3 \end{pmatrix} = \begin{pmatrix} -3{,}8 \\ 7{,}6 \\ 5{,}7 \end{pmatrix}$; $(-1{,}2) \cdot \begin{pmatrix} -2 \\ 4 \\ 3 \end{pmatrix} = \begin{pmatrix} 2{,}4 \\ -4{,}8 \\ -3{,}6 \end{pmatrix}$	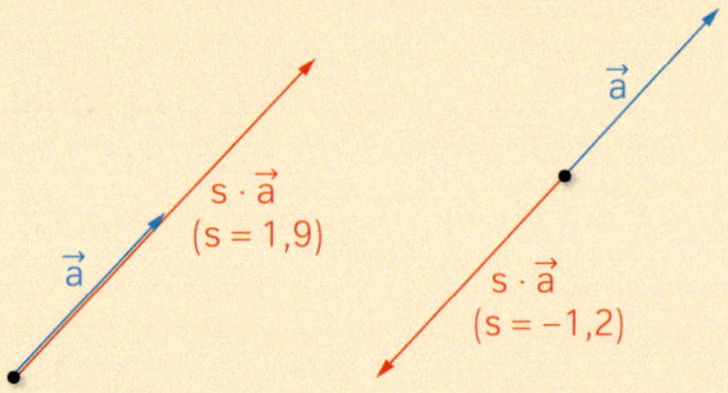Der Pfeil wird auf die s-fache Länge gestreckt. Die Richtung bleibt erhalten. Der Pfeil wird auf die $\lvert s\rvert$-fache Länge gestreckt. Die Richtung wird umgekehrt.
Kollineare Vektoren Zwei Vektoren $\vec{a}$ und $\vec{b}$ sind kollinear, wenn $\vec{b} = s \cdot \vec{a}$ mit $s \in \mathbb{R}$. Man bezeichnet die Vektoren $\vec{a}$ und $\vec{b}$ auch als linear abhängig.	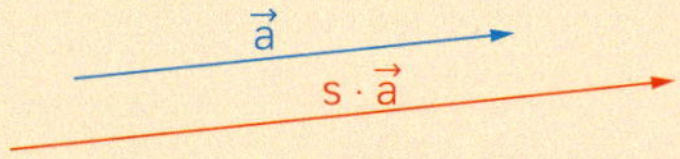Die Vektoren $\vec{a}$ und $s \cdot \vec{a}$ sind zueinander parallel.
Differenzvektor Der Vektor $\overrightarrow{AB}$ lässt sich in der Form $\overrightarrow{AB} = \overrightarrow{OB} - \overrightarrow{OA} = \vec{b} - \vec{a}$ darstellen. A(4|−0,5|3,5); B(2|3|2) $\overrightarrow{AB} = \vec{b} - \vec{a} = \begin{pmatrix} 2 \\ 3 \\ 2 \end{pmatrix} - \begin{pmatrix} 4 \\ -0{,}5 \\ 3{,}5 \end{pmatrix} = \begin{pmatrix} -2 \\ 3{,}5 \\ -1{,}5 \end{pmatrix}$	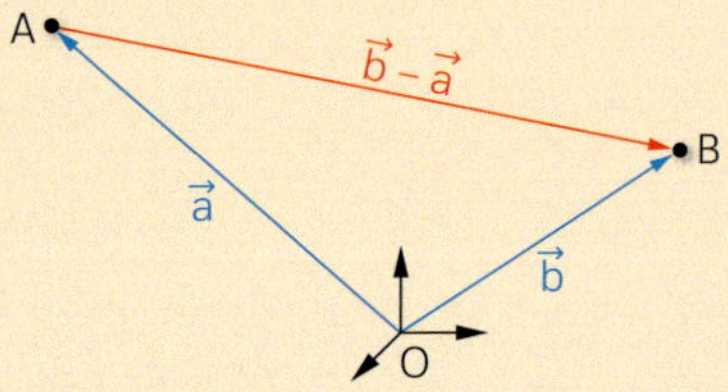

Schreibweise auch $s\vec{a}$

Der Begriff S-Multiplikation kommt aus der Physik. Dort werden reelle Zahlen zur Unterscheidung von Vektoren oft als „Skalare“ bezeichnet.

„Spitze minus Anfang“

Beispiel

A Abstand zweier Punkte mit Vektoren

Bestimmen Sie mit Vektoren den Abstand der Punkte A(2|3|−1) und B(0|6|3).

Lösung:

(1) Differenzvektor aufstellen: $\overrightarrow{AB} = \vec{b} - \vec{a} = \begin{pmatrix} 0 \\ 6 \\ 3 \end{pmatrix} - \begin{pmatrix} 2 \\ 3 \\ -1 \end{pmatrix} = \begin{pmatrix} -2 \\ 3 \\ 4 \end{pmatrix}$

(2) Länge des Differenzvektors bestimmen: $|\overrightarrow{AB}| = \sqrt{(-2)^2 + 3^2 + 4^2} = \sqrt{29}$

Übungen

3 Gleichschenkliges Dreieck

Weisen Sie nach, dass das Dreieck ABC mit A(2|5|7), B(5|−1|4) und C(4|2|6) gleichschenklig ist.

4 Orientierungslauf

Bei einem Orientierungslauf in einem ebenen Gelände werden nach dem Start die einzelnen Stationen in beliebiger Reihenfolge angelaufen.

a) Geben Sie verschiedene Wege an. Beschreiben Sie die Strecken durch Vektoren.
Beispiel für einen Weg:
$\overrightarrow{OA}$, $\overrightarrow{AB}$, $\overrightarrow{BD}$, $\overrightarrow{DF}$, $\overrightarrow{FE}$, $\overrightarrow{EC}$, $\overrightarrow{CO}$

b) Berechnen Sie die Länge der Wege und vergleichen Sie.

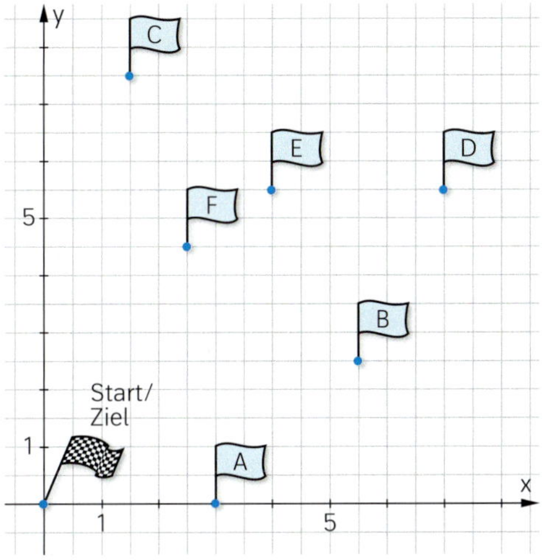

5 Diagonalen im Parallelogramm

Stellen Sie im Parallelogramm OABC die Diagonalen $\overrightarrow{OB}$ und $\overrightarrow{CA}$ mithilfe der Vektoren

$\overrightarrow{OA} = \vec{a} = \begin{pmatrix} 2 \\ 3 \\ 1 \end{pmatrix}$ und $\overrightarrow{OC} = \vec{c} = \begin{pmatrix} -4 \\ 1 \\ 2 \end{pmatrix}$ dar.

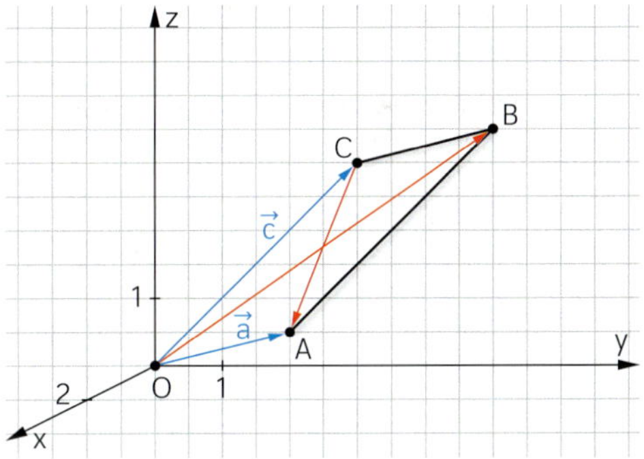

6 Rechnen mit Vektoren im Quader

a) Bestimmen Sie zeichnerisch die folgenden Vektoren.

$\vec{u} = \vec{a} + \vec{c}$

$\vec{v} = \vec{a} + \frac{1}{2}\vec{b}$

$\vec{w} = \vec{a} + \vec{b} + \vec{c}$

$\vec{x} = \vec{a} + \frac{1}{2}\vec{b} + \frac{1}{2}\vec{c}$

$\vec{y} = \frac{1}{2} \cdot (\vec{a} + \vec{b}) + \vec{c}$

$\vec{z} = (\vec{a} + \vec{c}) + (\vec{b} - \vec{a}) - (\vec{b} + \vec{c})$

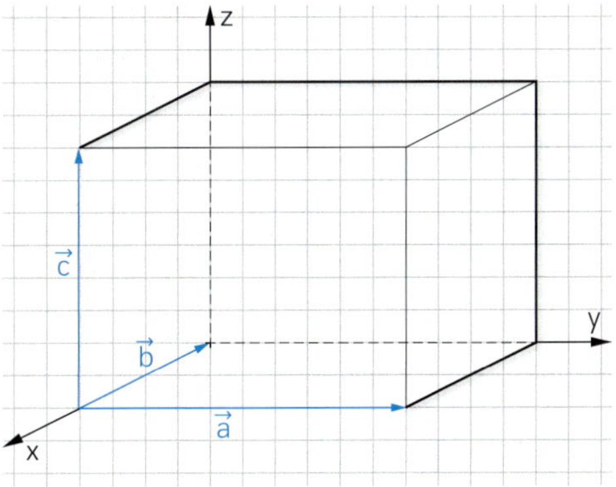

b) Beschreiben Sie die vier Raumdiagonalen des Quaders mithilfe der Vektoren $\vec{a}$, $\vec{b}$ und $\vec{c}$.

Linearkombination (Vektorzug)

algebraisch	geometrisch
Ein Vektor $\vec{x} = r \cdot \vec{a} + s \cdot \vec{b}$ mit $r, s \in \mathbb{R}$ ist eine **Linearkombination** der Vektoren $\vec{a}$ und $\vec{b}$. $2 \cdot \begin{pmatrix} -2 \\ 4 \\ 3 \end{pmatrix} + 0{,}5 \cdot \begin{pmatrix} 3 \\ 2 \\ -1 \end{pmatrix} = \begin{pmatrix} -2{,}5 \\ 9 \\ 5{,}5 \end{pmatrix}$	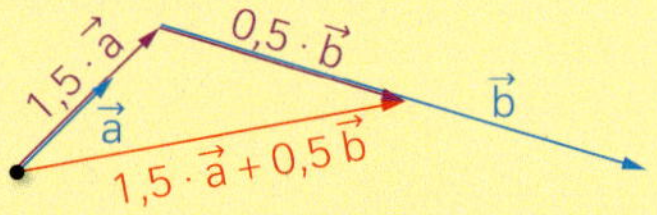 Bei einem **Vektorzug** werden zwei oder mehrere gestreckte Pfeile aneinandergehängt.

Eine Linearkombination kann auch aus mehr als zwei Vektoren gebildet werden.
$\vec{x} = r\vec{a} + s\vec{b} + t\vec{c}$

Besondere Vektoren

$-\vec{a}$: Gegenvektor von $\vec{a}$

Nullvektor $\vec{0} = \begin{pmatrix} 0 \\ 0 \\ 0 \end{pmatrix}$; $\quad -\vec{a} + \vec{a} = \vec{0}$

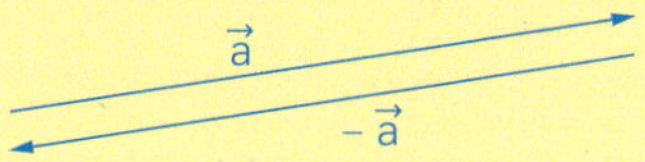

Übungen

7 Mittelpunkt einer Strecke bestimmen

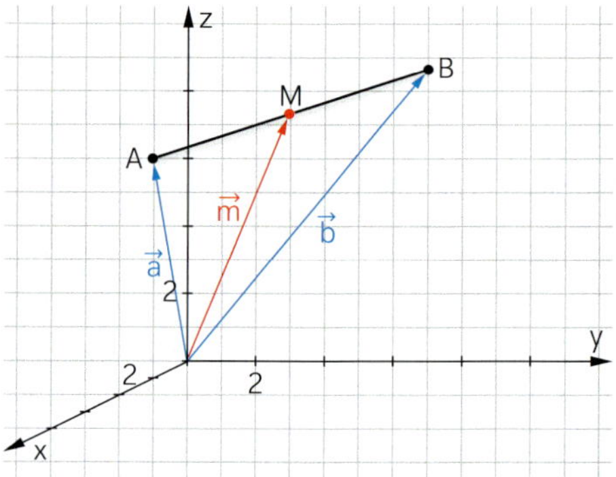

a) Bestimmen Sie den Mittelpunkt M einer Strecke $\overline{AB}$ mit A(8|5|6) und B(4|8|3) indem Sie $\vec{m}$ als Linearkombination (Vektorzug) von $\vec{a}$ und $\vec{b}$ darstellen.

b) In der Formelsammlung finden Sie für den Mittelpunkt M einer Strecke $\overline{AB}$ die Formel $\vec{m} = \frac{1}{2} \cdot (\vec{a} + \vec{b})$

Bestätigen Sie die Formel am Beispiel A(4|1|7) und B(−2|6|8).
Begründen Sie die Formel allgemein zeichnerisch und rechnerisch.

8 Parallele Strecken

Aus der Kongruenzgeometrie ist folgender Satz bekannt:

> *Die Verbindungsstrecke der Mittelpunkte zweier Dreiecksseiten ist stets zur dritten Seite parallel und halb so lang wie diese.*

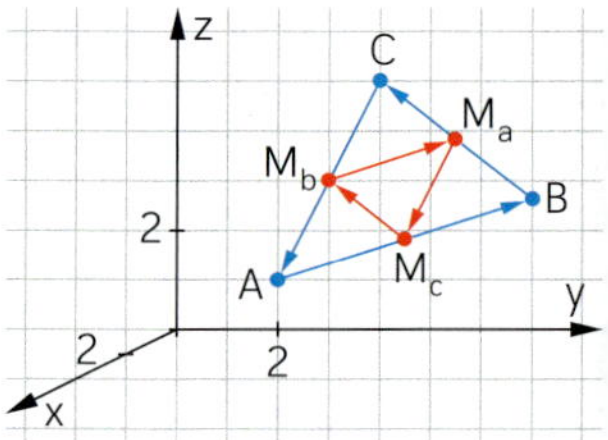

a) Bestätigen Sie diesen Satz für das Dreieck ABC mit A(1|3), B(5|2), C(4|7) mithilfe geeigneter Vektoren.

b) Der Satz gilt auch für ein Dreieck im Raum.
Bestätigen Sie dies im Dreieck ABC mit A(4|4|2), B(2|8|3), C(−4|2|4).

9 Würfel

Die Punkte A(4|5|3), B(8|9|5), D(6|1|7) und E(0|7|7) bilden eine Würfelecke in einem Würfel ABCDEFGH.

a) Bestimmen Sie die Koordinaten der restlichen Punkte des Würfels und stellen Sie die Kanten des Würfels als Vektoren dar.

b) Bestimmen Sie die Kantenlänge und die Länge der Raumdiagonale des Würfels.

Übungen

10 **Quader**

Gegeben sind zwei Körper mit der Grundfläche ABCD und der Deckfläche EFGH. Einer von beiden ist ein Quader, der andere nicht. Entscheiden und begründen Sie.

K_1:	A(0|0|0)	B(4|1|3)	C(6|8|−2)	D(2|7|−5)
	E(−2|2|2)	F(−2|1|4)	G(4|10|0)	H(0|9|−3)
K_2:	A(0|0|0)	B(4|1|3)	C(6|8|−2)	D(2|7|−5)
	E(−2|2|2)	F(2|3|5)	G(4|10|0)	H(0|9|−3)

11 **Spat**

Als Spat (auch Parallelflach oder Parallelepiped) bezeichnet man in der Geometrie einen Körper, der von sechs paarweise kongruenten Parallelogrammen begrenzt wird. Die Bezeichnung Spat rührt vom Kalkspat (Calcit, chemisch: $CaCO_3$) her, dessen Kristalle die Form eines Parallelflachs aufweisen.

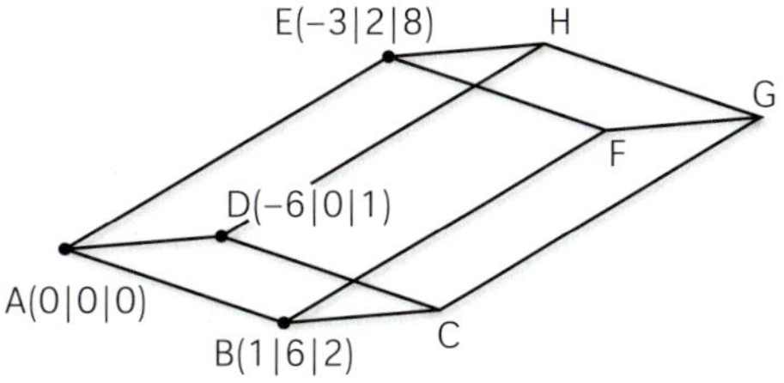

Von einem Spat sind die Eckpunkte A, B, D und E gegeben.
Bestimmen Sie die Koordinaten der anderen Eckpunkte und die Länge der Raumdiagonalen $\overline{AG}$ und $\overline{BH}$.

12 **Spat mit aufgesetzter Pyramide**

Im Spat mit aufgesetzter Pyramide ist F der Mittelpunkt der Strecke $\overline{BS}$.

a) Stellen Sie $\overrightarrow{AC}$, $\overrightarrow{BS}$, $\overrightarrow{SD}$, $\overrightarrow{HS}$, $\overrightarrow{EC}$ jeweils als Linearkombination von $\vec{a}$, $\vec{b}$, $\vec{c}$ dar.

b) Geben Sie zwei Punkte an, deren Verbindungsvektor durch den Vektor $\vec{a} - \vec{b} - \vec{c}$ bestimmt wird.

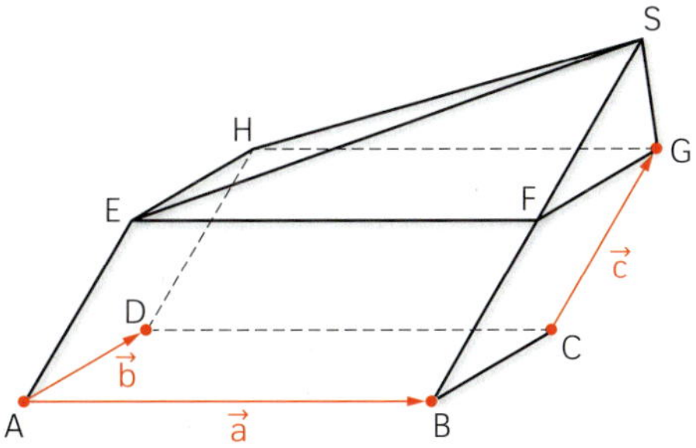

13 **Vierecksbestimmung**

Parallelogramme, Rauten, Rechtecke und Quadrate haben die Eigenschaft, dass sich ihre Diagonalen gegenseitig halbieren, d. h. die Mittelpunkte der Diagonalen stimmen überein.
Weisen Sie nach, dass das Viereck ABCD mit A(0|2|1), B(−1|−1|3), C(1|−2|6) und D(2|1|4) diese Eigenschaft besitzt.
Um welchen der angegebenen Viereckstypen handelt es sich? Begründen Sie.

Tipp
Neben der Bestimmung der Seitenlängen hilft die Bestimmung der Diagonalenlängen.

14 **Parallelogramme**

a) Zeichnen Sie die Punkte A(−2|2), B(2|3) und C(3|−1) in ein Koordinatensystem. Ergänzen Sie einen vierten Punkt so, dass sich ein Parallelogramm ergibt. Wie viele solcher Punkte finden Sie?

Tipp
Fertigen Sie zunächst eine Skizze an.

b) Können Sie die Koordinaten der Punkte aus a) auch rechnerisch bestimmen? Beschreiben Sie Ihr Vorgehen.

c) Gegeben sind die Punkte A(4|2|−1), B(1|2|3) und C(−2|0|4). Bestimmen Sie rechnerisch die Koordinaten aller Punkte, die mit A, B und C ein Parallelogramm bilden.

Werkzeug

CAS: Definieren von Vektoren und rechnen mit Vektoren

Vektoren festlegen

$va:=\begin{bmatrix}2\\3\\-5\end{bmatrix}$ $\quad\begin{bmatrix}2\\3\\-5\end{bmatrix}$

$vb:=\begin{bmatrix}4\\-1\\2\end{bmatrix}$ $\quad\begin{bmatrix}4\\-1\\2\end{bmatrix}$

Variablen sollten sinnvoll bezeichnet werden:
z.B. va für $\vec{a}$
vb für $\vec{b}$

Addition von Vektoren

$va+vb$ $\quad\begin{bmatrix}6\\2\\-3\end{bmatrix}$

Skalarmultiplikation

$2\cdot va$ $\quad\begin{bmatrix}4\\6\\-10\end{bmatrix}$

Länge des Vektors $\vec{a}$

norm(va) $\quad\sqrt{38}$

Differenzvektor $\overrightarrow{AB}$

$vab:=vb-va$ $\quad\begin{bmatrix}2\\-4\\7\end{bmatrix}$

Länge der Strecke $\overline{AB}$

norm$(vb-va)$ $\quad\sqrt{69}$

Übungen

15 Rechnen mit Vektoren

a) Erstellen Sie die Rechenausdrücke aus dem Werkzeugkasten mit Ihrem Rechner.
b) Berechnen Sie den Abstand der Punkte $A(2|-1|4)$ und $B(1|3|-3)$.
c) Erstellen Sie zum Bestimmen des Mittelpunktes einer Strecke das Makro *mitte*.

16 Sechseck im Würfel

Die Eckpunkte des Sechsecks im Würfel sind jeweils Kantenmitten.
Aus der Anschauung können Sie bereits vermuten, welche Seiten parallel sind.
Begründen Sie mithilfe von Vektoren.
Gibt es im Sechseck auch Diagonalen, die zu Seiten des Sechsecks parallel sind? Begründen Sie mithilfe von Vektoren.

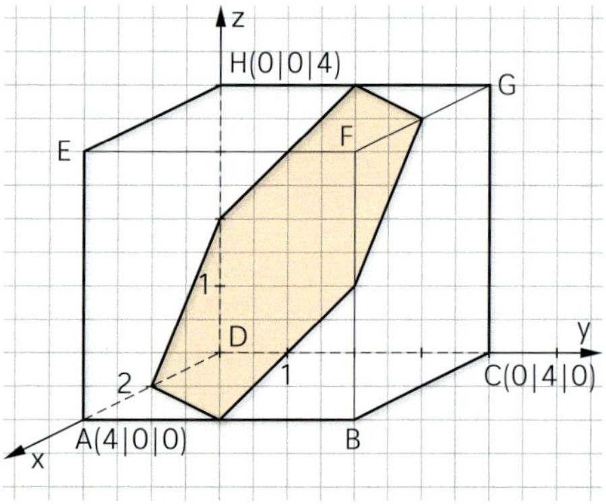

17 Raute oder auch Quadrat?

Zeichnen Sie das Viereck mit den Eckpunkten $A(0|-3|-4)$, $B(-5|0|0)$, $C(0|3|4)$ und $D(5|0|0)$. Weisen Sie nach, dass es eine Raute ist und überprüfen Sie, ob es auch ein Quadrat ist. Für eine der Diagonalen stimmt die Länge der im Schrägbild gezeichneten Strecke mit der realen Länge überein. Zeigen Sie, dass man dies bereits an den Koordinaten der Endpunkte dieser Diagonalen erkennen kann.

18 Sechseck

Gegeben sind die Punkte $A(4|8|0)$, $B(0|8|4)$, $C(0|4|8)$ und $D(4|0|8)$.

Bestimmen Sie rechnerisch zwei Punkte E und F, so dass die Punkte ABCDEF ein Sechseck bilden, bei dem die gegenüberliegenden Seiten jeweils parallel und gleich lang sind.

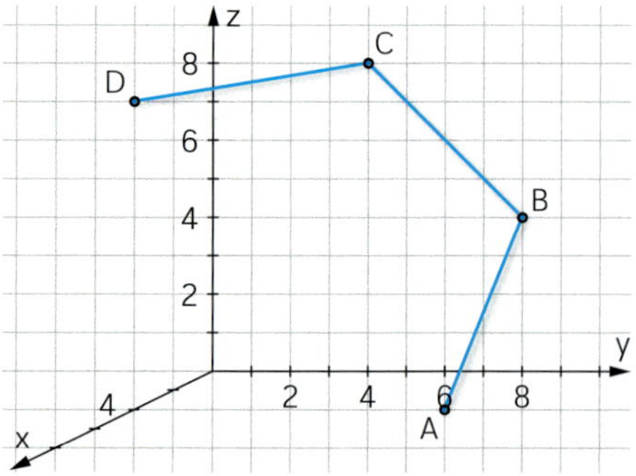

Übungen

Im Folgenden werden geometrische Aussagen mithilfe der Vektorrechnung begründet.

19 Diagonalenschnittpunkt im Parallelogramm

Der Diagonalenschnittpunkt S im Parallelogramm kann mit der Information, dass der Schnittpunkt die Diagonalen halbiert, also mit $\vec{s} = \vec{a} + \frac{1}{2}\left(\overrightarrow{AB} + \overrightarrow{BC}\right)$ bestimmt werden.

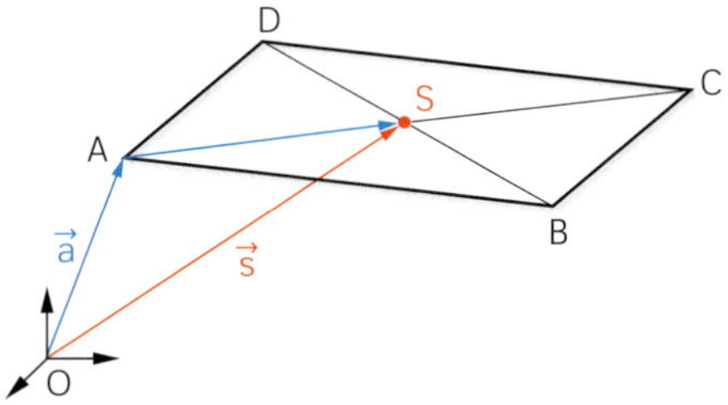

a) Zeichnen Sie das Parallelogramm mit A(1 | 1), B(5 | 2), C(6 | 4) und D(2 | 3). Bestimmen Sie zeichnerisch die Koordinaten des Diagonalenschnittpunktes und bestätigen Sie die Formel am Beispiel.

b) Begründen Sie die Formel mithilfe eines Vektorzuges.

c) Bestimmen Sie die Koordinaten des vierten Punktes des Parallelogramms ABCD mit A(6 | 6 | 6), B(2 | 1 | 0) und C(3 | 4 | 5) sowie die Koordinaten des Diagonalenschnittpunktes.

20 Mittenviereck in der Ebene und im Raum

Mittenviereck in der Ebene

Ein bekannter Satz aus der Geometrie ist der Satz von VARIGNON.

> Satz von VARIGNON
>
> Verbindet man die Mittelpunkte der Seiten eines Vierecks, so entsteht ein Parallelogramm.

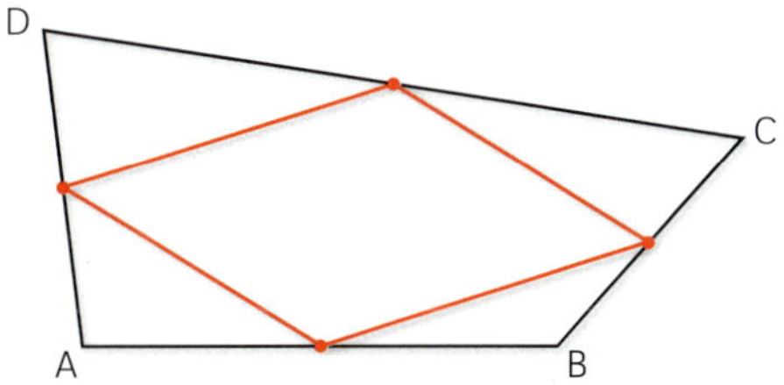

Mit DGS können Sie den Satz bestätigen.

Der Beweis ist mit elementargeometrischen Mitteln nicht ganz einfach. Versuchen Sie mit Ihren Kenntnissen über das Rechnen mit Vektoren, einen Beweis aufzuschreiben.
Beschreiben Sie die Ortsvektoren der Seitenmittelpunkte mit den Vektoren $\vec{a}$, $\vec{b}$, $\vec{c}$ und $\vec{d}$. Zeigen Sie, dass gegenüberliegende Seiten des Seitenmittenvierecks parallel sind.

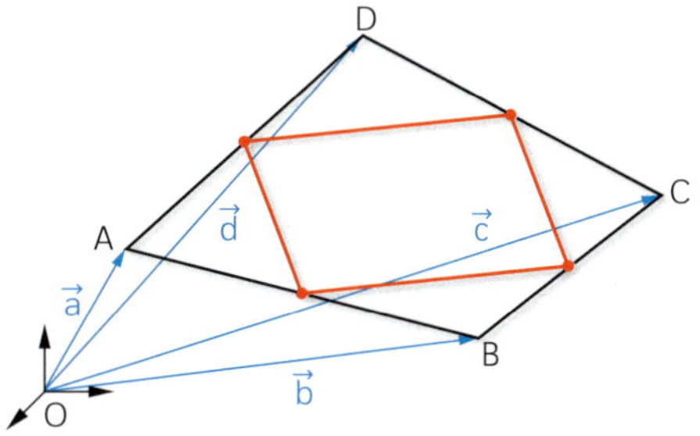

Der Satz von VARIGNON gilt auch für Vierecke im Raum.
Beweisen Sie mithilfe von Vektoren den Satz von VARIGNON für Vierecke im Raum. Überlegen Sie, was Sie am Beweis für das Mittenviereck in der Ebene ändern müssen.

Mittenviereck im Raum

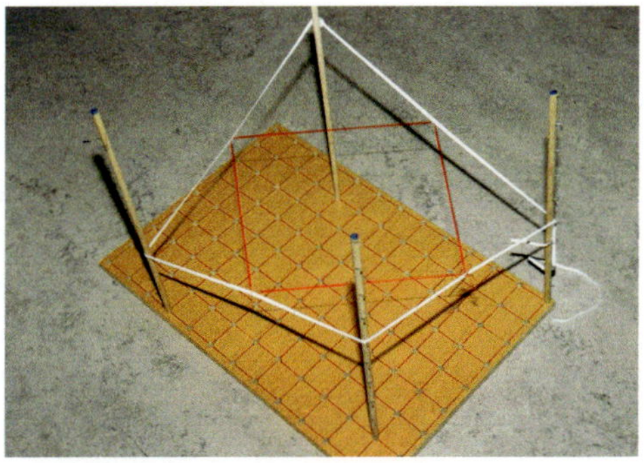

Exkurs

Nachweis von Rechengesetzen für Vektoren

Für das Rechnen mit Vektoren gibt es verschiedene Rechengesetze. Die Rechengesetze lassen sich algebraisch und geometrisch begründen. Gezeigt wird dies am Beispiel des Assoziativgesetzes der Addition: $\left(\vec{a} + \vec{b}\right) + \vec{c} = \vec{a} + \left(\vec{b} + \vec{c}\right)$.

algebraische Begründung

$\left(\vec{a} + \vec{b}\right) + \vec{c}$

$= \left(\begin{pmatrix} a_1 \\ a_2 \\ a_3 \end{pmatrix} + \begin{pmatrix} b_1 \\ b_2 \\ b_3 \end{pmatrix}\right) + \begin{pmatrix} c_1 \\ c_2 \\ c_3 \end{pmatrix}$ Übergang zur Koordinatenschreibweise

$= \begin{pmatrix} (a_1 + b_1) + c_1 \\ (a_2 + b_2) + c_2 \\ (a_3 + b_3) + c_3 \end{pmatrix}$ Definition der Addition

$= \begin{pmatrix} a_1 + (b_1 + c_1) \\ a_2 + (b_2 + c_2) \\ a_3 + (b_3 + c_3) \end{pmatrix}$ Assoziativgesetz für reelle Zahlen

$= \begin{pmatrix} a_1 \\ a_2 \\ a_3 \end{pmatrix} + \left(\begin{pmatrix} b_1 \\ b_2 \\ b_3 \end{pmatrix} + \begin{pmatrix} c_1 \\ c_2 \\ c_3 \end{pmatrix}\right)$ Definition der Addition

$= \vec{a} + \left(\vec{b} + \vec{c}\right)$ Übergang zur Vektorschreibweise

geometrische Begründung

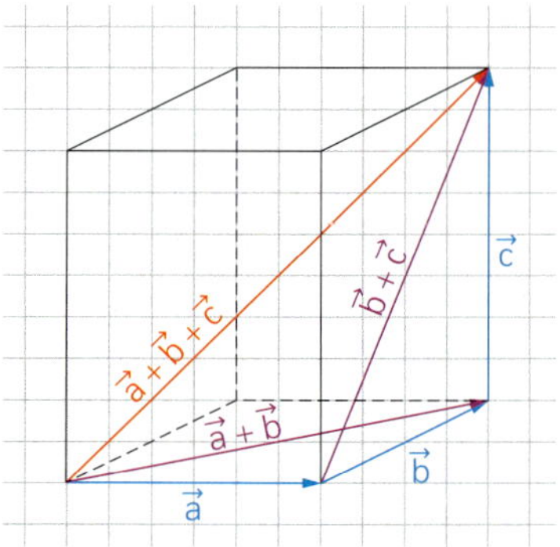

Übungen

Gruppenarbeit
Stellen Sie die Begründungen auf Plakaten zusammen.

Das Multiplikationszeichen steht manchmal für die S-Multiplikation und manchmal für die Multiplikation reeller Zahlen.

21 Begründungen der Rechengesetze für Vektoren

Begründen Sie die Gesetze in Gruppenarbeit. Die Hinweise helfen dabei.

(A) Kommutativgesetz
$\vec{a} + \vec{b} = \vec{b} + \vec{a}$

(B) Gemischtes Assoziativgesetz
$s \cdot \left(t \cdot \vec{a}\right) = (s \cdot t) \cdot \vec{a}$

(C) Erstes Distributivgesetz
$s \cdot \vec{a} + s \cdot \vec{b} = s \cdot \left(\vec{a} + \vec{b}\right)$

(D) Zweites Distributivgesetz
$s \cdot \vec{a} + t \cdot \vec{a} = (s + t) \cdot \vec{a}$

Tipp

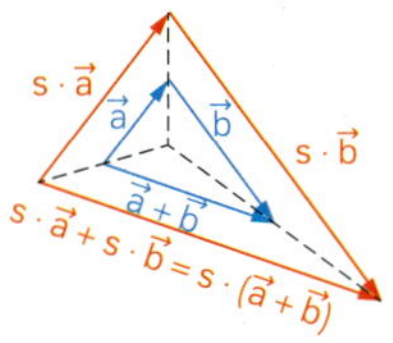

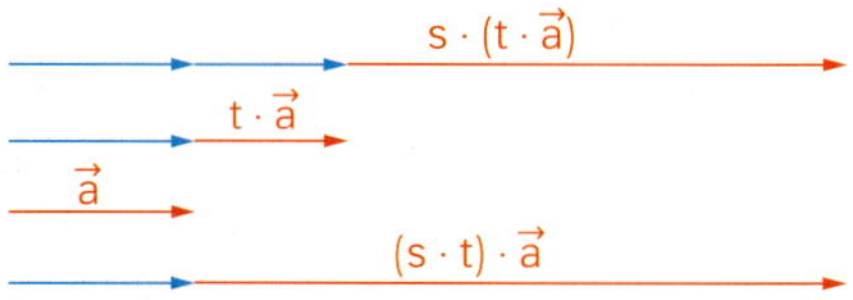

$\vec{a} + \vec{b} = \begin{pmatrix} a_1 \\ a_2 \\ a_3 \end{pmatrix} + \begin{pmatrix} b_1 \\ b_2 \\ b_3 \end{pmatrix} = \begin{pmatrix} a_1 + b_1 \\ a_2 + b_2 \\ a_3 + b_3 \end{pmatrix}$

$s \cdot \vec{a} + t \cdot \vec{a} = s \cdot \begin{pmatrix} a_1 \\ a_2 \\ a_3 \end{pmatrix} + t \cdot \begin{pmatrix} a_1 \\ a_2 \\ a_3 \end{pmatrix} = \begin{pmatrix} s \cdot a_1 + t \cdot a_1 \\ s \cdot a_2 + t \cdot a_2 \\ s \cdot a_3 + t \cdot a_3 \end{pmatrix}$

Grundwissen

1. Gegeben ist die Funktion $f(x) = -x^2 + 2x + 1$. Begründen Sie ohne Rechnung, dass f genau zwei Nullstellen besitzt.
2. Die Seitenlängen eines Rechtecks betragen 4 cm und 5 cm. Wie lang sind die Seiten eines flächeninhaltsgleichen Quadrats?
3. Bei Neugeborenen gilt das Geschlechterverhältnis von „100 zu 105“ (weniger Mädchen als Jungen) als normal. Welche Wahrscheinlichkeit für die Geburt eines Mädchens folgt daraus?
4. Bestimmen Sie alle Lösungen: $3x^2 - 27 = 0$

Exkurs

Die Begründung der modernen Vektorrechnung

Schon 1679 gab Gottfried Wilhelm Leibniz (1646–1716) den Anstoß zur Entwicklung eines Vektorbegriffs:

„Die geometrische Analyse müsste in der Lage sein, die Lage und die Bewegung ihrer Figuren der rechnerischen Formel zugänglich zu machen."

Leibniz selbst verfolgte seine Idee nicht weiter.

Gottfried Wilhelm Leibniz (1646–1716)

Viel später, im Jahr 1844, stellte die Gesellschaft der Wissenschaften in Leipzig zum Gedenken an Leibniz (dieser war in Leipzig geboren) folgende Preisaufgabe:

„Es sind noch einige Bruchstücke einer von Leibniz *erfundenen geometrischen Charakteristik übrig, in welcher die gegenseitigen Lagen der Orte .... unmittelbar durch einfache Symbole bezeichnet und durch deren Verbindung bestimmt werden und die daher von unserer [herkömmlichen] Geometrie gänzlich verschieden sind. Es fragt sich, ob nicht dieser Kalkül wieder hergestellt oder ein ihm ähnlicher angegeben werden kann, was keineswegs unmöglich zu sein scheint."*

Den Preis erhielt 1846 Hermann Günter Grassmann, ein Gymnasiallehrer aus Stettin, der eine entsprechende neue Methode bereits 1839 in seiner Prüfungsarbeit „Theorie von Ebbe und Flut" verwendete und sie 1843 in seinem Werk *„Die lineare Ausdehnungslehre, ein neuer Zweig der Mathematik"* weiter ausarbeitete.

Hermann Günter Grassmann (1809–1877)

„Den ersten Anstoß gab mir die Betrachtung des Negativen in der Geometrie. Ich gewöhnte mich, die Strecken $\overline{AB}$ und $\overline{BA}$ als entgegengesetzte Größen aufzufassen. ... Strecken wurden nicht als bloße Längen aufgefasst, sondern an ihnen zugleich die Richtung festgehalten. So drängte sich der Unterschied auf zwischen der Summe der Längen und zwischen der Summe solcher Strecken, in denen zugleich die Richtung festgehalten war. .... Am Gesetz, dass $\overline{AB} + \overline{BC} = \overline{AC}$ sei, wurde auch dann noch festgehalten, wenn A, B, C nicht in einer geraden Linie lagen. Hiermit war der erste Schritt zu einer Analyse getan, welche in der Folge zu dem neuen Zweig der Mathematik führte, die hier vorliegt."

Durchgängiger Grundgedanke Grassmanns war es, Beziehungen zwischen räumlichen Größen mithilfe algebraischer Beziehungen zu beschreiben. Damit gilt Grassmann als Begründer der modernen Vektorrechnung. Grassmanns Schriften sind allerdings keine leichte Lektüre. Selbst der Geometer Felix Klein (1849–1925) bezeichnete sie als *„schwer zugänglich, fast unlesbar"*. Grassmanns Bemühungen um einen mathematischen Lehrstuhl blieben deshalb auch erfolglos. In einem entsprechenden Gutachten wurde sein Werk als „guter Inhalt in mangelhafter Form" bewertet. Grassmann wandte sich daraufhin enttäuscht von allen mathematischen Studien ab und widmete sich den Sprachwissenschaften, was ihm wesentlich mehr Erfolg einbrachte.

Die mathematischen Leistungen Grassmanns erlangten wissenschaftlich erst spät Anerkennung.
Es waren vor allem Physiker, die in den 80er-Jahren des 19. Jahrhunderts die Vektorrechnung in ihre Vorlesungen aufnahmen. Die Mathematiker taten es ihnen erst zu Beginn des 20. Jahrhunderts gleich.

5.4 Skalarprodukt und Winkel

Aufgaben

1 Orthogonale Vektoren im Raum

a) Sieht man in dem Bild, welche der farbig eingezeichneten Vektoren orthogonal zueinander stehen? Wie entscheiden Sie?

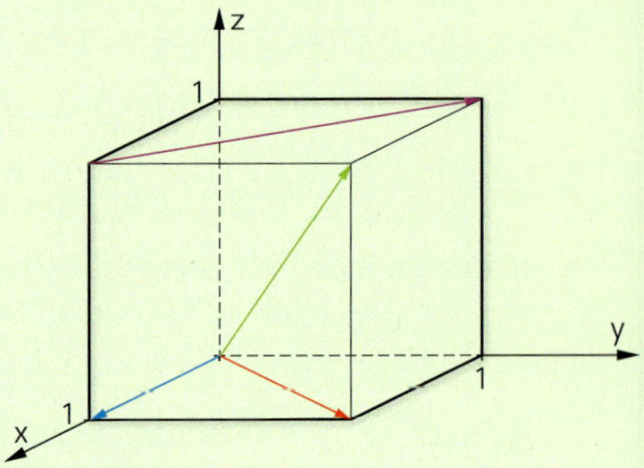

b) Es gibt ein Kriterium zum Überprüfen, ob zwei Vektoren orthogonal zueinander sind:
Zwei Vektoren $\vec{a} = \begin{pmatrix} a_1 \\ a_2 \\ a_3 \end{pmatrix}$ und $\vec{b} = \begin{pmatrix} b_1 \\ b_2 \\ b_3 \end{pmatrix}$ sind genau dann orthogonal zueinander, wenn gilt: $a_1 b_1 + a_2 b_2 + a_3 b_3 = 0$.
Wenden Sie das Kriterium auf die Vektoren im Bild an.

c) Mit dem Satz des Pythagoras lässt sich das Kriterium erarbeiten.
Die ersten Schritte sind angegeben.
$\overline{CB} \perp \overline{CA}$
$\overline{CB}^2 + \overline{CA}^2 = \overline{AB}^2$
Übersetzt in vektorielle Darstellung:

$\vec{a} \perp \vec{b}$
$|\vec{a}|^2 + |\vec{b}|^2 = |\vec{b} - \vec{a}|^2$
$(a_1^2 + a_2^2 + a_3^2) + \ldots = \ldots$

Führen Sie den Beweis zu Ende.

Zur Erinnerung:
Für die Länge eines Vektors $\vec{v}$ gilt:
$|\vec{v}| = \sqrt{v_1^2 + v_2^2 + v_3^2}$
$|\vec{v}|^2 = v_1^2 + v_2^2 + v_3^2$

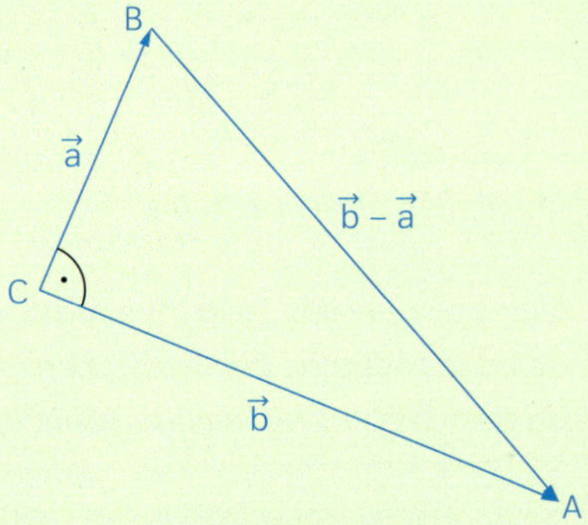

Es gibt eine weitere Verknüpfung von Vektoren.

Das Skalarprodukt zweier Vektoren $\vec{a}$ und $\vec{b}$ ist $\vec{a} \cdot \vec{b} = \begin{pmatrix} a_1 \\ a_2 \\ a_3 \end{pmatrix} \cdot \begin{pmatrix} b_1 \\ b_2 \\ b_3 \end{pmatrix} = a_1 b_1 + a_2 b_2 + a_3 b_3$.

Der Wortteil „Produkt“ zeigt, dass zwei Vektoren multipliziert werden. Der Wortteil „Skalar“ weist darauf hin, dass das Ergebnis eine reelle Zahl und kein Vektor ist.
Mit dem Skalarprodukt lässt sich das Kriterium für die Orthogonalität kurz formulieren:
Zwei Vektoren $\vec{a}$ und $\vec{b}$ sind genau dann zueinander orthogonal, wenn $\vec{a} \cdot \vec{b} = 0$.

2 Länge und Winkel mit dem Skalarprodukt

a) Die Länge eines Vektors kann mithilfe des Skalarproduktes ausgedrückt werden.
Zeigen Sie, dass gilt: $|\vec{a}| = \sqrt{\vec{a} \cdot \vec{a}}$

b) Zeigen Sie: Für kollineare Vektoren $\vec{a}$ und $\vec{b}$ mit gleicher Richtung gilt: $\vec{a} \cdot \vec{b} = |\vec{a}| \cdot |\vec{b}|$

c) Das Skalarprodukt kann auch für den Winkel zwischen zwei Vektoren genutzt werden.
Man kann den Vektor $\vec{b}$ auf den Vektor $\vec{a}$ projizieren. Dadurch wird $\vec{b}$ in die beiden zueinander orthogonalen Vektoren $\vec{p}$ und $\vec{n}$ zerlegt. Damit ergibt sich:
$\vec{a} \cdot \vec{b} = \vec{a} \cdot (\vec{p} + \vec{n}) = \vec{a} \cdot \vec{p} + \vec{a} \cdot \vec{n} = \vec{a} \cdot \vec{p}$
$= |\vec{a}| \cdot |\vec{p}| = |\vec{a}| \cdot |\vec{b}| \cdot \cos(\gamma)$

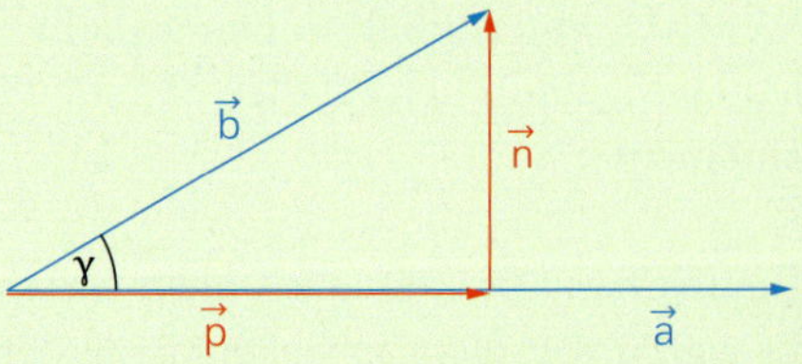

Bestimmen Sie den Winkel zwischen $\vec{a} = \begin{pmatrix} 1 \\ -2 \\ 3 \end{pmatrix}$ und $\vec{b} = \begin{pmatrix} 2 \\ 3 \\ -2 \end{pmatrix}$ mit dem Skalarprodukt.

Aufgaben

3 **Schätzen, Messen und Berechnen von Winkeln im Raum**

a) Unter welchem Winkel schneiden sich die Raumdiagonalen im Würfel und im Quader?
Anhand der Schrägbilder kann man hier eine grobe Schätzung abgeben.
Wie gut ist Ihre Schätzung?
Messen Sie an einem Modell und prüfen Sie, wie nah Sie den realen Werten gekommen sind. Bei ersten Überlegungen, wie man die Winkel berechnen kann, helfen Ihnen bereits in früheren Jahrgangsstufen erlernte Zusammenhänge.

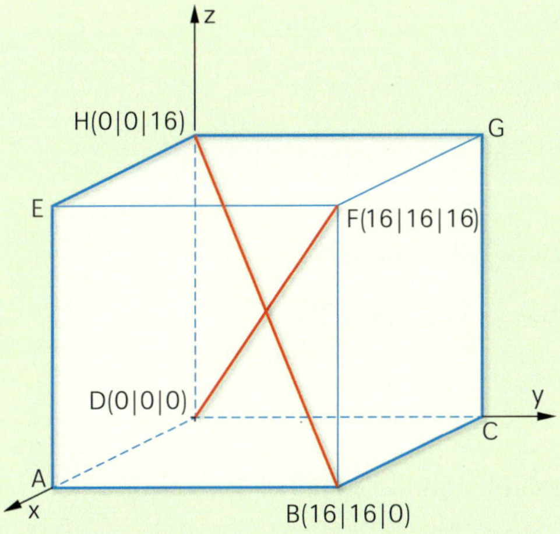

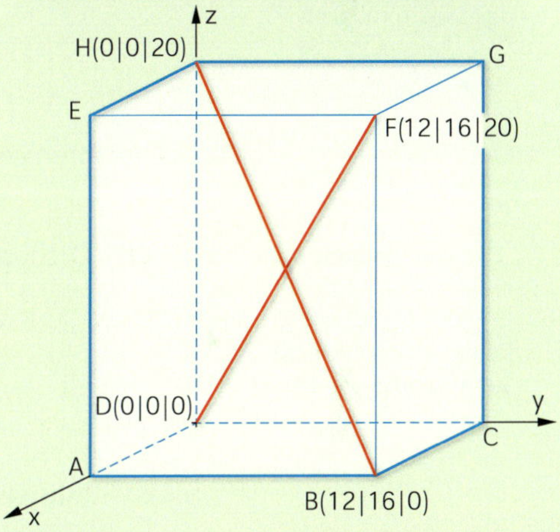

b) Lassen sich die Winkel auch rechnerisch ermitteln?
Im Kosinussatz aus der Mittelstufe kommen in der Formel die Längen der Dreiecksseiten eines beliebigen Dreiecks vor. Diese können vektoriell berechnet werden, z. B.

$$|\vec{a}| = \left|\begin{pmatrix} a_1 \\ a_2 \\ a_3 \end{pmatrix}\right| = \sqrt{a_1^2 + a_2^2 + a_3^2}.$$

In vektorieller Schreibweise sieht der Kosinussatz so aus:

$$\cos(\gamma) = \frac{|\vec{a}|^2 + |\vec{b}|^2 - |(\vec{b} - \vec{a})|^2}{2 \cdot |\vec{a}| \cdot |\vec{b}|}.$$

Zeigen Sie, dass Sie durch Ausmultiplizieren und Zusammenfassen

$$\cos(\gamma) = \frac{\vec{a} \cdot \vec{b}}{|\vec{a}| \cdot |\vec{b}|}$$

erhalten.
Bestimmen Sie die Winkel α und β mit der Formel und vergleichen Sie diese Ergebnisse mit Ihren Messergebnissen.

Kosinussatz
$c^2 = a^2 + b^2 - 2ab\cos(\gamma)$
Umgeformt nach $\cos(\gamma)$
$\cos(\gamma) = \frac{a^2 + b^2 - c^2}{2ab}$

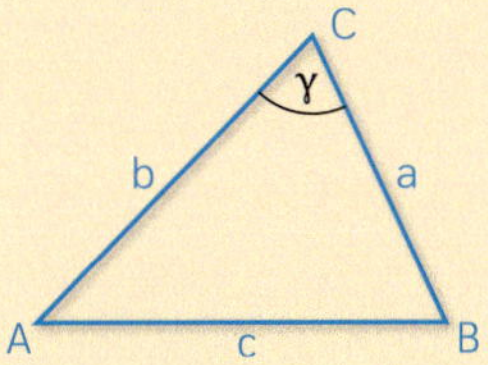

Basiswissen Mit einer weiteren Verknüpfung von Vektoren können Winkel und Längen berechnet werden.

Skalarprodukt von Vektoren

$\vec{a} \cdot \vec{b} = \mathbf{a_1 b_1 + a_2 b_2 + a_3 b_3}$ heißt **Skalarprodukt** von $\vec{a}$ und $\vec{b}$.
Das Ergebnis dieser Multiplikation von Vektoren ist eine reelle Zahl.

Für $\vec{a} = \begin{pmatrix} 2 \\ 3 \\ 1 \end{pmatrix}$ und $\vec{b} = \begin{pmatrix} 3 \\ -5 \\ 8 \end{pmatrix}$ gilt: $\vec{a} \cdot \vec{b} = \begin{pmatrix} 2 \\ 3 \\ 1 \end{pmatrix} \cdot \begin{pmatrix} 3 \\ -5 \\ 8 \end{pmatrix} = 2 \cdot 3 + 3 \cdot (-5) + 1 \cdot 8 = -1$

Anwendungen des Skalarproduktes

Länge eines Vektors

$|\vec{a}| = \sqrt{\vec{a} \cdot \vec{a}} = \sqrt{a_1^2 + a_2^2 + a_3^2}$

$|\vec{a}| = \sqrt{2^2 + 3^2 + 1^2} = \sqrt{14}$

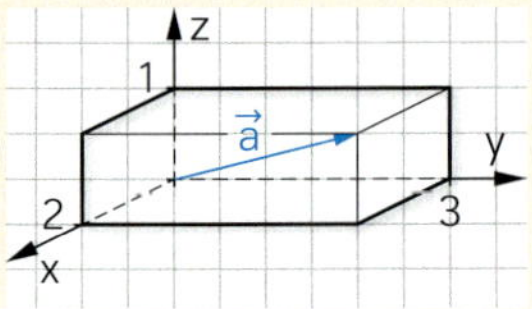

Die Beziehung $\cos(\gamma) = \frac{\vec{a} \cdot \vec{b}}{|\vec{a}| \cdot |\vec{b}|}$ kann auch als Definition für das Skalarprodukt verwendet werden: $\vec{a} \cdot \vec{b} = |\vec{a}| \cdot |\vec{b}| \cdot \cos(\gamma)$

Winkel zwischen zwei Vektoren

$\cos(\gamma) = \frac{\vec{a} \cdot \vec{b}}{|\vec{a}| \cdot |\vec{b}|}$

$\cos(\gamma) = \frac{\begin{pmatrix} 1 \\ 1 \\ 0 \end{pmatrix} \cdot \begin{pmatrix} 1 \\ 1 \\ 1 \end{pmatrix}}{\sqrt{2} \cdot \sqrt{3}} = \frac{2}{\sqrt{6}} \Rightarrow \gamma \approx 35{,}3°$

Die Vektoren gehen beide vom selben Punkt aus.

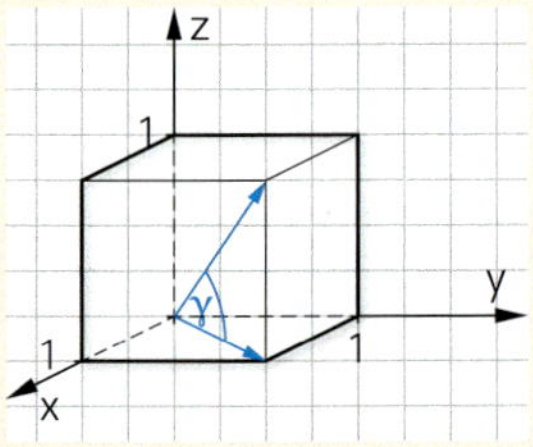

Das Wort **orthogonal** kommt aus dem Griechischen und bedeutet **rechtwinklig**, also **senkrecht aufeinander** stehend.

$\gamma = 90°$ Orthogonale Vektoren

$\vec{a} \perp \vec{b} \Leftrightarrow \vec{a} \cdot \vec{b} = a_1 b_1 + a_2 b_2 + a_3 b_3 = 0$

$\begin{pmatrix} 0 \\ -1 \\ 0 \end{pmatrix} \cdot \begin{pmatrix} -1 \\ 0 \\ 1 \end{pmatrix} = 0 \cdot (-1) + (-1) \cdot 0 + 0 \cdot 1 = 0$

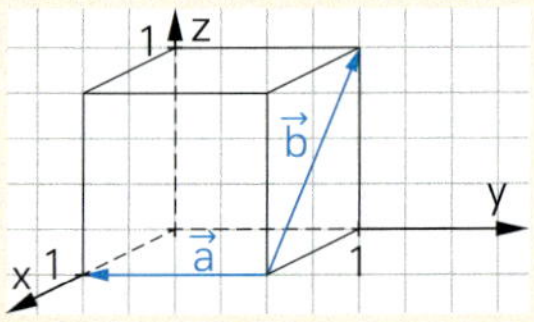

$\gamma = 0°$ Kollineare Vektoren mit gleicher Richtung

$\vec{a} \cdot \vec{b} = |\vec{a}| \cdot |\vec{b}|$

$\begin{pmatrix} 2 \\ 2 \\ 1 \end{pmatrix} \cdot \begin{pmatrix} 4 \\ 4 \\ 2 \end{pmatrix} = \left|\begin{pmatrix} 2 \\ 2 \\ 1 \end{pmatrix}\right| \cdot \left|\begin{pmatrix} 4 \\ 4 \\ 2 \end{pmatrix}\right| = 3 \cdot 6 = 18$

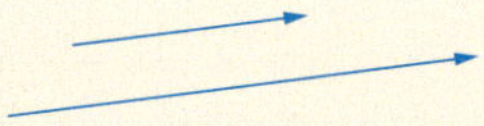

Beispiele

A Dreieck auf Rechtwinkligkeit prüfen
Prüfen Sie, ob das Dreieck ABC mit A(2|1|3), B(4|3|1) und C(2|4|0) rechtwinklig ist.

Lösung:
In der Zeichnung ist ein rechter Winkel nicht erkennbar.
Vektoren aufstellen: $\overrightarrow{AB} = \begin{pmatrix} 2 \\ 2 \\ -2 \end{pmatrix}$; $\overrightarrow{AC} = \begin{pmatrix} 0 \\ 3 \\ -3 \end{pmatrix}$; $\overrightarrow{BC} = \begin{pmatrix} -2 \\ 1 \\ -1 \end{pmatrix}$
Skalarprodukte der Vektoren, die jeweils vom selben Punkt ausgehen, berechnen:
$\overrightarrow{AB} \cdot \overrightarrow{AC} = 2 \cdot 0 + 2 \cdot 3 + (-2) \cdot (-3) = 12$
$\overrightarrow{BA} \cdot \overrightarrow{BC} = (-2) \cdot (-2) + (-2) \cdot 1 + 2 \cdot (-1) = 0$
$\overrightarrow{CA} \cdot \overrightarrow{CB} = 0 \cdot 2 + (-3) \cdot (-1) + 3 \cdot 1 = 6$
Das Dreieck hat bei B einen rechten Winkel.

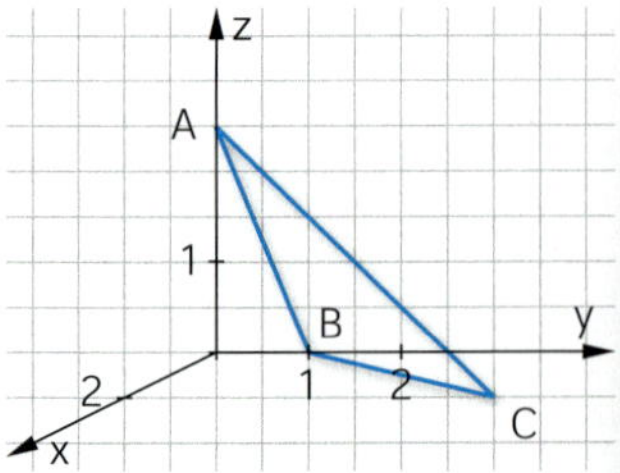

Beispiele

B **Winkel im Dreieck – Schätzen und Berechnen**

a) Begründen Sie geometrisch und rechnerisch, dass das Dreieck BCH im Einheitswürfel rechtwinklig ist.

b) Wie groß ist der Winkel bei H? Schätzen und berechnen Sie.

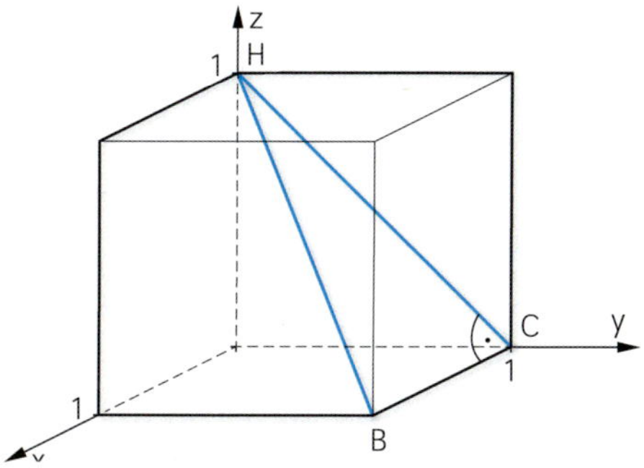

Lösung:

a) Geometrische Begründung:
Die Seite $\overline{CH}$ liegt auf der hinteren Würfelfläche und bildet daher mit der Würfelkante $\overline{BC}$ einen rechten Winkel.
Rechnerische Begründung:
Koordinaten der Eckpunkte: B(1 | 1 | 0), C(0 | 1 | 0) und H(0 | 0 | 1)
Vektoren: $\overrightarrow{CB} = \begin{pmatrix} 1 \\ 0 \\ 0 \end{pmatrix}$ und $\overrightarrow{CH} = \begin{pmatrix} 0 \\ -1 \\ 1 \end{pmatrix}$ Skalarprodukt: $\overrightarrow{CB} \cdot \overrightarrow{CH} = 1 \cdot 0 + 0 \cdot (-1) + 0 \cdot 1 = 0$

Somit ist der Winkel bei C ein rechter Winkel.

b) Der Winkel γ bei H ist geschätzt 30° groß.
$\overrightarrow{HB} = \begin{pmatrix} 1 \\ 1 \\ -1 \end{pmatrix}$ und $\overrightarrow{HC} = \begin{pmatrix} 0 \\ 1 \\ -1 \end{pmatrix}$

Somit ist $\cos(\gamma) = \dfrac{\begin{pmatrix} 1 \\ 1 \\ -1 \end{pmatrix} \cdot \begin{pmatrix} 0 \\ 1 \\ -1 \end{pmatrix}}{\sqrt{3} \cdot \sqrt{2}} = \dfrac{2}{\sqrt{6}}$

```
2/√6
                  .8164965809
cos⁻¹(2/√6)
                  35.26438968
```

Also $\cos(\gamma) \approx 0{,}82 \Rightarrow \gamma \approx 35{,}3°$
Der Winkel γ bei H beträgt dann ca. 35,3°.

Übungen

4 **Winkel berechnen**

Berechnen Sie die Winkel zwischen den gegebenen Vektoren.

a) $\begin{pmatrix} 2 \\ -6 \\ 1 \end{pmatrix}$ und $\begin{pmatrix} 0{,}5 \\ 2 \\ 8 \end{pmatrix}$ b) $\begin{pmatrix} -3 \\ 0 \\ -2 \end{pmatrix}$ und $\begin{pmatrix} 2 \\ 3 \\ -2 \end{pmatrix}$ c) $\begin{pmatrix} 3 \\ 1 \\ 2 \end{pmatrix}$ und $\begin{pmatrix} 1 \\ -4 \\ 0{,}5 \end{pmatrix}$

d) $\begin{pmatrix} -2 \\ 4 \\ -5 \end{pmatrix}$ und $\begin{pmatrix} 1 \\ 1 \\ 2 \end{pmatrix}$ e) $\begin{pmatrix} -1 \\ 2 \\ 3 \end{pmatrix}$ und $\begin{pmatrix} 3 \\ 2 \\ 1 \end{pmatrix}$ f) $\begin{pmatrix} 1 \\ 1 \\ 1 \end{pmatrix}$ und $\begin{pmatrix} 1 \\ 0 \\ 0{,}5 \end{pmatrix}$

5 **Winkel schätzen und berechnen**

Schätzen und berechnen Sie mit Vektoren den Winkel bei B im Beispiel B.

6 **Hinsehen und Nachrechnen**

Nehmen Sie Stellung zu den Berechnungen.

a) $\begin{pmatrix} 2 \\ 4 \\ -3 \end{pmatrix} \cdot \begin{pmatrix} -1 \\ 0{,}5 \\ -3 \end{pmatrix} = \begin{pmatrix} -2 \\ 2 \\ 9 \end{pmatrix}$ b) $\begin{pmatrix} 1 \\ 1 \\ 1 \end{pmatrix} \cdot \begin{pmatrix} 1 \\ 1 \\ 1 \end{pmatrix} = 1$ c) $\begin{pmatrix} 0 \\ 1 \\ 1 \end{pmatrix} \cdot \begin{pmatrix} 1 \\ 0 \\ 0 \end{pmatrix} = 3$ d) $\begin{pmatrix} 1 \\ 2 \\ 3 \end{pmatrix} \cdot \begin{pmatrix} 2 \\ 3 \\ 1 \end{pmatrix} = 11$

7 **Parameter bei orthogonalen Vektoren**

Bestimmen Sie die Parameter so, dass die beiden Vektoren orthogonal zueinander sind.

a) $\begin{pmatrix} 1 \\ -1 \\ 2 \end{pmatrix}$ und $\begin{pmatrix} a \\ 2 \\ -2 \end{pmatrix}$ b) $\begin{pmatrix} 2 \\ b \\ 0 \end{pmatrix}$ und $\begin{pmatrix} 1 \\ -2 \\ 4 \end{pmatrix}$ c) $\begin{pmatrix} 4 \\ -2 \\ 1 \end{pmatrix}$ und $\begin{pmatrix} 0{,}5 \\ 1 \\ c \end{pmatrix}$

Übungen

8 Skalarprodukt

Nennen Sie Unterschiede und Gemeinsamkeiten zwischen dem Skalarprodukt von Vektoren und der bekannten Multiplikation reeller Zahlen.

9 Orthogonale Strecken

Im Würfel mit der Kantenlänge 4 ist anschaulich offensichtlich:

(1) Die Kanten $\overline{AB}$, $\overline{AD}$ und $\overline{AE}$ eines Würfels stehen orthogonal aufeinander.

(2) Die Kante $\overline{AB}$ ist orthogonal zur Flächendiagonalen $\overline{BG}$.

(3) Die Raumdiagonalen $\overline{AG}$ und $\overline{BH}$ sind nicht orthogonal zueinander.

Bestätigen Sie diese Eigenschaften rechnerisch mithilfe passender Vektoren.

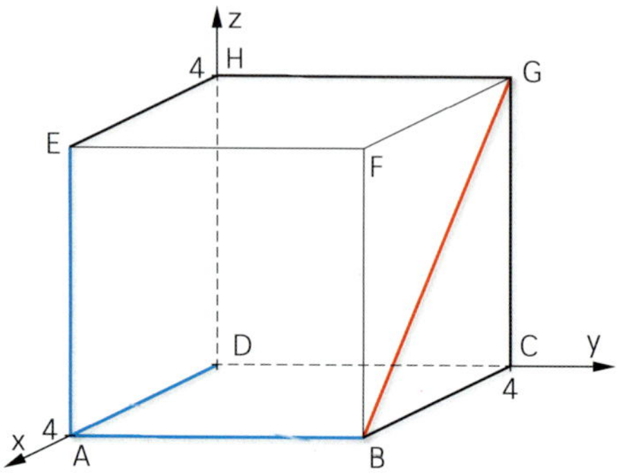

10 Würfelecke

Die Punkte A(2|3|0), B(6|7|2), D(4|−1|4) und E(−2|5|4) sind gegeben.
Zeigen Sie, dass die Strecken $\overline{AB}$, $\overline{AD}$ und $\overline{AE}$ die Ecke eines Würfels bilden.

11 Rechter Winkel

Eine der Flächendiagonalen $\overline{EB}$ und $\overline{BG}$ steht senkrecht auf der Kante $\overline{BC}$, die andere nicht. Zeigen Sie dies rechnerisch.

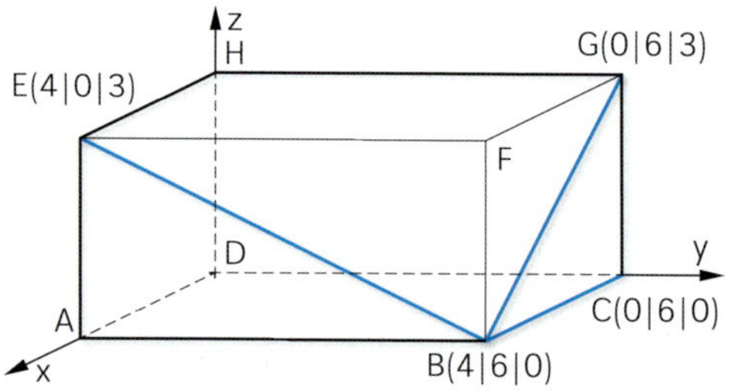

Werkzeug

Vgl. Beispiel B

Skalarprodukt mit CAS

Vektoren festlegen

$va:=\begin{bmatrix}1\\1\\-1\end{bmatrix}$ $\qquad\begin{bmatrix}1\\1\\-1\end{bmatrix}$

$vb:=\begin{bmatrix}0\\1\\-1\end{bmatrix}$ $\qquad\begin{bmatrix}0\\1\\-1\end{bmatrix}$

Skalarprodukt zweier Vektoren

dotP(va,vb) 2

Winkel zwischen zwei Vektoren

$winkel(va,vb):=\cos^{-1}\left(\dfrac{dotP(va,vb)}{norm(va)\cdot norm(vb)}\right)$ *Fertig*

winkel(va,vb) 35.2644

12 Spat

Die Vektoren $\vec{a}=\begin{pmatrix}0\\3\\1{,}5\end{pmatrix}$, $\vec{b}=\begin{pmatrix}4\\4\\4\end{pmatrix}$ und $\vec{c}=\begin{pmatrix}2\\6\\1\end{pmatrix}$ spannen einen Spat auf.

a) Berechnen Sie die Kantenlängen des Spates und die Winkel in O.

b) Wie ändern sich die Winkelgrößen, wenn die Kantenlängen des Spates verdoppelt werden? Begründen Sie geometrisch und rechnerisch.

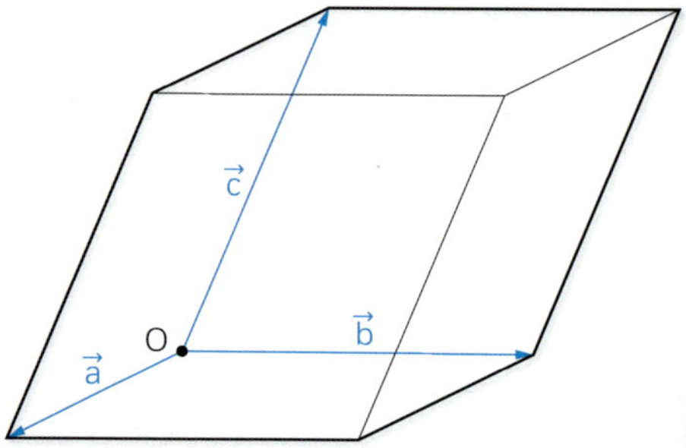

Übungen

13 Winkel und Ergänzungswinkel

Martin will den Winkel ε bestimmen.
Er schätzt 60°.
Rechnerisch bestimmt er ε mithilfe des Skalarproduktes der Vektoren

$\overrightarrow{AC} = \begin{pmatrix} 4 \\ 2 \end{pmatrix}$ und $\overrightarrow{CB} = \begin{pmatrix} 0 \\ -2 \end{pmatrix}$ und erhält

$\cos(\varepsilon) = \frac{\begin{pmatrix} 4 \\ 2 \end{pmatrix} \cdot \begin{pmatrix} 0 \\ -2 \end{pmatrix}}{\sqrt{20} \cdot \sqrt{4}} = \frac{-4}{4 \cdot \sqrt{5}}$, also $\varepsilon \approx 116{,}6°$.

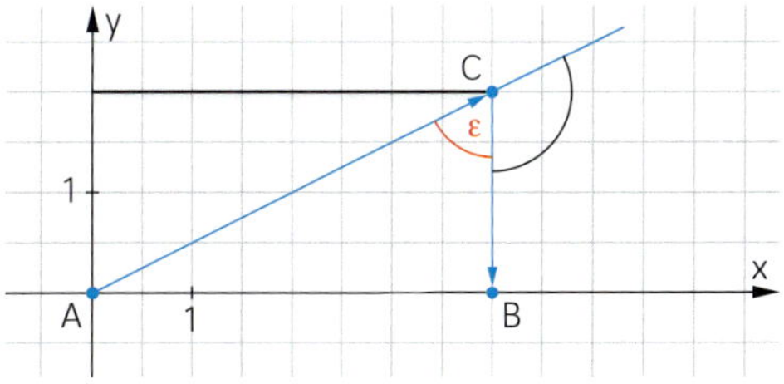

a) Wie kann das passieren? Bestimmen Sie ε mithilfe der Trigonometrie.

b) Bestimmen Sie ε mit $\overrightarrow{CA}$ und $\overrightarrow{CB}$. Bestimmen Sie ε ebenfalls mit $\overrightarrow{AC}$ und $\overrightarrow{BC}$.
Was stellen Sie fest?

14 Gestreckte Pyramide

Wie verändern sich in der quadratischen Pyramide die Winkel γ und ε, wenn die Höhe der Pyramide verdoppelt wird? Schätzen und berechnen Sie.

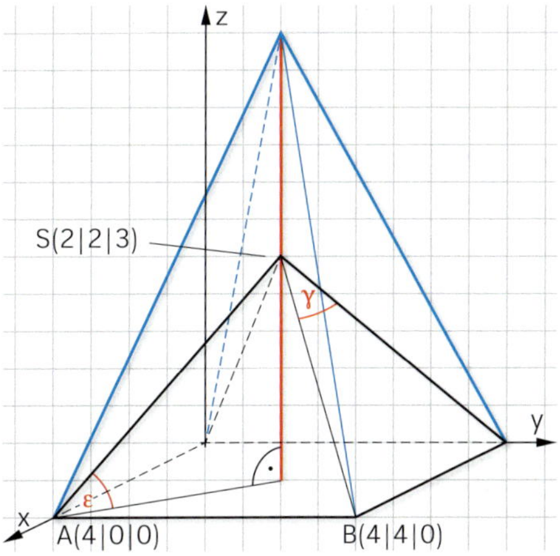

15 Längen und Winkel

Bestimmen Sie im Einheitswürfel die Längen der Strecken $\overline{AC}$, $\overline{AG}$ und $\overline{HC}$ sowie die Winkel ∢(AG, AB); ∢(AG, AC); ∢(AG, CG) sowohl mit rechtwinkligen Dreiecken als auch mit dem Skalarprodukt von Vektoren.
Vergleichen Sie die beiden Lösungswege.

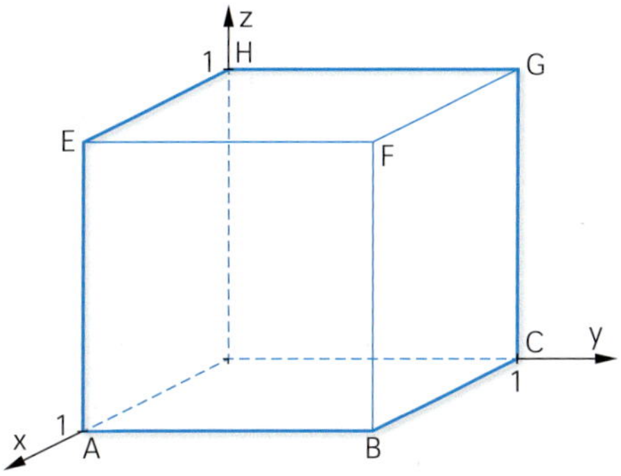

16 Winkel in quadratischer Pyramide

Schätzen und berechnen Sie jeweils die Größen der eingezeichneten Winkel δ, φ und ε.

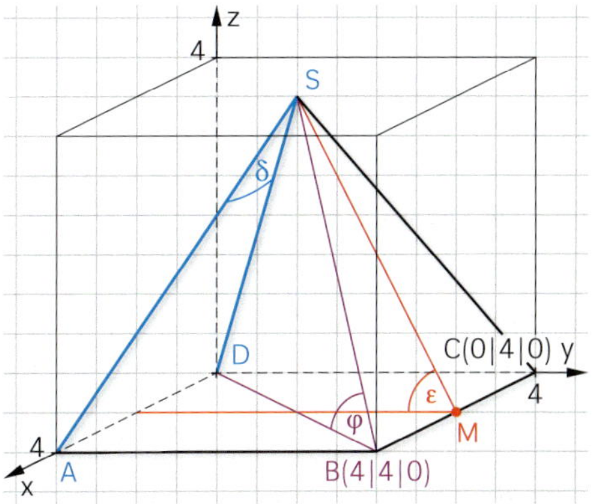

17 Raumdiagonalen im Würfel

a) Berechnen Sie den Schnittwinkel zweier Raumdiagonalen im Einheitswürfel.

b) Ändert sich der Winkel in einem Würfel mit der Kantenlänge a? Begründen Sie geometrisch und rechnerisch.

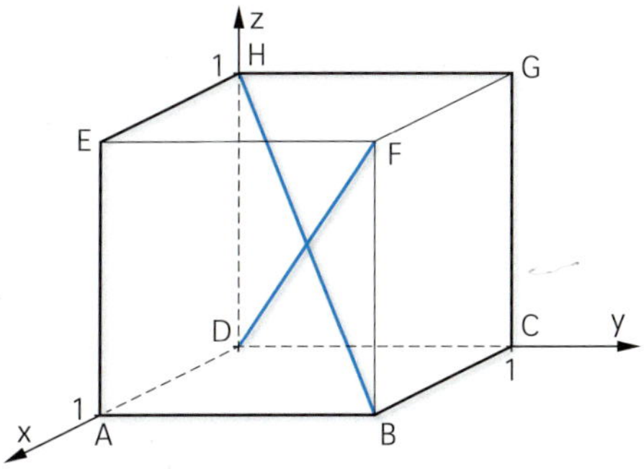

Übungen

18 Winkelsumme im Viereck

a) Bestimmen Sie die Innenwinkel im Viereck ABCD mit A(4|0|2), B(6|6|0), C(0|8|4) und D(0|0|0). Was fällt auf? Woran liegt das?

b) Verändern Sie D so, dass das Viereck eine Winkelsumme von 360° hat.

19 Quadrat oder Raute?

In einem Würfel mit der Kantenlänge a werden zwei Flächen- und zwei Kantenmittelpunkte zu einem Viereck verbunden. Handelt es sich um ein ebenes Viereck? Welche Form hat es? Stellen Sie Vermutungen auf und überprüfen Sie diese rechnerisch.

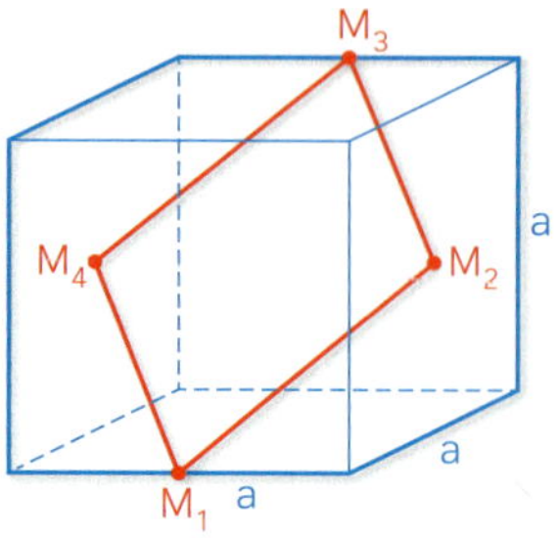

20 Viereck in quadratischer Pyramide

Die Punkte A', B', C' und D' liegen in unterschiedlichen Höhen zur Pyramidengrundfläche auf den Pyramidenkanten:
B' auf der Höhe 2, A' und C' auf der Höhe 4 und D' auf der Höhe 6.
Ist A'B'C'D' ein ebenes Viereck?

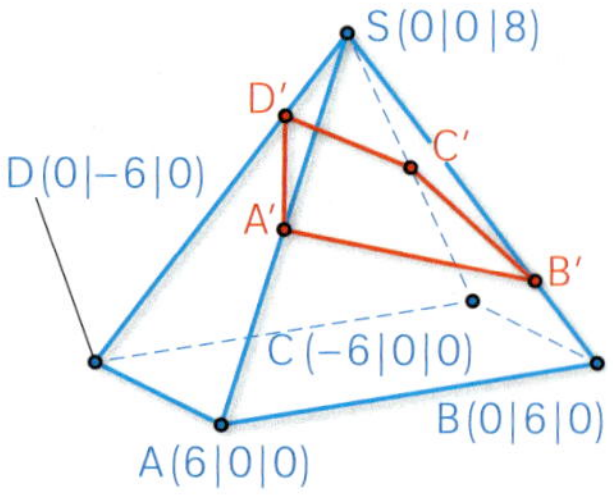

21 Geometrische Beziehung und Skalarprodukt

Drücken Sie die Beziehungen mithilfe des Skalarproduktes aus.

a) Das Viereck ABCD ist ein Rechteck.

b) Die Vektoren $\vec{a}$ und $\vec{b}$ sind kollinear.

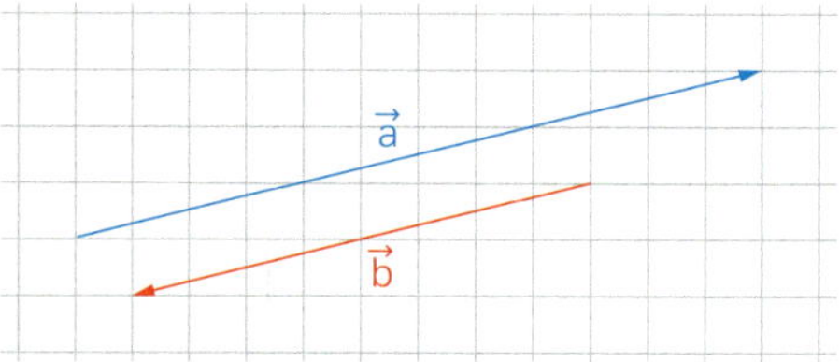

22 Geometrische Beziehungen und Vektorgleichungen

Geometrische Beziehungen können mithilfe von Vektorgleichungen beschrieben werden. Welche Gleichung passt zu welchem Bild?

(A) $(\vec{a} + \vec{b}) \cdot (\vec{a} - \vec{b}) = 0$

(B) $(\vec{b} - \vec{a}) \cdot \vec{a} = 0$

(C) $|\vec{a} + \vec{b}| = |\vec{a} - \vec{b}|$

(1) rechtwinkliges Dreieck

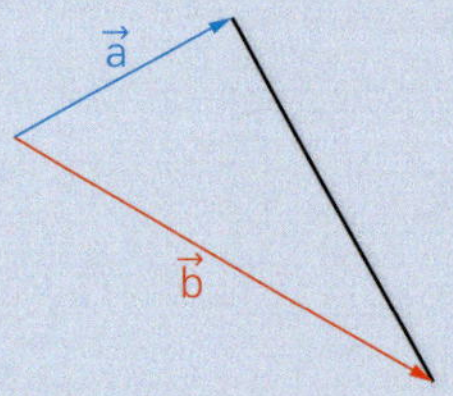

(2) Quadrat

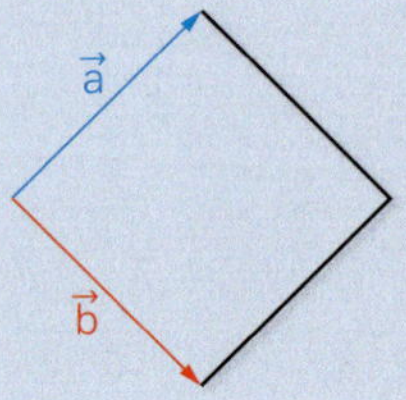

(3) Rechteck

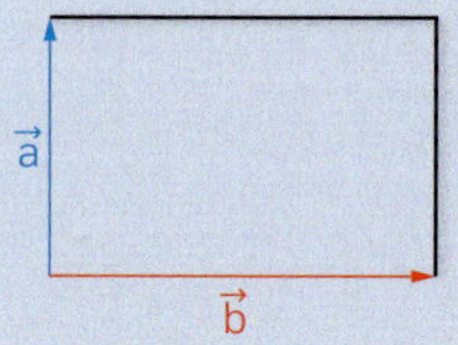

Übungen

Strukturuntersuchungen für Vektorverknüpfungen

23 Produkte – genauer hingeschaut

Erläutern Sie die beiden Abbildungen.

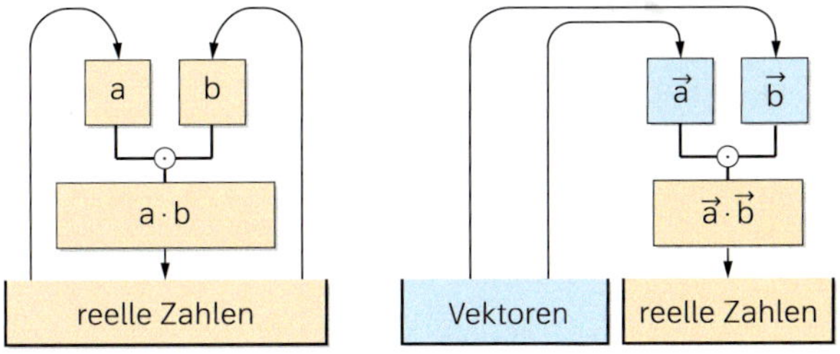

24 Eigenschaften des Skalarprodukts

Welche der bekannten Rechengesetze für reelle Zahlen lassen sich auf das Rechnen mit dem Skalarprodukt übertragen?

Der folgende Beweis des Distributivgesetzes beim Rechnen mit Vektoren ist nicht so, wie er sein sollte! Bringen Sie die Karten in die richtige Reihenfolge:

Distributivgesetz:
Für alle Vektoren $\vec{a}$, $\vec{b}$ und $\vec{c}$ gilt:
$(\vec{a}+\vec{b})\cdot\vec{c} = \vec{a}\cdot\vec{c} + \vec{b}\cdot\vec{c}$

① $a_1c_1 + a_2c_2 + a_3c_3 + b_1c_1 + b_2c_2 + b_3c_3$

② $\vec{a}\cdot\vec{c} + \vec{b}\cdot\vec{c}$

⑤ $\left(\begin{pmatrix} a_1 \\ a_2 \\ a_3 \end{pmatrix} + \begin{pmatrix} b_1 \\ b_2 \\ b_3 \end{pmatrix}\right)\cdot\begin{pmatrix} c_1 \\ c_2 \\ c_3 \end{pmatrix}$

③ $(\vec{a}+\vec{b})\cdot\vec{c}$

④ $(a_1+b_1)c_1 + (a_2+b_2)c_2 + (a_3+b_3)c_3$

⑥ $a_1c_1 + b_1c_1 + a_2c_2 + b_2c_2 + a_3c_3 + b_3c_3$

⑦ $\begin{pmatrix} a_1+b_1 \\ a_2+b_2 \\ a_3+b_3 \end{pmatrix}\cdot\begin{pmatrix} c_1 \\ c_2 \\ c_3 \end{pmatrix}$

⑧ $\begin{pmatrix} a_1 \\ a_2 \\ a_3 \end{pmatrix}\cdot\begin{pmatrix} c_1 \\ c_2 \\ c_3 \end{pmatrix} + \begin{pmatrix} b_1 \\ b_2 \\ b_3 \end{pmatrix}\cdot\begin{pmatrix} c_1 \\ c_2 \\ c_3 \end{pmatrix}$

Eigenschaften des Skalarproduktes

Für alle Vektoren $\vec{a}$, $\vec{b}$ und $\vec{c}$ und für alle reellen Zahlen s gilt:

I:	$\vec{a}\cdot\vec{b} = \vec{b}\cdot\vec{a}$	Kommutativgesetz
II:	$(s\cdot\vec{a})\cdot\vec{b} = s\cdot(\vec{a}\cdot\vec{b})$	„Assoziativgesetz"
III:	$(\vec{a}+\vec{b})\cdot\vec{c} = \vec{a}\cdot\vec{c} + \vec{b}\cdot\vec{c}$	Distributivgesetz

25 Eigenschaften des Skalarproduktes

a) Beweisen Sie die Eigenschaften I (Kommutativgesetz) und II („Assoziativgesetz").

b) Zeigen Sie an einem geeigneten Beispiel, dass das Assoziativgesetz $(a\cdot b)\cdot c = a\cdot(b\cdot c)$ der Multiplikation reeller Zahlen nicht für das Skalarprodukt von Vektoren gilt.

26 Wahr oder falsch?

Die folgenden Aussagen gelten für reelle Zahlen. Hier stehen sie für Vektoren. Welche Aussagen sind wahr? Begründen Sie Ihre Entscheidung.

a) $(\vec{a}+\vec{b})^2 = \vec{a}^2 + 2\vec{a}\cdot\vec{b} + \vec{b}^2$

b) $(\vec{a}\cdot\vec{a})(\vec{b}\cdot\vec{b}) = (\vec{a}\cdot\vec{b})(\vec{a}\cdot\vec{b})$

c) Wenn $\vec{a}\cdot\vec{b} = \vec{a}\cdot\vec{c}$, dann $\vec{b} = \vec{c}$.

d) $\vec{a}\cdot\vec{b} = \vec{0} \Leftrightarrow \vec{a} = \vec{0}$ oder $\vec{b} = \vec{0}$.

Grundwissen

1. Bestimmen Sie beide Lösungen: $\sqrt{(1+x)^2} = 4$
2. Welche Funktion wächst auf Dauer am stärksten?
   $f(x) = 2x$ $g(x) = 2^x$ $h(x) = x^2$
3. Bei „Mensch, ärgere dich nicht" hat man zu Beginn drei Versuche, eine „Sechs" zu würfeln. Wie groß ist die Wahrscheinlichkeit, die erste „Sechs" genau im dritten Versuch zu erzielen?

Aufgaben

27 Skalarprodukt und Rechteckflächen

Zeigen Sie mit dem Skalarprodukt $\vec{a} \cdot \vec{b} = |\vec{a}| \cdot |\vec{b}| \cdot \cos(\gamma)$:

a) Wenn $\vec{a} = r\vec{b}$ ist, dann ist $\vec{a} \cdot \vec{b}$ gleich dem Flächeninhalt des Rechtecks mit den Kantenlängen $|\vec{a}|$ und $|\vec{b}|$.

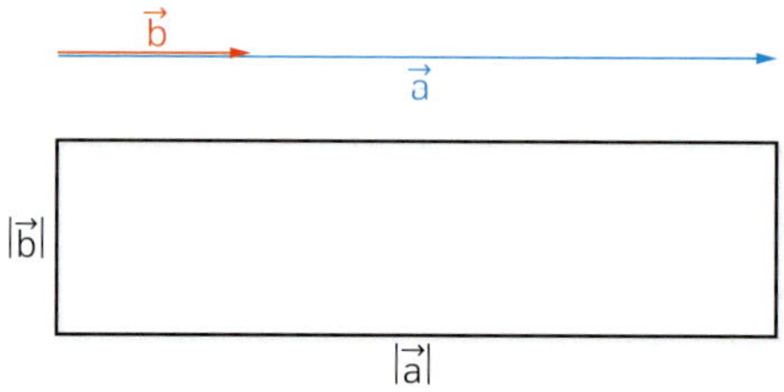

b) Wenn $\vec{a}$ nicht kollinear zu $\vec{b}$ ist, dann ist $\vec{a} \cdot \vec{b}$ gleich dem Flächeninhalt des Rechtecks mit der Kantenlänge $|\vec{a}|$ und der Länge der Projektion von $\vec{b}$ auf $\vec{a}$ (auch $\vec{b}_{\vec{a}}$).

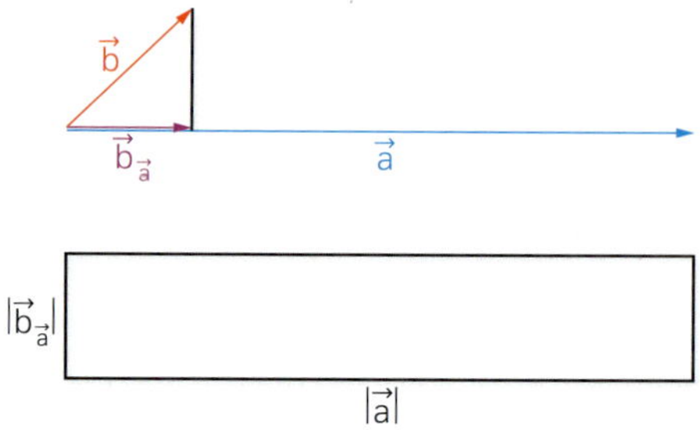

Exkurs

Vektoren in der Physik

In der Physik gibt es Größen, bei denen sowohl der Betrag als auch die Richtung eine Rolle spielen, zum Beispiel Geschwindigkeiten und Kräfte. Wenn man diese Größen als Vektoren beschreibt, so lassen sich manche physikalische Probleme durch das Rechnen mit Vektoren übersichtlich darstellen und lösen.

Vektoraddition bei der Flussüberquerung

Die Fähre möchte den Fluss auf möglichst kurzem Weg überqueren. Hierbei spielen zwei Geschwindigkeiten eine Rolle: Die Strömungsgeschwindigkeit des Flusses v_F und die Eigengeschwindigkeit v_B des Bootes. Es gilt für die tatsächliche Geschwindigkeit v des Bootes: $\vec{v} = \vec{v}_F + \vec{v}_B$

Daraus lassen sich Richtung und Betrag von $\vec{v}$ ablesen.

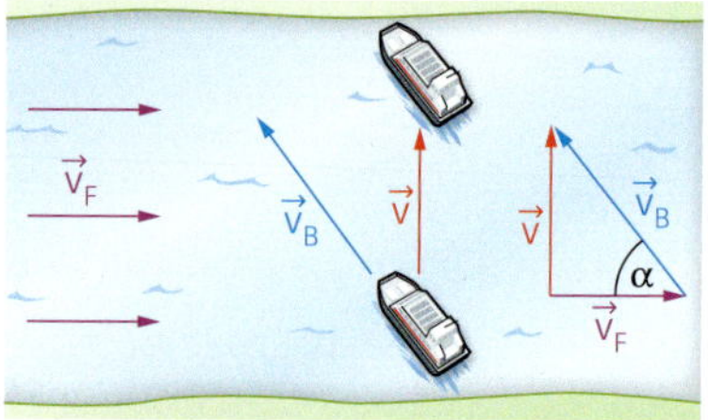

Skalarprodukt bei der Arbeit

Ein Draisinenfahrzeug wird zum Rangieren mit einem Seil gezogen. Wenn die Kraft $\vec{F}$ und der zurückgelegte Weg $\vec{s}$ in der Richtung übereinstimmen, dann kann man die aufgewendete Arbeit W als Produkt „Kraft mal Weg“ $W = |\vec{F}| \cdot |\vec{s}|$ berechnen.

Falls die Kraft $\vec{F}$ nicht in Richtung des Weges $\vec{s}$ wirkt, muss der Kraftvektor $\vec{F}$ in zwei Komponenten zerlegt werden, nämlich in eine Komponente $\vec{F}_1$, die in Richtung von $\vec{s}$ wirkt und eine Komponente $\vec{F}_2$, die senkrecht zu $\vec{s}$ wirkt. Nur die Komponente $\vec{F}_1$ liefert dann einen Beitrag zur Arbeit. Es gilt: $W = |\vec{F}| \cdot |\vec{s}| \cdot \cos(\alpha)$ mit $\alpha = \sphericalangle(\vec{F}, \vec{s})$.

Dies ist nichts anderes als das Skalarprodukt von $\vec{F}$ und $\vec{s}$: $W = \vec{F} \cdot \vec{s}$.
Der erste Fall lässt sich als Spezialfall mit dem Skalarprodukt darstellen, denn es gilt $\alpha = 0°$ und damit $\cos(\alpha) = 1$.

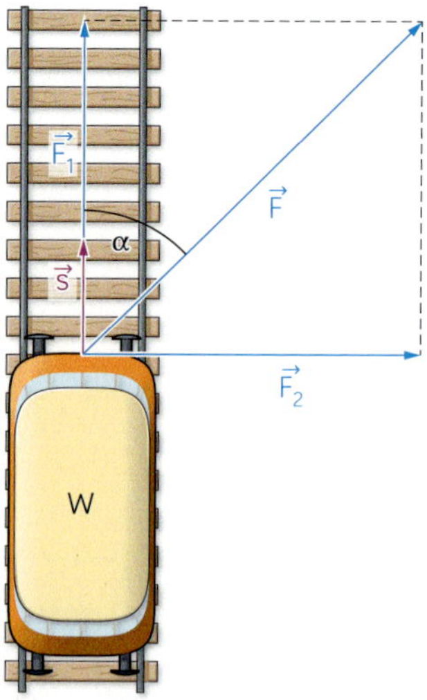

28 Flussüberquerung

Ein 50 m breiter Fluss hat überall die gleiche Strömungsgeschwindigkeit von 2 km/h. Vom unteren Ufer startet eine Fähre mit einer Eigengeschwindigkeit von 9 km/h. Unter welchem Winkel muss die Fähre ablegen um genau an der gegenüberliegenden Uferseite anzukommen?

Aufgaben
Beweise mithilfe des Skalarproduktes

Mithilfe des Skalarproduktes und seiner Eigenschaften (vgl. Seite 241) lassen sich manche Sätze aus der Elementargeometrie „rechnerisch" beweisen.

Exkurs

Beweis des Satzes des Thales mithilfe des Skalarproduktes

Satz des Thales

„Liegen die Eckpunkte eines Dreiecks so auf einem Kreis, dass eine Seite des Dreiecks der Kreisdurchmesser ist, dann ist das Dreieck rechtwinklig."

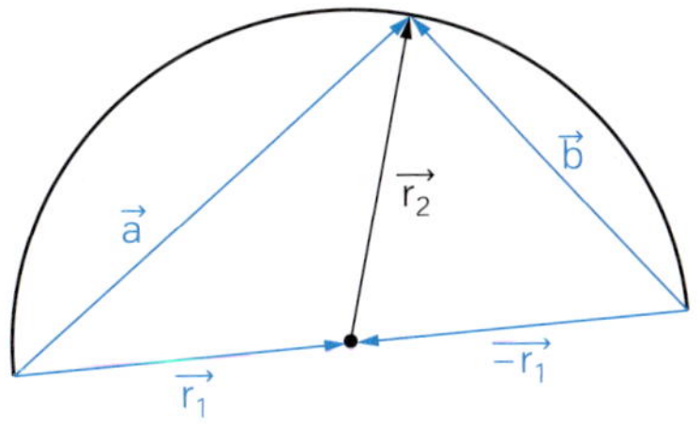

Beweis

Es gilt: $\vec{a} = \vec{r_1} + \vec{r_2}$

$\vec{b} = \vec{r_2} - \vec{r_1}$

$|\vec{r_1}| = |\vec{r_2}|$

Daraus folgt:

$$\vec{a} \cdot \vec{b} = (\vec{r_1} + \vec{r_2}) \cdot (\vec{r_2} - \vec{r_1})$$
$$= -\vec{r_1} \cdot \vec{r_1} + \vec{r_2} \cdot \vec{r_2}$$
$$= -|\vec{r_1}|^2 + |\vec{r_2}|^2$$
$$= 0$$

29 Gleichschenkliges Dreieck

Mithilfe der Vektorrechnung soll gezeigt werden, dass im gleichschenkligen Dreieck eine Seitenhalbierende senkrecht auf der dazugehörenden Seite steht und dass die Winkel an dieser Seite gleich groß sind.

a) Rechnen Sie dies für das Dreieck ABC mit A(1 | 1), B(4 | 5) und C(1 | 6) nach.

b) Zeigen Sie es allgemein.

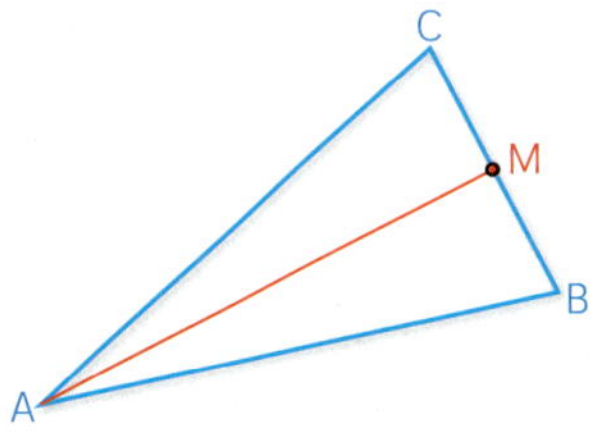

30 Basiswinkel

Zeigen Sie, dass die Basiswinkel im gleichschenkligen Dreieck gleich groß sind.

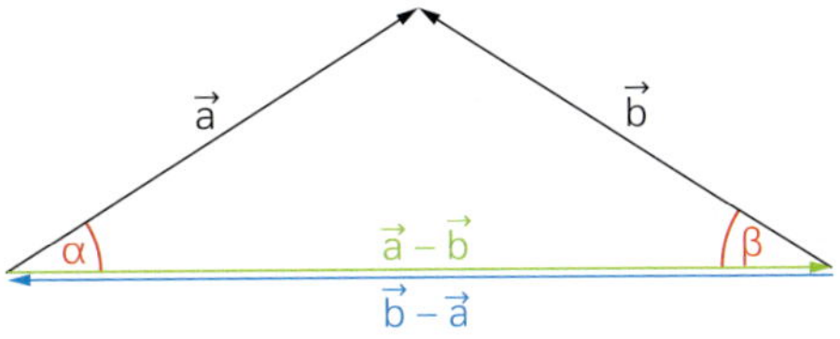

Tipp

Es gilt: $|\vec{a}| = |\vec{b}|$

Zu zeigen ist: $\alpha = \beta$

Berechnen Sie $\cos(\alpha)$ und $\cos(\beta)$.

31 Drachenviereck

Zeigen Sie, dass die Diagonalen im Drachenviereck senkrecht zueinander sind.

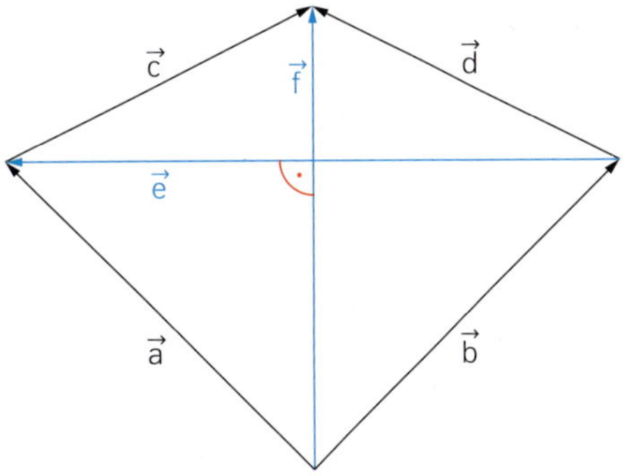

32 Im rechtwinkligen Dreieck

a) Stellen Sie die Vektoren $\vec{a}$ und $\vec{b}$ durch die Vektoren $\vec{h}$, $\vec{p}$ und $\vec{q}$ dar und bilden Sie das Skalarprodukt von $\vec{a}$ und $\vec{b}$. Welcher geometrische Satz ist damit bewiesen?

b) Zeigen Sie: $\vec{a} \cdot \vec{c} = \vec{p} \cdot \vec{c}$

c) Multiplizieren Sie $\vec{a} + \vec{b} = \vec{c}$ auf beiden Seiten mit $\vec{a}$ und nutzen Sie Aufgabenteil b). Interpretieren Sie das Ergebnis.

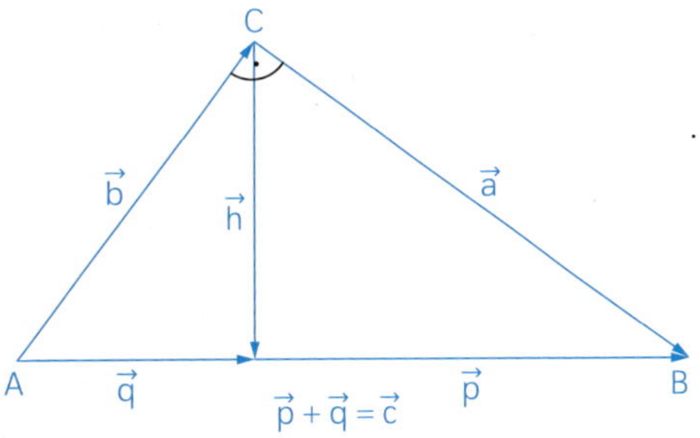

5.5 Nicht geometrische Vektoren (fakultativ)

Aufgaben

1 Magische Quadrate erzeugen

Ein magisches Quadrat ist eine Matrix, bei der die *Summe jeder Zeile*, die *Summe jeder Spalte* und die *Summe jeder Diagonalen* immer die gleiche Zahl liefert. Dabei dürfen durchaus Zahlen doppelt vorkommen oder es dürfen auch negative Zahlen verwendet werden.

a) Ergänzen Sie die Matrizen zu magischen Quadraten und notieren Sie die jeweilige Summe. Überlegen Sie bei der letzten nicht zu lange.

(I) $\begin{pmatrix} \blacksquare & \blacksquare & -6 \\ \blacksquare & -3 & 8 \\ \blacksquare & \blacksquare & -11 \end{pmatrix}$ (II) $\begin{pmatrix} \blacksquare & 3 & \blacksquare \\ \blacksquare & 5 & \blacksquare \\ 6 & 7 & \blacksquare \end{pmatrix}$ (III) $\begin{pmatrix} \blacksquare & 1 & -10 \\ \blacksquare & -4 & \blacksquare \\ 2 & \blacksquare & \blacksquare \end{pmatrix}$ (IV) $\begin{pmatrix} \blacksquare & 1 & \blacksquare \\ \blacksquare & 3 & \blacksquare \\ \blacksquare & 6 & 2 \end{pmatrix}$

b) Beantworten Sie exemplarisch anhand der magischen Quadrate A und B folgende Fragen:

- Ist die Summe von zwei magischen Quadraten wieder ein magisches Quadrat?
- Ist das Vielfache (S-Multiplikation) eines magischen Quadrats wieder ein magisches Quadrat?
- Ist $5 \cdot A + 2 \cdot B$ ein magisches Quadrat?
- Gibt es ein magisches Quadrat N, sodass $A + N = A$ gilt?

$A = \begin{pmatrix} 7 & -2 & 4 \\ 0 & 3 & 6 \\ 2 & 8 & -1 \end{pmatrix}$

$B = \begin{pmatrix} 4 & -15 & 5 \\ -1 & -2 & -3 \\ -9 & 11 & -8 \end{pmatrix}$

$C = \begin{pmatrix} 10 & 11 & 3 \\ 1 & 8 & 15 \\ 13 & 5 & 6 \end{pmatrix}$

c) Wie lässt sich das magische Quadrat C aus den Quadraten A und B kombinieren? Überlegen Sie, mit welchen Faktoren A und B multipliziert und anschließend addiert werden müssen, um das Quadrat C zu erhalten.

2 Funktionen aus anderen Funktionen zusammensetzen

Auch mit Funktionen kann man „rechnen" wie mit Vektoren. Durch Vervielfachen (skalares Multiplizieren) und Addieren können aus gegebenen Funktionen neue erzeugt werden.

Es werden nun ganzrationale Funktionen höchstens 2. Grades betrachtet, zu denen neben den quadratischen auch die linearen und konstanten Funktionen gehören.

a) f und g sind zwei ganzrationale Funktionen 2. Grades:
$f(x) = x^2 - 0{,}5$
$g(x) = -2x^2 + 2x - 0{,}5$
Im Bild sind die Graphen von f, g und $f + g$ dargestellt. Ordnen Sie die Graphen den Funktionen zu und bestimmen Sie den Funktionsterm von $f + g$.

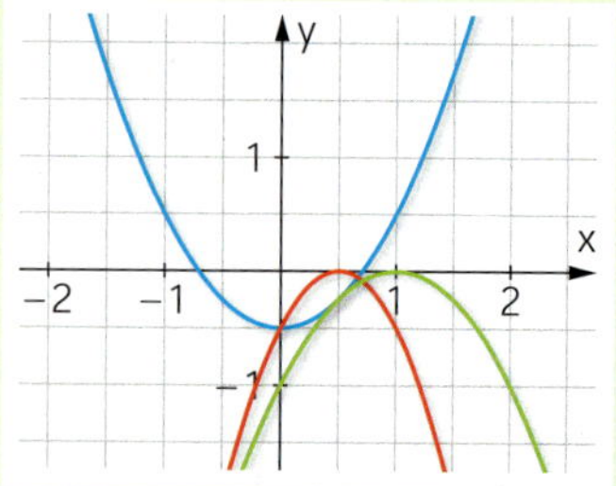

b) Veranschaulichen Sie die Linearkombination $r \cdot f + s \cdot g$ der Funktionen f und g mit einer geeigneten Software.

c) Können die Funktionen f und g so kombiniert werden, dass eine lineare Funktion entsteht?

d) Lassen sich die Funktionen h_1 und h_2 aus f und g kombinieren?
Gibt es also reelle Zahlen r und s mit $r \cdot f(x) + s \cdot g(x) = h_1(x)$?
$h_1(x) = 32x^2 - 24x + 2$ $h_2(x) = -24x^2 + 14x + 2$
Sinnvoll ist es, wenn Sie mit den „Koeffizientenvektoren" $\vec{f} = \begin{pmatrix} 1 \\ 0 \\ -0{,}5 \end{pmatrix}$ und $\vec{g} = \begin{pmatrix} -2 \\ 2 \\ -0{,}5 \end{pmatrix}$ arbeiten.

Jede ganzrationale Funktion 2. Grades ist durch drei Koeffizienten eindeutig bestimmt. So gehört zur Funktion f der „Koeffizientenvektor" $\vec{f}$.

Basiswissen

Vektorraum

Ein **Vektorraum** ist eine nichtleere Menge V von Elementen, die **Vektoren** heißen.

Für das Rechnen mit diesen Vektoren gibt es zwei Verknüpfungen, eine Addition und eine S-Multiplikation.

Addition	**S-Multiplikation**
„plus“ : $V \cdot V \rightarrow V$	„mal“ : $R \cdot V \rightarrow V$
Zwei Elementen aus V wird ein Element aus V zugeordnet.	Einer reellen Zahl und einem Element aus V wird ein Element aus V zugeordnet.

Für alle Vektoren $\vec{u}$, $\vec{v}$, $\vec{w}$ und alle reellen Zahlen r, s gilt:

Für die Addition:
- $\vec{u} + (\vec{v} + \vec{w}) = (\vec{u} + \vec{v}) + \vec{w}$
- $\vec{u} + \vec{v} = \vec{v} + \vec{u}$
- Es gibt einen Nullvektor (neutrales Element) mit $\vec{v} + \vec{0} = \vec{v}$.
- Es gibt zu jedem Vektor $\vec{v}$ einen Gegenvektor $-\vec{v}$ (inverses Element) mit $\vec{v} + (-\vec{v}) = \vec{0}$.

Für die S-Multiplikation:
- $(r + s) \cdot \vec{v} = r \cdot \vec{v} + s \cdot \vec{v}$
- $(r \cdot s) \cdot \vec{v} = r \cdot (s \cdot \vec{v})$
- $1 \cdot \vec{v} = \vec{v}$
- $r \cdot (\vec{u} + \vec{v}) = r \cdot \vec{u} + r \cdot \vec{v}$

Für die Beschreibung eines Vektorraums eignen sich die Begriffe Basis, Dimension und linear abhängig bzw. linear unabhängig.

Linear abhängig/unabhängig, Basis und Dimension

Die Vektoren $\vec{a}_1, \vec{a}_2, \vec{a}_3, \vec{a}_4, \dots$ heißen **linear unabhängig**, wenn aus $r_1 \cdot \vec{a}_1 + r_2 \cdot \vec{a}_2 + r_3 \cdot \vec{a}_3 + r_4 \cdot \vec{a}_4 + \dots = \vec{0}$ folgt: $r_1 = r_2 = r_3 = r_4 = \dots = 0$

Der Nullvektor $\vec{0}$ lässt sich nicht aus den Vektoren $\vec{a}_1, \vec{a}_2, \vec{a}_3, \vec{a}_4, \dots$ linear kombinieren.

Wenn die Vektoren $\vec{a}_1, \vec{a}_2, \vec{a}_3, \vec{a}_4, \dots$ **linear abhängig** sind, lässt sich mindestens einer dieser Vektoren aus den übrigen linear kombinieren (erzeugen).

Eine Menge von linear unabhängigen Vektoren, mit denen sich jeder andere Vektor des Vektorraums erzeugen lässt, ist eine **Basis** des Vektorraums.

Die Anzahl der Elemente einer Basis nennt man **Dimension** des Vektorraums.

Übungen

Mit dem inversen Element ist hier eine Matrix als „Gegenelement“ bei der Addition gemeint; nicht die Inverse bei der Multiplikation.

3 2×2-Matrizen

a) Die 2×2-Matrizen bilden einen Vektorraum. Dazu müsste die Gültigkeit der Gesetze für die Addition von Matrizen und die Skalarmultiplikation von Matrizen nachgewiesen werden. Weisen Sie diese Gültigkeit exemplarisch für die Vektoraddition nach:
- „Es gibt ein neutrales Element.“
- „Zu jedem Element gibt es ein inverses Element.“

b) Wie bei Vektoren im Raum kann man Linearkombinationen bilden. Wie sieht die Linearkombination $2 \cdot A + 4 \cdot B - 3 \cdot C$ aus?

c) Interessant ist immer die Frage, ob sich Matrizen aus anderen „erzeugen“ lassen. Kann man die Matrizen C und D aus den Matrizen A und B „linear kombinieren“?
D. h., gibt es reelle Zahlen r und s, …
… sodass $r \cdot A + s \cdot B = C$ gilt?
… sodass $r \cdot A + s \cdot B = D$ gilt?

$A = \begin{pmatrix} 2 & 1 \\ -3 & 4 \end{pmatrix}$

$B = \begin{pmatrix} 0{,}5 & 0 \\ 1 & 2 \end{pmatrix}$

$C = \begin{pmatrix} -2 & 1 \\ 0 & 2 \end{pmatrix}$

$D = \begin{pmatrix} -2{,}5 & -2 \\ 9 & -2 \end{pmatrix}$

Übungen

Zur Funktion f mit $f(x) = 3x^3 - 2x + 5$ gehört der Koeffizientenvektor $\vec{f} = \begin{pmatrix} 3 \\ 0 \\ -2 \\ 5 \end{pmatrix}$.

4 Ganzrationale Funktionen höchstens 3. Grades

Alle ganzrationalen Funktionen höchstens 3. Grades sind Vektoren. Diese werden in der üblichen Weise addiert und vervielfacht.

$f_1(x) = 2x^3 - 5x^2 + 7$ $\quad$ $f_2(x) = -x^3 + 2x^2 - 4x + 1$
$f_3(x) = x^3 - 3x - 2$ $\quad$ $g(x) = 9x^3 - 19x^2 + 5x + 17$

a) Kann man aus f_1, f_2 und f_3 die Funktion g erzeugen? Übersetzen Sie die Funktionen in die zugehörigen Koeffizientenvektoren und arbeiten Sie damit weiter.

b) Was ist der „Nullvektor", wie sieht der „Gegenvektor" von f_2 aus?

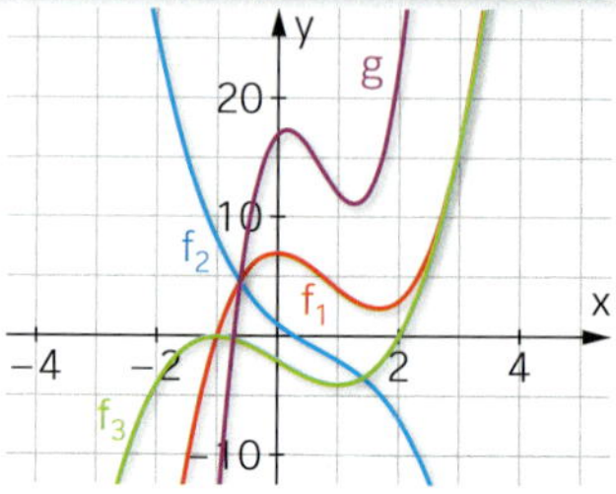

5 Basis im Raum und in der Ebene

Die Vektoren des Raums bilden einen Vektorraum.

a) Weisen Sie nach, dass die Vektoren $\begin{pmatrix} 1 \\ 0 \\ 0 \end{pmatrix}, \begin{pmatrix} 0 \\ 1 \\ 0 \end{pmatrix}, \begin{pmatrix} 0 \\ 0 \\ 1 \end{pmatrix}$ linear unabhängig sind und dass jeder Vektor des Raums mit diesen drei Vektoren erzeugt werden kann.

Zeigen Sie dies auch für $\begin{pmatrix} 1 \\ 0 \\ 0 \end{pmatrix}, \begin{pmatrix} 1 \\ 1 \\ 0 \end{pmatrix}, \begin{pmatrix} 1 \\ 1 \\ 1 \end{pmatrix}$.

Können vier Vektoren im Raum linear unabhängig sein?

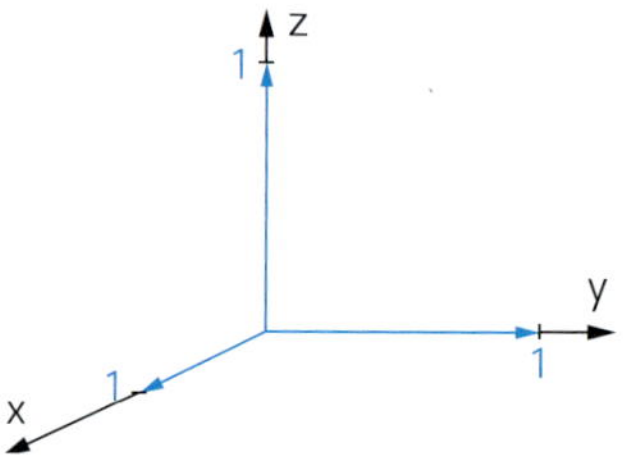

b) Wie sieht es in der Ebene aus? Geben Sie eine Basis für die Ebene an, die nicht die beiden üblichen Basisvektoren $\begin{pmatrix} 1 \\ 0 \end{pmatrix}$ und $\begin{pmatrix} 0 \\ 1 \end{pmatrix}$ enthält.

6 Ganzrationale Funktionen höchstens 3. Grades II

a) Zeigen Sie, dass f_1, f_2 und f_3 linear unabhängig sind.

b) Lässt sich der Vektor h aus f_1, f_2 und f_3 kombinieren? Was bedeutet das Ergebnis für die Dimension des Vektorraums?

$f_1(x) = 2x^3 - 5x^2 + 7$
$f_2(x) = -x^3 + 2x^2 - 4x + 1$
$f_3(x) = x^3 - 3x - 2$
$h(x) = -4x^3 + x - 1$

7 Basis für (2×2)-Matrizen

a) Zeigen Sie, dass $\begin{pmatrix} 1 & 0 \\ 0 & 0 \end{pmatrix}, \begin{pmatrix} 1 & 1 \\ 0 & 0 \end{pmatrix}, \begin{pmatrix} 0 & 0 \\ 1 & 0 \end{pmatrix}$ linear unabhängig sind, aber keine Basis bilden. Geben Sie eine Matrix an, die mit den drei Matrizen nicht erzeugt werden kann.

b) Bestimmen Sie eine weitere Matrix, die die drei Matrizen zu einer Basis ergänzt. Jede beliebige (2×2)-Matrix lässt sich dann mit den vier Matrizen erzeugen.

Exkurs

Vektoren

Was sind nun eigentlich Vektoren? Die Antwort darauf ist nicht einfach. Die Recherche in diesem Buch bringt ganz Unterschiedliches hervor: Einmal werden Vektoren als Tripel definiert, dann sind es Pfeile, die sowohl für Verschiebungen als auch für Punkte im Raum (Ortsvektoren) stehen. In der Physik werden Vektoren zur Darstellung von Geschwindigkeiten oder von Kräften herangezogen. Trotz der unterschiedlichen Bedeutungen gibt es aber auch eine Gemeinsamkeit, die für alle Vektoren zutrifft: Man kann mit ihnen rechnen. Dabei gelten für alle Rechnungen die gleichen Gesetze. Mathematiker definieren deshalb Vektoren auch nicht über ihre Bedeutung, sondern nur durch Angabe der Regeln, wie man mit ihnen umgeht. Das ist ähnlich wie beim Schachspiel. Auch hier spielt es keine Rolle, aus welchem Material die einzelnen Spielsteine hergestellt sind oder wie sie benannt werden, es kommt im Wesentlichen nur auf die Spielregeln an.

Koordinatensystem im Raum

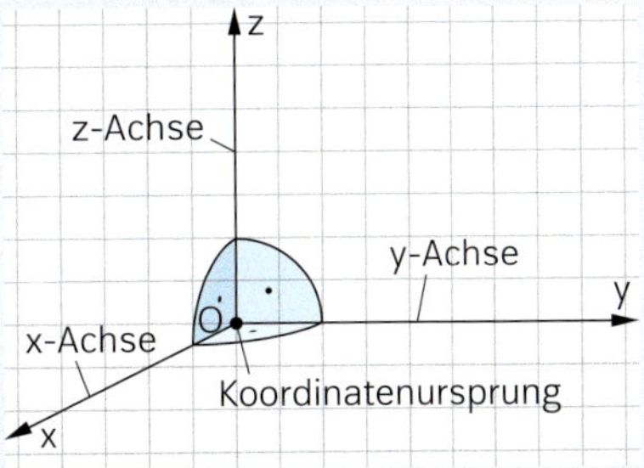

drei zueinander senkrechte Achsen mit Ursprung O

Der **Punkt P** wird festgelegt durch das **Zahlentripel** $(x_P \mid y_P \mid z_P)$.

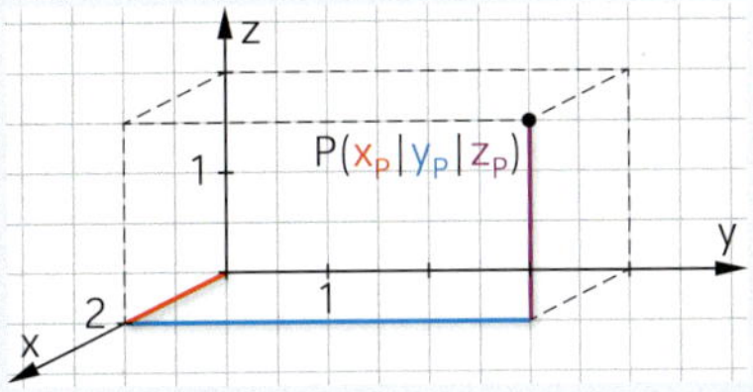

Vektoren

Ein **Vektor** wird durch ein **Zahlentripel** beschrieben.

$\vec{v} = \begin{pmatrix} v_1 \\ v_2 \\ v_3 \end{pmatrix}$ $\quad \vec{v} = \begin{pmatrix} -2 \\ 1 \\ 3 \end{pmatrix}$

Geometrisch können Vektoren als **Verschiebungen** interpretiert werden.

Länge des Vektors $\vec{v}$ $\quad |\vec{v}| = \sqrt{v_1^2 + v_2^2 + v_3^2}$

Vektoren können auch als **Punkte im Koordinatensystem** interpretiert werden.

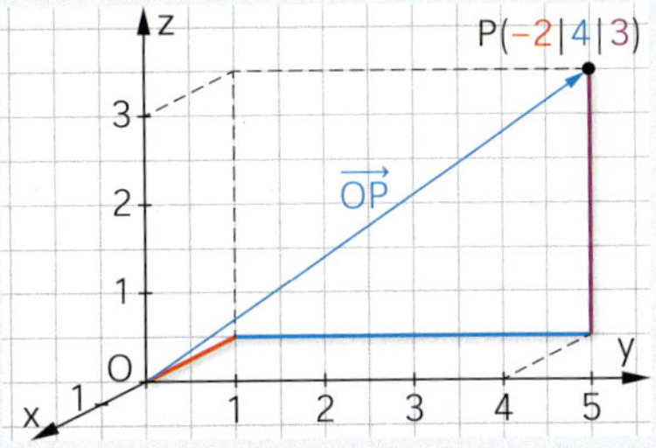

Der Punkt $P(-2 \mid 1 \mid 3)$ repräsentiert den Vektor $\overrightarrow{OP} = \begin{pmatrix} -2 \\ 1 \\ 3 \end{pmatrix}$ und umgekehrt repräsentiert der Vektor $\overrightarrow{OP}$ den Punkt P.

$\overrightarrow{OP}$ wird als **Ortsvektor** des Punktes P bezeichnet.

Check-up

1 Pyramide

Zeichnen Sie das Schrägbild einer Pyramide mit quadratischer Grundfläche in einen Würfel. Wählen Sie ein geeignetes Koordinatensystem mit geeigneter Skalierung der Achsen.

2 Würfelschnitt

A und G sind Eckpunkte, M und N sind Kantenmittelpunkte eines Würfels mit der Kantenlänge 5. Zeigen Sie, dass AMGN ein ebenes Viereck bildet und bestimmen Sie die Form dieses Vierecks.

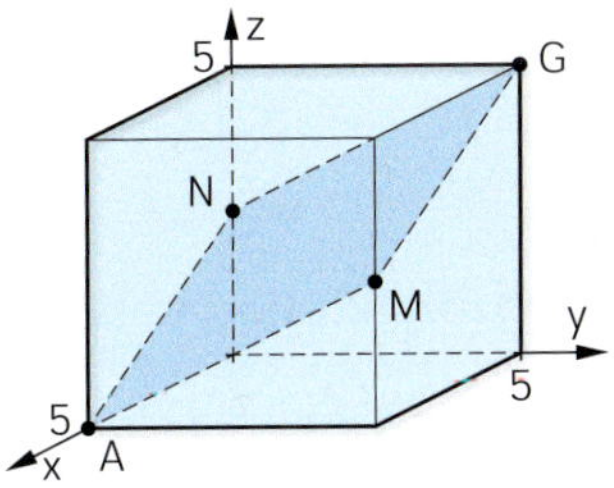

3 Punktemenge

Wo liegen alle Punkte $(x_1 \mid x_2 \mid x_3)$ mit $x_1 = x_2 = x_3$?

4 Punkte in einem Schrägbild

a) Zeichnen Sie die Punkte A bis H in ein „1-1-Koordinatensystem".

$A(2 \mid -1 \mid 2)$,	$B(4 \mid 4 \mid 3)$,	$C(0 \mid 4 \mid 3)$,	$D(0 \mid 0 \mid 3)$,
$E(4 \mid 0 \mid 7)$,	$F(6 \mid 5 \mid 8)$,	$G(4 \mid 6 \mid 9)$,	$H(0 \mid 0 \mid 7)$

Verbinden Sie die Punkte so, dass das Schrägbild eines Körpers mit „Bodenfläche" ABCD und „Deckfläche" EFGH entsteht. Um welchen Körper handelt es sich?

b) Zeichnen Sie nun den Körper wie in a) in ein „2-1-Koordinatensystem".

5 Walmdach

Wie viele verschiedene Vektoren findet man im Walmdachhaus? Finden Sie Vektoren, die parallel sind?

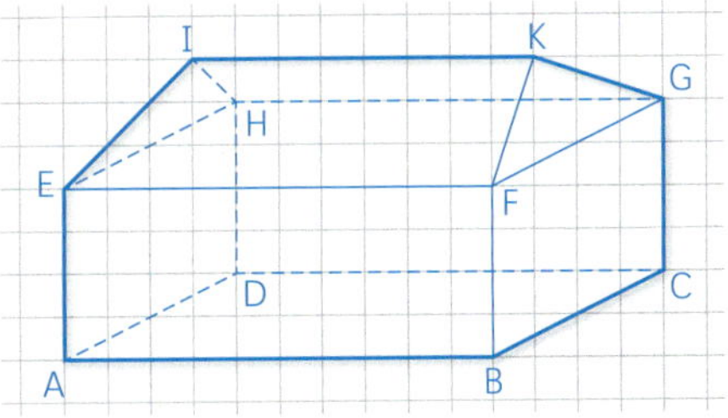

6 Würfelverschiebungen

a) Geben Sie für jeden Würfel (Seitenlänge 1) die Ortsvektoren der Eckpunkte an.

b) Geben Sie die Verschiebungsvektoren an, mit denen die Würfel jeweils ineinander verschoben werden können.

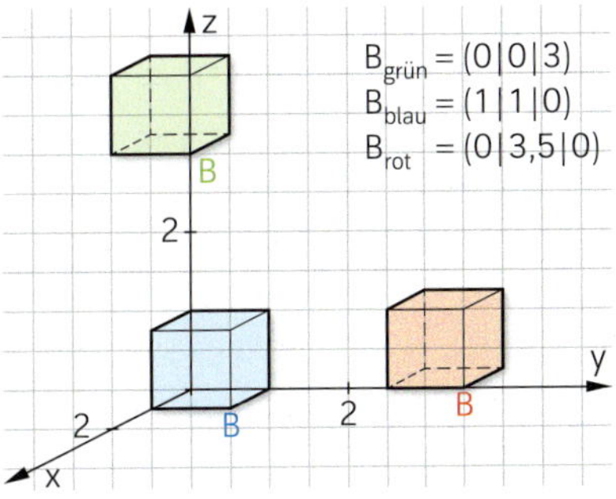

Addition von Vektoren

$\vec{a} + \vec{b} = \begin{pmatrix} a_1 \\ a_2 \\ a_3 \end{pmatrix} + \begin{pmatrix} b_1 \\ b_2 \\ b_3 \end{pmatrix} = \begin{pmatrix} a_1 + b_1 \\ a_2 + b_2 \\ a_3 + b_3 \end{pmatrix}$

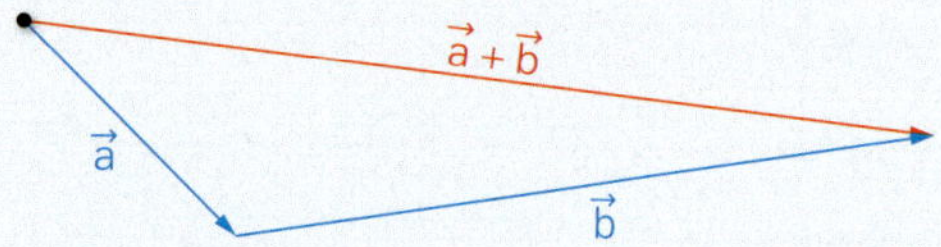

S-Multiplikation von Vektoren

$s \cdot \vec{a} = s \cdot \begin{pmatrix} a_1 \\ a_2 \\ a_3 \end{pmatrix} = \begin{pmatrix} s \cdot a_1 \\ s \cdot a_2 \\ s \cdot a_3 \end{pmatrix}$; $s \in \mathbb{R}$

Kollineare Vektoren

Zwei Vektoren $\vec{a}$ und $\vec{b}$ sind kollinear, wenn $\vec{b} = s \cdot \vec{a}$ mit $s \in \mathbb{R}$.

Differenzvektor

Der Vektor $\overrightarrow{AB}$ lässt sich in der Form $\overrightarrow{AB} = \overrightarrow{OB} - \overrightarrow{OA} = \vec{b} - \vec{a}$ darstellen.

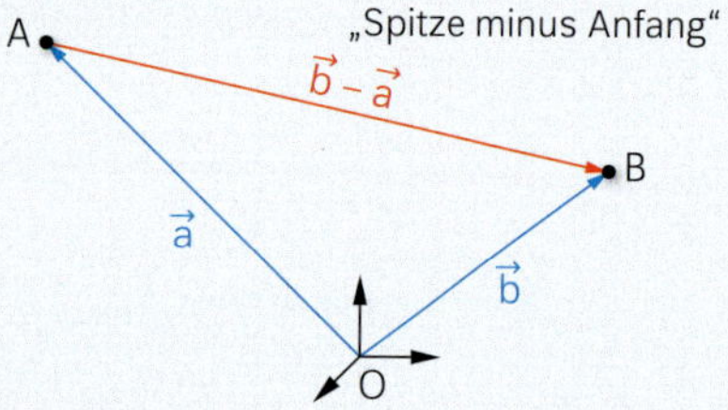

Mittelpunkt einer Strecke

Der Mittelpunkt M der Strecke $\overline{AB}$ lässt sich darstellen durch
$\vec{m} = \frac{1}{2} \cdot (\vec{a} + \vec{b})$ oder $\vec{m} = \vec{a} + \frac{1}{2} \cdot (\vec{b} - \vec{a})$

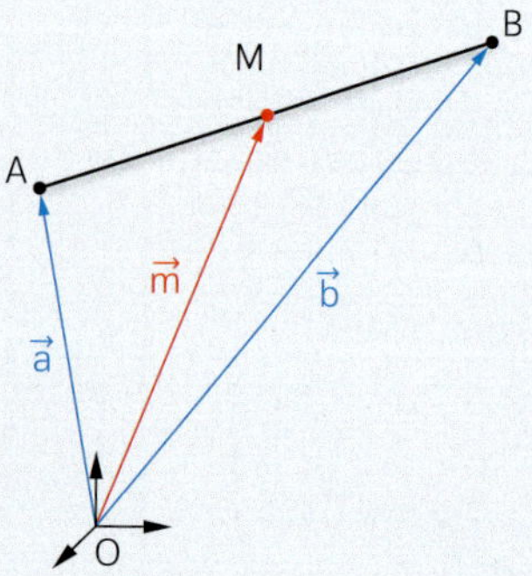

Check-up

7 Dreiecke

a) Weisen Sie nach, dass das Dreieck ABC mit A(4|2|7), B(2|3|8) und C(3|1|9) gleichseitig ist.
b) Finden Sie selbst Punkte, die ein gleichseitiges Dreieck bilden.
c) Zeigen Sie, dass das Dreieck ABC mit A(2|1|4), B(6|4|6) und C(2|2|3) gleichschenklig ist.

8 Vektoren addieren

Erklären Sie $3 \cdot \begin{pmatrix} 2 \\ 3 \end{pmatrix} + 2 \cdot \begin{pmatrix} 4 \\ 1 \end{pmatrix}$ mithilfe einer Zeichnung.

9 Vektoren darstellen

Stellen Sie die Vektoren $\vec{c}$ und $\vec{d}$ mithilfe der Vektoren $\vec{a}$ und $\vec{b}$ dar.

a)

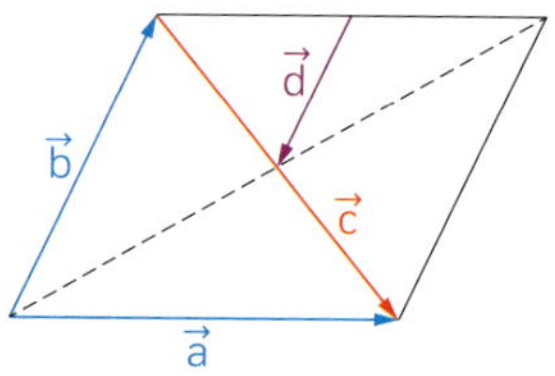

b)

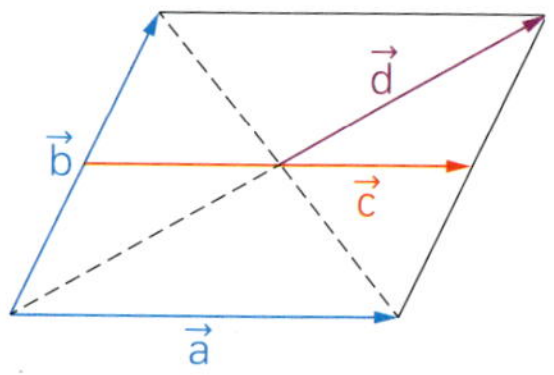

10 Mittelpunkt einer Strecke

a) Bestimmen Sie mit Vektoren den Mittelpunkt der Strecke zwischen A(1|−3|4) und B(5|3|2).
b) M(2|−4|1) ist Mittelpunkt der Strecke durch C(−1|2|3) und D. Bestimmen Sie die Koordinaten des Punktes D.

11 Mittelpunkt einer Raute

a) Zeigen Sie, dass das Viereck ABCD mit A(1|0|4), B(2|2|7), C(3|0|10) und D(2|−2|7) eine Raute ist.
b) Bestimmen Sie den Mittelpunkt der Raute ABCD.

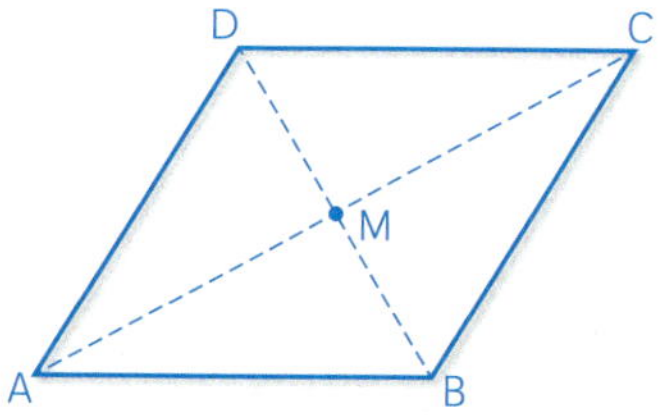

12 Punktspiegelung

Die Spitze S(4|3|6) der nebenstehenden Pyramide wird am Punkt C(2|5|3) gespiegelt.

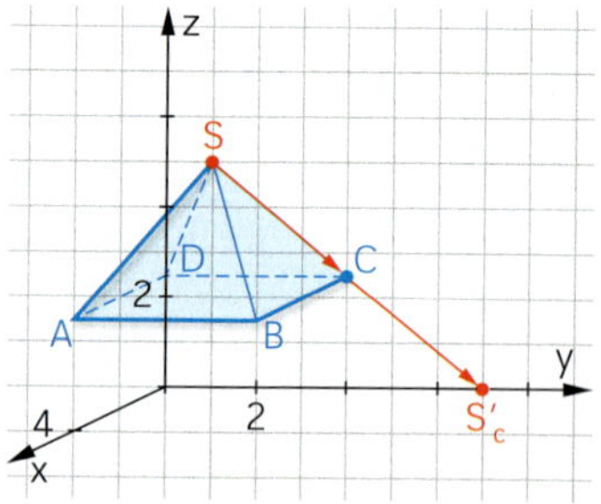

a) Beschreiben Sie die in der Zeichnung dargestellte Vorgehensweise und bestimmen Sie die Koordinaten des Spiegelpunktes S'_c.
b) Spiegeln Sie S auch an A(6|1|3), B(6|5|3) und D(2|1|3) und bestimmen Sie die Koordinaten der Bildpunkte.
c) Welcher Körper entsteht, wenn die Bodenpunkte A, B, C und D an S gespiegelt werden?

Skalarprodukt von Vektoren

$a_1 b_1 + a_2 b_2 + a_3 b_3$ heißt Skalarprodukt von $\vec{a}$ und $\vec{b}$.

Schreibweise: $\vec{a} \cdot \vec{b}$ oder $\vec{a}\,\vec{b}$

$$\begin{pmatrix} 2 \\ -3 \\ 1{,}5 \end{pmatrix} \cdot \begin{pmatrix} 3 \\ 5 \\ 8 \end{pmatrix} = 2 \cdot 3 + (-3) \cdot 5 + 1{,}5 \cdot 8 = 3$$

Länge eines Vektors mit Skalarprodukt

$$|\vec{a}| = \sqrt{\vec{a} \cdot \vec{a}} = \sqrt{a_1^2 + a_2^2 + a_3^2}$$

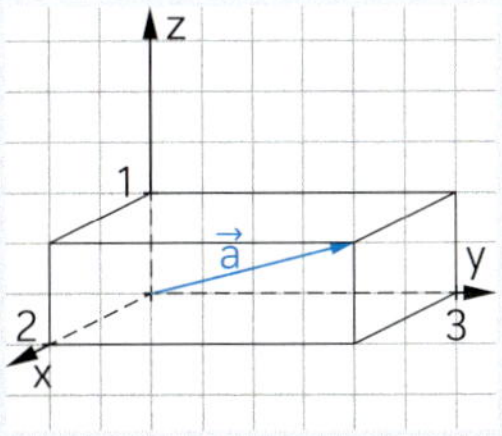

$$|\vec{a}| = \sqrt{2^2 + 3^2 + 1^2} = \sqrt{14}$$

Orthogonalität von Vektoren

Zwei Vektoren sind genau dann zueinander orthogonal, wenn $\vec{a} \cdot \vec{b} = 0$ erfüllt ist.

Mit Koordinaten:
$\vec{a} \perp \vec{b} \Leftrightarrow a_1 b_1 + a_2 b_2 + a_3 b_3 = 0$

$$\begin{pmatrix} 2 \\ -1 \\ 3 \end{pmatrix} \cdot \begin{pmatrix} -1 \\ 4 \\ 2 \end{pmatrix} = 2 \cdot (-1) + (-1) \cdot 4 + 3 \cdot 2 = 0$$

Winkel zwischen zwei Vektoren

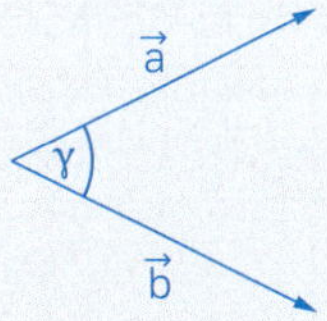

$$\cos(\gamma) = \frac{\vec{a} \cdot \vec{b}}{|\vec{a}| \cdot |\vec{b}|} = \frac{a_1 b_1 + a_2 b_2 + a_3 b_3}{\sqrt{a_1^2 + a_2^2 + a_3^2} \cdot \sqrt{b_1^2 + b_2^2 + b_3^2}}$$

$$\cos(\gamma) = \frac{\begin{pmatrix} 1 \\ 1 \\ 0 \end{pmatrix} \cdot \begin{pmatrix} 1 \\ 1 \\ 1 \end{pmatrix}}{\sqrt{2} \cdot \sqrt{3}} = \frac{2}{\sqrt{6}} \Rightarrow \gamma \approx 35{,}3°$$

Check-up

13 Skalarprodukte berechnen

a) $\begin{pmatrix} 2 \\ 3 \\ -4 \end{pmatrix} \cdot \begin{pmatrix} 0{,}5 \\ 1{,}5 \\ 2{,}5 \end{pmatrix}$ b) $\begin{pmatrix} -1 \\ 1{,}5 \\ 2 \end{pmatrix} \cdot \begin{pmatrix} -1 \\ 2 \\ -3 \end{pmatrix}$ c) $\begin{pmatrix} 2 \\ -1 \\ -4 \end{pmatrix} \cdot \begin{pmatrix} -4 \\ 2 \\ -3 \end{pmatrix}$ d) $\begin{pmatrix} -1{,}5 \\ 2 \\ 0{,}5 \end{pmatrix} \cdot \begin{pmatrix} -2 \\ -4 \\ 3 \end{pmatrix}$

14 Skalarprodukte ordnen

Ordnen Sie für die Vektoren $\vec{a} = \begin{pmatrix} 2 \\ -1 \\ 0 \end{pmatrix}$, $\vec{b} = \begin{pmatrix} 3 \\ 1 \\ 4 \end{pmatrix}$ und $\vec{c} = \begin{pmatrix} 5 \\ 0 \\ -2 \end{pmatrix}$ die Skalarprodukte $\vec{a} \cdot \vec{b}$, $\vec{a} \cdot \vec{c}$ und $\vec{b} \cdot \vec{c}$ der Größe nach.

15 Parallelogramm, aber keine Raute?

Zeigen Sie, dass das Viereck mit den Eckpunkten A(3|1|2), B(8|1|3), C(9|4|5) und D(4|4|4) ein Parallelogramm, aber keine Raute ist.

16 Gleichseitige Dreiecke

Zeigen Sie rechnerisch, dass für je drei verschiedene Zahlen a, b, c die Punkte P(a|b|c), Q(b|c|a) und R(c|a|b) ein gleichseitiges Dreieck bilden, ebenso die Punkte S(a|c|b), T(b|a|c) und U(c|b|a).
Gilt dies auch für V(a|a|b), W(a|b|a) und X(b|a|a)?

17 Orthogonaler Vektor

Geben Sie einen Vektor $\vec{w}$ an, der orthogonal zu $\vec{u} = \begin{pmatrix} 0 \\ 1 \\ -3 \end{pmatrix}$ ist. Ist $\vec{w}$ eindeutig bestimmt?

18 Winkel in einer Pyramide

Ist der Winkel zwischen $\vec{u}$ und $\vec{v}$ ein rechter Winkel oder ist er größer oder kleiner als 90°?
Stellen Sie eine Vermutung auf und überprüfen Sie diese.

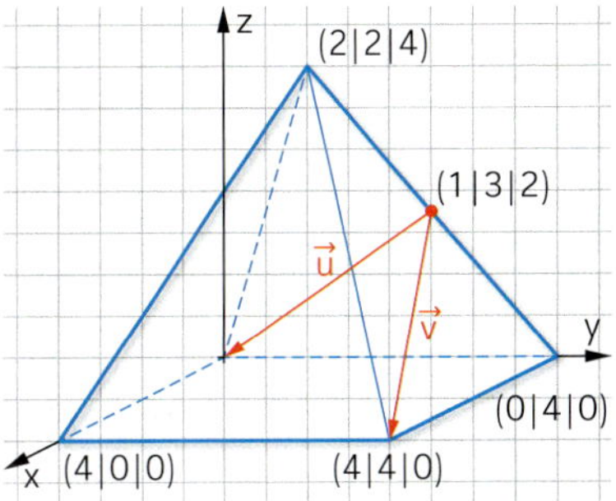

19 Winkel im Dreieck

Berechnen Sie die Winkel im roten Dreieck.

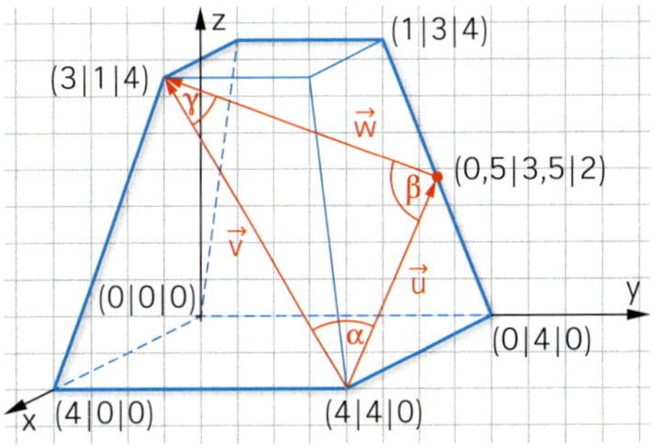

Sichern und Vernetzen – Vermischte Aufgaben

Trainieren

1 Koordinaten und Schrägbild

Von den Körpern sind einige Punkte gegeben. Geben Sie die Koordinaten der weiteren Punkte an und zeichnen Sie das Schrägbild des Körpers.

Würfel	Quader	Quadratische Pyramide
A(2|2|0); C(−2|6|0); D(−2|2|0); H(−2|2|4)	A(4|0|0); C(0|3|0); D(0|0|0); E(4|0|2)	A(2|3|1) und B(2|6|1) Höhe 5

2 Dreieckspyramide

Die Punkte A(−6|−2|1); B(3|−2|4) und C(6|−2|2) bilden die Grundfläche einer Dreieckspyramide mit der Spitze S(2|−5|3). Zeichnen Sie ein Schrägbild der Pyramide. Wie hoch ist die Pyramide?

3 Vektorzüge

Welcher Vektorzug ergibt $\vec{0}$?

a) $\begin{pmatrix} 0 \\ 1 \\ -4 \end{pmatrix}$; $\begin{pmatrix} -2 \\ 3 \\ 4 \end{pmatrix}$; $\begin{pmatrix} 2 \\ -3 \\ 1 \end{pmatrix}$; $\begin{pmatrix} 0 \\ -3 \\ 1 \end{pmatrix}$

b) $\begin{pmatrix} 2 \\ 2 \\ 1 \end{pmatrix}$; $\begin{pmatrix} -3 \\ 4 \\ 3 \end{pmatrix}$; $\begin{pmatrix} 2 \\ -6 \\ 0 \end{pmatrix}$; $\begin{pmatrix} -1 \\ 0 \\ -4 \end{pmatrix}$

4 Betrag von Vektoren

Welcher Vektor ist der kürzeste, welcher der längste?

$\vec{a} = \begin{pmatrix} 1 \\ 2 \\ 3 \end{pmatrix}$; $\vec{b} = \begin{pmatrix} 0{,}5 \\ 4 \\ -1 \end{pmatrix}$; $\vec{c} = \begin{pmatrix} 1 \\ 0 \\ -4 \end{pmatrix}$; $\vec{d} = \begin{pmatrix} -1 \\ 3 \\ -2 \end{pmatrix}$; $\vec{e} = \begin{pmatrix} 3 \\ -2 \\ -0{,}5 \end{pmatrix}$; $\vec{f} = \begin{pmatrix} -2 \\ -4 \\ 0 \end{pmatrix}$

5 Skalarprodukt berechnen

Welches Skalarprodukt hat den kleinsten Wert?

$\begin{pmatrix} 1 \\ -3 \\ -4 \end{pmatrix} \cdot \begin{pmatrix} 1 \\ 2 \\ -3 \end{pmatrix}$ $\begin{pmatrix} -3 \\ -2 \\ 5 \end{pmatrix} \cdot \begin{pmatrix} 1 \\ 3 \\ 0 \end{pmatrix}$ $\begin{pmatrix} -2 \\ 0 \\ 3 \end{pmatrix} \cdot \begin{pmatrix} 2 \\ -5 \\ 3 \end{pmatrix}$ $\begin{pmatrix} -1 \\ 4 \\ 0{,}5 \end{pmatrix} \cdot \begin{pmatrix} 3 \\ 1 \\ -6 \end{pmatrix}$ $\begin{pmatrix} 4 \\ 1 \\ -3 \end{pmatrix} \cdot \begin{pmatrix} 1 \\ -1 \\ -1 \end{pmatrix}$

6 Senkrechte Vektoren

a) Zeigen Sie rechnerisch, dass die blauen Kanten im Würfel senkrecht zueinander stehen.

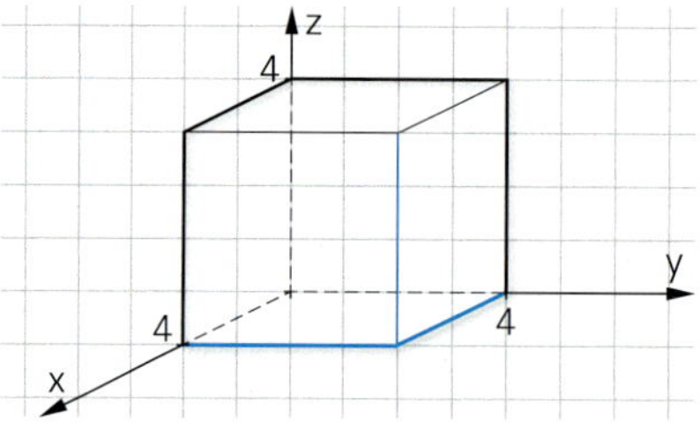

b) Zeigen Sie rechnerisch, dass die Raumdiagonale $\overline{DF}$ die Bodenfläche ABCD nicht senkrecht schneidet.

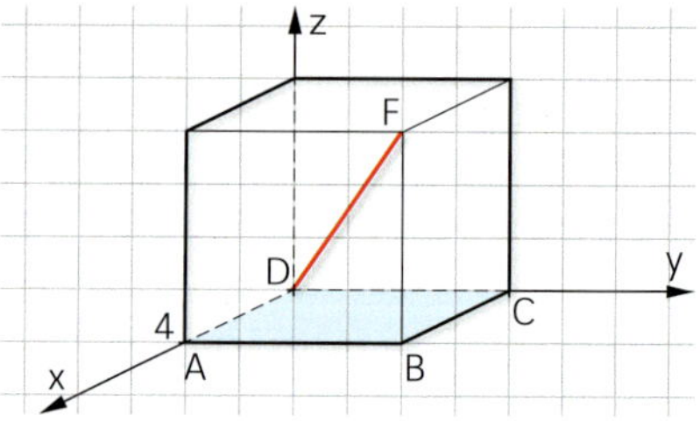

7 Parallelogramme

a) Zeichnen Sie die Punkte A(−2|2), B(2|3) und C(3|−1) in ein Koordinatensystem. Ergänzen Sie einen vierten Punkt so, dass sich ein Parallelogramm ergibt. Wie viele solcher Punkte finden Sie?

b) Bestimmen Sie rechnerisch die Punkte aus a).

Verstehen

8 Punkte in einem Schrägbild

Zeigen Sie am eingetragenen Punkt P, dass die Koordinaten nicht eindeutig abgelesen werden können.
Gilt das auch für das Eintragen von Punkten?

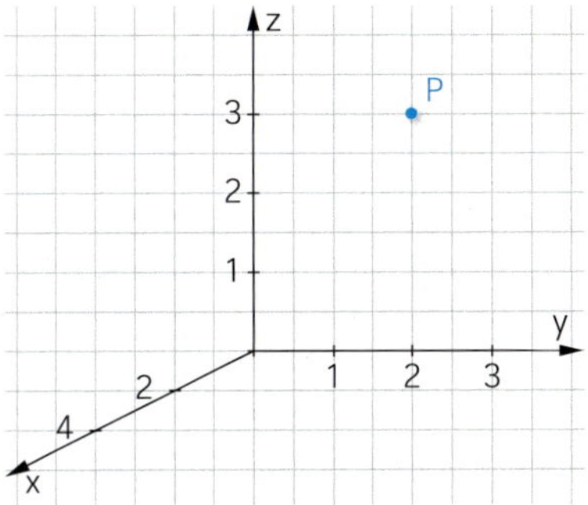

9 Würfel

Die Strecke $\overline{AG}$ mit $A(1|2|3)$ und $G(-3|6|7)$ ist die Raumdiagonale in einem Würfel. Geben Sie die Koordinaten der weiteren Eckpunkte eines Würfels an.

10 Entscheidungen

Welche Aussagen sind wahr? Begründen Sie.

(1) $\begin{pmatrix} -1 \\ -5 \\ 6 \end{pmatrix}$ ist als Linearkombination von $\begin{pmatrix} 1 \\ -2 \\ 2 \end{pmatrix}$ und $\begin{pmatrix} 3 \\ 1 \\ -2 \end{pmatrix}$ darstellbar.

(2) $\vec{a} + \vec{b}$ und $\vec{a} - \vec{b}$ mit $\vec{a} = \begin{pmatrix} -2 \\ 1 \\ 4 \end{pmatrix}$, $\vec{b} = \begin{pmatrix} 1 \\ -3 \\ 2 \end{pmatrix}$ sind kollinear.

11 Vektor, Zahl oder sinnlos?

Jeweils zwei der folgenden Ausdrücke beschreiben einen Vektor, eine Zahl oder sind sinnlos. Entscheiden Sie.

(1) $\vec{a} \cdot \vec{b} + s$ (2) $\vec{a} \cdot \vec{b} + \vec{c}$
(3) $(\vec{a} + \vec{b}) \cdot \vec{c}$ (4) $s \cdot (\vec{a} + \vec{b})$
(5) $s \cdot (r \cdot \vec{a})$ (6) $s - r \cdot \vec{a}$

12 Skalarprodukt – wahr oder falsch?

Welche Aussagen sind wahr? Begründen Sie Ihre Antwort.

a) $|\vec{a} \cdot \vec{b}| = |\vec{a}| \cdot |\vec{b}|$
b) $\vec{a} \cdot \vec{b} = 0 \Rightarrow \vec{a} = \vec{0}$ oder $\vec{b} = \vec{0}$
c) $\vec{a} = \vec{0}$ oder $\vec{b} = \vec{0} \Rightarrow \vec{a} \cdot \vec{b} = 0$
d) $r \cdot \vec{b} = \vec{0} \Rightarrow r = 0$ oder $\vec{b} = \vec{0}$

Anwenden

13 Regelmäßige dreiseitige Pyramide im Würfel

In den Würfel soll eine regelmäßige dreiseitige Pyramide einbeschrieben werden. Geben Sie die Koordinaten der Eckpunkte an.

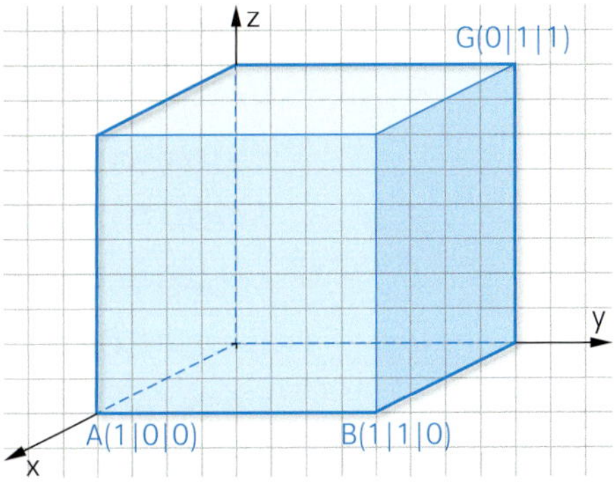

14 Tetraeder?

Beschreiben die Punkte $D(0|0|0)$; $P\left(\frac{1}{2}\sqrt{2}\,|\,0\,|\,0\right)$; $Q\left(0\,|\,\frac{1}{2}\sqrt{2}\,|\,0\right)$ und $R\left(0\,|\,0\,|\,\frac{1}{2}\sqrt{2}\right)$ einen Tetraeder im Würfel? Zeichnen Sie ein Schrägbild des Körpers im Würfel.

15 Würfelschnitte

Ein Schnitt im oben abgebildeten Würfel verläuft durch die Punkte K, L, M und N. Welches Viereck entsteht jeweils aus dem Würfelschnitt? Zeichnen Sie jeweils ein entsprechendes Schrägbild.

(1)	(2)	(3)
$K(1\|0\|1)$, $L(1\|1\|0)$, $M(0\|1\|0)$, $N(0\|0\|1)$	$K(0\|0\|0)$, $L(1\|1\|0)$, $M(0\|0\|1)$, $N(1\|1\|1)$	$K(1\|0\|0{,}5)$, $L(1\|1\|0{,}5)$, $M(0\|1\|0{,}5)$, $N(0\|0\|0{,}5)$

6

Geraden im Raum

Mithilfe von Vektoren und ihren Rechenverknüpfungen können Geraden und Ebenen im Raum nun durch Gleichungen beschrieben werden. Lagebeziehungen von Geraden können aus den Gleichungen erschlossen werden. Die gegebenenfalls vorhandenen Schnittpunkte können mithilfe von linearen Gleichungssystemen rechnerisch ermittelt werden.

Beim Lösen dieser Gleichungssysteme mit dem Gauß-Algorithmus leistet der GTR gute Hilfe. Die geometrische Interpretation der Lösungsmengen muss in den verschiedenen Problemstellungen aber selbst geleistet werden.

6.1

Geraden in der Ebene und im Raum

Mithilfe von Koordinaten und Richtungsvektoren lassen sich Geraden in der Ebene und im Raum in gleicher Art durch Gleichungen beschreiben.

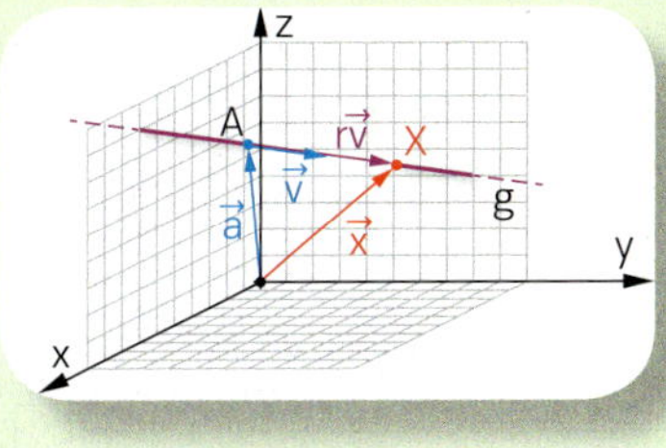

6.2

Anwendungen mit Geraden

Die Darstellung von Geraden als Gleichungen ermöglicht die Beschreibung z.B. von Sonnenstrahlen. Mit den dazugehörigen Gleichungen können Bildpunkte und damit Schattenbilder berechnet werden.

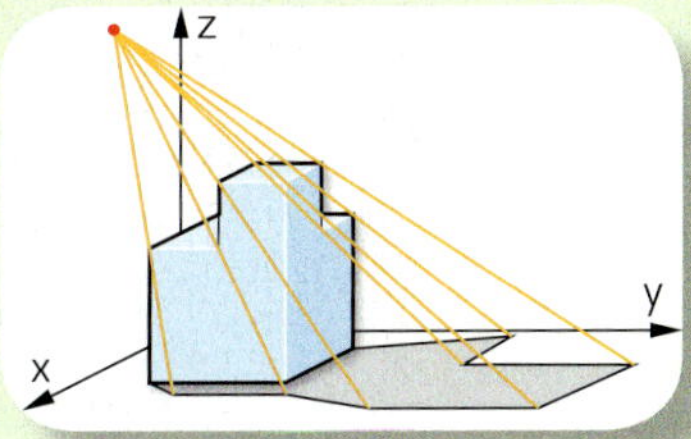

6.3

Lagebeziehungen von Geraden

Von unten betrachtet hat man den Eindruck, dass sich die Flugrouten kreuzen. Die Darstellung der Flugrouten als Gleichungen ermöglicht es, die Frage einer möglichen Kollision in einem Modell zu beantworten.

6.4

Projektionen

Das Schattenbild einer Pyramide kann mithilfe von Spurpunkten einer Geraden mit den Koordinatenebenen erzeugt werden. Dies gelingt auch mithilfe von Abbildungsgleichungen und Abbildungsmatrizen.

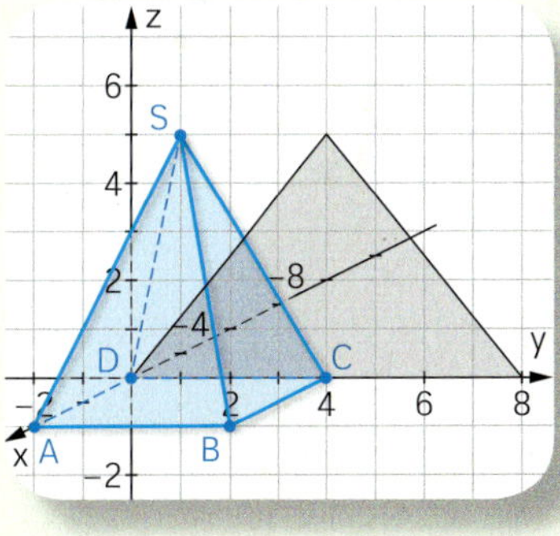

6.5

Geometrische Abbildungen (fakultativ)

Mit einem Bildbearbeitungsprogramm kann ein Foto im Computer manipuliert werden. Es kann z. B. gedreht, gespiegelt, vergrößert oder verkleinert werden. Mit Matrizen können die Abbildungen beschrieben werden.

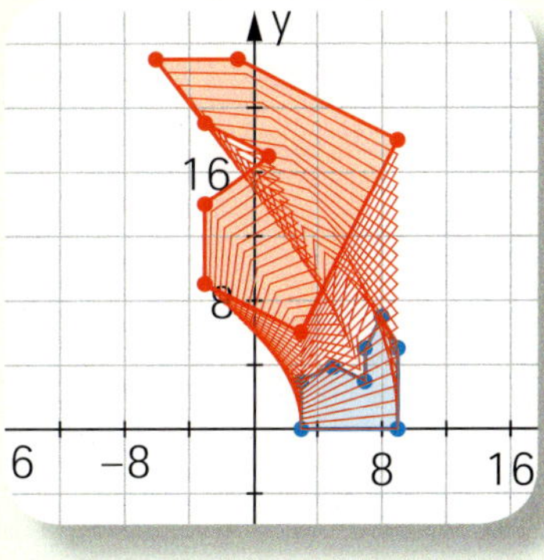

6.1 Geraden in der Ebene und im Raum

Aufgaben

1 Begegnungsproblem auf hoher See

Kapitän Horner ist mit seinem Frachtschiff Berta mal wieder auf dem Atlantik unterwegs. Regelmäßig beobachtet er den Radarschirm. Das Koordinatensystem auf dem Schirm ist so eingerichtet, dass die x-Achse von Westen nach Osten verläuft und die y-Achse von Süden nach Norden. Der Ursprung L wird durch einen Leuchtturm markiert. Die Längeneinheiten auf beiden Achsen sind in Seemeilen (sm) angegeben. Um 13:00 Uhr befindet sich die Berta an der Stelle mit den Koordinaten (3|0). Außerdem erkennt Kapitän Horner noch ein weiteres Schiff, die Ariane, an der Stelle (0|2).

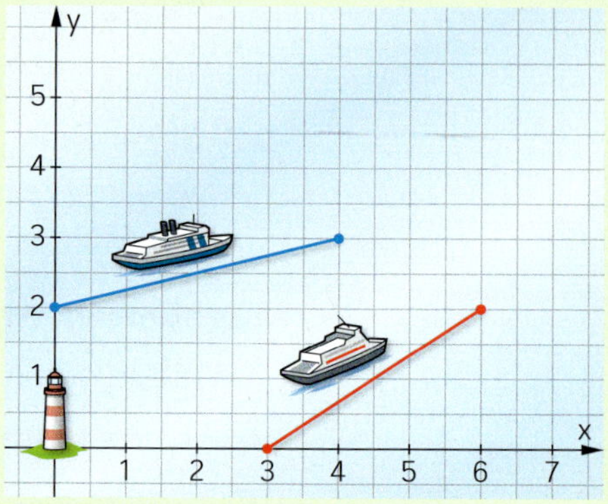

Eine Stunde später, um 14:00 Uhr, befindet sich die Berta an der Stelle (6|2) und die Ariane an der Stelle (4|3). Der geradlinige Kurs beider Schiffe wird mithilfe von „Richtungsvektoren“ $\vec{u} = \begin{pmatrix} 3 \\ 2 \end{pmatrix}$ und $\vec{v} = \begin{pmatrix} 4 \\ 1 \end{pmatrix}$ beschrieben.

a) Mit welcher Geschwindigkeit bewegen sich die beiden Schiffe?
In welcher Position befinden sie sich jeweils um 15:00 Uhr (15:30; 16:00; 17:00)?
Es wird dabei angenommen, dass die Geschwindigkeiten gleich bleiben.

b) Bordingenieur Ingo berechnet, wo sich die beiden Kursgeraden schneiden. Er findet mit nebenstehendem Ansatz den Schnittpunkt S(9,6|4,4). Erklären Sie den Ansatz und bestätigen Sie die Koordinaten.

$$\begin{pmatrix} 3 \\ 0 \end{pmatrix} + r\begin{pmatrix} 3 \\ 2 \end{pmatrix} = \begin{pmatrix} 0 \\ 2 \end{pmatrix} + s\begin{pmatrix} 4 \\ 1 \end{pmatrix}$$
$$r = \frac{11}{5} \qquad s = \frac{12}{5}$$

c) Muss der Kapitän nun die Kursrichtung seines Schiffes ändern, um einen Zusammenstoß zu vermeiden? Berechnen Sie dazu den jeweiligen Zeitpunkt, zu dem sich die beiden Schiffe in der Position S befinden.

2 Figuren zeichnen

a) Bestimmen und skizzieren Sie für einige Werte von t mit $0 \leq t \leq 3$ die Punkte X mit $\vec{x} = \begin{pmatrix} x(t) \\ y(t) \end{pmatrix} = \begin{pmatrix} -1+3t \\ 2+t \end{pmatrix}$. Beschreiben Sie die entstehende Figur.
Was erhält man für $-4 \leq t \leq -1$?

b) Mit Parameterdarstellungen kann man geradlinige Figuren mit dem GTR skizzieren.

Werkzeug

Figuren zeichnen im Mode parametric (parametrisch)

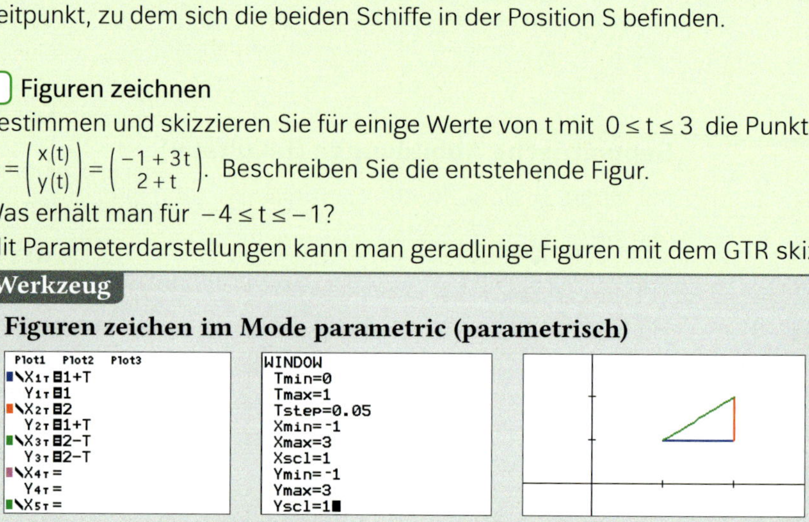

- Welche Figur erhält man, wenn man t von 0 bis 2 laufen lässt?
- Erzeugen Sie das Dreieck, das man bei der Punktspiegelung an (0|0) erhält.

Aufgaben

3 Laser

Im Maschinenbau werden heute CNC-Maschinen zum Bohren, Schneiden und Fräsen eingesetzt. Die Werkzeuge werden sehr präzise durch Computer gesteuert und bewegen sich mit gleich bleibender Geschwindigkeit.

Der Vorgang wird nun mit einer „mathematischen Brille" betrachtet.

a) **Laser in der Ebene**

Ein Laser startet im Punkt A(3|1), bewegt sich geradlinig mit konstanter Geschwindigkeit und hat nach genau einer Sekunde den Punkt B(8|4) erreicht.
Mit den Kenntnissen aus der Vektorrechnung kann dies mit Vektoren beschrieben werden: $\vec{b} = \overrightarrow{OA} + 1 \cdot \overrightarrow{AB}$.

(1) In welchen Punkten befindet sich der Laser nach $t = 0{,}5\,s$, $t = 0{,}75\,s$, $t = 0{,}9\,s$?

(2) In welchen Punkten wird der Laser nach $t = 2\,s$, $t = 3{,}5\,s$ sein?

(3) Wird der Laser die Punkte R(27|14) und S(75|37) erreichen?

(4) Wo ist die Position, die man mit der Zahl $t = -5\,s$ berechnet?

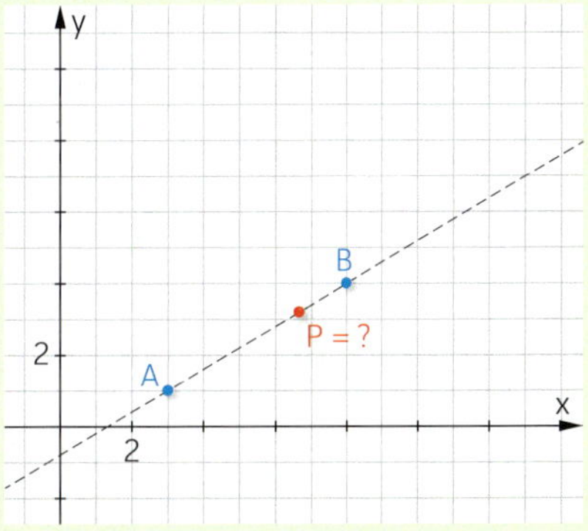

Wo liegen alle Punkte, die durch die Gleichung $\vec{x} = \overrightarrow{OA} + t \cdot \overrightarrow{AB}$ mit $-5 \le t \le 15$ bestimmt werden?

b) **Laser im Raum**

Ein Laser startet im Punkt A(6|2|2), bewegt sich geradlinig mit konstanter Geschwindigkeit und hat schließlich nach genau einer Sekunde den Punkt B(2|7|5) erreicht.

(1) Wo ist die Position, die man mit der Zahl $t = -5\,s$ berechnet?

(2) In welchen Punkten wird der Laser nach $t = 2\,s$, $t = 3{,}5\,s$ sein?

(3) In welchen Punkten ist der Laser nach $t = 0{,}5\,s$, $t = 0{,}75\,s$, $t = 0{,}9\,s$?

(4) Wird der Laser die Punkte R(−14|27|17) und S(−6|18|11) erreichen?

Geben Sie allgemein die Position X(x|y|z) an, in der sich der Laser nach t Sekunden befindet.

Basiswissen

Geradengleichungen in der Ebene

Punkt-Steigungs-Form

g: $y = mx + b$

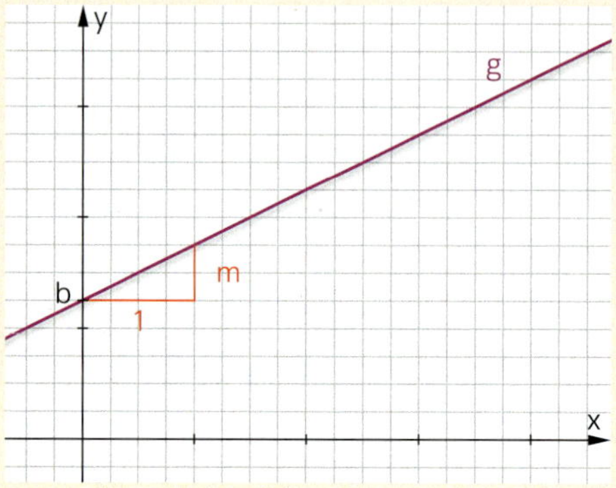

Punkt-Richtungs-Form

g: $\vec{x} = a + r\vec{v}$ mit $r \in \mathbb{R}$

$\vec{a}$ Stützvektor, $\vec{v}$ Richtungsvektor

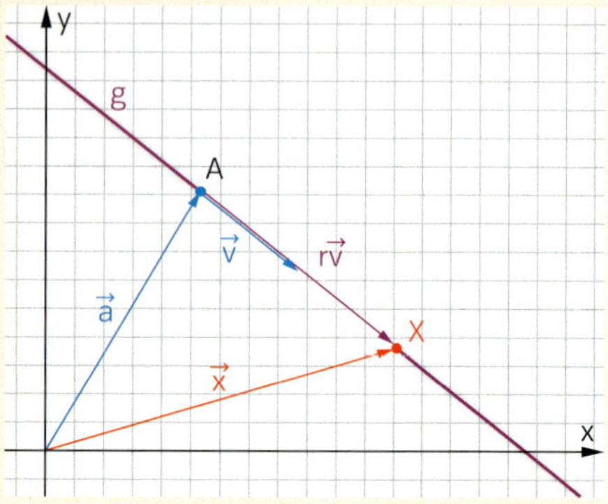

Geradengleichungen im Raum

Punkt-Richtungs-Form

g: $\vec{x} = \vec{a} + r\vec{v}$ mit $r \in \mathbb{R}$

$\vec{a}$ Stützvektor, $\vec{v}$ Richtungsvektor

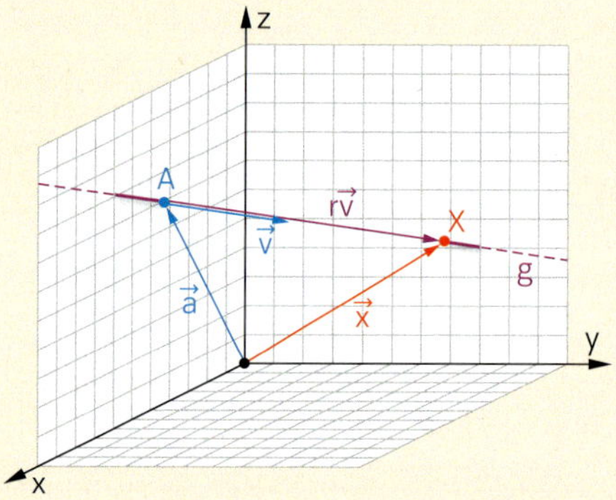

Zwei-Punkte-Form durch A und B

g: $\vec{x} = \vec{a} + r\left(\vec{b} - \vec{a}\right)$ mit $r \in \mathbb{R}$

$\vec{a}$ Stützvektor, $\vec{v} = \vec{b} - \vec{a}$ Richtungsvektor

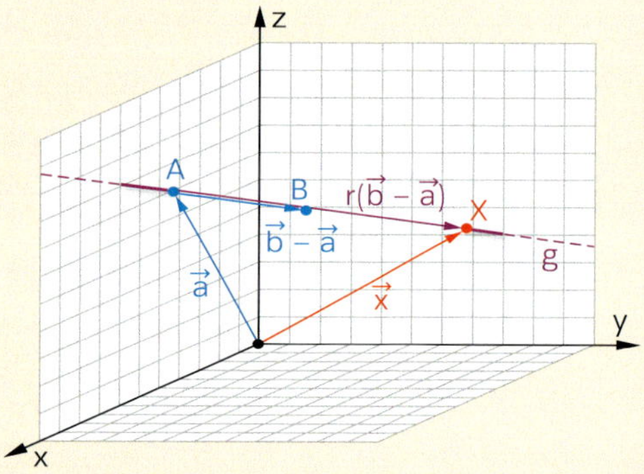

Für jeden Wert des Parameters erhält man einen Punkt der Geraden. Durchläuft der Parameter r alle reellen Zahlen, so durchläuft X alle Punkte der Geraden. Der Vorteil der Parameterdarstellung liegt darin, dass damit auch Geraden im Raum beschrieben werden können.

Strecke

Eine Strecke $\overline{AB}$ wird durch $\vec{x} = \vec{a} + r\left(\vec{b} - \vec{a}\right)$ beschrieben, wenn r alle reellen Zahlen von 0 bis 1 durchläuft.

Das Dreieck ABC mit A(2|3), B(6|1) und C(8|5) kann vektoriell beschrieben werden:

$\overline{AB}$: $\vec{x} = \begin{pmatrix} 2 \\ 3 \end{pmatrix} + r\begin{pmatrix} 4 \\ -2 \end{pmatrix}$ mit $0 \le r \le 1$;

$\overline{AC}$: $\vec{x} = \begin{pmatrix} 2 \\ 3 \end{pmatrix} + r\begin{pmatrix} 6 \\ 2 \end{pmatrix}$ mit $0 \le r \le 1$;

$\overline{BC}$: $\vec{x} = \begin{pmatrix} 6 \\ 1 \end{pmatrix} + r\begin{pmatrix} 2 \\ 4 \end{pmatrix}$ mit $0 \le r \le 1$.

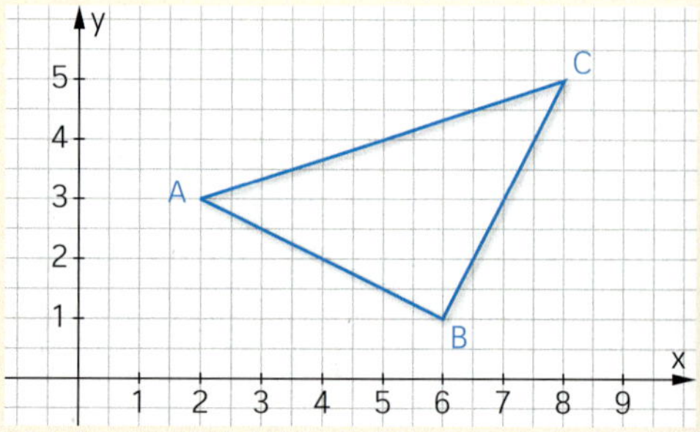

Beispiele

A **Gerade durch zwei Punkte bestimmen**

Geben Sie eine Punkt-Richtungs-Form der Geraden g an, die durch die Punkte P und Q geht.

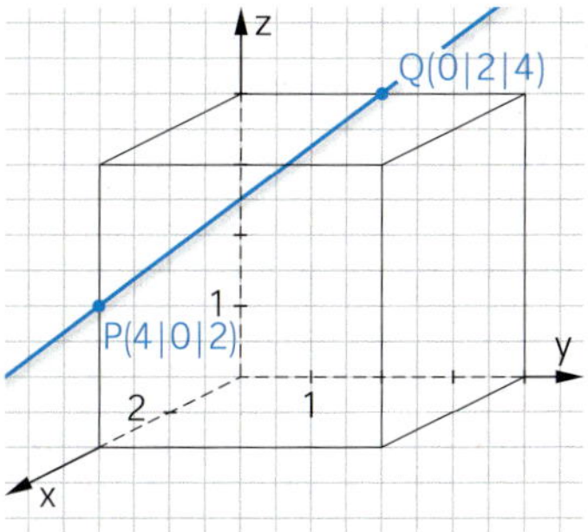

Lösung:

Es müssen ein Stützvektor und ein Richtungsvektor bestimmt werden.

Stützvektor: $\overrightarrow{OP} = \vec{p} = \begin{pmatrix} 4 \\ 0 \\ 2 \end{pmatrix}$

Richtungsvektor: $\vec{v} = \vec{q} - \vec{p} = \begin{pmatrix} 0 \\ 2 \\ 4 \end{pmatrix} - \begin{pmatrix} 4 \\ 0 \\ 2 \end{pmatrix} = \begin{pmatrix} -4 \\ 2 \\ 2 \end{pmatrix}$

Punkt-Richtungs-Form: $g: \vec{x} = \begin{pmatrix} 4 \\ 0 \\ 2 \end{pmatrix} + r\begin{pmatrix} -4 \\ 2 \\ 2 \end{pmatrix},\ r \in \mathbb{R}$ oder $g: \vec{x} = \begin{pmatrix} 4-4r \\ 0+2r \\ 2+2r \end{pmatrix},\ r \in \mathbb{R}$

B **Punkte auf einer Geraden**

Bestimmen Sie die Koordinaten von drei Punkten, die auf $g: \vec{x} = \begin{pmatrix} -3 \\ 2 \\ 5 \end{pmatrix} + r\begin{pmatrix} 2 \\ 4 \\ -3 \end{pmatrix},\ r \in \mathbb{R}$ liegen.

Lösung:

z. B. $r = 2$ liefert $\vec{x} = \begin{pmatrix} -3 \\ 2 \\ 5 \end{pmatrix} + 2\begin{pmatrix} 2 \\ 4 \\ -3 \end{pmatrix} = \begin{pmatrix} 1 \\ 10 \\ -1 \end{pmatrix}$; $P(1|10|-1)$

$r = 0$ liefert $\vec{x} = \begin{pmatrix} -3 \\ 2 \\ 5 \end{pmatrix} + 0\begin{pmatrix} 2 \\ 4 \\ -3 \end{pmatrix} = \begin{pmatrix} -3 \\ 2 \\ 5 \end{pmatrix}$; $Q(-3|2|5)$;

$r = -1$ liefert $\vec{x} = \begin{pmatrix} -3 \\ 2 \\ 5 \end{pmatrix} + (-1)\begin{pmatrix} 2 \\ 4 \\ -3 \end{pmatrix} = \begin{pmatrix} -5 \\ -2 \\ 8 \end{pmatrix}$; $R(-5|-2|8)$

C **Punktprobe: Liegt P auf der Geraden g?**

Liegen die Punkte $P_1\,(8|-4|8)$ und $P_2\,(3|1|2)$ auf g?

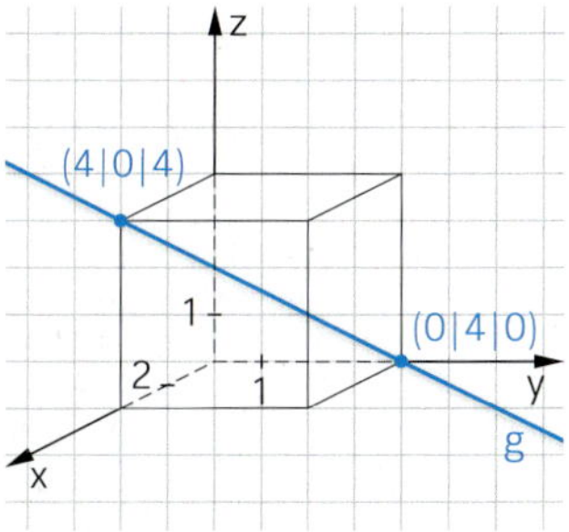

Lösung:

Wenn P auf $g: \vec{x} = \vec{a} + r\vec{v}$ liegt, dann gibt es ein r, sodass $\overrightarrow{OP} = \vec{a} + r\vec{v}$.

Wenn man ein solches r nicht findet, dann liegt P nicht auf g.

Die Gerade g lässt sich in der Form $g: \vec{x} = \begin{pmatrix} 4-4r \\ 0+4r \\ 4-4r \end{pmatrix}$ aufstellen.

Für P_1 gilt $\begin{pmatrix} 8 \\ -4 \\ 8 \end{pmatrix} = \begin{pmatrix} 4-4r \\ 0+4r \\ 4-4r \end{pmatrix}$ Dies liefert die Gleichungen

$8 = 4 - 4r$ also $r = -1$
$-4 = 0 + 4r$ also $r = -1$
$8 = 4 - 4r$ also $r = -1$

Es gibt ein r, das alle Gleichungen erfüllt. Somit liegt $P_1\,(8|-4|8)$ auf g.

Für P_2 gilt $\begin{pmatrix} 3 \\ 1 \\ 2 \end{pmatrix} = \begin{pmatrix} 4-4r \\ 0+4r \\ 4-4r \end{pmatrix}$ Dies liefert die Gleichungen

$3 = 4 - 4r$ also $r = 0{,}25$
$1 = 0 + 4r$ also $r = 0{,}25$
$2 = 4 - 4r$ also $r = 0{,}5$

Es gibt kein r, das alle Gleichungen erfüllt. Somit liegt $P_2(3|1|2)$ nicht auf g.

Übungen

4 **Punkte einer Geraden**

Gegeben sind die Geraden $g: \vec{x} = \begin{pmatrix} 1 \\ 1 \\ 2 \end{pmatrix} + r\begin{pmatrix} 3 \\ -2 \\ 2 \end{pmatrix}$ und $h: \vec{x} = \begin{pmatrix} -1 \\ 3 \\ -4 \end{pmatrix} + r\begin{pmatrix} -2 \\ 2 \\ 0{,}5 \end{pmatrix}$.

a) Bestimmen Sie die Koordinaten der Punkte der Geraden g und h für $r = 2$ und $r = -3$.

b) Prüfen Sie, ob die Punkte $Q(4|-1|1)$; $R(-5|5|0)$; $S(-2|2|0{,}5)$; $T(-2|4|-3{,}75)$ auf den Geraden g oder h liegen.

Übungen

5 **Geraden durch zwei Punkte**

Geben Sie eine Geradengleichung in vektorieller Form für die Gerade durch die Punkte P und Q an. Liegen die Punkte R und S auf der Geraden?

a) P(1|2|4); Q(3|−1|5); R(3|−1|5); S(−3|8|2)
b) P(−1|0|4); Q(1|−1|1); R(2|−2|2); S(−1|0|4)
c) P(3|−1|1); Q(2|−2|1); R(4|0|1); S(2,5|−1,5|1)
d) P(1|0|0); Q(0|1|0); R(0|0|1); S(2|1|0)

6 **Parallele Gerade**

Geben Sie zu $g: \vec{x} = \begin{pmatrix} 2 \\ 5 \\ -1 \end{pmatrix} + r\begin{pmatrix} 4 \\ -3 \\ 1 \end{pmatrix}$ eine Geradengleichung einer parallelen Geraden h an, die durch den Punkt P(3|2|−4) geht.

7 **Eine Gerade – viele Geradengleichungen**

Geben Sie zwei verschiedene Geradengleichungen einer Geraden an, die …

a) durch die Punkte P(1|−2|2) und Q(3|−1|2) geht.
b) durch den Ursprung und den Punkt (2|−3|5) geht.
c) durch den Punkt P(−0,5|2|−1) geht und parallel zur x-Achse verläuft.
d) die Koordinatenachsen beschreiben.

8 **Richtungsvektor oder Stützvektor ersetzen**

Die Gerade $g: \vec{x} = \begin{pmatrix} 1 \\ -2 \\ 0 \end{pmatrix} + r\begin{pmatrix} 6 \\ -2 \\ -4 \end{pmatrix}$ und die Vektoren $\vec{a} = \begin{pmatrix} -3 \\ 1 \\ 2 \end{pmatrix}$; $\vec{b} = \begin{pmatrix} -5 \\ 0 \\ 4 \end{pmatrix}$; $\vec{c} = \begin{pmatrix} 0,5 \\ -1 \\ 0 \end{pmatrix}$; $\vec{d} = \begin{pmatrix} 9 \\ -3 \\ -6 \end{pmatrix}$ sind gegeben.

a) Welche Vektoren kann man als Richtungsvektor für g verwenden?
b) Welche Vektoren kann man als Stützvektor für g verwenden?

Werkzeug

Punktprobe mit CAS

$g: \vec{x} = \begin{pmatrix} 4 \\ 1 \\ 4 \end{pmatrix} + t\begin{pmatrix} -4 \\ 2 \\ 3 \end{pmatrix}$

```
vge(t):=[4-4·t; 1+2·t; 4+3·t]        Fertig
```

Liegt $P_1(12|-3|-2)$ auf g?

```
vp1:=[12; -3; -2]                 [12; -3; -2]
solve(vge(t)=vp1,t)               t=-2
```

Für $t = -2$ sind alle Gleichungen erfüllt. Somit liegt P_1 auf g.

Liegt $P_2(3|1|2)$ auf g?

```
vp2:=[3; 1; 2]                    [3; 1; 2]
solve(vge(t)=vp2,t)               false
```

Es gibt kein r, das alle Gleichungen erfüllt. Somit liegt P_2 nicht auf g.

9 **Kanten in einer Pyramide**

Vier der angegebenen Gleichungen beschreiben Kanten der Pyramide. Ordnen Sie zu. Welche Strecken werden durch die beiden anderen Gleichungen beschrieben?

Es gilt jeweils $0 \le r \le 1$.

$g: \vec{x} = \begin{pmatrix} 2 \\ 2 \\ 6 \end{pmatrix} + r\begin{pmatrix} 2 \\ -2 \\ -6 \end{pmatrix}$ $h: \vec{x} = \begin{pmatrix} 4 \\ 0 \\ 0 \end{pmatrix} + r\begin{pmatrix} -4 \\ 4 \\ 0 \end{pmatrix}$

$i: \vec{x} = \begin{pmatrix} 2 \\ 2 \\ 6 \end{pmatrix} + r\begin{pmatrix} -2 \\ 2 \\ -6 \end{pmatrix}$ $k: \vec{x} = r\begin{pmatrix} 0 \\ 4 \\ 0 \end{pmatrix}$

$l: \vec{x} = \begin{pmatrix} 4 \\ 0 \\ 0 \end{pmatrix} + r\begin{pmatrix} 0 \\ 4 \\ 0 \end{pmatrix}$ $m: \vec{x} = \begin{pmatrix} 2 \\ 2 \\ 6 \end{pmatrix} + r\begin{pmatrix} 0 \\ 0 \\ -6 \end{pmatrix}$

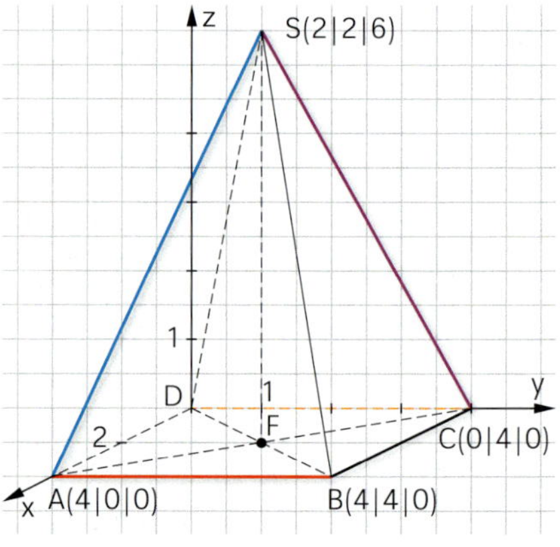

Übungen

10 Geradengleichungen im Quader aufstellen

a) Stellen Sie die Geradengleichungen auf für AB, AD, GH, EG, FG, DH, HF, BF, BD.
AB bezeichnet die Gerade durch A und B.

b) Welche der Geraden sind parallel? Wie erkennen Sie an den Geradengleichungen parallele Geraden?

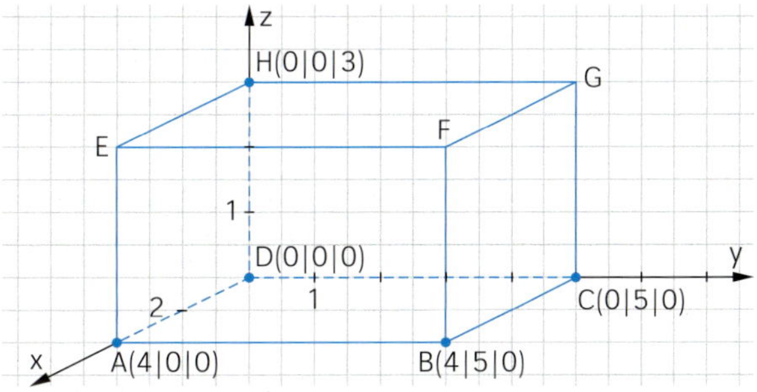

11 Eine Gerade – viele Geradengleichungen

a) Welche der Geradengleichungen beschreiben die eingezeichnete Gerade?

$g: \vec{x} = \begin{pmatrix} 4 \\ 0 \\ 1 \end{pmatrix} + r\begin{pmatrix} -4 \\ 4 \\ 2 \end{pmatrix}$ $\quad h: \vec{x} = \begin{pmatrix} 0 \\ 4 \\ 3 \end{pmatrix} + r\begin{pmatrix} -4 \\ 4 \\ 2 \end{pmatrix}$

$i: \vec{x} = \begin{pmatrix} 4 \\ 0 \\ 1 \end{pmatrix} + r\begin{pmatrix} 0 \\ 4 \\ 3 \end{pmatrix}$ $\quad k: \vec{x} = \begin{pmatrix} 4 \\ 0 \\ 1 \end{pmatrix} + r\begin{pmatrix} 2 \\ -2 \\ -1 \end{pmatrix}$

b) Erstellen Sie selbst weitere Geradengleichungen für die eingezeichnete Gerade.

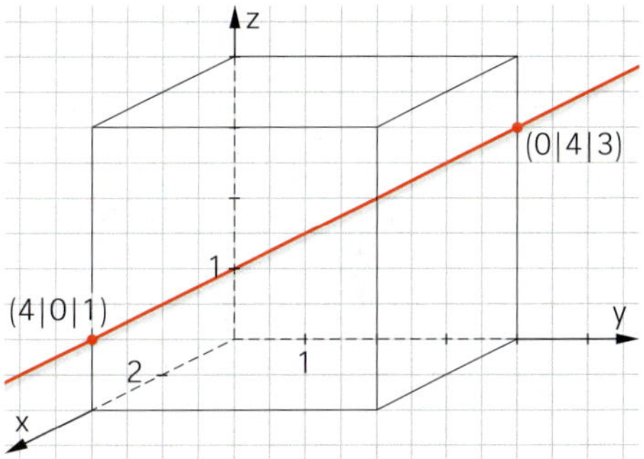

12 Fläche im Walmdach

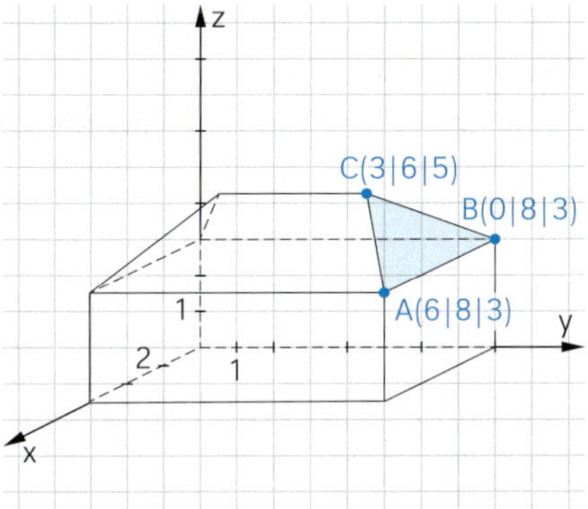

a) Beschreiben Sie die Dreiecksfläche des Walmdaches mit den Strecken $\overline{AB}$, $\overline{AC}$ und $\overline{BC}$.

b) Beschreiben Sie alle weiteren Kanten des Hauses.

13 Geraden im Pyramidenstumpf

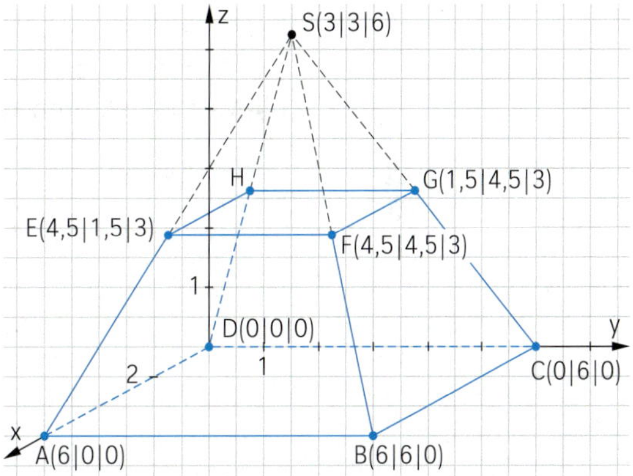

a) Geben Sie die Gleichungen für die Kanten des Pyramidenstumpfes an.

b) Zeigen Sie, dass S auf den Geraden durch die Seitenkanten liegt.

14 Besondere Geraden im Würfel

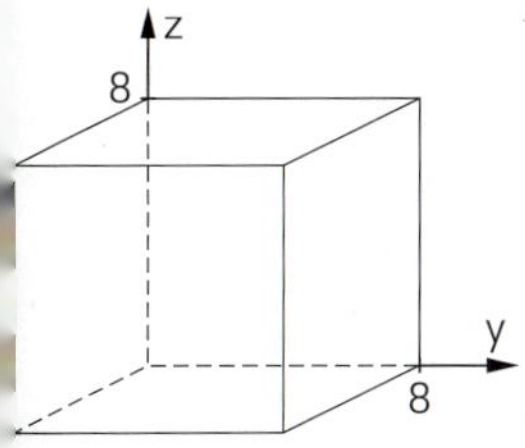

a) Zeichnen Sie die vier Geraden in das Schrägbild eines Würfels mit der Kantenlänge 8 cm ein.

$g_1: \vec{x} = \begin{pmatrix} 8 \\ 0 \\ 0 \end{pmatrix} + r\begin{pmatrix} -8 \\ 8 \\ 8 \end{pmatrix}$ $\quad g_2: \vec{x} = \begin{pmatrix} 0 \\ 8 \\ 0 \end{pmatrix} + r\begin{pmatrix} 8 \\ -8 \\ 8 \end{pmatrix}$ $\quad g_3: \vec{x} = \begin{pmatrix} 8 \\ 8 \\ 0 \end{pmatrix} + r\begin{pmatrix} -8 \\ 0 \\ 8 \end{pmatrix}$ $\quad g_4: \vec{x} = \begin{pmatrix} 8 \\ 0 \\ 8 \end{pmatrix} + r\begin{pmatrix} -8 \\ 8 \\ 0 \end{pmatrix}$

b) Durch die folgenden Gleichungen sind die Seiten eines Dreiecks angegeben, das durch einen ebenen Schnitt am Würfel entstanden ist. Zeichnen Sie diese Schnittfläche in den Würfel ein.

$s_1: \vec{x} = \begin{pmatrix} 8 \\ 0 \\ 4 \end{pmatrix} + r\begin{pmatrix} 0 \\ 4 \\ 4 \end{pmatrix}$ $\quad s_2: \vec{x} = \begin{pmatrix} 4 \\ 0 \\ 8 \end{pmatrix} + r\begin{pmatrix} 4 \\ 4 \\ 0 \end{pmatrix}$ $\quad s_3: \vec{x} = \begin{pmatrix} 4 \\ 0 \\ 8 \end{pmatrix} + r\begin{pmatrix} 4 \\ 0 \\ -4 \end{pmatrix}$

c) Beschreiben Sie eine weitere Schnittfläche am Würfel.

Übungen

15 **Würfelschnitte**

Beschreiben Sie die roten Schnittflächen jeweils durch Gleichungen für die vier begrenzenden Seiten.

a)

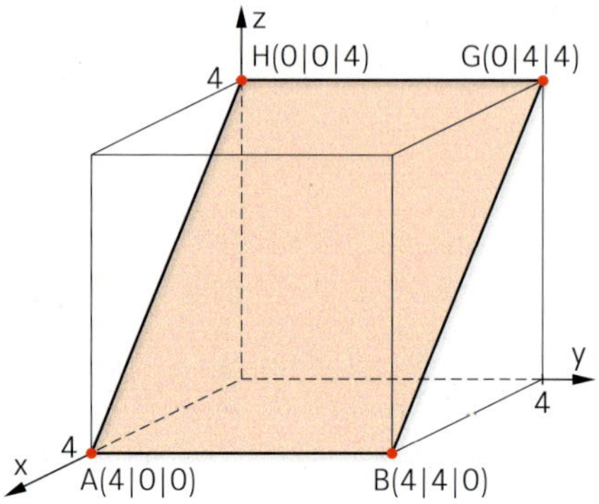

b)

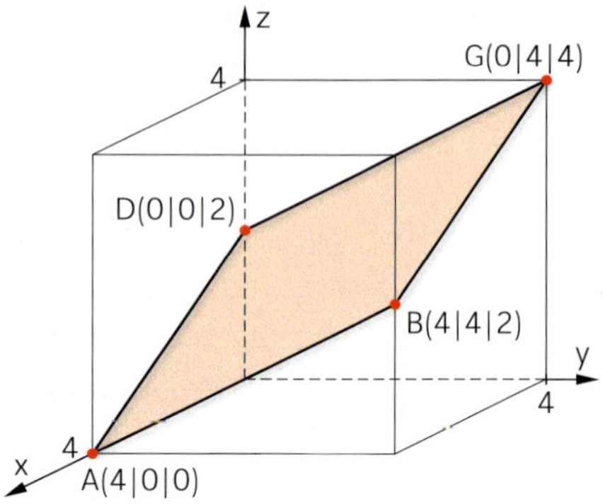

16 **Dreimal dieselbe Gerade**

Gegeben sind drei Darstellungen derselben Geraden g:

$g_t\colon \vec{x} = \begin{pmatrix} 1 \\ 0 \\ 2 \end{pmatrix} + t\begin{pmatrix} 4 \\ 3 \\ -1 \end{pmatrix}$, $g_s\colon \vec{x} = \begin{pmatrix} 1 \\ 0 \\ 2 \end{pmatrix} + s\begin{pmatrix} 8 \\ 6 \\ -2 \end{pmatrix}$ und $g_r\colon \vec{x} = \begin{pmatrix} -11 \\ -9 \\ 5 \end{pmatrix} + r\begin{pmatrix} 4 \\ 3 \\ -1 \end{pmatrix}$.

a) Zum Punkt P(9|6|0) gehört in der Geradendarstellung g_t der Parameter $t = 2$. Bestimmen Sie die zum Punkt P gehörenden Parameter s und r in den anderen Darstellungen.

b) Welche Parameter gehören zu Q(−3|−3|3)?

c) Zeigen Sie, dass zwischen r und t die Beziehung $r = t + 3$ besteht. Ermitteln Sie auch die Beziehungen zwischen s und t sowie zwischen r und s.

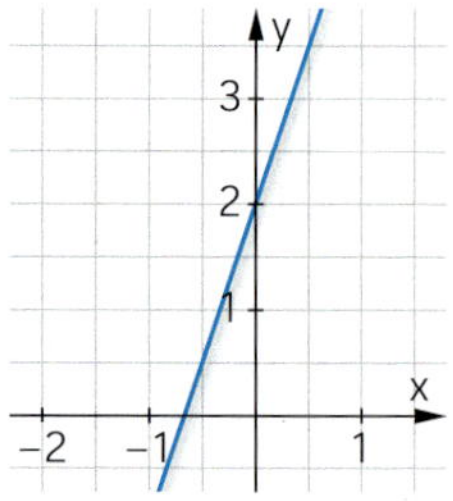

17 **Geradengleichung in der Ebene**

Die Geradengleichung $y = mx + b$ wird als Punkt-Steigungs-Form oder Koordinatengleichung bezeichnet.

a) Geben Sie die Gerade $g\colon y = 3x + 2$ in der Punkt-Richtungs-Form an.

b) Zeigen Sie: Die Gerade $g\colon y = mx + b$ hat in Punkt-Richtungs-Form die Darstellung: $g\colon \vec{x} = \begin{pmatrix} 0 \\ b \end{pmatrix} + r\begin{pmatrix} 1 \\ m \end{pmatrix}$. Geben Sie den Zusammenhang zwischen Steigung und Richtung an.

c) Ermitteln Sie zu $g\colon \vec{x} = \begin{pmatrix} 2 \\ -3 \end{pmatrix} + r\begin{pmatrix} -2 \\ 4 \end{pmatrix}$ die Punkt-Steigungs-Form (Koordinatengleichung).

d) Zeigen Sie, dass man mit Parametergleichungen alle Geraden in der Ebene beschreiben kann. Welches Problem ergibt sich bei der Koordinatengleichung?

18 **Parameteraufgaben**

Bestimmen Sie den Parameter a so, dass der Punkt P(2|−1|1) auf der Geraden g liegt.

a) $g\colon \vec{x} = \begin{pmatrix} 4 \\ 0 \\ 2 \end{pmatrix} + r\begin{pmatrix} a \\ 2 \\ 2 \end{pmatrix}$ b) $g\colon \vec{x} = \begin{pmatrix} 1 \\ a \\ 3 \end{pmatrix} + r\begin{pmatrix} -1 \\ 4 \\ 2 \end{pmatrix}$ c) $g\colon \vec{x} = \begin{pmatrix} 6 \\ 3 \\ 1 \end{pmatrix} + r\begin{pmatrix} 2 \\ a \\ 1 \end{pmatrix}$

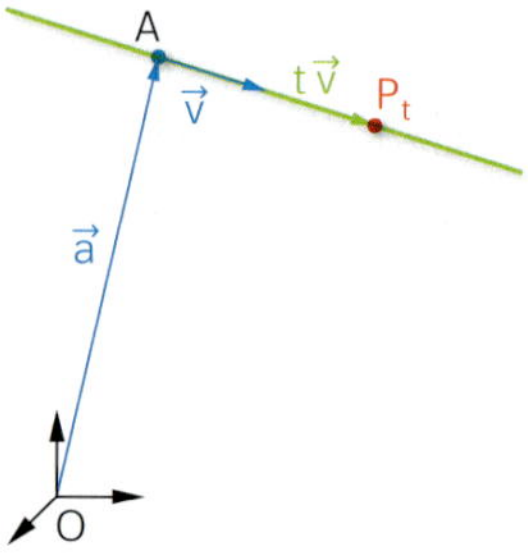

19 **Punkte einsetzen**

Gegeben ist die Gerade $g\colon \vec{x} = \begin{pmatrix} 1 \\ -1 \\ 2 \end{pmatrix} + t\begin{pmatrix} 4 \\ 2 \\ -4 \end{pmatrix}$.

Der zu einem Parameterwert t gehörende Punkt von g wird mit P_t bezeichnet.

a) Bestimmen Sie P_2, P_{-3} und $P_{0,5}$ und geben Sie das zu P(−5|−4|8) gehörende t an.

b) Zeigen Sie:

(1) Die Punkte P_t und P_{-t} sind gleich weit vom Punkt A(1|−1|2) entfernt.

(2) P_{-t} ist der Spiegelpunkt von P_t an A.

(3) Die Entfernung zwischen P_t und P_{t+1} beträgt für jedes t genau 6 Längeneinheiten.

Übungen

20 **Schnittpunkte mit den Koordinatenebenen**

Bestimmen Sie die Schnittpunkte der Geraden g mit den Koordinatenebenen und zeichnen Sie die Gerade mithilfe dieser Schnittpunkte in ein Koordinatensystem.
Beschreiben Sie die Lage der Geraden.

a) $g: \vec{x} = \begin{pmatrix} 6 \\ 10 \\ -3 \end{pmatrix} + r \begin{pmatrix} 2 \\ 5 \\ -3 \end{pmatrix}$

b) $g: \vec{x} = \begin{pmatrix} 8 \\ -2 \\ 3 \end{pmatrix} + r \begin{pmatrix} 4 \\ -2 \\ 1 \end{pmatrix}$

Spurpunkte

Mithilfe von Spurpunkten kann man Geraden im Raum darstellen. Wenn die Koordinatenebenen mit einer durchsichtigen Membran bespannt wären, so würde eine Gerade, die je nach Lage drei, zwei oder eine dieser Ebenen durchstößt, auf den Membranen ihre Spuren hinterlassen, die Spurpunkte.

Spurpunkte zeichnen sich dadurch aus, dass mindestens eine ihrer Koordinaten 0 ist und sind daher leicht zu berechnen.

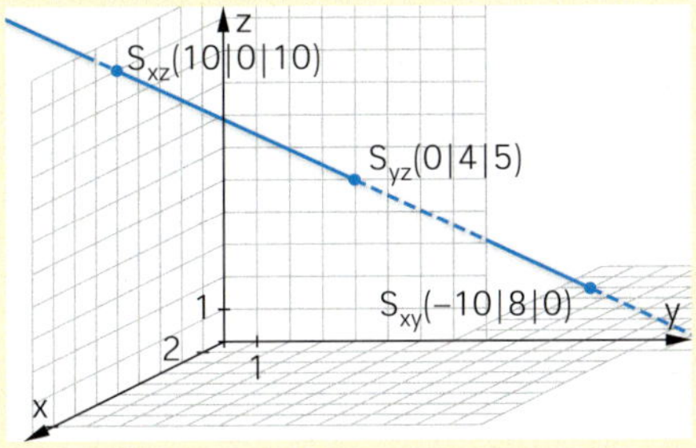

Die Spurpunkte der Geraden

$g: \vec{x} = \begin{pmatrix} 5 \\ 2 \\ 7{,}5 \end{pmatrix} + r \begin{pmatrix} 10 \\ -4 \\ 5 \end{pmatrix}$

berechnet man wie folgt:

Schnitt mit der xy-Ebene:
$z = 0 \Rightarrow 7{,}5 + 5r = 0 \Rightarrow r = -1{,}5.$
Somit gilt $S_{xy}(-10|8|0)$.

Entsprechend werden S_{xz} und S_{yz} berechnet.

21 **Gerade aus Spurpunkten**

Bestimmen Sie mithilfe der Spurpunkte eine Parametergleichung der Geraden g und bestätigen Sie rechnerisch, dass g die abgelesenen Spurpunkte hat.

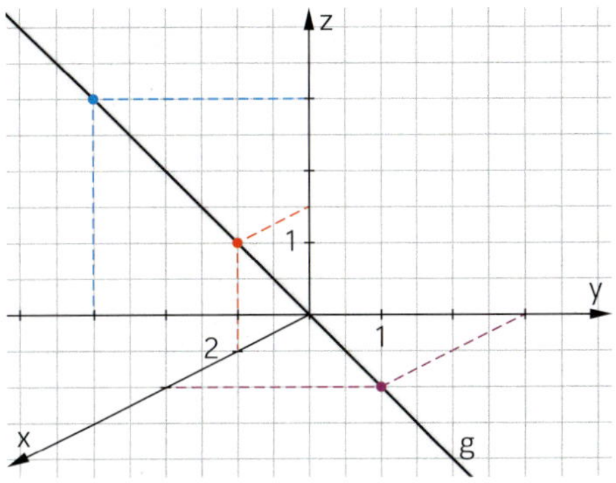

22 **Spurpunkte einer Geraden**

Bestimmen Sie die Spurpunkte der Geraden $g: \vec{x} = \begin{pmatrix} 5 \\ -1 \\ 6 \end{pmatrix} + r \begin{pmatrix} -2 \\ 0 \\ 4 \end{pmatrix}$ und zeichnen Sie die Gerade g in ein Koordinatensystem.

23 **Anzahl der Spurpunkte einer Geraden**

Von den Geraden g, h und k sind folgende Eigenschaften bekannt:

(1) g besitzt einen Schnittpunkt mit der z-Achse.

(2) h verläuft parallel zur xz-Ebene.

(3) k verläuft parallel zur x-Achse.

Wie viele Durchstoßpunkte mit den Koordinatenebenen kann jede der Geraden haben? Begründen Sie, dass die Anzahl der verschiedenen Durchstoßpunkte nur für eine der Geraden eindeutig zu bestimmen ist.

Grundwissen

1. Bestimmen Sie die Nullstellen der Funktion: $f(x) = 2^x \cdot (3x - x^2)$
2. Beschreiben Sie die Punktmengen geometrisch:
   a) alle Tripel $(0|1|z)$ mit $z \in \mathbb{R}$
   b) alle Tripel $(2|y|z)$ mit $y, z \in \mathbb{R}$

6.2 Anwendungen mit Geraden

Aufgaben

1 Schatten eines Würfels

Der abgebildete Würfel ist durch die Eckpunkte A(6|4|0), B(6|6|0), D(4|4|0) und E(6|4|2) festgelegt.
Im Punkt L_1(4|4|4) ist eine Lampe befestigt, von der Lichtstrahlen ausgehen.

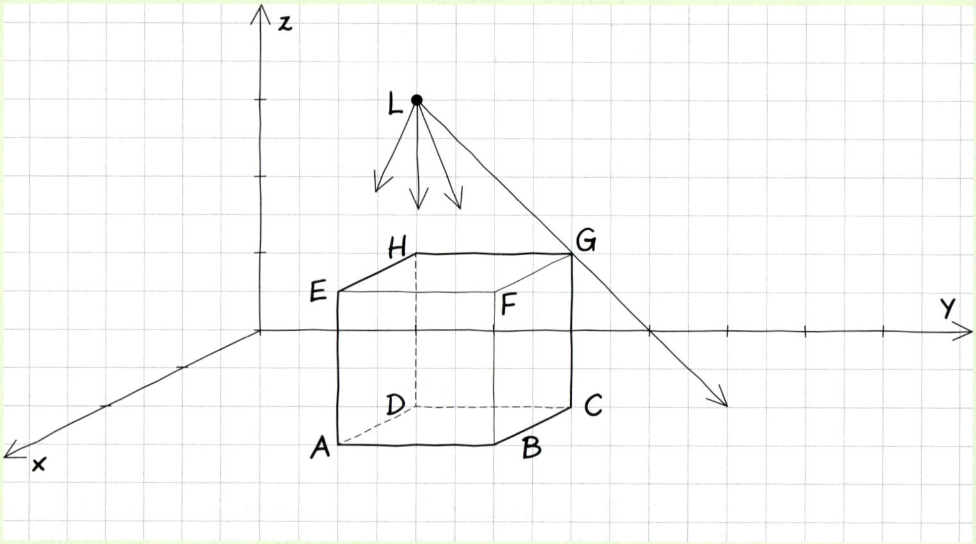

a) Berechnen Sie die Schattenpunkte und zeichnen Sie den Würfel und den Schatten des Würfels.

b) Berechnen Sie die Schattenpunkte und zeichnen Sie den Schatten, wenn die Lampe im Punkt L_2(5|5|4) ist.

c) Zeichnen Sie den Schatten, wenn sich die Lampe im Punkt L_3(0|0|4) befindet.

2 Landeanflug

Landeanflüge von Flugzeugen müssen sehr präzise sein, insbesondere, wenn die Landebahnen sehr kurz sind, z. B. auf Inseln.
Ein Flugzeug soll auf einer Landebahn etwa im Punkt L(200|100|0) aufsetzen. Aktuell befindet es sich in der Position P(−2450|6300|1050) und fliegt in Richtung des Vektors $\vec{v} = \begin{pmatrix} 25 \\ -60 \\ -10 \end{pmatrix}$ (Angaben in m).
Wie weit ist das Flugzeug noch vom Landepunkt entfernt? In welchem Punkt setzt es auf der Insel auf, wenn es seinen Kurs nicht ändert? Welche Kursänderung schlagen Sie vor? Begründen Sie.

Basiswissen

Mithilfe der Geradengleichungen können einfache Situationen beschrieben und beim Problemlösen genutzt werden.

Anwenden von Geradengleichungen

Der idealisierte Sinkflug eines Segelflugzeuges kann mithilfe einer Geraden im Koordinatensystem beschrieben werden. Dabei sind die Koordinaten in Kilometern angegeben und die Zeit t in Minuten.
Das Segelflugzeug befindet sich im Punkt P(2,7|4,6|0,8). Eine Minute später befindet sich das Segelflugzeug im Punkt Q(3,2|5,3|0,7).

Mögliche Fragestellungen und Lösungen

a) Geben Sie die Flugbahn des Segelflugzeugs an.

Mit den Punkten P(2,7|4,6|0,8) und Q(3,2|5,3|0,7) kann eine Geradengleichung in der Zwei-Punkte-Form, die die Flugbahn beschreibt, aufgestellt werden.

$$g\colon \vec{x} = \begin{pmatrix} 2{,}7 \\ 4{,}6 \\ 0{,}8 \end{pmatrix} + t \begin{pmatrix} 0{,}5 \\ 0{,}7 \\ -0{,}1 \end{pmatrix}$$

b) Zeigen Sie, dass das Segelflugzeug sich im Sinkflug befindet.

Das Segelflugzeug befindet sich im Sinkflug, da die Flughöhe mit zunehmender Flugdauer abnimmt. Dies erkennt man an der negativen z-Komponente des Richtungsvektors.

c) Bestimmen Sie die Koordinaten des voraussichtlichen Landepunktes.

Mögliche Landepunkte liegen in der xy-Ebene, das bedeutet, dass die z-Koordinate des Landepunktes 0 ist. Da der voraussichtliche Landepunkt auf der Geraden g liegt, gilt für die 3. Komponentengleichung der Geraden:
$0{,}8 - 0{,}1t = 0 \Rightarrow t = 8$.
Somit wird nach 8 Minuten der Landepunkt erreicht.

Für den Landepunkt L gilt $\vec{l} = \begin{pmatrix} 2{,}7 \\ 4{,}6 \\ 0{,}8 \end{pmatrix} + 8 \begin{pmatrix} 0{,}5 \\ 0{,}7 \\ -0{,}1 \end{pmatrix} = \begin{pmatrix} 6{,}7 \\ 4{,}6 \\ 0 \end{pmatrix}$

Damit ist der Landepunkt L(6,7|4,6|0).

d) Berechnen Sie die Geschwindigkeit.

Mit der Länge des Richtungsvektors erhält man die Streckenlänge, die das Segelflugzeug pro Minute zurücklegt.

$$\left|\begin{pmatrix} 0{,}5 \\ 0{,}7 \\ -0{,}1 \end{pmatrix}\right| = \sqrt{0{,}5^2 + 0{,}7^2 + (-0{,}1)^2} = \sqrt{0{,}75} \approx 0{,}867$$

Für die Geschwindigkeit gilt: $0{,}867\,\frac{\text{km}}{\text{min}} = 0{,}867 \cdot 60\,\frac{\text{km}}{\text{h}} \approx 52{,}0\,\frac{\text{km}}{\text{h}}$

Das Segelflugzeug fliegt mit einer Geschwindigkeit von etwa $52\,\frac{\text{km}}{\text{h}}$.

Übungen

3 Flugroute

Die Position eines Flugzeugs wird zum Zeitpunkt t_0 durch P (3,1 | 4,5 | 0,6) dargestellt.

Es bewegt sich in einer Minute um $\vec{v} = \begin{pmatrix} 0,3 \\ 0,4 \\ 0,1 \end{pmatrix}$ (Angaben in km).

a) Geben Sie die Koordinaten des Flugzeugs nach 3 min an.

b) Befindet sich das Flugzeug im Sinkflug?

c) Mit welcher Geschwindigkeit fliegt das Flugzeug?

4 Tauchboot

Positionen von Tauchbooten lassen sich durch Punkte im Raum beschreiben. Die Wasseroberfläche liegt dabei in der xy-Ebene. Ein Tauchboot befindet sich in der Position P (413 | −367 | −215). Es bewegt sich auf einem Kurs entlang des Vektors $\vec{v} = \begin{pmatrix} -84 \\ 100 \\ -2 \end{pmatrix}$. Im Punkt H (−175 | 333 | −229) wird ein Hindernis geortet. Soll das Schiff seinen Kurs ändern? Begründen Sie anhand einer Rechnung.

5 Schiffswrack

Ein Tauchboot wird im Punkt S (−213 | 107 | 0) zu Wasser gelassen, um eine Expedition zu einem Schiffswrack zu unternehmen, das in der Position W (1013 | 4082 | −350) auf dem Meeresboden liegt. Das Tauchboot bewegt sich geradlinig und mit konstanter Geschwindigkeit. Die Bewegung pro Minute lässt sich durch den Vektor $\vec{b} = \begin{pmatrix} 14 \\ 9 \\ -7 \end{pmatrix}$ beschreiben (Angaben in m).

a) Mit welcher Geschwindigkeit bewegt sich das Tauchboot? Nach welcher Zeit erreicht es die Tiefe des Schiffswracks?

b) Die Suchscheinwerfer des Tauchboots haben eine Reichweite von 90 m. Ist das Schiffswrack von der Stelle aus sichtbar, an der das Tauchboot den Meeresboden erreicht?

6 Passagierflugzeug

Ein Passagierflugzeug befindet sich zu einem bestimmten Zeitpunkt in der Position A (−1010 | 960 | 8600). Fünf Sekunden später befindet es sich in der Position B (178 | 217 | 8710) (Angaben in m). Ermitteln Sie die Position, in der sich das Flugzeug nach weiteren 20 Sekunden befindet, sofern es mit der gleichen Geschwindigkeit geradlinig weiterfliegt. Mit welcher Geschwindigkeit bewegt es sich fort?

7 Flugbahnen

Ein Flugzeug startet im Punkt P (4 | 0 | 0) und fliegt geradlinig in Richtung $\vec{v} = \begin{pmatrix} 0 \\ 1 \\ k \end{pmatrix}$.

a) Beschreiben Sie die möglichen Flugbahnen in Abhängigkeit von k.

b) Für welchen Wert von k schrammt das Flugzeug die Spitze einer Pyramide S (4 | 5 | 4)?

c) Geben Sie die Geschwindigkeit in Abhängigkeit von k an, wenn t in Stunden gemessen wird. Begründen Sie, warum hier k ein sinnvolles Maß für die Geschwindigkeit ist.

8 Baumschatten

Legt man ein Koordinatensystem (Längeneinheit 1 m) über ein ebenes Gelände, so befindet sich der Fußpunkt eines gerade gewachsenen Baumes im Punkt F (−1 | 5 | 0).

Haben die Sonnenstrahlen die Richtung $\vec{v} = \begin{pmatrix} 1 \\ -1 \\ -3 \end{pmatrix}$, so wirft die Spitze des Baumes ihren Schatten auf den Punkt S′(2 | 2 | 0). Bestimmen Sie die Höhe des Baumes.

Exkurs

Licht und Schatten

Wo Licht ist, ist auch Schatten! Wenn ein undurchsichtiger Gegenstand beleuchtet wird, entsteht ein Schatten auf dem Boden oder an einer Wand. Diese Lichteffekte werden in der Computergrafik genutzt, um ein möglichst realistisches Bild zu erzeugen.
Aber wie werden solche Schattenbilder in die Sprache der Zahlen übersetzt, um sie zu berechnen und auf dem Bildschirm darzustellen?
Lichtstrahlen kann man als Geraden auffassen und die Schnittpunkte mit den Koordinatenebenen berechnen. Die Punkte auf der xy-Ebene haben die Koordinaten $(x\,|\,y\,|\,0)$.

Parallelprojektion

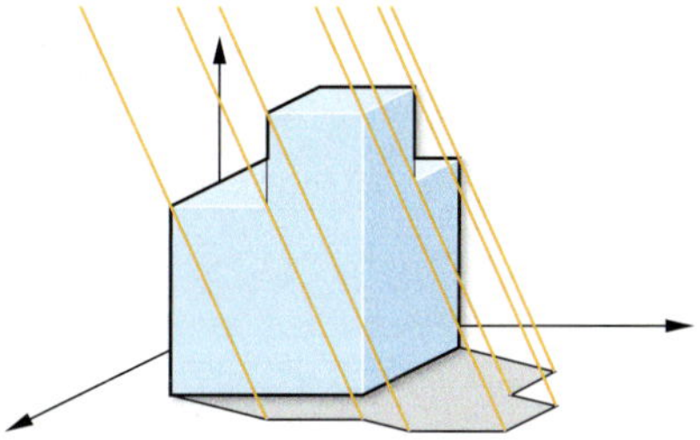

Zentralprojektion

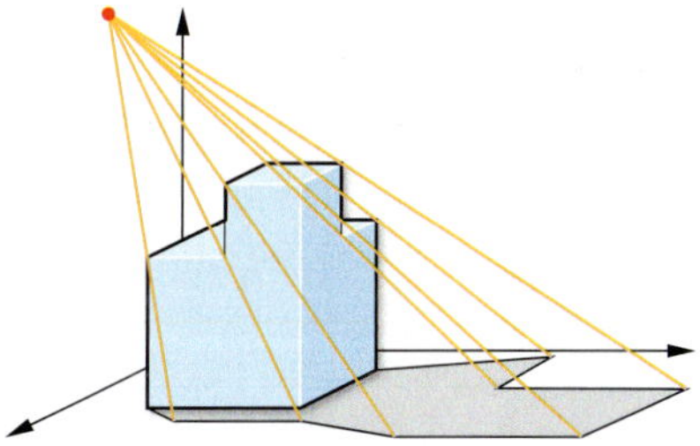

Je nachdem, ob die Lichtstrahlen parallel sind (wie z. B. Sonnenlicht) oder von einem Punkt ausgehen (z. B. von einer Lampe), spricht man von Parallelprojektion oder Zentralprojektion.

Übungen

9 Projektionen

Die Punkte $A(3\,|\,2\,|\,2)$, $B(6\,|\,4\,|\,4)$ und $C(0\,|\,3\,|\,3)$ sind die Eckpunkte eines Dreiecks.

a) **Parallelprojektion**
Das Dreieck wird in Richtung $\vec{v} = \begin{pmatrix} 1 \\ 1 \\ -2 \end{pmatrix}$ auf die xy-Ebene projiziert.
Die Bildpunkte in der xy-Ebene haben die Form $(x\,|\,y\,|\,0)$. Berechnen Sie die Koordinaten der Bildpunkte und zeichnen Sie das Dreieck und sein Bild.

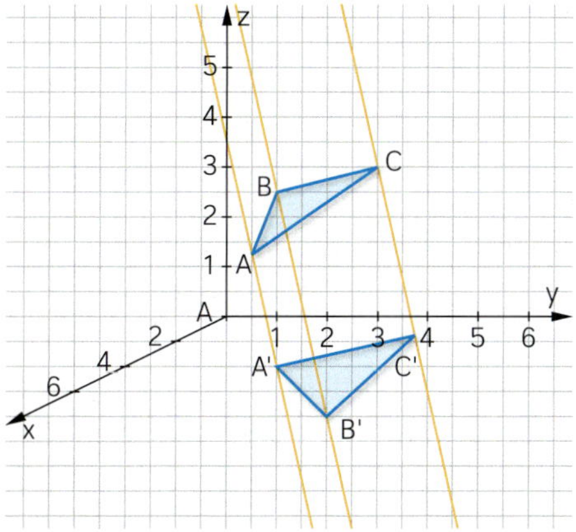

b) **Zentralprojektion**
Das Dreieck wird vom Punkt $L(2\,|\,2\,|\,6)$ auf die xy-Ebene projiziert.
Berechnen Sie die Koordinaten der Bildpunkte und zeichnen Sie das Dreieck und sein Bild.

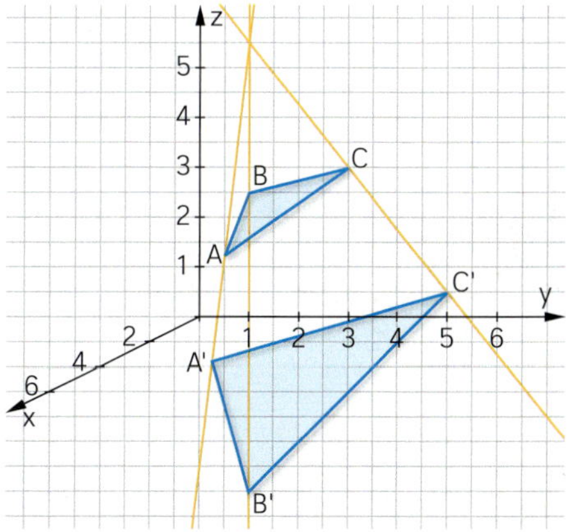

Übungen

10 Schatten einer Pyramide

Eine quadratische Pyramide mit A(8|4|0), B(8|8|0) und S(6|6|5) wird von der Sonne beschienen.

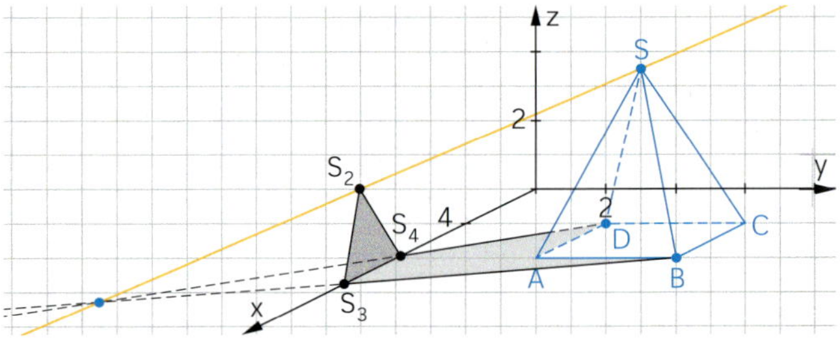

a) Morgens steht die Sonne so, dass die Spitze S auf der xy-Ebene den Schattenpunkt S_1(14|17|0) erzeugt. Stellen Sie die Pyramide und ihren Schatten im „2-1-Koordinatensystem" dar.

b) Am Nachmittag steht die Sonne so, dass die Spitze S auf der xz-Ebene den Schattenpunkt S_2(10|0|2,5) erzeugt. Erklären Sie anhand der Zeichnung, wie die Schattenpunkte S_3 und S_4 bestimmt werden können. Stellen Sie die Pyramide und ihren Schatten im „2-1-Koordinatensystem" dar.

11 Schatten eines Turmes

Ein Turm mit A(6|4|0); B(6|6|0); D(4|4|0); E(6|4|3); S(5|5|6) steht vor einer Wand (die xz-Ebene), die Sonne scheint und erzeugt einen Schatten des Turms an der Wand und auf dem Boden. Die Richtung der Sonnenstrahlen ist gegeben durch den Vektor $\vec{v} = \begin{pmatrix} 2 \\ -3 \\ -1 \end{pmatrix}$. Berechnen Sie die Schattenpunkte. Zeichnen Sie den Körper mit dem Schatten im Koordinatensystem.

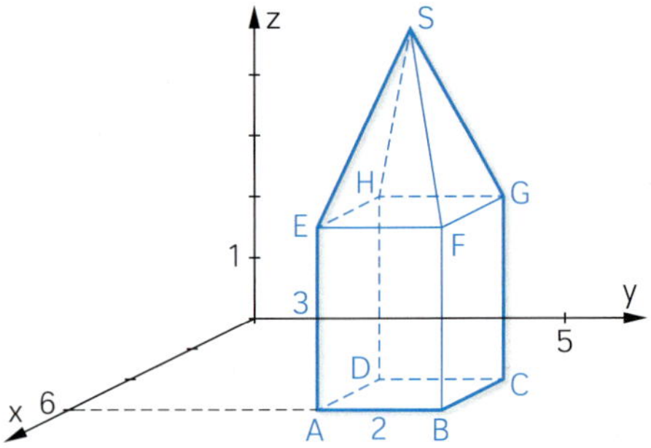

12 Schatten eines Dreiecks

Applet eA-6.2-12

Das Dreieck ABC mit A(1|3|0); B(-1|3|0); C(0|3|2) wird von einer sich bewegenden Lampe beleuchtet und wirft einen Schatten auf die xz-Ebene. Die Positionen der Lampe werden durch die Punkte L_k(3k|6-k|0) beschrieben.

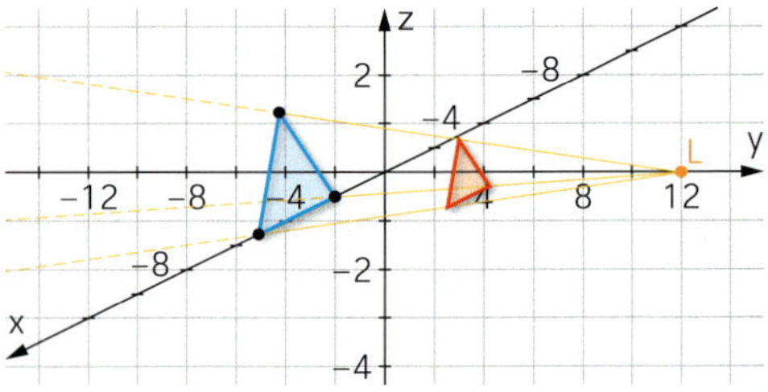

a) Skizzieren Sie das Dreieck und einige Positionen der Lampe. Auf welcher Bahn bewegt sich die Lampe?

b) Skizzieren und berechnen Sie die Schattenpunkte, die das Dreieck für k = 1, k = −1, k = −2 und k = 2 auf die xz-Ebene wirft. Auf welcher Geraden liegen die Eckpunkte C' des Schattens für beliebige k?

c) Beschreiben Sie den Schatten für beliebiges k.

Grundwissen

1. Lösen Sie die Gleichung: $x^2 + 6x + 5 = 0$
2. Beschreiben Sie die Seiten des Quadrates ABCD als Vektoren. Durch welche Vektoren können Sie die Diagonalen beschreiben?

Camcarpet ist ein Kunstwort, das aus den englischen Begriffen Camera und Carpet (Teppich) zusammengesetzt wurde.

Exkurs

Kannst du deinen Augen trauen? Camcarpets

Spannend wird es beim Fußball vor allem im Strafraum. Das haben auch Werbefachleute erkannt. Auf ihrer Suche nach immer neuen Möglichkeiten, Werbebotschaften auf und rund um das Spielfeld zu platzieren, haben sie den Bereich links und rechts des Tors für sich entdeckt.

Doch gewöhnliche Bandenwerbung ist dort problematisch: Spieler können darüber stürzen und sich verletzen. Die Schriftzüge und Abbildungen würden zudem von den TV-Kameras, die auf den seitlichen Tribünen stehen, nur verzerrt aufgenommen. Mithilfe der analytischen Geometrie lassen sich hier aber beeindruckende Lösungen finden. Rutschsichere Kunststoffbahnen werden bedruckt und neben den Toren ausgelegt. Der Fernsehzuschauer gewinnt den Eindruck, dass die Schriftzüge aufrecht stehen, doch dies ist eine optische Täuschung. Die Geometrie des Aufdrucks, der Kamerastandort und die Position der Camcarpets sind genau aufeinander abgestimmt, sodass die Illusion nahezu perfekt ist. Nur wenn der Winkel stimmt, sieht der Fernsehzuschauer einen dreidimensionalen Werbebanner und nicht den eigentlichen flachen Teppich.

Auch für den Zuschauer im Stadion wirkt der Werbebanner dreidimensional, wenn er in der Nähe der Kamera sitzt, die auf den Camcarpet gerichtet ist. Doch für alle Zuschauer, die nicht in der Nähe der Kamera sitzen, wirken die Werbeteppiche verzerrt und verlieren ihre Wirkung.

Projekt

A Mathematisches Modell

Die Abbildung zeigt ein einfaches Modell der Situation anhand des Buchstabens „A“. Das Tor und das „A“ sind in der yz-Ebene. Die Kamera, die auf das Tor gerichtet ist, befindet sich im Punkt K(10|0|6).

Bestimmen Sie die Koordinaten der Bildpunkte des Buchstaben A auf dem Camcarpet.

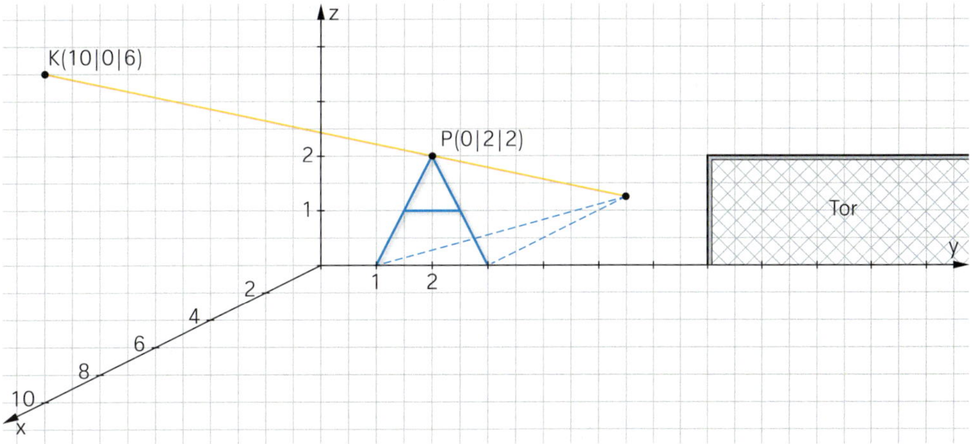

B Weiterführung

Erstellen Sie für weitere Buchstaben (z. B. L, E, F, K, Z) die Koordinaten der Bildpunkte auf dem Camcarpet.

6.3 Lagebeziehungen von Geraden

Aufgaben

Tipp zu c)

Der Schnittpunktansatz führt auf ein lineares Gleichungssystem mit zwei Gleichungen und den Variablen r und s. Man bestimmt r und s und berechnet den Schnittpunkt.

1 Lagebeziehungen von Geraden in der Ebene

In der Ebene sind Geraden identisch, parallel oder sie schneiden sich in einem Punkt.

a) Entscheiden Sie ohne Rechnung, bei welchen der Geradenpaare es auf jeden Fall genau einen Schnittpunkt gibt. Begründen Sie Ihre Entscheidung. Begründen Sie, warum in den beiden anderen Fällen die Geraden parallel oder sogar identisch sind.

$g_1: \vec{x} = \begin{pmatrix} 1 \\ 2 \end{pmatrix} + r\begin{pmatrix} 3 \\ -1 \end{pmatrix}$ $\quad h_1: \vec{x} = \begin{pmatrix} 3 \\ 1 \end{pmatrix} + r\begin{pmatrix} 2 \\ -5 \end{pmatrix}$ $\quad k_1: \vec{x} = \begin{pmatrix} 2 \\ -1 \end{pmatrix} + r\begin{pmatrix} 3 \\ -2 \end{pmatrix}$

$g_2: \vec{x} = \begin{pmatrix} 4 \\ 2 \end{pmatrix} + s\begin{pmatrix} -6 \\ 2 \end{pmatrix}$ $\quad h_2: \vec{x} = \begin{pmatrix} -4 \\ 7 \end{pmatrix} + s\begin{pmatrix} 3 \\ 4 \end{pmatrix}$ $\quad k_2: \vec{x} = \begin{pmatrix} -1 \\ 1 \end{pmatrix} + s\begin{pmatrix} -6 \\ 4 \end{pmatrix}$

b) Überzeugen Sie sich von der Richtigkeit Ihrer Antworten in Aufgabe a) indem Sie die Geradenpaare in je ein Koordinatensystem zeichnen.

c) Eines der Geradenpaare besitzt einen Schnittpunkt. Bestimmen Sie diesen rechnerisch mit dem Schnittpunktansatz $\vec{p} + r\vec{u} = \vec{q} + s\vec{v}$.

2 Geraden im Raum

Betrachten Sie Geraden durch Eckpunkte eines Würfels. Beschreiben Sie unterschiedliche Lagebeziehungen.

Wo liegt ein Unterschied zu Geraden in der Ebene?

Beschreiben Sie die Lagebeziehung der Geraden g, die durch die Punkte B und H verläuft, zur Geraden h durch die Punkte A und C.

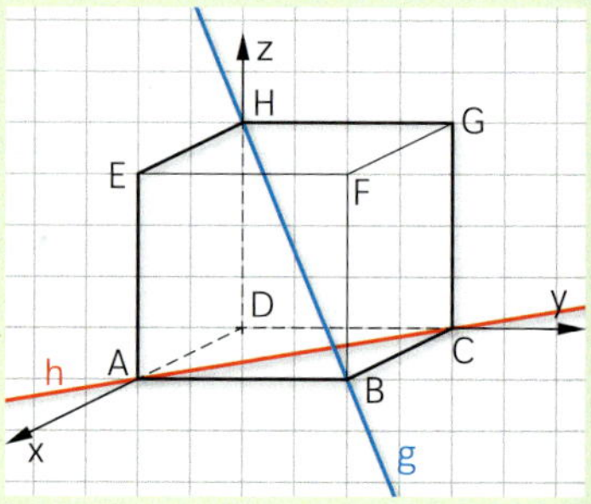

3 Lagebeziehungen von Geraden im Raum

Beurteilen Sie die Lagebeziehung der Geradenpaare.

$g_1: \vec{x} = \begin{pmatrix} -2 \\ 1 \\ 1 \end{pmatrix} + r\begin{pmatrix} -1 \\ 1 \\ 3 \end{pmatrix}$ $\quad h_1: \vec{x} = \begin{pmatrix} 1 \\ -2 \\ 1 \end{pmatrix} + r\begin{pmatrix} 2 \\ 1 \\ -3 \end{pmatrix}$ $\quad k_1: \vec{x} = \begin{pmatrix} 2 \\ -1 \\ -3 \end{pmatrix} + r\begin{pmatrix} 1 \\ -3 \\ 2 \end{pmatrix}$ $\quad j_1: \vec{x} = \begin{pmatrix} 1 \\ 0 \\ -2 \end{pmatrix} + r\begin{pmatrix} -1 \\ 1 \\ 2 \end{pmatrix}$

$g_2: \vec{x} = \begin{pmatrix} 1 \\ -3 \\ 2 \end{pmatrix} + s\begin{pmatrix} 2 \\ -2 \\ -6 \end{pmatrix}$ $\quad h_2: \vec{x} = \begin{pmatrix} -1 \\ -2 \\ 2 \end{pmatrix} + s\begin{pmatrix} 2 \\ -2 \\ -5 \end{pmatrix}$ $\quad k_2: \vec{x} = \begin{pmatrix} 4 \\ -7 \\ 1 \end{pmatrix} + s\begin{pmatrix} -3 \\ 9 \\ -6 \end{pmatrix}$ $\quad j_2: \vec{x} = \begin{pmatrix} 2 \\ -1 \\ 3 \end{pmatrix} + s\begin{pmatrix} 0 \\ -2 \\ 1 \end{pmatrix}$

a) Klären Sie zunächst mithilfe der Richtungsvektoren, ob zwei Geraden parallel zueinander oder identisch sind. Benutzen Sie zur eindeutigen Klärung die Stützpunkte der Geraden. Führen Sie den Schnittpunktansatz $\vec{p} + r\vec{u} = \vec{q} + s\vec{v}$ durch, wenn die Geraden weder parallel noch identisch sind. Es entsteht ein lineares Gleichungssystem.

Lösen des LGS zu Fuß

Was ist besonders an diesem LGS?
Lösen Sie das LGS zu Fuß.
Warum müssen für r und s gefundene Werte noch überprüft werden?

Lösen des LGS mithilfe des GTR

Das LGS führt auf eine 3×3 Matrix.
Überführen Sie die Matrix mithilfe des GTR in Diagonalform. (rref)
Übersetzen Sie die Ausgabe in Gleichungen und klären Sie damit die Lagebeziehung.

b) Für Rechnerexperten: Führen Sie den Schnittpunktansatz $\vec{p} + r\vec{u} = \vec{q} + s\vec{v}$ ohne vorherige Betrachtung der Richtungsvektoren mithilfe des GTR durch. Übersetzen Sie die Ausgabe in Gleichungen und klären Sie damit die Lagebeziehung der Geradenpaare.

Basiswissen

Lagebeziehungen zweier Geraden im Raum

Geraden im Raum können parallel sein oder sogar identisch. Sie können aber auch einen Schnittpunkt besitzen oder keinen. Geraden, die keinen Schnittpunkt besitzen, aber auch nicht parallel sind, nennt man **windschief**.

Lagebeziehung an den Geradengleichungen erkennen
Geraden $g: \vec{x} = \vec{p} + r\vec{u}$ und $h: \vec{x} = \vec{q} + s\vec{v}$

Fall 1: Die Richtungsvektoren $\vec{u}, \vec{v}$ sind **kollinear**, also $\vec{u} = t\vec{v}$

parallel
Der Punkt P liegt nicht auf h.

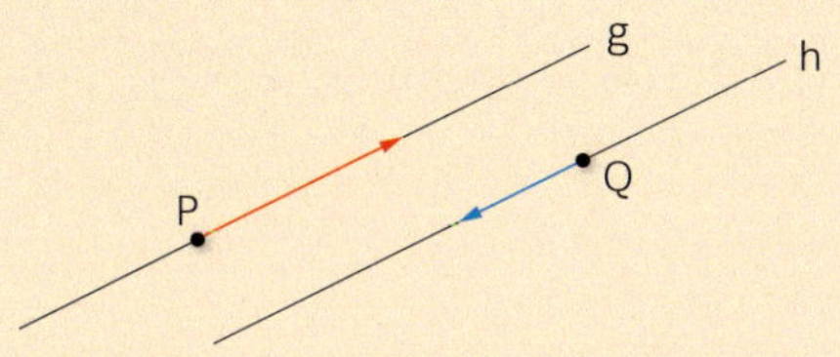

identisch
Der Punkt P liegt auf g und h.

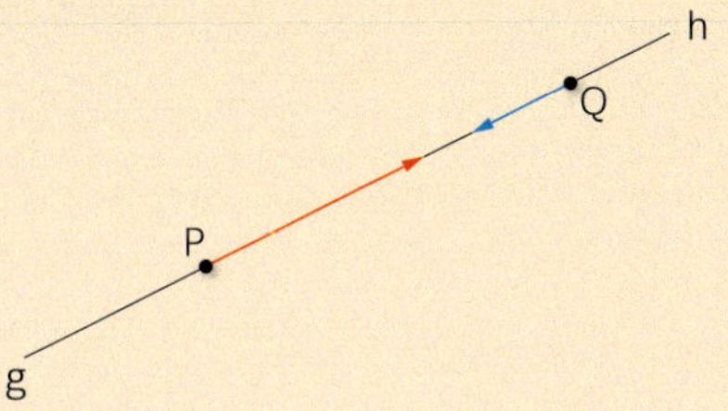

Fall 2: Die Richtungsvektoren $\vec{u}, \vec{v}$ sind **nicht kollinear**.
Schnittpunktansatz: $\vec{p} + r\vec{u} = \vec{q} + s\vec{v}$

Schnittpunkt
Es gibt r und s, sodass der Schnittpunktansatz erfüllt ist.

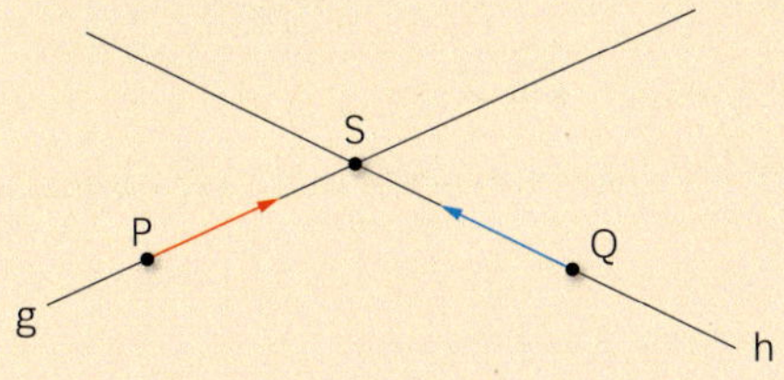

windschief
Es gibt kein r und s, sodass der Schnittpunktansatz nicht erfüllt ist.

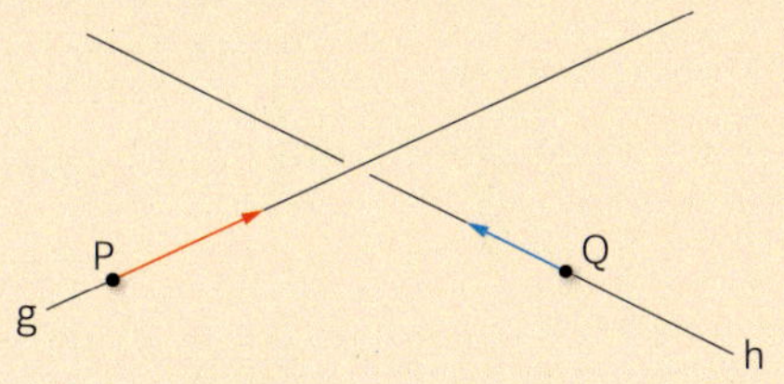

Algebraische Verfahren zur Bestimmung des Schnittpunktes
Der **Schnittpunktansatz** $\vec{p} + r\vec{u} = \vec{q} + s\vec{v}$ liefert ein überbestimmtes Gleichungssystem mit drei Gleichungen und zwei Variablen.

- Lösen zu Fuß: Aus zwei Gleichungen r und s berechnen und prüfen, ob diese auch zur dritten Gleichung passen. Ist dies der Fall, so besitzen die beiden Geraden genau einen Schnittpunkt, sonst sind sie windschief.
- Lösen mit dem Gaußalgorithmus und GTR: Die erweiterte Koeffizientenmatrix ist eine 3×3-Matrix. Mit dem GTR-Befehl *rref* entsteht eine Matrix in Diagonalform. An der Diagonalform kann die Lagebeziehung der Geraden abgelesen werden.

$$\begin{bmatrix} 1 & 0 & -1 \\ 0 & 1 & 2 \\ 0 & 0 & 0 \end{bmatrix}$$

I $r = -1$
II $s = 2$
III wahre Aussage

I, II geben mögliche Werte für r und s an.
III gibt durch wahre Aussage an, dass r und s auch III erfüllen.

Die Geraden schneiden sich.

$$\begin{bmatrix} 1 & 0 & 0 \\ 0 & 1 & 0 \\ 0 & 0 & 1 \end{bmatrix}$$

I $r = 0$
II $s = 0$
III falsche Aussage

I, II geben mögliche Werte für r und s an.
III gibt durch falsche Aussage an, dass es keine Lösungen gibt.

Die Geraden sind windschief zueinander.

Beispiele

A **Lagebeziehung von zwei Geraden per Hand untersuchen – identisch**

Bestimmen Sie die Lage der Geraden $g\colon \vec{x} = \begin{pmatrix} -1 \\ 4 \\ 9 \end{pmatrix} + r \begin{pmatrix} -2 \\ 1 \\ 4 \end{pmatrix}$ und $h\colon \vec{x} = \begin{pmatrix} 3 \\ 2 \\ 1 \end{pmatrix} + s \begin{pmatrix} 4 \\ -2 \\ -8 \end{pmatrix}$.

Lösung:

Die Richtungsvektoren sind kollinear, da $\begin{pmatrix} 4 \\ -2 \\ -8 \end{pmatrix} = -2 \begin{pmatrix} -2 \\ 1 \\ 4 \end{pmatrix}$.

Somit sind die Geraden zueinander parallel oder identisch.

Liegt $P(-1|4|9)$ auch auf der Geraden h? Punktprobe: $\begin{pmatrix} -1 \\ 4 \\ 9 \end{pmatrix} = \begin{pmatrix} 3 \\ 2 \\ 1 \end{pmatrix} + s \begin{pmatrix} 4 \\ -2 \\ -8 \end{pmatrix}$. Für $s = -1$ sind alle Gleichungen erfüllt. Somit liegt P auf h. Die beiden Geraden sind identisch.

B **Lagebeziehung von zwei Geraden per Hand untersuchen – Schnittpunkt**

Bestimmen Sie die Lage der Geraden $g\colon \vec{x} = \begin{pmatrix} 4 \\ 1 \\ 2 \end{pmatrix} + r \begin{pmatrix} -2 \\ 3 \\ 1 \end{pmatrix}$ und $h\colon \vec{x} = \begin{pmatrix} 1 \\ 5 \\ -2 \end{pmatrix} + s \begin{pmatrix} -1 \\ 1 \\ -5 \end{pmatrix}$.

Lösung:

Da die Richtungsvektoren nicht kollinear sind, sind beide Geraden nicht parallel zueinander und somit auch nicht identisch.

Gibt es einen Schnittpunkt? Schnittpunktansatz: $\begin{pmatrix} 4 \\ 1 \\ 2 \end{pmatrix} + r \begin{pmatrix} -2 \\ 3 \\ 1 \end{pmatrix} = \begin{pmatrix} 1 \\ 5 \\ -2 \end{pmatrix} + s \begin{pmatrix} -1 \\ 1 \\ -5 \end{pmatrix}$.

Lineares Gleichungssystem	Lösen des linearen Gleichungssystems per Hand	
I $4 - 2r = 1 - s$	I $-2r + s = -3$	I + II $r = 1$
II $1 + 3r = 5 + s$	II $3r - s = 4$	in II $s = -1$
III $2 + r = -2 - 5s$	III $r + 5s = -4$	r und s für III prüfen;
		$r = 1$ und $s = -1$ erfüllen III.

Das Gleichunssystem ist lösbar. $r = 1$ eingesetzt in g liefert den Schnittpunkt: $S(2|4|3)$.
Zusätzliche Probe: $s = -1$ in h eingesetzt, liefert auch $S(2|4|3)$.

C **Lagebeziehung von zwei Geraden mit GTR – windschief oder Schnittpunkt**

Bestimmen Sie die Lage der Geraden $g\colon \vec{x} = \begin{pmatrix} 4 \\ 1 \\ 2 \end{pmatrix} + r \begin{pmatrix} -2 \\ 3 \\ 1 \end{pmatrix}$ und $h\colon \vec{x} = \begin{pmatrix} 5 \\ 3 \\ -1 \end{pmatrix} + s \begin{pmatrix} -1 \\ 1 \\ -5 \end{pmatrix}$.

Lösung:

Da die Richtungsvektoren nicht kollinear sind, sind beide Geraden nicht parallel zueinander und somit auch nicht identisch. Gibt es einen Schnittpunkt? Schnittpunktansatz:

$$\begin{pmatrix} 4 \\ 1 \\ 2 \end{pmatrix} + r \begin{pmatrix} -2 \\ 3 \\ 1 \end{pmatrix} = \begin{pmatrix} 5 \\ 3 \\ -1 \end{pmatrix} + s \begin{pmatrix} -1 \\ 1 \\ -5 \end{pmatrix} \Rightarrow r \begin{pmatrix} -2 \\ 3 \\ 1 \end{pmatrix} - s \begin{pmatrix} -1 \\ 1 \\ -5 \end{pmatrix} = \begin{pmatrix} 5 \\ 3 \\ -1 \end{pmatrix} - \begin{pmatrix} 4 \\ 1 \\ 2 \end{pmatrix} \Rightarrow r \begin{pmatrix} -2 \\ 3 \\ 1 \end{pmatrix} + s \begin{pmatrix} 1 \\ -1 \\ 5 \end{pmatrix} = \begin{pmatrix} 1 \\ 2 \\ -3 \end{pmatrix}$$

$$\begin{bmatrix} -2 & 1 & 1 \\ 3 & -1 & 2 \\ 1 & 5 & -3 \end{bmatrix} \xrightarrow{\text{rref}} \begin{bmatrix} 1 & 0 & 0 \\ 0 & 1 & 0 \\ 0 & 0 & 1 \end{bmatrix}$$

Die dritte Gleichung liefert die falsche Aussage $0 = 1$.
Das lineare Gleichungssystem hat also keine Lösung.
Die beiden Geraden sind zueinander windschief.

Übungen

4 **Sich schneidende Geraden**

Berechnen Sie die Koordinaten des Schnittpunktes der beiden Geraden.

a) $g\colon \vec{x} = \begin{pmatrix} 1 \\ 0 \\ 1 \end{pmatrix} + r \begin{pmatrix} 1 \\ 1 \\ -2 \end{pmatrix}$; $h\colon \vec{x} = \begin{pmatrix} 1 \\ 0 \\ 0 \end{pmatrix} + s \begin{pmatrix} 2 \\ 2 \\ -3 \end{pmatrix}$ b) $g\colon \vec{x} = \begin{pmatrix} -1 \\ 6 \\ 10 \end{pmatrix} + r \begin{pmatrix} 1 \\ -3 \\ -4 \end{pmatrix}$; $h\colon \vec{x} = \begin{pmatrix} 2 \\ 5 \\ 2 \end{pmatrix} + s \begin{pmatrix} -1 \\ -1 \\ 2 \end{pmatrix}$

5 **Vier Geraden – Geradenpaare untersuchen**

Bestimmen Sie die Lage von jeweils zwei Geraden und berechnen Sie ggf. die Koordinaten des Schnittpunktes.

$g_1\colon \vec{x} = \begin{pmatrix} 0 \\ 1 \\ 1 \end{pmatrix} + k \begin{pmatrix} 1 \\ 2 \\ 0 \end{pmatrix}$, $g_2\colon \vec{x} = \begin{pmatrix} 4 \\ 2 \\ 2 \end{pmatrix} + r \begin{pmatrix} 1 \\ 2 \\ 0 \end{pmatrix}$, $g_3\colon \vec{x} = s \begin{pmatrix} 0 \\ 1 \\ 1 \end{pmatrix}$ und $g_4\colon \vec{x} = \begin{pmatrix} 4 \\ 2 \\ 2 \end{pmatrix} + t \begin{pmatrix} 0 \\ 1 \\ 1 \end{pmatrix}$.

Übungen

6 Geraden zuordnen

Gegeben sind die Gerade $g: \vec{x} = \begin{pmatrix} -3 \\ 2 \\ 4 \end{pmatrix} + g\begin{pmatrix} -2 \\ 1 \\ 5 \end{pmatrix}$ und die Geraden $h: \vec{x} = \begin{pmatrix} -3 \\ 2 \\ 4 \end{pmatrix} + h\begin{pmatrix} -2 \\ 1 \\ 0 \end{pmatrix}$,
$k: \vec{x} = \begin{pmatrix} -3 \\ 2 \\ 0 \end{pmatrix} + k\begin{pmatrix} -2 \\ 1 \\ 5 \end{pmatrix}$ und $l: \vec{x} = \begin{pmatrix} -3 \\ 2 \\ 0 \end{pmatrix} + l\begin{pmatrix} -2 \\ 1 \\ 0 \end{pmatrix}$. Welche der Geraden h, k, l...

... schneidet die Gerade g im Stützpunkt $(-3|2|4)$,

... ist parallel zu der Geraden g und verläuft durch den Punkt $P(-3|2|0)$,

... ist windschief zu der Geraden g?

7 Besondere Geraden gesucht

Konstruieren Sie zur Geraden $g: \vec{x} = \begin{pmatrix} 2 \\ 3 \\ -1 \end{pmatrix} + r\begin{pmatrix} 3 \\ 2 \\ 4 \end{pmatrix}$ jeweils verschiedene Geraden, die ...

... parallel sind zu g, ... windschief sind zu g, ... mit g einen Schnittpunkt haben.

Überprüfen Sie dies auch rechnerisch.

8 Lage von Geraden

a) Welche der Geraden b oder c ist zur Geraden a parallel?

$a: \vec{x} = \begin{pmatrix} 1 \\ 2 \\ 3 \end{pmatrix} + r\begin{pmatrix} 1 \\ 0 \\ 2 \end{pmatrix}$; $b: \vec{x} = \begin{pmatrix} 2 \\ 4 \\ 6 \end{pmatrix} + s\begin{pmatrix} 1 \\ 0 \\ 2 \end{pmatrix}$; $c: \vec{x} = \begin{pmatrix} 1 \\ 2 \\ 3 \end{pmatrix} + t\begin{pmatrix} 2 \\ 0 \\ 4 \end{pmatrix}$

b) Welche der folgenden Geraden

... sind zueinander parallel, ... schneiden sich, ... sind windschief zueinander?

$g: \vec{x} = \begin{pmatrix} 1 \\ 2 \\ 3 \end{pmatrix} + r\begin{pmatrix} -2 \\ 0 \\ 1 \end{pmatrix}$; $h: \vec{x} = \begin{pmatrix} 0 \\ 0 \\ 1 \end{pmatrix} + s\begin{pmatrix} -2 \\ 0 \\ 1 \end{pmatrix}$; $k: \vec{x} = \begin{pmatrix} 1 \\ 2 \\ 3 \end{pmatrix} + t\begin{pmatrix} 1 \\ 0 \\ -2 \end{pmatrix}$

9 Lage von Geraden im Pyramidenstumpf

a) Welche Lagebeziehung liegt bei den Geradenpaaren jeweils vor?

$g_1: \vec{x} = \begin{pmatrix} 6 \\ 6 \\ 0 \end{pmatrix} + r\begin{pmatrix} 1 \\ 0 \\ 0 \end{pmatrix}$ $\quad g_2: \vec{x} = \begin{pmatrix} 4,5 \\ 4,5 \\ 3 \end{pmatrix} + s\begin{pmatrix} 3 \\ 0 \\ 0 \end{pmatrix}$

$h_1: \vec{x} = \begin{pmatrix} 6 \\ 6 \\ 0 \end{pmatrix} + r\begin{pmatrix} -1,5 \\ -1,5 \\ 3 \end{pmatrix}$ $\quad h_2: \vec{x} = \begin{pmatrix} 1,5 \\ 4,5 \\ 3 \end{pmatrix} + s\begin{pmatrix} 1,5 \\ -1,5 \\ 3 \end{pmatrix}$

$i_1: \vec{x} = \begin{pmatrix} 6 \\ 0 \\ 0 \end{pmatrix} + r\begin{pmatrix} -3 \\ 3 \\ 6 \end{pmatrix}$ $\quad i_2: \vec{x} = \begin{pmatrix} 4,5 \\ 1,5 \\ 3 \end{pmatrix} + s\begin{pmatrix} -1,5 \\ 1,5 \\ 3 \end{pmatrix}$

$k_1: \vec{x} = \begin{pmatrix} 6 \\ 0 \\ 0 \end{pmatrix} + r\begin{pmatrix} 0 \\ 1 \\ 0 \end{pmatrix}$ $\quad k_2: \vec{x} = \begin{pmatrix} 1,5 \\ 4,5 \\ 3 \end{pmatrix} + s\begin{pmatrix} 1 \\ 0 \\ 0 \end{pmatrix}$

b) Die Geraden in Teil a) gehen durch Kanten im Pyramidenstumpf. Zeichnen Sie die Geraden in die gegebene Abbildung ein. Der Schnittpunkt S von zwei dieser Geraden ist die Spitze der Pyramide. Zeigen Sie rechnerisch, dass weitere „Kantengeraden" sich in S schneiden.

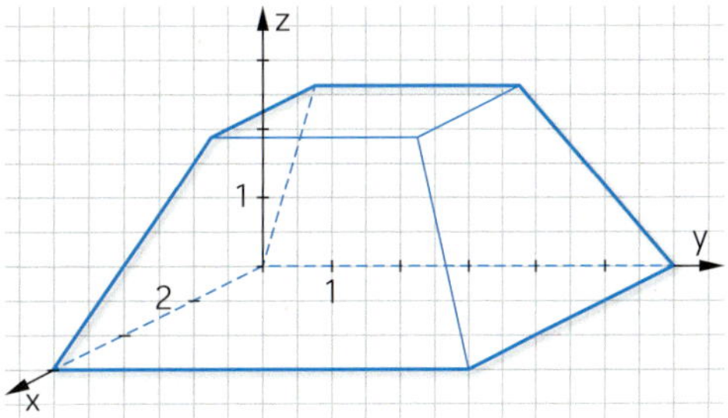

10 Dreieck im Raum

Die Geraden g, h und k bilden ein Dreieck im Raum. Berechnen Sie die Koordinaten der Eckpunkte und die Seitenlängen des Dreiecks.

$g: \vec{x} = \begin{pmatrix} 4 \\ -1 \\ 2,5 \end{pmatrix} + r\begin{pmatrix} 2 \\ 4 \\ 4,5 \end{pmatrix}$; $h: \vec{x} = \begin{pmatrix} -1 \\ 0,5 \\ 5 \end{pmatrix} + s\begin{pmatrix} 3 \\ -4,5 \\ 2 \end{pmatrix}$; $k: \vec{x} = \begin{pmatrix} 4 \\ 3,2 \\ -1 \end{pmatrix} + t\begin{pmatrix} -10 \\ 1 \\ 5 \end{pmatrix}$

Übungen

11 Parameteraufgaben

a) Bestimmen Sie a so, dass die Geraden g und h sich schneiden.

$g: \vec{x} = \begin{pmatrix} 2 \\ 1 \\ a \end{pmatrix} + r\begin{pmatrix} 1 \\ 2 \\ -2 \end{pmatrix}$

$h: \vec{x} = \begin{pmatrix} 2 \\ 1 \\ 2 \end{pmatrix} + s\begin{pmatrix} 3 \\ 1 \\ 6 \end{pmatrix}$

b) Bestimmen Sie b so, dass S(1|2|3) Schnittpunkt der Geraden g und h ist.

$g: \vec{x} = \begin{pmatrix} 1 \\ 2 \\ 3 \end{pmatrix} + r\begin{pmatrix} -2 \\ 0 \\ 1 \end{pmatrix}$

$h: \vec{x} = \begin{pmatrix} 2 \\ 2 \\ 4 \end{pmatrix} + s\begin{pmatrix} b \\ 0 \\ 1 \end{pmatrix}$

c) Bestimmen Sie c so, dass g und h identisch sind.

$g: \vec{x} = \begin{pmatrix} 2 \\ 0 \\ 3 \end{pmatrix} + r\begin{pmatrix} 1 \\ 2 \\ -1 \end{pmatrix}$

$h: \vec{x} = \begin{pmatrix} 4 \\ 4 \\ c \end{pmatrix} + s\begin{pmatrix} -1 \\ -2 \\ 1 \end{pmatrix}$

d) Zeigen Sie, dass für $d \neq 1$ die Geraden g und h keinen gemeinsamen Punkt haben.

$g: \vec{x} = \begin{pmatrix} 1 \\ 2 \\ 3 \end{pmatrix} + r\begin{pmatrix} 0 \\ 2 \\ 1 \end{pmatrix}$

$h: \vec{x} = \begin{pmatrix} d \\ 2 \\ 3 \end{pmatrix} + s\begin{pmatrix} 0 \\ -1 \\ 2 \end{pmatrix}$

12 Lagebeziehung mit CAS

Mit einem CAS kann die Lagebeziehung von zwei Geraden im Raum auch algebraisch mit dem Gleichungslöser *solve* untersucht werden.

$vg1(t) := \begin{bmatrix} -2-t \\ 1+t \\ 1+3\cdot t \end{bmatrix}$ *Fertig*

$vg2(s) := \begin{bmatrix} 1+2\cdot s \\ -3-2\cdot s \\ 2-6\cdot s \end{bmatrix}$ *Fertig*

solve(vg1(t)=vg2(s),{t,s}) false

$vg3(t) := \begin{bmatrix} 1-t \\ t \\ -2+2\cdot t \end{bmatrix}$ *Fertig*

$vg4(s) := \begin{bmatrix} 2 \\ -1-2\cdot s \\ 3+s \end{bmatrix}$ *Fertig*

solve(vg3(t)=vg4(s),{t,s}) false

$vg5(t) := \begin{bmatrix} 2+t \\ -1-3\cdot t \\ -3+2\cdot t \end{bmatrix}$ *Fertig*

$vg6(s) := \begin{bmatrix} 4-3\cdot s \\ -7+9\cdot s \\ 1-6\cdot s \end{bmatrix}$ *Fertig*

solve(vg5(t)=vg6(s),{t,s})

$s=\frac{-(c1-2)}{3}$ and $t=c1$

$vg7(t) := \begin{bmatrix} 1+2\cdot t \\ -2+t \\ 1-3\cdot t \end{bmatrix}$ *Fertig*

$vg8(s) := \begin{bmatrix} -1+2\cdot s \\ -2+2\cdot s \\ 2-5\cdot s \end{bmatrix}$ *Fertig*

solve(vg7(t)=vg8(s),{t,s}) s=-1 and t=-2

$vg7(-2)$ $\begin{bmatrix} -3 \\ -4 \\ 7 \end{bmatrix}$

Welche Lagebeziehung liegt jeweils vor? Mit welcher Zusatzüberlegung kommt man bei g_1/g_2 und g_3/g_4 zum Ergebnis? Interpretieren Sie die Ausgabe bei g_5/g_6.

13 Parallelität und Identität mit Schnittpunktverfahren

Welche Diagonalformen von Matrizen erhält man, wenn man mit dem Schnittpunktverfahren und dem Gauß-Algorithmus parallele oder identische Geraden untersucht?

(1) $g_1: \vec{x} = \begin{pmatrix} 6 \\ 6 \\ 0 \end{pmatrix} + r\begin{pmatrix} 1 \\ 0 \\ 0 \end{pmatrix}$; $g_2: \vec{x} = \begin{pmatrix} 4{,}5 \\ 4{,}5 \\ 3 \end{pmatrix} + s\begin{pmatrix} 3 \\ 0 \\ 0 \end{pmatrix}$ $\xrightarrow{rref}$ $\begin{bmatrix} 1 & 2 & 0 \\ 0 & 0 & 1 \\ 0 & 0 & 0 \end{bmatrix}$

(2) $h_1: \vec{x} = \begin{pmatrix} 6 \\ 6 \\ 0 \end{pmatrix} + r\begin{pmatrix} -1{,}5 \\ -1{,}5 \\ 3 \end{pmatrix}$; $h_2: \vec{x} = \begin{pmatrix} 1{,}5 \\ 4{,}5 \\ 3 \end{pmatrix} + s\begin{pmatrix} 1{,}5 \\ -1{,}5 \\ 3 \end{pmatrix}$ $\xrightarrow{rref}$ $\begin{bmatrix} 1 & 1 & 2 \\ 0 & 0 & 0 \\ 0 & 0 & 0 \end{bmatrix}$

Erzeugen Sie mit dem GTR jeweils die Diagonalformen. Begründen Sie damit die jeweilige Lagebeziehung.

Basiswissen

Parallelität und Identität von zwei Geraden direkt an der Matrix erkennen

An der Diagonalform der erweiterten Koeffizientenmatrix, die man beim Schnittpunktverfahren erhält, können Parallelität und Identität zweier Geraden abgelesen werden.

Schnittpunktansatz: $\vec{p} + r\vec{u} = \vec{q} + s\vec{v}$

Die Geraden sind parallel zueinander.	Die Geraden sind identisch.
$\begin{bmatrix} 1 & 2 & 0 \\ 0 & 0 & 1 \\ 0 & 0 & 0 \end{bmatrix}$ I $r + 2s = 0$ II falsche Aussage III wahre Aussage	$\begin{bmatrix} 1 & -0.5 & -1 \\ 0 & 0 & 0 \\ 0 & 0 & 0 \end{bmatrix}$ I $r - 0{,}5 \cdot s = -1$ II wahre Aussage III wahre Aussage
I gibt an, dass r und s abhängig sind. Die Richtungsvektoren sind kollinear. II gibt durch falsche Aussage an, dass es keine Lösungen gibt.	I gibt an, dass r und s abhängig sind. Die Richtungsvektoren sind kollinear. II, III geben durch wahre Aussagen an, dass es unendlich viele Lösungen gibt.

Beispiele

D Lagebeziehung von zwei Geraden aus der Diagonalform der Matrix ablesen

Lesen Sie aus den Diagonalformen der Matrizen die Lagebeziehung ab.

$\begin{bmatrix} 1 & 0 & 0 \\ 0 & 1 & 0 \\ 0 & 0 & 1 \end{bmatrix}$	$\begin{bmatrix} 1 & -4 & 0 \\ 0 & 0 & 1 \\ 0 & 0 & 0 \end{bmatrix}$	$\begin{bmatrix} 1 & 2 & 4 \\ 0 & 0 & 0 \\ 0 & 0 & 0 \end{bmatrix}$	$\begin{bmatrix} 1 & 0 & 2 \\ 0 & 1 & -3 \\ 0 & 0 & 0 \end{bmatrix}$
I $r = 0$	I $r = 4s$	I $r = -2s + 4$	I $r = 2$
II $s = 0$	II falsche Aussage	II wahre Aussage	II $s = -3$
III falsche Aussage	III wahre Aussage	III wahre Aussage	III wahre Aussage
windschief	parallel	identisch	Schnittpunkt

Lösung: (siehe oben)

(1) Eine Zeile $[0 \;\; 0 \;\; 1]$ gibt durch die falsche Aussage 0 = 1 an, dass es keine Lösungen gibt. Somit gibt es keine Schnittpunkte.

(2) Eine Zeile mit z. B. $[1 \;\; 2 \;\; 4]$ gibt an, dass r und s abhängig sind. Somit sind die Richtungsvektoren kollinear.

Übungen

14 Windschiefe oder sich schneidende Geraden

Die beiden Fälle (A) und (B) sind in Matrix und Diagonalform (1) und (2) übersetzt:

(A) Geradenpaar g_1/g_2

$$g_1: \vec{x} = \begin{pmatrix} 1 \\ 2 \\ 1 \end{pmatrix} + r\begin{pmatrix} 2 \\ 1 \\ 3 \end{pmatrix};\; g_2: \vec{x} = \begin{pmatrix} 1 \\ 1 \\ 2 \end{pmatrix} + s\begin{pmatrix} -4 \\ -2 \\ 6 \end{pmatrix}$$

(1) Matrix Diagonalform

$$\begin{pmatrix} 2 & 4 & -6 \\ 1 & 2 & -3 \\ 3 & -6 & 15 \end{pmatrix} \xrightarrow{rref} \begin{pmatrix} 1 & 0 & 1 \\ 0 & 1 & -2 \\ 0 & 0 & 0 \end{pmatrix}$$

(B) Geradenpaar h_1/h_2

$$h_1: \vec{x} = \begin{pmatrix} 1 \\ 2 \\ 1 \end{pmatrix} + r\begin{pmatrix} 2 \\ 1 \\ 3 \end{pmatrix};\; h_2: \vec{x} = \begin{pmatrix} -5 \\ -1 \\ 16 \end{pmatrix} + s\begin{pmatrix} -4 \\ -2 \\ 6 \end{pmatrix}$$

(2) Matrix Diagonalform

$$\begin{pmatrix} 2 & 4 & 0 \\ 1 & 2 & -1 \\ 3 & -6 & 1 \end{pmatrix} \xrightarrow{rref} \begin{pmatrix} 1 & 0 & 0 \\ 0 & 1 & 0 \\ 0 & 0 & 1 \end{pmatrix}$$

Welcher Fall gehört zu welchen Matrizen? Woran erkennt man dies? Bestimmen Sie im Fall der sich schneidenden Geraden den Schnittpunkt.

15 Geraden zu Diagonalform

Bestimmen Sie zu den Diagonalformen jeweils zwei passende Geraden. Überprüfen Sie Ihre Lösung.

a) $\begin{pmatrix} 1 & 0 & 1 \\ 0 & 1 & -2 \\ 0 & 0 & 0 \end{pmatrix}$ b) $\begin{pmatrix} 1 & 0 & 0 \\ 0 & 1 & 0 \\ 0 & 0 & 1 \end{pmatrix}$ c) $\begin{pmatrix} 1 & 1 & 2 \\ 0 & 0 & 0 \\ 0 & 0 & 0 \end{pmatrix}$ d) $\begin{pmatrix} 1 & 2 & 1 \\ 0 & 0 & 1 \\ 0 & 0 & 0 \end{pmatrix}$

Übungen

16 Raumdiagonalen im Quader

a) Offensichtlich schneiden sich die vier Raumdiagonalen im Mittelpunkt des Quaders. Weisen Sie dies rechnerisch nach. Wie zeigt sich das am Gleichungssystem?

b) Schneiden die beiden eingezeichneten Raumdiagonalen die eingezeichnete blaue Gerade? Wie zeigt sich das am Gleichungssystem?

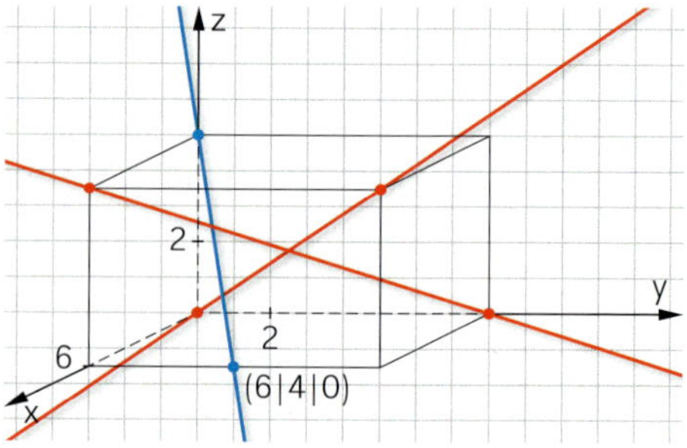

17 Sich schneidende Geraden?

In einem Würfel der Kantenlänge 4 gehen die Geraden durch die Mittelpunkte der entsprechenden Kanten.
Schneiden sich die beiden Geraden? Begründen Sie auch rechnerisch.

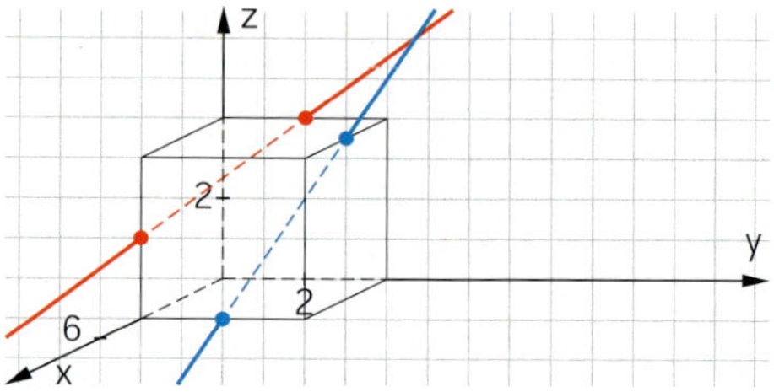

18 Geraden im Quader

a) Schneiden sich die drei Geraden?

b) Geben Sie die drei Strecken an, die die Geraden mit dem Quader bilden.

c) Berechnen Sie die Länge der drei Strecken.

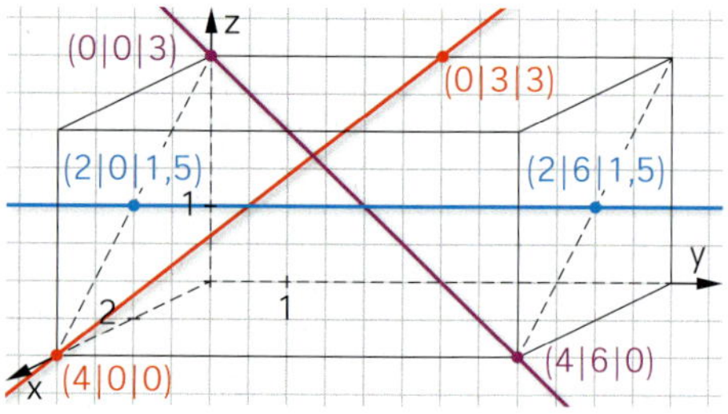

19 Lagebeziehung von Geraden im Würfel

Die Abbildung zeigt einen Würfel mit der Kantenlänge 4. Die roten Punkte markieren Kantenmitten.

a) Stellen Sie für die möglichen Schnittprobleme (g_1 und g_2, g_2 und g_3, g_1 und g_3) jeweils die erweiterte Koeffizientenmatrix auf. Bestimmen Sie die Lösung und begründen Sie damit die Lagebeziehung.

b) Berechnen Sie die Länge der drei markierten Strecken im Würfel.

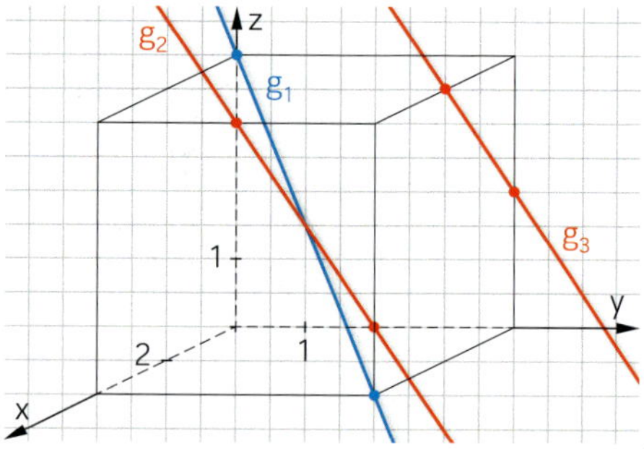

20 Geradenschnittpunkt

Gegeben sind die Geraden

$g\colon \vec{x} = \vec{a} + r\vec{v} = \begin{pmatrix} 8 \\ 5 \\ 1 \end{pmatrix} + r\begin{pmatrix} 4 \\ 6 \\ 9 \end{pmatrix}$ und

$h\colon \vec{x} = \vec{b} + s\vec{w} = \begin{pmatrix} -2 \\ -4 \\ 1{,}5 \end{pmatrix} + s\begin{pmatrix} 2 \\ 10 \\ 2 \end{pmatrix}$.

Im „2-1-Koordinatensystem" sieht es so aus, als ob sich die Geraden im Punkt (0|3|3) schneiden.
Wie kann man dies schnell nachprüfen?
Schneiden sich g und h überhaupt?

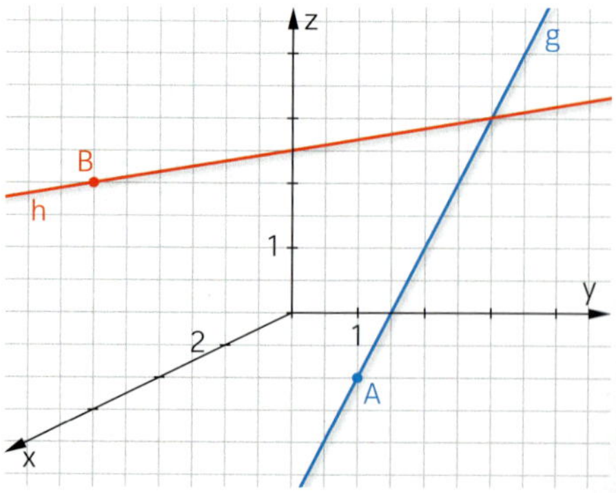

Übungen
Geradenscharen

21 Geradenscharen

Kommt in einer Geradengleichung außer dem Geradenparameter (hier s bzw. t) noch ein weiterer Parameter (hier a) vor, dann beschreibt die Gleichung eine Geradenschar.
Gegeben sind die beiden Geradenscharen g_a und h_a durch

$$g_a\colon \vec{x} = \begin{pmatrix} 1 \\ -1 \\ 2 \end{pmatrix} + s\begin{pmatrix} a \\ 1 \\ 2 \end{pmatrix} \text{ und } h_a\colon \vec{x} = \begin{pmatrix} 1 \\ a \\ 0 \end{pmatrix} + t\begin{pmatrix} -1 \\ 1 \\ 1 \end{pmatrix}$$

a) Welche Gerade der Schar g_a verläuft durch $P(0|-3|-2)$?
Verläuft eine Gerade der Schar h_a durch den Ursprung?
Untersuchen Sie, ob es Schargeraden gibt, die parallell zur yz-Ebene verlaufen.
b) Ermitteln Sie zu beiden Geradenscharen die Spurpunkte (Schnittpunkte mit den Koordinatenebenen). Begründen Sie jeweils, dass die Spurpunkte auf einer Geraden liegen. Beschreiben Sie damit die beiden Geradenscharen.
c) Untersuchen Sie die Lagebeziehung der beiden Scharen in Abhängigkeit von a.

22 Zwei Geradenscharen

Gegeben sind die beiden Geradenscharen g_a und h_a durch

$$g_a\colon \vec{x} = \begin{pmatrix} 1 \\ -1 \\ 2 \end{pmatrix} + r\begin{pmatrix} a \\ 1 \\ 2 \end{pmatrix} \text{ und } h_a\colon \vec{x} = \begin{pmatrix} 1 \\ 1 \\ a \end{pmatrix} + s\begin{pmatrix} -1 \\ 0 \\ 1 \end{pmatrix}$$

a) Beschreiben Sie jeweils die Lage der Geraden beider Scharen.
b) Welche Gerade von g_a verläuft durch den Punkt $P(-5|1|6)$, welche durch $Q(2|4|10)$?
c) Ermitteln Sie die Schnittpunkte mit den drei Koordinatenebenen. Zeigen Sie, dass diese Schnittpunkte auf einer Geraden liegen. Geben Sie deren Gleichungen an.
d) Untersuchen Sie die Lagebeziehung von g_a und h_a in Abhängigkeit von a.

23 Lagebeziehung von Geradenscharen

Gegeben sind die beiden Geradenscharen g_a und h_a durch

$$g_a\colon \vec{x} = \begin{pmatrix} 2+a^2 \\ 2 \\ 0 \end{pmatrix} + r\begin{pmatrix} 2 \\ 1 \\ -2 \end{pmatrix} \text{ und } h_a\colon \vec{x} = \begin{pmatrix} 1 \\ a \\ 2 \end{pmatrix} + s\begin{pmatrix} -2 \\ a \\ 2 \end{pmatrix}$$

a) Für welche a sind g_a und h_a zueinander parallel?
b) Für welche a schneiden sich g_a und h_a? Geben Sie den Schnittpunkt an.
c) Für welche a sind g_a und h_a zueinander windschief?

24 Zwei besondere Geradenscharen

Gegeben sind die beiden Geradenscharen g_k und h_k durch

$$g_k\colon x = \begin{pmatrix} 0 \\ 0 \\ 4 \end{pmatrix} + s\begin{pmatrix} k \\ \sqrt{4-k^2} \\ -4 \end{pmatrix} \text{ und } h_k\colon x = \begin{pmatrix} k \\ \sqrt{4-k^2} \\ -4 \end{pmatrix} + t\begin{pmatrix} 0 \\ 0 \\ 4 \end{pmatrix}$$

a) Für welche Werte von k sind die beiden Scharen definiert?
b) Ermitteln Sie jeweils die Spurpunkte S_{xy} mit der xy-Ebene.Welchen Abstand haben die Punkte S_{xy} vom Ursprung? Beschreiben Sie damit die beiden Geradenscharen und stellen Sie eine aussagekräftige Skizze her.
c) Welche Schar erhält man jeweils, wenn man $\sqrt{4-k^2}$ durch $-\sqrt{4-k^2}$ ersetzt?
c) Klären Sie die Lagebeziehung der Geraden der beiden Scharen nach Anschauung. Was sagt die Rechnung?

Grundwissen

1. Begründen Sie jeweils in Worten und mit einer Skizze.
   a) Gibt es Funktionen, die zur x-Achse symmetrisch sind?
   b) Gibt es Funktionen, die sowohl punktsymmetrisch zum Ursprung als auch achsensymmetrisch zur y-Achse sind?
2. Vergleichen Sie: $(10^2)^3$; $(10^3)^2$; $10^{(2^3)}$; $10^2 \cdot 10^3$.

Projekt

Zentralperspektive und Dürer

Das Kantenmodell eines Würfels wird vor einer weißen Wand durch eine punktförmige Lichtquelle beleuchtet und erzeugt einen Schatten an der Wand. Das Schattenbild sieht anders aus als alle Darstellungen eines Würfels, die Sie bisher benutzt haben.
Sie haben mathematische Werkzeuge kennengelernt, die es Ihnen erlauben, diese Bilder rechnerisch herzustellen.

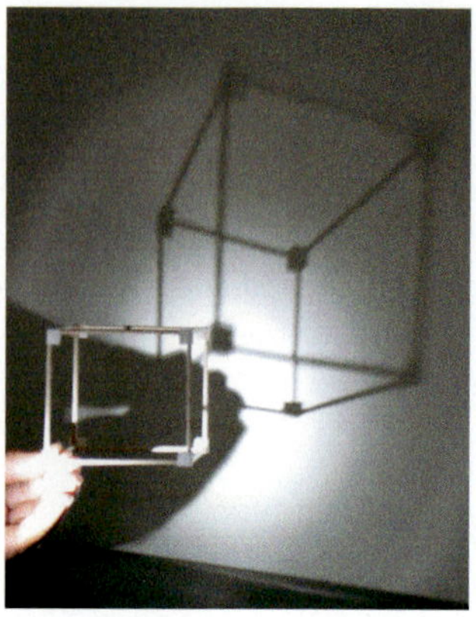

Experimentieren

Die Lichtstrahlen durch die Eckpunkte können als Geraden gedeutet werden, deren Schnittpunkte mit der Wand (Ebene) bestimmt werden können.
Experimentieren Sie mit einem Kantenmodell und einer Lampe.

Perspektivisches Bild des Würfels berechnen

Auf der xy-Ebene steht ein Würfel mit den Eckpunkten A, B, C, D, E, F, G und H. Dabei sind A(0|3|0), B(4|0|0), D(3|7|0) und E(0|3|5) gegeben. Der Würfel wird vom Punkt L(12|3|3) aus beleuchtet, das Bild wird auf der „Wand" (yz-Ebene) erzeugt.
- Bestimmen Sie die Koordinaten der anderen Eckpunkte.
- Berechnen Sie die Koordinaten der Bildpunkte A_1, B_1, ..., H_1 und zeichnen Sie das Bild des Würfels in der yz-Ebene.

Exkurs

Dürer

Spätestens seit der Renaissance sind verschiedene Techniken zur Herstellung von realistischen Bildern räumlicher Objekte verwendet worden.
Albrecht Dürer hat in einer Zeichnung eine Handlungsanweisung für die Erzeugung perspektivischer Darstellungen festgehalten.

Mathematisieren

Formulieren Sie die im Bild dargestellte Methode mit Ihren eigenen Worten als Anleitung zum Zeichnen.
Was ist der wesentliche Unterschied zwischen Ihrer oben benutzten Methode und der in Dürers Bild dargestellten Technik? Wo liegen die Gemeinsamkeiten?

Parallele Kanten

Sie haben sicherlich festgestellt, dass in Ihrer Zeichnung die Bilder von parallelen Kanten nicht mehr parallel sind.
Jeder kennt das Phänomen:
Die Eisenbahnschienen scheinen aufeinander zuzulaufen und sich am Horizont zu treffen, obwohl man weiß, dass die Schienen in Wirklichkeit parallel sind und immer den gleichen Abstand zueinander haben.
Im Bild sind die Eisenbahnschienen keine parallelen Geraden – sie schneiden sich.
Ist dieses Phänomen typisch für perspektivische Abbildungen?

Teilen Sie sich die Arbeit.

Fluchtpunkte

Am Anfang des Projekts haben Sie an einem konkreten Beispiel ein perspektivisches Bild des Würfels erstellt.
Zeigen Sie hierfür rechnerisch, dass sich die Bilder der Geraden, die durch im Würfel parallele Kanten verlaufen, in einem Punkt schneiden.
Bestimmen Sie die Koordinaten dieser sogenannten **„Fluchtpunkte"**.

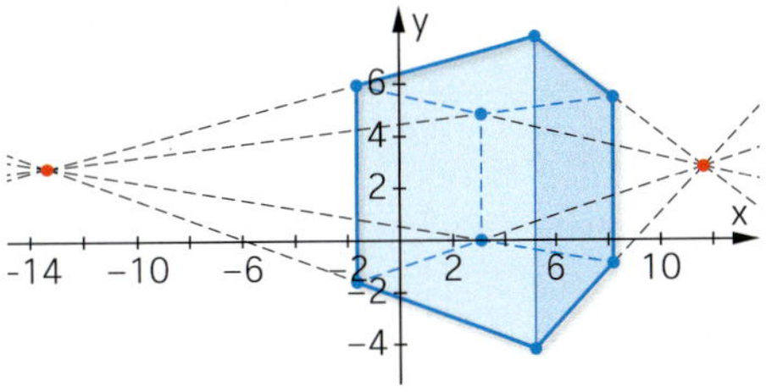

Fluchtpunkte in Fotografien

Exkurs

3D im Gehirn

Auch auf Fotografien lassen sich Fluchtpunkte rekonstruieren.

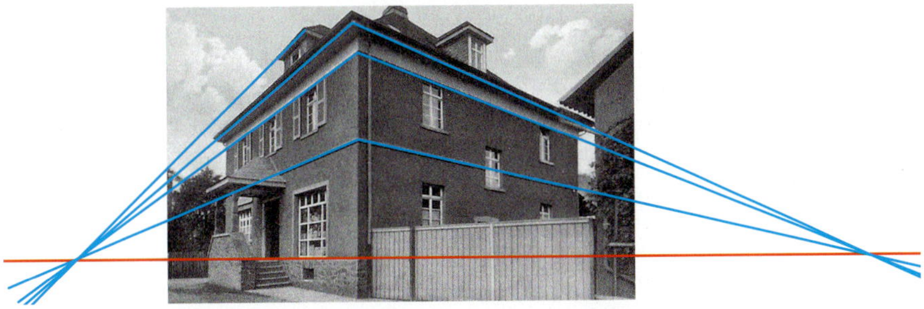

Die Eigenschaft, dass sich die Bilder paralleler Geraden in einem Punkt schneiden, wird in der darstellenden Geometrie zur Konstruktion von perspektivischen Darstellungen genutzt.
Mit der perspektivischen Darstellung möchte man möglichst realistische Bilder von Objekten erzeugen, und zwar so, wie sie vom menschlichen Auge wahrgenommen werden. Die hier beschriebene Methode ist gut geeignet für den Blick mit einem Auge.
Der Mensch hat aber zwei nebeneinander liegende Augen, die jedes für sich ein eigenes Bild sehen.
Erst im Gehirn werden beide Bilder zu einem räumlichen Bild zusammengefügt.

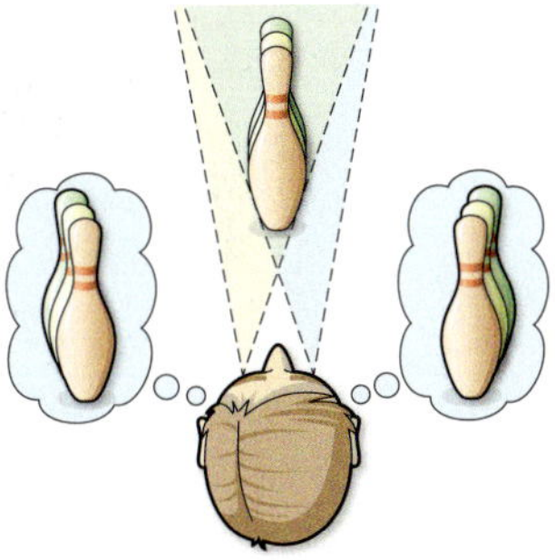

Räumliches Sehen mit Rot-Grün-Brille

Sie haben auf der vorigen Seite bereits ein perspektivisches Bild des Würfels gezeichnet. Wenn der Würfel von dem Punkt $L_2(12|4|3)$ aus beleuchtet wird, so entsteht ein zweites Bildes des Würfels. Berechnen Sie die Koordinaten und zeichnen Sie den Würfel in dasselbe Koordinatensystem.

Zeichnen Sie das erste Bild in grün und das zweite Bild in rot. Besorgen Sie sich eine rote und grüne Folie und basteln Sie daraus eine Rot-Grün-Brille. Wenn Sie nun das Bild der beiden Würfel betrachten (rote Folie am linken Auge), werden Sie ein räumliches Bild wahrnehmen.

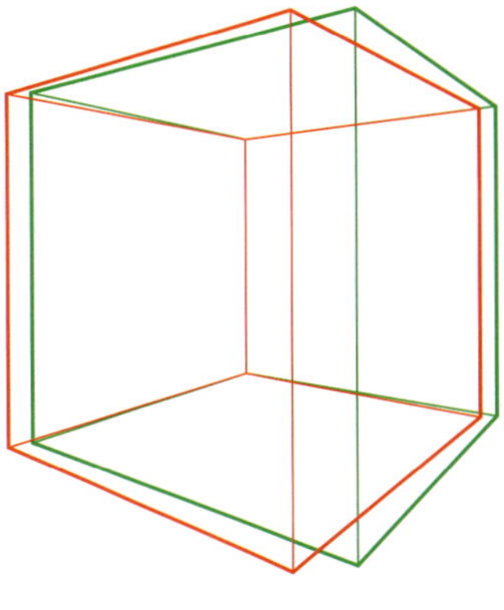

Auf dem Prinzip, zwei unterschiedliche Bilder zu zeigen, beruhen auch die in 3D-Kinos gezeigten Filme, die ein völlig anderes dreidimensionales Sehen ermöglichen.

6.4 Projektionen

Aufgaben

1 **Parallelprojektion**

Das Dreieck ABC mit A(3|2|2), B(6|4|4) und C(0|3|3) wird in Richtung $\vec{v} = \begin{pmatrix} 1 \\ 1 \\ -2 \end{pmatrix}$ auf die xy-Ebene projiziert.

Die Bildpunkte in der xy-Ebene haben die Form P′(x′|y′|0).

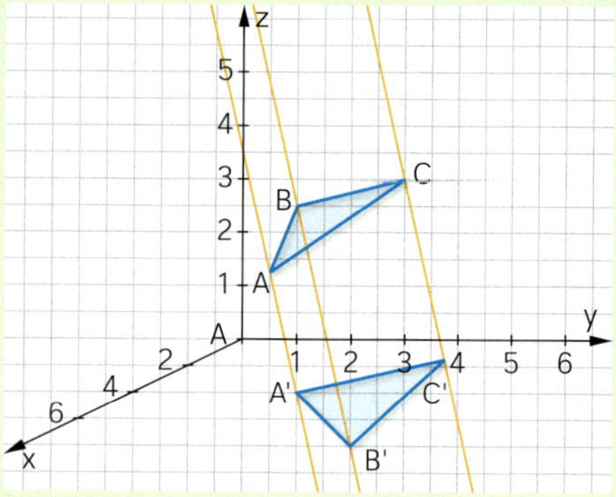

a) *Bildpunkte bestimmen*
Berechnen Sie die Koordinaten der Bildpunkte und zeichnen Sie das Dreieck und sein Bild.

b) *Abbildungsgleichungen*
Die gesuchten Bildpunkte sind die Schnittpunkte der Geraden durch den Punkt in Richtung des Vektors $\vec{v}$ mit der xy-Ebene. Leiten Sie für einen beliebigen Punkt P(x|y|z) die folgenden Abbildungsgleichungen für den Bildpunkt (x′|y′|z′) her:
$x' = x + \frac{1}{2}z;\ \ y' = y + \frac{1}{2}z;\ \ z' = 0.$
Zeigen Sie, dass Sie die Bildpunkte durch Einsetzen der Punkte in die Abbildungsgleichungen erhalten.

c) *Matrizenschreibweise*
Für die Abbildungsgleichungen gilt:

$$\begin{matrix} x' = x + \frac{1}{2}z \\ y' = y + \frac{1}{2}z \end{matrix} \rightarrow \begin{matrix} x' = x + 0 \cdot y + \frac{1}{2}z \\ y' = 0 \cdot x + 1 \cdot y + \frac{1}{2}z \end{matrix}$$

Die sechs Koeffizienten bilden die Abbildungsmatrix $\begin{pmatrix} 1 & 0 & \frac{1}{2} \\ 0 & 1 & \frac{1}{2} \end{pmatrix}$

Die Abbildungsgleichungen können auch als Multiplikation der Abbildungsmatrix mit dem Punkt $\vec{p} = \begin{pmatrix} x \\ y \\ z \end{pmatrix}$ dargestellt werden.

Dazu wird das Skalarprodukt jeder Zeile mit dem Vektor berechnet.

Zeile · Spalte

$$\begin{pmatrix} 1 & 0 & \frac{1}{2} \\ 0 & 1 & \frac{1}{2} \end{pmatrix} \cdot \begin{pmatrix} x \\ y \\ z \end{pmatrix} = \begin{pmatrix} 1 \cdot x + 0 \cdot y + \frac{1}{2} \cdot z \\ 0 \cdot x + 1 \cdot y + \frac{1}{2} \cdot z \end{pmatrix} = \begin{pmatrix} 1 \cdot x + \frac{1}{2} \cdot z \\ 1 \cdot y + \frac{1}{2} \cdot z \end{pmatrix}$$

d) *Projektionen auf die xz-Ebene und die yz-Ebene*
Geben Sie die Abbildungsgleichungen für die Projektion auf die xz-Ebene und die yz-Ebene an. Bestimmen Sie auch die jeweilige Abbildungsmatrix und geben Sie die Abbildungsgleichungen in der Matrizenschreibweise an.
Berechnen Sie die Koordinaten der Bildpunkte und zeichnen Sie das Dreieck und sein Bild.

e) *Projektion eines Punktes in beliebiger Richtung in die xy-Ebene*
Geben Sie die Abbildungsgleichungen für die Projektion eines Punktes P(x|y|z) in Richtung $\vec{v} = \begin{pmatrix} v_1 \\ v_2 \\ v_3 \end{pmatrix}$ auf die xy-Ebene an. Geben Sie die Abbildungsmatrix an.

Basiswissen

Parallelprojektionen auf eine Koordinatenebene

Der Punkt P (x | y | z) wird in Richtung $\vec{v} = \begin{pmatrix} v_1 \\ v_2 \\ v_3 \end{pmatrix}$ auf die xy-Ebene projiziert.

Der gesuchte Bildpunkt P′ ist der Schnittpunkt der Geraden durch den Punkt P in Richtung des Vektors $\vec{v}$ mit der xy-Ebene.
Mit dem Schnittpunktverfahren entstehen die Abbildungsgleichungen:

$$\begin{matrix} x' = x + \left(-\frac{v_1}{v_3}\right)z \\ y' = y + \left(-\frac{v_2}{v_3}\right)z \end{matrix} \quad \rightarrow \quad \begin{matrix} x' = 1 \cdot x + 0 \cdot y + \left(-\frac{v_1}{v_3}\right)z \\ y' = 0 \cdot x + 1 \cdot y + \left(-\frac{v_2}{v_3}\right)z \end{matrix}$$

Durch Einsetzen des Punktes erhält man die Koordinaten des Bildpunktes.

Die sechs Koeffizienten bilden die Abbildungsmatrix $A = \begin{pmatrix} 1 & 0 & -\frac{v_1}{v_3} \\ 0 & 1 & -\frac{v_2}{v_3} \end{pmatrix}$ mit $\vec{v_3} \neq 0$

Die Abbildungsgleichungen können in Kurzschreibweise auch als **Multiplikation der Abbildungsmatrix mit dem Vektor** $\vec{p} = \begin{pmatrix} x \\ y \\ z \end{pmatrix}$ dargestellt werden: $\vec{p'} = A \cdot \vec{p}$

Dazu wird das Skalarprodukt jeder Zeile mit dem Vektor berechnet.

$$\vec{p'} = \begin{pmatrix} 1 & 0 & -\frac{v_1}{v_3} \\ 0 & 1 & -\frac{v_2}{v_3} \end{pmatrix} \cdot \begin{pmatrix} x \\ y \\ z \end{pmatrix} = \begin{pmatrix} 1 \cdot x + 0 \cdot y + \left(-\frac{v_1}{v_3}\right) \cdot z \\ 0 \cdot x + 1 \cdot y + \left(-\frac{v_2}{v_3}\right) \cdot z \end{pmatrix} = \begin{pmatrix} 1 \cdot x + \left(-\frac{v_1}{v_3}\right) \cdot z \\ 1 \cdot y + \left(-\frac{v_2}{v_3}\right) \cdot z \end{pmatrix}$$

Abbildungsmatrizen

Parallelprojektion auf die xy-Ebene	Parallelprojektion auf die xz-Ebene	Parallelprojektion auf die yz-Ebene
$A = \begin{pmatrix} 1 & 0 & -\frac{v_1}{v_3} \\ 0 & 1 & -\frac{v_2}{v_3} \end{pmatrix}$; $\vec{v_3} \neq 0$	$A = \begin{pmatrix} 1 & -\frac{v_1}{v_2} & 0 \\ 0 & -\frac{v_3}{v_2} & 1 \end{pmatrix}$; $\vec{v_2} \neq 0$	$A = \begin{pmatrix} -\frac{v_2}{v_1} & 1 & 0 \\ -\frac{v_3}{v_1} & 0 & 1 \end{pmatrix}$; $\vec{v_1} \neq 0$

Beispiele

A Projektion auf xz-Ebene

Projizieren Sie den Punkt P (4 | 6 | 5) parallel in Richtung des Vektors $\vec{v} = \begin{pmatrix} 4 \\ 2 \\ -3 \end{pmatrix}$ auf die xz-Ebene.

Lösung:

Die dazugehörige Abbildungsmatrix ist: $A = \begin{pmatrix} 1 & -2 & 0 \\ 0 & \frac{3}{2} & 1 \end{pmatrix}$
Für den Bildpunkt P′ gilt: $A \cdot \vec{p} = \vec{p'}$

$$\begin{pmatrix} 1 & -2 & 0 \\ 0 & \frac{3}{2} & 1 \end{pmatrix} \cdot \begin{pmatrix} 4 \\ 6 \\ 5 \end{pmatrix} = \begin{pmatrix} 1 \cdot 4 + (-2) \cdot 6 + 0 \cdot 5 \\ 0 \cdot 4 + \frac{3}{2} \cdot 6 + 1 \cdot 5 \end{pmatrix} = \begin{pmatrix} -8 \\ 14 \end{pmatrix}$$

Der Bildpunkt von P ist P′(−8 | 0 | 14)

Werkzeug

Matrix-Vektor-Multiplikation

GTR

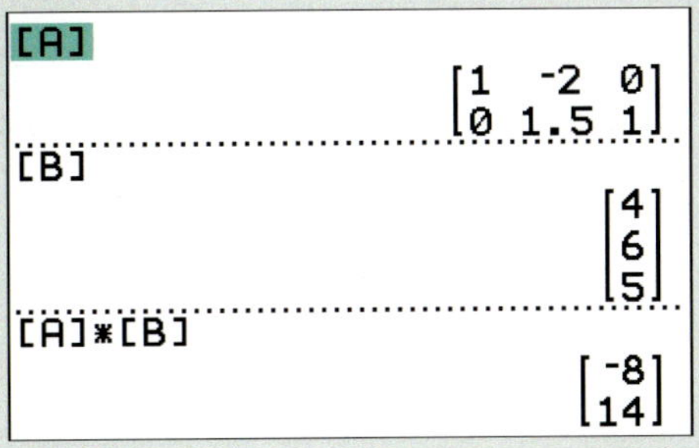

CAS

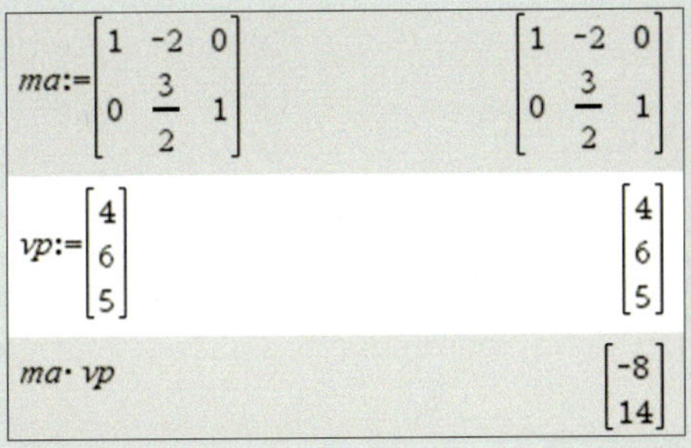

Übungen

2 Punkt projizieren

Der Punkt P(2|2|3) wird parallel in Richtung $\vec{v} = \begin{pmatrix} -1 \\ -1 \\ -2 \end{pmatrix}$ auf die drei Koordinatenebenen projiziert.

a) Bestimmen Sie die Abbildungsmatrizen.
b) Berechnen Sie die Bildpunkte von P.

3 Projektionen in xz- und yz-Richtung

Leiten Sie die Abbildungsmatrizen für Parallelprojektionen in beliebige Richtung in die xz- und yz-Ebene her (vgl. Basiswissen).

4 Würfel projizieren

Der Würfel ABCDEFGH mit der Kantenlänge 4 wird parallel in Richtung $\vec{v} = \begin{pmatrix} -2 \\ 1 \\ 1 \end{pmatrix}$ auf die yz-Ebene projiziert.

a) Bestimmen Sie die Abbildungsmatrix.
b) Berechnen Sie die Bildpunkte und zeichnen Sie den projizierten Würfel.

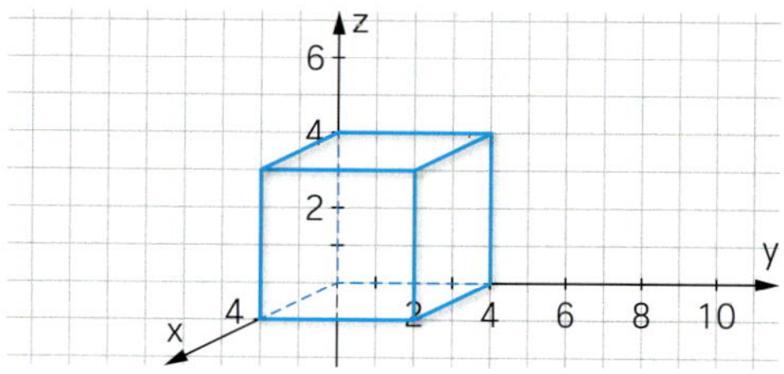

5 Abbildungsmatrix bestimmen

Bei einer Parallelprojektion in die xy-Ebene wird der Punkt P(4|1|5) auf den Bildpunkt (−6|1|6) abgebildet. Bestimmen Sie die Abbildungsmatrix.

6 Richtungsvektor bestimmen

Eine Parallelprojektion in der yz-Ebene hat die Abbildungsmatrix A. Bestimmen Sie für die Parallelprojektion den Richtungsvektor $\vec{v}$. Warum erhält man unendlich viele Vektoren $\vec{v}$?

a) $A = \begin{pmatrix} -3 & 1 & 0 \\ 1 & 0 & 1 \end{pmatrix}$ b) $A = \begin{pmatrix} 1 & 1 & 0 \\ -1 & 0 & 1 \end{pmatrix}$ c) $A = \begin{pmatrix} 2 & 1 & 0 \\ 0{,}5 & 0 & 1 \end{pmatrix}$

7 Quader projizieren

Der Quader ABCDEFGH mit den Ecken A(4|0|0), C(0|5|0), D(0|0|0), H(0|0|3) wird parallel projizert.

a) Bestimmen Sie die Koordinaten der weiteren Punkte des Quaders.
b) Zeichnen Sie das Schrägbild des Quaders, das Sie mit der Abbildungsmatrix erhalten. Was passiert durch die Abbildungsmatrix?

a) $A = \begin{pmatrix} 0 & 1 & 0 \\ 0 & 0 & 1 \end{pmatrix}$ b) $A = \begin{pmatrix} 1 & 1 & 0 \\ 1 & 0 & 1 \end{pmatrix}$ c) $A = \begin{pmatrix} -0{,}5 & 1 & 0 \\ -0{,}5 & 0 & 1 \end{pmatrix}$

8 Pyramide projizieren

Gegeben ist eine quadratische Pyramide mit A(4|0|0), B(4|4|0), C(0|4|0), D(0|0|0) und S(2|2|6).
Berechnen Sie die Koordinaten der Punkte eines Schrägbildes der Pyramide in der yz-Ebene, die durch die Abbildungsmatrix $A = \begin{pmatrix} 1 & 1 & 0 \\ 0 & 0 & 1 \end{pmatrix}$ entstehen.

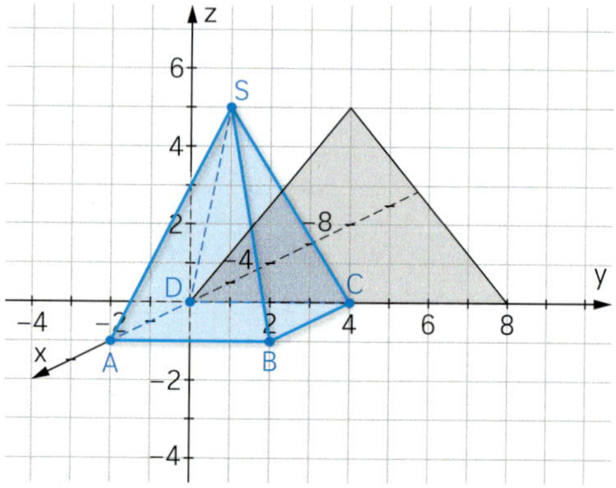

9 Schatten eines Dreiecks II

Bearbeiten Sie Aufgabe 12 auf Seite 266 mit Hilfe von Projektionsmatrizen.

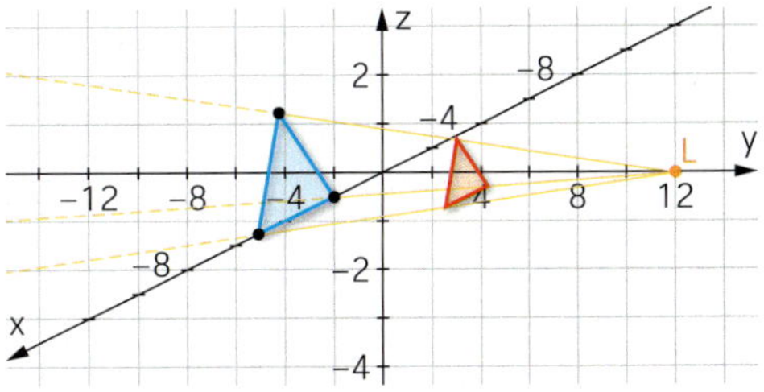

10 Turm projizieren - dynamisch

vgl. 6.2 Aufgabe 11

Applet eA-6.4.-10

Ein Turm mit A(6|4|0); B(6|6|0); D(4|4|0); E(6|4|3); S(5|5|6) wird von einer Lichtquelle beleuchtet, die sich parallel zur x-Achse in Richtung $\vec{v} = \begin{pmatrix} k \\ -3 \\ -1 \end{pmatrix}$ bewegt.

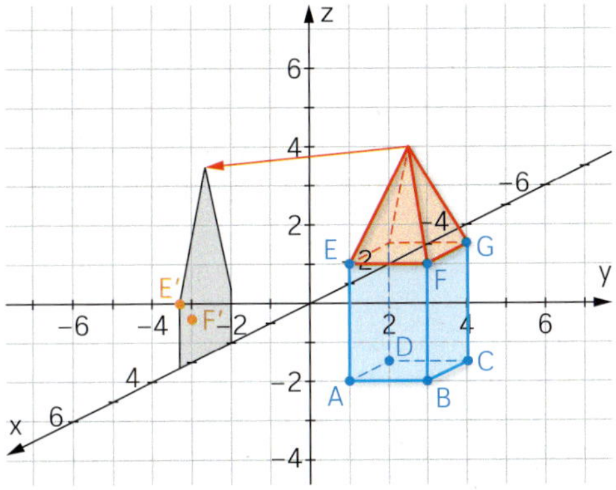

a) Ermitteln Sie den Schatten auf der xz-Ebene als Projektion und skizzieren Sie für ausgewählte Werte von k die Schatten.

b) Geben Sie die Punkte des Schattens auf der x-Achse an.
Die linke Kante des Schattens ist manchmal das Bild von AE und manchmal das Bild von BF. Finden Sie die Übergänge.

11 2D-Bildkoordinaten

Die Darstellung eines geometrischen Objekts auf einem Blatt Papier oder auf dem Bildschirm eines Computers ist eine Projektion des dreidimansionalen Raumes in die zweidimensionale Ebene. Um das Schrägbild mit dem Computer darstellen zu können, müssen die Raumkoodinaten geeignet in 2D-Koordinaten umgerechnet werden. Dies ist natürlich abhängig vom verwendeten 3D-Koordinatensystem (hier „2-1-Koordinatensystem").

a) Zeichnen Sie den Punkt P(5|6|3) in das räumliche Koordinatensystem und lesen Sie die Bildkoordinaten im zweidimensionalen Koordinatensystem ab.
In der Zeichnung: (3,5|1,75).

b) Berechnen Sie für die Punkte (20|35|70) und (150|−24|160) die 2D-Bildkoordinaten.

c) Bestätigen Sie, dass für die allgemeine Berechnungsformel gilt: Jede Einheit in Richtung der x-Achse ist (im 2D-Koordinatensystem) eine halbe Einheit nach links und eine viertel Einheit nach unten; also in Richtung $\vec{v} = \begin{pmatrix} 1 \\ -0{,}5 \\ -0{,}25 \end{pmatrix}$.
Es gelten also für die Koordinaten des Bildpunktes folgende Abbildungsgleichungen:

$$\begin{array}{lll} x' = 0 & & x' = 0 \cdot x + 0 \cdot y + 0 \cdot z \\ y' = -0{,}5x + y & \rightarrow & y' = -0{,}5 \cdot x + 1 \cdot y + 1 \cdot z \\ z' = -0{,}25 \cdot x + z & & z' = -0{,}25 \cdot x + 0 \cdot y + 1 \cdot z \end{array}$$

d) Bestimmen Sie die Abbildungsgleichungen für ein „1-1-Koordinatensystem".

Grundwissen

1. Ein Tauchboot bewegt sich nahezu konstant pro Minute um den Vektor $\vec{v} = \begin{pmatrix} 2 \\ 1 \\ 2 \end{pmatrix}$. Ändern Sie genau eine Koordinate so, dass es sich um einen Tauchvorgang handelt und sich das Boot dabei
   a) mit der gleichen Geschwindigkeit bewegt,
   b) mit der doppelten Geschwindigkeit bewegt.

Exkurs

Projektionen

Jede Darstellung eines räumlichen Objekts auf einem Blatt Papier oder einem Bildschirm ist zweidimensional. Die 3D-Koordinaten müssen zunächst in 2D-Koordinaten transformiert werden, bevor die Objekte gezeichnet werden können. Dies kann je nach Situation und Ziel unterschiedlich realisiert werden.

In diesem Buch wird fast immer die sogenannte **Kavalierprojektion** benutzt. Dieser Begriff stammt aus dem mittelalterlichen Militärwesen. Kavaliere (Reiter) sind Aufbauten auf den Festungsanlagen gewesen, die in dieser Art der Darstellung („von vorne betrachtet") unverzerrt gezeichnet worden sind.

In einer anderen Situation möchte man z. B. den Grundriss eines Gebäudes in seinen Abmessungen und Winkeln darstellen. Dabei kommt es darauf an, dass die Basisvektoren der ersten und zweiten Achse dieselbe Länge haben und orthogonal zueinander sind. Diese **Militärprojektion** wird häufig bei Gebäuden oder anschaulichen Stadtplänen verwendet.

Will man alle Längenverhältnisse unverzerrt darstellen, benutzt man die **Isometrie**. In dieser Darstellung wird der Umriss einer Kugel als Kreis dargestellt.

In technischen Zeichnungen wird häufig auch die **Dimetrie** verwendet, in der keine Achsen zueinander senkrecht stehen.

Kavalierprojektion | Militärprojektion | Isometrie | Dimetrie

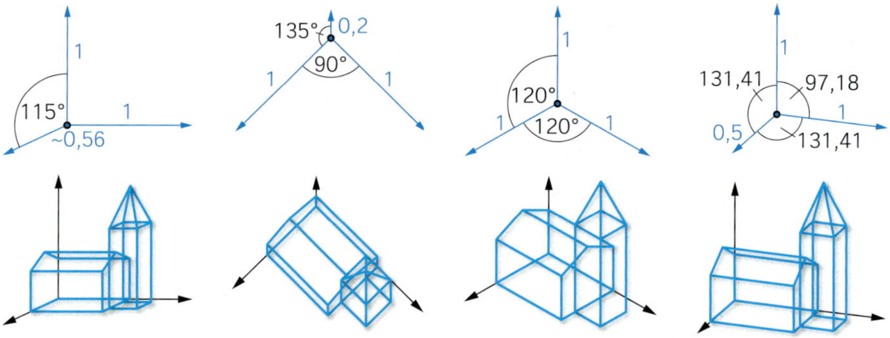

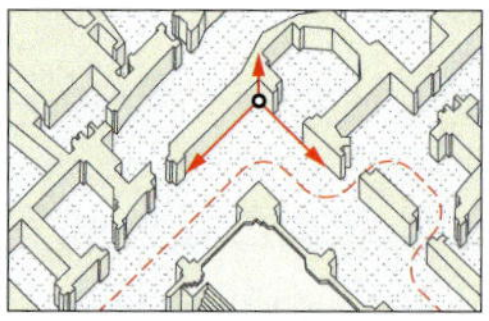

Militärprojektion

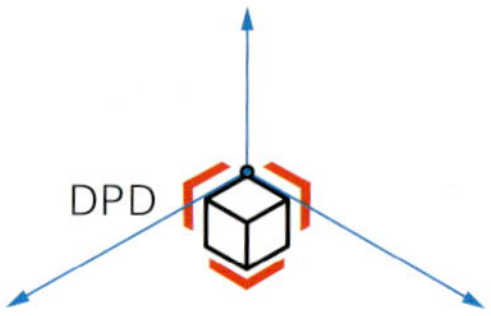

Isometrie

Übungen

12 Projektionsmatrizen

a) Die vier Abbildungsmatrizen für die vier unterschiedlichen im Exkurs beschriebenen Projektionen sind hier notiert. Ordnen Sie die jeweiligen Abbildungen passend den Projektionen zu.

$M_1 = \begin{pmatrix} -\cos(30°) & \cos(30°) & 0 \\ -\sin(30°) & -\sin(30°) & 1 \end{pmatrix}$ $\quad M_2 = \begin{pmatrix} -0{,}5 & 1 & 0 \\ -0{,}25 & 0 & 1 \end{pmatrix}$

$M_3 = \begin{pmatrix} -0{,}5 \cdot \cos(41{,}41°) & \cos(7{,}18°) & 0 \\ -0{,}5 \cdot \sin(41{,}41°) & -\sin(7{,}18°) & 1 \end{pmatrix}$ $\quad M_4 = \begin{pmatrix} -\cos(45°) & \cos(45°) & 0 \\ -\sin(45°) & -\sin(45°) & 0{,}2 \end{pmatrix}$

b) Entwerfen Sie eigene Gebäude und stellen Sie diese in den verschiedenen Ansichten dar.

6.5 Geometrische Abbildungen (fakultativ)

Aufgaben

1 Bildbearbeitung

Mit einem Bildbearbeitungsprogramm können Fotografien im Computer manipuliert werden. So können sie z. B. gedreht, gespiegelt, vergrößert oder verkleinert werden. Aber wie wird das realisiert?

Im Computer werden die einzelnen Punkte mit Zahlenpaaren dargestellt, zum Beispiel A(1 | 3), B(−2 | 2) und C(−2 | −1). Wenn das Bild um 180° gedreht wird, wird zu jedem Punkt ein Bildpunkt berechnet und dargestellt.

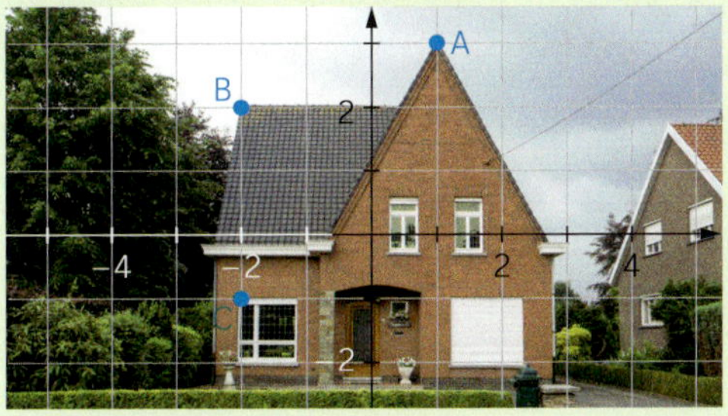

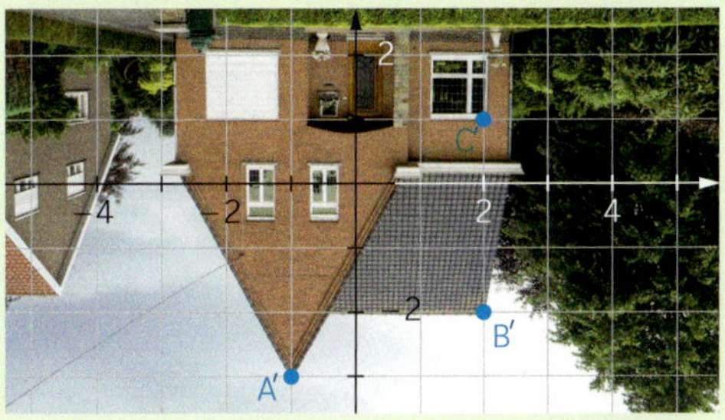

Durch die Matrix $\begin{pmatrix} -1 & 0 \\ 0 & -1 \end{pmatrix}$ wird die Drehung um 180° um den Ursprung beschrieben.

a) Bestimmen Sie die Koordinaten der Bildpunkte A′, B′ und C′ und formulieren Sie eine Abbildungsvorschrift in der Form:
Zum Punkt P gehört der Bildpunkt P′ mit $\vec{p} = \begin{pmatrix} x \\ y \end{pmatrix}$ und $\vec{p'} = \begin{pmatrix} x' \\ y' \end{pmatrix}$.

b) Zeigen Sie, dass sich der Punkt P′ auch durch eine Matrix-Vektor-Multiplikation berechnen lässt: $\vec{p'} = \begin{pmatrix} x' \\ y' \end{pmatrix} = \begin{pmatrix} -1 & 0 \\ 0 & -1 \end{pmatrix} \cdot \begin{pmatrix} x \\ y \end{pmatrix}$

2 Spieglein, Spieglein

Auf einem Würfel der Kantenlänge 2 „sitzt“ ein Würfel der Kantenlänge 1.
Der Punkt A_1 hat die Koordinaten $A_1(4 | -1 | 2)$ und die Grundkanten des Würfels sind parallel zu den Koordinatenachsen. Ein Spiegel steht senkrecht auf der Winkelhalbierenden der xy-Ebene und erzeugt ein Bild des Würfels. Welche Koordinaten haben die Punkte des Bildwürfels?

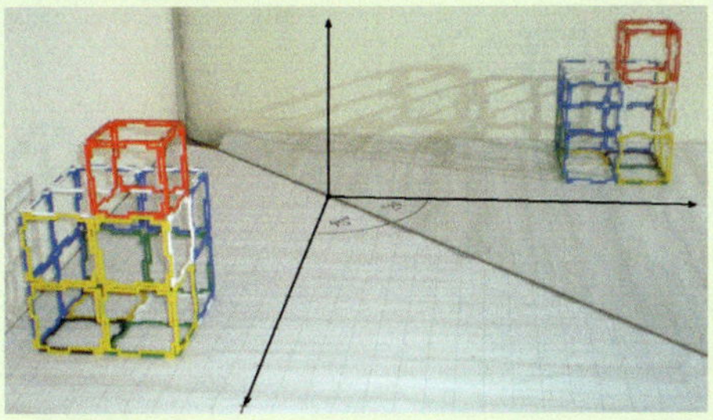

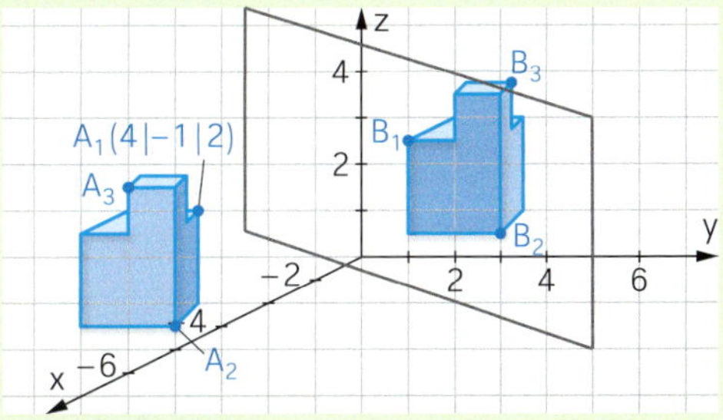

a) Bestimmen Sie die Koordinaten der Punkte A_2 und A_3 und geben Sie die Koordinaten der zugehörigen Bildpunkte B_1, B_2 und B_3 an.

b) Zeigen Sie, dass sich bei dieser Abbildung das Bild P′ eines beliebigen Punktes P(x | y | z) durch Multiplikation mit der angegebenen Matrix berechnen lässt:

$$\vec{p'} = \begin{pmatrix} x' \\ y' \\ z' \end{pmatrix} = \begin{pmatrix} 0 & 1 & 0 \\ 1 & 0 & 0 \\ 0 & 0 & 1 \end{pmatrix} \cdot \begin{pmatrix} x \\ y \\ z \end{pmatrix}$$

Basiswissen

Die Gleichungen zur Berechnung von x′ und y′ sind linear, daher heißt eine solche Abbildung **lineare Abbildung.**

Berechnung der Bildpunkte bei einer linearen Abbildung

Abbildungsgleichung
Aus den Koordinaten eines Punktes P lassen sich die Koordinaten des Bildpunktes P′ berechnen.

Beispiel
$x' = -0{,}5 \cdot x - y$
$y' = x$

Matrix-Vektor-Multiplikation
Die Berechnung der Bildpunkte lässt sich übersichtlich durch eine **Matrix-Vektor-Multiplikation** durchführen.

In der Ebene: $\overrightarrow{p'} = \begin{pmatrix} x' \\ y' \end{pmatrix} = \begin{pmatrix} a & b \\ c & d \end{pmatrix} \cdot \begin{pmatrix} x \\ y \end{pmatrix}$

Im Raum: $\overrightarrow{p'} = \begin{pmatrix} x' \\ y' \\ z' \end{pmatrix} = \begin{pmatrix} a & b & c \\ d & e & f \\ g & h & i \end{pmatrix} \cdot \begin{pmatrix} x \\ y \\ z \end{pmatrix}$

Für den Punkt P(3|2) gilt:
$x' = -0{,}5 \cdot 3 - 2 = -3{,}5$
$y' = 3$
Somit P′(−3,5|3)
Berechnung der Bildpunkte mit der Matrix:
$\overrightarrow{p'} = \begin{pmatrix} x' \\ y' \end{pmatrix} = \begin{pmatrix} -0{,}5 & -1 \\ 1 & 0 \end{pmatrix} \cdot \begin{pmatrix} 3 \\ 2 \end{pmatrix} = \begin{pmatrix} -3{,}5 \\ 3 \end{pmatrix}$
Somit P′(−3,5|3)

Abbildungsmatrix
$A = \begin{pmatrix} a & b \\ c & d \end{pmatrix}$ bzw. $A = \begin{pmatrix} a & b & c \\ d & e & f \\ g & h & i \end{pmatrix}$

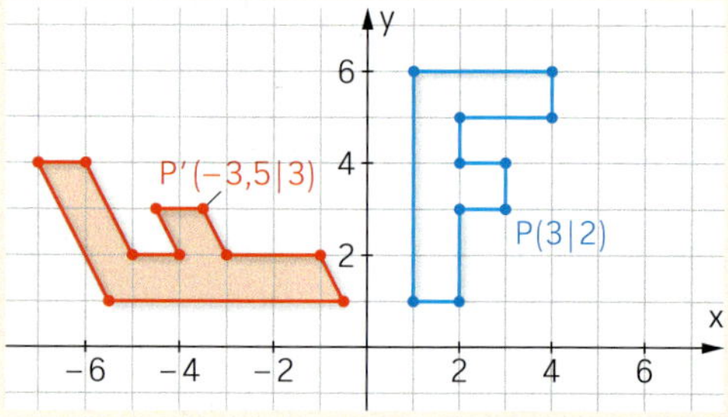

Beispiele

A Abbildungsmatrix zu einer geometrischen Abbildung finden

Wie sieht die Abbildungsmatrix einer Spiegelung an der yz-Ebene aus?

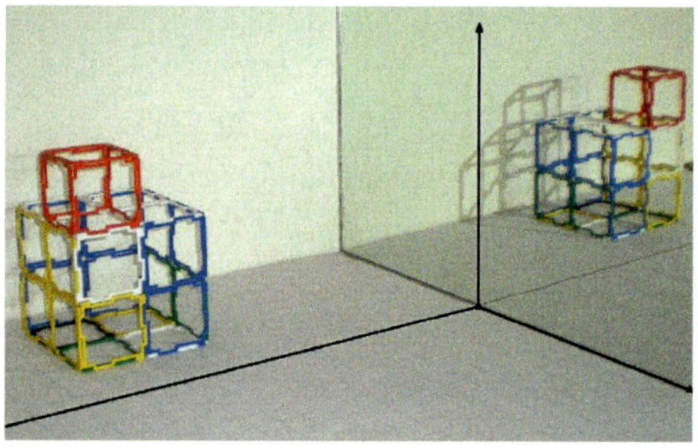

Lösung:
Um die Koordinaten eines Spiegelpunktes zu bestimmen, muss nur die x-Koordinate mit dem Faktor −1 multipliziert werden.
Also gilt dann:

$\overrightarrow{p'} = \begin{pmatrix} x' \\ y' \\ z' \end{pmatrix} = \begin{pmatrix} -1 & 0 & 0 \\ 0 & 1 & 0 \\ 0 & 0 & 1 \end{pmatrix} \cdot \begin{pmatrix} x \\ y \\ z \end{pmatrix}$

Übungen

3 Bilder einer linearen Abbildung in der Ebene

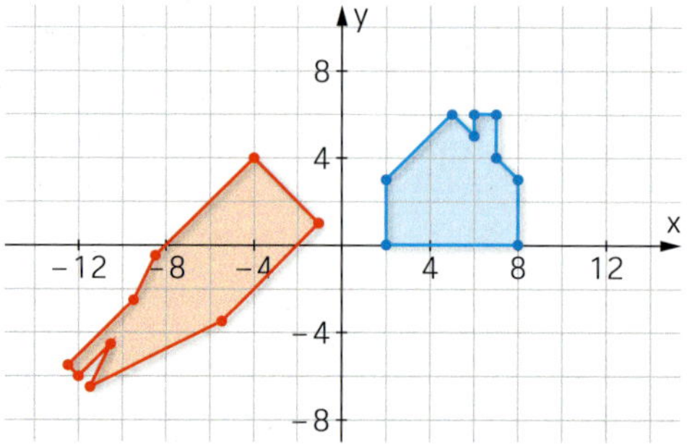

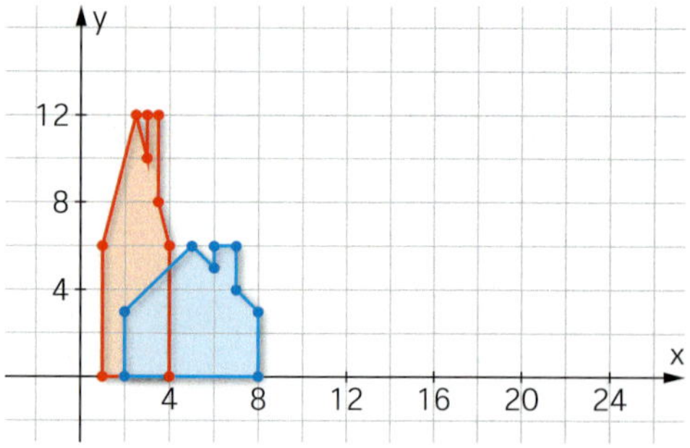

Ordnen Sie jedem Bild die passende Matrix zu.

$M_1 = \begin{pmatrix} 0{,}5 & 0 \\ 0 & 2 \end{pmatrix}$; $M_2 = \begin{pmatrix} -0{,}5 & -1{,}5 \\ 0{,}5 & -1{,}5 \end{pmatrix}$

Übungen

4 Abbildung im Raum

Im Raum ist eine lineare Abbildung durch die Matrix $M = \begin{pmatrix} 1 & 0 & 0 \\ 0 & 1 & 0 \\ 1 & 1 & 1 \end{pmatrix}$ gegeben.

Berechnen Sie die Bildpunkte der Ecken des abgebildeten Würfels und zeichnen Sie das Bild.

Handelt es sich dabei wieder um einen Würfel?

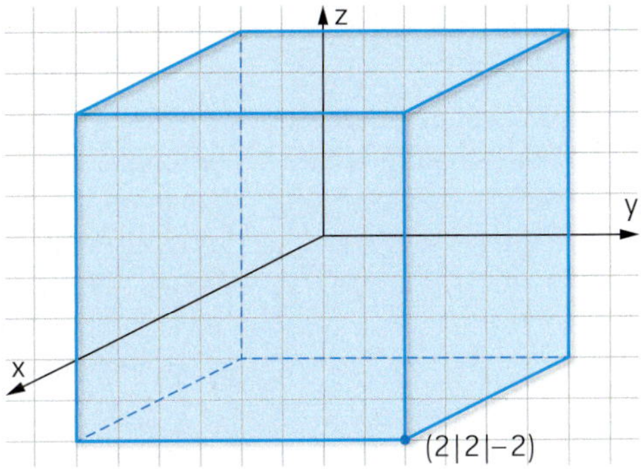

5 Pyramide im Raum

Durch die Punkte A(4|4|2), B(6|4|2), C(4|6|2) und D(4|4|4) ist eine Pyramide gegeben. Zeichnen Sie diese Pyramide im „2-1-Koordinatensystem".

Die folgenden Matrizen beschreiben lineare Abbildungen, die auf die Pyramide angewendet werden.

$M_1 = \begin{pmatrix} 0 & -1 & 0 \\ 1 & 0 & 0 \\ 0 & 0 & 1 \end{pmatrix}$ $\quad M_2 = \begin{pmatrix} 1 & 0 & 0 \\ 0 & -1 & 0 \\ 0 & 0 & 1 \end{pmatrix}$ $\quad M_3 = \begin{pmatrix} 1 & 0 & 0 \\ 0 & 0 & -1 \\ 0 & 0 & 1 \end{pmatrix}$

Berechnen Sie jeweils die Koordinaten der Eckpunkte und zeichnen Sie das Bild der Pyramide.

Kennzeichnen Sie auch das Bild des Dreiecks ACD.

6 Würfelgebäude

a) Auf einem Würfel der Kantenlänge 2 „sitzt" ein Würfel der Kantenlänge 1. Berechnen Sie für die folgenden Abbildungsmatrizen jeweils die Bildpunkte für die Eckpunkte des Würfelgebäudes und zeichnen Sie das Bild.

$M = \begin{pmatrix} -1 & 0 & 0 \\ 0 & -1 & 0 \\ 0 & 0 & 1 \end{pmatrix}$ $\quad N = \begin{pmatrix} 0 & -1 & 0 \\ 0 & 0 & 0 \\ 0 & 0 & 1 \end{pmatrix}$

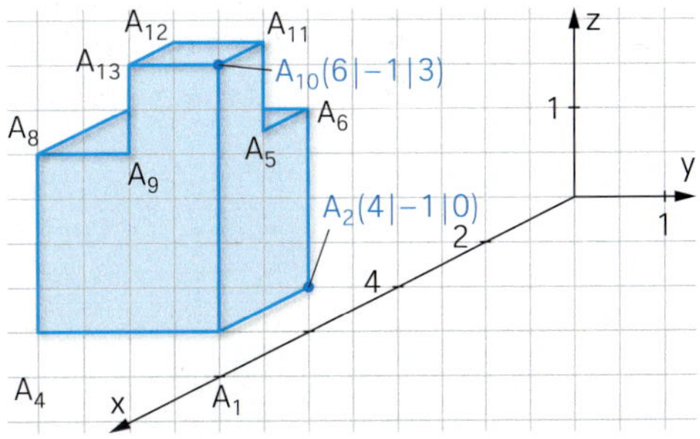

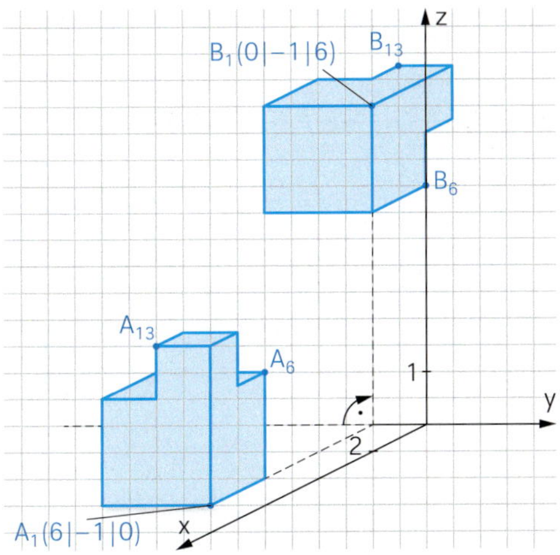

b) Der Körper wird um 90° um die y-Achse gedreht. Dabei wird der Punkt A_1 auf den Punkt B_1 abgebildet.

Bestimmen Sie die Koordinaten der Punkte A_6 und A_{13} und die der zugehörigen Bildpunkte B_6 und B_{13}.

Überlegen Sie, welche Koordinaten das Bild des Punktes $P(x_1|x_2|x_3)$ hat und bestimmen Sie die Abbildungsmatrix.

Tipp

Überprüfen Sie dazu, wie die Koordinaten von A_1, A_6 und A_{13} mit denen von B_1, B_6 und B_{13} zusammenhängen.

Übungen

7 Forschen und Präsentieren

Welche Abbildungen werden durch Matrizen der Form $\begin{pmatrix} a & -b \\ b & a \end{pmatrix}$ beschrieben? Lassen sich schon bekannte Abbildungen identifizieren?
Wählen Sie für a und b besondere Werte (0, 1, −1, ...), berechnen Sie jeweils die Bildpunkte und zeichnen Sie das Bild der Figur.
Finden Sie möglichst viele bekannte Abbildungen, die durch solche Matrizen dargestellt werden. Halten Sie Ihre Ergebnisse auf einem Poster fest und präsentieren Sie diese.

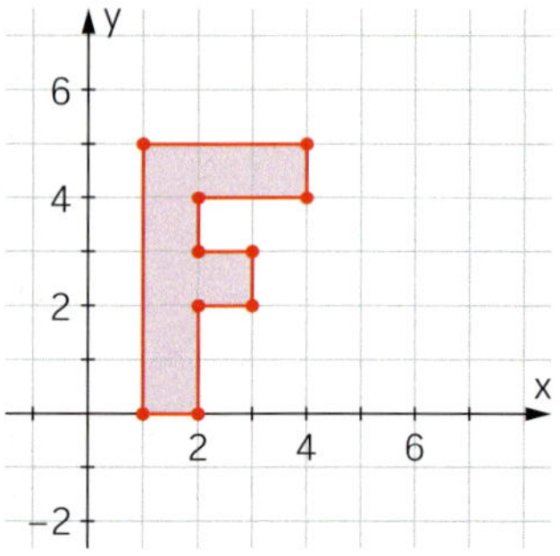

Exkurs

„Dynamische Veranschaulichung"

Wie lässt sich die durch die Matrix M gegebene Abbildung $M = \begin{pmatrix} 1 & -2 \\ 2 & 1 \end{pmatrix}$ möglichst gut veranschaulichen?
Man kann natürlich eine Figur und ihr Bild zeichnen.
Dies vermittelt einen ersten Eindruck.

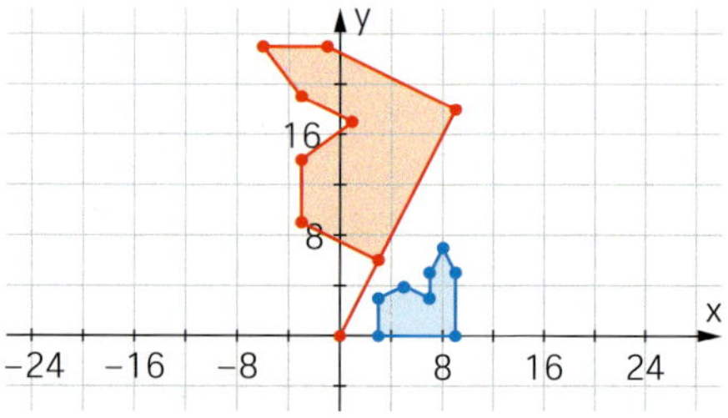

Dynamischer wird die Sache, wenn man die Matrix M schrittweise aus der Einheitsmatrix $\begin{pmatrix} 1 & 0 \\ 0 & 1 \end{pmatrix}$ erzeugt:

$M_k = \begin{pmatrix} 1 & -k \\ k & 1 \end{pmatrix}$

Man steuert den Parameter k über einen Schieberegler und verändert seinen Wert von 0 bis 2, z. B. in 10 Schritten.

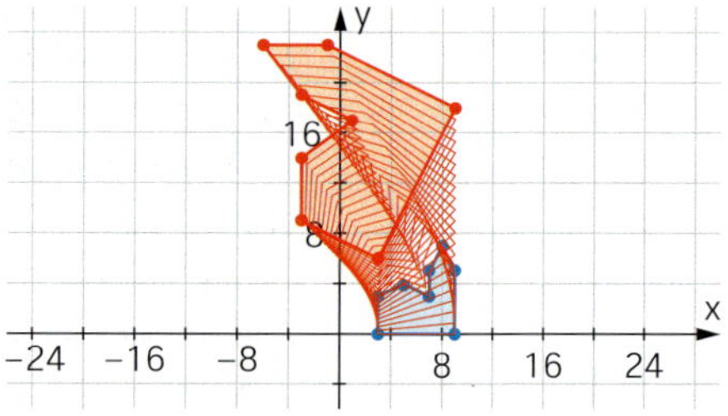

8 Bewegliche Bilder

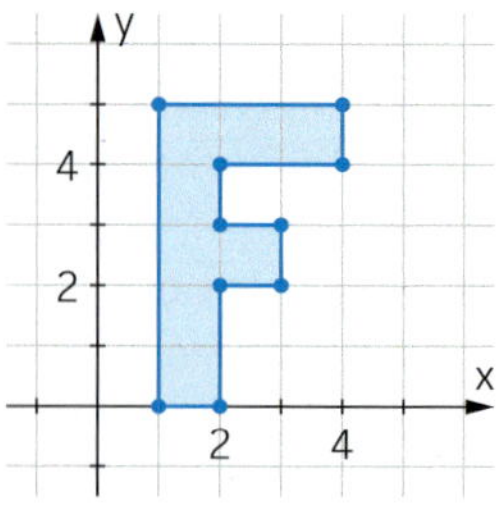

Veranschaulichen Sie die zu den Matrizen $M_1 = \begin{pmatrix} -1 & 2 \\ 2 & -1 \end{pmatrix}$, $M_2 = \begin{pmatrix} 0 & 2 \\ 2 & 0 \end{pmatrix}$ und $M_3 = \begin{pmatrix} -1 & 0 \\ 0 & 1 \end{pmatrix}$ gehörenden Abbildungen dynamisch.
Erzeugen Sie die Matrizen, wie im Exkurs, aus der Einheitsmatrix (Schieberegler $0 \le k \le 2$).
Für die Matrix M_1 sind fünf Schritte gezeigt.

„Randwerte" des Schiebereglers:

		k = 0	k = 2
M_1	$\begin{pmatrix} 1-k & k \\ k & 1-k \end{pmatrix}$	$\begin{pmatrix} 1 & 0 \\ 0 & 1 \end{pmatrix}$	$\begin{pmatrix} -1 & 2 \\ 2 & -1 \end{pmatrix}$
M_2	$\begin{pmatrix} 1-\frac{k}{2} & k \\ k & 1-\frac{k}{2} \end{pmatrix}$	$\begin{pmatrix} 1 & 0 \\ 0 & 1 \end{pmatrix}$	$\begin{pmatrix} 0 & 2 \\ 2 & 0 \end{pmatrix}$
M_3	$\begin{pmatrix} 1-k & 0 \\ 0 & 1 \end{pmatrix}$	$\begin{pmatrix} 1 & 0 \\ 0 & 1 \end{pmatrix}$	$\begin{pmatrix} -1 & 0 \\ 0 & 1 \end{pmatrix}$

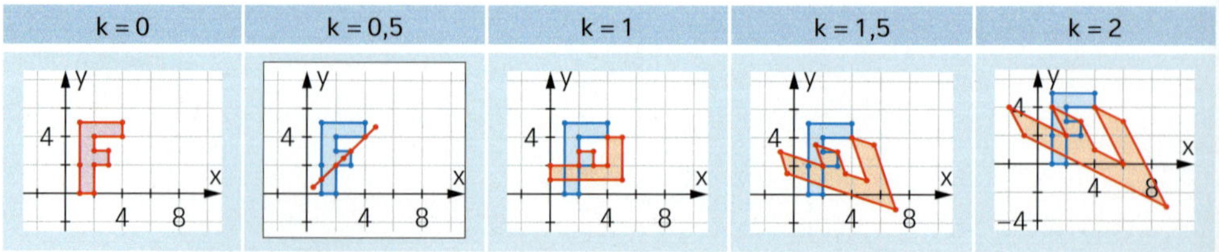

Aufgaben

Projekt

9 „Morphing" nachvollziehen

Viele Figuren können durch Punktfolgen dargestellt werden.

Zeichnen Sie die in Spalte A und die in Spalte B dargestellte Figur. Unter Umständen werden nur die Punkte gezeichnet, die dann noch zu einem Vieleck ergänzt werden müssen. Sie sind Anfangs- und Endpunkt unserer Strecke.

Fügen Sie einen Schieberegler ein und berechnen Sie die Punktfolge in Spalte C:

$C1 = A1 + t \cdot (B1 - A1)$, entsprechend bis C12

Lassen Sie auch diese Figur zeichnen.

Durch Variieren des Parameters t lässt sich eine Figur in die andere verwandeln.

In der Tabelle ist in Spalte C die Punktfolge für $t = 0{,}5$ angegeben.

	A	B	C
1	(0, 0)	(5, 0)	(2.5, 0)
2	(1, 0)	(6, 0)	(3.5, 0)
3	(1, 2)	(6, 2)	(3.5, 2)
4	(1, 2)	(7, 2)	(4, 2)
5	(1, 3)	(7, 3)	(4, 3)
6	(1, 3)	(6, 3)	(3.5, 3)
7	(1, 4)	(6, 4)	(3.5, 4)
8	(3, 4)	(8, 4)	(5.5, 4)
9	(3, 5)	(8, 5)	(5.5, 5)
10	(-2, 5)	(5, 5)	(1.5, 5)
11	(-2, 4)	(5, 4)	(1.5, 4)
12	(0, 4)	(5, 4)	(2.5, 4)

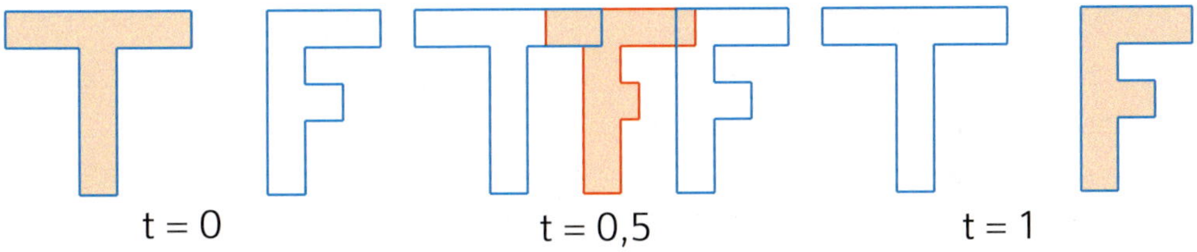

10 „Morphing" kreativ

Werden Sie kreativ! Entwerfen Sie zwei Figuren (Anfangs- und Endpunkt), die Sie als Vieleck darstellen.

Führen Sie mittels „Morphing" die eine Figur in die andere über.

Beachten Sie dabei, dass die Anzahlen der Einträge in den Punktfolgen übereinstimmen müssen.

Ein gelungenes Beispiel:

Wie man *aus einer Mücke einen Elefanten macht …*

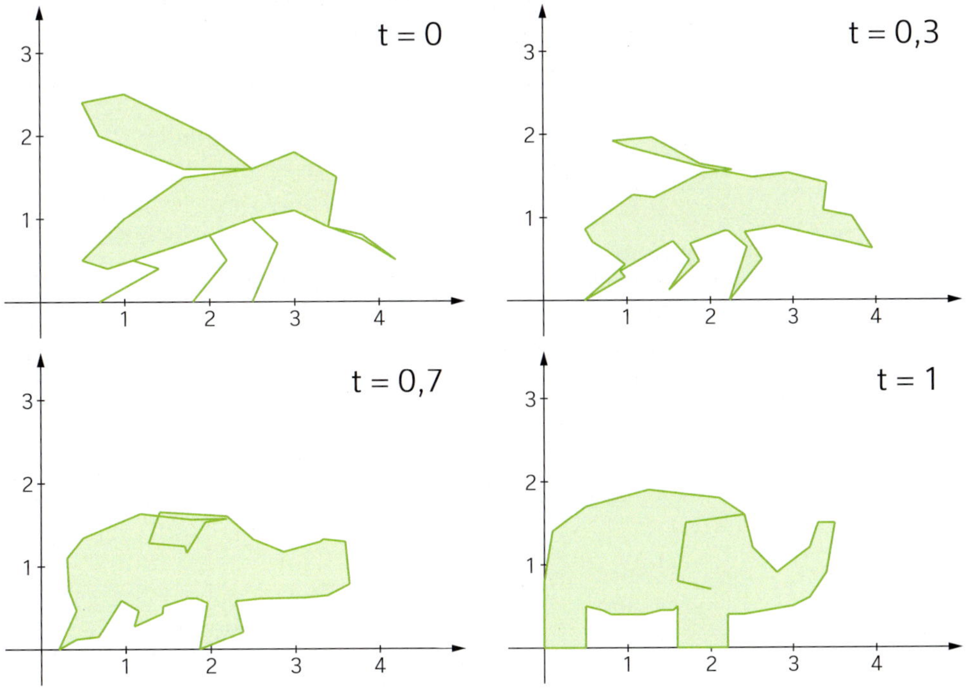

Gerade und Strecke im Raum

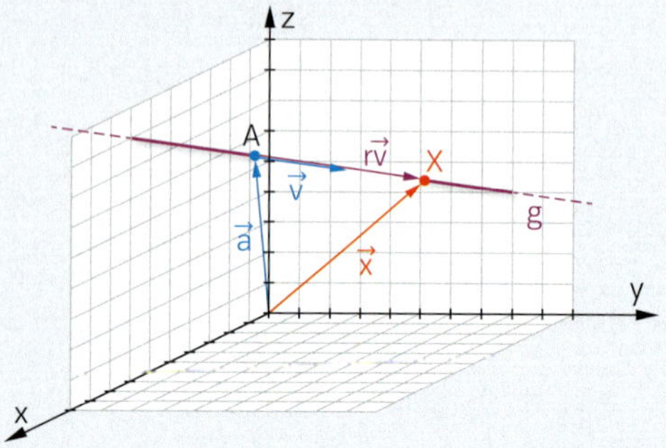

Punkt-Richtungs-Form einer Gerade

g: $\vec{x} = \vec{a} + r\vec{v}$ mit $r \in \mathbb{R}$

$\vec{a}$ Stützvektor, $\vec{v}$ Richtungsvektor

Strecke $\overline{AB}$

$\overline{AB}$: $\vec{x} = \vec{a} + r \cdot (\vec{b} - \vec{a})$ mit $0 \le r \le 1$

Lagebeziehungen von Geraden im Raum

g: $\vec{x} = \vec{p} + r\vec{u}$ und h: $\vec{x} = \vec{q} + s\vec{v}$

$\vec{u}$ und $\vec{v}$ sind kollinear
$\vec{u} = t\vec{v}$ für ein $t \in \mathbb{R}$

g und h sind parallel

P liegt nicht auf h

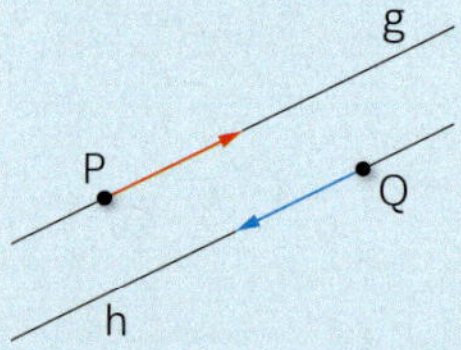

$\vec{p} \neq \vec{q} + s\vec{v}$
für alle $s \in \mathbb{R}$

g und h identisch

P liegt auf h

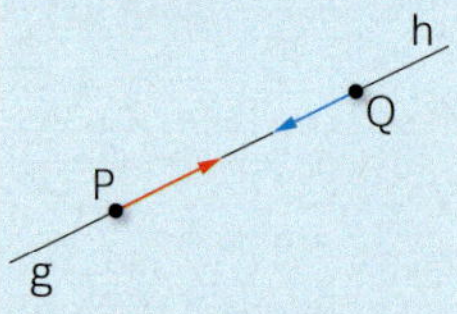

$\vec{p} = \vec{q} + s\vec{v}$
für ein $s \in \mathbb{R}$

$\vec{u}$ und $\vec{v}$ sind nicht kollinear
$\vec{u} \neq t\vec{v}$ für alle $t \in \mathbb{R}$

g und h haben genau einen Schnittpunkt

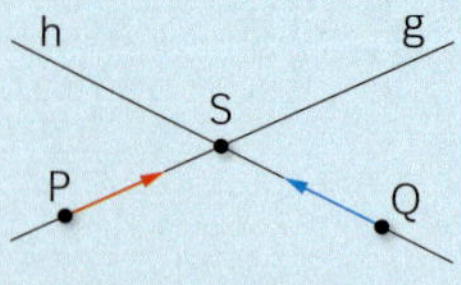

$\vec{p} + r\vec{u} = \vec{q} + s\vec{v}$
für je ein $r, s \in \mathbb{R}$

g und h sind windschief

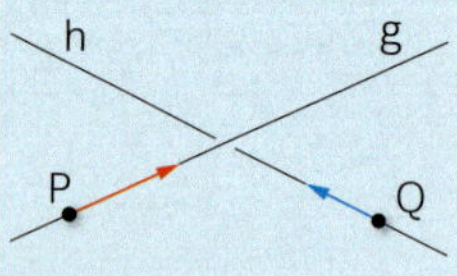

$\vec{p} + r\vec{u} \neq \vec{q} + s\vec{v}$
für alle $r, s \in \mathbb{R}$

Check-up

1 Strecken im Würfel

Zeichnen Sie die Geraden in einen Würfel mit der Kantenlänge 8 (D(0|0|0)).

g: $\vec{x} = \begin{pmatrix} 0 \\ 8 \\ 0 \end{pmatrix} + t\begin{pmatrix} 8 \\ -8 \\ 0 \end{pmatrix}$ h: $\vec{x} = \begin{pmatrix} 0 \\ 8 \\ 0 \end{pmatrix} + t\begin{pmatrix} 0 \\ 0 \\ 8 \end{pmatrix}$

m: $\vec{x} = \begin{pmatrix} 0 \\ 8 \\ 8 \end{pmatrix} + t\begin{pmatrix} 8 \\ -8 \\ 0 \end{pmatrix}$ n: $\vec{x} = \begin{pmatrix} 8 \\ 0 \\ 0 \end{pmatrix} + t\begin{pmatrix} 0 \\ 0 \\ 8 \end{pmatrix}$

Kennzeichnen Sie jeweils die Strecken für $0 \le t \le 1$. Welche Figur entsteht im Würfel?

2 Geraden gesucht

a) Konstruieren Sie zur Geraden g: $\vec{x} = \begin{pmatrix} 1 \\ 2 \\ 3 \end{pmatrix} + r\begin{pmatrix} -2 \\ 1 \\ 4 \end{pmatrix}$ jeweils zwei verschiedene Geraden, die parallel sind zu g oder mit g einen Schnittpunkt haben.

b) Welche der folgenden Geraden sind zueinander parallel, welche schneiden sich, welche sind windschief?

g: $\vec{x} = \begin{pmatrix} 3 \\ -1 \\ 2 \end{pmatrix} + r\begin{pmatrix} 2 \\ 5 \\ -3 \end{pmatrix}$; h: $\vec{x} = \begin{pmatrix} 3 \\ 2 \\ -1 \end{pmatrix} + s\begin{pmatrix} 2 \\ 1 \\ \frac{1}{2} \end{pmatrix}$; k: $\vec{x} = \begin{pmatrix} 3 \\ -1 \\ 2 \end{pmatrix} + t\begin{pmatrix} 4 \\ 2 \\ 1 \end{pmatrix}$

3 Pyramide

Geben Sie die Gleichungen für die Kanten $\overline{AB}$, $\overline{CD}$, $\overline{AS}$ und $\overline{CS}$ der quadratischen Pyramide an. Zeigen Sie rechnerisch, dass S(2|2|6) Schnittpunkt der Seitenkanten ist.

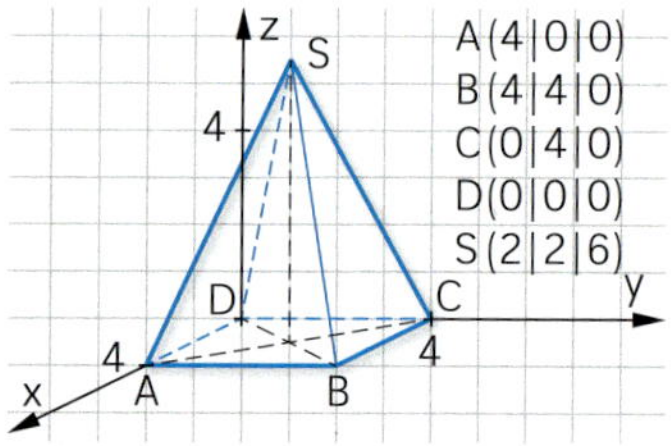

4 Parallelen im Quader

Im Quader teilen R, S, T, U, V und W die Kanten jeweils im Verhältnis 1 : 2. Gibt es im Sechseck RSTUVW parallele Kanten?

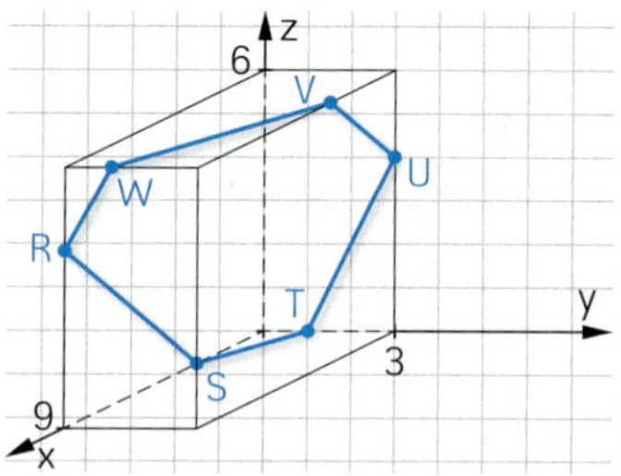

5 Lage von Geraden

Bestimmen Sie die Lage der Geraden zueinander. Geben Sie gegebenenfalls den Schnittpunkt an. Die Punkte P, Q, R in b) sind jeweils Kantenmitten.

a)

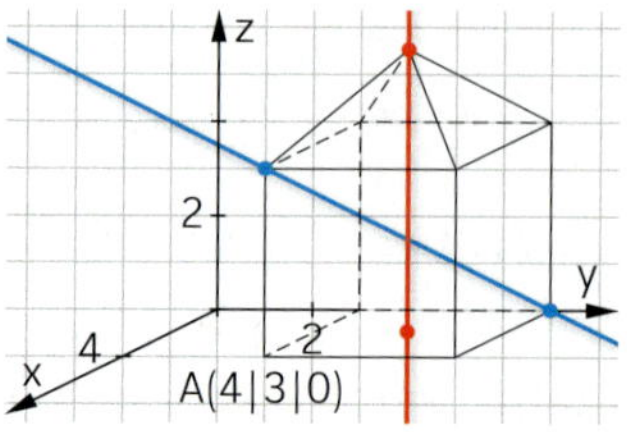

b)

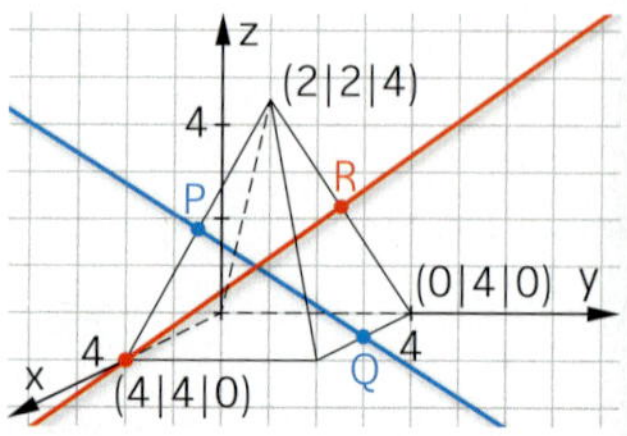

Lagebeziehung zwischen Geraden an der Matrix erkennen

Fall 1: sich schneidende Geraden

$$\begin{pmatrix} 2 & -3 & -8 \\ 1 & 4 & 7 \\ -1 & -1 & -1 \end{pmatrix} \xrightarrow[rref]{} \begin{pmatrix} 1 & 0 & -1 \\ 0 & 1 & 2 \\ 0 & 0 & 0 \end{pmatrix}$$

Fall 2: windschiefe Geraden

$$\begin{pmatrix} 1 & -1 & 0 \\ 1 & 0{,}5 & 1 \\ -1 & -1 & -1 \end{pmatrix} \xrightarrow[rref]{} \begin{pmatrix} 1 & 0 & 0 \\ 0 & 1 & 0 \\ 0 & 0 & 1 \end{pmatrix}$$

Fall 3: parallele Geraden

$$\begin{pmatrix} 2 & 4 & -1 \\ 1 & 2 & 0 \\ -3 & -6 & 2 \end{pmatrix} \xrightarrow[rref]{} \begin{pmatrix} 1 & 2 & 0 \\ 0 & 0 & 1 \\ 0 & 0 & 0 \end{pmatrix}$$

Fall 4: identische Geraden

$$\begin{pmatrix} 2 & -1 & -2 \\ 4 & -2 & -4 \\ -6 & 3 & 6 \end{pmatrix} \xrightarrow[rref]{} \begin{pmatrix} 1 & -0{,}5 & -1 \\ 0 & 0 & 0 \\ 0 & 0 & 0 \end{pmatrix}$$

Spurpunkte

Spurpunkte einer Geraden sind die Schnittpunkte mit den Koordinatenebenen. Mindestens eine Koordinate ist 0. Damit wird der zugehörige Parameterwert bestimmt.

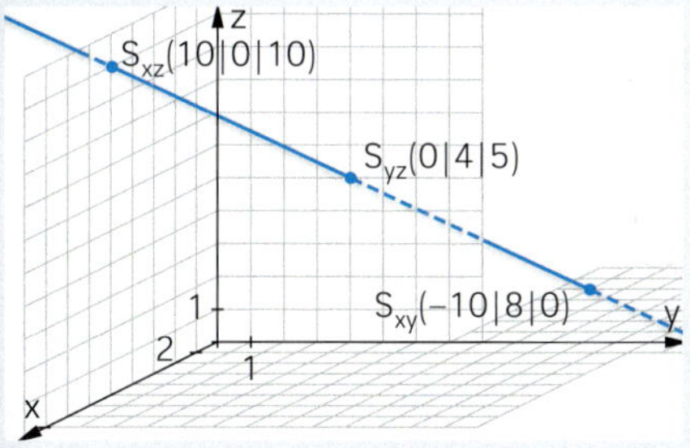

Parallelprojektionen auf Koordinatenebenen

Der Punkt P(x|y|z) wird in Richtung $\vec{v} = \begin{pmatrix} v_1 \\ v_2 \\ v_3 \end{pmatrix}$ auf die xy-Ebene projiziert.

Die Bildpunkte sind die Schnittpunkte der Geraden durch den Punkt P in Richtung des Vektors $\vec{v}$ mit der xy-Ebene.

Sie können als **Multiplikation der Abbildungsmatrix** $A = \begin{pmatrix} 1 & 0 & -\frac{v_1}{v_3} \\ 0 & 1 & -\frac{v_2}{v_3} \end{pmatrix}$ **mit dem Vektor** $\vec{p}$ dargestellt werden:

$A \cdot \vec{p} = \vec{p'}$

Check-up

6 Lagebeziehung von Geraden

Bestimmen Sie die Lage der Geraden zueinander.

a) g: $\vec{x} = \begin{pmatrix} 2 \\ 4 \\ 3 \end{pmatrix} + r\begin{pmatrix} 2 \\ 2 \\ -1 \end{pmatrix}$; h: $\vec{x} = \begin{pmatrix} 1 \\ 2 \\ 1{,}5 \end{pmatrix} + s\begin{pmatrix} -4 \\ -4 \\ 2 \end{pmatrix}$

b) g: $\vec{x} = \begin{pmatrix} 1 \\ 3 \\ -2 \end{pmatrix} + r\begin{pmatrix} 2 \\ 2 \\ -1 \end{pmatrix}$; h: $\vec{x} = \begin{pmatrix} 4 \\ 6 \\ -3{,}5 \end{pmatrix} + s\begin{pmatrix} -1 \\ 3 \\ 2 \end{pmatrix}$

c) g: $\vec{x} = \begin{pmatrix} 5 \\ 0 \\ 2 \end{pmatrix} + r\begin{pmatrix} 1 \\ 2 \\ 4 \end{pmatrix}$; h: $\vec{x} = \begin{pmatrix} 3 \\ -4 \\ -6 \end{pmatrix} + s\begin{pmatrix} 0{,}5 \\ 1 \\ 2 \end{pmatrix}$

d) g: $\vec{x} = \begin{pmatrix} 3 \\ -2 \\ 4 \end{pmatrix} + r\begin{pmatrix} 1 \\ 2 \\ -5 \end{pmatrix}$; h: $\vec{x} = \begin{pmatrix} 1{,}5 \\ -1 \\ 2 \end{pmatrix} + s\begin{pmatrix} 2 \\ -4 \\ 10 \end{pmatrix}$

7 Geraden zu Diagonalformen

Bestimmen Sie zu den Diagonalformen jeweils zwei passende Geraden. Überprüfen Sie Ihre Lösung.

a) $\begin{pmatrix} 1 & 0 & 1 \\ 0 & 1 & 2 \\ 0 & 0 & 0 \end{pmatrix}$ b) $\begin{pmatrix} 1 & 3 & 0 \\ 0 & 0 & 1 \\ 0 & 0 & 0 \end{pmatrix}$

8 Spurpunkte

Bestimmen Sie die Spurpunkte der Geraden

g: $\vec{x} = \begin{pmatrix} 2 \\ 1 \\ 1 \end{pmatrix} + r\begin{pmatrix} -2 \\ 3 \\ 1 \end{pmatrix}$ und zeichnen Sie die Gerade g in ein Koordinatensystem.

9 Lage von Geraden

Wie liegt eine Gerade im Koordinatensystem, die genau einen Spurpunkt (genau zwei Spurpunkte, genau drei Spurpunkte) hat? Erstellen Sie jeweils eine Skizze.

10 Projektion auf die xy-Ebene

Projizieren Sie den Punkt P(4|2|3) parallel in Richtung des Vektors $\vec{v} = \begin{pmatrix} 1 \\ 2 \\ -2 \end{pmatrix}$ auf die xz-Ebene.

11 Würfel projizieren

Der Würfel ABCDEFGH mit der Kantenlänge 2 wird parallel in Richtung $\vec{v} = \begin{pmatrix} 2 \\ 1 \\ -1 \end{pmatrix}$ auf die xy-Ebene projiziert.

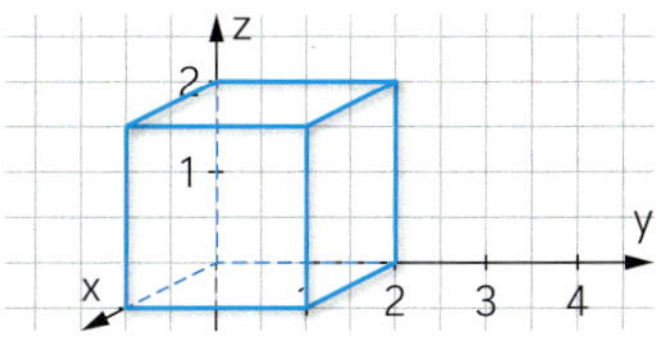

a) Bestimmen Sie die Abbildungsmatrix.

b) Berechnen Sie die Bildpunkte und zeichnen Sie den projizierten Würfel.

Sichern und Vernetzen – Vermischte Aufgaben

Trainieren

1 Geraden im Würfel

a) Stellen Sie die Gleichungen der Geraden g, h und k auf.

b) Weisen Sie rechnerisch nach, dass die Geraden g und h zueinander windschief sind.

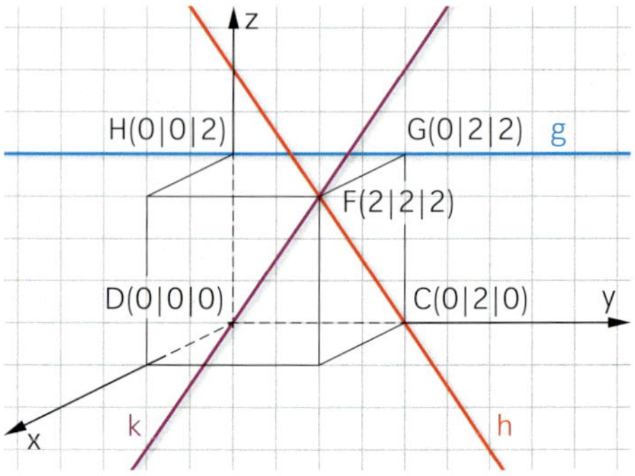

2 Punkte im Würfel

Zeigen Sie zeichnerisch und rechnerisch, dass die Punkte A(4|0|0), C(0|4|0) und H(0|0|4) nicht auf einer Geraden liegen.

3 Lage von Geraden im Würfel

Geben Sie zur Geraden

$g: \vec{x} = \begin{pmatrix} 4 \\ 0 \\ 4 \end{pmatrix} + t \begin{pmatrix} -4 \\ 4 \\ 0 \end{pmatrix}$

Geraden h, k und l an, sodass gilt:
h und g sind parallel,
k und g sind windschief,
l und g besitzen einen Schnittpunkt.

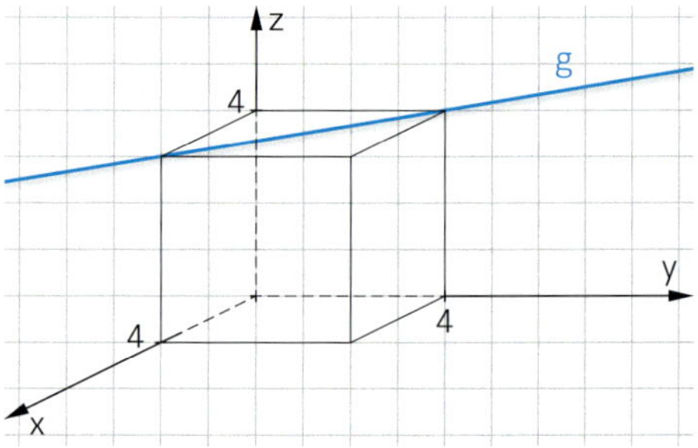

4 Windschiefe Geraden im Würfel

Weisen Sie rechnerisch nach, dass die Geraden

$g: \vec{x} = \begin{pmatrix} 4 \\ 0 \\ 4 \end{pmatrix} + s \begin{pmatrix} -4 \\ 4 \\ 0 \end{pmatrix}$ und

$h: \vec{x} = \begin{pmatrix} 0 \\ 0 \\ 4 \end{pmatrix} + t \begin{pmatrix} 4 \\ 4 \\ -4 \end{pmatrix}$ windschief sind.

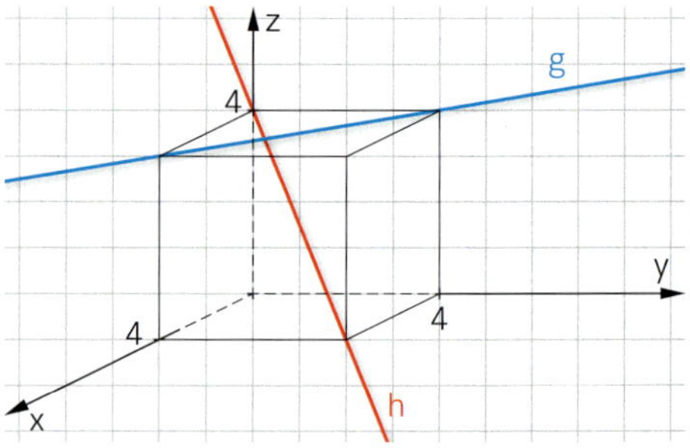

5 Parallelprojektion

Bei einer Parallelprojektion auf die xy-Ebene wird der Punkt P(2|4|3) auf den Punkt (3|3|0) abgebildet.
Bestimmen Sie die Abbildungsmatrix.

6 Schatten

Bestimmen Sie den Schatten einer quadratischen Pyramide mit den Eckpunkten A(4|1|0), B(4|3|0), C(2|3|0), D(2|1|0) und der Spitze (3|2|3)
in der yz-Ebene bei einer Parallelprojektion in Richtung des Vektors $\vec{v} = \begin{pmatrix} 2 \\ -1 \\ -1 \end{pmatrix}$.

Skizzieren Sie die Pyramide und ihren Schatten.

Verstehen

7 Geradengleichung

a) Welche Gleichung hat die Parallele h zu $g: \vec{x} = \begin{pmatrix} 1 \\ 3 \\ 7 \end{pmatrix} + t \begin{pmatrix} 2 \\ 0 \\ 1 \end{pmatrix}$, die durch P(5|7|2) verläuft?

b) Welche Gleichung hat die Mittelparallele m von g und h? Begründen Sie Ihr Vorgehen.

8 Gerade im Raum

Welche geometrische Bedeutung haben die Vektoren $\vec{a}$ und $\vec{u}$ in einer Geradengleichung $g: \vec{x} = \vec{a} + t\vec{u}$? Veranschaulichen Sie dies mit einer Skizze.

9 Drei Geraden

Zur Geraden $g: \vec{x} = \vec{a} + t\vec{u}$ sollen die Gleichungen von drei Geraden h, k und l angegeben werden, sodass gilt: g und h sind parallel, g und k schneiden sich in einem Punkt, g und l sind windschief.
Welche Bedingungen müssen jeweils der Stützvektor und der Richtungsvektor erfüllen?

10 Auf einen Blick

Erläutern Sie am Bild und an den Vektoren.

a) P(3|1|3) liegt auf $g: \vec{x} = \begin{pmatrix} 4 \\ 0 \\ 4 \end{pmatrix} + t \begin{pmatrix} -4 \\ 4 \\ -4 \end{pmatrix}$.

b) Die Gerade $g: \vec{x} = \begin{pmatrix} 4 \\ 0 \\ 4 \end{pmatrix} + t \begin{pmatrix} -4 \\ 4 \\ -4 \end{pmatrix}$ verläuft nicht durch den Ursprung.

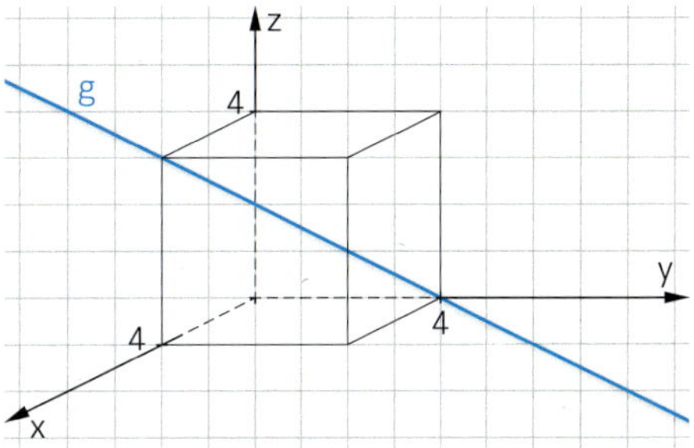

11 Anzahl von Spurpunkten

Die Anzahl der Spurpunkte, die eine Gerade haben kann, ist unterschiedlich.
Verdeutlichen Sie die verschiedenen Fälle jeweils anhand einer Skizze.

Anwenden

12 Walmdach

Es sind die folgenden Geraden gegeben:

$g: \vec{x} = \begin{pmatrix} 4 \\ 6 \\ 0 \end{pmatrix} + t \begin{pmatrix} -4 \\ 0 \\ 3 \end{pmatrix}$, $h: \vec{x} = \begin{pmatrix} 4 \\ 6 \\ 3 \end{pmatrix} + t \begin{pmatrix} -2 \\ -2 \\ 2 \end{pmatrix}$, $l: \vec{x} = \begin{pmatrix} 5 \\ 3 \\ 2 \end{pmatrix} + t \begin{pmatrix} 0 \\ -1 \\ -3 \end{pmatrix}$, $m: \vec{x} = \begin{pmatrix} 0 \\ 0 \\ 3 \end{pmatrix} + t \begin{pmatrix} 2 \\ 2 \\ 2 \end{pmatrix}$

Welche Gerade passt zu welcher Frage?

A) Auf welcher Geraden liegt die Dachkante $\overline{HI}$?

B) Auf welcher Geraden liegt die Dachkante $\overline{JF}$?

C) Welche Gerade verläuft außerhalb des Hauses?

D) Welche Gerade ist keine Kante, aber in einer der Hauswandebenen enthalten?

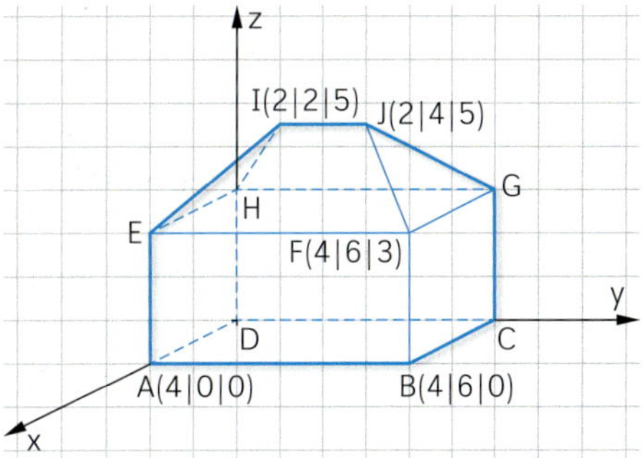

13 Würfel – Quader – Spat

Zeigen Sie an selbst gewählten Beispielen, dass sich die vier Diagonalen der drei Körper jeweils in einem Punkt schneiden.

7

Ebenen im Raum

Mit Ebenen haben wir es im täglichen Leben häufig zu tun. Glasplatten, Fensterscheiben, Tischplatten, Wände oder Dachflächen sind Teile von Ebenen. Jede Hälfte eines Satteldachs ist Teil einer Ebene, deren Lage durch die Dachbalken und die Richtung der Dachsparren bestimmt ist.
Mit Vektoren und ihren Rechenoperationen lassen sich analog zu den Geraden im Raum einfache Gleichungen zur Beschreibung von Ebenen finden.
Mithilfe von Lagebeziehungen und Schnitten von Ebene und Gerade werden die Untersuchungen von geometrischen Objekten erweitert und vertieft.

7.1

Parameterform einer Ebenengleichung

Wodurch ist eine Ebene festgelegt?
Experimentieren mit Stiften zeigt z.B., dass drei Punkte eine Ebene ebenso festlegen wie zwei einander schneidende Geraden.

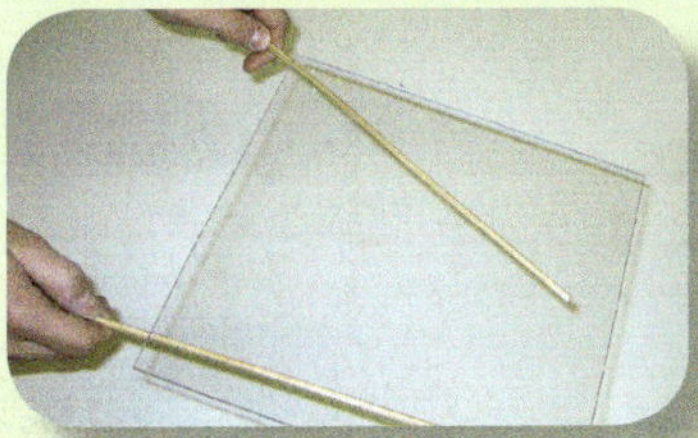

7.2

Normalen- und Koordinatenform

Eine Ebene kann auch durch einen zur Ebene senkrechten Vektor (Normalenvektor) und einen Punkt, der auf der Ebene liegt, beschrieben werden.

7.3

Lagebeziehungen zwischen Gerade und Ebene

Um die Lagebeziehung zwischen einer Geraden und einer Ebene zu bestimmen, ist es günstig, wenn die Ebene in Koordinatenform umgeformt ist.

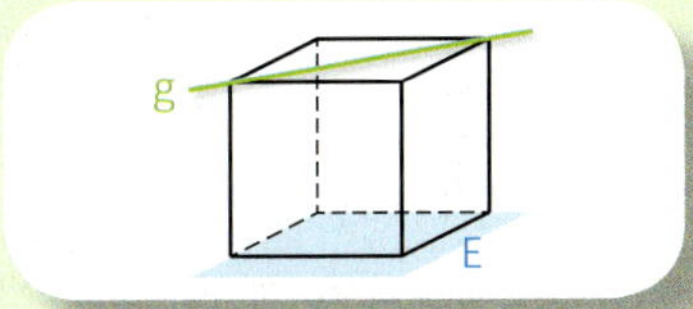

7.4

Lagebeziehungen von Ebenen

Um die Lagebeziehung zwischen zwei Ebenen zu bestimmen, vereinfacht die Koordinatenform die Berechnungen.

7.5

Winkel zwischen Geraden und Ebenen

Aus der Formel für die Berechnung des Winkels zwischen zwei Vektoren können Winkel zwischen Geraden oder Ebenen bestimmt werden. Wie groß sind die Winkel im aufgespannten Dreieck im Würfel?

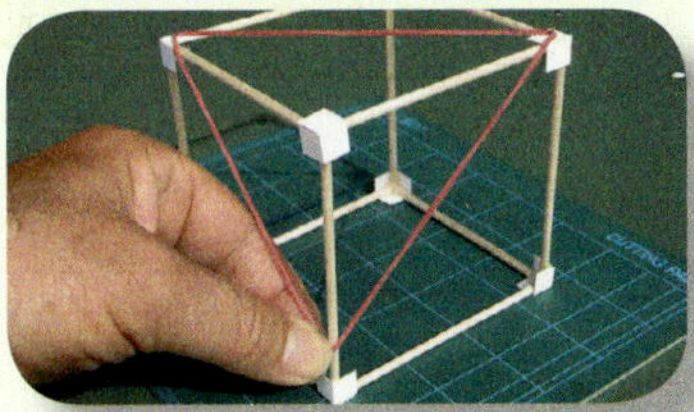

7.6

Lösen von Abstandsproblemen

Der Abstand eines Punktes zu einer Geraden oder der Abstand zweier paralleler Geraden im Raum lässt sich mithilfe von „Lotvektoren“ recht einfach bestimmen.

7.7

Kreise und Kugeln (fakultativ)

Mit der analytischen Beschreibung von Abständen gelangt man auf direktem Wege zu Gleichungen, die Kreise in der Ebene oder Kugeln im Raum beschreiben. Diese sind in der Form völlig gleich.

7.1 Parameterform einer Ebenengleichung

Aufgaben

1 Experimentieren: Wodurch ist eine Ebene festgelegt?

Eine Gerade ist durch zwei Punkte eindeutig festgelegt. Wie sieht das bei einer Ebene aus?

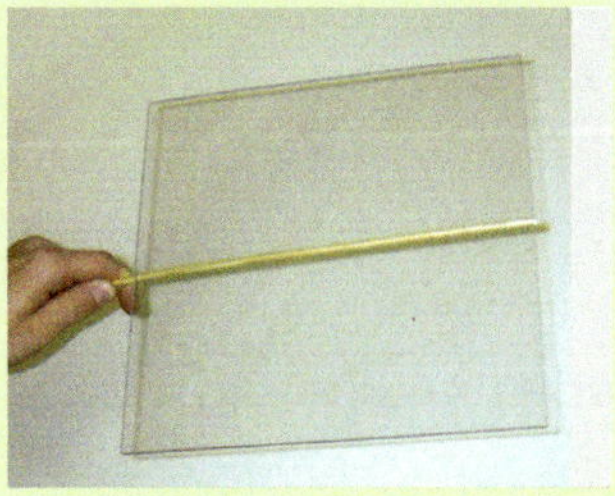
eine Gerade

zwei sich schneidende Geraden

eine Gerade und ein Punkt

In welchen Fällen ist eine Ebene festgelegt? Wie sind die Bewegungsmöglichkeiten, falls die Ebene nicht festgelegt ist?
Untersuchen Sie weitere Fälle durch Experimentieren mit Stiften (als Punkte oder Geraden) und mit einer Platte.

Stellen Sie Ihre Ergebnisse übersichtlich in einer Tabelle dar.

eine Gerade	zwei sich schneidende Geraden	eine Gerade und ein Punkt
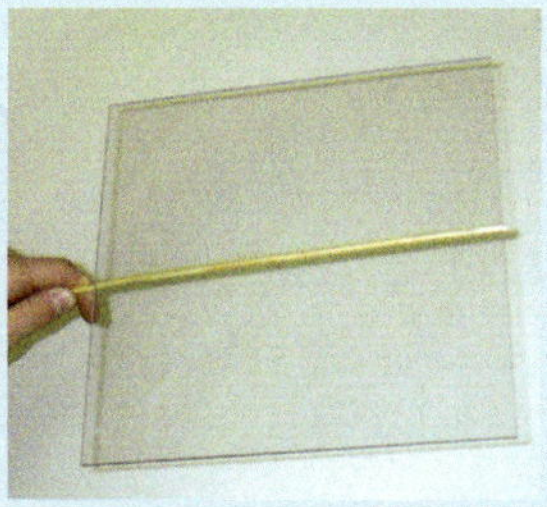		
Die Ebene ist nicht eindeutig festgelegt. Sie lässt sich um die Gerade drehen.	■	■

Vergleichen Sie die Ergebnisse untereinander.

2 Punktmengen

a) Beschreiben Sie die Menge der Punkte X, die als Linearkombination zweier nicht paralleler (nicht kollinearer) Vektoren $\vec{u}$, $\vec{v}$ durch $\vec{x} = r \cdot \vec{u} + s \cdot \vec{v}$ beschrieben werden kann, wenn
(1) $r = 0$ und s beliebig
(2) $r < 0$ und $s > 0$
(3) r beliebig und $s < 0$
(4) r beliebig und s beliebig
(5) $1 < r < 2$ und $0 < s < 1$
(6) r beliebig und $s = 3$

b) Beschreiben Sie die Menge der Punkte X, die durch die Vektoren $\vec{x}$ mit $\vec{x} = \vec{a} + r \cdot \vec{u} + s \cdot \vec{v}$ beschrieben werden.
Was passiert, wenn $\vec{u}$ und $\vec{v}$ parallel sind?
Was passiert, wenn $\vec{a}$, $\vec{u}$ oder $\vec{v}$ der Nullvektor ist?
Was passiert, wenn $\vec{a}$ parallel zu $\vec{u}$ oder $\vec{a}$ parallel zu $\vec{v}$ ist?

Aufgaben

3 Ebene einer Dachfläche

Für die Lage einer Dachfläche sind der Dachfirst (AB) und die Richtung der Dachsparren (AD) entscheidend.

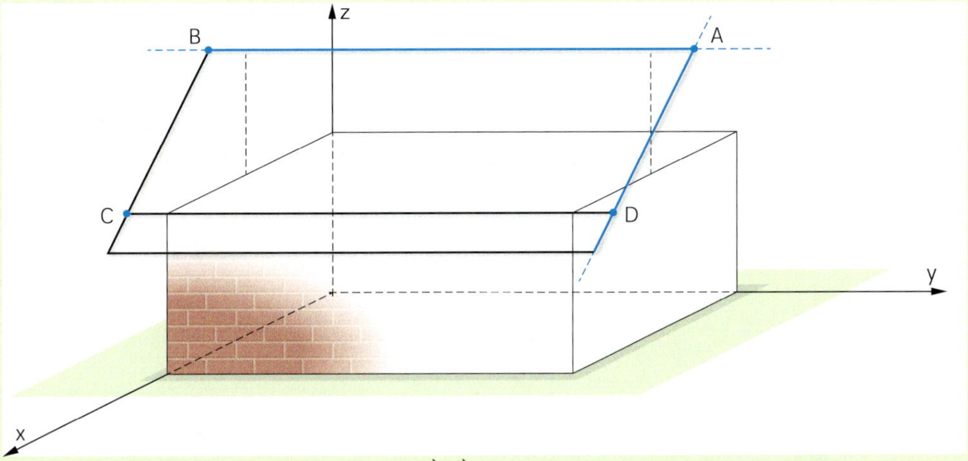

A(4|11|7), B(4|−1|7), D(8|11|4); $\vec{a}, \vec{b}, \vec{d}$ sind die entsprechenden Vektoren.

Welche Punktmengen werden durch die folgenden Gleichungen beschrieben?

(A) $\vec{x} = \vec{a} + r \cdot (\vec{b} - \vec{a})$ mit $0 \le r \le 1$ (B) $\vec{x} = \vec{a} + s \cdot (\vec{d} - \vec{a})$ mit $0 \le s \le 1$

Lässt sich die Dachfläche auch entsprechend beschreiben?

Die Koordinaten des Punktes Q können mit den Punkten A, B und D bestimmt werden.

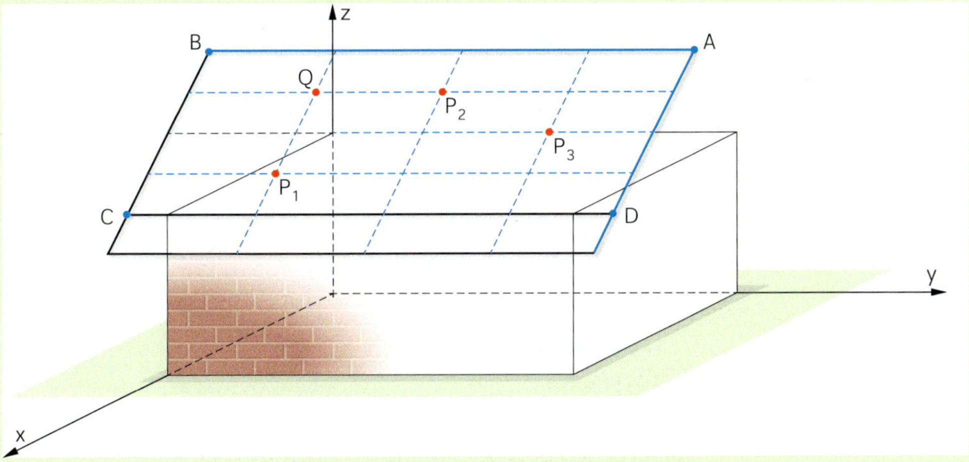

$\vec{q} = \vec{a} + \frac{3}{4} \cdot \overrightarrow{AB} + \frac{1}{4} \cdot \overrightarrow{AD} = \begin{pmatrix} 4 \\ 11 \\ 7 \end{pmatrix} + \frac{3}{4} \cdot \begin{pmatrix} 0 \\ -12 \\ 0 \end{pmatrix} + \frac{1}{4} \cdot \begin{pmatrix} 4 \\ 0 \\ -3 \end{pmatrix} = \begin{pmatrix} 5 \\ 2 \\ 6{,}25 \end{pmatrix}$, also:

Q(5|2|6,25)

a) Bestimmen Sie ebenso die Koordinaten der Punkte P_1, P_2 und P_3.

b) Zeigen Sie, dass ein beliebiger Punkt X auf der Dachfläche darstellbar ist durch $\vec{x} = \vec{a} + r \cdot \overrightarrow{AB} + s \cdot \overrightarrow{AD}$. Welche Werte darf man für r und s verwenden?

c) Was passiert, wenn es keine Einschränkungen für r und s gibt? Wo liegt z. B. der Punkt, wenn $r = 1{,}2$ und $s = 2{,}5$ ist?

d) Kann man auf diese Weise auch den Punkt G(8|10|0) als Linearkombination der Vektoren $\vec{a}$, $\overrightarrow{AB}$ und $\overrightarrow{AD}$ darstellen?

Basiswissen Eine Ebene ist durch drei Punkte, die nicht auf einer Geraden liegen, festgelegt.

Parameterform von Ebenengleichungen im Raum

Punkt-Richtungs-Form

E: $\vec{x} = \vec{a} + r\vec{u} + s\vec{v}$ mit $r, s \in \mathbb{R}$
$\vec{a}$ Stützvektor,
$\vec{u}$, $\vec{v}$ Richtungsvektoren

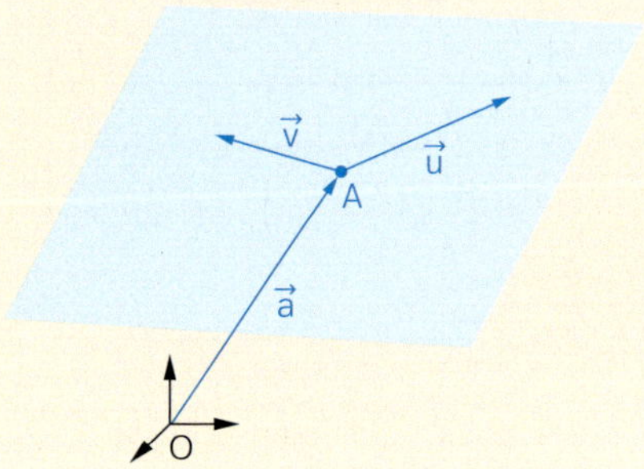

$A(4|5|2)$; $\vec{u} = \begin{pmatrix} -2 \\ 2 \\ 1 \end{pmatrix}$, $\vec{v} = \begin{pmatrix} 2 \\ -1 \\ 3 \end{pmatrix}$

E: $\vec{x} = \begin{pmatrix} 4 \\ 5 \\ 2 \end{pmatrix} + r\begin{pmatrix} -2 \\ 2 \\ 1 \end{pmatrix} + s\begin{pmatrix} 2 \\ -1 \\ 3 \end{pmatrix}$

Drei-Punkte-Form durch A, B und C

E: $\vec{x} = \vec{a} + r(\vec{b} - \vec{a}) + s(\vec{c} - \vec{a})$ mit $r, s \in \mathbb{R}$
$\vec{a}$ Stützvektor,
$\vec{b} - \vec{a}$, $\vec{c} - \vec{a}$ Richtungsvektoren

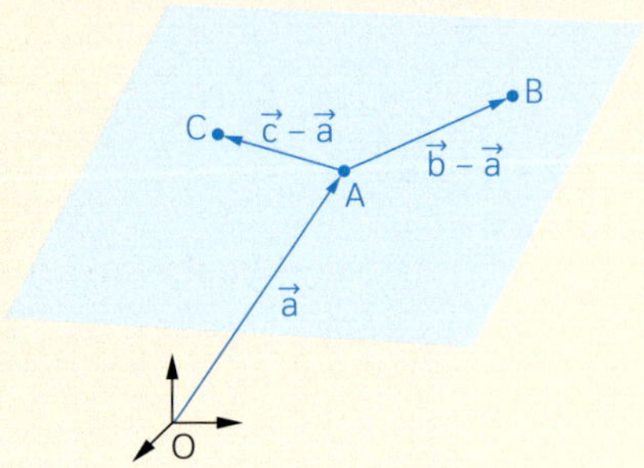

$A(4|5|2)$; $B(2|7|3)$; $C(6|4|5)$

E: $\vec{x} = \begin{pmatrix} 4 \\ 5 \\ 2 \end{pmatrix} + r\begin{pmatrix} -2 \\ 2 \\ 1 \end{pmatrix} + s\begin{pmatrix} 2 \\ -1 \\ 3 \end{pmatrix}$

Durch einen Punkt und zwei nicht parallele (nicht kollineare) Richtungsvektoren ist eine Ebene festgelegt. Durchlaufen die Parameter r und s alle reellen Zahlen, so erhält man alle Punkte X der Ebene.

Ebenes Flächenstück

Durch $\vec{x} = \vec{a} + r\vec{u} + s\vec{v}$ mit $0 \le r \le 1$, $0 \le s \le 1$ wird die von den Vektoren $\vec{u}$ und $\vec{v}$ vom Punkt A aus aufgespannte Parallelogrammfläche beschrieben.

$\vec{x} = \begin{pmatrix} 4 \\ 5 \\ 2 \end{pmatrix} + r\begin{pmatrix} -2 \\ 2 \\ 1 \end{pmatrix} + s\begin{pmatrix} 2 \\ -1 \\ 3 \end{pmatrix}$ mit $0 \le r \le 1$, $0 \le s \le 1$

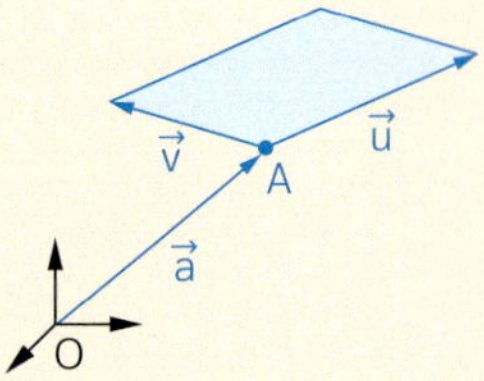

Beispiele

A Fläche

In einem Würfel mit der Kantenlänge 4 bilden die beiden Kantenmitten P und Q mit den Eckpunkten G und H ein Rechteck. Beschreiben Sie dieses Rechteck mithilfe von Vektoren.

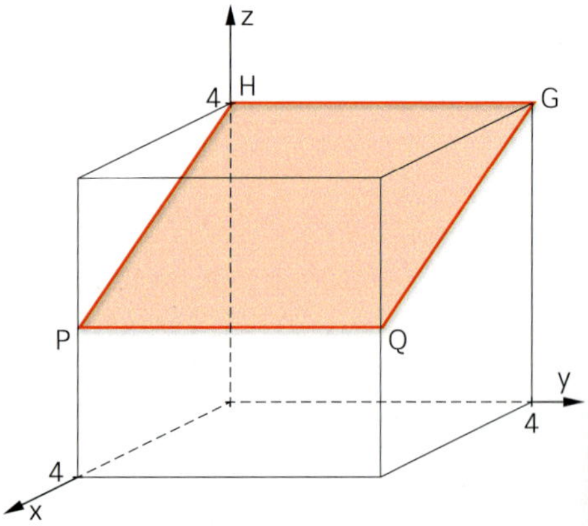

Lösung: Aufstellen einer Ebenengleichung:
Das Rechteck wird vom Punkt $P(4|0|2)$ aus durch die Vektoren

$\overrightarrow{PQ} = \begin{pmatrix} 0 \\ 4 \\ 0 \end{pmatrix}$ und $\overrightarrow{PH} = \begin{pmatrix} -4 \\ 0 \\ 2 \end{pmatrix}$ aufgespannt.

Die Gleichung für die Rechteckfläche lautet dann $\vec{x} = \begin{pmatrix} 4 \\ 0 \\ 2 \end{pmatrix} + r\begin{pmatrix} 0 \\ 4 \\ 0 \end{pmatrix} + s\begin{pmatrix} -4 \\ 0 \\ 2 \end{pmatrix}$ mit der Einschränkung $0 \le r \le 1$, $0 \le s \le 1$.

Beispiele

B Punktprobe

Liegt der Mittelpunkt des Würfels mit der Kantenlänge 4 auf der Dreiecksfläche?

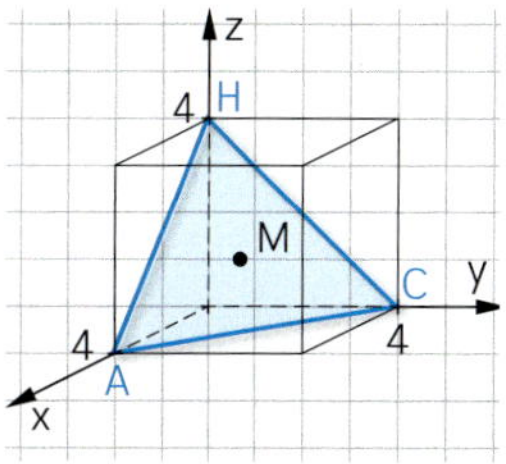

Lösung: Aufstellen einer Ebenengleichung:

Stützvektor $\overrightarrow{OA} = \vec{a} = \begin{pmatrix} 4 \\ 0 \\ 0 \end{pmatrix}$,

Richtungsvektoren $\vec{u} = (\vec{c} - \vec{a}) = \begin{pmatrix} 0 \\ 4 \\ 0 \end{pmatrix} - \begin{pmatrix} 4 \\ 0 \\ 0 \end{pmatrix} = \begin{pmatrix} -4 \\ 4 \\ 0 \end{pmatrix}$ und

$\vec{v} = (\vec{h} - \vec{a}) = \begin{pmatrix} 0 \\ 0 \\ 4 \end{pmatrix} - \begin{pmatrix} 4 \\ 0 \\ 0 \end{pmatrix} = \begin{pmatrix} -4 \\ 0 \\ 4 \end{pmatrix}$

Punkt-Richtungs-Form der Ebene $E: \vec{x} = \begin{pmatrix} 4 \\ 0 \\ 0 \end{pmatrix} + r \begin{pmatrix} -4 \\ 4 \\ 0 \end{pmatrix} + s \begin{pmatrix} -4 \\ 0 \\ 4 \end{pmatrix}$

Mittelpunkt des Würfels: $M(2|2|2)$.

Punktprobe: Gibt es ein r und ein s, sodass $\begin{pmatrix} 2 \\ 2 \\ 2 \end{pmatrix} = \begin{pmatrix} 4 \\ 0 \\ 0 \end{pmatrix} + r \begin{pmatrix} -4 \\ 4 \\ 0 \end{pmatrix} + s \begin{pmatrix} -4 \\ 0 \\ 4 \end{pmatrix}$?

Dies führt zu einem linearen Gleichungssystem mit drei Gleichungen und zwei Variablen.

Lösen des LGS per Hand:

$2 = 4 - 4r - 4s$

$2 = 0 + 4r \quad \Rightarrow r = 0{,}5$

$2 = 0 \quad + 4s \quad \Rightarrow s = 0{,}5$

Mit $r = 0{,}5$ und $s = 0{,}5$ ist die 1. Gleichung nicht erfüllt, denn es gilt: $2 \neq 4 - 2 - 2$.
Also gibt es keine Werte für r und s, die alle Gleichungen erfüllen.

Das Gleichungssystem ist nicht lösbar, somit liegt M nicht auf der Dreiecksfläche.

Übungen

4 Punkte einer Ebene

Gegeben sind $E: \vec{x} = \begin{pmatrix} 3 \\ 2 \\ 0 \end{pmatrix} + r \begin{pmatrix} 0 \\ 1 \\ -1 \end{pmatrix} + s \begin{pmatrix} 4 \\ 0 \\ 1 \end{pmatrix}$ und $F: \vec{x} = \begin{pmatrix} 1 \\ -2 \\ 3 \end{pmatrix} + r \begin{pmatrix} 1 \\ 5 \\ -2 \end{pmatrix} + s \begin{pmatrix} 0{,}5 \\ 4 \\ -5 \end{pmatrix}$.

a) Bestimmen Sie die Koordinaten der Punkte der Ebenen E und F für $r = -3$ und $s = 2$.
b) Prüfen Sie, ob die Punkte $R(7|7|-4)$; $S(7|3|0)$; $T(3|11|-9)$ auf E oder F liegen.

5 Ebene durch drei Punkte

Geben Sie eine Ebenengleichung in vektorieller Form für die Ebene durch die gegebenen Punkte P, Q und R an. Liegt der Punkt S auf der Ebene?

a) $P(4|-1|3)$, $Q(2|1|0)$ und $R(-2|-2|3)$; $S(1|2|-5)$
b) $P(-1|4|1)$, $Q(2|-1|2)$ und $R(2|1|6)$; $S(2|4|12)$
c) $P(2|0|-3)$, $Q(3|-1|4)$ und $R(-3|-2|1)$; $S(8|1|0)$

6 Parallele Ebene

Geben Sie zu $E: \vec{x} = \begin{pmatrix} 2 \\ -3 \\ 4 \end{pmatrix} + r \begin{pmatrix} -0{,}5 \\ -3 \\ 1 \end{pmatrix} + s \begin{pmatrix} 3 \\ 2 \\ -2 \end{pmatrix}$, $r, s \in \mathbb{R}$ eine Ebenengleichung einer parallelen Ebene F an, die durch $P(4|-1|2)$ geht.

7 Ebenengleichung gesucht

Geben Sie für das Dreieck eine Ebenengleichung an.

a)

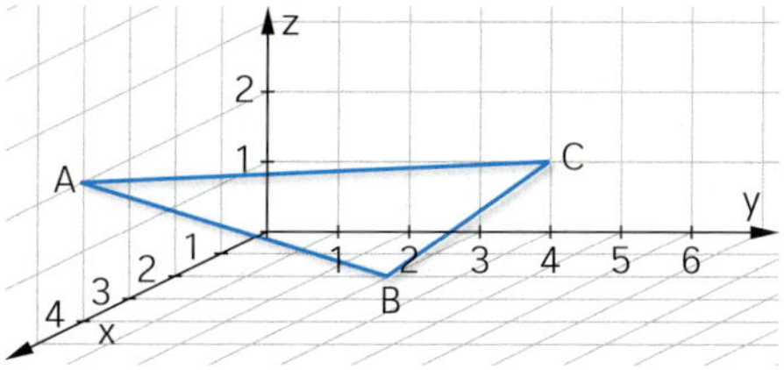

b)

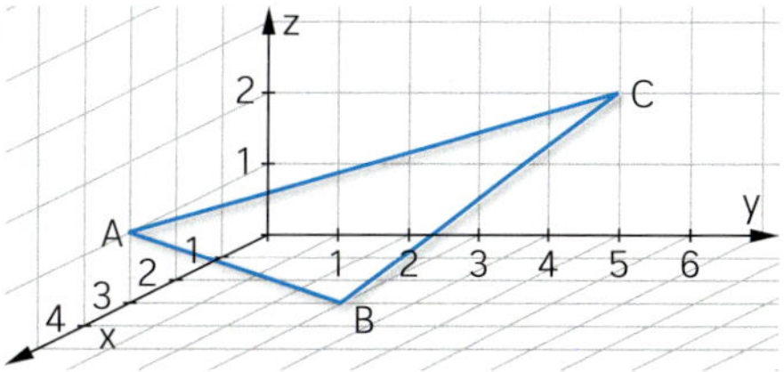

Übungen

8 Eine Ebene – viele Ebenengleichungen

Geben Sie zwei verschiedene Ebenengleichungen einer Ebene an, die ...

a) durch die Punkte $P(1|-2|2)$, $Q(3|-1|2)$ und $R(2|4|1)$ geht.

b) durch den Ursprung und die Punkte $P(2|-3|5)$ und $Q(-3|2|5)$ geht.

c) durch den Punkt $P(1|2|-1)$ geht und parallel zur xy-Ebene verläuft.

d) die Koordinatenebenen beschreibt.

Werkzeug

Punktprobe

Liegt der Punkt $P(1|2|4)$ auf der Ebene E: $\vec{x} = \begin{pmatrix} 2 \\ 1 \\ -4 \end{pmatrix} + r \cdot \begin{pmatrix} 1 \\ -1 \\ 2 \end{pmatrix} + s \cdot \begin{pmatrix} 1 \\ -1 \\ -3 \end{pmatrix}$?

Punktprobe mit GTR

$$r \cdot \begin{pmatrix} 1 \\ -1 \\ 2 \end{pmatrix} + s \cdot \begin{pmatrix} 1 \\ -1 \\ -3 \end{pmatrix} = \begin{pmatrix} 1-2 \\ 2-1 \\ 4-(-4) \end{pmatrix}$$

[A]
$$\begin{bmatrix} 1 & 1 & -1 \\ -1 & -1 & 1 \\ 2 & -3 & 8 \end{bmatrix}$$

rref([A])
$$\begin{bmatrix} 1 & 0 & 1 \\ 0 & 1 & -2 \\ 0 & 0 & 0 \end{bmatrix}$$

Punktprobe mit CAS

$veb(r,s) := \begin{bmatrix} 2+r+s \\ 1-r-s \\ -4+2\cdot r-3\cdot s \end{bmatrix}$ Fertig

$vp := \begin{bmatrix} 1 \\ 2 \\ 4 \end{bmatrix}$ $\begin{bmatrix} 1 \\ 2 \\ 4 \end{bmatrix}$

solve$(veb(r,s)=vp,\{r,s\})$ $r=1$ and $s=-2$

Der Punkt liegt für $r = 1$ und $s = -2$ auf der Ebene E.

9 Rechteckflächen im Würfel

Im Würfel mit der Kantenlänge 8 sind durch Eckpunkte bzw. Kantenmittelpunkte drei Rechtecke F_1, F_2 und F_3 festgelegt.

Beschreiben Sie jede Rechteckfläche durch eine passende Gleichung.

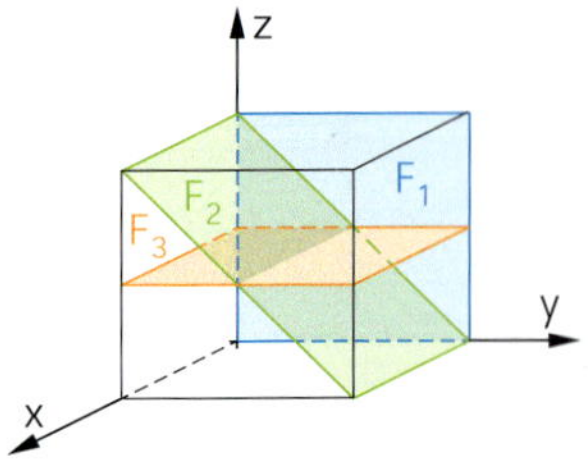

10 Punktprobe bei verschiedenen Ebenen

Prüfen Sie jeweils, ob die Punkte P und Q in der Ebene E liegen.

a) Ebene E: $\vec{x} = \begin{pmatrix} 1 \\ 1 \\ 2 \end{pmatrix} + r\begin{pmatrix} 1 \\ 1 \\ -1 \end{pmatrix} + s\begin{pmatrix} 2 \\ -1 \\ 1 \end{pmatrix}$.
$P(1|4|-1)$ und $Q(8|-1|4)$

b) E ist parallel zur z-Achse und enthält die Punkte $A(3|3|0)$ und $B(0|6|2)$.
$P(4|2|4)$ und $Q(0|7|3)$

11 Punktprobe mit dem GTR

Zeigen Sie, dass die Punkte $P(2|1|5)$ und $Q(-4|5|6)$ auf der Ebene E durch A, B und C liegen.

Gehört der Punkt $R(5|2|-1)$ zur Ebene E?

Welche Matrix gehört zu welcher Punktprobe?

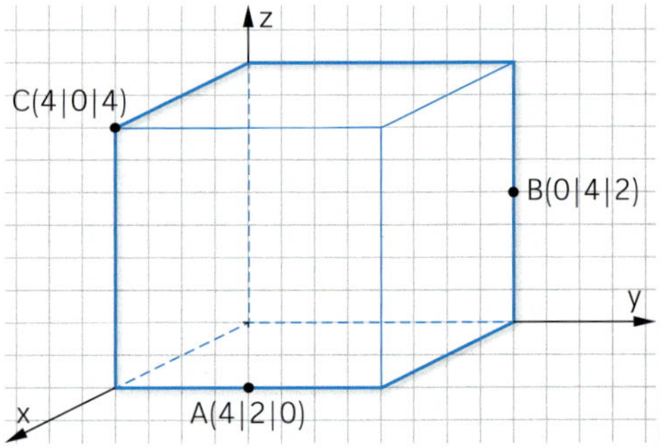

(1)
$$\begin{bmatrix} 1 & 0 & 0 \\ 0 & 1 & 0 \\ 0 & 0 & 1 \end{bmatrix}$$

(2)
$$\begin{bmatrix} 1 & 0 & 2 \\ 0 & 1 & .5 \\ 0 & 0 & 0 \end{bmatrix}$$

(3)
$$\begin{bmatrix} 1 & 0 & .5 \\ 0 & 1 & 1 \\ 0 & 0 & 0 \end{bmatrix}$$

Übungen

12 Punktprobe im Würfel

Die Ebene E ist im Würfel mit der Kantenlänge 8 durch die roten Eckpunkte festgelegt.
Die Punkte P_1 bis P_4 sind jeweils Streckenmittelpunkte. Prüfen Sie rechnerisch nach, ob sie auf E liegen.

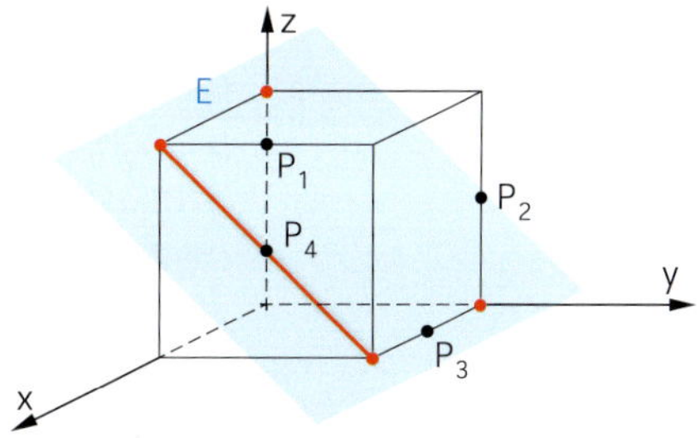

13 Flächen im Haus mit Satteldach

Geben Sie Gleichungen der Ebenen an, in denen
a) die Bodenfläche,
b) die vordere Dachfläche,
c) die hintere Dachfläche
liegt.
Wie müssen die Parameter eingeschränkt werden, damit die Flächenstücke beschrieben werden?

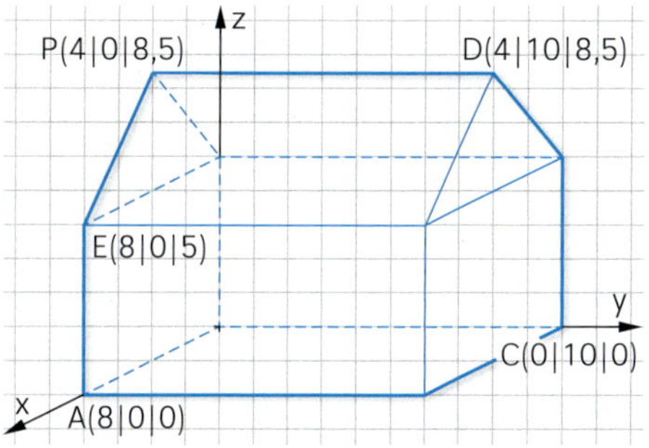

14 Ebenen in einer Pyramide

a) Zeigen Sie, dass die Bodenfläche der Pyramide durch die Gleichung
$\vec{x} = \begin{pmatrix} 4 \\ 4 \\ 0 \end{pmatrix} + r\begin{pmatrix} -1 \\ 0 \\ 0 \end{pmatrix} + s\begin{pmatrix} 0 \\ -1 \\ 0 \end{pmatrix}$
beschrieben wird.
b) Bestimmen Sie eine Ebenengleichung für die Mittelebene.

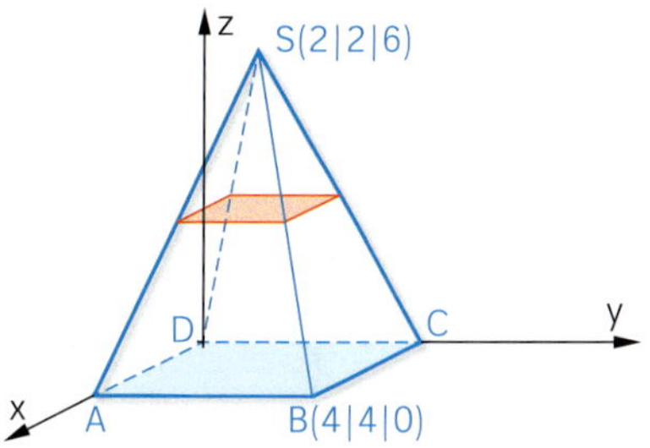

15 Ebenes Viereck

Zeigen Sie, dass das Viereck ein ebenes Viereck ist.
Stellen Sie dazu mit drei Punkten eine Ebenengleichung auf und prüfen Sie, ob der vierte Punkt auf der Ebene liegt.

P(4|1|1) Q(5|4|1)
R(1|4|2) S(0|1|2)

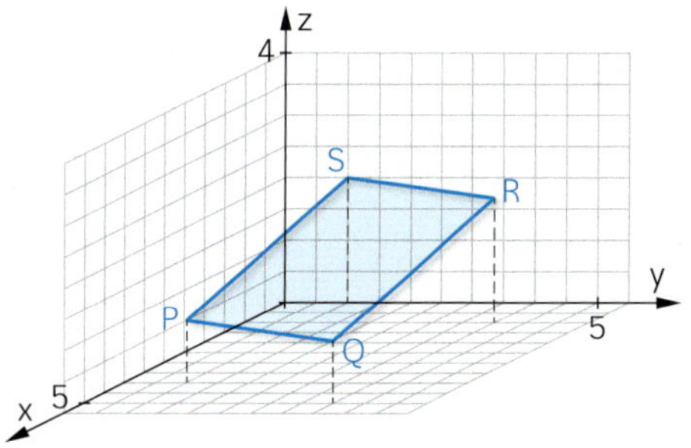

16 Ebene im Quader

Im Quader ist M der Mittelpunkt der Kante $\overline{CG}$.
Die blaue Ebene enthält die Punkte E, B, M.
Bestimmen Sie eine Gleichung der Ebene in Punkt-Richtungs-Form.
Entscheiden Sie, ob der Mittelpunkt der Kante $\overline{HG}$ auf der Ebene liegt.

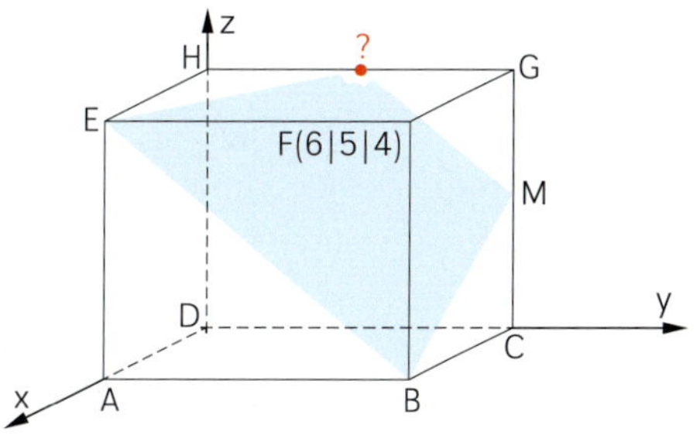

Übungen

17 Spurpunkte bestimmen

In welchen Punkten schneidet die Ebene durch A(2|0|4), B(4|4|0) und C(0|2|4) die Achsen?

Schätzen Sie zunächst und berechnen Sie dann.

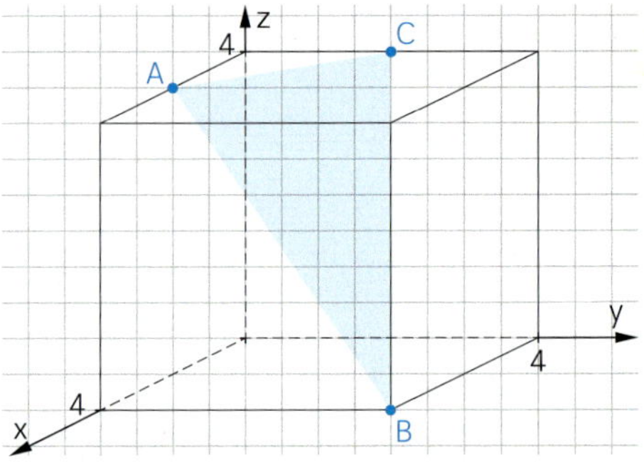

Mit Spurpunkten zur Veranschaulichung von Ebenen

Mithilfe von Spurpunkten lassen sich in der Regel Ebenen so darstellen, dass man ein anschauliches Bild von der Lage der Ebene im Raum erhält.

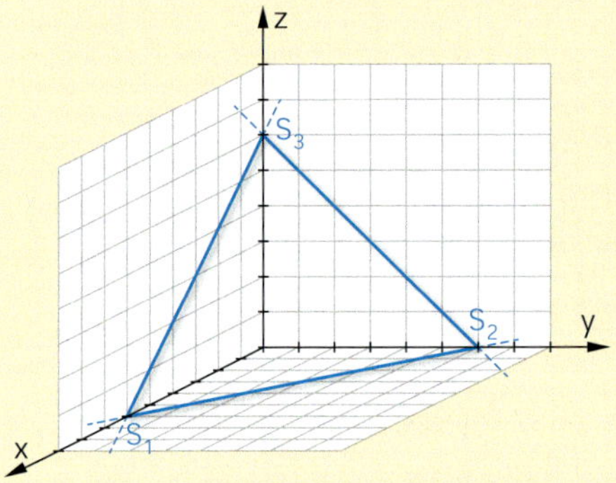

Die Spurpunkte sind die Schnittpunkte der Ebene mit den Koordinatenachsen.
Berechnung der Spurpunkte am Beispiel:

$E: \vec{x} = \begin{pmatrix} 0 \\ 10 \\ -6 \end{pmatrix} + r\begin{pmatrix} 1 \\ 0 \\ -1 \end{pmatrix} + s\begin{pmatrix} 4 \\ -5 \\ 2 \end{pmatrix}$

Schnittpunkt mit y-Achse hat die Darstellung $S_2(0|y|0)$:

$$\begin{array}{llcl} \text{I} & 0 & = & 0 + r + 4s \\ \text{II} & y & = & 10 - 5s \\ \text{III} & 0 & = & -6 - r + 2s \end{array}$$

Mit I und III erhält man $s = 1$ und $r = -4$, also: $S_2(0|5|0)$

Entsprechend werden S_1 und S_3 berechnet.

Die Spurpunkte werden auf den Achsen eingetragen und miteinander verbunden. Die Geraden durch die Spurpunkte heißen **Spurgeraden**.

18 Ebenen mit Spurpunkten zeichnen

Berechnen Sie zunächst die Spurpunkte und zeichnen Sie dann mithilfe dieser Spurpunkte die Ebene.

Geben Sie die Gleichungen der Spurgeraden an.

a) $E: \vec{x} = \begin{pmatrix} 1 \\ 1 \\ -1 \end{pmatrix} + r\begin{pmatrix} 1 \\ 1 \\ 2 \end{pmatrix} + s\begin{pmatrix} 2 \\ 2 \\ -5 \end{pmatrix}$

b) $E: \vec{x} = \begin{pmatrix} -4 \\ -3 \\ 5 \end{pmatrix} + r\begin{pmatrix} -2 \\ 3 \\ 0 \end{pmatrix} + s\begin{pmatrix} 0 \\ 6 \\ -5 \end{pmatrix}$

Grundwissen

1. Wie lang ist die Diagonale eines Quadrats mit der Seitenlänge a?
2. Wo liegen alle Punkte, die
   a) von zwei Punkten A und B gleich weit entfernt sind,
   b) von einem Punkt C gleich weit entfernt sind?
   Beantworten Sie die Fragen für den 2D- und für den 3D-Fall.
3. Lösen Sie die Gleichung: $2x + 4 = 10 + \frac{1}{2}x$
4. Der höchste Punkt des Graphen einer quadratischen Funktion berührt die x-Achse an der Stelle $x = 1$. Geben Sie zwei verschiedene Funktionsgleichungen an, auf die diese Beschreibung zutrifft.

7.2 Normalen- und Koordinatenform

Aufgaben

1 **Orthogonale Vektoren zu Geraden**

a) Welche der Vektoren sind orthogonal zur Geraden in der Ebene und im Raum?

Gerade in der Ebene

$g: \vec{x} = \begin{pmatrix} 2 \\ 3 \end{pmatrix} + t\begin{pmatrix} -4 \\ 5 \end{pmatrix}$

$\vec{a} = \begin{pmatrix} 5 \\ 4 \end{pmatrix}$; $\vec{b} = \begin{pmatrix} 15 \\ 12 \end{pmatrix}$; $\vec{c} = \begin{pmatrix} 5 \\ -4 \end{pmatrix}$

Gerade im Raum

$g: \vec{x} = \begin{pmatrix} 2 \\ 3 \\ 1 \end{pmatrix} + t\begin{pmatrix} -1 \\ -2 \\ 5 \end{pmatrix}$

$\vec{a} = \begin{pmatrix} 0 \\ 5 \\ 2 \end{pmatrix}$; $\vec{b} = \begin{pmatrix} 5 \\ 0 \\ 1 \end{pmatrix}$; $\vec{c} = \begin{pmatrix} 2 \\ -1 \\ 0 \end{pmatrix}$

b) In den Bildern sind jeweils zu einer Geraden in der Ebene und im Raum orthogonale Vektoren eingezeichnet. Was können Sie jeweils über die blauen, orthogonalen Vektoren in den Bildern aussagen? Was beschreiben die blauen Vektoren?

Gerade in der Ebene

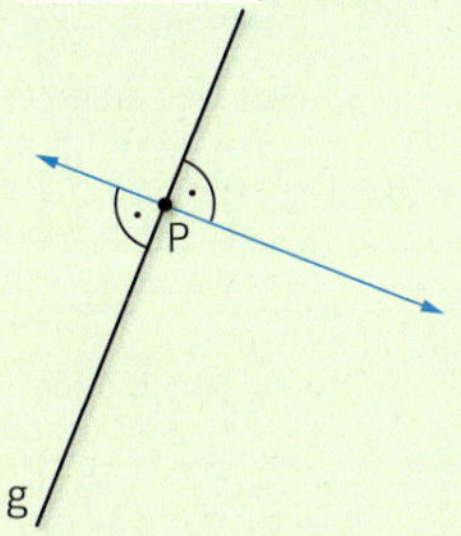

Gerade im Raum

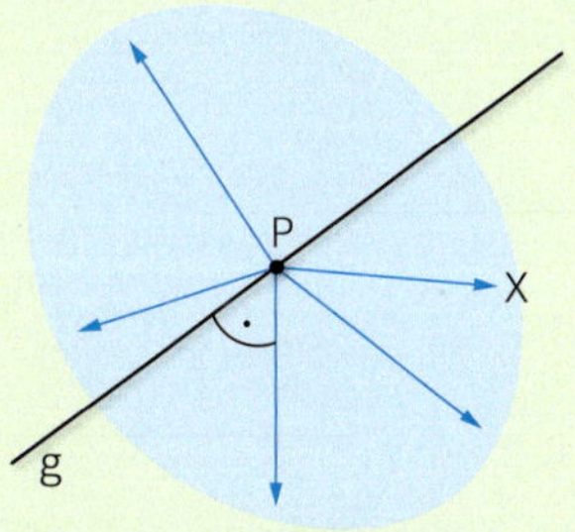

c) Beschreiben Sie mit P (2 | 3) bzw. P (2 | 3 | 1) und g aus a) jeweils die Gerade bzw. die Ebene, die die blauen Vektoren erzeugen, durch eine Gleichung.

2 **Weitere Form einer Ebenengleichung**

Die Stange steht senkrecht zur Ebene.

Eine Ebene kann durch einen Punkt und zwei Spannvektoren eindeutig festgelegt werden. Ersetzt man die beiden Spannvektoren durch einen zur Ebene senkrechten Vektor, so wird dadurch die Ebene auch eindeutig beschrieben.

a) Erläutern und begründen Sie dies mithilfe der Abbildung. Veranschaulichen Sie im Klassenraum.

b) Begründen Sie, dass $\vec{n} \cdot (\vec{x} - \vec{q}) = 0$ die Ebene E für beliebige Punkte X beschreibt.

Geben Sie die Ebene für Q (−1 | 4 | 3) und $\vec{n} = \begin{pmatrix} 2 \\ 3 \\ -1 \end{pmatrix}$ an.

Zeigen Sie, dass man für E auch $\begin{pmatrix} 2 \\ 3 \\ -1 \end{pmatrix} \cdot \vec{x} = 7$ schreiben kann.

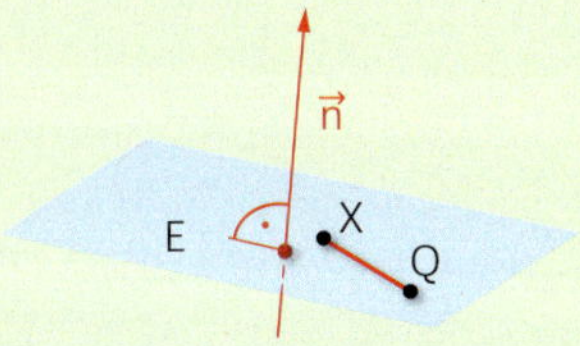

c) Wie bestimmt man einen zu einer Ebene orthogonalen Vektor?

Was muss für die Vektoren $\vec{n}$, $\vec{u}$ und $\vec{v}$ gelten?

Bestimmen Sie einen orthogonalen Vektor $\vec{n}$ zu $\vec{u} = \begin{pmatrix} 2 \\ -1 \\ 5 \end{pmatrix}$ und $\vec{v} = \begin{pmatrix} 3 \\ 0 \\ -2 \end{pmatrix}$.

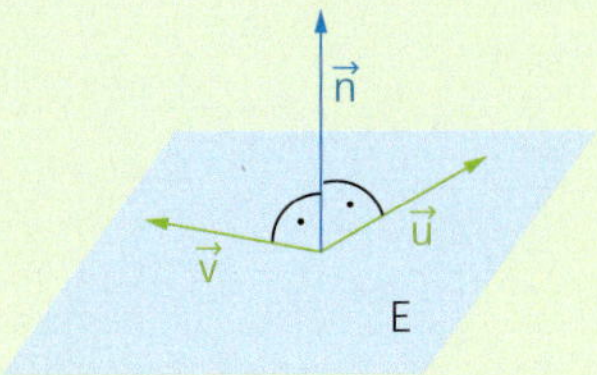

Basiswissen

Normalenvektor einer Ebene

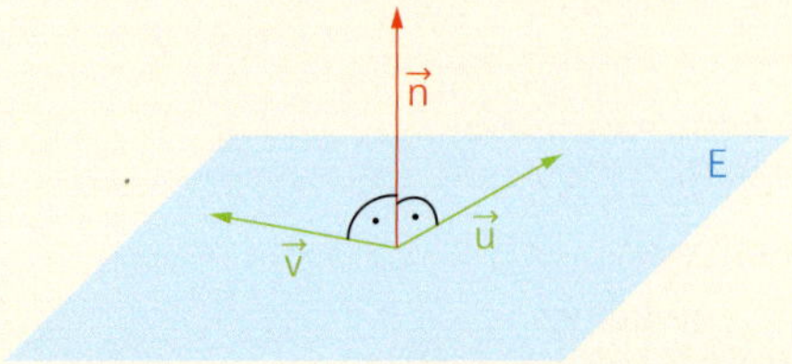

$E\colon \vec{x} = \begin{pmatrix} 1 \\ 2 \\ 3 \end{pmatrix} + r\begin{pmatrix} 1 \\ 1 \\ -1 \end{pmatrix} + s\begin{pmatrix} 2 \\ 1 \\ 0 \end{pmatrix} \qquad \vec{n} = \begin{pmatrix} -1 \\ 2 \\ 1 \end{pmatrix}$

$\begin{pmatrix} -1 \\ 2 \\ 1 \end{pmatrix} \cdot \begin{pmatrix} 1 \\ 1 \\ -1 \end{pmatrix} = 0$ und $\begin{pmatrix} -1 \\ 2 \\ 1 \end{pmatrix} \cdot \begin{pmatrix} 2 \\ 1 \\ 0 \end{pmatrix} = 0$

Ein Vektor $\vec{n}$, der orthogonal ist zu den beiden Richtungsvektoren der Ebene, heißt **Normalenvektor der Ebene**.

Normalenform einer Ebenengleichung

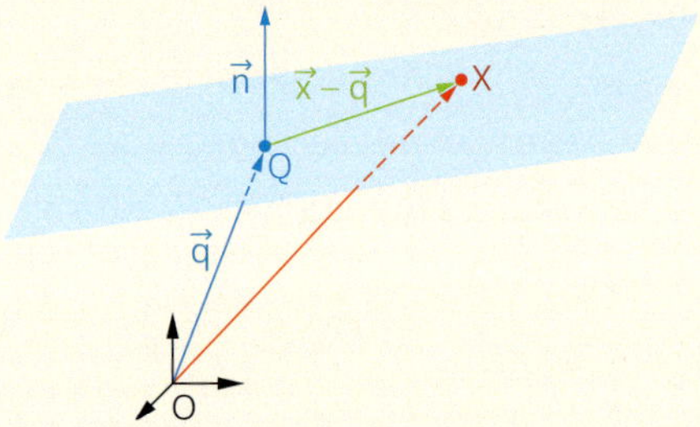

Die Ebene ist durch einen Normalenvektor $\vec{n}$ und einen Punkt Q auf der Ebene festgelegt.

Alle Punkte X, für die der Verbindungsvektor $\vec{x} - \vec{q}$ orthogonal zu $\vec{n}$ ist, liegen auf der Ebene E.

$E\colon \vec{n} \cdot (\vec{x} - \vec{q}) = 0$

Durch Umstellen erhält man auch:
$E\colon \vec{n} \cdot \vec{x} - \vec{n} \cdot \vec{q} = 0$ oder: $E\colon \vec{n} \cdot \vec{x} = \vec{n} \cdot \vec{q}$ oder $E\colon \vec{n} \cdot \vec{x} = d$

Beispiele

A Normalenvektor einer Ebene

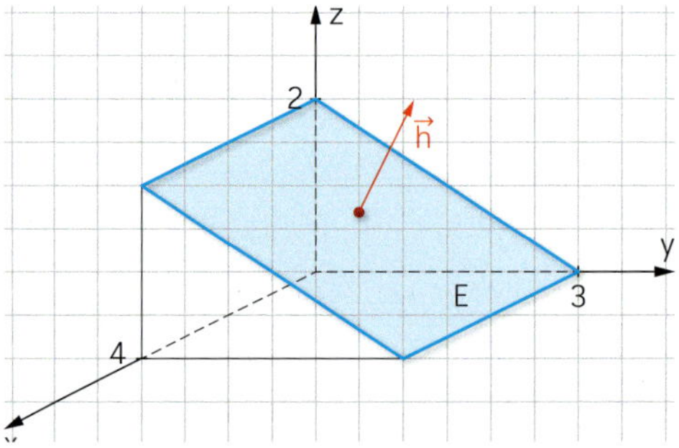

Bestimmen Sie einen Normalenvektor der Ebene
$E\colon \vec{x} = \begin{pmatrix} 4 \\ 3 \\ 0 \end{pmatrix} + r\begin{pmatrix} -4 \\ -3 \\ 2 \end{pmatrix} + s\begin{pmatrix} -4 \\ -1{,}5 \\ 1 \end{pmatrix}$.

Lösung:

Gesucht ist $\vec{n} = \begin{pmatrix} n_1 \\ n_2 \\ n_3 \end{pmatrix}$ mit:

$\begin{pmatrix} n_1 \\ n_2 \\ n_3 \end{pmatrix} \cdot \begin{pmatrix} -4 \\ -3 \\ 2 \end{pmatrix} = 0$ und $\begin{pmatrix} n_1 \\ n_2 \\ n_3 \end{pmatrix} \cdot \begin{pmatrix} -4 \\ -1{,}5 \\ 1 \end{pmatrix} = 0$

Dies liefert ein Gleichungssystem mit zwei Gleichungen und drei Variablen.

$-4n_1 - 3n_2 + 2n_3 = 0$
$-4n_1 - 1{,}5n_2 + n_3 = 0.$

Hier kann man eine Variable frei wählen.
Setze beispielsweise $n_3 = 1$. Die gewählte Variable sollte ungleich null sein.

$$\begin{array}{l} -4n_1 - 3n_2 + 2 = 0 \\ -4n_1 - 1{,}5n_2 + 1 = 0 \end{array} \rightarrow \begin{array}{l} -4n_1 - 3n_2 + 2 = 0 \\ 1{,}5n_2 - 1 = 0 \end{array} \rightarrow \begin{array}{l} -4n_1 - 3n_2 + 2 = 0 \\ n_2 = \frac{2}{3} \end{array} \rightarrow \begin{array}{l} n_1 = 0 \\ n_2 = \frac{2}{3} \end{array}$$

Man erhält also $n_1 = 0,\ n_2 = \frac{2}{3},\ n_3 = 1$.

Damit ist $\vec{n}_1 = \begin{pmatrix} 0 \\ \frac{2}{3} \\ 1 \end{pmatrix}$ ein Normalenvektor der Ebene und auch der „kollineare Freund"

$\vec{n}_2 = 3 \cdot \vec{n}_1 = \begin{pmatrix} 0 \\ 2 \\ 3 \end{pmatrix}$. Für weitere Berechnungen ist dieser häufig günstiger.

Beispiele

B **Normalenform einer Ebenengleichung**

Stellen Sie eine Ebenengleichung der Ebene auf, die senkrecht zur Raumdiagonalen steht und durch den Kantenmittenpunkt (1 | 1 | 0,5) verläuft. Zeigen Sie rechnerisch, dass die Kantenmittenpunkte (1 | 0,5 | 1) und (0,5 | 1 | 1) auf der Ebene liegen.

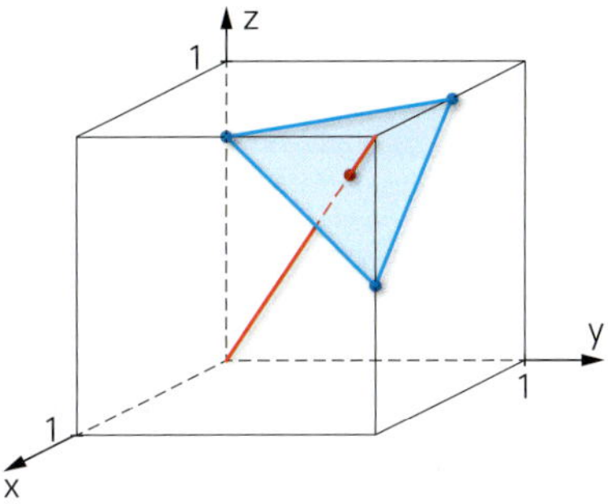

Lösung:

Ebenengleichung:

$$E: \begin{pmatrix}1\\1\\1\end{pmatrix} \cdot \left(\vec{x} - \begin{pmatrix}1\\1\\0{,}5\end{pmatrix}\right) = 0,$$

da $\vec{n} = \begin{pmatrix}1\\1\\1\end{pmatrix}$ ein Normalenvektor ist.

Punktprobe:

Der Punkt (1 | 0,5 | 1) liegt auf E, da $\begin{pmatrix}1\\1\\1\end{pmatrix} \cdot \left(\begin{pmatrix}1\\0{,}5\\1\end{pmatrix} - \begin{pmatrix}1\\1\\0{,}5\end{pmatrix}\right) = \begin{pmatrix}1\\1\\1\end{pmatrix} \cdot \begin{pmatrix}0\\-0{,}5\\0{,}5\end{pmatrix} = 0$

Der Punkt (0,5 | 1 | 1) liegt auf E, da $\begin{pmatrix}1\\1\\1\end{pmatrix} \cdot \left(\begin{pmatrix}0{,}5\\1\\1\end{pmatrix} - \begin{pmatrix}1\\1\\0{,}5\end{pmatrix}\right) = \begin{pmatrix}1\\1\\1\end{pmatrix} \cdot \begin{pmatrix}-0{,}5\\0\\0{,}5\end{pmatrix} = 0$

Übungen

3 **Normalenvektoren im Prisma**

Welche der Vektoren sind Normalenvektoren der vorderen Fläche im Prisma?

$\vec{n}_1 = \begin{pmatrix}2\\3\\2\end{pmatrix}$, $\vec{n}_2 = \begin{pmatrix}1\\2\\2\end{pmatrix}$, $\vec{n}_3 = \begin{pmatrix}1\\0\\1\end{pmatrix}$

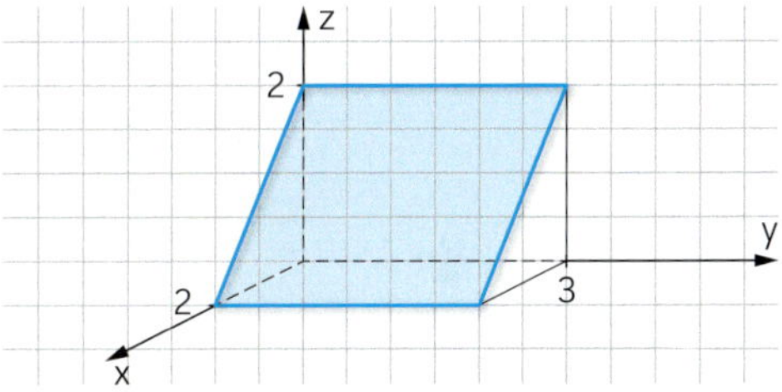

4 **Normalenvektoren von Ebenen**

Bestimmen Sie einen Normalenvektor der Ebene. In zwei Fällen kann man sich Arbeit ersparen und einen Normalenvektor unmittelbar erkennen.

a) $E: \vec{x} = \begin{pmatrix}0\\2\\1\end{pmatrix} + r\begin{pmatrix}2\\0\\0\end{pmatrix} + s\begin{pmatrix}0\\0\\1\end{pmatrix}$

b) $E: \vec{x} = \begin{pmatrix}0\\0\\1\end{pmatrix} + r\begin{pmatrix}5\\1\\2\end{pmatrix} + s\begin{pmatrix}4\\-1\\4\end{pmatrix}$

c) $E: \vec{x} = \begin{pmatrix}1\\1\\1\end{pmatrix} + r\begin{pmatrix}1\\0\\-1\end{pmatrix} + s\begin{pmatrix}2\\-2\\1\end{pmatrix}$

d) $E: \vec{x} = \begin{pmatrix}1\\2\\3\end{pmatrix} + r\begin{pmatrix}1\\0\\1\end{pmatrix} + s\begin{pmatrix}0\\1\\1\end{pmatrix}$

5 **Normalenvektoren einer Pyramide**

Die Vektoren $\begin{pmatrix}0\\0\\1\end{pmatrix}; \begin{pmatrix}3\\0\\2\end{pmatrix}; \begin{pmatrix}0\\3\\2\end{pmatrix}$ sind Normalenvektoren zu Flächen in der Pyramide.

a) Ordnen Sie die Normalenvektoren den Flächen zu.

b) Geben Sie Normalenvektoren für die weiteren Flächen an.

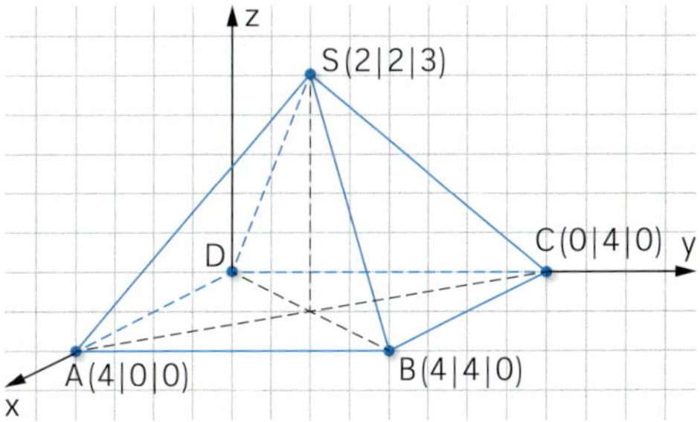

Übungen

6 Normalenvektoren einer Ebene

a) Die Ebene durch die drei Punkte A(3|1|4), B(4|3|1) und C(1|4|3) hat den Vektor $\vec{n}$ als Normalenvektor. Bestätigen Sie dies.

b) Zeigen Sie, dass $\vec{n}$ auch Normalenvektor der Ebenen durch die drei Punkte A(1|2|3), B(2|3|1) und C(3|1|2) beziehungsweise D(4|−2|−3), E(−2|−3|4) und F(−3|4|−2) ist.

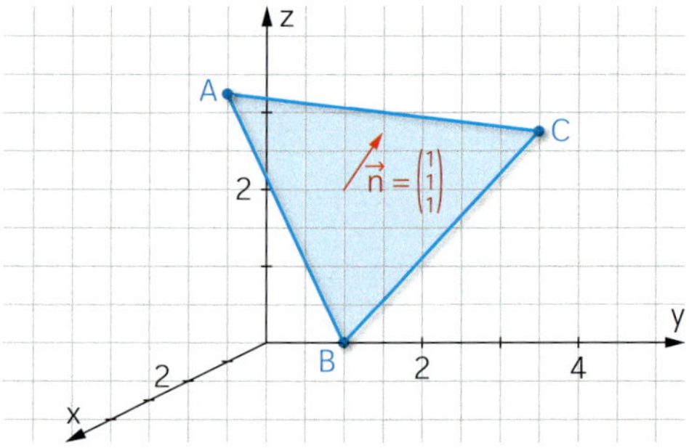

7 Senkrechter Vektor zu zwei Vektoren

Zu zwei Vektoren $\vec{a}$, $\vec{b}$ soll ein Vektor $\vec{n}$ bestimmt werden, der zu den beiden Vektoren senkrecht steht. Gesucht ist also ein Vektor $\vec{n}$ mit $\vec{n} \cdot \vec{a} = 0$ und $\vec{n} \cdot \vec{b} = 0$.

Mit $\vec{a} = \begin{pmatrix}a_1\\a_2\\a_3\end{pmatrix}$, $\vec{b} = \begin{pmatrix}b_1\\b_2\\b_3\end{pmatrix}$ und $\vec{n} = \begin{pmatrix}n_1\\n_2\\n_3\end{pmatrix}$ entsteht ein unterbestimmtes LGS mit zwei Gleichungen und den drei Variablen n_1, n_2, n_3. Eine Variable kann frei gewählt werden.

I $a_1 n_1 + a_2 n_2 + a_3 n_3 = 0$
II $b_1 n_1 + b_2 n_2 + b_3 n_3 = 0$

a) Ein CAS hat dieses System gelöst. Interpretieren Sie.

b) Begründen Sie, dass $n_3 = a_1 \cdot b_2 - a_2 \cdot b_1$ eine geschickte Wahl für n_3 ist und geben Sie damit $\vec{n}$ an.

CAS:

$[a3]$ $\quad [a3]$

$vb := \begin{bmatrix}b1\\b2\\b3\end{bmatrix} \quad \begin{bmatrix}b1\\b2\\b3\end{bmatrix}$

$vn := \begin{bmatrix}n1\\n2\\n3\end{bmatrix} \quad \begin{bmatrix}n1\\n2\\n3\end{bmatrix}$

solve(dotP(va,vn)=0 and dotP(vb,vn)=0,{n1,n2})

$n1 = \frac{(a2 \cdot b3 - a3 \cdot b2) \cdot n3}{a1 \cdot b2 - a2 \cdot b1}$ and $n2 = \frac{-(a1 \cdot b3 - a3 \cdot b1) \cdot n3}{a1 \cdot b2 - a2 \cdot b1}$

Vektorprodukt

$\begin{pmatrix}a_1\\a_2\\a_3\end{pmatrix} \times \begin{pmatrix}b_1\\b_2\\b_3\end{pmatrix} = \begin{pmatrix}a_2 b_3 - a_3 b_2\\a_3 b_1 - a_1 b_3\\a_1 b_2 - a_2 b_1\end{pmatrix}$ heißt Vektorprodukt von $\vec{a}$ und $\vec{b}$.

Das Ergebnis dieser Multiplikation von Vektoren ist ein Vektor.

Es gilt: $\vec{a} \times \vec{b} \perp \vec{a}$ und $\vec{a} \times \vec{b} \perp \vec{b}$ Lies „a kreuz b“.

Werkzeug

Vektoren aus Beispiel A

Normalenvektor bestimmen

GTR

(A) $\begin{bmatrix}-4 & -3 & 2 & 0\\-4 & -1{,}5 & 1 & 0\end{bmatrix} \longrightarrow$ rref(A) $\begin{bmatrix}1 & 0 & 0 & 0\\0 & 1 & -\frac{2}{3} & 0\end{bmatrix}$

Eine Variable kann man frei wählen.
Setze $n_3 = 1$.
Man erhält also $n_1 = 0$, $n_2 = \frac{2}{3}$, $n_3 = 1$.

CAS

$va := \begin{bmatrix}-4\\-3\\2\end{bmatrix} \quad \begin{bmatrix}-4\\-3\\2\end{bmatrix}$

$vb := \begin{bmatrix}-4\\-1.5\\1\end{bmatrix} \quad \begin{bmatrix}-4\\-1.5\\1\end{bmatrix}$

crossP(va,vb) $\quad \begin{bmatrix}0.\\-4\\-6.\end{bmatrix}$

8 Senkrechte Vektoren

Bestimmen Sie alle Vektoren, die zu $\vec{a}$ und $\vec{b}$ senkrecht sind.

a) $\vec{a} = \begin{pmatrix}1\\-2\\3\end{pmatrix}$, $\vec{b} = \begin{pmatrix}2\\0\\1\end{pmatrix}$

b) $\vec{a} = \begin{pmatrix}5\\2\\-1\end{pmatrix}$, $\vec{b} = \begin{pmatrix}0\\1\\4\end{pmatrix}$

Übungen

9 **Normalenform aufstellen**

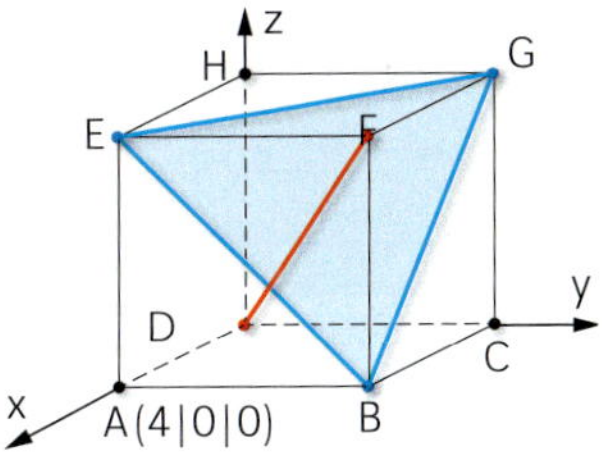

Stellen Sie für die Ebene durch G, die senkrecht zur Raumdiagonalen steht, eine Gleichung in Normalenform auf.
Zeigen Sie rechnerisch, dass die Eckpunkte B und E auf der Ebene liegen.

10 **Normalenform für Ebenen im Quader**

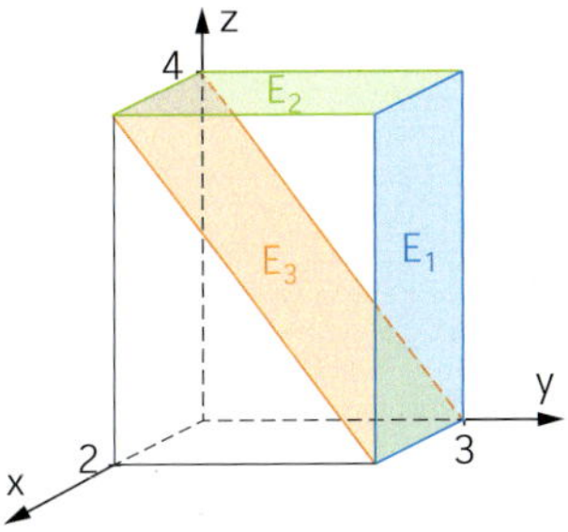

Welche Ebenengleichung beschreibt welche Fläche?

a) $\begin{pmatrix} 0 \\ 0 \\ 1 \end{pmatrix} \cdot \left(\vec{x} - \begin{pmatrix} 2 \\ 0 \\ 4 \end{pmatrix} \right) = 0$ b) $\begin{pmatrix} 0 \\ 4 \\ 3 \end{pmatrix} \cdot \left(\vec{x} - \begin{pmatrix} 2 \\ 0 \\ 4 \end{pmatrix} \right) = 0$

c) $\begin{pmatrix} 0 \\ 1 \\ 0 \end{pmatrix} \cdot \left(\vec{x} - \begin{pmatrix} 2 \\ 3 \\ 0 \end{pmatrix} \right) = 0$

11 **Von der Normalenform zur Koordinatenform**

Ausrechnen von $\vec{n} \cdot \vec{x} = \vec{n} \cdot \vec{q}$ liefert in der Ebene eine Gleichung der Form $n_1 x + n_2 y = d$ und im Raum $n_1 x + n_2 y + n_3 z = d$.

a) Interpretieren Sie die Gleichungen.

b) Bestimmen Sie $n_1 x + n_2 y + n_3 z = d$ für $\vec{n} = \begin{pmatrix} 1 \\ 2 \\ -3 \end{pmatrix}$ und $Q(2|1|-1)$. Liegt der Punkt $S(-2|9|3)$ auf der Ebene?

Basiswissen

Koordinatenform einer Ebenengleichung

Alle Punkte $P(x|y|z)$, die einer Gleichung der Form $ax + by + cz = d$ genügen, liegen auf einer Ebene E.

$\begin{pmatrix} a \\ b \\ c \end{pmatrix}$ ist ein Normalenvektor der Ebene E.

Beispiel: E: $2x - y + z = 2$ mit $\vec{n} = \begin{pmatrix} 2 \\ -1 \\ 1 \end{pmatrix}$

Beispiele

C **Koordinatengleichung einer Ebenengleichung**

Gegeben ist die Ebene E durch $x - 2y + 2z = 4$.

a) Überprüfen Sie, ob die Punkte $P(2|1|3)$ bzw. $Q(-2|1|4)$ zu der Ebene gehören. Bestimmen Sie zwei weitere Punkte der Ebene.

b) Ermitteln Sie die Spurpunkte. Skizzieren Sie damit die Ebene.

Lösung:

a) $2 - 2 \cdot 1 + 2 \cdot 3 = 6 \neq 4$: P gehört nicht zu E.
$-2 - 2 \cdot 1 + 2 \cdot 4 = 4$: Q gehört zu E.
Da es eine Gleichung mit drei Variablen gibt, können zwei Werte vorgegeben werden:
(1) $x = 2$; $y = -2$: $\Rightarrow 2 - 2 \cdot (-2) + 2z = 4 \Rightarrow z = -1$
also: $(2|-2|-1)$
(2) $x = 4$; $z = 3$: $\Rightarrow 4 - 2y + 6 = 4 \Rightarrow y = 3$,
also: $(4|3|3)$

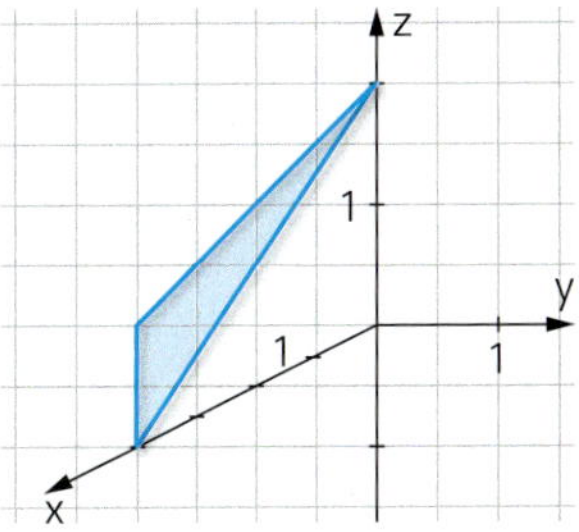

b) $S_x(x|0|0)$: $x - 2 \cdot 0 + 2 \cdot 0 = 4 \Rightarrow x = 4$
$S_y(0|y|0)$: $-2y = 4 \Rightarrow y = -2$
$S_z(0|0|z)$: $2z = 4 \Rightarrow z = 2$

Übungen

12 Punkte in der Ebene

a) Bestimmen Sie jeweils einen Punkt Q auf E. Wie gehen Sie vor?

b) Zeigen Sie, dass $(-1|-2|2)$ in allen vier Ebenen liegt.

c) Bestimmen Sie die Spurpunkte. Skizzieren und beschreiben Sie damit die Lage der Ebenen.

(1) E: $2x - 3y + z - 6 = 0$ (2) E: $x + 3y + z + 5 = 0$

(3) E: $z - 2 = 0$ (4) E: $\begin{pmatrix} 2 \\ -1 \\ 5 \end{pmatrix} \cdot \vec{x} - 10 = 0$

13 Normalenformen und Koordinatengleichung in einem Würfel

Beschreiben Sie die Ebenen, in denen die Seitenflächen des Würfels liegen, in Normalenform und in Punkt-Richtungsform. Bestimmen Sie jeweils auch die Koordinatengleichung.

Woran erkennt man jeweils parallele Ebenen?

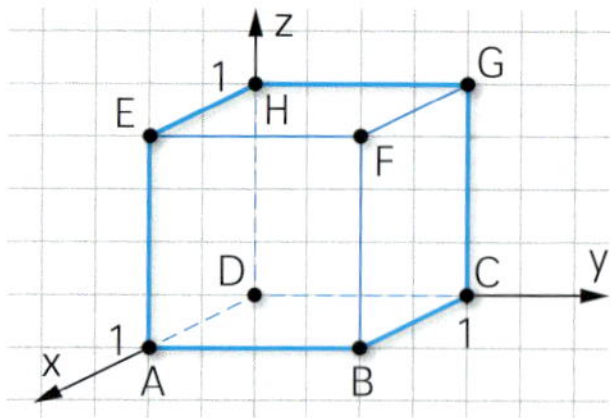

14 Normalenformen in verschiedenen Darstellungen

Welche Gleichungen stellen dieselbe Ebene dar?

a) $\begin{pmatrix} 3 \\ 2 \\ 0 \end{pmatrix} \cdot \left(\vec{x} - \begin{pmatrix} 1 \\ 1 \\ 1 \end{pmatrix}\right) = 0$ b) $\begin{pmatrix} 3 \\ 2 \\ 0 \end{pmatrix} \cdot \vec{x} - 5 = 0$ c) $3x + 2y - 5 = 0$ d) $\begin{pmatrix} 1 \\ 1 \\ 1 \end{pmatrix} \cdot \vec{x} = 5$

15 Koordinatenform in Ebene und im Raum

Beschreiben Sie jeweils, was durch die Gleichungen (1) in der Ebene und (2) im Raum beschrieben wird.

a) $x + z = 4$ b) $y = 1$ c) $y = x$

16 Ebenen aus Geraden

Zur Veranschaulichung hilft die Arbeit am realen Modell mit Holzstäben.

Die lineare Gleichung $2x - y - z = 2$ beschreibt eine Ebene E im Raum.

a) Setzt man $z = 0$ erhält man die Gerade $2x - y = 2$.

Der Graph ist in der Abbildung skizziert. Füllen Sie die Tabelle aus.

z	Gleichung 1	Gleichung 2
0	$2x - y = 2$	$y = 2x - 2$
1	■	■
2	■	■
	$2x - y = -3$	■
	■	$y = 2x - 5$

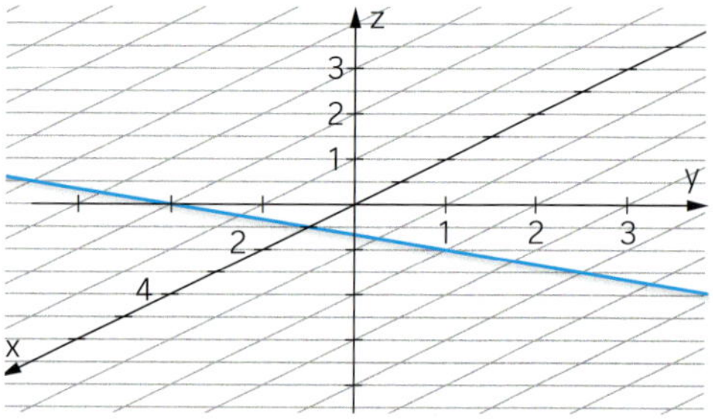

b) Setzen Sie $x = 0$; $x = 1$; $x = 2$; ..., geben Sie die zugehörigen Geradengleichungen an.

c) Beschreiben Sie, wie hier Ebenen erzeugt werden.

17 Sechseckfläche

Geben Sie die Ebene, in der die Sechseckfläche liegt, in Koordinatenform, Normalenform und in Punkt-Richtungs-Form an.

Welche Darstellung fällt Ihnen am leichtesten?

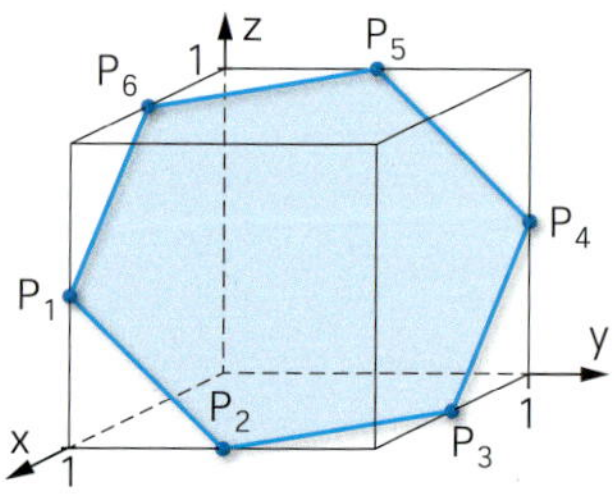

Basiswissen

Jede Form einer Ebenengleichung hat ihre Vorteile. Daher ist das Umwandeln an vielen Stellen hilfreich.

Umwandeln von verschiedenen Darstellungen einer Ebene

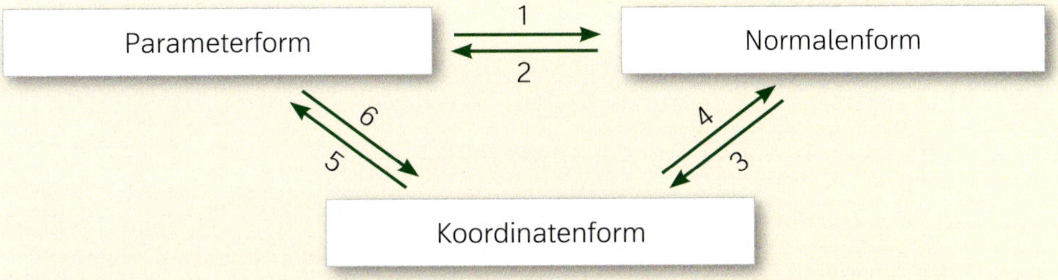

Strategiehinweise zum Umwandeln:

① Normalenvektor mit Vektorprodukt bestimmen, Stützpunkt als Punkt der Ebene
② in Koordinatenform schreiben, drei Punkte bestimmen, Parametergleichung aufstellen
③ $\vec{n} \cdot \vec{x} = \vec{n} \cdot \vec{q}$ ausrechnen
④ Normalenvektor ablesen, Punkt bestimmen, Normalenform aufstellen
⑤ Drei Punkte bestimmen, Parametergleichung aufstellen
⑥ zuerst ①, dann ③

Beispiele

D Parameterform → Normalenform → Koordinatenform

Ermitteln Sie zu der Ebene $E: \vec{x} = \begin{pmatrix} 1 \\ -1 \\ -2 \end{pmatrix} + r\begin{pmatrix} 3 \\ 1 \\ -1 \end{pmatrix} + s\begin{pmatrix} -1 \\ 2 \\ 3 \end{pmatrix}$ die Normalen- und Koordinatenform.

Lösung:
Normalenvektor $\vec{n}$ mit Vektorprodukt: $\vec{n} = \begin{pmatrix} 3 \\ 1 \\ -1 \end{pmatrix} \times \begin{pmatrix} -1 \\ 2 \\ 3 \end{pmatrix} = \begin{pmatrix} 5 \\ -8 \\ 7 \end{pmatrix}$

Normalenform: $\begin{pmatrix} 5 \\ -8 \\ 7 \end{pmatrix} \cdot \left(\vec{x} - \begin{pmatrix} 1 \\ -1 \\ -2 \end{pmatrix}\right) = 0 \Leftrightarrow \begin{pmatrix} 5 \\ -8 \\ 7 \end{pmatrix} \cdot \vec{x} - \begin{pmatrix} 5 \\ -8 \\ 7 \end{pmatrix} \cdot \begin{pmatrix} 1 \\ -1 \\ -2 \end{pmatrix} = 0 \Leftrightarrow \begin{pmatrix} 5 \\ -8 \\ 7 \end{pmatrix} \cdot \vec{x} = 1$

Koordinatenform: $5x - 8y + 7z = 1$

18 Ebenen umwandeln

Wandeln Sie die Ebenengleichungen jeweils in die beiden anderen Formen um:

a) $E: \vec{x} = \begin{pmatrix} 1 \\ -2 \\ 4 \end{pmatrix} + r\begin{pmatrix} 2 \\ 3 \\ -1 \end{pmatrix} + s\begin{pmatrix} 4 \\ 3 \\ 1 \end{pmatrix}$ b) $\begin{pmatrix} 4 \\ 1 \\ -2 \end{pmatrix} \cdot \vec{x} - 4 = 0$ c) $E: x - y + 2z - 2 = 0$

19 Koordinatengleichung mit CAS

Mit einem CAS kann ein Makro zur Bestimmung der Koordinatenform aus der Parameterform gebaut werden.

a) Erläutern Sie das Makro und erzeugen Sie es gegebenenfalls mit dem CAS.

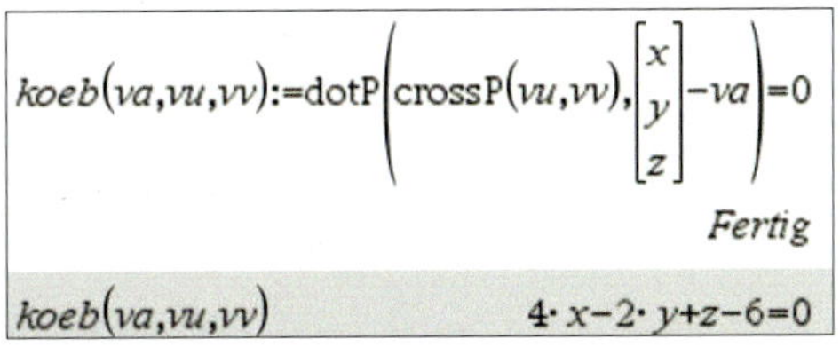

b) Ermitteln Sie jeweils zwei passende Vektoren $\vec{a}$, $\vec{u}$, $\vec{v}$.

c) Erläutern Sie: *„Zu einer Ebene gibt es – bis auf Vielfache – genau eine Koordinatenform, aber ganz unterschiedliche Parameterformen."*
Wie ist das bei Geraden?

Übungen

20 **Verschiedene Darstellungen einer Ebene**

Drei der vier Gleichungen beschreiben dieselbe Ebene. Welche sind es?

I) $\begin{pmatrix}1\\1\\1\end{pmatrix}\cdot\left[\vec{x}-\begin{pmatrix}6\\0\\0\end{pmatrix}\right]=0$ II) $\begin{pmatrix}1\\1\\1\end{pmatrix}\cdot\begin{pmatrix}x\\y\\z\end{pmatrix}=\begin{pmatrix}1\\1\\1\end{pmatrix}\cdot\begin{pmatrix}2\\2\\2\end{pmatrix}$

III) $\begin{pmatrix}1\\1\\1\end{pmatrix}\cdot\vec{x}=4$ IV) $x+y+z=6$

21 **Besondere Normalenform**

Anna behauptet: „Jede Ebene mit der Ebenengleichung $\vec{n}\cdot\vec{x}=0$ geht durch den Ursprung." Tim behauptet: „Auch die Ebene $\begin{pmatrix}1\\1\\-1\end{pmatrix}\cdot\left[\vec{x}-\begin{pmatrix}0\\1\\1\end{pmatrix}\right]=0$ verläuft durch den Ursprung." Haben die beiden recht?

22 **Ebenen in Normalenform und Koordinatenform**

Wählen Sie aus den fünf Ebenen jeweils zwei aus, die
- parallel und verschieden sind.
- gleich sind.
- orthogonal zueinander sind.
- weder parallel noch orthogonal zueinander sind.

E_1: $\begin{pmatrix}-2\\3\\1\end{pmatrix}\left[\begin{pmatrix}x\\y\\z\end{pmatrix}-\begin{pmatrix}1\\0\\0\end{pmatrix}\right]=0$

E_2: $\begin{pmatrix}0\\4\\0\end{pmatrix}\left[\begin{pmatrix}x\\y\\z\end{pmatrix}-\begin{pmatrix}2\\3\\4\end{pmatrix}\right]=0$

E_3: $\begin{pmatrix}4\\-6\\-2\end{pmatrix}\left[\begin{pmatrix}x\\y\\z\end{pmatrix}-\begin{pmatrix}1\\0\\0\end{pmatrix}\right]=0$

E_4: $4y-4=0$

E_5: $2x+z=4$

23 **Wahr oder falsch?**

Gegeben sind zwei Ebenen und eine Gerade im Raum:

E: $\vec{x}=\vec{a}+r\cdot\vec{u}+s\cdot\vec{v}$ F: $\vec{n}\cdot(\vec{x}-\vec{q})=0$ g: $\vec{x}=\vec{b}+t\vec{w}$

Welche der Aussagen sind wahr? Begründen Sie Ihre Entscheidung.

A $\vec{n}\perp\vec{u}$ und $\vec{n}\perp\vec{v}\Rightarrow E=F$

B $E=F\Rightarrow\vec{n}\perp\vec{u}$ und $\vec{n}\perp\vec{v}$

C $\vec{n}=c\vec{w}\Rightarrow g\perp F$

24 **Lagerhalle**

A(3,00|0,25|0,00)
B(3,00|2,25|0,00)
C(0,00|2,00|0,00)
D(0,00|0,00|0,00)
E(3,00|0,25|0,50)
F(3,00|2,25|1,00)
G(0,00|2,00|2,00)
H(0,00|0,00|1,50)

a) Zeigen Sie, dass die Eckpunkte der Dachfläche in einer Ebene liegen.

b) Aus Sicherheitsgründen sollen zwei vertikale Träger t_1 und t_2 das Dach stabilisieren. t_1 stützt das Dach im Diagonalenschnittpunkt der Dachfläche, t_2 wird über dem Punkt P(1|1,5|0) errichtet.
Beschreiben Sie Ihr Vorgehen zur Bestimmung der Länge der Träger und berechnen Sie deren Längen.

c) Zeichnen Sie die Lagerhalle mit ihren Trägern in ein „2-1-Koordinatensystem".

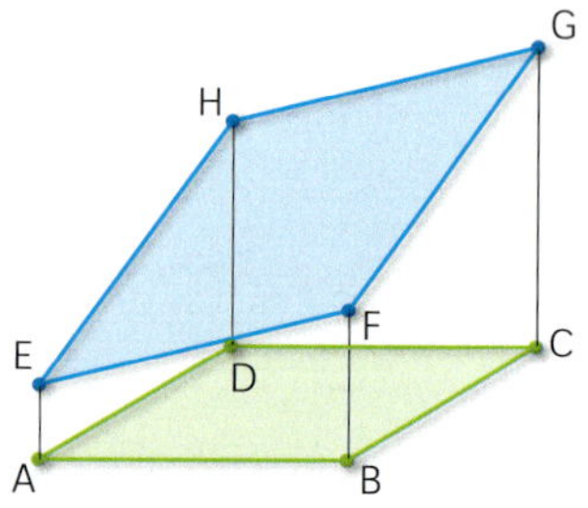

Grundwissen

1. Bestimmen Sie beide Lösungen: $\sqrt{(x+7)^2}=8$.
2. Bei „Mensch, ärgere dich nicht" hat man zu Beginn drei Versuche, eine „Sechs" zu würfeln. Wie groß ist die Wahrscheinlichkeit, die erste „Sechs" genau im zweiten Versuch zu erzielen?

Flächen- und Volumenberechnungen mit dem Vektorprodukt

Flächeninhalt eines Parallelogramms

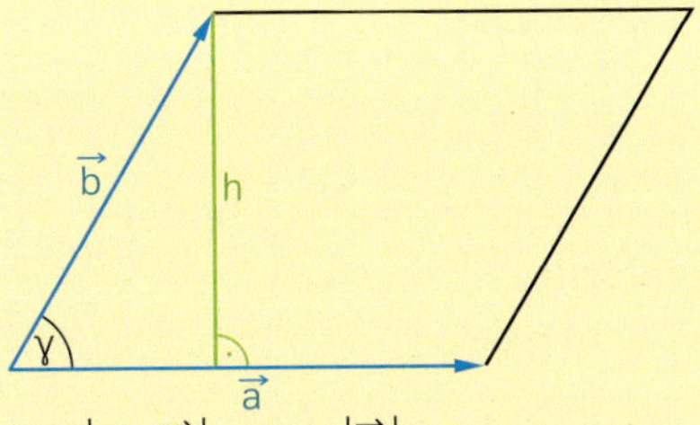

$A = |\vec{a} \times \vec{b}| = |\vec{a}| \cdot |\vec{b}| \cdot \sin(\gamma)$

Flächeninhalt eines Dreiecks

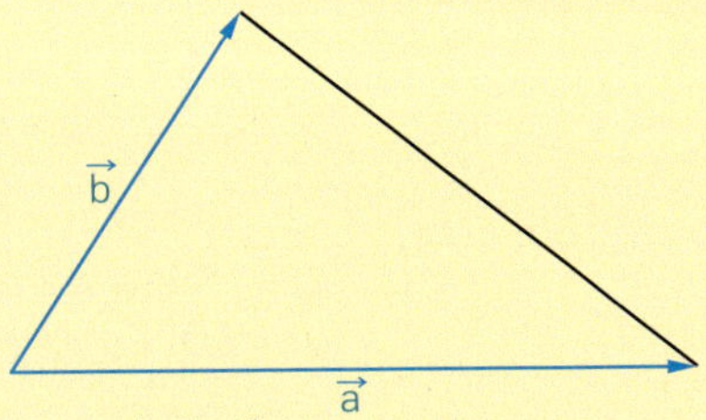

$A = \frac{1}{2} \cdot |\vec{a} \times \vec{b}|$

Die Verknüpfung $(\vec{a} \times \vec{b}) \cdot \vec{c}$ wird Spatprodukt genannt.

Volumen eines Spats

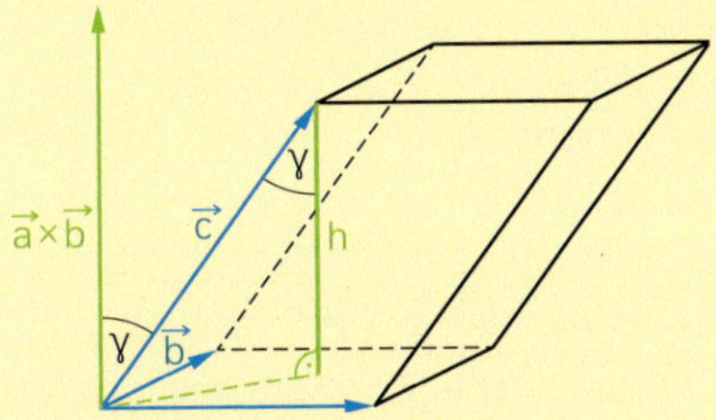

$V = |(\vec{a} \times \vec{b}) \cdot \vec{c}|$

Volumen einer dreiseitigen Pyramide

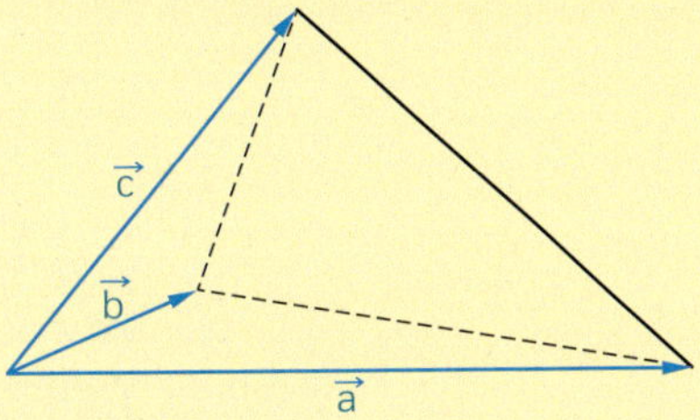

$V = \frac{1}{6} \cdot |(\vec{a} \times \vec{b}) \cdot \vec{c}|$

Aufgaben

25 Parallelogramm

Berechnen Sie die Koordinaten des fehlenden Parallelogrammpunktes und den Flächeninhalt mithilfe des Vektorprodukts.

a) $A(4|0|3)$; $B(5|-3|-1)$; $C(-2|4|-3)$ b) $A(0|3|4)$; $B(6|0|0)$; $D(9|-2|5)$

26 Anwenden des Vektorprodukts

a) Berechnen Sie den Flächeninhalt des Parallelogramms mit $A(1|-2|4)$, $B(7|0|6)$, $C(5|6|-4)$ und $D(-1|4|-6)$.

b) Berechnen Sie den Flächeninhalt des Dreiecks mit $A(3|2|-2)$, $B(1|5|1)$ und $C(0|2|3)$.

c) Berechnen Sie das Volumen des Spats ABCDEFGH mit $A(4|1|0)$, $B(4|8|0)$, $C(1|8|0)$ und $E(3|2|4)$. Erstellen Sie auch eine Zeichnung.

d) Berechnen Sie das Volumen einer dreiseitigen Pyramide mit den Eckpunkten $A(6|0|0)$, $B(0|4|0)$, $C(0|0|0)$ und $S(2|2|6)$.

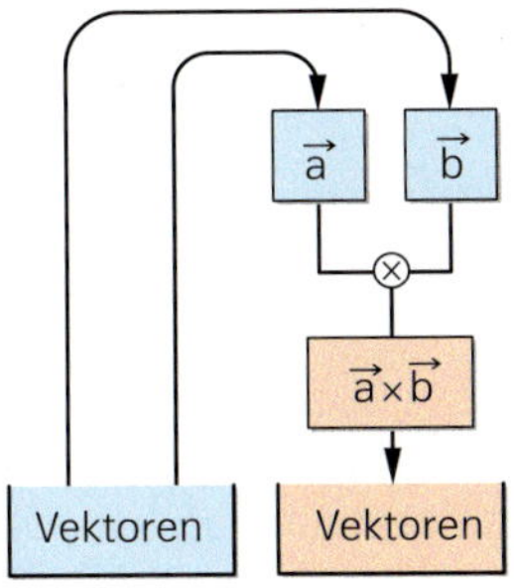

27 Rechengesetze für das Vektorprodukt

Welche Aussagen sind wahr? Begründen Sie Ihre Entscheidung.

(1) $\vec{a} \times \vec{b} = \vec{b} \times \vec{a}$

(2) $\vec{a} \times \vec{a} = \vec{0}$

(3) $\vec{a} \times (\vec{b} \times \vec{c}) = (\vec{a} \times \vec{b}) \times \vec{c}$

(4) $\vec{a} \times \vec{b} = -(\vec{b} \times \vec{a})$

(5) $\vec{a} \parallel \vec{b} \Rightarrow \vec{a} \times \vec{b} = \vec{0}$

(6) $\vec{a} \times (\vec{b} + \vec{c}) = (\vec{a} \times \vec{b}) + (\vec{a} \times \vec{c})$

(7) $(r \cdot \vec{a}) \cdot \vec{b} = r \cdot (\vec{a} \times \vec{b})$

(8) $(\vec{a} \times \vec{b}) \times (\vec{a} \times \vec{b}) = \vec{a} \times \vec{a} + \vec{b} \times \vec{b}$

7.3 Lagebeziehungen zwischen Gerade und Ebene

Aufgaben

1 Gemeinsame Punkte von Geraden und Ebenen

Über mögliche Lagebeziehungen zwischen Geraden wissen Sie bereits Bescheid.
Wie sieht es mit den Lagebeziehungen zwischen Geraden und Ebenen aus?

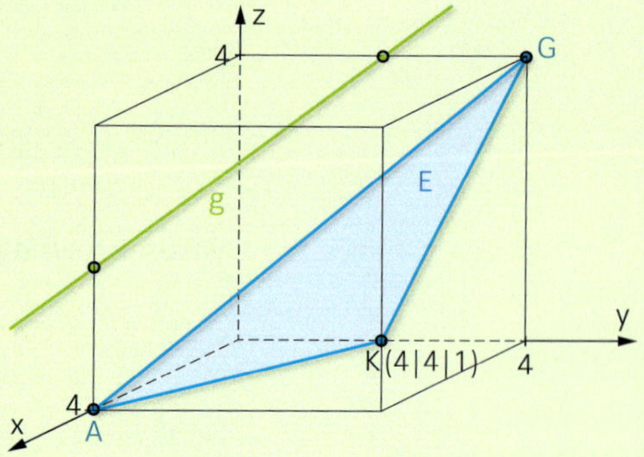

a) In der Abbildung sehen Sie einen Würfel mit der Kantenlänge 4. Entscheiden Sie, ob die Gerade, die durch zwei Kantenmitten verläuft, und die Ebene, in der das Dreieck liegt, gemeinsame Punkte haben.
b) Geben Sie zwei Geraden an, die zu den anderen Lagebeziehungen mit der Ebene E führen. Weisen Sie rechnerisch die Lagebeziehung der Gerade mit der Ebene nach.

2 Lagebeziehungen von Gerade und Ebene

Gegeben sind die Geraden

$g: \vec{x} = \begin{pmatrix} 2 \\ 0 \\ 1 \end{pmatrix} + r\begin{pmatrix} 1 \\ -1 \\ 2 \end{pmatrix}$

$h: \vec{x} = \begin{pmatrix} 2 \\ 0 \\ 1 \end{pmatrix} + s\begin{pmatrix} 1 \\ 2 \\ 3 \end{pmatrix}$

$k: \vec{x} = \begin{pmatrix} 1 \\ 2 \\ 0 \end{pmatrix} + t\begin{pmatrix} 0 \\ -3 \\ 2 \end{pmatrix}$

und die Ebenen

$E: x + 2y + 3z = 6$

$F: \vec{x} = \begin{pmatrix} 2 \\ 0 \\ 1 \end{pmatrix} + k\begin{pmatrix} 1 \\ -1 \\ 2 \end{pmatrix} + m\begin{pmatrix} 1 \\ 0 \\ 0 \end{pmatrix}$

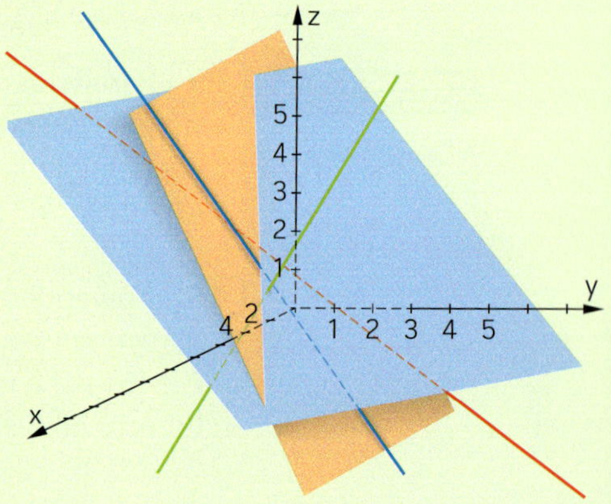

Untersuchen Sie die Lagebeziehungen der Geraden g, h und k zu den beiden Ebenen E und F.
In welchen Fällen ist es besonders einfach?

Richtungsvektoren der Gerade und der Ebene betrachten	Schnittpunkte ausrechnen
Normalenvektor der Ebene und Richtungsvektor der Gerade betrachten	LGS aufstellen und lösen
Komponentengleichungen der Gerade in Koordinatenform einsetzen	Ebene in Koordinatenform umwandeln

Basiswissen

Lagebeziehung zwischen Gerade und Ebene

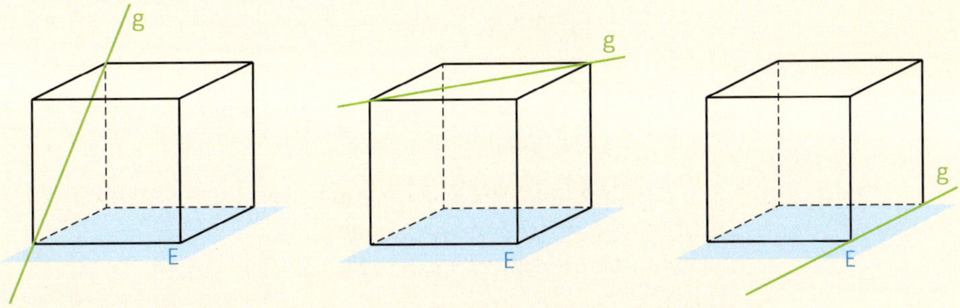

g und E schneiden sich in einem Punkt | g und E sind parallel | g liegt in E

Die Lagebeziehung wird mithilfe der Geraden- und Ebenengleichungen berechnet.

1. Ebene in Koordinatenform oder Normalenform

g: $\vec{x} = \begin{pmatrix} p_1 \\ p_2 \\ p_3 \end{pmatrix} + r \begin{pmatrix} v_1 \\ v_2 \\ v_3 \end{pmatrix}$ und E: $ax + by + cz = d$

Durch Einsetzen der „Komponentengleichungen“ in die Ebenengleichung erhält man die Gleichung mit der Lösungsvariablen r:

$a(p_1 + rv_1) + b(p_2 + rv_2) + c(p_3 + rv_3) = d$

Falls es für r

- genau eine Lösung gibt, schneiden sich die Gerade g und die Ebene E.
- keine Lösung gibt, sind die Gerade g und die Ebene E zueinander parallel.
- unendlich viele Lösungen gibt, liegt die Gerade g in der Ebene E.

2. Ebene in Parameterform

g: $\vec{x} = \vec{a} + t\vec{u}$ und E: $\vec{x} = \vec{b} + r\vec{v} + s\vec{w}$

Schnittpunktansatz:
Die Geradengleichung wird mit der Ebenengleichung gleichgesetzt.

$\vec{a} + t\vec{u} = \vec{b} + r\vec{v} + s\vec{w}$

Dies führt auf ein lineares Gleichungssystem mit drei Gleichungen und drei Variablen. Das Gleichungssystem kann genau eine Lösung, keine Lösung oder unendlich viele Lösungen haben.

Beispiel:

genau eine Lösung

$\begin{bmatrix} 1 & 0 & 0 & -1 \\ 0 & 1 & 0 & 2 \\ 0 & 0 & 1 & -1 \end{bmatrix}$

g und E schneiden sich in einem Punkt

keine Lösung

$\begin{bmatrix} 1 & 0 & -1 & 0 \\ 0 & 1 & -2 & 0 \\ 0 & 0 & 0 & 1 \end{bmatrix}$

g und E sind parallel

unendlich viele Lösungen

$\begin{bmatrix} 1 & 0 & -1 & 1 \\ 0 & 1 & -2 & 1 \\ 0 & 0 & 0 & 0 \end{bmatrix}$

g liegt in E

Beispiele

A **Gemeinsame Punkte einer Geraden und einer Ebene in Koordinatenform**

Bestimmen Sie die gemeinsamen Punkte der Geraden g: $\vec{x} = \begin{pmatrix} 1 \\ 2 \\ 3 \end{pmatrix} + r \begin{pmatrix} -1 \\ 4 \\ 2 \end{pmatrix}$ und der Ebene E: $2x + y + 3z = 5$

Lösung:

$2(1 - r) + (2 + 4r) + 3(3 + 2r) = 5$ liefert die Lösung $r = -1$. Durch Einsetzen von $r = -1$ in die Geradengleichung erhält man den Schnittpunkt $S(2|-2|1)$.

Beispiele

B Lagebeziehung zwischen Gerade und Ebene in Parameterform

Welche Lage haben die Ebene $E: \vec{x} = \begin{pmatrix} 2 \\ 2 \\ 2 \end{pmatrix} + r\begin{pmatrix} -1 \\ 1 \\ 1 \end{pmatrix} + s\begin{pmatrix} -2 \\ 1 \\ 3 \end{pmatrix}$ und $g: \vec{x} = \begin{pmatrix} -1 \\ 4 \\ 6 \end{pmatrix} + t\begin{pmatrix} -5 \\ 3 \\ 7 \end{pmatrix}$ zueinander?

Lösung:

Der Schnittpunktansatz liefert:

LGS	Matrix	Diagonalform	Interpretation
$-r-2s+5t=-3$ $r+s-3t=2$ $r+3s-7t=4$	$\begin{bmatrix} -1 & -2 & 5 & -3 \\ 1 & 1 & -3 & 2 \\ 1 & 3 & -7 & 4 \end{bmatrix}$	$\begin{bmatrix} 1 & 0 & -1 & 1 \\ 0 & 1 & -2 & 1 \\ 0 & 0 & 0 & 0 \end{bmatrix}$	$r-t=1$ $s-2t=1$ $0=0$

Die letzte Gleichung ist allgemeingültig. Der Parameter t kann beliebig gewählt werden. Alle Punkte von g sind also Lösung des Gleichungssystems. Das bedeutet, die Gerade liegt in der Ebene.

Übungen

3 Rechner defekt – kein Problem

Bei diesen Aufgaben geht es auch leicht per Hand. Welche Lage haben die Ebene und die Gerade zueinander?

a) $g: \vec{x} = \begin{pmatrix} 3 \\ 4 \\ -1 \end{pmatrix} + r\begin{pmatrix} 1 \\ 2 \\ 3 \end{pmatrix}$ und $E: 2x + y + 3z = 0$

b) $g: \vec{x} = \begin{pmatrix} 1 \\ -2 \\ 1 \end{pmatrix} + r\begin{pmatrix} 1 \\ -4 \\ 2 \end{pmatrix}$ und $E: 4x + 2y + z = 1$

c) $g: \vec{x} = t\begin{pmatrix} 3 \\ 2 \\ 0 \end{pmatrix}$ und $E: \vec{x} = \begin{pmatrix} 2 \\ 1 \\ 5 \end{pmatrix} + r\begin{pmatrix} 0 \\ 2 \\ -1 \end{pmatrix} + s\begin{pmatrix} 3 \\ 0 \\ 1 \end{pmatrix}$

d) $g: \vec{x} = \begin{pmatrix} 14 \\ 1 \\ 15 \end{pmatrix} + t\begin{pmatrix} -2 \\ 2 \\ 0 \end{pmatrix}$ und $E: \vec{x} = r\begin{pmatrix} 3 \\ 2 \\ 4 \end{pmatrix} + s\begin{pmatrix} 6 \\ -2 \\ 2 \end{pmatrix}$

4 Training

Untersuchen Sie die Lagebeziehung der Ebene und der Gerade.

a) $g: \vec{x} = \begin{pmatrix} 2 \\ 1 \\ 3 \end{pmatrix} + r\begin{pmatrix} 0 \\ 2 \\ 1 \end{pmatrix}$ und $E: 2x - z = 4$

b) $g: \vec{x} = \begin{pmatrix} 1 \\ 1 \\ 2 \end{pmatrix} + r\begin{pmatrix} 0 \\ -3 \\ 2 \end{pmatrix}$ und $E: x + 2y + 3z = 4$

c) $g: \vec{x} = \begin{pmatrix} 3 \\ 4 \\ 4 \end{pmatrix} + t\begin{pmatrix} 2 \\ 1 \\ -3 \end{pmatrix}$ und $E: \vec{x} = \begin{pmatrix} -1 \\ 4 \\ 0 \end{pmatrix} + r\begin{pmatrix} 0 \\ 3 \\ -2 \end{pmatrix} + s\begin{pmatrix} 1 \\ -2 \\ 1 \end{pmatrix}$

d) $g: \vec{x} = \begin{pmatrix} -4 \\ 0 \\ 1 \end{pmatrix} + t\begin{pmatrix} 3 \\ 5 \\ -2 \end{pmatrix}$ und $E: \vec{x} = \begin{pmatrix} 3 \\ 1 \\ 0 \end{pmatrix} + r\begin{pmatrix} 1 \\ 3 \\ -2 \end{pmatrix} + s\begin{pmatrix} 0 \\ -2 \\ 2 \end{pmatrix}$

e) $g: \vec{x} = \begin{pmatrix} 6 \\ 0 \\ -8 \end{pmatrix} + t\begin{pmatrix} 1 \\ 0 \\ 2 \end{pmatrix}$ und $E: \vec{x} = \begin{pmatrix} 1 \\ 4 \\ 2 \end{pmatrix} + r\begin{pmatrix} 1 \\ 1 \\ 1 \end{pmatrix} + s\begin{pmatrix} 1 \\ 2 \\ 0 \end{pmatrix}$

5 Sechseckfläche

Zeigen Sie, dass die Diagonale $\overline{DF}$ des Würfels die Sechseckfläche im Mittelpunkt des Würfels M(2|2|2) schneidet.
Wie erkennen Sie an der Diagonalmatrix, dass genau ein Schnittpunkt vorliegt?

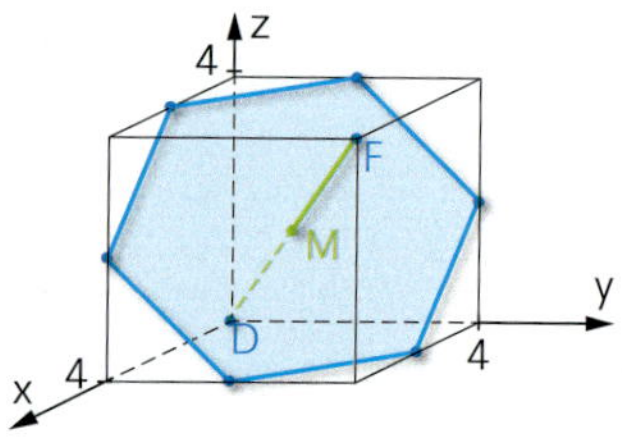

Übungen

6 Schnittpunkt aus Diagonalenform

a) Bestimmen Sie den Schnittpunkt der Ebene mit der Geraden aus der Diagonalform der Matrix.

$$\begin{pmatrix} 1 & 0 & 0 & -1 \\ 0 & 1 & 0 & 2 \\ 0 & 0 & 1 & -1 \end{pmatrix}$$

$$E\colon \vec{x} = \begin{pmatrix} 2 \\ 3 \\ 2 \end{pmatrix} + r\begin{pmatrix} -3 \\ 1 \\ 1 \end{pmatrix} + s\begin{pmatrix} 1 \\ -1 \\ 1 \end{pmatrix}$$

$$g\colon \vec{x} = \begin{pmatrix} 2 \\ 3 \\ 10 \end{pmatrix} + t\begin{pmatrix} -5 \\ 3 \\ 7 \end{pmatrix}$$

b) Ordnen Sie $\vec{u}, \vec{v_1}, \vec{v_2}$ den Richtungsvektoren zu und interpretieren Sie die Zeichnung mithilfe der Vektorzüge.

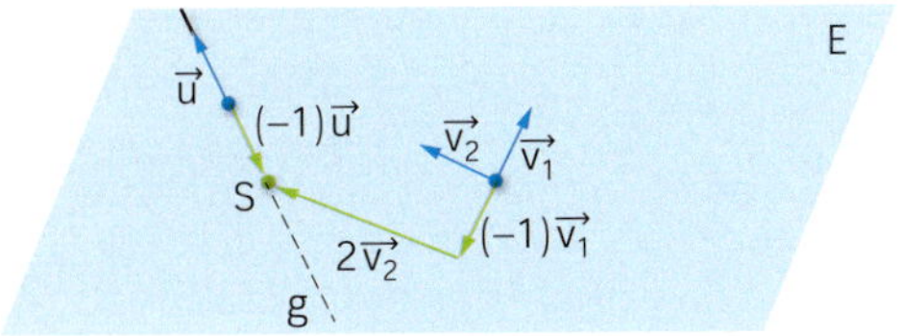

7 Dreiseitige Pyramide

Die dreiseitige Pyramide steht auf der Ebene E.

$$E\colon \vec{x} = \begin{pmatrix} 1 \\ -1 \\ 0 \end{pmatrix} + r\begin{pmatrix} 1 \\ -2 \\ 1 \end{pmatrix} + s\begin{pmatrix} 0 \\ 1 \\ -1 \end{pmatrix}$$

Drei Seitenkanten der dreiseitigen Pyramide liegen auf den Geraden

$$s_1\colon \vec{x} = \begin{pmatrix} 3 \\ 5 \\ 0 \end{pmatrix} + t_1\begin{pmatrix} 2 \\ 3 \\ 0 \end{pmatrix}, \quad s_2\colon \vec{x} = \begin{pmatrix} 3 \\ 5 \\ 0 \end{pmatrix} + t_2\begin{pmatrix} 2 \\ 5 \\ 1 \end{pmatrix}$$

und

$$s_3\colon \vec{x} = \begin{pmatrix} 3 \\ 5 \\ 0 \end{pmatrix} + t_3\begin{pmatrix} 1 \\ 2 \\ 1 \end{pmatrix}.$$

Bestimmen Sie die Eckpunkte der Pyramide. Handelt es sich um ein Tetraeder?

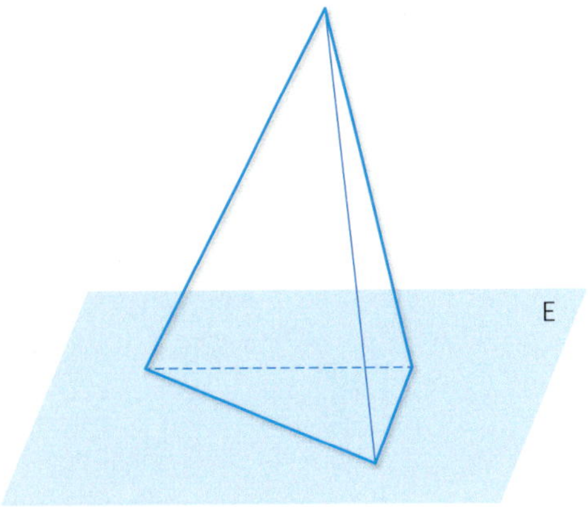

8 Parameteraufgabe

Gegeben sind $g_a\colon \vec{x} = \begin{pmatrix} 2-a \\ 4-2a \\ 2 \end{pmatrix} + r\begin{pmatrix} a-2 \\ 0 \\ 2 \end{pmatrix}$ und $E_b\colon 2x - y + b = 0$

a) Für welche a und b gibt es genau einen Schnittpunkt?

b) Für welche a und b sind g_a und E_b echt parallel?

c) Für welche a und b liegt g_a in E_b?

Grundwissen

1. Geben Sie die Werte für a und b so an, dass die Vektoren $\vec{u} = \begin{pmatrix} 0{,}5 \\ -5 \\ -1 \end{pmatrix}$ und $\vec{v} = \begin{pmatrix} a \\ 1 \\ b \end{pmatrix}$ zueinander parallel sind. Finden Sie einen Vektor $\vec{w}$, der zu $\vec{u}$ und $\vec{v}$ parallel ist und nur ganzzahlige Koordinaten (nur positive Koordinaten) enthält?
2. Begründen Sie jeweils in Worten und mit einer Skizze.
   a) Gibt es Funktionen, die zur x-Achse symmetrisch sind?
   b) Gibt es Funktionen, die sowohl punktsymmetrisch zum Ursprung als auch achsensymmetrisch zur y-Achse sind?
3. Lösen Sie die Gleichung: $-\frac{x}{3} + 7 = 2x$.

Aufgaben

9 Lineare Abhängigkeit von drei Vektoren

Bisher haben Sie kollineare Vektoren als parallele Vektoren interpretiert.
Man kann auch sagen:
Zwei Vektoren $\vec{u}$ und $\vec{v}$ sind genau dann linear abhängig, wenn $\vec{u} = c\vec{v}$ mit $c \in \mathbb{R}$.
Bei drei Vektoren geht die Interpretation mithilfe paralleler Vektoren nicht mehr.
Begründen Sie anschaulich, dass die Vektoren $\vec{a}$, $\vec{b}$ und $\vec{c}$ linear abhängig sind.
Zeigen Sie dies mithilfe der nebenstehenden Definition auch rechnerisch.

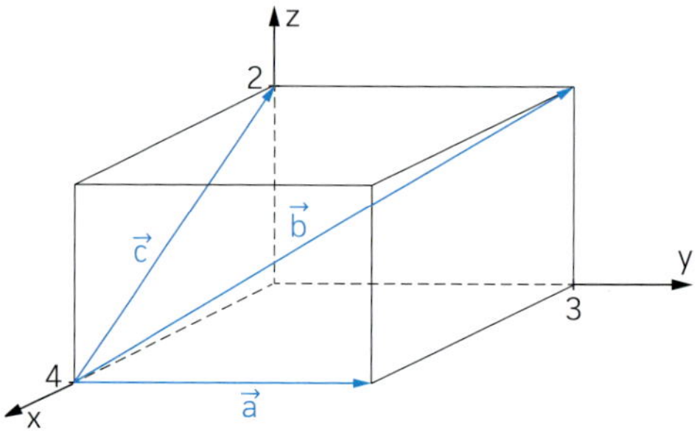

↘ Lineare Abhängigkeit von drei Vektoren

(1) Drei Vektoren $\vec{a}$, $\vec{b}$ und $\vec{c}$ im Raum sind **linear abhängig**, wenn mindestens einer dieser Vektoren als Linearkombination der beiden anderen Vektoren darstellbar ist, z. B. $\vec{a} = r\vec{b} + s\vec{c}$.

Oder

(2) Drei Vektoren $\vec{a}$, $\vec{b}$ und $\vec{c}$ im Raum sind **linear abhängig**, wenn es Zahlen r, s und t gibt, die nicht alle null sind, sodass
$\vec{0} = r\vec{a} + s\vec{b} + t\vec{c}$ gilt.
Andernfalls sind die Vektoren $\vec{a}$, $\vec{b}$ und $\vec{c}$ **linear unabhängig.**

10 Lineare Abhängigkeit – Lagebeziehung

Die Lagebeziehung einer Gerade und einer Ebene können Sie auch mithilfe der linearen Abhängigkeit oder linearen Unabhängigkeit der Richtungsvektoren untersuchen.
Entscheiden Sie, welche Lage jeweils vorliegt.

a) $E: \vec{x} = \begin{pmatrix} -1 \\ 4 \\ 0 \end{pmatrix} + r\begin{pmatrix} 0 \\ 3 \\ -2 \end{pmatrix} + s\begin{pmatrix} 1 \\ -2 \\ 1 \end{pmatrix}$; $g: \vec{x} = \begin{pmatrix} 3 \\ 4 \\ 4 \end{pmatrix} + t\begin{pmatrix} 2 \\ 1 \\ -3 \end{pmatrix}$

b) $E: \vec{x} = \begin{pmatrix} 3 \\ 1 \\ 0 \end{pmatrix} + r\begin{pmatrix} 1 \\ 3 \\ -2 \end{pmatrix} + s\begin{pmatrix} 0 \\ -2 \\ 2 \end{pmatrix}$; $g: \vec{x} = \begin{pmatrix} -4 \\ 0 \\ 1 \end{pmatrix} + t\begin{pmatrix} 3 \\ 5 \\ -2 \end{pmatrix}$

c) $E: \vec{x} = \begin{pmatrix} 1 \\ 4 \\ 2 \end{pmatrix} + r\begin{pmatrix} 1 \\ 1 \\ 1 \end{pmatrix} + s\begin{pmatrix} 1 \\ 2 \\ 0 \end{pmatrix}$; $g: \vec{x} = \begin{pmatrix} 6 \\ 0 \\ -8 \end{pmatrix} + t\begin{pmatrix} 1 \\ 0 \\ 2 \end{pmatrix}$

Beispiel zu a)

$$\begin{aligned} s &= 2 & s &= 2 & s &= 2 \\ 3r - 2s &= 1 \Rightarrow & 3r &= 5 \Rightarrow & r &= \tfrac{5}{3} \\ -2r + s &= -3 \Rightarrow & -2r &= -5 \Rightarrow & r &= \tfrac{5}{2} \end{aligned}$$

Das LGS führt auf einen Widerspruch und hat keine Lösung. Die drei Richtungsvektoren sind somit nicht linear abhängig. E und g schneiden sich in einem Punkt.

11 Vier Vektoren im Raum

Zeigen Sie, dass vier Vektoren im Raum immer linear abhängig sind.
Weisen Sie dies zunächst an den folgenden vier Vektoren nach.

$\vec{a} = \begin{pmatrix} 1 \\ 1 \\ 1 \end{pmatrix}$, $\vec{b} = \begin{pmatrix} 1 \\ 0 \\ 0 \end{pmatrix}$, $\vec{c} = \begin{pmatrix} 0 \\ 1 \\ 2 \end{pmatrix}$, $\vec{d} = \begin{pmatrix} 0 \\ 1 \\ 0 \end{pmatrix}$

12 Lineare Unabhängigkeit

Überprüfen Sie rechnerisch, ob die Vektoren $\vec{a}$, $\vec{b}$ und $\vec{c}$ linear abhängig oder unabhängig sind. Übersetzen Sie dazu die Gleichung $\vec{0} = r\vec{a} + s\vec{b} + t\vec{c}$ in die Matrixschreibweise. Wie erkennen Sie an der Diagonalform, ob die Vektoren linear unabhängig sind?

a) $\vec{a} = \begin{pmatrix} 2 \\ 4 \\ 1 \end{pmatrix}$, $\vec{b} = \begin{pmatrix} 1 \\ 2 \\ 0 \end{pmatrix}$, $\vec{c} = \begin{pmatrix} 0 \\ 0 \\ 2 \end{pmatrix}$

b) $\vec{a} = \begin{pmatrix} 1 \\ 1 \\ 1 \end{pmatrix}$, $\vec{b} = \begin{pmatrix} 1 \\ 0 \\ 0 \end{pmatrix}$, $\vec{c} = \begin{pmatrix} 0 \\ 1 \\ 2 \end{pmatrix}$

7.4 Lagebeziehungen von Ebenen

Aufgaben

1 **Lagebeziehung zwischen Ebenen am Würfel**

Auch Lagebeziehungen zwischen Ebenen lassen sich am Würfel zeigen. Die Ebenen E_1 und E_2 schneiden sich in einer Schnittgeraden g.

a) Welche weiteren Lagebeziehungen zwischen Ebenen sind möglich?
In welchen Fällen kann man die Lagebeziehung direkt aus den Gleichungen erkennen? Welche Möglichkeiten sehen Sie in den anderen Fällen?

b) Stellen Sie die Gleichungen der Ebenen E_1, E_2 und E_3 auf.
Bestimmen Sie rechnerisch die Lagebeziehungen der drei Ebenen.

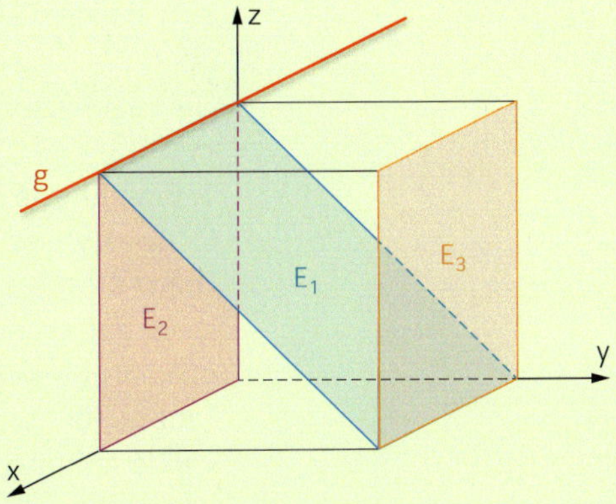

Gruppenarbeit

2 **Lagebeziehungen von Ebenen**

Gegeben sind die Ebenen

E: $x + 2y + 3z = 6$

F: $2x + 4y + 6z = 6$

G: $x - y + z = 6$

H: $\vec{x} = \begin{pmatrix} 2 \\ 0 \\ 1 \end{pmatrix} + r\begin{pmatrix} 1 \\ -1 \\ 2 \end{pmatrix} + s\begin{pmatrix} 1 \\ 0 \\ 0 \end{pmatrix}$

I: $\vec{x} = \begin{pmatrix} 0 \\ 3 \\ 0 \end{pmatrix} + r\begin{pmatrix} 6 \\ -3 \\ 0 \end{pmatrix} + s\begin{pmatrix} 0 \\ -3 \\ 2 \end{pmatrix}$

K: $\vec{x} = \begin{pmatrix} 1 \\ 2 \\ 3 \end{pmatrix} + r\begin{pmatrix} -1 \\ 1 \\ -2 \end{pmatrix} + s\begin{pmatrix} -2 \\ 0 \\ 0 \end{pmatrix}$

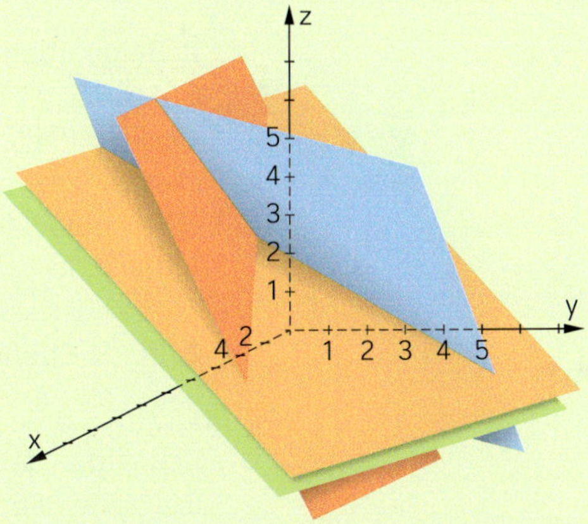

Untersuchen Sie die Lage der Ebenen zueinander.
In welchen Fällen ist es besonders einfach?

Richtungsvektoren der Ebenen betrachten	Schnittpunkte ausrechnen
Normalenvektoren betrachten	LGS aufstellen und lösen
Kompontengleichungen einer Ebene in Koordinatenform einsetzen	Koordinatenformen gleichsetzen
Normalenvektor und Richtungsvektoren betrachten	

Basiswissen

Lagebeziehung zwischen Ebenen

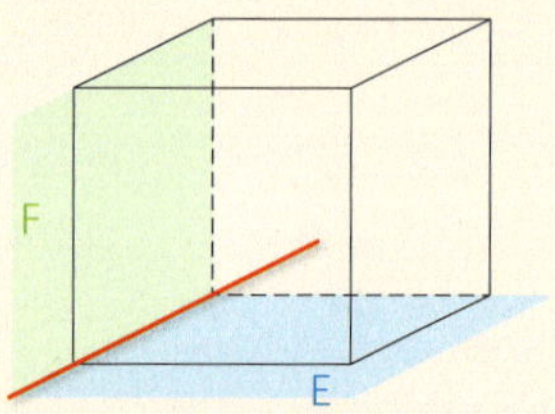

E und F schneiden sich in einer Geraden

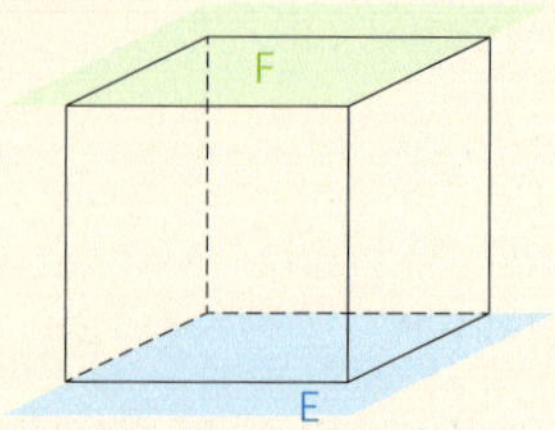

E und F sind parallel

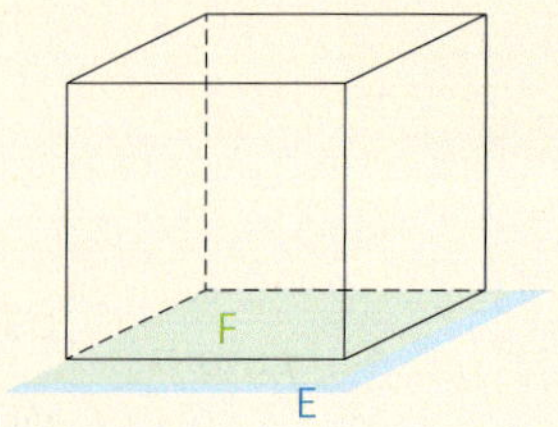

F liegt in E

Die Lagebeziehung kann mithilfe der Ebenengleichungen berechnet werden.

1. Eine Ebene in Koordinatenform, die andere Parameterform

E: $ax + by + cz = d$ und F: $\vec{x} = \vec{a} + r\vec{u} + s\vec{v}$

Durch Einsetzen der *„Komponentengleichungen“* der Parameterform in die Ebenengleichung erhält man die Gleichung mit den Lösungsvariablen r und s:

$a(p_1 + rv_1 + sv_1) + b(p_2 + rv_2 + sv_2) + c(p_3 + rv_3 + sv_3) = d$

Falls es für r und s

- eine Abhängigkeit gibt, schneiden sich die Ebene in einer Schnittgeraden
- keine Lösung gibt, sind die Ebenen zueinander parallel
- unendlich viele Lösungen ohne eine Abhängigkeit zwischen r und s gibt, sind die Ebenen identisch

2. Beide Ebenen in Koordinatenform

E: $a_1x - b_1y + c_1z = d_1$ und F: $a_2x + b_2y + c_2z = d_2$

Die Ebenengleichungen können als LGS aufgefasst werden.

Dies ist ein unterbestimmtes LGS mit zwei Gleichungen und drei Variablen, in dem eine Variable frei gewählt werden kann.

Anhand der Lösungen kann die Lagebeziehung entschieden werden.

3. Beide Ebenen in Parameterform

E: $\vec{x} = \vec{b}_1 + r_1\vec{v}_1 + s_1\vec{w}_1$ und F: $\vec{x} = \vec{b}_2 + r_2\vec{v}_2 + s_2\vec{w}_2$

Schnittpunktansatz:

Die beiden Ebenen werden gleichgesetzt. $\vec{b}_1 + r_1\vec{v}_1 + s_1\vec{w}_1 = \vec{b}_2 + r_2\vec{v}_2 + s_2\vec{w}_2$

Dies führt auf ein lineares Gleichungssystem mit drei Gleichungen und vier Variablen. Das Gleichungssystem kann keine oder unendlich viele Lösungen haben. Bei unendlich vielen Lösungen kann man zwei Fälle unterscheiden.

unendlich viele Lösungen und in allen Zeilen der Diagonalform Einträge

$$\begin{bmatrix} 1 & 0 & 0 & -.5 & .5 \\ 0 & 1 & 0 & -1 & .5 \\ 0 & 0 & 1 & 1.5 & 1 \end{bmatrix}$$

E und F schneiden sich in einer Geraden.

keine Lösung

$$\begin{bmatrix} 1 & 0 & -1 & -2 & 0 \\ 0 & 1 & -1 & -3 & 0 \\ 0 & 0 & 0 & 0 & 1 \end{bmatrix}$$

E und F sind parallel.

unendlich viele Lösungen und eine Zeile der Diagonalform nur Nullen

$$\begin{bmatrix} 1 & 0 & -1 & -2 & 1 \\ 0 & 1 & -1 & -3 & 0 \\ 0 & 0 & 0 & 0 & 0 \end{bmatrix}$$

F liegt in E.

Beispiele

A Lagebeziehung von Ebenen, eine in Parameter- und eine in Koordinatenform

Schneiden sich die Ebenen $E_1: \vec{x} = \begin{pmatrix} 9 \\ 1 \\ 4 \end{pmatrix} + r\begin{pmatrix} 4 \\ -1 \\ -1 \end{pmatrix} + s\begin{pmatrix} 5 \\ 0 \\ -1 \end{pmatrix}$ und $E_2: x - y + 3z = 12$?

Lösung:

Von E_1 die Komponentengleichungen $x = 9 + 4r + 5s$; $y = 1 - r$; $z = 4 - r - s$ in E_2 eingesetzt liefert $(9 + 4r + 5s) - (1 - r) + 3(4 - r - s) = 12$ oder vereinfacht $2r + 2s + 20 = 12$. Daraus folgt: $s = -r - 4$

Wird $s = -r - 4$ in E_1 eingesetzt erhält man $\vec{x} = \begin{pmatrix} 9 \\ 1 \\ 4 \end{pmatrix} + r\begin{pmatrix} 4 \\ -1 \\ -1 \end{pmatrix} + (-r-4)\begin{pmatrix} 5 \\ 0 \\ -1 \end{pmatrix}$ und damit

die Schnittgerade $g: \vec{x} = \begin{pmatrix} -11 \\ 1 \\ 8 \end{pmatrix} + r\begin{pmatrix} -1 \\ -1 \\ 0 \end{pmatrix}$

B Lagebeziehung von Ebenen in Koordinatenform

Bestimmen Sie die Lagebeziehung der Ebenen $E_1: 2x - 4y + 6z = 8$ und $E_2: x + 4y - 3z = -5$.

Lösung:

Die Ebenengleichungen können als LGS aufgefasst werden.

$$\begin{aligned} 2x - 4y + 6z &= 8 \\ x + 4y - 3z &= -5 \end{aligned} \Rightarrow \begin{aligned} 3x \qquad + 3z &= 3 \\ x + 4y - 3z &= -5 \end{aligned}$$

Dies ist ein unterbestimmtes LGS mit zwei Gleichungen und drei Variablen, wobei die Lösungen x, y, z eine Schnittgerade beschreiben.

Eine Variable kann frei gewählt werden. Setze $z = r$.

Daraus folgt: $3x + 3r = 3 \Rightarrow x = 1 - r$

Eingesetzt in die 2. Gleichung: $1 - r + 4y - 3r = -5 \Rightarrow y = -1{,}5 + r$

Zusammengefasst gilt: $\begin{pmatrix} x \\ y \\ z \end{pmatrix} = \begin{pmatrix} 1 - r \\ -1{,}5 + r \\ r \end{pmatrix}$.

Damit gilt für die Schnittgerade: $g: \vec{x} = \begin{pmatrix} 1 \\ -1{,}5 \\ 0 \end{pmatrix} + r\begin{pmatrix} -1 \\ 1 \\ 1 \end{pmatrix}$

C Lagebeziehung von Ebenen in Parameterform

Welche Lage haben die Ebenen $E_1: \vec{x} = \begin{pmatrix} 2 \\ 3 \\ 2 \end{pmatrix} + r_1\begin{pmatrix} -3 \\ 1 \\ 1 \end{pmatrix} + s_1\begin{pmatrix} 1 \\ -1 \\ 1 \end{pmatrix}$ und $E_2: \vec{x} = \begin{pmatrix} 2 \\ 2 \\ 2 \end{pmatrix} + r_2\begin{pmatrix} -1 \\ 1 \\ 1 \end{pmatrix} + s_2\begin{pmatrix} -2 \\ 1 \\ 3 \end{pmatrix}$ zueinander?

Lösung:

LGS	Matrix	Diagonalform	Interpretation
$-3r_1 + s_1 + r_2 + 2s_2 = 0$ $r_1 - s_1 - r_2 - s_2 = -1$ $r_1 + s_1 - r_2 - 3s_2 = 0$	$\begin{bmatrix} -3 & 1 & 1 & 2 & 0 \\ 1 & -1 & -1 & -1 & -1 \\ 1 & 1 & -1 & -3 & 0 \end{bmatrix}$	$\begin{bmatrix} 1 & 0 & 0 & -.5 & .5 \\ 0 & 1 & 0 & -1 & .5 \\ 0 & 0 & 1 & 1.5 & 1 \end{bmatrix}$	$r_1 - 0{,}5s_2 = 0{,}5$ $s_1 - s_2 = 0{,}5$ $r_2 + 1{,}5s_2 = 1$

Parameter r_1, s_1 und r_2 in Abhängigkeit von s_2 schreiben:

$r_1 - 0{,}5s_2 = 0{,}5 \quad \Rightarrow r_1 = 0{,}5 + 0{,}5s_2$

$s_1 - s_2 = 0{,}5 \quad \Rightarrow s_1 = 0{,}5 + s_2$

$r_2 + 1{,}5s_2 = 1 \quad \Rightarrow r_2 = 1 - 1{,}5\, s_2$

$r_2 = 1 - 1{,}5s_2$ in E_2 eingesetzt liefert: $\vec{x} = \begin{pmatrix} 2 \\ 2 \\ 2 \end{pmatrix} + (1 - 1{,}5s_2)\begin{pmatrix} -1 \\ 1 \\ 1 \end{pmatrix} + s_2\begin{pmatrix} -2 \\ 1 \\ 3 \end{pmatrix}$

Das ist die Gleichung der Schnittgeraden: $\vec{x} = \begin{pmatrix} 1 \\ 3 \\ 3 \end{pmatrix} + s_2\begin{pmatrix} -0{,}5 \\ -0{,}5 \\ 1{,}5 \end{pmatrix}$

Übungen

3 Schnittgerade

Bestimmen Sie die Schnittgerade der Ebenen $E_1\colon \vec{x} = \begin{pmatrix}1\\0\\2\end{pmatrix} + r\begin{pmatrix}1\\2\\-1\end{pmatrix} + s\begin{pmatrix}2\\1\\3\end{pmatrix}$ und E_2.

a) $E_2\colon x + y + z = 1$ b) $E_2\colon -x + y - z = 3$ c) $E_2\colon 2y - 3z = 8$

4 Schnittgerade aus Ebenen in Koordinatenform

Bestimmen Sie die Schnittgerade der Ebenen E_1 und E_2.

a) $E_1\colon x + 2y + 3z = 4$ und $E_2\colon 2x + 3z = 6$

b) $E_1\colon 2x - y + z = 3$ und $E_2\colon x + y + z = 6$

c) $E_1\colon -2x + 3y + z = 8$ und $E_2\colon x + y + 3z = 1$

5 Lagebeziehung von Ebenen

Bestimmen Sie die Lage der Ebenen E_1 und E_2 zueinander. Geben Sie ggf. die Schnittgerade an.

a) $E_1\colon x + 2y + z = 4$ und $E_2\colon x + 2y - z = 2$

b) $E_1\colon 2x + y + 2z = 6$ und $E_2\colon x = \begin{pmatrix}2\\1\\-1\end{pmatrix} + r\begin{pmatrix}1\\0\\-1\end{pmatrix} + s\begin{pmatrix}1\\-4\\1\end{pmatrix}$

c) $E_1\colon \vec{x} = \begin{pmatrix}1\\2\\4\end{pmatrix} + r\begin{pmatrix}1\\0\\0\end{pmatrix} + s\begin{pmatrix}0\\1\\0\end{pmatrix}$ und $E_2\colon \vec{x} = \begin{pmatrix}2\\3\\5\end{pmatrix} + k\begin{pmatrix}1\\1\\0\end{pmatrix} + m\begin{pmatrix}2\\3\\0\end{pmatrix}$

d) $E_1\colon \begin{pmatrix}2\\1\\5\end{pmatrix}\left(\vec{x} - \begin{pmatrix}1\\2\\1\end{pmatrix}\right)$ und $E_2\colon 2x + y + 5z = 9$

6 Lagebeziehung an Normalenvektoren erkennen

Es gibt drei unterschiedliche Lagen von Ebenen zueinander.

a) Beschreiben Sie, wie Sie die Lage der Ebenen zueinander an den Normalenvektoren erkennen können.

b) Bestimmen Sie die Lage der Ebenen zueinander mithilfe der Normalenvektoren.

i) $E_1\colon 2x + y - z = 4$ und $E_2\colon -2x - y + z = 6$

ii) $E_1\colon 3x - 2y + z = 4$ und $E_2\colon 3x + 2y - z = 4$

iii) $E_1\colon -x + 2y + 4z = 5$ und $E_2\colon 2x - 4y - 8z = -10$

Werkzeug

vgl. Beispiel B

Lagebeziehung von Ebenen

GTR

```
[A]
        [2 -4  6  8]
        [1  4 -3 -5]
rref([A])
        [1 0  1   1  ]
        [0 1 -1 -1.5 ]
```

CAS

$\text{solve}(2\cdot x - 4\cdot y + 6\cdot z = 8 \text{ and } x + 4\cdot y - 3\cdot z = -5, \{x, y\})$

$x = -(z-1) \text{ and } y = \frac{2\cdot z - 3}{2}$

$$\begin{matrix} x + z = 1 \\ y - z = -1{,}5 \end{matrix} \Rightarrow \begin{matrix} x = 1 - z \\ y = -1{,}5 + z \end{matrix} \Rightarrow \vec{x} = \begin{pmatrix}1 - z\\-1{,}5 + z\\z\end{pmatrix} \Rightarrow g\colon \vec{x} = \begin{pmatrix}1\\-1{,}5\\0\end{pmatrix} + r\begin{pmatrix}-1\\1\\1\end{pmatrix}$$

7 Orthogonale Ebene

Gegeben ist die Ebene $E_1\colon \left(x - \begin{pmatrix}1\\2\\3\end{pmatrix}\right)\cdot\begin{pmatrix}2\\-1\\4\end{pmatrix} = 0$.

a) Bestimmen Sie eine zu E_1 orthogonale Ebene E_2, die durch den Punkt $P(1|0|1)$ verläuft.

b) Bestimmen Sie die Schnittgerade der beiden Ebenen.

Übungen

8 **Schnittaufgaben am Würfel**

Entscheiden Sie anschaulich und überprüfen Sie rechnerisch, ob sich die beiden Ebenen schneiden. Bestimmen Sie gegebenenfalls eine Gleichung der Schnittmenge.

a)

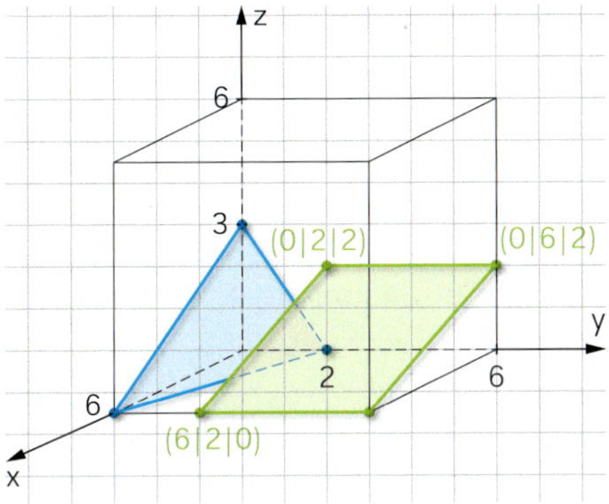

b)

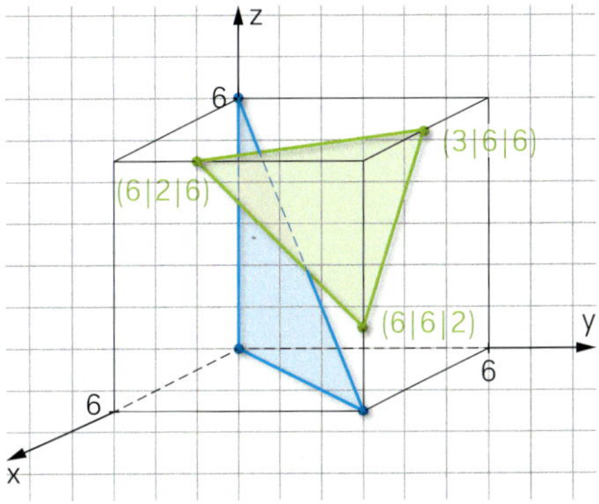

9 **Schnitt von zwei Zeltflächen**

Die beiden Seitenflächen des gezeigten Zeltes liegen in den Ebenen

E_1: $\vec{x} = \begin{pmatrix} 8 \\ 0 \\ 0 \end{pmatrix} + r_1 \begin{pmatrix} -1 \\ 0 \\ 0 \end{pmatrix} + s_1 \begin{pmatrix} 0 \\ 3 \\ 4 \end{pmatrix}$ und

E_2: $\vec{x} = \begin{pmatrix} 8 \\ 6 \\ 0 \end{pmatrix} + r_2 \begin{pmatrix} -1 \\ 0 \\ 0 \end{pmatrix} + s_2 \begin{pmatrix} 0 \\ -3 \\ 4 \end{pmatrix}$.

Zeigen Sie rechnerisch, dass der Schnitt von E_1 und E_2 die Gerade

g: $\vec{x} = \begin{pmatrix} 8 \\ 3 \\ 4 \end{pmatrix} + t \begin{pmatrix} -1 \\ 0 \\ 0 \end{pmatrix}$ durch die obere Zeltkante ergibt.

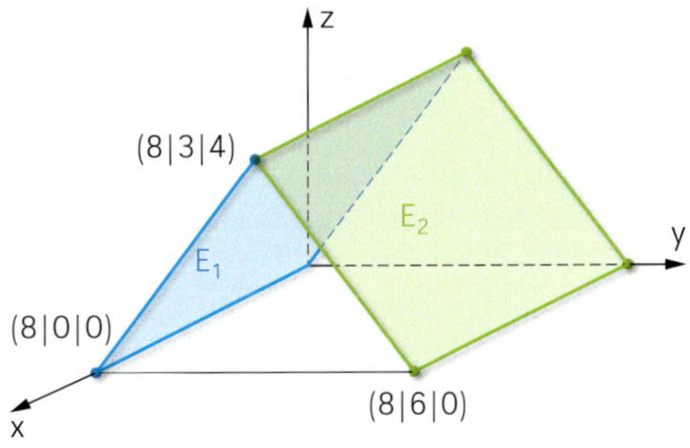

10 **Schnittgerade**

Die Ebenen E_1: $\vec{x} = \begin{pmatrix} 0 \\ 4 \\ 0 \end{pmatrix} + r_1 \begin{pmatrix} 1 \\ 0 \\ 0 \end{pmatrix} + s_1 \begin{pmatrix} 0 \\ 0 \\ 1 \end{pmatrix}$

und E_2: $\vec{x} = \begin{pmatrix} 4 \\ 0 \\ 4 \end{pmatrix} + r_2 \begin{pmatrix} -1 \\ 0 \\ 0 \end{pmatrix} + s_2 \begin{pmatrix} 0 \\ 1 \\ -1 \end{pmatrix}$

schneiden sich in einer Schnittgeraden.
Wie erkennt man diese ...

a) ... aus dem Gleichungssystem?
b) ... aus der Diagonalform?

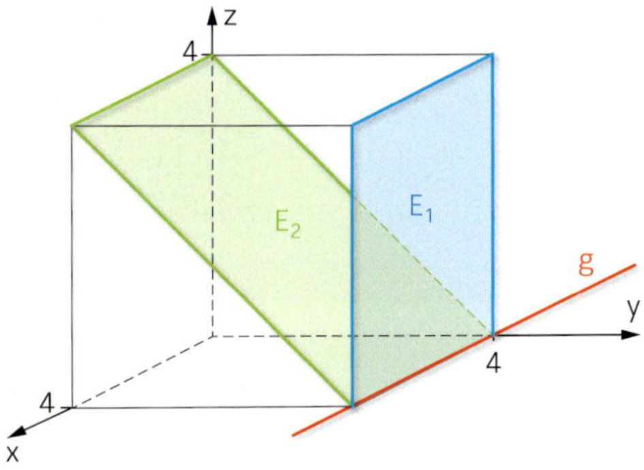

11 **Oktaeder**

Man kann der Anschauung entnehmen, dass in einem Oktaeder gegenüberliegende Flächen parallel sind.
Zeigen Sie dies rechnerisch.

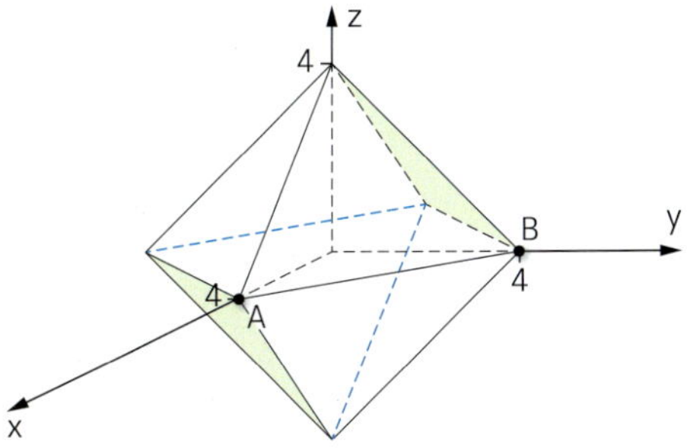

Übungen

12 Lagebeziehung von Ebenen

Welche Lage haben zwei Ebenen zueinander, wenn die Lösung mit der Diagonalform folgendes Ergebnis liefert? Begründen Sie Ihre Entscheidung.

a) $\begin{bmatrix} 1 & 0 & -1 & -2 & 0 \\ 0 & 1 & -1 & -3 & 0 \\ 0 & 0 & 0 & 0 & 1 \end{bmatrix}$

b) $\begin{bmatrix} 1 & 0 & -1 & -2 & 1 \\ 0 & 1 & -1 & -3 & 0 \\ 0 & 0 & 0 & 0 & 0 \end{bmatrix}$

13 Training zu Lageaufgaben

Entscheiden Sie, welche Lagebeziehung die Ebenen zueinander haben. Geben Sie gegebenenfalls eine Gleichung der Schnittgeraden an.

a) $E_1\colon 2x + y - 2z = 3$; $E_2\colon x - y + 3z = 3$

b) $E_1\colon 2x - y = 0$; $E_2\colon 2x - y + 2z = 12$

c) $E_1\colon x + y + 3z = 6$; $E_2\colon \vec{x} = \begin{pmatrix} 1 \\ 1 \\ 0 \end{pmatrix} + r\begin{pmatrix} 3 \\ 0 \\ -1 \end{pmatrix} + s\begin{pmatrix} 1 \\ -3 \\ 1 \end{pmatrix}$

d) $E_1\colon \vec{x} = \begin{pmatrix} 1 \\ 2 \\ 3 \end{pmatrix} + r_1\begin{pmatrix} 3 \\ 1 \\ 0 \end{pmatrix} + s_1\begin{pmatrix} 1 \\ 2 \\ 4 \end{pmatrix}$; $E_2\colon \vec{x} = \begin{pmatrix} 2 \\ 4 \\ 3 \end{pmatrix} + r_2\begin{pmatrix} 1 \\ 2 \\ 4 \end{pmatrix} + s_2\begin{pmatrix} 3 \\ 1 \\ 0 \end{pmatrix}$

e) $E_1\colon \vec{x} = \begin{pmatrix} 1 \\ 1 \\ 2 \end{pmatrix} + r_1\begin{pmatrix} 0 \\ 1 \\ 0 \end{pmatrix} + s_1\begin{pmatrix} 1 \\ 0 \\ 0 \end{pmatrix}$; $E_2\colon \vec{x} = \begin{pmatrix} 1 \\ 1 \\ 0 \end{pmatrix} + r_2\begin{pmatrix} 1 \\ -1 \\ 1 \end{pmatrix} + s_2\begin{pmatrix} 1 \\ -1 \\ 0 \end{pmatrix}$

14 Lagebeziehung

a) $g\colon \vec{x} = \vec{a} + t\vec{u}$
$E\colon \vec{x} = \vec{b} + r\vec{v} + s\vec{w}$

Wenn sich $\vec{u}$ als Linearkombination von $\vec{v}$ und $\vec{w}$ darstellen lässt, dann liegt g in E oder g ist parallel zu E.

b) $E_1\colon \vec{x} = \vec{b}_1 + r_1\vec{v}_1 + s_1\vec{w}_1$
$E_2\colon \vec{x} = \vec{b}_2 + r_2\vec{v}_2 + s_2\vec{w}_2$

Wenn sich jeder Richtungsvektor von E_1 als Linearkombination von $\vec{v}_2$ und $\vec{w}_2$ darstellen lässt, dann sind die Ebenen parallel oder identisch.

Veranschaulichen Sie die Aussagen an einer geeigneten Zeichnung und geben Sie jeweils ein Beispiel an.

15 Ebenenschar 1

Gegeben ist die Ebenenschar
$E_a\colon 2ax + ay + 2z = a + 4$.

a) Welche Ebene der Schar enthält den Punkt $P(1|2|-1)$?

b) Alle Ebenen haben eine gemeinsame Schnittgerade. Bestimmen Sie eine Geradengleichung der Schnittgeraden.

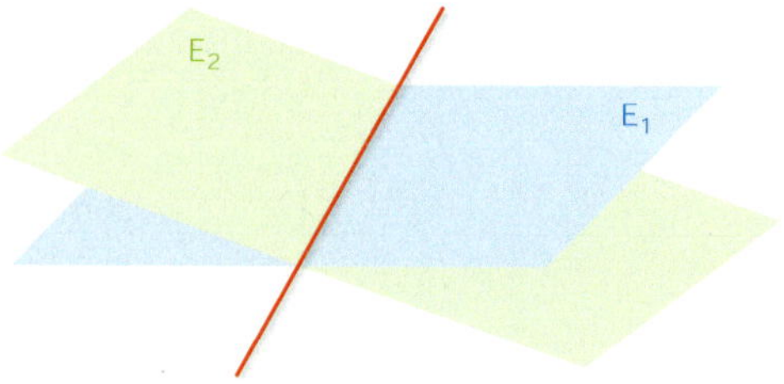

16 Ebenenschar 2

Gegeben ist die Ebenenschar $E_a\colon x + ay + (2 - a)z = 2a + 4$.

a) Welche Ebene der Schar geht durch den Ursprung?

b) Welche Ebene der Schar ist parallel zur z-Achse?

c) Welche Ebene der Schar hat ein gleichseitiges Spurdreieck?

d) Welche Ebene der Schar steht senkrecht zur xz-Ebene?

e) Welche Ebene der Schar ist parallel zur Geraden $g\colon \vec{x} = \begin{pmatrix} 1 \\ 0 \\ 2 \end{pmatrix} + r\begin{pmatrix} 2 \\ -1 \\ 1 \end{pmatrix}$?

Übungen

17 Pyramide und Quader

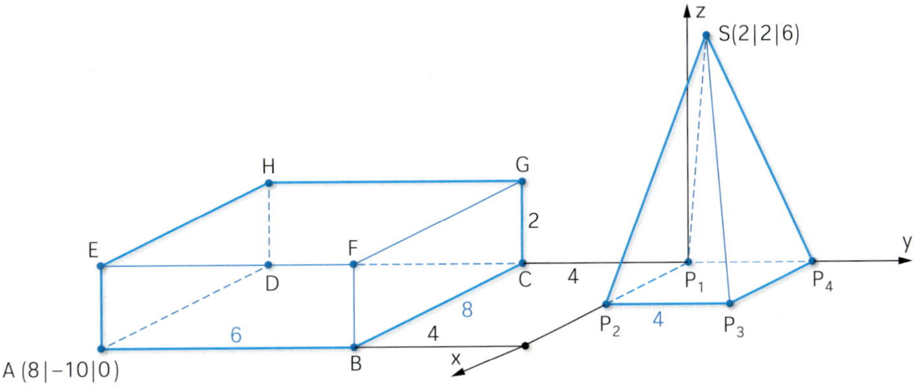

Eine quadratische Pyramide mit Grundkantenlänge 4 und Höhe 6 steht neben einem Quader. Die Sonne scheint und wirft einen Schatten der Pyramide auf die Stufe.

Die Richtung der Sonnenstrahlen ist $\vec{v} = \begin{pmatrix} -0{,}75 \\ -2{,}5 \\ -1{,}75 \end{pmatrix}$.

Zeichnen Sie die Pyramide vor der Stufe und den Schatten in ein „2-1-Koordinatensystem". Berechnen Sie die dazu notwendigen Eckpunkte.

In der Nähe von Kairo steht die Cheops- neben der Chephrenpyramide. Die eine wirft einen Schatten auf die andere.

18 Schatten auf Pyramide

Zwei Pyramiden stehen nebeneinander. Die eine Pyramide wirft einen Schatten auf die andere.

Angenommen, die erste Pyramide hat die folgenden Eckpunkte:
A(−3|3|0), B(3|3|0), C(3|−3|0), D(−3|−3|0) und E(0|0|5).

Die Richtung der Sonnenstrahlen ist $\vec{v} = \begin{pmatrix} -12 \\ -16 \\ -7 \end{pmatrix}$.

a) Zeichnen Sie die Pyramide und ihren Schatten, der in der Ebene liegt, in ein Koordinatensystem.

b) Die zweite Pyramide hat die folgenden Eckpunkte:
P(−5|−10|0), Q(−5|−6|0), R(−9|−6|0), S(−9|−10|0) und T(−7|−8|3).
Zeichnen Sie diese Pyramide in das gleiche Koordinatensystem. Konstruieren Sie den Schatten, den die erste Pyramide auf der zweiten erzeugt. Berechnen Sie alle dazu notwendigen Punkte.

Grundwissen

1. Wie verändern sich der Umfang und der Flächeninhalt eines Rechtecks, wenn dessen Seitenlängen halbiert werden?
2. Wahr oder falsch? Die Funktionen $f(x) = x^2$, $g(x) = x^3$ und $h(x) = x^4$ haben an der Stelle $x = 0$ (bzw. $x = 1$)
   a) denselben Funktionswert, b) dieselbe Steigung, c) dasselbe Krümmungsverhalten.
3. Die Tabelle zeigt die Häufigkeitsverteilung für eine Gewinnausschüttung. Bestimmen Sie den Erwartungswert.

Gewinn in €	1	2	3	4
Häufigkeit	2	6	12	5

4. In welcher Koordinatenebene liegt die Gerade g: $\vec{x} = t\begin{pmatrix} 1 \\ 0 \\ 2 \end{pmatrix}$?
   Ergänzen Sie die Koordinaten des Punktes $P(p_1|p_2|6)$ auf dieser Geraden.

Aufgaben

Geometrische Interpretation von linearen Gleichungen in der Ebene

19 Lineare Gleichungen und Geraden

Eine lineare Gleichung mit zwei Variablen beschreibt eine Gerade in der Ebene.
Die Lösungsmenge eines 2×2-LGS lässt sich als Schnittmenge von zwei Geraden interpretieren.

I: $3x - 2y = 4$
$6x - 4y = 8$

II: $3x - 2y = 4$
$6x - 4y = 2$

III: $3x - 2y = 4$
$x + 2y = 5$

Ordnen Sie die Gleichungssysteme den Bildern zu.

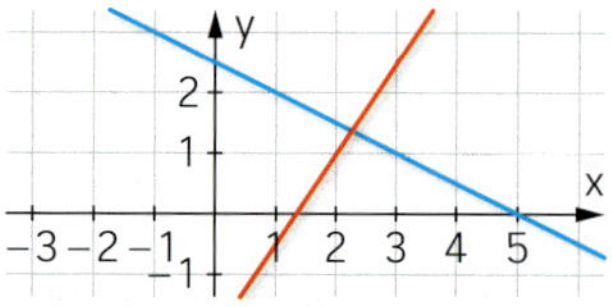

Ⓐ genau eine Lösung

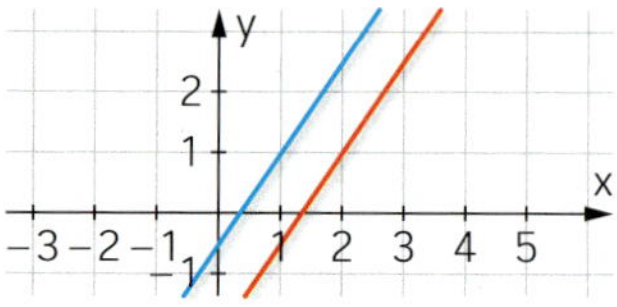

Ⓑ keine Lösung

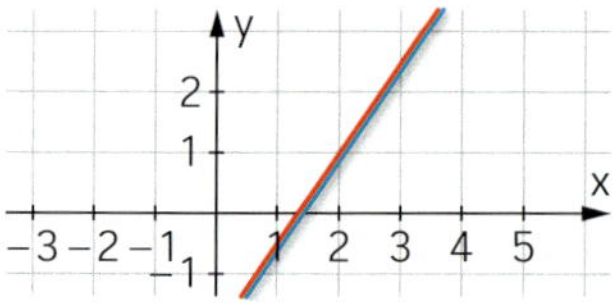

Ⓒ unendlich viele Lösungen

Exkurs

Geometrische Interpretation von linearen Gleichungen im Raum

Geometrie linearer 3×3-Gleichungssysteme

Eine lineare Gleichung mit drei Variablen beschreibt eine Ebene im Raum.
Die Lösungsmenge eines 3×3-LGS lässt sich als Schnittmenge von drei Ebenen interpretieren.

Die drei Ebenen schneiden sich in einem Punkt.

Das Gleichungssystem hat genau eine Lösung.

Die drei Ebenen schneiden sich in einer Geraden.

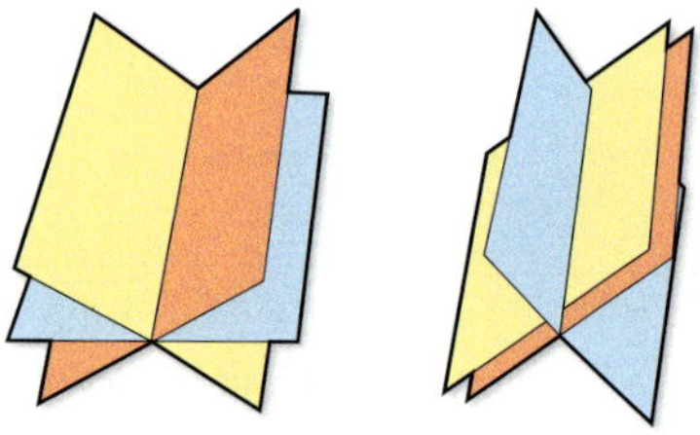

Das Gleichungssystem hat unendlich viele Lösungen. Diese erfüllen die Gleichung der Schnittgeraden.

Die drei Ebenen sind identisch.

Das Gleichungssystem hat unendlich viele Lösungen. Diese erfüllen die Gleichung der Ebene.

Die drei Ebenen haben keine gemeinsame Schnittmenge.

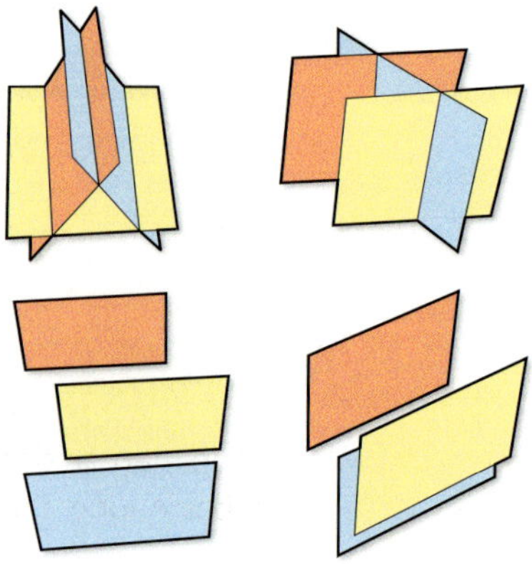

Das Gleichungssystem hat keine Lösung.

Stellen Sie die Ebenen-Modelle selbst her.

Aufgaben

20 Ebenen im Würfel

Im Würfel werden drei Ebenen E_1, E_2 und E_3 festgelegt.

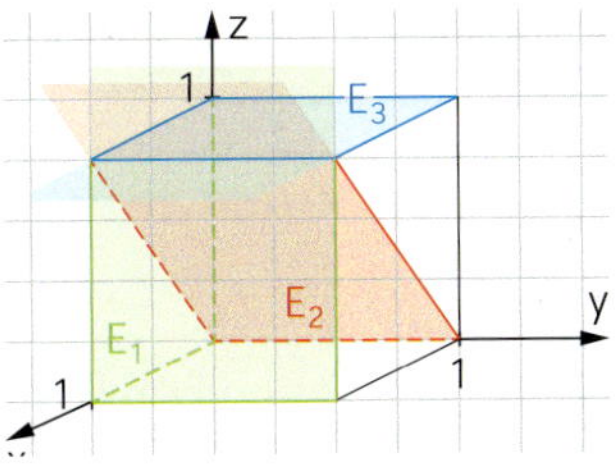

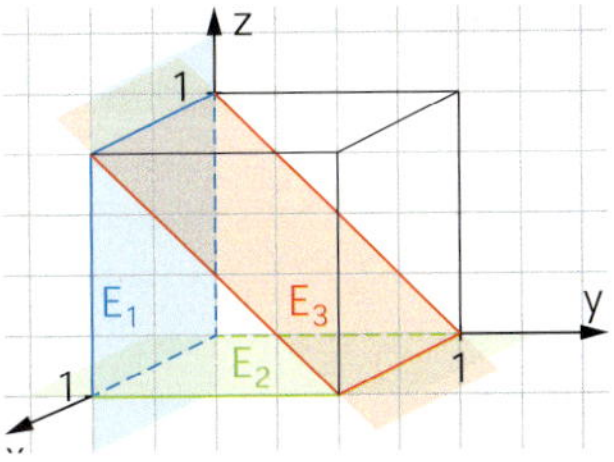

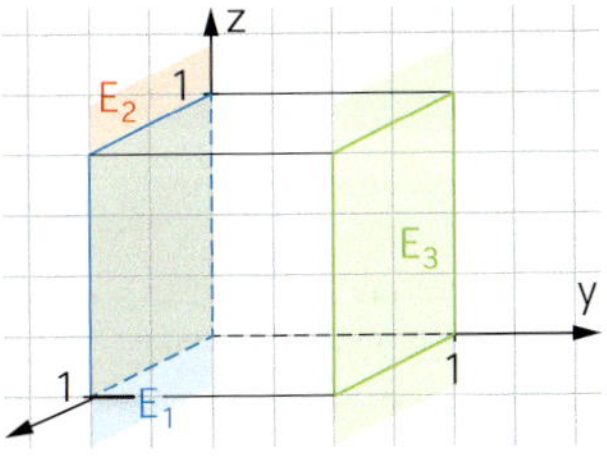

Tipp

Für Bild 1 ist ein Verfahren zur Bestimmung der Lösungsmenge beschrieben.

Gleichungen	Gleichungssystem	Diagonalform	Lösungsmenge
E_1: $x = 1$ E_2: $-x + z = 0$ E_3: $z = 1$	$\begin{pmatrix} 1 & 0 & 0 & 1 \\ -1 & 0 & 1 & 0 \\ 0 & 0 & 1 & 1 \end{pmatrix}$	$\begin{pmatrix} 1 & 0 & 0 & 1 \\ 0 & 0 & 1 & 1 \\ 0 & 0 & 0 & 0 \end{pmatrix}$	Das Gleichungssystem hat unendlich viele Lösungen. Diese erfüllen die Geradengleichung: g: $\vec{x} = \begin{pmatrix} 1 \\ 0 \\ 1 \end{pmatrix} + t \begin{pmatrix} 0 \\ 1 \\ 0 \end{pmatrix}$

Würfelbild mit Ebenen zeichnen → LGS aufstellen und lösen → Lösung am Bild überprüfen

a) Stellen Sie für die anderen beiden Fälle jeweils das zugehörige LGS auf, lösen Sie es und überprüfen Sie Ihre Lösung am Bild.

b) Bearbeiten Sie analog dazu weitere Fälle.

21 Interpretation der Lösungsmenge eines 3×3-LGS mithilfe der Normalenvektoren

$3x - 2y + 4z = 5$

$\vec{n} = \begin{pmatrix} 3 \\ -2 \\ 4 \end{pmatrix}$

Jede Gleichung eines LGS beschreibt eine Ebene in Koordinatenform. Daraus lässt sich sofort ein Normalenvektor der Ebene ablesen. Aus den drei Normalenvektoren kann man Rückschlüsse auf die Lage der Ebenen im Raum und damit auf die Lösungsmenge des LGS ziehen.

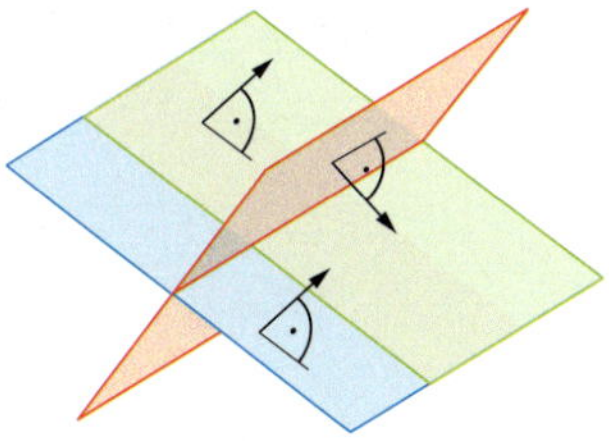

Die drei Normalenvektoren sind linear abhängig, zwei sogar kollinear.

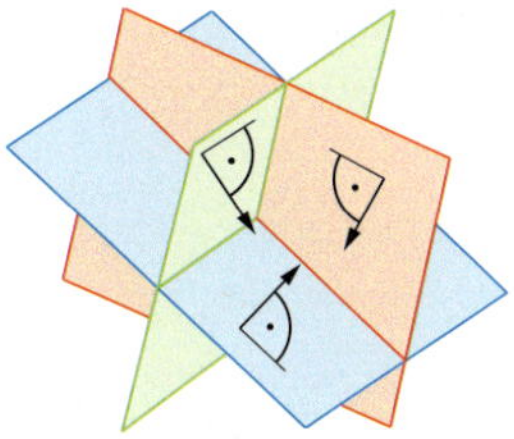

Die drei Normalenvektoren sind linear unabhängig.

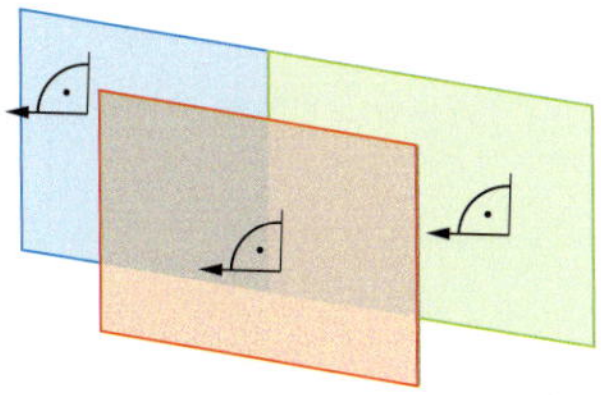

Die drei Normalenvektoren sind kollinear.

Untersuchen Sie in den übrigen Fällen die Lage der Normalenvektoren.

22 Diagonalform und geometrische Interpretation

Kann man an der Diagonalform des linearen Gleichungssystems die geometrische Lagebeziehung der Ebenen erkennen? Versuchen Sie es an den Beispielen.

a) $\begin{pmatrix} 0 & 1 & 0 & 0 \\ 0 & 0 & 0 & 1 \\ 0 & 0 & 0 & 0 \end{pmatrix}$ b) $\begin{pmatrix} 0 & 1 & 0 & 0 \\ 0 & 0 & 1 & 0 \\ 0 & 0 & 0 & 1 \end{pmatrix}$ c) $\begin{pmatrix} 0 & 0 & 1 & 0 \\ 0 & 0 & 0 & 0 \\ 0 & 0 & 0 & 0 \end{pmatrix}$ d) $\begin{pmatrix} 1 & 0 & 0 & 0 \\ 0 & 1 & 0 & 0 \\ 0 & 0 & 1 & 0 \end{pmatrix}$ e) $\begin{pmatrix} 1 & 0 & 0 & 1 \\ 0 & 0 & 1 & 1 \\ 0 & 0 & 0 & 0 \end{pmatrix}$

7.5 Winkel zwischen Geraden und Ebenen

Aufgaben

1 **Winkel zwischen Geraden und Ebenen**

Die Größe des Winkels zwischen zwei Vektoren kann bereits mit dem Skalarprodukt bestimmt werden.

a) Wie kann man die Winkelgröße zwischen Geraden und Ebenen bestimmen? Versuchen Sie es an den Beispielen.

Schnittwinkel von Geraden

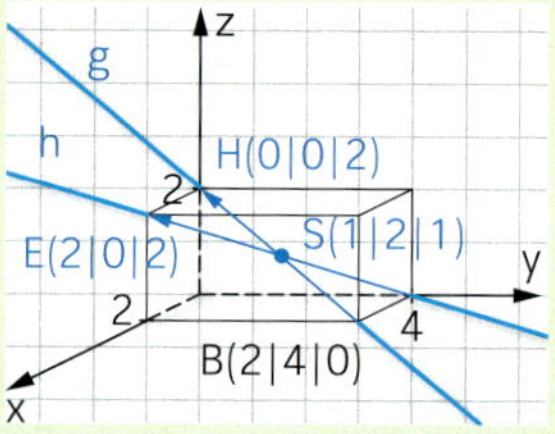

Schnittwinkel von Ebenen

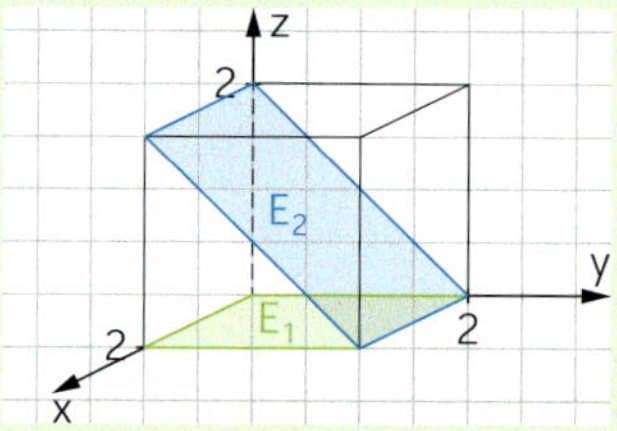

Schnittwinkel von Ebene und Gerade

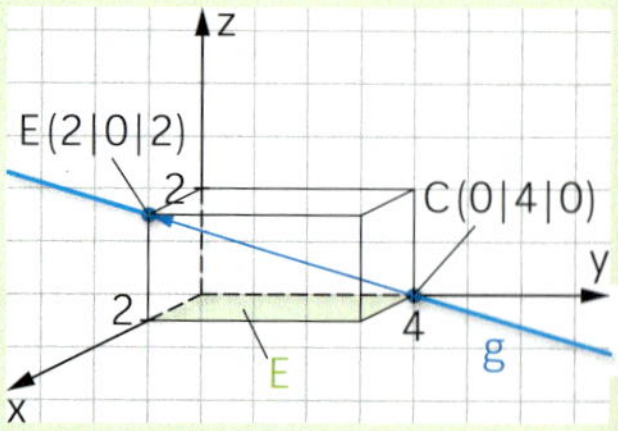

b) Erarbeiten Sie Vorschläge, wie sich Winkel zwischen Geraden und Ebenen bestimmen lassen. Zur Ideensammlung wurden Skizzen angefertigt. Welche Strategien sind geeignet?

Winkel zwischen den Richtungsvektoren

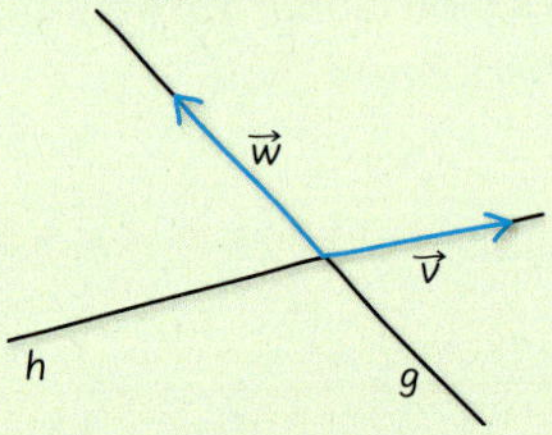

Winkel zwischen Richtungs- und Normalenvektor

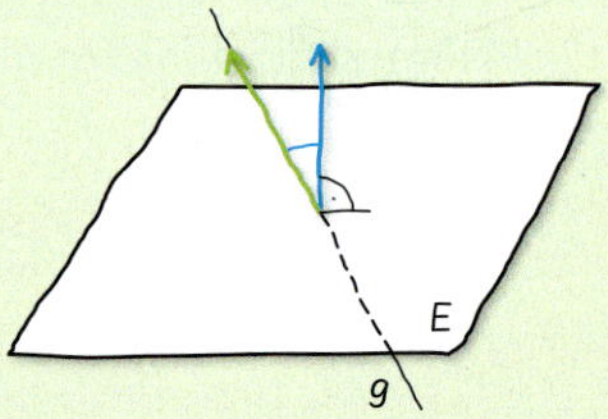

Winkel zwischen Richtungsvektoren

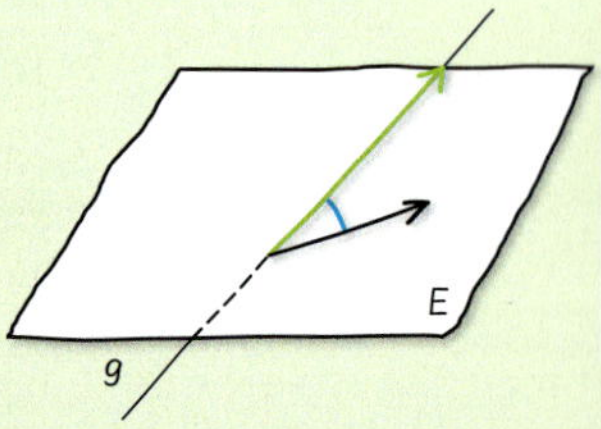

Winkel zwischen zwei zur Schnittgeraden senkrechten Vektoren

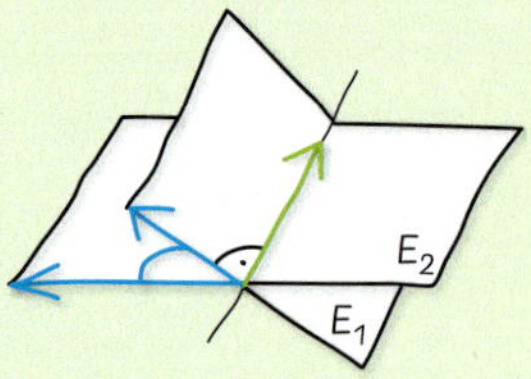

Winkel zwischen Normalenvektoren

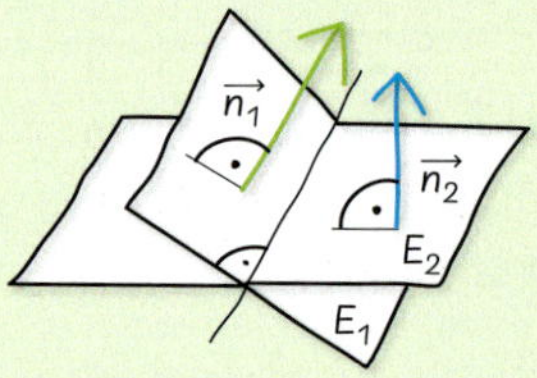

Ergänzungswinkel zu 90°: Winkel zwischen Richtungsvektor und Normalenvektor

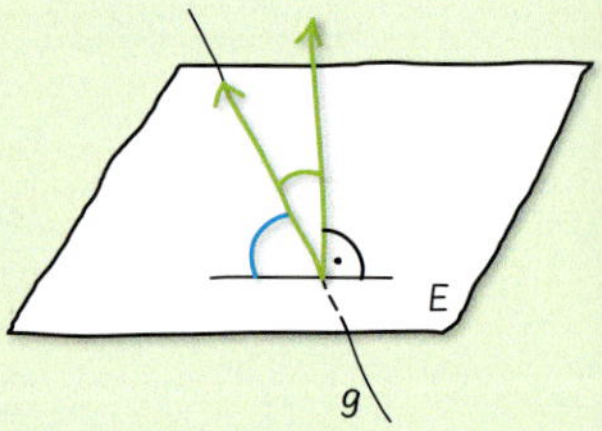

c) Bestimmen Sie den jeweiligen Winkel zwischen den Geraden und Ebenen.

$g: \vec{x} = \begin{pmatrix} 1 \\ 2 \\ -1 \end{pmatrix} + r\begin{pmatrix} 0 \\ 1 \\ 1 \end{pmatrix};$

$h: \vec{x} = \begin{pmatrix} 1 \\ 2 \\ -1 \end{pmatrix} + s\begin{pmatrix} 1 \\ 3 \\ -1 \end{pmatrix}$

$E: x + 2y - z = 4$

$F: 2x - y + z = 2$

$E: 3x - 2y + z = 2$

$g: \vec{x} = \begin{pmatrix} 1 \\ 2 \\ -1 \end{pmatrix} + r\begin{pmatrix} 0 \\ 1 \\ 1 \end{pmatrix}$

Basiswissen

Winkel zwischen Geraden

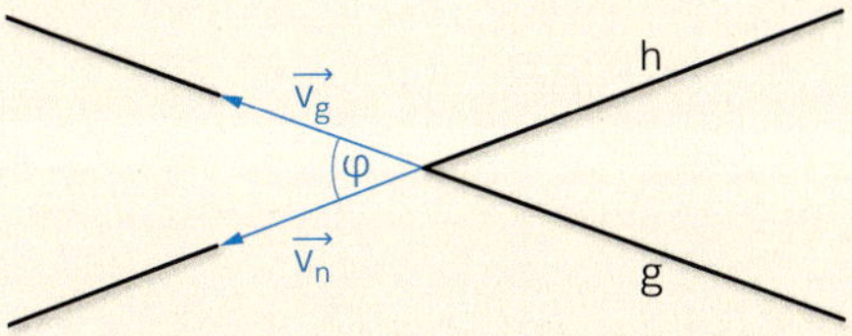

$$g: \vec{x} = \begin{pmatrix} 3 \\ -1 \\ 4 \end{pmatrix} + t \begin{pmatrix} 2 \\ -2 \\ -1 \end{pmatrix} \quad h: \vec{x} = \begin{pmatrix} 3 \\ -1 \\ 4 \end{pmatrix} + t \begin{pmatrix} 4 \\ 0 \\ 3 \end{pmatrix}$$

$$\cos(\varphi) = \frac{\begin{pmatrix} 2 \\ -2 \\ -1 \end{pmatrix} \cdot \begin{pmatrix} 4 \\ 0 \\ 3 \end{pmatrix}}{\sqrt{9} \cdot \sqrt{25}} = \frac{5}{15} = \frac{1}{3} \Rightarrow \varphi \approx 70{,}5°$$

Der Winkel zwischen zwei sich schneidenden Geraden ist der Winkel zwischen den Richtungsvektoren. Eigentlich darf nicht von **dem** Winkel zwischen zwei Geraden oder zwei Ebenen gesprochen werden, sondern von zwei Winkeln, die sich zu 180° ergänzen. Welcher dieser Winkel gesucht wird, hängt von der jeweiligen Situation ab.

Winkel zwischen Ebenen

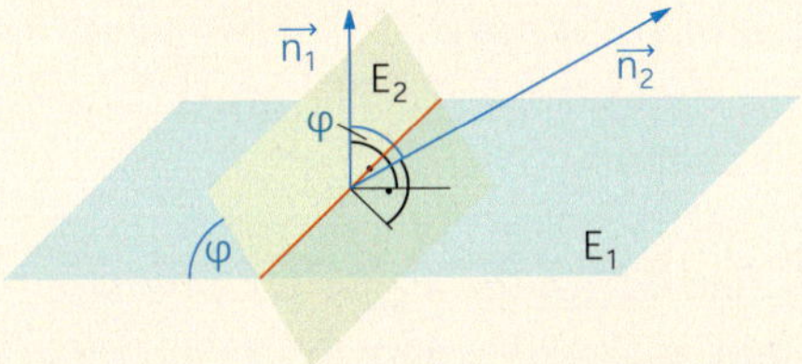

$$E_1: -x + 2y + z = 4 \qquad \vec{n} = \begin{pmatrix} -1 \\ 2 \\ 1 \end{pmatrix}$$

$$E_2: -7x + 5y + 4z = 10 \qquad \vec{n} = \begin{pmatrix} -7 \\ 5 \\ 4 \end{pmatrix}$$

$$\cos(\varphi) = \frac{\begin{pmatrix} -1 \\ 2 \\ 1 \end{pmatrix} \cdot \begin{pmatrix} -7 \\ 5 \\ 4 \end{pmatrix}}{\sqrt{6} \cdot \sqrt{90}} = \frac{21}{\sqrt{6} \cdot \sqrt{90}} \rightarrow \varphi = 25{,}4°$$

Der Winkel zwischen zwei Ebenen ist der Winkel zwischen den Normalenvektoren.

Winkel zwischen Gerade und Ebene

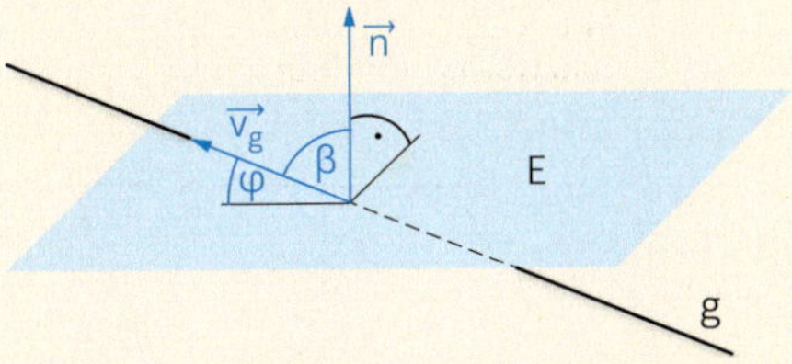

$$g: \vec{x} = \vec{n} = \begin{pmatrix} -1 \\ 2 \\ 1 \end{pmatrix} + r \begin{pmatrix} 1 \\ 0 \\ 3 \end{pmatrix}$$

$$E: -x + y + 2z = 6 \qquad \vec{n} = \begin{pmatrix} -1 \\ 1 \\ 2 \end{pmatrix}$$

$$\cos(\beta) = \frac{\begin{pmatrix} 1 \\ 0 \\ 3 \end{pmatrix} \cdot \begin{pmatrix} -1 \\ 1 \\ 2 \end{pmatrix}}{\sqrt{10} \cdot \sqrt{6}} = \frac{5}{\sqrt{10} \cdot \sqrt{6}} \Rightarrow \beta \approx 49{,}8°$$

$$\varphi = 90° - \beta \approx 40{,}2°$$

Der Winkel zwischen einer Ebene und einer Geraden ist der Winkel φ, der den Winkel β zwischen dem Normalenvektor der Ebene und dem Richtungsvektor der Geraden zu 90° ergänzt.

Beispiele

A Winkel in einer Pyramide

Beschreiben Sie die Winkel α und β und berechnen Sie deren Größe.

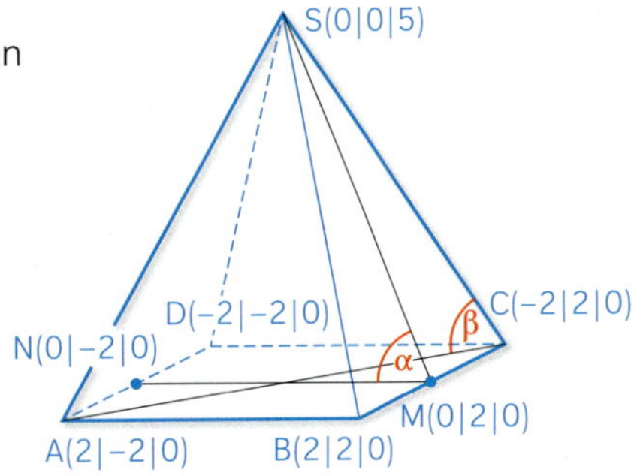

Lösung:

α ist der Winkel zwischen der Bodenfläche und einer Seitenfläche.

Normalenvektoren: $\vec{n_E} = \begin{pmatrix} 0 \\ 0 \\ 1 \end{pmatrix}$; $\overrightarrow{n_{BCS}} = \begin{pmatrix} 0 \\ 2{,}5 \\ 1 \end{pmatrix}$

Mit $\cos(\alpha) = \frac{\vec{n_E} \cdot \overrightarrow{n_{BCS}}}{|\vec{n_E}| \cdot |\overrightarrow{n_{BCS}}|}$ folgt $\alpha = 68{,}2°$.

β ist der Winkel zwischen der Bodenfläche und der Kante $\overline{CS}$.

Normalenvektoren: $\vec{n_E} = \begin{pmatrix} 0 \\ 0 \\ 1 \end{pmatrix}$; Richtungsvektor $\overrightarrow{CS} = \begin{pmatrix} 2 \\ -2 \\ 5 \end{pmatrix}$;

Der Winkel zwischen diesen beiden Vektoren ist $\varphi = 29{,}5°$ $\beta = 90° - \varphi = 60{,}5°$

Übungen

2 Winkel zwischen Geraden

Bestimmen Sie den Schnittpunkt und die Größe des Winkels zwischen den Geraden.

a) $g\colon \vec{x} = \begin{pmatrix} 0 \\ 1 \\ -4 \end{pmatrix} + r\begin{pmatrix} 2 \\ 1 \\ -1 \end{pmatrix}$; $h\colon \vec{x} = \begin{pmatrix} 3 \\ 0 \\ 1 \end{pmatrix} + s\begin{pmatrix} -1 \\ 2 \\ -2 \end{pmatrix}$

b) $g\colon \vec{x} = \begin{pmatrix} 5 \\ 2 \\ 2 \end{pmatrix} + r\begin{pmatrix} -1 \\ 3 \\ 2 \end{pmatrix}$; $h\colon \vec{x} = \begin{pmatrix} 3 \\ 0 \\ 1 \end{pmatrix} + s\begin{pmatrix} 2 \\ 2 \\ 1 \end{pmatrix}$

c) $g\colon \vec{x} = \begin{pmatrix} 0 \\ 1 \\ 0 \end{pmatrix} + r\begin{pmatrix} 1 \\ 2 \\ 1 \end{pmatrix}$; $h\colon \vec{x} = \begin{pmatrix} 0 \\ 2 \\ 0 \end{pmatrix} + s\begin{pmatrix} 1 \\ 1 \\ 1 \end{pmatrix}$

d) $g\colon \vec{x} = \begin{pmatrix} 1 \\ -2 \\ 1 \end{pmatrix} + r\begin{pmatrix} 2 \\ 1 \\ -3 \end{pmatrix}$; $h\colon \vec{x} = \begin{pmatrix} -1 \\ -2 \\ 2 \end{pmatrix} + s\begin{pmatrix} 2 \\ 2 \\ -5 \end{pmatrix}$

3 Winkel im Dreieck

Bestimmen Sie die Seitenlängen und die Größen der Innenwinkel im Dreieck ABC mit $A(2|-4|1)$, $B(-3|2|4)$ und $C(4|6|-2)$.

4 Winkel zwischen Ebenen

Bestimmen Sie den Winkel zwischen den Ebenen.

a) $E_1\colon -2x + 3y + z = 6$ und $E_2\colon x + 2y - 2z = 4$

b) $E_1\colon x - 4y - 2z = 8$ und $E_2\colon 3x - y + 4z = 6$

5 Winkel der Raumdiagonalen im Quader

a) Welche Winkel bildet die Raumdiagonale mit den drei Achsen?

b) Weisen Sie nach, dass im Würfel die Winkel der Raumdiagonalen mit den drei Achsen gleich groß sind.

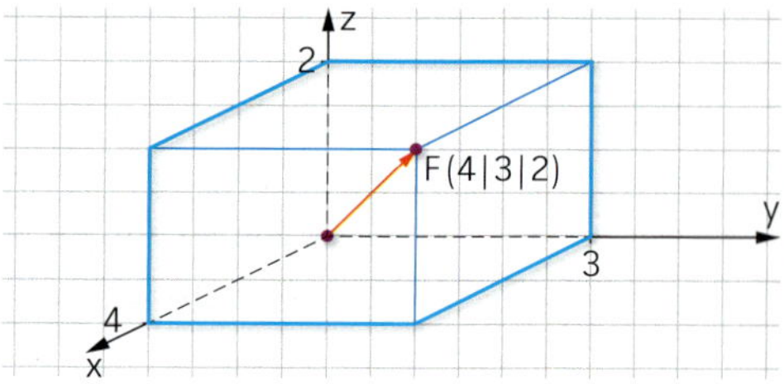

6 Winkel einer Fläche im Würfel

a) In welchem Winkel schneidet die Fläche mit den Eckpunkten PQGH die Deckfläche des Würfels?

b) Wie ändert sich der Winkel in a), wenn die Punkte P und Q auf die Grundfläche des Würfels wandern?

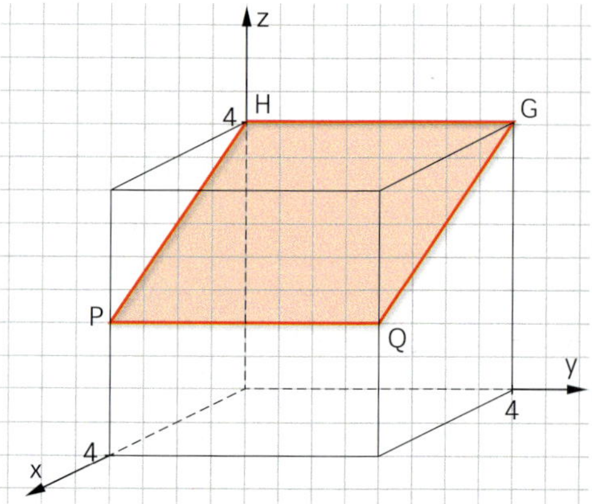

7 Winkel in einer Pyramide

a) Bestimmen Sie den Winkel α zwischen den rot eingezeichneten Linien.

b) Bestimmen Sie den Winkel β zwischen der Bodenfläche und der vorderen Seitenfläche.
Vergleichen Sie die beiden Winkel.

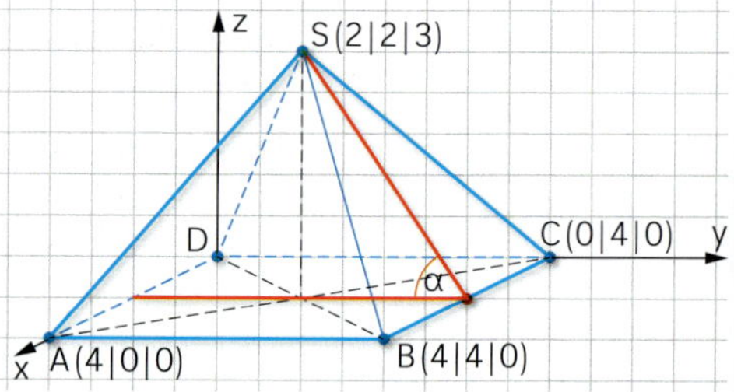

Übungen

8 **Winkel im Würfel**

Welcher Winkel wird jeweils im Würfel bestimmt?

a) $\cos(\alpha) = \frac{1 \cdot 1 + 1 \cdot 1 + 1 \cdot 0}{\sqrt{3} \cdot \sqrt{2}}$

b) $\cos(\beta) = \frac{1 \cdot 1 + 0 \cdot 0 + 0 \cdot 1}{1 \cdot \sqrt{2}}$

c) $\cos(\gamma) = \frac{1 \cdot 1 + 1 \cdot 1 + 1 \cdot (-1)}{\sqrt{3} \cdot \sqrt{3}}$

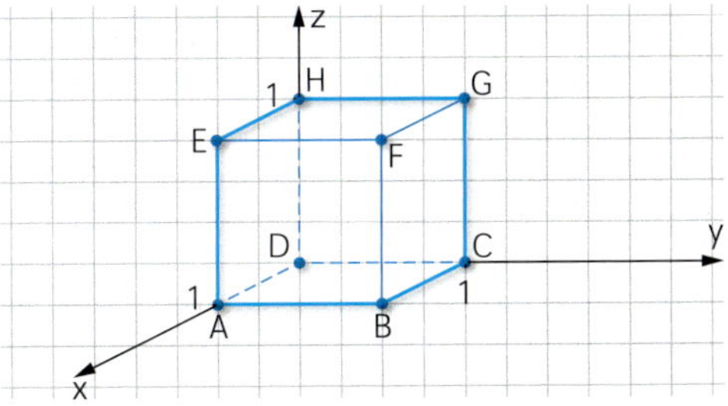

9 **Zum Nachdenken**

Kann man den Winkel zwischen windschiefen Geraden berechnen?

10 **Winkel in Pyramide**

a) Bestimmen Sie die Winkelgrößen in einer Seitenfläche.

b) Wie groß ist der Winkel zwischen einer Seitenfläche und der Grundfläche?

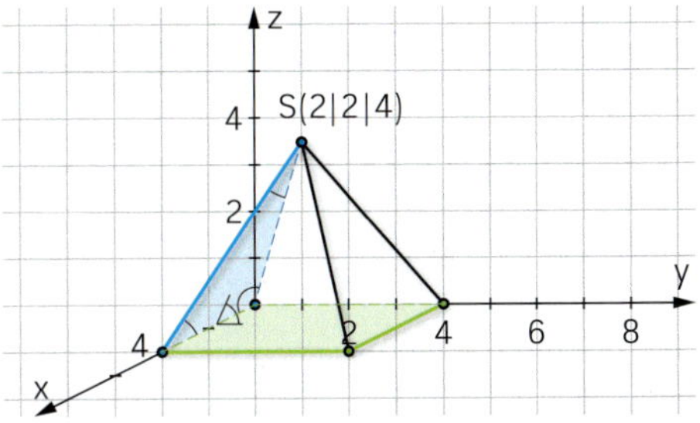

11 **Pyramidenstumpf**

Von einer quadratischen Pyramide wurde die Spitze abgeschnitten. Welcher Winkel ist größer? Der Winkel zwischen den Seitenflächen ABFE und BCGF oder der Winkel zwischen den Kanten $\overline{AB}$ und $\overline{BC}$?

Vermuten Sie zunächst und überprüfen Sie dann Ihre Vermutung durch Rechnung an einem selbst gewählten Beispiel.

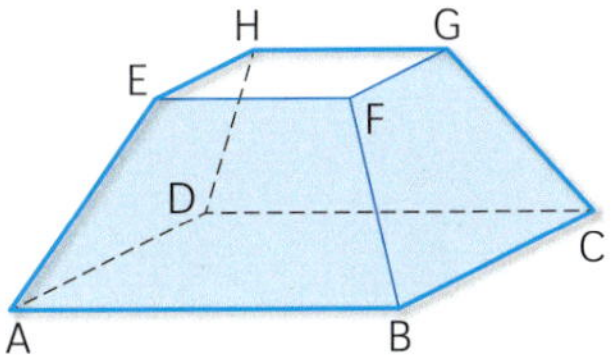

12 **Orthogonalität – Schätzen und Rechnen**

Welche der Ebenen wird von der Raumdiagonalen d im Würfelmittelpunkt geschnitten? Welche der Ebenen ist orthogonal zu d?

Begründen Sie dies rechnerisch und berechnen Sie im Fall der Nicht-Orthogonalität den Schnittwinkel.

Würfel mit Kantenlänge 1

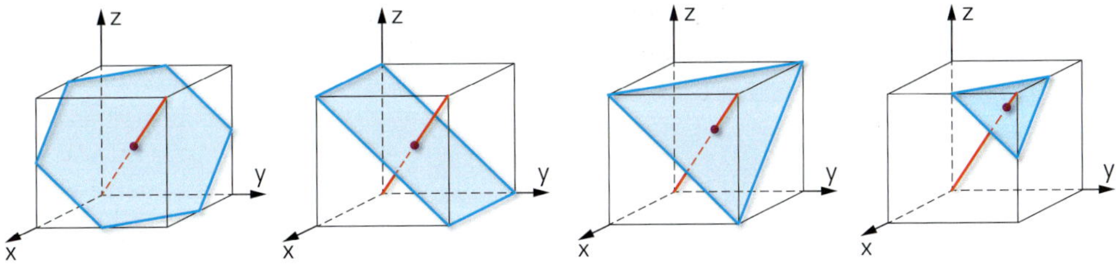

13 **Schnittwinkel in Würfel und Quader**

Wie ändert sich der Schnittwinkel von Ebene und Raumdiagonale, wenn der Würfel zu einem Quader mit gleich bleibender Grundfläche und doppelter Höhe wird? Wie ändert sich der Schnittpunkt?

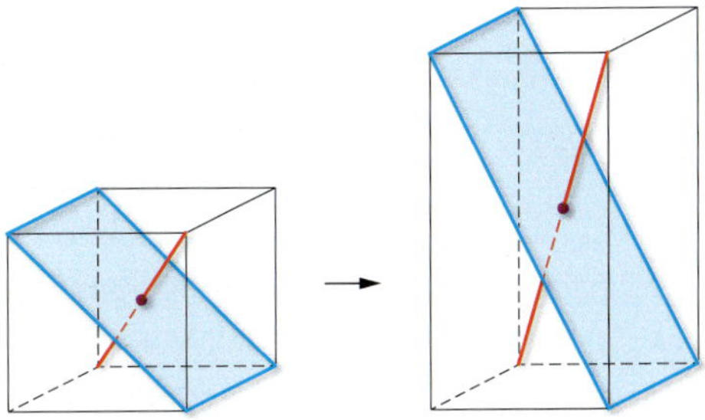

Übungen

14 **Winkel in Walmdächern**

Zwei Walmdächer unterscheiden sich lediglich in der Länge des Dachfirstes (Strecke $\overline{EF}$).

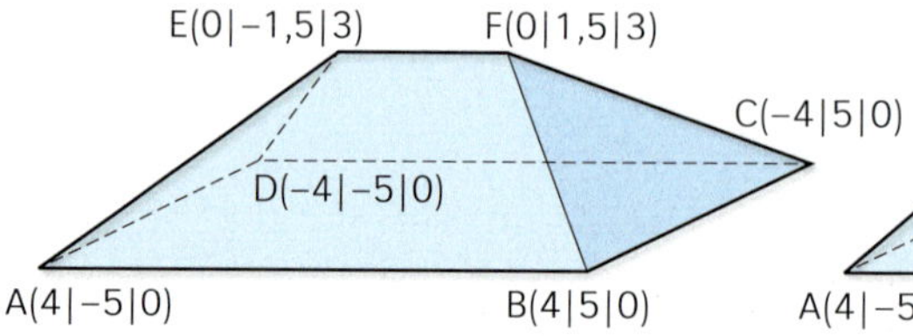

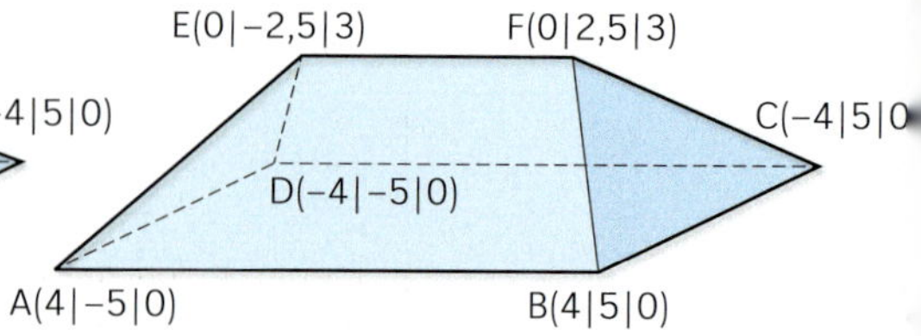

a) Wie ändern sich die Winkel α, β und γ, wenn der Dachfirst länger wird? Begründen Sie Ihre Entscheidung geometrisch und überprüfen Sie rechnerisch an einem Beispiel.

α: Winkel zwischen den Trapezflächen und dem Boden.	β: Winkel zwischen den Dreiecksflächen und dem Boden.	γ: Winkel zwischen den Trapezflächen und den Dreiecksflächen.

b) Bei keinem der beiden Dächer stimmt der Winkel α zwischen Boden und Trapezflächen mit dem Winkel β zwischen Boden und Dreiecksflächen überein.
Ist es bei einem Walmdach überhaupt möglich, dass die beiden Winkel α und β gleich groß sind?

15 **Experimentieraufgabe**

Die Höhe h kann verändert werden. Wann ist der Winkel β am kleinsten bzw. am größten? Wie groß sind diese Winkel? Wie groß ist der Winkel β, wenn B^* auf der Mitte der Kante $\overline{BF}$ liegt?

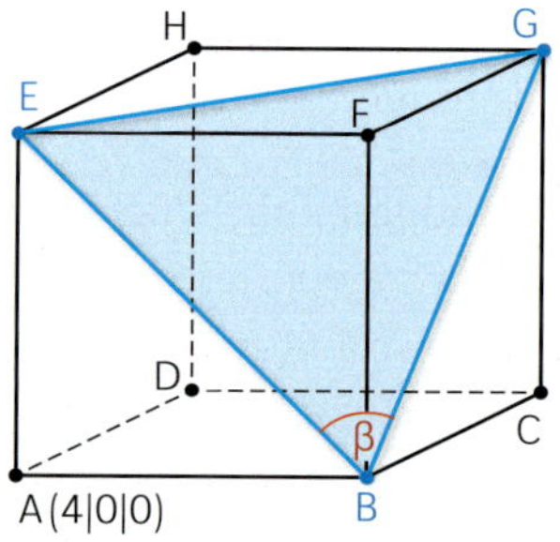

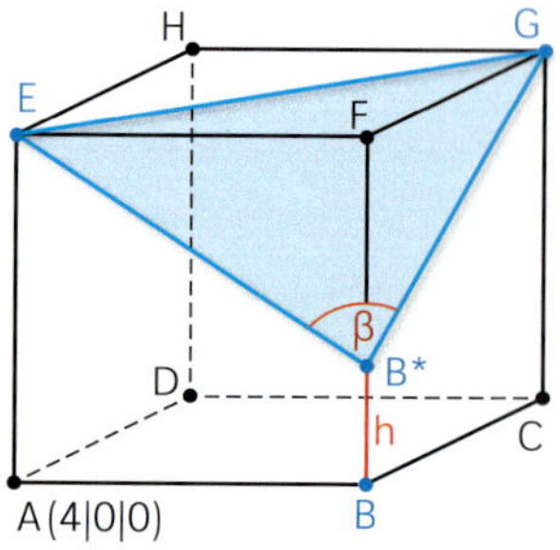

Die folgenden Strategien können helfen:

Was passiert, wenn B nach oben geschoben wird? – ansehen und nachdenken.	„Randsituationen“ betrachten.	Den Winkel für einige festgelegte Höhen berechnen.

Für Experten eine Verbindung zur Analysis:
Der Kosinus des Winkels lässt sich als Funktion darstellen: $f(h) = \frac{h^2 - 8h + 16}{h^2 - 8h + 32}$
Am Graphen lassen sich das Maximum und Minimum ablesen.

Grundwissen

1. Welchen Durchschnittswert kann man beim Werfen eines „fairen“ Würfels bezüglich der Augenzahlen auf lange Sicht erwarten? Kann man diese Frage mithilfe des Erwartungswerts beantworten?
2. Stellt die Punktmenge $\vec{x} = r\begin{pmatrix} 2 \\ -1 \\ 1 \end{pmatrix} + s\begin{pmatrix} -4 \\ 2 \\ -2 \end{pmatrix}$ (r, s $\in \mathbb{R}$) eine Ebene dar?

Exkurs

Warum es nur fünf platonische Körper gibt

PLATONISCHE KÖRPER sind geometrische Körper, die von gleichen regelmäßigen Vielecken begrenzt werden. An jeder Ecke des Körpers stoßen die Ecken der Begrenzungsflächen zusammen.

Damit sich ein Körper ergibt, müssen mindestens drei Vielecke zusammenstoßen. Außerdem muss die Summe der aneinander stoßenden Winkel kleiner als 360° sein, da man sonst kein räumliches Gebilde erhält. Deshalb gibt es auch keine platonischen Körper aus Sechsecken. Drei Sechseckwinkel ergeben nämlich schon 360°. Man kann also drei, vier oder fünf gleichseitige Dreiecke aneinander stoßen lassen (Tetraeder, Oktaeder und Ikosaeder), oder drei Quadrate (Würfel) oder drei regelmäßige Fünfecke (Dodekaeder). Andere Möglichkeiten gibt es nicht.

Aufgaben

16 Winkel zwischen Kanten und Flächen bei platonischen Körpern

Die Winkel zwischen den Kanten lassen sich aus den regelmäßigen Begrenzungsflächen der Körper elementargeometrisch leicht ermitteln.

Körper	Tetraeder	Würfel	Oktaeder	Dodekaeder	Ikosaeder
Begrenzungsflächen	gleichseitiges Dreieck	Quadrat	■	■	■
Kantenwinkel	60°	■	■	■	■

a) Füllen Sie die Tabelle vollständig aus. Bestätigen Sie den elementargeometrisch ermittelten Kantenwinkel beim Oktaeder auch rechnerisch mit dem Skalarprodukt. Verwenden Sie zum Rechnen das Oktaeder mit den Ecken $(1|0|0)$, $(0|1|0)$, $(0|0|1)$, $(-1|0|0)$, $(0|-1|0)$ und $(0|0|-1)$.

b) Die Flächenwinkel lassen sich auch elementargeometrisch bestimmen, dies ist aber nur beim Würfel unmittelbar einsichtig.

Körper	Tetraeder	Würfel	Oktaeder	Dodekaeder	Ikosaeder
Flächenwinkel	70,53°	90°	109,47°	116,57°	138,19°

Bestätigen Sie die in der Tabelle angegebenen Winkel für das Tetraeder und das Oktaeder durch Berechnung als Winkel zwischen zwei Ebenen. Verwenden Sie zum Rechnen das oben angegebene Oktaeder und das Tetraeder mit den Ecken $(1|1|1)$, $(1|-1|-1)$, $(-1|1|-1)$ und $(-1|-1|1)$.

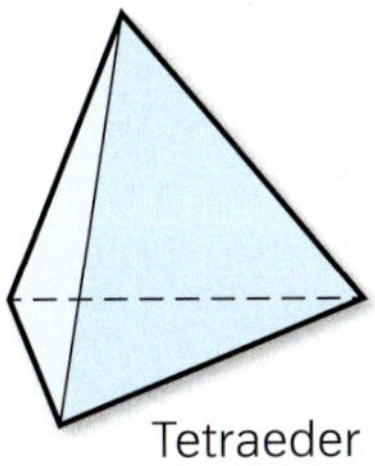
Tetraeder

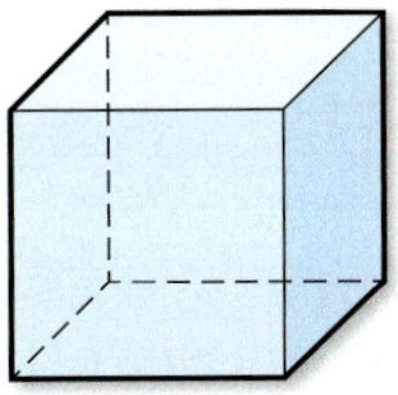
Würfel

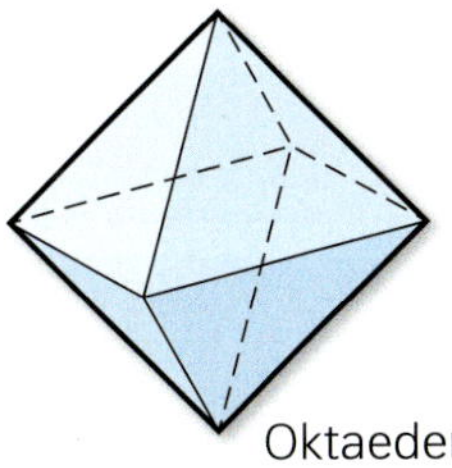
Oktaeder

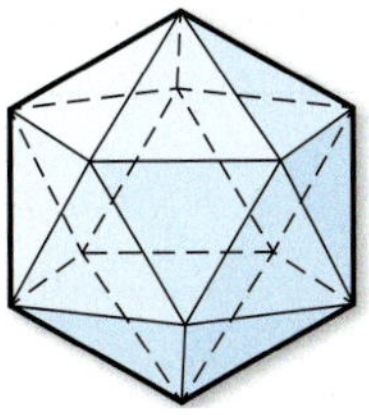
Ikosaeder

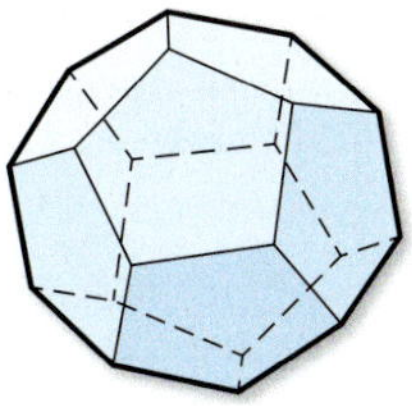
Dodekaeder

7.6 Lösen von Abstandsproblemen

Aufgaben

1 Abstandsprobleme

a) Welche Abstandsprobleme (Punkt, Gerade, Ebene) gehören zu den Situationen?

b) Spezielle Abstandsprobleme können ohne Rechnung gelöst werden. Lösen Sie die Aufgaben ohne zu rechnen.

Pyramide

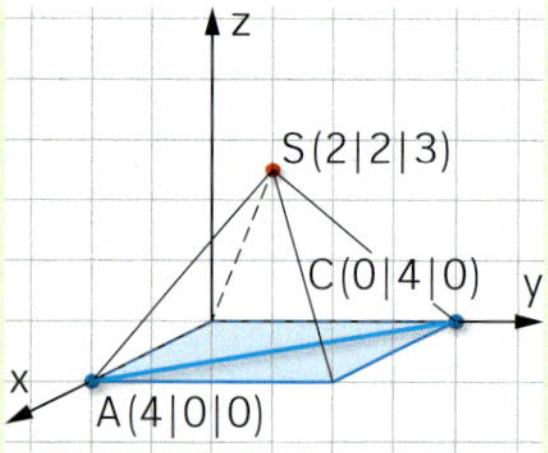

Abstand der Spitze zur Flächendiagonalen

Quader

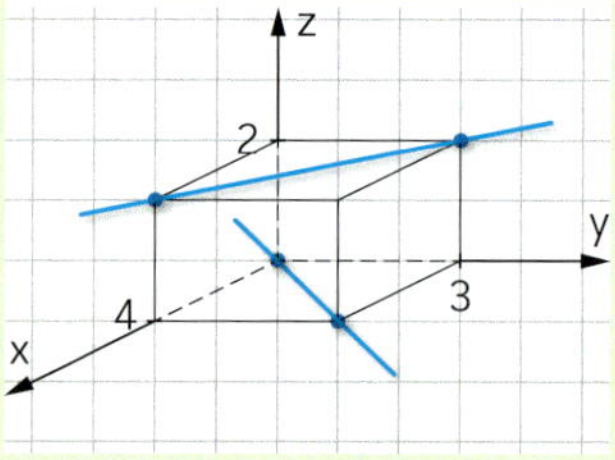

Abstand der windschiefen Geraden

Spat

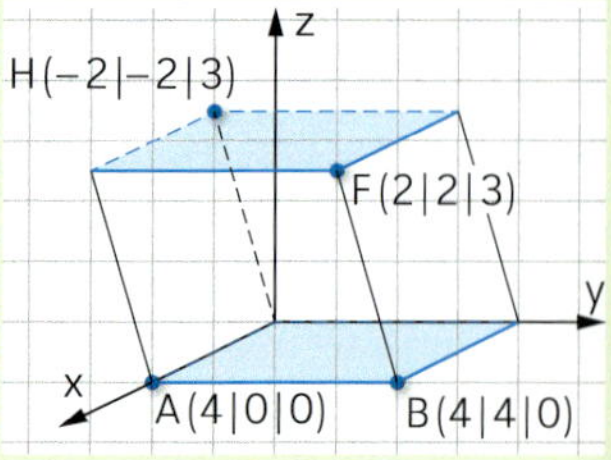

Abstand der beiden Ebenen

c) Erläutern Sie, wie Sie den Abstand jeweils im allgemeinen Fall definieren.

2 Abstand Punkt – Gerade mit Analysis

Die Abstandsbestimmung ist ein Minimierungsproblem. Für zwei Punkte ist der Abstand die kürzeste Verbindung dieser Punkte und somit eine Streckenlänge.

a) Erläutern Sie anhand der Abbildung das Minimierungsproblem.

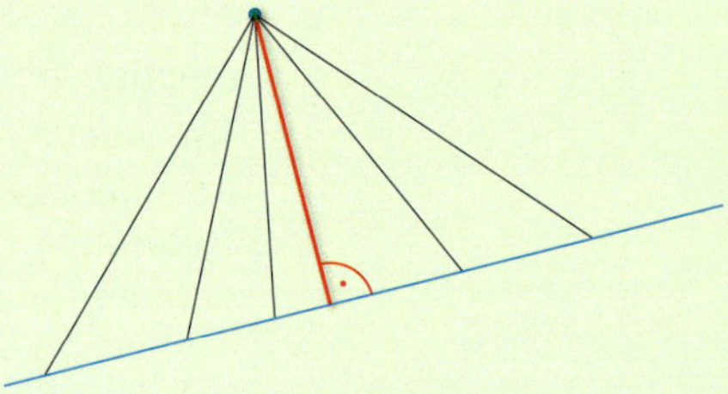

Strategie für Abstand Punkt – Gerade:

1. Entfernung eines Punktes $P(p_1|p_2|p_3)$ von einem beliebigen Punkt X auf g durch die Länge des Vektors $\vec{x} - \vec{p}$ ausdrücken
2. $|\vec{x} - \vec{p}|$ als Funktion f(t) schreiben
3. Extremstelle t_e von f bestimmen
4. $d(P, g) = f(t_e)$

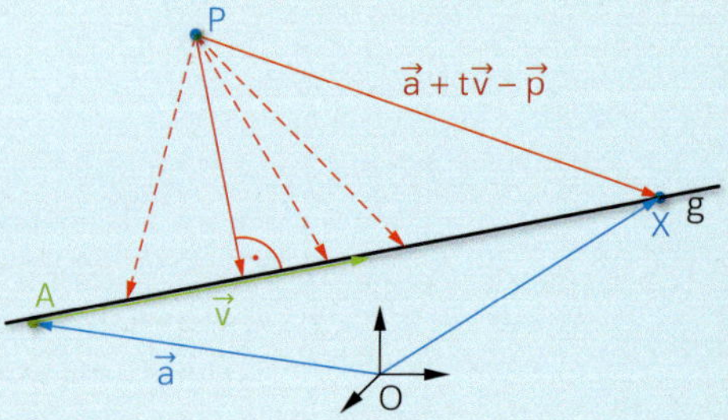

b) Bestimmen Sie den Abstand des Punktes $P(2|-3|1)$ von der Geraden

$g: \vec{x} = \begin{pmatrix} 1 \\ 3 \\ 4 \end{pmatrix} + t \begin{pmatrix} 2 \\ -1 \\ 1 \end{pmatrix}$ mit diesem Verfahren.

Aufgaben

3 Abstand Punkt – Gerade mit Skalarprodukt

Hier sind zwei Strategien zur Bestimmung des Abstandes eines Punktes P von einer Geraden g: $\vec{x} = \vec{a} + t \cdot \vec{v}$.

(A) Abstand mit Lotfußpunkt F

Idee: Punkt F von g suchen, sodass

$\overrightarrow{FP} \perp \vec{v}$

1. $\vec{f} = \begin{pmatrix} a_1 + v_1 t \\ a_2 + v_2 t \\ a_3 + v_3 t \end{pmatrix}$

2. $\left(\vec{p} - \vec{f}\right) \cdot \vec{v} = 0$

3. Lotfußpunkt F bestimmen.

4. $d(P, g) = d(P, F) = \left|\overrightarrow{PF}\right|$

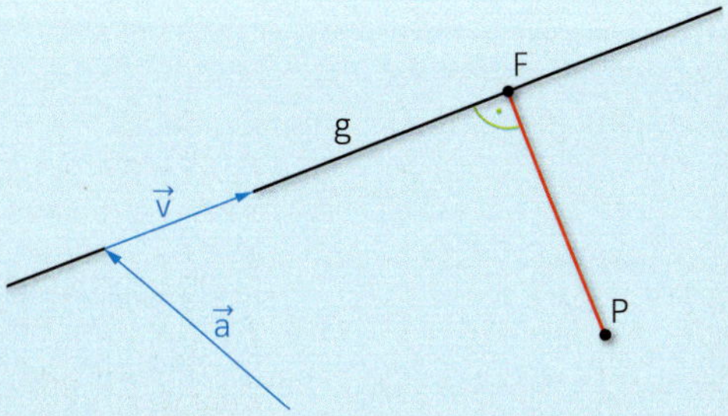

(B) Abstand mit Hilfsebene

Idee: Hilfsebene $E \perp g$ konstruieren

Die Bildsequenz veranschaulicht das Verfahren. Beschreiben Sie es.

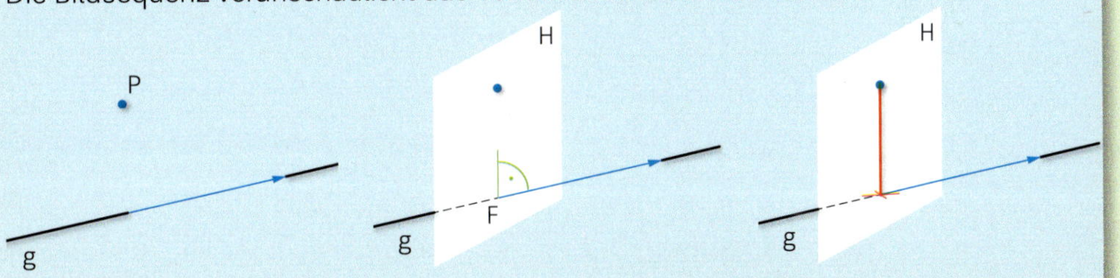

Bestimmen Sie den Abstand des Punktes P(2|−3|1) von der Geraden

g: $\vec{x} = \begin{pmatrix} 1 \\ 3 \\ 4 \end{pmatrix} + t \begin{pmatrix} 2 \\ -1 \\ 1 \end{pmatrix}$ mit beiden Verfahren.

4 Abstand Punkt-Ebene

Hier eine Strategie zur Bestimmung des Abstandes eines Punktes P von einer Ebene E.

Idee: Lotgerade h von P auf E konstruieren

Die Bildsequenz veranschaulicht das Verfahren.

a) Beschreiben Sie es.

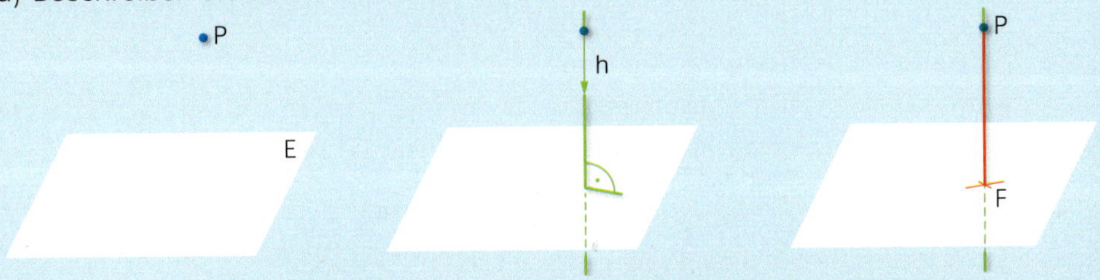

b) Bestimmen Sie den Abstand des Punktes P(2|−3|1) von der Ebene E: $3x + y - z = 6$

c) Ist die Ebene in Normalenform $\vec{n} \cdot \vec{x} = d$ gegeben, kann eine universelle Formel entwickelt werden (P Punkt, F Lotfußpunkt). Zeigen Sie dazu:

1. $\vec{n} \cdot \left(\vec{p} + t_F \cdot \vec{n}\right) = d \;\Rightarrow\; t_F = \frac{d - \vec{n} \cdot \vec{p}}{\vec{n} \cdot \vec{n}}$

2. $d(P, E) = \left|\vec{p} - \vec{f}\right| = \ldots = |t_F| \cdot \left|\vec{n}\right| = \ldots = \frac{\left|d - \vec{n} \cdot \vec{p}\right|}{|\vec{n}|} = \frac{\left|\vec{n} \cdot (\vec{x} - \vec{p})\right|}{|\vec{n}|}$

Basiswissen Es gibt unterschiedliche Verfahren zur Bestimmung von Abständen.

Abstand Punkt – Gerade

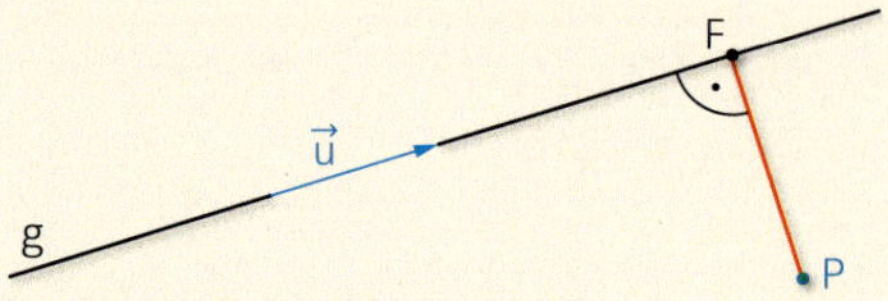

Vorgehen 1 mit Skalarprodukt
(1) Lot von P auf g mit $(\vec{p} - \vec{f}) \cdot \vec{u} = 0$
(2) Lotfußpunkt F bestimmen
(3) Abstand $d(P, g) = d(P, F)$

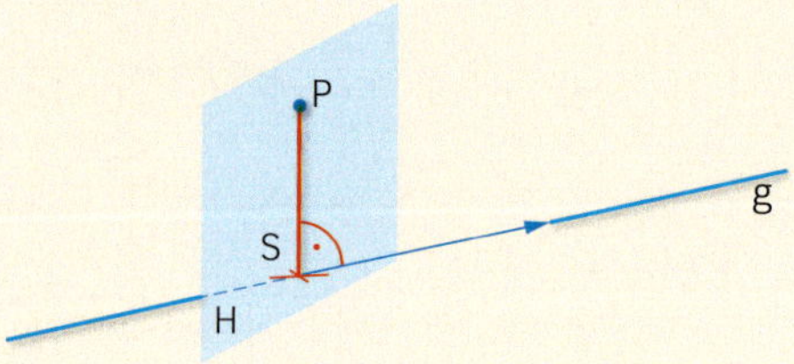

Vorgehen 2 mit Hilfsebene
(1) Hilfsebene H bestimmen, die senkrecht zu g ist und P enthält
(2) Schnittpunkt S von g und H bestimmen
(3) Abstand der Punkte P und S bestimmen

Kurzschreibweisen für Abstände:
Punkt – Gerade d(P, g)
Punkt – Ebene d(P, E)
Punkt – Punkt d(P, Q)
d von distance

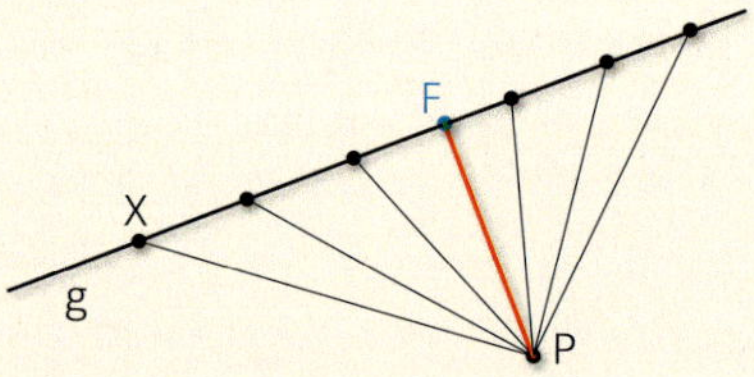

Vorgehen 3 mit Minimierung
(1) Entfernung P von beliebigen Punkt X von g als Vektor $\vec{x} - \vec{p}$ ausdrücken
(2) $|\vec{x} - \vec{p}|$ als Funktion f(t) schreiben
(3) Minimum von f bestimmen

Abstand Punkt – Ebene

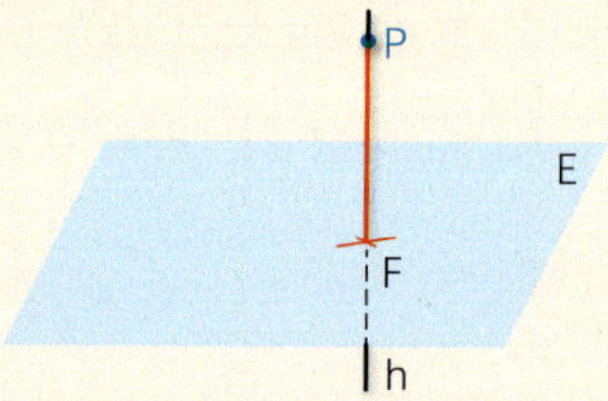

Vorgehen mit Lotgerade
(1) Gerade h durch P bestimmen, die senkrecht zu E mit E: $\vec{n} \cdot \vec{x} = d$ verläuft
(2) Schnittpunkt von h und E liefert Lotfußpunkt F
(3) $d(P, E) = d(P, F) = \frac{|d - \vec{n} \cdot \vec{p}|}{|\vec{n}|}$

Beispiele

A Abstand Punkt-Gerade mit Skalarprodukt
Bestimmen Sie den Abstand von P(4 | 1 | −3) zu der Geraden g: $\vec{x} = \begin{pmatrix} 2 \\ 1 \\ 5 \end{pmatrix} + t \begin{pmatrix} 1 \\ -1 \\ 3 \end{pmatrix}$

Lösung:
(1) Lot von P auf g: $\vec{f} = \begin{pmatrix} 2+t \\ 1-t \\ 5+3t \end{pmatrix}$; $(\vec{p} - \vec{f}) \cdot \vec{v} = \left(\begin{pmatrix} 4 \\ 1 \\ -3 \end{pmatrix} - \begin{pmatrix} 2+t \\ 1-t \\ 5+3t \end{pmatrix} \right) \cdot \begin{pmatrix} 1 \\ -1 \\ 3 \end{pmatrix} = 0$

(2) Lotfußpunkt bestimmen:
$\begin{pmatrix} 2-t \\ t \\ -8-3t \end{pmatrix} \cdot \begin{pmatrix} 1 \\ -1 \\ 3 \end{pmatrix} = 0 \Rightarrow 2 - t - t + 3 \cdot (-8 - 3t) = 0 \Rightarrow t = -2;$

$\vec{f} = \begin{pmatrix} 2+(-2) \\ 1-(-2) \\ 5+3\cdot(-2) \end{pmatrix} \Rightarrow F(0 | 3 | -1)$

(3) Abstand berechnen:
$d(P, g) = d(P, F) = \sqrt{(-4)^2 + 2^2 + 2^2}$
$= \sqrt{24}$

CAS:

solve(dotP(vp−(va+t· vv),vv)=0,t)	t=−2
norm(vp−(va−2· vv))	$2 \cdot \sqrt{6}$

Beispiele

B Abstand Punkt-Gerade mit Analysis

Bestimmen Sie mithilfe der Analysis den Abstand von P(2|3|4) zu g: $\vec{x} = \begin{pmatrix} 2+t \\ 2t \\ 10-2t \end{pmatrix}$

Lösung:

$$|\vec{x} - \vec{p}| = \left| \begin{pmatrix} 2+t \\ 2t \\ 10-2t \end{pmatrix} - \begin{pmatrix} 2 \\ 3 \\ 4 \end{pmatrix} \right| = \sqrt{\begin{pmatrix} t \\ 2t-3 \\ 6-2t \end{pmatrix} \cdot \begin{pmatrix} t \\ 2t-3 \\ 6-2t \end{pmatrix}} = \sqrt{t^2 + (2t-3)^2 + (6-2t)^2} = \sqrt{9t^2 - 36t + 45}$$

(1) GTR

```
Plot1   Plot2   Plot3
\Y1=√(9*X²-36*X+45)
```

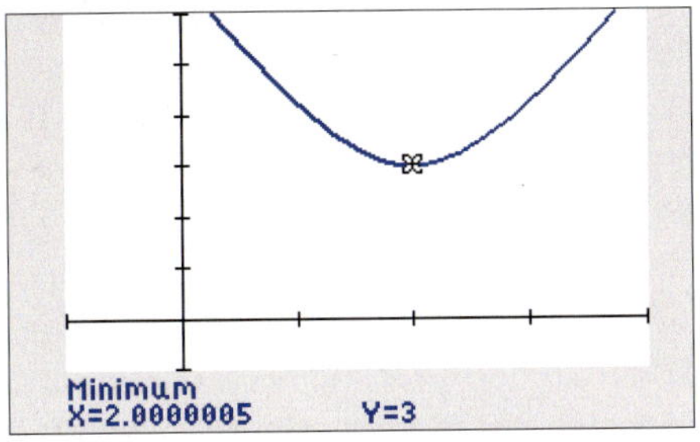

Der Abstand von P zu g beträgt 3 LE.

(2) CAS

$vg(t) := \begin{bmatrix} 2+t \\ 2\cdot t \\ 10-2\cdot t \end{bmatrix}$	Fertig
$vp := \begin{bmatrix} 2 \\ 3 \\ 4 \end{bmatrix}$	$\begin{bmatrix} 2 \\ 3 \\ 4 \end{bmatrix}$
$puge(t) := \text{norm}(vg(t) - vp)$	Fertig
$puge(x)$	$3\cdot\sqrt{x^2 - 4\cdot x + 5}$
$\text{solve}\left(\frac{d}{dx}(puge(x)) = 0, x\right)$	$x=2$
$puge(2)$	3

C Abstand Punkt-Ebene

Bestimmen Sie den Abstand des Punktes P(1|−2|4) von der Ebene E: $3x - y + 2z = 41$

Lösung:

(A) Mit Lotgerade:

(1) $h: \vec{x} = \begin{pmatrix} 1 \\ -2 \\ 4 \end{pmatrix} + t \cdot \begin{pmatrix} 3 \\ -1 \\ 2 \end{pmatrix} = \begin{pmatrix} 1+3t \\ -2-t \\ 4+2t \end{pmatrix}$

(2) Schnittpunkt F von h und E:

$3 \cdot (1+3t) - (-2-t) + 2 \cdot (4+2t) = 41$

$\Rightarrow t = 2 \Rightarrow F(7|-4|8)$

(3) $d(P, E) = |\overrightarrow{PF}| = \left| \begin{pmatrix} 6 \\ -2 \\ 4 \end{pmatrix} \right| = \sqrt{56} \approx 7{,}48$

Der Abstand des Punktes P zur Ebene E beträgt ca. 7,48 LE.

(B) Mit Formel:

$$d(P, E) = \frac{\left| 41 - \begin{pmatrix} 3 \\ -1 \\ 2 \end{pmatrix} \cdot \begin{pmatrix} 1 \\ -2 \\ 4 \end{pmatrix} \right|}{\sqrt{\begin{pmatrix} 3 \\ -1 \\ 2 \end{pmatrix} \cdot \begin{pmatrix} 3 \\ -1 \\ 2 \end{pmatrix}}} = \frac{|41 - 13|}{\sqrt{14}} = \frac{28}{\sqrt{14}} \approx 7{,}48$$

CAS:

$vp := \begin{bmatrix} 1 \\ -2 \\ 4 \end{bmatrix}$	$\begin{bmatrix} 1 \\ -2 \\ 4 \end{bmatrix}$
$vn := \begin{bmatrix} 3 \\ -1 \\ 2 \end{bmatrix}$	$\begin{bmatrix} 3 \\ -1 \\ 2 \end{bmatrix}$
$pueb(vp, vn, d) := \left\| \frac{d - \text{dotP}(vn, vp)}{\text{norm}(vn)} \right\|$	Fertig
$pueb(vp, vn, 41)$	$2\cdot\sqrt{14}$

Übungen

5 Andere Verfahren

Bestimmen Sie die Abstände aus den Beispielen A und B mit den anderen Verfahren.

6 Abstand Punkt – Gerade

Bestimmen Sie den Abstand des Punktes P zur Geraden g.

a) P(0|−2|1); g: $\vec{x} = \begin{pmatrix} 5 \\ 2 \\ 6 \end{pmatrix} + r \begin{pmatrix} 2 \\ -2 \\ 3 \end{pmatrix}$

b) P(1|1|1); g: $\vec{x} = \begin{pmatrix} -25 \\ 6 \\ 11 \end{pmatrix} + r \begin{pmatrix} -5 \\ 8 \\ 1 \end{pmatrix}$

Übungen

7 Abstand Punkt – Ebene

Welcher der Punkte ist am weitesten von E entfernt?

a) $O(0|0|0)$; $P(12|2|-2)$; $Q(1|0|-2)$

$E: x + 8y - 4z = 9$

b) $O(0|0|0)$; $P(1|-2|2)$; $Q(1|1|-1)$

$E: \vec{x} = \begin{pmatrix} 0 \\ 0 \\ 1 \end{pmatrix} + r\begin{pmatrix} 0 \\ 1 \\ 1 \end{pmatrix} + s\begin{pmatrix} 2 \\ 1 \\ 0 \end{pmatrix}$

8 Punkte bestimmen

Bestimmen Sie die Punkte auf der Geraden $g: \vec{x} = \begin{pmatrix} 1 \\ 2 \\ 3 \end{pmatrix} + r\begin{pmatrix} 1 \\ 0 \\ -1 \end{pmatrix}$, die

a) vom Ursprung die Entfernung $2\sqrt{11}$ haben.

b) von der xy-Ebene den Abstand 3 haben.

c) von der x-Achse den Abstand 2,5 haben.

9 Spiegelpunkte

Spiegeln Sie den Punkt $P(14|2|1)$ an der Ebene $E: 3x - y = 0$.

10 Abstand zum Ursprung

a) Beschreiben Sie, wie man den Abstand einer Geraden zum Ursprung bestimmen kann. Bestimmen Sie den Abstand der Geraden aus den Beispielen A und B vom Ursprung.

b) Bestimmen Sie den Abstand der Ebene aus Beispiel C vom Ursprung.

c) Bestimmen Sie den Abstand einer beliebigen Ebene in Normalenform vom Ursprung mit der Formel. Begründen Sie damit die Aussage der gelben Karte.

Abstand zum Ursprung und Hesse'sche Normalform

(1) Bei der Normalenform einer Ebenengleichung $\vec{n} \cdot \vec{x} = d$ gibt d das $|\vec{n}|$-fache des Abstandes vom Ursprung an. Hat $\vec{n}$ die Länge 1, gibt d direkt den Abstand zum Ursprung an (bis auf das Vorzeichen).

(2) Hat der Normalenvektor die Länge 1, wird er mit $\vec{n_0}$ bezeichnet, die Normalenform heißt dann **Hesse'sche Normalenform**: $E: \vec{n_0} \cdot (\vec{x} - \vec{q}) = 0$.
Mit dieser Form kann durch Einsetzen von P direkt der Abstand von P zu E bestimmt werden: $d(P, E) = \frac{|d - \vec{n} \cdot \vec{p}|}{|\vec{n}|} = |d - \vec{n_0} \cdot \vec{p}| = |\vec{n_0} \cdot (\vec{q} - \vec{p})|$

11 Raumdiagonale im Quader

Welchen Abstand haben die Eckpunkte des Quaders, die nicht auf der Raumdiagonalen liegen, von der Raumdiagonalen $\overline{DF}$?

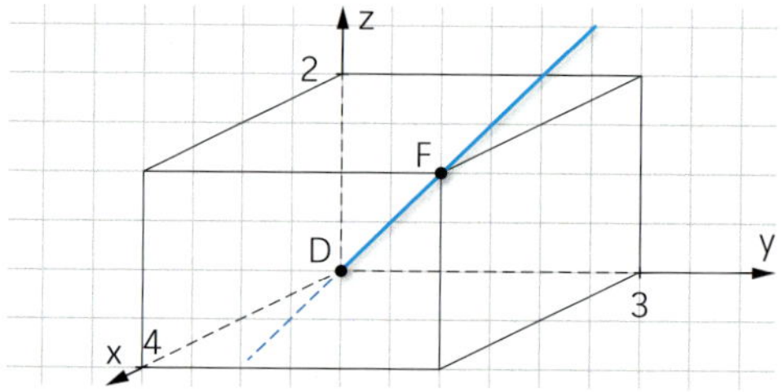

12 Abstand im Würfel

Berechnen Sie den Abstand des Mittelpunktes $M(2|2|2)$ des Würfels mit der Kantenlänge 4 von der Dreiecksfläche ACH mit $E: \vec{x} = \begin{pmatrix} 4 \\ 0 \\ 0 \end{pmatrix} + r\begin{pmatrix} -4 \\ 4 \\ 0 \end{pmatrix} + s\begin{pmatrix} -4 \\ 0 \\ 4 \end{pmatrix}$.

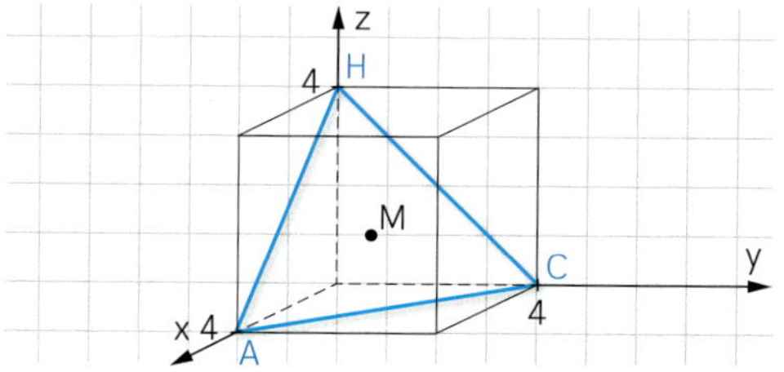

Übungen

13 Abstand im Würfel

Welchen Abstand hat der Kantenmittelpunkt M(4|2|4) von der Ebene

$E: \vec{x} = \begin{pmatrix} 4 \\ 0 \\ 0 \end{pmatrix} + r \begin{pmatrix} 0 \\ 4 \\ 0 \end{pmatrix} + s \begin{pmatrix} -4 \\ 0 \\ 4 \end{pmatrix}$?

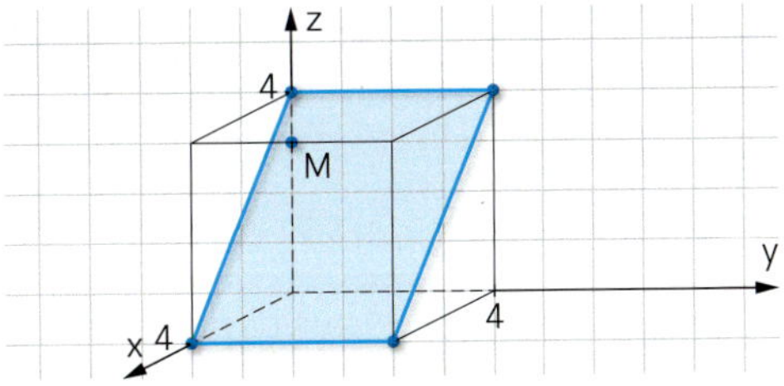

14 Ebene mit Spurgeraden

Wie weit ist die durch Spurgeraden dargestellte Ebene vom Ursprung entfernt?

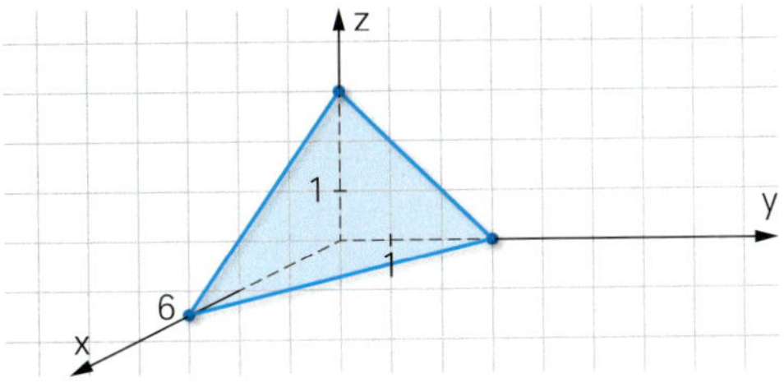

15 Gerade mit Spurpunkten

Wie weit ist die durch Spurpunkte dargestellte Gerade vom Ursprung entfernt?

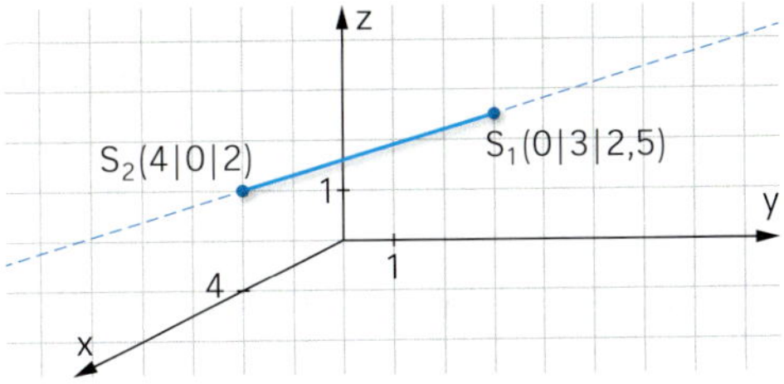

16 Schiefe Pyramide

Berechnen Sie die Höhe der schiefen Pyramide mit der Grundfläche ABCD mit A(5|−2|2), B(5|2|3), C(1|2|4) und D(1|−2|3) und der Spitze S(3|1|6).

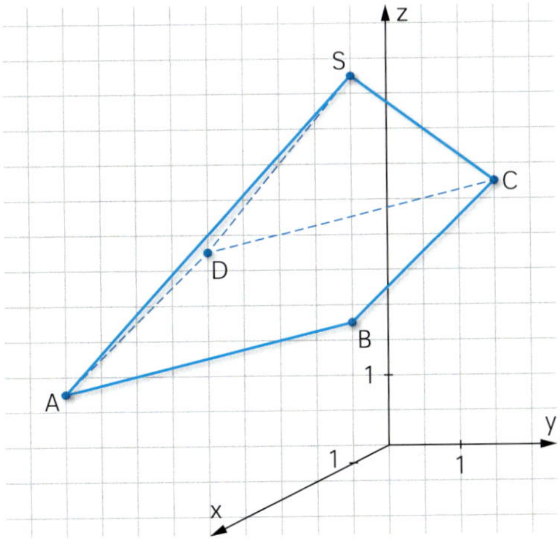

17 Pyramide

Welchen Abstand hat der Mittelpunkt M der Bodenfläche einer quadratischen Pyramide mit der Kantenlänge 4 cm und einer Höhe von 6 cm von den Seitenflächen der Pyramide?

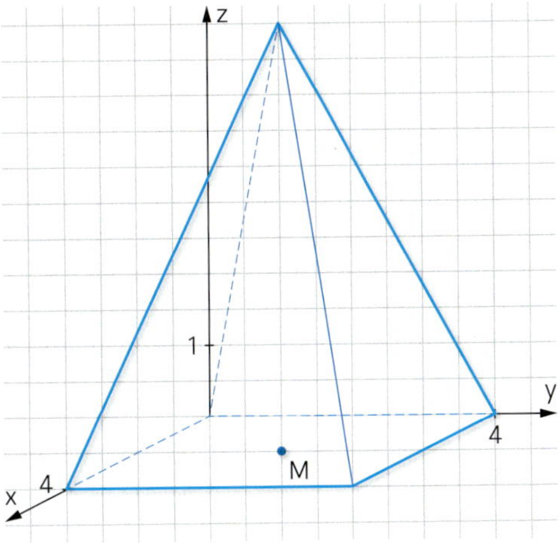

18 Punkt, Gerade und Ebene im Würfel

a) Ermitteln Sie eine Gleichung zu E und g.

b) Bestimmen Sie den Abstand des Punkte P von

(1) g (2) E.

c) Welche Lagebeziehung besteht zwischen g und E? Zum Weiterdenken: Wie groß ist der Abstand von E und g?

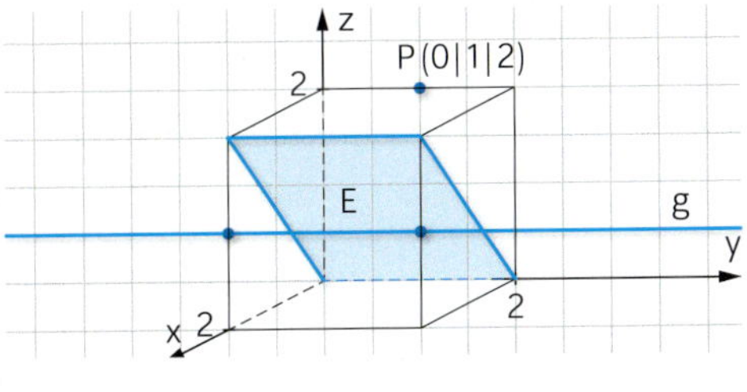

Übungen

19 Weitere Abstandsprobleme

Bei welchen Lagebeziehungen von Geraden und Ebenen sind Abstandsprobleme sinnvoll? Entwickeln Sie für diese Fälle Strategien. Eine Situation ist nicht unmittelbar mit den Strategien „Punkt-Gerade" und „Punkt-Ebene" zu bearbeiten, welche?

Basiswissen

Strategien für weitere grundlegende Abstandsprobleme

Parallele Geraden
Wähle einen Punkt P auf einer Geraden

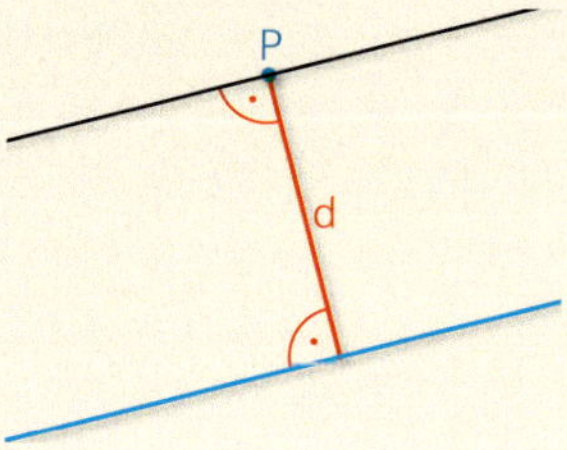

Parallele Ebenen
Wähle einen Punkt P auf einer Ebene

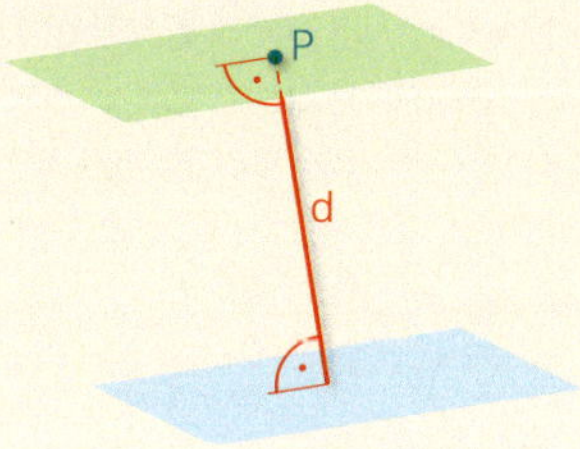

Gerade – parallele Ebene
Wähle einen Punkt P auf der Geraden

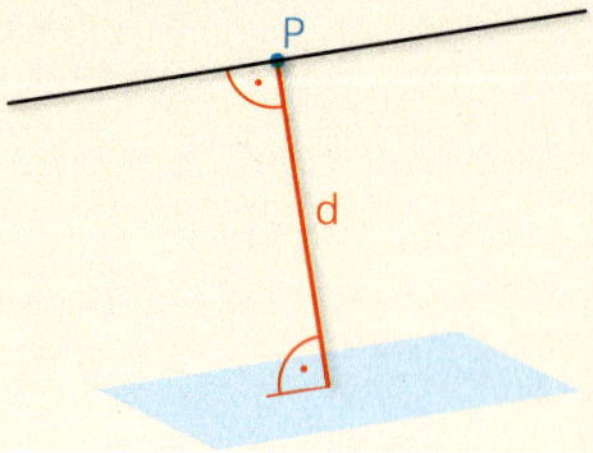

Übungen

20 Höhenberechnung

Die Bestimmung von Höhen ist für die Berechnung von Flächen- und Rauminhalten häufig notwendig. Welche Abstandsprobleme liegen hier vor? Auf welches Grundproblem lässt sich die Berechnung zurückführen?

a)
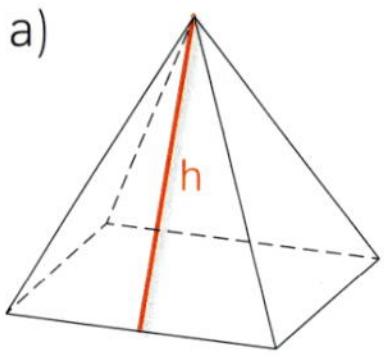

b)
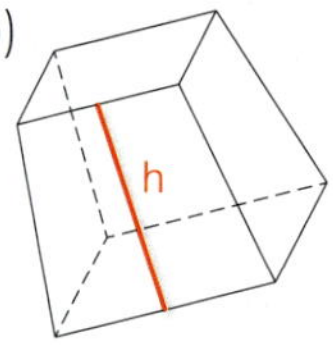

c)
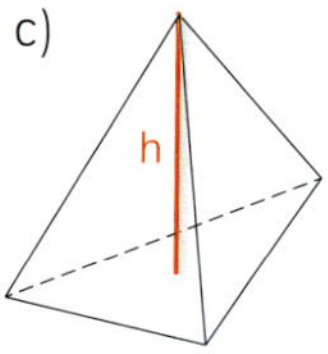

d)
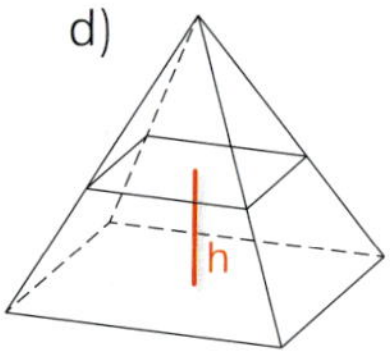

e)
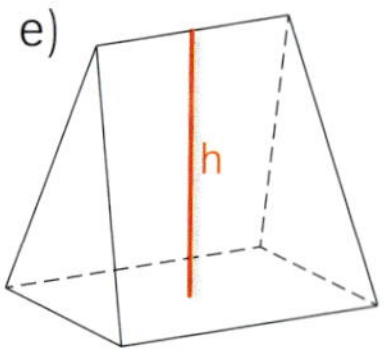

21 Abstandsberechnungen – Training

a) Eine dreiseitige Pyramide hat die Grundfläche ABC mit A(2|2|3), B(0|−4|3) und C(2|−2|1) und die Spitze S(7|−4|6,5). Berechnen Sie die Höhe.

b) Welche Punkte der Geraden g mit $g: \vec{x} = \begin{pmatrix} -1 \\ 2 \\ 0 \end{pmatrix} + r\begin{pmatrix} 3 \\ 1 \\ 1 \end{pmatrix}$ haben von der Ebene $E: 4x - 4y + 7y = 3$ den Abstand 5?

c) Zeigen Sie, dass $E: \vec{x} = \begin{pmatrix} 1 \\ 2 \\ 0 \end{pmatrix} + r\begin{pmatrix} 4 \\ 0 \\ 1 \end{pmatrix} + s\begin{pmatrix} -2 \\ 1 \\ 0 \end{pmatrix}$ und $g: \vec{x} = \begin{pmatrix} 2 \\ 4 \\ -4 \end{pmatrix} + t\begin{pmatrix} 0 \\ 2 \\ 1 \end{pmatrix}$ zueinander parallel sind. Berechnen Sie deren Abstand.

d) Zeigen Sie, dass sich die Ebene $E: x - 4y + z = 12$ und die Gerade $g: \vec{x} = \begin{pmatrix} 9 \\ 1 \\ 10 \end{pmatrix} + t\begin{pmatrix} 1 \\ 0 \\ 2 \end{pmatrix}$ schneiden. Wie viele Punkte auf g sind 3 LE von der Ebene entfernt?

e) Welche Ebene ist vom Ursprung am weitesten entfernt?

$E_1: \vec{x} = \begin{pmatrix} -5 \\ -7 \\ 3 \end{pmatrix} + r\begin{pmatrix} 2 \\ 1 \\ -4 \end{pmatrix} + s\begin{pmatrix} 3 \\ 6 \\ 1 \end{pmatrix}$

$E_2: \left(\begin{pmatrix} x \\ y \\ z \end{pmatrix} - \begin{pmatrix} -4 \\ 4 \\ 5 \end{pmatrix}\right) \cdot \begin{pmatrix} 3 \\ -3 \\ 0 \end{pmatrix} = 0$

$E_3: 2x - 2y + 4z = 12$

f) Welche Punkte der Geraden g haben von der Geraden h einen Abstand von höchstens 15?

$g: \vec{x} = \begin{pmatrix} 5 \\ 15 \\ 5 \end{pmatrix} + r\begin{pmatrix} 1 \\ -1 \\ 2 \end{pmatrix}$

$h: \vec{x} = \begin{pmatrix} 2 \\ -1 \\ 4 \end{pmatrix} + s\begin{pmatrix} 2 \\ 2 \\ -1 \end{pmatrix}$

Übungen

22 Scharen

a) Welche Gerade der Schar g_a: $\vec{x} = \begin{pmatrix} 1 \\ -2 \\ 1 \end{pmatrix} + r \begin{pmatrix} 1 \\ -1 \\ a \end{pmatrix}$ hat vom Ursprung den kleinsten, welche den größten Abstand?

b) Bestimmen Sie alle Ebenen der Ebenenschar E_a: $ax + 4y + 4z = 6$, die zum Punkt $P(6|5|1)$ den Abstand 2 haben.

c) Welche der Ebenen E_a: $3x + 4y + az = 6$ haben vom Punkt $P(1|0|-2)$ den Abstand 1?

Windschiefe Geraden

Bei windschiefen Geraden ist es schwierig herauszufinden, wie der Abstand erklärt ist und wie er bestimmt werden kann. Bei den bisher behandelten Abstandsproblemen spielten immer Orthogonale eine Rolle.
Gilt das auch hier?
Messen oder Nachdenken sind hilfreich.

23 Abstand windschiefer Geraden

a) Formulieren Sie das Abstandsproblem zweier windschiefer Geraden als Minimierungsproblem. Welche Bedingungen müssen bezüglich des Abstandes der beiden Geraden gelten?
Hier sind zwei Strategien zur Bestimmung des Abstandes zweier windschiefer Geraden g mit $\vec{x} = \vec{a} + t \cdot \vec{v}$ und h mit $\vec{x} = \vec{b} + s \cdot \vec{u}$ dargestellt.

(A) Abstand mit Skalarprodukt
Idee: Entfernung zweier Punkte X von g und Y von h betrachten.

(1) $\overrightarrow{XY}$ mit $\vec{x} = \vec{a} + t \cdot \vec{v}$ und $\vec{y} = \vec{b} + s \cdot \vec{u}$
(2) $\overrightarrow{XY} \perp \vec{v}$ und $\overrightarrow{XY} \perp \vec{u}$
(3) Lösungen des LGS aus (2) liefern P und Q

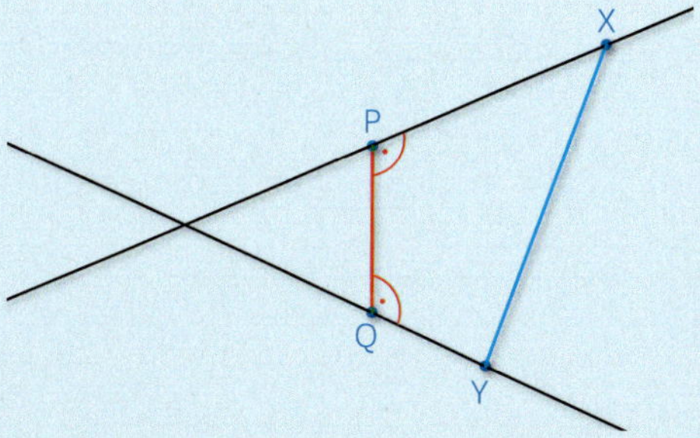

(B) Abstand mit Hilfsebene
Idee: Hilfsebene H konstruieren, sodass h in H liegt und g ∥ H.
Die Bildsequenz veranschaulicht das Verfahren. Beschreiben Sie es.

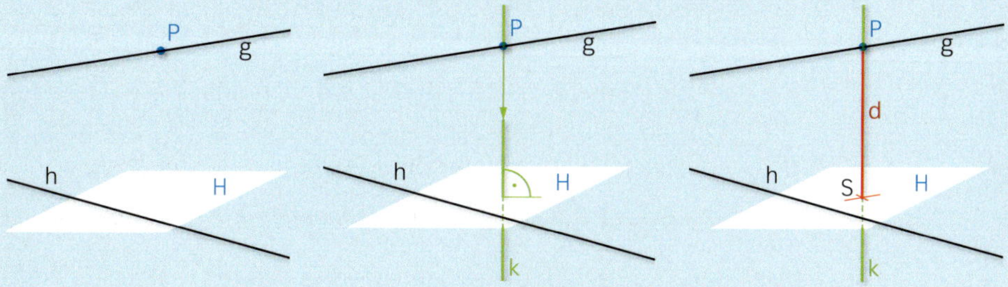

b) Bestimmen Sie mit jedem Verfahren den Abstand der beiden Geraden
g: $\vec{x} = \begin{pmatrix} 1 \\ 2 \\ -1 \end{pmatrix} + t \cdot \begin{pmatrix} -1 \\ 1 \\ 1 \end{pmatrix}$ und h: $\vec{x} = \begin{pmatrix} 1 \\ 2 \\ 5 \end{pmatrix} + t \cdot \begin{pmatrix} 0 \\ -1 \\ 1 \end{pmatrix}$

Basiswissen

Abstand windschiefer Geraden

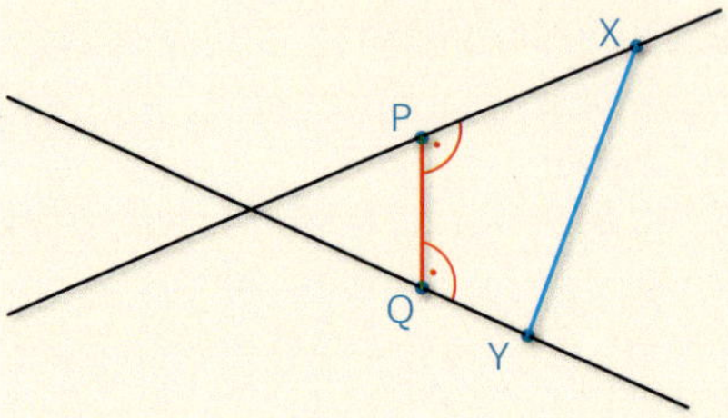

Vorgehen 1 mit Skalarprodukt

(1) $\overrightarrow{XY}$ für X auf g und Y auf h bestimmen

(2) Orthogonalitätsbedingung für P und Q: $\overrightarrow{PQ} \perp \vec{v}$ und $\overrightarrow{PQ} \perp \vec{u}$ liefert LGS für s und t. Lösungen des LGS liefern P und Q

(3) $d(g, h) = d(P, Q)$

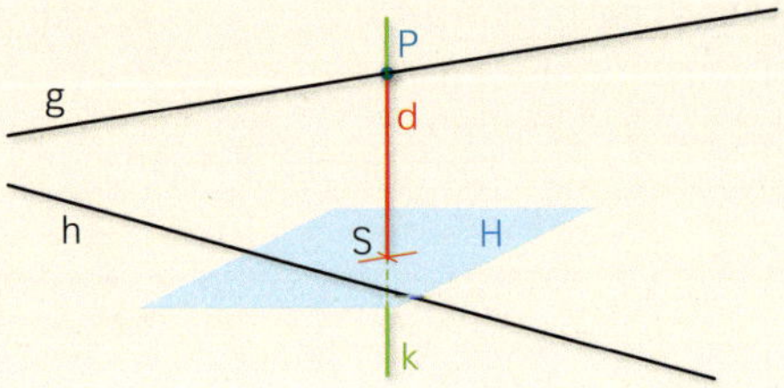

Vorgehen 2 mit Hilfsebene

(1) Ebene H bestimmen, die h enthält und parallel zu g verläuft

(2) Gerade k bestimmen, die P enthält und senkrecht zu H ist. Schnittpunkt S von k und H bestimmen

(3) Abstand $d(g, h) = d(S, P)$ berechnen

Beispiele

D Abstand zweier Geraden mit Skalarprodukt

Die Geraden g und h sind windschief. Bestimmen Sie ihren Abstand.

$g: \vec{x} = \begin{pmatrix} 3 \\ 5 \\ 0 \end{pmatrix} + t \cdot \begin{pmatrix} 0 \\ 2 \\ 1 \end{pmatrix}; \; h: \vec{x} = \begin{pmatrix} 4 \\ -2 \\ 2 \end{pmatrix} + s \cdot \begin{pmatrix} -2 \\ 3 \\ 1 \end{pmatrix}$

Lösung:

(1) $\overrightarrow{XY} = \begin{pmatrix} 3 \\ 5+2t \\ t \end{pmatrix} - \begin{pmatrix} 4-2s \\ -2+3s \\ 2+s \end{pmatrix} = \begin{pmatrix} -1+2s \\ 7+2t-3s \\ -2+t-s \end{pmatrix}$

(2) $\begin{pmatrix} -1+2s \\ 7+2t-3s \\ -2+t-s \end{pmatrix} \cdot \begin{pmatrix} 0 \\ 2 \\ 1 \end{pmatrix} = 0 \Rightarrow 5t - 7s + 12 = 0$

$\begin{pmatrix} -1+2s \\ 7+2t-3s \\ -2+t-s \end{pmatrix} \cdot \begin{pmatrix} -2 \\ 3 \\ 1 \end{pmatrix} = 0 \Rightarrow 7t - 14s + 21 = 0$

LGS: $\begin{bmatrix} 5t - 7s = -12 \\ 7t - 14 = -21 \end{bmatrix} \Rightarrow t = -1; \; s = 1 \Rightarrow P(3|3|-1); Q(2|1|3)$

(3) $d(g, h) = d(P, Q) = |\overrightarrow{PQ}| = \left| \begin{pmatrix} -1 \\ -2 \\ 4 \end{pmatrix} \right| = \sqrt{21}$

Übungen

24 Abstand mit Hilfsebene

Lösen Sie das Abstandsproblem aus Beispiel D mit Vorgehen 2.

25 Eine Formel für den Abstand windschiefer Geraden

a) Leiten Sie mit Vorgehen 2 die Formel für den Abstand zweier windschiefer Geraden her:

$d(g, h) = \left| \frac{\vec{n} \cdot \vec{b} - \vec{n} \cdot \vec{a}}{|\vec{n}|} \right| = \left| \frac{\vec{n} \cdot (\vec{b} - \vec{a})}{|\vec{n}|} \right|; \; \vec{n} \perp \vec{v}$ und $\vec{n} \perp \vec{u}$

Hinweise:
(1) $E: \vec{n} \cdot \vec{x} = \vec{n} \cdot \vec{b}$
(2) $d(P,E) = \left| \frac{d - \vec{n} \cdot \vec{p}}{|\vec{n}|} \right|$

CAS b) Erläutern und erzeugen Sie das Makro.

gege(va,vv,vb,vu):= $\frac{|dotP(crossP(vv,vu),vb-va)|}{norm(crossP(vv,vu))}$ *Fertig*

c) Bestimmen Sie den Abstand von je zwei der Geraden.

$g: \vec{x} = \begin{pmatrix} 1 \\ 2 \\ 3 \end{pmatrix} + r \begin{pmatrix} 1 \\ -1 \\ 2 \end{pmatrix}; \; h: \vec{x} = \begin{pmatrix} 1 \\ -3 \\ 1 \end{pmatrix} + s \begin{pmatrix} 2 \\ 1 \\ 4 \end{pmatrix}; \; k: \vec{x} = \begin{pmatrix} 0 \\ 1 \\ 5 \end{pmatrix} + t \begin{pmatrix} -1 \\ 0 \\ 2 \end{pmatrix}$

Übungen

26 Training windschiefer Geraden

Bestimmen Sie den Abstand der windschiefen Geraden. Bei welchem Geradenpaar ist der Abstand am größten?

a) $g: \vec{x} = \begin{pmatrix} 1 \\ 0 \\ 1 \end{pmatrix} + r\begin{pmatrix} 1 \\ 1 \\ 2 \end{pmatrix}$; $h: \vec{x} = \begin{pmatrix} 2 \\ 1 \\ 0 \end{pmatrix} + s\begin{pmatrix} 0 \\ 1 \\ 1 \end{pmatrix}$

b) $g: \vec{x} = \begin{pmatrix} 1 \\ 2 \\ -1 \end{pmatrix} + r\begin{pmatrix} 1 \\ 0 \\ 1 \end{pmatrix}$; $h: \vec{x} = \begin{pmatrix} 0 \\ 0 \\ 1 \end{pmatrix} + s\begin{pmatrix} 1 \\ 1 \\ 1 \end{pmatrix}$

c) $g: \vec{x} = \begin{pmatrix} 3 \\ 1 \\ 1 \end{pmatrix} + r\begin{pmatrix} 2 \\ -3 \\ -10 \end{pmatrix}$;

$h: \vec{x} = \begin{pmatrix} -2 \\ 3 \\ 11 \end{pmatrix} + s\begin{pmatrix} 2 \\ 1 \\ -2 \end{pmatrix}$

27 Windschiefe Geraden im Würfel

Berechnen Sie den Abstand der beiden Geraden.

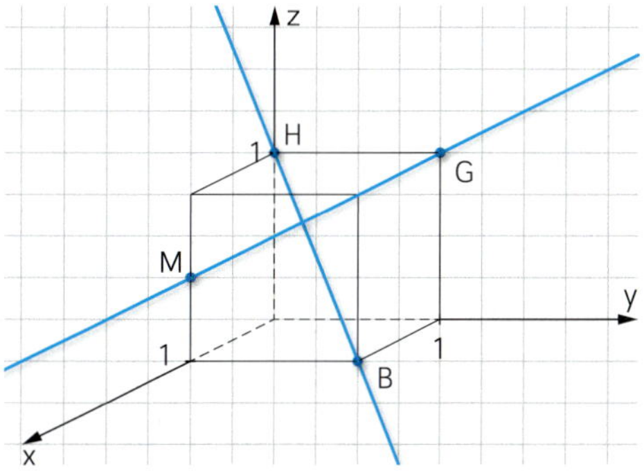

28 Windschiefe Geraden im Quader

Bestimmen Sie den Abstand der windschiefen Geraden g und h. Welche beiden Punkte auf den Geraden haben den geringsten Abstand zueinander?

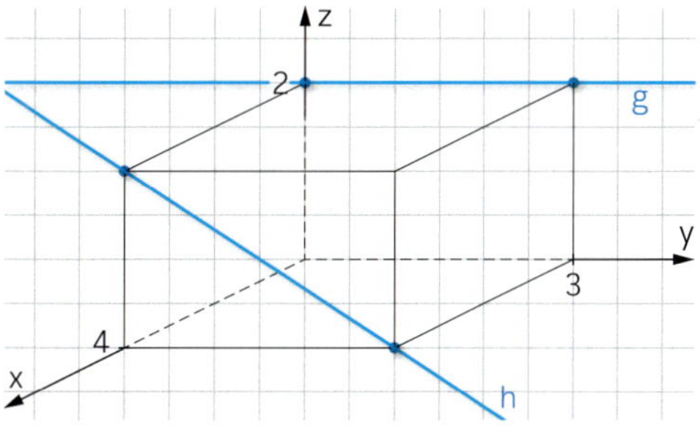

29 Windschiefe Geraden in Pyramide

a) Bestimmen Sie den Abstand der eingezeichneten windschiefen Geraden.

b) Wie groß ist der Abstand der Geraden durch B und S zur Geraden durch C und D?

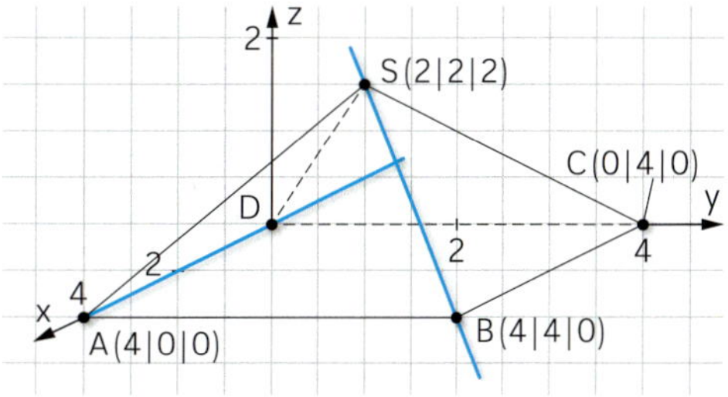

30 Mittelebenen

Die Würfelschnitte werden von den Punkten gebildet, die gleich weit von zwei gegebenen Punkten A und B entfernt sind.

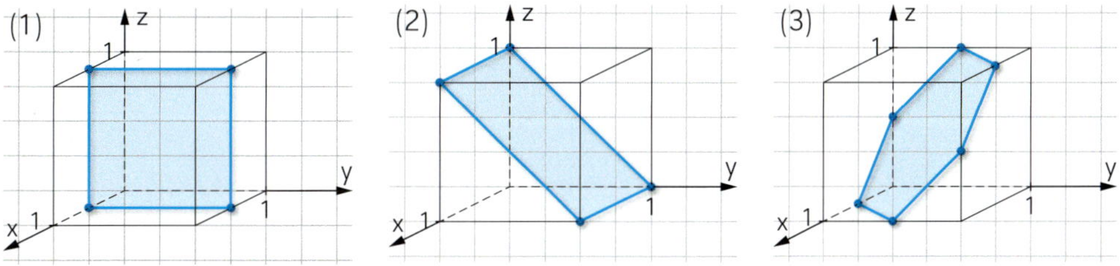

a) Begründen Sie, dass im Raum alle Punkte, die von zwei Punkten gleich weit entfernt sind, eine Ebene bilden.

b) Ordnen Sie die Fälle I) bis III) den Bildern zu.

I)	II)	III)
A(1|0|0); B(1|1|1)	A(1|0|1); B(0|0|1)	A(1|0|1); B(0|1|0)

c) Die Ebenengleichungen lassen sich einfach aus der Anschauung bestimmen. Welche Ebenengleichung gehört zu welchem Schnitt?

$E: \vec{x} = \begin{pmatrix} 0{,}5 \\ 0 \\ 0 \end{pmatrix} + r\begin{pmatrix} 1 \\ 1 \\ 0 \end{pmatrix} + s\begin{pmatrix} 1 \\ 2 \\ 1 \end{pmatrix}$ $F: \vec{x} = \begin{pmatrix} 0{,}5 \\ 0 \\ 0 \end{pmatrix} + r\begin{pmatrix} 0 \\ 0 \\ 1 \end{pmatrix} + s\begin{pmatrix} 0 \\ 1 \\ 0 \end{pmatrix}$ $G: \vec{x} = \begin{pmatrix} 1 \\ 0 \\ 1 \end{pmatrix} + r\begin{pmatrix} 0 \\ 1 \\ -1 \end{pmatrix} + s\begin{pmatrix} 1 \\ -1 \\ 1 \end{pmatrix}$

Übungen

31 Flugrouten

Zwei Flugzeuge fliegen mit gleich bleibender Geschwindigkeit auf geradem Kurs. Das erste befindet sich zum Zeitpunkt $t = 0$ im Nullpunkt eines geeignet gewählten Koordinatensystems. Zum Zeitpunkt $t = 3$ ist es in $P(6|-3|9)$. Zu den entsprechenden Zeitpunkten befindet sich das zweite Flugzeug in $Q(2|28|-14)$ bzw. $R(5|19|-2)$.
Koordinatenangaben: Einheit 10 m, Zeiteinheiten in Sekunden.

(I)
Wie weit sind die beiden Flugzeuge in den ersten drei Sekunden geflogen? Wie weit sind die beiden Flugzeuge in den beiden Zeitpunkten jeweils voneinander entfernt?

(II)
In welchen Positionen befinden sich die beiden Flugzeuge nach 30 Sekunden? Wie weit sind sie dann voneinander entfernt?

(III)
Wann sind sich die Flugzeuge am nächsten? Wie weit sind sie dann voneinander entfernt?
In welchen Positionen befinden sich die beiden Flugzeuge zu dem Zeitpunkt?

(IV)
Zu welchem Zeitpunkt binnen der ersten Minute ist der Abstand der Flugzeuge am größten?
Wo befinden sich in dem Moment die beiden Flugzeuge?

(V)
Wie groß ist der minimale Abstand der beiden Flugrouten?
Welcher Unterschied besteht zwischen dem minimalen Abstand der Flugrouten und der geringsten Entfernung der beiden Flugzeuge?
Welcher Wert ist der kleinere?

(VI)
Mit welchen Geschwindigkeiten fliegen die beiden Flugzeuge?
Mit welcher Geschwindigkeit müsste das zweite Flugzeug fliegen, damit die geringste Entfernung der Flugzeuge mit der minimalen Entfernung der Flugrouten übereinstimmt?

Tipp

Stellen Sie die Flugrouten als $\vec{a}(t) = \vec{p} + t\vec{v}_1$ und $\vec{b}(t) = \vec{q} + t\vec{v}_2$ dar. Die Geschwindigkeitsvektoren $\vec{v}_1$ und $\vec{v}_2$ werden so gewählt, dass mit dem Parameter t jeweils die Position des Flugzeugs zum Zeitpunkt t bestimmt ist. Beachten Sie, dass der (Zeit-)Parameter t in beiden Geradengleichungen der gleiche ist. Die Entfernungsfunktion entf(t) lässt sich dann als Entfernung der jeweiligen Positionen zum Zeitpunkt t bestimmen.

Grundwissen

1. Ein Klettergerüst ist von der Spitze aus mit 10 m langen Seilen im 30°-Winkel am Boden befestigt. Bestimmen Sie die Höhe des Klettergerüstes.
2. Geben Sie jeweils eine passende lineare Funktionsgleichung an:
   a) Der Graph verläuft durch den 1., 2. und 4. Quadranten.
   b) Der Graph hat eine positive Steigung und schneidet die x-Achse in $(4|0)$.
   c) Die Graph ist parallel zur x-Achse und verläuft durch den Punkt $\left(-\frac{1}{2}\middle|-\frac{3}{5}\right)$.

Aufgaben

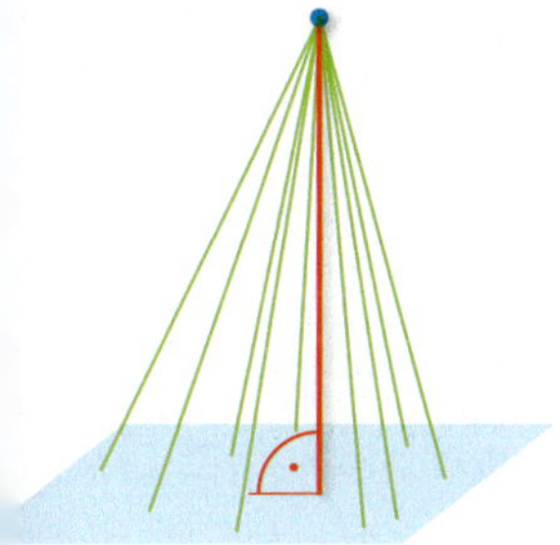

32 **Abstand Punkt – Ebene mit Analysis**

Man kann den Ansatz aus Vorgehen 3 zur Bestimmung des Abstands eines Punktes zu einer Geraden auf die Bestimmung des Abstands eines Punktes zu einer Ebene übertragen, wenn die Ebene in Parameterform gegeben ist.

a) Begründen Sie, dass $|\vec{x} - \vec{p}|$ dann eine Funktion von zwei Veränderlichen liefert.

b) E: $\vec{x} = \begin{pmatrix} 0 \\ 0 \\ 1 \end{pmatrix} + r\begin{pmatrix} 1 \\ 0 \\ 0 \end{pmatrix} + s\begin{pmatrix} 0 \\ 1 \\ 0 \end{pmatrix} = \begin{pmatrix} r \\ s \\ 1 \end{pmatrix}$; P(0|0|5)

- Lösen Sie das Abstandsproblem nach Anschauung.
- Zeigen Sie: $|\vec{x} - \vec{p}| = \sqrt{r^2 + s^2 + 16}$. Lösen Sie das Problem mit diesem Term.
- Die grafische Darstellung von $f(r, s) = \sqrt{r^2 + s^2 + 16}$ liefert eine Fläche im Raum. Die Abbildung zeigt diese.
  Beschreiben Sie, wie man hier die Lösung findet.

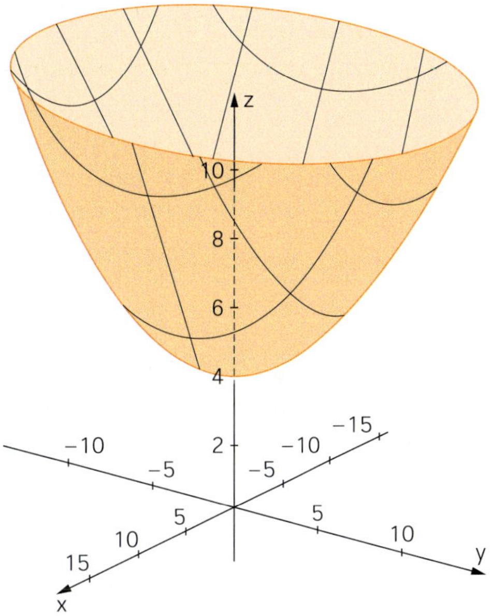

Applet

c) E: $\vec{x} = \begin{pmatrix} s \\ r \\ 1-s \end{pmatrix}$; P(−10|0|0). Zeigen Sie: $|\vec{x} - \vec{p}| = \sqrt{r^2 + 2s^2 + 18y + 101}$ und lösen Sie das Problem grafisch mit einer geeigneten Software. Vergleichen Sie mit der Lösung mithilfe der Formel.

33 **Wo liegen alle Punkte, die...**

a) Wo liegen alle Punkte in der Ebene, die ...
   (1) denselben Abstand zu zwei Punkten haben?
   (2) denselben Abstand zu zwei Geraden haben?

b) Wo liegen alle Punkte im Raum, die ...
   (1) denselben Abstand zu zwei Punkten haben?
   (2) denselben Abstand zu zwei Ebenen haben?
   Formulieren Sie eine Lösung nach Anschauung.

> Zu (1): A(1|0|1); B(0|0|1). Sei P(x|y|z) ein gesuchter Punkt.
> Für d(A, P) = d(B, P) erhält man: $\sqrt{(x-1)^2 + y^2 + (z-1)^2} = \sqrt{x^2 + y^2 + (z-1)^2}$
> Fassen Sie zusammen und lösen Sie das Problem. Vergleichen Sie mit Ihrer Lösung nach Anschauung.
> Lösen Sie das Problem für die Punkte A(1|0|1); B(0|1|0) und A(1|0|0); B(1|1|1)

> Zu (2): Betrachten Sie die xy-Ebene $\begin{pmatrix} 0 \\ 0 \\ 1 \end{pmatrix} \cdot \vec{x} = 0$ und die xz-Ebene $\begin{pmatrix} 0 \\ 1 \\ 0 \end{pmatrix} \cdot \vec{x} = 0$.
> Stellen Sie mithilfe der Formel die Bedingung $d(P, E_1) = d(P, E_2)$ auf und lösen Sie das Problem rechnerisch.

c) Wo liegen alle Punkte im Raum, die denselben Abstand zu einem Punkt und einer Ebene haben?
   Zeigen Sie, dass man für E: $\begin{pmatrix} 0 \\ 0 \\ 1 \end{pmatrix} \cdot \vec{x} = 0$ und F(0|0|2) mit d(F, P) = d(E, P) die Gleichung $z = \frac{1}{4}x^2 + \frac{1}{4}y^2 + 1$ erhält. Veranschaulichen und beschreiben Sie die Lösung mithilfe einer geeigneten Software.

7.7 Kreise und Kugeln (fakultativ)

Aufgaben

1 Kreise in der Ebene – geometrisch und algebraisch

Mit einem Geometrieprogramm wurden zwei Kreise konstruiert. In einem Punkt eines Kreises wurde mithilfe einer Hilfsgeraden die Tangente durch diesen Punkt gezeichnet. Die Software erzeugt automatisch im Algebra-Fenster die analytische Beschreibung der Punkte, Geraden und Kreise.

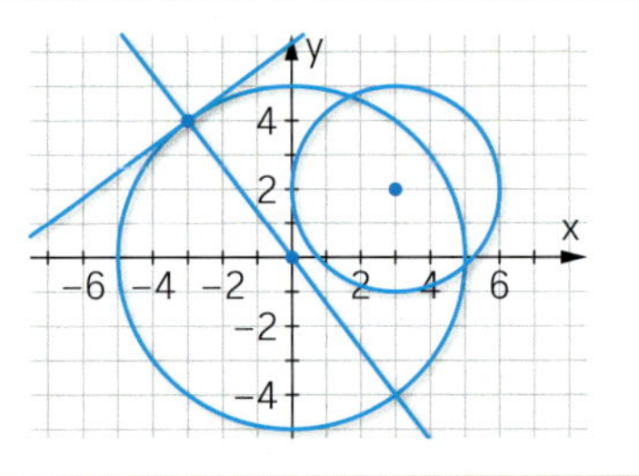

B(− 3|4)
M1 (0|0)
M2 (3|2)
a: $4x + 3y = 0$
b: $-3x + 4y = 25$
c: $x^2 + y^2 = 25$
d: $(x-3)^2 + (y-2)^2 = 9$

a) Führen Sie die Konstruktionen selbst auf einem Blatt Papier oder mit Ihrem DGS aus. Ordnen Sie die Gleichungen a, b, c und d den jeweiligen geometrischen Objekten zu.

b) Die Gleichungen zu a und b können Sie auch jeweils in der Normalenform $\vec{n} \cdot \vec{x} = d$ schreiben. Was können Sie über die Beziehung der beiden Normalenvektoren aussagen?

c) Zeigen Sie rechnerisch, dass der Punkt P(4|3) auf dem Kreis um den Ursprung mit dem Radius 5 liegt und geben Sie die Gleichung der Tangente in P an den Kreis an. Wenn Sie über eine entsprechende Software verfügen, können Sie sich in der Geometrie-Ansicht von der Richtigkeit überzeugen.

2 Von der Ebene in den Raum – Kreis- und Kugelgleichung

Der Kreis in der Ebene ist der geometrische Ort aller Punkte, die von einem Punkt M den gleichen Abstand haben.	Die Kugel im Raum ist der geometrische Ort aller Punkte, die von einem Punkt M den gleichen Abstand haben.

Mit diesen Definitionen können unmittelbar durch Nutzen der Analytischen Geometrie die entsprechenden Gleichungen aufgestellt werden.

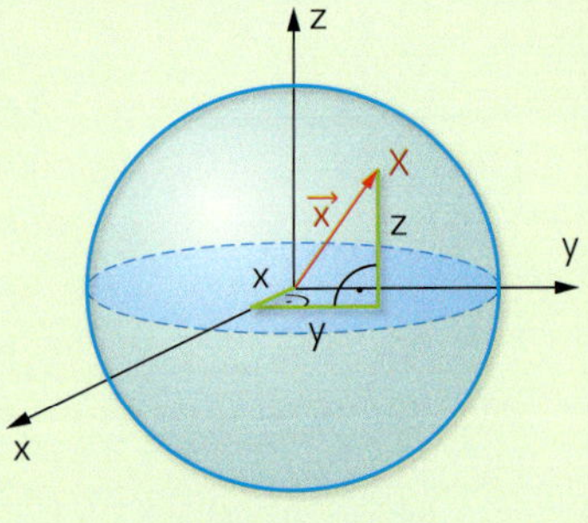

a) Begründen Sie anhand der Zeichnungen die folgenden Gleichungen mithilfe von Vektoren.
Kugel mit Mittelpunkt O: $\vec{x} \cdot \vec{x} = r^2$
Kugel mit Mittelpunkt M: $(\vec{x} - \vec{m}) \cdot (\vec{x} - \vec{m}) = r^2$

b) Interessanterweise gelten die beiden Gleichungen auch für den Kreis in der Ebene.
Für den Kreis mit dem Mittelpunkt O und dem Radius r kennen Sie bereits die Koordinatengleichung $x^2 + y^2 = r^2$.
Leiten Sie aus den obigen Gleichungen die Koordinatengleichungen für die Kugel her.

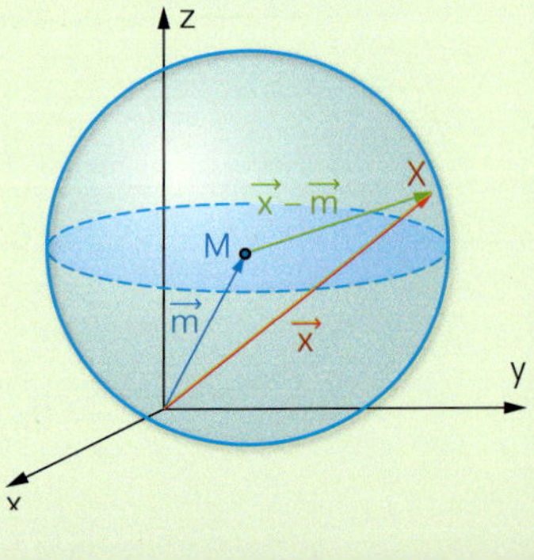

Basiswissen

Kreise in der Ebene und Kugeln im Raum

Mithilfe von Vektoren lassen sich die Punkte eines Kreises in der Ebene oder die Punkte einer Kugel im Raum durch eine einfache Gleichung beschreiben.
Durch den Mittelpunkt und den Radius r ist ein Kreis bzw. eine Kugel festgelegt.
Alle Punkte X, die die Bedingung erfüllen, liegen auf dem Kreisrand bzw. auf der Kugeloberfläche.

Kreise und Kugeln mit Mittelpunkt im Ursprung

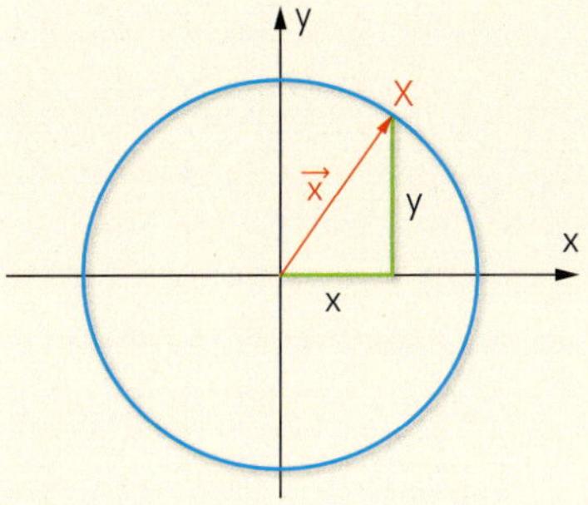

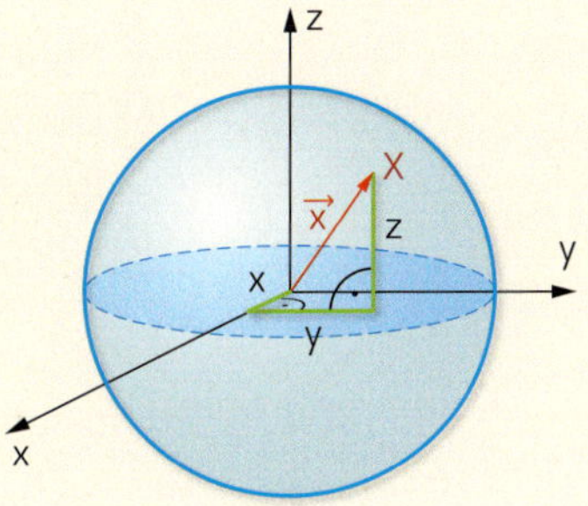

$K(O, r)\colon |\vec{x}| = r$ oder $K(O, r)\colon \vec{x} \cdot \vec{x} = r^2$

Koordinatengleichung eines Kreises $K(O, r)\colon x^2 + y^2 = r^2$

Koordinatengleichung einer Kugel $K(O, r)\colon x^2 + y^2 + z^2 = r^2$

Die Gleichung wird auch „implizite Gleichung" genannt und oft in der Form **$x^2 + y^2 + z^2 - r^2 = 0$** geschrieben.

Kreise und Kugeln mit Mittelpunkt M

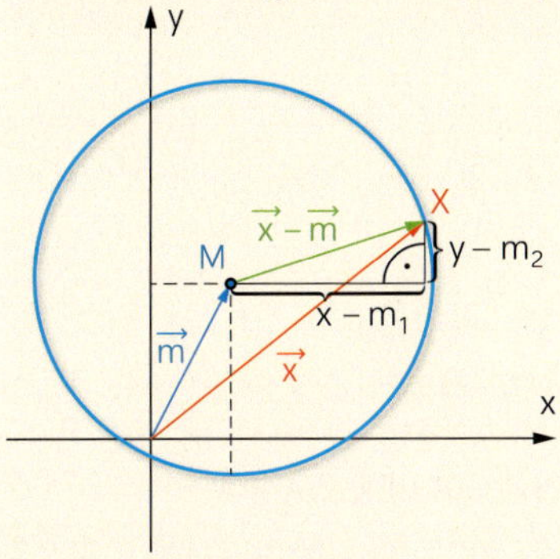

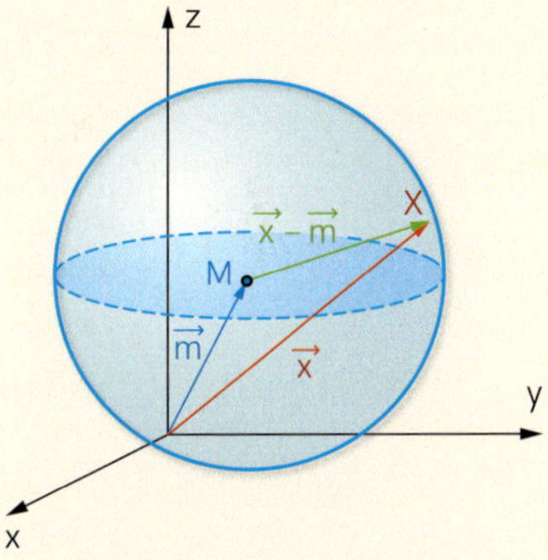

$K(M, r)\colon |\vec{x} - \vec{m}| = r$ oder $K(M,r)\colon (\vec{x} - \vec{m}) \cdot (\vec{x} - \vec{m}) = r^2$

Koordinatengleichung eines Kreises
$K(M, r)\colon (x - m_1)^2 + (y - m_2)^2 = r^2$

Koordinatengleichung einer Kugel
$K(M, r)\colon$
$(x - m_1)^2 + (y - m_2)^2 + (z - m_3)^2 = r^2$

Übungen

3 Kreis- und Kugelgleichungen

Welche Gleichungen beschreiben denselben Kreis bzw. dieselbe Kugel? Geben Sie jeweils den Mittelpunkt und den Radius an.

① $\left(\vec{x} - \begin{pmatrix}1\\2\\3\end{pmatrix}\right)^2 = 16$

② $(x + 3)^2 + (y - 5)^2 = 4$

③ $\left(\vec{x} - \begin{pmatrix}1\\2\\3\end{pmatrix}\right) \cdot \left(\vec{x} - \begin{pmatrix}1\\2\\3\end{pmatrix}\right) = 16$

④ $\left(\vec{x} - \begin{pmatrix}3\\-5\end{pmatrix}\right)^2 = 2^2$

⑤ $(x_1 - 1)^2 + (y - 2)^2 + (z - 3)^2 = 4^2$

⑥ $\left(\vec{x} - \begin{pmatrix}-3\\5\end{pmatrix}\right) \cdot \left(\vec{x} - \begin{pmatrix}-3\\5\end{pmatrix}\right) = 2^2$

Übungen

4 Kreise

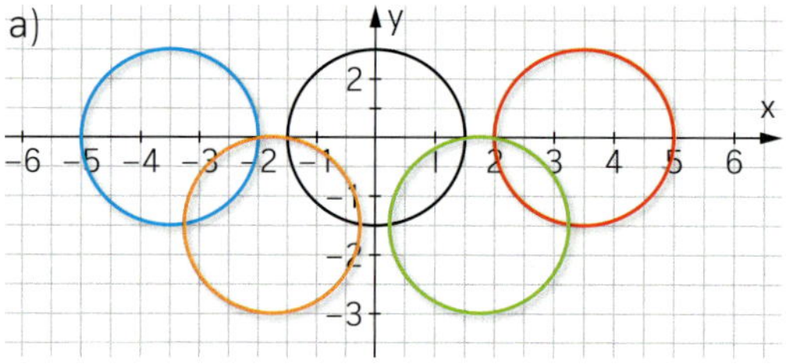

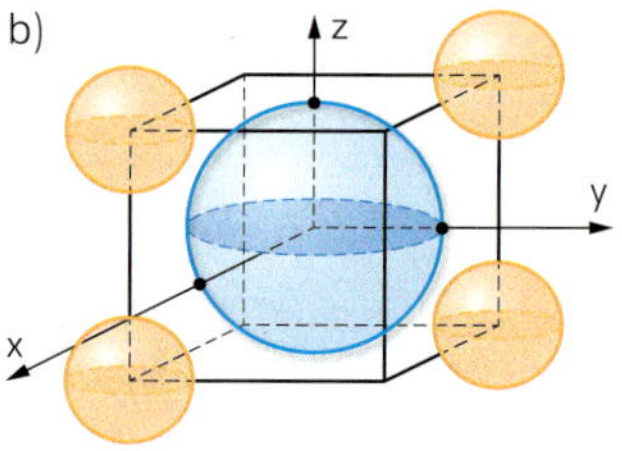

a) Geben Sie die Gleichungen der Kreise an.

b) Der Würfel hat die Kantenlänge 4, der Koordinatenursprung liegt in der Würfelmitte. Die große Kugel ist die Inkugel des Würfels, die kleinen Kugeln haben den Radius 1 und ihre Mittelpunkte in den Würfelecken. Geben Sie die Gleichungen der Kugeln an.

5 Kreise und Kugeln mit vorgegebenen Bedingungen

Bestimmen Sie die Gleichung eines Kreises oder einer Kugel K(M, r) mit

a) M(1 | −2) und r = 4	b) M(2 | 4) und der Ursprung liegt auf K	c) A(3 | 0), B(5 | 2) liegen auf K mit r = 2
d) M(1 | 0 | 1) und r = 2	e) M(1 | 0 | 1) und der Ursprung liegt auf K	f) $\overline{AB}$ mit A(−1 | 2 | 7), B(3 | −2 | 5) ist Durchmesser

6 Punktprobe

In den meisten Aufgaben in diesem Lernabschnitt ist das Zeichnen mit geeigneter Software hilfreich und kann auch zur Überprüfung der Ergebnisse dienen.

Ein Punkt kann außerhalb oder innerhalb eines Kreises bzw. einer Kugel oder auf dem Kreisrand bzw. auf der Kugeloberfläche liegen. Wie kann man das feststellen? Überprüfen Sie die Lage der folgenden Punkte bezüglich des Kreises oder bezüglich der Kugel K(M, r). Beschreiben Sie einen Lösungsweg und vergleichen Sie mit anderen.

a) K((2 | 4), 3) A(−2 | 3), B(0 | 0), C(−1 | 4), D(2 | 3)

b) K((−15 | −9 | 1), 9) A(−5 | 1 | 6), B(0 | −2 | 4), C(−16 | −4 | 2), D(−15 | 0 | 1)

7 Lage von Geraden zu Kreisen und Kugeln

a) Welche Möglichkeiten gibt es für die Lage einer Geraden zu einem Kreis oder einer Kugel? Erstellen Sie jeweils entsprechende Skizzen.

b) Entscheiden Sie, welche Lage vorliegt.

Kreis K((2 | 3), 5); g: $\vec{x} = \begin{pmatrix} 1 \\ 0 \end{pmatrix} + t\begin{pmatrix} 2 \\ 1 \end{pmatrix}$ Kugel K(O, 5); g: $\vec{x} = \begin{pmatrix} 2 \\ 1 \\ 7 \end{pmatrix} + t\begin{pmatrix} 2 \\ -3 \\ 4 \end{pmatrix}$

8 Lage von Ebenen und Kugeln

Die Bilder beschreiben die Lage der Ebene zur Kugel mit dem Abstand d zum Mittelpunkt. Entscheiden Sie für die Kugel K((1 | 2 | 3), 3), welcher Fall für die Ebenen vorliegt. Beschreiben Sie Ihren Lösungsweg.

① E: $2x + 2y + 3z - 30 = 0$ ② E: $x + y + 2z - 15 = 0$ ③ E: $2x + 2y - z - 12 = 0$

Ⓐ
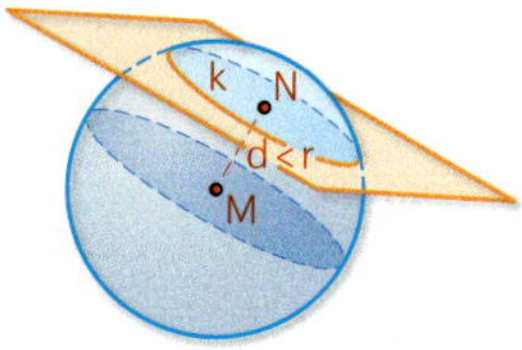

Ⓑ
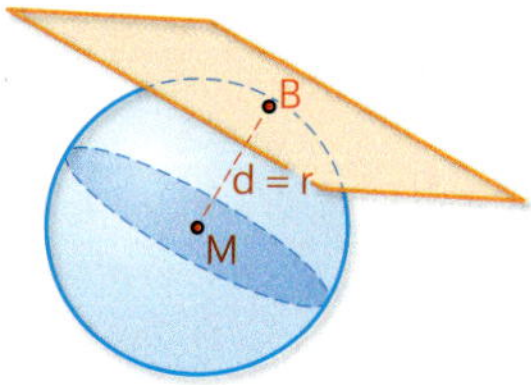

Ⓒ
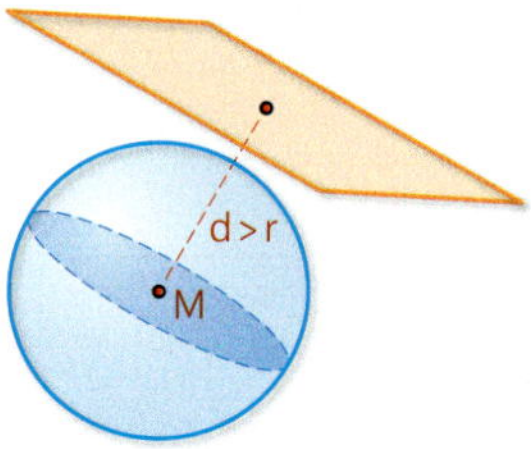

Übungen

9 Tangentengleichungen

Gegeben sind die Kugel $K((4|3|1), 3)$, der Punkt $B(6|5|2)$ und die Ebene $E: 2x + 2y + z = 24$.

a) Zeigen Sie, dass die Ebene E eine Tangentialebene der Kugel im Punkt B ist.

b) Begründen Sie die Gleichung für die Tangentialebene mit einer Zeichnung.

c) Die Gleichung gilt auch in der Ebene. Zeigen Sie dies.

Tangentengleichungen

Tangentialebene an eine Kugel im Berührpunkt B:

$T: (\vec{b} - \vec{m}) \cdot (\vec{x} - \vec{b}) = 0$

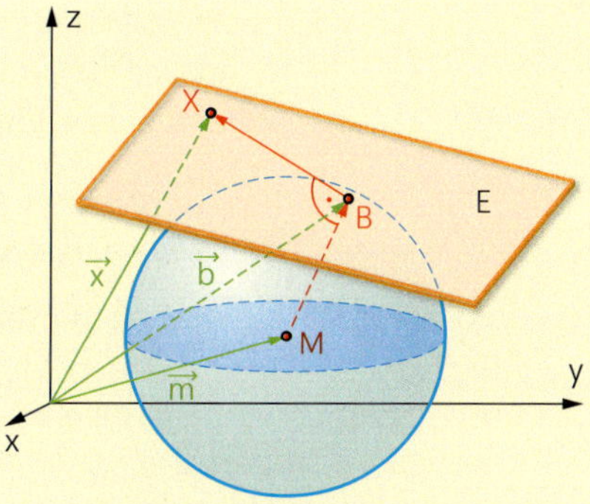

Die Tangentengleichung lässt sich auch mithilfe des Radius schreiben:

$T: (\vec{b} - \vec{m}) \cdot (\vec{x} - \vec{m}) = r^2$

$\vec{x} - \vec{b} = (\vec{x} - \vec{m}) - \vec{b} - \vec{m}$

$(\vec{b} - \vec{m}) \cdot (\vec{b} - \vec{m}) = r^2$

10 Besonders einfache Gleichungen

Zeigen Sie, wie sich die Tangentengleichungen für Kreise und Kugeln, deren Mittelpunkt im Ursprung liegt, vereinfachen.

11 Tangentengleichungen umformen

Zeigen Sie, dass sich die Tangentengleichung $T: (\vec{b} - \vec{m}) \cdot (\vec{x} - \vec{m}) = r^2$ aus $T: (\vec{b} - \vec{m}) \cdot (\vec{x} - \vec{b}) = 0$ mit den Umformungen herstellen lässt.

12 Tangente und Tangentialebenen

a) Bestimmen Sie die Tangente des Kreises mit dem Mittelpunkt $M(3|4)$ und dem Radius 5 im Berührpunkt $B(6|8)$.

b) Bestimmen Sie die Tangentialebene zur Kugel mit dem Radius 3 um den Ursprung im Berührpunkt $B(2|-1|2)$.

c) Bestimmen Sie die Tangentialebene zur Kugel mit dem Mittelpunkt $M(1|2|3)$ und dem Radius 6 im Berührpunkt $B(5|4|7)$.

d) Bestimmen Sie die Tangentialebenen in den Schnittpunkten der Kugel $K(O, 6)$ mit der Geraden $g: \vec{x} = \begin{pmatrix} 0 \\ 3 \\ 1 \end{pmatrix} + t \begin{pmatrix} 4 \\ -1 \\ 3 \end{pmatrix}$.

13 Passende Kugelgleichungen finden

a) Die Ebene $E: \begin{pmatrix} -6 \\ 3 \\ -2 \end{pmatrix} \cdot \left(\vec{x} - \begin{pmatrix} -5 \\ 0 \\ 9 \end{pmatrix}\right) = 0$ ist Tangentialebene an die Kugel $K(M, r)$ mit $M(5|-3|6)$. Bestimmen Sie die Gleichung für die Kugel.

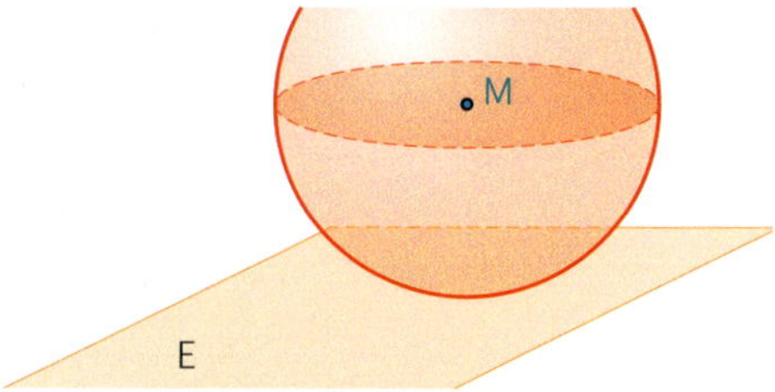

b) Die Ebene $E: \begin{pmatrix} 2 \\ 4 \\ 1 \end{pmatrix} \cdot \left(\vec{x} - \begin{pmatrix} 3 \\ 1 \\ 0 \end{pmatrix}\right) = 0$ ist Tangentialebene an die Kugel $K(M, r)$ mit Berührpunkt $B(2|1|2)$.
Wie viele Kugeln gibt es? Beschreiben Sie ihre Lage.

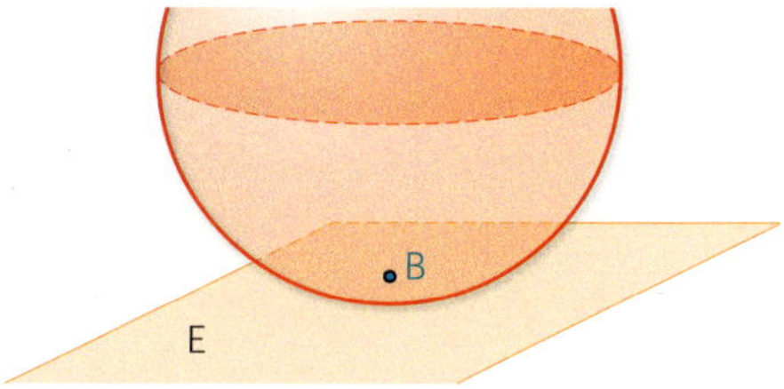

Übungen

14 Drei Kugeln

Es sollen drei Kugeln mit dem Radius 4 gezeichnet werden, die auf der xy-Ebene liegen und sich gegenseitig berühren. Bestimmen Sie die Mittelpunkte der Kugeln.
Eine vierte Kugel mit dem Radius 4 wird so auf die drei Kugeln gelegt, dass sie alle drei berührt. Bestimmen Sie ihren Mittelpunkt.

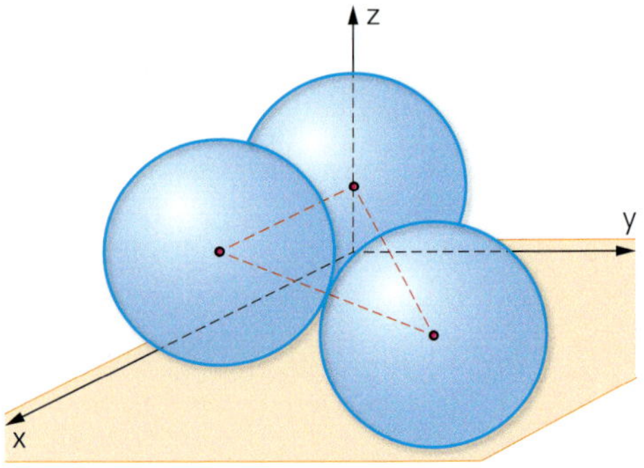

15 Schnittkreis einer Kugel mit einer Ebene

a) Wenn sich eine Ebene mit einer Kugel schneidet, so kann sich ein Schnittkreis ergeben. Erläutern Sie, dass sich der Mittelpunkt M′ des Schnittkreises als Fußpunkt des Lotes von M auf E ergibt. Der Radius des Schnittkreises ist $r' = \sqrt{r^2 - d^2}$.

b) Bestimmen und zeichnen Sie den Schnittkreis der Kugel K(M, r) mit dem Mittelpunkt M(2 | −1 | 5) und dem Radius 7 mit der Ebene E: $\begin{pmatrix} 2 \\ 1 \\ -2 \end{pmatrix} \cdot \vec{x} - 11 = 0$.

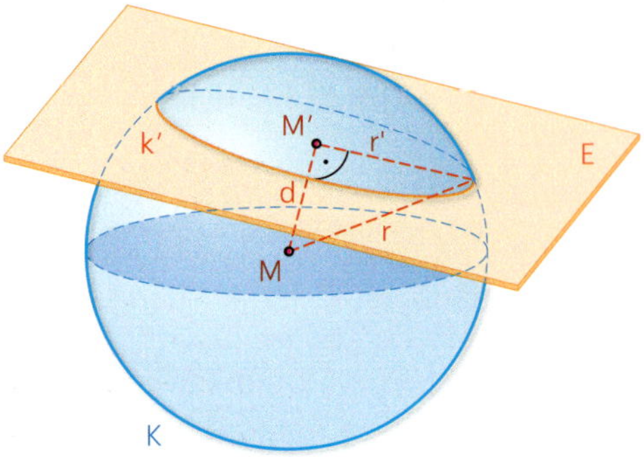

16 Parallele Tangentialebene

An eine Kugel mit Radius 3 und Mittelpunkt M(2 | 4 | 3) sollen die Tangentialebenen gezeichnet werden, die zu der Ebene mit der Gleichung $2x + 3y - z = 8$ parallel sind.
Gleichung der Kugel: $(x - 2)^2 + (y - 4)^2 + (z - 3)^2 = 9$
Bestimmen und zeichnen Sie die Tangentialebenen.

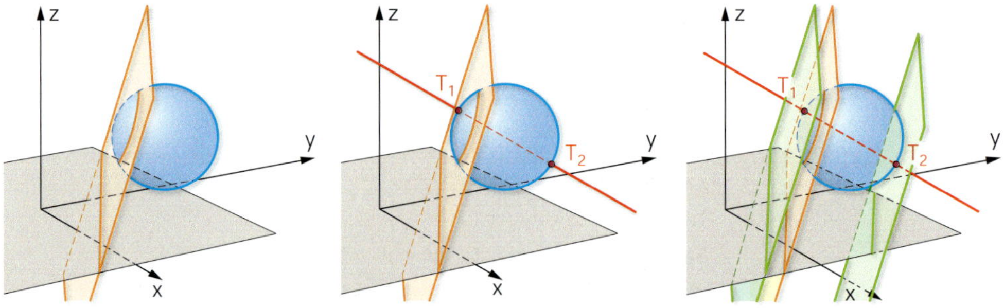

Strategie:
Aus der Koordinatenform einer Ebene lesen Sie einen Normalenvektor ab: $\vec{n} = \begin{pmatrix} 2 \\ 3 \\ -1 \end{pmatrix}$
Damit können Sie die Gerade durch den Mittelpunkt zeichnen, die orthogonal zur Ebene ist. Die Schnittpunkte T_1 und T_2 dieser Geraden mit der Kugel können berechnet werden. Die Ebenen durch T_1 und T_2 haben den gleichen Normalenvektor wie die gegebene Ebene.

Übungen

17 **Schnittkreis von zwei Kugeln**

In den Bildern ist die Lage von zwei Kugeln zueinander dargestellt.

Der interessante Fall ist der, wenn die beiden Kugeln einen Schnittkreis haben. Eine Kugel mit Mittelpunkt $(-2\,|\,-2\,|\,1)$ hat den Radius 4, die zweite Kugel hat den Mittelpunkt $(-1\,|\,3\,|\,3)$ und den Radius 3. Bestimmen Sie die Gleichung der Ebene, in der die gemeinsamen Punkte der beiden Kugeln liegen, und bestimmen Sie den Mittelpunkt und den Radius des Schnittkreises.
Zeichnen Sie beide Kugeln und die Ebene.

Ebene eines Schnittkreises

Da die gemeinsamen Punkte beide Kugelgleichungen erfüllen, genügen sie auch jeder Kombination der Gleichungen. Multiplizieren Sie beide Gleichungen aus.

Z.B. werden die beiden Kugelgleichungen
K_1: $(x+3)^2 + y^2 + (z+2)^2 = 25$ und
K_2: $(x+2)^2 + (y-1)^2 + z^2 = 49$
vereinfacht zu
K_1: $x^2 + 6x + y^2 + z^2 + 4z = 12$ und
K_2: $x^2 + 4x + y^2 - 2y + z^2 = 44$.

Durch Subtraktion („linke Seite minus linke Seite, rechte …“) werden die quadratischen Terme eliminiert. Der Rest ist die Gleichung einer Ebene.

Die Differenz „linke Seite minus linke Seite …“ ergibt:
$2x + 2y + 4z = -32$ ist die Gleichung der Ebene, die den Schnittkreis enthält.

18 **Kugel in einer Pyramide**

Eine quadratische Pyramide hat die Grundkante 40 und die Höhe 60.
Die Grundkanten sind parallel zur x- und zur y-Achse, die Spitze liegt auf der z-Achse. Berechnen Sie den Radius der größten Kugel, die gerade noch in die Pyramide hineinpasst und zeichnen Sie die Pyramide mit der Kugel.

Skizze

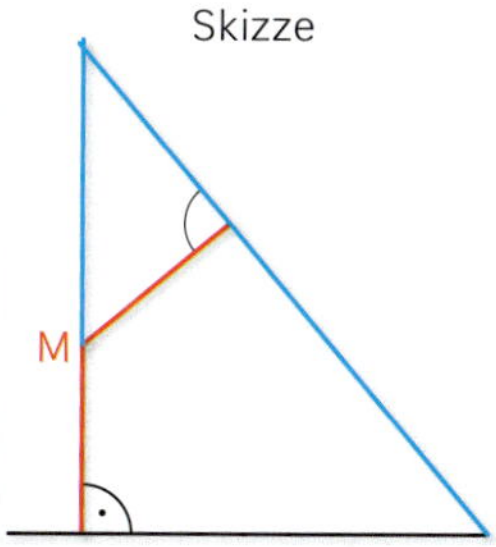

Tipp

Der Mittelpunkt liegt auf der Höhe der Pyramide und hat zu den Seitenflächen denselben Abstand wie zur Grundfläche.

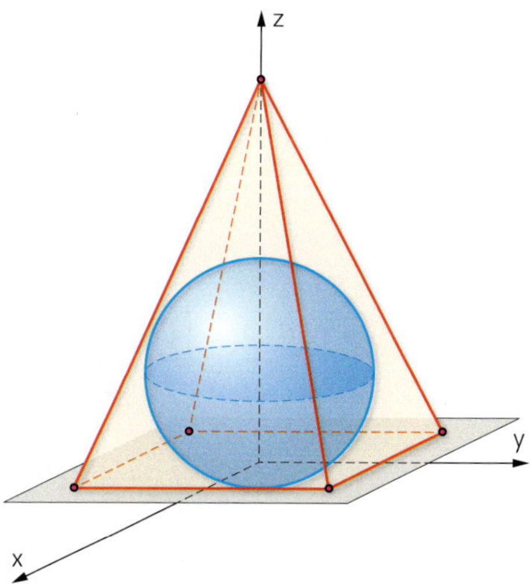

Parameterdarstellung von Kreis und Kugel

Bei Geraden und Ebenen gibt es Parameterdarstellungen als Punkt-Richtungs-Form und implizite Darstellungen als Koordinatenform.

Bei verschiedenen Computerprogrammen benötigt man zur Visualisierung einer Fläche eine Parameterdarstellung.

Für Kreise und Kugeln haben Sie bisher nur die implizite Darstellung aufgestellt und nutzen können.

Gibt es auch für Kreise und Kugeln Parameterdarstellungen?

Aufgaben

19 Parameterdarstellung eines Kreises in der Ebene

Mithilfe der trigonometrischen Funktionen lassen sich Kreise, deren Mittelpunkt im Ursprung liegt, durch Parametergleichungen beschreiben.

$x(t) = r \cdot \cos(t)$
$y(t) = r \cdot \sin(t)$
$0 \leq t \leq 2\pi$

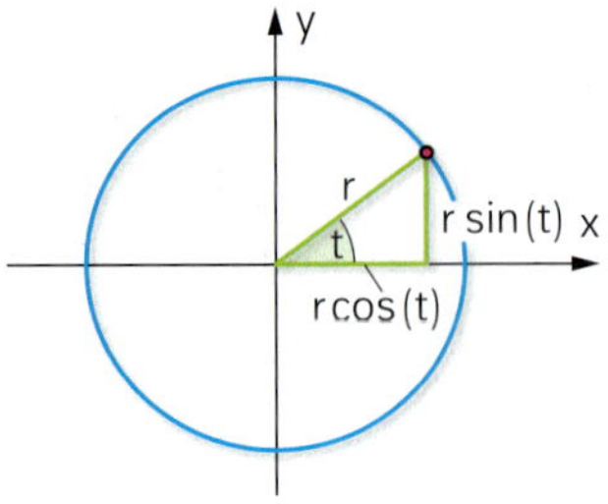

Wie lassen sich Kreise mit Mittelpunkt $M(m_1 | m_2)$ beschreiben?

Übersetzen Sie die Kreisgleichungen in Parameterform und zeichnen Sie mit einer geeigneten Software oder dem GTR.

a) $x^2 + y^2 = 9$ b) $(x-2)^2 + (y+3)^2 = 4$ c) $\frac{x}{4} + \frac{y}{4} = 1$

Exkurs

Parameterdarstellung einer Kugel

Die Parameterdarstellung einer Kugel wird hier am Beispiel einer Kugel mit Radius 5 demonstriert.

Zunächst wird ein Halbkreis in der Ebene in Parameterdarstellung erzeugt.

Für die Punkte des Halbkreises in der Ebene gilt:

$H(5\cos(\alpha) | 5\sin(\alpha))$ mit $-\frac{\pi}{2} \leq \alpha \leq \frac{\pi}{2}$

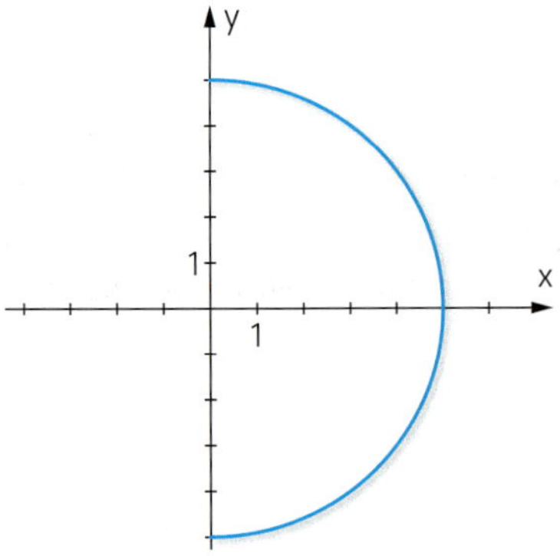

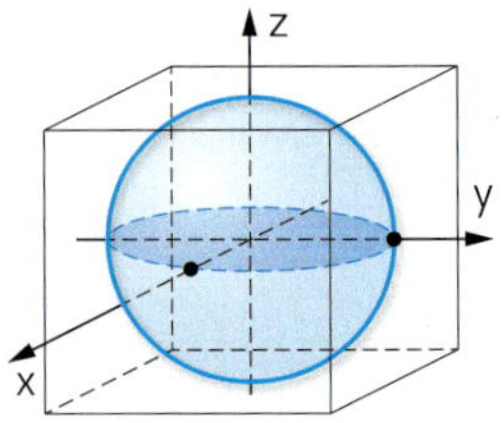

Der Halbkreis wird im Raum „auf die z-Achse gesetzt".

Dabei gibt es keine Verschiebung auf der y-Achse.

$H(5\cos(\alpha) | 0 | 5\sin(\alpha))$ mit $-\frac{\pi}{2} \leq \alpha \leq \frac{\pi}{2}$

Bei einer Drehung um die z-Achse werden die x- und die y-Koordinaten mithilfe der Drehung erzeugt:

$$\begin{pmatrix} \cos(\beta) & -\sin(\beta) & 0 \\ \sin(\beta) & \cos(\beta) & 0 \\ 0 & 0 & 1 \end{pmatrix} \cdot \begin{pmatrix} 5 \cdot \cos(\alpha) \\ 0 \\ 5 \cdot \sin(\alpha) \end{pmatrix} = \begin{pmatrix} 5 \cdot \cos(\alpha) \cdot \cos(\beta) \\ 5 \cdot \cos(\alpha) \cdot \sin(\beta) \\ 5 \cdot \sin(\alpha) \end{pmatrix}$$

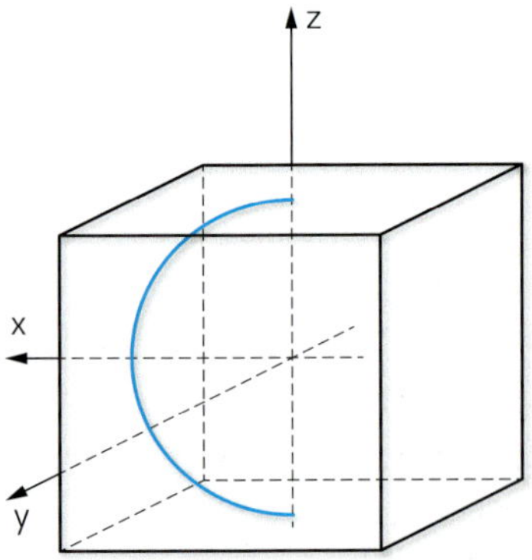

Damit gilt für die Punkte der Kugel:

$(5 \cdot \cos(\alpha) \cdot \cos(\beta) | 5 \cdot \cos(\alpha) \cdot \sin(\beta) | 5 \cdot \sin(\alpha))$

mit $-\frac{\pi}{2} \leq \alpha \leq \frac{\pi}{2}$ und $0 \leq \beta \leq 2\pi$

Ebene im Raum

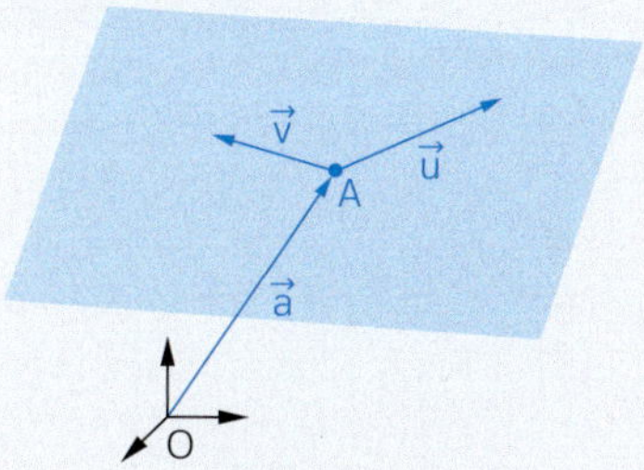

Punkt-Richtungs-Form

E: $\vec{x} = \vec{a} + r\vec{u} + s\vec{v}$ mit $r, s \in \mathbb{R}$

$\vec{a}$ Stützvektor, $\vec{u}$ und $\vec{v}$ Richtungsvektoren

E: $\vec{x} = \begin{pmatrix} 4 \\ 4{,}5 \\ 2 \end{pmatrix} + r\begin{pmatrix} 2 \\ 2 \\ 2{,}5 \end{pmatrix} + s\begin{pmatrix} -2 \\ -4 \\ -1 \end{pmatrix}$

Durch Einschränkung der Parameter r und s mit $0 \le r \le 1,\ 0 \le s \le 1$ entsteht eine ebene Fläche.

Normalenvektor einer Ebene

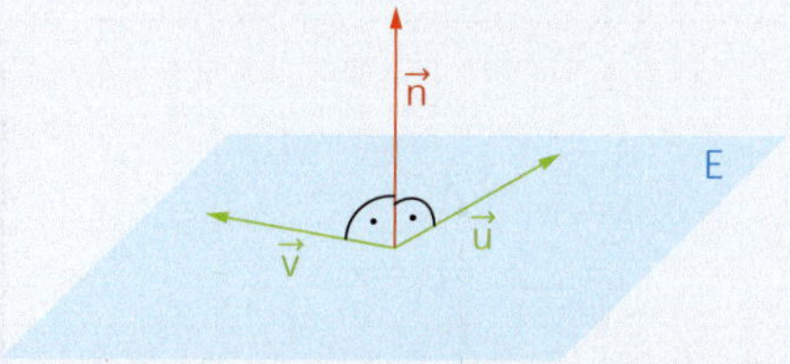

Ein Vektor $\vec{n}$, der orthogonal ist zu den beiden Richtungsvektoren der Ebene, heißt **Normalenvektor der Ebene**.

Normalenform einer Ebenengleichung

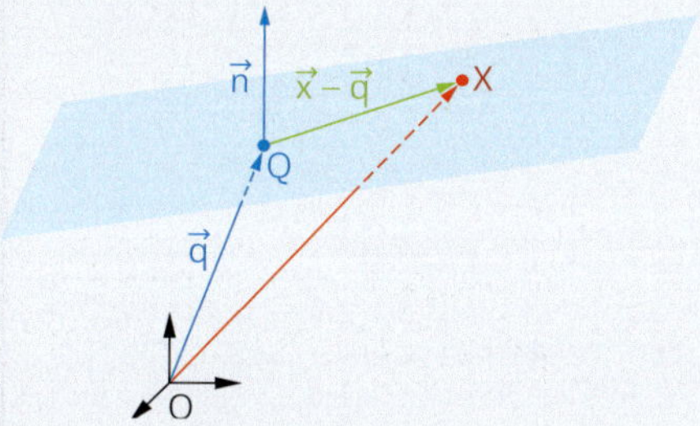

E: $\vec{n} \cdot (\vec{x} - \vec{q}) = 0$; E: $\vec{n} \cdot \vec{x} = d$

Koordinatenform einer Ebenengleichung

$ax + by + cz = d$

$\begin{pmatrix} a \\ b \\ c \end{pmatrix}$ ist ein Normalenvektor der Ebene E.

Check-up

1 **Walmdach**

a) Geben Sie die Gleichungen der Ebenen an, in denen die vier Dachflächen des Walmdaches liegen.

b) Welche Fläche wird beschrieben durch

E: $\vec{x} = \begin{pmatrix} 2 \\ 4 \\ 1{,}5 \end{pmatrix} + r\begin{pmatrix} 0 \\ 0 \\ -1 \end{pmatrix} + s\begin{pmatrix} 0 \\ -1 \\ 0 \end{pmatrix}$?

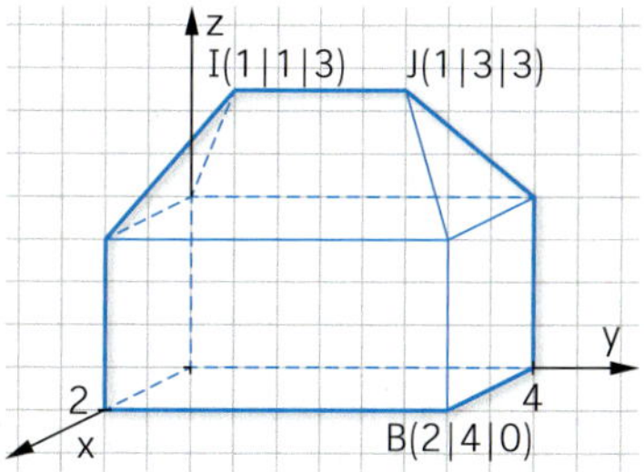

2 **Dreiseitige Pyramide**

Welche Flächen werden beschrieben durch

E: $\vec{x} = \begin{pmatrix} 4 \\ 2 \\ 0 \end{pmatrix} + r\begin{pmatrix} -4 \\ 2 \\ 0 \end{pmatrix} + s\begin{pmatrix} -4 \\ -2 \\ 0 \end{pmatrix}$;

F: $\vec{x} = \begin{pmatrix} 0 \\ 4 \\ 0 \end{pmatrix} + r\begin{pmatrix} 4 \\ -2 \\ 0 \end{pmatrix} + s\begin{pmatrix} 0 \\ -2 \\ 2 \end{pmatrix}$?

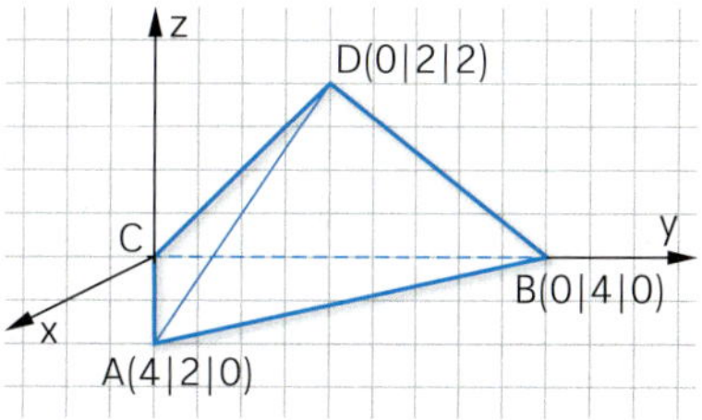

Stellen Sie die Ebenengleichungen für die weiteren Flächen auf.

3 **Ursprungsebene**

Geben Sie die Gleichung einer Ebene durch den Ursprung an. Wie können Sie dies an der Ebenengleichung erkennen?

4 **Ebene mit Spurpunkten skizzieren**

Bestimmen Sie die Spurpunkte von E: $\vec{x} = \begin{pmatrix} 4 \\ 3 \\ -2 \end{pmatrix} + r\begin{pmatrix} 4 \\ -3 \\ 0 \end{pmatrix} + s\begin{pmatrix} -2 \\ 3 \\ -1 \end{pmatrix}$

Skizzieren Sie damit die Ebene und beschreiben Sie ihre Lage. Liegt der Punkt $P(2|2|-1)$ auf E?

5 **Orthogonal zu zwei Vektoren**

Geben Sie einen Vektor $\vec{w}$ an, der orthogonal zu $\vec{u} = \begin{pmatrix} 0 \\ 1 \\ -3 \end{pmatrix}$ und zu $\vec{v} = \begin{pmatrix} 2 \\ 0 \\ -2 \end{pmatrix}$ ist. Ist $\vec{w}$ eindeutig bestimmt?

6 **Normalenvektoren – Normalenform**

a) Bestimmen Sie je einen Normalenvektor folgender Ebenen:

E_1: $\vec{x} = \begin{pmatrix} 0 \\ 1 \\ 2 \end{pmatrix} + r\begin{pmatrix} 0 \\ 1 \\ 4 \end{pmatrix} + s\begin{pmatrix} 1 \\ 1 \\ 1 \end{pmatrix}$, E_2: $\vec{x} = r\begin{pmatrix} 2 \\ 1 \\ 4 \end{pmatrix} + s\begin{pmatrix} 3 \\ 0 \\ 3 \end{pmatrix}$,

E_3: $2x - 3y + 7z = 10$

b) Geben Sie E_1, E_2 und E_3 in Normalen- und Koordinatenform an.

7 **Spurpunkte als Achsenabschnitte**

a) Zeigen Sie, dass $\frac{x}{3} + \frac{y}{4} + \frac{z}{5} = 1$ die Ebene E mit

E: $\vec{x} = \begin{pmatrix} 3 \\ 0 \\ 0 \end{pmatrix} + r\begin{pmatrix} -3 \\ 4 \\ 0 \end{pmatrix} + s\begin{pmatrix} 3 \\ 0 \\ -5 \end{pmatrix}$ beschreibt.

b) Bestimmen Sie die Schnittpunkte mit den Koordinatenachsen. Stellen Sie einen Zusammenhang mit der gegebenen Gleichung her.

Umwandeln von verschiedenen Darstellungen einer Ebene

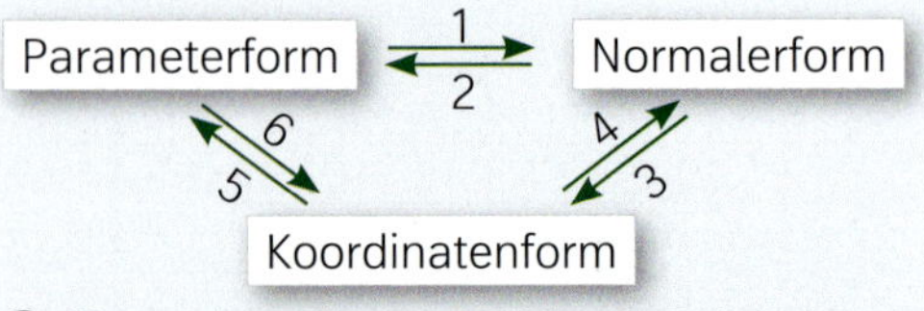

① Normalenvektor mit Vektorprodukt bestimmen, Stützpunkt als Punkt der Ebene
② in Koordinatenform schreiben, drei Punkte bestimmen, Parametergleichung aufstellen
③ $\vec{n} \cdot \vec{x} = \vec{n} \cdot \vec{q}$ ausrechnen
④ Normalenvektor ablesen, Punkt bestimmen, Normalenform aufstellen
⑤ Drei Punkte bestimmen, Parametergleichung aufstellen
⑥ zuerst ①, dann ③

Lagebeziehung zwischen Gerade und Ebene

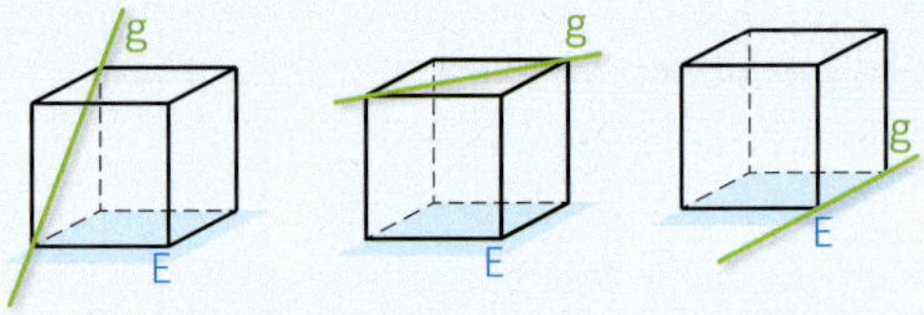

g und E schneiden sich | g und E sind parallel | g liegt in E

1. Ebene in Koordinatenform oder Normalenform
Durch Einsetzen der „Komponentengleichungen" in die Ebenengleichung erhält man die Gleichung für r.
$a(p_1 + rv_1) + b(p_2 + rv_2) + c(p_3 + rv_3) = d$
Die Gleichung kann eine, keine oder unendlich viele Lösungen haben.

2. Ebene in Parameterform
Schnittpunktansatz: Die Geradengleichung wird mit der Ebenengleichung gleichgesetzt.
$\vec{a} + t\vec{u} = \vec{b} + r\vec{v} + s\vec{w}$
Dies führt auf ein Lineares Gleichungssystem mit drei Gleichungen und drei Variablen. Das Gleichungssystem kann genau eine Lösung, keine Lösung oder undendlich viele Lösungen haben.

Check-up

8 Ebenengleichungen umwandeln
Wandeln Sie die Ebenengleichungen jeweils in die beiden anderen Formen um.

a) $\vec{x} = \begin{pmatrix} 1 \\ 1 \\ 4 \end{pmatrix} + r\begin{pmatrix} 2 \\ 3 \\ -2 \end{pmatrix} + s\begin{pmatrix} 3 \\ 5 \\ -2 \end{pmatrix}$

b) $\begin{pmatrix} -1 \\ 3 \\ 1 \end{pmatrix} \cdot \vec{x} = 6$

c) $-2x + 6y - z = 4$

9 Besondere Ebenen
Beschreiben Sie die Lage der Ebenen.

a) $\begin{pmatrix} 5 \\ 0 \\ 0 \end{pmatrix} \cdot \vec{x} = 0$

b) $\begin{pmatrix} 0 \\ 0 \\ 3 \end{pmatrix} \cdot \left(\vec{x} - \begin{pmatrix} 2 \\ 1 \\ 4 \end{pmatrix}\right) = 0$

c) $\begin{pmatrix} 1 \\ 1 \\ 0 \end{pmatrix} \cdot \left(\vec{x} - \begin{pmatrix} 1 \\ 0 \\ 0 \end{pmatrix}\right) = 0$

d) $x + y + z = 0$

e) $y = 0$

f) $x + z = 0$

10 Eine Ebene und Geraden
Untersuchen Sie die Lagebeziehung der Ebene zu den Geraden.

$E: \vec{x} = \begin{pmatrix} 1 \\ 1 \\ 2 \end{pmatrix} + s \cdot \begin{pmatrix} 2 \\ 0 \\ -1 \end{pmatrix} + t \cdot \begin{pmatrix} 3 \\ -1 \\ 1 \end{pmatrix}$; $g_1: \vec{x} = \begin{pmatrix} 0 \\ 1 \\ 1 \end{pmatrix} + m \cdot \begin{pmatrix} -1 \\ 1 \\ -2 \end{pmatrix}$

$g_2: \vec{x} = \begin{pmatrix} 17 \\ -3 \\ 4 \end{pmatrix} + m \cdot \begin{pmatrix} 9 \\ -1 \\ -2 \end{pmatrix}$; $g_3: \vec{x} = \begin{pmatrix} 8 \\ -6 \\ 0 \end{pmatrix} + m \cdot \begin{pmatrix} -1 \\ 3 \\ 1 \end{pmatrix}$

11 Lagebeziehung im Würfel

a) In welchem Punkt schneidet die Gerade g durch A und G das Dreieck AFH?

b) Schneidet die Gerade h durch B und G die Ebene, auf der das Dreieck AFH liegt?

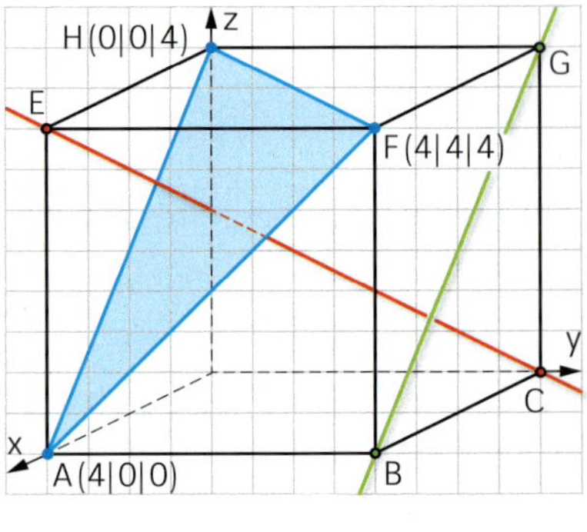

12 Raumdiagonale und Ebenen im Würfel

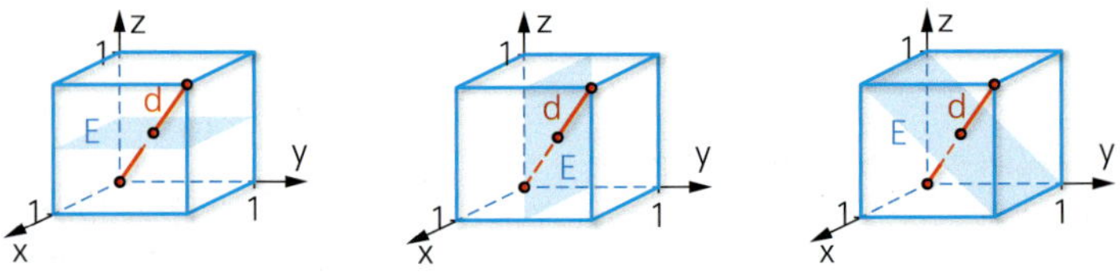

Bestimmen Sie den Schnittpunkt der eingezeichneten Würfeldiagonalen mit der jeweiligen Ebene im Würfel.
Was fällt Ihnen dabei auf?
Gibt es weitere Ebenen im Würfel, welche die gleiche Besonderheit aufweisen?

Lagebeziehung zwischen Ebenen

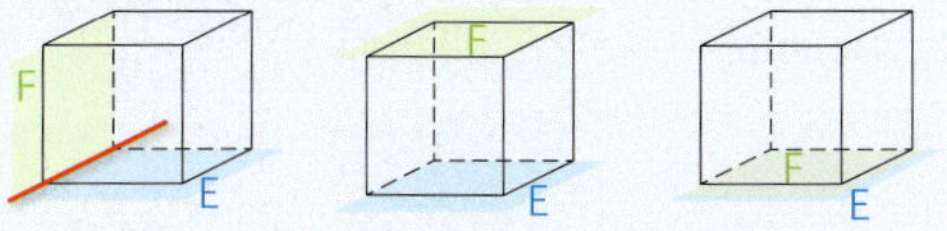

E und F schneiden sich | E und F sind parallel | F liegt in E

1. Eine Ebene in Koordinatenform, die andere in Parameterform
Durch Einsetzen der „Komponentengleichungen“ der Parameterform in die Ebenengleichung erhält man die Gleichung mit den Lösungsvariablen r und s.

2. Beide Ebenen in Koordinatenform
Die Ebenengleichungen können als LGS mit zwei Gleichungen und drei Variablen aufgefasst werden.

3. Beide Ebenen in Parameterform
Der Schnittpunktansatz führt auf ein lineares Gleichungssystem mit drei Gleichungen und vier Variablen.

Winkel zwischen zwei Geraden

Der Winkel α zwischen zwei Geraden ist der Winkel zwischen den Richtungsvektoren.

$\alpha = \cos^{-1}\left(\frac{\vec{u}\cdot\vec{v}}{|\vec{u}|\cdot|\vec{v}|}\right)$

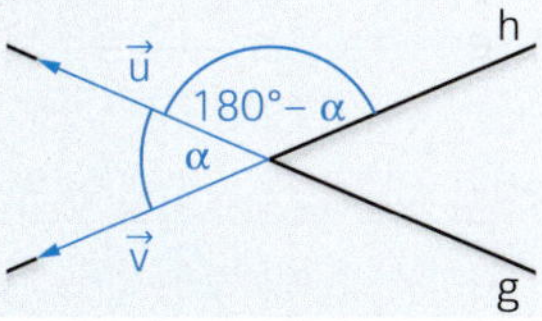

Winkel zwischen Gerade und Ebene

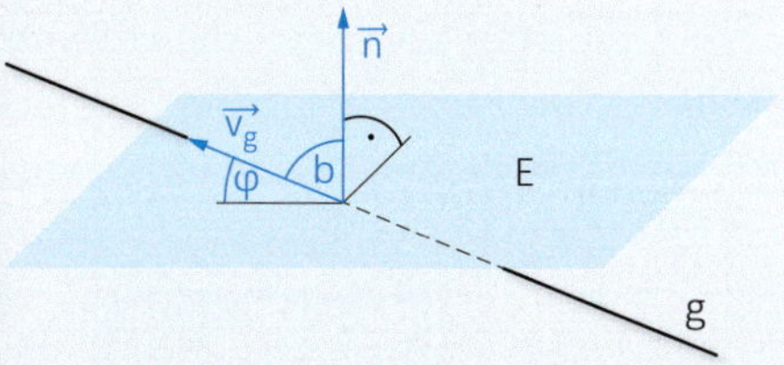

Der Winkel zwischen einer Ebene und einer Geraden ist der Winkel $\varphi = 90° - \beta$.

$g: \vec{x} = \begin{pmatrix} -1 \\ 2 \\ 1 \end{pmatrix} + r\begin{pmatrix} 1 \\ 0 \\ 3 \end{pmatrix}$ $\quad E: -x + y + 2z = 6$

$\cos(\beta) = \frac{\begin{pmatrix} 1 \\ 0 \\ 3 \end{pmatrix}\cdot\begin{pmatrix} -1 \\ 1 \\ 2 \end{pmatrix}}{\sqrt{10}\cdot\sqrt{6}} = \frac{5}{\sqrt{10}\cdot\sqrt{6}} \Rightarrow \beta \approx 49{,}8°$

$\varphi = 90° - \beta \approx 40{,}2°$

Check-up

13 Lagebeziehung von Ebenen
Untersuchen Sie die Lagebeziehung der Ebenen zueinander.

a) $E_1: \vec{x} = \begin{pmatrix} 4 \\ 0 \\ 3 \end{pmatrix} + s\begin{pmatrix} 0 \\ -1 \\ 0 \end{pmatrix} + t\begin{pmatrix} -2 \\ 0 \\ 3 \end{pmatrix}$; $E_2: \vec{x} = \begin{pmatrix} -2 \\ 3 \\ 0 \end{pmatrix} + k\begin{pmatrix} 0 \\ 0 \\ -1 \end{pmatrix} + m\begin{pmatrix} 2 \\ -1 \\ 3 \end{pmatrix}$

b) $E_1: \vec{x} = \begin{pmatrix} 3 \\ 0 \\ 0 \end{pmatrix} + s\begin{pmatrix} 1 \\ 1 \\ 0 \end{pmatrix} + t\begin{pmatrix} 0 \\ 0 \\ 2 \end{pmatrix}$; $E_2: \begin{pmatrix} -1 \\ 1 \\ 0 \end{pmatrix}\cdot\vec{x} = 2$

c) $E_1: \vec{x} = \begin{pmatrix} 3 \\ -3 \\ 3 \end{pmatrix} + s\begin{pmatrix} 1 \\ -1 \\ -1 \end{pmatrix} + t\begin{pmatrix} -5 \\ -1 \\ -6 \end{pmatrix}$; $E_2: 5x + 11y - 6z = -36$

d) $E_1: 2x - y + z = 6$; $E_2: -x + 3y + z = 2$

14 Ebenen im Würfel
Welche Lage haben die Ebenen E_1, E_2 und E_3 zueinander? Bestätigen Sie geometrisch Ihre rechnerische Lösung.

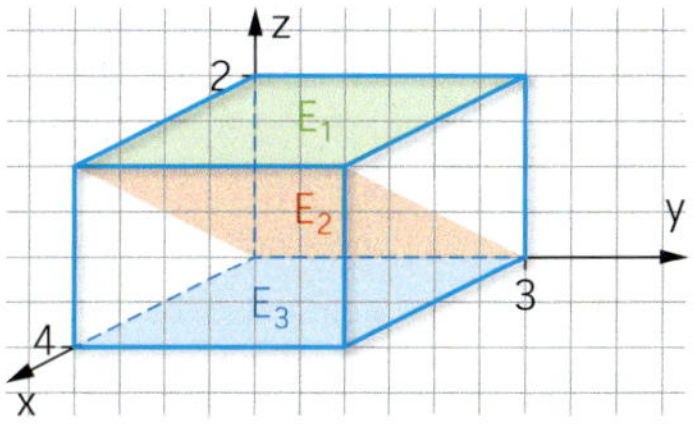

15 Schnittwinkel von Geraden
Bestimmen Sie den Schnittwinkel der Geraden.

$g: \vec{x} = \begin{pmatrix} 1 \\ 2 \\ 1 \end{pmatrix} + r\begin{pmatrix} -1 \\ -2 \\ 1 \end{pmatrix}$

$h: \vec{x} = \begin{pmatrix} 1 \\ 2 \\ 1 \end{pmatrix} + r\begin{pmatrix} 1 \\ -2 \\ 1 \end{pmatrix}$

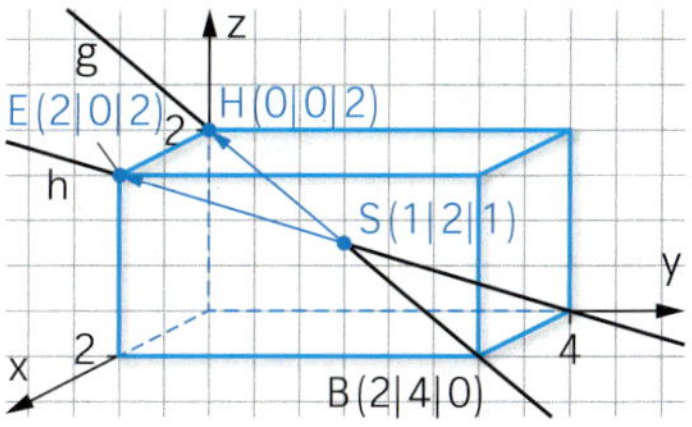

16 Winkel zwischen Geraden
Gibt es unter den drei Geraden g, h und k im Würfel zwei, die orthogonal zueinander sind? Stellen Sie eine Vermutung auf und berechnen Sie dann die Winkel zwischen je zwei der drei Geraden.

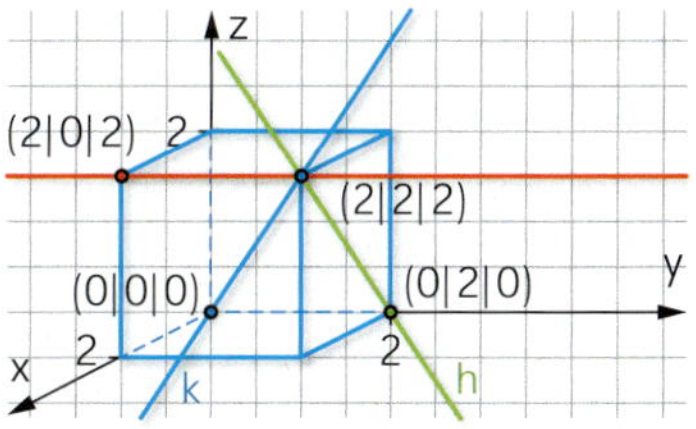

$g: \vec{x} = \begin{pmatrix} 2 \\ 0 \\ 2 \end{pmatrix} + r\begin{pmatrix} 0 \\ 1 \\ 0 \end{pmatrix}$, $\quad h: \vec{x} = \begin{pmatrix} 0 \\ 2 \\ 0 \end{pmatrix} + s\begin{pmatrix} 1 \\ 0 \\ 1 \end{pmatrix}$, $\quad k: \vec{x} = t\begin{pmatrix} 1 \\ 1 \\ 1 \end{pmatrix}$

17 Raumdiagonale und Ebene
Zeigen Sie rechnerisch, dass die Raumdiagonale die Ebene, in der die Fläche BCEH liegt, nicht senkrecht schneidet.

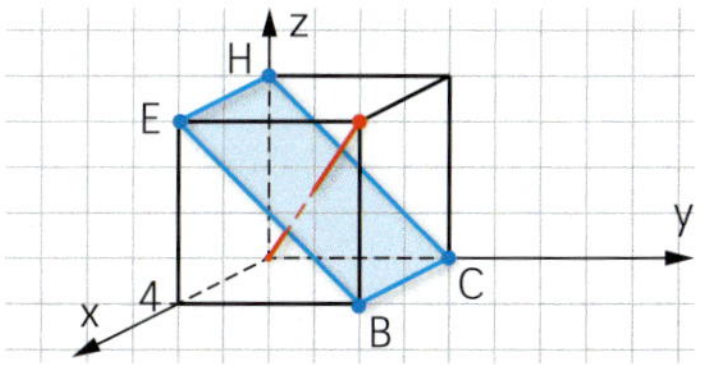

Winkel zwischen Ebenen

Der Winkel zwischen zwei Ebenen ist der Winkel zwischen den Normalenvektoren.

E_1: $-x + 2y + z = 4$ $\quad \vec{n} = \begin{pmatrix} -1 \\ 2 \\ 1 \end{pmatrix}$

E_2: $-7x + 5y + 4z = 10$ $\quad \vec{n} = \begin{pmatrix} -7 \\ 5 \\ 4 \end{pmatrix}$

$\cos(\varphi) = \frac{\begin{pmatrix} -1 \\ 2 \\ 1 \end{pmatrix} \cdot \begin{pmatrix} -7 \\ 5 \\ 4 \end{pmatrix}}{\sqrt{6} \cdot \sqrt{90}} = \frac{21}{\sqrt{6} \cdot \sqrt{90}} \rightarrow \varphi = 25{,}4°$

Abstand Punkt – Gerade

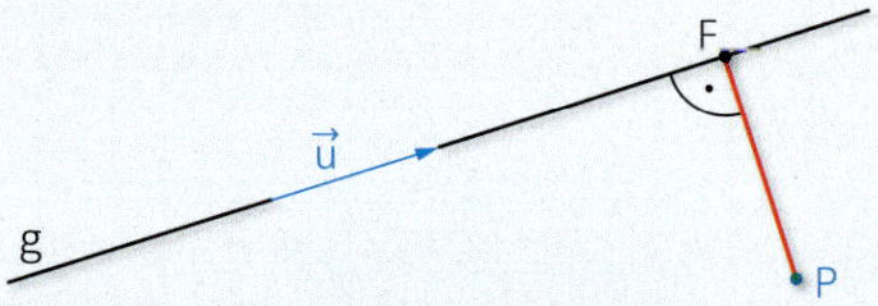

Vorgehen 1 mit Skalarprodukt

(1) Lot von P auf g mit $(\vec{p} - \vec{f}) \cdot \vec{u} = 0$

(2) Lotfußpunkt F bestimmen

(3) Abstand $d(P, g) = d(P, F)$

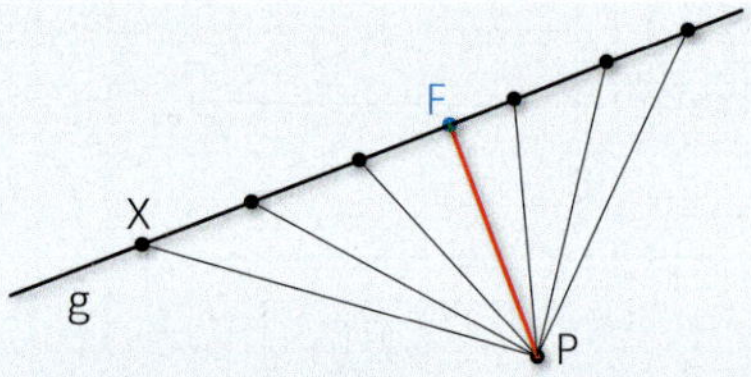

Vorgehen 2 mit Minimierung

(1) Entfernung P von beliebigen Punkt X von g als Vektor $\vec{x} - \vec{p}$ ausdrücken

(2) $|\vec{x} - \vec{p}|$ als Funktion f(t) schreiben

(3) Minimum von f bestimmen

Abstand Punkt – Ebene

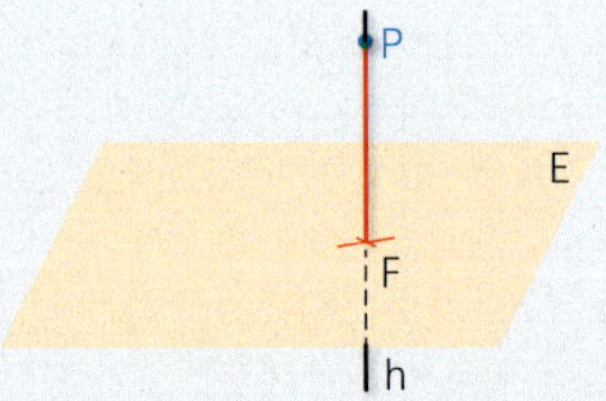

(1) Gerade h durch P bestimmen, die senkrecht zu E mit E: $\vec{n} \cdot \vec{x} = d$ verläuft

(2) Schnittpunkt von h und E liefert Lotfußpunkt F

(3) $d(P, E) = d(P, F) = \frac{|d - \vec{n} \cdot \vec{p}|}{|\vec{n}|}$

Check-up

18 Winkel zwischen Gerade und Ebene

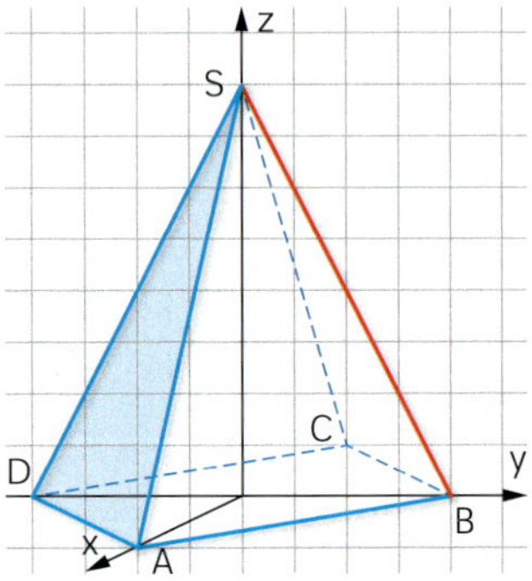

Die Ebene E wird durch die Punkte A(2|0|0), S(0|0|4) und D(0|−2|0) beschrieben. Bestimmen Sie die Winkel, die die Ebene E mit der x-Achse, mit der z-Achse und mit der Kante BS bildet.

19 Winkel zwischen zwei Ebenen

a) Bestimmen Sie mithilfe der Formel $\cos\gamma = \frac{\vec{a} \cdot \vec{b}}{|\vec{a}| \cdot |\vec{b}|}$ den Winkel zwischen den Ebenen E_1 und E_2.
E_1 wird durch die Punkte A, E, H und D bestimmt, E_2 durch die Punkte A, B, F und E.
Begründen Sie, dass dies nicht der Winkel zwischen den entsprechenden Seitenflächen des Pyramidenstumpfes ist und geben Sie diesen an.

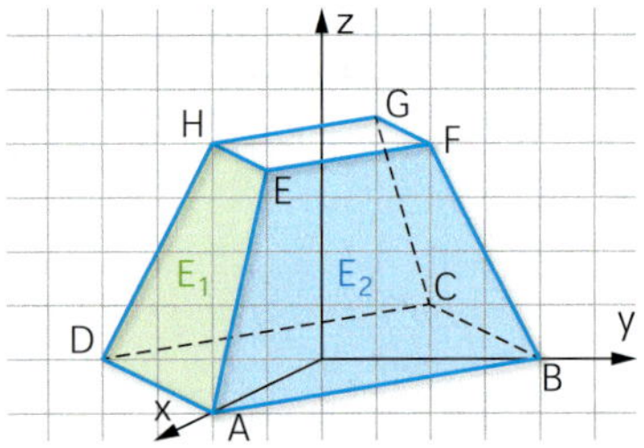

A(4|0|0)	B(0|4|0)
C(−4|0|0)	D(0|−4|0)
E(2|0|4)	F(0|2|4)
G(−2|0|4)	H(0|−2|4)

b) Ist der Winkel zwischen benachbarten Seitenflächen kleiner oder größer als der Winkel zwischen einer Seitenfläche und der Deckfläche des Pyramidenstumpfes?
Stellen Sie zunächst eine Vermutung auf und überprüfen Sie diese anschließend rechnerisch.

20 Abstände vom Ursprung

Bestimmen Sie den Abstand des Punktes A, der Geraden g und der Ebene W vom Ursprung.

A(2|2|1)	B(2|4|1)
C(0|4|1)	D(0|2|1)
E(2|2|3)	F(2|4|3)
G(0|4|3)	H(0|2|3)

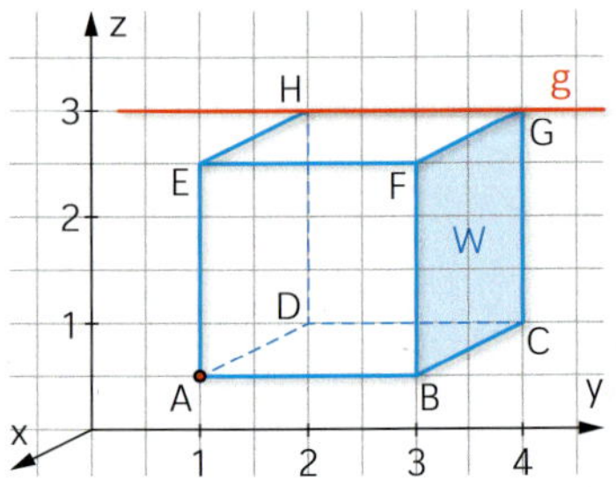

Strategien für weitere grundlegende Abstandsprobleme

Parallele Geraden
Wähle einen Punkt P auf einer Geraden

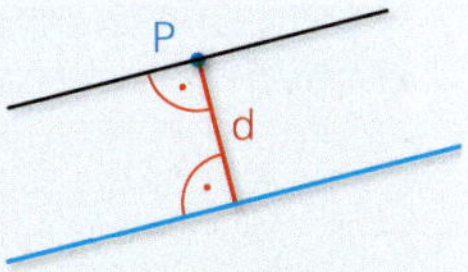

Parallele Ebene
Wähle einen Punkt P auf einer Ebene

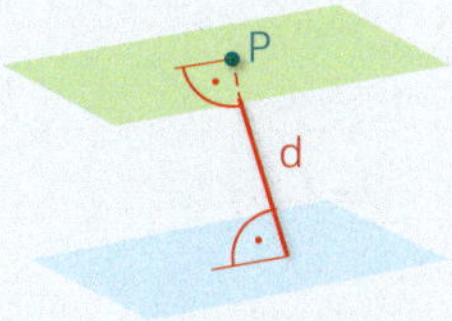

Gerade – parallele Ebene
Wähle einen Punkt P auf der Geraden

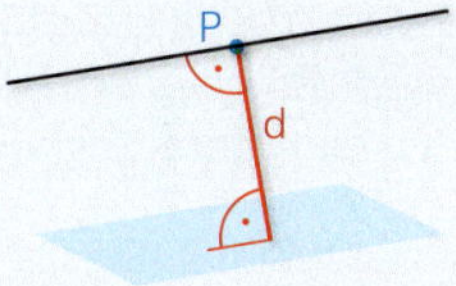

Abstand windschiefer Geraden

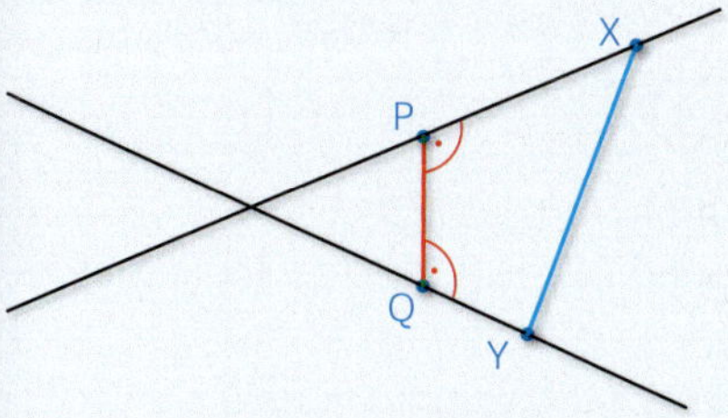

Vorgehen 1 mit Skalarprodukt

(1) $\overrightarrow{XY}$ für X auf g und Y auf h bestimmen

(2) Orthogonalitätsbedingung für P und Q: $\overrightarrow{PQ} \perp \vec{v}$ und $\overrightarrow{PQ} \perp \vec{u}$ liefert LGS für s und t. Lösungen des LGS liefern P und Q

(3) $d(g, h) = d(P, Q)$

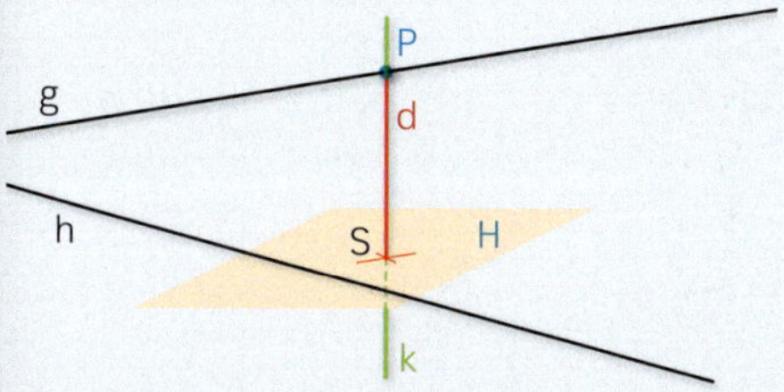

Vorgehen 2 mit Hilfsebene

(1) Ebene H bestimmen, die h enthält und parallel zu g verläuft

(2) Gerade k bestimmen, die P enthält und senkrecht zu H ist. Schnittpunkt S von k und H bestimmen

(3) Abstand $d(g, h) = d(S, P)$ berechnen

Check-up

21 Zeltdach

Bestimmen Sie die Höhe des Zeltdachhauses rechnerisch als Abstand der Spitze von der Bodenfläche.
Vergleichen Sie mit den Angaben in der Zeichnung.

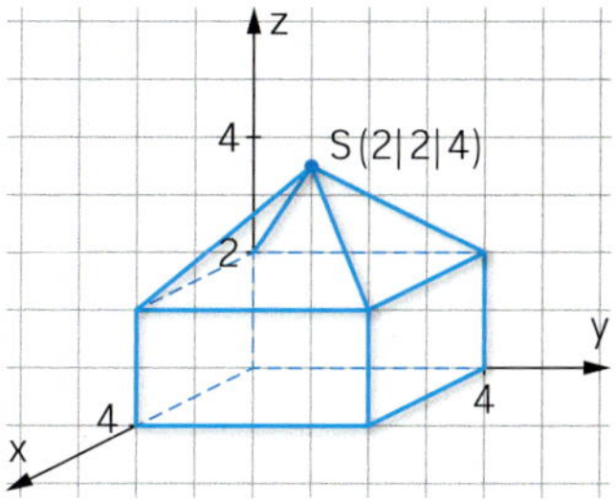

22 Satteldach

Bestimmen Sie rechnerisch den Abstand des Dachfirstes zur Bodenfläche.
Vergleichen Sie mit den Angaben in der Zeichnung.

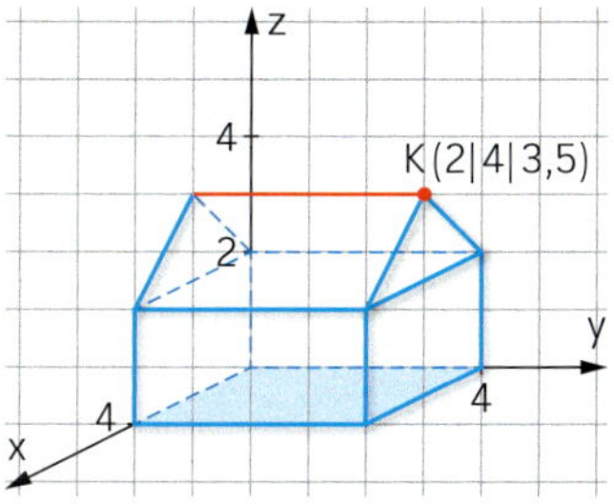

23 Abstände im Spat

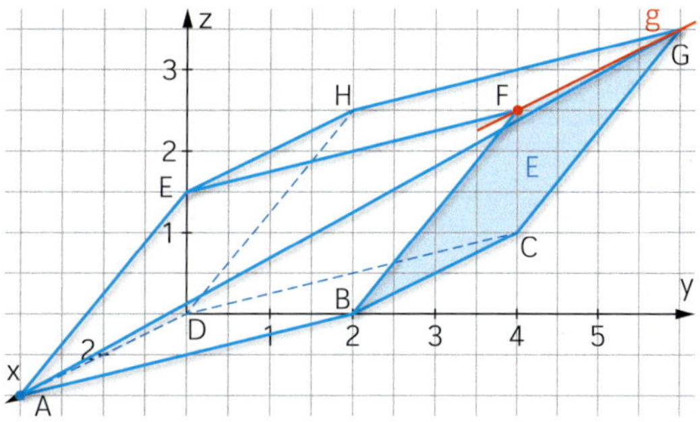

A(4|0|0)
B(4|4|1)
C(0|4|1)
D(0|0|0)
E(2|1|2)
F(2|5|3)
G(−2|5|3)
H(−2|1|2)

Berechnen Sie im Spat den Abstand des Eckpunktes A

- zum Punkt F,
- zur Geraden g durch F und G,
- zur Ebene E durch B, C, F und G.

24 Abstand Punkt – Koordinatenebenen

Welchen Abstand hat der Punkt P(4|3|−2) von den Koordinatenebenen (xy-Ebene, xz-Ebene und yz-Ebene)? Überprüfen Sie Ihre Angaben rechnerisch.

25 Abstände im Würfel

Bestimmen Sie die Abstände der skizzierten Geraden in dem Würfel mit der Kantenlänge 2.

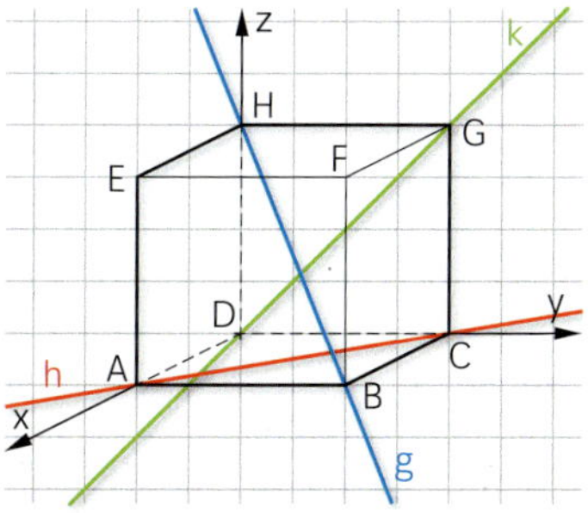

Sichern und Vernetzen – Vermischte Aufgaben

Trainieren

1 Ebenen durch vorgegebene Geraden

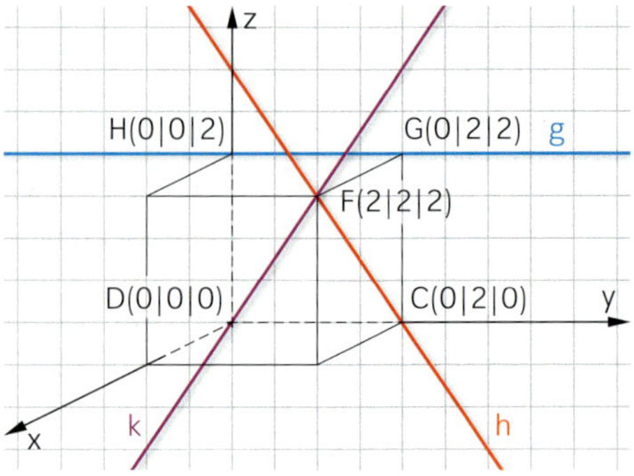

a) Stellen Sie die Gleichungen der Geraden g, h und k auf.

b) Geben Sie eine Gleichung der Ebene an, die h und k enthält.

c) Zeigen Sie, dass es keine Ebene gibt, die g und h enthält und dass es keine Ebene gibt, die g und k enthält.

d) Geben Sie eine Gleichung der Ebene an, die g enthält und parallel ist zu h, sowie eine Gleichung der Ebene, die g enthält und parallel ist zu k.

2 Ebenen – Geraden

Geben Sie zur Ebene $E\colon \vec{x} = \begin{pmatrix} 4 \\ 2 \\ 3 \end{pmatrix} + r\begin{pmatrix} 3 \\ 3 \\ 3 \end{pmatrix} + s\begin{pmatrix} 0 \\ -4 \\ -3 \end{pmatrix}$ eine Gerade g an, die parallel zu E ist und eine Gerade h, die E im Punkt $P(7\,|-3\,|\,0)$ schneidet.

3 Lagebeziehungen von Ebenen

Untersuchen Sie die Lagebeziehung der drei Ebenen.

$E_1\colon \vec{x} = \begin{pmatrix} 3 \\ 1 \\ 0 \end{pmatrix} + r\begin{pmatrix} 1 \\ 1 \\ 0 \end{pmatrix} + s\begin{pmatrix} 1 \\ 0 \\ 1 \end{pmatrix}$ $\qquad E_2\colon \begin{pmatrix} -1 \\ 1 \\ 1 \end{pmatrix} \cdot \left(\vec{x} - \begin{pmatrix} 1 \\ 1 \\ 1 \end{pmatrix}\right) = 0$ $\qquad E_3\colon -x + y + z = 1$

4 Ebenen in unterschiedlichen Darstellungsformen

a) Bestimmen Sie zu den Ebenen $E_1\colon 2x + 4y + z = 8$ und $E_2\colon -x + 2y - z = 0$ die Gleichungen in Normalen- und Parameterform.

b) Welche Gleichungsform würden Sie für die Beantwortung folgender Fragen wählen? Begründen Sie Ihre Wahl und beantworten Sie die Fragen.

Liegt der Punkt $P(0\,|\,2\,|\,3)$ auf der Ebene E_1?	Wie liegen die Ebenen E_1 und E_2 zueinander?	Wie liegen die Ebenen E_1 und E_2 zueinander?

5 Parametersuche

Der Punkt $P(1\,|\,2\,|\,5)$ soll auf jeder der drei Ebenen liegen.
Welchen Wert muss a jeweils haben?

$E_1\colon ax - 3y - z = -4$ $\qquad E_2\colon \begin{pmatrix} 1 \\ 7 \\ 1 \end{pmatrix} \cdot \vec{x} - \begin{pmatrix} 2 \\ a \\ 4 \end{pmatrix} = 0$ $\qquad E_3\colon \vec{x} = r\begin{pmatrix} 0 \\ 8 \\ 2 \end{pmatrix} + s\begin{pmatrix} 0{,}5 \\ a \\ 2 \end{pmatrix}$

6 Winkel in Pyramide

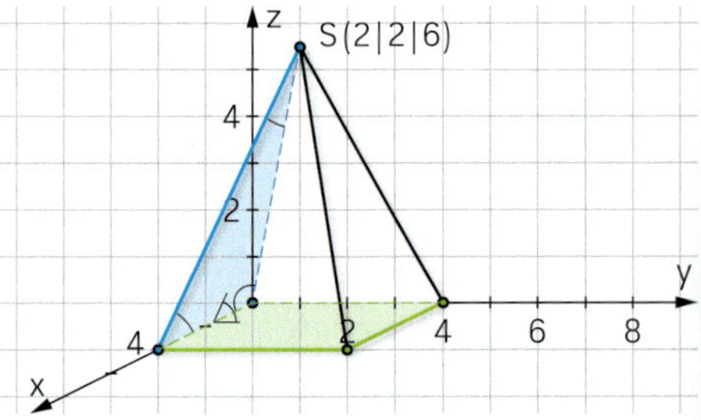

a) Bestimmen Sie die Winkelgrößen in einer Seitenfläche.

b) Wie groß ist der Winkel zwischen einer Seitenfläche und der Grundfläche?

7 Abstand Gerade – Gerade

Bestimmen Sie den Abstand der Geraden g und h sowie g und k aus Aufgabe 1.

8 Winkel zwischen Ebenen

Zeigen Sie, dass der Winkel zwischen der Ebene E mit der Gleichung $x - y + \sqrt{\frac{2}{3}}z = 1$ und der xy-Ebene 60° beträgt.

9 Abstand Punkt – Ebene

Bestimmen Sie den Abstand des Punktes F(4|4|4) von der Ebene E, in der die Sechseckfläche liegt.

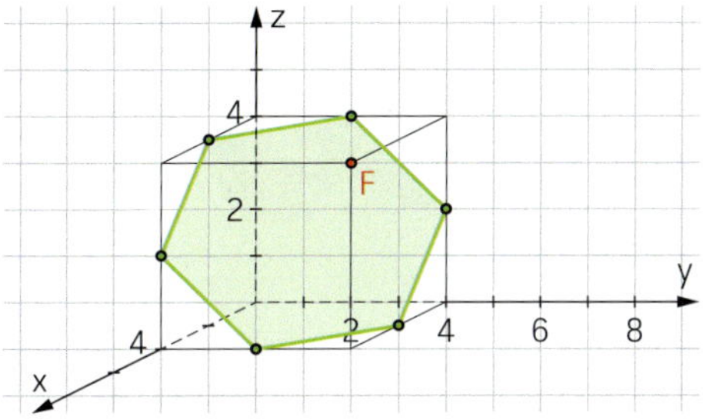

10 Abstand Punkt – Gerade

Wie weit ist der Punkt N(4|4|2) von der Geraden g: $\vec{x} = \begin{pmatrix} 4 \\ 0 \\ 4 \end{pmatrix} + t\begin{pmatrix} -4 \\ 0 \\ 0 \end{pmatrix}$ entfernt?

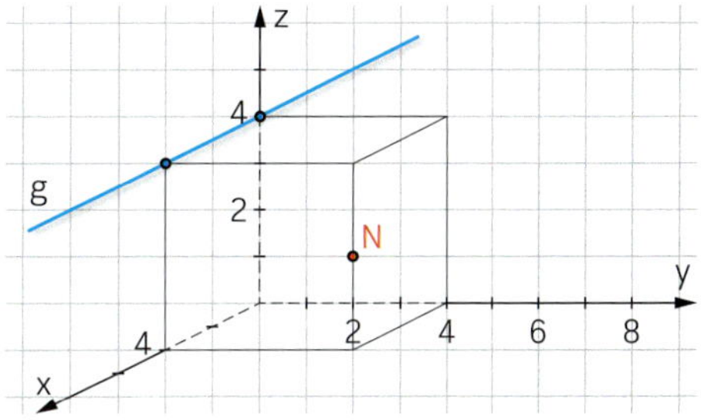

Verstehen

11 Wahr oder falsch?

Welche der Aussagen sind wahr, welche falsch?

(A)
Wenn die Ebene E: $\vec{x} = \vec{a} + r\vec{u} + s\vec{v}$ den Ursprung enthält, muss Vektor(a) = Nullvektor gelten.

(B)
Für Vektor(a) = Nullvektor gilt:
Die Ebene E: $\vec{x} = \vec{a} + r\vec{u} + s\vec{v}$ enthält den Ursprung.

12 Wahr oder falsch?

Es sind zwei Ebenen und eine Gerade im Raum gegeben.

E: $\vec{x} = \vec{a} + r\vec{u} + s\vec{v}$ F: $\vec{n} \cdot (\vec{x} - \vec{q}) = 0$ g: $x = \vec{b} + t\vec{w}$

Welche der Aussagen sind wahr? Begründen Sie Ihre Entscheidung.

(A) $(\vec{x} - \vec{q}) \cdot \vec{w} = 0 \Rightarrow g \perp F$ (B) $g \perp E \Rightarrow \vec{w} \cdot \vec{u} = 0$ und $\vec{w} \cdot \vec{v} = 0$ (C) $\vec{w} \perp \vec{n} \Rightarrow g$ liegt in F

Anwenden

13 Sicherheitsabstand von Flugzeugen

Ein Sportflugzeug A und ein Transportflugzeug B befinden sich jeweils auf geradlinigem Flug. Im Koordinatensystem (Angaben in 1 km) des Flughafens werden die Positionen zum Zeitpunkt 0 und dann 6 Minuten später festgehalten.

	Ort zum Zeitpunkt 0	Ort zum Zeitpunkt 6 Minuten
Sportflugzeug A	(0|4|2)	(20|−6|2)
Transportflugzeug B	(3|0|3)	(3|50|−7)

a) Bestimmen Sie jeweils die Richtung und den Betrag der Geschwindigkeit (in km/h) der Flugzeuge.

b) Zeigen Sie, dass man die Positionen der beiden Flugzeuge zum Zeitpunkt t (t in Stunden) durch die folgenden Gleichungen beschreiben kann:

$$\vec{a}(t) = \begin{pmatrix} 0 \\ 4 \\ 2 \end{pmatrix} + t\begin{pmatrix} 200 \\ -100 \\ 0 \end{pmatrix} \quad \text{und} \quad \vec{b}(t) = \begin{pmatrix} 3 \\ 0 \\ 3 \end{pmatrix} + t\begin{pmatrix} 0 \\ 500 \\ -100 \end{pmatrix}$$

c) Wann und wo kommen sich die beiden Flugzeuge am nächsten? Wird ein Sicherheitsabstand von 1,5 km eingehalten?

d) Zeigen Sie, dass der Abstand der Flugrouten ungefähr 0,49 km beträgt. Begründen Sie, warum dieser kleiner als die minimale Entfernung der Flugzeuge ist.

8

Zufall und Wahrscheinlichkeit

Im Zentrum der Wahrscheinlichkeitsrechnung steht der Zufall. Würfeln, eine Münze werfen, ein Glücksrad drehen, Lottozahlen ziehen usw. sind vertraute Beispiele für ein Zufallsexperiment. Bei einem einzelnen Zufallsexperiment ist das Ergebnis nicht vo hersagbar. Dennoch kann man vorhersagen, was auf „lange Sicht also bei einer sehr häufigen Wiederholung des betreffenden Zufallsexperimentes, geschieht.
Wahrscheinlichkeitsrechnung ist bereits Thema in den vorangegangenen Klassenstufen gewesen. Dieses Kapitel dient einer Zusammenfassung und Vertiefung von bereits erworbenen Kenntnissen und Fähigkeiten.

8.1 Empirische und theoretische Wahrscheinlichkeit

In der Regel muss man zum Lösen von stochastischen Problemen die Wahrscheinlichkeiten ermitteln, mit denen bestimmte Ergebnisse eines Zufallsexperimentes auftreten. Grundsätzlich unterscheidet man zwischen der empirischen Wahrscheinlichkeit und der theoretischen Wahrscheinlichkeit.

Wie kann man die Wahrscheinlichkeit ermitteln, dass beim „asymmetrischen“ Würfel die „Sechs“ kommt?

8.2 Baumdiagramme – das sollten Sie noch wissen

Der Wurf mit drei Münzen ist ein mehrstufiges Zufallsexperiment. Die Wahrscheinlichkeit für eine bestimmte Anzahl von „Kopf“ kann mithilfe eines Baumdiagramms berechnet werden.

Was schätzen Sie: Wie groß ist die Wahrscheinlichkeit, zweimal Kopf und einmal Zahl zu werfen?

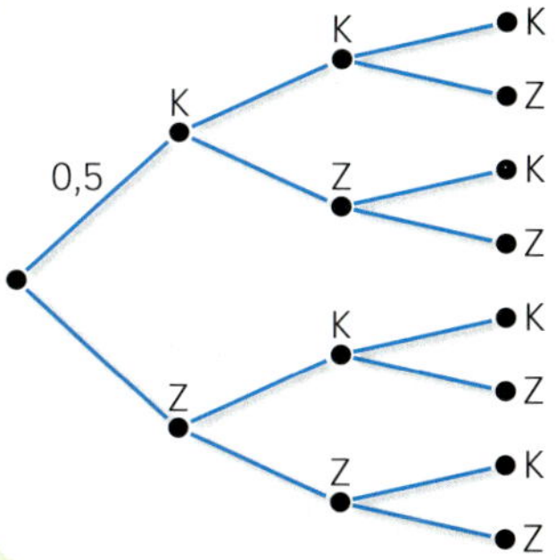

8.3 Simulation – zum Auffrischen

Mit Simulationen lassen sich Schätzwerte für Wahrscheinlichkeiten bestimmen. Neben verschiedenen Zufallsgeräten liefert der Computer Zufallszahlen und dient als Werkzeug bei der Auswertung. Bei der Bearbeitung von Problemen mithilfe von Simulationen ist ein guter Simulationsplan entscheidend.

Haben Sie eine Idee, wie man mit einem Würfel Dirks Würfe „nachspielen“ kann?

Laut Wurfstatistik trifft Dirk mit einer Wahrscheinlichkeit von $\frac{2}{3}$

8.4 Empirisches Gesetz der großen Zahlen – genauer hingeschaut

Dieses Gesetz ist wesentliche Grundlage für das Ermitteln von Wahrscheinlichkeiten aus empirischen Untersuchungen oder aus Simulationen.

Wann kann man den so gewonnenen Schätzwerten vertrauen?

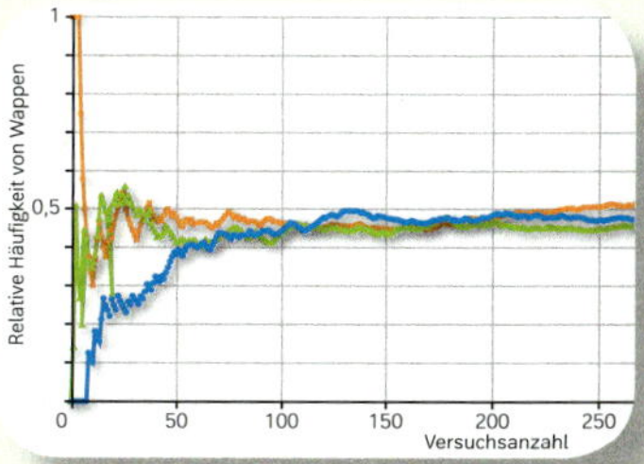

8.1 Empirische und theoretische Wahrscheinlichkeit

Aufgaben

1 Ein Glücksspiel mit Münzen

Ein Glücksspiel mit vier Münzen

Gespielt wird gegen die Spielbank.
- Einsatz: 2 €
- Die vier Münzen werden geworfen.
- Erscheint genau dreimal „Zahl“, dann werden dem Spieler 7 € ausgezahlt (Gewinn 5 €), ansonsten verliert der Spieler seinen Einsatz an die Bank.

a) Handelt es sich um ein faires Spiel? Diskutieren Sie zunächst mit Ihren Mitschülerinnen und Mitschülern, was unter einem „fairen Spiel“ zu verstehen ist.

b) Durch „Probespiele“ erhält man einen ersten Eindruck davon, wie „riskant“ das Glücksspiel ist. Spielen Sie zu zweit probeweise 20 Spiele und protokollieren Sie die Ergebnisse. So könnte Ihr Protokoll aussehen. Vergleichen Sie Ihre Ergebnisse.

Spiel	Ereignis	„Gewinn“
1	3-mal Zahl	5 €
2	4-mal Zahl	−2 €
...		
20	1-mal Zahl	−2 €
Summe	-	■

c) Tragen Sie alle Protokolle zusammen, ermitteln Sie die Summe der „Gewinne“ bei allen Spielen und berechnen Sie damit den mittleren Gewinn pro Spiel. Was meinen Sie, handelt es sich um ein faires Spiel?

d) Theorie statt Praxis: Schreiben Sie alle Ergebnisse auf, die bei einem Wurf mit vier Münzen möglich sind. Drei der möglichen Ergebnisse sind KKKK, KKKZ, KKZK. Schreiben Sie die 16 verschiedenen Ergebnisse auf.
Wie groß ist der Anteil der Ergebnisse, bei denen der Spieler 5 € gewinnt bzw. 2 € verliert. Geben Sie den theoretischen mittleren Gewinn pro Spiel an.

2 Würfeln

Aus dem Internet: Fragen an Professor Mathe

Bei zwei normalen Würfeln gibt es 21 mögliche Zahlenkombinationen:

6 - 6	5 - 5	4 - 4	3 - 3	2 - 2	1 - 1
6 - 5	5 - 4	4 - 3	3 - 2	2 - 1	
6 - 4	5 - 3	4 - 2	3 - 1		
6 - 3	5 - 2	4 - 1			
6 - 2	5 - 1				
6 - 1					

Es gibt also 6 mal Pasch bei 21 Möglichkeiten. Die Wahrscheinlichkeit, einen Pasch zu würfeln, beträgt also $\frac{6}{21}$. Ich habe nun aber gelesen, die Wahrscheinlichkeit betrage $\frac{1}{6}$, mit der folgenden Begründung: Die 1. Zahl ist egal, die Wahrscheinlichkeit, dass die 2. Zahl dieselbe ist wie die erste, ist $\frac{1}{6}$. Was ist richtig?

Tipp
Das Würfeln lässt sich z.B. auf 9 Gruppen zu je 40 Würfen aufteilen.

a) Übernehmen Sie die Rolle des Professors und nehmen Sie Stellung zu der Anfrage. Begründen Sie theoretisch, warum die Wahrscheinlichkeit für einen Pasch $\frac{1}{6}$ beträgt.

b) Würfeln Sie mit zwei Würfeln 360-mal und ermitteln Sie die relative Häufigkeit für einen Pasch bei diesen 360 Würfen.

Basiswissen

Empirische und theoretische Wahrscheinlichkeit

Zur Lösung von elementaren Wahrscheinlichkeitsproblemen stehen verschiedene Methoden zur Verfügung.

Problem:
Zwei Würfel A und B werden geworfen, die höhere Augenzahl gewinnt.

Welchen Würfel würden Sie wählen, wie hoch ist mit dem gewählten Würfel Ihre Gewinnwahrscheinlichkeit?

Die **empirische Wahrscheinlichkeit** ist ein **Schätzwert** der Wahrscheinlichkeit, mit der ein Ereignis eintritt. Dieser basiert auf der Häufigkeit, mit der das Ereignis bei einer häufigen Wiederholung des Zufallsexperimentes eintritt.

Die **theoretische Wahrscheinlichkeit** basiert auf Annahmen, die man über die Ergebnisse eines Zufallsexperimentes macht. Nimmt man z. B. an, dass alle Ergebnisse gleich wahrscheinlich sind, so kann man mit der **Laplace-Wahrscheinlichkeit** arbeiten.

Laplace-Versuch:
Zufallsexperiment, bei dem alle Ergebnisse gleich wahrscheinlich sind.

Realexperiment
A spielt 100-mal gegen B

Protokollieren der Ergebnisse: z. B.:
A gewinnt 31-mal, B gewinnt 69-mal
Relative Häufigkeiten berechnen:
h(A) = 0,31; h(B) = 0,69
Schätzwerte Wahrscheinlichkeiten:
P(A) ≈ 30 % P(B) ≈ 70 %

LAPLACE-Wahrscheinlichkeit
Erstellen einer Ergebnistabelle:

A \ B	1	1	1	5	5	5
0	X	X	X	X	X	X
0	X	X	X	X	X	X
4	X	X	X	X	X	X
4	X	X	X	X	X	X
4	X	X	X	X	X	X
4	X	X	X	X	X	X

Anzahl möglicher Ergebnisse: 36
Anzahl günstiger Ergebnisse
X A gewinnt: 12-mal $P(A) = \frac{12}{36} = \frac{1}{3}$
X B gewinnt: 24-mal $P(B) = \frac{24}{36} = \frac{2}{3}$

Beispiel

A Vergleich von empirischer und theoretischer Wahrscheinlichkeit

Zwei Würfel werden 50-mal geworfen. Das Protokoll der gewürfelten Augensummen ist rechts dargestellt. Berechnen Sie die empirische und die theoretische Wahrscheinlichkeit, dass die Augensumme mindestens 8 beträgt.

4, 6, 4, 8, 10, 8, 6, 11, 9, 2
3, 6, 12, 5, 6, 8, 4, 8, 7, 11
5, 2, 8, 3, 9, 4, 10, 3, 5, 3
7, 8, 3, 11, 6, 4, 8, 3, 6, 4
11, 9, 7, 8, 5, 9, 3, 6, 7, 4

Lösung:
Empirische Wahrscheinlichkeit:
Die Anzahl der Würfe mit einer Augensumme von mindestens 8 ist 19. Die empirische Wahrscheinlichkeit ist $p = \frac{19}{50} = 0{,}38$
Die theoretische Wahrscheinlichkeit:
Es gibt 36 verschiedene Ergebnisse, alle sind gleich wahrscheinlich. Davon liefern 15 eine Augensumme von mindestens 8. Somit ist die theoretische Wahrscheinlichkeit $p = \frac{15}{36} = 0{,}42$.

	1	2	3	4	5	6
1	2	3	4	5	6	7
2	3	4	5	6	7	8
3	4	5	6	7	8	9
4	5	6	7	8	9	10
5	6	7	8	9	10	11
6	7	8	9	10	11	12

Übungen

3 Laplace-Versuch

Bei einem Zufallsexperiment muss man angeben, welche Ergebnisse man protokollieren möchte.

a) Was ist das Charakteristische eines Laplace-Versuchs?

b) Geben Sie drei Beispiele für einen Laplace-Versuch an und drei Gegenbeispiele.

4 Freiwurf

Eine Basketballspielerin hat in der laufenden Saison 36 von 54 Freiwürfen getroffen. Wie hoch ist die Wahrscheinlichkeit den nächsten Freiwurf zu treffen? Welche Art von Wahrscheinlichkeit haben Sie verwendet?

5 Wahrscheinlichkeiten beim Roulette

Beim Roulette gibt es verschiedene Möglichkeiten seinen Jeton zu setzen, z.B.

- auf ROUGE,
- 12^p (erstes Dutzend),
- PLEIN (auf eine Zahl setzen).

a) Angenommen, Sie setzen auf eine der drei angegebenen Wettmöglichkeiten. Berechnen Sie für jede der Wettmöglichkeiten die theoretische Wahrscheinlichkeit zu gewinnen.

b) Ein Spieler setzt auf ROUGE und 12^p. Berechnen Sie die Wahrscheinlichkeiten dafür, dass der Spieler
- sowohl bei ROUGE als auch 12^p gewinnt,
- bei ROUGE oder 12^p oder bei beiden gewinnt.

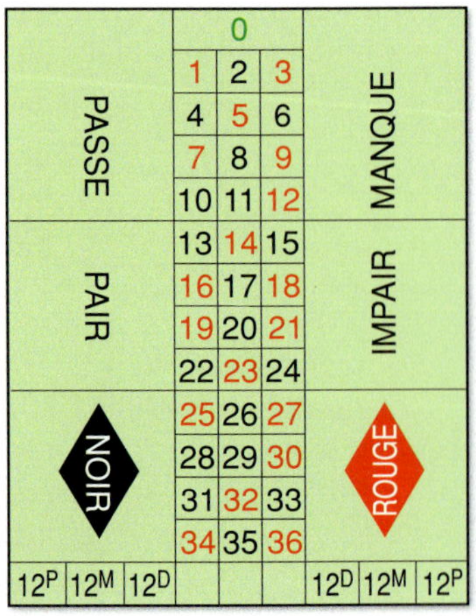

6 Zwei Münzen – drei Ergebnisse

Jemand behauptet: „Beim zweifachen Münzwurf gibt es drei verschiedene Ergebnisse: zweimal Kopf, zweimal Zahl oder Kopf und Zahl. Jedes Ergebnis tritt mit einer Wahrscheinlichkeit von $\frac{1}{3}$ ein."

Wo steckt der Fehler? Wie lässt sich der Fehler aus Ihrer Sicht am besten aufklären?

7 Blutgruppen

Eine Aufteilung deutscher Bundesbürger nach Blutgruppen ergab folgende Tabelle:

Blutgruppe	0	A	B	AB
prozentualer Anteil	41 %	43 %	11 %	5 %

Menschen mit der Blutgruppe A bzw. B entwickeln bereits kurz nach der Geburt Antikörper gegen Blut der Blutgruppe B bzw. A. Als Spenderblut kommt daher nur Blut der Blutgruppe 0 oder der eigenen Blutgruppe infrage. Wie stehen die Chancen, dass eine zufällig ausgewählte Person als Blutspender für eine Person der Gruppe A bzw. B infrage kommt?

8 Haustiere

Aus einer Befragung unter 180 Schülerinnen und Schülern der Oberstufe eines Gymnasiums nach den Haustieren Hund und Katze, liegt die folgende unvollständige Tabelle vor:

		Katze		
		ja	nein	gesamt
Hund	ja	■	45	57
	nein	58	■	■
	gesamt	■	■	180

a) Vervollständigen Sie die Tabelle.

b) Wie groß ist die Wahrscheinlichkeit, dass ein zufällig ausgewählter Schüler der Oberstufe einen Hund oder eine Katze besitzt?

Aufgaben

9 Wie zählt man etwas, was man nicht zählen kann?

a) Wildenten in Nordamerika

Mit der capture-recapture-methode wurde im Jahr 1930 die Zahl der Wildenten in Nordamerika geschätzt: Eine große Anzahl von Wildenten wurde markiert, bevor sie von ihren Brutplätzen aufbrachen. In der folgenden Jagdsaison wurden 5 Millionen Enten erlegt. Darunter befanden sich 12 % der markierten Enten. Schätzen Sie mit diesen Angaben die Gesamtanzahl der Wildenten.

b) Welche Annahmen muss man machen, wenn das beschriebene Verfahren einen guten Schätzwert liefern soll? Was halten Sie davon?

c) Was Sie schon immer einmal wissen wollten:
Mit der capture-recapture-methode können Sie auch schätzen, wie viele Reiskörner in einem Kilogramm Reis sind. Dazu muss man eine bestimmte Anzahl von schwarzen Reiskörnern unter das Kilogramm mischen und dann ... Beschreiben Sie das Verfahren und führen Sie es durch.

10 Gibt es ein Gespür für den Zufall?

Lotto-Fee findet Fünflinge „krass“

„Ist das ein Witz, ist das Ernst?“
Die gezogenen Glückszahlen waren 9, 10, 11, 12, 13 und 37.

a) Was halten Sie von der Aussage von T. Schäfer vom Saar-Lotto: „Das Unwahrscheinliche ist wahrscheinlich geworden.“

b) Ein Experiment: Ein Schüler wird gebeten, sich vorzustellen, dass er eine Münze 20-mal wirft und dabei jeweils aufschreibt, ob „Kopf“ (K) oder „Zahl“ (Z) fällt. Zum Vergleich hat der Lehrer dieses Zufallsexperiment mit einer realen Münze durchgeführt und die 20 Ergebnisse protokolliert.

- Was meinen Sie, welche der beiden Folgen stellt das wirkliche Zufallsexperiment dar und welches das ausgedachte des Schülers? Begründen Sie Ihre Entscheidung.

K	K	Z	K	Z	K	K	Z	Z	Z	K	Z	K	K	K	Z	K	Z	Z	K
Z	Z	Z	K	K	K	Z	Z	Z	Z	Z	K	K	K	K	Z	Z	K	Z	K

- Simulieren Sie den 20-fachen Münzwurf wiederholt mit dem GTR und schauen Sie nach, ob es Serien gibt mit „Runs“ (ununterbrochene Wiederholung von K oder Z) mit der Länge 4 oder gar 5. Vergleichen Sie die Ergebnisse in Ihrem Kurs.

11 Etwas zum Nachdenken

Bei der Beurteilung der Konjunkturentwicklung für das nächste Jahr werden Experten (Sachverständigenrat, 5 Weise) oder Unternehmen (IFO Konjunkturtest) nach ihrer Einschätzung befragt. Dabei gibt es die Ereignisse +, =, –, d. h. (Aufsteigen, Gleichbleiben, Fallen) und man bestimmt aus den Befragungen die Wahrscheinlichkeiten P (+), P (=), P (–). Warum handelt es sich bei diesen Wahrscheinlichkeiten nicht um empirische Wahrscheinlichkeiten?

8.2 Baumdiagramme – das sollten Sie noch wissen

Aufgaben

1 Baumdiagramme und Ereignisse

Bei einem Glücksspiel werden drei Glücksräder A, B und C gleichzeitig gedreht.

(A) (B) (C)

Es gibt viele verschiedene Ergebnisse, z.B. G G G oder G N G usw.

a) Wie viele verschiedene Ergebnisse gibt es?

b) Das Drehen von drei Glücksrädern ist ein Beispiel für ein dreistufiges Zufallsexperiment. Die Ergebnisse eines solchen Zufallsexperimentes mit den zugehörigen Wahrscheinlichkeiten kann man übersichtlich in einem Baumdiagramm darstellen. Vervollständigen Sie das Baumdiagramm einschließlich der Wahrscheinlichkeiten.

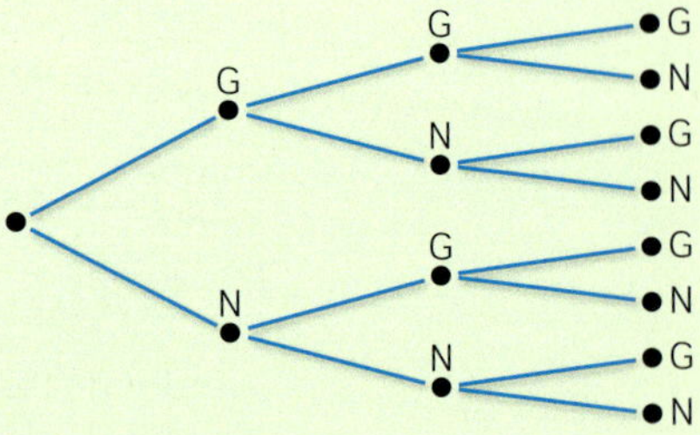

c) Überprüfen Sie mit dem Baumdiagramm Ihre Antwort in Aufgabe a).

d) Mit dem Baumdiagramm kann man die Wahrscheinlichkeit von „Ereignissen“ berechnen. So ist z.B. die Wahrscheinlichkeit P(dreimal G) $= \frac{1}{4} \cdot \frac{1}{4} \cdot \frac{1}{3} = \frac{1}{48}$. Berechnen Sie P(dreimal N) und P(2-mal G, einmal N).

2 Das Problem der abgebrochenen Partie

Ein Problem des CHEVALIER DE MÉRÉ:
Zwei Spieler spielen ein Glücksspiel, bei dem es kein Remis gibt und die Chancen zu gewinnen für beide gleich sind. Derjenige Spieler gewinnt 32 Goldstücke, der zuerst fünf Partien gewonnen hat. Aus irgendwelchen Gründen wird das Spiel beim Stand von 4 : 3 für A abgebrochen.

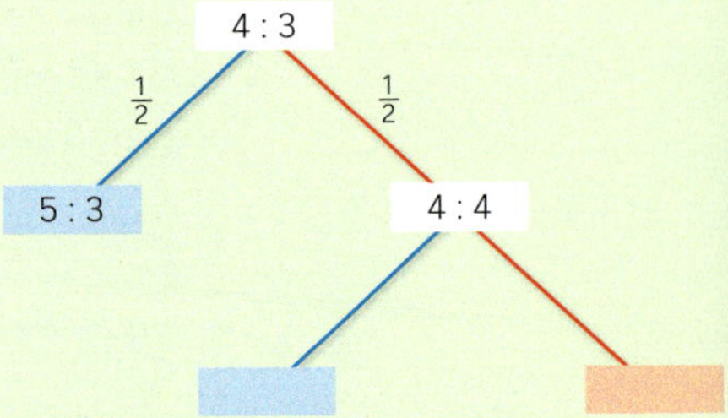

Spielstand jeweils aus Sicht von A

a) Diskutieren Sie verschiedene Möglichkeiten, wie man den Gewinn verteilen könnte.

b) De Méré fragte den Mathematiker Blaise Pascal nach der Aufteilung des Gewinns. Pascal schlug vor:

> *„Der Gewinn ist in dem Verhältnis der Wahrscheinlichkeiten zu verteilen, mit denen jeder der Spieler A und B von dem Spielstand 4 : 3 für A aus gewinnen würde.“*

Ermitteln Sie die Gewinnwahrscheinlichkeiten für die beiden Spieler.
Tipp: Ergänzen Sie das Baumdiagramm mit den Spielständen und den Wahrscheinlichkeiten. Mit welcher Wahrscheinlichkeit würde A, mit welcher B das Spiel gewinnen?

Basiswissen

Baumdiagramme und Pfadregeln

Mithilfe eines Baumdiagramms kann man alle möglichen Ergebnisse eines mehrstufigen Zufallsversuches übersichtlich erfassen und analysieren. Zudem ist es möglich mit den „Pfadregeln“ Wahrscheinlichkeiten zu berechnen, mit denen bestimmte Ereignisse eintreten.

Was sind „mehrstufige Zufallsexperimente“?
Ein Zufallsexperiment, das aus mehreren nacheinander oder gleichzeitig ausgeführten Zufallsexperimenten besteht, ist ein mehrstufiges Zufallsexperiment.
Ein **Ergebnis eines mehrstufigen Zufallsexperimentes** setzt sich aus den Ergebnissen der Einzelexperimente zusammen.

Zwei Würfel werden geworfen. Wie groß ist die Wahrscheinlichkeit, genau eine „Sechs“ zu werfen?

Ein mögliches Ergebnis („Sechs“, keine „Sechs)

Ein Ereignis ist die Zusammenfassung von Ergebnissen.

Mit einem **Baumdiagramm** kann man **alle** möglichen vier **Ergebnisse** des Würfelns mit zwei Würfeln aufschreiben und die gesuchte Wahrscheinlichkeit für genau eine „Sechs“ berechnen. Jedem Pfad entspricht ein Ergebnis. Die roten Pfade entsprechen dem Ergebnis „genau eine Sechs“.

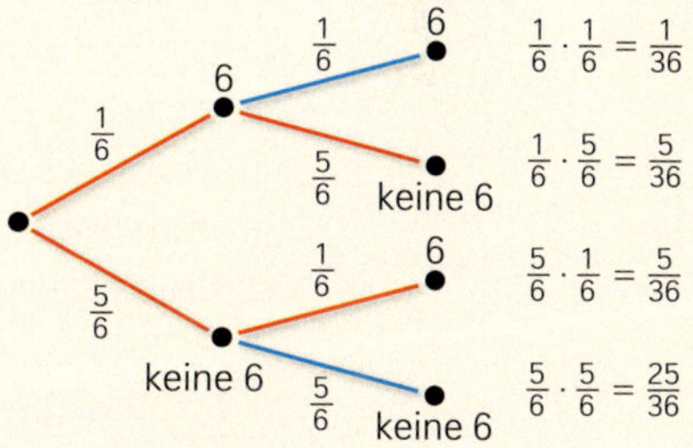

Berechnen von Wahrscheinlichkeiten mit den Pfadregeln

> **Produktregel**
> Die Wahrscheinlichkeiten werden längs des Pfades multipliziert.

P (schwarzer Würfel eine „Sechs“ und roter Würfel keine „Sechs“) $= \frac{1}{6} \cdot \frac{5}{6} = \frac{5}{36}$

P (schwarzer Würfel keine „Sechs“ und roter Würfel keine „Sechs“) $= \frac{5}{6} \cdot \frac{5}{6} = \frac{25}{36}$

> **Summenregel**
> Führen mehrere Pfade zu demselben Ereignis (hier: genau eine „Sechs“), so werden die Wahrscheinlichkeiten für die jeweiligen Pfade addiert.

P (genau eine „Sechs“) $= \frac{1}{6} \cdot \frac{5}{6} + \frac{5}{6} \cdot \frac{1}{6} = \frac{10}{36} \approx 0{,}2778$

Mit einer Wahrscheinlichkeit von 27,8 % kommt genau einmal eine „Sechs“.

Beispiel

A Wegenetze

Angenommen, Sie starten in S und entscheiden sich an jeder Weggabelung mit jeweils gleicher Wahrscheinlichkeit für einen der Wege. Wie groß ist die Wahrscheinlichkeit, dass Sie in dem blauen Raum ankommen?

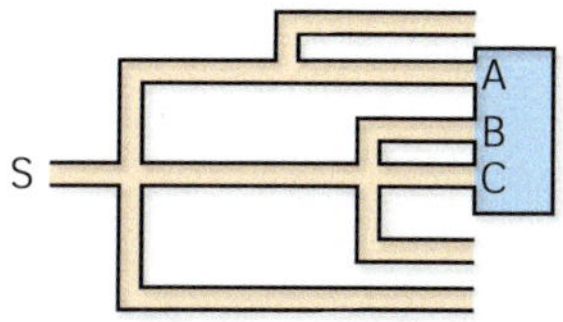

Lösung:
Es führen drei Wege vom Start zum blauen Raum. Wahrscheinlichkeit für die Wege:

Weg A: $\frac{1}{3} \cdot \frac{1}{2}$ Weg B: $\frac{1}{3} \cdot \frac{1}{3}$ Weg C: $\frac{1}{3} \cdot \frac{1}{3}$

Zusammen erhält man mit der 2. Pfadregel (Summenregel)

P (blau) $= \frac{1}{3} \cdot \frac{1}{2} + \frac{1}{3} \cdot \frac{1}{3} + \frac{1}{3} \cdot \frac{1}{3} = \frac{1}{6} + \frac{2}{9} = \frac{7}{18}$

Übungen

3 Würfeln mit zwei Würfeln

Ist es wahrscheinlicher bei einem Wurf mit zwei Würfeln genau eine 2 zu würfeln oder zwei gerade Zahlen? Zeichnen Sie zu jedem der beiden Ereignisse ein Baumdiagramm und rechnen Sie.

4 Zum Trainieren

Mit einem Würfel wird entschieden, aus welcher von zwei Urnen A oder B eine Kugel gezogen wird. Bei den Augenzahlen 1 und 6 wird aus Urne A gezogen, sonst aus Urne B. Stellen Sie die Situation in einem Baumdiagramm dar. Wie groß ist die Wahrscheinlichkeit, dass bei diesem Glücksspiel eine grüne Kugel gezogen wird?

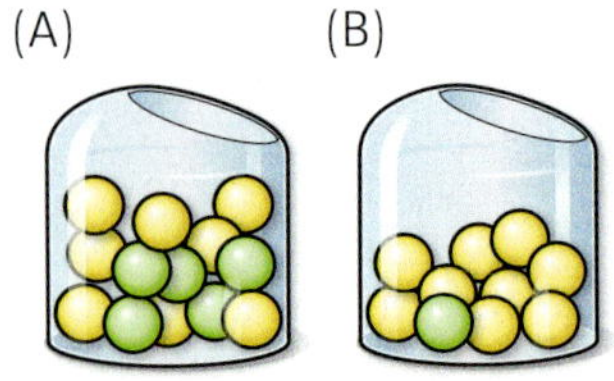

5 Ziehen mit und ohne Zurücklegen

Aus einer Urne mit fünf roten, drei blauen und einer gelben Kugel werden zwei Kugeln

a) mit Zurücklegen   b) ohne Zurücklegen

gezogen.

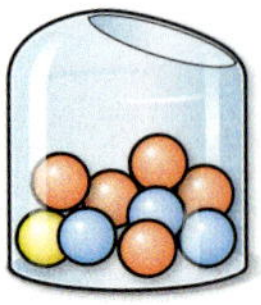

Erstellen Sie für jeden der beiden Fälle je ein Baumdiagramm. Berechnen Sie, wie groß die Wahrscheinlichkeit dafür ist, keine (genau eine, mindestens eine) gelbe (blaue) Kugel zu ziehen.

6 Warten auf eine „Sechs"

Oft brauchen Sie Geduld, wenn Sie beim Würfeln auf eine „Sechs" warten. Manche sagen, sie müsste eigentlich nach spätestens sechs Würfen kommen. Begründen Sie, warum dies nicht richtig ist. Berechnen Sie dazu auch die Wahrscheinlichkeit, dass sechsmal hintereinander keine „Sechs" erscheint.

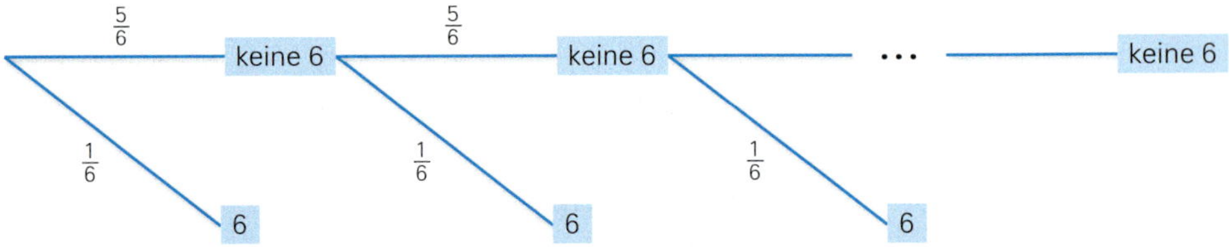

7 Fälschungen

In einem Koffer befinden sich 150 Uhren. Davon sind 80 % Originaluhren und 20 % Fälschungen, die sich auf den ersten Blick nicht unterscheiden. Von den Originaluhren sind 5 % defekt, von den Fälschungen sind 30 % defekt.

a) Wie groß ist die Wahrscheinlichkeit, eine funktionierende Fälschung zu erhalten, wenn man eine Uhr aus dem Koffer nimmt?
   Tipp: Bei der Beantwortung der Fragen ist ein Baumdiagramm hilfreich.
b) Wie groß ist die Wahrscheinlichkeit, eine defekte Uhr aus dem Koffer zu nehmen?

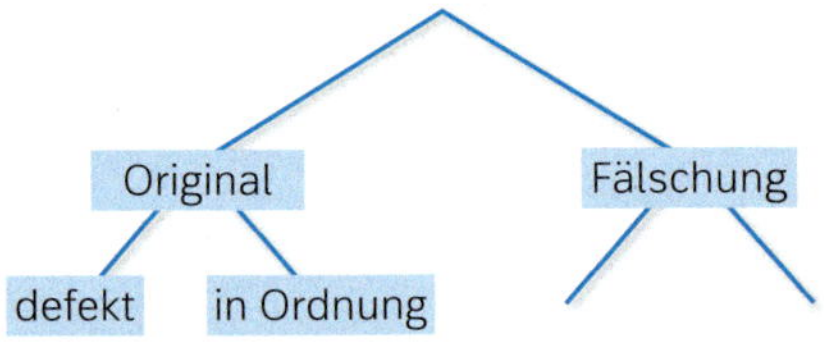

8 Endkontrolle

Bei der Endkontrolle eines Produktes werden Fehler in 5 % der Fälle übersehen. Deshalb durchläuft das Produkt drei Kontrollgänge. Bestimmen Sie mit Hilfe von Baumdiagrammen die Wahrscheinlichkeit dafür, dass fehlerhafte Produkte ...

a) ... erst beim 2. Kontrollgang   b) ... erst beim dritten Kontrollgang
c) ... überhaupt nicht entdeckt werden?

Aufgaben

9 Etwas zum Rechnen und Nachdenken

Drei Würfel werden geworfen. Dabei kann die „Sechs" 0-mal (1-mal, 2-mal und 3-mal) kommen. Erstellen Sie ein zugehöriges Baumdiagramm und berechnen Sie die Wahrscheinlichkeit für 0, 1, 2, 3 „Sechsen".
Welche Schwierigkeit sehen Sie, wenn Sie mit 10 Würfeln spielen und mit einem Baumdiagramm die Wahrscheinlichkeiten für 0, 1, ..., 10 „Sechsen" berechnen wollen?

10 Mini-Lotto 3 aus 9

Beim Mini-Lotto kann man auf einem Spielfeld mit 9 Zahlen von 1 bis 9 drei Gewinnzahlen ankreuzen.
Dann werden aus einer Urne mit 9 Kugeln, nummeriert von 1 bis 9, drei Kugeln ohne Zurücklegen gezogen.

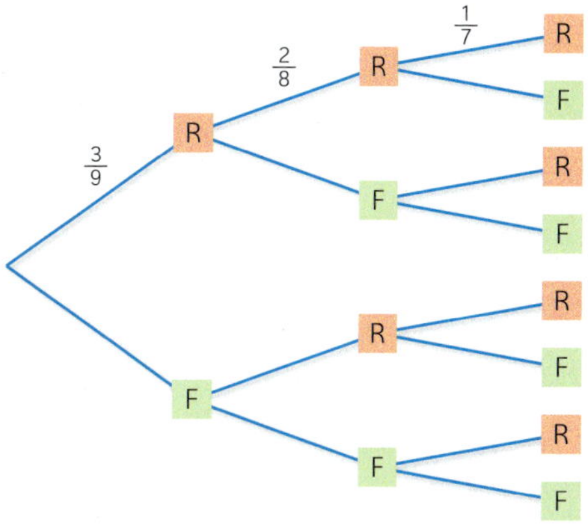

a) Ergänzen Sie das Baumdiagramm und berechnen Sie die Wahrscheinlichkeit für 3 Richtige.

1	2	3
4	5	6
7	8	9

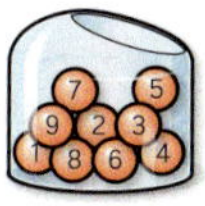

b) Wie groß ist die Wahrscheinlichkeit für sechs Richtige beim Lotto (6 aus 49).

11 Seltsame Würfel

Gegeben sind vier Würfel, deren Seiten beschriftet sind wie angegeben:

- Würfel A: 1, 1, 1, 5, 5, 5
- Würfel B: 0, 0, 4, 4, 4, 4
- Würfel C: 2, 2, 2, 2, 6, 6
- Würfel D: 3, 3, 3, 3, 3, 3

a) Ein Spieler wirft den Würfel A, Sie würfeln mit Würfel B. Wer die höhere Augenzahl hat, gewinnt. Mit welcher Wahrscheinlichkeit gewinnen Sie (siehe Basiswissen)?

b) Ihr Mitspieler wählt den Würfel B, C oder D. Versuchen Sie stets einen Würfel zu wählen, mit dem Sie gegen Ihren Mitspieler eine Gewinnchance größer als 50 % haben.

12 Play-Offs

Zwei gleich starke Eishockeymannschaften A und B spielen gegeneinander in den „Play-Offs" nach dem Modus „best-of-seven" (wer zuerst vier Spiele gewonnen hat, „kommt weiter"). B hat nach drei Spielen eines gewonnen, d. h. B liegt 1 : 2 zurück. Wie groß ist die Wahrscheinlichkeit dafür, dass B dennoch weiterkommt?

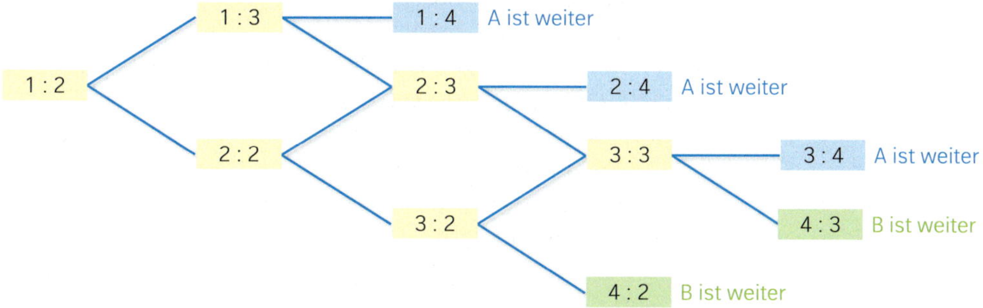

a) Ergänzen Sie die Wahrscheinlichkeiten im Baumdiagramm und berechnen Sie die Wahrscheinlichkeit, dass A in die nächste Runde weiterzieht.

b) Bearbeiten Sie Aufgabe a), wenn sie davon ausgehen, dass A die stärkere Mannschaft ist und ein Spiel mit einer Wahrscheinlichkeit von 60 % gewinnt.

8.3 Simulation – zum Auffrischen

Aufgaben

1 Das „Manhattan – Problem“

Herr Meyer irrt durch New York und sucht sein Hotel H. Er erinnert sich lediglich daran, dass er von seinem Hotel aus sieben Kreuzungen überquert hat und dabei niemals nördlich oder östlich abgebogen ist.
In der Karte von New York ist Herr Meyers Standort S eingetragen. Nehmen Sie an, dass sich Herr Meyer auf dem Rückweg an jeder Kreuzung für „nördlich“ oder „östlich“ mit gleicher Wahrscheinlichkeit entscheidet. Sein Weg kann folgendermaßen „simuliert“ werden: Werfen Sie siebenmal eine Münze und verfolgen Sie den Weg von Herrn Meyer, indem Sie bei „Zahl“ östlich und bei „Kopf“ nördlich gehen. Simulieren Sie wiederholt seinen zurückgelegten Weg. In welchem Prozentsatz der Simulationen findet er zufällig zu seinem Hotel zurück?
Führen Sie in arbeitsteiligen Gruppen möglichst viele Simulationen durch.

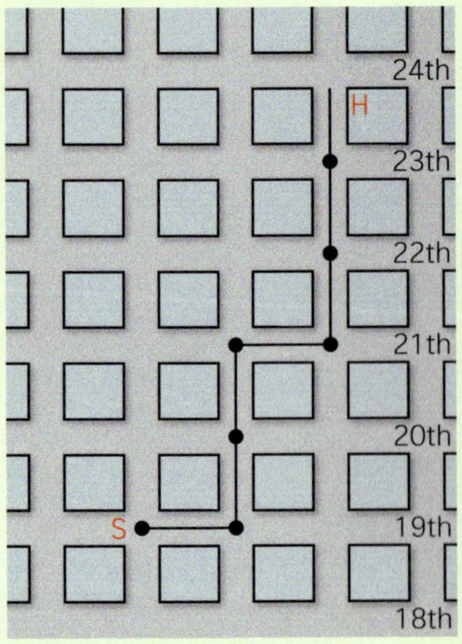

2 Das Manhattan-Problem mit dem GTR simulieren

Händisches Simulieren mithilfe von Münzen, Würfeln, Glücksrädern oder ähnlichem ist sehr aufwändig und daher oft nicht durchzuführen. Mit einem guten Simulationsplan und einem GTR kann man Simulationen durchführen.

Simulationsplan

1. Modellieren	Die Wahrscheinlichkeit für die Entscheidung nördlich bzw. östlich beträgt 0,5
2. Zufallsgerät Zufallsexperiment	Zufallszahlen: **nördlich 0**, **östlich 1** Anzahl der Zufallszahlen 7, **Summe S** der Zufallszahlen berechnen
3. Ereignis	S = 2 (Hotel gefunden)
4. Anzahl Wiederholungen	zum Beispiel 400 (Siebener-Serien)
5. Durchführung	
6. Auswertung	

Bestimmen Sie mit einer eigenen Simulation mit Ihrem GTR die Wahrscheinlichkeit, dass Herr Meyer sein Hotel findet.

Werkzeug

Simulation mit dem GTR
Randint(0, 1, 400) erzeugt 400 ganzzahlige Zufallszahlen 0 oder 1
Randint(0, 1, 400) + Randint(0, 1, 400) + ...
vierhundert Summen von 7 Zufallszahlen 0 oder 1
Speichern der Summen in L1
SortA(L1) der Größe nach Sortieren
Plot Häufigkeitsdiagramm drucken und auswerten

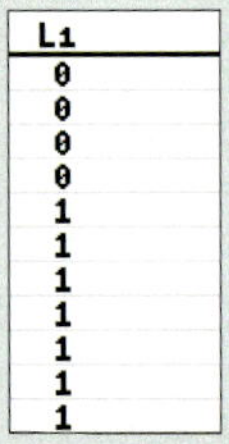

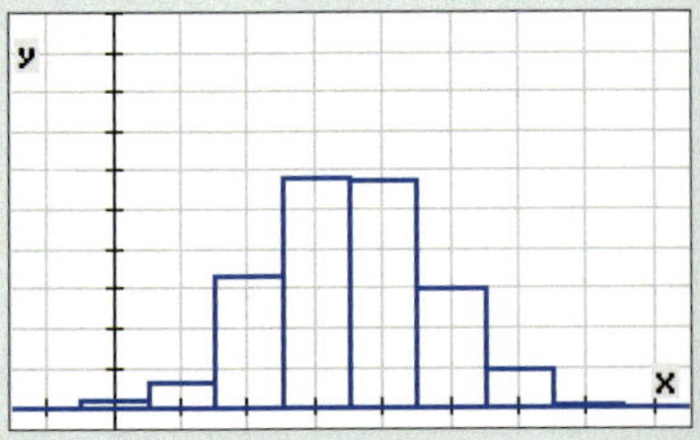

Basiswissen

Wenn man Wahrscheinlichkeiten schätzen möchte, hilft häufig das Nachspielen des Zufallsexperimentes in einem Modell. Dies nennt man **Simulation**. Zum Simulieren benötigt man ein geeignetes Zufallsgerät, bei dem die Ergebnisse und deren Eintretenswahrscheinlichkeiten dieselben sind, wie bei dem zufälligen Vorgang, den man simulieren möchte. Beim Simulieren ist ein **Simulationsplan** hilfreich.

Schätzen von Wahrscheinlichkeiten mittels Simulation

Situation: Multiple-Choice-Test, sechs Fragen mit je drei Auswahlantworten von denen stets nur eine richtig ist. Angenommen, der Prüfling verfügt über keine Kenntnisse, d.h. er rät bei jeder Frage.

Frage: Mit welcher Wahrscheinlichkeit beantwortet der Prüfling mindestens vier Fragen zufällig richtig?

Simulationsplan

Planung der Simulation

1. Modellierung „Raten“: Die Wahrscheinlichkeit, zufällig richtig zu antworten, beträgt $\frac{1}{3}$. Die Bearbeitung des Tests wird durch 6-maliges Raten modelliert.

Sechs Zufallszahlen von 1 bis 3
Mit dem GTR

2. Wahl des Zufallsgerätes, Beschreibung des Zufallsexperimentes. Zufallszahlen von 1 bis 3, richtig geraten: Zufallszahl ist die 1, sechs Zufallszahlen „ziehen“ mit dem GTR *randInt (1, 3, 6)*

3. Festlegen des interessierenden Ereignisses E
   E: Anzahl der richtigen Antworten (Anzahl der „1en“) mindestens 4.
4. Anzahl der „Test-Wiederholungen“ z. B. 100 d. h. 100 Wiederholungen einer 6er-Serie

Jeweils 6 Zufallszahlen						Anzahl „1en“
3	1	2	1	1	3	3
3	1	2	2	2	3	1
1	1	1	2	1	1	5
2	2	3	2	2	2	0

Durchführung und Auswertung

5. 100-maliges Simulieren des „Tests“. Anzahl der richtigen Antworten protokollieren.
6. Auswertung: Ermittlung der relativen Häufigkeit $h(E) = \frac{H(\text{mind. 4 Antworten})}{100}$

Protokoll der 100 Simulationen

Simulation	1	2	3	4	...
Anzahl „1en“	3	1	5	0	...
Ereignis E	–	–	x	–	...

Beispiele

A **Geburtstage in einer vierköpfigen Familie**

Durch Simulation soll die Wahrscheinlichkeit ermittelt werden, dass in einer vierköpfigen Familie alle Familienmitglieder an verschiedenen Wochentagen Geburtstag haben. Erstellen Sie einen entsprechenden Simulationsplan.

Lösung

Simulationsplan

1. Modellieren	Alle Wochentage für Geburtstage gleich wahrscheinlich
2. Zufallsgerät	Zufallszahlen: **1 bis 7** (Montag 1, ..., Sonntag 7)
Zufallsexperiment	Viererserie simuliert vier Personen ***Randint(1,7,4)***
3. Ereignis	Viererserie, bei der alle 4 Zufallszahlen verschieden sind
4. Anzahl Wiederholungen	zum Beispiel 100 (Vierer-Serien)
5. Durchführung	
6. Auswertung	

Übungen

3 Bogenschießen

Angenommen, eine Bogenschützin trifft im Mittel bei 3 von 4 Schüssen in die „10“ (Treffer).

a) Begründen Sie, warum man einen Schuss in die „10“ nicht mit dem Werfen einer Münze simulieren kann.

b) Warum eignet sich die folgende Tabelle mit Zufallszahlen für die Simulation eines Schusses in die „10“?

441323	342124	442123	422313	441243	124144	333434	243122	232323
224341	121411	321341	111422	114232	414411	344221	222442	343123
122111	322131	131224	213344	321241	311214	241131	143143	243224
323443	324243	214322	214411	423221	311423	142141	411312	343214
123131	242124	141132	343122	121142	321442	121423	443431	214433
331113	311313	211411	433434	323314				

c) Ermitteln Sie mit der Tabelle von Zufallszahlen die Wahrscheinlichkeit, dass die Schützin bei 6 Schüssen mindestens 5-mal in die „10“ trifft.

d) Etwas zum Nachdenken: Könnte die Tabelle der Zufallszahlen mit einem Würfel erzeugt worden sein? Wenn ja, wie?

4 Münzwurf simulieren

Wirft man drei Münzen, so kann 0, 1, 2 oder dreimal „Kopf“ auftreten.

a) Schätzen Sie die Wahrscheinlichkeit für 0, 1, 2 oder dreimal „Kopf“ mit Hilfe einer Simulation (Tipp: siehe Werkzeugkasten)

b) Berechnen Sie die Wahrscheinlichkeiten für 0, 1, 2 oder dreimal „Kopf“ mit Hilfe eines Baumdiagramms und vergleichen Sie diese mit den Ergebnissen der Simulation.

5 Erkältungswelle

Während einer Erkältungswelle erkranken ca. 45 % der Bevölkerung. Bestimmen Sie mittels Simulation die Wahrscheinlichkeit, dass von zehn Spielerinnen aus Jessicas Volleyballmannschaft mehr als die Hälfte erkrankt sind.
Erstellen Sie dazu einen Simulationsplan und führen Sie die Simulation durch.

6 Geburtstage bei einer Geburtstagsfeier

Ermitteln Sie durch Simulation die Wahrscheinlichkeit, dass 6 Personen, die bei einer Geburtstagsfeier anwesend sind, alle in verschiedenen Monaten Geburtstag haben.
Unter welcher Annahme über die Wahrscheinlichkeit, mit der ein Geburtstag in einen bestimmten Monat fällt, können Sie zur Simulation die Zufallszahlen von 1 bis 12 verwenden?
Diskutieren Sie über die folgende Behauptung: Die Annahme der Gleichverteilung der Monate gilt nur grob angenähert.

7 Vollständige Serie

Bei einem Schnellrestaurant erhält während einer Werbeaktion jeder Kunde, der für mehr als 10 € einkauft, eines von fünf verschiedenen Gläsern.

a) Wie könnten sie das Problem simulieren, wenn Sie fünf Lose mit den Nummern 1 bis 5 und eine Urne verwenden?

b) Führen Sie die Simulation in der Klasse wiederholt durch. Finden Sie heraus, wie häufig ein Kunde im Mittel das Restaurant besuchen muss, um alle fünf Gläser zu erhalten?

Tipp: Beschriften Sie fünf Lose mit den Zahlen 1 bis 5. Ziehen Sie wiederholt ein Los mit Zurücklegen. Wie lange brauchen Sie, bis alle fünf Zahlen gezogen wurden?

Aufgaben

8 Tennis

John Topp spielt in einem Tennisturnier gegen Max Schnell. Er hat schon oft gegen Max gespielt. Seine eigene Statistik besagt, dass Max der bessere Spieler ist und bisher etwa zwei Drittel aller Sätze gegen ihn gewinnen konnte.

John stellt fest: *„Blöde, dass in diesem Turnier drei Gewinnsätze gespielt werden. Da sind meine Chancen noch schlechter als bei dem Turnier im nächsten Monat, wo nur zwei Gewinnsätze gespielt werden."*

a) Hat John Recht? Was meinen Sie?

b) Finden Sie durch Simulation heraus, wie groß die Wahrscheinlichkeit ist, dass John ein Match über zwei bzw. drei Gewinnsätze gewinnt (Simulationsplan, Durchführung, Protokoll). Nehmen Sie dazu an, dass Max alle Sätze mit der Wahrscheinlichkeit $\frac{2}{3}$ gegen John gewinnt und zwar immer unabhängig vom vorherigen Spielverlauf (eine stark vereinfachende Annahme). Was halten Sie jetzt von Johns Meinung über drei Gewinnsätze?

Mögliches Protokoll für zwei Gewinnsätze

Match	Satzstand (John zuerst)		
1	1:0	2:0	
2	0:1	1:1	2:1
3	1:0	1:1	2:1

Tipp

Verwenden Sie Zufallszahlen von 0 bis 8. Ordnen Sie den Ereignissen „Max gewinnt einen Satz" und „John gewinnt einen Satz" entsprechend der Spielstärke der Beiden Zufallszahlen zu.

c) Alle Verläufe eines Matches kann man mit einem Baumdiagramm darstellen und damit die Gewinnchancen von John theoretisch berechnen. Vergleichen Sie den theoretischen Wert mit dem aus der Simulation.

9 Unterschied der Augenzahlen

Applet eA-8.3-9

Schätzen Sie durch Simulation die Wahrscheinlichkeit, mit der die Unterschiede 0, 1, 2, 3, 4, 5 der Augenzahlen beim Wurf mit zwei Würfeln auftreten.

a) In der Tabelle und dem Diagramm sind die Häufigkeitsverteilungen von 3 Simulationen mit je 50 Würfen dargestellt. Was beobachten Sie, wenn Sie die Häufigkeitsverteilungen vergleichen?

Unterschied	0	1	2	3	4	5
Simulation 1	8	11	14	10	5	2
Simulation 2	10	15	12	6	5	2
Simulation 3	5	13	6	11	12	3

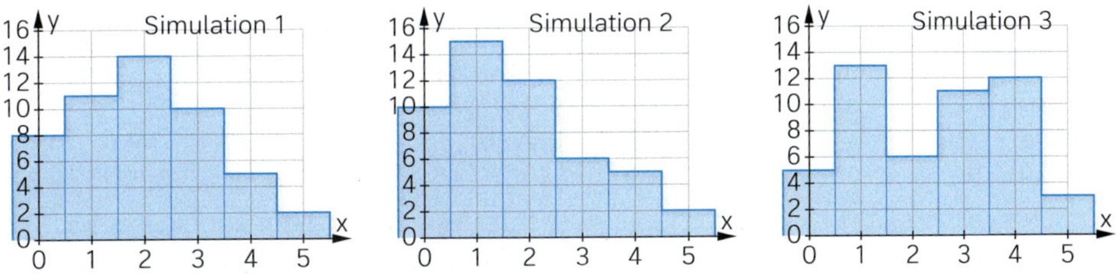

b) Führen Sie wiederholt 200 Simulationen mit dem Applet 6309 durch und beobachten Sie, wie sich die Häufigkeitsverteilungen unterscheiden. Vergleichen Sie dies mit den Beobachtungen aus Aufgabe a). Welche Beobachtung machen Sie bei wiederholten Serien von 1000 Simulationen?

c) Ermitteln Sie die Wahrscheinlichkeit für die Unterschiede der Augenzahlen theoretisch durch Abzählen.

8.4 Empirisches Gesetz der großen Zahlen – genauer hingeschaut

Aufgaben

1 Die relativen Häufigkeiten von „Wappen" beim Münzwurf – Was passiert bei wachsender Anzahl der Münzwürfe?

Applet eA-8.4-1

a) Beschreiben Sie, was in dem Diagramm dargestellt ist. Was ist auf der horizontalen, was auf der vertikalen Achse aufgetragen? Welche gemeinsamen Eigenschaften haben die vier Wiederholungen des 100-fachen Münzwurfes?

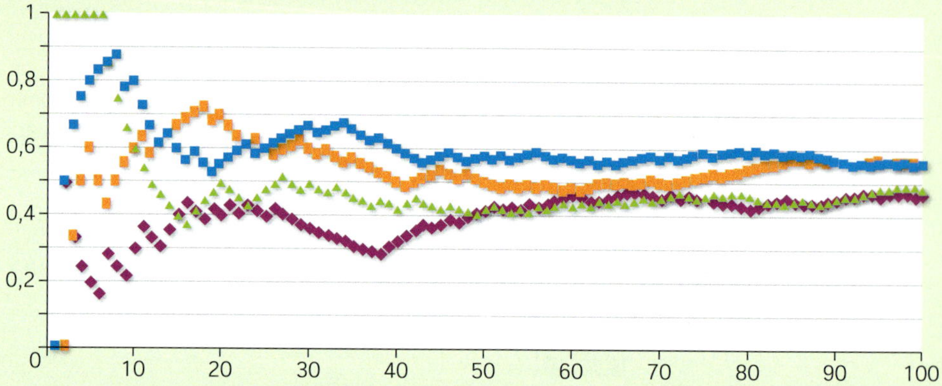

b) Führen Sie mit einem geeigneten Zufallszahlengenerator 1000 Münzwürfe selbst durch (z. B Applet 6401) und veranschaulichen Sie die Entwicklung der relativen Häufigkeiten in einem Diagramm wie in der obigen Abbildung. Vergleichen Sie Ihre Diagramme bei Wiederholungen der Münzwurfserie. Was bleibt gleich, was ändert sich?

2 Zufallsschwankungen beim Münzwurf

Mit dem Computer wurden 25er-, 100er- und 400er-Serien eines Münzwurfes 1000-mal simuliert. Bei jeder der 1000 Simulationen wurde der Anteil von „Kopf" ermittelt. Die Auswertung der Versuche ergab die folgende Tabelle:

Ergebnisse von 1000 Simulationen

Anzahl der Serien mit der relativen Häufigkeit von „Kopf" im Bereich von:	25er-Serie	100er-Serie	400er-Serie
45 % bis 55 %	334	680	953
40 % bis 60 %	676	960	999
35 % bis 65 %	889	998	1000
30 % bis 70 %	964	1000	1000

Werten Sie die Tabelle hinsichtlich der folgenden Fragen aus:

- Wie groß ist die Wahrscheinlichkeit, dass die relative Häufigkeit von „Kopf"
  – bei einer 25er-Serie in das Intervall [0,45; 0,55] fällt,
  – bei einer 25er- (100er- , 400er-) Serie mehr als 60 % beträgt?
- Wie schätzen Sie die Wahrscheinlichkeit dafür ein, dass bei einer 100er-Serie nur „Kopf" geworfen wird?
- Wie groß ist bei den verschiedenen Wurfserien der Anteil der Simulationsergebnisse, bei denen die relativen Häufigkeiten für „Kopf" um mehr als 0,05 (0,1; 0,15; ...) von der theoretischen Wahrscheinlichkeit 0,5 abweichen?
- Vergleichen Sie die Simulationsergebnisse in jeder Zeile miteinander. Was fällt Ihnen auf? Können Sie die Beobachtung erklären?

Basiswissen

Empirisches Gesetz der großen Zahlen – Stabilisierung der relativen Häufigkeiten

Applet eA-8.4-b

Bei manchen Zufallsexperimenten ist zunächst keine (theoretische) Wahrscheinlichkeit bekannt, wie z. B. beim Werfen eines unregelmäßigen Würfels. Stabilisieren sich für große Versuchsumfänge n die relativen Häufigkeiten h, mit denen die möglichen Ergebnisse auftreten, um denselben Zahlenwert p, so ordnet man dem betreffenden Ergebnis als Wahrscheinlichkeit den Wert p zu. Die Wahrscheinlichkeit p kann man nur aus den relativen Häufigkeiten schätzen.

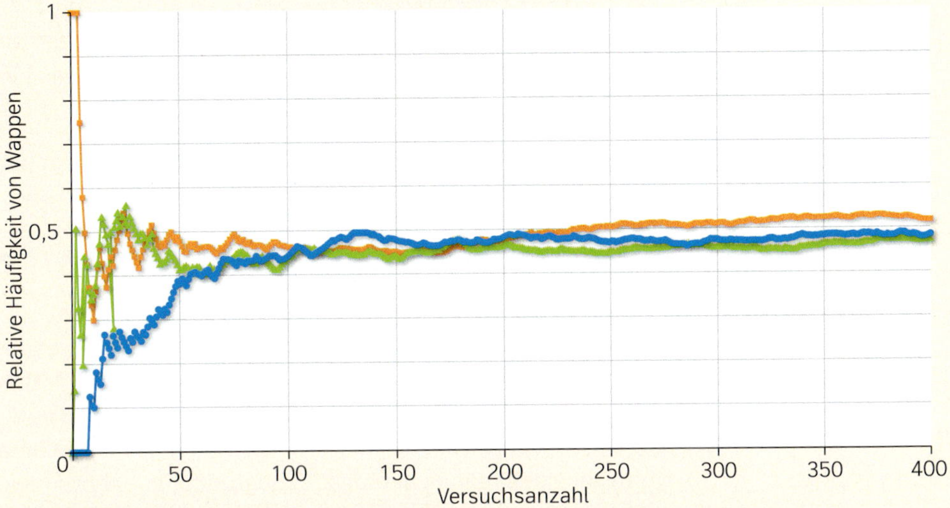

Bei manchen Zufallsexperimenten kennt man die Wahrscheinlichkeit p, mit der ein Ereignis eintritt. In diesem Fall stabilisiert sich die relative Häufigkeit um diese Wahrscheinlichkeit p.

Beim Münzwurf z. B. kann man annehmen, dass die Wahrscheinlichkeit p für „Kopf" und für „Zahl" jeweils 0,5 beträgt. Wirft man eine Münze sehr häufig, dann stabilisiert sich die beobachtete relative Häufigkeit h für „Kopf" um den Wert 0,5.

Prognoseintervalle für relative Häufigkeiten

Angenommen, die Wahrscheinlichkeit, mit der ein Ereignis E (z. B. „Kopf" beim Münzwurf) eintritt, beträgt 0,5. Die bei einer Versuchsreihe ermittelte relative Häufigkeit h für das Eintreten des Ereignisses E „streut" um den Wert 0,5.

Durch umfangreiche Simulationsstudien oder theoretische Berechnungen findet man nebenstehende Tabelle mit Intervallen, in denen die relative Häufigkeit h in ca. 95 % aller Versuchsreihen liegt. Man nennt diese Intervalle **95 %-Prognoseintervalle**.
In etwa 5 % der Versuchsreihen kann es also vorkommen, dass die relative Häufigkeit außerhalb des 95 %-Prognoseintervalls liegt.

n	95 %-Prognoseintervall für h	
25	0,5 ± 0,2	[0,3; 0,7]
100	0,5 ± 0,1	[0,4; 0,6]
400	0,5 ± 0,05	[0,45; 0,55]
1000	0,5 ± 0,03	[0,47; 0,53]
10000	0,5 ± 0,01	[0,49; 0,51]

Wie man sieht, hängt die Breite des jeweiligen Prognoseintervalls von der Länge n der Versuchsreihe ab.

Beispiele

A Vergleich von Wahrscheinlichkeiten

Was meinen Sie, ist es wahrscheinlicher, beim 10-fachen Münzwurf mindestens 6-mal „Wappen“ oder beim 100-fachen Münzwurf mindestens 60-mal „Wappen“ zu werfen?

Lösung:

Im Basiswissen sieht man, dass bei zehn Würfen die relative Häufigkeit von „Wappen“ bei mehreren Versuchsreihen stark schwankt. Es erscheint daher wahrscheinlicher, dass der Anteil von „Wappen“ bei zehn Würfen mindestens 60 % beträgt, als bei 100 Würfen.

B Richtig oder falsch?

Das empirische Gesetz der großen Zahlen besagt, dass die relativen Häufigkeiten mit zunehmender Versuchsanzahl der theoretischen Wahrscheinlichkeit „immer näher“ kommen.

Lösung:

Betrachtet man die „rote“ Münzwurfserie in der Grafik im Basiswissen, so sieht man, dass die relativen Häufigkeiten zwischen dem 200. und 250. Versuch sehr nahe bei der theoretischen Wahrscheinlichkeit 0,5 liegen, sich dann aber wieder von diesem Wert entfernen. Die Aussage ist also falsch.

Übungen

3 Relative Häufigkeiten

Ein Glücksrad wird 100-mal gedreht. Es werden Treffer und Fehlschläge protokolliert. Mit dem Protokoll kann man die relative Häufigkeit der Treffer nach 0, 1, 2, ..., 100 Würfen berechnen. In den folgenden Diagrammen ist die relative Häufigkeit der Treffer gegenüber der Anzahl der Würfe aufgetragen. Welche Diagramme erscheinen Ihnen verdächtig oder gar nicht möglich? Begründen Sie Ihre Antwort.

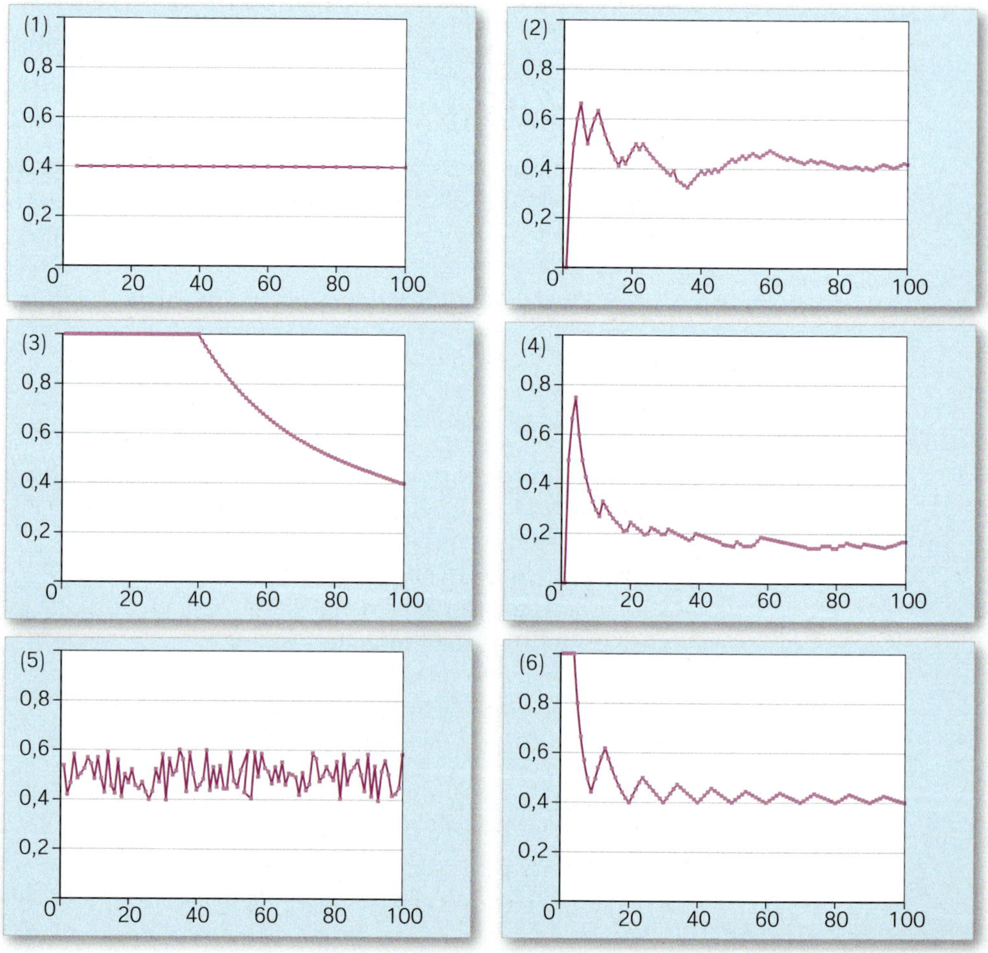

Übungen

4 Absolute Häufigkeiten

a) Begründen Sie: Trägt man die absolute Häufigkeit eines Ereignisses über der Versuchsanzahl auf, so ergibt sich ein monoton wachsender Graph.

b) Können die folgenden Diagramme der absoluten Häufigkeit beim 100-maligen Drehen des Glücksrades aus Übung 3 entstanden sein?

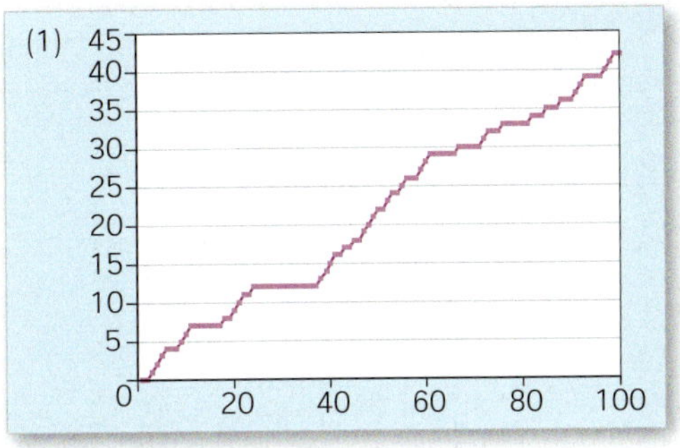

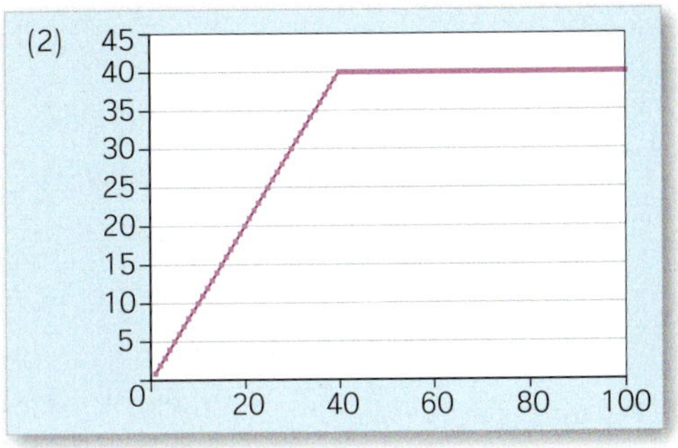

5 In eigenen Worten

Erklären Sie, was man unter einem 90 %-Prognoseintervall beim n-fachen Münzwurf versteht. Ist das 90 %-Prognoseintervall kürzer oder länger als das 95 %-Prognoseintervall? Vergleichen Sie mit dem 60 %-Prognoseintervall.

6 Zum Nachdenken – Richtig oder falsch?

a) Bei 100 Simulationen des 100-fachen Münzwurfes liegt die relative Häufigkeit für „Kopf" höchstens bei fünf Simulationen außerhalb des Intervalls [0,3; 0,7].

b) Beim n-fachen Münzwurf wird das 95 %-Prognoseintervall der relativen Häufigkeit für „Kopf" mit wachsendem n kleiner.

c) Beim 25-maligen Würfeln kann es vorkommen, das 25-mal das Ergebnis „gerade Zahl" eintritt.

d) Die Wahrscheinlichkeit für 50-mal „Kopf" beim 100-fachen Münzwurf beträgt $\frac{1}{2}$.

7 Zeitungsmeldung

Was meinen Sie? Ist diese Zeitungsmeldung eine Sensation?

In unserer Stadt kamen im vergangenen Jahr 1234 Kinder zur Welt, davon waren 739 Jungen.

Begründen Sie Ihre Meinung mithilfe von Prognoseintervallen.

8 Psychologischer Test

Psychologen haben in Untersuchungen festgestellt, dass die meisten Menschen die folgende Aufgabe falsch lösen:

In einer kleinen Klinik A werden wöchentlich im Durchschnitt 20 Kinder geboren, in einer großen Klinik B wöchentlich im Durchschnitt 40 Kinder. In welcher Kinderklinik gibt es mehr Wochen im Jahr, in denen mehr als 60 % der Kinder Mädchen sind?

■ in der kleinen Klinik A ■ in der großen Klinik B ■ in beiden etwa gleich

Was würden Sie antworten? Vergleichen Sie Ihre Antwort mit denen Ihrer Mitschülerinnen und Mitschüler. Warum wird diese Aufgabe wohl häufig falsch gelöst?

Breite von Prognoseintervallen

Bei der Auswertung der Tabelle für Prognoseintervalle (Seite 371) stellt man fest, dass die Breite der Prognoseintervalle mit wachsender Versuchsanzahl n nach dem $\frac{1}{\sqrt{n}}$**-Gesetz** abnimmt.

Mit mindestens 95 % Sicherheit liegen die relativen Häufigkeiten für $p = 0{,}5$ bei n Versuchen im Intervall $\left[0{,}5 - \frac{1}{\sqrt{n}};\, 0{,}5 + \frac{1}{\sqrt{n}}\right]$.

Für Wahrscheinlichkeiten $p \neq 0{,}5$ lassen sich „engere“ Prognoseintervalle angeben. Man kann aber sicherheitshalber auch für solche p mit $\frac{1}{\sqrt{n}}$ rechnen.

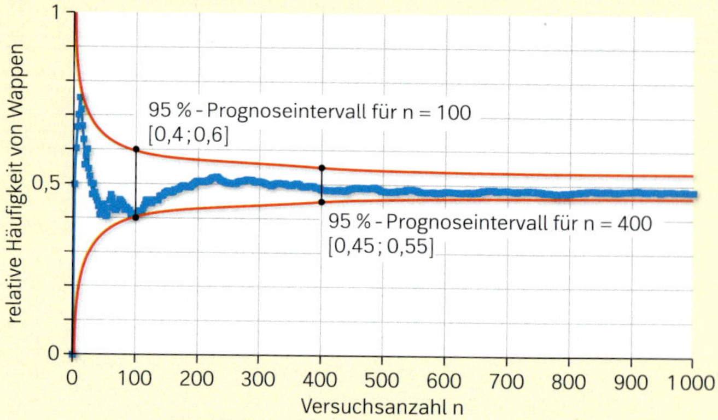

Aufgaben

9 Beobachtung

Mit dem Applet 6401 kann man wiederholt z.B. einen 100-fachen Münzwurf simulieren. Führen Sie 80 Simulationen des 100-fachen Münzwurfes durch. Beobachten Sie, wie oft die relative Häufigkeit für „Kopf“ außerhalb des $\frac{1}{\sqrt{n}}$-Trichters liegt.

10 Prognoseintervall berechnen

Ein Würfel soll 200-mal geworfen werden. Bestimmen Sie mithilfe des Applets 6401 das Prognoseintervall, in das mit 95 %-iger Wahrscheinlichkeit die relative Häufigkeit für eine gerade Augenzahl fällt. Überprüfen Sie Ihr Ergebnis mit dem $\frac{1}{\sqrt{n}}$-Gesetz.

11 Notwendige Versuchsanzahl bestimmen

a) Wie oft muss man eine Münze mindestens werfen, damit die relative Häufigkeit für „Wappen“ mit einer Wahrscheinlichkeit von 95 % im Intervall [0,48; 0,52] liegt?

b) Führen Sie auch eine Berechnung für das 95 %-Prognoseintervall [0,49; 0,51] durch.

12 Etwas zum Nachdenken – Simulation und empirisches Gesetz der großen Zahl

Sicher haben Sie sich bei den Simulationen gefragt, wie häufig man die jeweilige Simulation wiederholen muss und wie „gut“ die Ergebnisse in Abhängigkeit von der Anzahl der Wiederholungen zutreffen.

a) Angenommen, Sie wollen die Simulation eines Münzwurfes 900-mal durchführen. Berechnen Sie das 95 %-Prognoseintervall der relativen Häufigkeit für „Kopf“ bei dieser Simulation.

b) Wie häufig müssen Sie eine Simulation wiederholen, damit mit 95 %-iger Sicherheit die relative Häufigkeit um weniger als 1 % von der zu Grunde liegenden Wahrscheinlichkeit abweicht?

c) Zum Nachdenken: Warum kann man auch bei einer großen Anzahl von Simulationswiederholungen nie sicher sein, dass die relative Häufigkeit der zu Grunde liegenden Wahrscheinlichkeit entspricht?

Aufgaben

13 **Multiple-Choice-Tests im Vergleich**

Eine Lehrerin führt einen Multiple-Choice-Test von 25 Fragen durch, bei denen man jeweils nur zwischen zwei Antworten wählen kann, von denen eine richtig ist. Man hat den Test bestanden, wenn man mehr als 15 Aufgaben richtig löst. Um die Wahrscheinlichkeit zu reduzieren, dass jemand durch Raten besteht, wählt die Lehrerin einen Test mit 100 Fragen. Bestanden hat man, wenn man mehr als 60 Fragen richtig beantwortet.

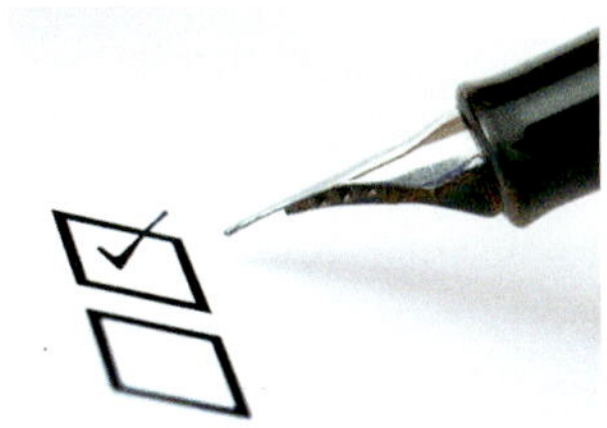

Ihre Schülerinnen und Schüler meinen, dass sich dadurch nichts ändert, denn man muss zwar viermal so viele Aufgaben richtig lösen, hat aber auch viermal so viele Aufgaben, die gelöst werden sollen. Das gleiche sich aus. Nehmen Sie dazu Stellung.

14 **Gesetz der großen Zahlen: Das Missverständnis unter Spielern**

Im Jahr 1913 fiel die Kugel an einem Roulette-Tisch in einem Casino in Monte Carlo angeblich 26-mal in Folge auf Schwarz. Nach der 15. schwarzen Zahl setzten die Spieler auf Rot, weil sie glaubten, dass die Chancen einer weiteren schwarzen Zahl astronomisch gering seien.

Spieler von Glücksspielen wie Roulette oder auch Lotto denken oft fälschlicherweise, dass Zahlen bzw. Farben beim Roulette mit „Ziehungsrückständen", aufholen müssen. Dies würde bedeuten, dass deren Ziehungswahrscheinlichkeiten in den nächsten Spielen größer geworden ist.

An Spielautomaten kann man beobachten, dass Spieler, die bereits eine beträchtliche Summe in ein mit Zufallsgenerator betriebenes Gerät gesteckt und verloren haben, nicht aufhören können zu spielen. Sie glauben, dass nach einer Pechsträhne dann bald der Gewinn kommen muss.

Das hätte Bernoulli dann wohl als dumm bezeichnet. Wie kommen diese Spieler zu dieser Vermutung und warum ist sie falsch?

Exkurs

Das Gesetz der großen Zahlen: Anwendungen in der Praxis

1. Versicherungen: Sie nutzen das Gesetz der großen Zahlen, um eine ungefähre Vorhersage über den künftigen Schadensverlauf zu machen. Je größer dabei die Anzahl der versicherten Personen und Güter ist, die den gleichen Risiken ausgesetzt sind, desto geringer fällt der Einfluss von Zufallsschwankungen aus.
2. Medizin: Beim Wirksamkeitsnachweis von medizinischen Verfahren lässt sich das Gesetz der großen Zahlen ebenfalls nutzen.
3. Naturwissenschaften: Hier geht man davon aus, dass durch das häufige Reproduzieren von Versuchen bzw. Experimenten, der Einfluss von Messfehlern weitestgehend ausgeschaltet werden kann.

15 **Aus der Geschichte**

John Kerrich und Erich Christensen, zwei Mathematiker, warfen 10 000-mal eine Münze und notierten die Ergebnisse, um eine empirische Grundlage für das Gesetz der großen Zahlen zu liefern. Sie erzielten nach 1000 Würfen 502-mal „Kopf", nach 5000 Würfen 2533-mal „Kopf" und nach 10 000 Würfen 5067-mal „Kopf".

Fallen die jeweiligen relativen Häufigkeiten stets in das 95%-Prognoseintervall zu $p = 0{,}5$?

Zufall und Wahrscheinlichkeit

Bestimmen der Wahrscheinlichkeit, dass beim zweifachen Wurf mit einem Tetraederwürfel die Augensumme 6 auftritt.

Empirische Wahrscheinlichkeit

Realversuch
Der zweifache Wurf wird 200-mal wiederholt.
Das Auftreten des Ereignisses **E: Augensumme ist 6** wird protokolliert. Die relative Häufigkeit **h (E)** ist ein Schätzwert für die Wahrscheinlichkeit **P (E)**.

Die **empirische Wahrscheinlichkeit** ist ein **Schätzwert** der Wahrscheinlichkeit P (E), mit der ein Ereignis E eintritt. Sie ist bei einer häufigen Wiederholung des Zufallsexperiments die relative Häufigkeit h (E), mit der E eingetreten ist.

Theoretische Wahrscheinlichkeit

Laplace-Wahrscheinlichkeit
Notieren aller gleich wahrscheinlichen Ergebnisse.

	1	2	3	4
1	2	3	4	5
2	3	4	5	6
3	4	5	6	7
4	5	6	7	8

Die theoretische Wahrscheinlichkeit ist

$$p(E) = \frac{\text{Anzahl der günstigen Ergebnisse}}{\text{Anzahl der möglichen Ergebnisse}} = \frac{3}{16}$$

Die **theoretische Wahrscheinlichkeit** basiert nicht auf einem Versuch, sondern auf Annahmen, die man über die Ergebnisse eines Zufallsexperiments macht. Nimmt man z. B. an, dass alle Ergebnisse gleich wahrscheinlich sind, so kann man mit der **Laplace-Wahrscheinlichkeit** arbeiten.

Check-up

1 Empirische Wahrscheinlichkeit
Wie kann man die empirische Wahrscheinlichkeit bestimmen, mit der bei einem Zufallsexperiment ein bestimmtes Ereignis eintritt?

2 Münzwurf
a) Vier Münzen werden 160-mal geworfen und dabei die Anzahl von „Zahl" pro Viererwurf protokolliert.

Anzahl „Zahl"	0	1	2	3	4
Häufigkeit	11	40	52	42	5

Geben Sie mit Hilfe des Versuches die empirische Wahrscheinlichkeit für 0, 1, 2, 3, 4-mal „Zahl" an.

b) Bestimmen Sie für einen Wurf mit vier Münzen die theoretische Wahrscheinlichkeit für 0, 1, 2, 3, 4-mal „Kopf".
Tipp: Schreiben Sie alle möglichen Ergebnisse eines Wurfs mit vier Münzen auf. KKKK, KKKZ, KKZK, ...

3 Empirische versus theoretische Wahrscheinlichkeit
Aus einem Kartenspiel mit 52 Karten wird eine Karte gezogen. Wie groß ist die Wahrscheinlichkeit, dass die gezogene Karte ein König ist?
a) Ermitteln Sie die theoretische Wahrscheinlichkeit und begründen Sie, wie Sie diese berechnet haben.
b) Wie würden Sie die empirische Wahrscheinlichkeit bestimmen einen König zu ziehen?

4 Augensumme 10
Ein Mathematikkurs soll die Wahrscheinlichkeit schätzen, dass beim dreimaligen Würfeln mit einem Tetraederwürfel die Augensumme 10 auftritt. Die Schülerinnen und Schüler entscheiden sich dafür, das Realexperiment in Gruppen sehr häufig durchzuführen. Berechnen Sie mit den in der Tabelle dargestellten Ergebnissen die gesuchte Wahrscheinlichkeit. War es geschickt von den einzelnen Gruppen, die relative statt der absoluten Häufigkeit anzugeben?

Gruppe	Anzahl der Würfe	relative Häufigkeit %
1	264	9,1
2	404	9,4
3	298	9,7
4	117	8,6
5	265	8,7
6	190	9,0
Summe	1538	■

5 Blutgruppen – empirische Wahrscheinlichkeit
Eine Gruppe von 500 zufällig ausgewählten Eskimos wurde auf Blutgruppenzugehörigkeit untersucht. Berechnen Sie die Wahrscheinlichkeit, dass eine zufällig aus der Gruppe ausgewählte Person die Blutgruppe 0 (Blutgruppe AB) hat.

Blutgruppe	Anzahl
0	133
A	340
B	27
AB	0

Baumdiagramme

Mit einem **Baumdiagramm** kann man **alle** möglichen **Ergebnisse eines mehrstufigen Zufallsexperiments** übersichtlich aufschreiben.

Wurf mit drei Würfeln.
Protokolliert werden die „Sechsen".

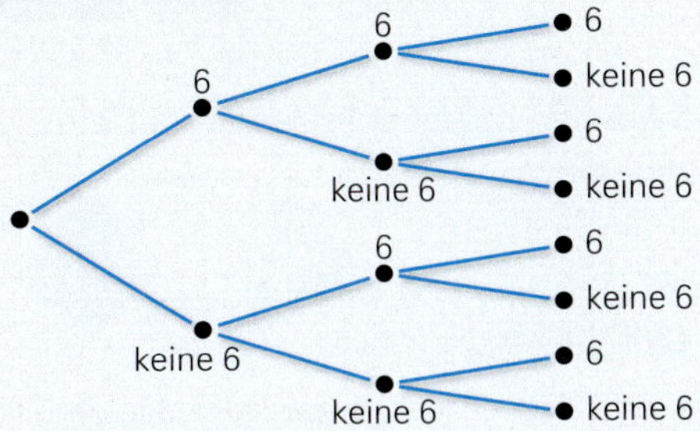

Mögliche Ergebnisse sind: (6, 6, 6) oder (6, 6, keine 6) usw.

Pfadregeln für Baumdiagramme

Versieht man die Zweige in einem Baumdiagramm mit den entsprechenden Wahrscheinlichkeiten so kann man mit der Produkt- und der Summenregel Wahrscheinlichkeiten berechnen.

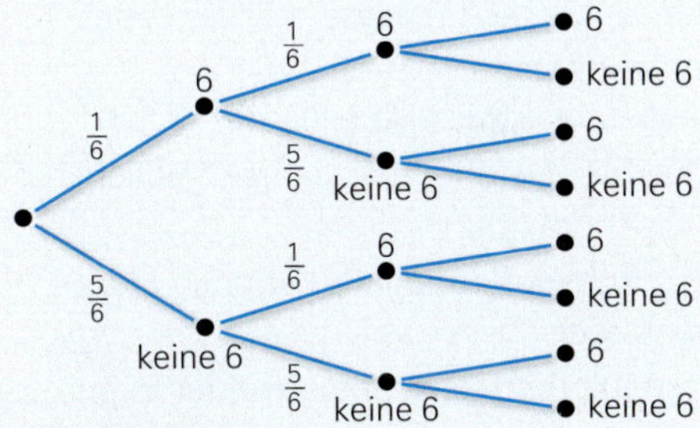

Produktregel

$P(\text{3-mal „Sechs"}) = \frac{1}{6} \cdot \frac{1}{6} \cdot \frac{1}{6} = \frac{1}{216}$

> Zu jedem Ergebnis eines mehrstufigen Zufallsexperiments führt ein Pfad im Baumdiagramm. Die Wahrscheinlichkeiten längs eines Pfades werden multipliziert.

Summenregel

$P(\text{genau eine „Sechs"}) =$

$\frac{5}{6} \cdot \frac{5}{6} \cdot \frac{1}{6} + \frac{5}{6} \cdot \frac{1}{6} \cdot \frac{5}{6} + \frac{1}{6} \cdot \frac{5}{6} \cdot \frac{5}{6} = \frac{3 \cdot 25}{216} = \frac{75}{216}$

> Führen mehrere Pfade zu dem betreffenden Ereignis, so addiert man die Wahrscheinlichkeiten für die einzelnen Pfade.

Check-up

6 Ziehen mit Zurücklegen

Aus der Urne wird eine Kugel gezogen und dann wieder zurückgelegt. Die Kugeln in der Urne werden gut durchmischt. Dann wird erneut eine Kugel gezogen.

a) Zeichnen Sie zu diesem zweistufigen Zufallsexperiment ein Baumdiagramm. Beschriften Sie die „Zweige" mit den entsprechenden Wahrscheinlichkeiten.

b) Wie groß ist die Wahrscheinlichkeit, dass
- beide gezogenen Kugeln schwarz sind,
- die zweite gezogene Kugel schwarz ist,
- eine der beiden Kugeln schwarz ist, aber nicht beide?

7 Ziehen ohne Zurücklegen

Angenommen, Sie ziehen zwei Kugeln aus der Urne in Aufgabe 6 ohne Zurücklegen.
Zeichnen Sie auch für dieses zweistufige Zufallsexperiment ein Baumdiagramm und beantworten Sie die entsprechenden Fragen wie in 6 b).

8 Garantie

Die Fahrzeuge eines bestimmten Typs werden zu 70 % in Werk A und zu 30 % in Werk B hergestellt. Statistiken belegen, dass bei 85 % der Wagen aus Werk A in den ersten drei Jahren nach dem Verkauf keine Garantie in Anspruch genommen wird, bei denen aus Werk B bei 95 %.

a) Stellen Sie die Daten in einem Baumdiagramm dar.

b) Wie groß ist die Wahrscheinlichkeit, dass bei einem Auto des betreffenden Typs in den ersten drei Jahren keine Garantie in Anspruch genommen wird?

9 Glücksspiel

Bei einem Glücksspiel muss man zunächst würfeln. Würfelt man eine Sechs, so darf man aus der Urne A, die 8 gelbe und 2 rote Kugeln enthält, eine Kugel ziehen, ansonsten zieht man eine Kugel aus der Urne B mit 2 gelben und 4 roten Kugeln.

a) Zeichnen Sie ein Baumdiagramm.

b) Wie groß ist die Wahrscheinlichkeit, eine gelbe Kugel zu ziehen?

10 Schulweg

Sarah besucht ein Gymnasium im Stadtzentrum. Sie kommt entweder mit dem Bus (B) zur Schule oder wird von ihrem Vater mit dem Auto (W) gebracht. Fährt sie mit dem Vater, so kommt sie eher zu spät (S) zur Schule als mit dem Bus. Vervollständigen Sie das Baumdiagramm und berechnen Sie, wie wahrscheinlich es ist, dass Sarah zu spät kommt.

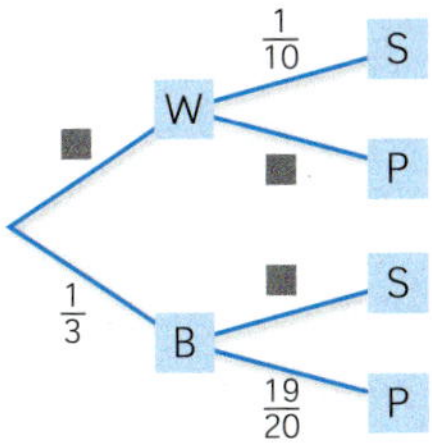

Simulation

Eine **Simulation** in der Stochastik ist das Nachspielen von Zufallsexperimenten mit einem geeigneten Zufallsgerät (Münze, Würfel, Urne) oder mit Zufallszahlen, die man elektronisch erzeugen kann.

Zufallszahlen mit dem GTR

z. B. 6 Zufallszahlen von 1 bis 3

```
randInt(1,3,6)
```

> Bei dem verwendeten Zufallsgerät bzw. bei der Verwendung von Zufallszahlen müssen die Ergebnisse und deren Eintretenswahrscheinlichkeiten dieselben sein, wie bei dem Zufallsexperiment, das man simulieren möchte.

Simulationsplan

Situation: *6 Fragen mit je 3 Auswahlantworten werden nach dem Zufallsprinzip beantwortet, d. h. raten.*

Frage: Wie groß ist die Wahrscheinlichkeit, dass zufällig mindestens vier Fragen richtig beantwortet werden?

Planung der Simulation

1. Modellierung „Raten"
   Richtig raten: $p = \frac{1}{3}$, 6-mal raten
2. Zufallsgerät, Zufallsexperiment
   Zufallszahlen 1,2,3,
   Richtig raten: Zufallszahl 3
   6 Zufallszahlen ziehen
3. Ereignis E: mindestens vier „Dreien"
   bei 6 Zufallszahlen
4. Anzahl der Simulationen
   100-mal 6 Zufallszahlen ziehen

Durchführung und Auswertung

5. 100 Simulationen
   6er Serien mit Zufallszahlen von 1 bis 3
6. Relative Häufigkeit h der Serien mit mindestens vier „Dreien":
   $h = \frac{H}{100}$, mit H absolute Häufigkeit.

Die relative Häufigkeit h ist ein Schätzwert für die gesuchte Wahrscheinlichkeit.

Check-up

11 Simulation mit Zufallszahlen

Wie kann man mit Hilfe des GTR das 10-malige Spielen mit den folgenden Zufallsgeräten simulieren?

a) Münze 

b) Würfel 

c) Glücksrad 

d) Roulette 

12 Augensumme beim Spielen mit zwei Tetraederwürfeln

Simulieren Sie „Augensumme beim Wurf mit zwei Tetraederwürfeln" und stellen Sie die Verteilung der relativen Häufigkeiten in einem Diagramm dar.

13 Jungen und Mädchen

In Ihrer Klasse und Ihrem Bekanntenkreis gibt es 6 Familien mit 4 Kindern, darunter 3 Familien mit genau zwei Jungen.

a) Sie schätzen mit diesen Kenntnissen die Wahrscheinlichkeit dafür, dass eine Familie mit 4 Kindern genau zwei Jungen und zwei Mädchen haben. Warum ist diese Schätzung sehr unsicher?

b) Angenommen, Sie wollen mit einer Simulation eine genauere Schätzung für die Wahrscheinlichkeit gewinnen, dass eine Familie mit 4 Kindern genau 2 Jungen und zwei Mädchen hat. Erstellen Sie einen Simulationsplan.
Beantworten Sie dabei die folgenden Fragen:
- Welche Annahmen machen Sie über die Wahrscheinlichkeit einer Jungen- bzw. Mädchengeburt?
- Welche Zufallsgeräte kommen für die Simulation in Frage? Nennen Sie mindestens drei.

c) Angenommen, Sie haben mit dem GTR eine Liste der folgenden Zufallszahlen erstellt.

0 1 1 1 0 0 1 0 1 1 1 1 0 1 1 0 0 0 0 0 1 1 0 1 1 0 0 1 0 0 1 1 0 1 0 1 0
1 0 1 1 0 0 1 1 0 0 0 1 1 1 1 1 1 0 1 1 1 1 1 1 1 1 0 1 1 0 0 0 1 0 1 0 0
1 1 1 0 0 0 0 0 1 0 1 1 0 0 0 1 1 1 0 0 1 1 1 1 0 0

Schätzen Sie mit diesen Zufallszahlen die gesuchte Wahrscheinlichkeit.

14 Überbucht

Der Fahrer eines Kleinbusses mit acht Plätzen bietet Ausflugsfahrten an. Er weiß, dass ca. 20 % der Gäste, die gebucht haben, nicht zur Abfahrt erscheinen. Daher hat er 10 Tickets verkauft. Führen Sie 20 Simulationen mit dem GTR durch und schätzen Sie, wie häufig der Kleinbus überbucht ist.

Tipp: Verwenden Sie 10er Serien mit den Zufallszahlen 0 ,1 ,2 ,3 ,4. Die Zufallszahl 0 steht für „kommt nicht".

Empirisches Gesetz der großen Zahlen – Stabilisierung der relativen Häufigkeiten

Bei manchen Zufallsexperimenten ist zunächst keine (theoretische) Wahrscheinlichkeit bekannt, wie z. B. beim Werfen eines unregelmäßigen Würfels.

Stabilisiert sich für häufige Versuchswiederholungen die relative Häufigkeit h, mit der ein bestimmtes Ereignis eintritt, um einen Zahlenwert p, so ordnet man dem betreffenden Ereignis als „Eintrittswahrscheinlichkeit" den Wert p zu.

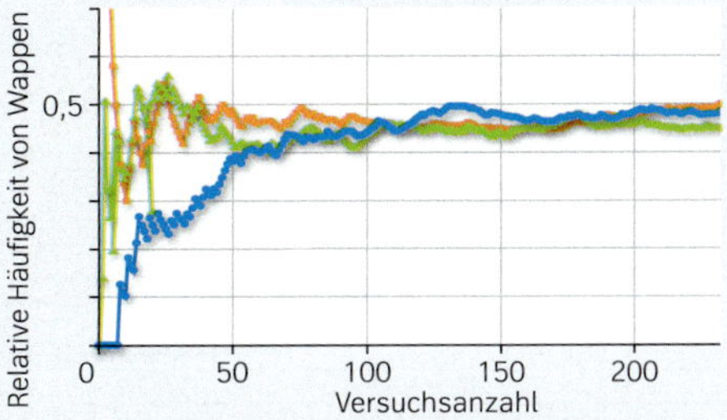

Beim Münzwurf stabilisiert sich die relative Häufigkeit h für „Wappen" offensichtlich um den Wert 0,5.

Prognoseintervalle für relative Häufigkeiten

Angenommen, die Wahrscheinlichkeit, mit der ein Ereignis E eintritt, beträgt p = P(E). (Werfen einer Münze, P(„Kopf") = 0,5).

Die bei einer Versuchsreihe der Länge n auftretenden relativen Häufigkeiten h, mit denen das Ereignis E eintritt, „streuen" um den Wert p.
Intervalle, in denen die relative Häufigkeit h in ca. 95 % aller Versuchsreihen liegt:

n	95 %-Prognoseintervall
100	$p \pm 0{,}1$
1000	$p \pm 0{,}03$

Mit einer Wahrscheinlichkeit von 5 % liegen die relativen Häufigkeiten h außerhalb des 95 %-Prognoseintervalls.

Check-up

15 Nebenwirkungen
Auf dem Beipackzettel zu einem Medikament findet man, dass es in 10 % der Fälle, in denen das Medikament über mehr als eine Woche eingenommen wird, zu bestimmten Nebenwirkungen kommt. Wie könnte die Herstellerfirma zu dieser Erkenntnis gekommen sein?

16 Lotto und Ziehungshäufigkeit
Bei welchen Werten stabilisiert sich die relative Ziehungshäufigkeit von geraden Zahlen beim Lotto?
Sie können sich im Internet über die Ziehungshäufigkeiten informieren.

17 Wer hat Recht?

Ute sagt: „Im Zahlenlotto 6 aus 49 ist die Dreizehn in der letzten Zeit viel seltener als die anderen Kugeln gezogen worden. Der Rückstand muss sich ausgleichen. Deshalb ist die Ziehungswahrscheinlichkeit der Dreizehn jetzt etwas höher."
Robert sagt: „Die Dreizehn kann gar nicht seltener gezogen worden sein als andere Kugeln."
Paula behauptet, dass Ute nicht recht hat, begründet dies aber nicht weiter.
Wie könnten Ute und Robert auf ihre Vermutung gekommen sein? Warum hat Paula recht?

18 Das Empirische Gesetz der großen Zahl – was es nicht sagt
Ein Würfel wird sehr häufig geworfen.
a) Bei welchem Wert stabilisiert sich die relative Häufigkeit, mit der eine gerade Augenzahl kommt?
b) Dies muss nicht für jede längere Versuchsreihe gelten. Begründen Sie, dass die theoretische Wahrscheinlichkeit, dass 10-mal hintereinander eine gerade Augenzahl kommt $\frac{1}{1024}$ beträgt.
c) Angenommen, Sie simulieren mit dem Computer 10000 Versuchsreihen mit 10 Würfen. Mit wie vielen Versuchsreihen rechnen Sie, bei denen nur gerade Augenzahlen auftreten?

19 Prognoseintervall
a) Was versteht man unter einem 95 %-Prognoseintervall?
b) Ein Würfel soll 100-mal (1000-mal) geworfen werden. Geben Sie das 95 %-Prognoseintervall an, in das die relative Häufigkeit der Augenzahlen größer als 4 fällt.
c) Eine Befragung einer Zufallsstichprobe von 1000 Bürgern soll durchgeführt werden. Ermitteln Sie das 95 %-Prognoseintervall für den Anteil der Frauen unter den Befragten.

9

Wahrscheinlichkeits-modelle

Mit Wahrscheinlichkeitsmodellen kann man bestimmte zufällige Prozesse charakterisieren.
Die Überlebenschance der Menschen an Bord der Titanic, die 1912 im Meer versank, betrug ca. 32 %. Gab es auf der Titanic Personengruppen mit größeren Überlebenschancen? Bedingte Wahrscheinlichkeiten helfen, Fragen dieser Art zu entscheiden.
Hilfreiche Instrumente beim Modellieren zufälliger Prozesse sind Zufallsgrößen und Wahrscheinlichkeitsverteilungen. Wichtige Kennzahlen sind Erwartungswert und Standardabweichung.

9.1 Bedingte Wahrscheinlichkeit

Der gesunde Menschenverstand legt nahe, dass sich die Einschätzung der Wahrscheinlichkeit verändern kann, wenn zusätzliche Bedingungen gegeben sind, bzw. wenn bekannt ist, dass ein bestimmtes Ereignis eingetreten ist. Entsprechende Sachverhalte kann man mit bedingten Wahrscheinlichkeiten beschreiben.

9.2 Stochastische Unabhängigkeit

Zwei Ereignisse A und B heißen stochastisch abhängig, wenn sich die Wahrscheinlichkeit dafür, dass das Ereignis B eintritt, dadurch ändert, dass das Ereignis A eingetreten ist. Allerdings bleibt bei stochastischer Abhängigkeit die Frage nach der Kausalität noch offen.

9.3 Zufallsgrößen und Wahrscheinlichkeitsverteilung

Eine Zufallsgröße ordnet jedem Ergebnis des betreffenden Zufallsexperimentes eine Zahl zu, z.B. dem Ergebnis des Wurfes mit zwei Würfeln die Augensumme. Die Zuordnung der Wahrscheinlichkeiten zu den Werten der Zufallsgröße nennt man Wahrscheinlichkeitsverteilung.

9.4 Kenngrößen: Erwartungswert und Standardabweichung

Mit dem Erwartungswert und der Standardabweichung kann man abschätzen, mit welchem Wert der Zufallsvariablen man im Mittel rechnen kann und mit welcher Streuung. Insbesondere der Erwartungswert spielt eine wichtige Rolle bei der Beurteilung, ob ein Spiel „fair" ist oder nicht.

9.1 Bedingte Wahrscheinlichkeit

Aufgaben

1 **Beeinflussen Informationen die Einschätzung von Wahrscheinlichkeiten?**

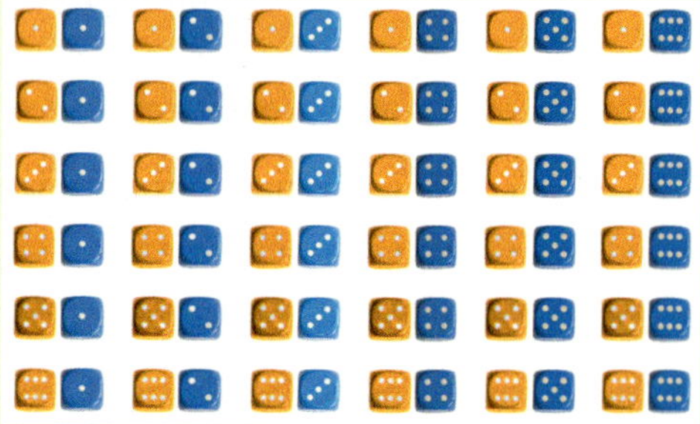

Mit einem Knobelbecher wurde mit zwei Würfeln, einem orangen und einem blauen, gewürfelt. Das Ergebnis des Wurfes ist noch nicht bekannt.

a) Beantworten Sie die folgenden Fragen:
- Wie groß ist die Wahrscheinlichkeit, dass ein Pasch gewürfelt wurde?
- Wie groß ist die Wahrscheinlichkeit, dass ein Pasch gewürfelt wurde, wenn man zusätzlich weiß, dass beide Augenzahlen gerade sind?
- Wie groß ist die Wahrscheinlichkeit, dass ein Pasch gewürfelt wurde, wenn bekannt ist, dass mit dem gelben Würfel die Augenzahl 1 gewürfelt wurde?

b) Was halten Sie von der Aussage, dass Zusatzinformationen zu einer anderen Einschätzung der Wahrscheinlichkeit, mit der ein Ereignis eintritt, führen müssen?

2 **Gepäckkontrolle am Flughafen**

Bei der Gepäckkontrolle am Flughafen werden Gepäckstücke nach verbotenen Gegenständen untersucht (z. B. nach Flaschen mit Flüssigkeiten). Angenommen in 3 % aller Gepäckstücke befinden sich „verbotene" Gegenstände. Bei der Kontrolle lösen „verbotene" Gepäckstücke einen Alarm mit einer Wahrscheinlichkeit von 98 % aus. Aber auch Gepäckstücke, die keine verbotenen Gegenstände enthalten, lösen fälschlicherweise einen Alarm mit einer Wahrscheinlichkeit von 8 % aus.

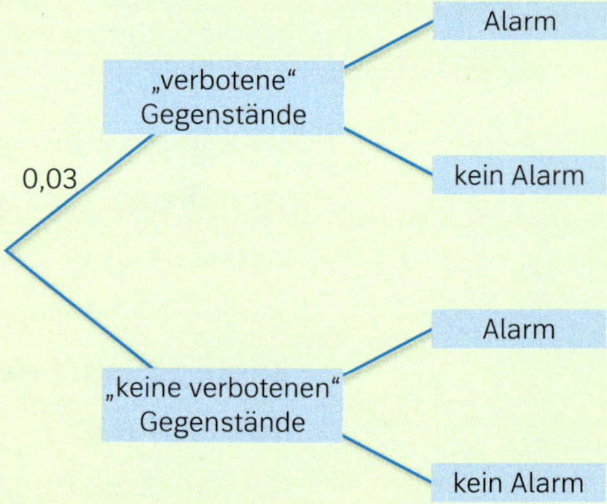

a) Stellen Sie die Daten mit einem Baumdiagramm dar, in dem Sie die in der Abbildung fehlenden Wahrscheinlichkeiten ergänzen.

b) Wie groß ist die Wahrscheinlichkeit, dass bei einem Gepäckstück ein Alarm ausgelöst wird?

c) Erläutern Sie, warum man die Wahrscheinlichkeit 0,02 bedingte Wahrscheinlichkeit nennt. (Wo steht 0,02 im Baumdiagramm?)

d) Angenommen, an einem Tag werden 5000 Gepäckstücke kontrolliert. In wie vielen Gepäckstücken befinden sich etwa „verbotene" Gegenstände? Bei wie vielen dieser Gepäckstücke wird Alarm ausgelöst? Rechnen Sie weiter. Überprüfen Sie die bereits eingetragenen Werte und ergänzen Sie so die Vierfeldertafel.

	Alarm	kein Alarm	gesamt
„verbotene" Gegenstände	147	■	150
Gepäck „ok"	■	■	■
gesamt	■	■	5000

Aufgaben

3 Bedingte Wahrscheinlichkeit

Ein besonders tragisches Schiffsunglück war der Untergang der Titanic im Jahre 1912. Da das zu seiner Zeit größte Passagierschiff nicht genügend Rettungsboote besaß, kamen bei dem Unglück etwa 1500 Menschen um, darunter sehr viele Männer. Lag dies daran, dass Männer bei diesem Schiffsunglück geringere Überlebenschancen hatten als Frauen, oder lag es einfach daran, dass der Anteil der Männer an Bord dreimal so groß war wie der der Frauen? Mathematisch gesehen bedeutet dies, dass man feststellen muss, ob die Überlebenschance davon abhängig ist, dass eine Person männlich oder weiblich ist.

a) Beantworten Sie die in dem vorangegangenen Text aufgeworfene Frage, ob die Überlebenschance einer zufällig ausgewählten Person auf der Titanic vom Geschlecht abhängig ist. Lassen Sie Kinder dabei unberücksichtigt.

Titanic Disaster – Official Casualty Figures

		survival	lost	on board
Children	first class	6	0	6
	second class	24	0	24
	third class	27	52	79
Women	first class	140	4	144
	Crew	20	3	23
	second class	80	13	93
	third class	76	89	165
Men	first class	57	118	175
	Crew	192	693	885
	second class	14	154	168
	third class	75	387	462
Total		711	1513	2224

Quelle: British Parliamentary Papers, Shipping Casualties, 1912

b) Wie groß ist die Wahrscheinlichkeit,
- dass eine von der Passagierliste der ersten (zweiten, dritten) Klasse zufällig ausgewählte Person gerettet wurde,
- dass eine zufällig ausgewählte Person ein Passagier der ersten Klasse ist und gerettet wurde.

Achten Sie bei den Aufgaben genau auf die Fragestellung.

Bei der Berechnung der Wahrscheinlichkeit, dass eine gerettete Person ein Passagier der ersten Klasse ist, bezieht man sich nur auf die geretteten Personen. Man schaut also nicht auf alle Personen sondern nur auf die Geretteten. Die so ermittelte Wahrscheinlichkeit nennt man **bedingte Wahrscheinlichkeit.**

Im Falle von „**und**" bezieht man sich auf alle Personen auf der Titanic. Man fragt, wie viele Personen beide Merkmale „gerettet" und „Passagier der ersten Klasse" besitzen.

c) Berechnen Sie die Wahrscheinlichkeit, dass eine Frau in der dritten Klasse gerettet wurde und vergleichen Sie diese mit der Wahrscheinlichkeit, dass ein Mann in der ersten Klasse gerettet wurde.

d) Berechnen Sie die Überlebenswahrscheinlichkeit der Kinder. Lässt sich mit den Ergebnissen aller Teilaufgaben die These stützen, dass Passagiere und Crew auf der Titanic nach dem Prinzip „Women and children first" gehandelt haben?

Basiswissen

Bedingte Wahrscheinlichkeit und Vierfeldertafel

Vierfeldertafeln

Bei einer Verzehrstudie werden 8250 Personen befragt, ob sie sich vegetarisch ernähren oder nicht. Eine der 8250 befragten Personen wird zufällig ausgewählt.

Vierfeldertafel mit absoluten Häufigkeiten

	Ja	Nein	gesamt
Männlich	53	3497	3550
Weiblich	141	4559	4700
gesamt	194	8056	8250

Ereignisse: A: die Person ist männlich — $\overline{A}$: die Person ist weiblich

B: die Person ist Vegetarier — $\overline{B}$: die Person ist kein Vegetarier

Mit der Tabelle errechnet man:

$P(A) = P(\text{männlich}) = \frac{3550}{8250} = 0{,}43$

$P(B) = P(\text{Vegetarier}) = \frac{194}{8250} = 0{,}024$

$P(A \cap B)$ ist die Wahrscheinlichkeit, dass beide Ereignisse A und B eintreten, d. h. dass die ausgewählte Person ein männlicher Vegetarier ist.

$P(A \cap B) =$

$P(\text{männlich und Vegetarier}) = \frac{53}{8250} = 0{,}006$

Vierfeldertafel - Wahrscheinlichkeiten

	B	$\overline{B}$	
A	$P(A \cap B)$	$P(A \cap \overline{B})$	$P(A)$
$\overline{A}$	$P(\overline{A} \cap B)$	$P(\overline{A} \cap \overline{B})$	$P(\overline{A})$
	$P(B)$	$P(\overline{B})$	1

Bedingte Wahrscheinlichkeit

Die **bedingte Wahrscheinlichkeit $P(B|A)$** – sprich P (B wenn A) – ist die Wahrscheinlichkeit dafür, dass ein Ereignis B eintritt, wenn bekannt ist, dass das Ereignis A eingetreten ist.

Sie bezieht sich nur auf die „Grundmenge“ A, d. h. auf die befragten Männer. Somit gilt

$P(B|A) = P(\text{Vegetarier}|\text{männlich}) = \frac{53}{3550} = 0{,}015$

Übungen

4 Vierfeldertafeln mit relativen Häufigkeiten

a) Stellen Sie die Ergebnisse der Studie im Basiswissen mit relativen Häufigkeiten dar.

b) Angenommen, die Verzehrstudie basiert auf einer Zufallsstichprobe von 8250 Personen. Eine der 8250 Personen wird zufällig ausgewählt. Wie groß ist die Wahrscheinlichkeit, dass diese Person

- kein Vegetarier,
- ein weiblicher Vegetarier ist?

5 Vierfeldertafeln interpretieren

Bei einer Blitzumfrage zu der Beliebtheit einer Fernsehsendung wurden 200 Fernsehzuschauer befragt. Es wurde das Merkmal „höchstens 25 Jahre“ und „fand die Sendung überwiegend positiv (+)“ berücksichtigt.

	≤ 25	> 25	
+	25	98	123
–	35	42	77
	60	240	200

a) Stellen Sie die Tabelle mit relativen Häufigkeiten dar.

b) Sie wählen eine Person von den 200 Befragten zufällig aus. Berechnen Sie P(+) und P(+ und > 25). Erläutern Sie jeweils, um welche Wahrscheinlichkeit es sich handelt.

c) Was versteht man unter P(+ / ≤ 25). Berechnen Sie diese Wahrscheinlichkeit. Berechnen Sie auch P(≤ 25 / +). Was stellt diese Wahrscheinlichkeit dar?

Basiswissen

Bedingte Wahrscheinlichkeiten und Baumdiagrammen

Die Ergebnisse der Verzehrstudie aus dem ersten Basiswissen kann man auch mit einem Baumdiagramm darstellen.

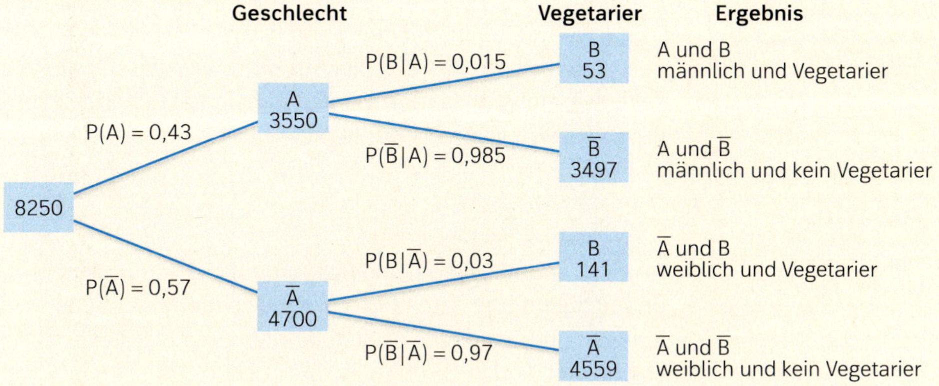

Den obersten Pfad des Baumdiagramms kann man wie folgt interpretieren:
$P(A \cap B) = P(A) \cdot P(B|A) = 0{,}43 \cdot 0{,}015 = 0{,}006$

Regeln zum Rechnen mit bedingten Wahrscheinlichkeiten

Multiplikationsregel
Ereignis A und das **Ereignis B** treten ein: $P(A \cap B) = P(A) \cdot P(B|A)$ berechnet.

Regel zur Berechnung der bedingten Wahrscheinlichkeit
$P(B|A) = \frac{P(A \cap B)}{P(A)}$; $P(A) \neq 0$

Beispiele

A Urnenaufgabe

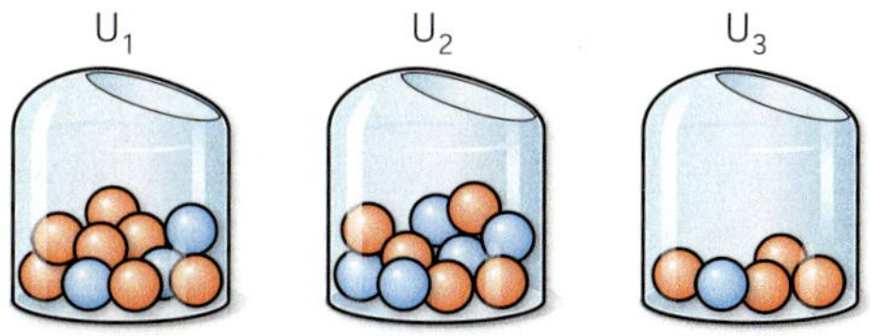

Eine der drei Urnen wird durch Würfeln ausgewählt: Bei Augenzahl 1 wird die Urne U_1 ausgewählt, bei Augenzahl 2 oder 3 die Urne U_2. Ansonsten wird Urne U_3 gewählt. Aus dieser Urne wird eine Kugel gezogen.

a) Wie groß ist die Wahrscheinlichkeit, dass die Kugel blau ist?
b) Angenommen, die gezogene Kugel ist blau. Wie groß ist die Wahrscheinlichkeit, dass sie aus der Urne U_1 stammt?

Lösung:
Übersichtlich lässt sich die Situation mit einem Baumdiagramm darstellen:

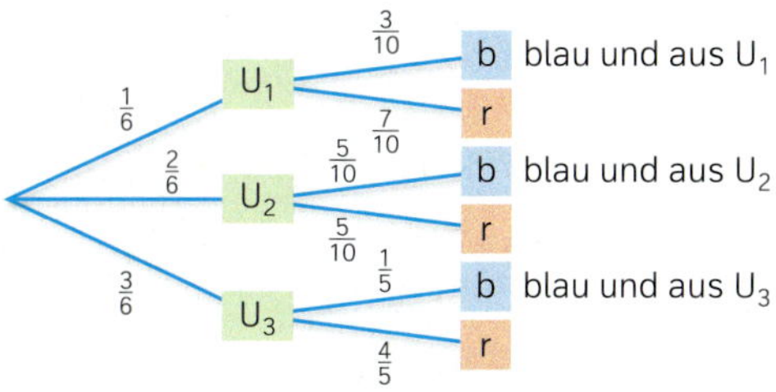

a) Zur Berechnung von P („blau“) wird die Summenregel angewendet: Führen verschiedene Pfade zum selben Ereignis (hier: „blau“), so addiert man die Pfadwahrscheinlichkeiten.

Multiplikations- und Summenregel

Es gilt also $P(\text{„blau“}) = \frac{1}{6} \cdot \frac{3}{10} + \frac{2}{6} \cdot \frac{5}{10} + \frac{3}{6} \cdot \frac{1}{5} = \frac{19}{60}$.

b) Anwendung der Formel zur Berechnung für bedingte Wahrscheinlichkeiten:

Formel für bedingte Wahrscheinlichkeiten

$P(U_1|b) = \frac{P(U_1 \text{ und } b)}{P(b)} = \frac{\frac{1}{6} \cdot \frac{3}{10}}{\frac{19}{60}} = \frac{3}{19}$

Übungen

6 Wahrscheinlichkeiten richtig interpretieren

Was versteht man bei dem Beispiel aus dem Basiswissen unter

a) $P(A|B)$ b) $P(\overline{B})$ c) $P(A \text{ und } \overline{B})$ d) $P(A|\overline{B})$

7 Wahrscheinlichkeiten berechnen

Berechnen Sie für das Beispiel aus dem Basiswissen die folgenden Wahrscheinlichkeiten einmal mithilfe der Tabelle und einmal mithilfe des Baumdiagramms und den im Basiswissen angegebenen Rechenregeln.

a) $P(A|B)$ b) $P(\overline{B})$ c) $P(A \text{ und } \overline{B})$ d) $P(A|\overline{B})$

8 Musikalische Schüler

An einer Schule gibt es eine Bigband mit 45 Schülerinnen und Schülern und einen Pop- und Jazzchor mit 74 Schülerinnen und Schülern. 18 Schülerinnen und Schüler sind sowohl Mitglied in der Bigband als auch im Chor.

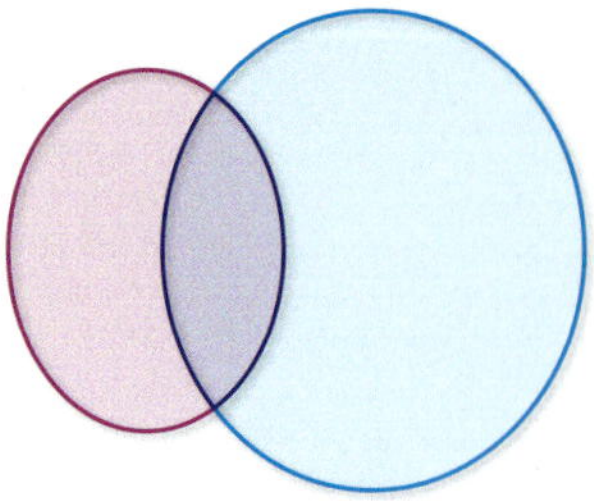

a) Was hat die Abbildung mit der Aufgabe zu tun?
b) Wie groß ist die Wahrscheinlichkeit, dass eine Schülerin oder ein Schüler Mitglied in der Bigband ist, wenn man weiß, dass er bzw. sie im Chor dabei ist?

9 Bürgerbefragung

Eine Stadt möchte ein neues Jugendzentrum bauen. Bei einer Bürgerbefragung stimmten 68 % der Befragten dem Neubau zu. Von denen, die dem Neubau zustimmten, waren 35 % jünger als 21 Jahre. Wie könnte eine Fragestellung heißen, zu deren Lösung $0{,}68 \cdot 0{,}35$ berechnet werden muss?

10 Richtiges Anwenden der Multiplikationsregel

Angenommen, 20 % der Abonnenten einer Zeitung lesen eine bestimmte Werbeanzeige. Nehmen Sie weiterhin an, dass 9 % derjenigen, die diese Anzeige lesen, das Produkt auch kaufen. Berechnen Sie mit diesen Annahmen die Wahrscheinlichkeit, dass ein Abonnent der Zeitung die Anzeige liest und das Produkt kauft.

11 Übersetzen von Daten in ein Baumdiagramm

Es wurden 800 Fahrgäste einer Nahverkehrslinie gefragt, ob sie eine Zeitfahrkarte besitzen oder nicht. 288 Befragte waren weiblich. Von diesen besaßen 187 eine Zeitfahrkarte. Von den befragten männlichen Fahrgästen besaßen 128 keine Zeitfahrkarte.

a) Stellen Sie die Daten in einer Vierfeldertafel einmal mit absoluten und dann mit relativen Häufigkeiten dar. Übertragen Sie die Daten auch in ein Baumdiagramm.
b) Wie groß ist der Anteil der Zeitkartenbesitzer an allen befragten Personen?

12 Ergänzen und Auswerten von Tabellen und Baumdiagrammen

Bei einer Kontrolle vor einer Schule stellte die Polizei fest, dass 18,5 % der männlichen Radfahrer und 30,2 % der weiblichen Radfahrer einen Helm trugen. Insgesamt wurden 325 Schülerinnen und Schüler kontrolliert, von denen 56 % Mädchen waren.

		Helmträger Ja	Helmträger Nein	gesamt
Geschlecht	männlich	0,182	■	■
	weiblich	0,302	■	0,56
	gesamt	■	■	■

a) Überprüfen Sie, ob die Daten richtig in die Vierfeldertafel eingetragen wurden, ergänzen Sie die fehlenden Daten und übersetzen Sie die Daten in ein Baumdiagramm.
b) Berechnen Sie den Anteil aller Helmträger unter den überprüften Schülerinnen und Schülern.
c) Wie groß ist der Anteil der Jungen unter allen Personen, die einen Helm trugen?

Übungen

13 Übungen zur bedingten Wahrscheinlichkeit

Sie haben bereits gesehen, wie nützlich die Produktregel zur Berechnung von Wahrscheinlichkeiten in einem Baumdiagramm ist. Zur Übung nehmen Sie einmal an, dass Sie aus einer Urne mit fünf roten und einer blauen Kugel nacheinander zufällig zwei Kugeln ziehen:

a) ohne Zurücklegen,
b) mit Zurücklegen.

Berechnen Sie jeweils die folgenden Wahrscheinlichkeiten:
P (1. Kugel rot),
P (1. Kugel blau),
P (2. Kugel rot | 1. Kugel rot),
P (2. Kugel blau | 1. Kugel rot),
P (1. Kugel rot | 2. Kugel blau),
P (1. Kugel blau | 2. Kugel blau).

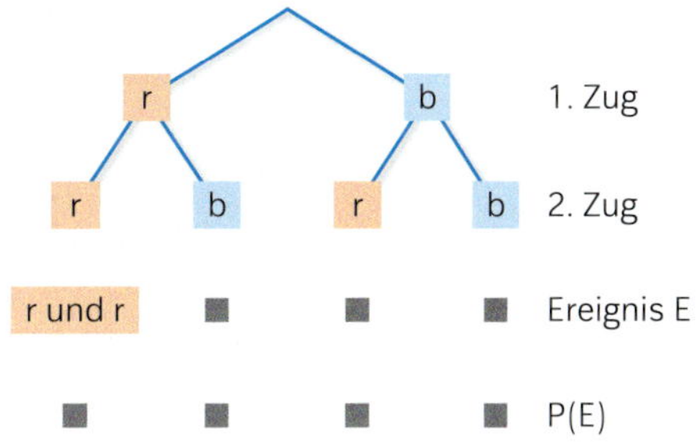

Ergänzen Sie für die Teilaufgaben a) und b) das Baumdiagramm mit den entsprechenden Wahrscheinlichkeiten längs der Pfade.

14 Bedingte Wahrscheinlichkeiten berechnen

In einem Tierheim können zur Zeit 12 Hunde und 9 Katzen adoptiert werden .
Vier der Hunde und drei der Katzen sind männlich.
Berechnen Sie jede der folgenden bedingten Wahrscheinlichkeiten, wenn eines der Tiere zufällig ausgewählt wird und interpretieren Sie das Ergebnis.

a) P (männlich | Katze) b) P (Katze | männlich) c) P (weiblich | Hund)

15 Gesundheit

Bei einer Studie mit 100 zufällig ausgewählten Personen wurde festgestellt, dass 40 von ihnen täglich mehr als die empfohlene Salzmenge von 5 g zu sich nehmen.
Von denjenigen mit einem hohen Salzkonsum hatten 50 % einen erhöhten Blutdruck, von denjenigen, die weniger als 5 g Salz täglich zu sich nehmen, hatten 15 % einen erhöhten Blutdruck.

a) Stellen Sie die Daten in einer Tabelle dar.
b) Wie groß ist in dieser Untersuchung der Anteil der Personen mit erhöhtem Salzverzehr an den Personen mit erhöhtem Blutdruck?

16 Die Bayes'sche Regel – etwas für Theoretiker

In Formelsammlungen findet man die Bayes'sche Regel.
Erläutern Sie diese mit Hilfe des Baumdiagrams.

Bayes'sche Regel:

$$P(A|B) = \frac{P(A) \cdot P(B|A)}{P(A) \cdot P(B|A) + P(\overline{A}) \cdot P(B|\overline{A})}$$

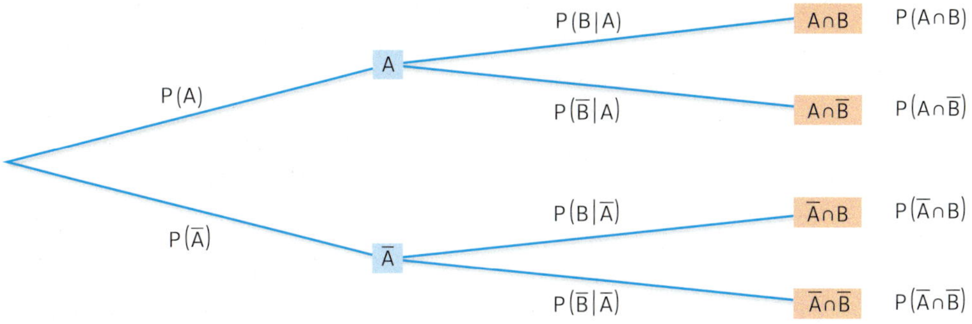

Übungen

Zum Training von Begriffen, Baumdiagrammen und Berechnen von Wahrscheinlichkeiten

17 Typische Fragestellungen mit bedingten Wahrscheinlichkeiten

Die beiden Tabellen stellen die Ergebnisse einer Kundenbefragung dar, und zwar zum einen mit absoluten und zum anderen mit relativen Häufigkeiten.

A: Der Kunde kauft Zahnpasta — $\overline{A}$: Der Kunde kauft keine Zahnpasta

B: Der Kunde kauft Mundwasser — $\overline{B}$: Der Kunde kauft kein Mundwasser

Absolute Häufigkeiten

	B	$\overline{B}$	Summe
A	200	600	800
$\overline{A}$	50	150	200
	250	750	1 000

Relative Häufigkeiten

	B	$\overline{B}$	Summe
A	0,2	0,6	0,8
$\overline{A}$	0,05	0,15	0,2
	0,25	0,75	1

a) Berechnen Sie die Wahrscheinlichkeit dafür, dass ein zufällig aus dieser Stichprobe ausgewählter Kunde
nur Zahnpasta, nur Mundwasser, Zahnpasta und Mundwasser,
mindestens eines der beiden Produkte kauft.

b) Ermitteln Sie alle bedingten Wahrscheinlichkeiten $P(A|B)$, $P(A|\overline{B})$, $P(B|A)$ usw.
Erläutern Sie zunächst, um welches Ereignis es sich jeweils handelt.

GMAT: Graduate Management Admission Test

18 Eine Aufgabe aus dem GMAT-Test – reichen die Daten?

Bei einer Befragung von Firmen hinsichtlich ihrer Erwartungen an die zukünftigen Beschäftigten bezüglich Computer- und guter Rechtschreibfertigkeiten war ein Ergebnis, dass 20 % der Firmen sowohl Computerfertigkeiten (C) als auch gute Rechtschreibfertigkeiten (R) erwarteten.
Wie viele der Firmen erwarten weder Computer- noch Rechtschreibfertigkeiten?
Welche der beiden Zusatzinformationen benötigt man zum Beantworten dieser Frage, Info 1 oder Info 2 oder gar beide?

Info 1: Von denjenigen Firmen, die Computerfertigkeiten verlangen, fordert die Hälfte auch gute Rechtschreibfertigkeiten.

Info 2: 45 % der Firmen erwarten keine Computerfertigkeiten, dafür aber gute Rechtschreibfertigkeiten.

Ohne Info 1 und Info 2:

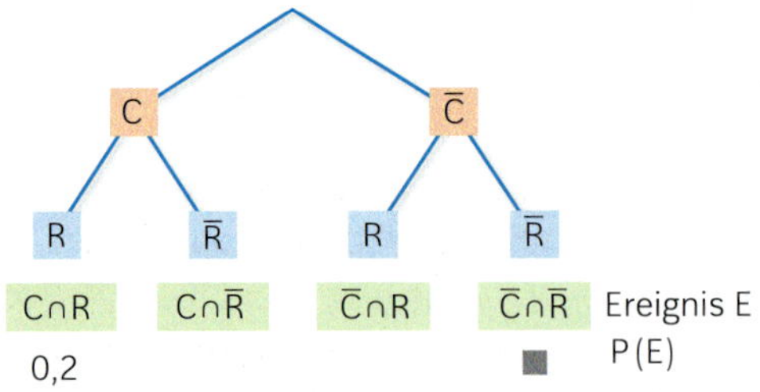

Mit Info 1:

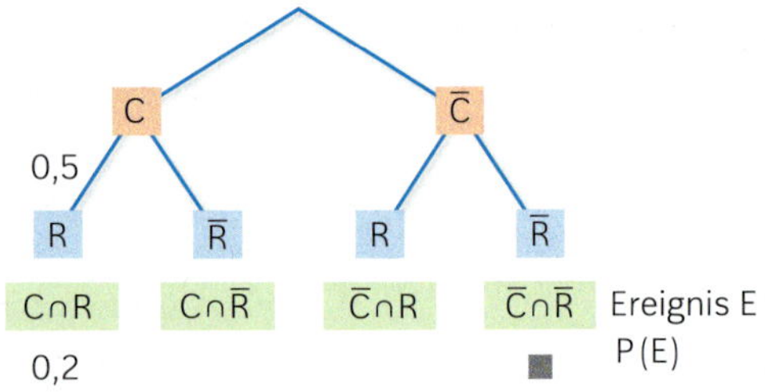

Welche relativen Häufigkeiten können nun in dem zweiten Baumdiagramm noch angegeben werden? Reicht Info 2 zur Bestimmung von ■?

Grundwissen

1. Gegeben sind die beiden Punkte $P(3|2)$ und $Q(4|7)$.
   a) Bestimmen Sie ohne Messung den Abstand zwischen P und Q
   b) Berechnen Sie den Mittelpunkt der Strecke $\overline{PQ}$.
   c) Ermitteln Sie die Gleichung der Geraden durch die Punkte P und Q
2. Lösen Sie das Gleichungssystem grafisch.
   (I) $7x - 2y = 4$
   (II) $3x + y = 11$

Aufgaben

19 Meningitiserkrankung

Die Meningitiserkrankung (Hirnhautentzündung) tritt in einem bestimmten Bundesland einmal unter 50000 Personen auf. Erfahrungsgemäß leidet etwa die Hälfte der an Meningitis erkrankten Patienten unter Genicksteife (sogenannter Meningismus). Ein steifes Genick kann jedoch auch andere Krankheitsursachen haben. Im Durchschnitt tritt dieses Symptom bei einem von 20 Patienten auf, die eine Arztpraxis aufsuchen.

a) Ergänzen Sie die Daten in der Tabelle, sodass Sie einen Überblick über die vorkommenden absoluten Häufigkeiten erhalten. Gehen Sie dabei am besten von einer Gesamtanzahl von 100000 Personen aus.

	Meningitis	keine Meningitis	gesamt
steifer Hals	■	■	■
kein steifer Hals	■	■	■
gesamt	2	■	100000

b) Kevin klagt über einen steifen Hals und macht sich Sorgen: Könnte das ein erstes Anzeichen einer Meningitis sein? Der Arzt, den Kevin aufsucht, gibt Entwarnung: „Keine Panik. Die Wahrscheinlichkeit, dass Sie an Meningitis erkrankt sind, beträgt 0,02 %.“ Erklären Sie, wie der Arzt zu dieser Wahrscheinlichkeitsaussage kommt.

Exkurs

Bedingte Wahrscheinlichkeiten und medizinische Tests

In der Medizin werden häufig Tests eingesetzt, um schnell eine Diagnose für oder gegen eine bestimmte Krankheit zu erhalten. Bekannte Beispiele sind der ELISA-Test auf HIV oder die Untersuchung mit Röntgenstrahlen auf Lungenkrebs. Diese Art von Tests sind beliebt, da sie relativ schnell durchzuführen und nicht invasiv sind. Allerdings sind sie meistens nicht so präzise wie andere Tests (z. B. Entnahme einer Gewebeprobe bei Verdacht auf Lungenkrebs). Die folgende Tabelle fasst die möglichen Ergebnisse eines medizinischen Tests zusammen:

Bedeutung des Testergebnisses für den Arzt:

Testergebnis +: Hinweis auf Erkrankung

Testergebnis −: Hinweis darauf, dass der Patient nicht an der betreffenden Erkrankung leidet

		Testergebnis	
		positiv (+)	negativ (−)
Patient in Wirklichkeit	erkrankt (K)	K und +	K und −
	nicht erkrankt ($\overline{K}$)	$\overline{K}$ und +	$\overline{K}$ und −

Die in der Tabelle gelb gekennzeichneten Felder stellen Fehldiagnosen dar.

Wichtige Parameter, die die Leistungsfähigkeit eines Tests beschreiben, sind die Sensitivität und die Spezifität.

Sensitivität: Wahrscheinlichkeit, dass ein Erkrankter positiv getestet wird: $P(+|K)$

Spezifität: Wahrscheinlichkeit, dass ein Gesunder negativ getestet wird: $P(-|\overline{K})$

Besonders wichtig: Daneben interessiert sich der Mediziner insbesondere für die Wahrscheinlichkeit $P(K|+)$, dass ein positiv getesteter Patient tatsächlich erkrankt ist und für $P(\overline{K}|-)$, dass ein negativ getesteter Patient tatsächlich gesund ist.

Ein Test wandelt gemäß seiner Leistungsfähigkeit eine gegebene Vortestwahrscheinlichkeit in eine Nachtestwahrscheinlichkeit um (siehe Abb.). Häufig werden Testergebnisse fehlinterpretiert, da man von hoher Sensitivität und Spezifität in der Regel bei einem positiven Testergebnis nicht auf eine hohe Wahrscheinlichkeit schließen kann, dass der Patient tatsächlich erkrankt ist (siehe Übung 19).

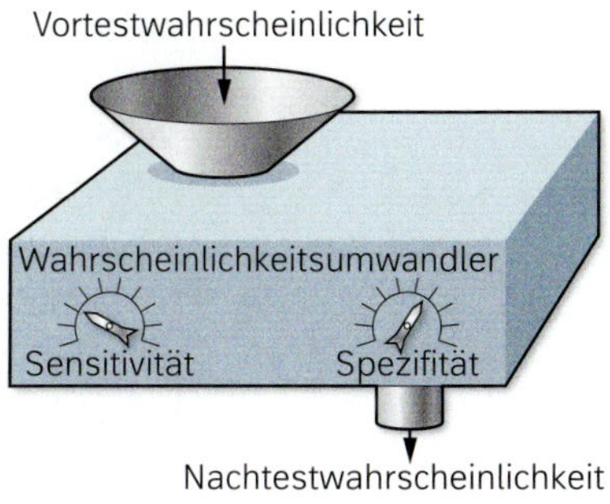

Aufgaben

20 Labortest

Bei einem Labortest auf eine bestimmte Krankheit erhält man bei erkrankten Personen ein positives Testergebnis mit einer Wahrscheinlichkeit von 90 % und bei nicht erkrankten Personen ein negatives Testergebnis von 91 %. Untersuchungen an größeren Bevölkerungsgruppen haben gezeigt, dass die betreffende Krankheit in der Bevölkerung mit einer Wahrscheinlichkeit von 1 % auftritt.

a) Beurteilen Sie die Sensitivität und die Spezifität des Tests.

b) Stellen Sie die Daten in einer Tabelle dar und berechnen Sie die Wahrscheinlichkeit $P(K|+)$, d. h. die Wahrscheinlichkeit, dass ein Patient mit einem positiven Test tatsächlich erkrankt ist.

c) Der behandelnde Arzt möchte einen Patienten, der einen positiven Laborwert hat, davon überzeugen, dass das Risiko, dass er wirklich erkrankt ist, nach wie vor nicht sehr hoch ist. Der Arzt versucht es mit einer Tabelle mit absoluten Zahlen. Wie könnte der Arzt die Tabelle errechnet haben und wie könnte er argumentieren? Berechnen Sie mit der Tabelle $P(K|+)$.

		Testergebnis +	Testergebnis –	gesamt
Patient in Wirklichkeit	K (erkrankt)	90	10	100
	$\overline{K}$ (nicht erkrankt)	891	9009	9900
	gesamt	981	9019	10000

21 Kritisch nachgefragt

In der Übung 20 wird ein medizinischer Test vorgestellt, der auf den ersten Blick sehr aussagekräftig zu sein scheint:

$P(+|\text{erkrankt}) = 0{,}90$ und $P(-|\text{nicht erkrankt}) = 0{,}91$

Wenn man allerdings $P(\text{erkrankt}|+)$ berechnet, d. h. die Wahrscheinlichkeit, dass man tatsächlich erkrankt ist, wenn der Test positiv ausgefallen ist, so ist man überrascht:

$P(\text{erkrankt}|+) = \frac{90}{981} = 0{,}092$

Woran liegt es, dass diese Wahrscheinlichkeit trotz des recht sicheren Tests noch so gering ist?

Zur Beantwortung der Frage sollten Sie in Übung 20 die Wahrscheinlichkeit, dass die betreffende Erkrankung in der Bevölkerung auftritt, auf 2 % und dann auf 10 % abändern. Was beobachten Sie?

22 Machen Screenings Sinn?

Gesundheitspolitiker diskutieren immer wieder über den Sinn und Unsinn von Screening. Nehmen Sie einmal an, es wäre beabsichtigt, die gesamte Bevölkerung Deutschlands auf HIV+ mit dem ELISA-Test zu untersuchen. Abgesehen von der praktischen Durchführbarkeit und den Kosten würden auch Fragen aufkommen, die mit der Sensitivität und der Spezifität des ELISA-Tests zusammenhängen.

Angenommen, die Sensitivität des ELISA-Tests beträgt 99,9 % und die Spezifität 99,8 %. Nehmen Sie weiter an, dass die Wahrscheinlichkeit, den HI-Virus zu haben, in der Bundesrepublik 0,0005 beträgt und die Bevölkerungszahl etwa 82 Millionen ist. Erstellen Sie eine Vierfeldertafel, um die Ergebnisse dieses Screenings zusammenzufassen.

	Test +	Test –	gesamt
HIV	■	■	■
nicht HIV	■	■	■
gesamt	■	■	82 Mio.

Welche Schlussfolgerungen können Sie ziehen? Halten Sie ein solches Screening für sinnvoll?

9.2 Stochastische Unabhängigkeit

Aufgaben

1 Rot-Grün-Schwäche

In Deutschland ist die „Rot-Grün-Schwäche" relativ weit verbreitet. Als „Rot-Grün-Schwäche" bezeichnet man eine vererbte Schwäche des Auges. Die Betroffenen können die Farben Rot und Grün nicht so gut unterscheiden wie die Mehrheit der Bevölkerung. Es gibt zahlreiche Abstufungen einer „Rot-Grün-Schwäche". Nur wenn man beide Farben gar nicht wahrnehmen kann, spricht man von einer „Rot-Grün-Blindheit".

Das Ergebnis einer Stichprobe zur Verteilung der „Rot-Grün-Schwäche" bei 1000 zufällig ausgewählten Männern und Frauen ist in der Tabelle dargestellt.

	Rot-Grün-Schwäche	Keine Schwäche	gesamt
Männer	41	389	430
Frauen	4	566	570
gesamt	45	955	1000

Was können Sie mithilfe der Tabelle vermuten? Berechnen Sie dazu z. B. P(„Rot-Grün-Schwäche" | männlich). Fällt Ihnen etwas auf?

2 Ziehen mit und ohne Zurücklegen

In einer Urne befinden sich 3 rote, 2 blaue und eine grüne Kugel.
Es werden nacheinander zwei Kugeln
a) mit Zurücklegen
b) ohne Zurücklegen gezogen.
Als erste Kugel wurde eine blaue Kugel gezogen.
Berechnen Sie die Wahrscheinlichkeit, eine rote, eine blaue oder eine grüne Kugel im 2. Zug zu ziehen für den Fall a) und für den Fall b). Erklären Sie an diesem Beispiel intuitiv die Begriffe abhängige und unabhängige Ereignisse.

3 Was wirklich einen Unterschied macht

Wissenschaftler führen an 100 Personen einen Versuch zum räumlichen Vorstellungsvermögen durch. Dabei müssen die Versuchspersonen zu einem vorgegebenen Würfel mit aufgetragenem Muster das passende Netz finden. Als erfolgreich (+) werden Testpersonen bezeichnet, die mehr als sechs der zehn Aufgaben in der vorgegebenen Zeit richtig lösen. Die Wissenschaftler veröffentlichen die folgenden Ergebnisse:

	erfolgreich	nicht erfolgreich	gesamt
nach 30-minütigem Training	24	6	30
ohne Training	36	34	70
gesamt	60	40	100

	erfolgreich	nicht erfolgreich	gesamt
männlich	21	14	35
weiblich	42	23	65
gesamt	63	37	100

Interpretieren Sie die Ergebnisse und begründen Sie. Überlegen Sie auch, welche Fragen die Forscher mit ihrer Untersuchung beantworten wollten.

Basiswissen

Stochastisch unabhängige und abhängige Ereignisse

Bei mehrstufigen Zufallsexperimenten treten mehrere Ereignisse ein.
Die Ereignisse können entweder stochastisch unabhängig oder abhängig sein.

zwei oder mehr Ereignisse

stochastisch unabhängig

Das Eintreten eines Ereignisses A macht es weder wahrscheinlicher noch unwahrscheinlicher, dass das Ereignis B eintritt.

$$P(B|A) = P(B)$$

stochastisch abhängig

Das Eintreten eines Ereignisses A beeinflusst die Wahrscheinlichkeit des Eintretens des Ereignisses B, es kann wahrscheinlicher oder weniger wahrscheinlich auftreten

$$P(B|A) \neq P(B)$$

Aus der Urne werden nacheinander zwei Kugeln gezogen, einmal mit Zurücklegen und einmal ohne Zurücklegen.
A: erste Kugel ist rot **B:** zweite Kugel ist rot.
Es soll $P(B|A)$ berechnet werden.

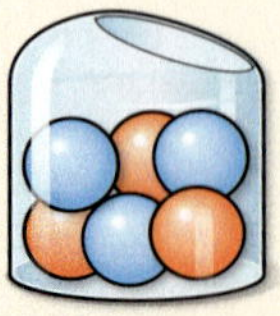

Ziehen mit Zurücklegen
Die erste gezogene Kugel wird zurückgelegt, die Kugeln gut gemischt und dann die zweite Kugel gezogen.

$P(B|A) = P(B) = \frac{1}{2}$.

A und **B** sind **stochastisch unabhängige Ereignisse**, wenn $P(B|A) = P(B)$ und $P(A|B) = P(A)$

$$P(A \text{ und } B) = P(A) \cdot P(B)$$

Ziehen ohne Zurücklegen
Die erste gezogene Kugel wird nicht zurückgelegt. Die zweite Kugel wird gezogen.

$P(B|A) = \frac{2}{5} \neq P(B) = \frac{1}{2}$

A und **B** sind **stochastisch abhängige Ereignisse**, wenn $P(B|A) \neq P(B)$

$$P(A \text{ und } B) \neq P(A) \cdot P(B)$$

Beispiele

A Einwohnerbefragung

Die wahlberechtigten Einwohner der Gemeinde Mintal wurden gefragt, ob sie dem neuen Wohngebiet der Gemeinde zustimmen (Z) oder nicht $(\overline{Z})$. Unterschieden wurden die Befragten danach, ob sie Neubürger (N) (wohnen seit höchstens 5 Jahren im Ort) oder „Alteingesessene" sind $(\overline{N}$ – wohnen länger als 5 Jahre im Ort$)$.
Sind die Ereignisse Z und N stochastisch unabhängig?

	Z	$\overline{Z}$	ges.
N	163	87	250
$\overline{N}$	310	290	600
ges.	473	377	850

Lösung:
Der Anteil der Zustimmungen insgesamt beträgt $h(Z) = \frac{473}{850} = 0{,}556$, unter den Neubürgern sogar $h(Z|N) = \frac{163}{250} = 0{,}652$. Mathematiker formulieren dies so: Die beiden Ereignisse Z und N sind stochastisch abhängig, da $h(Z|N)$ größer ist als $h(Z)$. Mathematiker sagen aber in der Regel nichts darüber, warum dies so ist.

Beispiele

B **Stochastische Unabhängigkeit beim Basketball**

Welche der folgenden Ereignisse A und B sind stochastisch unabhängig?

a) A: Ein zufällig ausgewählter Sportler ist Basketballer.
   B: Die letzte Ziffer seiner Telefonnummer ist eine 1.

b) A: Ein zufällig ausgewählter Sportler ist Basketballer.
   B: Er ist größer als 1,95 m.

Lösung:

Hier kann man aus dem Sachkontext heraus vermuten, ob die vorliegenden Ereignisse unabhängig sind.

a) Die beiden Ereignisse sind unabhängig, da die Telefonnummer des Spielers in der Regel nichts mit seiner sportlichen Betätigung zu tun hat.

b) Die Ereignisse sind nicht unabhängig, da die Information, dass der Sportler Basketballspieler ist, das Eintreten des Ereignisses B wahrscheinlicher macht.

Übungen

4 **Zum Trainieren**

a) Ergänzen Sie die fehlenden Daten in der Vierfeldertafel so, dass die Ereignisse A: Wählt die Partei SFP und B: Ist älter als 50 Jahre, stochastisch unabhängig sind.

	B	$\overline{B}$	ges.
A	25	■	■
$\overline{A}$	■	■	■
ges.	75	120	195

b) Gegeben sind zwei stochastisch unabhängige Ereignisse A und B. Es gelte $P(A) = 0{,}4$ und $P(B) = 0{,}7$. Bestimmen Sie $P(A \text{ und } B)$.

c) A und B seien stochastisch unabhängig, es gelte $P(A) = 0{,}4$. Die Wahrscheinlichkeit für das gleichzeitige Eintreten von A und B beträgt 0,1. Wie groß ist $P(B)$?

5 **Kartenziehen**

Angenommen, Sie ziehen aus einem Kartenspiel mit 32 Karten zufällig eine Karte. Welche Paare von Ereignissen sind stochastisch unabhängig?

a) A: Man zieht eine „Herz"-Karte B: Man zieht einen Buben
b) A: Man zieht eine „Herz"-Karte B: Man zieht eine rote Karte
c) A: Man zieht eine „Sieben" B: Man zieht eine „Herz"-Karte

6 **Unabhängige oder abhängige Ereignisse A und B?**

Entscheiden Sie begründet, ob A und B stochastisch abhängige oder unabhängige Ereignisse sind.

a) Ein Würfel wird zweimal geworfen
   Ereignis A: der erste Wurf zeigt eine „Sechs". Ereignis B: Die Augensumme ist 8
b) Ein Würfel wird einmal geworfen. A ist das Ereignis „Gerade Augenzahl" und B das Ereignis „Augenzahl ist durch 3 teilbar".
c) Im Spielcasino: Zwei Spiele am Roulettetisch werden gespielt.
   Ereignis A: beim ersten Spiel kommt „Rot" Ereignis B: beim 5. Spiel kommt Rot
d) Zwei Karten werden aus einem Spiel mit 52 Karten ohne Zurücklegen gezogen.
   Ereignis A: Die Erste Karte ist ein Ass Ereignis B: Die zweite Karte ist ein Ass

7 **Genau hingeschaut**

27 % der männlichen Bevölkerung Deutschlands sind über 1,80 m groß. Gleichzeitig spielen in Deutschland 1,2 % der männlichen Bevölkerung Basketball. Wie groß ist die Wahrscheinlichkeit, einen Basketballer anzutreffen, der über 1,80 m groß ist?
Wie könnte man auf die Antwort 0,00324 kommen und warum ist sie falsch?

Übungen

8 Fächerwahl – geometrisches Modell

Yvonne steht vor einer schweren Wahl. Sie muss je ein Profil- und ein Neigungsfach wählen. Da sie sich für Naturwissenschaften interessiert, möchte sie als Profilfach Biologie, Chemie oder Physik auswählen. Als Neigungsfach möchte sie Französisch oder Spanisch wählen. Sie hat keine besondere Vorliebe. Mit welcher Wahrscheinlichkeit entscheidet sich Yvonne für Biologie als Profilfach und Französisch als Neigungsfach?

Man kann die Situation geometrisch modellieren.

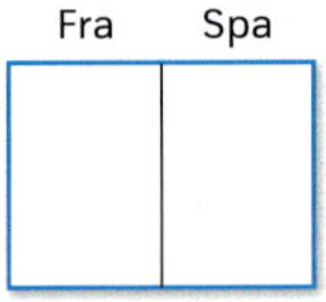

- Teilen Sie das Rechteck durch einen senkrechten Strich in zwei gleichgroße Gebiete P (Spa) = $\frac{1}{2}$.
- Zeichnen Sie zwei horizontale Linien, um weitere gleichgroße Gebiete zu modellieren P (Bio) = $\frac{1}{3}$,

a) Setzt das Modell voraus, das Yvonne eine Vorliebe für jeweils eines der Fächer hat? Begründen Sie.

b) Berechnen Sie die Wahrscheinlichkeit dafür, dass Yvonne die Fächer Biologie und Spanisch wählt.

c) Yvonne hat für keines der Fächer eine besondere Vorliebe. Wie viele gleichwahrscheinliche Wahlen gibt es?

vollständiges Modell:
Neigungsfach

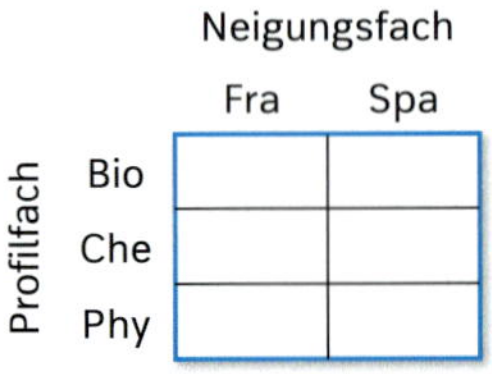

9 Fächerwahl 2

Yvonne hat als gleichwertiges Neigungsfach auch noch Latein in Betracht gezogen (siehe Übung 8). Berechnen Sie die Wahrscheinlichkeiten dafür, dass Yvonne

a) Französisch (Physik, Französisch und Physik) wählt,

b) Latein (Latein oder Französisch) wählt.

c) In den Aufgaben a) und b) haben Sie einmal Wahrscheinlichkeiten multipliziert und ein anderes Mal addiert. Wann muss man multiplizieren, wann addieren?

10 Pünktlichkeit

Eva und Nils haben Schwierigkeiten pünktlich zu sein. Nils ist an 40 % der Schultage unpünktlich und Eva an 22 %. Der Klassenlehrer untersucht das Zuspätkommen der beiden etwas genauer und zeichnet mit Hilfe des Klassenbuchs eine Skizze.

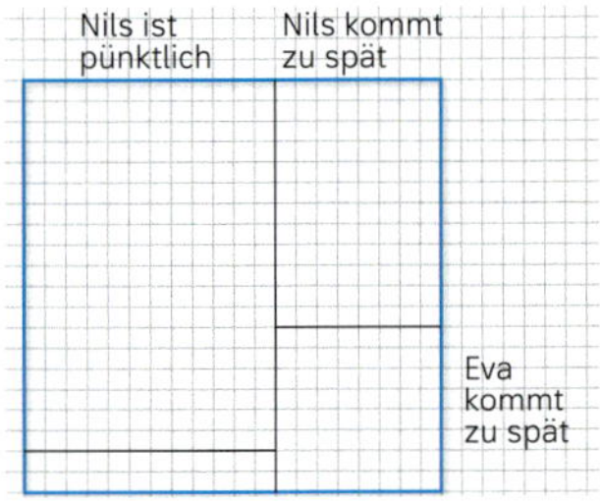

a) Bestimmen Sie durch Auszählen:
- P (Nils zu spät); dies sollte 40 % ergeben.
- P (Eva zu spät); dies sollte 22 % ergeben.
- P (Nils und Eva zu spät)
- P (Nils zu spät, wenn Eva zu spät) $P(N \mid E)$
- P (Eva zu spät, wenn Nils zu spät) $P(E \mid N)$
- P (Eva oder Nils zu spät).

b) Der Klassenlehrer stellt fest: „Eva und Nils, euer Zuspätkommen ist mir verdächtig.“ Was könnte er gemeint haben?

11 Wahrscheinlichkeiten geometrisch modelliert

Benutzen Sie die Abbildung a) zur Erläuterung der Unabhängigkeit von Ereignissen und die Abbildung b) zur Erläuterung der Abhängigkeit von Ereignissen.

a)

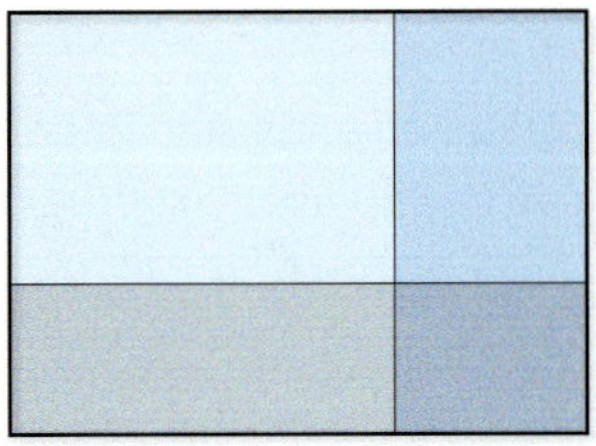

b)

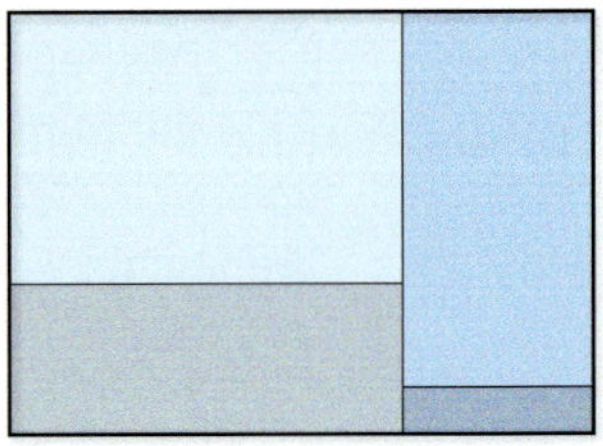

Übungen

12 Essgewohnheiten

	B	$\overline{B}$	ges.
A	20	30	50
$\overline{A}$	380	570	950
ges.	400	600	1 000

Bei einer Umfrage eines deutschen Lebensmittelherstellers wurden 1000 Personen in ihrer Mittagspause nach ihren Ess- und Trinkgewohnheiten befragt. Dabei ergab sich, dass 50 Personen eine warme Mahlzeit zu sich nehmen (Ereignis A), während 400 Personen ein Getränk zu sich nehmen (Ereignis B). 570 Personen nehmen überhaupt nichts zu sich. Überprüfen Sie die Ereignisse A und B auf stochastische Unabhängigkeit.

13 Haar- und Augenfarbe

Die Ergebnisse einer Untersuchung über den Zusammenhang von Augen- und Haarfarbe sind in der Tabelle dargestellt. An der Untersuchung nahmen 250 rot- und schwarzhaarige Menschen teil.

		Augenfarbe		
		braun	nicht braun	ges.
Haarfarbe	schwarz	■	■	■
	rot	60	30	■
	gesamt	120	■	250

a) Ergänzen Sie die fehlenden Daten.

b) Eine der 250 Personen, die an der Untersuchung teilgenommen haben, wird zufällig ausgewählt. Berechnen Sie die Wahrscheinlichkeit, dass diese Person
- schwarze Haare hat, wenn ihre Augenfarbe braun ist,
- schwarze Haare hat,
- braune Augen hat,
- braune Augen und schwarze Haare hat.

c) Sind „schwarze Haare“ und „braune Augen“ stochastisch unabhängige Ereignisse?

14 Triebwerksstörung

Ein Flugzeug mit drei Triebwerken startete vom Miami International Airport zu einem Flug nach Südamerika. Direkt nach dem Start fiel ein Triebwerk aus. Das Flugzeug kehrte unmittelbar um und landete sicher in Miami, obwohl auch die anderen beiden Triebwerke versagten.

a) Gehen wir davon aus, dass ein Triebwerk beim Start mit der Wahrscheinlichkeit 0,0001 ausfällt. Die Wahrscheinlichkeit, dass alle drei Triebwerke ausfallen, beträgt dann laut FAA (Federal Aviation Administration) $0{,}0001^3$. Welche Annahmen hat die FAA gemacht, um zu diesem Ergebnis zu kommen?

b) Bei der Untersuchung des Vorfalls stellte die FAA fest, dass ein Mechaniker bei allen Triebwerken den Öldichtungsring falsch eingesetzt hatte. Beurteilen Sie jetzt die Annahme der FAA in Teilaufgabe a).

15 Frühstück und Übergewicht – Stochastische Abhängigkeit und Kausalität

	Ü	$\overline{Ü}$	
F	14	39	53
$\overline{F}$	38	39	77
	52	78	130

Angenommen, die Erforschung des Zusammenhangs von regelmäßiger Frühstückseinnahme (F) und Übergewicht (Ü) bei Jugendlichen von 14 bis 18 Jahren liefert die Tabelle in der Abbildung.

a) Weisen Sie nach, dass die Merkmale „nimmt regelmäßig Frühstück ein (F)“ und „ist übergewichtig (Ü)“ stochastisch abhängig sind.

b) Könnten Sie nach dieser Untersuchung einem übergewichtigen Jugendlichen zur Gewichtsabnahme empfehlen, regelmäßig zu frühstücken?

c) Ein Arzt empfiehlt, sportlich aktiv zu sein. Welchen Einfluss könnte dies auf das regelmäßige Frühstücken und das Gewicht haben?

Basiswissen

Stochastische Abhängigkeit und Kausalität

Gilt für zwei Ereignisse A und B, dass $P(B|A) \neq P(B)$, so nennen wir die Ereignisse A und B stochastisch abhängig. Das Eintreten des Ereignisses A hat Einfluss auf die Wahrscheinlichkeit, mit der das Ereignis B eintritt.
Häufig ist die wichtigste Frage in den unterschiedlichsten Wissenschaften, der Geschäftswelt, ja sogar im täglichen Leben jedoch die Frage nach dem Zusammenhang von Ursache und Wirkung, d.h. nach dem kausalen Zusammenhang.
Eine **stochastische Abhängigkeit** ist i. A. schwächer als eine **kausale Abhängigkeit**. Liegt keine kausale Abhängigkeit zwischen A und B vor, so können diese dennoch stochastisch abhängig sein.

Die stochastische Abhängigkeit kann ein Indiz für eine kausale Abhängigkeit sein, muss aber nicht. Es kann sich auch um einen indirekten Zusammenhang zwischen A und B über eine dritte oder weitere **versteckte Variablen** handeln. Die Möglichkeit indirekter Zusammenhänge durch „versteckte" Variablen sollte bei der Interpretation von statistischer Abhängigkeit nicht voreilig ausgeschlossen werden. Bei betriebs- oder volkswirtschaftlichen Fragestellungen finden sich derartige „Hintergrundzusammenhänge" in der Praxis sogar recht häufig.

Beispiele

C Stochastische Abhängigkeit und dennoch kausal unabhängig

Zwei Würfel werden nacheinander geworfen. Weisen Sie nach, dass die Ereignisse A: Erster Wurf ist eine 6" und B: „Augensumme ist 8" stochastisch abhängig sind. Besteht zwischen den Ereignissen A und B ein kausaler Zusammenhang?

Lösung

$P(A) = \frac{1}{6}$; $P(B) = \frac{5}{36}$; $P(A \cap B) = \frac{1}{36} \neq P(A) \cdot P(B) = \frac{1}{6} \cdot \frac{5}{36} = \frac{5}{216}$

Die Ereignisse A und B sind stochastisch abhängig.
Die beiden Ereignisse sind jedoch kausal unabhängig, da der Wurf mit dem ersten Würfel keinen Einfluss auf den Wurf mit dem zweiten Würfel und damit auf die Summe hat.

Übungen

16 Schuhgröße und Lesefertigkeit

a) Zeigen Sie, dass Lesefertigkeit und Schuhgröße bei Grundschulkindern stochastisch abhängig sind.
b) Welche „versteckte" Variable könnte die stochastische Abhängigkeit erklären?

	Lesen gut	Lesen weniger gut	
Schuhgröße ≤ 30	61	53	114
Schuhgröße > 30	93	38	131
	154	91	245

17 Ursache und Wirkung.

Klären Sie die folgende scheinbar überraschende Tatsache auf.
„Ein norwegischer Arzt erhob über mehrere Jahre Daten über das Beißverhalten von Pferden. Die Daten belegen überzeugend, dass Pferde, wenn sie zubeißen, mit großer Vorliebe Mädchen beißen." Was meinen Sie?

Grundwissen

1. Widerlegen Sie anhand eines Zahlenbeispiels, dass die Gleichung $\sqrt{a^2 + b^2} = a + b$ allgemein gilt.
   Gibt es ein Zahlenpaar a und b, das die Gleichung dennoch erfüllt?
2. Quadratische Gleichungen
   a) Wie viele Lösungen kann eine quadratische Gleichung haben?
   b) Lösen Sie die quadratische Gleichung $x^2 - 6x + 18 = 0$

Exkurs

Eine Fallstudie – „Der Fall Sally Clark“

England, im Dezember 1996. Christopher Clark, elf Wochen alt, liegt tot in seinem Bettchen. Diagnose: plötzlicher Kindstod. Bald darauf, im November 1997, bekommen die Eltern Sally und Steve Clark wieder ein Baby. Doch auch Harry stirbt früh, im Alter von acht Wochen.

Sally Clark wurde 1999 wegen Mordes an zwei ihrer Kinder zu einer lebenslangen Freiheitsstrafe verurteilt. Die erste Diagnose für den Tod der beiden Kinder war „plötzlicher Kindstod“ (SIDS – sudden infant death). Damit bezeichnet man das unerwartete und nicht erklärliche Versterben eines Kleinkindes unter einem Jahr. In Deutschland starben im Jahre 2008 ca. 215 Kleinkinder an plötzlichem Kindstod. Obwohl man einige Risikofaktoren identifiziert hat, sind die Gründe für den plötzlichen Kindstod weitgehend unbekannt.

Sally Clark wurde verurteilt aufgrund eines Gutachtens. Ein wichtiges Argument, das die Anklage in den Prozess einbrachte, basiert auf der Grundlage eines Gutachtens von Sir Roy Meadow, einem renommierten Kinderarzt und Experten für Kindesmissbrauch. Dr. Meadow führte an, dass die Wahrscheinlichkeit, dass zufällig zwei Kinder in derselben Familie an SIDS sterben, außerordentlich gering ist und dass daher Mord eine erheblich plausiblere Erklärung für den Tod der beiden Kinder sei. Dr. Meadows argumentierte:
„Aus epidemiologischen Studien kann man herleiten, dass die Wahrscheinlichkeit, dass ein Kind am plötzlichen Kindstod verstirbt, $\frac{1}{8543}$ ist. Die Wahrscheinlichkeit, dass zwei Kinder in der gleichen Familie an SIDS sterben, ist demzufolge $\frac{1}{8543} \cdot \frac{1}{8543}$, d.h. ungefähr 1 zu 73 Millionen; eine verschwindend kleine Wahrscheinlichkeit.“

Die Jury folgte der Argumentation des Gutachters und verurteilte Sally Clark wegen Mordes zu lebenslanger Haft im Gefängnis. Die originalen Worte des Richters über die Rolle der Statistik in diesem Fall: “... although we do not convict people in these courts on statistics ... the statistics in this case do seem compelling.”

Aufgaben

18 Falsch angewandte Statistik

a) Überprüfen Sie die Berechnung von Dr. Meadows. Wovon ging er bei seinen Berechnungen aus? Würdigen Sie die Argumentation von Dr. Meadows kritisch.

Sally Clarks Verfahren wurde wieder aufgenommen, nicht zuletzt wegen festgestellter fehlerhafter Annahmen und Folgerungen von Dr. Meadows. Eine der fehlerhaften Annahmen haben Sie sicher in Teilaufgabe a) entdeckt. Sally Clark wurde in einem Berufungsverfahren freigesprochen und 2003 aus dem Gefängnis entlassen. Sie verstarb aber bereits im März 2007 im Alter von nur 43 Jahren, vermutlich wegen einer Alkoholerkrankung, die ihre Familie auf den Stress wegen der Gerichtsverhandlungen und dem Gefängnisaufenthalt zurückführte.

b) Beurteilen Sie selbst, welche Bedeutung die Wahrscheinlichkeitsrechnung in Gerichtsverfahren haben sollte. Diskutieren Sie die Problematik in Ihrem Mathematikkurs.

c) Sollten Sie mehr über den Fall „Sally Clark“ wissen wollen, dann recherchieren Sie im Internet.

Aufgaben

19 Dunkelfeldforschung

Häufig werden kriminelle Delikte nicht aufgedeckt und man muss davon ausgehen, dass man bei einer entsprechenden Befragung keine wahre Antwort bekommt. Es gibt also eine gewisse Dunkelziffer von strafbaren Handlungen, die nicht ans Tageslicht kommen. Um sich dennoch einen Überblick über die Dunkelziffer z. B. von Schwarzfahrern in einem öffentlichen Verkehrsverbund zu verschaffen, führt ein Kriminologe eine Befragung von 600 zufällig ausgewählten Personen nach dem folgenden Verfahren durch:

> Die interviewte Person würfelt in einer Kabine, die nicht eingesehen werden kann, mit einem Würfel. Wirft die Person eine „1", dann **muss** sie die nachfolgende Frage **wahrheitsgemäß** beantworten:
> *Haben Sie schon einmal absichtlich ein öffentliches Verkehrsmittel ohne gültigen Fahrschein benutzt?*
> ja ☐ nein ☐
> Würfelt die Person keine „1", dann **muss** sie bei der Beantwortung der Frage **lügen**.

Es sei h der Anteil der Schwarzfahrer.

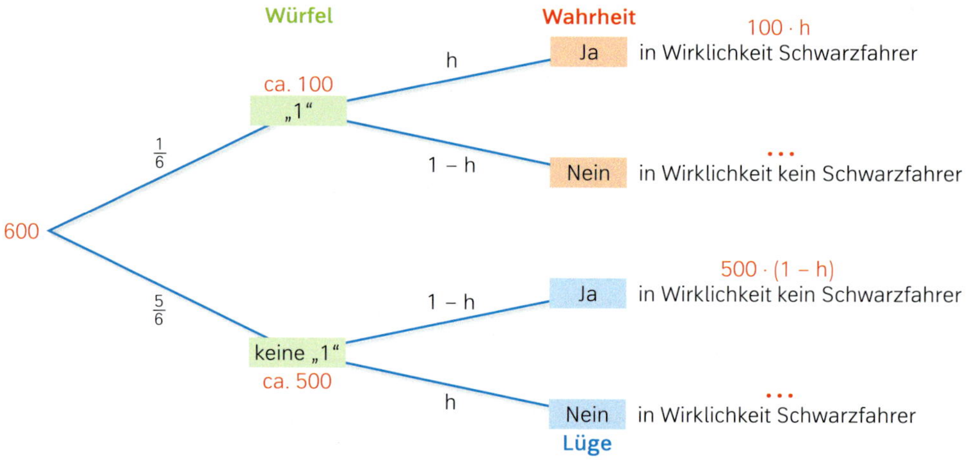

a) Erläutern Sie, inwiefern das oben beschriebene Befragungsverfahren dabei hilft, die Dunkelziffer der Schwarzfahrer zu erfassen. Mit welchen Schwierigkeiten wäre bei einer direkten Befragung zu rechnen?

b) Begründen Sie, warum der Anteil der „Ja"-Antworten folgendermaßen berechnet werden kann:
$h(\text{„Ja"}) = \frac{1}{6} \cdot h + \frac{5}{6} \cdot (1 - h)$

c) Angenommen, die Anzahl der „Ja"-Antworten bei der Untersuchung beträgt 305. Schätzen Sie mit dieser Angabe den Anteil der Personen, die schon einmal absichtlich schwarzgefahren sind. Mit welchen Unsicherheiten ist dieser Schätzwert behaftet?

d) Berechnen Sie einen Schätzwert für den Anteil an Schwarzfahrern unter der Annahme, dass von 1000 zufällig ausgewählten Fahrgästen 61 % die Antwort „Ja" ankreuzten. Würden Sie dieser Statistik mehr trauen?

e) Man könnte das Befragungsverfahren noch ändern, indem man das vorgeschaltete Würfelexperiment variiert.
- Warum funktioniert die folgende Würfel-Variante nicht: Die Wahrheit sagen bei „Augenzahl gerade" und Lügen bei „Augenzahl ungerade"?
- Untersuchen Sie mittels einer Simulation, ausgehend von einem bekannten Anteil h an Schwarzfahrern, welche vorgeschalteten Zufallsexperimente möglichst sichere Schätzwerte für den wirklichen Anteil der Schwarzfahrer liefern.

9.3 Zufallsgrößen und Wahrscheinlichkeitsverteilung

Aufgaben

1 **Rubbellose**

Bei einer Rubbelloslotterie werden 2 000 000 Rubbellose verkauft. Laut Gewinnplan werden die folgenden Beträge mit den angegebenen Häufigkeiten ausgezahlt.

Auszahlung in €	5 000	1 000	40	20	10	4	2	1
Häufigkeit	4	152	620	2 000	20 000	30 000	160 000	200 000

a) Erstellen Sie eine Tabelle mit den Gewinnwahrscheinlichkeiten der einzelnen Beträge. Diese Tabelle stellt die Wahrscheinlichkeitsverteilung der Gewinne dar.

b) Berechnen Sie die Wahrscheinlichkeit, mit einem Los mindestens 40 € zu gewinnen.

c) Berechnen Sie, welcher Betrag insgesamt ausgeschüttet wird und wie groß der Gewinn der Lottogesellschaft ist. Gehen Sie dabei davon aus, dass alle Lose zu einem Preis von 1 € verkauft werden.

2 **Gleiches Spielgerät – verschiedene Spiele**

Beim Wurf mit zwei Würfeln wird

a) die Augensumme,

b) die höchste der beiden Augenzahlen,

c) der Betrag der Differenz der Augenzahlen protokolliert.

Was ist jeweils die Ergebnismenge (Menge der möglichen Ergebnisse)? Geben Sie die zugehörige Wahrscheinlichkeitsverteilung (die Wahrscheinlichkeiten, mit denen die jeweiligen Ergebnisse eintreten) in tabellarischer Form an. Stellen Sie die Wahrscheinlichkeitsverteilung grafisch dar.

3 **Wahrscheinlichkeitsverteilungen**

Das Glücksrad wird gedreht. In der Tabelle ist die Wahrscheinlichkeitsverteilung der möglichen Ergebnisse dargestellt.

Ergebnis	1	2	3
p	0,25	0,15	0,75

a) Woran erkennen Sie auf den ersten Blick, dass die angegebene Wahrscheinlichkeitsverteilung nicht stimmen kann? Korrigieren Sie die Fehler.

b) Bei einer Wohltätigkeitsveranstaltung werden drei dieser Glücksräder gleichzeitig gedreht. Gewinnen kann man nach dem folgenden Plan:
- 3-mal die 3: 2 € Auszahlung
- 3-mal die 1: 10 € Auszahlung
- 3-mal die 2: 50 € Auszahlung

Berechnen Sie die Wahrscheinlichkeiten der Auszahlungen und stellen Sie diese in einer Tabelle dar.

Auszahlung	2 €	10 €	50 €
p	■	■	■

c) Angenommen, Sie spielen das Spiel mit den drei Glücksrädern 1000-mal. Welcher Betrag wird dabei ungefähr ausgeschüttet und welcher Geldbetrag wird im Mittel pro Spiel ausgeschüttet?

Basiswissen

Zufallsgröße

Es gibt viele Zufallsversuche, deren Ergebnisse mit reellen Zahlen dargestellt werden. Unter der Zufallsgröße X versteht man eine Variable, die als Wert eine der betreffenden reellen Zahlen annimmt, je nachdem, wie der Versuch ausgeht.
Die Zufallsgröße X ordnet jedem Ergebnis des betreffenden Zufallsexperimentes eine Zahl zu. In dem Münzwurfbeispiel ist es eine diskrete Zufallsgröße.
Bei diskreten Zufallsgrößen kann man die möglichen Werte aufzahlen, die die Zufallsgröße X annehmen kann.

Drei Münzen werden gleichzeitig geworfen. Zufallsgröße X: Anzahl von „Kopf".

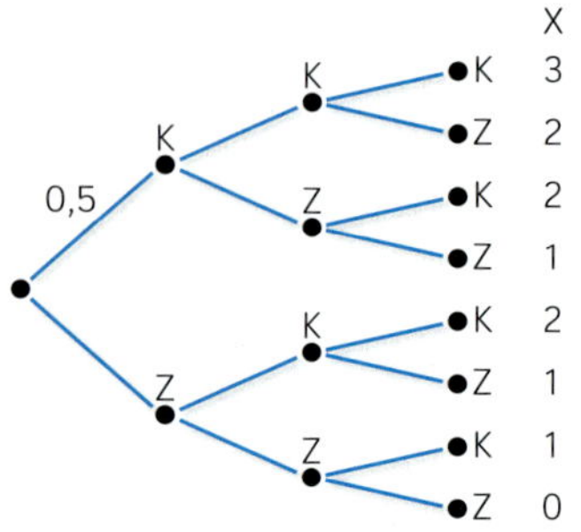

X: 0, 1, 2 oder 3 annehmen

Wahrscheinlichkeitsverteilung einer Zufallsgröße

Für diskrete Zufallsgrößen X gilt: Ordnet man jedem Wert x_i, der Zufallsgröße X annimmt, die Wahrscheinlichkeit zu, mit der er auftritt, so nennt man die Zuordnung $x_i \rightarrow P(X = x_i) = p_i$ **Wahrscheinlichkeitsverteilung** der Zufallsgröße X.

x_i	x_1	x_2	...	x_n
$P(X = x_i)$	p_1	p_2	...	p_n

Es gilt $p_1 + p_2 + ... + p_n = 1$

Wahrscheinlichkeitsverteilung

x_i	0	1	2	3
$P(X = x_i)$	$\frac{1}{8}$	$\frac{3}{8}$	$\frac{3}{8}$	$\frac{1}{8}$

Diagramm

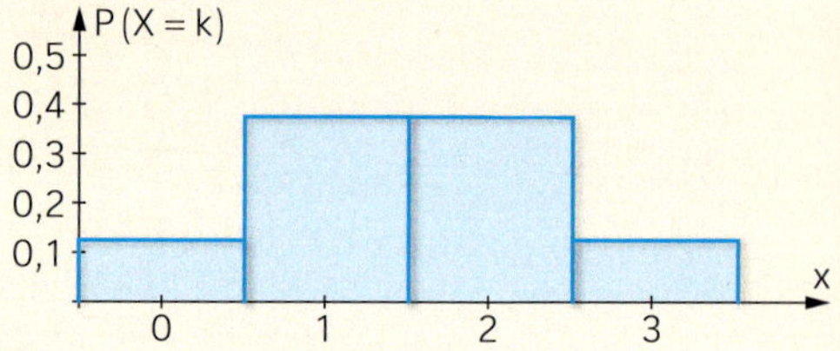

Beispiele

A Verschiedene Würfel

Zwei Tetraeder-Würfel werden geworfen. Für ein Spiel kommt es auf das Produkt der Augenzahlen an. Die Zufallsgröße X ist das Produkt der Augenzahlen.

a) Welche Werte kann die Zufallsgröße X annehmen?

b) Berechnen Sie die Wahrscheinlichkeitsverteilung der Zufallsgröße X und stellen Sie diese grafisch dar.

Lösung

a) Mögliche Werte der Zufallsgröße X: 1, 2, 3, 4, 6, 8, 9, 12, 16

b) mögliche Ergebnisse

·	1	2	3	4
1	1	2	3	4
2	2	4	6	8
3	3	6	9	12
4	4	8	12	16

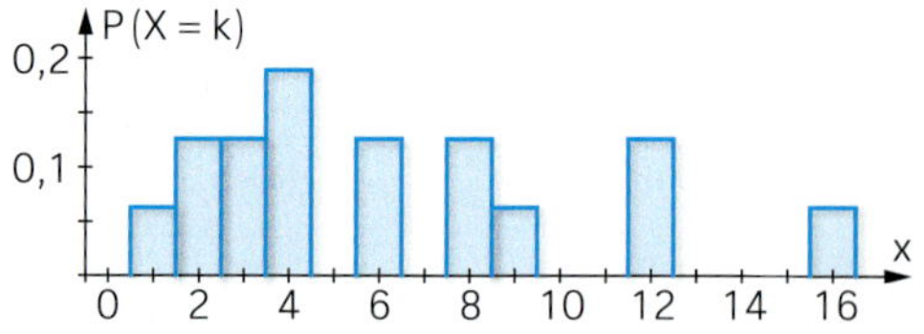

Wahrscheinlichkeitsverteilung

X	1	2	3	4	6	8	9	12	16
p	$\frac{1}{16}$	$\frac{2}{16}$	$\frac{2}{16}$	$\frac{3}{16}$	$\frac{2}{16}$	$\frac{2}{16}$	$\frac{1}{16}$	$\frac{2}{16}$	$\frac{1}{16}$

Werkzeug

Wahrscheinlichkeitsverteilung mit GTR darstellen

Beispiel: Wahrscheinlichkeitsverteilung aus Beispiel A

- Die möglichen Werte der Zufallsgröße (L1) und die zugehörigen Wahrscheinlichkeiten (L2) in Listen eintragen.
- Fenster in 0,5-er Schritten skalieren, damit die Säulen mittig über der Skalierung erscheinen sollen.

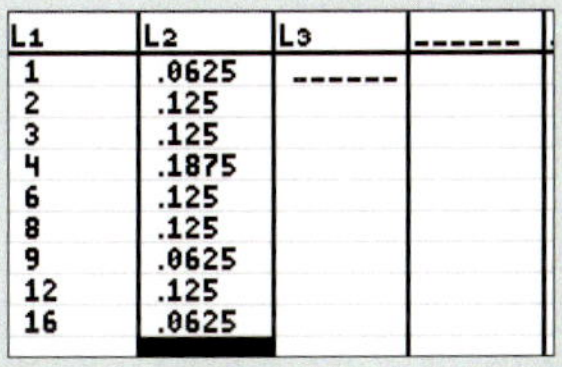

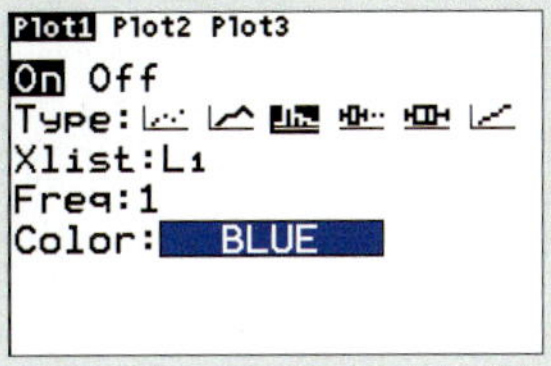

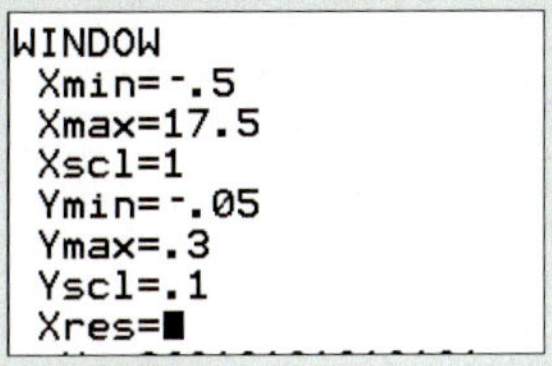

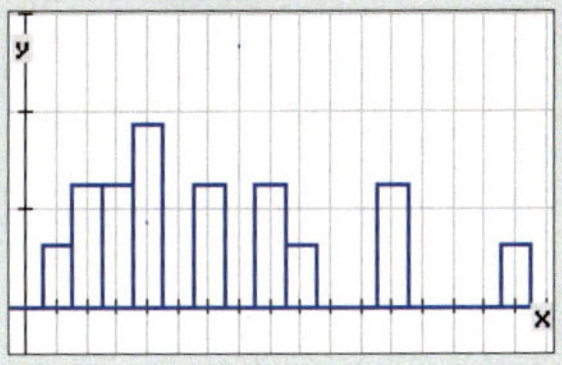

Übungen

4 Wahrscheinlichkeitsverteilungen

Eine Münze wird geworfen:

a) einmal b) zweimal c) dreimal c) viermal

Die Zufallsgröße X ist jeweils die Anzahl von „Kopf". Ermitteln Sie jeweils die Wahrscheinlichkeitsverteilung und stellen Sie diese grafisch dar.

5 Kartenspiel

Beim Skat (Kartenspiel mit 32 Karten) haben die Karten einen Wert gemäß der Tabelle.

Karte	7	8	9	10	Bube	Dame	König	As
Wert	0	0	0	10	2	3	4	11

Eine Karte wird gezogen. Stellen Sie die Wahrscheinlichkeitsverteilung des Wertes der gezogenen Karte tabellarisch und grafisch dar.

6 Fehler entdecken

Woran können Sie auf den ersten Blick entdecken, dass etwas an der Wahrscheinlichkeitsverteilung in der Abbildung nicht stimmen kann?

Gewinnplan

Gewinn/ Verlust	10€	5€	2€	−2€
p	0,05	0,1	0,2	0,5

7 Würfeln

Bei einem Glücksspiel setzt man 5€ und würfelt dann mit drei Würfeln. Zeigen alle drei Würfel die Augenzahl Sechs, so erhält man 20€, zeigen genau zwei Würfel die Zahl Sechs, so erhält man 15€, zeigt genau ein Würfel die Zahl Sechs, so erhält man 10€ ausgezahlt. Die Zufallsgröße X ist der Reingewinn, d.h. der ausgezahlte Betrag – Einsatz. Stellen Sie die Wahrscheinlichkeitsverteilung der Zufallsgröße X grafisch dar.

Grundwissen

1. a) Ergänzen Sie die beiden Vektoren so, dass $\vec{a} = \begin{pmatrix} 6 \\ 8 \\ -3 \end{pmatrix}$ und $\vec{b} = \begin{pmatrix} 3 \\ y \\ z \end{pmatrix}$ parallel sind.
   b) Berechnen sie die Länge der beiden Vektoren.
2. Lagebeziehungen von Geraden im Raum
   a) Welche Lagebeziehung können zwei Geraden im Raum zueinander haben?
   b) Angenommen Sie wissen von zwei Geraden im Raum bereits, dass Sie parallel sind. Wie stellen Sie fest, ob beide Geraden sogar identisch sind?

Aufgaben

8 **Oktaeder-Würfel**

Zwei Oktaederwürfel werden gleichzeitig geworfen. Die Zufallsgröße X ist der Betrag der Differenz der beiden Augenzahlen.

a) Ergänzen Sie die Tabelle der Wahrscheinlichkeitsverteilung der Zufallsgröße X.

Betrag der Differenz	0	1	2	3	4	5	6	7
Wahrscheinlichkeit	$\frac{8}{64}$							

b) Stellen Sie die Wahrscheinlichkeitsverteilung der Zufallsgröße X grafisch dar.

9 **Haustiere – Diagramm auswerten**

In einer Umfrage wurde in allen Haushalten nach der Anzahl der Haustiere gefragt. Das Diagramm stellt das Ergebnis der Befragung dar.
Angenommen, einer der Haushalte wird zufällig ausgewählt. Wie groß ist die Wahrscheinlichkeit, dass in diesem Haushalt zwei oder mehr Haustiere gehalten werden?

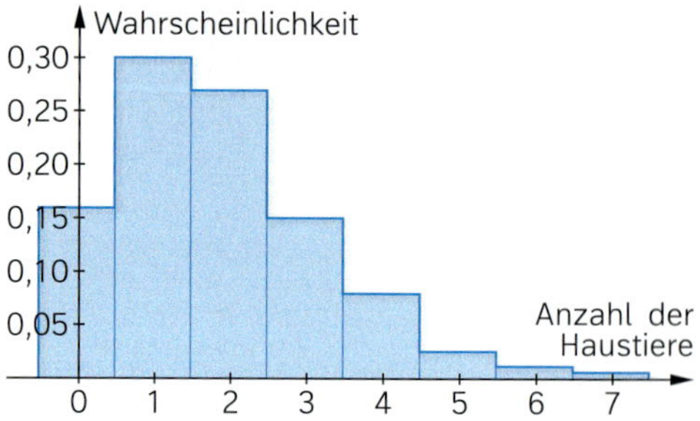

10 **Multiple-Choice-Test**

Ein Multiple-Choice-Test besteht aus Fragen mit je drei Auswahlantworten, von denen stets genau eine richtig ist.
Angenommen:
Test A besteht aus zwei Fragen,
Test B besteht aus drei Fragen und
Test C besteht aus vier Fragen.
Im Baumdiagramm sind die möglichen Ergebnisse (Antworten sind richtig (R) oder falsch (F)) des Tests C mit vier Fragen dargestellt.

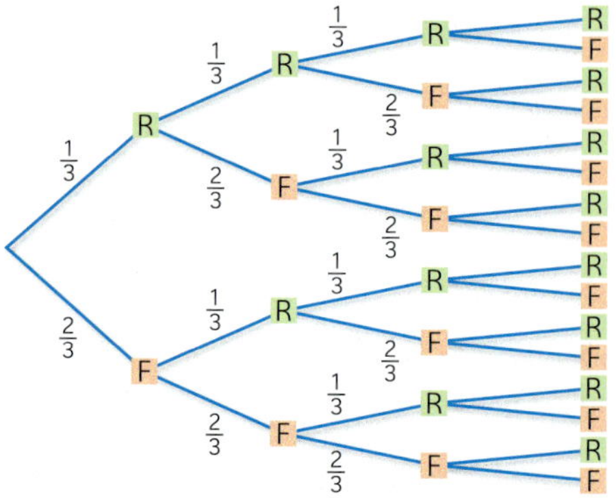

a) Schreiben Sie alle möglichen Ergebnisse für die drei verschiedenen Tests auf.

b) Die Zufallsgröße X ist jeweils die Anzahl der richtigen Antworten.
Ordnen Sie für die drei verschiedenen Tests die Ergebnisse dem betreffenden Wert der Zufallsgröße X zu.

Werte von X für Test A	0	1	2
möglichen Ergebnisse	FF	FR, RF	RR

Ergänzen Sie die entsprechende Zuordnung für den Test B und die für den Test C.

c) Angenommen, die Testperson kreuzt zufällig eine Antwort pro Frage an. Mit dieser Annahme kann man die Wahrscheinlichkeitsverteilung der Zufallsgröße X berechnen. In der Tabelle ist die Wahrscheinlichkeitsverteilung für X bei Multiple Choice Test A dargestellt. Ergänzen Sie entsprechend für Test B und C.

Anzahl der Fragen \ Richtige Antworten	0	1	2	3	4
2	$\left(\frac{2}{3}\right)^2$	$2 \cdot \left(\frac{1}{3}\right) \cdot \left(\frac{2}{3}\right)$	$\left(\frac{1}{3}\right)^2$	–	–
3	■	■	$3 \cdot \left(\frac{1}{3}\right)^2 \cdot \left(\frac{2}{3}\right)$	■	–
4	■	■	■	■	■

d) Stellen Sie die drei Wahrscheinlichkeitsverteilungen in einem Histogramm dar.

9.4 Kenngrößen: Erwartungswert und Standardabweichung

Aufgaben

1 Ein einfaches Glücksspiel

Beide Glücksräder werden gedreht. Der ausgezahlte Geldbetrag ist die Summe beider Glückszahlen.

a) Die Zufallsgröße X ist der ausgezahlte Geldbetrag. Welches sind die möglichen Werte für X?

b) Ergänzen Sie das Baumdiagramm, indem Sie alle Ergebnisse des Glücksspiels angeben. Stellen Sie die Wahrscheinlichkeitsverteilung der Auszahlungssumme tabellarisch und grafisch dar.

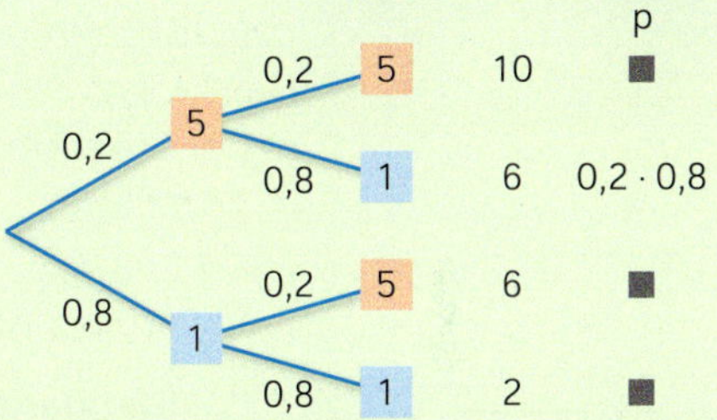

c) Angenommen, das Glücksspiel wird 160-mal gespielt. Berechnen Sie den Mittelwert und die Standardabweichung der ausgezahlten Gewinnsumme pro Spiel (siehe Kompendium Mittelwert und Standardabweichung). Was würden Sie als Einsatz pro Spiel vorschlagen, wenn das Spiel „fair“ sein soll?

2 Ein einfaches Modell zur Berechnung der Versicherungsprämie

LSF-Versicherung
Unser neues Premium-Angebot:
Leistungs-Secure-Fahrradversicherung
Bei jedem polizeilich gemeldeten Diebstahl erstatten wir 800€.

Ein Mathematiker berechnet bei einer Versicherungsgesellschaft die Prämie für die Leistungs-Secure-Fahrradversicherung (LSF). Diese zahlt im Falle, dass das Fahrrad gestohlen wird, 800€ aus. Mithilfe einer Statistik erstellt der Versicherungsmathematiker die folgende Tabelle:

Ereignis	Leistung	Wahrscheinlichkeit
kein Diebstahl	0 €	0,9474
Diebstahl	800 €	0,0526

a) Schlagen Sie der Geschäftsleitung eine Prämie vor und begründen Sie diesen Vorschlag. Denken Sie daran, dass in der Geschäftsleitung kein Mathematiker ist.

b) Was halten Sie persönlich von einer solchen Versicherung?

3 „E-Reader“

Die Geschäftsleitung einer Firma will entscheiden, welche der beiden E-Reader-Modelle A oder B sie herstellen und vertreiben soll. Die Marketingabteilung hat durch eine Marktanalyse die folgenden Daten gefunden. Wie würden Sie entscheiden?

A: Entwicklungskosten 1,5 Millionen
Projektierte Einnahmen:

Wahrscheinlichkeit	Nettoeinnahmen
20 %	5 Mio. €
45 %	3 Mio. €
25 %	2,5 Mio. €
10 %	0,25 Mio. €

B: Entwicklungskosten 2,5 Millionen
Projektierte Einnahmen:

Wahrscheinlichkeit	Nettoeinnahmen
10 %	6 Mio. €
40 %	5 Mio. €
30 %	2 Mio. €
20 %	0,5 Mio. €

Basiswissen

Erwartungswert μ (X)

Der **Erwartungswert** $\mu(X)$ einer Zufallsgröße X ist der Wert, bei dem sich die Zufallsgröße bei einer häufigen Wiederholung des Zufallsversuches im Mittel einpendelt.

Formel für den Erwartungswert:

$$\mu(X) = x_1 \cdot p_1 + x_2 \cdot p_2 + \ldots x_n \cdot p_n = \sum_{i=1}^{n} x_i \cdot p_i$$

Beispiel:
Drei Münzen werden geworfen.
Zufallsgröße X: Anzahl von „Kopf"

$$\mu = 0 \cdot \tfrac{1}{8} + 1 \cdot \tfrac{3}{8} + 2 \cdot \tfrac{3}{8} + 3 \cdot \tfrac{1}{8} = 1{,}5$$

Wahrscheinlichkeitsverteilung

x_i	0	1	2	3
$P(X = x_i)$	$\frac{1}{8}$	$\frac{3}{8}$	$\frac{3}{8}$	$\frac{1}{8}$

Der Erwartungswert μ der Zufallsgröße X ist 1,5. Bei diesem Wert pendelt sich die Anzahl von „Kopf" beim dreifachen Münzwurf im Mittel ein.

Standardabweichung σ (X)

Statt σ (X) kann man auch kurz σ schreiben.

Die **Standardabweichung** $\sigma(X)$ ist ein Maß für die Streuung der Zufallsgröße um den Erwartungswert μ.

$$\sigma(X) = \sqrt{(x_1 - \mu)^2 \cdot p_1 + (x_2 - \mu)^2 \cdot p_2 + \ldots\ldots (x_n - \mu)^2 \cdot p_n} = \sum_{i=0}^{n} (x_i - \mu)^2 \cdot p_i$$

Beispiel:
Standardabweichung für die Anzahl von Kopf beim dreifachen Münzwurf:

$$\sigma = \sqrt{(0 - 1{,}5)^2 \cdot \tfrac{1}{8} + (1 - 1{,}5)^2 \cdot \tfrac{3}{8} + (2 - 1{,}5)^2 \cdot \tfrac{3}{8} + (3 - 1{,}5)^2 \cdot \tfrac{1}{8}} = \sqrt{0{,}75} \approx 0{,}866$$

Die Standardabweichung beträgt $\sigma = 0{,}866$.

Als Streumaß findet auch gelegentlich die **Varianz** $V(X) = \sigma^2$ Verwendung.

Beispiele

A Glückszahlen

Ein Glücksrad mit 10 gleichgroßen Feldern von 0 bis 9 wird einmal gedreht. Kommt die Glückszahl 7, so erhält man 5 €, bei einer geraden Zahl 1 €, ansonsten bekommt man nichts ausgezahlt. Ermitteln Sie mit dem GTR den Erwartungswert und die Standardabweichung der Auszahlung.

Lösung:

Die Zufallsgröße X kann die Werte 0, 1 und 5 annehmen.
Die Wahrscheinlichkeitsverteilung:

x_i	0	1	5
$P(X = x_i)$	0,4	0,5	0,1

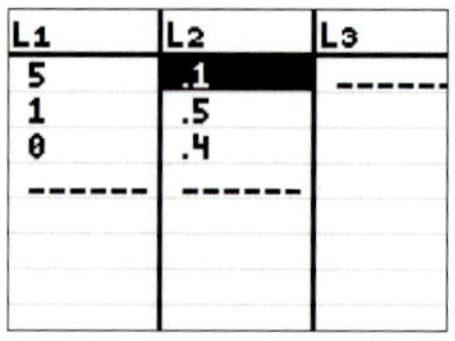

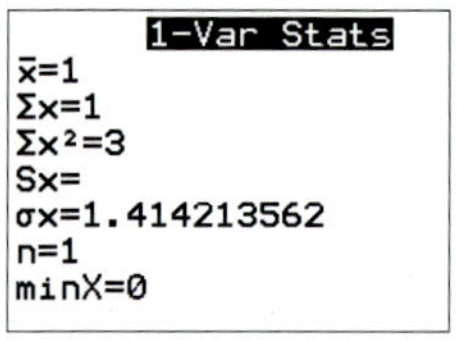

Erwartungswert $\mu = 0 \cdot 0{,}4 + 1 \cdot 0{,}5 + 5 \cdot 0{,}1 = 1$

Standardabweichung $\sigma = \sqrt{(0 - 1)^2 \cdot 0{,}4 + (1 - 1)^2 \cdot 0{,}5 + (5 - 1)^2 \cdot 0{,}1} = \sqrt{2} \approx 1{,}41$

Man kann im Mittel mit einer Auszahlung von 1 € rechnen, bei einer Standardabweichung von 1,41 €.

Beispiele

Bei einem Glücksspiel: Gewinn X = ausgezahlter Betrag – Einsatz

B **Vergleichen zweier Wahrscheinlichkeitsverteilungen**

Für das Spiel A sind $\mu = -0{,}2\,€$ und $\sigma = 1{,}6\,€$ die Kenngrößen der zugehörigen Wahrscheinlichkeitsverteilung des Gewinns. Berechnen Sie die Kenngrößen des Gewinns bei Spiel B und vergleichen Sie diese mit denen für Spiel A. Was stellen Sie fest? Welches Spiel ist für den Spieler interessanter und warum?

Spiel A *Einsatz:* 1 €

Glücksfeld	ausgezahlter Betrag
rot	4 €
blau	0 €

Spiel B *Einsatz:* 1 €

Mit einem Zufallszahlengenerator werden zweistellige Zufallszahlen von 00 bis 99 berechnet und auf einem Display ausgegeben.

Glückszahlen	ausgezahlter Betrag
66	50 €
11, 12, 21	5 €
22, 33, 44, 55	3 €
00, 88, 99	1 €
alle anderen Zahlen	0 €

Lösung:

Erwartungswert des Gewinns

Spiel A: $\mu = -0{,}2$

Berechnung für Spiel B:

x_i	$P(X = x_i)$	$x_i \cdot P(X = x_i)$
49	$\frac{1}{100}$	0,49
4	$\frac{3}{100}$	0,12
2	$\frac{4}{100}$	0,08
0	$\frac{3}{100}$	0
-1	$\frac{89}{100}$	−0,89
Summe	**1**	**−0,2**

Spiel B: $\mu = -0{,}2$

Standardabweichung des Gewinns

Spiel A $\sigma = 1{,}6$

Berechnung für Spiel B:

x_i	$P(X = x_i)$	$(x_i - \mu)^2$	$(x_i - \mu)^2 \cdot P(X = x_i)$
49	$\frac{1}{100}$	2420,64	24,2064
4	$\frac{3}{100}$	17,64	0,5292
2	$\frac{4}{100}$	4,84	0,1936
0	$\frac{3}{100}$	0,04	0,0012
-1	$\frac{89}{100}$	0,64	0,5696
Summe	**1**		**25,50**

Spiel B: $\sigma^2 = 25{,}50$; $\sigma = \sqrt{25{,}50} = 5{,}050$

Die Erwartungswerte stimmen überein. Auf lange Sicht verliert man bei beiden Spielen pro Spiel 0,20 €. Das Spiel B ist womöglich interessanter, da es verschiedene Gewinnmöglichkeiten gibt, u. a. eine mit einem besonders hohen Gewinn. Mathematisch macht sich dies in einer größeren Standardabweichung bei Spiel B bemerkbar.

Übungen

4 **Training: Kenngrößen einer Wahrscheinlichkeitsverteilung**

Berechnen Sie den Erwartungswert und die Standardabweichung der Wahrscheinlichkeitsverteilungen.

a)

x_i	1	2	3	4
$P(X = x_i)$	0,25	0,25	0,25	0,25

b)

x_i	−10	0	10	100
$P(X = x_i)$	0,5	0,18	0,3	0,02

Etwas für den GTR.

c)

x_i	0	1	2	3	4	5	6	7
$P(X = x_i)$	0,01	0,1	0,26	0,33	0,18	0,06	0,03	0,03

5 **Lotterien im Vergleich**

Die Wahrscheinlichkeitsverteilungen der Gewinne bei zwei Lotterien: A und B

(A)

Gewinn x_i	10000 €	5000 €	1000 €	1 €	0 €
$P(X = x_i)$	0,0005	0,0015	0,008	0,49	0,5

(B)

Gewinn x_i	20 €	1 €	0 €
$P(X = x_i)$	0,11	0,4	0,49

Berechnen Sie für beide Lotterien den Erwartungswert und die Standardabweichung. Vergleichen Sie. Welches Spiel wird Ihrer Meinung nach bevorzugt und warum?

Übungen

6 **Gezinkter Würfel**

Angenommen, die Wahrscheinlichkeitsverteilung der Augenzahlen bei einem gezinkten Würfel ist wie in der Tabelle dargestellt. Berechnen Sie den Erwartungswert der gewürfelten Augenzahl und deren Standardabweichung.

x_i	1	2	3	4	5	6
$P(X = x_i)$	0,2	0,1	0,1	0,1	0,1	0,4

7 **Versicherung (stark vereinfacht)**

Eine Versicherung gegen Elementarschäden kostet im Jahr 200 € und zahlt im Fall eines großen Schadens 100 000 € an den Hausbesitzer. Die Versicherung schätzt, dass ein entsprechender Schadensfall mit einer Wahrscheinlichkeit von 0,001 pro Jahr eintritt.
Zufallsgröße X = ausgezahlter Betrag – Versicherungsprämie (Einzahlung).
Berechnen Sie den Erwartungswert und die Standardabweichung der Zufallsgröße.

Einsatz:	*2 €*
Auszahlung:	
grünes Feld	*9 €*
lila Feld	*5 €*
oranges Feld	*2 €*
blaues Feld	*0 €*

8 **Fair oder nicht fair, das ist hier die Frage**

Bei diesem Glücksspiel soll es laut Glücksradbetreiber „besonders" fair zugehen.

a) Diskutieren Sie, was man unter einem fairen Spiel versteht.

b) Berechnen Sie den Erwartungswert des Gewinns (Gewinn = Auszahlung – Einsatz). Ist das Spiel fair?

Basiswissen

Faires Spiel

Ein Spiel nennt man fair, wenn keiner der am Spiel Beteiligten einen Vorteil hat, d. h. wenn auf lange Sicht die Auszahlung genau so groß ist wie der Einsatz.
Ein Spiel ist fair, wenn der Erwartungswert μ des Gewinns 0 ist.

Beispiele

C **Faires Spiel**

Bei einem Glückspiel werden zwei Würfel geworfen. Der Einsatz ist 3€.
Gewinnplan: Bei zweimal „Sechs" werden 13 € ausgezahlt, also ist der Gewinn 10 €,
bei genau einer „Sechs" werden 9 € ausgezahlt,
bei keiner „Sechs" ist der Einsatz verloren. Ist das Spiel fair?

Lösung:

Gewinn x_i	10 €	6 €	−3 €
P(„Gewinn")	$\frac{1}{36}$	$\frac{10}{36}$	$\frac{25}{36}$

$$\mu = \frac{1}{36} \cdot 10\,€ + \frac{10}{36} \cdot 6\,€ + \frac{25}{36} \cdot (-3\,€) = -0{,}14\,€$$

Das Spiel ist nicht fair, da der Spieler pro Spiel im Mittel 0,14 € verliert.

9 **Fairer Einsatz**

Aus der Urne werden zwei Kugeln mit zurücklegen gezogen. Sind beide Kugeln grün, dann werden 18 € ausgezahlt, sind beide blau, dann werden 6 € ausgezahlt, kommt zweimal rot, dann erhält man 2 €. Welchen Einsatz muss man fordern, damit das Spiel fair ist?

10 **Ein Würfelspiel**

Ein Schüler schlägt folgendes Spiel vor: „Wir würfeln mit zwei Würfeln. Ist die Summe der Augenzahlen gerade, dann erhalte ich von meinem Mitspieler 1 €, ist sie ungerade, dann muss ich 1 € zahlen."
Wieso könnte man meinen, dass dieses Spiel unfair ist? Überprüfen Sie Ihre Vermutung.

Übungen

11 **Roulette**

Beim Roulette gibt es verschiedene Möglichkeiten zu setzen. Man setzt entweder auf die Farben Rot („Rouge") oder Schwarz („Noir") - bei 0 gewinnt die Bank - oder auf eine Zahl von 0 bis 36. Es gilt:

- beim Setzen auf die richtige Farbe wird der doppelte Einsatz ausgezahlt;
- beim Setzen auf die richtige Zahl wird der 36-fache Betrag des Einsatzes ausgezahlt.

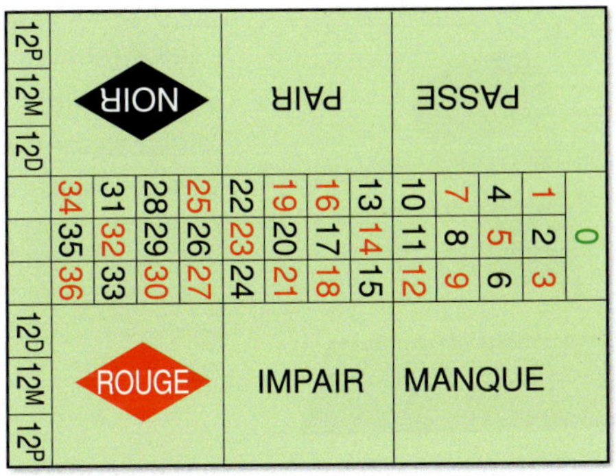

a) Vergleichen Sie den Erwartungswert des Nettogewinns, wenn Sie 10 € auf „Zahl" setzen mit dem, wenn Sie 10 € auf „Rouge" setzen.

b) Vergleichen Sie auch die jeweiligen Standardabweichungen der beiden Spielvarianten.

12 **Basketball**

Susanne ist eine begeisterte Basketballspielerin. Sie führt über ihre Wurferfolge genau Statistik. Mit dieser Statistik weiß sie, dass sie einen 2-Punkte-Wurf mit einer Wahrscheinlichkeit von 65 % trifft, einen 3-Punkte-Wurf mit einer Wahrscheinlichkeit von 40 %. Für welchen Wurf sollte sie sich entscheiden? Verwenden Sie als Entscheidungshilfe den Erwartungswert.

13 **Konzertkarten im Vorverkauf**

Im Vorverkauf kann man pro Bestellung bis zu 6 Karten erwerben. Aus der Erfahrung bei vergangenen ähnlichen Konzerten kennt die Vorverkaufsagentur die Wahrscheinlichkeitsverteilung der Anzahl der pro Bestellung georderten Karten.

Anzahl x_i	1	2	3	4	5	6
$P(X = x_i)$	0,1	0,4	0,1	0,25	0,1	0,05

a) Berechnen Sie den Erwartungswert μ und die Standardabweichung σ.

b) Wählen Sie aus, welche der Interpretationen im Zusammenhang mit dem Erwartungswert μ stehen:
(1) Die meisten Bestellungen belaufen sich auf 3 Karten.
(2) Bei zehn Bestellungen im Vorverkauf werden genau 30 Karten verkauft.
(3) Wenn man eine große Anzahl von Bestellungen „auswertet", so kann man feststellen, dass pro Bestellung im Mittel 3 Karten geordert werden.
Begründen Sie Ihre Entscheidung.

c) Geben Sie eine Interpretation der in Aufgabe a) berechneten Standardabweichung. Diskutieren Sie Ihre Interpretation in der Klasse und vergleichen Sie Ihre Interpretation mit anderen.

14 **PS-Sparen**

Achtung!
In vielen Gewinnspielen wie auch hier wird der ausgezahlte Betrag fälschlichweise Gewinn genannt.

Bei Sparkassen gibt es das sogenannte PS-Sparen: Man zahlt 5 € ein. Davon gehen 4 € auf das Sparkonto, von dem verbleibenden Euro kauft man ein Los und nimmt an einer Lotterie teil. Berechnen Sie anhand des Gewinnplans den Erwartungswert für einen Gewinn. Vergleichen Sie den Erwartungswert für den Gewinn mit dem Einsatz von 1 €.

Ihre Gewinne und Gewinnchancen

Gewinn	Wahrscheinlichkeit
2,50 €	0,1
5 €	0,01
25 €	0,002
500 €	0,0001
5000 €	0,00001
50 000 €	0,000001
250 000 €	0,0000001

Übungen

15 „Chuck a luck“ – ein faires Spiel?

„Chuck a luck“ (Glückswurf) ist ein einfaches Würfel-Glücksspiel, dass unter verschiedenen Namen weltweit bekannt ist. Die Spielregeln sind einfach. Zunächst setzt der Spieler seinen Einsatz (z. B. 1 €) auf eine Augenzahl seiner Wahl. Anschließend würfelt der Bankhalter mit drei Würfeln:

Je nachdem, ob ein, zwei oder sogar alle drei Würfel die gesetzte Augenzahl zeigen, gewinnt der Spieler seinen Einsatz einfach, doppelt oder dreifach; zeigt kein Würfel die gesetzte Augenzahl, so ist sein Einsatz verloren.

Applet eA-9.4-15

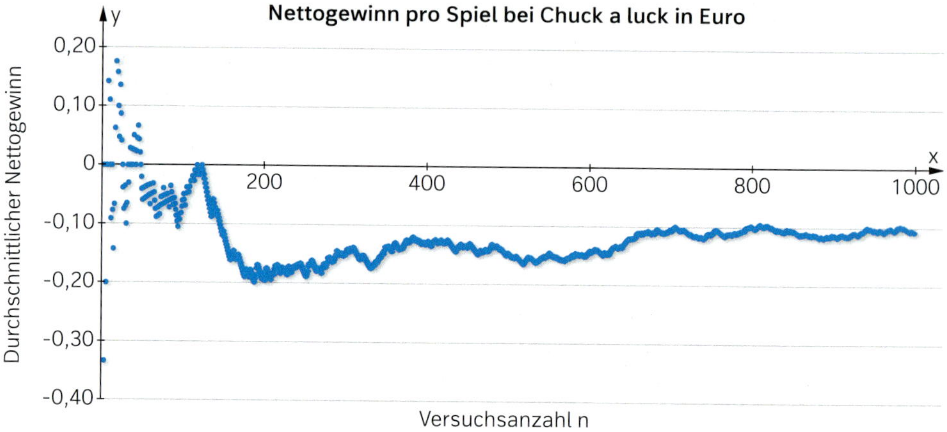

Interpretieren Sie die Grafik. Schätzen Sie den Gewinn pro Spiel beim „Chuck a luck“ mithilfe der Grafik. Sie können Ihre Schätzung mit dem Applet 8215 überprüfen. „Spielen“ Sie wiederholt 100-mal Chuck a luck und vergleichen Sie den jeweils ermittelten Nettogewinn pro Spiel.

16 Nochmals „Chuck a luck“

a) Was meinen Sie, handelt es sich bei „Chuck a luck“ um ein faires Spiel? Diskutieren Sie zunächst gemeinsam, was Sie unter einem „fairen Spiel“ verstehen.

b) Führt man eine Reihe von „Probespielen“ durch, so erhält man einen ersten Eindruck davon, wie „riskant“ das Glücksspiel ist. Spielen Sie dieses Spiel mit Ihrem Tischpartner jeweils zehnmal mit dem gleichen Einsatz (z. B. 1 €) und notieren Sie Ihre Gewinne und Verluste. Diskutieren Sie dann Ihre Ergebnisse.

c) Die Zufallsgröße X ist der Betrag, den man bei dem Spiel gewinnt bzw. verliert. Bei einem Einsatz von 1 € kann X die Werte – 1; 1; 2; 3 annehmen.
Für die Zufallsgröße X ergibt sich die folgende Wahrscheinlichkeitsverteilung:

x_i	-1	1	2	3
$P(X = x_i)$	$\frac{125}{216}$	$\frac{75}{216}$	$\frac{15}{216}$	$\frac{1}{216}$

Überprüfen Sie die Wahrscheinlichkeiten in der Tabelle und berechnen Sie den Erwartungswert. Vergleichen Sie diesen mit der Schätzung aus Übung 15.

17 Das empirische Gesetz der großen Zahl für Mittelwerte – zum Nachdenken

Das empirische Gesetz der großen Zahl für Mittelwerte konnten Sie bei der Aufgabe 15 beobachten, wenn Sie mit dem Applet wiederholt „Chuck a Luck“ simuliert haben. Begründen Sie dieses Gesetz durch Vergleich der Formel für den Mittelwert von Daten und mit derjenigen für den Erwartungswert einer Zufallsgröße.

Das empirische Gesetz der großen Zahlen für Mittelwerte
Bei einer langen Versuchsreihe pendelt sich der Mittelwert der Zufallsgröße X bei dem Erwartungswert E (x) ein.

Übungen

18 Gewinnspiel

> Hauptgewinn in unserer Lotterie ist ein kostenloser Aufenthalt in unserem Ferienclub von zwei bis sieben Tagen. Spielregel: Wenn Sie den Hauptgewinn gezogen haben, dürfen Sie solange würfeln, bis eine Augenzahl zum zweiten Mal fällt. Dann ist das Spiel beendet und die Anzahl der Würfe ist die Anzahl der gewonnenen Urlaubstage.

Der Ferienclub lässt das Gewinnspiel simulieren und ermittelt jeweils die Länge des zu gewinnenden Aufenthaltes. Die abgebildeten Häufigkeitsverteilungen stellen drei verschiedene 1000-fache Simulationen dar.

Länge der Reise					
2	3	4	5	6	7
148	271	280	200	90	11

Länge der Reise					
2	3	4	5	6	7
167	262	298	196	64	13

Länge der Reise					
2	3	4	5	6	7
151	280	166	202	88	13

Applet eA-9.4-18

a) Ermitteln Sie mit Hilfe der Simulationen die durchschnittliche Länge des Aufenthaltes.
b) Etwas für Theoretiker: Ermitteln Sie den Erwartungswert der Länge des zu gewinnenden Aufenthaltes theoretisch.

19 Wartungs- und Reparaturkosten

Ein Gerätehersteller bietet einen Wartungs- und Reparaturvertrag an. Wenn der Käufer diesen Vertrag abschließt, dann übernimmt der Hersteller im ersten Jahr nach der Auslieferung alle anfallenden Reparatur- und Wartungskosten. Der Gerätehersteller kalkuliert den Vertrag durch.
Die Tabelle zeigt die statistisch gewonnene Wahrscheinlichkeitsverteilung der Kosten.

bis 100 €	100 bis 200 €	200 bis 300 €	300 bis 400 €	400 bis 500 €	500 bis 600 €
41 %	19 %	17 %	12 %	8 %	3 %

a) Mit welchen Kosten muss der Hersteller im Mittel rechnen?
b) Den Preis für den Vertrag kalkuliert der Hersteller als Erwartungswert plus eine Standardabweichung. Berechnen Sie diesen Preis.
Wie groß ist die Wahrscheinlichkeit, dass die für den Hersteller anfallenden Kosten über diesem Preis liegen?

20 „Glücksspirale"

In der nebenstehenden Tabelle finden Sie eine Gewinnübersicht für die „Glücksspirale". Bei der Glücksspirale beträgt der Einsatz 5 €. Berechnen Sie den Erwartungswert für den Gewinn. Für die Rente verwenden Sie zur Vereinfachung einen Gegenwert von 1 000 000 €.
Berechnen Sie per Hand oder mit einem geeigneten Werkzeug auch die Standardabweichung.

Gewinn in €	Gewinnwahrscheinlichkeit
10	$\frac{1}{10}$
20	$\frac{1}{100}$
50	$\frac{1}{1000}$
500	$\frac{1}{10000}$
5 000	$\frac{1}{100000}$
100 000	$\frac{1}{500000}$
Rente	$\frac{1}{5000000}$

Grundwissen

1. a) Geben Sie die Funktionsgleichung einer Funktion 3. Grades in allgemeiner Form an.
   b) Begründen Sie, warum der Graph einer Funktion 3. Grades zwei oder keinen Extrempunkt hat, aber stets eine Wendestelle.
2. Berechnen Sie den Wendepunkt der Funktion $f(x) = x^3 - 6x^2 + 3x + 5$.

Aufgaben

21 Gruppentests

Bei Untersuchung von Körperflüssigkeiten und Gewebe auf selten auftretende Erkrankungen oder selten auftretende Inhaltsstoffe (z. B. Dopingmittel) kann man durch Gruppentests die Anzahl der Untersuchungen reduzieren.

a) *Einfaches Gruppentestverfahren für zwei Personen*

Die Blutproben von zwei verschiedenen Personen werden gemischt. Wenn man keine Erreger in der Mischung findet, dann sind beide Personen gesund. Findet man in der Mischung Krankheitserreger, dann werden beide Blutproben einzeln untersucht. Die Anzahl X der notwendigen Untersuchungen ist also 1 oder 3.

Angenommen, die Wahrscheinlichkeit p, mit der eine Person infiziert ist, sei bekannt. Dann kann man die Situation mit einem Baumdiagramm übersichtlich darstellen.

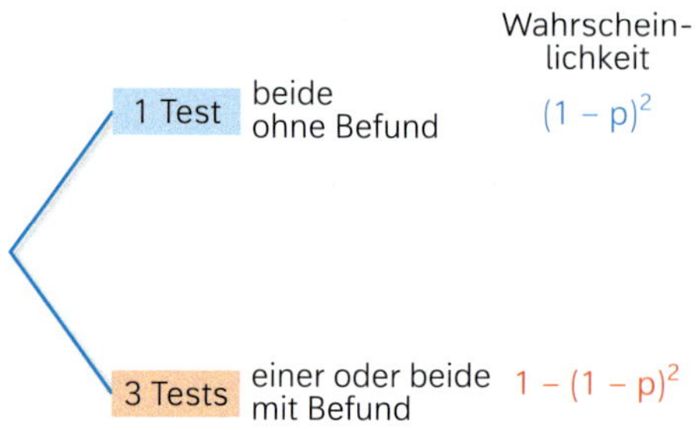

Erläutern Sie das Baumdiagramm und begründen Sie die Wahrscheinlichkeiten für die beiden auftretenden Fälle einer Untersuchung bzw. dreier Untersuchungen.

Nehmen Sie an, dass die Wahrscheinlichkeit $p = 0{,}05$ ist (5 % der Bevölkerung tragen den Erreger).

- Berechnen Sie den Erwartungswert der Anzahl der notwendigen Untersuchungen.
- Entwickeln Sie eine Formel für den Erwartungswert E(X) der Anzahl der Untersuchungen beim Paartest in Abhängigkeit von p.

b) *Gruppentest mit n Personen*

Blutproben von n verschiedenen Personen werden gemischt. Findet man keine Erreger in der Mischung, dann sind alle gesund. Wenn man in der Mischung Krankheitserreger findet, dann ist mindestens einer in der Gruppe „Träger des Erregers". In diesem Fall werden alle n Blutproben einzeln untersucht. Die Anzahl X der notwendigen Untersuchungen ist also 1 oder $n + 1$.

- Ändern Sie das Baumdiagramm in Teilaufgabe a) entsprechend ab.
- Zeigen Sie, dass der Erwartungswert E(X) der Anzahl der notwendigen Untersuchungen $E(X) = n + 1 - (1 - p)^n \cdot n$ ist.
- Begründen Sie mithilfe des Erwartungswertes, dass bei der Gruppenprüfung im Vergleich zur Einzelprüfung pro Person $(1 - p)^n - \frac{1}{n}$ Untersuchungen eingespart werden (sofern diese Zahl positiv ist).

c) *Forschungsaufträge*

Forschungsauftrag 1
Ermitteln Sie für $p = 0{,}05$ die Gruppengröße, die die größte Ersparnis an Untersuchungen pro Person ergibt.

Forschungsauftrag 2
Ermitteln Sie für verschiedene Wahrscheinlichkeiten, mit denen der Erreger in der Bevölkerung auftritt, jeweils die Gruppengröße für eine maximale Ersparnis pro Person.

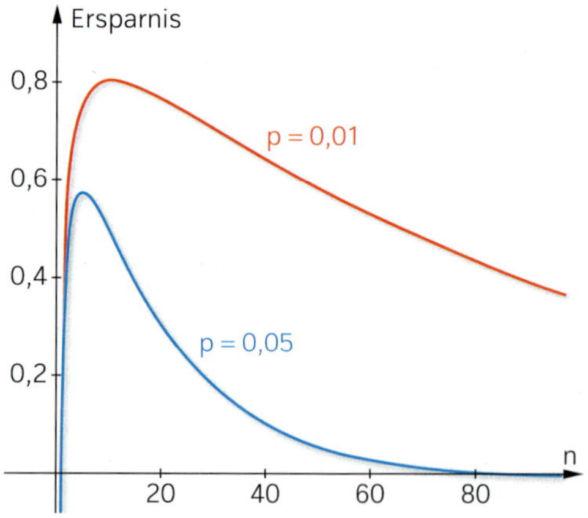

Ersparnis pro Person in Abhängigkeit von der Gruppengröße n

Bedingte Wahrscheinlichkeit P (B | A)

Wahrscheinlichkeit dafür, dass B eintritt, wenn A eingetreten ist.

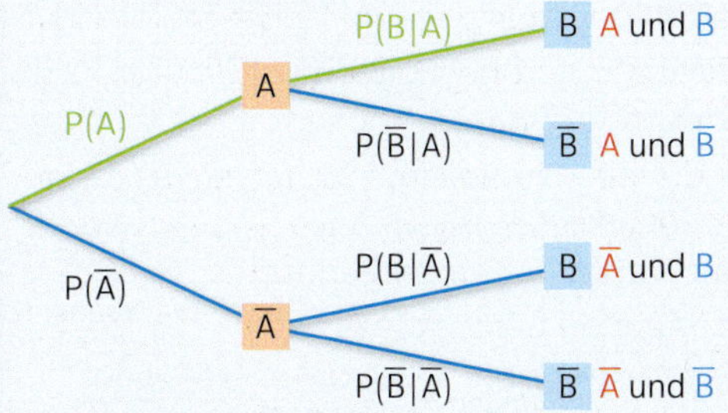

Multiplikationsregel

$P(A \text{ und } B) = P(A) \cdot P(B|A)$

Summenregel

$P(B) = P(A) \cdot P(B|A) + P(\overline{A}) \cdot P(B|\overline{A})$

Berechnung der bedingten Wahrscheinlichkeit

$P(B|A) = \frac{P(A \text{ und } B)}{P(A)}$; $P(A) \neq 0$

Bedingte Wahrscheinlichkeit und Vierfeldertafel mit absoluten/relativen Häufigkeiten

	A	$\overline{A}$	Summe
B	52 0,287	48 0,265	100 0,552
$\overline{B}$	65 0,359	16 0,088	81 0,448
Summe	117 0,466	64 0,354	181 1

$P(A) = \frac{117}{181} = 0{,}646$ $\quad P(B) = \frac{100}{181} = 0{,}553$

$P(A \text{ und } B) = \frac{52}{181} = 0{,}287$

$P(B|A) = \frac{52}{117} = 0{,}444$ $\quad P(A|B) = \frac{52}{100} = 0{,}52$

Stochastisch unabhängige Ereignisse

Ereignisse, bei denen die Eintrittswahrscheinlichkeit des einen Ereignisses nicht durch das Eintreten des anderen Ereignisses beeinflusst wird.
In diesem Fall gelten $P(A|B) = P(A)$, $P(B|A) = P(B)$ und $P(A \text{ und } B) = P(A) \cdot P(B)$.

Stochastisch abhängige Ereignisse

$P(A|B) \neq P(A)$ und $P(A \text{ und } B) \neq P(A) \cdot P(B)$

Check-up

1 Passwort

Angenommen, Sie haben die beiden letzten Ziffern Ihres Passwortes für Ihren Internetzugang vergessen.

a) Sie wählen zwei Ziffern zufällig aus. Wie groß ist die Wahrscheinlichkeit, dass die beiden Ziffern richtig sind?

b) Angenommen, Sie erinnern sich, dass beide Ziffern verschieden sind. Wie ändert das die Wahrscheinlichkeit, richtig zu raten?

2 Kugellager

Eine Firma stellt 60 % der Kugellager auf Maschine A und den Rest auf Maschine B her. 5 % der Kugellager von Maschine A und 2 % von Maschine B entsprechen nicht den Qualitätsanforderungen.

a) Stellen Sie die Daten in einem Baumdiagramm dar.

b) Welcher Anteil der insgesamt produzierten Kugellager entspricht den Qualitätsanforderungen?

c) Ein Kugellager wird untersucht. Es entspricht nicht den Qualitätsanforderungen. Wie groß ist die Wahrscheinlichkeit, dass dieses Kugellager auf der Maschine A produziert wurde?

3 Management

In einer Firma arbeiten 253 Angestellte. Davon sind 165 weiblich. 71 der weiblichen und 30 der männlichen Angestellten gehören dem Mittelmanagement an.

a) Stellen Sie die Daten in einer Vierfeldertafel dar.
Eine Personalakte wird nun zufällig ausgewählt.

b) Wie groß ist die Wahrscheinlichkeit, dass die zugehörige Person weiblich ist (dem Mittelmanagement angehört)?

c) Angenommen, die ausgewählte Akte ist die einer Mitarbeiterin. Wie groß ist die Wahrscheinlichkeit, dass die Mitarbeiterin dem Mittelmanagement angehört?

d) Angenommen, die Personalakte gehört zu einem Mitglied des Mittelmanagements. Wie groß ist die Wahrscheinlichkeit, dass die betreffende Person weiblich ist?

e) Sind die Ereignisse „gehört zum Mittelmanagement" und „ist weiblich" stochastisch unabhängig?

4 Stochastisch unabhängig

Petra und Peter sind des Öfteren montags krank. Laut Statistik des Schuljahres fehlt Petra mit einer Wahrscheinlichkeit von $\frac{1}{3}$ und Peter mit einer Wahrscheinlichkeit von $\frac{2}{5}$. Mit einer Wahrscheinlichkeit von $\frac{7}{15}$ fehlen beide montags im Unterricht. Überprüfen Sie die montäglichen Erkrankungen auf Unabhängigkeit.

5 Blutgruppen und Rhesusfaktor

In Deutschland haben 41 % aller Bürger die Blutgruppe 0 und 15 % aller Bürger sind Rhesus negativ. Angenommen, Blutgruppenzugehörigkeit und Rhesusfaktor sind unabhängig. Wie groß ist die Wahrscheinlichkeit, dass ein zufällig ausgewählter Deutscher die Blutgruppe 0 hat und Rhesus negativ ist?

Zufallsgröße

Unter der Zufallsgröße X versteht man eine Variable, die je nach dem Ausgang des Zufallsexperimentes eine reelle Zahl annimmt.

Wahrscheinlichkeitsverteilung einer Zufallsgröße (für diskrete Zufallsgrößen X): Ordnet jedem Wert, den die Zufallsgröße annimmt, die Wahrscheinlichkeit zu, mit der dieser auftritt: $x_i \to P(X = x_i)$

Dreifacher Münzwurf; X: Anzahl von „Kopf"

Wahrscheinlichkeitsverteilung von X

Tabelle

x_i	$P(X = x_i)$
0	$\frac{1}{8}$
1	$\frac{3}{8}$
2	$\frac{3}{8}$
3	$\frac{1}{8}$

Diagramm

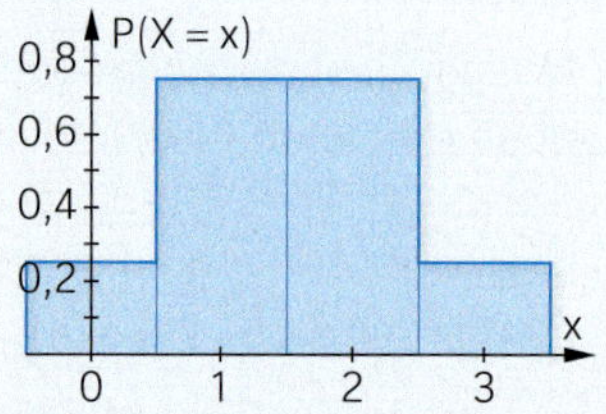

Kenngrößen

Der **Erwartungswert μ** ist der Wert, bei dem sich der Mittelwert der Zufallsgröße X bei einer sehr häufigen Wiederholung des Zufallsversuches einpendelt.

$\mu = x_1 \cdot P(X = x_1) + x_2 \cdot P(X = x_2) + \ldots + x_n \cdot P(X = x_n)$

Dreifacher Münzwurf; X: Anzahl von „Kopf"

$\mu = 0 \cdot \frac{1}{8} + 1 \cdot \frac{3}{8} + 2 \cdot \frac{3}{8} + 3 \cdot \frac{1}{8} = 1{,}5$

Die **Standardabweichung σ** ist ein Maß für die Streuung der Zufallsgröße X.

$\sigma = \sqrt{(x_1 - \mu)^2 \cdot P(X = x_1) + \ldots + (x_n - \mu)^2 \cdot P(X = x_n)}$

Dreifacher Münzwurf; X: Anzahl von „Kopf"

$\sigma = \sqrt{(0 - 1{,}5)^2 \cdot 0{,}125 + \ldots + (3 - 1{,}5)^2 \cdot 0{,}125} \approx 0{,}866$

Faires Spiel

Ein Spiel nennt man fair, wenn keiner der Spieler auf lange Sicht einen Vorteil hat. Dies bedeutet bei einem Spiel um Geld, dass der Erwartungswert für den Gewinn 0 € beträgt.
Gewinn: Ausschüttung – Einsatz

6 Wahrscheinlichkeitsverteilungen

Eine der beiden Wahrscheinlichkeitsverteilungen hat einen Fehler. Welche ist das und welchen Fehler erkennen Sie?

a)

x_i	0	1	2
$P(X = x_i)$	0,25	0,60	0,15

b)

x_i	0	1	2
$P(X = x_i)$	0,25	0,60	0,20

7 Kenngrößen berechnen

Berechnen Sie den Erwartungswert und die Standardabweichung der Zufallsgröße X.

x_i	0	1	2	3
$P(X = x_i)$	0,2	0,3	0,1	0,4

8 Wahrscheinlichkeitsverteilungen berechnen

Würden Sie sich auf das folgende Spiel einlassen?
Eine Karte wird von einem Kartenspiel mit 52 Karten gezogen. Ist es ein Herz-As, dann werden Ihnen 100 € ausgezahlt, ist es eine andere As-Karte, dann erhalten Sie 10 €. Für jede andere Herzkarte werden Ihnen 5 € ausgezahlt.
In allen anderen Fällen verlieren Sie Ihren Einsatz von 5 €.

a) Die Zufallsgröße X ist der Gewinn bei diesem Spiel. Welche Werte kann X annehmen?
b) Stellen Sie die Verteilung von X tabellarisch dar.
c) Berechnen Sie μ und σ.
d) Was meinen Sie, sollten Sie sich auf dieses Spiel einlassen? Begründen Sie Ihre Entscheidung.

9 Lotterie

Bei einer Lotterie werden eine Million Lose verkauft. Es gibt einen Preis zu 50 000 €, neun Preise zu je 5000 €, 90 Preise zu je 500 € und 900 Preise zu je 50 €.

a) Berechnen Sie den Erwartungswert für den Gewinn pro Los.
b) Berechnen Sie die erwarteten Gesamteinnahmen, wenn man 1 000 000 Lose zu je 0,50 € verkauft. Mit welchem Gewinn kann man in diesem Fall rechnen?

10 Taschengeld

Tinas Vater schlägt vor: „Für das wöchentliche Taschengeld würfelst du mit einem normalen Würfel. Für jeden Punkt auf der obenliegenden Seite erhältst du 10 €. Du kannst aber auch für jede Woche ohne Würfeln immer 20 € bekommen. Wie möchtest du es haben?" Wie wird sich Tina entscheiden?

11 Faires Spiel

In einer Urne sind eine rote und 9 schwarze Kugeln.
Es wird solange mit Zurücklegen gezogen, bis eine rote Kugel gezogen wird, aber höchstens dreimal.
Wird die rote Kugel im 1. Zug gezogen, so beträgt die Auszahlung 4 €. Wird die rote Kugel erst im 2. Zug gezogen, so werden 7 € ausgezahlt. Wird die rote Kugel im 3. Zug gezogen, so beträgt die Auszahlung 10 €. Wird die rote Kugel einschließlich der 3. Ziehung gar nicht gezogen, so verliert man seinen Einsatz.
Der Einsatz beträgt 2 €. Handelt es sich um ein faires Spiel?

Sichern und Vernetzen – Vermischte Aufgaben

Trainieren

1 Bedingte Wahrscheinlichkeiten und Vier-Felder-Tafel

Die Tabelle stellt die Anzahl der teilzeit- (TZ) und der vollzeitbeschäftigten (VZ) Lehrer und Lehrerinnen an einer Schule dar. Eine der Lehrerinnen (L_w) bzw. einer der Lehrer (L_m) wird zufällig ausgewählt. Wie groß ist die Wahrscheinlichkeit, dass es sich ...

	VZ	TZ	ges.
L_m	28	15	43
L_w	24	32	56
ges.	52	47	99

a) ... um einen Mann handelt,
b) ... um eine Frau in Teilzeitbeschäftigung handelt,
c) ... um einen Mann handelt, wenn bekannt ist, dass die ausgewählte Person vollzeitbeschäftigt ist,
d) ... um eine vollzeitbeschäftigte Person handelt, wenn bekannt ist, dass die Person eine Frau ist.
e) Begründen Sie, ob Merkmale Geschlecht und Beschäftigung in Voll- oder Teilzeit stochastisch abhängig sind.

2 Impfung

Die Wirkung einer bestimmten Impfung gegen eine Krankheit ist in der Tabelle zusammengefasst.
Dabei bedeutet
W: Person ist geimpft, $\overline{W}$: Person ist nicht geimpft
K: Person erkrankt $\overline{K}$: Person erkrankt nicht.

	K	$\overline{K}$	ges.
W	3 %	57 %	60 %
$\overline{W}$	24 %	16 %	40 %
ges.	27 %	73 %	100 %

a) Erläutern Sie die Daten in der Vierfeldertafel.
b) Stellen Sie die Vierfeldertafel mit einem Baumdiagramm dar.
c) Was bedeutet $P(K|W)$? Berechnen Sie die betreffende Wahrscheinlichkeit
d) Was versteht man unter $P(W|K)$? Berechnen Sie die betreffende Wahrscheinlichkeit

3 Wahrscheinlichkeiten gesucht

Angenommen für zwei Ereignisse A und B gilt:
$P(A \text{ und } B) = 0{,}42$ $P(B|A) = 0{,}7$ $P(B|A) = 0{,}84$

a) Erstellen Sie ein Baumdiagramm mithilfe der angegebenen Wahrscheinlichkeiten.
b) Berechnen Sie $P(A)$, $P(B)$ und $P(A \text{ oder } B)$.

4 Vorrücken nach Würfelergebnis

Bei einem Brettspiel wird die Spielfigur vorgezogen je nachdem wie das Ergebnis des Würfelns mit zwei Würfeln ausfällt.

Man darf um ...
- ein Feld vorrücken, wenn sich die Augenzahl der beiden Würfel um drei oder vier unterscheidet,
- drei Felder vorrücken, wenn sich die Augenzahlen nicht unterscheiden,
- sechs Felder vorrücken, wenn der Unterschied 5 beträgt,

ansonsten darf man nicht vorrücken.

a) Die Zufallsgröße X ist die Anzahl der Felder, die man vorrücken darf. Stellen Sie die Wahrscheinlichkeitsverteilung von X tabellarisch dar.
b) Berechnen Sie den Erwartungswert von X und interpretieren Sie das Ergebnis.

5 Wahrscheinlichkeitsverteilungen

a) Stellen Sie die beiden folgenden Wahrscheinlichkeitsverteilungen graphisch dar.

(1)

x_i	1	4	8	10
$P(X = x_i)$	0,2	0,4	0,3	0,1

(2)

x_i	1	4	8	10
$P(X = x_i)$	0,4	0,1	0,2	0,3

b) Welche der beiden Zufallsgrößen X hat vermutlich die größere Standardabweichung? Begründen Sie Ihre Vermutung.

c) Berechnen Sie für beide Verteilungen die Kenngrößen.

Verstehen

6 Unabhängige Ereignisse?

Sind die Ereignisse A und B stochastisch unabhängig?
Begründen Sie Ihre Entscheidung.

a) Eine Karte wird aus einem Kartenspiel mit 52 Karten gezogen.
A: Die Karte ist ein König. B : Die Karte ist rot.

b) Zwei Karte werden nacheinander ohne Zurücklegen gezogen.
A: Die erste Karte ist ein Ass. B: Die zweite Karte ist ein König

7 Stochastische Unabhängigkeit und Baumdiagramm

Begründen Sie, welches der beiden Baumdiagramme zwei stochastisch unabhängige Ereignisse A und B darstellt.
Welches stellt zwei stochastisch abhängige Ereignisse A und B dar?

(1)

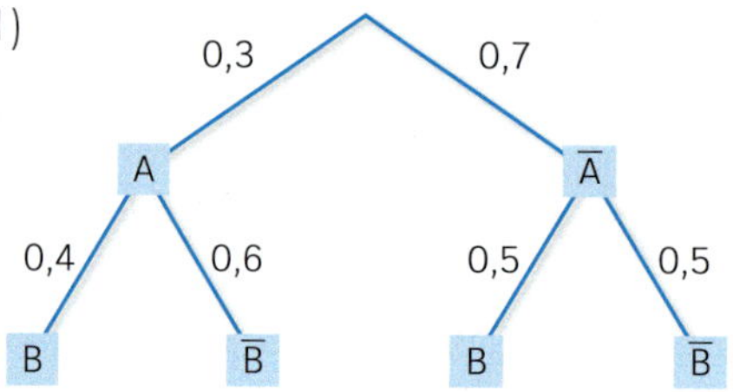

(2)

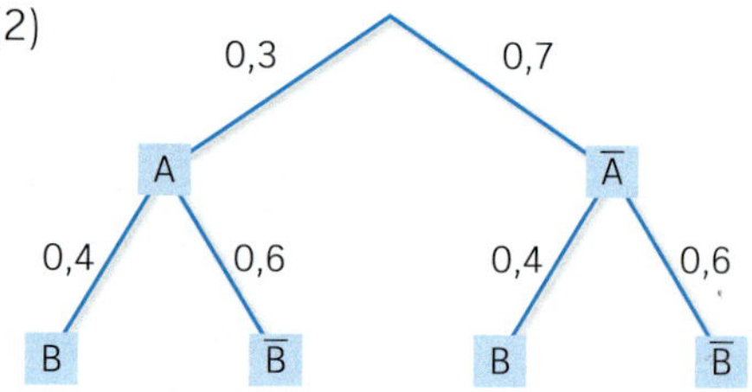

8 Richtig oder falsch

Die Ereignisse A und B sind stochastisch unabhängig. Welche Aussage ist falsch?

a) $P(A \text{ und } B) = P(A) \cdot P(B)$ b) $P(B|A) = P(B)$ c) $P(A \text{ und } B) = 0$

9 Stochastische und kausale Abhängigkeit

Erläutern sie den Unterschied zwischen der kausalen und der stochastischen Abhängigkeit an einem Beispiel.

10 Ein gefälschter Würfel

Bei einem gefälschten Würfel kommen die Augenzahlen 1 bis 5 gleichwahrscheinlich vor. Die Augenzahl 6 kommt doppelt so wahrscheinlich vor wie jede der anderen Augenzahlen.

a) Berechnen Sie den Erwartungswert der Augenzahlen und die Standardabweichung.

b) Vergleichen Sie die Kenngrößen aus Aufgabe a) mit den entsprechenden Kenngrößen bei einem „normalen" Würfel.

11 Wahrscheinlichkeitsverteilung und Erwartungswert

a) Interpretieren Sie die Wahrscheinlichkeitsverteilung, wenn es sich um die Einnahmen und die Ausgaben einer Versicherung handelt.

Gewinn x_i	475 €	−19525 €
$P(X = x_i)$	0,998	0,002

b) Berechnen Sie den Erwartungswert des Gewinns.

Anwenden

12 Stochastische Unabhängigkeit und Vierfeldertafel

Sind Männer und Frauen mit ihrer beruflichen Situation zufrieden? Das Ergebnis der Befragung ist in der Tabelle dargestellt. Finden Sie heraus, ob das Geschlecht und die Zufriedenheit mit dem Beruf laut der Befragung stochastisch unabhängig sind.

	zufrieden	nicht zufrieden	gesamt
Männer	115	283	398
Frauen	88	216	304
gesamt	203	499	702

13 Fahrrad und zu spät kommen

Peter kommt im Durchschnitt an 8 von 100 Tagen zu spät zur Schule. Zur Schule fährt er manchmal mit Fahrrad, an 60% der Schultage nimmt er jedoch öffentliche Verkehrsmittel. Er hat beobachtet, dass er durchschnittlich in 5% aller Fälle mit dem Fahrrad unterwegs ist und zu spät zur Schule kommt. Sind das Zu-Spät-Kommen und die Nutzung des Fahrrads voneinander stochastisch unabhängig?

14 Fahrt zur Schule

Yasin fährt mit dem Bus zur Schule. Die Wahrscheinlichkeit, dass er auf den Bus an der Haltestelle warten muss, beträgt 25%. Wenn der Bus pünktlich kommt, dann benötigt Yasin 20 Minuten zur Schule, kommt der Bus verspätet zur Haltestelle, benötigt er 30 Minuten zur Schule. Berechnen Sie den Erwartungswert für die Zeit, die Yasin für den Schulweg benötigt.

15 Geschäftsgründung

Sie planen ein neues Geschäft zu eröffnen. Eine Unternehmensberatungsfirma diskutiert mit Ihnen Ihren Geschäftsplan und stellt Ihnen folgende Gewinnerwartung für das erste Jahr in Aussicht.

Gewinn x_i	150000€	50000€	0€	−60000€
$P(X = x_i)$	10%	20%	35%	35%

a) Berechnen Sie den Erwartungswert des Gewinns für das erste Jahr. Was bedeutet der berechnete Erwartungswert für Ihre Planung?
b) Berechnen Sie die Standardabweichung. Welche zusätzliche Information erhalten Sie über die Standardabweichung?

16 Flugverzögerung

Eine kleine Airline führt am Tag nur 5 Flüge durch. Die Wahrscheinlichkeiten, mit denen X Flüge an einem Tag verspätet starten, ist in der folgenden Tabelle dargestellt.

Verspätete Flüge x_i	0	1	2	3	4	5
$P(X = x_i)$	0,27	0,23	0,11	0,08	0,1	0,21

Berechnen Sie den Erwartungswert der Anzahl der verspäteten Flüge pro Tag und die Standardabweichung.

17 Auszahlung gesucht

Die Zufallsgröße X gibt den Gewinn bei einem Glückspiel an. Der Einsatz beträgt 2 €. Die Tabelle stellt die Wahrscheinlichkeitsverteilung des Gewinnes dar.

Gewinn x_i	8€	4€	0€	−2€
$P(X = x_i)$	$\frac{1}{15}$	$\frac{1}{10}$	$\frac{1}{6}$	$\frac{2}{3}$

a) Weisen Sie nach, dass das Spiel nicht fair ist.
b) Ändern Sie den Einsatz so ab, dass das Spiel fair ist.

10

Wahrscheinlichkeits-verteilungen

Wahrscheinlichkeitsverteilungen geben an, wie sich Wahrscheinlichkeiten auf die möglichen Zufallsergebnisse verteilen. Oftmals kann man beobachten, dass die Verteilung bestimmter Zufallsvariablen annähernd durch eine theoretische Verteilung dargestellt werden kann. Kenngrößen wie Erwartungswert und Standardabweichungen sind für die Verteilungen charakteristisch, ebenso wie Prognoseintervalle. Häufig auftretende theoretische Verteilungen sind die Binomialverteilung und die Normalverteilung.

10.1

Bernoulli-Experiment und Binomialverteilung

Charakteristisch für die Binomialverteilung ist die wiederholte Ausführung desselben Bernoulli-Experimentes, wie z.B. beim vierfachen Münzwurf.

10.2

Binomialverteilung – Histogramme und Anwendungen

Binomialverteilungen werden mit Histogrammen veranschaulicht. Häufig wird die Binomialverteilung zum Modellieren und Problemlösen eingesetzt.

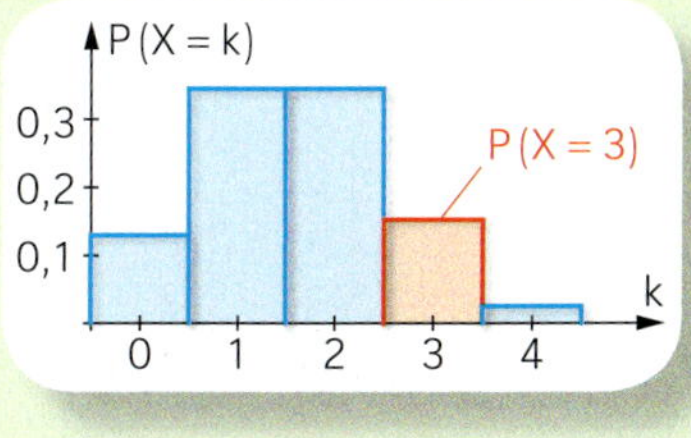

10.3

Binomialverteilung – Kenngrößen und Prognoseintervalle

Kenngrößen sind der Erwartungswert und die Standardabweichung. Prognoseintervalle sind zum Erwartungswert symmetrische Intervalle, in die die Trefferzahl mit einer bestimmten Wahrscheinlichkeit fällt.

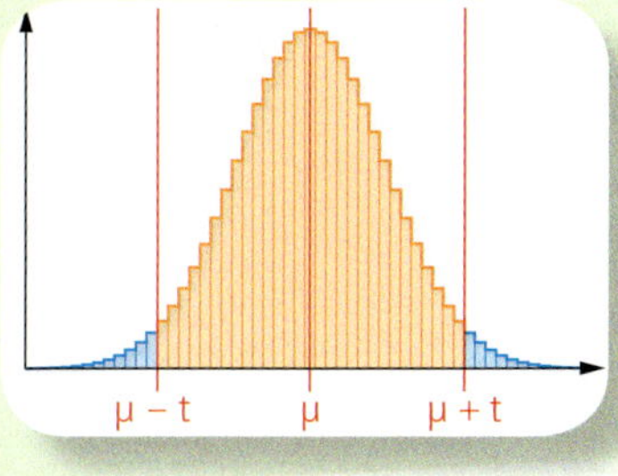

10.4

Stetige Zufallsgrößen und Normalverteilung

Die Normalverteilung ist eine stetige Verteilung, die durch eine Wahrscheinlichkeitsdichtefunktion φ beschrieben wird. Die Wahrscheinlichkeit $P(a \le X \le b)$ ist das bestimmte Integral von a bis b unter φ.

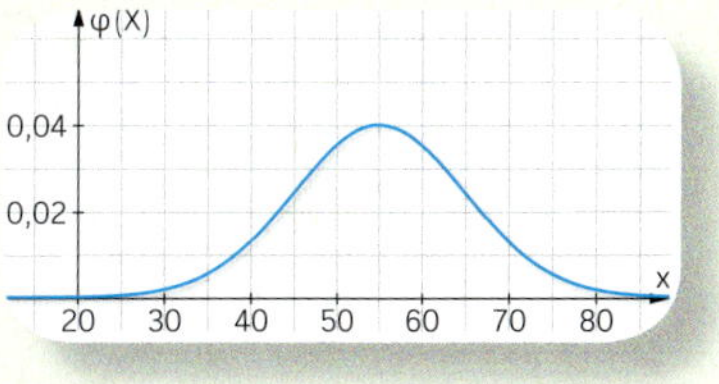

10.5

Normalverteilung – Anwendungen, Sigma-Regeln

Intelligenz, Körpergröße, Füllmengen uvm. sind Werte, die angenähert normalverteilt sind. Mit den Sigma-Regeln kann man Prognoseintervalle schnell berechnen.

10.6

Normalverteilung und Binomialverteilung

Die Normalverteilung approximiert die Binomialverteilung mit wachsender Versuchszahl immer besser.

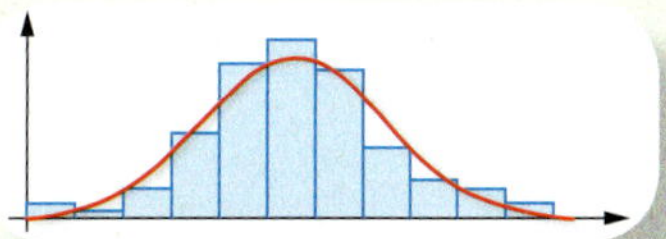

10.7

Hypergeometrische Verteilung (fakultativ)

Wenn mit einem Urnenmodell das „Ziehen ohne Zurücklegen" modelliert wird, spricht man von einer hypergeometrischen Verteilung.

10.1 Bernoulli-Experiment und Binomialverteilung

Aufgaben

1 Basketball mit dem Glücksrad

Katharina trifft einen Freiwurf mit einer Wahrscheinlichkeit von 60 %. Will man berechnen, mit welcher Wahrscheinlichkeit sie bei drei Freiwürfen zweimal trifft, muss man ein mathematisches Modell entwerfen.

Mathematisches Modell: dreistufiges Zufallsexperiment
Annahme: Trefferwahrscheinlichkeit auf jeder Stufe: 0,6, d.h. die Würfe sind unabhängig (beeinflussen sich gegenseitig nicht).
Modellierung: Die drei Würfe kann man modellieren durch das dreifache Drehen des Glücksrades. „Grün" bedeutet „Treffer".

a) Mit welcher Wahrscheinlichkeit trifft Katharina genau 3-mal, d.h. wie groß ist P (X = 3)?
b) Was haben die in dem Baumdiagramm grün markierten Pfade gemeinsam? Berechnen Sie P (X = 2), d.h. die Wahrscheinlichkeit dafür, dass Katharina genau 2-mal trifft.
c) Wie groß ist die Wahrscheinlichkeit, dass Katharina genau 1-mal oder 0-mal trifft? Stellen Sie die Wahrscheinlichkeitsverteilung der Zufallsgröße X: „Anzahl der Treffer" tabellarisch dar.

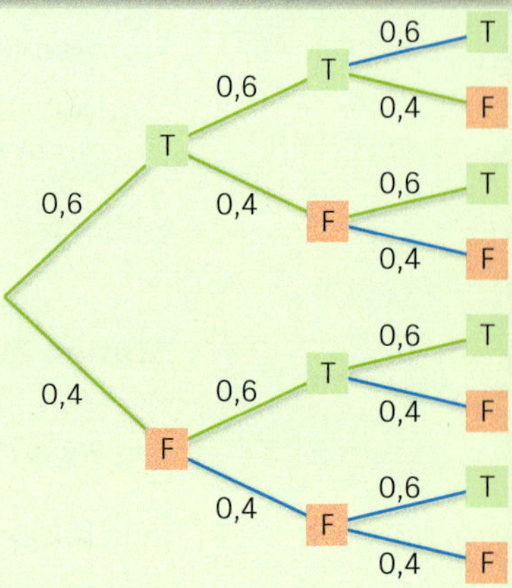

k: Anzahl der Treffer	0	1	2	3
P (X = k)	■	■	■	■

2 Basketball und neun Freiwürfe

In einem Spiel werden Katharina 9 Freiwürfe zugesprochen. Trefferwahrscheinlichkeit: 60 %. Will man berechnen, wie groß die Wahrscheinlichkeit ist, dass Katharina bei diesen 9 Freiwürfen genau 6-mal trifft (P (X = 6)), so wird dies mit einem Baumdiagramm schwierig. Immerhin kann man z.B. einen der Pfade mit genau 6 Treffern aufzeichnen:

Einer der Pfade der Länge 9 mit 6 Treffern (T Treffer, F Fehlwurf)

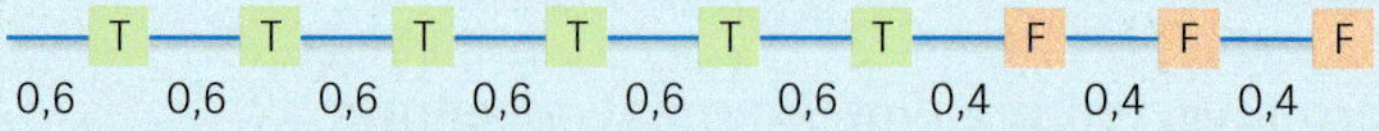

Ereignis 6 Treffer
T T T T T T F F F

a) Notieren Sie zwei weitere Pfade der Länge 9 mit genau 6 Treffern.
b) Wie groß ist die Wahrscheinlichkeit jedes Pfades mit genau 6 Treffern?
c) Zum Berechnen der Wahrscheinlichkeit P (X = 6) benötigt man die Anzahl der Pfade der Länge 9 mit genau 6 Treffern. Diese Anzahl kann man mit dem Binomialkoeffizienten $\binom{9}{6}$ berechnen. Ermitteln Sie die Anzahl der Pfade (mit dem GTR: *9 nCr 6*) und berechnen Sie damit P (X = 6).

$\binom{n}{k}$ Sprechweise: „n über k"

```
MATH NUM CMPLX PROB FRAC
1:rand
2:nPr
3:nCr
4:!
5:randInt(
6:randNorm(
7:randBin(
8:randIntNoRep(
```

d) Berechnen Sie die Wahrscheinlichkeitsverteilung der Zufallsgröße X. Ermitteln Sie dazu P (X = 0), P (X = 1), ..., P (X = 9) in Partnerarbeit.

Aufgaben

3 Können Sie Gedanken lesen?

Eine einfache Anordnung zum Testen auf „Gedankenlesefähigkeit“:

Ihr Gegenüber zieht 8-mal verdeckt eine Karte aus einem Kartenspiel mit Zurücklegen. Sie versuchen, deren Farbe (Kreuz, Pik, Herz oder Karo) herauszufinden. Gezählt wird die Anzahl der „Treffer“.

Führen Sie den Test mit allen Mitgliedern Ihrer Lerngruppe durch. Geben die Testergebnisse einen Hinweis darauf, dass jemand Gedanken lesen kann?

Etwas zum Nachdenken: Angenommen, Sie können keine Gedanken lesen.
- Wie groß ist die Wahrscheinlichkeit, bei einer Karte richtig zu raten?
- Mit welcher Trefferzahl (Anzahl der Richtigen) rechnen Sie bei vier Karten?
- Angenommen, eine Testperson erzielt vier Treffer. Diese Person kann doch wohl Gedanken lesen, oder nicht?

Raten mit nur vier Karten

Die Ergebnisse beim Raten der Farbe von vier Karten kann man mit einem Baumdiagramm darstellen und damit die Wahrscheinlichkeiten für Treffer durch reines Raten berechnen:

$P(X=0) = 1 \cdot 0{,}25^0 \cdot 0{,}75^4$ $P(X=1) = 4 \cdot 0{,}25^1 \cdot 0{,}75^3$

1: Anzahl der Pfade, die zu dem Ereignis „0 Treffer“ führen

4: Anzahl der Pfade, die zu dem Ereignis „1 Treffer“ führen

Berechnen Sie $P(X=2)$, $P(X=3)$ und $P(X=4)$ und stellen Sie die Wahrscheinlichkeitsverteilung der Zufallsgröße X: „Anzahl der Treffer durch Raten“ tabellarisch dar.

Bei acht Karten zufällig k-mal richtig raten.

Einer der Pfade mit 3 Treffern (T Treffer, F Fehlschlag):

Ein Pfad mit genau 3 Treffern

— F — T — F — T — F — F — F — T

$\frac{3}{4}$ $\frac{1}{4}$ $\frac{3}{4}$ $\frac{1}{4}$ $\frac{3}{4}$ $\frac{3}{4}$ $\frac{3}{4}$ $\frac{1}{4}$

Die Wahrscheinlichkeit für einen Pfad mit drei Treffern ist $\left(\frac{3}{4}\right)^5 \cdot \left(\frac{1}{4}\right)^3$.

Berechnen Sie $P(X=2)$, $P(X=3)$ und $P(X=4)$ und stellen Sie die Wahrscheinlichkeitsverteilung der Zufallsgröße X: „Anzahl der Treffer durch Raten“ tabellarisch dar.

„3 aus 8“ oder Anzahl der Pfade der Länge 8 mit genau drei Treffern

Der erste Treffer (T) kann 8, der zweite (T) nur noch 7 und der dritte (T) noch 6 verschiedene Plätze auf einem Pfad der Länge 8 einnehmen. Dies ergibt $8 \cdot 7 \cdot 6$ Möglichkeiten.

Die **Reihenfolge der Treffer spielt keine Rolle**, d. h. man kann die drei Treffer auf ihren Plätzen auf $3 \cdot 2 \cdot 1$ Möglichkeiten untereinander vertauschen. Es gibt somit $\frac{8 \cdot 7 \cdot 6}{3 \cdot 2 \cdot 1} = 56$ verschiedene Pfade mit genau drei Treffern.

Für den Term $\frac{8 \cdot 7 \cdot 6}{3 \cdot 2 \cdot 1}$ schreibt man kurz den **Binomialkoeffizienten** $\binom{8}{3}$.

Berechnen Sie $P(X=3) = \binom{8}{3} \cdot \left(\frac{1}{4}\right)^3 \cdot \left(\frac{3}{4}\right)^5$.

Berechnen Sie dann alle Wahrscheinlichkeiten für 0 bis 8 Treffer, indem Sie die Formel für $P(X=3)$ entsprechend anpassen und auswerten.

Außergewöhnliche Ereignisse sind solche, die mit einer sehr geringen Wahrscheinlichkeit eintreten. Welche Trefferzahlen könnten dies sein? Haben Sie solche bei Ihrem Selbstversuch in der Klasse beobachtet?

Basiswissen

Bernoulli-Experiment

Viele Zufallsexperimente können als Experiment mit zwei möglichen Ergebnissen beschrieben werden. Ein solches Experiment nennt man **Bernoulli-Experiment**, die Ergebnisse **Treffer (T)** und **Fehlschlag (F)**.

Bernoulli-Kette

Wiederholt man ein Bernoulli-Experiment n-mal, nennt man diese Folge von Zufallsexperimenten eine **Bernoulli-Kette der Länge n**, wenn sie die folgenden Eigenschaften hat:

- Jedes Experiment ist ein Bernoulli-Experiment.
- Die Wahrscheinlichkeit p für einen Treffer ist bei jedem Versuch gleich.
- Die Wiederholungen des Experiments sind unabhängig, d. h. die Wahrscheinlichkeit für einen Treffer hängt nicht davon ab, was zuvor geschehen ist.
- Die Anzahl n der Wiederholungen des Experiments ist festgelegt.

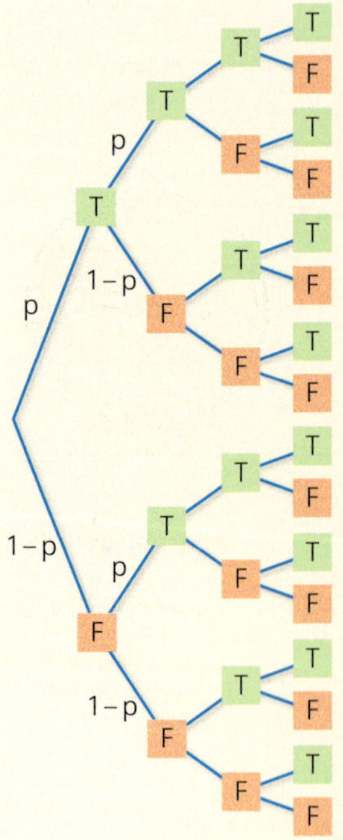

Beispiele

A Bernoulli-Kette?

Ist das viermalige Drehen des Glücksrades eine Bernoulli-Kette?

Lösung:

Ein Zufallsexperiment „Drehen des Glücksrades“ wird viermal wiederholt. Jedes Experiment ist ein Bernoulli-Experiment. Die Wahrscheinlichkeit für einen Treffer ist bei jeder Wiederholung gleich, die Trefferwahrscheinlichkeit ist unabhängig von den Ausgängen der vorausgegangenen Experimente.

Übungen

4 Bernoulli-Kette, ja oder nein?

Untersuchen Sie, ob das Zufallsexperiment eine Bernoulli-Kette ist.

a) Ein Würfel wird siebenmal geworfen. Treffer: „Augenzahl 3“.

b) Ein Würfel wird so lange geworfen, bis die „Augenzahl 3“ fällt.

c) Aus einer Urne mit roten und schwarzen Kugeln werden sieben Kugeln ohne Zurücklegen gezogen. Treffer: „rote Kugel“.

5 Bernoulli-Kette?

Welches der Baumdiagramme passt zu einer Bernoulli-Kette? Begründen Sie.

(1)

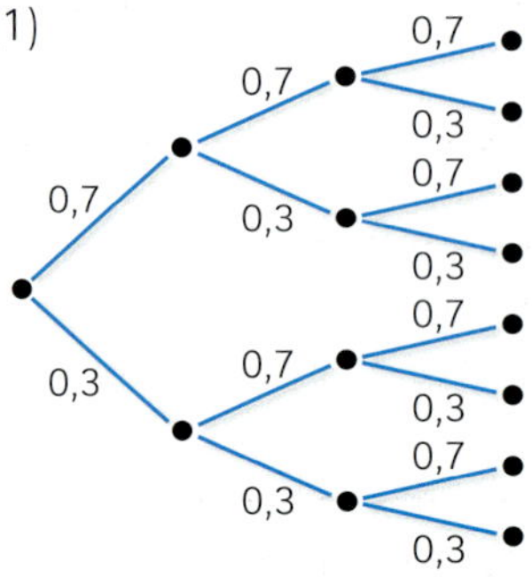

(2)

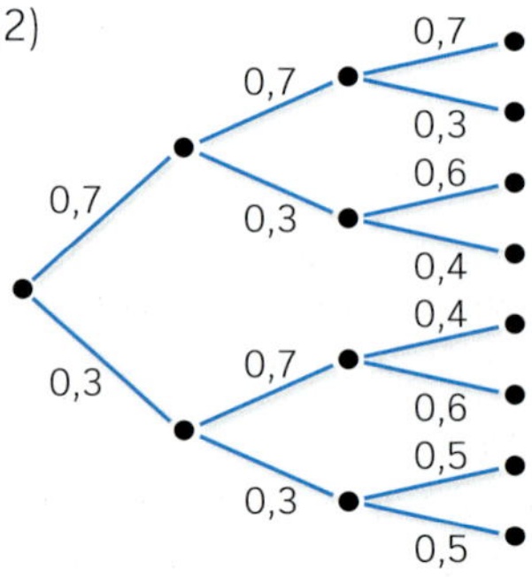

(3)

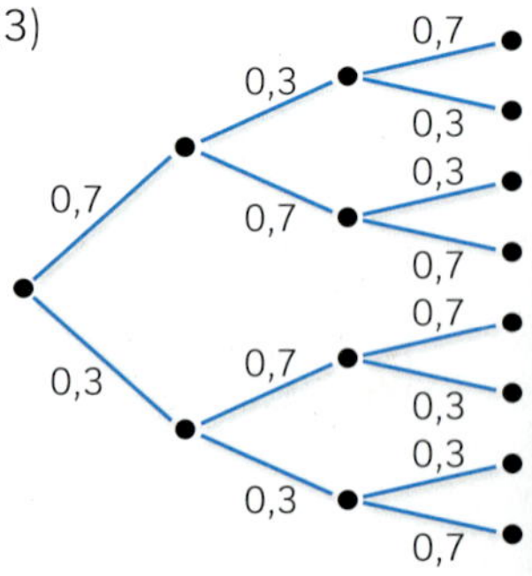

Basiswissen

4-maliges Drehen des Glückrades

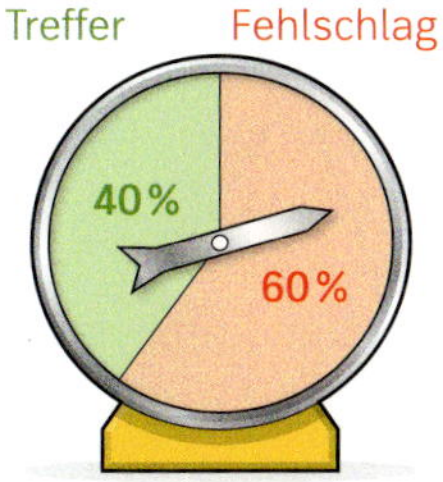

Binomialkoeffizient $\binom{n}{k}$ in Worten: n über k

Binomialverteilung

Die Wahrscheinlichkeitsverteilung der Trefferanzahl X bei einer Bernoulli-Kette nennt man **Binomialverteilung**.

Steckbrief für ein Beispiel	Steckbrief allgemein
▪ Bernoulli-Kette der Länge 4 ▪ Trefferwahrscheinlichkeit 0,4 ▪ Wahrscheinlichkeit für einen Fehlschlag: $1-0{,}4=0{,}6$	▪ Bernoulli-Kette der Länge **n** ▪ Trefferwahrscheinlichkeit **p** ▪ Wahrscheinlichkeit für einen Fehlschlag: **1 − p**
Berechnung der Wahrscheinlichkeit für genau 2 Treffer	**Berechnung der Wahrscheinlichkeit für genau k Treffer**
▪ Anzahl der Pfade der Länge 4 mit genau 2 Treffern: $\binom{4}{2}=\frac{4\cdot 3}{1\cdot 2}=6$ ▪ Wahrscheinlichkeit für jeden Pfad mit genau zwei Treffer: $0{,}4^2\cdot 0{,}6^2$ ▪ Wahrscheinlichkeit für genau 2 Treffer: $P(X=2)=\binom{4}{2}0{,}4^2\cdot 0{,}6^2=0{,}3456$	▪ Anzahl der Pfade der Länge n mit genau k Treffern: $\binom{n}{k}=\frac{n\cdot(n-1)\cdot\ldots\cdot(n-k+1)}{1\cdot 2\cdot\ldots\cdot k}$ ▪ Wahrscheinlichkeit für jeden Pfad mit genau k Treffern: $p^k\cdot(1-p)^{n-k}$ ▪ Wahrscheinlichkeit für genau k Treffer: $P(X=k)=\binom{n}{k}p^k\cdot(1-p)^{n-k}$

Wahrscheinlichkeitsverteilung

tabellarisch

Trefferanzahl k	$P(X=k)=\binom{4}{k}\cdot 0{,}4^k\cdot 0{,}6^{4-k}$	
0	$\binom{4}{0}\cdot 0{,}4^0\cdot 0{,}6^4$	0,1296
1	$\binom{4}{1}\cdot 0{,}4^1\cdot 0{,}6^3$	0,3456
2	$\binom{4}{2}\cdot 0{,}4^2\cdot 0{,}6^2$	0,3456
3	$\binom{4}{3}\cdot 0{,}4^3\cdot 0{,}6^1$	0,1536
4	$\binom{4}{4}\cdot 0{,}4^4\cdot 0{,}6^0$	0,0256

grafisch

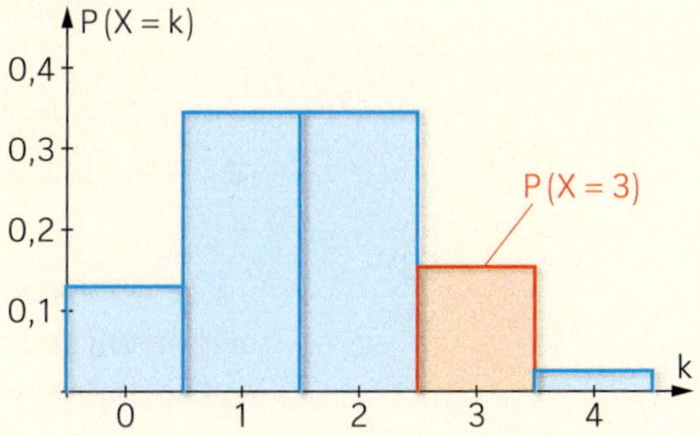

Beispiele

B Hochschulabschluss

In Deutschland beträgt der Anteil der Bevölkerung mit einem Hochschulabschluss 32 %. Berechnen Sie die Wahrscheinlichkeit, dass ein Vermarkter, der sieben potentielle Kunden anruft, dabei auf drei Personen mit Hochschulabschluss trifft.

Lösung:

Treffer: Person mit Hochschulabschluss; p (Treffer) = 0,32

Die Anrufe sind „unabhängig", daher darf man die Binomialverteilung anwenden.

$P(X=3)=\binom{7}{3}\cdot 0{,}32^3\cdot 0{,}68^4=\frac{7\cdot 6\cdot 5\cdot 4}{1\cdot 2\cdot 3}\cdot 0{,}32^3\cdot 0{,}68^4=0{,}173$

Mit 17,3 %-iger Wahrscheinlichkeit trifft man auf drei Kunden mit Hochschulabschluss.

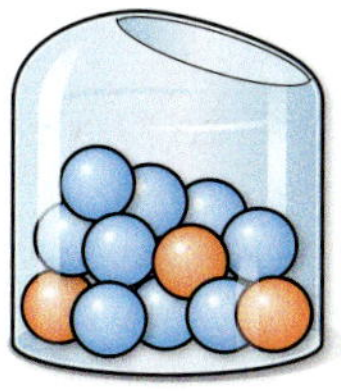

C Binomialverteilung richtig angewendet?

Aus einer Urne mit drei roten und neun blauen Kugeln werden fünf Kugeln nacheinander ohne Zurücklegen gezogen. Wie groß ist die Wahrscheinlichkeit, dass dabei genau drei rote Kugeln gezogen werden? Peter rechnet: $P(X=3)=\binom{5}{3}\cdot 0{,}25^3\cdot 0{,}75^2$.

Welche Formel hat Peter angewendet, und warum „passt" diese Formel nicht?

Lösung:

Man darf die Binomialverteilung nicht anwenden, da sich bei den fünf Ziehungen ohne Zurücklegen die Trefferwahrscheinlichkeit P (rot) bei jeder Ziehung ändert.

Übungen

6 Wahrscheinlichkeiten berechnen

Berechnen Sie für eine binomialverteilte Zufallsgröße X mit $n = 6$ und $p = \frac{1}{3}$

a) $P(X = 0)$ b) $P(X = 3)$ c) $P(X = 4)$ d) $P(X = 6)$

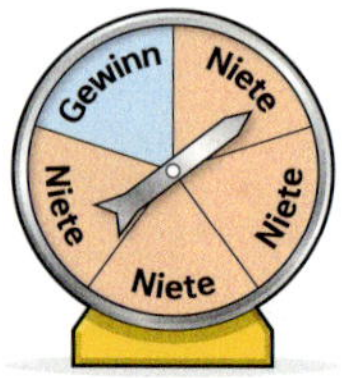

7 Wahrscheinlichkeiten beim wiederholten Drehen eines Glücksrades

Wie groß ist die Wahrscheinlichkeit, dass man bei 10 Spielen mit dem Glücksrad

a) genau fünfmal gewinnt; b) genau zweimal gewinnt; c) kein Spiel gewinnt?

8 Wahrscheinlichkeitsverteilung – Tabelle und Histogramm

a) Berechnen Sie die Wahrscheinlichkeitsverteilung der binomialverteilten Zufallsgröße X mit $n = 5$ und $p = 0{,}2$. Stellen Sie diese als Tabelle und Histogramm dar.

b) Ermitteln Sie mithilfe der Tabelle die Wahrscheinlichkeit für
(1) 0 Treffer; (2) mindestens einen Treffer; (3) höchstens einen Treffer.
Erläutern Sie, wie Sie vorgegangen sind.

9 Was läuft hier falsch?

Andreas berechnet die Wahrscheinlichkeit, dass man beim sechsfachen Wurf mit einem Tetraeder-Würfel genau viermal die Augenzahl 4 erzielt, wie folgt:
$P(X = 4) = 4 \cdot 0{,}25^4 \cdot 0{,}75^2$. Was ist daran falsch?

10 Vier Sonntagskinder

Claudias Volleyballmannschaft fährt zu dem nächsten Spiel mit acht Spielerinnen. Welche Annahmen muss man machen, damit man die Wahrscheinlichkeit, dass genau vier der acht Spielerinnen an einem Sonntag geboren sind, mit der Binomialverteilung berechnen kann? Berechnen Sie mit diesen Annahmen $P(X = 4)$.

11 Hochschulabschluss

In Deutschland beträgt der Anteil der Personen mit einem Hochschulabschluss 30 %. Angenommen, man erhebt eine Zufallsstichprobe von sieben Personen. Wie groß ist die Wahrscheinlichkeit, dass in dieser Stichprobe genau drei Personen einen Hochschulabschluss haben?

12 Handynutzung im Auto

Angenommen, 30 % der Autofahrer benutzen während der Fahrt widerrechtlich das Handy ohne Freisprechanlage und gefährden so sich und andere. Wie groß ist die Wahrscheinlichkeit, dass von zehn zufällig ausgewählten Autofahrern genau fünf (mehr als fünf) das Handy während der Fahrt benutzen?
Schätzen Sie die gesuchte Wahrscheinlichkeit mit dem Diagramm. Rechnen Sie dann nach.

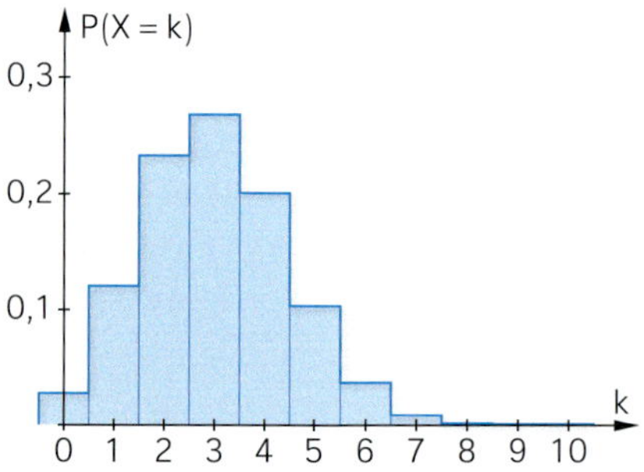

13 Erkältungswelle

Bei einer Erkältungswelle erkranken 35 % der Bevölkerung mehr oder weniger stark. Vier Mitglieder einer fünfköpfigen Familie erkranken an Erkältung. Peter, der älteste Sohn, zeigt sich überrascht. Mit der Binomialverteilung hat er die Wahrscheinlichkeit berechnet, das zufällig vier Personen der Familie erkranken.

a) Zu welchem Ergebnis ist Peter gekommen?

b) Begründen Sie, warum man den Zufallsprozess nicht mit der Binomialverteilung modellieren kann.

Übungen

14 **Binomialkoeffizient – Anzahl der Pfade mit k Treffern**

a) Die Anzahl der Pfade der Länge n mit genau 3 Treffern kann man durch ein Experiment ermitteln, ganz ohne zu rechnen, nur durch Zählen.

> *Experiment im Klassenraum:*
> *3 Stellen auf einem Pfad der Länge 5 zu besetzen, entspricht dem Besetzen von 5 freien Stühlen mit 3 Personen. Es kommt darauf an, welche Stühle besetzt sind und nicht durch wen. Auf wie viele Arten geht das?*

b) Experimentelles Bestimmen der Anzahl der Pfade der Länge 7 mit genau 3 Treffern fällt schon schwerer. Probieren Sie es einmal mit 7 Stühlen und 3 Personen aus.

```
7 nCr 3
                35
```

c) Überlegung zum Berechnen der Anzahl der Pfade der Länge 7 mit genau 3 Treffern: Die erste Person kann sich auf 7, die zweite auf 6 und die dritte noch auf 5 verschiedene Stühle setzen. Die 3 Personen können bei jeder Sitzbelegung die Plätze auf $3 \cdot 2 \cdot 1 = 6$ Arten untereinander tauschen. Die gesuchte Anzahl ist $\frac{7 \cdot 6 \cdot 5}{3 \cdot 2 \cdot 1}$.
Für diesen Term schreibt man kurz den **Binomialkoeffizienten** $\binom{7}{3} = \frac{7 \cdot 6 \cdot 5}{3 \cdot 2 \cdot 1}$.
Berechnen Sie $\binom{7}{3}$ per Hand und mit dem GTR.

d) **Eine „Kurzformel" für den Binomialkoeffizienten**
Bekanntlich ist $\binom{7}{3} = \frac{7 \cdot 6 \cdot 5}{3 \cdot 2 \cdot 1}$. Durch Erweitern erhält man die $\binom{7}{3} = \frac{7 \cdot 6 \cdot 5 \cdot 4 \cdot 3 \cdot 2 \cdot 1}{3 \cdot 2 \cdot 1 \cdot 4 \cdot 3 \cdot 2 \cdot 1}$.
Diesen Bruch kann man mit Fakultäten darstellen. Man erhält $\binom{7}{3} = \frac{7!}{4! \cdot 3!}$.
Stellen Sie auch $\binom{15}{5}$ mit Fakultäten dar.

Basiswissen

Binomialkoeffizient

$\binom{n}{k}$ Anzahl der Pfade der Länge n mit k Treffern $\binom{n}{k} = \frac{n!}{(n-k)! \cdot k!}$

$\binom{11}{4}$ Anzahl der Pfade der Länge 11 mit 4 Treffern $\binom{11}{4} = \frac{11!}{(11-4)! \cdot 4!}$

Fakultäten: n! $= n \cdot (n-1) \cdot (n-2) \cdot \ldots \cdot 2 \cdot 1$

Auswerten von Binomialkoeffizienten $\binom{11}{4} = \frac{11!}{(11-4)! \cdot 4!} = \frac{11!}{7! \cdot 4!} = \frac{11 \cdot 10 \cdot 9 \cdot 8}{4 \cdot 3 \cdot 2 \cdot 1} = 330$

15 **Berechnen von Binomialkoeffizienten „per Hand"**

Berechnen Sie die folgenden Binomialkoeffizienten

a) $\binom{10}{3}$ b) $\binom{50}{2}$ c) $\binom{20}{1}$ d) $\binom{15}{5}$ e) $\binom{10}{5}$

Welche Anzahlen werden durch die Binomialkoeffizienten berechnet?

16 **Besondere Binomialkoeffizienten**

a) Warum kann man den Wert dieser Binomialkoeffizienten nicht mit der Formel $\binom{n}{k} = \frac{n!}{(n-k)! \cdot k!}$ berechnen?. Welchen Wert sollte man $\binom{n}{0}$ und $\binom{n}{n}$ zuordnen?

b) Interpretieren Sie beiden Binomialkoeffizienten $\binom{n}{0}$ und $\binom{n}{n}$ als Anzahlen.

c) Überprüfen Sie an mehreren Zahlenbeispielen, dass die Gleichung $\binom{n}{k} = \binom{n}{n-k}$ stimmt. Begründen Sie, dass diese Gleichung allgemein gilt.

Grundwissen

1. a) Bestimmen Sie die Nullstellen der Funktion $f(x) = -x^2 + 4x$.
   b) Skizzieren Sie den Graphen der Funktion.
   c) Berechnen Sie das Maximum der Funktion.
2. Was ist der Unterschied zwischen einem globalen und einem lokalen Maximum?

Binomialkoeffizienten – vertieft

Aufgaben

Applet eA-10.1-17

17 Das Galtonbrett

In der Abbildung ist ein sogenanntes Galtonbrett mit vier Hindernisreihen dargestellt. Aus einem Trichter laufen Kugeln durch die Hindernisreihen. An jedem der Hindernisse werden die Kugeln mit gleicher Wahrscheinlichkeit entweder nach links (L) oder nach rechts (R) abgelenkt. Schließlich fallen Sie in eines der Fächer mit den Nummern 0, 1, 2, 3, oder 4.

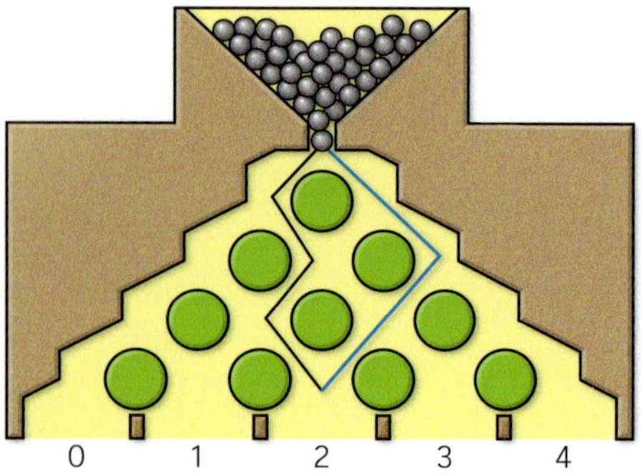

a) Wie viele verschiedene Pfade gibt es in dem abgebildeten Galtonbrett? Wie groß ist die Wahrscheinlichkeit, dass eine Kugel einen der Pfade einschlägt?

b) Was haben alle Pfade gemeinsam, die in das Fach mit der Nummer 2 führen? Wie viele dieser Pfade gibt es? Wie groß ist die Wahrscheinlichkeit, dass eine Kugel zufällig in das Fach mit der Nummer 2 fällt?

c) Berechnen Sie auch die Wahrscheinlichkeiten, dass eine Kugel in das Fach mit der Nummer 0, 1, 3, 4 fällt.

18 Pascal'sches Dreieck und Binomialkoeffizient

1
1 1
1 2 1
1 3 3 1
1 4 6 4 1
1 5 10 10 5 1

Stelle 0 1 2 3 4 5

$\binom{0}{0}$
$\binom{1}{0}$ $\binom{1}{1}$
$\binom{2}{0}$ $\binom{2}{1}$ $\binom{2}{2}$
$\binom{3}{0}$ $\binom{3}{1}$ $\binom{3}{2}$ $\binom{3}{3}$
$\binom{4}{0}$ $\binom{4}{1}$ $\binom{4}{2}$ $\binom{4}{3}$ $\binom{4}{4}$
$\binom{5}{0}$ $\binom{5}{1}$ $\binom{5}{2}$ $\binom{5}{3}$ $\binom{5}{4}$ $\binom{5}{5}$

0 1 2 3 4 5

a) Erläutern Sie, wie die Zahlen in jeder Zeile aus den Zahlen in der vorherigen Zeile entstanden sind.
Berechnen Sie die Zahlen, die in der nächsten Zeile stehen.

b) Überprüfen Sie anhand der Daten, ob man das Pascal'sche Dreieck auch mit Binomialkoeffizienten erzeugen kann.
Wie lauten die Binomialkoeffizienten in der nächsten Zeile?

c) An dem Binomialkoeffizient kann man ablesen, wo er im Pascal'schen Dreieck steht. So steht z. B. $\binom{5}{3}$ in der 5. Zeile an der dritten Stelle.

- Geben Sie $\binom{5}{3}$ als Summe der Binomialkoeffizienten in der darüberstehenden Zeile an.
- Erläutern Sie die Formel $\binom{n+1}{k+1} = \binom{n}{k} + \binom{n}{k+1}$ zur rekursiven Berechnung von Binomialkoeffizienten.

Binomialkoeffizient:
Der Name Binomialkoeffizient stammt von der Verwendung der Binomialkoeffizienten im binomischen Lehrsatz.
$(x+y)^n = \binom{x}{0}x^n + \binom{n}{1}x^{n-1}y + \dots + \binom{n}{n-1}xy^{n-1} + \binom{n}{n}y^n$
Für $n = 2$ erhält man die Binomische Formel $(x+y)^2 = x^2 + 2xy + y^2$

19 Galton-Brett und Pascal'sches Dreieck – etwas zum Nachdenken

Vergleichen Sie die Anzahl der Wege durch das Galton-Brett in die Fächer 0, 1, ... oder 4 (Aufgabe 17) mit den Zahlen im Pascal'schen Dreieck, Was stellen Sie fest? Begründen Sie, warum die Regeln zum Erzeugen des Pascal'schen Dreiecks auch auf die Berechnung der Anzahl der Wege im Galtonbrett passen.

10.2 Binomialverteilung – Histogramme und Anwendungen

Aufgaben

1 Linkshänder

Etwa 15 % aller Menschen sind Linkshänder.

a) Wie groß ist die Wahrscheinlichkeit, dass unter Ihren 10 Freunden ein oder zwei Linkshänder sind? Lesen Sie die gesuchte Wahrscheinlichkeit aus dem Histogramm ab. Berechnen Sie die Wahrscheinlichkeit $P(X = 1) + P(X = 2)$ und vergleichen Sie die berechnete Wahrscheinlichkeit mit der abgelesenen.

b) Begründen Sie, warum der Flächeninhalt der rot gefärbten Rechtecke in dem Diagramm $P(X \geq 3)$ darstellt. Schätzen Sie, wie groß die gesuchte Wahrscheinlichkeit ist, und berechnen Sie dann $P(X \geq 3)$.

c) Welche Frage wird mit der Wahrscheinlichkeit $P(X \leq 2)$ beantwortet? Schätzen Sie, wie groß die gesuchte Wahrscheinlichkeit ist und berechnen Sie.

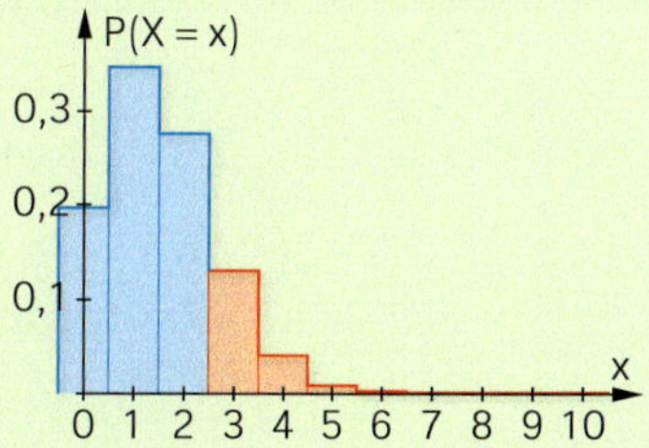

2 Histogramme richtig lesen

In den Diagrammen ist jeweils die Binomialverteilung für $p = 0{,}3$ und $n = 10$ dargestellt. Bestimmte Flächen sind dabei farblich rot hervorgehoben und stellen bestimmte Wahrscheinlichkeiten dar. Welche Darstellung passt zu welcher der folgenden Aufgaben? Ermitteln Sie die betreffenden Wahrscheinlichkeiten rechnerisch.

(A) $P(X = 2)$ (B) $P(X = 5)$ (C) $P(X \leq 3)$ (D) $P(X > 5)$ (E) $P(2 \leq X \leq 4)$

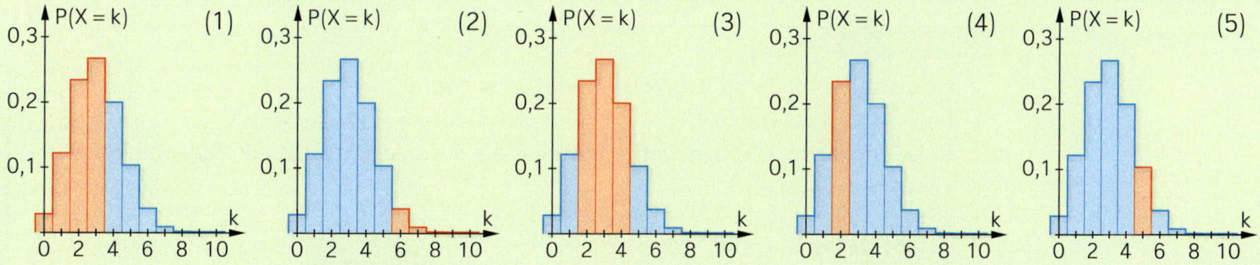

Werkzeug

Binomialverteilung mit dem Rechner

Viele Rechner besitzen spezielle Funktionen zur Berechnung von Wahrscheinlichkeitsverteilungen.

Für die **Binomialverteilung**: $P(X = k)$

binompdf(n, p, k)

Beispiel: $n = 10$; $p = 0{,}3$ und $k = 4$

$P(X = 4) = 0{,}2001$

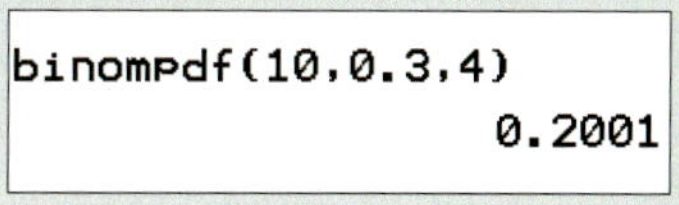

Für die **kumulierte Binomialverteilung**: $P(X \leq k)$

binomcdf(n, p, k)

Beispiel: $n = 20$; $p = 0{,}4$ und $k = 8$

$P(X \leq 8) = 0{,}5956$

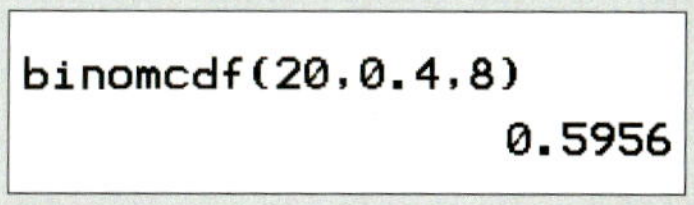

Basiswissen

Auf einen Blick mit Histogrammen

Bei einem Säulendiagramm einer Binomialverteilung werden auf der x-Achse die Werte der Zufallsgröße X aufgetragen. Die Maßzahlen der jeweiligen Höhen der Rechtecke entsprechen der betreffenden Wahrscheinlichkeit.

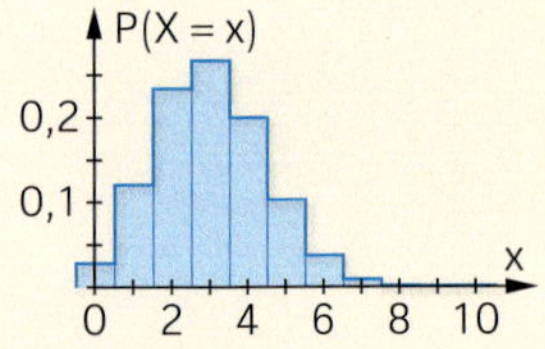

Interpretation als Histogramm

Da die Rechtecksbreite 1 beträgt, entspricht auch die Maßzahl des Flächeninhalts jedes Rechtecks der jeweiligen Wahrscheinlichkeit. Somit hat die Summe aller Rechtecksflächen die Maßzahl 1. Ein Diagramm, bei dem Wahrscheinlichkeiten als Flächen interpretiert werden, nennt man ein Histogramm.
$P(X = 4)$ entspricht der Maßzahl der rot gefärbten Fläche.

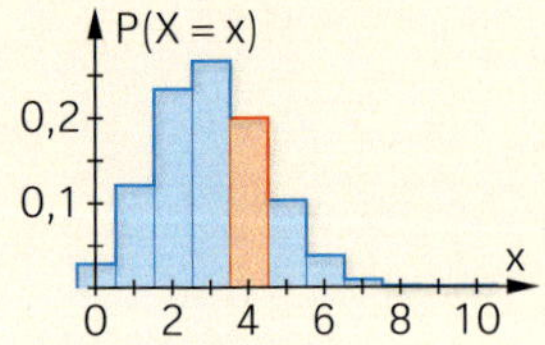

$P(X \leq 2) = P(X = 0) + P(X = 1) + P(X = 2)$
entspricht der Maßzahl der orange gefärbten Fläche.

$P(X \geq 6) = P(X = 6) + \ldots + P(X = 10)$
entspricht der Maßzahl der grün gefärbten Fläche.

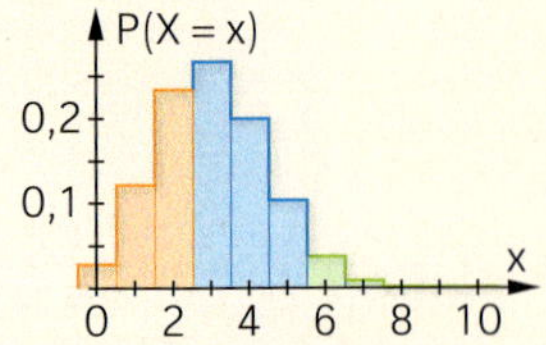

Kumulierte Wahrscheinlichkeiten

Unter der kumulierten Wahrscheinlichkeit $\mathbf{P(X \leq k)}$ versteht man die Wahrscheinlichkeit, dass höchstens k Treffer aufgetreten sind.
$\mathbf{P(X \leq k) = P(X = 0) + P(X = 1) + \ldots + P(X = k)}$
Die Wahrscheinlichkeiten für 0, 1, ..., k Treffer werden summiert.

Unter der kumulierten Wahrscheinlichkeit $P(X \geq k)$ versteht man die Wahrscheinlichkeit, dass mindestens k Treffer aufgetreten sind.
Hilfreiche Formel: $\mathbf{P(X \geq k) = 1 - P(X \leq k - 1)}$

Werkzeug

Binomialverteilung darstellen: Statistik-Menü

Beispiel: $n = 20$; $p = 0{,}4$

In Listen die Anzahl der Treffer (L1) und die Wahrscheinlichkeiten (L2) eintragen.

```
seq(N,N,0,20,1)→L1
{0 1 2 3 4 5 6 7 8 9 10 1▸
binompdf(20,0.4)→L2
{3.65615844E-5 4.87487792▸
```

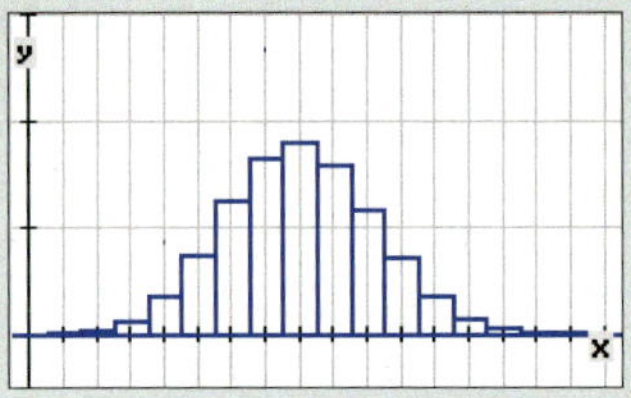

Übungen

3 Kumulierte Wahrscheinlichkeiten

Welche Wahrscheinlichkeiten stellen die markierten Flächen in den Histogrammen dar? Berechnen Sie diese Wahrscheinlichkeiten.

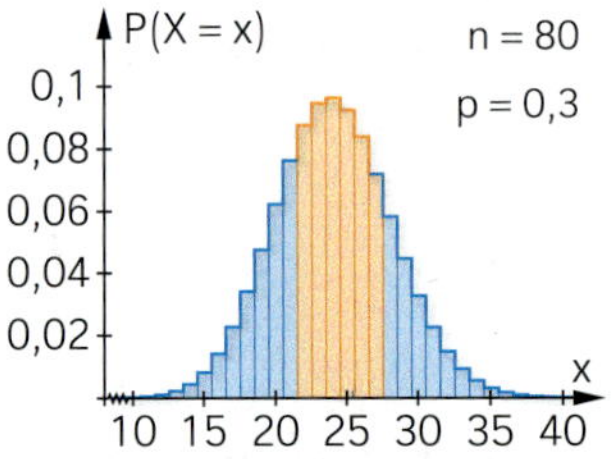

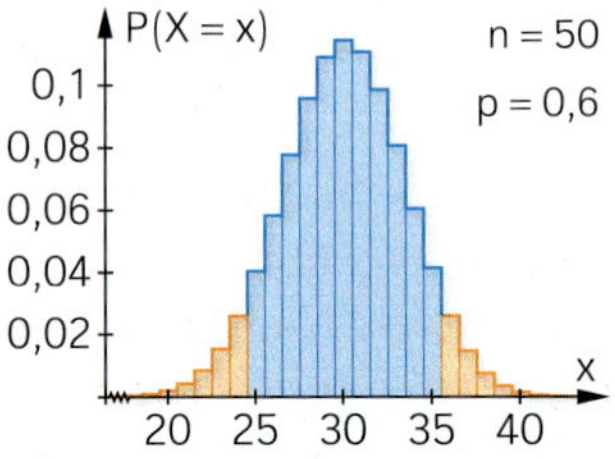

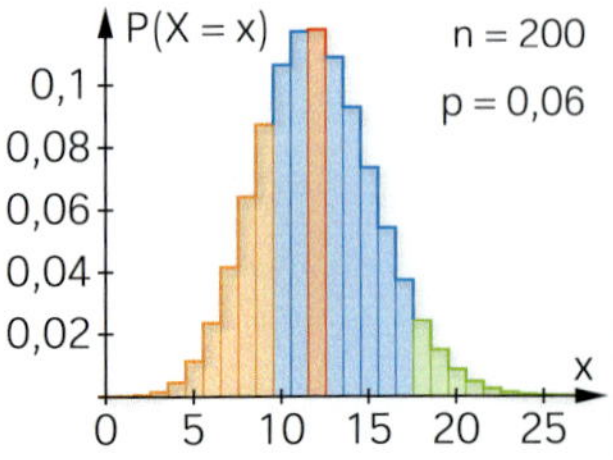

Übungen

4 **Wahrscheinlichkeiten berechnen und interpretieren**

a) Erstellen Sie das Histogramm der Wahrscheinlichkeitsverteilung für eine binomialverteilte Zufallsgröße X mit $n = 8$ und $p = 0{,}7$.

b) Skizzieren Sie das Histogramm per Hand. Stellen Sie die folgenden Wahrscheinlichkeiten in Ihrer Skizze dar.

(1) $P(X = 4)$ (2) $P(X \leq 7)$ (3) $P(X > 5)$ (4) $P(4 \leq X \leq 6)$

c) Berechnen Sie die in b) skizzierten Wahrscheinlichkeiten (1) bis (4).

Basiswissen

Sprache in der Stochastik

Sprache	Mathematik	GTR
genau k Treffer	$P(X = k)$	*binompdf(n, p, k)*
höchstens k Treffer	$P(X \leq k)$	*binomcdf(n, p, k)*
weniger als k Treffer	$P(X < k) = P(X \leq k-1)$	*binomcdf(n, p, k – 1)*
mindestens k Treffer	$P(X \geq k) = 1 - P(X \leq k-1)$	1 – *binomcdf(n, p, k – 1)*
mehr als k Treffer	$P(X > k) = 1 - P(X \leq k)$	1 – *binomcdf(n, p, k)*
mindestens k Treffer und höchstens m Treffer	$P(k_1 \leq X \leq k_2)$ $= P(X \leq k_2) - P(X \leq k_1 - 1)$	*binomcdf(n, p, k_1, k_2)* *binomcdf(n, p, k_2)* – *binomcdf(n, p, k_1 – 1)*

Achtung, die GTR-Befehle sind je nach GTR sehr unterschiedlich.

Übungen

5 **Training zum Berechnen von kumulierten Wahrscheinlichkeiten**

Berechnen Sie die Wahrscheinlichkeiten einer binomialverteilten Zufallsgröße X.

a) $n = 50$; $p = 0{,}65$ $P(X \leq 25)$
b) $n = 50$; $p = 0{,}65$ $P(X < 25)$
c) $n = 80$; $p = 0{,}36$ $P(X > 33)$
d) $n = 10$; $p = 0{,}1$ $P(X > 0)$
e) $n = 1000$; $p = 0{,}05$ $P(40 \leq X \leq 60)$
f) $n = 500$; $p = 0{,}15$ $P(X \leq 75) + P(X \geq 80)$

Interpretieren Sie die Wahrscheinlichkeiten in den Teilaufgaben e) und f).

6 **Richtig „übersetzen“ und berechnen**

Berechnen Sie die Wahrscheinlichkeit einer binomialverteilten Zufallsgröße X.

a) $p = 0{,}4$; $n = 80$; X größer als 28 und kleiner als 33
b) $p = 0{,}75$; $n = 100$; X kleiner als 65 oder größer als 80
c) $p = \frac{1}{6}$; $n = 60$; X weicht um mindestens 4 von 10

7 **Männliche und weibliche Besucher**

„28 % der Besucher eines Spiels der Fußballbundesliga sind weiblich“. Bei einem Spiel des FC wird eine Stichprobe von 80 Personen erhoben. Wie groß ist die Wahrscheinlichkeit, dass in dieser Stichprobe die Anzahl der Besucherinnen

a) größer als 26 ist; b) kleiner als 15 ist;
c) mindestens 18 und höchstens 26 beträgt?

8 **Roulette und Binomialverteilung**

Ein Spieler setzt beim Roulette stets auf „erstes Dutzend“, d. h. auf die Zahlen 1 bis 12. Er gewinnt bei zehn Spielen genau viermal.

a) Wie groß ist die Wahrscheinlichkeit für dieses Ereignis?

b) Erstellen Sie eine Tabelle zu $P(X = k)$ für $k = 0, 1, 2, \ldots, 10$ bei zehn Spielen. Stellen Sie dann die Wahrscheinlichkeitsverteilung in einem Histogramm dar.

c) Wie groß ist die Wahrscheinlichkeit, dass der Spieler beim Setzen auf das „erste Dutzend“

(1) höchstens viermal gewinnt (2) mindestens viermal gewinnt
(3) weniger als viermal gewinnt (4) zwischen drei-und fünfmal gewinnt?

Veranschaulichen Sie die Wahrscheinlichkeiten im Histogramm.

Übungen

9 Wann kommt der Sechserpasch?

Sie würfeln wiederholt mit zwei Würfeln und warten auf einen „Sechserpasch“.

a) Berechnen Sie die Wahrscheinlichkeit, mit 36 Würfen mindestens einen „Sechserpasch“ zu erzielen.

b) Ergänzen Sie die folgende Tabelle. $P(X \geq 1)$ ist die Wahrscheinlichkeit, mindestens einen Sechserpasch zu werfen.

c) Finden Sie durch Ausprobieren heraus, wie oft man mit zwei Würfeln würfeln muss, bis man mindestens einen „Sechserpasch“ mit einer Wahrscheinlichkeit von 90 % bekommt.

Anzahl n der Würfe	$P(X \geq 1)$
40	■
50	■
60	■

Werkzeug

Binomialverteilung und Funktionsparameter mit dem GTR

Variationen von Parametern in Formeln können gut mit einem GTR durchgeführt werden. Dazu wird der variable Parameter x genannt.

Tabelle der Wahrscheinlichkeiten und kumulierten Wahrscheinlichkeiten

$n = 20$; $p = 0{,}4$; x Anzahl der Treffer

```
Plot1  Plot2  Plot3
\Y1=binompdf(20,0.4,X)
\Y2=binomcdf(20,0.4,X)
\Y3=
```

X	Y1	Y2
0	3.7E-5	3.7E-5
1	4.9E-4	5.2E-4
2	0.0031	0.0036
3	0.0123	0.0160
4	0.0350	0.0510
5	0.0746	0.1256
6	0.1244	0.2500
7	0.1659	0.4159
8	0.1797	0.5956
9	0.1597	0.7553
10	0.1171	0.8725

X=0

X: Anzahl der Treffer
Y1: Wahrscheinlichkeit
Y2: kumulierte Wahrscheinlichkeit

Tabelle der Wahrscheinlichkeiten in Abhängigkeit der Anzahl der Versuche

$P(X \geq 3) = 1 - P(X \leq 2)$

x: Anzahl der Versuche; $p = 0{,}4$; $k \geq 3$ mindestens 3 Treffer

```
Plot1  Plot2  Plot3
\Y1=1-binomcdf(X,0.4,2)
\Y2=
\Y3=
```

X	Y1
3	0.0640
4	0.1792
5	0.3174
6	0.4557
7	0.5801
8	0.6846
9	0.7682
10	0.8327
11	0.8811
12	0.9166
13	0.9421

X=3

X: Anzahl der Versuche
Y1: Wahrscheinlichkeit für mindestens drei Treffer bei $p = 0{,}4$

10 Grafische Darstellung der Binomialverteilung mit dem GTR

Die beiden Diagramme sind die grafischen Darstellungen der Binomialverteilung und der kumulierten Binomialverteilung.

a) Welches Diagramm stellt was dar?

b) Beschreiben Sie die Diagramme und begründen Sie deren Gestalt.

(1)

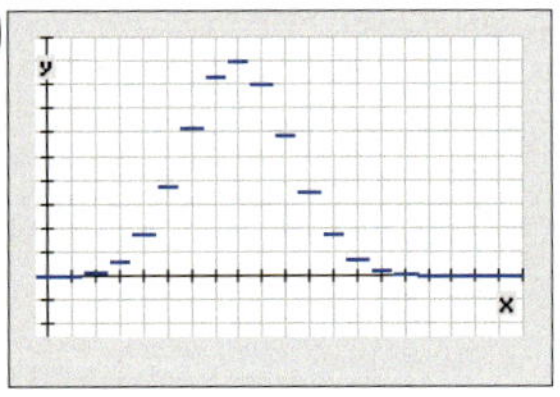

(2)

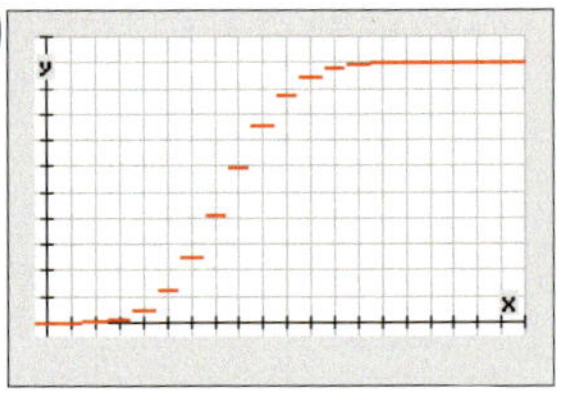

11 Tabelle ablesen

Bei der Binomialverteilung mit $p = 0{,}28$ hängt die Wahrscheinlichkeit (Y1), mindestens vier Treffer zu erzielen, von der Anzahl (X) der Versuche ab.

a) Begründen Sie die Formel für den GTR.

```
\Y1=1-binomcdf(X,0.28,3)
\Y2=
```

b) Lesen Sie die Zahl der Versuche ab, die nötig sind, damit man mit mehr als 50 %-iger Wahrscheinlichkeit mindestens drei Treffer erzielt.

X	Y1
4	.00615
5	.02385
6	.05571
7	.1016
8	.15941
9	.22601
10	.29794
11	.37193
12	.44517
13	.51548
14	.5813

X=4

Übungen

Typische Aufgaben I: Wahrscheinlichkeiten mit der Binomialverteilung berechnen

Gegeben sind n, p und k. Gesucht ist z. B. die Wahrscheinlichkeit $P(X \geq k)$, d.h. die Wahrscheinlichkeit für mindestens k Treffer.

12 Nebenwirkungen

Ein Medikament soll laut Hersteller mit einer Wahrscheinlichkeit von 5 % Nebenwirkungen erzeugen. Bei einem Test nehmen 80 Patienten das betreffende Medikament ein. Wie groß ist die Wahrscheinlichkeit, dass mehr als 7 Patienten über Nebenwirkungen klagen, wenn die Angabe des Herstellers zutreffend ist?

13 Einschaltquoten

Angenommen, der Anteil aller Fernsehhaushalte, die am vergangenen Freitag die Tagesschau um 20 Uhr eingeschaltet haben, beträgt 14,6 %. Eine Zufallsstichprobe von 2000 Haushalten wird befragt. Wie groß ist die Wahrscheinlichkeit, dass der Anteil der befragten Haushalte, die am vergangenen Freitag die Tagesschau eingeschaltet hatten, kleiner als 13 % ist?

14 Überlastet?

Tipp
Die Zeiteinheit 10 Stunden wird in 5 Minuteneinheiten eingeteilt. Die Wahrscheinlichkeit, dass in einer Zeit-einheit ein Kunde anruft beträgt dann $p = \frac{5}{600}$.

Bei einer Service-Hotline einer großen Firma stehen immer 4 Leute zu Verfügung. Ein Gespräch dauert in der Regel ca. 5 Minuten. Pro Tag (Anrufzeiten von 8 – 18 Uhr) rufen etwa 300 Kunden an. Wenn zu viele Kunden bei ihrem Anruf warten müssen, wirkt sich dies negativ auf die Kundenzufriedenheit aus.

a) Wie groß ist die Wahrscheinlichkeit, dass mindestens ein Kunde in der Warteschleife warten muss?

b) Lohnt es sich für die Hotline das Personal um eine Person aufzustocken?

Eine Problem, das man stark vereinfacht mithilfe der Binomialverteilung versuchen kann zu lösen: Wie groß ist die Wahrscheinlichkeit, dass die Anzahl vorhandener Geräte, Callcenter-Plätze usw. für die Nutzer nicht ausreicht? Mathematisch formuliert: n Personen nutzen in einer bestimmten Zeit (z. B. pro Stunde) m Minuten lang ein Gerät unabhängig voneinander. Wie groß ist die Wahrscheinlichkeit, dass die Anzahl k der vorhandenen Geräte nicht reicht?

Typische Aufgaben II: Die Mindestanzahl n von Versuchen bestimmen

Gegeben ist p und die Wahrscheinlichkeit $P(X = k)$ für eine bestimmte Anzahl k von Treffern. Gesucht ist die Anzahl n der Versuche, die man mindestens durchführen muss, um genau k Treffer mit einer bestimmten Wahrscheinlichkeit (z. B. 90 %) zu erzielen.

15 Warten auf die „Eins“

Tipp
GTR
Y1 = 1 – binomcdf (x, 0.25, 0). Erstellen Sie eine Tabelle für x = 0, Schrittweite 1. Für welchen x-Wert wird Y1 das erste Mal größer als 0,90?

Wie oft muss man mindestens würfeln, damit mit mehr als 90 % Wahrscheinlichkeit mindestens 1-mal die Zahl 1 kommt? Berechnen Sie mit dem Funktionseditor.

16 Schwarzfahrer

Bei der städtischen Verkehrsgesellschaft rechnet man im U-Bahn-Betrieb mit 10 % Schwarzfahrern. Wie viele Fahrgäste muss man kontrollieren, bis man mit einer Wahrscheinlichkeit von mehr als 90 % mindestens einen Schwarzfahrer ertappt hat?
Zur Erinnerung: $P(X \geq 1) = 1 - P(X = 0)$. Lösen Sie die Aufgaben durch Ausprobieren.

Übungen

17 Genau hingeschaut

Ein Roulette-Spieler setzt wiederholt auf seine „persönliche Glückszahl“ 33.

a) Wie groß ist die Wahrscheinlichkeit, dass seine Glückszahl nach 37 Spielen noch immer nicht gekommen ist?

b) Wie häufig muss er spielen, damit die „33“ mit einer Wahrscheinlichkeit von mehr als 90 % mindestens einmal kommt?

c) Wie häufig muss er am Roulettetisch spielen, wenn er mit einer Wahrscheinlichkeit von mehr als 99 % mindestens 2-mal gewinnen möchte?

Typische Aufgabe III : Trefferwahrscheinlichkeit p bestimmen

Gegeben ist die Länge n der Bernoulli-Kette und die Wahrscheinlichkeit $P(X = 1)$ für einen Treffer. Gesucht ist die Trefferwahrscheinlichkeit p.

18 Sicherheit eines Gerätes

Ein Gerät besteht aus 5 Bauteilen, die unabhängig voneinander mit der gleichen Funktionswahrscheinlichkeit p arbeiten. Fallen 0 oder 1 Bauteile aus, so arbeitet das Gerät noch. Bei 2 oder mehr ausfallenden Bauteilen arbeitet das Gerät nicht mehr.
Mit welcher Wahrscheinlichkeit p darf jedes der Bauteile höchstens ausfallen, wenn das Gerät mit einer Wahrscheinlichkeit von mindestens 95 % funktionieren soll, d. h. wenn höchstens ein Bauteil ausfallen darf?

19 Überbuchungen wegen No Shows

Der Begriff „No Show” kommt aus dem Englischen und bedeutet übersetzt „Nichterscheinen”. Er findet in der Hotellerie und Gastronomie Verwendung, wenn z. B. ein Gast ein Hotelzimmer, einen Flug oder einen Tisch bucht, aber nicht erscheint. Viele Fluggesellschaften und Hotels überbuchen ihre Flüge beziehungsweise Hotelzimmer. Das bedeutet, sie verkaufen mehr Tickets als es Kapazitäten gibt, weil sie von No Shows ausgehen.
Sollte es passieren, dass zufällig mehr Gäste erscheinen, als Sitzplätze im Flugzeug oder Hotelzimmer vorhanden sind, so müssen die verärgerten Gäste entschädigt werden. Fluggesellschaften führen genaue Statistiken über No Shows. Auf einer bestimmten Route ist die Wahrscheinlichkeit, dass ein Fluggast, der einen Flug gebucht hat, nicht zum Abflugzeitpunkt erscheint, 8,5 %.
Auf dieser Route wird die A340–300 mit 280 Sitzplätzen eingesetzt.

a) Angenommen die Fluggesellschaft verkauft 300 Tickets, Wie groß ist die Wahrscheinlichkeit, dass mindestens 1 Passagier keinen Sitzplatz erhalten wird?

b) Wie groß ist das Risiko, dass bei dem Verkauf von 300 Tickets für die 280 Sitzplätze mindestens 2 (3) Passagiere keinen Sitzplatz finden werden?

c) Kritisch nachgefragt: Was könnte die Verwendung der Binomialverteilung bei dem Problem der No Shows in Frage stellen?

20 Vermischtes: Platzende Luftballons und Blutspende

a) Für ein Fest werden Luftballons aufgeblasen. Dabei platzen die Luftballons mit einer Wahrscheinlichkeit von 10 %. Wie viele Luftballons sollten gekauft werden, damit man mit 99 %-iger Sicherheit mindestens 400 Ballons erfolgreich aufbläst?

b) Die Blutgruppe 0 Rh negativ, Anteil in Deutschland 6 %, ist besonders gefragt, da sich dieses Blut für alle Empfänger eignet. Ermitteln Sie die Mindestzahl der Spender, damit sich mit 95 %-iger Wahrscheinlichkeit unter ihnen mindestens ein Spender (mindestens 2 Spender) mit der Blutgruppe 0 Rh negativ befinden.

Übungen

„Nullwisser“: Jemand kreuzt nur nach Zufall an.

21 **Multiple-choice-Test 1**

Bei einem Allgemeinbildungstest gibt es 15 Fragen mit jeweils 3 Antwortmöglichkeiten, von denen immer genau eine Antwort richtig ist.
Füllen Sie die Tabelle aus. Berechnen Sie die Wahrscheinlichkeiten, erstellen Sie ein Histogramm und veranschaulichen Sie die Wahrscheinlichkeiten damit.

Wie groß ist die Wahrscheinlichkeit, dass ein „Nullwisser“…	Formel	GTR
… genau 4 Fragen richtig beantwortet?		
		binomcdf(15, $\frac{1}{3}$, 2)
	$P(X=9)+P(X=10)+\ldots+P(X=15)$ $=\binom{15}{9}\cdot\left(\frac{1}{3}\right)^9\cdot\left(\frac{2}{3}\right)^6+\binom{15}{10}\cdot\left(\frac{1}{3}\right)^{10}\cdot\left(\frac{2}{3}\right)^5+\ldots$ $\ldots+\binom{15}{15}\cdot\left(\frac{1}{3}\right)^{15}\cdot\left(\frac{2}{3}\right)^0$	
… zwischen 6 und 8 Fragen richtig beantwortet?		

22 **Aufgaben zur Rechnung gesucht**

Formulieren Sie zu jedem GTR-Bild eine Aufgabe im Sachzusammenhang eines Multiple-choice-Tests und formulieren Sie eine passende Antwort.

a)
```
binompdf(20,0.25,6)
                 0.1686092932
```
b)
```
1-binompdf(30,0.5,15)
                 0.8555355519
```
c)
```
1-binomcdf(24,1/6,7)
                 0.0354440724
```
d)
```
binomcdf(40,1/3,16)-binomcdf(40,1/3,12)
                 0.4586969762
```

23 **Multiple-choice-Test 2**

Ein Multiple-choice-Test besteht aus 50 Aufgaben mit jeweils 5 Antworten, von denen nur jeweils eine richtig ist. Mit welcher Wahrscheinlichkeit kann man durch bloßes Raten folgende Anzahl von Aufgaben richtig beantworten?

a) Mehr als 20 Aufgaben
b) Mindestens 5 und höchstens 15 Aufgaben
c) Weniger als 10 Aufgaben
d) Genau 15 Aufgaben

24 **Wie groß ist die Wahrscheinlichkeit eine Aufgabe richtig zu beantworten**

Ein Multiple-choice-Test besteht aus 25 Fragen. Man besteht diesen Test, wenn man mehr als 15 Fragen richtig beantwortet hat. Wie groß muss die Wahrscheinlichkeit mindestens sein, eine Frage richtig zu beantworten, wenn ein Kandidat mit 90%-iger Wahrscheinlichkeit den Test bestehen soll?

Grundwissen

1. Kann das sein? An einer Stelle x hat die Funktion f(x) sowohl eine Nullstelle der ersten als auch der zweiten Ableitung, die dritte Ableitung ist ungleich 0. Welche Eigenschaft hat der Graph von f(x) an dieser Stelle?
2. Nennen Sie eine Funktion mit genau
   a) drei Nullstellen,
   b) einem Hochpunkt und zwei Tiefpunkten,
   c) einer Nullstelle und einem Wendepunkt.

Aufgaben

25 Eine Fallstudie – „Anwenden und Verantwortung“

Es gibt zahllose Anwendungsfelder der Binomialverteilung in der Wirtschaft, den Natur- und den Ingenieurwissenschaften sowie vielen anderen Anwendungsgebieten.

Anwenden

Nehmen Sie einmal an, Sie würden für eine Werbeagentur arbeiten und seien verantwortlich dafür, eine Werbeaktion für eine Zahnpasta der Marke „Zagut“ für das Fernsehen zu kreieren und zu schalten. Der Hersteller dieser Zahnpastamarke behauptet, dass bereits 40 % der Käufer von Zahnpasten die Marke „Zagut“ bevorzugen. Um festzustellen, ob die Behauptung des Herstellers stimmen könnte, wird ein Marktforschungsinstitut beauftragt, eine Kundenbefragung durchzuführen. Es werden 200 Kunden nach dem Zufallsprinzip ausgewählt und befragt. In dieser Stichprobe bevorzugen nur 74, d. h. 37 %, die Marke „Zagut“.
Kann die Behauptung des Herstellers noch zutreffend sein? Was wäre, wenn in der Stichprobe lediglich 56 (28 %) der Befragten „Zagut“ kaufen? Rechtfertigt eines der beiden Ergebnisse den Start der Werbeaktion?

Verantwortung

Nehmen Sie weiterhin an, dass der Hersteller der Zahnpasta behauptet, dass vier von fünf Zahnärzten „Zagut“ empfehlen. Ihre Werbeagentur möchte diese Tatsache in der TV-Werbung erwähnen. Als Sie untersuchten, wie die Stichprobe der Zahnärzte erhoben wurde, mussten Sie feststellen, dass die betreffenden Ärzte für den Hersteller arbeiten. Halten Sie es für verantwortbar, die Aussage der Zahnärzte zugunsten der Zahnpasta „Zagut“ in die TV-Werbung aufzunehmen?

Zagut ist gut zu Ihnen und Ihren Zähnen. Und was sagen Experten? Vier von fünf Zahnärzten empfehlen „Zagut“.

Falsche Anwendung

Was versteht man unter dem wahrscheinlichsten Ergebnis? Bleiben wir einmal bei der Kundenbefragung zu der Zahnpasta „Zagut“. Angenommen, die Behauptung des Herstellers, dass 40 % der Kunden „Zagut“ bevorzugen, ist richtig. Unter dieser Annahme ist das wahrscheinlichste Ergebnis bei der Befragung von 200 Kunden, dass 80 „Zagut“ kaufen. Die Wahrscheinlichkeit beträgt allerdings nur 5,8 %, ist also recht gering. Wenn also ein anderes Ergebnis als 80 Käufer von „Zagut“ in der Stichprobe auftritt, kann man nicht davon ausgehen, dass die Stichprobe keine Zufallsstichprobe ist. Ebenso wenig kann man auf einen Widerspruch zu der Behauptung des Herstellers schließen.

a) Nehmen Sie an, dass der Anspruch des Herstellers von „Zagut“ zutreffend ist. Wie groß ist die Wahrscheinlichkeit, dass die Anzahl der Käufer von „Zagut“ in einer Stichprobe von 200 Personen, die Zahnpasta kaufen, zwischen 66 und 94 liegt?
b) Angenommen, in der Stichprobe von 200 Kunden waren nur 74 Käufer von „Zagut“. Kann man zu recht annehmen, dass die Behauptung des Herstellers nicht zutreffend ist?
c) Beantworten Sie die Frage aus obigem Aufgabenteil b) für den Fall, dass in der Stichprobe nur 65 Käufer von „Zagut“ anzutreffen waren.

10.3 Binomialverteilung – Kenngrößen und Prognoseintervalle

Aufgaben

1 Mit was kann man rechnen?

Anna ist eine erfolgreiche Bogenschützin. Sie trifft die „10" im Zentrum des gelben Feldes der Zielscheibe mit einer Wahrscheinlichkeit von 75 %. Angenommen, die Sportlerin schießt ihre Pfeile auf die Zielscheibe, ohne dass der Erfolg oder Misserfolg bei einem Schuss auf den nächsten Schuss Einfluss hat.

a) Bei einem Wettbewerb wird Anna in der ersten Runde 72 Pfeile auf die Zielscheibe schießen. Mit wie vielen Treffern in die „10" kann Anna rechnen?

b) Sie werden bei Teilaufgabe a) intuitiv mit einer Formel gerechnet haben, mit der man die erwartete Anzahl von Treffern bei einer Bernoulli-Kette berechnen kann. Benutzen Sie diese Formel zur Berechnung
- der Anzahl der „Sechsen" beim 120-fachen Wurf mit einem Würfel,
- der Anzahl von „Kopf" beim 20-fachen Münzwurf,

c) Wie lautet die Formel, die Sie bei Aufgabe b) verwendet haben?

2 Mit wie vielen Treffern kann man rechnen und mit welcher Streuung?

Beim Spiel mit dem abgebildeten Glücksrad, erzielt man mit einer Wahrscheinlichkeit von 25 % einen Gewinn (grün).

a) Mit wie vielen Gewinnen kann man bei acht Spielen rechnen?

b) Den Erwartungswert μ für die Anzahl der Treffer beim achtmaligen Spielen mit dem Glücksrad kann man mit der Formel berechnen.

Erwartungswert $\mu = 0 \cdot P(X=0) + 1 \cdot P(X=1) + \ldots + 8 \cdot P(X=8)$

Vervollständigen Sie die Tabelle und berechnen Sie den Erwartungswert μ.

Trefferanzahl k	$P(X=k)$	$k \cdot P(X=k)$
0	■	0
1	■	■
2	■	■
3	0,208	■
4	■	■
5	■	■
6	■	0,023
7	■	■
8	■	■
Summe	1	■

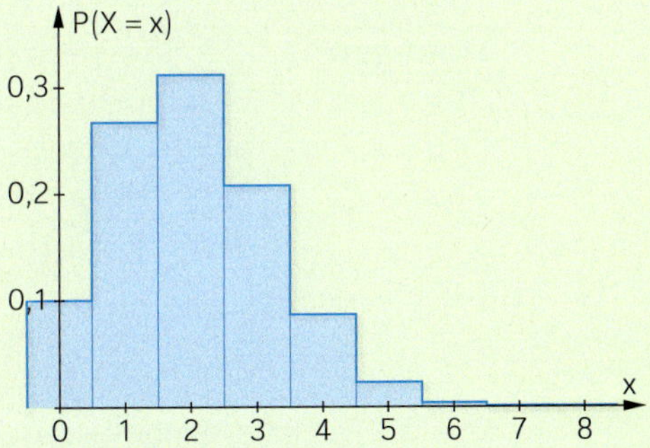

c) Die Trefferanzahl streut um μ. Berechnen Sie die Wahrscheinlichkeit dafür, dass die Trefferanzahl um mehr als 1 von μ abweicht.

d) Die Streuung kann man mit der Standardabweichung σ berechnen.

Standardabweichung $\sigma = \sqrt{(0-\mu)^2 \cdot P(X=0) + (1-\mu)^2 \cdot P(X=1) + \ldots + (8-\mu)^2 \cdot P(X=8)}$

Formeln für binomialverteilte Zufallsgrößen: $\mu = n \cdot p$; $\sigma = \sqrt{n \cdot p \cdot (1-p)}$

Berechnen Sie den Erwartungswert μ und die Standardabweichung σ mit den Formeln. Vergleichen Sie die Ergebnisse mit denen aus Teilaufgabe b) und d).

Basiswissen

Kenngrößen der Binomialverteilung
Erwartungswert und Standardabweichung

Zur Berechnung des Erwartungswertes und der Standardabweichung einer Binomialverteilung gibt es zwei einfache Formeln.

Erwartungswert: $\mu = n \cdot p$
Der Erwartungswert μ ist der Wert, bei dem sich der Mittelwert der Trefferzahl X bei einer sehr häufigen Wiederholung der Bernoulli-Kette der Länge n und Wahrscheinlichkeit p einpendelt.

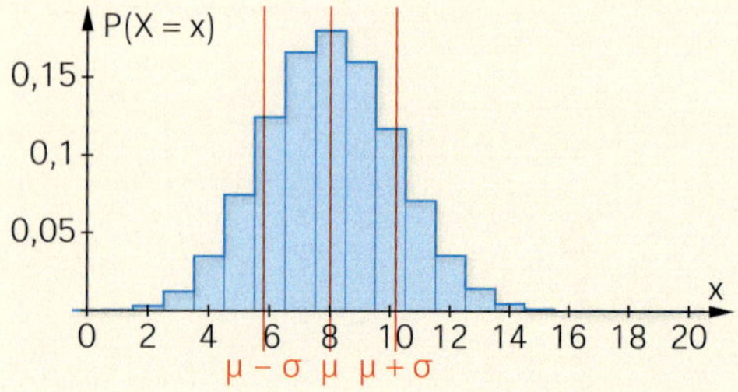

Standardabweichung:
$\sigma = \sqrt{n \cdot p \cdot (1-p)}$

Beispiele

A **Erwartungswert und Standardabweichung berechnen**
Berechnen Sie den Erwartungswert μ und die Standardabweichung σ für eine Binomialverteilung mit $n = 100$ und $p = 0{,}05$. Welche Trefferanzahlen weichen um mehr als σ von μ ab? Veranschaulichen Sie die Ergebnisse Ihrer Berechnungen grafisch.

Lösung:
Erwartungswert:
$\mu = n \cdot p = 100 \cdot 0{,}05 = 5$
Standardabweichung:
$\sigma = \sqrt{n \cdot p \cdot (1-p)}$
$= \sqrt{100 \cdot 0{,}05 \cdot 0{,}95} = 2{,}18$

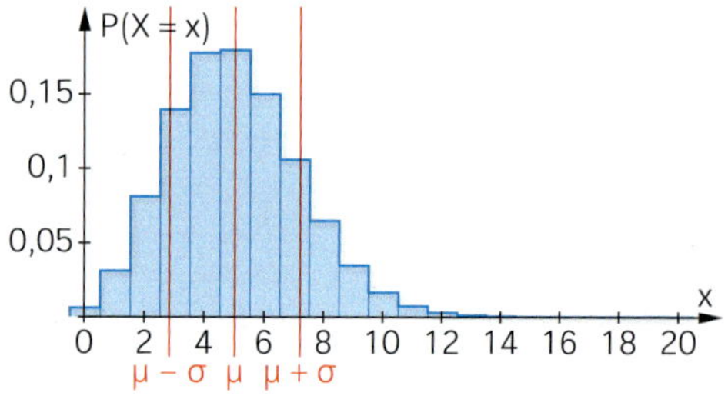

Der Erwartungswert $\mu = 5$.
Ist die Trefferanzahl kleiner als 3 oder größer als 7, dann liegt sie um mehr als eine Standardabweichung $\sigma = 2{,}18$ von dem Erwartungswert entfernt.

Übungen

3 **Training Kenngößen**
Bestimmen Sie für die Bernoulli-Kette der Länge n mit der Trefferwahrscheinlichkeit p den Erwartungswert μ und die Standardabweichung σ für die Anzahl der Treffer.
a) $n = 10,\ p = 0{,}4$
b) $n = 50,\ p = 0{,}6$
c) $n = 500,\ p = 0{,}1$
d) $n = 2000,\ p = 0{,}2$
e) $n = 50,\ p = \frac{1}{3}$
f) $n = 10,\ p = \frac{1}{6}$

4 **Erwartungswert, Standardabweichung und Wahrscheinlichkeiten**
a) Berechnen Sie den Erwartungswert μ und die Standardabweichung σ für die Binomialverteilung mit $n = 192$ und $p = 0{,}25$. Welche Trefferanzahlen weichen um weniger als eine Standardabweichung σ vom Erwartungswert μ ab.
b) Veranschaulichen Sie die Ergebnisse Ihrer Berechnungen an einem Histogramm.
c) Berechnen Sie die Wahrscheinlichkeit, dass die Trefferanzahl von μ um weniger als σ abweicht.

5 **Etwas zum Nachdenken**
Kann der Erwartungswert für die Anzahl der Treffer auch keine natürliche Zahl sein? Begründen Sie Ihre Entscheidung.

6 **Niederschlag**
In einer Stadt sind im Oktober 16 % der Tage Regentage. Berechnen Sie den Erwartungswert μ und die Standardabweichung σ für die Anzahl X der Regentage im Oktober.

Übungen

7 Lügendetektortests

In den USA sind Lügendetektortests sehr beliebt. Diese sind in der Regel fehlerbehaftet, d. h. mit einer gewissen Wahrscheinlichkeit wird z. B. eine Person als Lügner diagnostiziert, obwohl sie die Wahrheit sagt.

Angenommen, die Wahrscheinlichkeit für eine „Fehldiagnose" beträgt 20 %.

a) Mit wie vielen Fehldiagnosen muss man bei 100 Tests rechnen?

b) Wie groß ist die Wahrscheinlichkeit, dass höchstens 12 der 100 Personen falsch getestet werden?

c) Wie groß ist die Wahrscheinlichkeit, dass die Anzahl der Fehldiagnosen um mehr als eine Standardabweichung von dem Erwartungswert abweicht?

8 Blutspende

Laut Statistik ist der Anteil der Menschen mit Blutgruppe AB in Deutschland 5 %. Zu einem Blutspendetermin in Braunschweig kommen 136 Spender.

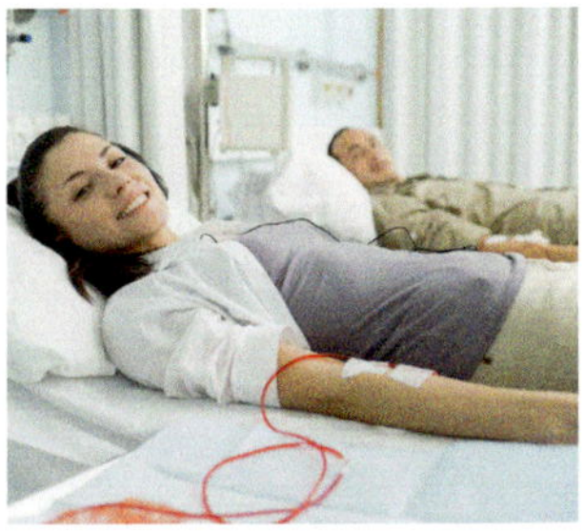

a) Mit wie vielen Blutspendern der Blutgruppe AB kann man rechnen?

b) Wie groß ist die Wahrscheinlichkeit, dass mindestens doppelt so viele „AB-Spender" kommen, wie erwartet? Ist dies ein seltenes Ereignis? Urteilen Sie selbst.

9 Suche nach Öl (aus dem Amerikanischen)

Eine Firma bohrt an zehn verschiedenen Standorten nach Öl. Angenommen, die Wahrscheinlichkeit, dass bei einer Bohrung Öl gefunden wird, beträgt 10 %. Die Kosten für eine Bohrung betragen 60 000 \$. Bei einer erfolgreichen Bohrung wird Öl im Wert von 1 000 000 \$ gefördert.

a) Berechnen Sie den Erwartungswert des Gewinns der Firma bei zehn Bohrungen.

b) Wie wahrscheinlich ist es, dass die Firma mit den zehn Bohrungen Geld verliert?

c) Wie groß ist die Wahrscheinlichkeit, dass die Firma mit den zehn Bohrungen mehr als 1 800 000 \$ Gewinn macht?

10 Kunden

Angenommen, 26 % der Kunden, die ein bestimmtes Geschäft betreten, kaufen dort ein. Der Geschäftsführer rechnet mit 150 Kunden, die das Geschäft pro Tag betreten.

a) Mit welcher Zahl von Kunden, die auch in dem Geschäft kaufen, kann er rechnen? Wie groß ist die Wahrscheinlichkeit, dass genau so viele Kunden kaufen werden, wie er als Käufer erwartet?

b) Wie groß ist die Standardabweichung der Zahl der Kunden, die auch kaufen?

11 Würfeln

Bei einem Würfelspiel mit zwei Würfeln ist die Augensumme 7 von besonderer Bedeutung (z.B. bei dem Spiel „Craps"). Angenommen, die beiden Würfel werden 100-mal geworfen. X ist die Anzahl der Würfe mit der Augensumme 7.

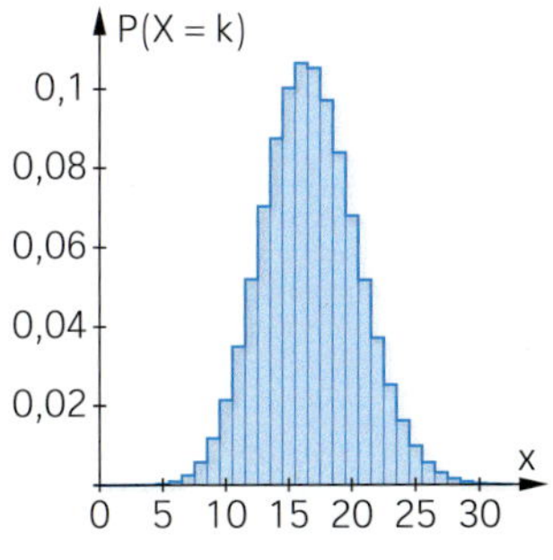

a) Berechnen Sie den Erwartungswert und die Standardabweichung von X.

b) Wie groß ist die Wahrscheinlichkeit, dass X von dem Erwartungswert um höchstens 6 abweicht?

Übungen

12 **Form, Erwartungswert und Standardabweichung einer Binomialverteilung**

Untersuchen Sie, wie sich der Erwartungswert, die Standardabweichung und die Form der Histogramme der Binomialverteilungen verändern, wenn man
(1) bei gleicher Trefferwahrscheinlichkeit p die Versuchslänge n variiert,
(2) bei gleicher Versuchslänge die Trefferwahrscheinlichkeit p variiert.

Applet eA-10.3-12

Ordnen Sie zunächst den einzelnen Histogrammen jeweils das passende n und p zu. Berechnen Sie dann die Erwartungswerte und die Standardabweichungen.

zu (1) Binomialverteilungen mit $p = 0{,}2$ und $n = 10$ (20, 40, 80)

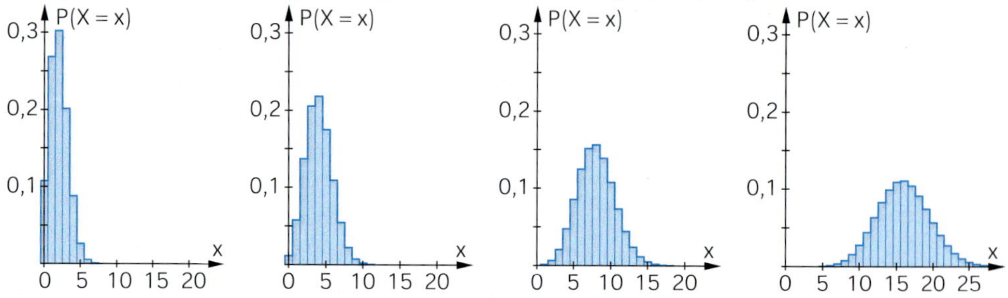

zu (2) Binomialverteilungen mit $n = 20$ und $p = 0{,}2$ (0,5; 0,7; 0,9)

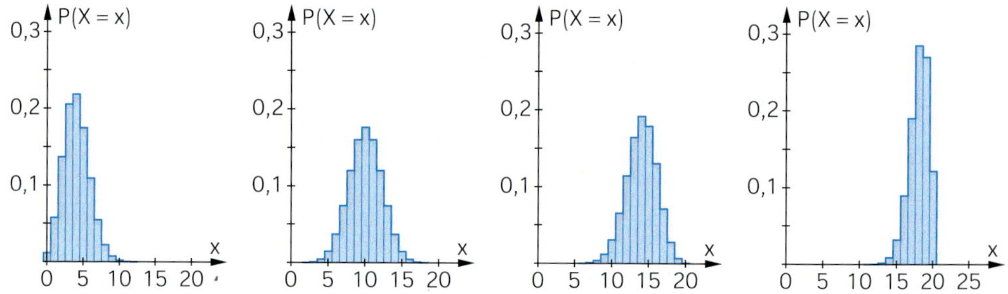

13 **Maximum einer Binomialverteilung**

a) Gesucht ist die Trefferzahl k, für die $P(X = k)$ den größten Wert hat. Untersuchen Sie die Binomialverteilungen mit $p = 0{,}2$ und $n = 5, 10, 50, 100, 200$. Entdecken Sie eine Regel? Tipp: Sie können mit Tabellen oder Histogrammen arbeiten.

b) Unterscheiden Sie verschiedene Fälle, bei denen μ ist nicht ganzzahlig ist. Untersuchen Sie die Binomialverteilungen mit $n = 5$ und $p = 0{,}1$; 0,3 und 0,5. Was beobachten Sie?

14 **Zum Nachdenken und Überprüfen mit Beispielen**

Was ist richtig? Für Binomialverteilungen gilt:

a) Der Erwartungswert ist proportional zu der Länge n der Bernoulli-Kette.

b) Die Standardabweichung ist proportional zu der Länge n der Bernoulli-Kette.

c) Die Standardabweichung ist bei fester Länge n am größten, wenn $p = 0{,}5$.

15 **Untersuchung des funktionalen Zusammenhangs von μ und σ mit n und p**

Untersuchen Sie jeweils den funktionalen Zusammenhang zwischen μ und σ einer Binomialverteilung mit der Versuchsanzahl n und der Trefferwahrscheinlichkeit p. Zeichnen Sie zu den funktionalen Zusammenhängen je einen Graphen mit dem GTR.

a) Welchen Einfluss hat eine wachsende Versuchsanzahl n bei einer festen Trefferwahrscheinlichkeit p auf μ und σ?

b) Welchen Einfluss hat eine wachsende Trefferwahrscheinlichkeit p bei einer festen Versuchsanzahl n auf μ und σ?

Beschreiben Sie die Zusammenhänge, benennen Sie Proportionalitäten.

Übungen
Prognoseintervalle

16 Prognose erstellen

Angenommen, in der kommenden Grippesaison erkranken in Deutschland 35 % der Bevölkerung. Folgende Prognosen für die Anzahl der Erkrankungen in einer Stadt mit 40 000 Einwohnern wurden abgegeben:

(A) Es werden 14 000 Personen erkranken.
(B) Es werden zwischen 13 900 und 14 100 Personen erkranken.
(C) Es werden zwischen 12 000 und 16 000 Personen erkranken.

a) Welche der Prognosen macht für Sie Sinn und warum, welche nicht? Berechnen Sie für alle Prognosen die Wahrscheinlichkeit, mit der diese zutreffen wird.
b) Wählen Sie weitere zum Erwartungswert μ symmetrische Intervalle aus. Berechnen Sie die Wahrscheinlichkeit, dass die Anzahl der Erkrankungen in das jeweilige Intervall fallen werden.

Basiswissen

Prognoseintervalle

Eine der typischen Situationen in der Statistik ist: Man kennt aufgrund von empirischen Untersuchungen oder theoretischen Überlegungen die Trefferwahrscheinlichkeit p. Nun möchte man eine Vorhersage für die Trefferzahl in einer Stichprobe machen.

Mit welcher Trefferanzahl ist in einer Stichprobe vom Umfang n zu rechnen?

Man erwartet, dass die Trefferanzahl um den Erwartungswert μ schwankt. Prognoseintervalle sind zum Erwartungswert μ symmmetrische Intervalle, in die die Trefferanzahl mit einer bestimmten Wahrscheinlichkeit fällt.
Prognoseintervalle [μ – t, μ + t].

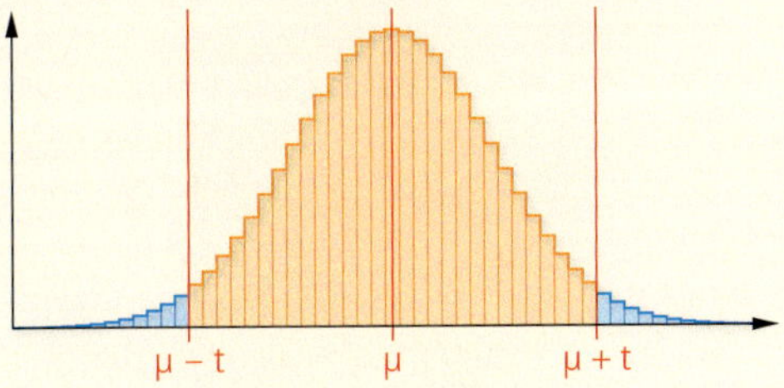

Soll die Trefferanzahl mit 95 % Wahrscheinlichkeit in diesem Intervall liegen, spricht man vom 95 %-Prognoseintervall.

Beispiele

B Prognoseintervalle mit GTR

Bestimmen Sie das 95 %-Prognoseintervall beim 200-maligen Wurf einer fairen Münze.

Lösung:
Binomialverteilung mit $n = 200$ und $p = 0{,}5$ und Erwartungswert $\mu = 200 \cdot 0{,}5 = 100$.
Man sucht den kleinsten Wert für t, so dass $P(100 - t \le X \le 100 + t) \ge 0{,}95$.

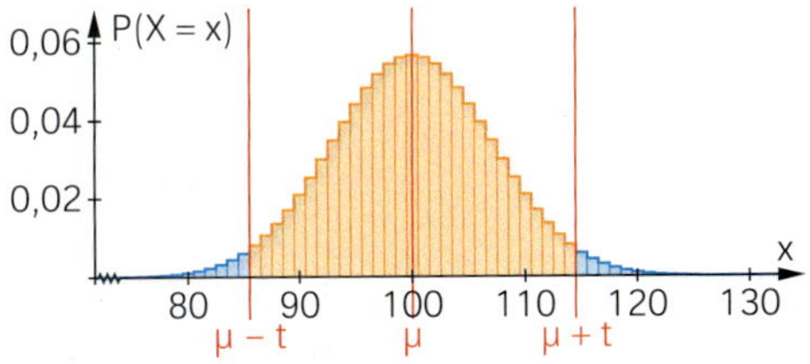

Werkzeug

Prognoseintervalle $P(100 - t \le X \le 100 + t) \ge 0{,}95$

Untere Schranke: 100 – t; Obere Schranke: 100 + t

```
f1(x)=binomCdf(200,0.5,100-x,100+x)
```

```
Y1=binomcdf(200,0.5,100+X)-binomcdf(200,0.5,100-X-1)
Y2=
```

X	Y1
12	0.9232
13	0.944
14	0.96
15	0.9719
16	0.9806
17	0.9869
18	0.9913
19	0.9943
20	0.9964
21	0.9977
22	0.9986

Y1=0.9599628073458

95 %-Prognoseintervall: [100 – 14; 100 + 14] = [86; 114].
Mit einer Wahrscheinlichkeit von mindestens 95 % fallen beim 200-maligen Münzwurf mindestens 86-mal und höchstens 114-mal „Zahl".

Übungen

17 **Prognoseintervalle berechnen**

a) Berechnen Sie das 99 %-Prognoseintervall für die Trefferzahl, wenn
(1) $n = 500$; $p = 0{,}1$ (2) $n = 1000$; $p = 0{,}05$

b) Berechnen Sie das 95 %-Prognoseintervall für die Trefferzahl, wenn
(1) $n = 50$; $p = 0{,}6$ (2) $n = 250$; $p = 0{,}62$

c) Ist der Erwartungswert μ nicht ganzzahlig, so kann dennoch das beschriebene Verfahren verwendet werden. Allerdings muss anschließend angemessen gerundet werden. Berechnen Sie das 95 %-Prognoseintervall für die Trefferzahl, wenn $n = 100$ und $p = \frac{1}{6}$. Als Prognoseintervall müssten Sie das Intervall [9; 27] erhalten.

18 **Voraussagen mit Prognoseintervallen**

Mit einem Zufallszahlengenerator werden 400 ganzzahlige Zufallszahlen von 1 bis 4 erzeugt. In welches zum Erwartungswert symmetrische Intervall fällt die Anzahl der „Einsen" mit einer 99,7 %-igen Wahrscheinlichkeit (99,7 %-Prognoseintervall)?

19 **Blutgruppen**

In Deutschland haben 11 % der Menschen Blutgruppe B. Berechnen Sie das 68 %- und das 90 %-Prognoseintervall für die Anzahl der Personen mit Blutgruppe AB unter den 100 Blutspendern, die zu einer Blutspende erwartet werden.

20 **Pizzaessen**

Laut Auswertung von 20 Millionen Pizzabestellungen ist die „Pizza Salami" mit 40 % die Lieblingspizza der Deutschen. Lorenzo erwartet 210 Bestellungen. Berechnen Sie das 95 %-Prognoseintervall und das 75 %-Prognoseintervall für die Bestellungen einer „Pizza Salami". Nennen Sie Argumente, mit denen Lorenzo lieber das 95 %-Prognoseintervall bzw. das 75 %-Prognoseintervall benutzt.

Aufgaben

21 **Prognoseintervalle für die absolute Trefferzahl X und die relative Häufigkeit h**

Eine faire Münze wird geworfen. Treffer bedeutet: Die Münze liegt mit „Zahl" nach oben, Fehlschlag: „Kopf" liegt nach oben.

a) Das Ergebnis eines 100-fachen Münzwurfes wird mit dem Ergebnis eines 200-fachen Münzwurfes verglichen. Schätzen Sie, bei welcher der beiden Wurfserien die Wahrscheinlichkeit, dass man mehr als 60 % Treffer erzielt, größer ist?
Berechnen Sie die Wahrscheinlichkeiten.

b) Noch einmal etwas zum Vermuten: Welches 95 %-Prognoseintervall ist größer, das für die Trefferanzahl beim 100-fachen oder das für den 200-fachen Münzwurf?

c) Berechnen Sie das 95 %-Prognoseintervall für die relative Häufigkeit der Trefferzahl. Verwenden Sie zur Lösung der Aufgabe die Abbildung und die Ergebnisse aus Teilaufgabe b).

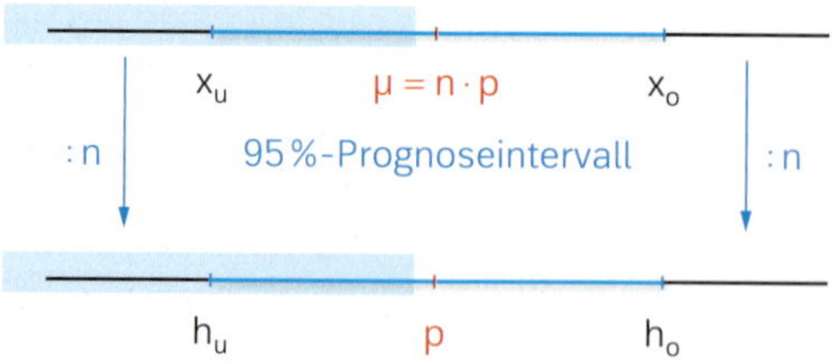

d) Berechnen Sie das 95 %-Prognoseintervall der relativen Häufigkeit für „Kopf" bei einer 500er-Serie und für eine 1000er-Serie. Was stellen Sie fest?

Wissenswertes über Prognoseintervalle

Prognoseintervalle für absolute Trefferanzahlen X werden mit wachsender Versuchszahl n größer. Dies liegt u. a. daran, dass die Streuung der Trefferanzahl X zunimmt, was sich in der Standardabweichung $\sigma = \sqrt{n \cdot p \cdot (1-p)}$ ausdrückt.
Die Histogramme der Wahrscheinlichkeitsverteilungen werden mit wachsendem n „breiter" und damit auch die entsprechenden Prognoseintervalle.

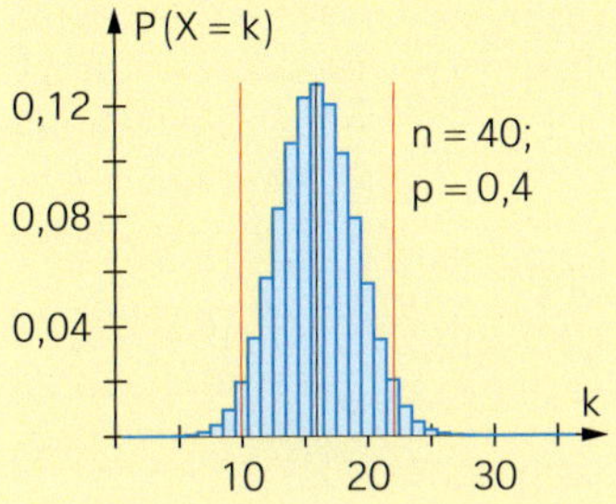

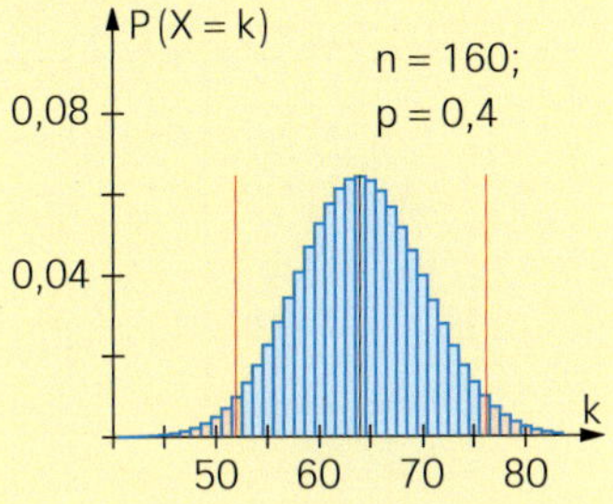

Prognoseintervalle für relative Häufigkeit h der Treffer werden mithilfe der Abweichung von der Trefferwahrscheinlichkeit p angegeben (siehe Abbildung). Die Prognoseintervalle für die relative Trefferhäufigkeit werden mit wachsendem n schmaler. Die Breite ist proportional zu $\frac{1}{\sqrt{n}}$.

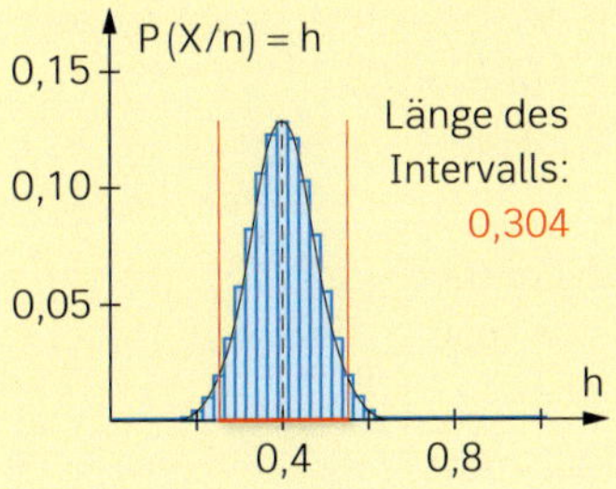

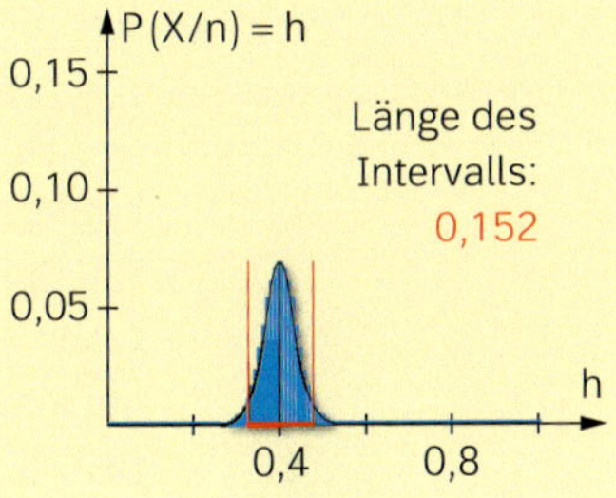

22 Prognoseintervalle für relative Häufigkeiten ermitteln

a) Beim Roulette werden an einem Abend 450 Spiele gespielt. Berechnen Sie das 95 %-Prognoseintervall für die relative Häufigkeit, mit der die „13" kommt.

b) Der Mathematiker John Kerrich plante eine Münze 10000-mal zu werfen. Angenommen, die Münze ist fair. Berechnen Sie das 95 %- Prognoseintervall der relativen Häufigkeit von „Kopf".

23 Kritisch nachgefragt

a) Wie unterscheidet sich das 90 %-Prognoseintervall von dem 99 %-Prognoseintervall? Berechnen Sie mit dem GTR (siehe Beispiel B) die beiden Prognoseintervalle für die Anzahl der „Sechsen" bei 100 Würfen mit einem Laplace-Würfel. Was beobachten Sie? Können Sie die gemachte Beobachtung verallgemeinern? Begründen Sie die Verallgemeinerung inhaltlich, ohne Formeln zu verwenden.

b) Kann es passieren, dass die Trefferzahl auch außerhalb z.B. des 99 %-Prognoseintervalls liegt und falls ja, mit welcher Wahrscheinlichkeit passiert das?

Grundwissen

1. Geben Sie für lokale Extrempunkte und Wendestellen einer Funktion je eine notwendige und hinreichende Bedingung an.
2. Ermitteln Sie jeweils den Wert des Parameters a und erstellen Sie dazu eine Skizze des Funktionsgraphen: $f(x) = x \cdot (x + a)$ und $f'(1{,}5) = -1$.
3. Bestimmen sie die erste Ableitung von $f(x) = 3\sin(2x + 1)$.

10.4 Stetige Zufallsgrößen und Normalverteilung

Aufgaben

1 Unterschiedliche Zufallsgrößen

Es gibt unterschiedliche Arten von Zufallsgrößen. Sie haben bereits diskrete Zufallsgrößen kennen gelernt.

a) Unter den Beispielen gibt es drei **diskrete Zufallsgrößen**. Welche sind dies?

b) Die andere Art von Zufallsgrößen nennt man **stetige Zufallsgrößen**. Beschreiben Sie die Unterschiede zwischen stetigen und diskreten Zufallsgrößen.

I. Gewicht eines Apfels

II. Trefferzahl beim Biathlon

III. Wartezeit an einer Kasse

IV. Größe eines Erwachsenen

V. Anzahl der Beschwerden pro Tag

VI. Anzahl der Sechsen beim Würfeln

2 Häufigkeitsverteilung von Füllmengen

Die Füllmengen von 500-g-Packungen können geringfügig von 500 g abweichen. Die Zufallsgröße X ist die „echte" Füllmenge einer zufällig aus der Produktion ausgewählten Packung.
Das Diagramm zeigt die Häufigkeitskeitsverteilung von Füllmengen ausgewählter 500-g-Packungen.

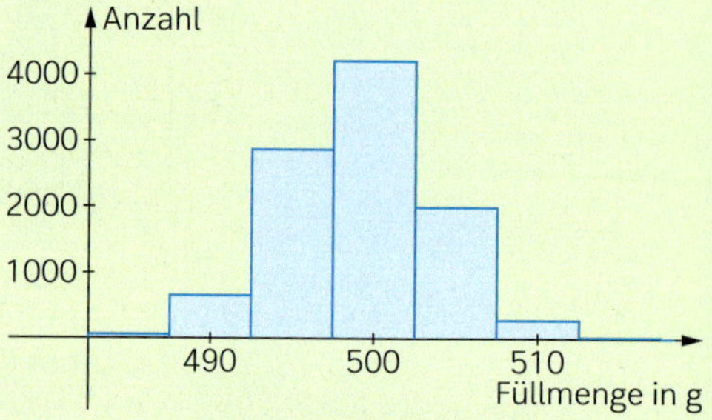

a) Beschreiben Sie das nebenstehende Diagramm möglichst genau.
Wie könnte das Messprotokoll ungefähr ausgesehen haben (Anzahl der Messungen, Klassenbreite usw.)?

b) Die folgenden Diagramme stellen andere Auswertungen der Messwerte aus Teilaufgabe a) dar. Wie unterscheiden sich die Diagramme? Beschreiben Sie die Unterschiede genau. Erkennen Sie in der Folge der Histogramme eine Entwicklung und wenn ja, welche?

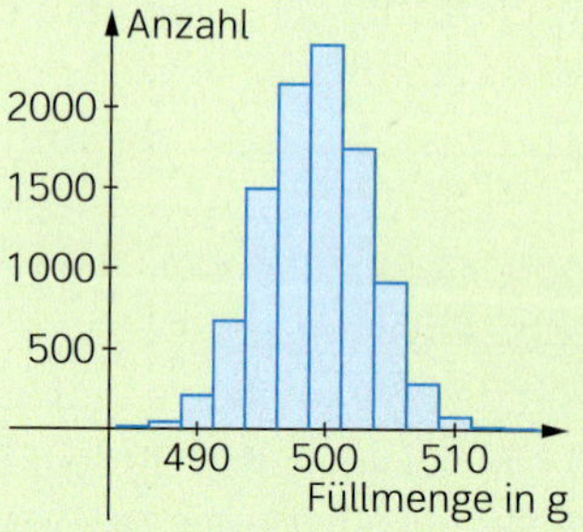

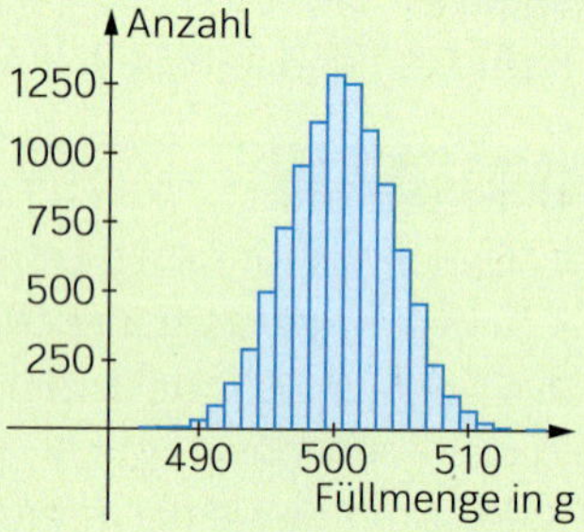

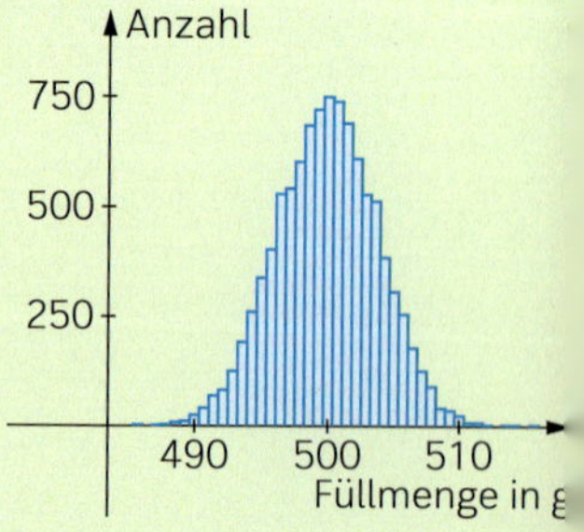

Aufgaben

3 Von der Häufigkeitsverteilung zu Histogramm und Dichtefunktion

Histogramme und Häufigkeitsdichte
Häufigkeitsverteilungen werden oft grafisch als **Histogramm** dargestellt. Bei Histogrammen entsprechen die relativen Häufigkeiten h_i, mit der die Werte in eine bestimmte Klasse fallen, den Maßzahlen der Flächeninhalte der jeweiligen Rechtecke. Die Rechteckhöhen ergeben sich als Quotient aus der relativen Häufigkeit h_i und der Rechteckbreite Δx_i des betreffenden Rechtecks.
Den Quotienten $\frac{h_i}{\Delta x_i} = d_i$ nennt man **Häufigkeitsdichte** des i-ten Rechtecks, das zugehörige Diagramm heißt **Histogramm.**
Die Summe aller Maßzahlen der Rechteckflächen in dem Histogramm ist 1.

a) Beschreiben Sie die Gestalt des Histogramms der Häufigkeitsverteilung der Füllmenge in der Abbildung möglichst genau. Was wird sich ändern und was bleibt bestehen, wenn man die Klassenbildung weiter verfeinern würde?

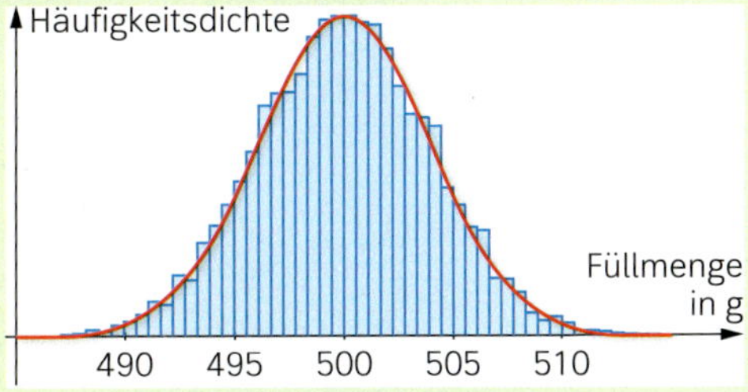

d) Das glockenförmige Histogramm wird durch eine idealisierte Dichtefunktion f angenähert. Diese ist in dem Histogramm rot eingezeichnet. Beschreiben Sie das Symmetrieverhalten und das Verhalten der idealisierten Dichtefunktion f für sehr kleine bzw. sehr große Füllmengen und deuten Sie dieses im Sachzusammenhang. Schätzen Sie, wo die Dichtefunktion f ihr Maximum und ihre Wendestellen hat.

4 Modellieren der Häufigkeitsdichte einer Füllmenge mit der Normalverteilung

Das Histogramm der Gewichte von 500-g-Packungen kann durch die Dichtefunktion $\varphi(x) = \frac{1}{5\sqrt{2\pi}} \cdot e^{-\frac{1}{2} \cdot \frac{(x-500)^2}{5^2}}$ genähert, man sagt auch modelliert, werden.

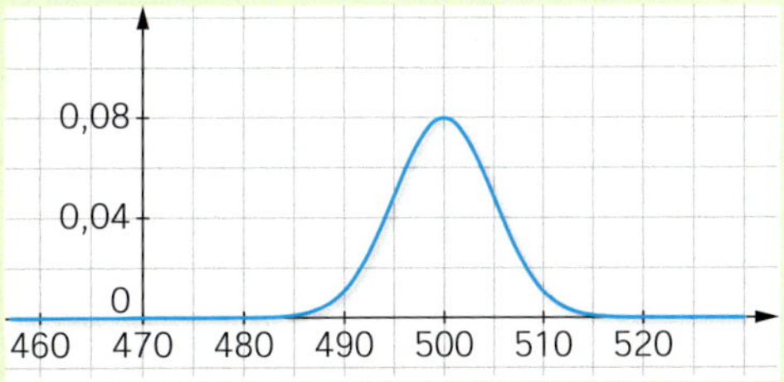

a) Ermitteln Sie den x-Wert des Maximums und die Wendestellen. Interpretieren Sie deren Bedeutung im Sachzusammenhang mit den 500-g-Packungen.

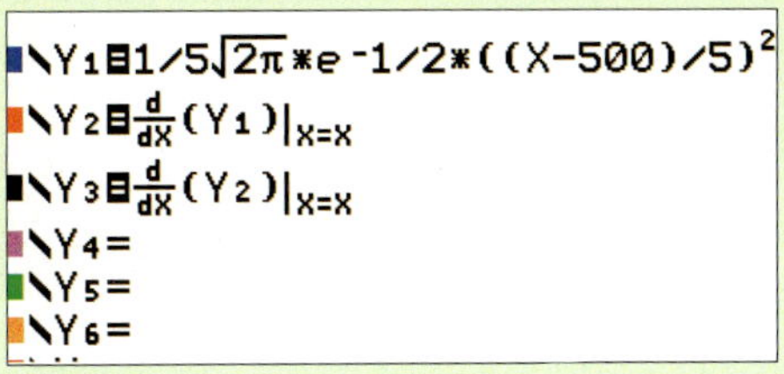

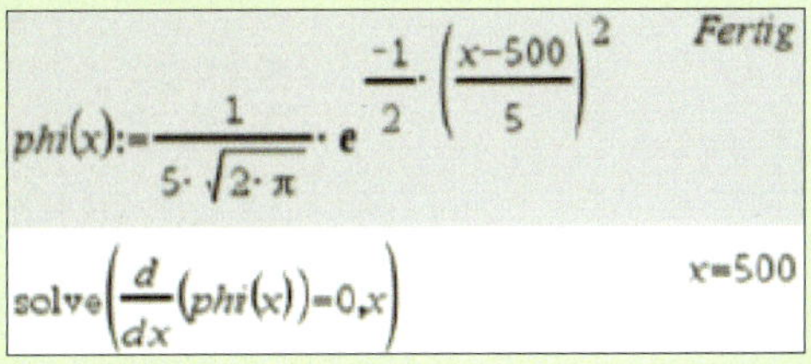

b) Ermitteln Sie nach der Funktion $\varphi(x)$ die Wahrscheinlichkeit dafür, dass die Füllmenge
- zwischen den beiden Wendestellen liegt,
- höchstens 485 g (490 g, 495 g, 500 g, 505 g, 510 g) beträgt.

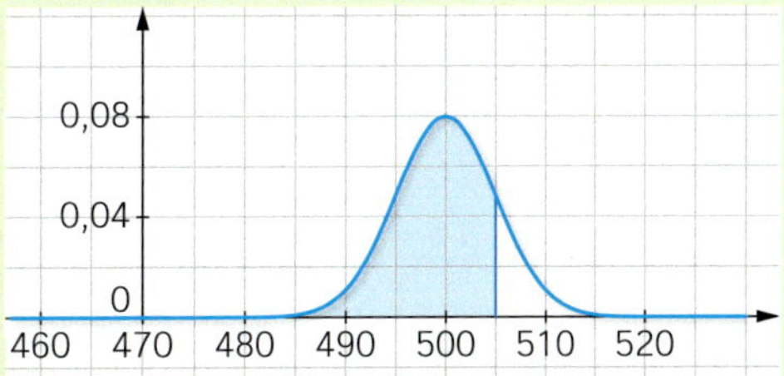

Welche Fragestellung wird in der Abbildung an dem Graphen der Funktion $\varphi(x)$ veranschaulicht? Veranschaulichen Sie auch die anderen Fragestellungen an der Skizze des Graphen von φ. Warum ist 400 eine sinnvolle linke Grenze?

Basiswissen

Diskrete und stetige Zufallsgrößen

Bei **diskreten Zufallsgrößen** kann man die möglichen Werte, welche die Zufallsgröße annehmen kann, aufzählen.

Beispiel: Anzahl von „Kopf" beim vierfachen Münzwurf.

Stetige Zufallsgrößen können alle reellen Zahlen in einem Intervall annehmen. Man kann sie nicht aufzählen. Die Werte werden in Klassen eingeteilt.

Beispiel: Geschwindigkeit eines Pkws, Klasseneinteilung: Intervalle der Länge 5 km/h

Dichtefunktion, Histogramm

In Histogrammen entsprechen den relativen Häufigkeiten h_i, mit denen die Werte in eine Klasse der Breite Δx_i fallen, der Maßzahl des Flächeninhalts der jeweiligen Rechtecke. Für die Höhe des Rechtecks d_i gilt: $d_i = \frac{h_i}{\Delta x_i}$. Der Quotient d_i heißt **Häufigkeitsdichte,** das Diagramm **Histogramm**.

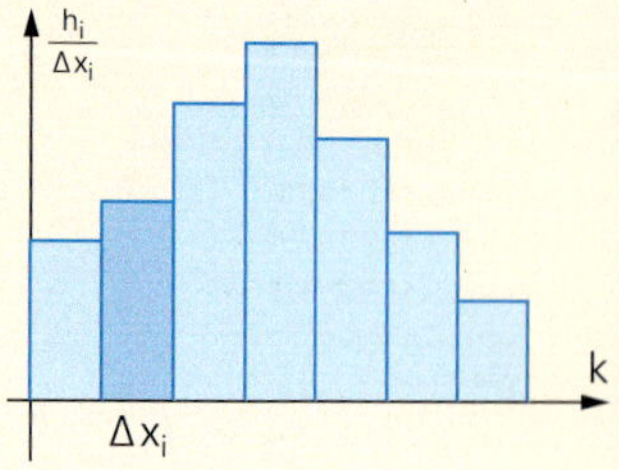

Normalverteilung

Die Normalverteilung ist ein wichtiger Typ stetiger Wahrscheinlichkeitsverteilungen. Ihre Wahrscheinlichkeitsdichte wird beschrieben durch die Funktion

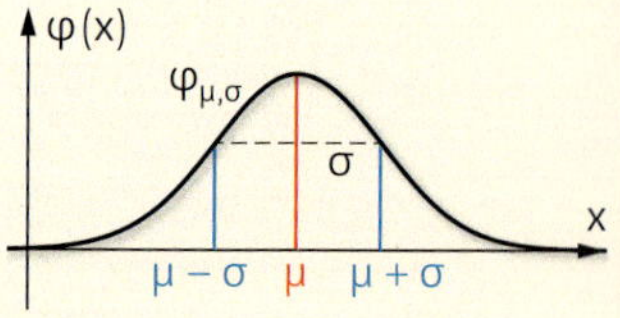

$$\varphi_{\mu,\sigma}(x) = \frac{1}{\sigma\sqrt{2\pi}} \cdot e^{-\frac{(x-\mu)^2}{2\sigma^2}}$$

Eigenschaften der Normalverteilung:

- Die gesamte Fläche unter der Kurve hat den Inhalt 1.
- Der Erwartungswert μ ist an der Stelle des Maximums von $\varphi_{\mu,\sigma}$.
- Die Standardabweichung σ ist der Abstand des Erwartungswertes zu einer Wendestelle.

Wahrscheinlichkeiten bei der Normalverteilung:

- Die gefärbte Fläche von $-\infty$ bis a entspricht der Wahrscheinlichkeit, dass die Zufallsgröße X höchstens gleich b ist, d. h. $P(X \le a)$
- Für die kumulierte Wahrscheinlichkeit gilt:

  $P(X \le a) = \int_{-\infty}^{a} f(x)\,dx$

  Zu $\varphi_{\mu,\sigma}$ existiert keine elementare Stammfunktion.

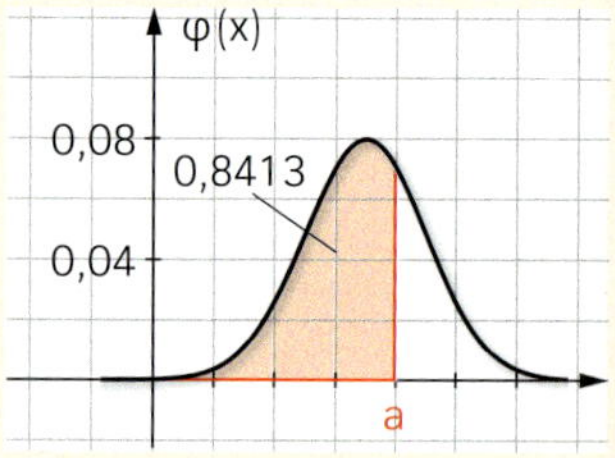

Beispiele

A **Gleichung einer Normalverteilung**

Die Abbildung zeigt die Dichtefunktion einer normalverteilten Zufallsgröße. Eingezeichnet sind auch ihre Wendepunkte. Geben Sie die Funktionsgleichung an.

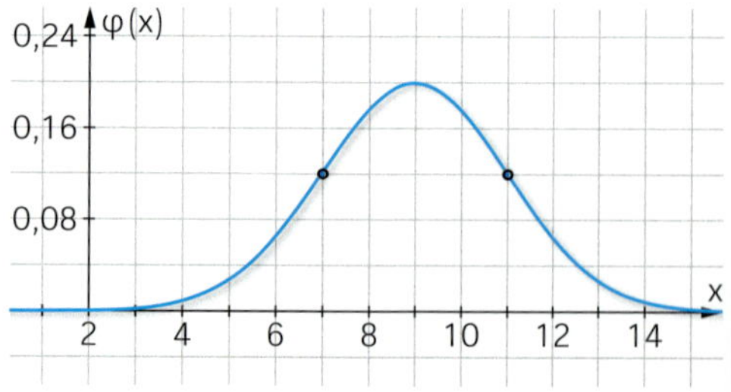

Lösung:

x-Wert des Maximums: 9

x-Werte der Wendepunkte: 7 und 11

Für die normalverteilte Zufallsgröße X ist $\mu = 9$; $\sigma = 2$ und $\varphi_{9,2}(x) = \frac{1}{2\sqrt{2\pi}} e^{-\frac{1}{2} \cdot \frac{(x-9)^2}{2^2}}$

Beispiele

B **Wahrscheinlichkeiten berechnen**

Die Abbildung zeigt die Dichtefunktion $\varphi_{9,2}(x) = \frac{1}{2\sqrt{2\pi}} e^{-\frac{(x-9)^2}{2 \cdot 2^2}}$ einer normalverteilten Zufallsgröße

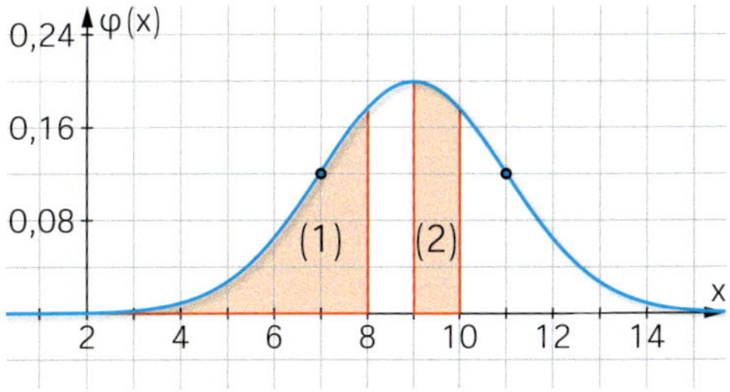

a) Welche Wahrscheinlichkeiten stellen die Flächen (1) und (2) dar?

b) Berechnen Sie die betreffenden Wahrscheinlichkeiten.

Lösung:

a) Fläche (1): $P(X \le 8)$ Fläche (2): $P(9 \le X \le 10)$

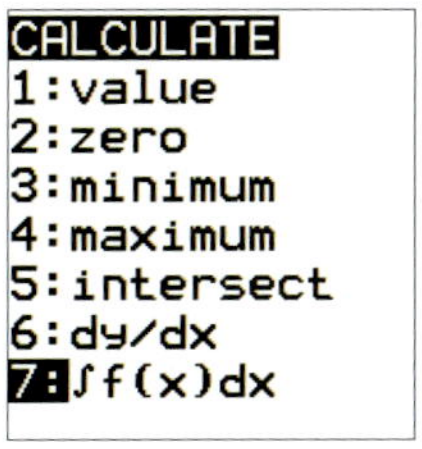

b) $P(X \le 8) = \int_0^8 \frac{1}{2\sqrt{2\pi}} e^{-\frac{(x-9)^2}{8}} dx \approx 0,31$

Zu der Funktion $\varphi_{9,2}(x) = \frac{1}{2\sqrt{2\pi}} e^{-\frac{(x-9)^2}{8}}$ existiert keine Stammfunktion

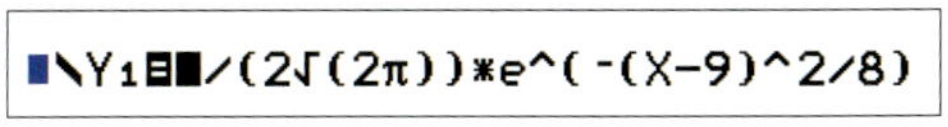

Die Wahrscheinlichkeit, dass Werte der Zufallsgröße X kleiner oder gleich 8 auftreten, beträgt 0,31.

$P(9 \le X \le 10) = \int_9^{10} \frac{1}{2\sqrt{2\pi}} e^{-\frac{(x-9)^2}{8}} dx = 0,19$

Die Wahrscheinlichkeit, dass Werte der Zufallsgröße zwischen 9 und 10 auftreten, beträgt 0,19.

Werkzeug

Normalverteilung mit GTR grafisch-tabellarisch untersuchen

(1) Gaussfunktion für $\mu = 9$; $\sigma = 1$ zeichnen

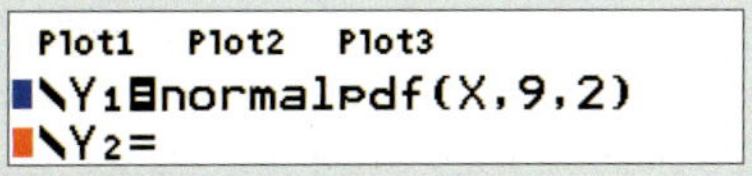

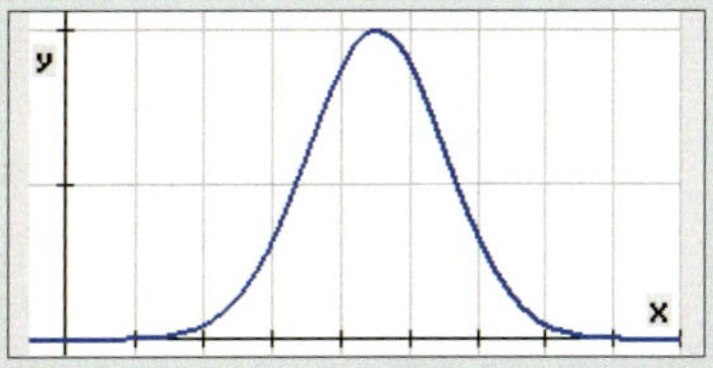

(2) Wahrscheinlichkeiten berechnen und grafisch darstellen

- $P(X \le 8)$
- $P(9 \le x \le 10)$

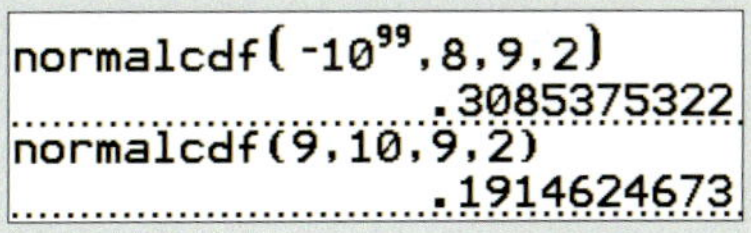

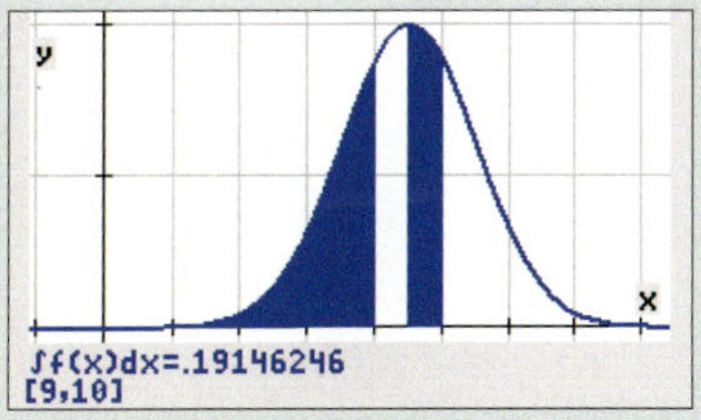

5 **Häufigkeitsverteilung bei Tischtennisbällen**

Misst man den Durchmesser von vielen zufällig ausgewählten Tischtennisbällen, stellt man fest, dass die Messwerte nicht alle gleich groß sind, sondern um einen Wert „streuen". Welche der folgenden Abbildungen könnte die Häufigkeitsverteilung der Durchmesser von 1000 Tischtennisbällen darstellen? Begründen Sie Ihre Entscheidung.

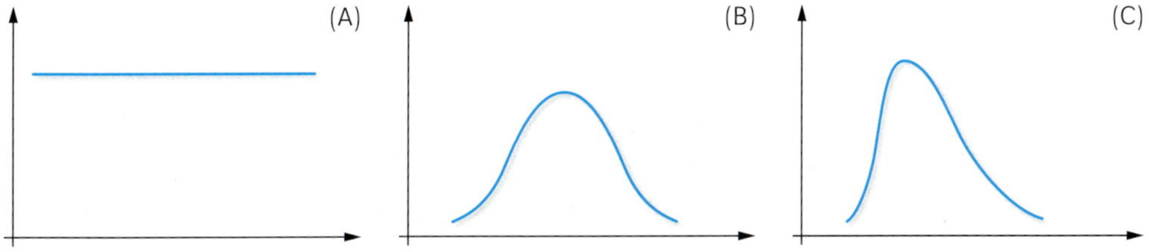

Übungen

6 **Normalverteilte Zufallsgrößen?**

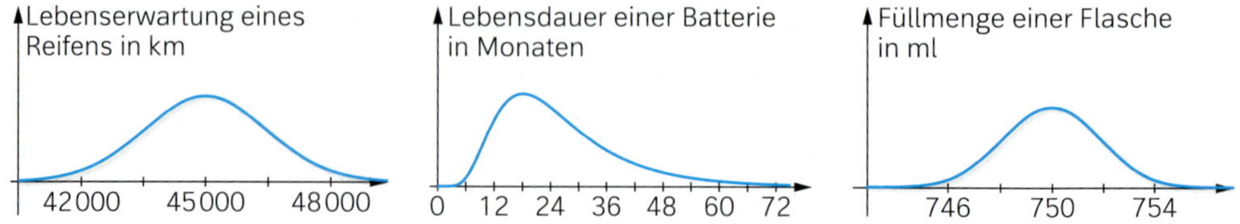

Worin gleichen sich die vier Häufigkeitsverteilungen, worin unterscheiden sie sich? Eine Verteilung kann keine Normalverteilung sein, warum?

7 **Wahrscheinlichkeiten schätzen**

In der Abbildung ist die Wahrscheinlichkeitsdichte einer normalverteilten Zufallsgröße X dargestellt. Modelliert wurde die Laufzeit von Teilnehmern eines Stadtlaufs. Begründen Sie mithilfe der Grafik, dass für etwa 65 % der Teilnehmer die gemessene Zeit zwischen 45 und 75 Minuten liegt.

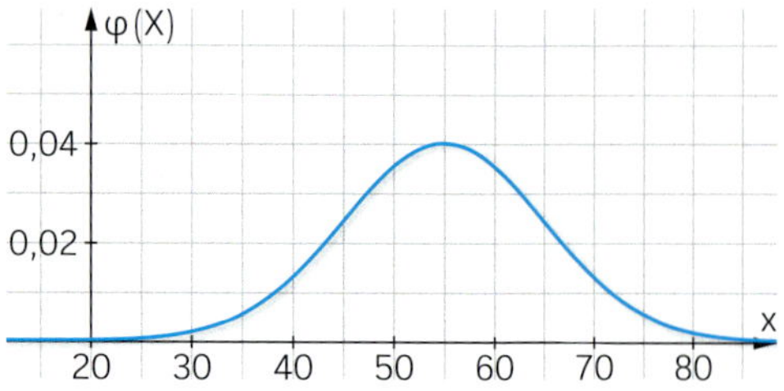

8 **Berechnung von Wahrscheinlichkeiten**

Skizzieren Sie zu jeder Aufgabe die Normalverteilung. Veranschaulichen Sie die Wahrscheinlichkeiten in der Skizze und berechnen sie diese.

a) $\varphi_{30,2}: P(X \leq 31)$ b) $\varphi_{120,5}: P(X \leq 110)$ c) $\varphi_{1,0.05}: P(0{,}95 \leq X \leq 1{,}05)$

d) $\varphi_{1500,200}: P(X > 1700)$ e) $\varphi_{45,0.5}: P(44 \leq X \leq 46)$ f) $\varphi_{100,5}: P(99{,}5 \leq X \leq 100{,}5)$

9 **Wahrscheinlichkeiten in Grafiken**

Die gefärbten Flächen stellen Wahrscheinlichkeiten dar. Bestimmen Sie die Gleichung zu der Normalverteilung. Geben Sie eine passende Aufgabenstellung, z. B. $P(k_1 \leq x \leq k_2)$ dazu an und ermitteln Sie die Wahrscheinlichkeiten.

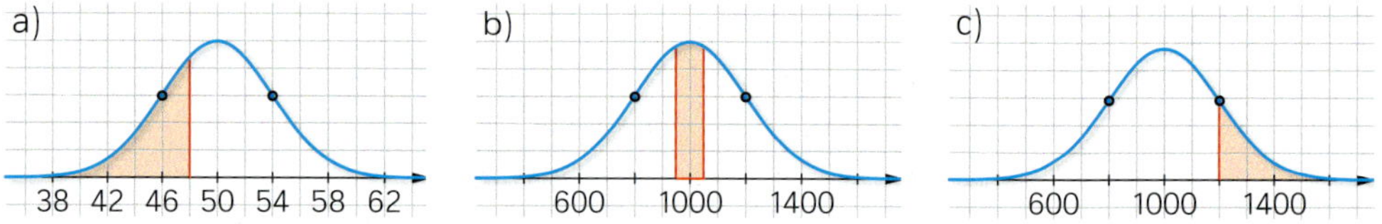

10 **Bestimmen von k-Werten**

Bestimmen Sie k so, dass gilt:

a) $\varphi_{100,5}: P(X \leq k) = 0{,}1$ b) $\varphi_{28,1.5}: P(X \leq k) = 0{,}16$ c) $\varphi_{500,35}: P(X \leq k) = 0{,}9$

Skizzieren Sie jeweils die Verteilung und schraffieren Sie den angegebenen Bereich.

11 **Von der Wahrscheinlichkeit zu k**

Gegeben ist die Normalverteilung mit $\mu = 9$ und $\sigma = 2$. Für welchen Wert von k gilt

a) $P(X \leq a) = 0{,}16$ b) $P(X \geq a) = 0{,}1$

c) $P(\mu - a \leq x \leq \mu + a) = 0{,}08$?

Tipp

```
Y1=normalcdf(-100,X,9,2)
Y2=0.16
```

Werkzeug

Zu gegebenen Wahrscheinlichkeiten können Werte für k ermittelt werden.

Beispiel: $\mu = 9$; $\sigma = 2$, $P(X \leq k) = 0{,}16$

```
invNorm(0.16,9,2)
                7.011084219
```

Übungen

12 **Normalverteilte Zufallsgrößen und kumulierte Wahrscheinlichkeit**

Die normalverteilte Zufallsgröße X mit dem Erwartungswert μ und der Standardabweichung σ hat die Wahrscheinlichkeitsdichtefunktion $\varphi_{\mu,\sigma}(x) = \frac{1}{\sqrt{2\pi}} e^{-\frac{(x-9)^2}{8}}$

Die kumulierte Wahrscheinlichkeit $P(X \le a)$ wird mit ϕ bezeichnet. Es gilt:

$$\phi(a) = P(X \le a) = \int_{-\infty}^{a} \varphi(x)\,dx$$

Zu $\varphi(x)$ existiert keine elementare Stammfunktion. Die Φ-Werte können also nur grafisch-numerisch ermittelt werden.

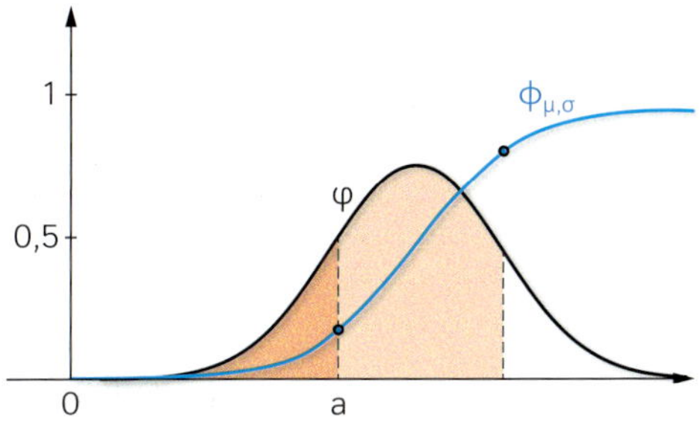

a) Beschreiben und begründen Sie den Verlauf des Graphen von $\Phi(x)$.

b) Zeichnen Sie die Graphen von $\Phi(x)$ für verschiedene Normalverteilungen mit gleichem μ und verschiedenen σ. Was beobachten Sie?

13 **Steckbriefe**

(1) Bekannt:

```
1-normalcdf(-1E99,30,25,8)
                .2659854678
```

Gesucht: Aufgabenstellung (Text und mathematische Notation)

(2) Bekannt:

```
invNorm(0.3,8,3)
                6.42679847
```

Gesucht: Aufgabenstellung (Text und mathematische Notation)

(3) Bekannt: $\mu = 10$; $P(X \le 12) = 0{,}75$
Gesucht: σ

(4) Bekannt: $\sigma = 2$; $P(X \le 12) = 0{,}95$
Gesucht: μ

Fertigen Sie zunächst eine Skizze an und veranschaulichen Sie die gesuchte Größe.

14 **Training: Mal die, mal die Größe**

Bei Problemen, die mithilfe der Normalverteilung bearbeitet werden, sind vier Größen von Bedeutung: Erwartungswert, Standardabweichung, Wert k der Zufallsgröße X und die Wahrscheinlichkeit $P(X \le k)$ der Werte der Zufallsgröße, die kleiner oder gleich k sind. Berechnen Sie in jeder Zeile den fehlenden Wert. Fertigen Sie auch Skizzen an und versuchen Sie eine Schätzung des gesuchten Werts.

Erwartungswert	Standardabweichung	k	$P(X \le k)$
6	2	3	■
25	4	■	0,87
19	■	21	0,9
■	3	6	0,09

15 **Standardabweichung bestimmen**

Angenommen, der Kopfumfang von Kindern ist normalverteilt. Für 5-jährige Mädchen ist laut einer Tabelle der Kopfumfang 49,9 cm. Bei 3 % der Mädchen ist der Kopfumfang größer als 52,6 cm. Ermitteln Sie die zu den Angaben passende Standardabweichung σ.

16 **Parametervariationen**

Die Abbildungen zeigen die Normalverteilungen für
(1) festes μ, variables σ
(2) variables μ, festes σ
Ordnen Sie die Bilder zu und beschreiben Sie die Auswirkungen der Parametervariationen. Verwenden Sie dazu den Sachzusammenhang des Befüllens von Behältern.

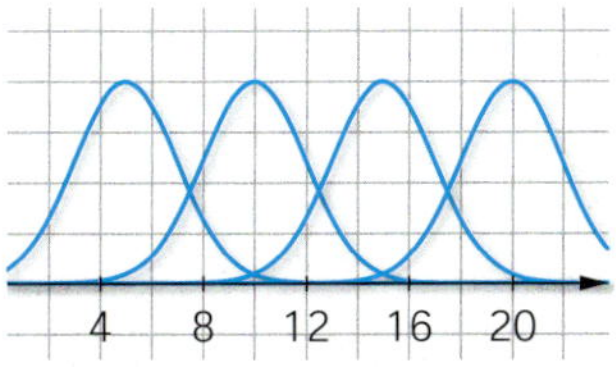

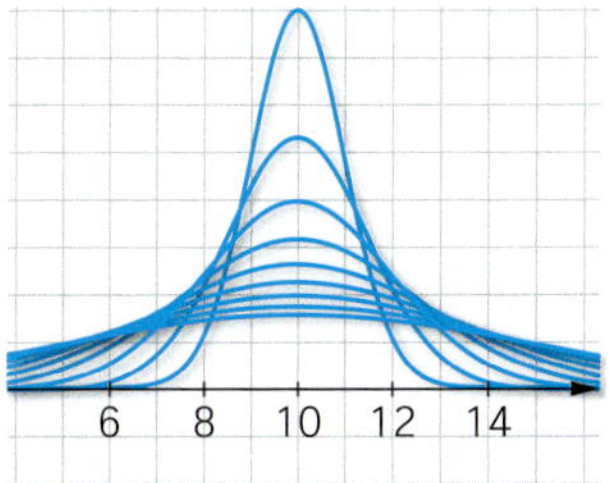

Übungen

17 Parametervariationen 2

Der Graph der Normalverteilung $\varphi_{\mu,\sigma}(x)$ hat einen Hochpunkt H und zwei Wendepunkte W_1 und W_2.
Weisen Sie nach, dass der Hochpunkt und die Wendepunkte die angegebenen Koordinaten haben.

$H\left(\mu \,\middle|\, \frac{1}{\sigma\sqrt{2\pi}}\right)$ und $W_{1,2}\left(\mu \pm \sigma \,\middle|\, \frac{1}{\sigma\sqrt{2\pi e}}\right)$

In der Abbildung ist die Ortskurve der Wendepunkte $y = \frac{1}{\sqrt{2\pi \cdot e}\,(x-\mu)}$ eingetragen. Interpretieren Sie das Ergebnis.

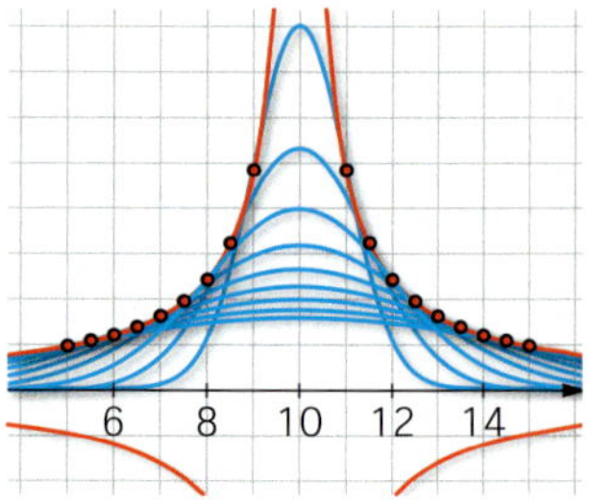

18 Einzelwahrscheinlichkeiten und „normalpdf"

a) Begründen Sie am Beispiel von $\mu = 1$ und $\sigma = 0{,}25$, dass normalpdf (k, μ, σ) nicht die Einzelwahrscheinlichkeit $P(X = k)$ angeben kann.
b) Begründen Sie mithilfe der Integraldarstellung, dass die Einzelwahrscheinlichkeiten alle den Wert 0 haben.

Basiswissen

Wahrscheinlichkeiten bei diskreten und stetigen Zufallsgrößen

Bei einer **diskreten Zufallsgröße X**, die die Werte $x_1, x_2 \dots x_n$ annehmen kann, lässt sich die Wahrscheinlichkeitsverteilung durch die Angabe der Einzelwahrscheinlichkeiten $P(X = x_1)$, $P(X = x_2)$, ... $P(X = x_n)$ beschreiben. So können z. B. bei der Binomialverteilung mit *binompdf* die Einzelwahrscheinlichkeiten $P(X = k)$ bestimmt werden.
Dies ist bei einer **stetigen Zufallsgröße**, die prinzipiell jede reelle Zahl in einem Intervall annehmen kann, nicht möglich. Die Wahrscheinlichkeitsverteilung wird beschrieben durch die Dichtefunktion f(x).
Bei der Normalverteilung ist *normpdf* keine Wahrscheinlichkeit, sondern der Wert der Dichtefunktion an einer bestimmten Stelle.
Für die Wahrscheinlichkeit $P(a \le X \le b)$, d. h. die Wahrscheinlichkeit, dass eine

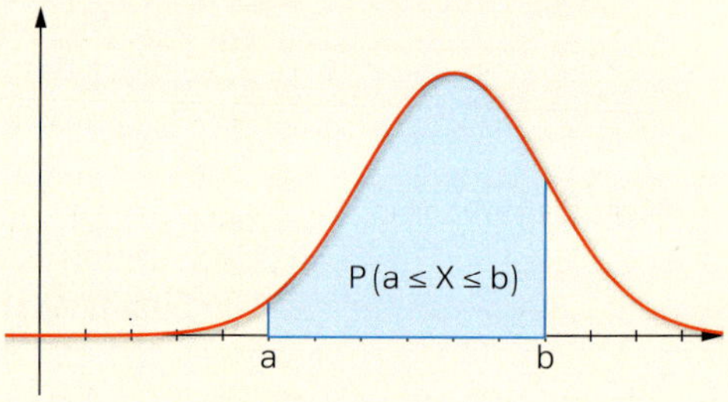

stetige Zufallsgröße X in das Intervall [a; b] fällt, gilt: $P(a \le X \le b) = \int_a^b f(x)\,dx$.

Die Wahrscheinlichkeit, dass eine stetige Zufallsgröße X den Wert b annimmt, ist
$P(X = b) = \int_b^b f(x)\,dx = 0$.

19 Wahrscheinlichkeiten berechnen

Eine Zufallsgröße ist normalverteilt mit $\mu = 8$ und $\sigma = 2$. Berechnen Sie die Wahrscheinlichkeit, dass die Zufallsvariable X

a) mindestens 12 b) mindestens 6,5 und höchstens 9 c) genau 9 ist.

Grundwissen

1. Begründen Sie mithilfe der Ableitungsfunktion, dass eine ganzrationale Funktion 3. Grades höchstens zwei Extremstellen hat, aber auch gar keinen Extremwert haben kann.
2. Stellen Sie die lineare Funktion $f(x) = -\frac{3}{5}x + 4$ vektoriell dar.
3. Lösen Sie die Gleichung $x^3 - 4x = 0$.

Aufgaben

20 **Wie vergleicht man etwas, das man nicht vergleichen kann?**
Albert und Pascal sind zwei sehr gute Weitspringer. Die Auswertung ihrer Sprungergebnisse ergab für beide angenähert normalverteilte Ergebnisse. Für Albert: Mittelwert 7,50 m bei einer Standardabweichung von 0,42 m, für Pascal: Mittelwert 7,30 m bei einer Standardabweichung von 0,30 m. Beide wollen in einem Wettkampf gegeneinander antreten und diskutieren verschiedene Kriterien, um den Sieger zu bestimmen.

> Pascal: „Eigentlich habe ich in einem Wettkampf gegen dich nur geringe Chancen. Was hältst du davon, den zum Sieger zu erklären, dessen Abweichung von seinem persönlichen Mittelwert größer ist?"
> Albert: „Was aber, wenn ich 7,80 m springe und du 7,60 m?"
> Pascal: „Dann sollten wir noch unsere Standardabweichungen zu Rate ziehen.

Was meinen Sie, wer wird, wenn die Beiden Pascals Vorschlag folgen, zum Sieger erklärt? Macht aus Sicht der Stochastik Pascals Vorschlag Sinn?

21 **Erwartungswert und Standardabweichung stetiger Zufallsgrößen**
Mit der Normalverteilung haben sie eine stetige Verteilung kennengelernt. Dabei wurde der Erwartungswert als Maximalstelle in Analogie zur Binomialverteilung und die Standardabweichung als Abstand zwischen den Wendestellen zunächst anschaulich und scheinbar willkürlich definiert. Innerhalb eines mathematischen Theorieaufbaus werden Dichtefunktion, Erwartungswert und Standardabweichung allgemeiner definiert.

ein wenig Theorie

Ein bisschen Theorie

Eine Funktion f heißt **Dichtefunktion** über dem Intervall [a; b], wenn gilt:

(1) $f(x) \geq 0$ für alle x aus [a; b] und (2) $\int_{-\infty}^{\infty} f(x)\,dx = 1$

stetige Gleichverteilung

Eine stetige Zufallsgröße X mit Werten aus [a; b] heißt **stetig verteilt** mit der Dichtefunktion f, wenn für alle k und m aus [a; b] gilt: $P(k \leq X \leq m) = \int_{k}^{m} f(x)\,dx$

Für stetige Zufallsgrößen gilt $\mu = \int_{-\infty}^{\infty} x \cdot f(x)\,dx$ und $\sigma = \sqrt{\int_{-\infty}^{\infty} (x-\mu)^2 \cdot f(x)\,dx}$

a) Vergleichen Sie die Definitionen von Erwartungswert und Standardabweichung mit denen für diskrete Zufallsvariablen

$E(X) = \sum_{i=1}^{n} x_i \cdot p(X = x_i)$ und $\sigma(X) = \sqrt{\sum_{i=1}^{n} (x_i - E(X))^2 \cdot P(X = x_i)}$.

b) Zeigen Sie, dass $f(x) = 0{,}5$ eine Dichtefunktion über [0; 2] ist. Bestimmen Sie Erwartungswert und Standardabweichung.
Ermitteln Sie die Dichtefunktion der Gleichverteilung über [a; b]. Zeigen Sie, dass dann $\mu = \frac{1}{2}(a+b)$ und $\sigma = \sqrt{\frac{(a-b)^2}{12}} \approx 0{,}29(b-a)$ gilt.

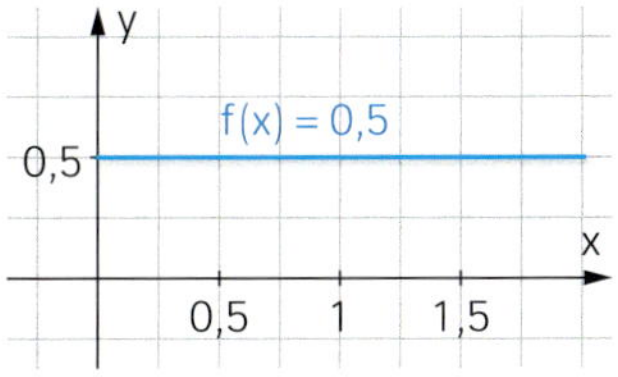

c) Die Funktion φ der Wahrscheinlichkeitsdichte für eine normalverteilte Zufallsgröße X mit $\mu = 8$ und $\sigma = 2$ ist $\varphi_{\mu,\sigma}(x) = \frac{1}{2\sqrt{2\pi}} e^{-\frac{1}{2} \cdot \frac{(x-8)^2}{2^2}}$. Überprüfen Sie, ob die beiden Integralformeln für den Erwartungswert und die Standardabweichung für die normalverteilte Zufallsgröße X tatsächlich den Erwartungswert $\mu = 8$ und die Standardabweichung $\sigma = 2$ liefern.

Histogramme – nachgefragt

Aufgaben

22 Histogramme mit gleichgroßen Klassen

Um die Häufigkeitsverteilung von stetigen Zufallsgrößen darzustellen, teilt man den Bereich, aus dem die Werte der Zufallsgröße stammen, in Klassen ein. Besonders leicht lassen sich Häufigkeitsverteilungen grafisch darstellen, wenn die Klassen gleichbreit gewählt werden.

Das Alter der Passagiere auf einem Auswandererschiff im 19. Jahrhundert

Alter in Jahren	0 bis 15	16 bis 30	31 bis 45	46 bis 60	61 bis 75
Anzahl	73	359	204	98	22
rel. Häufigkeit	0,1	0,47	0,27	0,13	0,03

a) Stellen Sie die Häufigkeitsverteilung des Alters der Passagiere mit einem Säulendiagramm dar.

b) Stellen Sie die Häufigkeitsverteilung auch in einem Histogramm dar. Beachten Sie, dass die Maßzahl der Fläche der jeweiligen Rechtecke der entsprechenden relativen Häufigkeit entspricht. Vergleichen Sie die Diagramme aus Teilaufgabe a und b.

23 Histogramme mit unterschiedlichen Klassengrößen

In einem Betrieb werden ganz unterschiedliche Monatslöhne gezahlt.

Lohn x in €	$1500 \le x < 2000$	$2000 \le x < 3000$	$3000 \le x < 6000$
Anzahl	200	200	300

Schauen Sie sich die beiden graphischen Darstellungen an.
Wie unterscheiden sie sich? Welches der beiden ist ein Histogramm?
Welches der beiden erscheint Ihnen angemessener?

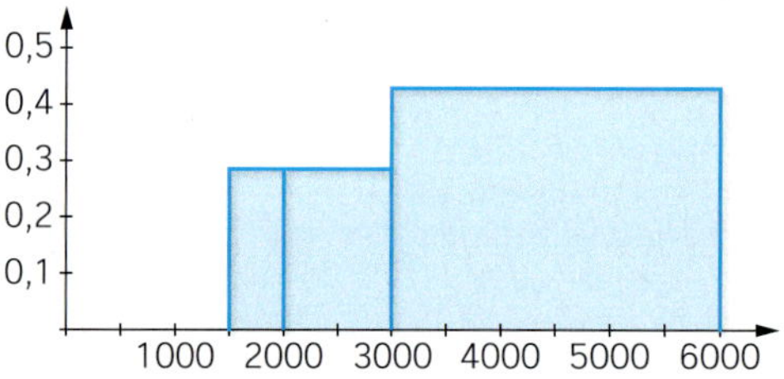

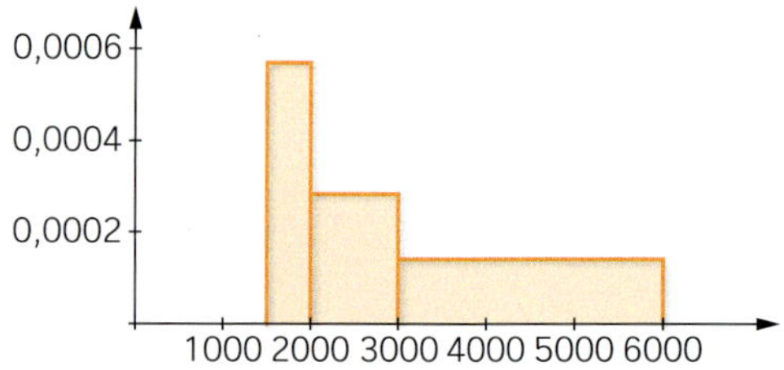

Histogramm

Beim Betrachten von Diagrammen orientiert sich das Auge an der Größe der Rechteckflächen und nicht an deren Höhen. Ein Histogramm konstruiert man daher so, dass der Flächeninhalt des jeweiligen Rechtecks der relativen Klassenhäufigkeit entspricht. Die Höhe jedes Rechtecks, die sogenannte Häufigkeitsdichte d, errechnet sich daher als Quotient $\frac{h}{\Delta x}$, aus der relativen Häufigkeit h und der Klassenbreite Δx. Dies wird unmittelbar klar, wenn man sich überlegt, dass der Flächeninhalt eines Rechtecks das Produkt aus Breite (Klassenbreite) und Höhe (Häufigkeitsdichte) ist. Die Summe aller Flächeninhalte der Rechtecke im Histogramm ergibt somit 1.

24 Histogramm zeichnen

Ergänzen Sie die Tabelle um eine dritte und vierte Zeile, in die Sie die jeweilige relative Häufigkeit und die Häufigkeitsdichte eintragen.
Zeichnen Sie das zugehörige Histogramm.

Länge in cm	0 bis 20	20 bis 30	30 bis 35	35 bis 45	45 bis 60
Anzahl	8	13	18	20	12

10.5 Normalverteilung – Anwendungen, Sigma-Regeln

Aufgaben

1 **Modellieren mit der Normalverteilung.**
Die Tabelle gibt die Verteilung der Körpergröße von Frauen und Männern in Deutschland an (Angaben in %).

Größe in cm	150–154	155–159	160–164	165–169	170–174	175–179	180–184	185–189	190–194	195–199
Frauen	4	7	10	25	27	17	7	2		
Männer			2	9	19	26	24	13	6	0,5

Hinweis zur Tabelle:
Die Klassen sind Intervalle, z. B. $150 \leq x < 155$; die Klassenbreite ist 5 cm, die Klassenmitten sind: 152,5 cm; 157,5 cm; ...

Tipp
Bei einem Histogramm wird die Häufigkeitsdichte verwendet. In diesem Fall ist die Klassenbreite 5 cm und damit die Häufigkeitsdichte $d = \frac{h}{5}$

a) Bestimmen Sie die jeweiligen Mittelwerte $\bar{x}$ und empirischen Standardabweichungen s der Häufigkeitsverteilungen. Stellen Sie diese in einem Histogramm dar.
b) Verwenden Sie die Ergebnisse aus Aufgabe a) für eine Modellierung der Daten mit der Normalverteilung. Überprüfen Sie die Passung der Normalverteilung durch den Vergleich der Histogramme mit dem jeweiligen Graph der Normalverteilung.
d) Wie groß ist die Wahrscheinlichkeit, dass Ihnen auf der Straße in Deutschland
- ein Mann begegnet, der größer als 1,87 m ist?
- eine Frau begegnet, die zwischen 1,52 m und 1,58 m groß ist?

2 **Mathematik-Kompetenz**
Die Grafik stellt die Mathematik-Kompetenzen von Schülerinnen und Schülern aus einem europäischen Land dar.

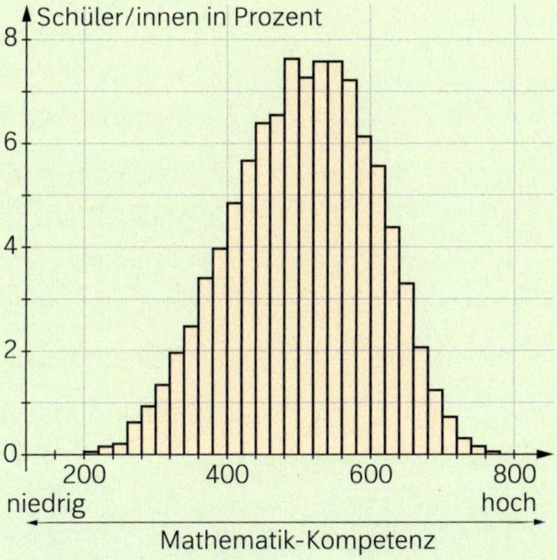

a) Begründen Sie anschaulich, dass die Kompetenzen annähernd normalverteilt sind.
b) Schätzen Sie den Mittelwert der Mathematik-Kompetenzen mithilfe der Grafik.
c) Die Standardabweichung lässt sich nicht so leicht schätzen. Wie könnten Sie mithilfe der Annahme, dass die Mathematik-Kompetenz in etwa normalverteilt ist, überprüfen, dass $\sigma \approx 100$ sein könnte?
d) Geben Sie die Gleichung der Normalverteilung an, mit der man die Verteilung der Mathematik-Kompetenzen modellieren könnte.
Überprüfen Sie, wie gut die Normalverteilung die Daten modelliert, indem Sie die Häufigkeitsdichte und die Funktionswerte der Funktion $\varphi_{500,100}$ für ausgesuchte Werte vergleichen. Ergänzen Sie dazu die Wertetabelle mit drei weiteren Beispielen.

Klassen	Häufigkeitsdichte $= \frac{h}{\text{Klassenbreite}}$	Klassenmitte x_m	$\varphi(x_m)$
[380; 400]	$\frac{0{,}04}{20} = 0{,}002$	390	0,002
[500; 520]	$\frac{0{,}072}{20} = 0{,}004$	510	0,004
...	...	...	...

Basiswissen

Stochastische Modelle

Spielt bei betrachteten Phänomenen der Zufall eine Rolle, so kann man das Phänomen häufig mit einem **stochastischen Modell** beschreiben. Um nachzuweisen, wie passend das Modell ist, muss man es mit den vorliegenden Daten vergleichen. Beschreibt das Modell die vorliegenden Daten gut, dann kann man es zu vorsichtigen Prognosen verwenden. Oft kann man bereits bei dem Vergleich der Häufigkeitsverteilung mit dem Modell einen brauchbaren Eindruck gewinnen, ob das Modell „passt".

Modell Normalverteilung

Beispiele für schlechte Passung

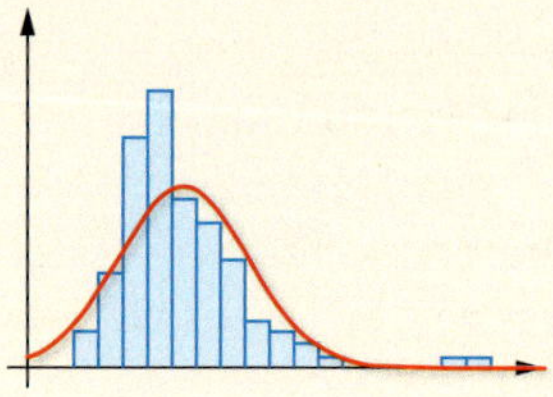

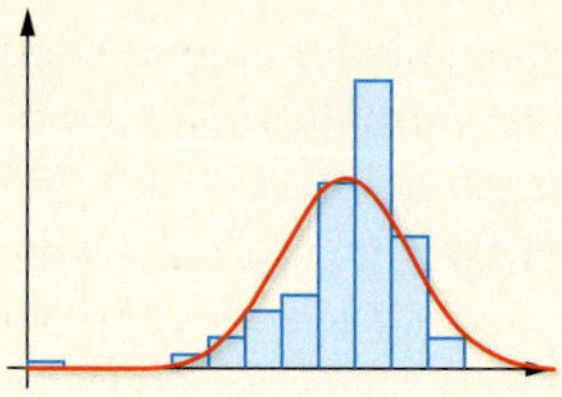

Beispiel für gute Passung

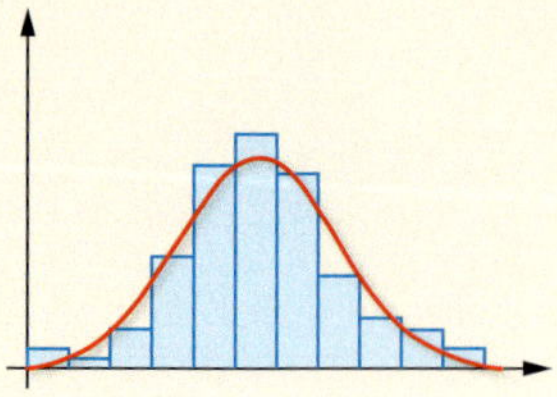

Normalverteilung als stochastisches Modell

Die Normalverteilung ist eine der wichtigsten Verteilungen in der Statistik und wird sowohl in den Natur- und Wirtschafts-, als auch in den Geisteswissenschaften verwendet. Dies liegt daran, dass viele empirische Verteilungen wie Körpergröße und Gewicht von Erwachsenen, Intelligenz, Füllmengen in Packungen und Flaschen, Lebensdauer von Glühlampen usw. angenähert normalverteilt sind.

Beispiele

A Schraubenproduktion

Eine Maschine stellt Schrauben der Länge 60 mm her. Fertigungsbedingt können aber immer Abweichungen auftreten. Um einen Überblick über das Auftreten von Abweichungen zu erhalten, wird die Länge von 1000 Schrauben gemessen und mit einer Klasseneinteilung von 1 mm tabelliert.

Klassenmitte in mm	57	58	59	60	61	62	63
Anzahl	18	72	196	398	217	89	10

a) Erstellen Sie ein Histogramm (x-Achse: Klassen; y-Achse: Häufigkeitsdichte) und ermitteln Sie den Mittelwert und die empirische Standardabweichung.

Zur Erinnerung: Häufigkeitsdichte $d = \frac{\text{relative Häufigkeit}}{\text{Klassenbreite}}$

b) Bestimmen Sie mithilfe der Informationen und der Werte aus a) ein sinnvolles μ und σ für eine passende Normalverteilung. Überprüfen Sie, ob diese die Daten angemessen modelliert. Vergleichen Sie dazu optisch das Histogramm aus Teilaufgabe a) mit der Normalverteilung.

Lösung

a) (Mit dem GTR) – Realität

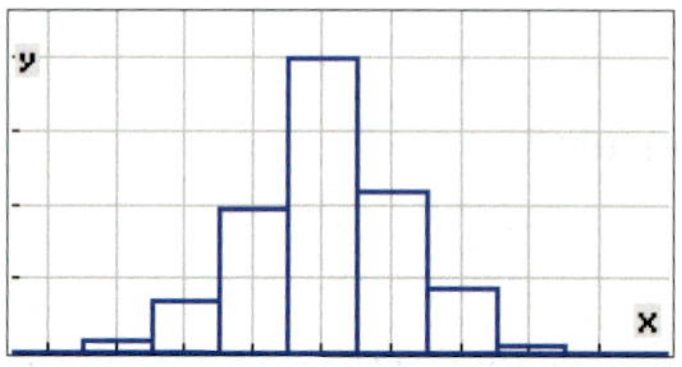

Mittelwert $\bar{x} = 60{,}31$ mm

Emp. Standardabweichung $s = 1{,}14$ mm

b) Realität mit Modell

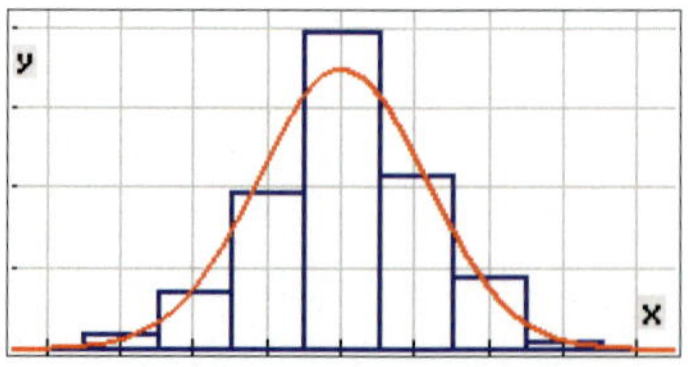

Erwartungswert $\mu = 60{,}31$ mm;

Standardabweichung $\sigma = 1{,}14$ mm

3 Kalorienverbrauch pro Tag

a) Was veranschaulicht die Grafik? Wie viele Menschen wurden untersucht? Erstellen Sie ein Histogramm.

b) In der Grafik ist auch eine Normalverteilung skizziert (Achtung: Auf der y-Achse sind absolute Häufigkeiten angegeben). Äußern Sie sich zu der Passung und ermitteln Sie einen Erwartungswert und eine Standardabweichung.

c) Was müsste man tun, um genauer herauszubekommen, ob der Kalorienverbrauch pro Tag sinnvoll als Normalverteilung modelliert werden kann?

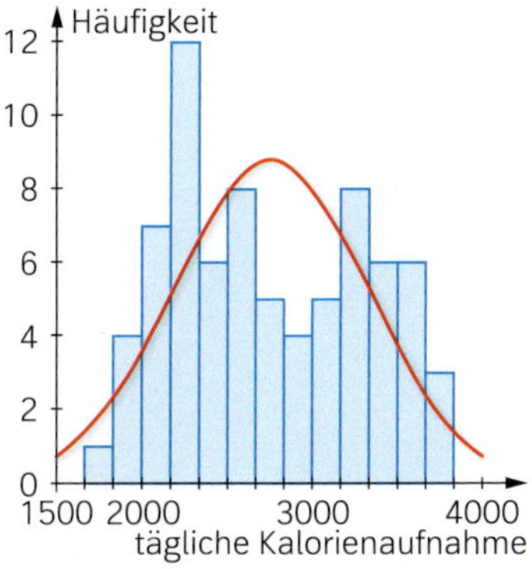

4 Länge von Fischen – Modellieren mit der Normalverteilung

Die Länge einer größeren Anzahl von gefangenen Fischen wird registriert. In der Abbildung ist die Häufigkeitsverteilung der Länge der Fische dargestellt.
Die Klassenbreite ist 4 cm, die Klassenmitten sind 14 cm; 18 cm ...

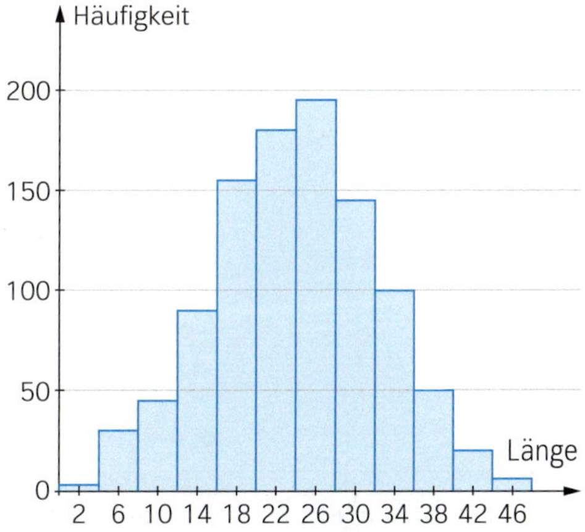

a) Erstellen Sie eine Tabelle zu der Häufigkeitsverteilung in der Abbildung.

b) Bestimmen Sie den Mittelwert $\overline{x}$ und die Standardabweichung s.

c) Begründen Sie mithilfe des Diagramms und der Tabelle, dass die Länge der Fische angenähert normalverteilt ist.

d) Was sind die Kenngrößen der passenden Normalverteilung?

e) Berechnen Sie mit der Normalverteilung $P(X < 28)$ und vergleichen Sie diesen Wert mit $h(X < 28)$. Führen Sie weitere Vergleichsrechnungen durch. Stützen die Ergebnisse die Vermutung, dass die Länge der Fische angenähert normalverteilt ist?

5 City-Marathon

a) Untersuchen Sie optisch, ob die Laufzeiten sinnvoll mit einer Normalverteilung modelliert werden können.

b) Bestimmen Sie gegebenenfalls den für die Modellierung notwendigen Erwartungswert und die Standardabweichung. Wie groß ist die Wahrscheinlichkeit, dass ein zufällig ausgewählter „Finisher" nach dem Modell eine Laufzeit von unter 3 Stunden 30 Minuten hat?

c) Wie groß ist die Wahrscheinlichkeit, dass ein zufällig ausgewählter „Finisher" eine Laufzeit hat, die um 45 Minuten vom dem Mittelwert abweicht?

Laufzeiten x in Minuten	Anzahl
$150 \le x < 180$	17
$180 \le x < 210$	63
$210 \le x < 240$	175
$240 \le x < 270$	443
$270 \le x < 300$	582
$300 \le x < 330$	538
$330 \le x < 340$	397
$340 \le x < 370$	190
$370 \le x < 400$	93
$400 \le x < 430$	28

6 Plätzchen – „normal verteilt"

Das Gewicht von maschinell hergestellten Plätzchen ist angenähert normalverteilt mit einem Mittelwert von 40 g bei einer Standardabweichung von 2 g.
Wie groß ist die Wahrscheinlichkeit, dass das Gewicht eines 40-g-Plätzchens um mehr als 4 g abweicht?

7 Zuckerpackungen

Protokoll
Datum: 22.09.18
Zeit: 7.00 - 19.00 Uhr
$\bar{x} = 1006\,g$
$\sigma = 5\,g$

Zucker wird maschinell in 1-kg-Packungen abgefüllt. An der automatischen Abfüllanlage zeigt das Tagesprotokoll nebenstehende Daten.

a) Wie groß ist die Wahrscheinlichkeit, dass eine zufällig aus der Tagesproduktion herausgegriffene 1-kg-Packung weniger als 1 kg enthält?

b) In welches zum Erwartungswert symmetrische Intervall fallen 95 % (90 %) der Packungen?

8 Kugeln für ein Kugellager

Eine Maschine stellt Kugeln für Kugellager her. Angenommen, der Durchmesser der Kugeln ist angenähert normalverteilt mit einem Erwartungswert von 10,2 cm bei einer Standardabweichung von 0,06 cm.

a) Wie groß ist die Wahrscheinlichkeit, dass eine Kugel mit einem Durchmesser von höchstens 10 cm hergestellt wird?

b) Welchen Durchmesser r werden die 5 % größten Kugeln haben? Erläutern Sie an Hand der Abbildung die Gleichung $P(X > x) \leq 0{,}05$

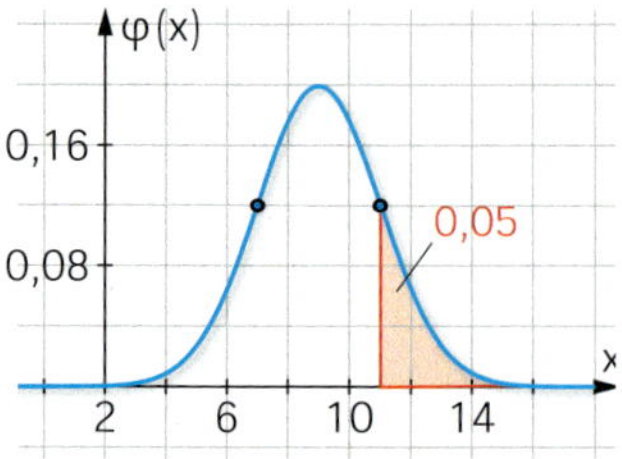

Tipp
$P(X > x) \leq 0{,}05$ ist äquivalent zu
$P(X \leq x) \geq 0{,}95$

9 Ein Kosmetikum

Veranschaulichen Sie bei allen weiteren Aufgaben die Fragestellung mithilfe einer grafischen Veranschaulichung an einer Glockenkurve.

Auf einer Abfüllanlage wird ein Kosmetikum in kleine Döschen abgefüllt. Nach dem Protokoll wird die Füllmenge als normalverteilt angenommen mit einem Erwartungswert von 50,6 ml und einer Standardabweichung von 3,1 ml. Auf der Verpackung soll als Füllmenge 45 ml angegeben werden.

Protokoll der Abfüllanlage
$x = 50{,}6\,ml$
$s = 3{,}1\,ml$
$min = 42{,}3\,ml$
$max = 62{,}77\,ml$

a) Mit welcher Wahrscheinlichkeit wird beim Füllen der Döschen diese Füllmenge unterschritten?

b) Wie viele von 8000 Döschen mit einer Füllmenge von weniger als 40 ml erwarten Sie?

10 Streuung bei Gewichten von Kaffeepackungen

In einer Rösterei werden 500-g-Packungen Kaffee abgepackt. Die Anlage arbeitet mit einem Mittelwert der Packmenge von 503 g bei einer Standardabweichung von 3,5 g. Angenommen, die Zufallsgröße „Gewicht einer Packung“ ist normalverteilt.

a) Welcher Anteil an der kontrollierten Tagesproduktion liegt unterhalb von 495 g?

b) In welches zum Mittelwert 503 g symmetrische Intervall fallen 95 % der Packungen?

c) Wie müsste der Mittelwert der Maschine bei gleicher Standardabweichung eingestellt sein, wenn der Packungsanteil mit Füllgewicht < 500 g höchstens 10 % betragen soll?

11 Flugzeiten

Eine Fluggesellschaft hat herausgefunden, dass die Flugzeit zwischen zwei Städten im Mittel 75 Minuten beträgt mit einer Standardabweichung von 9 Minuten.
Nehmen Sie an, dass die Flugzeiten normalverteilt sind. In welchem zu dem Erwartungswert symmetrischen Zeitintervall liegen 90 % (95 %) der Flugzeiten?

12 Qualitätskontrolle

Ein Abfüllautomat füllt Parfümfläschchen. Die Füllmenge ist normalverteilt mit einem Erwartungswert von 40 ml und einer Standardabweichung von 1 ml. Wie viele Fläschchen in einer Stichprobe von 400 haben eine Füllmenge, die geringer als 39,8 ml ist?

Übungen

13 Die Rolle der Standardabweichung

Angenommen, die Zufallsgröße X ist normalverteilt mit dem Erwartungswert μ und der Standardabweichung σ.

a) Mit welcher Wahrscheinlichkeit fällt ein Wert der Zufallsgröße X in das Intervall $[\mu - k \cdot \sigma;\ \mu + k \cdot \sigma]$ für $k = 1, 2, 3$?
Wählen Sie verschiedene Werte für μ und σ. Was beobachten Sie?

b) Bestimmen Sie r so, dass eine normalverteilte Zufallsgröße mit einer Wahrscheinlichkeit von 90 % bzw. 95 % innerhalb des Intervalls $[\mu - r \cdot \sigma;\ \mu + r \cdot \sigma]$ liegt.

Basiswissen

Sigma-Regeln (σ-Umgebungen)

Applet eA-10.5-b

Die Sigma-Regeln geben einen Überblick über Wahrscheinlichkeiten, mit denen eine normalverteilte Zufallsgröße in ein bestimmtes zum Erwartungswert symmetrisches Intervall $[\mu - k \cdot \sigma;\ \mu + k \cdot \sigma]$ fällt.

a	$P(\|X - \mu\| \le a)$
σ	68,3 %
2σ	95,5 %
3σ	99,7 %

$P(\|X - \mu\| \le a)$	a
90 %	$1{,}64\sigma$
95 %	$1{,}96\sigma$
99 %	$2{,}58\sigma$

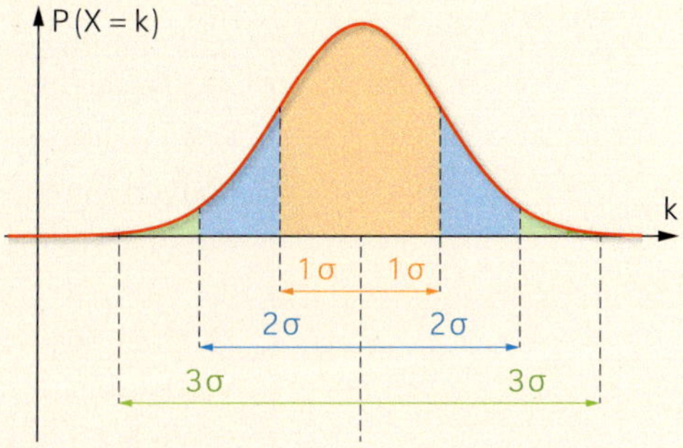

Beispiele

B Körpertemperatur

Die Körpertemperatur eines gesunden Erwachsenen ist angenähert normalverteilt mit dem Erwartungswert $\mu = 37\,°C$ und der Standardabweichung $\sigma = 0{,}4\,°C$. Wie groß ist die Wahrscheinlichkeit, dass die Körpertemperatur mehr als 0,8 °C von 37 °C abweicht?

Lösung

Die Abweichung soll um mehr als 0,8 °C, d.h. um mehr als 2σ von 37 °C abweichen. Es gilt $P(|X - 37| > 2\sigma) = 1 - 0{,}955 = 0{,}045$. Die gesuchte Wahrscheinlichkeit ist 4,5 %.

Übungen

14 Kopfumfang

Der Kopfumfang von neugeborenen Mädchen ist in etwa normalverteilt mit $\mu = 34{,}74$ cm und $\sigma = 1{,}04$ cm. In welchem Bereich liegt der Kopfumfang eines neugeborenen Mädchens mit einer Wahrscheinlichkeit von 99%?

15 Lebensdauer eines Reifens

Die Lebensdauer eines Reifentyps ist normalverteilt mit $\mu = 40\,000$ km und $\sigma = 2000$ km.

a) Berechnen Sie das zum Erwartungswert μ symmetrische Intervall, in das mit 90 %-iger Wahrscheinlichkeit die Lebensdauer eines betreffenden Reifens fällt.

b) Mit welcher Wahrscheinlichkeit weicht die Lebensdauer eines Reifens um mehr als 3 Standardabweichungen von dem Erwartungswert ab?

Grundwissen

1. Lösen Sie das folgende 2x2 – Gleichungssystem (1) $2x + 5y = 6$ (2) $4x - y = 1$
2. Begründen Sie, warum ein 2x2 – Gleichungssystem 2, 1 oder keine Lösung haben kann.

Übungen

16 Ein Weitsprungwettkampf

Die Grafiken zeigen die Weitsprungleistungen von vier siebten Schulklassen. Grafik (5) zeigt die Häufigkeitsverteilung des gesamten Jahrgangs.
Vergleichen Sie die Verteilungen bezüglich einer Modellierung mit Normalverteilungen. Was erwarten Sie, wenn man die Daten weiterer siebter Klassen berücksichtigen würde?

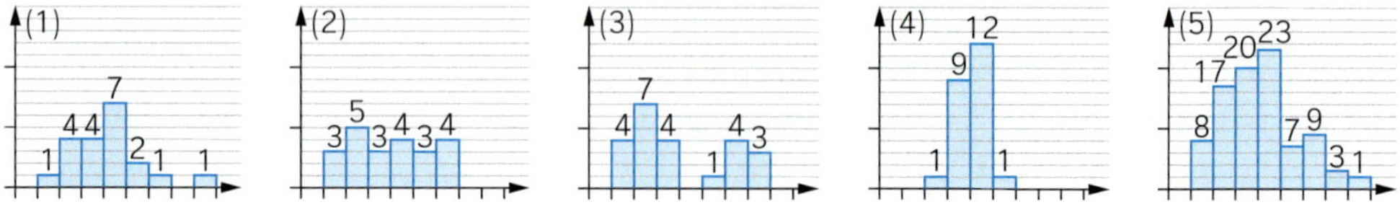

Exkurs

Warum Normalverteilungen so wichtig sind

Von dem amerikanischen Statistiker W. J. Youden stammen die schön gesetzten Worte der Bewunderung der Normalverteilung.

THE
NORMAL
LAW OF ERROR
STANDS OUT IN THE
EXPERIENCE OF MANKIND
AS ONE OF THE BROADEST
GENERALIZATIONS OF NATURAL
PHILOSOPHY + IT SERVES AS THE
GUIDING INSTRUMENT IN RESEARCHES
IN THE PHYSICAL AND SOCIAL SCIENCES AND
IN MEDICINE, AGRICULTURE AND ENGINEERING +
IT IS AN INDISPENSABLE TOOL FOR THE ANALYSIS AND
THE INTERPRETATION OF THE BASIC DATA OBTAINED BY OBSERVATION AND EXPERIMENT

Einige Gründe, warum die Normalverteilung zu einer der wichtigsten Verteilungen in der Statistik wurde:

1. Viele empirische Verteilungen wie Körpergröße von Erwachsenen, Füllmengen in Packungen und Flaschen, Lebensdauer von Glühlampen usw. sind angenähert Normalverteilungen.
2. Messergebnisse bei der wiederholten Beobachtung desselben Vorgangs, z. B. der sehr häufigen Messung der Fallzeit eines Körpers aus einer Höhe von 1 m, sind angenähert normalverteilt.
   Die Begründung, warum die Messergebnisse streuen, liegt an dem Einfluss zahlreicher wirksamer Faktoren auf das Messergebnis. (Für das Beispiel des freien Falls könnten diese u. a. sein: leichte Luftbewegung, Unexaktheit bei der Höhe, Unregelmäßigkeiten und Fehler bei der Zeitmessung usw.)
   Jeder Faktor hat einen kleinen Einfluss. Diese Faktoren sind weitgehend unabhängig voneinander und wirken sich nicht systematisch aus.
3. Die Normalverteilung ist eine gute Näherung für die Binomialverteilung, falls $\sigma > 3$ gilt (vgl. Exkurs).
4. Die Verteilung der Mittelwerte von Stichproben kann umso besser mit der Normalverteilung beschrieben werden, je größer der Stichprobenumfang ist.

Die Normalverteilung, auch Gauß-Verteilung genannt, geht zurück auf den deutschen Mathematiker Gauß.
Ihre Formel und ihr Graph schmückten den 10-DM-Schein.
Entdeckt und verwendet wurde die Normalverteilung allerdings bereits im Jahre 1733 durch den Franzosen Abraham De Moivre.

Abraham de Moivre (1667 – 1754), französischer Mathematiker und Pionier der Wahrscheinlichkeitsrechnung

17 Zentraler Grenzwertsatz zum „Anfassen“

Zentraler Grenzwertsatz (stark vereinfacht)
Ist eine Zufallsgröße X die Summe von n unabhängigen Zufallsgrößen, dann wird die Wahrscheinlichkeitsverteilung bei sehr großem n sehr gut durch die Normalverteilung angenähert beschrieben.

Applet
eA-10.5-17a

Man kann natürlich auch die selbe Zufallsgröße X wiederholt summieren

a) X: Augenzahl bei einem Wurf mit einem Würfel. X kann die Werte 1, 2, 3, 4, 5 und 6 annehmen. Handelt es sich um einen fairen Würfel, dann treten die Augenzahlen mit der gleichen Wahrscheinlichkeit von $\frac{1}{6}$ auf. In der Abbildung ist die Häufigkeitsverteilung der Augenzahlen bei einer 1600-fachen Simulation eines Wurfs dargestellt.

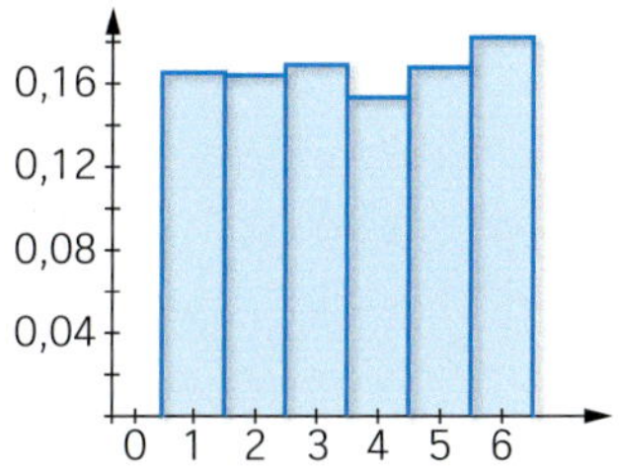

- Was erwarten Sie, wenn Sie die 1600-fache Simulation wiederholen?

b) Die folgenden Abbildungen stellen die Häufigkeitsverteilung der Augensummen von Würfen mit 2, 5 und 20 fairen Würfeln bei 1600 Simulationen dar. In den Diagrammen ist jeweils die Normalverteilung mit dem Mittelwert $\overline{x}$ als Erwartungswert und der Standardabweichung σ der Simulation eingezeichnet.

Applet
eA-10.5-17b

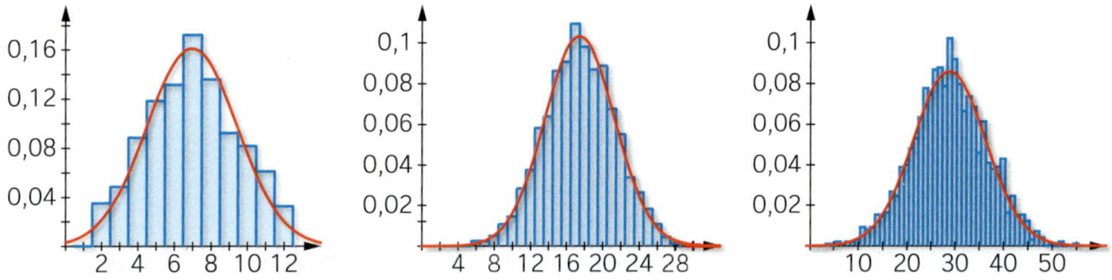

Wie verändert sich die Häufigkeitsverteilung mit zunehmender Anzahl der Würfe? Begründen Sie, inwiefern die Abbildungsfolge die Aussage des Zentralen Grenzwertsatzes bestätigt.

18 Zentraler Grenzwertsatz – zum Zweiten

a) In der Abbildung ist das Ergebnis einer 1600-fachen Simulation des Wurfs dargestellt. Welche Schlussfolgerung über den Würfel können Sie aus der Häufigkeitsverteilung ziehen?

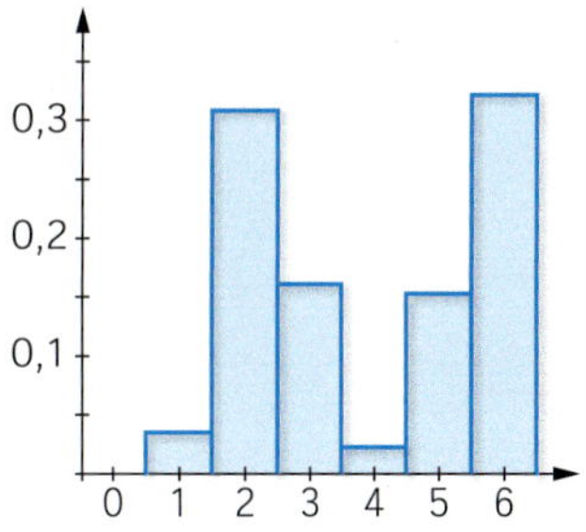

b) Die folgenden Abbildungen stellen die Häufigkeitsverteilung der Augensumme von 2, 5 und 20 Würfen mit dem Würfel aus Aufgabe a) dar.
Erhärtet die Abbildungsfolge trotz der starken „Unsymmetrie“ des Würfels die Aussage des Zentralen Grenzwertsatzes?

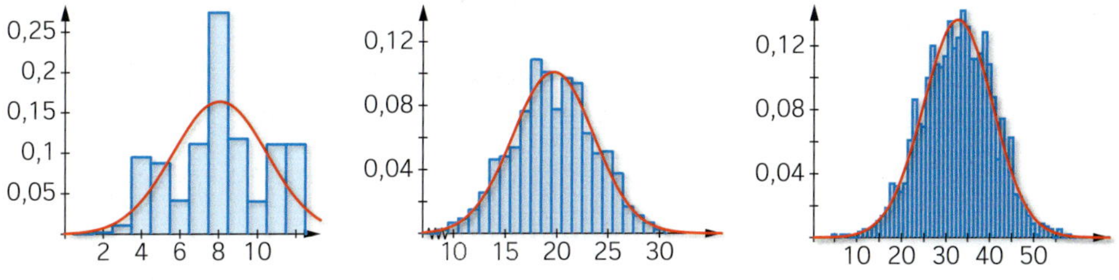

10.6 Normalverteilung und Binomialverteilung

Aufgaben

1 Binomialverteilung und „verwandte“ Normalverteilung

a) Vergleichen Sie die Histogramme der Binomialverteilungen mit $p = 0{,}2$ und $n = 5$, 50 und 200. Was beobachten Sie, wie verändern sich die Histogramme?

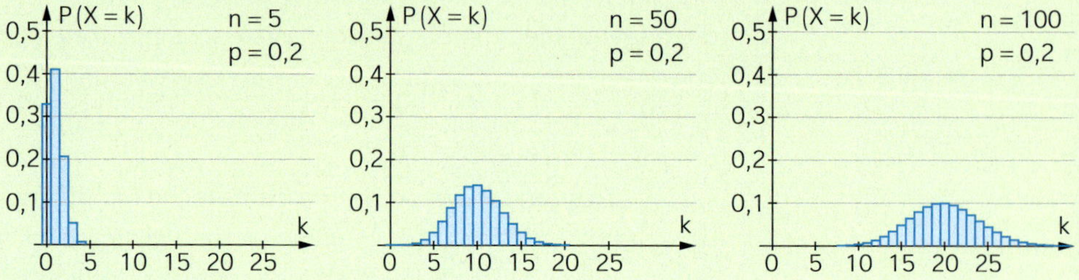

b) Berechnen Sie für die drei Binomialverteilungen sowohl den Erwartungswert μ als auch die Standardabweichung σ.

Applet eA-10.6-1

c) Zeichnet man die Normalverteilungen mit den in Teilaufgabe b berechneten Erwartungswerten und Standardabweichungen in die entsprechenden Diagramme ein, so erhält man die folgenden Abbildungen.

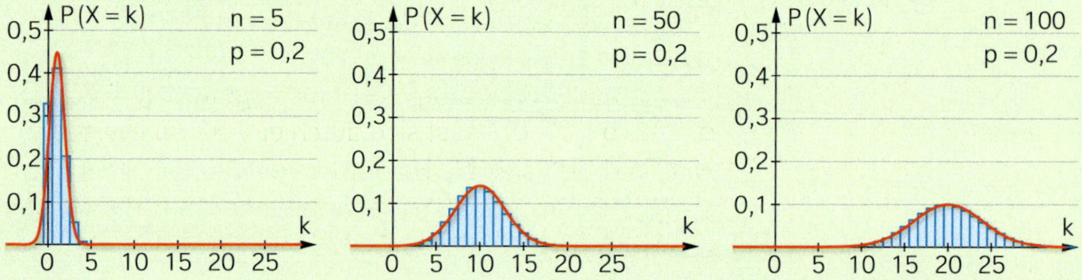

Vergleichen Sie die Binomialverteilungen mit der jeweiligen Normalverteilung. Welche Schlüsse können Sie ziehen?

Approximation: $P(X < = k) \approx \int_{-\infty}^{k} \varphi_{\mu,\sigma}\,dx$

d) Eine Faustregel besagt, dass eine Binomialverteilung mit dem Erwartungswert μ und der Standardabweichung σ gut durch die Normalverteilung mit den gleichen Kenngrößen approximiert wird, wenn $\sigma > 3$ ist.
Überprüfen Sie, ob diese Faustregel zutrifft, indem Sie für jede der drei Binomialverteilungen für einige Beispiele $P(X \leq k)$ einmal mit der Binomialverteilung und einmal mit der Approximation durch die Normalverteilung berechnen.

2 Güte der Näherung der Binomialverteilung durch eine Normalverteilung

a) Zeichnen Sie mit dem GTR/CAS das jeweilige Histogramm zu den beiden Binomialverteilungen mit $n = 30$ und $p = 0{,}3$ bzw. $n = 120$ und $p = 0{,}3$.

b) Bestimmen Sie die Gleichungen der Normalverteilungen, die zu den beiden Binomialverteilungen passen und diese annähernd beschreiben könnten.
Zeichnen Sie die Graphen der beiden Normalverteilungen in das jeweilige Histogramm ein. Was beobachten Sie?

c) Numerische Untersuchung: Berechnen Sie $P(10 \leq X \leq 20)$ für die erste Verteilung aus a) und $P(40 \leq X \leq 60)$ für die zweite Verteilung mit der Binomialverteilung und mit der Normalverteilung. Stimmt die Regel, dass die Approximation gut ist, wenn $\sigma > 3$ ist?

Basiswissen

Normalverteilung und Binomialverteilung

1. Die Wahrscheinlichkeiten bei Binomialverteilungen werden im Diagramm durch die Höhe der Säulen angegeben. Da aber die Breite der Balken immer 1 ist, geben auch die Flächen der Säulen die Wahrscheinlichkeit an. Damit handelt es sich bei der üblichen graphischen Darstellungen von Binomialverteilungen um Histogramme.

   Für die Wahrscheinlichkeitsdichte d_i bei Binomialverteilungen gilt: $d_i = \frac{p_i}{\Delta x_i} = \frac{p_i}{1} = p_i$
2. Die Graphen zur Binomialverteilung und Normalverteilung haben beide glockenförmige Gestalt, das Maximum liegt jeweils beim Erwartungswert.

Approximation einer Binomialverteilung durch eine Normalverteilung

Es liegt nahe, als Erwartungswert μ einer passenden Normalverteilung den Erwartungswert $n \cdot p$ der Binomialverteilung zu nehmen und als Standardabweichung σ der passenden Normalverteilung die Standardabweichung $\sqrt{n \cdot p \cdot (1-p)}$.

Binomialverteilung: $n = 100$; $p = 0{,}25$

$\mu = n \cdot p = 25$; $\sigma = \sqrt{100 \cdot 0{,}25 \cdot 0{,}75} = 4{,}33$

Approximation durch eine Normalverteilung

$$\varphi(x) = \frac{1}{4{,}33 \cdot \sqrt{2\pi}} \cdot e^{-\frac{(x-25)^2}{2 \cdot 4{,}33^2}}$$

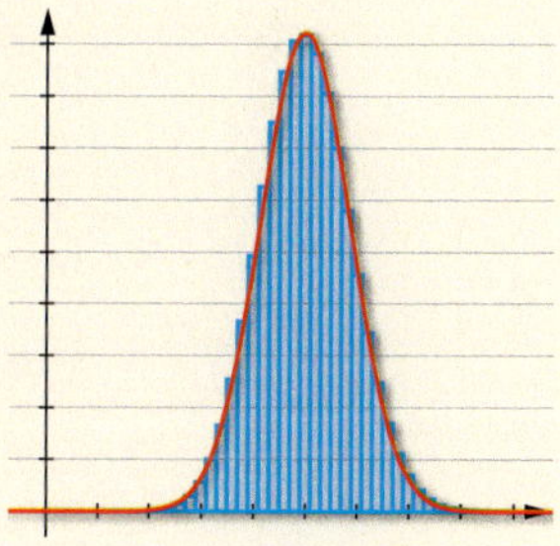

Wie man in dem Diagramm sieht, ist die Normalverteilung eine gute Approximation für die Binomialverteilung, d. h. $P(X \le k) \approx \int_{-\infty}^{k} \varphi_{\mu,\sigma}\,dx$

> Eine Binomialverteilung mit Erwartungswert $\mu = n \cdot p$ und Standardabweichung $\sigma = \sqrt{n \cdot p \cdot (1-p)}$ lässt sich durch eine Normalverteilung mit gleichem Erwartungswert und Standardabweichung approximieren, wenn $\sigma > 3$ (Laplace-Bedingung).

Übungen

3 **Vergleich von Wahrscheinlichkeiten**

Bestimmen Sie jeweils die Wahrscheinlichkeiten, die man mit der Binomialverteilung mit $n = 100$ und $p = 0{,}25$ und der Approximation durch die passende Normalverteilung erhält. Vergleichen Sie die Werte.

(1) $P(X \le 15)$ (2) $P(X \ge 30)$ (3) $P(20 \le X \le 25)$

4 **Approximieren mit der Normalverteilung**

Die Zufallsvariable X ist die Anzahl der „Sechsen" bei 100 000 Würfen mit fairem Würfel.

a) Weisen Sie nach, dass die Laplace-Bedingung erfüllt ist.

b) Berechnen Sie $P(X \le 16\,500)$ mit der Binomialverteilung und der Approximation durch die Normalverteilung.

5 **Variation von n**

Übertragen Sie die Tabelle und füllen Sie sie aus. Interpretieren Sie das Ergebnis.

	n = 10	n = 100	n = 1000	n = 10 000
p = 0,25	μ = ■	μ = ■	μ = ■	μ = ■
	σ = ■	σ = ■	σ = ■	σ = ■
Binomialverteilung $P(X \le \mu + \sigma)$	■	■	■	■
Normalverteilung $P(X \le \mu + \sigma)$	■	■	■	■

Übungen

6 Inlandsreisen

Die Touristikindustrie hat ermittelt, dass 32 % aller Deutschen im kommenden Jahr ihren Urlaub im Inland verbringen möchten. Eine Zufallsstichprobe von 500 Personen wird nach ihrem Urlaubsziel im nächsten Jahr gefragt.

a) Mit welchem Erwartungswert kann man in der Stichprobe rechnen?

b) Überprüfen Sie, ob die Laplace-Bedingung erfüllt ist.

c) Berechnen Sie mit einer geeigneten Approximation die Wahrscheinlichkeit,
- weniger als 150 mit diesem Urlaubswunsch in der Zufallsstichprobe zu finden,
- dass in der Zufallsstichprobe Abweichungen von mehr als einer Standardabweichung vom Erwartungswert anzutreffen sind.

Basiswissen

Sigma-Regeln für binomialverteilte Zufallsgrößen

Die Normalverteilung ist für den Fall, dass $\sigma > 3$ ist, eine gute Approximation für die Binomialverteilung. In diesem Fall kann man auch für die **Binomialverteilung** die **Sigma-Regeln** anwenden.

a	$P(\lvert X - \mu \rvert \le a)$
σ	68,3 %
2σ	95,5 %
3σ	99,7 %

$P(\lvert X - \mu \rvert \le a)$	a
90 %	$1{,}64\sigma$
95 %	$1{,}96\sigma$
99 %	$2{,}58\sigma$

Runden der Intervallgrenzen: Die untere Grenze wird auf den nächst kleineren, die obere Grenze auf den nächst größeren ganzen Wert gerundet.

7 Anwendung der Sigma-Regeln bei Binomialverteilungen

Angenommen, Sie würfeln 300-mal und protokollieren die Anzahl der „Sechsen“. Berechnen Sie mithilfe der Sigma-Regeln, in welchen zum Erwartungswert symmetrischen Bereich die Anzahl der „Sechsen“ mit

a) 99,7 %-iger Wahrscheinlichkeit, b) 90 %-iger Wahrscheinlichkeit fallen wird.

8 Prognoseintervall

a) Zur Erinnerung: Was versteht man unter dem 95,5 %-Prognoseintervall?

b) Berechnen Sie für binomialverteilte Zufallsgrößen X mit der Sigma-Regel
- das 95,5 %-Prognoseintervall, wenn $n = 500$ und $p = 0{,}1$.
- das 90 % Prognoseintervall, wenn $n = 1000$ und $p = \frac{1}{37}$.

c) Vergewissern Sie sich, dass Sie die Regel in Teilaufgabe b) anwenden dürfen.

9 Prognose für die Anzahl der Erkrankungen

Bei einer Erkältungswelle rechnet man damit, dass 20 % der Bevölkerung mehr oder weniger stark erkranken. Berechnen Sie mit den Sigma-Regeln das 90 %-Prognoseintervall für die Anzahl der Erkrankten in einer Stadt mit 23 500 Einwohnern.

Grundwissen

1. Berechnen Sie die Ableitungsfunktion zu (1) $f(x) = e^{2x}$ (2) $f(x) = e^{x^2}$
2. Welche Nullstellen hat die Funktion $f(x) = (x^2 - 9) \cdot e^{2x}$?
3. Gegeben sind die Punkte $A(1 \mid -2 \mid 3)$; $B(-4 \mid 0 \mid -2)$; $C(-1 \mid 5 \mid 3)$. Geben Sie die Ebenengleichung der Ebene E in Parameterform an, in der alle drei Punkte liegen.
4. In welchen Fällen ist die Aufgabe, eine Ebenengleichung zu einer Ebene zu bestimmen, in der drei angegebene Punkte liegen, nicht eindeutig lösbar?

Exkurs

Interessantes zum Lesen: Warum die Normalverteilung für große Versuchsanzahlen eine gute Näherung für die Binomialverteilung ist

Betrachtet man eine Kette von n unabhängigen Bernoulli-Versuchen, so ist die Anzahl der Treffer X eine binomialverteilte Zufallsgröße. Das Ergebnis einer einzelnen der n Versuchswiederholungen lässt sich durch die Zufallsgröße X_i beschreiben:

Zufallsgröße $X_i = \begin{cases} 1, & \text{Treffer im i-ten Versuch} \\ 0, & \text{Fehlschlag im i-ten Versuch} \end{cases}$ $\quad i = 1, 2, 3, \ldots, n$

Die Zufallsgröße X der Trefferanzahl bei einer Bernoulli-Kette der Länge n ist offensichtlich die Summe der Zufallsgrößen X_i, die jeweils für die Trefferanzahl bei den einzelnen Versuchswiederholungen stehen.

Zufallsgröße $X = X_1 + X_2 + \ldots + X_n$

Laut dem **Zentralen Grenzwertsatz** wird die Wahrscheinlichkeitsverteilung einer Summe von n unabhängigen Zufallsgrößen für sehr großes n besser durch die Normalverteilung beschrieben. Damit gilt:

Für großes n ist die Normalverteilung eine gute Näherung für die Binomialverteilung.

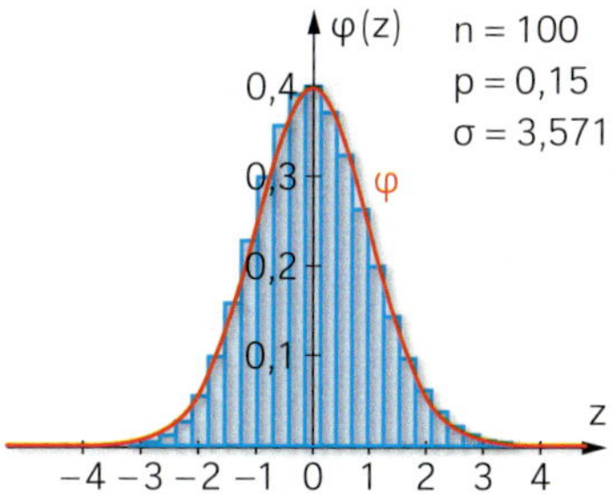

Aufgaben

Applet eA-10.6-10

10 Approximation der Binomialverteilung durch die Normalverteilung erleben

Untersuchen Sie grafisch mithilfe des Applets, wie sich die Annäherung der Binomialverteilung durch die Normalverteilung mit wachsender Versuchszahl verbessert

a) für den wiederholten Münzwurf; X: Anzahl von „Kopf"

b) für das wiederholte Würfeln mit einem regulären Würfel; X: Anzahl der „Sechsen".

11 Kann man die Approximation mit der Normalverteilung verbessern?

a) In der zweiten Abbildung ist die Approximation einer Binomialverteilung, $n = 20;\ p = 0{,}5$ durch eine Normalverteilung dargestellt. Erläutern Sie anhand der ersten und zweiten Abbildung, welchen Fehler man bei der Approximation eingeht. Berechnen Sie den Fehler, indem Sie $P(6 \le X \le 9)$ einmal mit der Binomialverteilung berechnen und einmal mit der Approximation durch die Normalverteilung.

b) In der dritten Abbildung ist eine Verbesserung der Approximation dargestellt. Auf welchem Intervall wird die Wahrscheinlichkeit mithilfe der Normalverteilung berechnet? Rechnen Sie den neuen Näherungswert aus und vergleichen Sie diesen mit dem exakten Wert. Was stellen Sie fest?

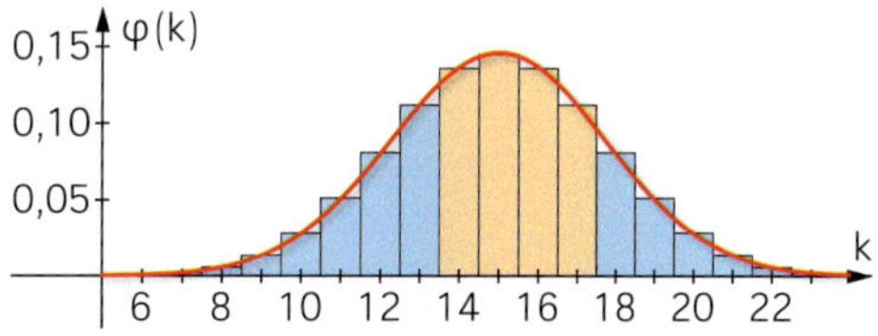

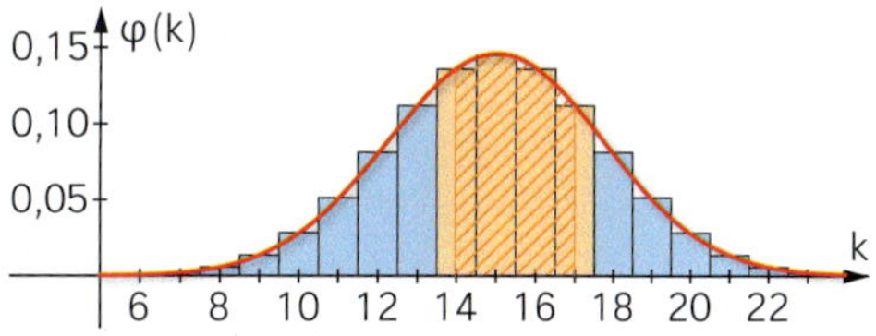

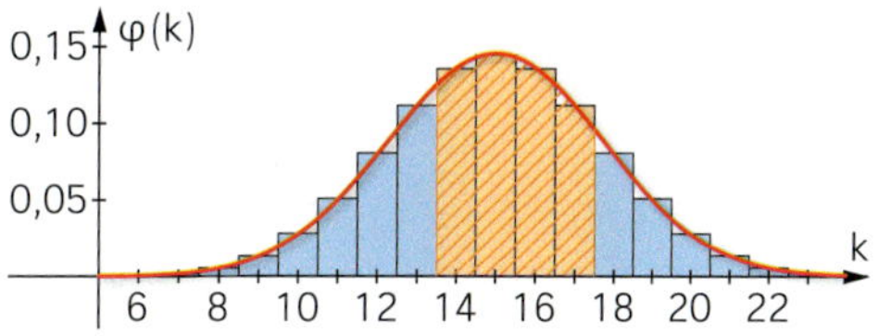

c) Begründen Sie die Formel $P(a \le X \le b) = \int_{a-0{,}5}^{b+0{,}5} \varphi_{\mu,\sigma}\,dx$ zur Berechnung eines besseren Näherungswerts für die Wahrscheinlichkeit, dass eine binomialverteilte Zufallsgröße X mindestens a und höchstens b ist.

10.7 Hypergeometrische Verteilung (fakultativ)

Aufgaben

1 Scrabble

Das Spiel „Scrabble“ wird in der Regel mit 102 Spielsteinen gespielt, 100 von ihnen sind mit Buchstaben bedruckt, 2 sind ohne Aufschrift. Auch wenn der Buchstabe „E“ nur einen Punkt bringt, ist er beim Legen von Worten sehr hilfreich. Im Spiel gibt es 15 Spielsteine mit dem Buchstaben „E“. Ein Spieler zieht 7 der 102 Spielsteine.

a) Wie groß ist die Wahrscheinlichkeit, dass er dabei kein einziges „E“ zieht? Überlegen Sie sich zunächst, ob man zur Berechnung der gesuchten Wahrscheinlichkeit die Binomialverteilung verwenden darf.

b) Wie groß ist die Wahrscheinlichkeit, nur „E“s zu ziehen?

2 Nach einer Wahl

Angenommen, nach einer Wahl wird eine Stichprobe aus 3 von 50 Wahlbezirken auf korrekte Auszählung überprüft.

a) Wie groß ist die Wahrscheinlichkeit, dass bei dieser Überprüfung kein Fehler entdeckt wird, auch wenn in 5 % der Wahlbezirke falsch ausgezählt wurde? Begründen Sie zunächst, warum Sie die gesuchte Wahrscheinlichkeit nicht mit der Binomialverteilung berechnen können.

b) Was halten Sie von dem beschriebenen Verfahren zur Überprüfung einer Wahl auf fehlerhafte Auszählung?

3 Stichprobe – ohne Zurücklegen

Aus 8 Schülerinnen und 12 Schülern wird ein 6-köpfiges Volleyball-Team ausgelost.

a) Mit wie vielen Schülerinnen rechnen Sie in dem Team?

b) Ist es überraschend, wenn vier Schülerinnen in das Team gelost werden? Um diese Frage zu beantworten, kann man die Auslosung simulieren. Wie könnte man dies mit einer Urne und Losen machen?

c) Michael schlägt vor, mit der Binomialverteilung $P(X = 4)$ mit $n = 6$, $p = \frac{2}{5}$ zu berechnen. Was halten Sie von der Verwendung der Binomialverteilung?

d) Erläutern Sie die Modellierung mit einer Urne mit 8 roten und 12 blauen Losen.

e) Aus der Urne wird eine Stichprobe von sechs Losen ohne Zurücklegen gezogen. Berechnung der Wahrscheinlichkeit $P(X = 4)$ beim „Ziehen ohne Zurücklegen“.

Grundidee:

$\binom{20}{6}$ Möglichkeiten aus 20 Losen 6 ohne Beachtung der Reihenfolge zu ziehen

$\binom{8}{4}$ Möglichkeiten aus 8 roten Losen 4 ohne Beachtung der Reihenfolge zu ziehen

$\binom{12}{2}$ Möglichkeiten aus 12 blauen Losen 2 ohne Beachtung der Reihenfolge zu ziehen

Somit ist $P(X = 4) = \dfrac{\binom{8}{4} \cdot \binom{12}{2}}{\binom{20}{6}}$

> Anzahl der möglichen Ziehungen von 6 aus 20 Kugeln ohne Zurücklegen und ohne Beachtung der Reihenfolge:
> $\frac{20 \cdot 19 \cdot 18 \cdot 17 \cdot 16 \cdot 15}{1 \cdot 2 \cdot 3 \cdot 4 \cdot 5 \cdot 6} = \binom{20}{6}$

Erläutern Sie, wie diese Formel zustande kommt. Berechnen Sie die Wahrscheinlichkeit $P(X = 4)$ mit der angegebenen Formel.

Basiswissen

Applet eA-10.7-b

Hypergeometrische Verteilung – Urnenmodell ohne Zurücklegen

In einer Urne sind N Kugeln, davon sind R rot und N – R blau. Es werden n Kugeln ohne Zurücklegen gezogen (Stichprobe).
X: Anzahl der roten Kugeln in der Stichprobe
Die Wahrscheinlichkeit, dass sich genau k rote Kugeln in der Stichprobe befinden, beträgt:

$$P(X=k)=\frac{\binom{R}{k}\binom{N-R}{n-k}}{\binom{N}{n}},\quad k\leq \min(R,n)$$

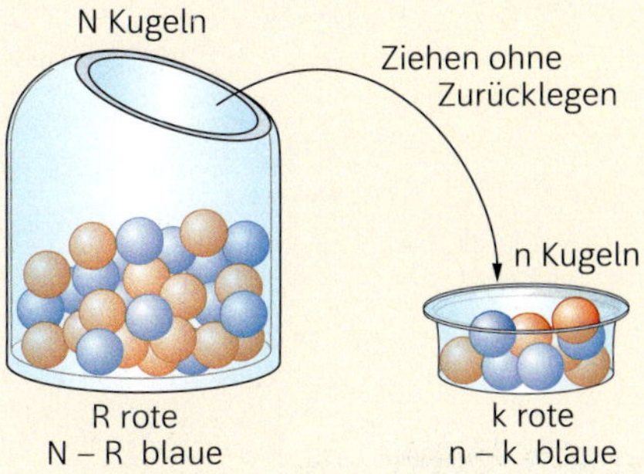

Beispiele

A Auslosen

In einer Lostrommel befinden sich noch 30 Lose, darunter 5 Gewinne. Wie groß ist die Wahrscheinlichkeit, dass unter 6 Losen, die Johanna kauft

a) zwei Gewinne sind
b) mindestens 2 Gewinne sind?

Lösung

N: 30 Lose   R: 5 Gewinne   N – R: 25 Nieten   k = 2 Gewinne

a) $P(X=2)=\frac{\binom{5}{2}\cdot\binom{25}{4}}{\binom{30}{6}}=0{,}213$

Die Wahrscheinlichkeit, genau zwei Gewinne zu ziehen, beträgt 21,3 %.

b) $P(X\geq 2)=1-P(X\leq 1)=1-(P(X=1)+P(X=0))$

$$=1-\left(\frac{\binom{5}{1}\cdot\binom{25}{5}}{\binom{30}{6}}+\frac{\binom{5}{0}\cdot\binom{25}{6}}{\binom{30}{6}}\right)=1-(0{,}746)=0{,}254$$

Die Wahrscheinlichkeit, mindestens zwei Gewinne zu ziehen, beträgt 25,4 %.

Übungen

4 Ziehen ohne Zurücklegen

In einer Urne befinden sich 10 Kugeln, davon sind 6 Kugeln rot und 4 Kugeln weiß. Es werden 4 Kugeln ohne Zurücklegen entnommen. Wie groß ist die Wahrscheinlichkeit, dass in der Stichprobe 2 rote Kugeln vorhanden sind?

5 Zollkontrolle

Von 40 Fahrgästen in einem Reisebus wollen 12 Personen illegal Waren durch die Zollkontrolle bringen. Wie groß ist die Wahrscheinlichkeit, dass bei einer Überprüfung von 10 Fahrgästen 4 Schmuggler erwischt werden?

6 Lotto

Beim Lotto (6 aus 49) werden bei jeder Ziehung 6 Gewinnzahlen gezogen.

a) Die Wahrscheinlichkeit, 4 Richtige zu tippen, kann man mit der Formel

$P(X=4)=\frac{\binom{6}{4}\cdot\binom{43}{2}}{\binom{49}{6}}$ berechnen. Begründen Sie die Formel. Berechnen Sie $P(X=4)$

b) Berechnen Sie die Wahrscheinlichkeit von 6, 5 und 3 Richtigen.

7 Auswahl

In einem Leistungskurs Musik mit 18 Schülerinnen und Schülern spielen 6 ein Instrument. Neun Schülerinnen und Schüler werden durch Losverfahren ausgewählt.

a) Wie groß die Wahrscheinlichkeit, dass in der Gruppe fünf Instrumentalisten sind?
b) Wie groß ist die Wahrscheinlichkeit, dass zufällig alle 6 Instrumentalisten in dieser Gruppe sind? Wurde bei der Auslosung geschummelt?

Übungen

8 Zufall oder nicht Zufall – Test eines Medikamentes?

Einige Bemerkungen zum Testen von Medikamenten
Beim Testen von Medikamenten verwendet man oft randomisierte Verfahren. Dabei werden die Versuchspersonen (z. B. teilnehmende Patienten) durch ein Zufallsverfahren, z. B. durch Losen, einer *Versuchsgruppe* oder einer *Kontrollgruppe* zugeteilt. Die Patienten in der Versuchsgruppe werden zum Beispiel mit einem neuen Medikament behandelt, die Patienten in der Kontrollgruppe erhalten ein Placebo oder ein Standardpräparat. Durch die Randomisierung sollen bekannte und unbekannte personengebundene *Störgrößen* gleichmäßig auf Versuchs- und Kontrollgruppen verteilt werden. Man will so verhindern, dass die Ergebnisse der Untersuchung einer systematischen *Verzerrung* (englisch: Bias) unterliegen.
Studien, bei denen weder der behandelnde Arzt, noch der behandelte Patient bis zum Vorliegen der Ergebnisse wissen, wer der Versuchsgruppe und wer der Kontrollgruppe zugeteilt wurde, nennt man **Doppelblindstudie**.

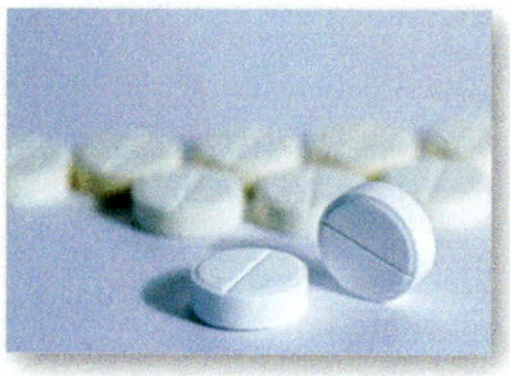

Placebos sind Medikamente, die keinen Wirkstoff enthalten, aber beim Patienten den Eindruck erwecken, dass auch er das Medikament einnimmt.

In einem frühen Stadium der klinischen Prüfung eines neuen Medikamentes wurde dieses an 22 Patienten überprüft. Dazu wurde die Gruppe der Patienten, die an dem Test teilnehmen, per Losentscheid in eine Versuchs- und in eine Kontrollgruppe aufgeteilt. Die Patienten in der Versuchsgruppe erhielten das neue Medikament, die in der Kontrollgruppe ein Placebo. Die Untersuchung wurde als Doppelblindstudie durchgeführt. Die Ergebnisse des Tests sind in der Vierfeldertafel festgehalten.

	Zustand verbessern	keine Verbesserung	Summe
Versuchsgruppe	7	4	11
Kontrollgruppe	1	10	11
Summe	8	14	22

a) Wieso kann man vermuten, dass das Medikament sich in der Wirkung von Placebos unterscheidet?
b) Könnte das Ergebnis, das in der Vierfeldertafel dargestellt ist, auch dann zustande gekommen sein, wenn das Medikament keine Wirkung hat?

Übersetzt auf die konkreten Daten bedeutet dies: Angenommen, das Medikament wirkt nicht. Bei 8 der 22 Patienten, die an der klinischen Untersuchung teilgenommen haben, tritt so oder so eine Verbesserung des Zustandes ein. Beim Auslosen können zufällig so viele, d. h. 7 oder gar 8 der Patienten, deren Krankheitszustand sich verbessert, der Versuchsgruppe zugeordnet werden.

Ermitteln Sie die Wahrscheinlichkeit, dass dies geschieht?
Berechnen Sie dazu mit der Hypergeometrischen Verteilung $P(X=7)$ und $P(X=8)$.
c) Bei der Berechnung von $P(X \geq 7)$ sollten Sie als Ergebnis 1,1 % erhalten haben. Interpretieren Sie diese geringe Wahrscheinlichkeit hinsichtlich der Frage, ob die Ergebnisse des Tests auch ohne Wirkung des Medikamentes entstanden sein könnten.

9 Hypergeometrische Verteilung und Binomialverteilung
Unter 500 Firmen befinden sich 40, die die Zukunftsaussichten positiv bewerten.
Wie groß ist die Wahrscheinlichkeit, dass unter 6 zufällig ausgewählten Firmen, die Hälfte die Zukunftsaussichten positiv bewerten?
Berechnen Sie die Wahrscheinlichkeit mit der hypergeometrischen Verteilung und der Binomialverteilung. Was beobachten Sie?

Approximation der hypergeometrischen Verteilung durch die Binomialverteilung
Faustregel: Ist der Stichprobenumfang geringer als 5 % der Grundmenge, dann ist die Binomialverteilung eine gute Näherung der hypergeometrischen Verteilung.

Bernoulli-Experiment

Ein Bernoulli-Experiment ist ein Versuch mit zwei möglichen Ergebnissen: Treffer (T) und Fehlschlag (F).

Bernoulli-Kette

- Eine Bernoulli-Kette besteht aus einer festen Anzahl n von Wiederholungen desselben Bernoulli-Experimentes
- Die Trefferwahrscheinlichkeit p hängt nicht davon ab, was zuvor geschehen ist.
- Die Trefferwahrscheinlichkeit p ist bei jedem Versuch gleich.

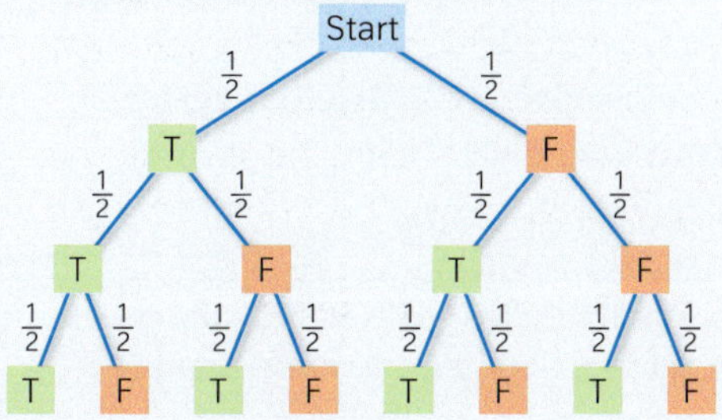

Binomialverteilung

Die Wahrscheinlichkeitsverteilung der Trefferanzahl X bei einer Bernoulli-Kette nennt man **Binomialverteilung**.

Wahrscheinlichkeit für genau k Treffer

$P(X = k) = \binom{n}{k} \cdot p^k \cdot (1 - p)^{n-k}$

- $\binom{n}{k}$ Binomialkoeffizient: Anzahl der Pfade der Länge n mit genau k Treffern
- p: Trefferwahrscheinlichkeit
- 1 – p: Fehlschlagwahrscheinlichkeit
- k: Anzahl der Treffer
- n – k: Anzahl der Fehlschläge

Binomialkoeffizient

Anzahl der Pfade der Länge n mit k Treffern:

$\binom{n}{k} = \frac{n!}{(n-k)! \cdot k!}$

Dabei ist $n! = 1 \cdot 2 \cdot 3 \cdot \ldots \cdot n$

Spezialfälle: $0! = 1$ $\quad 1! = 1$

Anzahl der Pfade der Länge 8 mit 3 Treffern:

$\binom{8}{3} = \frac{8!}{(8-3)! \cdot 3!} = \frac{1 \cdot 2 \cdot 3 \cdot 4 \cdot 5 \cdot 6 \cdot 7 \cdot 8}{1 \cdot 2 \cdot 3 \cdot 4 \cdot 5 \cdot 1 \cdot 2 \cdot 3} = 56$

Check-up

1 Binomialverteilte Zufallsgröße?

Entscheiden Sie begründet, ob es sich bei der Zufallsgröße X um eine binomialverteilte Zufallsgröße handelt.

a) Würfeln; X Anzahl der Würfe bis zur ersten 6.

b) Zufallsstichprobe von 300 Personen; X: Anzahl der Personen, die gestern die Tagesschau gesehen haben.

c) Mit einem Griff 5 Kugeln aus einer Urne mit roten und blauen Kugeln ziehen. X: Anzahl der roten Kugeln.

d) Mit 5 Würfeln würfeln. X: Anzahl der „Fünfen".

2 Wahrscheinlichkeiten berechnen

Berechnen Sie für eine binomialverteilte Zufallsgröße mit

a) $P(X = 4)$ mit $n = 15$ und $p = 0{,}35$;

b) $P(X > 24)$ mit $n = 600$ und $p = 0{,}05$.

3 „Entschlüsseln" und ergänzen

a) Welche Wahrscheinlichkeit für welche Verteilung kann mit der Formel $\binom{40}{12} \cdot 0{,}3^{12} \cdot (0{,}7)^{28}$ berechnet werden?

b) Ergänzen Sie die unvollständige Formel zur Berechnung der Wahrscheinlichkeit einer binomialverteilten Zufallsgröße.

$\binom{100}{10} \cdot 0{,}09^k \cdot (1 - p)^{n-k}$

Welche Wahrscheinlichkeit wird berechnet?

4 Binomialverteilung, tabellarisch und grafisch

Stellen Sie die Binomialverteilung mit $p = 0{,}7$ und $n = 6$ tabellarisch und grafisch mit einem Histogramm dar.

5 Impfungen

Eine Grippeschutzimpfung schützt die geimpfte Person mit einer Wahrscheinlichkeit von 85 % (fiktive Daten). Wie groß ist die Wahrscheinlichkeit, dass von 10 zufällig ausgewählten Personen

a) keiner b) einer c) mehr als 3 an Grippe erkranken?

6 Größte Wahrscheinlichkeit

In einem Copy-Shop stehen 20 Kopiermaschinen. Aus Erfahrung ist bekannt, dass die Wahrscheinlichkeit, mit der eine der Maschinen während eines Tages ausfällt, 13 % beträgt. Finden Sie die wahrscheinlichste Anzahl von Maschinen, die während eines Tages ausfallen. Geben Sie auch die Wahrscheinlichkeit an, mit der dieses Ereignis eintritt.

7 Binomialkoeffizienten

Berechnen Sie die folgenden Binomialkoeffizienten. Welche Bedeutung haben sie bei welchen Binomialverteilungen?

a) $\binom{12}{4}$ b) $\binom{25}{2}$ c) $\binom{100}{1}$ d) $\binom{100}{0}$

Kumulierte Wahrscheinlichkeit

Wahrscheinlichkeit für höchstens k Treffer:
$P(X \leq k) = P(X = 0) + P(X = 1) + \ldots + P(X = k)$

Die Summe der Maßzahlen der Flächeninhalte der „roten“ Rechtecke entspricht $P(X \leq 2)$.

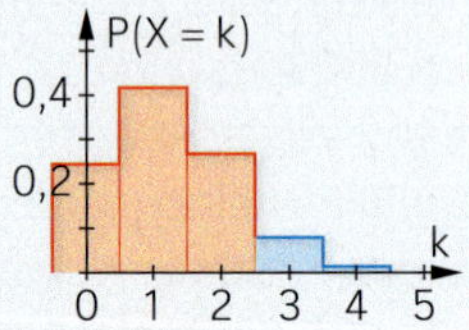

$P(X \leq 2) = P(X = 0) + P(X = 1) + P(X = 2)$

Sprache der Stochastik

Sprache	Mathematik
genau k Treffer	$P(X = k)$
höchstens k Treffer	$P(X \leq k)$
weniger als k Treffer	$P(X < k) = P(X \leq k-1)$
mindestens k Treffer	$P(X \geq k) = 1 - P(X \leq k-1)$
mehr als k Treffer	$P(X > k) = 1 - P(X \leq k)$
mindestens k Treffer und höchstens m Treffer	$P(k_1 \leq X \leq k_2)$ $= P(X \leq k_2) - P(X \leq k_1 - 1)$

Kenngrößen der Binomialverteilung

Erwartungswert: $\mu = n \cdot p$

Standardabweichung: $\sigma = \sqrt{n \cdot p \cdot (1-p)}$

Prognoseintervalle

Prognoseintervall: ein μ symmetrisches Intervall, in das die Trefferzahl in einer Stichprobe mit einer bestimmten Wahrscheinlichkeit (z. B. 95 %) fällt.
Man sucht den kleinsten Wert für t, für den gilt: $P(X = \mu + k) - P(X = \mu - k) \geq 0{,}95$

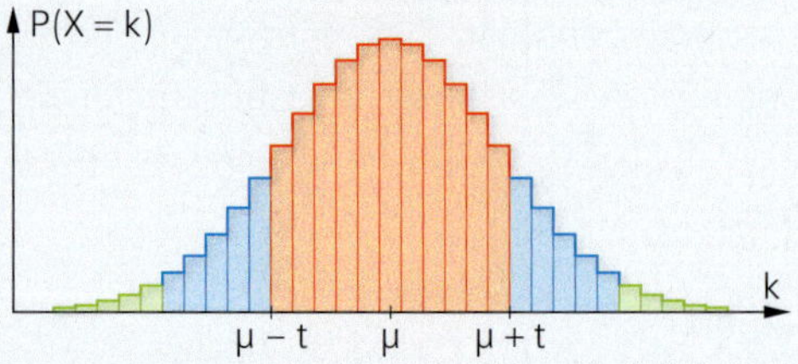

Das Intervall $[\mu - t,\ \mu + t]$ nennt man das 95 %-Prognoseintervall.

8 Berechnung von Wahrscheinlichkeiten
X ist eine binomialverteilte Zufallsgröße. Ermitteln Sie die Wahrscheinlichkeiten. Geben Sie zunächst in Worten an, welche Wahrscheinlichkeit zu berechnen ist.
a) $n = 10;\ p = 0{,}3;\ P(X > 5)$
b) $n = 15;\ p = 0{,}6;\ P(X \leq 4)$
c) $n = 100;\ p = 0{,}82;\ P(77 \leq X \leq 87)$

9 Münzwurf
Eine Münze wird achtmal geworfen. Wie groß ist die Wahrscheinlichkeit, dass man …
a) genau b) mindestens c) höchstens viermal „Kopf“ erhält?

10 Losverfahren
Für einen Test an einer Schule werden $\frac{1}{3}$ aller Schülerinnen und Schüler ausgelost. Anna wundert sich: aus ihrer Klasse mit 24 Schülerinnen und Schülern wurden nur fünf ausgelost.
a) Berechnen Sie den Erwartungswert und die Standardabweichung für Annas Klasse.
b) Wie groß ist die Wahrscheinlichkeit, dass aus Annas Klasse zufällig so wenige ausgelost wurden?

11 Allergie
Jeder achte Bundesbürger leidet an allergischem Schnupfen. In einem Mathematikkurs sind 29 Schülerinnen und Schüler.
a) Mit wie vielen an allergischem Schnupfen leidenden Schülerinnen und Schülern in diesem Kurs kann man rechnen?
b) Wie groß ist die Wahrscheinlichkeit, dass mehr als sechs Schülerinnen und Schüler an allergischem Schnupfen leiden?
c) Begründen Sie, ob es berechtigt ist anzunehmen, dass die Anzahl der Allergiker binomialverteilt ist.

12 Histogramm einer Binomialverteilung
Wie ändern sich die Gestalt des Histogramms, der Erwartungswert und die Standardabweichung der Binomialverteilung mit $p = 0{,}1$ wenn sich die Versuchsanzahl von $n = 10$ ausgehend vergrößert?

13 n gesucht
Der Anteil der Linkshänder in der Bevölkerung beträgt 15 %. Wie groß muss eine Gruppe sein, damit mit 90% Wahrscheinlichkeit mindestens fünf Linkshänder in der Gruppe sind?

14 Bedeutung von Prognoseintervallen
Was versteht man unter dem 99 %-Prognoseintervall?

15 Berechnung von Prognoseintervallen
Berechnen Sie das jeweilige Prognoseintervall für die Trefferzahl einer binomialverteilten Zufallsgröße.
a) $n = 20;\ p = 0{,}6;$ 95 %-Prognoseintervall
b) $n = 200;\ p = 0{,}15;$ 90 %-Prognoseintervall
c) $n = 700;\ p = 0{,}02;$ 99 %-Prognoseintervall

Diskrete und stetige Zufallsgrößen

Diskrete Zufallsgrößen:
Die möglichen Werte der Zufallsgröße kann man aufzählen.

Stetige Zufallsgrößen
Die Zufallsgröße kann alle reellen Werte in einem Intervall annehmen.

Histogramm und Wahrscheinlichkeitsdichte

In Histogrammen entsprechen den relativen Häufigkeiten h_i, mit denen die Werte in eine Klasse der Länge Δx_i fallen, der Maßzahl des Flächeninhalts der jeweiligen Rechtecke. Für die Höhe des Rechtecks d_i gilt: $d_i = \frac{h_i}{\Delta x_i}$

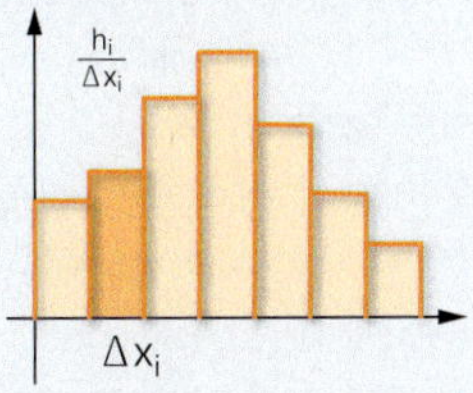

Der Quotient d_i heißt **Häufigkeitsdichte**, das Diagramm **Histogramm**.

Normalverteilung

Eine stetige Zufallsgröße heißt **normalverteilt** mit dem Erwartungswert μ und der Standardabweichung σ als Parameter, wenn sie folgende Dichtefunktion hat:

$$\varphi_{\mu,\sigma}(x) = \frac{1}{\sigma\sqrt{2\pi}} \cdot e^{-\frac{(x-\mu)^2}{2\sigma^2}}$$

Eigenschaften der Normalverteilung:

- Die gesamte Fläche unter der Kurve hat den Inhalt 1.
- Der Erwartungswert μ ist an der Stelle des Maximums von $\varphi_{\mu,\sigma}$
- Die Standardabweichung σ ist der Abstand des Erwartungswertes μ zu einer Wendestelle.

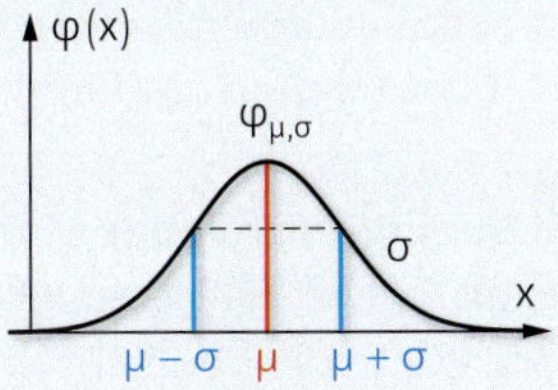

Wahrscheinlichkeiten
Die Funktion φ(a) gibt keine Wahrscheinlichkeit an. Es gilt:
$P(X = a) = 0$ $\qquad P(X \le a) = \int_{-\infty}^{a} \varphi(x)\,dx$

16 Diskrete oder stetige Zufallsvariable

Entscheiden Sie, welche der Zufallsvariablen X stetig, welche diskret sind.

a) X: Punktzahl in einem Mathematik-Test
b) X: Zeit für die Fahrt zum Arbeitsort
c) X: Der Benzinverbrauch eines Autos auf 100 km
d) X: Anzahl der Besucher bei einer Theateraufführung
e) X: Die Konzentration von CO_2

17 Häufigkeitsdichte und Histogramm

Berechnen Sie zu folgender Statistik der Anzahl verkaufter Fernseher mit Preis die relativen Häufigkeiten und die Wahrscheinlichkeitsdichten. Stellen Sie die Häufigkeitsverteilung mit einem Histogramm dar.

Preis in €	250 – 500	500 – 800	800 – 1200	1200 – 2200
Anzahl	84	125	90	80

18 Wahrscheinlichkeitsdichte

a) Erläutern Sie, wie man mit der Wahrscheinlichkeitsdichtefunktion einer stetigen Zufallsgröße X die Wahrscheinlichkeit $P(a \le X \le b)$ berechnet.
b) Begründen Sie, warum für eine stetige Zufallsgröße gilt: $P(X = a) = 0$

19 Normalverteilte Zufallsgröße

Die Zufallsgröße X ist normalverteilt mit $\mu = 125$ und $\sigma = 5$. Berechnen Sie

a) $P(X \le 110)$ b) $P(X \ge 132)$ c) $P(113 \le X \le 137)$.

20 Fische

Angenommen, das Gewicht von Forellen ist normalverteilt mit einem Erwartungswert $\mu = 1200\,g$ und einer Standardabweichung $\sigma = 450\,g$.

a) Wie groß ist die Wahrscheinlichkeit, eine Forelle zu fangen, die leichter als 600 g und schwerer als 1800 g ist?
b) Besonders schwere Forellen sollen prämiert werden. Wie ist die Gewichtsgrenze festzulegen, damit höchstens 2 % der gefangenen Forellen prämiert werden?

21 Bleistift

Die Minen für einen Druckbleistift sollten einen Durchmesser von 0,5 mm haben. Minen mit einem Durchmesser, der kleiner als 0,485 mm ist, fallen aus dem Druckbleistift heraus, da sie zu dünn sind. Minen mit einem Durchmesser, der größer als 0,52 mm ist, sind zu dick, sie passen nicht in den Druckbleistift. Ein Hersteller produziert entsprechende Minen mit einem Erwartungswert von 0,5 mm bei einer Standardabweichung von 0,01 mm. Mit welcher Wahrscheinlichkeit passt eine der Produktion zufällig entnommene Mine in den Druckbleistift?

Normalverteilung und kumulierte Wahrscheinlichkeit

Die kumulierte Wahrscheinlichkeit $P(X \leq a)$ wird mit $\Phi(a)$ bezeichnet. Es gilt:

$$\Phi(a) = P(X \leq a) = \int_{-\infty}^{a} \varphi(x)\,dx$$

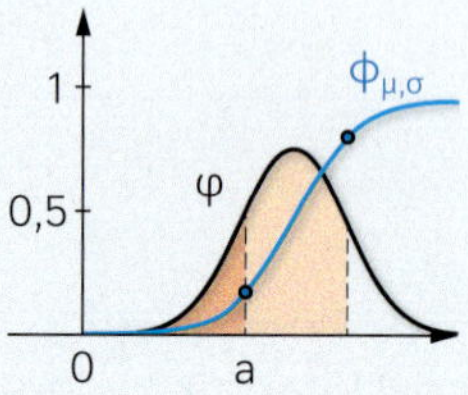

Zu $\varphi(x)$ existiert keine elementare Stammfunktion. Die Werte von Φ berechnet man grafisch-numerisch.

Sigma-Regeln – Sigma-Umgebungen von μ

Die Sigma-Regeln geben an, mit welcher Wahrscheinlichkeit eine normalverteilte Zufallsgröße in ein zum Erwartungswert μ symmetrisches Intervall fällt.

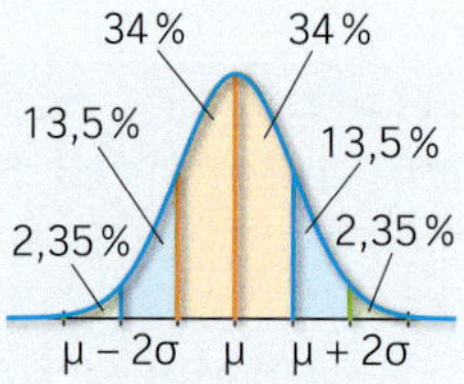

a	$P(\lvert X-\mu\rvert \leq a)$	$P(\lvert X-\mu\rvert \leq a)$	a
σ	68,3 %	90 %	1,64 σ
2σ	95,5 %	95 %	1,96 σ
3σ	99,7 %	99 %	2,58 σ

Bedeutung der Normalverteilung

Viele Zufallsgrößen sind angenähert normalverteilt. Begründung:

Zentraler Grenzwertsatz (vereinfacht)
Ist eine Zufallsgröße X die Summe von n unabhängigen Zufallsgrößen, dann wird die Wahrscheinlichkeitsverteilung bei sehr großem n sehr gut durch die Normalverteilung beschrieben.

Normal- und Binomialverteilung

Eine Binomialverteilung mit dem Erwartungswert $\mu = n \cdot p$ und der Standardabweichung $\sigma = \sqrt{n \cdot p \cdot (1-p)}$ lässt sich durch eine Normalverteilung mit dem gleichen Erwartungswert und Standardabweichung approximieren, wenn $\sigma > 3$.

Sigma-Regeln und Binomialverteilung
Die Sigma-Regeln gelten auch für die Binomialverteilung, wenn $\sigma > 3$.

22 Geschwindigkeitskontrolle

Angenommen, die Geschwindigkeit von Pkws auf einer bestimmten Teilstrecke mit einer Geschwindigkeitsbegrenzung von 100 km/h ist angenähert normalverteilt mit dem Erwartungswert μ = 95 km/h und der Standardabweichung 15 km/h.
Bei einer Geschwindigkeitsmessung auf dieser Strecke werden 450 Pkws kontrolliert. Mit wie vielen Pkws kann man rechnen, die die Geschwindigkeitsbegrenzung um mehr als 20 km/h überschreiten?

23 Typische Aufgaben

Von einer normalverteilten Zufallsgröße X sind bekannt:

a) $\mu = 20$; $\sigma = 2$; Berechnen Sie $P(X \geq 23{,}8)$.
b) $\mu = 20$; $\sigma = 2$; Berechnen Sie b, so dass $P(X < b) = 0{,}2$.
c) $\mu = 20$; $P(X \geq 26) = 0{,}05$; Berechnen Sie σ.
d) $\sigma = 3$; $P(X \leq 12) = 0{,}01$; Berechnen Sie μ.

24 Prognoseintervalle berechnen

In einer Firma werden Apfelsaftflaschen abgefüllt. Die Füllmenge ist normalverteilt mit einem Erwartungswert $\mu = 770$ ml und einer Standardabweichung $\sigma = 15$ ml.
Berechnen Sie mit den Sigma-Regeln

a) das zum Erwartungswert symmetrische Intervall, in dem 95 % der Füllmengen liegen werden,
b) die Wahrscheinlichkeit, dass die Füllmenge von 770 ml um mehr als 45 ml abweicht.

25 Hotelkapazität

In der Vergangenheit haben ca. 85 % der Urlauber, die einen Aufenthalt in einer großen Ferienanlage gebucht haben, diesen Aufenthalt auch angetreten. Die Kapazität der Urlaubsanlage „Sonnenschein“ beträgt insgesamt 485 Gäste, gebucht haben allerdings 580 Gäste.

a) Kann es sein, dass die Hotelkapazität dennoch ausreicht?
b) Wenn ja, ist dies sicher, oder wie groß ist die Wahrscheinlichkeit, dass die Hotelkapazität ausreicht? Rechnen Sie mit der Normalverteilung als Approximation der Binomialverteilung

26 Prognoseintervall mit Sigma-Regeln

Es werden 500 Zufallsziffern 0, 1, 2, ..., 9 erzeugt und ausgewertet. Die Zufallsgröße X beschreibt die absolute Häufigkeit der Ziffer 9. Bestimmen Sie das 95,5 %-Prognoseintervall. Interpretieren Sie das Ergebnis.

27 Meinungsumfrage

Angenommen, der Anteil der Wähler einer Partei ABC an der Gesamtwählerschaft beträgt 37 %. Von einem Meinungsforschungsinstitut wird eine Stichprobe von 1000 Wählern erhoben. Berechnen Sie das 95 %-Prognoseintervall für den Anteil der ABC-Wähler in dieser Stichprobe.

Sichern und Vernetzen – Vermischte Aufgaben

Trainieren

1 Binomialverteilung

In der Abbildung ist ein unvollständiges fünfstufiges Baumdiagramm dargestellt.

a) Wie viel verschiedene Ergebnisse stellt das vollständige Baumdiagramm dar?

b) Begründen Sie, warum das Baumdiagramm eine Bernoulli-Kette darstellen könnte.

c) Interpretieren Sie die Formel zur Berechnung der Wahrscheinlichkeit für k Treffer einer binomialverteilten Zufallsgröße $P(X = k) = \binom{n}{k} \cdot p^k \cdot (1 - p)^{n-k}$ mithilfe des Baumdiagramms für den Fall $k = 3$.

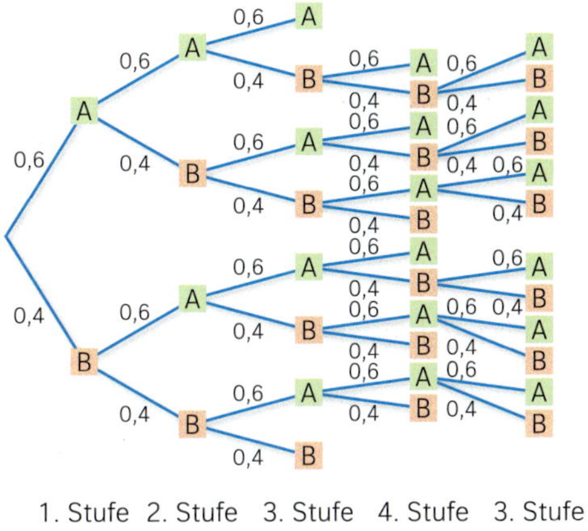

d) Wie berechnen Sie die Wahrscheinlichkeit von mindestens 4 Treffern (A: Treffer)?

2 Darstellen einer Binomialverteilung mit ihren Kenngrößen

a) Zeichnen Sie ein Histogramm der Binomialverteilung mit $n = 8$ und $p = 0{,}75$

b) Berechnen Sie den Erwartungswert und die Standardabweichung. Zeichnen Sie die beiden Kenngrößen in das Histogramm ein.

c) Berechnen Sie die Wahrscheinlichkeit, dass die Trefferzahl um höchstens eine Standardabweichung vom Erwartungswert abweicht.

3 Richtig oder falsch

Welche Aussagen über die binomialverteilte Zufallsgröße X mit den Parametern $n = 15$ und $p = 0{,}7$ sind wahr?

(A) $P(X = 0) = 0{,}7^0$

(B) $P(X = 12) = \binom{15}{12} \cdot 0{,}7^{12} \cdot 0{,}3^3$

(C) $P(X < 2) = 0{,}3^{15} + 0{,}7^1 \cdot 0{,}3^1$

(D) $P(2 < X < 5) = \binom{15}{3} \cdot 0{,}7^3 \cdot 0{,}3^{12} + \binom{15}{4} \cdot 0{,}7^4 \cdot 0{,}3^{11}$

4 Formel ergänzen

Gegeben ist der Term $\binom{10}{a} \cdot 0{,}3^b \cdot c^6 + \binom{10}{d} \cdot 0{,}3^5 \cdot c^e$

a) Finden Sie Werte für a, b, c, d und e, so dass der Term die Wahrscheinlichkeit eines Ereignisses A eines Zufallsexperiments angibt.

b) Beschreiben Sie ein Zufallsexperiment und ein Ereignis A, dessen Wahrscheinlichkeit durch den Term angegeben wird.

5 Tombola

Bei einer Tombola gewinnt jedes fünfte Los.

a) Wie viele Lose muss man kaufen, damit man mit 95 %-iger Wahrscheinlichkeit zumindest zwei Gewinne hat?

b) Frau Bruckmann will für ihre drei Kinder, ihren Mann und für sich insgesamt 50 Lose kaufen. Mit wie vielen Gewinnen kann sie rechnen?

c) Berechnen Sie das 90 %-Prognoseintervall für die Anzahl der Gewinne und interpretieren Sie das Ergebnis.

6 **Würfelexperiment**

Ein Würfel wird wiederholt geworfen werden. Die Anzahl X der Sechsen wird registriert. Wie häufig darf man den Würfel höchstens werfen, damit die Standardabweichung von X kleiner als 1 bleibt?

Verstehen

7 **Glück und Pech**

Ein Spieler verliert fünfmal hintereinander beim Roulette. Er meint: „Jetzt bin ich aber reif für einen Gewinn." Ein Freund rät ihm, aufzuhören, da er heute offenbar ein unglückliches Händchen hat.

Was sagen Sie als Statistiker zu diesen beiden Aussagen?

Begründen Sie Ihre Meinung.

8 **Erwartungen beim idealen Würfel**

Ein idealer Würfel wird 600-mal geworfen, die Anzahl k der „Einsen" wird gezählt.

a) Welche der nebenstehenden Aussagen A, B oder C stimmt nicht?

b) Berechnen Sie das 99 %-Prognoseintervall für die Anzahl der „Einsen".

A: Die „Eins" kommt genau 100-mal.
B: Die Wahrscheinlichkeit für 100 „Einsen" ist die größte Wahrscheinlichkeit.
C: k liegt mit großer Wahrscheinlichkeit „in der Nähe" von 100.

9 **Tiere als Wahrsager**

Immer wieder findet man in den Medien Berichte über Tiere, die Sieg oder Niederlage von Mannschaften bei großen Sportveranstaltungen richtig vorhersagen. So soll bei der Fußball-EM 2008 ein Tintenfisch namens Paul von 7 Spielen den Gewinner in 5 Spielen richtig „vorausgesagt" haben.

Ist diese „Leistung" von Paul bemerkenswert? Modellieren Sie die Situation unter der Annahme, dass Paul nicht vorhersagen kann. Ermitteln Sie die Wahrscheinlichkeit, dass Paul zufällig 5 oder gar noch mehr „Treffer" erzielt.

Übrigens: Paul ist schon seit Jahren im „Tintenfischhimmel".

Anwenden

10 **Wahrscheinlichkeit für einen Defekt eines Bauteils gesucht**

Eine bestimmte Maschine besteht aus acht unabhängig voneinander arbeitenden Teilen. Jedes Teil funktioniert mit der Wahrscheinlichkeit p nicht. Fallen mindestens zwei dieser Teile aus, wird die Maschine funktionsunfähig.

Wie groß darf die Wahrscheinlichkeit p höchstens sein, damit die Maschine mit mindestens 95 %-iger Sicherheit arbeitet? Geben Sie p auf drei Nachkommastellen an.

11 **Puppentheater**

Das Theater in einem Puppenmuseum hat 150 Plätze. Man weiß aus Erfahrung, dass bei einer Aufführung ein Platz mit einer Wahrscheinlichkeit von 90 % verkauft wird.

a) Mit welcher Wahrscheinlichkeit werden für die nächste Aufführung mindestens 135 Plätze verkauft?

b) Mit welcher Wahrscheinlichkeit kann man bei den vier folgenden Vorstellungen mindestens noch einmal mit diesem guten Besuch von wenigstens 135 Personen rechnen?

c) Erfahrungsgemäß kaufen 40 % der Besucher ein Programmheft. Die Direktion legt für die 150 Besucher einer ausverkauften Vorstellung 70 Hefte bereit. Mit welcher Wahrscheinlichkeit übersteigt die Nachfrage nach dem Programmheft die bereitgestellten 70 Hefte?

d) In den Teilaufgaben a) und b) haben Sie mit Mitteln der Stochastik gearbeitet. Nehmen Sie kritisch zu der Bedeutung der berechneten Wahrscheinlichkeiten Stellung.

Anwenden

12 Herzfrequenz von Pferden

Die Ruheherzfrequenz von gesunden erwachsenen Pferde beträgt durchschnittlich 46 Schläge pro Minute mit einer Standardabweichung von 8 Schlägen pro Minute. Ein Pferd, dessen Ruheherzfrequenz in den oberen 10% der Verteilung der Herzfrequenzen liegt, kann an einer Krankheit leiden, die behandelt werden muss.
Ab welcher Herzfrequenz gehört ein Pferd zu dieser Risikogruppe?

13 Schwangerschaften von Elefanten

Die Länge der Schwangerschaften bei Elefanten von der Empfängnis bis zur Geburt ist angenähert normalverteilt mit einer durchschnittlichen Dauer von 525 Tagen und einer Standardabweichung von 32 Tagen.

a) Wie viel Prozent der Schwangerschaften dauern mehr als 600 Tage? (das sind etwa 20 Monate)
b) Wie viel Prozent der Schwangerschaften dauern zwischen 510 und 540 Tagen? (das sind zwischen 17 und 18 Monate)
c) Wie lange dauern die kürzesten 10 % aller Schwangerschaften?

14 Weißbrot-Herstellung

In einer Großbäckerei werden Weißbrote hergestellt. Dazu werden die Teigstücke von einer Maschine geschnitten und gewogen. Die normalverteilte Zufallsgröße X beschreibt die Teigmasse (in Gramm). Die Maschine ist zunächst so eingestellt, dass die mittlere Brotteigmasse 750 g und die Standardabweichung 8 g beträgt. Es gibt die Herstellungsvorgabe, dass mindestens 80 % der Teigstücke zwischen 740 g und 760 g wiegen müssen.

a) *Dichtefunktion*
Geben Sie den vollständigen Funktionsterm $\varphi(x)$ für die normalverteilte Zufallsgröße X an.
Skizzieren Sie die zugehörige Glockenkurve und begründen Sie grafisch, dass die Funktion eine Dichtefunktion ist.

b) *Wahrscheinlichkeiten*
Beurteilen Sie auf der Grundlage einer Rechnung, ob die Herstellungsvorgabe von dieser Maschine eingehalten wird.
Bestimmen Sie die Wahrscheinlichkeit dafür, dass von drei produzierten Broten genau zwei weniger als 740 g wiegen.

c) *Standardabweichung*
Die Maschine lässt sich so einstellen, dass die mittlere Teigmasse unverändert bleibt, die Standardabweichung aber verändert wird. Zum besseren Schutz der Kunden soll sichergestellt werden, dass höchstens 5 % der Brotteige unter 740 g wiegen. Ermitteln Sie den größtmöglichen Wert für die Standardabweichung, sodass der verbesserte Kundenschutz erreicht wird.
Erläutern Sie mithilfe einer Skizze die Auswirkungen der veränderten Standardabweichung auf den Graphen der Normalverteilung. Bewerten Sie die damit verbundenen Auswirkungen für die Kunden und die Großbäckerei.

11

Beurteilende Statistik

„Prognosen sind schwierig, vor allem, wenn sie die Zukunft betreffen." Kann man Prognosen berechnen?
Bei einer Meinungsumfrage zum Bau einer Umgehungsstraße geben 52% der Befragten an, dass sie dagegen sind. Kann man sicher sein, dass die Mehrheit dagegen ist?
Beim Roulette kommt „Rot" 31-mal bei 50 Spielen. Muss man davon ausgehen, dass das Spielgerät nicht fair ist?
Die beurteilende Statistik gibt Antworten auf solche Fragen. Aber Achtung: Die Antworten sind nicht sicher. Den Grad der Unsicherheit kann man häufig mit Wahrscheinlichkeiten, eine falsche Entscheidung zu treffen, „messen".

11.1 Entscheiden mit Prognoseintervallen

Relative Häufigkeiten von Treffern in einer Stichprobe, die außerhalb des 95 %-Prognoseintervalls zu der Trefferwahrscheinlichkeit p liegen, sind „verdächtig". Solche relativen Häufigkeiten treten nämlich zufällig nur mit einer Wahrscheinlichkeit von weniger als 5 % auf. Was bedeutet das?

11.2 Konfidenzintervalle – Schätzen von Wahrscheinlichkeiten

Wenn am nächsten Sonntag Wahlen wären, so würden 30 % der Bundesbürger die Partei X wählen.

Solche Aussagen sind Ergebnisse von Wählerbefragungen, d.h. von Stichprobenergebnissen. In der Regel geben sie nicht den wahren Anteil aller Bundesbürger wider. Es werden sogenannte Konfidenzintervalle ermittelt. Dies sind Intervalle, in denen zu dem betreffenden Zeitpunkt der wahre Anteil p der Wähler der Partei an der Grundgesamtheit mit einer festgelegten Sicherheitswahrscheinlichkeit liegt.

11.3 Testen von Hypothesen (fakultativ)

Mit statistischen Tests, die in der Medizin, den Wirtschaftswissenschaften und in den empirischen Wissenschaften zum Alltag gehören, werden theoretische Überlegungen und Erfahrungen systematisch „überprüft". Die Ergebnisse eines Tests werden dazu verwendet, eine Entscheidung über eine Hypothese (Behauptung/Vermutung) zu treffen. Auf Grundlage vorher festgelegter Entscheidungskriterien und der Testergebnisse wird die Hypothese verworfen oder beibehalten. Beim Testen von Hypothesen versucht man, die Wahrscheinlichkeit von Fehlentscheidungen möglichst klein zu halten.

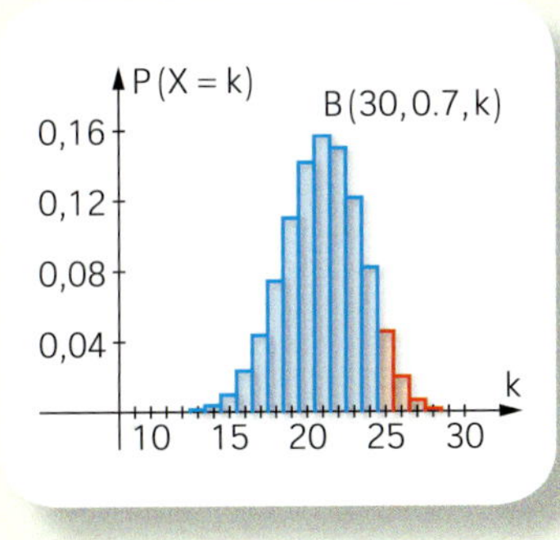

11.1 Entscheiden mit Prognoseintervallen

Aufgaben

1 Bürgermeisterwahl

Am Wahlabend, nach Auszählung der Stimmen wird bekanntgegeben:

Ergebnis der Bürgermeisterwahl:
Franz Müller zum neuen Bürgermeister gewählt.
Auf ihn entfielen 52 % der gültigen Stimmen.

Eine Zufallsstichprobe von 150 gültigen Stimmzetteln wird überprüft.
Nehmen Sie Stellung zu den folgenden Aussagen.

(1) Auf Müller entfielen 78 der 150 Stimmen.

(2) Es ist ziemlich sicher, dass die Anzahl der Stimmzettel mit „Müller" zwischen 68 und 88 liegen wird.

(3) Welche Schlussfolgerung könnte man ziehen, wenn in der Stichprobe nur 60 Stimmen für „Müller" sind?

Unterstützen Sie Ihre Stellungnahmen mit Wahrscheinlichkeiten und der Berechnung von Prognoseintervallen.

2 Gezinkte Münzen?

Max hat bei 200 Münzwürfen 88-mal „Zahl" erhalten. Lea bei 200 Würfen mit einer anderen Münze 116-mal „Zahl". Beide werden stutzig: Sind ihre Münzen vielleicht gefälscht?

a) Wie kommen Max und Lea auf ihre Frage? Was meinen Sie? Sammeln Sie Argumente dafür und dagegen, dass die Münzen gefälscht sind. Verwenden Sie bei Ihrer Argumentation auch das in der Abbildung dargestellte 95 %-Prognoseintervall für den 200-fachen Wurf mit einer „fairen" Münze.

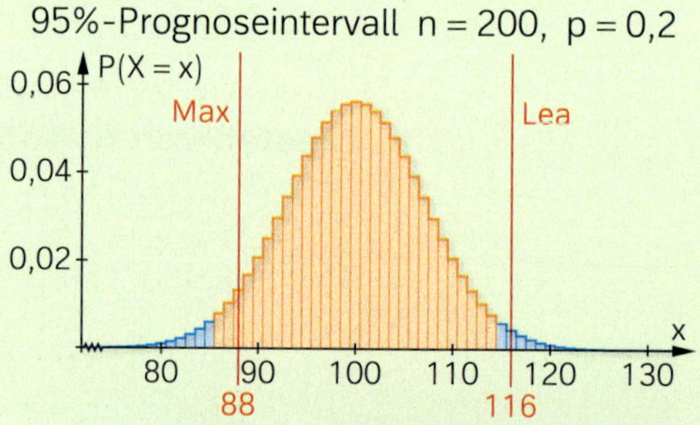

b) Versuchsergebnisse, die außerhalb des 95 %-Prognoseintervalls liegen, kommen nur mit einer Wahrscheinlichkeit von höchstens 5 % vor. Sie verstärken den Verdacht, dass die Münze gezinkt ist. Trifft dies für die Wurfserie von Max oder die von Lea zu?

c) Der Erwartungswert der Häufigkeit für „Kopf" bei 200 Würfen einer „fairen" Münze ist 100. Größere Abweichungen vom Erwartungswert 100 nach oben oder nach unten sind verdächtig. Berechnen Sie das 99 %-Prognoseintervall für die Häufigkeit von Kopf beim 200-maligen Wurf mit einer fairen Münze. Welche Abweichungen vom Erwartungswert treten mit einer Wahrscheinlichkeit von höchstens 1 % auf und machen somit die Münze „sehr verdächtig"?

Basiswissen

Entscheiden mit Prognoseintervallen

Situation:
Angenommen, man kennt aufgrund von empirischen Untersuchungen oder theoretischen Überlegungen die Trefferwahrscheinlichkeit p in der Grundgesamtheit. Man möchte rational begründen, ob die Trefferhäufigkeit h in einer Stichprobe mit der Trefferwahrscheinlichkeit p „verträglich" erscheint oder nicht.

Prognoseintervall: Mit welcher Trefferanzahl ist in einer Stichprobe zu rechnen?

Grundgesamtheit
- Binominalverteilung
- Trefferwahrscheinlichkeit p bekannt

→

Gesucht: **Stichprobe**
- Prognoseintervall für Trefferzahl X bzw. relative Trefferhäufigkeit h

Unter dem **95 %-Prognoseintervall versteht man** das Intervall $[\mu - t;\ \mu + t]$, in das die Trefferhäufigkeit H in einer Stichprobe mit einer Wahrscheinlichkeit von 95 % fällt.

Entscheidung mit Prognoseintervallen
Liegt ein Stichprobenergebnis H außerhalb des 95 %-Prognoseintervalls, so kann dieses Ergebnis auch zufällig aufgetreten sein. Die Wahrscheinlichkeit für das Eintreten eines solchen Ereignisses ist allerdings sehr klein (≦ 5 %). Daher wird es als „**stochastisch unverträglich auf dem 95 % Niveau**" mit der Trefferwahrscheinlichkeit p bezeichnet.

z. B. 200-facher Münzwurf

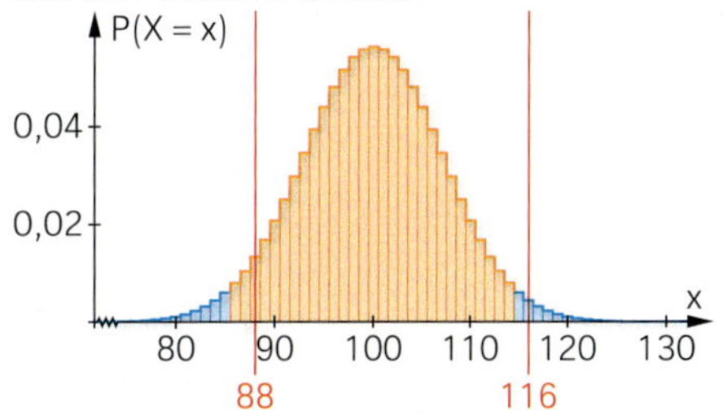

H = 88 verträglich mit p = 0,5
H = 116 unverträglich mit p = 0,5

Wie sicher kann man sich sein?
Man irrt sich bei der Entscheidung „stochastisch unverträglich" auf Grundlage des 95 %-Prognoseintervalls mit einer Wahrscheinlichkeit von höchstens 5 %. Bei sehr wichtigen Entscheidungen verlangt man häufig, dass man sich höchstens mit einer Wahrscheinlichkeit von 1 % irrt. Dann verwendet man das 99 %-Prognoseintervall.

Anmerkung
Wird ein Stichprobenergebnis als „stochastisch unverträglich" mit der Annahme über die Gesamtheit bezeichnet, weiß man noch nicht, warum. Die Frage nach der Ursache muss noch geklärt bzw. weitere Untersuchungen müssen angestellt werden.

Beispiele

A Viele „Sechsen"
Sind 66 Sechsen bei 300-maligem Würfeln auf dem 95 %-Niveau stochastisch verträglich mit der Annahme, dass der Würfel „fair" ist?

Lösung
1. 95 %-Prognoseintervall berechnen: $n = 300,\ p = \frac{1}{6} \Rightarrow$ Erwartungswert $\mu = 50$.
   t mit dem GTR so bestimmen, dass $P(50 - t \leq X \leq 50 + t) \geq 0{,}95$.
   Ergebnis: $t = 13 \Rightarrow$ 95 %-Prognoseintervall: $[50 - 13; 50 + 13] = [37; 63]$
2. Entscheidung: Die Anzahl 66 der „Sechsen" liegt außerhalb des 95 %-Prognoseintervalls. Sie ist daher stochastisch nicht verträglich mit der Annahme eines fairen Würfels. Ein solches Ergebnis kann allerdings auch zufällig bei dem Wurf mit einem fairen Würfel auftreten.

Werkzeug

Prognoseintervalle mit Sigma-Regeln:
Mit einem **CAS** können Makros für die rechte und linke Grenze von Prognoseintervallen erstellt werden.
floor() rundet eine Zahl immer auf die nächstkleinere ganze Zahl ab;
ceiling() rundet eine Zahl immer auf die nächstgrößere ganze Zahl auf.

$progli(n,p,z):=\text{floor}\left(n\cdot p-z\cdot\sqrt{n\cdot p\cdot(1-p)}\right)$ *Fertig*

$progre(n,p,z):=\text{ceiling}\left(n\cdot p+z\cdot\sqrt{n\cdot p\cdot(1-p)}\right)$ *Fertig*

$progint(n,p,z):=\{progli(n,p,z),progre(n,p,z)\}$ *Fertig*

$progint\left(300,\frac{1}{6},1.96\right)$ $\{37.,63.\}$

Übungen

3 Münzwurf

Max und Lea haben mit zwei verschiedenen Münzen je 200-mal geworfen. Bei der Wurfserie von Max kam 88-mal „Zahl" und bei Lea 116-mal. Auf dem 95 %-Niveau sind 116-mal „Zahl" stochastisch unverträglich mit der Vermutung, dass die verwendete Münze fair ist, 88-mal „Zahl" ist auf dem 95%-Niveau verträglich mit P („Zahl") = 0,5 (siehe Aufgabe 2). Wie würden Ihre Entscheidungen über die Frage nach der stochastischen Verträglichkeit und Unverträglichkeit der Ergebnisse 116-mal „Zahl" und 88-mal „Zahl" auf dem 60 %-, 90 %- bzw. 99 %-Niveau ausfallen?

4 Zufallszahlen

a) Bei 100 ganzzahligen Zufallszahlen von 0 bis 9 tritt die Zufallszahl 7 genau 14-mal auf. Ist diese Beobachtung stochastisch verträglich auf dem 90 %-Niveau mit der Annahme, dass die „7" mit einer Wahrscheinlichkeit von 10% kommt.
b) Beantworten Sie die Frage aus a), wenn die 7 bei 300 Zufallszahlen 42-mal auftritt.

5 Was kommt nach dem Abi?

Angenommen, 40 % eines Abiturientenjahrgangs möchten zunächst eine Berufsausbildung beginnen. In einer Zufallsstichprobe von 200 Abiturientinnen und Abiturienten sprechen sich 100 dafür aus, zunächst eine Berufsausbildung zu beginnen. Ist dieses „Stichprobenergebnis" auf dem 95 %-Niveau stochastisch verträglich mit der Annahme?

6 Skifahrer

Der Anteil der Skifahrer an der Gesamtbevölkerung beträgt 27 %. In einer Zufallsstichprobe von 75 Personen sind 10 Skifahrer.
a) Liegt dieses Stichprobenergebnis in dem 95 %-Prognoseintervall zu 27 %?
b) Was kann man folgern, wenn das Ergebnis nicht in dem 95 %-Prognoseintervall liegt? Bedenken Sie mehrere Möglichkeiten.

7 Beim Zoll – nicht ganz ernst zu nehmen

Angenommen, der Zoll geht davon aus, dass der Anteil der Personen, die zollpflichtige Waren unverzollt einführen, bei 15 % liegt. Der Zollbeamte Herr Genau und sein Kollege Herr Sorglos haben während ihrer Schicht am Flughafen 280 Passagiere kontrolliert und dabei 56 „Schmuggler" ertappt. Ist die Zahl der ertappten Schmuggler mit der 15 %-Annahme stochastisch vereinbar auf dem 95 %-Niveau?

8 Anzahl der „e"s

In der deutschen Sprache kommt der Buchstabe „e" mit einer Wahrscheinlichkeit von 17,4 % vor. Zählen Sie die Buchstaben in den ersten zwei Zeilen des Basiswissens. Überprüfen Sie, ob die Anzahl der „e"s in dem 95 %-Prognoseintervall für „e"s liegt.

9 Meinungsumfrage

Bei einer Befragung von 235 zufällig ausgewählten Personen einer Großstadt bejahten 90 Personen die Einführung einer „Wertstofftonne". Ist dieses Stichprobenergebnis auf dem 90 %-Niveau stochastisch verträglich mit der Annahme, dass die Hälfte der Einwohner dieser Großstadt die Einführung der Wertstofftonne bejaht?

10 Das 99,7 %-Prognoseintervall für relative Häufigkeiten

Gegeben ist eine Bernoulli-Kette mit $n = 1000$ und $p = 0{,}04$.

a) Berechnen Sie mithilfe der Sigma-Regeln das 99,7 % Prognoseintervall für die Trefferanzahl. Mit welcher Wahrscheinlichkeit liegt die Trefferanzahl außerhalb des berechneten Intervalls?

c) Berechnen Sie das 99,7 %-Prognoseintervall für die relative Häufigkeit der Trefferanzahl einmal für $n = 1000$, einmal für $n = 9000$. Was beobachten Sie?

11 Wählerbefragung

Ein Meinungsforschungsinstitut macht eine Blitzumfrage zu der Beliebtheit eines Politikers. Der Politiker hatte bei seiner Direktwahl 52 % der abgegebenen Stimmen erhalten. Befragt wurde eine Zufallsstichprobe von 400 Wahlberechtigten.

a) Berechnen Sie das 99 % Prognoseintervall für den Anteil der Unterstützer des Politikers in der Stichprobe.

b) Welche unterschiedlichen Schlüsse können gezogen werden, wenn das Ergebnis der Befragung mit dem Wahlergebnis von 52 % statistisch nicht verträglich ist?

12 Nachgefragt – Welche Schlüsse kann man ziehen?

Bei einer Rubbel-Los-Lotterie wird mit der Aussage geworben, dass jedes dritte Los gewinnt. Beobachtet wurde, dass unter 54 gezogenen Losen nur 11 Gewinnlose waren. Ob und wie können Sie mit einem 95 %- bzw. einem 99 %-Prognoseintervall die folgenden Fragen entscheiden?

a) Stimmt die Werbeaussage?

b) Zu welchem Ergebnis kommt man, wenn unter 540 Losen 110 Gewinnlose waren? Wie sicher können Sie bei Ihren Entscheidungen sein?

13 Kritisch nachgefragt

> Alle wichtigen Entscheidungen müssen auf der Basis unzureichender Daten gefällt werden, und doch sind wir verantwortlich für alles, was wir tun.
> (Auszug aus dem Register der 927 ewigen Wahrheiten , Sheldon Kopp)

Interpretieren Sie dieses Zitat in Bezug auf die Arbeit von Statistikern.

Grundwissen

1. Gegeben sind die Punkte $P(2|-3|0)$; $Q(0|0|6)$; $R(0|5|5)$.
   a) Beschreiben Sie die besondere Lage der Punkte P, Q und R im dreidimensionalen Koordinatensystem.
   b) Geben Sie die Gerade g durch die Punkte P und Q an.
   c) Wie lautet die Gerade h, die parallel zu g durch den Punkt R verläuft?

14 Wichtige Prognoseintervalle

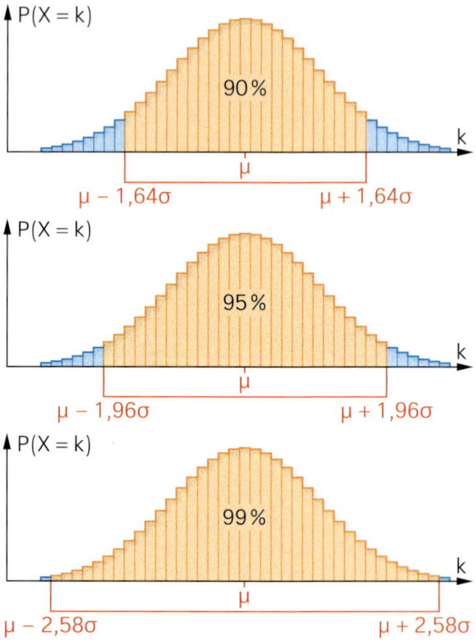

In der Abbildung ist das Histogramm der Wahrscheinlichkeitsverteilung einer binomialverteilten Zufallsgröße X mit $n = 300$ und einer Trefferwahrscheinlichkeit von $p = 0{,}2$ dargestellt.

a) Berechnen Sie den Erwartungswert und die 90 % (95 %)-Prognoseintervalle für die Trefferzahl und die relative Häufigkeit der Treffer mit den Sigma-Regeln.

b) Angenommen, die Trefferzahl X liegt außerhalb des 90 %- (95 %- bzw. 99 %-) Prognoseintervalls. In jedem dieser Fälle entscheidet man sich dafür, dass die Trefferwahrscheinlichkeit $p \neq 0{,}2$ ist. Mit welcher Wahrscheinlichkeit irrt man sich in jedem der Fälle? Irren heißt: Man nimmt an, dass $p \neq 0{,}2$ ist, obwohl p in Wirklichkeit gleich 0,2 ist.

15 Anzahl der richtige Antworten bei einem Test – Etwas zum Nachdenken

Ein Test besteht aus 100 Fragen. Die Wahrscheinlichkeit, dass ein Prüfling eine Frage richtig beantwortet, liegt laut Schätzung der Lehrer bei 80 %.

a) Geben Sie das Prognoseintervall an, in dem die Anzahl der richtigen Antworten mit einer Wahrscheinlichkeit von 68 % (90 %; 95 %; 99,7 %) liegt.

b) Der Lehrer hat sich vorgenommen, seine Schätzung als falsch anzunehmen, wenn die Anzahl der richtigen Antworten außerhalb des 90 %-Prognoseintervalls liegt. Mit welcher Wahrscheinlichkeit entscheidet er sich falsch?

c) Liegt die Anzahl der richtigen Antworten des Prüflings in dem 95 %-Prognoseintervall, dann ändert der Lehrer laut seiner Festlegung seine Einschätzung von 80 % Wahrscheinlichkeit für die richtige Beantwortung einer Frage nicht. Damit kann der Lehrer aber auch falsch liegen. Wieso eigentlich?

16 Entscheidungsregel

Beim Roulette beträgt die Wahrscheinlichkeit, dass das „erste Dutzend“ kommt $\frac{12}{37}$.

a) Berechnen Sie das 95 %-Prognoseintervall für 200 Spiele.

b) Angenommen, Sie werfen dem Spielbankbetreiber vor, dass er betrügt, wenn die beobachtete Gewinnhäufigkeit außerhalb des berechneten Intervalls liegt. Wie groß ist die Wahrscheinlichkeit, dass Sie den Betreiber zu Unrecht beschuldigen?

17 Stochastik bei Gericht – Indizienbeweisführung bei Betrug

Zitat
Das Verkehrslexikon
OLG Brandenburg
v. 18.12.2008

Indizienbeweis: Wird geführt durch die Sammlung von Hilfstatsachen, die den Schluss auf die gesuchte Haupttatsache rechtfertigen, wobei die Hilfstatsachen feststehen müssen, also unstreitig oder bewiesen sein müssen. Dabei sind nicht nur die belastenden, sondern auch die entlastenden Umstände zu berücksichtigen. Die Überzeugungsbildung des Gerichts setzt insoweit keine wissenschaftlich lückenlose Gewissheit voraus, es genügt vielmehr der Nachweis einer erheblichen Wahrscheinlichkeit für ein unredliches Verhalten.

Interpretieren Sie den Text hinsichtlich der Frage nach der Bedeutung von Entscheidungen mit Prognoseintervallen.

11.2 Konfidenzintervalle – Schätzen von Wahrscheinlichkeiten

Aufgaben

1 Bürgermeisterwahl

Einen Monat vor der Bürgermeisterwahl will die Kandidatin Frau Franziska Schmidt ihre Chancen schätzen.

> Frau Schmidt hofft auf die absolute Mehrheit. Bei einer Befragung von 260 Wählerinnen und Wählern sprachen sich 104 für Frau Schmidt als Bürgermeisterin aus.

a) Wie unterscheidet sich die Fragestellung von Frau Schmidt von der Fragestellung in Aufgabe 1 in Kapitel 11.1?

b) Nehmen Sie Stellung zu den folgenden Aussagen. Sie können Ihre Aussagen auch mit Wahrscheinlichkeiten und Prognoseintervallen unterstützen.

> (1) Frau Schmidt bekommt bei der Wahl 40 % der Stimmen.

> (2) Es ist sehr wahrscheinlich, dass Frau Schmidt zwischen 35 % und 45 % erreichen wird.

> (3) Die Wahl könnte auch mit 50 % der Stimmen für Frau Schmidt ausgehen.

Übungen

2 Kundenbefragung

Bei einer Befragung von 300 zufällig ausgewählten Kunden eines Einkaufszentrums beantworten 188 die Frage, ob sie wieder in dem Zentrum einzukaufen gedenken, mit „Ja".

a) Ist dieses Stichprobenergebnis auf dem 95 %-Niveau stochastisch verträglich mit der Annahme des Managements, dass 70 % aller Kunden ein weiteres Mal im Zentrum einkaufen?

Applet eA-11.2-2

b) Vermutlich haben Sie die Frage a) begründet mit nein beantwortet. Was kommt als Anteil p auf Grundlage der Kundenstichprobe infrage? Sicher kommt $p = \frac{188}{300} \approx 0{,}63$ in Frage. Aber auch Werte für p „in der Nähe von" 0,63 kommen in Betracht.
Bei der Beantwortung dieser Frage „welches p in Frage kommt", hilft die Stochastik.

> Alle Wahrscheinlichkeiten p, in deren 95 %-Prognoseintervall das Stichprobenergebnis liegt, sollen als Werte für p infrage kommen. Diese Werte für p sind mit dem Stichprobenergebnis „statistisch verträglich".

Die Abbildungen veranschaulichen die Situation. Erläutern Sie, was in den Abbildungen dargestellt ist. Bestimmen Sie damit ein Intervall für infrage kommende Wahrscheinlichkeiten, also Werte für p, mit denen das Stichprobenergebnis verträglich ist.

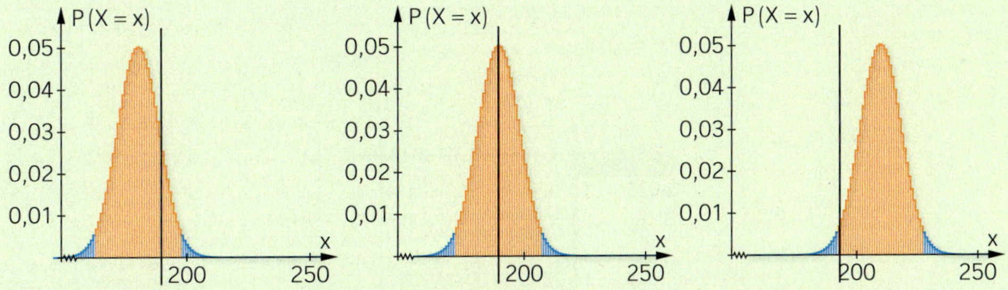

c) Bestimmen Sie zu $p = 0{,}68$ und $p = 0{,}57$ jeweils das 95 %-Prognoseintervall. Ist das Stichprobenergebnis h mit den Wahrscheinlichkeiten verträglich?

Übungen

3 Umfrageergebnis interpretieren

Das Wahlkampfteam der Bürgermeisterkandidatin Frau Schmidt nimmt eine Woche vor der Wahl an, dass Frau Schmidt unter allen Wahlberechtigten mit 40 % der Stimmen rechnen kann. In einer Blitzumfrage stimmten 30 von 100 Wahlberechtigten für Frau Schmidt.

Applet eA-11.2-3

Dies nährt den Verdacht, dass der wahre Stimmenanteil p nicht 40 % beträgt. Was kommt als Stimmenanteil p infrage?

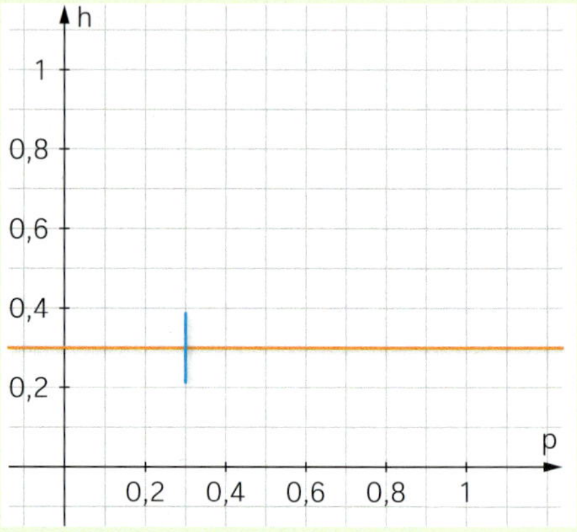

> Man legt fest: Alle Wahrscheinlichkeiten p, in deren 95 %-Prognoseintervall h liegt, kommen in Frage.

a) Ermitteln Sie jeweils die 95 %-Prognoseintervalle für
$p = 0{,}15$ $p = 0{,}2$ $p = 0{,}25$
$p = 0{,}3$ $p = 0{,}35$ $p = 0{,}4$.

Übertragen Sie die Abbildung und skizzieren Sie in dem Diagramm die berechneten 95 %-Prognoseintervalle (Für $p = 0{,}3$ ist das Intervall in der Abbildung skizziert).

b) In welchen Prognoseintervallen liegt das Stichprobenergebnis 0,3?

c) Welche Schlussfolgerung kann die Bürgermeisterkandidatin ziehen? Wie würden sich die Ergebnisse verändern, wenn man 99 %-Prognoseintervalle verwendet?

4 Wahrscheinlichkeiten für die Gesamtheit mithilfe von Stichprobenergebnissen

> Bei einer Umfrage unter 80 zufällig ausgewählten Personen können sich 28, d. h. 35 % vorstellen, mit dem Smartphone zu bezahlen.

a) Steht das Ergebnis der Umfrage im Widerspruch zu der Behauptung einer großen Bank, dass der Anteil der Personen, die sich ein mobiles Bezahlen mit dem Smartphone vorstellen könnten, 40 % beträgt?
Präzisieren Sie Ihre Aussage mithilfe von Prognoseintervallen.

b) Wahrscheinlichkeiten schätzen

> Festlegung: Alle Wahrscheinlichkeiten p, in deren 95 %-Prognoseintervall $h = 0{,}35$ liegen, kommen als Schätzwert für p in Frage.

Geben Sie für $p = 0{,}2;\ 0{,}3;\ 0{,}4;\ 0{,}5$ jeweils das 95 %-Prognoseintervall mithilfe der Sigma-Regeln an. In welchem der Intervalle liegt h?

c) Wahrscheinlichkeiten genauer schätzen
Mit dem GTR können Werte für die möglichen Wahrscheinlichkeiten graphisch-numerisch genauer ermittelt werden.

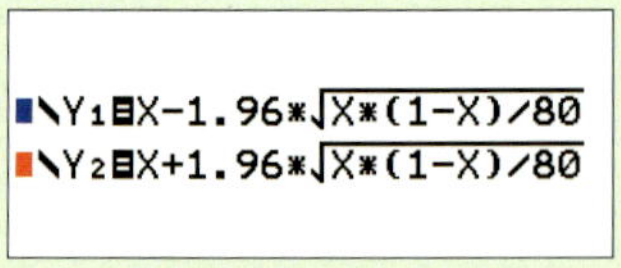

Was stellen die Funktionen Y1 und Y2 dar?

X	Y1	Y2
.1	.03426	.16574
.15	.07175	.22825
.2	.11235	.28765
.25	.15511	.34489
.3	.19958	.40042
.35	.24548	.45452
.4	.29265	.50735
.45	.34098	.55902
.5	.39043	.60957
.55	.44098	.65902
.6	.49265	.70735

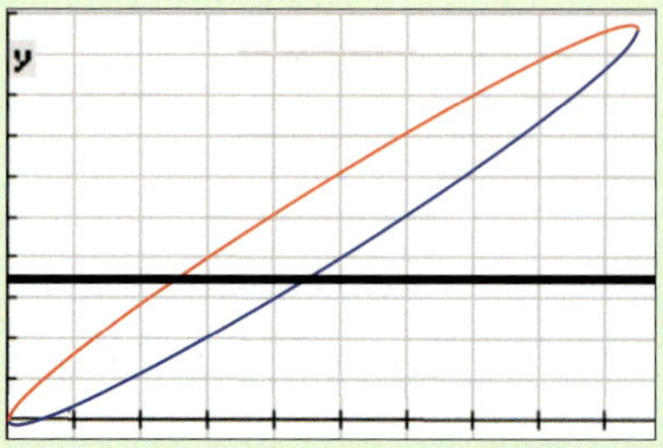

In welchen der 95 %-Prognoseintervallen liegt $h = 0{,}35$?

Basiswissen

Konfidenzintervalle für Wahrscheinlichkeiten

Situation: Eine Merkmalsausprägung tritt in der Grundgesamtheit mit einer unbekannten Wahrscheinlichkeit p auf. In einer Stichprobe mit dem Umfang n tritt die Merkmalsausprägung mit der relativen Häufigkeit h auf. Mit dem Ergebnis der Stichprobe möchte man auf unbekannte Wahrscheinlichkeit schließen.

Applet
eA-11.2-b

Schließen von der Stichprobe auf die Grundgesamtheit

Stichprobe	→	Gesucht: **Stichprobe**
▪ relative Häufigkeit h		▪ Wahrscheinlichkeiten p

Frage

Zu welchen Wahrscheinlichkeiten p in der Grundgesamtheit könnte das Stichprobenergebnis h passen?
Mit welcher Wahrscheinlichkeit p in der Grundgesamtheit ist das Stichprobenergebnis „stochastisch verträglich"? Welche Wahrscheinlichkeiten p kommen infrage?

Entscheidung mit 95 %-Prognoseintervallen

Alle Werte für p, in deren 95 %-Prognoseintervall das Stichprobenergebnis h liegt, kommen in Frage. Diese Werte bilden das 95 %-Konfidenzintervall.

Bestimmung des Konfidenzintervalls

Das Diagramm bezieht sich auf eine Stichprobe mit dem Umfang 100, in der die relative Häufigkeit der Merkmalsausprägung $h = 0{,}6$ festgestellt wurde. Diese ist eingezeichnet, ebenso die 95 %-Prognoseintervalle für verschiedene (angenommene) Werte von p.
Man kann ablesen: Für $p \approx 0{,}5$ liegt h gerade noch in dem betreffenden 95 %-Prognoseintervall, ebenso für $p \approx 0{,}7$. Das **95 %-Konfidenzintervall** ist etwa **[0,5; 0,7]**.

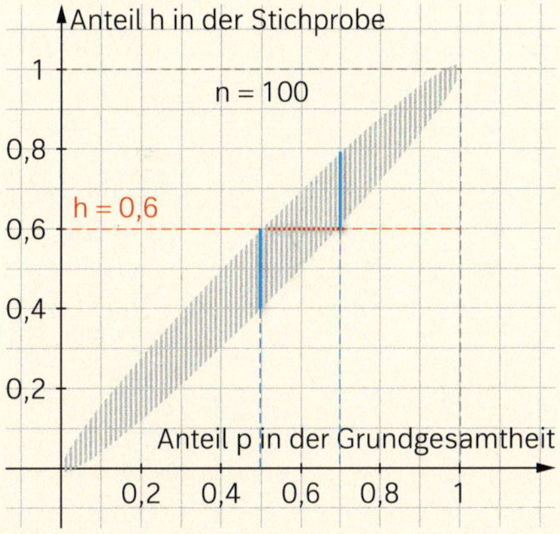

Interpretation

Mit einer Sicherheitswahrscheinlichkeit von 95 % überdeckt das Konfidenzintervall **[0,5; 0,7]** den wahren Anteil p.

Numerisch-grafische Lösung mithilfe der Sigma-Regeln

Voraussetzungen

Die Merkmalsausprägung in der Grundgesamtheit ist binomialverteilt. Zudem muss $\sigma > 3$ sein. Für jede Wahrscheinlichkeit p in der Grundgesamtheit gilt:

95 %-Prognoseintervall:

$$\left[p - 1{,}96 \cdot \sqrt{\frac{p(1-p)}{100}};\ p + 1{,}96 \cdot \sqrt{\frac{p(1-p)}{100}}\right]$$

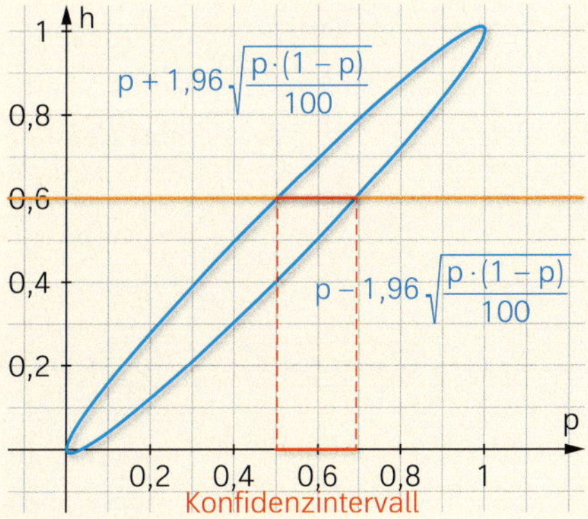

Gesucht sind die Werte von p, in deren 95%-Prognoseintervall die relative Häufigkeit h liegt.

Der kleinste p-Wert: Lösung der Gleichung $0{,}54 = p + 1{,}96 \cdot \sqrt{\frac{p(1-p)}{100}}$ (oberer Rand)

Der größte p-Wert: Lösung der Gleichung $0{,}54 = p - 1{,}96 \cdot \sqrt{\frac{p(1-p)}{100}}$ (unterer Rand)

Beispiele

A Diagramme interpretieren

a) Was stellt das Diagramm dar?

b) Lesen Sie die 99 %-Prognoseintervalle für $p = 0{,}4$ und $p = 0{,}8$ ab.

c) Ermitteln Sie das 99 %-Konfidenzintervall zum Stichprobenergebnis $h = 0{,}58$.

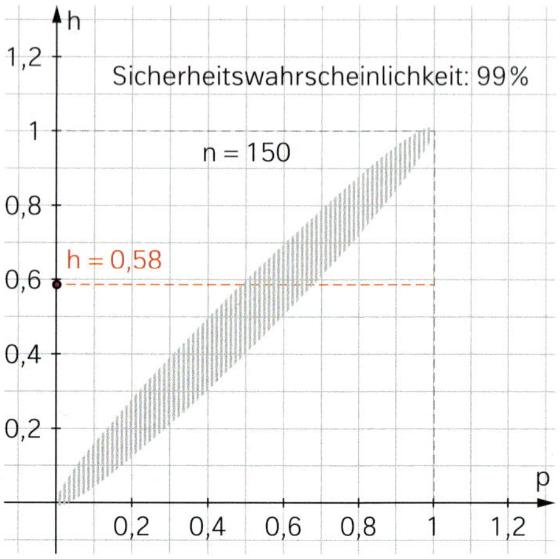

Lösung:

a) In dem nebenstehenden Diagramm sind die 99 %-Prognoseintervalle für verschiedene Anteile p dargestellt.

b) 99 %-Prognoseintervall
für $p = 0{,}4$: $[0{,}3; 0{,}5]$
für $p = 0{,}8$: $[0{,}72; 0{,}88]$

c) 99 %-Konfidenzintervall: $[0{,}47; 0{,}68]$

B Konfidenzintervall berechnen

In einer Stichprobe von 100 Brillenträgern benutzen 54 gelegentlich auch Kontaktlinsen. Berechnen Sie das 95 %-Konfidenzintervall für die Wahrscheinlichkeit p, dass ein zufällig ausgewählter Brillenträger auch gelegentlich Kontaktlinsen benutzt.

Lösung:

(1) Mit GTR: Grafische Lösung der Gleichungen

$0{,}54 = p - 1{,}96 \cdot \sqrt{\frac{p(1-p)}{100}}$ und $0{,}54 = p + 1{,}96 \cdot \sqrt{\frac{p(1-p)}{100}}$

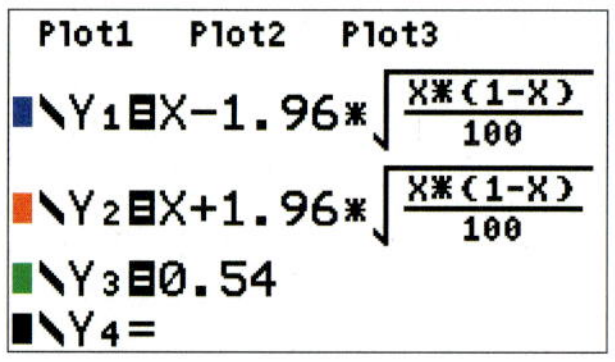

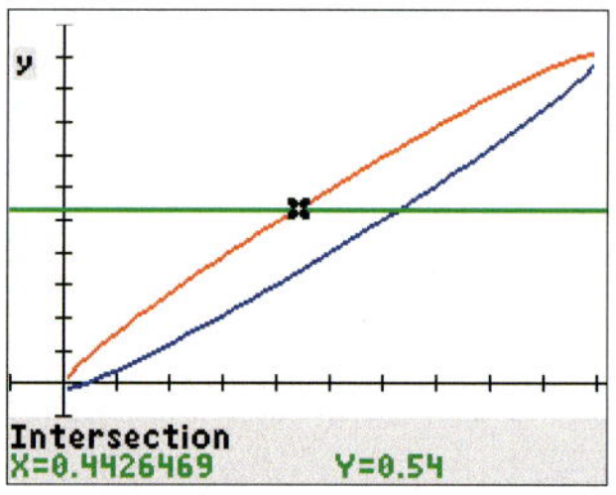

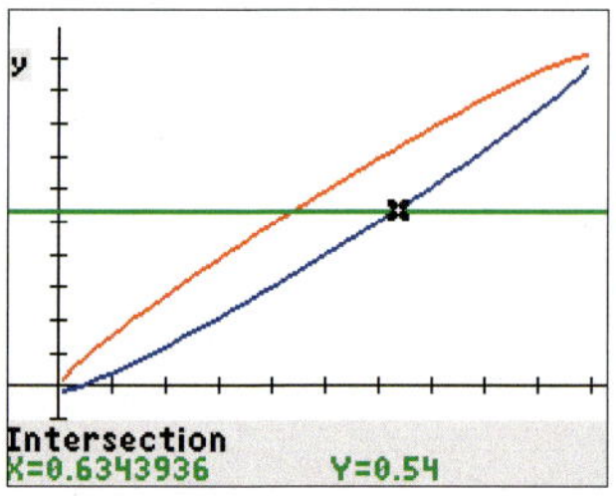

Das 95 %-Konfidenzintervall ist $[0{,}4426; 0{,}6343]$

(2) Mit CAS

Mit dem Makro für die linke und rechte Grenze von Prognoseintervallen können die Gleichungen für die Grenzen des Konfidenzintervalls einfach mit einem CAS gelöst werden. Um das Konfidenzintervall direkt zu berechnen, muss die Ungleichung

$p - 1{,}96 \cdot \sqrt{\frac{p(1-p)}{100}} < 0{,}54 < p + 1{,}96 \cdot \sqrt{\frac{p(1-p)}{100}}$ gelöst werden.

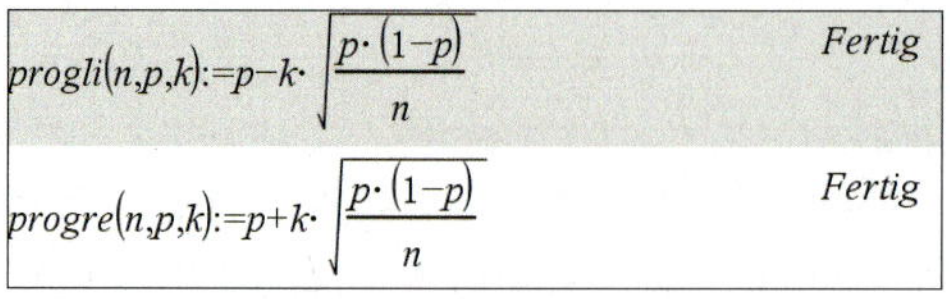

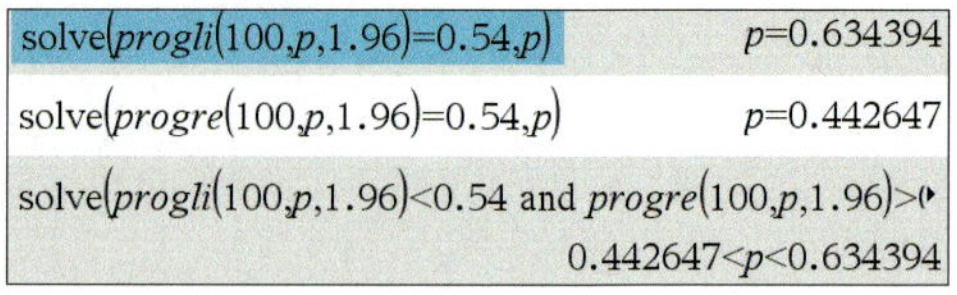

Übungen

5 Konfidenzintervall – Verfahren üben

a) Bei einer Untersuchung von 1050 Personen hatten 370 die Blutgruppe A, rhesus positiv. Bestimmen Sie das 95 %-Konfidenzintervall der Personen mit Blutgruppe A, rhesus positiv in der Bevölkerung.

b) Bei einer Befragung bekunden 235 von 583 Senioren und Seniorinnen ihr Interesse, in einem Mehrgenerationen-Haus zu wohnen. Ermitteln Sie das zugehörige 90 %-Konfidenzintervall. Formulieren Sie das Ergebnis möglichst verständlich.

Übungen

6 Wählerbefragung

Bei einer Wählerbefragung einer Zufallsstichprobe von 1000 Personen gaben 31 % an, in der bevorstehenden Wahl Partei A zu wählen. Für Partei B sprachen sich 22 % aus.

a) Was versteht man unter einer Zufallsstichprobe?

b) Ermitteln Sie für beide Parteien das 95 %-Konfidenzintervall der Stimmanteile in der Bevölkerung.

7 Konfidenzintervalle – Näherungsrechnung, schnell und nicht schlecht

Vermutlich unterscheidet sich die relative Häufigkeit h in der Stichprobe von dem Anteil p in der Gesamtheit nur wenig. Meist reicht daher das Rechnen folgenden Ansatzes:

$h = p + 1{,}96\sqrt{\frac{h(1-h)}{n}}$ $\qquad$ $h = p - 1{,}96\sqrt{\frac{h(1-h)}{n}}$

$0{,}54 = p + 1{,}96\sqrt{\frac{0{,}54 \cdot 0{,}46}{100}}$ $\qquad$ $0{,}54 = p - 1{,}96\sqrt{\frac{0{,}54 \cdot 0{,}46}{100}}$

$p = 0{,}54 - 0{,}0977 = 0{,}4423$ $\qquad$ $p = 0{,}54 + 0{,}0977 = 0{,}6377$

Als 95 %-Konfidenzintervall erhält man [0,4423; 0,6377].

Allgemeine Näherungsformel für das 95 %-Konfidenzintervall

$$\left[h - 1{,}96\sqrt{\frac{h(1-h)}{n}};\ h + 1{,}96\sqrt{\frac{h(1-h)}{n}}\right]$$

Diese Näherungsformel verwenden Rechner häufig bei [1-PropZInt"]

Berechnen Sie mit der Näherungsformel „per Hand" die folgenden 95 %-Konfidenzintervalle zu

a) Stichprobe $n = 500$, $h = 0{,}37$ $\qquad$ b) Stichprobe $n = 1050$, $h = 0{,}19$.

8 Absolute Mehrheit möglich?

Bei einer Wahlumfrage unter 120 zufällig ausgewählten Personen gaben 54 an, für die Kandidatin A stimmen zu wollen. Lässt das 95 %-Konfidenzintervall die Hoffnung auf die absolute Mehrheit zu?

9 Lohnt sich der CD-Verkauf?

Die 12 000 Karten für ein Rockkonzert sind bereits ausverkauft. In einer Zufallsstichprobe von 240 Kartenkäufern wird gefragt, ob sie beim Konzert eine CD der Rockband kaufen werden. Dabei antworteten 85 der Befragten mit „Ja".

Schätzen Sie bei einer Sicherheitswahrscheinlichkeit von 95 %, mit welchem Minimal- und Maximalumsatz an CDs der Veranstalter rechnen kann.

10 Sicherheitswahrscheinlichkeit und Länge des Konfidenzintervalls

Laut Befragung einer Zufallsstichprobe von 750 Jugendlichen in den Klassenstufen 7 bis 12 benutzen 69 % regelmäßig den Computer für die Hausaufgaben.

a) Bestimmen Sie das 95 %- und das 90 %-Konfidenzintervall.

b) Begründen Sie ohne zu rechnen die nebenstehende Aussage.
Sie können Ihre Vermutung auch mit dem entsprechenden Applet überprüfen.

Je größer die Sicherheitswahrscheinlichkeit ist, umso länger ist das zugehörige Konfidenzintervall.

11 Andere Sicherheitswahrscheinlichkeiten

Bei der Berechnung der 95 %-Konfidenzintervalle spielt der Faktor 1,96 eine Rolle. Wo kommt dieser Faktor her? Geben Sie für andere Sicherheitswahrscheinlichkeiten (90 %, 99 %) den zugehörigen Faktor an.

Übungen

12 Hundetraining

Hunde lernen, auf ein akustisches Signal hin einen Hebel zu bedienen. Nach einer einwöchigen Trainingsphase zeigten die Hunde in 200 Versuchen 160 mal das gewünschte Verhalten. Wie lautet das 95%-Konfidenzintervall?

Exkurs

Wie groß muss der Stichprobenumfang n sein?

Wenn man Statistiker fragt, wie groß der Stichprobenumfang n sein muss, so gibt es eine einfache Antwort: „Je größer, desto besser".

Wenn die Antwort etwas präziser ausfallen soll, so muss die Frage präziser gestellt werden: Wie groß muss der Stichprobenumfang n mindestens sein, damit die Fehlertoleranz bei einem 95%-Konfidenzintervall höchstens 3% ist, der unbekannte Anteil p also bis auf einen Fehler von ±3% geschätzt werden soll?

Mit der Näherungsformel aus Methode II $\left[h - 1{,}96\sqrt{\frac{h(1-h)}{n}};\ h + 1{,}96\sqrt{\frac{h(1-h)}{n}}\right]$

kann hier eine Abschätzung vorgenommen werden. Die Fehlertoleranz ε des Konfidenzintervalls ist gleich $1{,}96\sqrt{\frac{h(1-h)}{n}}$. Soll die Fehlertoleranz ε höchstens 3% betragen, kann man den notwendigen Stichprobenumfang n aus der Gleichung $0{,}03 = 1{,}96\sqrt{\frac{h(1-h)}{n}}$ berechnen, wenn man h kennt. Da man diesen Wert aber eigentlich erst nach der Stichprobenziehung kennt, muss man hier einen Wert, der vielleicht aus einer anderen, kleineren Stichprobe stammt, im vorhinein annehmen.

Die Abbildung zeigt, dass $h \cdot (1-h) \leq \frac{1}{4}$ gilt und damit:

$1{,}96\sqrt{\frac{h(1-h)}{n}} \leq 1{,}96\sqrt{\frac{1}{4n}}$

Angemessener ist es, wenn man eine Formel entwickelt, in der h nicht vorkommt. Dies gelingt, wenn man den Ausdruck $h(1-h)$ nach oben abschätzt.

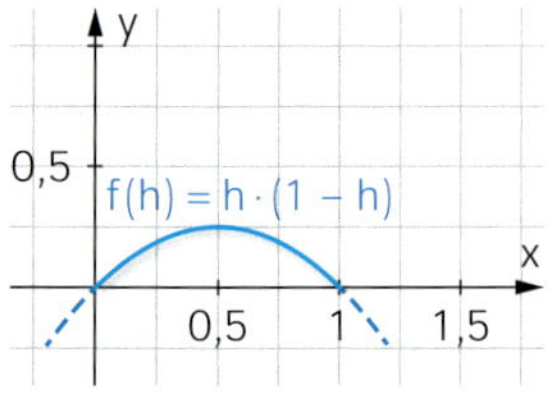

Fehlertoleranz und notwendige Größe für einen Stichprobenumfang

Die Fehlertoleranz ε des Konfidenzintervalls ist ungefähr gleich $1{,}96\sqrt{\frac{1}{4n}}$.

Soll die Fehlertoleranz ε höchstens 3% betragen, kann man den notwendigen Stichprobenumfang aus der Gleichung $0{,}03 = 1{,}96\sqrt{\frac{1}{4n}}$ berechnen.

Übungen

13 Wie groß muss der Stichprobenumfang sein?

a) Berechnen Sie den notwendigen Stichprobenumfang für ein 95%-Konfidenzintervall bei einer Fehlertoleranz von $\varepsilon = 3\%$.

b) Wie ändert sich die Abschätzung, wenn man für das Konfidenzintervall eine Sicherheitswahrscheinlichkeit von 90% (99%) festlegt?

14 Eine Faustformel

Begründen Sie die Abschätzungsformel für den notwendigen Stichprobenumfang n bei einer vorgegebenen Fehlertoleranz ε des 95%-Konfidenzintervalls.

Faustformel": $n \geq \frac{1}{\varepsilon^2}$

15 Marktanalyse

Eine Firma möchte den Bekanntheitsgrad ihres neuen Produktes ermitteln. Der Anteil p des Kundenstamms, der das Produkt kennt, soll mithilfe einer Stichprobe auf ±2% genau auf dem 95%-Sicherheitsniveau geschätzt werden. Wie groß sollte der Umfang der Stichprobe sein? Lösen Sie die zugehörige Gleichung aus dem gelben Kasten und benutzen Sie die Faustformel. Vergleichen Sie die Ergebnisse.

Übungen

16 **Fehlertoleranz bei Wahlprognosen**

Bei Wahlprognosen gibt man oft als Fehlertoleranz 2 % oder 1 % vor. Schätzen Sie jeweils den notwendigen Stichprobenumfang für

a) ein 95 %-Konfidenzintervall,

b) ein 99 %-Konfidenzintervall.

17 **Genauer hingeschaut – Was bedeutet 95 %-Sicherheit?**

Karin erklärt es nach der Recherche in mehreren Fachbüchern so:

„Wenn ich in der gleichen Grundgesamtheit (mit dem Anteil p) immer wieder eine Stichprobe vom Umfang n erhebe, so erhalte ich jedes Mal zufällig einen Wert h für die relative Trefferhäufigkeit und dazu wird das 95 %-Konfidenzintervall konstruiert. Auf Dauer werde ich so in etwa 95 % der Fälle Konfidenzintervalle erhalten, die die wahre Wahrscheinlichkeit p überdecken."

Verdeutlichen Sie die Argumentation mithilfe des folgenden Experimentes.

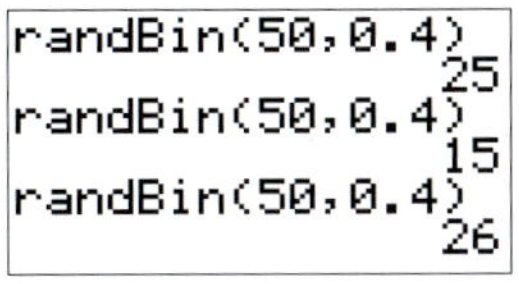

Applet
eA-11.2-17

Simulation und Auswertung

Mit dem GTR werden z. B. 20 binomialverteilte Zufallszahlen B(50, 0.4, k) erzeugt und die relative Trefferhäufigkeit h notiert. Das sind 20 Stichprobenergebnisse. Zu jedem Stichprobenwert h wird dann das zugehörige 95 %-Konfidenzintervall ermittelt. Man kann nun abzählen, wie viele dieser Konfidenzintervalle p = 0,4 überdecken. In dem grafisch dargestellten Beispiel sind dies 19 von 20. Wenn dieses Experiment von vielen Gruppen in der Klasse durchgeführt wird, erhält man viele Simulationen. Darin wird die Gesamtanzahl und der prozentuale Anteil der Konfidenzintervalle ermittelt, die p = 0,4 überdecken.

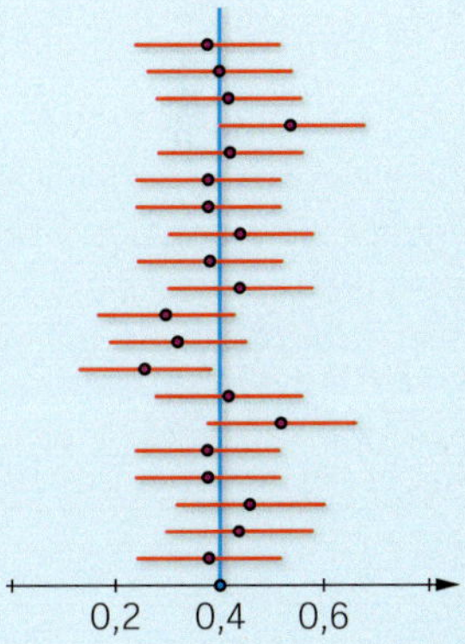

18 **Präzisieren einer Aufgabe**

Der tatsächliche Anteil aller Wahlberechtigten, die ein besseres Jahr erwarten, sei 20 %. Bestimmen Sie das 95 %-Intervall und prüfen Sie, ob das Ergebnis der Umfrage der *Forschungsgruppe Wahlen* unter 1268 Personen (h = 22 %) mit dem tatsächlichen Anteil von 20 % statistisch verträglich ist. Nach welchem Intervall ist hier gefragt, nach dem Prognoseintervall oder nach dem Konfidenzintervall?

19 **Unterschiede**

Beschreiben Sie die Unterschiede zwischen einem Prognoseintervall und einem Konfidenzintervall und erklären Sie diese einer Mitschülerin oder einem Mitschüler.

Wo steckt der Zufall – Eine Hilfe zum Verstehen

Beim 95 %-Prognoseintervall ist der wahre Anteil p in der Grundgesamtheit bekannt. Die relative Häufigkeit h in der Zufallsstichprobe soll geschätzt werden. h ist vom Zufall abhängig, sie liegt mit 95 % Sicherheit im Prognoseintervall.

Beim 95 %-Konfidenzintervall ist der wahre Anteil p in der Grundgesamtheit unbekannt, er soll geschätzt werden. p liegt fest, ist also keine Zufallsgröße. In der Zufallsstichprobe wird die relative Häufigkeit ermittelt, diese ist vom Zufall abhängig. Um diese relative Häufigkeit wird das Konfidenzintervall konstruiert. Es hängt von h ab, also ebenso vom Zufall. Dieses so konstruierte „Zufallsintervall" überdeckt mit der Sicherheitswahrscheinlichkeit von 95 % den wahren Wert p.

Übungen

20 Photographic capture and recapture study

New York Times Science March 16, 2012

Scientist at Work

Population estimate: a count of individual whales by photographic capture-recapture-study

From the Air

The scars and marks on the backs of bowhead whales (Grönlandwale) can be used to identify individuals. However, not all bowhead whales are well marked. An aerial survey team is flying over the open lead to assess the whales that are marked and to photograph („capture") marked animals. These photos will be compared with photos from previous years to „recapture" marked individuals. Although it is a gross oversimplification, knowing the proportion of recaptured animals from the population of marked whales and the overall proportion of marked (but not „captured") whales in the total population can lead to an estimate of the number of animals in the entire population.

a) In diesem Artikel geht es um die Zählung der Population der Grönlandwale. Informieren Sie sich über die wichtigsten Fakten zu dem Grönlandwal und stellen Sie ein „fact sheet" zusammen. Übersetzen Sie den Text aus der New York Times und erläutern Sie die in diesem Text dargestellte Capture-Recapture-Studie.

b) Angenommen, den Wissenschaftlern sind 611 markierte Grönlandwale bekannt. Bei der beschriebenen Studie wurden auf den Fotos 856 Wale gezählt, darunter 38 markierte. Der Anteil der markierten Wale an allen Walen in der Studie beträgt $\frac{38}{856} = 0{,}044$. Geben Sie das 95 %-Konfidenzintervall für den Anteil aller markierten Wale an der Gesamtpopulation an. Schätzen Sie hiermit die Gesamtanzahl der Grönlandwale.

Rund um Wahlen

Aufgaben

21 Wahlbeteiligung

Bei der letzten Landtagswahl lag die Wahlbeteiligung bei nur 59 %. Bei einer Befragung unter 840 Wahlberechtigten kurz vor der nächsten Landtagswahl geben 514 an, dass sie zur Wahl gehen wollen. Kann man aufgrund dieses Stichprobenergebnisses mit großer Sicherheit mit einer höheren Wahlbeteiligung rechnen?

22 Sonntagsfrage

Beim Politbarometer wird regelmäßig die Sonntagsfrage gestellt: „Wenn am nächsten Sonntag Wahl wäre, welche Partei würden Sie wählen?" In einer Stichprobe von 1200 befragten Personen gaben 312 an, Partei A wählen zu wollen.

a) Welchen Schluss auf den Anteil der Wähler in der Gesamtheit der Wahlberechtigten zu diesem Zeitpunkt lässt dieses Ergebnis zu?

b) Wie wird nach Ihrer Meinung die Auswahl in der Stichprobe getroffen? Worauf müsste man achten, um grobe Verfälschungen der Schätzung zu vermeiden?

Grundwissen

1. Begründen Sie, dass eine Funktion 3. Grades mindestens eine Nullstelle besitzt.
2. Bestimmen Sie die Lösungen der Gleichung $x^2 - 2x - 3 = 0$.

Wann sind Umfragen repräsentativ?

„Umfragen sind repräsentativ, wenn jeder Wahlberechtigte die gleiche Chance hat, befragt zu werden. Dies wird durch eine zufällige Auswahl gewährleistet. Für jede Umfrage wählt die Forschungsgruppe Wahlen im Bereich der Festnetznummern zufällig Telefonnummern aus den eingetragenen privaten Telefonanschlüssen aus. Damit auch Haushalte, die nicht im Telefonbuch stehen, in die Auswahl gelangen können, werden die Telefonnummern in den letzten drei Ziffern verändert (modifiziertes RDD-Verfahren). Innerhalb eines Haushalts wird dann das Zufallsprinzip noch einmal angewandt. Ausgewählt wird für die Befragung, wer zuletzt Geburtstag hatte. Zusätzlich werden durch ein Zufallsverfahren Mobilfunknummern generiert, die über einen Dual-Frame-Ansatz berücksichtigt werden. Insgesamt garantiert diese strenge Zufallsauswahl, dass die Ergebnisse repräsentativ für alle Wahlberechtigten sind."

Wie entstehen Politbarometer-Ergebnisse?

„Für jedes Politbarometer befragen Mitarbeiter der Forschungsgruppe Wahlen telefonisch etwa 1250 Wahlberechtigte in ganz Deutschland. Die Umfragen dauern von Dienstag bis Donnerstag vor der Sendung, die am Freitag ausgestrahlt wird. Etwa 40 Fragen werden gestellt. Diese sind teilweise mit, teilweise ohne Antwortvorgabe zu beantworten." (Forschungsgruppe Wahlen, 2019)

Aufgaben

23 Wie genau sind Umfragen?

Bei einer Befragung von 1250 Personen entscheiden sich auf die Frage hin, wen sie am nächsten Sonntag wählen wollen, 40 Prozent für eine bestimmte Partei. Laut „Forschungsgruppe Wahlen" liegt die Fehlertoleranz bei ±3 %.

a) Mit welcher Sicherheitswahrscheinlichkeit arbeitet die „Forschungsgruppe Wahlen"?

b) Welche Fehlertoleranz erhält man dann für eine Partei, deren Anteil bei der Befragung 10 % beträgt?

Exkurs

Eine Geburtsstunde der modernen Meinungsforschung

Die Zeitschrift „The Literary Digest" führte für die Präsidentschaftswahlen 1936 in den USA eine Meinungsumfrage durch. Die Kandidaten waren der Republikaner Alf Landon und der Demokrat Franklin D. Roosevelt. Abonnenten der Zeitschrift, registrierte Autobesitzer und Telefonverzeichnisse dienten als Grundlage für die gigantische Stichprobenauswahl vom Umfang 10 Millionen, wobei sich insgesamt ca. 2,4 Millionen Befragte auch an der Umfrage beteiligten. Aufgrund der Befragung sagte die Zeitschrift kurz vor der Wahl voraus, dass Alf Landon mit 370 von 531 Wahlmännerstimmen gewinnen würde. Tatsächlich erhielt er nur 8 Wahlmännerstimmen und verlor klar die Wahl. Ein gewisser George Gallup hatte mit ca. 50 000 Befragten das Wahlergebnis richtig vorausgesagt. Dieses Ereignis wird oft als Beginn der modernen wissenschaftlichen Meinungsforschung betrachtet. Übrigens leitete diese Schlappe den Niedergang der Zeitschrift ein *(The Literary Digest Desaster)*, während das von Gallup gegründete Meinungsforschungsinstitut noch heute existiert und weltweit erfolgreich ist.

24 Ihre Stellungnahme

Welche Fehler wurden wohl bei der Stichprobenauswahl von „The Literary Digest" gemacht? Recherchieren Sie auch im Internet.

11.3 Testen von Hypothesen (fakultativ)

Aufgaben

1 Geschmackstest

Christine trinkt gern stilles Mineralwasser. Leon ärgert sie und sagt: *„Da kannst du gleich Leitungswasser trinken."*

Christine behauptet, sie könne recht zuverlässig Leitungswasser von stillem Mineralwasser unterscheiden.

Leon schlägt vor: *„Wir können gleich einen Test machen."*

Er füllt fünf Gläser mit Leitungswasser und fünf Gläser mit stillem Mineralwasser. Diese Gläser stellt er dann, ohne dass Christine es sehen kann, in beliebiger Reihenfolge auf. Christine nimmt jeweils eine Geschmacksprobe. Bei acht Gläsern ordnet sie den Inhalt richtig zu.

a) Spricht das Testergebnis nun für Christines Behauptung oder hat sie nur Glück gehabt? Tauschen Sie mit einem Partner Pro- und Contra-Argumente aus. Wie entscheiden Sie?

b) Angenommen, Christine hat in allen 10 Fällen keinen wirklichen Unterschied geschmeckt, sondern nur geraten.
- Erläutern Sie, wie man das 10-fache Raten mit einer Binomialverteilung modellieren kann.
- Berechnen Sie die Wahrscheinlichkeit, mindestens 8-mal richtig zu raten. Beeinflusst diese Wahrscheinlichkeit Ihre Argumentation in Teilaufgabe a)?

c) Wenn Christine 10 „Treffer" bei den 10 Gläsern erzielen würde, besitzt sie doch ganz sicher die behauptete Geschmacksfähigkeit, oder?

2 In jedem siebten Ei ...

Die Werbung für den Kauf von Überraschungseiern verspricht, dass Figuren einer bestimmten Serie in jedem siebten Ei enthalten sind. Stimmt das wirklich?

a) Zur Überprüfung der Behauptung führen Sie einen Test durch. Sie kaufen 50 Überraschungseier und öffnen diese. Sie finden nur drei Figuren. Diskutieren Sie, ob Sie auf Grundlage der gemachten „Ü-Ei-Stichprobe" behaupten können, dass die Aussage des Herstellers nicht stimmt.

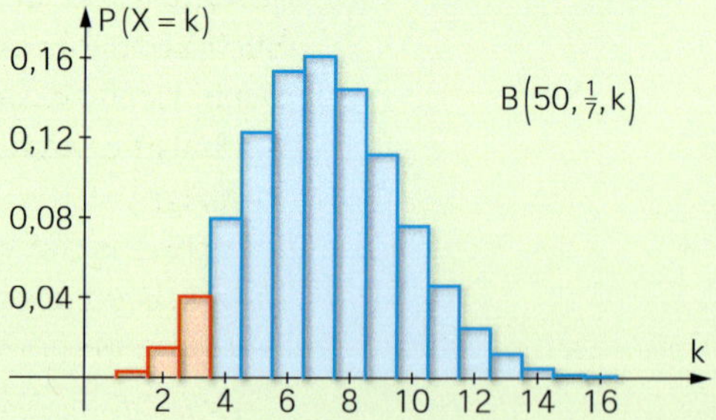

b) Um die Argumentation, die Sie in Teilaufgabe a) führen, auf eine solide Basis zu stellen, können Sie die in der Abbildung rechts dargestellte Wahrscheinlichkeitsverteilung in der Stichprobe benutzen. Sie passt als Modell, wenn die in der Werbung vertretene Hypothese *„In jedem siebten Ei ..."* zutrifft.
Bestimmen Sie aus der Grafik oder durch Berechnung die Wahrscheinlichkeit $P(X \leq 3)$. Welche Bedeutung hat dieser Wert in Bezug auf das obige Stichprobenergebnis? Hilft er bei der Argumentation?

Basiswissen

Bewerten von Stichprobenergebnissen mit dem „P-Wert“

Angenommen, man hat eine Vermutung (Nullhypothese) über die Verteilung einer Zufallsgröße. Eine statistische Untersuchung (Zufallsstichprobe) liefert ein Ergebnis, das deutlich von dem abweicht, was man bei der vermuteten Verteilung erwartet hat. Der **P-Wert** ist die Wahrscheinlichkeit, dass bei einer Zufallsstichprobe ein beobachtetes Ergebnis oder ein noch extremeres auftritt, unter der Annahme, dass die Nullhypothese wahr ist. Je kleiner der P-Wert ist, desto stärker spricht der experimentelle Befund in der Stichprobe gegen die Nullhypothese.

Situation: Kai beobachtet einen Spieler bei einem Würfelspiel. Er stellt fest, dass bei den ersten 60 Würfen 16-mal die „Sechs“ erscheint. Bei einem fairen Würfel hätte er in etwa 10-mal eine „Sechs“ erwartet. Ist der Würfel bezüglich der „Sechs“ manipuliert, oder kann das Ergebnis Zufall sein?

Nullhypothese H_0: Der Würfel ist fair, d. h. $P(\text{„Sechs“}) = \frac{1}{6}$.

Alternativhypothese H_1: „Sechsen“ sind bevorzugt, d. h. $P(\text{„Sechs“}) > \frac{1}{6}$.

Testgröße X: Anzahl der „Sechsen“

Bei wahrer Nullhypothese ist X binomialverteilt mit $p = \frac{1}{6}$ und $n = 60$.

P-Wert: $P(X \geq 16 \mid H_0 \text{ ist wahr})$

$$P(X \geq 16) = \sum_{k=16}^{60} \binom{60}{k} \cdot \left(\frac{1}{6}\right)^k \cdot \left(\frac{5}{6}\right)^{60-k} \approx 0{,}034$$

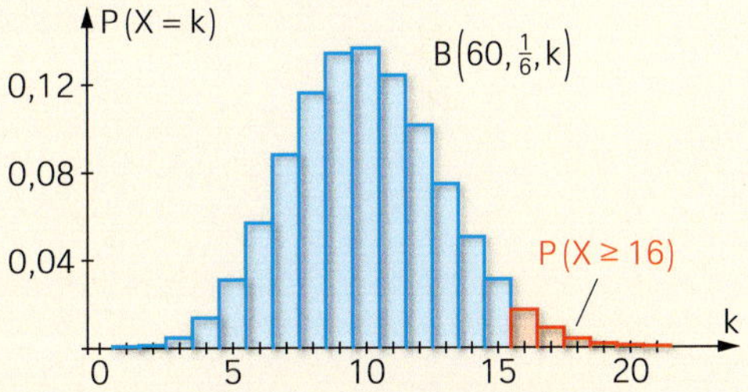

Interpretation und Bewertung: Wenn die Nullhypothese wahr ist, dann tritt das beobachtete Ereignis oder ein noch extremeres mit einer Wahrscheinlichkeit von nur 3,4 % auf. Dies spricht gegen das Vorliegen eines fairen Würfels und damit für den Verdacht, dass es sich um einen manipulierten Würfel handelt.

Beispiele

A Bekanntheitsgrad

Ein Produzent behauptet, dass die von ihm vertriebene Marke bei 70 % der entsprechenden Zielgruppe bekannt ist. Bei einer Zufallsstichprobe kannten von 50 befragten Personen der Zielgruppe nur 28 die betreffenden Marken. Ist das ein Beleg dafür, dass der Produzent seinen Bekanntheitsgrad überschätzt?

Lösung:

Nullhypothese H_0: Bekanntheitsgrad $p = 0{,}7$.

Alternativhypothese H_1: Bekanntheitsgrad $p < 0{,}7$.

Testgröße X: Anzahl der Personen in der Stichprobe, die die Marke kennen.
Die Binomialverteilung mit $p = 0{,}7$ und $n = 50$ wird als Modell verwendet.

P-Wert:
Berechnung der Wahrscheinlichkeit, dass in der Stichprobe zufällig höchstens 28 Personen die Marke kennen wenn die Hypothese H_0 zutreffend ist.

$P(X \leq 28 \mid p = 0{,}7) \approx 0{,}025$

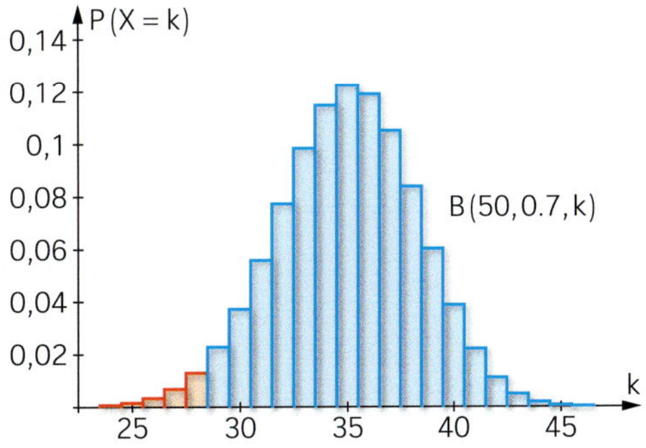

Interpretation: Der P-Wert, d. h. die Wahrscheinlichkeit, dass so wenige Personen die Marke kennen, wenn die Hypothese H_0 zutrifft, ist sehr klein. Dies spricht dagegen, dass die Hypothese H_0 stimmt. Man kann aber nicht sicher sein, das H_0 nicht stimmt.

Übungen

3 Nebenwirkungen

Laut Beipackzettel zu einem Medikament sollen bestimmte leichte Nebenwirkungen mit einer Wahrscheinlichkeit von höchstens 10 % auftreten. Um diese Angabe zu überprüfen, wird das Medikament an 100 zufällig ausgewählten Patienten überprüft.
Bei 17 Patienten traten die beschriebenen Nebenwirkungen auf. Ist dies ein Beleg dafür, dass die Angabe des Herstellers des Medikaments nicht zutreffend ist?

4 Parteien auf dem Prüfstand

Die Partei „Die Karierten" ging davon aus, ein Wählerreservoir von etwa 15 % in der Bevölkerung zu haben. Heftige Diskussionen in der Partei und der Öffentlichkeit zum Thema „Persönlichkeitsrechte" nährten die Vermutung, dass sich dieser Anteil vergrößert hat. Bei einer Befragung von 80 zufällig ausgewählten Wahlberechtigten hinsichtlich ihrer Einstellung zu der Partei, sprachen sich 18 positiv für die Partei „Die Karierten" aus. Sollte die Partei ihre 10 %-Einschätzung korrigieren? Argumentieren Sie mit dem P-Wert.

5 Qualitätskontrolle: Klare Entscheidungsregel gefordert

Eine Elektronik-Firma erhält in regelmäßigen Zeitabständen Lieferungen von 10 000 Chips von dem gleichen Lieferanten. Der Lieferant gibt die Zusage, dass höchstens 5 % der gelieferten Chips defekt sind. Zum Test wird der Lieferung eine Zufallsstichprobe von 100 Chips entnommen. Von diesen waren 7 defekt.

a) Der Firmenchef will die Lieferung zurückweisen, da der Lieferant die Zusage nicht eingehalten hat. Ein Statistiker warnt: *„Ich kann mit dem P-Wert nachweisen, dass 7 oder mehr defekte Chips in einer 100er-Stichprobe gar nicht so selten vorkommen, auch wenn der Qualitätsanspruch des Lieferanten stimmt."* Hat er Recht?
b) Der Chef möchte eine Entscheidungsregel:
„Wie müsste das Stichprobenergebnis ausfallen, damit die Wahrscheinlichkeit für eine ungerechtfertigte Zurückweisung der Lieferung höchstens 1 % beträgt?"

Hypothesentests mit Signifikanzniveau

Es gibt viele Situationen, in denen man eine Entscheidung von dem Ergebnis eines statistischen Tests abhängig macht, zum Beispiel, ob ein bestimmtes neues Medikament wegen verbesserter Wirksamkeit eingesetzt wird, ob man eine Lieferung mit zugesagter Qualität zurückweisen wird, oder ob sich eine aufwändige Wahlkampagne zum Verbessern des Wähleranteils lohnt. Solche Tests werden häufig in gleichartigen Situationen immer wieder eingesetzt. Ist für ein bestimmtes Testergebnis die Wahrscheinlichkeit, dass dieses bei Gültigkeit der Nullhypothese eintritt, gering, so wird die Nullhypothese verworfen. Wie gering diese Wahrscheinlichkeit sein soll, wird vor Durchführung des Tests festgelegt.

Signifikanzniveau

Beim Hypothesentest legt man vor der Durchführung des Tests das **Signifikanzniveau α** fest. Das Signifikanzniveau für einen Test ist eine Schranke für die Wahrscheinlichkeit, mit der ein Testergebnis unter der Annahme, dass H_0 stimmt, eintreten darf. Tritt ein Testergebnis mit einer Wahrscheinlichkeit $\leq \alpha$ ein, so spricht dies signifikant gegen die Nullhypothese, man wird H_0 „verwerfen". Das Signifikanzniveau kennzeichnet das Risiko, das man bei Anwendung des Testverfahrens in Kauf nimmt, die Nullhypothese zu verwerfen, obwohl sie eigentlich richtig ist. Damit ist eine klare Entscheidungsregel für den Test vorgegeben. Es hängt von der Bedeutung der Entscheidung ab, welches Signifikanzniveau man festlegt.

Basiswissen

Planen und durchführen eines Hypothesentests (Signifikanztests)

Ausgangssituation

Über eine vorliegende Vermutung/Behauptung soll mithilfe eines Testverfahrens entschieden werden.

Ein Kandidat behauptet, Kenntnisse auf dem Sachgebiet der Dinosaurier zu haben. Dies soll mithilfe eines Multiple-Choice-Fragebogens entschieden werden. Zu jeder Frage gibt es vier vorgegebene Antworten, davon ist jeweils genau eine richtig.

Planen des Tests

Applet eA-11.3-b

Formulieren der **Nullhypothese H_0** und der **Alternativhypothese H_1**

H_0: Der Kandidat hat keinerlei Sachkenntnisse, er rät nur. Bei jeder Frage ist die Wahrscheinlichkeit, die richtige Antwort anzukreuzen, **p = 0,25**.
H_1: Der Kandidat hat Sachkenntnisse.

Festlegen der **Stichprobe** und der **Testgröße X** (Zufallsgröße)

Der Fragebogen soll aus 20 Aufgaben bestehen: n = 20
Testgröße X: Anzahl der richtigen Antworten

Modellannahme über die **Verteilung von X**

X ist binomialverteilt.
(Hier geht man davon aus, dass bei jeder Frage das Ankreuzen zufällig und unabhängig erfolgt.)

Festlegen des **Signifikanzniveaus α**

α = 0,05 (5 %)

Berechnung von k
y = 1 – binomcdf
(20, 0, 25, x – 1)

$f(x) := \frac{900}{1+224 \cdot e^{-1.8 \cdot x}}$

$\frac{d}{dx}(f(x))$

Bestimmung des **Verwerfungsbereiches V**
Man sucht den kleinsten Wert, für den der P-Wert < α ist

Annahme H_0 ist richtig, d. h.
p = 0,25
$P(X \geq k)$
$= 1 - P(X \leq k-1) < 0{,}05$
Ergebnis:
k = 9 V = (9; 10; 11; ...; 20)

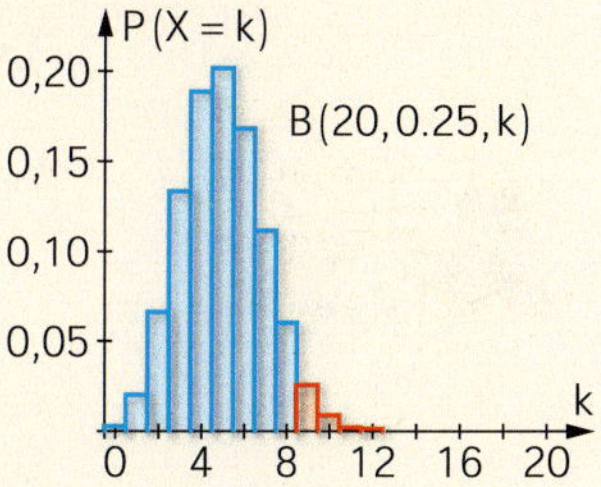

Entscheidungsregel
Fällt bei der Testdurchführung die Testgröße X in den Verwerfungsbereich V, so wird die Nullhypothese zugunsten von H_1 verworfen.

Falls der Kandidat neun oder mehr Fragen richtig beantwortet, wird die Annahme, dass er nur rät, verworfen und ihm Sachkenntnisse zugebilligt.
Ganz sicher kann man sich bei dieser Entscheidung nicht sein, in bis zu 5 % der Fälle entscheidet man sich falsch.

Durchführen des Tests
1. Erheben der Stichprobe
2. Auswerten
3. Entscheiden

Falls z. B. das Ausfüllen des Fragebogens zwölf richtige Antworten ergibt, so führt die Entscheidungsregel zum Verwerfen der Nullhypothese.
Falls z. B. sieben Antworten richtig sind, so wird die Nullhypothese auf dem vorgegebenen Signifikanzniveau nicht verworfen.

Interpretieren

Mit dem Verwerfen der Nullhypothese ist die Richtigkeit der Alternative nicht „bewiesen".
Wenn die Nullhypothese nicht verworfen wird, bedeutet dies nicht, dass damit die Nullhypothese wahr ist.

Beispiele

B Test auf Nebenwirkungen – einseitiger Verwerfungsbereich

Ein Arzneimittelhersteller behauptet, dass sein neues Medikament A im Gegensatz zu dem vergleichbaren Medikament B eines anderen Herstellers seltener zu Allergien führe. Bei Medikament B treten in etwa 20 % der Fälle Allergien auf.
Das neue Medikament A soll an 100 Personen auf einem Signifikanzniveau von 10 % getestet werden. Geben Sie eine passende Entscheidungsregel an.

Lösung:
Nullhypothese H_0: A ist nicht besser als B, d. h. für Medikament A gilt: P („Allergie“) = 0,2
Alternativhypothese H_1: A ist besser als B, d. h. für Medikament A gilt: P („Allergie“) < 0,2
Signifikanzniveau: $\alpha = 0{,}1$

Testgröße X: Anzahl der Personen, bei denen nach Einnahme von A Allergien aufgetreten sind
X ist *binomialverteilt*.
Stimmt H_0, dann kann man bei 100 Patienten mit etwa 20 Allergiefällen rechnen. Sind es deutlich weniger Allergiefälle, wird H_0 zugunsten von H_1 verworfen.

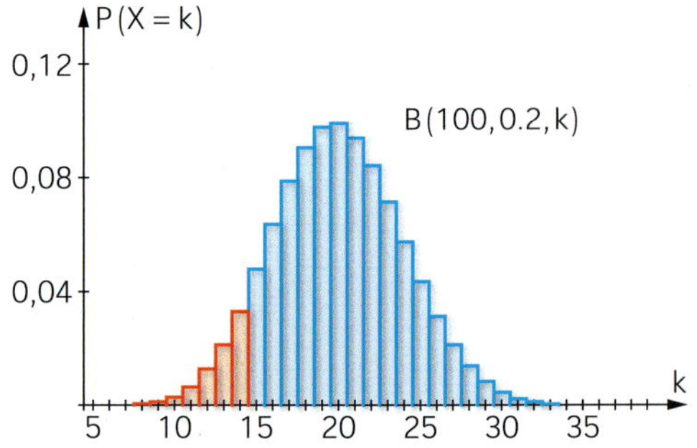

Bestimmung des Verwerfungsbereichs V:
$P(X \le 14 \mid H_0) \approx 0{,}08$
$P(X \le 15 \mid H_0) \approx 0{,}13$
$\Rightarrow$ Verwerfungsbereich $V = \{0; 1; ...; 14\}$
Entscheidungsregel: **Falls nur bei 14 oder weniger Personen Allergien auftreten, wird die Nullhypothese verworfen.**

C Ist eine Münze fair? – zweiseitiger Verwerfungsbereich

Entwerfen Sie einen Signifikanztest auf dem 5 %-Niveau zur Überprüfung, ob eine Münze fair ist.

Lösung:
Nullhypothese H_0: Die Münze ist fair: P („Kopf“) = 0,5
Alternativhypothese H_1: Die Münze ist nicht fair: P („Kopf“) ≠ 0,5
Signifikanzniveau: $\alpha = 0{,}05$
Stichprobenumfang: 200 Würfe

Testgröße X: Anzahl von „Kopf“ in der Stichprobe
X ist *binomialverteilt*.
Stimmt H_0, dann müsste bei 200 Würfen in etwa 100-mal „Kopf“ auftreten. Große Abweichungen von 100 nach oben oder nach unten führen dazu, die Hypothese H_0 zugunsten von H_1 zu verwerfen. Dies legt nahe, einen zweiseitigen Verwerfungsbereich zu wählen:
$V = \{0, 1, ..., k_1\} \cup \{k_2, ..., 200\}$

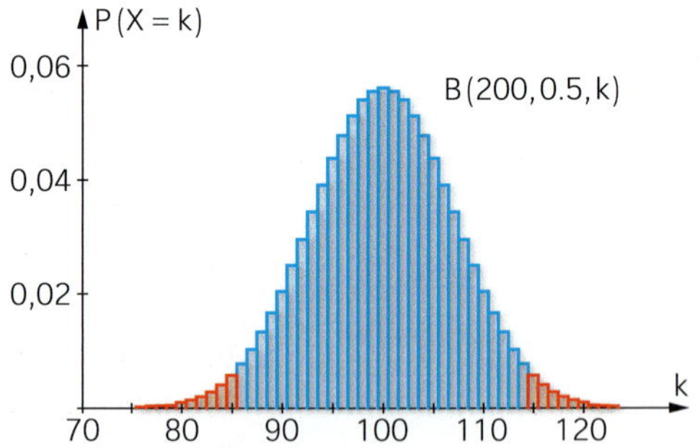

Bestimmen des Verwerfungsbereichs V:
Die 5 % des Signifikanzniveaus werden zu gleichen Teilen auf die beiden Randbereiche der Verteilung aufgeteilt. Es geht also um die Bestimmung der „kritischen Werte“ k_1 und k_2 mit $P(X \le k_1 \mid H_0) \le 0{,}025$ und $P(X \ge k_2 \mid H_0) \le 0{,}025$.
Durch Ausprobieren mit dem GTR oder der Software erhält man:
Verwerfungsbereich V: (0; 1; ... 85) ∪ (115; 116; ... 200)

Übungen

6 Reale und simulierte Münzen

a) Stellen Sie aus Holz oder einem flachen runden Stein eine eigene Münze her, sie kann getrost etwas unsymmetrisch sein. Testen Sie diese Münze mit dem in Beispiel C entworfenen Testverfahren.

b) Mit der Erzeugung von Zufallszahlen 0 und 1 können Sie die faire Münze mit dem Computer oder dem GTR simulieren. Erheben Sie damit viele Stichproben von 200 Münzwürfen. Finden sich darunter Stichproben, die nach dem Testverfahren von Beispiel C zum Verwerfen der Nullhypothese führen?

7 Warenkontrolle

Eine Herstellerfirma gibt an, dass ihre gelieferte Ware **höchstens** 7 % fehlerhafte Teile enthält. Der Abnehmer möchte diese Aussage mit einer Stichprobe von 50 Stück testen. Entwickeln Sie ein Testverfahren auf dem 5 %-Signifikanzniveau, um zu entscheiden, ab wie vielen fehlerhaften Stücken die Aussage des Herstellers als nicht glaubhaft angesehen und die Warenlieferung zurückgewiesen wird.

8 Bevorzugen junge weibliche Meerkatzen Puppen als Spielzeug?

Die Frage wird mit einem Experiment untersucht. Einer jungen Meerkatze werden Stoffpuppen und Stoffbälle in bunter Mischung, aber gleicher Anzahl vorgelegt. Man protokolliert, welche dieser Spielzeuge die Meerkatze bei den ersten zehn Versuchen auswählt.
Entwerfen Sie einen Signifikanztest auf dem 5 %-Niveau. (Nullhypothese: Die Meerkatze wählt jeweils zufällig aus, d. h. die Wahrscheinlichkeit für die Auswahl einer Puppe ist $\frac{1}{2}$.) Zu welcher Entscheidung führt das im Bild aufgezeichnete Protokoll?

9 Alltagssprache und Fachsprache

> In der Alltagssprache bedeutet signifikant: deutlich, wesentlich, wichtig.
> In der Statistik heißen Unterschiede oder Ergebnisse signifikant, wenn die Wahrscheinlichkeit gering ist, dass sie durch Zufall zustande gekommen sind.

Beschreiben Sie mit Ihren eigenen Worten, was „signifikant" beim Hypothesentest bedeutet. Wie weit ist dies verträglich mit den oben beschriebenen Bedeutungen im Rahmen eines Signifikanztests?

10 Euro-Münze

> „Der Euro ist unfair", haben polnische Statistiker festgestellt, die eine belgische Euro-Münze 1000 Mal über den Tisch kreiseln ließen. Rund 600 Mal blieb die neue Währung mit dem Kopf nach oben zeigend liegen. Das Ergebnis bringt den Deutschen Fußball-Bund (DFB) in Schwierigkeiten. Immer noch lässt der Verband bei Fußballspielen das Seiten- und Anstoßwahlrecht per Münzwurf entscheiden.
> Auszug aus „Der Tagesspiegel" vom 09.02.2002

Liefert das von den polnischen Statistikern angegebene Stichprobenergebnis eine signifikante Abweichung auf dem 1 %-Niveau?

Bestimmung von Verwerfungsbereichen mit den Sigma-Regeln
Für binomialverteilte Zufallsgrößen mit einer Standardabweichung $\sigma < 3$ und für normalverteilte Zufallsgrößen können Entscheidungsregeln bei Signifikanztests für bestimmte gängige Signifikanzniveaus mit den Sigma-Regeln einfach ermittelt werden.

Signifikanztest und Sigma-Regeln

Test einer Münze – Ist die Münze vielleicht nicht fair?

Planung des Tests:

- H_0: $p = 0{,}5$ H_1: $p \neq 0{,}5$
- Die Münze wird 1000-mal geworfen
- Festlegung des Signifikanzniveau $\alpha = 0{,}01$
- Entscheidungsregel berechnen:
  Angenommen H_0 trifft zu. Dann ist $p = 0{,}5$ und $\sigma = \sqrt{1000 \cdot 0{,}5 \cdot 0{,}5} \approx 15{,}81$ deutlich größer als 3. Damit ist die Voraussetzung für die Anwendung der Sigma-Regeln gegeben

Anwendung der **Sigma-Regel**: Mit 99 % liegt das Stichprobenergebnis in der $2{,}58\sigma$-Umgebung des Erwartungswertes. Außerhalb der $2{,}58\sigma$-Umgebung liegt das Stichprobenergebnis, – vorausgesetzt, die Nullhypothese ist wahr –, mit einer Wahrscheinlichkeit von weniger als 1 %.
Berechnung der $2{,}58\sigma$-Umgebung des Erwartungswertes:
$\mu - 2{,}58 \cdot \sigma \approx 500 - 2{,}58 \cdot 15{,}81 \approx 459{,}21$;
$\mu + 2{,}58 \cdot \sigma \approx 500 + 2{,}58 \cdot 15{,}81 \approx 540{,}79$
„gerundeter" zweiseitiger Verwerfungsbereich: $V = \{X \leq 459 \text{ oder } X \geq 541\}$
Mit den Sigma-Regeln kann man auch einseitige Verwerfungsbereiche ermitteln. Bei einem Signifikanzniveau von z. B. 5 % wählt man als Verwerfungsbereich den Bereich je nach Sachaufgabe links oder rechts von der 90 %-Umgebung des Erwartungswertes.

Übungen

11 **Rote Autos – ein nicht ganz ernst zu nehmendes Beispiel**
Eine Autozeitschrift behauptet, dass die Anzahl roter Pkws 23 % beträgt. Ein Redakteur einer anderen Zeitschrift meint, dass dies nicht stimmt. Auf verschiedenen Luftbildaufnahmen, die eine Drohne gemacht hat, kann er 253 Pkws auszählen. Die Nullhypothese ist H_0: $p = 0{,}3$. Formulieren Sie die Alternativhypothese und berechnen Sie den Ablehnungsbereich auf dem Signifikanzniveau $\alpha = 5\,\%$

12 **Glücksspiel**
Die Gewinnwahrscheinlichkeit eines Glücksspielautomaten beträgt laut Hersteller 61 %.
a) Planen Sie einen zweiseitigen Test zur Überprüfung der Behauptung des Herstellers. Welchen Verwerfungsbereich erhält man für einen Test mit 500 Spielen und einem Signifikanzniveau von 5 %?
b) Begründen Sie, warum ein zweiseitiger Test sinnvoll ist.

13 **Veränderungen bemerken**
Ein Fernsehsender geht davon aus, dass 60 % der Zuschauer seine Nachrichtensendung positiv beurteilen. Ein Meinungsforschungsinstitut will einen Test durchführen, ob sich der Zuspruch zu der Nachrichtensendung verändert hat oder nicht. Die Meinungsforscher planen ein Befragung einer Zufallsstichprobe aus 1000 Zuschauern.
a) Formulieren Sie die beiden Hypothesen, die gegeneinander abgewogen werden.
b) Das Signifikanzniveau soll 1 % sein. Berechnen Sie den Ablehnungsbereich.
c) Was bedeutet ein Signifikanzniveau von 1 %?

Aufgaben

14 „absolute Mehrheit"
Bei einer Wahlumfrage werden 600 zufällig ausgewählte Personen befragt. Die Partei A hofft auf die absolute Mehrheit. Welche Umfrageergebnisse sprechen signifikant (Signifikanzniveau von 5 %) gegen diese Hoffnung?

15 Zweiseitiger oder einseitiger Verwerfungsbereich?
Im Beispiel im Basiswissen (multiple-choice) wurde ein linksseitiger Verwerfungsbereich gewählt, in Beispiel B (Nebenwirkungen) ein rechtsseitiger und in Beispiel C (Münzwurf) ein zweiseitiger. Lässt sich dies mithilfe der jeweiligen Ausgangssituation begründen?

Zweiseitiger, linksseitiger und rechtsseitiger Test

Bei einem **zweiseitigen** Test wird die Nullhypothese verworfen, wenn der in der Stichprobe ermittelte Wert der Testgröße stark nach unten oder nach oben vom Erwartungswert abweicht *(zweiseitiger Verwerfungsbereich)*.
Bei einem **einseitigen** Test wird die Nullhypothese verworfen, wenn die Testgröße entweder stark nach unten vom Erwartungswert abweicht *(linksseitiger Verwerfungsbereich)* oder stark nach oben abweicht *(rechtsseitiger Verwerfungsbereich)*.

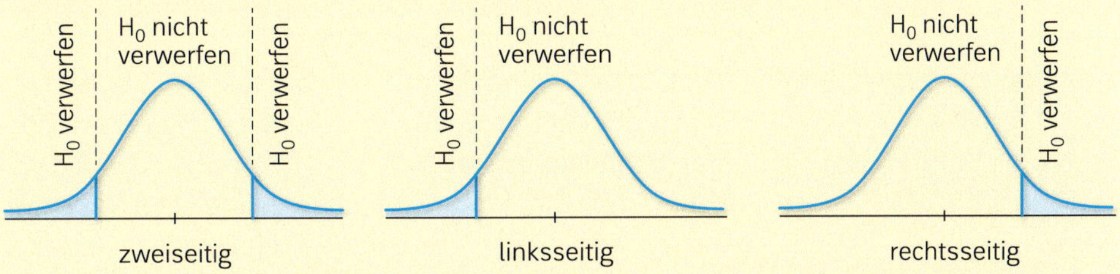

Ob man einen zweiseitigen oder einen einseitigen Verwerfungsbereich wählt, ergibt sich meist aus der Situation, insbesondere aus der Festlegung der Alternative.

16 Telefonbuch und Zufallsziffern
Liefert das Telefonverzeichnis einer größeren Stadt eine gute Tabelle von Zufallszahlen, wenn man von den fünf- bzw. sechsstelligen Telefonnummern jeweils die letzte Ziffer als Zufallszahl notiert? Als Testgröße X kann man den Anteil der Zufallszahlen wählen, die zugleich Primzahlen sind. Das sind die Zahlen 2, 3, 5 und 7. Normalerweise wird in einer „guten" Zufallszahlentabelle dieser Anteil bei etwa 40 % liegen.
a) Entwerfen Sie einen geeigneten Test auf dem Signifikanzniveau von 10 %. Begründen Sie, warum man einen zweiseitigen Verwerfungsbereich wählen sollte.
b) Wenden Sie den Test auf eine Stichprobe aus dem Telefonbuch Ihrer Region an.

17 Verbesserung der Zahnpflege
Bei Reihenuntersuchungen in der Schule wurden bei durchschnittlich 20 % der Jugendlichen Zahnschäden festgestellt. Man begann daraufhin eine aufwändige Aufklärungs- und Werbekampagne für eine intensive Zahnpflege. Nach einigen Jahren soll der Erfolg an einer entsprechenden Stichprobe von 800 Jugendlichen überprüft werden.
a) Entwerfen Sie einen Signifikanztest auf dem 5 %-Niveau.
b) Welche Entscheidung wird man aufgrund Ihres Tests jeweils treffen, wenn bei
(1) 138 der 800 Jugendlichen (2) 145 der 800 Jugendlichen
Zahnschäden festgestellt wurden?
c) Bei jeder der Entscheidungen bei den Stichprobenergebnissen (1) oder (2) kann die Entscheidungsregel zu einer Fehlentscheidung führen. Beschreiben Sie diese beiden möglichen Fehler. Welche Bedeutung hätten dann die unterschiedlichen Fehler im gegebenen Sachzusammenhang?

Aufgaben

18 Feuerwerkskörper

Ein Großhändler bestellt für den bevorstehenden Jahreswechsel 10 000 Leuchtraketen bei einem neuen Hersteller. Für seinen Kundenstamm darf er auf keinen Fall schlechte Qualität anbieten. Mit dem Hersteller wurde deshalb vertraglich vereinbart, dass die Sendung höchstens 4 % Ausschuss enthalten darf.
Gleichzeitig wurde festgehalten, wie die Qualität der Sendung zu testen ist: Der Einkäufer wählt zufällig 50 Exemplare aus und zündet sie. Wenn mehr als vier Raketen nicht starten, so darf der Großhändler die Sendung zurückweisen und braucht nichts zu bezahlen. Andernfalls muss er die Sendung akzeptieren.

a) Ist dies ein Test auf dem Signifikanzniveau von 5 %?

b) Ist dieser Test fair für den Hersteller? Wenn die Sendung gerade noch der Vereinbarung entspricht, müsste der Einkäufer mit etwa zwei defekten Knallkörpern in der Stichprobe rechnen. Aber wenn es „der Zufall will", geraten „leicht" einmal auch fünf oder sogar mehr defekte Exemplare in die Auswahl. Dann würde die Sendung zu Unrecht abgelehnt.

c) Ist das Testverfahren nicht zu riskant für den Großhändler? Er könnte die Sendung nicht zurückweisen, wenn vier defekte Feuerwerkskörper in der Stichprobe sind. Das wären dann immerhin 8 %.

d) Mit den Fragen in den Teilaufgaben b) und c) werden mögliche Fehlentscheidungen beim Anwenden der Entscheidungsregel angesprochen. Beschreiben Sie diese mithilfe der Tabelle in der gelben Karte unten auf dieser Seite. Welche Bedeutung haben diese jeweils für den Hersteller und für den Großhändler?

Fehlentscheidungen beim Signifikanztest

Nach Durchführung eines Signifikanztests ist die Entscheidung klar:
Liegt der Wert der Testgröße X im Verwerfungsbereich, so wird die Nullhypothese H_0 verworfen, man entscheidet sich für die Alternativhypothese H_1. Liegt der Wert von X nicht im Verwerfungsbereich, so wird H_0 nicht verworfen, man entscheidet sich für das Beibehalten der Nullhypothese. In beiden Fällen ist die Entscheidung mit Unsicherheit behaftet: Man kann einen Fehler machen.

	H_0 wird verworfen	H_0 wird nicht verworfen
H_0 ist wahr	Fehler 1. Art	alles in Ordnung
H_0 ist falsch	alles in Ordnung	Fehler 2. Art

Der **Fehler 1. Art** tritt ein, wenn aufgrund des Stichprobenergebnisses die Nullhypothese H_0 verworfen wird, obwohl sie wahr ist.
Die Wahrscheinlichkeit für den Fehler 1. Art kann höchstens so groß sein wie das vorgegebene Signifikanzniveau α. Der Fehler 1. Art wird auch als „**α-Fehler**" bezeichnet.
Die Hypothesentests sind durch das niedrige Signifikanzniveau in der Regel so angelegt, dass diese „Irrtumswahrscheinlichkeit" möglichst klein wird.

Der **Fehler 2. Art** tritt dann ein, wenn die Nullhypothese H_0 aufgrund des Stichprobenergebnisses nicht verworfen wird, obwohl sie falsch ist. Dieser Fehler wird auch als „**β-Fehler**" bezeichnet.

Aufgaben

19 Impfstoff

Ein Arzneimittelhersteller behauptet, dass sein neuer Impfstoff gegen Heuschnupfen mehr als 75 % aller geimpften Personen fünf Monate lang schützt. Der Impfstoff soll an 50 Patienten getestet werden.

a) Welche Bedeutung hat ein Fehler 1. Art aus der Sicht des Patienten?

b) Bei welcher Entscheidungsregel kann man die Wahrscheinlichkeit für diese Fehlentscheidung auf höchstens 5 % beschränken?

20 Konsumenten- und Produzentenrisiko

Bei der Qualitätskontrolle mithilfe eines Signifikanztests, wie in Übung 5, können Entscheidungsfehler 1. Art und 2. Art vorkommen.

a) Beschreiben Sie diese Fehler in der gegebenen Sachsituation von Übung 5. Welche Auswirkungen haben diese Fehler jeweils für den Produzenten und den Konsumenten?

b) Einer der beiden Fehler wird üblicherweise als *Konsumentenrisiko*, der andere als *Produzentenrisiko* bezeichnet. Ordnen Sie zu.

21 Fehler aus unterschiedlichen Blickwinkeln

Von einem Medikament wird behauptet, dass es in mindestens neun von zehn Fällen gegen eine gefährliche Infektion wirken soll. Die Behauptung wird mit einem Test überprüft. Beschreiben Sie sowohl den Fehler 1. Art als auch den Fehler 2. Art. Welche Auswirkungen könnte das Eintreten dieser Fehler jeweils für den Patienten haben? Wie sieht dies aus der Sicht des behandelnden Arztes aus?

22 „Medikamentenstudie" – Fehler 2. Art für angenommene Alternativen

Ein auf dem Markt befindliches Medikament wirkt sich nach den langjährigen Erfahrungen bei etwa 70 % der Patienten günstig auf den Krankheitsverlauf aus. Eine Firma hat ein neues Medikament entwickelt, von dem sie behauptet, dass die Patienten hiermit deutlich häufiger geheilt werden können. Das neue Medikament wird an 30 zufällig ausgewählten Patienten erprobt. Es wird festgelegt, dass die Nullhypothese H_0: $p_0 = 0{,}7$ zugunsten der Alternative H_1: $p > 0{,}7$ verworfen wird, wenn sich eine günstige Auswirkung bei 25 oder mehr Patienten zeigt.

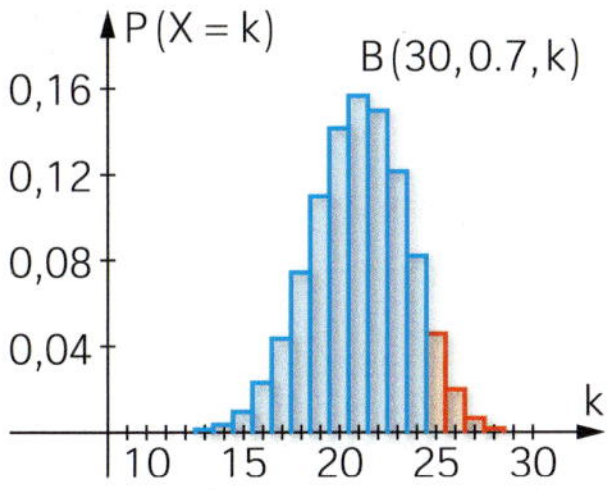

P(X ≥ 25 | p = 0,7)

a) Beschreiben Sie in dieser Situation den Fehler 1. Art und den Fehler 2. Art. Berechnen Sie die Wahrscheinlichkeit für den Fehler 1. Art und bestätigen Sie, dass der Test auf dem 10 %-Signifikanzniveau erfolgt.

b) Der Fehler 2. Art kann in diesem Fall nicht berechnet werden, da die Wahrscheinlichkeit für die Alternative H_1: $p > 0{,}7$ nicht bekannt ist. Man kann sich einen Überblick verschaffen, indem man den Fehler 2. Art für eine angenommene Alternativhypothese $p = p_1$ berechnet. Füllen Sie die folgende Tabelle aus.

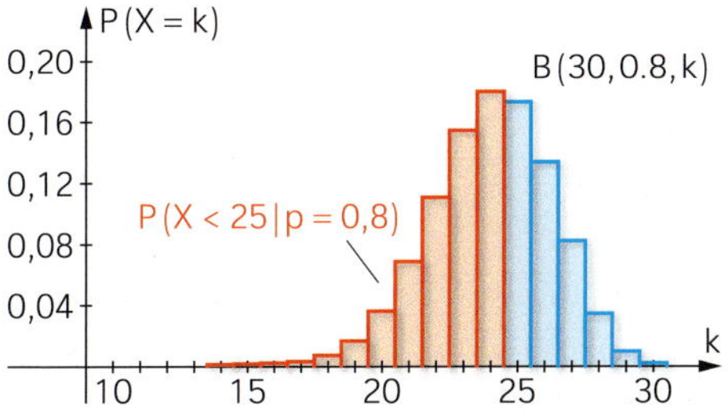

Angenommene Alternative $p = p_1$	Fehler 2. Art $P(X < 25 \mid p = p_1)$
0,71	■
0,75	■
0,8	0,572
0,85	■
0,9	■
0,95	■

Können Sie die Entwicklung der Werte in der zweiten Spalte plausibel begründen?

Entscheiden mit Prognoseintervallen

Situation

Trefferwahrscheinlichkeit p ist bekannt.

Frage

„Passt" die Trefferanzahl in der Stichprobe zu der Trefferwahrscheinlichkeit p?

Entscheidung

Liegt ein Stichprobenergebnis z. B. außerhalb des 95 %-Prognoseintervalls zu p, so kann dieses Ergebnis zwar zufällig auftreten. Die Wahrscheinlichkeit für ein solches Ereignis ist jedoch so klein (≤ 5 %), dass man es als „stochastisch unverträglich auf dem 95 %-Niveau" mit p ansieht.

Beispiel: 200-facher Münzwurf

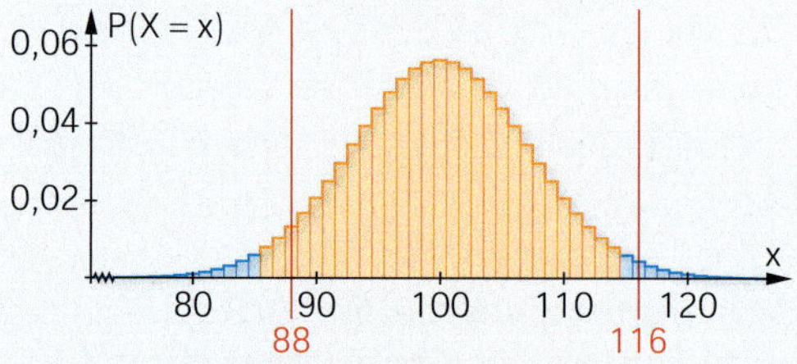

H = 88 verträglich mit p = 0,5

H = 116 unverträglich mit p = 0,5

Konfidenzintervalle – Schätzen von Wahrscheinlichkeiten

Schließen von der Stichprobe auf die Grundgesamtheit

Situation

Ein Merkmal tritt in der Grundgesamtheit mit einer unbekannten Wahrscheinlichkeit p auf. In einer Stichprobe mit dem Umfang n tritt das Merkmal mit der relativen Häufigkeit h auf. Mit dem Ergebnis der Stichprobe möchte man auf unbekannte Wahrscheinlichkeit p schließen.

Frage

Welche Trefferwahrscheinlichkeiten p kommen infrage?

Entscheidung mit „95 %-iger Sicherheit"

Alle Werte für p, in deren 95 %-Prognoseintervall das Stichprobenergebnis liegt, kommen für p als Schätzwerte infrage. Diese Werte bilden das **95 %-Konfidenzintervall für p**.

Check-up

1 Biathlon

Von einem Biathleten im Juniorenteam ist bekannt, dass er beim Schießen, gleichgültig ob stehend oder liegend, mit einer Wahrscheinlichkeit von $p = 0{,}7$ trifft.
Bei einem Wettkampf mit 20 Schüssen trifft der Biathlet neunmal. Ist das Ergebnis auf dem 95 %-Niveau stochastisch verträglich mit einer Trefferwahrscheinlichkeit von 70 %?

2 Stichprobenergebnis stochastisch verträglich mit p?

Überprüfen Sie mit der angegebenen Sicherheitswahrscheinlichkeit die stochastische Verträglichkeit des Stichprobenergebnisses mit der Trefferwahrscheinlichkeit p. Verwenden sie bei Ihren Berechnungen die Sigma-Regeln.

a) $p = 0{,}07$; Stichprobe: $n = 400$; $H = 18$
Sicherheitswahrscheinlichkeit 90 %

b) $p = 0{,}07$ Stichprobe: $n = 400$; $H = 18$
Sicherheitswahrscheinlichkeit 99 %

Wie unterscheidet sich Teilaufgabe a) von b)?

3 Öffentliche Verkehrsmittel

Laut Angabe eines Statistik-Portals nutzen angeblich ca. 11 % der Bevölkerung täglich öffentliche Verkehrsmittel. Bei einer Befragung von 200 Personen sagten 35, dass Sie täglich öffentliche Verkehrsmittel benutzen.

a) Weisen Sie nach, dass das Stichprobenergebnis auf dem 95 %-Niveau stochastisch unverträglich mit der Angabe des Statistik-Portals ist.

b) Was kann man aus dem Ergebnis der Teilaufgabe a) folgern?

4 Wahrscheinlichkeiten schätzen

Bei einer Umfrage eines Meinungsforschungsinstitutes wurden 1250 Personen einer Zufallsstichprobe befragt, ob sie zumindest eine Fremdsprache beherrschen. 910 Befragte antworteten mit „Ja".
Berechnen Sie das 95 %-Prognoseintervall für den Anteil p der Personen in der Gesamtheit, die zumindest eine Fremdsprache beherrschen. Rechnen Sie mit der Näherungsformel.

5 Stichprobenumfang und Konfidenzintervall

Prognoseintervalle hängen von der Wahrscheinlichkeit p in der Grundgesamtheit und von der Größe n des Strichprobenumfangs ab.

a) Geben Sie das 95 %-Prognoseintervall mit den Variablen p und n an.

b) Begründen Sie mit dem Ergebnis aus Aufgabe a), warum das Konfidenzintervall für p auf Grundlage einer viermal so großen Stichprobe um den Faktor 2 kleiner ist als bei der kleineren Stichprobe.

Grafisch-numerische Berechnung von Konfidenzintervallen

Beispiel: 95 %-Konfidenzintervall mit Sigma-Regeln berechnen.
Stichprobe des Umfangs: n,
relative Häufigkeit eines Merkmals: h

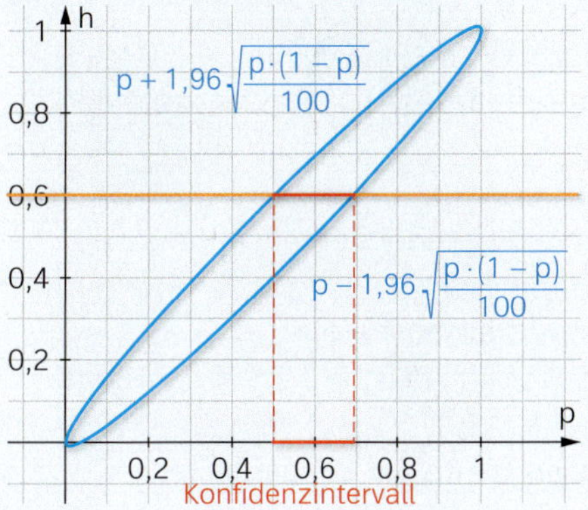

Näherungsformel für das 95 %-Prognoseintervall für die Wahrscheinlichkeit p

$$\left[h - 1{,}96\cdot\sqrt{\frac{h(1-h)}{n}};\ h + 1{,}96\cdot\sqrt{\frac{h(1-h)}{n}}\right]$$

Planung und Durchführung eines Signifikanztests (fakultativ)

So wird es gemacht:

Planung
- Formulieren der Nullhypothese und der Alternativhypothese
- Festlegen der Testgröße X, des Stichprobenumfangs n und des Signifikanzniveaus α
- Modellannahme: Wie ist X verteilt (z. B. binomialverteilt)?
- Verwerfungsbereich V berechnen, d. h. die Entscheidungsregel festlegen

Durchführung des Tests
- Erheben der Stichprobe
- Auswerten
- Entscheiden

Interpretieren der Ergebnisse
Wichtig: Mit dem Verwerfen der Nullhypothese ist die Richtigkeit der Alternativhypothese nicht bewiesen und umgekehrt.

6 Patientenmeinung
Von 64 zufällig ausgewählten Patienten eines Krankenhauses äußerten 52 ihre Zufriedenheit mit der Behandlung.
Ermitteln Sie grafisch-numerisch das 95 %-Konfidenzintervall für den Anteil aller Patienten, die mit der Behandlung in dem betreffenden Krankenhaus zufrieden sind.

7 Richtig oder falsch? Begründen Sie.
a) Je größer der Stichprobenumfang, desto breiter das Konfidenzintervall.
b) Je größer die Sicherheit des Konfidenzintervalls ist, desto breiter wird das Konfidenzintervall.

8 Auslandsreisen
Eine Reisezeitschrift plant die Befragung einer Stichprobe von 150 Personen nach ihren Urlaubsplänen für das kommende Jahr.
a) Worauf muss bei der Stichprobenauswahl geachtet werden?
b) Bei der Befragung sagten 53 der Befragten, dass sie im kommenden Jahr Urlaub außer Landes machen werden. Ermitteln Sie das 99 %-Konfidenzintervall mit der Näherungsformel.

9 Nötiger Stichprobenumfang
Ein Meinungsforschungsinstitut plant eine Befragung. Das Konfidenzintervall soll nur eine „Breite von 2 % aufweisen, bei einer Sicherheit von 95 %". Berechnen Sie mit Hilfe der Näherungsformel, wie groß die Stichprobe mindestens sein muss.

10 Ein Signifikanztest
Eine Person behauptet, übersinnliche Wahrnehmungsfähigkeiten zu besitzen. Zur Überprüfung rät die betreffende Person 50-mal die Farbe einer Spielkarte, die aus einem Kartenspiel mit gleichvielen roten und schwarzen Karten gezogen wird.
a) Formulieren Sie die Null- und die Alternativhypothese eines einseitigen Tests.
b) Bestimmen Sie den Verwerfungsbereich V, wenn Sie eine Irrtumswahrscheinlichkeit von $\alpha = 5\,\%$ festlegen.
c) Wie verändert sich der Verwerfungsbereich V, wenn man eine kleinere Irrtumswahrscheinlichkeit (z. B. 1 %) festlegt?
d) Erläutern Sie, was man unter dem Fehler 1. und unter dem Fehler 2. Art versteht.

11 Verschiedene Signifikanztests
Ordnen Sie den Abbildungen die Begriffe linksseitiger Test, rechtsseitiger Test und zweiseitiger Test zu. Erläutern Sie die Unterschiede.

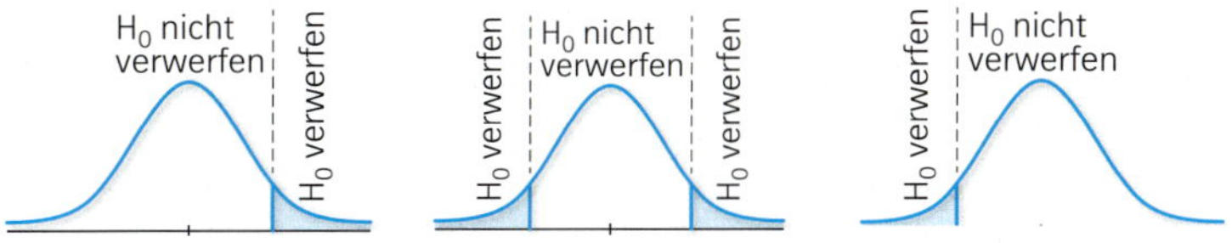

Sichern und Vernetzen – Vermischte Aufgaben zu Kapitel 11

Trainieren

1 Prognoseintervall beim Roulette

Beim Roulette setzt ein Spieler 500-mal auf „erstes Dutzend". Er rechnet mit einer „Trefferwahrscheinlichkeit" von $\frac{12}{37}$. Berechnen Sie das 90 %-Prognoseintervall für die relative Häufigkeit der Treffer in der 500er-Serie.

2 Prognoseintervall

Mit einem Zufallszahlengenerator werden 200 ganzzahlige Zufallszahlen von 0 bis 9 erzeugt. In welches zum Erwartungswert symmetrische Intervall fällt die Anzahl der Nullen mit einer 99,7 %-igen Wahrscheinlichkeit?

3 Vorhersagen von Stichprobenergebnissen – Prognoseintervall

An einer Volksbefragung beteiligten sich gemäß Stimmenauszählung 28,5 % der Bürger. Betrachten Sie die 500 wahlberechtigten Bürger als Zufallsstichprobe.

a) In welches zum Erwartungswert symmetrische Intervall fällt die Anzahl der Bürger, die an der Volksbefragung teilnahmen mit 95 %-iger (99,7 %-iger) Wahrscheinlichkeit?

b) Angenommen, die tatsächliche Anzahl der Bürger, die an der Befragung teilgenommen haben, liegt nicht in dem 99,7 %-Intervall (siehe Teilaufgabe a)). Welche Schlussfolgerungen können Sie aus diesem Ergebnis ziehen?

4 Eine Ortsumgehung

Bei einer Meinungsumfrage zum Bau einer Ortsumgehung eines Dorfes unter 250 zufällig ausgewählten Personen gaben 115 an, dafür zu sein. Bestimmen Sie das 90%-, 95%- und 97%-Konfidenzintervall. Gibt es Hoffnung auf die absolute Mehrheit für den Bau?

Verstehen

5 Variationen zu Prognoseintervallen

Wie verändert sich das Prognoseintervall für die relative Häufigkeit h, mit der ein Ereignis eintritt, wenn

a) der Stichprobenumfang n größer wird,

b) die „Sicherheitswahrscheinlichkeit" größer wird (z. B. wenn es sich um das 99 %-Prognoseintervall handelt)?

6 Prognoseintervall und Konfidenzintervall

Erläutern Sie den Unterschied zwischen einem Prognoseintervall und einem Konfidenzintervall. Formulieren Sie jeweils eine passende Frage mit folgenden „Zutaten": „Münze"; „87-mal Zahl von 200 Münzwürfen".

Anwenden

7 Handynutzung am Steuer

Verkehrspsychologen haben 250 Autofahrer beobachtet. Dabei haben 18 Autofahrer ihr Handy während der Fahrt zum Lesen und Schreiben von Nachrichten genutzt. Schätzen Sie mit Hilfe von 95 %-Prognoseintervallen die Wahrscheinlichkeit, dass ein zufällig beobachteter Autofahrer gerade sein Handy zum Lesen und Schreiben nutzt.

8 Fußball Bundesliga

In einer Bundesliga-Saison gab es an den 34 Spieltagen insgesamt 141 Heimsiege, 63 Unentschieden und 102 Auswärtssiege. Wenn man dies als Ergebnis einer „Zufallsstichprobe" ansieht, kann man dann daraus schließen, dass die Siegchancen bei einem Heimspiel generell größer sind als bei einem Auswärtsspiel?

Abituraufgaben

Zur Vorbereitung auf ein erfolgreiches Abitur

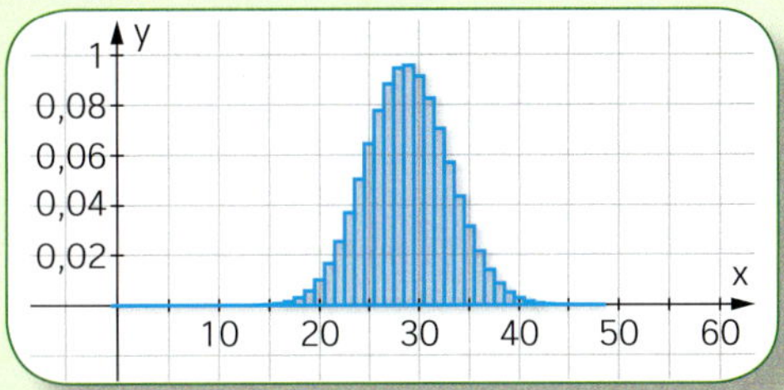

Abiturübungen: Pflichtteil

Analysis

1 Für jeden Wert von a $(a \in \mathbb{R})$ ist eine Funktion f_a gegeben durch $f_a(x) = -x^2 + a \; (x \in \mathbb{R})$.

a) Begründen Sie mithilfe der Lage des Graphen von f_1 im Koordinatensystem, dass $\int_{-1}^{1} f_1(x)\,dx > 0$ gilt.

b) Bestimmen Sie denjenigen Wert von a, für den $\int_{-1}^{1} f_1(x)\,dx = 0$ gilt.

2 Die Abbildung zeigt den Graphen einer Funktion f.

a) Beschreiben Sie für $a < x < b$ den Verlauf des Graphen einer Stammfunktion von f.

b) Skizzieren Sie in der Abbildung den Graphen einer Stammfunktion von f im gesamten dargestellten Bereich.

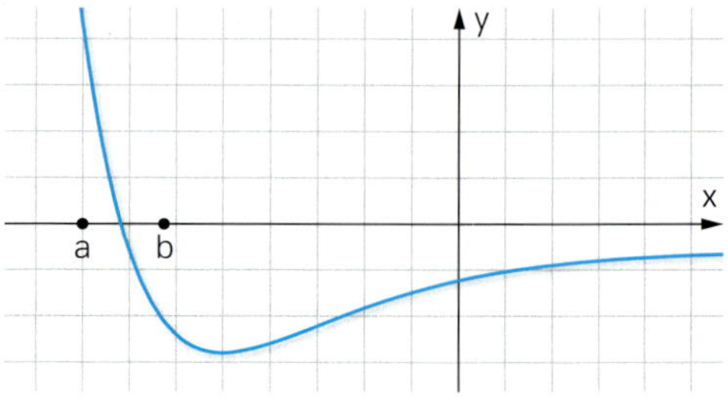

3 Gegeben ist die Funktion f mit $f(x) = e^x \cdot (2x + x^2)$; $(x \in \mathbb{R})$

a) Bestimmen Sie die Nullstellen der Funktion f.

b) Zeigen Sie, dass die Funktion F mit $F(x) = x^2 \cdot e^x$; $(x \in \mathbb{R})$ eine Stammfunktion von f ist.

c) Zeigen Sie, dass $\int_{-2}^{0} f(x)\,dx = -\frac{4}{e^2}$ gilt.

4 Gegeben sind die in $\mathbb{R}$ definierten Funktionen f, g und h durch $f(x) = x^2 - x + 1$; $g(x) = x^3 - x + 1$ und $h(x) = x^4 + x^2 + 1$

a) Die Abbildung zeigt den Graphen einer der drei Funktionen. Geben Sie an, um welche Funktion es sich handelt. Begründen Sie, dass der Graph die anderen beiden Funktionen nicht darstellt.

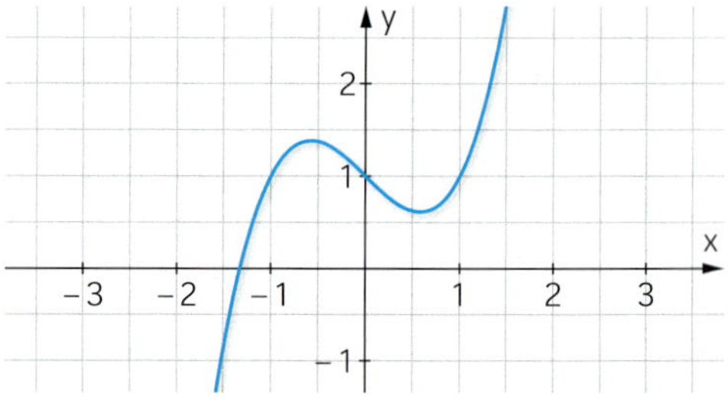

b) Die erste Ableitungsfunktion von h ist h′. Bestimmen Sie den Wert von $\int_{0}^{1} h'(x)\,dx$.

5 Für jeden Wert von a $(a > 0)$ ist eine Funktion f_a gegeben durch $f_a(x) = x \cdot e^{-a \cdot x}$; $(x \in \mathbb{R})$.
In der nebenstehenden Abbildung ist beispielhaft für $a = 2$ der Graph von f_2 sowie von f_2' dargestellt. Es ist $f_2'(0) = 1$.

a) Begründen Sie, dass $y = x$ die Gleichung der Tangente an den Graphen von f_2 an der Stelle $x = 0$ ist.

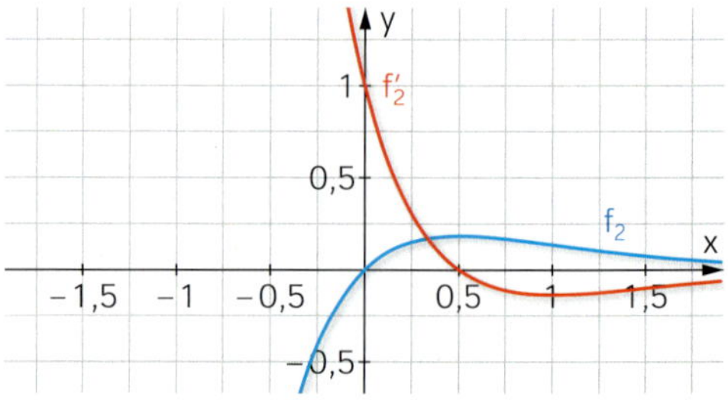

b) Zeigen Sie, dass gilt: $f_a'(x) = (1 - a \cdot x) \cdot e^{-a \cdot x}$; $(x \in \mathbb{R},\; a > 0)$.

c) Begründen Sie, dass die Extremstellen der Graphen von f_a vom Parameter a abhängig sind, die Nullstellen aber nicht.

6 Gegeben ist die Funktionenschar f_a mit $f_a(x) = a \cdot x^4 - x^2$, $a > 0$

a) Bestimmen Sie $\int_0^1 f_a(x)\,dx$.

b) Die Graphen von f_a schneiden die x-Achse an den Stellen $x_1 = 0$; $x_2 = \sqrt{\frac{1}{a}}$, $x_3 = -\sqrt{\frac{1}{a}}$
Bestimmen Sie a so, dass x_1, x_2 und x_3 den Abstand 4 haben.

7 Für $x \leq 2$ ist eine Funktion f mit $f(x) = -\frac{1}{2}x^2 + 4$ und für $x > 2$ eine lineare Funktion g gegeben.
In der nebenstehenden Abbildung sind die Graphen der beiden Funktionen dargestellt. Es gilt $f(2) = g(2)$ und $g(3) = 0$.

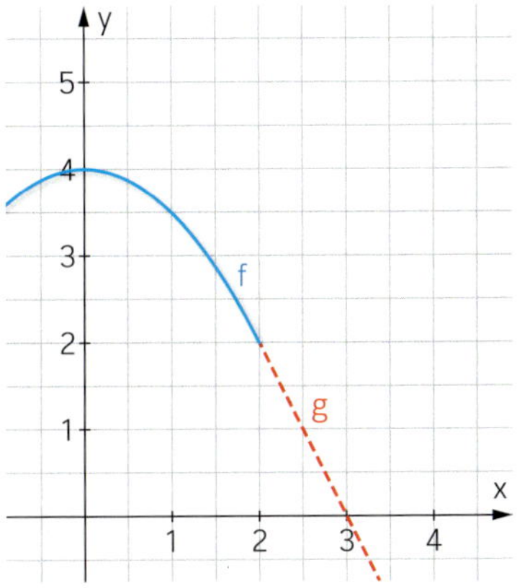

a) Zeigen Sie, dass der Graph von f knickfrei an den Graphen von g anschließt.

b) Begründen Sie allgemein, dass der Übergang zwischen dem Graphen einer linearen Funktion und dem Graphen einer quadratischen Funktion nie krümmungsruckfrei sein kann.

8 Gegeben sind die Funktionen f_a mit $f_a(x) = -a \cdot x \cdot (x - a)$, wobei $x \in \mathbb{R}$ und $a \in \mathbb{R}$, $a > 0$ gilt.

a) Geben Sie die Nullstellen der Funktionen f_a an.

b) Bestimmen Sie denjenigen Wert von a, für den $\int_0^a f_a(x)\,dx = \frac{8}{3}$ gilt.

9 Für $x \in \mathbb{R}$ und $x \leq 1$ ist eine Funktion f mit $f(x) = e^{x-1}$ und für $x \in \mathbb{R}$ und $x \geq 1$ ist eine Funktion g_a mit $g_a(x) = -x^2 + a \cdot x - 1$ gegeben.

a) Untersuchen Sie, ob es einen Wert für a so gibt, dass der Graph von s g_a sowohl sprung- als auch knickfrei an den Graphen von f anschließt.

b) Begründen Sie, dass der Übergang zwischen einer beliebigen nach unten geöffneten Parabel p und dem Graphen von f nie krümmungsruckfrei sein kann.

10 Für jeden Wert von a $(a \in \mathbb{R};\ a > 0)$ ist die Funktion f_a gegeben durch $f_a(x) = a \cdot e^{a+x}$ $(x \in \mathbb{R})$.
Die Tangente an den Graphen von f_a im Punkt $(-1\,|\,f_a(-1))$ wird mit t_a bezeichnet.

a) Weisen Sie nach, dass für jeden Wert von a die Tangente t_a durch die Gleichung $y = a \cdot e^{a-1} \cdot x + 2 \cdot a \cdot e^{a-1}$ beschrieben werden kann.

b) Für jeden Wert von a schließen die Tangente t_a und die beiden Koordinatenachsen ein Dreieck ein. Ermitteln Sie den Flächeninhalt dieses Dreiecks in Abhängigkeit von a.

11 An einer Messstation wurde über einen Zeitraum von 10 Stunden die Anzahl der Pollen pro Kubikmeter Luft ermittelt. Dabei kann die Anzahl der Pollen pro Kubikmeter zum Zeitpunkt t (in Stunden nach Beginn der Messung) durch die Gleichung $n(t) = 3 \cdot t^2 - 60 \cdot t + 500$ mit $t \in \mathbb{R};\ 0 \leq t \leq 10$, beschrieben werden.

a) Bestimmen Sie die mittlere Änderung der Anzahl der Pollen pro Kubikmeter und Stunde während der ersten beiden Stunden der Messung.

b) Ermitteln Sie den Zeitpunkt nach Beginn der Messung, zu dem die momentane zeitliche Änderung der Anzahl der Pollen pro Kubikmeter und Stunde -30 beträgt.

12 a) Gegeben ist die Funktion p mit $p(x) = c \cdot x - x^2$; $x \in \mathbb{R}$; $c > 0$. Der Graph von p schließt zwischen den beiden Nullstellen $x = 0$ und $x = c$ mit der x-Achse ein Flächenstück ein. Berechnen Sie den Wert von c so, dass der Inhalt dieses Flächenstücks $\frac{9}{2}$ groß ist.

b) Gegeben sind die in $\mathbb{R}$ definierten Funktionen f und g. f und g haben für $x = a$ einen gemeinsamen Punkt und es gilt $\int_a^b (f'(x) - g'(x))\,dx = 0$. Zeigen Sie damit, dass die Funktionen f und g auch für $x = b$ einen gemeinsamen Punkt haben.

13 Gegeben ist die Funktion f mit

$f(x) = -x^3 + 3 \cdot x^2 - 2 \cdot x$; $x \in \mathbb{R}$

Die Abbildung zeigt ihren Graphen, der bei $x = 1$ den Wendepunkt W hat.

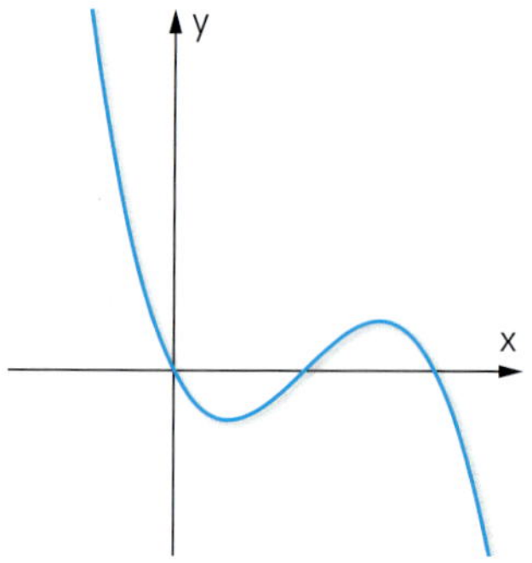

a) Zeigen Sie, dass die Tangente an den Graphen von f im Punkt W die Steigung 1 hat.

b) Betrachtet werden die Geraden mit positiver Steigung m, die durch W verlaufen.
Geben Sie die Anzahl der Schnittpunkte dieser Geraden mit dem Graphen von f in Abhängigkeit von m an.

14 Die Abbildung zeigt den Graphen der Funktion f mit $f(x) = \frac{4}{x^2}$; $x \in \mathbb{R}$; $x \neq 0$
Der Graph ist symmetrisch zur y-Achse.

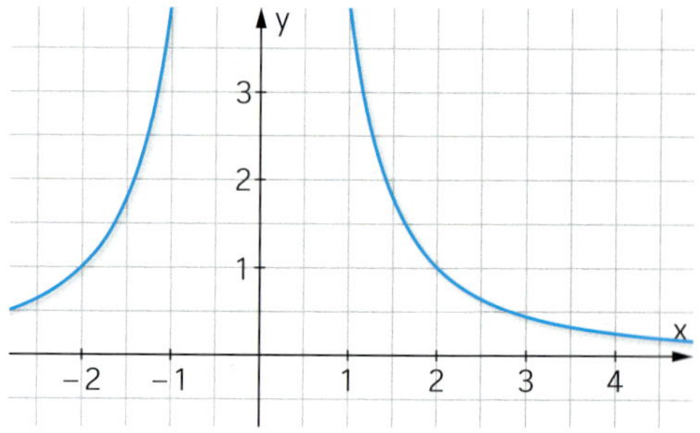

a) Die Gerade, die parallel zur x-Achse durch den Punkt $P(0|p)$ verläuft, schneidet den Graphen von f in zwei Punkten. Der Abstand dieser beiden Schnittpunkte ist 1.
Berechnen Sie den Wert von p.

b) Die Koordinatenachsen schließen mit der Tangente an den Graphen von f in einem Punkt $R(u|f(u))$ mit $u > 0$ ein gleichschenkliges Dreieck ein. Berechnen Sie die Koordinaten von R.

c) Erläutern Sie die Bedeutung der Gleichung $f'(-x) = -f'(x)$ für den Graphen von f'.

15 Die Abbildung zeigt den Graphen einer quadratischen Funktion f.

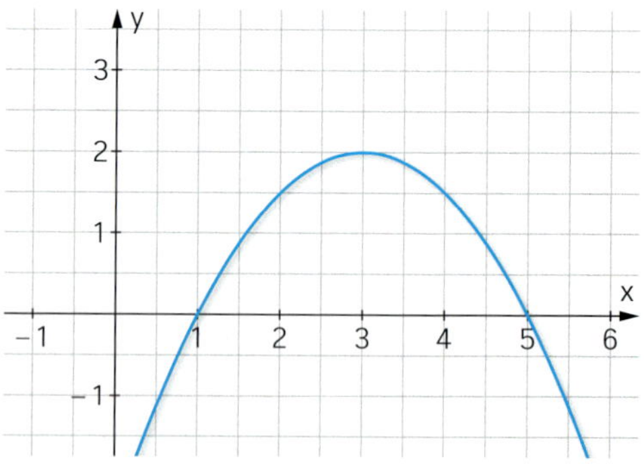

a) Geben Sie eine Gleichung der Funktion f an.

b) Gegeben sind die beiden Terme:

(I) $\frac{f(3) - f(1)}{3 - 1}$ und $\lim\limits_{x \to 4} \frac{f(4) - f(x)}{4 - x}$; $x \neq 4$

Beschreiben Sie ihre jeweilige Bedeutung in Bezug auf den Graphen von f.

c) Veranschaulichen Sie den Wert des Terms $4 \cdot 2 - \int_1^5 f(x)\,dx$ in der Abbildung.

16 Gegeben ist die Funktionenschar f_a mit $f_a(x) = \frac{1}{a} \cdot e^{a \cdot x}$; $x \in \mathbb{R}$; $0 < a < 1$

a) Gegeben ist die Gleichung $\frac{1}{a} \cdot e^{a \cdot x} = \frac{2}{a}$. Bestimmen Sie eine Lösung für x.

b) Bestimmen Sie alle Werte für a so, dass der vertikale Abstand der Graphen von f_a und f_a, an der Stelle $x = 0$ mindestens 3 beträgt.

17 Gegeben ist eine Funktion f mit $f(x) = 3 \cdot \sin(2 \cdot x)$; $x \in \mathbb{R}$.

a) Geben Sie an, welcher der folgenden Graphen zur Funktion f gehört.

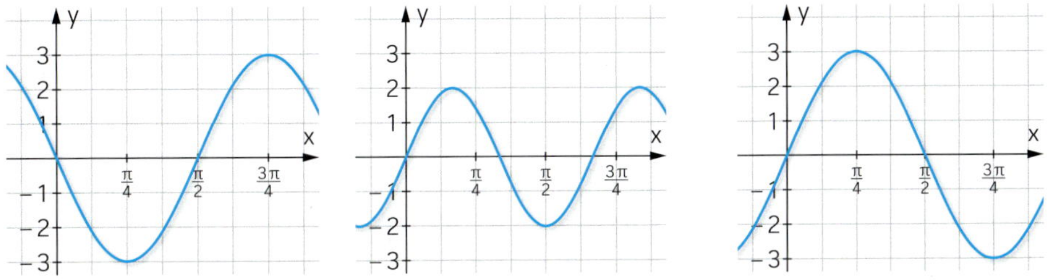

b) Bestimmen Sie die Gleichung der Tangente an den Graphen von f im Punkt $P(0 \mid f(0))$.

Analytische Geometrie

1 Die Gerade g verläuft durch die Punkte $A(0 \mid 1 \mid 2)$ und $B(2 \mid 5 \mid 6)$.

a) Zeigen Sie, dass die Punkte A und B den Abstand 6 haben.
Die Punkte C und D liegen auf g und haben von A jeweils den Abstand 12.
Bestimmen Sie die Koordinaten von C und D.

b) Die Punkte A, B und $E(1 \mid 2 \mid 5)$ sollen mit einem weiteren Punkt die Eckpunkte eines Parallelogramms bilden. Für die Lage des vierten Eckpunktes gibt es mehrere Möglichkeiten. Geben Sie für zwei dieser Möglichkeiten die Koordinaten des vierten Eckpunktes an.

2 Für jedes $a \in \mathbb{R}$ ist ein Punkt $P_a(1 \mid a \mid -4)$ gegeben.

a) Bestimmen Sie alle Werte von a so, dass die Punkte P_a vom Ursprung den Abstand 9 haben.

b) Die Gerade g enthält alle Punkte, die durch P_a beschrieben werden.
Geben Sie für g eine Gleichung an.

3 Betrachtet wird das nebenstehende gerade Prisma mit $A(1 \mid 3 \mid 1)$, $B(5 \mid 6 \mid 1)$, $C(4 \mid -1 \mid 1)$ und $D(1 \mid 3 \mid 7)$.

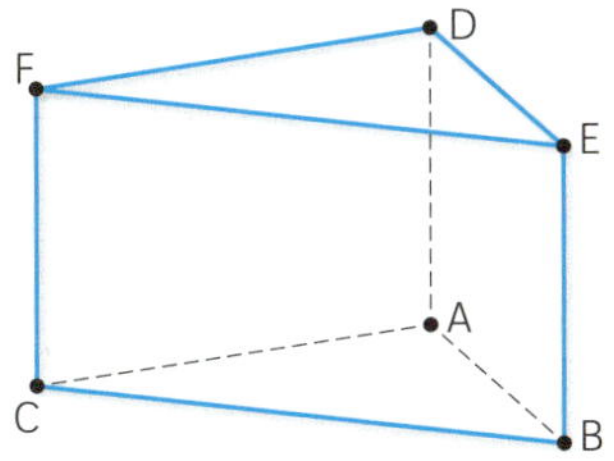

a) Weisen Sie nach, dass die Grundfläche ABC ein rechtwinkliges Dreieck mit rechtem Winkel bei A ist.

b) Die Kante AD steht senkrecht auf der Grundfläche ABC.
Berechnen Sie das Volumen des Prismas.

4 Betrachtet wird der abgebildete Würfel ABCDEFGH.
Die Eckpunkte D, E, F und H dieses Würfels besitzen in einem kartesischen Koordinatensystem die folgenden Koordinaten: $D(0 \mid 0 \mid -2)$, $E(2 \mid 0 \mid 0)$, $F(2 \mid 2 \mid 0)$ und $H(0 \mid 0 \mid 0)$.

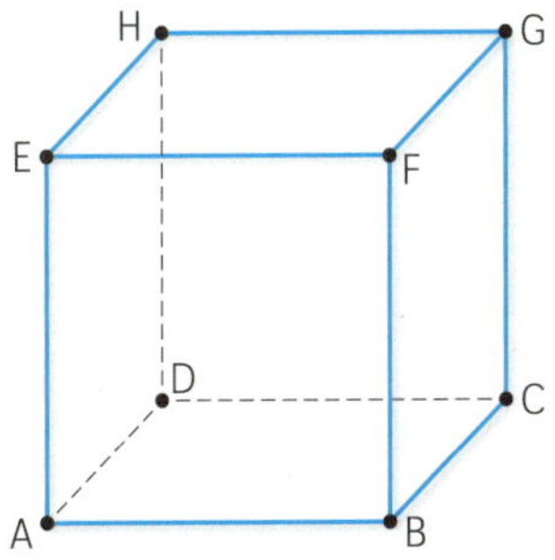

a) Zeichnen Sie in die Abbildung die Koordinatenachsen ein und bezeichnen Sie diese. Geben Sie die Koordinaten des Punktes A an.

b) Der Punkt P liegt auf der Kante FB des Würfels und hat vom Punkt H den Abstand 3.
Berechnen Sie die Koordinaten des Punktes P.

5 Gegeben ist die Ebene E: $2x + y - 2z = -18$.

a) Der Schnittpunkt von E mit der x-Achse, der Schnittpunkt von E mit der y-Achse und der Koordinatenursprung sind die Eckpunkte eines Dreiecks.
Bestimmen Sie den Flächeninhalt dieses Dreiecks.

b) Ermitteln Sie die Koordinaten des Vektors, der sowohl ein Normalenvektor von E als auch der Ortsvektor eines Punktes der Ebene E ist.

6 Eine an der Hauswand im Punkt A(0|4|4) befestigte Fahnenstange endet im Punkt B. Zur Stabilisierung soll auf halber Länge der Fahnenstange im Punkt C(3|4|8) eine Strebe zur Hauswand in Punkt D(0|4|z) führen, so dass Fahnenstange und Strebe einen rechten Winkel einschließen.

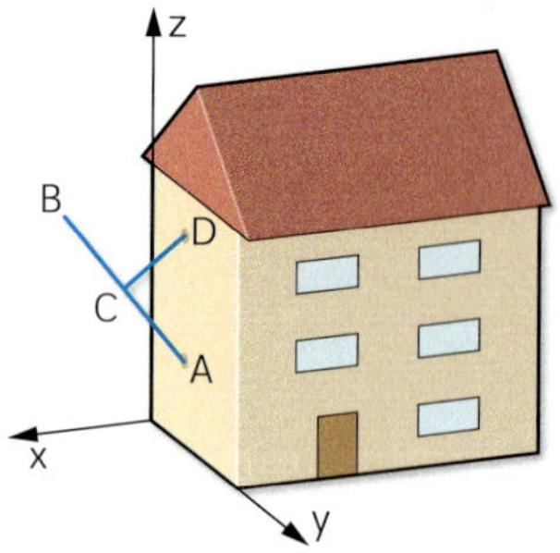

Alle Koordinaten haben die Einheit Meter.

a) Geben Sie die Koordinaten des Punktes B der Fahnenstange an.

b) Bestimmen Sie die z-Koordinate von D.

7 Eine Rohrleitung verläuft modellmäßig vom Ursprung in Richtung $\vec{r} = \begin{pmatrix} 2 \\ 2 \\ 1 \end{pmatrix}$

Sie wird durch zwei gleichlange, symmetrisch zur Rohrleitung angeordnete Streben abgestützt.
Die rechte Strebe verläuft vom Punkt B(3|6|0) zum Punkt C(4|4|2).

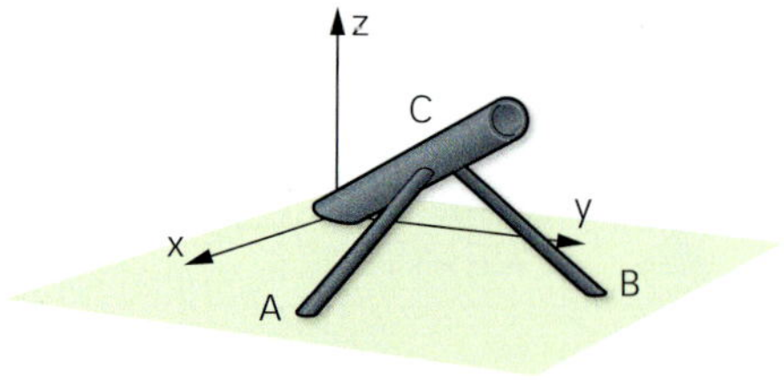

a) Weisen Sie nach, dass die rechte Strebe senkrecht auf der Rohrleitung steht.

b) Geben Sie die Koordinaten des in der xy-Ebene liegenden Punktes A an.

8 Gegeben sind die Geraden

$g: \vec{x} = \begin{pmatrix} 3 \\ -3 \\ 3 \end{pmatrix} + r \cdot \begin{pmatrix} 3 \\ 0 \\ -1 \end{pmatrix}; \; r \in \mathbb{R}$ und

$h: \vec{x} = \begin{pmatrix} 3 \\ -3 \\ 3 \end{pmatrix} + s \cdot \begin{pmatrix} 1 \\ 0 \\ 3 \end{pmatrix}; \; s \in \mathbb{R}$

a) Geben Sie die Koordinaten des Schnittpunkts von g und h an.
Zeigen Sie, dass g und h senkrecht zueinander verlaufen.

b) Die Ebene E enthält die Geraden g und h.
Bestimmen Sie eine Gleichung von E in Koordinatenform.

Stochastik

1 In Urne A befinden sich zwei rote und drei weiße Kugeln. Urne B enthält drei rote und zwei weiße Kugeln. Betrachtet wird folgendes Zufallsexperiment:
Aus Urne A wird eine Kugel zufällig entnommen und in Urne B gelegt; danach wird aus Urne B eine Kugel zufällig entnommen und in Urne A gelegt.

a) Geben Sie alle Möglichkeiten für den Inhalt der Urne A nach der Durchführung des Zufallsexperiments an.

b) Betrachtet wird das Ereignis E: Nach Durchführung des Zufallsexperiments befinden sichwieder drei weiße Kugeln in Urne A.
Untersuchen Sie, ob das Ereignis E eine größere Wahrscheinlichkeit als sein Gegenereignis hat.

2 Bei der Wintersportart Biathlon wird bei jeder Schießeinlage auf fünf Scheiben geschossen. Ein Biathlet tritt bei einem Einzelrennen zu einer Schießeinlage an, bei der er auf jede Scheibe einen Schuss abgibt. Diese Schießeinlage wird modellhaft durch eine Bernoullikette mit der Länge 5 und der Trefferwahrscheinlichkeit p beschrieben.

a) Geben Sie für die folgenden Ereignisse jeweils einen Term an, der die Wahrscheinlichkeit des Ereignisses in Abhängigkeit von p beschreibt.
- Der Biathlet trifft bei genau vier Schüssen.
- Der Biathlet trifft nur bei den ersten beiden Schüssen.

b) Erläutern Sie anhand eines Beispiels, dass die modellhafte Beschreibung der Schießeinlage durch eine Bernoullikette unter Umständen der Realität nicht gerecht wird.

3 Ein Basketballspieler wirft 10 Freiwürfe. Die Anzahl seiner Treffer wird mit k bezeichnet und durch die Zufallsgröße X beschrieben. Die Zufallsgröße X wird als binomialverteilt mit der Trefferwahrscheinlichkeit $p = 0{,}8$ angenommen. In der Abbildung ist die Wahrscheinlichkeitsverteilung von X dargestellt.

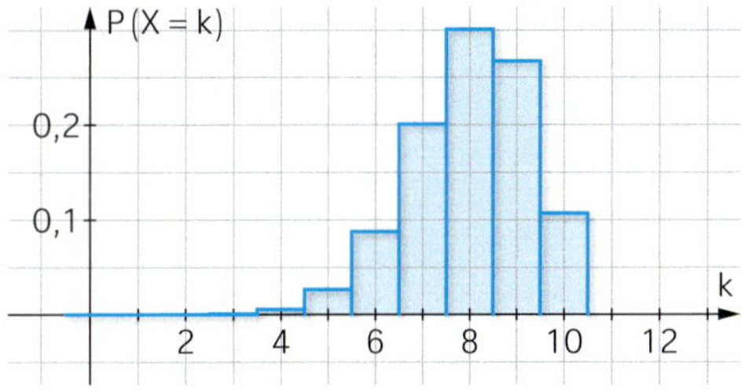

a) Ermitteln Sie mithilfe der Abbildung einen Näherungswert für die Wahrscheinlichkeit dafür, dass der Basketballspieler mindestens 8-mal trifft.

b) Zeigen Sie, dass die Wahrscheinlichkeit dafür, keinen Treffer zu erzielen, kleiner als $\frac{1}{1\,000\,000}$ ist.

4 Ein Glücksrad hat drei Sektoren, einen blauen, einen gelben und einen roten. Diese sind unterschiedlich groß. Die Wahrscheinlichkeit dafür, dass beim einmaligen Drehen der blaue Sektor getroffen wird, beträgt p.

a) Interpretieren Sie den Term $(1-p)^7$ im Sachzusammenhang.

b) Das Glücksrad wird zehnmal gedreht.
Geben Sie einen Term an, mit dem die Wahrscheinlichkeit dafür berechnet werden kann, dass der blaue Sektor genau zweimal getroffen wird.

c) Die Wahrscheinlichkeit dafür, dass beim einmaligen Drehen der gelbe Sektor getroffen wird, beträgt 50 %.
Felix hat 100 Drehungen des Glücksrads beobachtet und festgestellt, dass bei diesen der Anteil der Drehungen, bei denen der gelbe Sektor getroffen wurde, deutlich geringer als 50 % war. Er folgert: „Der Anteil der Drehungen, bei denen der gelbe Sektor getroffen wird, muss also bei den nächsten 100 Drehungen deutlich größer als 50 % sein.“ Beurteilen Sie die Aussage von Felix.

5 In der Abbildung 1 ist das Histogramm der binomialverteilten Zufallsgröße X für n Versuche und der Erfolgswahrscheinlichkeit $p_1 = \frac{1}{3}$ dargestellt. Deren Erwartungswert beträgt $\mu = 24$.
In der Abbildung 2 ist das Histogramm der binomialverteilten Zufallsgröße Y mit derselben Anzahl der Versuche n und der Erfolgswahrscheinlichkeit p_2 dargestellt.
a) Entscheiden Sie, welche der Erfolgswahrscheinlichkeiten p_1 und p_2 größer ist.
b) Bestimmen Sie für die in Abbildung 1 dargestellte Binomialverteilung die Anzahl der Versuche n und die Standardabweichung σ.

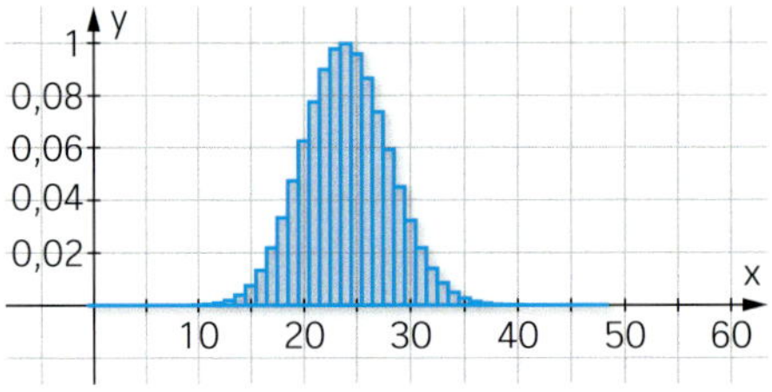

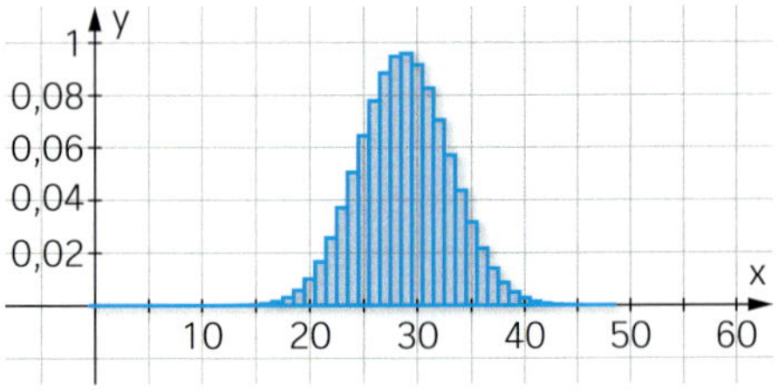

6 a) Die Zufallsgröße X ist binomialverteilt mit $n = 10$ und $p = 0{,}8$.
Eine der folgenden Abbildungen stellt die Wahrscheinlichkeitsverteilung von X dar.
Achtung:

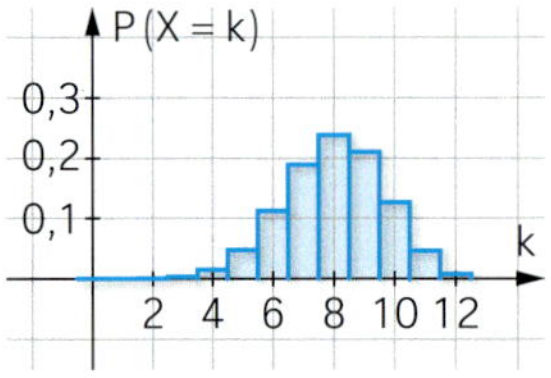

Abbildung 1

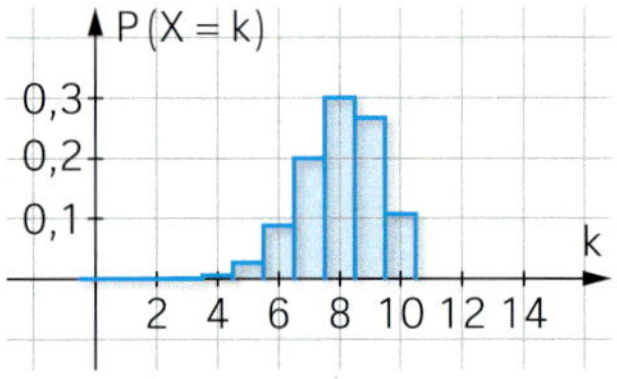

Abbildung 2

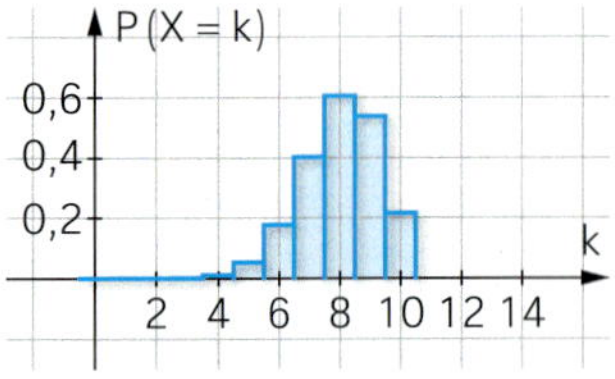

Abbildung 3

Geben Sie die beiden Abbildungen an, die nicht die Wahrscheinlichkeitsverteilung von X darstellen. Begründen Sie Ihre Angabe.
b) Betrachtet wird die binomialverteilte Zufallsgröße Y mit den Parametern n und p.
Es gilt:
- Der Erwartungswert von Y ist 8.
- Die Wahrscheinlichkeitsverteilung von Y ist symmetrisch.

Ermitteln Sie den Wert von n.

7 Gegeben ist die Dichtefunktion φ einer normalverteilten Zufallsgröße X mit der Standardabweichung $\sigma = 2{,}5$. Die Wahrscheinlichkeit eines Ereignisses A wird durch $P(6{,}5 \le X \le 11{,}5)$ beschrieben.

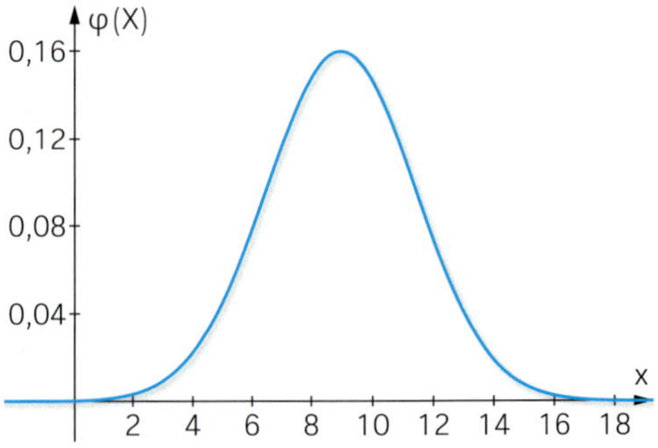

a) Stellen Sie die Wahrscheinlichkeit des Ereignisses A in der Abbildung grafisch dar.
Geben Sie den Erwartungswert μ_X an.
b) Eine Zufallsgröße Y ist normalverteilt mit $\mu_Y = 7$ und $\sigma_Y = 1{,}25$. Die Wahrscheinlichkeit eines Ereignisses B wird durch $P(4{,}5 \le X \le 9{,}5)$ beschrieben.
Untersuchen Sie, welches der beiden Ereignisse A oder B eine größere Wahrscheinlichkeit aufweist.

Abiturübungen: Wahlteil

1 Internetanschlüsse

In einer Stadt wird untersucht, wie viel Prozent der Haushalte über einen Internetanschluss verfügen.

a) Zur Modellierung wird die Funktion f mit $f(t) = 3 \cdot 1{,}065^t$ verwendet, wobei f(t) den Anteil in Prozent zum Zeitpunkt t angibt und t die Zeit in Wochen.
Geben Sie die Bedeutung der Werte 3 und 1,065 im Sachzusammenhang an.
Berechnen Sie mit der Funktion f
- die Verdopplungszeit des Anteils,
- die Wachstumsgeschwindigkeit zum Zeitpunkt $t = 20$.

Berechnen Sie den Zeitpunkt, an dem die momentane Wachstumsgeschwindigkeit des Anteils mit der durchschnittlichen Wachstumsgeschwindigkeit im Zeitraum $20 \le t \le 40$ übereinstimmt.
Begründen Sie, dass f nicht geeignet ist, den Anteil langfristig zu modellieren.

b) Für eine andere Stadt stellt der Graph die Wachstumsgeschwindigkeit w′ des Anteils der Haushalte mit Internetanschluss dar.
Beurteilen Sie mithilfe des Graphen die Gültigkeit der folgenden Aussagen:

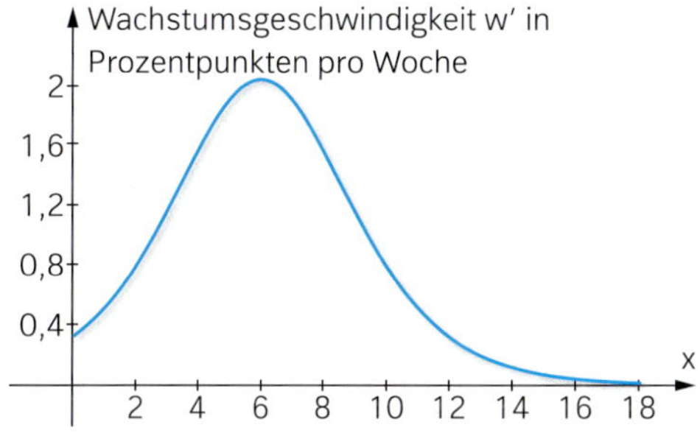

- Der Anteil der Haushalte mit Internetanschluss wächst nicht exponentiell, steigt aber im gesamten Zeitraum.
- Die Änderungsrate der Wachstumsgeschwindigkeit ist nach etwa 30 Wochen maximal.

Erläutern Sie im Sachzusammenhang die Aussage: Der Graph der zugehörigen Funktion w geht etwa bei $t = 30$ von einer Links- in eine Rechtskurve über.
Bestimmen Sie anhand des Graphen einen Näherungswert für die Zunahme des Anteils der Haushalte mit Internetanschluss im Zeitraum $35 \le t \le 50$.

c) Die Differentialgleichung beim logistischen Wachstum mit der Sättigungsgrenze G und der Wachstumskonstanten k ist gegeben durch: $w'(t) = k \cdot w(t) \cdot (G - w(t))$.
Dabei soll gelten: $k > 0$ und $0 < w(t) < G$. Der Graph stellt die Differentialgleichung dar.

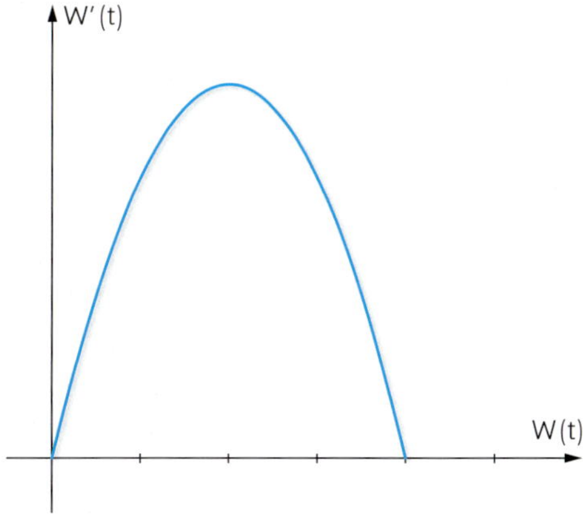

Weisen Sie mithilfe der Differentialgleichung nach, dass gilt: w wächst streng monoton.
Zeigen Sie, dass w′ für $w(t) = \frac{G}{2}$ maximal wird.
Die Werte von k und G sind bekannt.
Beurteilen Sie die Gültigkeit folgender Behauptung: Zu einem beliebigen Zeitpunkt t kann der Bestand w eindeutig bestimmt werden, falls die Wachstumsgeschwindigkeit w′ zu diesem Zeitpunkt bekannt ist.

2 Ein Werkstück

Ein Werkstück aus Metall soll modellmäßig beschrieben werden. Die Abbildung zeigt den Querschnitt eines Entwurfs für das Werkstück. Das Werkstück ist an der Basis 100 cm breit.

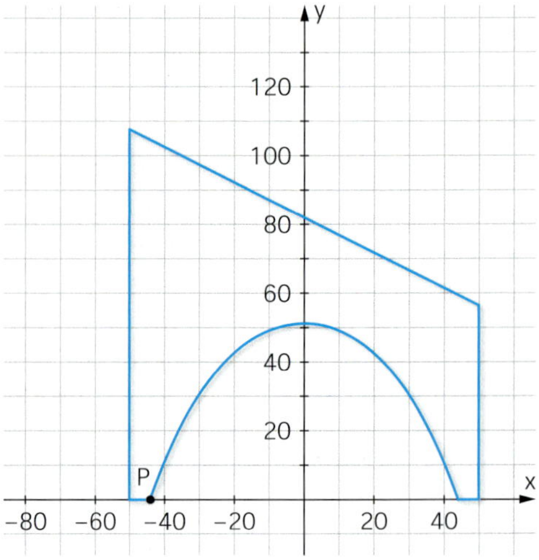

Der obere Rand des Werkstücks wird beschrieben durch eine Funktion f mit $f(x) = \frac{1}{2} \cdot x + 80$; x und f(x) in Zentimetern.

In einem ersten Modell soll der gebogene Teil des Werkstücks durch eine Funktion g mit $g(x) = -\frac{1}{2} \cdot a \cdot \left(e^{\frac{x}{a}} + e^{-\frac{x}{a}}\right) + 3 \cdot a$, $x \in \mathbb{R}$, $a > 0$ zwischen deren Nullstellen beschrieben werden. Dabei werden x und g(x) in Zentimetern angegeben.

Es gilt $g'(x) = -\frac{1}{2} \cdot a \cdot \left(e^{\frac{x}{a}} - e^{-\frac{x}{a}}\right)$ und $g''(x) = -\frac{1}{2 \cdot a} \cdot \left(e^{\frac{x}{a}} + e^{-\frac{x}{a}}\right)$.

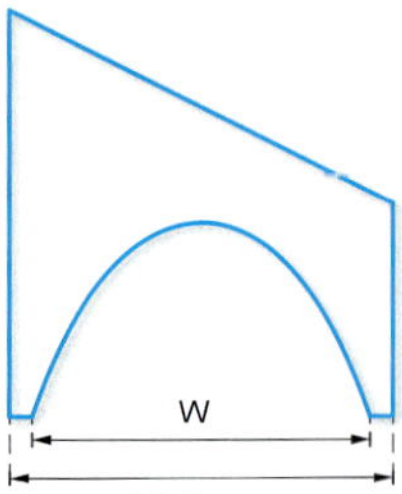

a) Zeigen Sie allgemein:
   - Der Graph von g ist symmetrisch zur y-Achse.
   - g hat keine Wendestellen.

   Bestimmen Sie die Gleichung der Funktion g so, dass die y-Achse bei 50 geschnitten wird.
   Entscheiden Sie, ob das mit g für $a = 25$ modellierte Werkstück den folgenden Qualitätskriterien genügt:
   - Die Weite w des gebogenen Teils des Werkstücks soll kleiner als 90 cm sein.
   - Der Steigungswinkel des gebogenen Teils des Werkstücks soll im Punkt P kleiner als 72° sein (siehe Abbildung).

b) Eine andere Modellierung schlägt für den gebogenen Teil des Werkstücks die Funktion mit $h(x) = -\frac{2}{81} \cdot x^2 + 50$ vor. Dabei werden x und h(x) in Zentimetern angegeben.
   Der Inhalt der Querschnittsfläche des mit f und g für $a = 25$ modellierten Werkstücks beträgt ungefähr 4925,23 cm².
   Vergleichen Sie diesen Wert mit dem für den Flächeninhalt des mit f und h modellierten Werkstücks.
   Für eine am Werkstück anzubringende Bohrung sollen die Werte der Differenzfunktionen d_1 und d_2 mit $d_1(x) = f(x) - g(x)$ und $d_2(x) = f(x) - h(x)$ untersucht werden. (g mit $a = 25$)
   Vergleichen Sie deren Werte an der Stelle $x = 18$.
   Untersuchen Sie, ob die Differenzfunktionen d_1 und d_2 an gleichen Stellen minimal sind.

c) Unabhängig vom Sachzusammenhang sind eine nach unten geöffnete Parabel h und eine Gerade f gegeben. Die Gerade verläuft oberhalb der Parabel.
   Begründen Sie ausgehend von einer geeigneten Skizze die folgende Aussage:
   Wenn eine Tangente an h im Punkt A parallel zu f verläuft, dann ist die Entfernung zwischen der Parabel h und der Geraden f dort am kleinsten.
   Zeigen Sie, dass an der Stelle, an der die Tangentensteigung von h und die Steigung von f übereinstimmen, die Differenzfunktion der zu h und f gehörenden Funktionen ein Extremum hat.

3 **Ein Fallschirmsprung**

Der Sprung eines Fallschirmspringers soll in drei Phasen modelliert werden. In Phase A, beginnend zum Zeitpunkt $t_0 = 0$, wird der Springer bei geschlossenem Fallschirm immer schneller. In Phase B fällt er aufgrund des Luftwiderstandes mit konstanter Sinkgeschwindigkeit. Mit Öffnen des Fallschirms soll Phase C beginnen, in der der Fallschirm den Springer zunächst deutlich abbremst, so dass er schließlich eine zum Landen geeignete nahezu konstante Sinkgeschwindigkeit erreicht. Während des gesamten Sprungs werden die Höhe in Metern über dem Boden und die Zeit in Sekunden gemessen.

a) Der Springer misst während der Phase B zum Zeitpunkt $t_1 = 10\,s$ die Höhe $h_1 = 1000\,m$ und zum Zeitpunkt $t_2 = 14\,s$ die Höhe $h_2 = 800\,m$.
Weisen Sie mithilfe dieser Daten nach, dass sich die Höhe des Fallschirmspringers in Abhängigkeit von der Zeit t im Zeitraum der Phase B durch die Funktion h_B mit $h_B(t) = 1500 - 50 \cdot t$ beschreiben lässt.
Die Höhe des Fallschirmspringers in Phase A soll näherungsweise durch eine quadratische Funktion h_A mit $h_A(t) = a \cdot t^2 + b \cdot t + c$ modelliert werden. Diese soll zum Zeitpunkt $t_3 = 8\,s$ stetig und differenzierbar an h_B anschließen. Ihr Graph soll durch den Punkt $(4\,|\,1250)$ verlaufen.
Bestimmen Sie mithilfe dieser Informationen die Funktionsgleichung für h_A.
Skizzieren Sie die entsprechenden Graphen für die Phasen A und B bis zum Zeitpunkt $t_2 = 14\,s$ und markieren Sie die Grenze zwischen den beiden Phasen.

b) Nach 16 Sekunden öffnet der Springer den Fallschirm und leitet damit die Phase C ein. Die Höhe in dieser Phase soll durch die Funktion h_C mit $h_C(t) = \frac{45}{2} \cdot e^{-2 \cdot t + 32} - 5 \cdot t + 757{,}5$ modelliert werden.
Berechnen Sie den Zeitpunkt, zu dem der Springer den Boden erreicht.
Für eine sichere Landung sollte die Sinkgeschwindigkeit in etwa den Richtwert von $-5\,\frac{m}{s}$ erreichen.
Bestimmen Sie den Zeitpunkt t_S, zu dem eine Geschwindigkeit erreicht wird, die nur noch $0{,}05\,\frac{m}{s}$ von dem Richtwert abweicht. Begründen Sie anhand des Terms der Geschwindigkeitsfunktion, dass ab dem Zeitpunkt t_S die Sinkgeschwindigkeit nicht mehr als $0{,}05\,\frac{m}{s}$ vom Richtwert abweicht.

c) Unabhängig von der obigen Modellierung kann die Sinkgeschwindigkeit mit Fallschirm auch durch die Funktion v mit $v(t) = -45\,e^{-2 \cdot t} - 5$, t in Sekunden, v(t) in Metern pro Sekunde, beschrieben werden.
Zeigen Sie, dass diese Funktion die Differentialgleichung des begrenzten Wachstums $v'(t) = k \cdot (G - v(t))$, mit $k \neq 0$, für geeignete Werte von k und G erfüllt.
Klassifizieren Sie die Graphen der Lösungen der Differentialgleichung unabhängig von dem Sachzusammenhang, indem Sie die Vorzeichen der Parameter k und G variieren.

4 Ein Holzfass

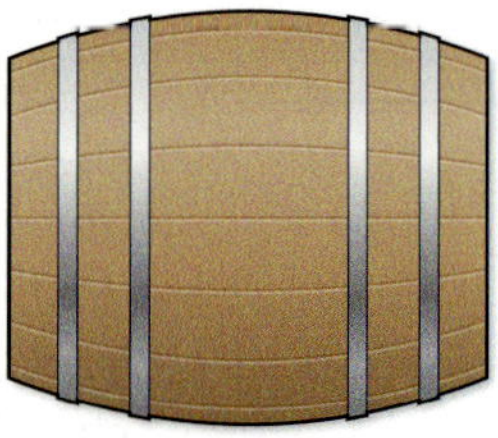

Ein Holzfass ist $h = 0{,}80\,\text{m}$ hoch, hat in der Mitte einen Radius von $R = 0{,}35\,\text{m}$ und an Boden und Deckel den Radius $r = 0{,}27\,\text{m}$.

Das Fass wird entsprechend der Abbildung im Koordinatensystem symmetrisch zur y-Achse liegend betrachtet.

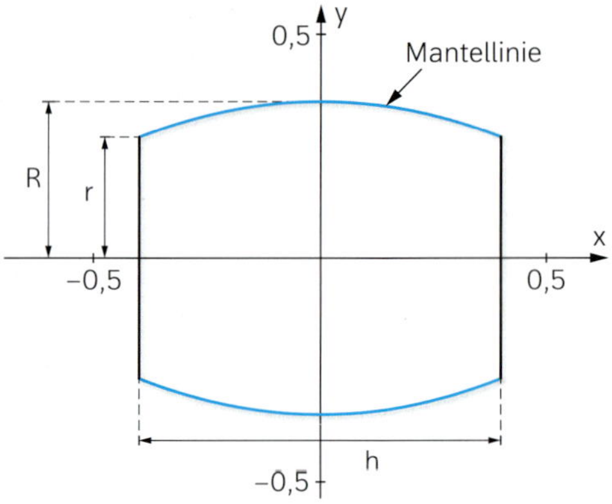

a) Die Mantellinie kann näherungsweise mithilfe einer Parabel beschrieben werden.
Bestimmen Sie für die Mantellinie des Fasses mit den oben genannten Maßen eine Gleichung der Funktion p mit $p(x) = a \cdot x^2 + b,\ a \in \mathbb{R},\ b \in \mathbb{R}$.
Berechnen Sie damit das Rotationsvolumen des Fasses.
Johannes Kepler entwickelte die folgende Formel zur Berechnung des Volumens eines Fasses: $V = \frac{\pi}{15} \cdot (8 \cdot R^2 + 4 \cdot R \cdot r + 3 \cdot r^2)$.
Vergleichen Sie Ihr Ergebnis für das Rotationsvolumen des Fasses mit dem Ergebnis, das Sie mithilfe der Keplerschen Fassformel erhalten.

Die Mantellinie des Fasses wird in einer anderen Modellierung für $0 \le x \le 0{,}4$ beschrieben durch Funktionsgraphen der Schar f_k mit $f_k(x) = 2{,}5 \cdot x^3 - 1{,}5 \cdot x^2 + k \cdot x + 0{,}35$, $k \in \mathbb{R},\ x \in \mathbb{R}$.

b) Begründen Sie, dass die Mantellinie für $-0{,}4 \le x \le 0$ beschrieben wird durch die Funktionsgraphen der Schar g_k mit $g_k(x) = -2{,}5 \cdot x^3 - 1{,}5 \cdot x^2 - k \cdot x + 0{,}35,\ k \in \mathbb{R},\ x \in \mathbb{R}$.
Die Graphen der Modellierungsfunktionen der Scharen f_k und g_k sollen die Wölbung des Fasses an der Stelle $x = 0$ jeweils sprung-, knick- und krümmungsruckfrei beschreiben.
Untersuchen Sie, ob es einen Wert für k gibt, so dass diese Forderungen erfüllt werden.

Unabhängig vom Sachzusammenhang werden die Funktionen der Schar f_k nun für alle $x \in \mathbb{R}$ betrachtet. In der Anlage sind beispielhaft zwei Graphen der Schar f_k dargestellt.

c) Entscheiden Sie mithilfe des Verhaltens der Funktionsgraphen an der Stelle $x = 0$, welcher der Graphen zu einer Funktion mit positivem Parameter k gehört.
Bestimmen Sie eine Gleichung der Tangenten t_k an die Graphen der Schar f_k an der Stelle $x = 0$. (Zur Kontrolle: $t_k(x) = k \cdot x + 0{,}35$)
Jeder Graph der Schar f_k hat mit der zugehörigen Tangente t_k zwei gemeinsame Punkte.
Zeigen Sie, dass deren x-Koordinaten jeweils unabhängig vom Parameter k sind.

d) Bestimmen Sie die Werte des Parameters k, für die die Minimalstelle $x_M = 0{,}2 + \frac{\sqrt{3}}{15} \cdot \sqrt{3 - 10 \cdot k}$ der Funktionen der Schar f_k existiert.
Entscheiden Sie mithilfe der Lage der Tiefpunkte, für welche Parameterwerte k der Graph der zugehörigen Funktion f_k mit der y-Achse als linkem Rand und der x-Achse eine Fläche mit endlichem Inhalt einschließt.

5 Eine Isolierkanne

Eine Isolierkanne besteht aus einer Kunststoffhülle sowie einem Glaseinsatz und soll modellmäßig beschrieben werden.
Die Kanne wird entsprechend der Abbildung im Koordinatensystem liegend betrachtet.
Außen wird der obere Rand der Hülle für $-11 \leq x \leq 11$ beschrieben durch eine Funktion f mit

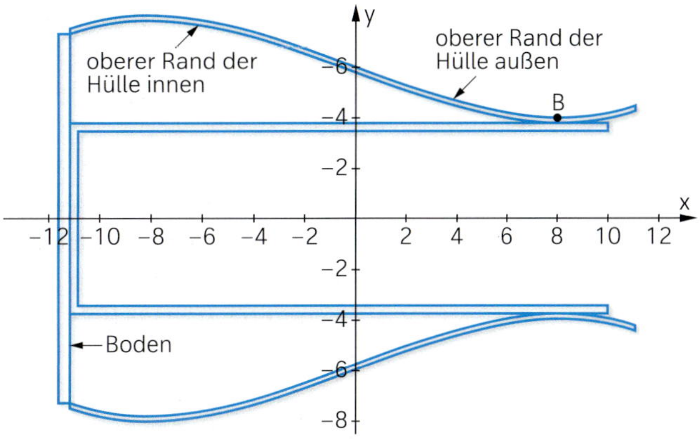

$f(x) = \frac{1}{512} \cdot x^3 - \frac{3}{8} \cdot x + 6$; x und f(x) in Zentimetern.

a) Die parallel zur y-Achse gemessene Wandstärke der Hülle beträgt 2 mm.
Begründen Sie, dass innen der obere Rand der Hülle für $-11 \leq x \leq 11$ durch eine Funktion g mit $g(x) = \frac{1}{512} \cdot x^3 - \frac{3}{8} \cdot x + 5{,}8$ beschrieben wird; x und g(x) in Zentimetern.
Bestimmen Sie den Innendurchmesser der Hülle am Boden und den maximalen Innendurchmesser der Hülle. Die Hülle erhält einen zylinderförmigen Einsatz aus Glas wie in der Abbildung dargestellt. Seine Wandstärke beträgt 3 mm. Der Einsatz reicht vom Boden bis 1 cm unterhalb der Öffnung. Berechnen Sie die Höhe, bis zu der der Einsatz gefüllt werden muss, damit er 0,75 Liter Flüssigkeit enthält.

b) An der Hülle wird ein Griff angebracht. Der Rand des Griffs wird für $-8 \leq x \leq 8$ beschrieben durch eine Funktion h mit $h(x) = -\frac{1}{256} \cdot x^3 - \frac{3}{64} \cdot x^2 + 9$; x und h(x) in Zentimetern. Zeigen Sie, dass der Übergang zwischen der Modellierung von Griff und Hülle an der Stelle $x = -8$ sprung- und knickfrei, aber nicht krümmungsruckfrei ist.
Der obere Rand der Hülle hat im Punkt B(8|4) eine waagerechte Tangente.
Bestimmen Sie die Größe des Winkels α, unter dem der Griff im Punkt B auf den oberen Rand der Hülle trifft. Zeigen Sie, dass der parallel zur y-Achse gemessene Abstand zwischen Griff und oberem Rand der Hülle stets kleiner als 3,7 cm ist.

c) Die äußere Hülle (ohne Deckel und Boden) wird aus Kunststoff gefertigt.
Berechnen Sie die Masse des dafür benötigten Kunststoffs, wenn 1 cm^3 Kunststoff eine Masse von 0,91 g hat. Die senkrecht zum Graphen von f gemessene Dicke d der Hülle soll untersucht werden.
Eine Gerade, die senkrecht zum Graphen von f durch den Punkt C(0|6) verläuft, hat die Gleichung $n(x) = \frac{8}{3} \cdot x + 6$.
Untersuchen Sie, ob die Dicke d im Punkt C(0|6) um weniger als 10 % von der parallel zur y-Achse gemessenen Wandstärke abweicht.

d) Unabhängig vom Sachzusammenhang werden Graphen ganzrationaler Funktionen p dritten Grades betrachtet, die neben einem Wendepunkt auch einen Hoch- und einen Tiefpunkt haben.
In der Abbildung ist der Graph einer möglichen Ableitungsfunktion p′ dargestellt. Begründen Sie mithilfe der Abbildung 2, dass für jeden Graphen einer ganzrationalen Funktion p dritten Grades mit obigen Eigenschaften gilt:

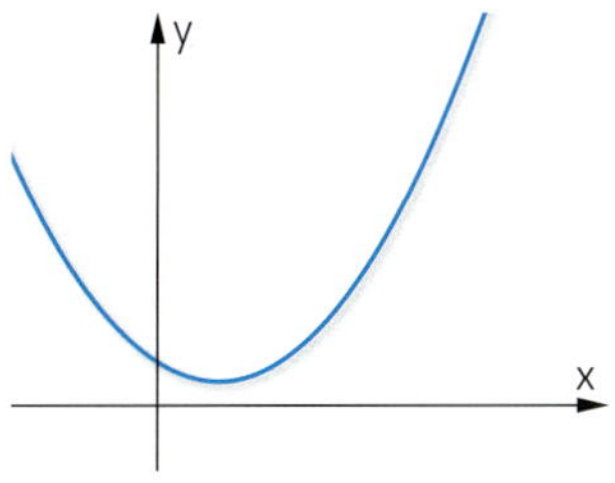

- Die x-Koordinate des Wendepunktes liegt in der Mitte zwischen der x-Koordinate des Hoch- und der x-Koordinate des Tiefpunktes.
- Hoch-, Wende- und Tiefpunkt liegen auf einer Geraden.

6 Atemstoßtest

Bei der Untersuchung eines Patienten wird ein Atemstoßtest durchgeführt. Dazu soll der Patient einmal möglichst vollständig und schnell ausatmen. Die hierbei pro Zeit ausgeatmete Luft wird als Atemfluss bezeichnet. Dieser wird in Litern pro Sekunde und die Zeit in Sekunden gemessen.

Der Messvorgang und das Ausatmen beginnen gleichzeitig zum Zeitpunkt $t_0 = 0\,s$.

In den ersten drei Sekunden des Ausatmens wird der Atemfluss durch die Funktion f mit $f(t) = 40 \cdot t \cdot e^{-\frac{5}{2} \cdot t}$, t in Sekunden, f(t) in Litern pro Sekunde, modelliert.

Die Abbildung 1 in der Anlage zeigt den Graphen von f.

a) Bestimmen Sie den Zeitpunkt t_1, zu dem der Atemfluss maximal ist.
Bestimmen Sie den Zeitpunkt t_2, zu dem der Atemfluss am stärksten abnimmt. Der Messvorgang wird beendet, wenn der Atemfluss nach dem Zeitpunkt t_1 die Grenze von $0{,}1\,\frac{L}{s}$ unterschreitet. Berechnen Sie die Dauer des Messvorgangs.

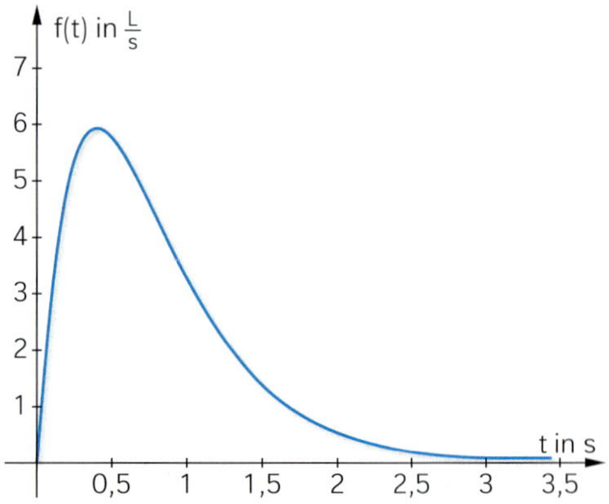

b) Es wird modellhaft vorausgesetzt, dass die Lunge zum Zeitpunkt $t_0 = 0\,s$ voll und zum Zeitpunkt $t_3 = 2{,}81\,s$ leer ist. Ein Patient wird als gesund eingestuft, wenn er innerhalb der ersten Sekunde mindestens 75 % der in seiner Lunge vorhandenen Luft ausatmet. Entscheiden Sie, ob der obige Patient bezüglich dieses Kriteriums als gesund eingestuft werden kann. Bestimmen Sie den Zeitpunkt, zu dem der Patient 3,2 Liter Luft ausgeatmet hat.

c) Bei einer weiteren Messung wird der Atemfluss durch die Funktion g mit $g(t) = 35 \cdot t \cdot e^{-\frac{5}{2} \cdot t}$, t in Sekunden, g(t) in Litern pro Sekunde, modelliert.
Begründen Sie ohne Rechnung, dass bei dieser Modellierung die Zeitpunkte t_1 und t_2 aus Teilaufgabe a) gleich bleiben. Durch einen Defekt des Messgerätes werden bei dieser Messung nur Atemflusswerte unterhalb eines unbekannten Schwellenwertes S aufgezeichnet. Nach der Messung wird festgestellt, dass dadurch für einen Zeitraum von 0,25 Sekunden keine Atemflusswerte aufgezeichnet wurden. Die Abbildung verdeutlicht diesen Sachverhalt. Bestimmen Sie das Zeitintervall, in dem das Messgerät keine Werte aufzeichnet, und den Schwellenwert S.

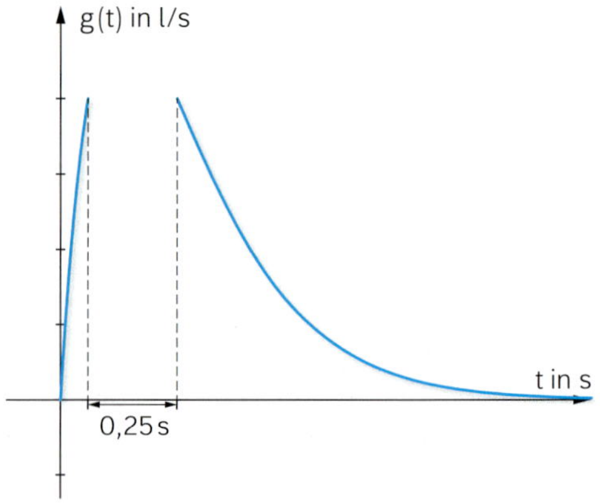

d) Unabhängig vom Sachzusammenhang ist die Funktion h mit $h(x) = x^2 \cdot e^{x^2}$ gegeben.
Zeigen Sie, dass der Graph von h an der Stelle $x = 0$ eine waagerechte Tangente hat.
Im Folgenden wird die Funktion k mit $k(x) = p(x) \cdot e^{p(x)}$ betrachtet.
Untersuchen Sie, wie viele Stellen mit waagerechter Tangente der Graph von k haben kann, wenn p eine quadratische Funktion ist.
Im Folgenden soll p eine beliebige differenzierbare Funktion sein.
Beurteilen Sie, ob der Graph von k an allen Extremstellen von p jeweils eine waagerechte Tangente hat.

7 Eine Funktionenschar

Gegeben ist die Funktionenschar f_k mit
$f_k(x) = \frac{1}{k} \cdot x \cdot (x-k)^2,\ k > 0.$

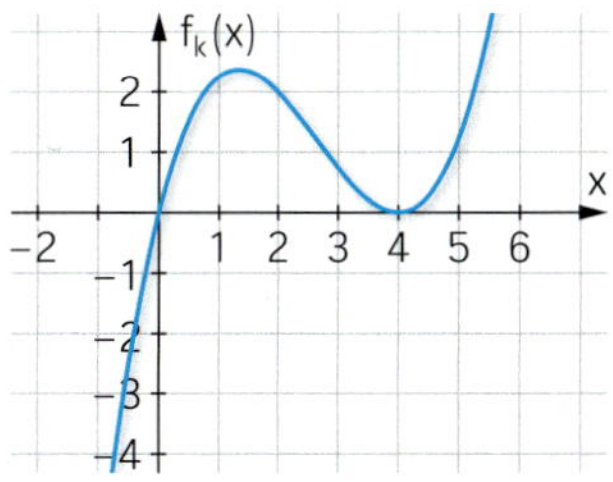

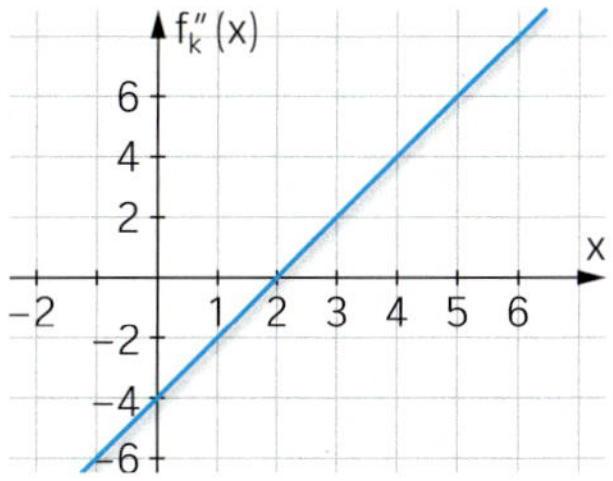

a) Für zwei verschiedene ganzzahlige Werte k_1 und k_2 sind in den Abbildungen die zugehörigen Graphen von f_k für k_1 und f_k'' für k_2 dargestellt.
Bestimmen Sie die Werte der Parameter k_1 und k_2.
Ermitteln Sie alle Stellen, an denen die jeweilige Tangente an den Graphen von f_6 die Steigung 6 hat.
Weisen Sie nach, dass die Geraden zu $y = k \cdot x$ Tangenten der Graphen von f_k im Ursprung sind.

b) Für jedes k schließen die Gerade zu $y = k \cdot x$ und der Graph von f_k eine Fläche ein.
Die parallel zur y-Achse verlaufende Gerade zu $x = k$ teilt diese Fläche in zwei Teile.
Bestimmen Sie das Verhältnis der Inhalte dieser beiden Teilflächen.

c) Bestimmen Sie die Koordinaten der Wendepunkte W_k der Graphen von f_k.
(Zur Kontrolle: $W_k\left(\frac{2}{3} \cdot k \,\middle|\, \frac{2}{27} \cdot k^2\right)$)
Zeigen Sie, dass es genau einen Wert für k so gibt, dass W_k auf der Geraden zu $y = 2 \cdot x - 6$ liegt.
Untersuchen Sie, ob es mehr als zwei Werte für k so geben kann, dass die zugehörigen Wendepunkte W_k auf einer Geraden liegen.

d) Bestimmen Sie die Gleichungen der Tangenten t_k an die Graphen von f_k in den Wendepunkten W_k.
(Zur Kontrolle: $t_k(x) = -\frac{1}{3} \cdot k \cdot x + \frac{8}{27} \cdot k^2$)
Ermitteln Sie einen Wert für k so, dass der Ursprung und die Schnittpunkte von t_k mit den Koordinatenachsen ein gleichschenkliges Dreieck bilden.
In der Abbildung sind die Graphen von f_2 und t_2 dargestellt.

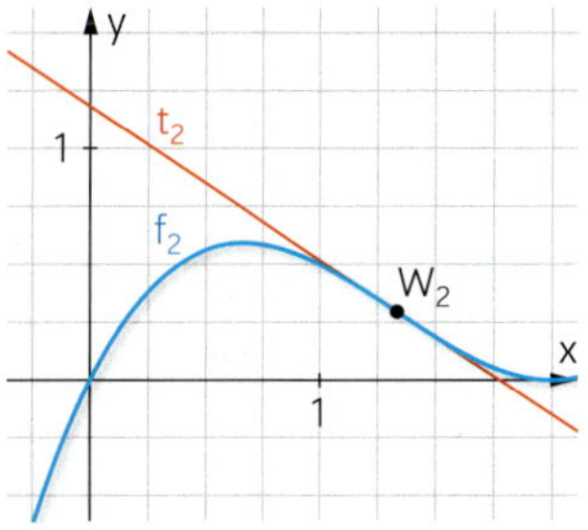

Begründen Sie für alle $x \geq 0$, dass keine Tangente an den Graphen von f_2 durch den Punkt $P(0|2)$ verläuft.

8 Gasstrom (**90 Min.**)

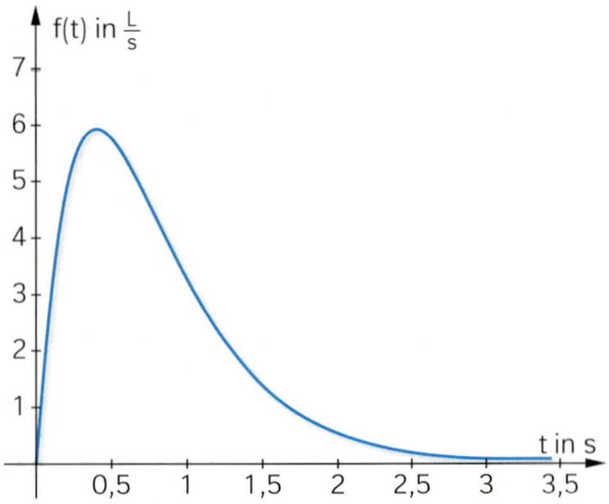

In einem Betrieb wird im Produktionsprozess ein Gas verbraucht. Dazu wird das benötigte Gas durch eine Leitung aus dem Gastank in die Produktionsstätte geleitet. Das hierbei pro Zeit durch die Leitung strömende Gas wird als Gasstrom bezeichnet. Dieser wird in Litern pro Stunde $\left(\frac{L}{h}\right)$ gemessen, die Zeit in Stunden (h). Der Arbeitstag in dem Betrieb dauert 14 Stunden, am Ende des Arbeitstages wird das Ventil des Gastanks geschlossen.

Es wird eine Langzeitmessung durchgeführt, die folgende Werte ergibt:

Zeit in h nach Beginn des Arbeitstages	0	4	6	10
Gasstrom in $\frac{L}{h}$	2000	3140	1500	1440

2 Stunden und 12,2 Stunden nach Arbeitsbeginn treten Spitzenwerte im Gasstrom auf.
Für das aus diesen Werten entwickelte Modell wird die Funktion f mit
$f(t) = -3 \cdot t^4 + 88 \cdot t^3 - 816 \cdot t^2 + 2304 \cdot t + 2000, \; 0 \leq t \leq 14,$ verwendet.
Dabei wird t in h und f(t) in $\frac{L}{h}$ angegeben.
Der Zeitpunkt $t = 0$ entspricht dem Beginn des Arbeitstages.

a) Der Betriebsleiter stimmt der Nutzung des Modells unter folgenden Bedingungen zu:
- Die mit dem Modell berechneten Werte weichen nicht mehr als 5 % von den Tabellenwerten ab.
- Die Zeitpunkte der mit dem Modell berechneten Spitzenwerte weichen nicht mehr als 15 Minuten von den Zeitpunkten der Spitzenwerte der Messung ab.

Weisen Sie nach, dass mit der Funktion f die Bedingungen des Betriebsleiters erfüllt werden und f somit für die folgenden Berechnungen genutzt werden kann.
Bestimmen Sie den Zeitpunkt zwischen den Zeitpunkten der Spitzenwerte im Gasstrom, an dem der Gasstrom am stärksten abnimmt. Berechnen Sie die Gesamtzeit im Laufe eines Arbeitstages, in welcher der Gasstrom mindestens $\frac{L}{h}$ 1500 beträgt.

Das Gas wird für den Verbrauch in einem Tank gespeichert. Dem Tank können 15 600 L Gas entnommen werden. Über eine Anzeige wird das noch entnehmbare Gasvolumen in Prozent angezeigt.

b) Zu Beginn eines Arbeitstages ist der Tank vollständig gefüllt, die Anzeige zeigt 100 % an. Begründen Sie, dass das für die Produktion zu einem Zeitpunkt x nach Arbeitsbeginn noch entnehmbare Gasvolumen durch die Funktion g mit
$g(x) = 15\,600 - \int_0^x f(t)\,dt$, x in h, g(x) in L, beschrieben werden kann.
Der Tank muss aufgefüllt werden, sobald die Anzeige 20 % anzeigt.
Bestimmen Sie den Zeitpunkt des Beginns dieses Auftankvorgangs.

c) Zu Beginn eines Arbeitstages ist der Tank vollständig gefüllt. Gleichzeitig mit dem Verbrauch des Gases wird der Tank mit einem konstanten Gasstrom von 2000 $\frac{L}{h}$ befüllt. Bestimmen Sie die Zeiträume, in denen das dem Tank entnehmbare Gasvolumen ab- bzw. zunimmt. Zeigen Sie, dass es keinen über den ganzen Arbeitstag konstanten Gasstrom gibt, bei dem der Gastank am Ende des Arbeitstages wieder vollständig gefüllt ist. Zu Beginn eines anderen Arbeitstages sind im Tank nur noch 3120 L enthalten. Die Betankung erfolgt wieder gleichzeitig mit dem Verbrauch des Gases. Bestimmen Sie den konstanten Gasstrom, mit dem die Betankung erfolgt, wenn der Tank nach 30 Minuten gefüllt ist.

9 e-Funktionen

Gegeben ist die Funktionenschar f_k mit $f_k(x) = e^{k \cdot x}$, $x \in \mathbb{R}$, $k \neq 0$.

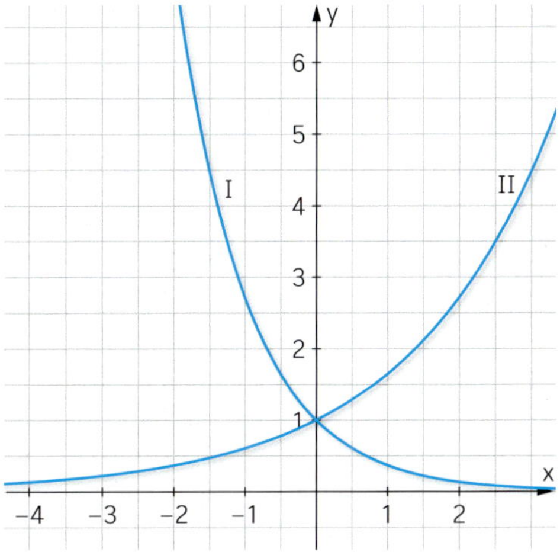

a) Die Abbildung in der Anlage zeigt die Graphen der Funktionen f_k für $k = -1$ und $k = 0{,}5$.
Entscheiden Sie, welche der Funktionen zu welchem Graphen gehört.
Berechnen Sie die Koordinaten der Punkte, in denen die jeweiligen Tangenten an die Graphen von f_k die Steigung 1 haben.
Für jeden Wert von k bezeichnet t_k die Tangente an den Graphen von f_k im Punkt $(0|1)$.
Zeigen Sie, dass es zu jedem Parameter k_1 einen davon verschiedenen Parameter k_2 gibt, sodass sich die Tangenten t_{k1} und t_{k2} senkrecht schneiden. Ohne Nachweis können Sie verwenden: Wenn für die Steigungen m_1 und m_2 zweier Geraden die Beziehung gilt: $m_1 \cdot m_2 = -1$, dann stehen die zugehörigen Geraden senkrecht aufeinander.
Jede Tangente t_k hat eine Nullstelle. Die Nullstelle der Tangente t_{k3} wird mit x_{k3} bezeichnet und die Nullstelle der Tangente t_{k4} wird mit x_{k4} bezeichnet.
Begründen Sie, dass der Wert von k_3 doppelt so groß ist wie der Wert von k_4, wenn x_{k3} halb so groß ist wie x_{k4}.

b) Die Funktionen f_k werden nun mit den folgenden Bedingungen betrachtet: $x \geq 0$ und $k < 0$.
Für jeden Wert von k wird dem Graphen von f_k ein rechtwinkliges Dreieck einbeschrieben. Für eine Stelle $u > 0$ sind $O(0|0)$, $Q(u|0)$ und $P_k(u|f_k(u))$ die Eckpunkte. Bei Rotation dieser Dreiecke um die x-Achse entstehen Kegel.
Zeigen Sie, dass diese Kegel für $P_k\left(\frac{-1}{2 \cdot k}\middle|f_k\left(\frac{-1}{2 \cdot k}\right)\right)$ maximales Volumen haben.
Untersuchen Sie, ob die Kegel mit dem maximalen Volumen für jeden Wert des Parameters k denselben Grundkreisradius haben.

c) Es werden nun die Funktionen f_k sowie die Funktionen g_k mit demselben Parameter k und der Gleichung k $g_k(x) = -k \cdot x \cdot e^{k \cdot x}$ mit den folgenden Bedingungen betrachtet: $x \leq 0$ und $k > 0$.
Für jeden Wert von k und jede Stelle x_k bezeichnet t_{fk} die Tangente an den Graphen von f_k und t_{gk} die Tangente an den Graphen von g_k an dieser Stelle x_k. Es gibt eine Stelle, an der die Tangenten t_{fk} und t_{gk} jeweils parallel zueinander verlaufen.
Zeigen Sie, dass die Differenz der y-Achsenabschnitte dieser jeweils parallelen Tangenten unabhängig vom Wert von k ist. Für jeden Wert von k schneiden sich die Graphen von f_k und g_k an einer Stelle v_k und begrenzen zwei Flächen: Eine liegt rechts von v_k und wird rechts von der y-Achse begrenzt und eine liegt links von v_k und wird links von der Geraden zu $x = -\frac{2}{k}$ begrenzt. Untersuchen Sie, ob das Verhältnis der Inhalte beider Flächen vom Wert des Parameters k abhängt.
Die Funktionen g_k werden nun für alle $x \in \mathbb{R}$ mit $k > 0$ betrachtet.
Entscheiden Sie, welche Steigungswerte die Graphen von g_k genau einmal und welche Steigungswerte sie genau zweimal annehmen.

d) Begründen Sie ausgehend von den Integralen $\int_0^x e^t\,dt$ und $\int_0^x (1 + t)\,dt$, dass für $x > 0$ gilt: $e^x > 1 + x + \frac{x^2}{2}$.

10 Operationsbesteck

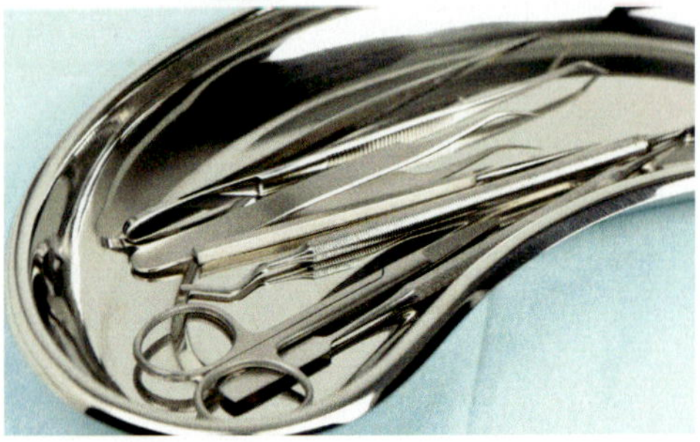

In einem Krankenhaus muss das Operationsbesteck sterilisiert werden. Es wird nach klassischer Definition als steril bezeichnet, wenn sich keine lebenden Erreger mehr darauf befinden.
Die Sterilisation mit heißem Wasserdampf kann näherungsweise durch die Funktion N mit $N(x) = N_0 \cdot e^{-c \cdot x}$ modelliert werden. Hierbei bezeichnet N(x) die Anzahl der noch lebenden Erreger, N_0 die Anzahl der zu Beginn lebenden Erreger, x die Zeit in Minuten (min) nach Beginn des Sterilisationsprozesses und c eine positive Konstante in $\frac{1}{\text{min}}$.

a) Auf einem Operationsbesteck befinden sich 1 000 000 lebende Erreger, die durch eine Dampfsterilisation mit $c = 0{,}25$ abgetötet werden sollen.
Bestimmen Sie die Anzahl der 30 Minuten nach dem Beginn der Dampfsterilisation noch lebenden Erreger.
Berechnen Sie auf Minuten genau den frühesten Zeitpunkt, zu dem sich auf dem Operationsbesteck weniger als 100 lebende Erreger befinden.
Beurteilen Sie die Eignung des Modells im Hinblick auf die klassische Definition von „steril“.

b) Beschreiben Sie die Bedeutung der Gleichung $N'(x) = -c \cdot N(x)$ im Sachzusammenhang. Untersuchen Sie, wie sich eine Verdoppelung von N_0 auf die Änderungsrate von N auswirkt. Als Maß für die Widerstandsfähigkeit der Erreger wird der sogenannte D-Wert verwendet. Er gibt die Zeit an, wie lange ein Sterilisationsprozess auf die Erreger einwirken muss, um eine Reduzierung auf ein Zehntel ihrer aktuellen Anzahl zu erreichen.
Zeigen Sie, dass für den D-Wert gilt: $D = \frac{\ln(10)}{c}$.

Im Folgenden soll die Vermehrung von Erregern betrachtet werden. Die Anzahl der Erreger kann für verschiedene Erregertypen näherungsweise durch die Funktionen f_k mit $f_k(x) = \frac{10}{1 + 9 \cdot e^{-10 \cdot k \cdot x}}$, $x \in \mathbb{R}$, $x \geq 0$, $k > 0$, modelliert werden. Dabei bezeichnet x die Zeit in Stunden (h) nach Beobachtungsbeginn und $f_k(x)$ die Anzahl der Erreger in Millionen.

c) Vergleichen Sie die Bedeutung von $f_k(3)$ und $\int_0^3 f_k'(x)\,dx$ im Sachzusammenhang.
Betrachtet werden zwei Erregertypen:
- Typ 1 mit $k_1 = 0{,}017$,
- Typ 2 mit $k_2 = 0{,}027$.

Berechnen Sie die Zeitpunkte, zu denen die Wachstumsgeschwindigkeit des einen Erregertyps doppelt so groß wie die des anderen Typs ist.
Unabhängig vom Sachzusammenhang wird im Folgenden die Funktionenschar f_k mit $f_k(x) = \frac{10}{1 + 9 \cdot e^{-10 \cdot k \cdot x}}$, $x \in \mathbb{R}$, $k > 0$, betrachtet.

d) Für jedes $k > 0$ bezeichnet t_k die Tangente an den Graphen von f_k im Wendepunkt $W_k\left(\frac{\ln(3)}{5 \cdot k} \middle| 5\right)$. Bestimmen Sie die Koordinaten des gemeinsamen Punktes aller Tangenten t_k. Die Tangente t_k hat die Nullstelle $x = \frac{\ln(3) - 1}{5 \cdot k}$. Zu jeder Tangente t_k existiert eine zu t_k senkrechte Gerade y_k mit $y_k = -\frac{1}{25 \cdot k} \cdot x + 5 + \frac{\ln(3)}{125 \cdot k^2}$, die ebenfalls durch W_k verläuft. Für jedes $k > 0$ schließen die Tangente t_k, die Gerade y_k und die x-Achse ein Dreieck ein.
Untersuchen Sie, ob der Flächeninhalt dieses Dreiecks minimal werden kann.

11 Eine Trainingsstrecke für ein Radrennen

Eine Radfahrerin fährt eine Trainingsstrecke. Die Geschwindigkeit der Radfahrerin lässt sich ab dem Start durch die Funktion f mit $f(x) = -\frac{2}{5} \cdot x^4 + \frac{18}{5} \cdot x^3 - 10 \cdot x^2 + \frac{21}{2} \cdot x + 16$, $x \in \mathbb{R}$, $0 \leq x \leq 5$, modellhaft beschreiben. Dabei wird x in Stunden (h) und f(x) in Kilometer pro Stunde $\left(\frac{km}{h}\right)$ angeben. Für die gesamte Strecke benötigt sie bei dieser Tour 5 Stunden.
Die Abbildung zeigt den Graphen der Funktion f.

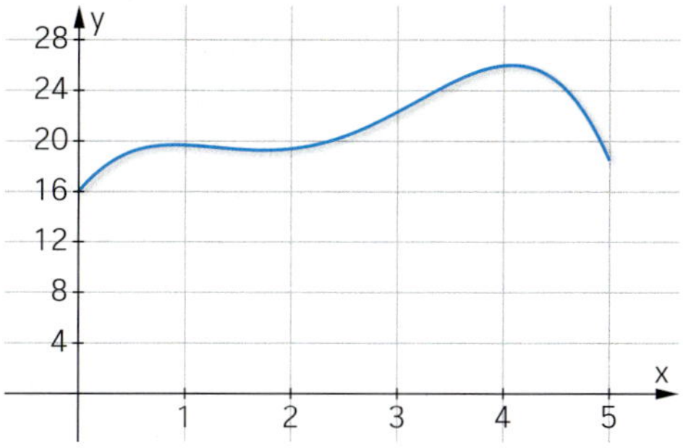

a) Markieren Sie in der Abbildung 1 auf der Zeitachse den Zeitpunkt, zu dem die Radfahrerin ihre Maximalgeschwindigkeit erreicht.
Berechnen Sie den Wert ihrer Maximalgeschwindigkeit.
Berechnen Sie auf Minuten genau, wie lange die Radfahrerin innerhalb der ersten 3 Stunden der Tour mit einer Geschwindigkeit von mindestens $18\,\frac{km}{h}$ und höchstens $20\,\frac{km}{h}$ fährt.
Berechnen Sie die von der Radfahrerin im Zeitraum von 3 bis 4,5 Stunden nach dem Start zurückgelegte Strecke und die zugehörige Durchschnittsgeschwindigkeit.

b) Ein Radfahrer startet zum gleichen Zeitpunkt und fährt dieselbe Trainingsstrecke. Seine Geschwindigkeit lässt sich modellhaft durch die Funktion g mit $g(x) = -\frac{9}{50} \cdot x^3 + \frac{7}{4} \cdot x^2 - \frac{3}{2} \cdot x + 16$, $x \in \mathbb{R}$, $x \geq 0$, beschreiben. Dabei wird x in h und g(x) in $\frac{km}{h}$ angegeben.
Beide Radfahrer benötigen für die Trainingsstrecke unterschiedliche Fahrzeiten. Weisen Sie nach, dass die Fahrzeit des Radfahrers um weniger als 3 Minuten von der Fahrzeit der Radfahrerin abweicht.
Für jedes t mit $0 \leq t \leq 5$ gilt: $\int_0^t f(x)\,dx - \int_0^t g(x)\,dx > 0$.
Erläutern Sie mit Hilfe der obigen Aussage, dass die Radfahrerin nach dem Start bis zum Ende der Tour immer einen Vorsprung vor dem Radfahrer hat.
Bestimmen Sie den maximalen Vorsprung der Radfahrerin auf Meter genau.

Unabhängig vom Sachzusammenhang ist eine Funktionenschar p_a mit $p_a(x) = -3 \cdot x^2 + a^2 \cdot x$, $x \in \mathbb{R}$, $a > 0$, gegeben.
Die Ableitungsfunktion wird mit p_a' bezeichnet.

c) Zeigen Sie, dass für jeden Wert von a der Punkt $H\left(\frac{1}{3} \cdot a \,\middle|\, \frac{2}{9} \cdot a^3\right)$ ein Hochpunkt des zugehörigen Graphen von p_a ist. Untersuchen Sie, für welche Werte von a der Hochpunkt von pa in dem in Abbildung 2 dargestellten Quadrat Q mit $0 \leq x \leq 6$, $0 \leq y \leq 6$, liegt.
Für jeden Wert von a werden der Graph von p_a und der zugehörige Graph der Ableitungsfunktion p_a' betrachtet. Begründen Sie ohne weitere Rechnung, dass die Graphen von p_a und p_a' für jeden Wert von a genau drei Schnittpunkte haben.

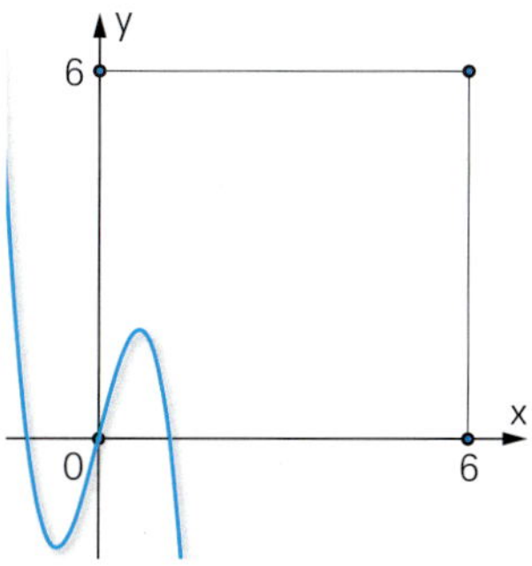

Analytische Geometrie

1 Eine Pyramide

Von einer Pyramide sind folgende Eckpunkte gegeben:
A(2|0|1), B(4|2|1), C(2|4|1) und S(2|2|6).

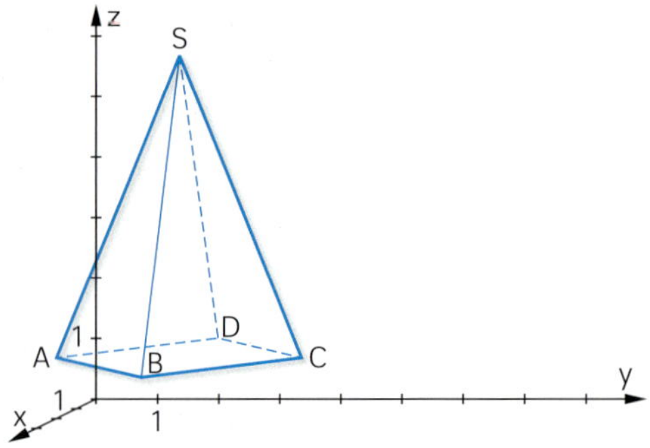

a) Zeigen Sie: Das Dreieck ABC ist gleichschenklig und rechtwinklig mit dem rechten Winkel im Punkt B.
Berechnen Sie die Koordinaten des vierten Punktes D so, dass A, B, C und D Eckpunkte eines Quadrats sind.
Berechnen Sie den Winkel zwischen der Strecke $\overline{AS}$ und der Diagonalen $\overline{AC}$.

b) Untersuchen Sie, ob es Punkte auf der Strecke $\overline{AS}$ gibt, die zu C den Abstand 4,5 haben. Auf jeder Seitenkante der Pyramide gibt es einen Punkt, der die Strecke von S zum jeweiligen Eckpunkt im Verhältnis $a:b$ teilt. Diese Punkte bilden ein Quadrat. Bestimmen Sie den Flächeninhalt dieses Quadrats.

c) Die Punkte B, C und S liegen in einer Ebene E. Zeigen Sie, dass es in der Ebene E einen Punkt gibt, der drei gleiche Koordinaten hat und geben Sie diese an. Untersuchen Sie, ob jede beliebige Ebene einen Punkt hat, der drei gleiche Koordinaten hat.

2 Ein Discoraum

Ein quaderförmiger Discoraum hat die Ausmaße 15 m, 20 m und 6 m.
Am Ort L(3|2|5) befindet sich ein Laser, der Laserlicht in verschiedene Richtungen aussenden kann. Die Richtungen des Laserlichts lassen sich einstellen.
Alle Koordinaten haben die Einheit Meter.

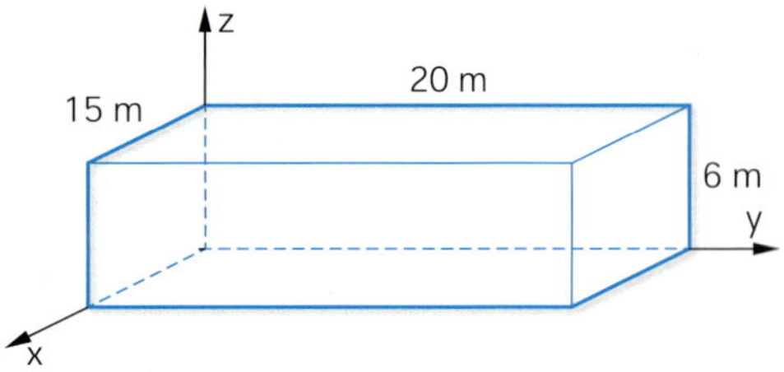

a) Das Laserlicht soll in der Disco im Punkt P(7|20|4) auf die rechte Wand auftreffen. Bestimmen Sie den für die Einstellung des Laserstrahls notwendigen Richtungsvektor.
Wird die Richtung des Laserstrahls durch den Vektor $\begin{pmatrix} 4 \\ 10 \\ -1 \end{pmatrix}$ eingestellt, so trifft das Laserlicht im Punkt Q auf die rechte Wand auf.
Bestimmen Sie die Koordinaten des Punktes Q. (Zur Kontrolle: Q(10,2|20|3,2)
Berechnen Sie den Abstand des Punktes Q vom Laser.

Der Laser wird so eingestellt, dass alle Laserstrahlen in der Ebene E mit
$E: \vec{x} = \begin{pmatrix} 3 \\ 2 \\ 5 \end{pmatrix} + r \cdot \begin{pmatrix} 2 \\ 0 \\ -0{,}5 \end{pmatrix} + s \cdot \begin{pmatrix} 0 \\ 10 \\ 0 \end{pmatrix}$ verlaufen.

b) Alle vom Laserstrahl auf der rechten Wand getroffenen Punkte liegen auf einer Geraden. Zeigen Sie, dass diese Gerade durch $g: \vec{x} = \begin{pmatrix} 10 \\ 20 \\ 3{,}25 \end{pmatrix} + t \cdot \begin{pmatrix} -5 \\ 0 \\ 1{,}25 \end{pmatrix}$ angegeben werden kann.
Aus Sicherheitsgründen wird gefordert, dass der Laserstrahl die rechte Wand nicht unterhalb einer Höhe von 2 Metern treffen darf.
Untersuchen Sie, ob diese Forderung eingehalten wird.

c) Der Laserstrahl beschreibt bei geeigneter Einstellung auf der vorderen Wand eine Strecke, die vom Punkt A(15|4|2) bis zum Punkt B(15|18|2) verläuft.
Bestimmen Sie für den Richtungsvektor $\begin{pmatrix} 2 \cdot k \\ 10 \\ -0{,}5 \cdot k \end{pmatrix}$ des Laserstrahls einen Wert für k so, dass der Laserstrahl mit der Strecke durch A und B einen Winkel von 60° einschließt.

3 Ein Klettergerüst

In einem Entwurf hat ein Klettergerüst das Dreieck JKL als Grundfläche und den Punkt S als Spitze. Von S verlaufen Stützen zu den Punkten J(2|−2|0), K und L in der xy-Ebene als Boden. Die Punkte A, B(3|3|1) und C(0|2,25|1) liegen auf den Stützen. Die Abbildung zeigt den Entwurf. Alle Koordinaten haben die Einheit Meter.

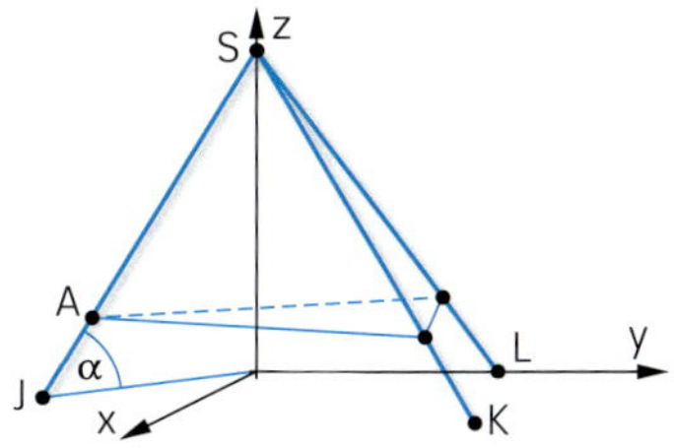

a) Die Gerade g mit g: $\vec{x} = \begin{pmatrix} 2 \\ -2 \\ 0 \end{pmatrix} + r \cdot \begin{pmatrix} -1 \\ 1 \\ 2 \end{pmatrix}$ ist die Gerade durch die Punkte S und J.

Die Gerade h mit h: $\vec{x} = \begin{pmatrix} 0 \\ 4{,}5 \\ -2 \end{pmatrix} + t \cdot \begin{pmatrix} 0 \\ -3 \\ 4 \end{pmatrix}$ ist die Gerade durch die Punkte S und L.

Berechnen Sie die Koordinaten des Punktes S. (Zur Kontrolle: S(0|0|4))
Der Punkt A liegt auf der Stütze SJ in einer Höhe von 1 m über dem Boden.
Bestimmen Sie die Koordinaten des Punktes A. (Zur Kontrolle: A(1,5|−1,5|1))
Bestimmen Sie die Länge und den Neigungswinkel der Stütze SJ.
(Hinweis: Der Neigungswinkel ist der Winkel gegen die Horizontale.)

b) Von der Spitze S soll ein besonders dickes geknotetes Kletterseil zur Querverbindung zwischen A und B verlaufen und dort befestigt werden.
Bestimmen Sie die Koordinaten des Befestigungspunktes
Q(1,5 + 1,5 · u|−1,5 + 4,5 · u|1) so, dass das Kletterseil so kurz wie möglich wird.

c) Zwischen den Punkten S, A und C wird ein Sonnensegel aufgespannt.
Der Punkt T(−2,5|−6,5|8) markiert die Spitze eines Turms.
Die Sonne scheint aus der Richtung $\vec{v} = \begin{pmatrix} 1 \\ 2 \\ -2 \end{pmatrix}$.
Untersuchen Sie, ob der Schatten der Turmspitze T auf das Sonnensegel SAC fällt.

4 Würfel und Pyramide

Gegeben ist ein Würfel ABCDEFGH mit D(0|0|0), B(4|4|0) und H(0|0|4).
In dem Würfel wird die dreiseitige Pyramide ACFH betrachtet. Die Ebene K mit $x + y - z = 4$ wird durch die Punkte A, C und F festgelegt.

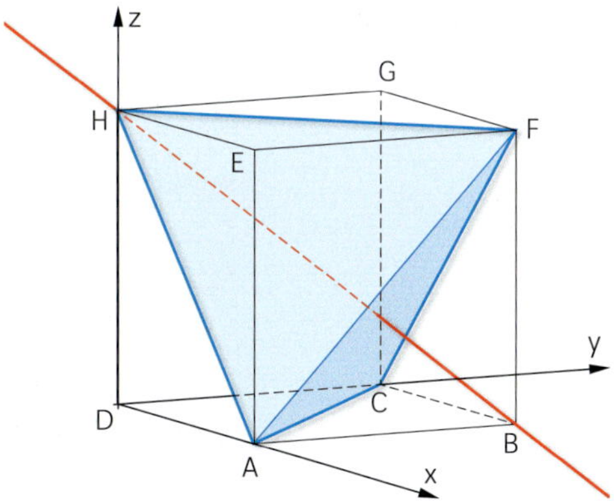

a) Geben Sie die Koordinaten aller Eckpunkte der dreiseitigen Pyramide an.
Berechnen Sie die Länge der Kante HF.
Begründen Sie, dass alle Kanten der Pyramide die gleiche Länge haben.
Bestimmen Sie eine Gleichung in Koordinatenform einer zu K parallelen Ebene, die den Punkt B enthält. Bestimmen Sie den Winkel, den die Seitenfläche ACH der Pyramide und die Ebene K miteinander einschließen.

b) Der Würfel begrenzt mit der Pyramide ACFH vier dreiseitige Pyramiden.
Begründen Sie die Richtigkeit der folgenden Aussage:
Das Volumen der Pyramide ACFH ist doppelt so groß wie das Volumen jeder der vier anderen eingeschlossenen dreiseitigen Pyramiden.
Die Gerade g ist durch die Punkte B und H festgelegt. P ist ein beliebiger Punkt auf g.
Berechnen Sie die Koordinaten eines Punktes P in Abhängigkeit von k für $k > 0$ so, dass die Pyramide ACFP das k-fache Volumen der Pyramide ACFH hat.

5 Dreieckspyramide

Von einer Pyramide sind folgende Eckpunkte gegeben:
$A(0|-3|0)$, $B(3|0|0)$, $C(0|0|3)$ und $D(3|a|b)$ mit $a < 0 < b$.
Alle Seitenkanten haben die gleiche Länge.

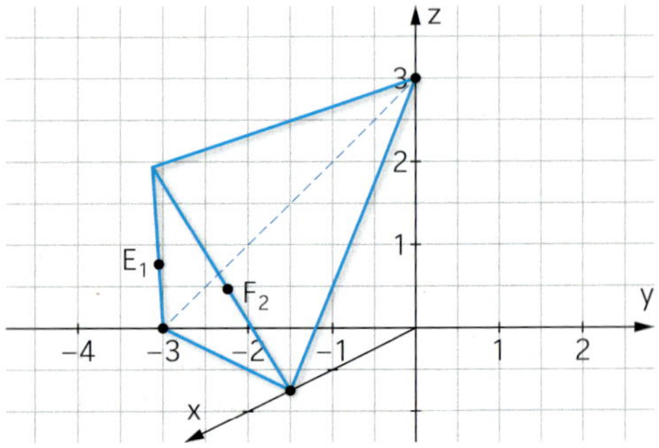

a) Beschriften Sie alle Eckpunkte der Pyramide in der obigen Abbildung. Die Punkte A, B und C liegen in einer Ebene T.
Zeigen Sie, dass der Vektor $\vec{n}$ mit $\vec{n} = \begin{pmatrix} 1 \\ -1 \\ 1 \end{pmatrix}$ ein Normalenvektor der Ebene T ist.
Geben Sie eine Gleichung für die Ebene T in Koordinatenform an.
Berechnen Sie den Winkel, den die Ebene T mit der xy-Ebene einschließt.

b) Bestimmen Sie die fehlenden Koordinaten des Punktes D.
(Kontrollergebnis: $a = -3$, $b = 3$)
Die Gerade durch D und den Koordinatenursprung schneidet die Ebene T im Punkt $P(1|-1|1)$ orthogonal. D wird an der Ebene T gespiegelt.
Bestimmen Sie die Koordinaten des Spiegelpunktes D'.

c) Die Pyramide wird von einer Ebene mit der Gleichung $z = h$ mit $0 < h < 3$ geschnitten.
Für jedes h mit $0 < h < 3$ ist die sich ergebende Schnittfigur ein Rechteck. Die Punkte E_h und F_h sind zwei Eckpunkte dieses Rechtecks. Für $h = 1$ sind die Punkte E_1 und F_1 in die Abbildung eingezeichnet.
Zeichnen Sie das Rechteck für $h = 1$ in die obige Abbildung ein.
Die Punkte Eh und Fh werden durch $E_h(h|-3|h)$ und $F_h(3|-h|h)$ beschrieben.
Leiten Sie her, dass der Flächeninhalt der Rechtecke in Abhängigkeit von h durch den Term $2 \cdot h \cdot (3 - h)$ beschrieben werden kann.

6 Ein Dreieck und Geraden

Gegeben sind ein Dreieck ABC mit den Eckpunkten $A(1|2|3)$, $B(-3|5|3)$ und $C(13|5|7)$ und die Gerade $g: \vec{x} = \begin{pmatrix} 13 \\ 5 \\ 0 \end{pmatrix} + r \cdot \begin{pmatrix} 0 \\ 0 \\ 1 \end{pmatrix}$, $r \in \mathbb{R}$.

a) Zeigen Sie, dass das Dreieck ABC in der Ebene $E: 3 \cdot x + 4 \cdot y - 12 \cdot z + 25 = 0$ liegt.
Geben Sie die Koordinaten des Punktes an, in dem die Gerade g die Ebene E schneidet.
Berechnen Sie den Winkel, den die Dreiecksseiten AB und AC einschließen.

b) Die Gerade i verläuft durch die Punkte A und B.
Zeigen Sie, dass die Geraden g und i windschief zueinander verlaufen.
Bestimmen Sie den Abstand dieser beiden Geraden.
Variiert man die z-Koordinate des Punktes C, so wird der Punkt C entlang der Geraden g verschoben. Dabei entstehen unterschiedlich große Dreiecke. Unter diesen gibt es eines mit minimalem Flächeninhalt.
Erläutern Sie, wie mithilfe des Abstandes der Geraden g zur Geraden i der Flächeninhalt dieses Dreiecks bestimmt werden kann.

7 Ein Reklameschild

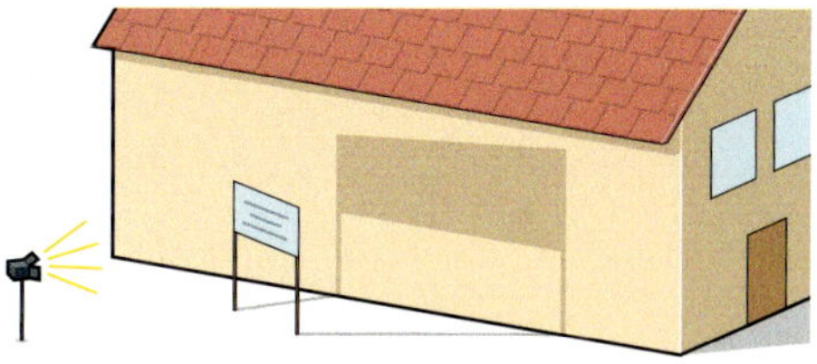

Vor einer Hauswand ist ein rechteckiges Reklameschild aufgestellt, das durch einen Scheinwerfer beleuchtet wird.

Der Scheinwerfer lässt sich in einem kartesischen Koordinatensystem modellhaft durch den Punkt $L\,(12\,|-4\,|\,3)$ beschreiben.

Die Eckpunkte des Schilds werden durch die Punkte $A\,(4\,|\,0\,|\,3)$, $B\,(6\,|\,4\,|\,3)$, $C\,(6\,|\,4\,|\,5)$ und $D\,(4\,|\,0\,|\,5)$ dargestellt. Die xy-Ebene beschreibt den horizontalen Untergrund, auf dem das Haus steht, die yz-Ebene die Ebene, in der die Hauswand liegt. Eine Längeneinheit im Koordinatensystem entspricht einem Meter in der Realität.

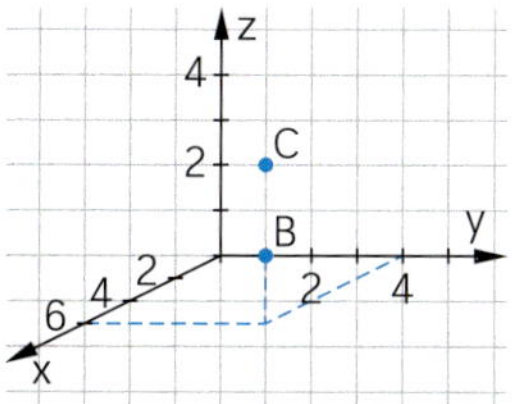

a) Zeichnen Sie das Rechteck ABCD sowie den Punkt L in die folgende Abbildung ein.
   Auf der Hauswand ist der Schatten des Schilds sichtbar. Der Punkt $A'(0\,|\,2\,|\,3)$ stellt den zu A gehörenden Eckpunkt des Schattens dar, die Punkte $C'(0\,|\,12\,|\,7)$ und $D'(0\,|\,2\,|\,6)$ die zu C bzw. D gehörenden Eckpunkte.
   Weisen Sie nach, dass der vierte Eckpunkt des Schattens durch $B'(0\,|\,12\,|\,3)$ dargestellt wird.
   Ergänzen Sie das zum Schatten gehörende Viereck in Ihrer Zeichnung oben.
   Begründen Sie, dass der untere Rand des Schattens horizontal verläuft.
   Entscheiden Sie, welcher Innenwinkel des Schattens der größte ist.
   Berechnen Sie die Größe des größten Innenwinkels des Schattens.

b) Der Scheinwerfer kann entlang einer vertikal verlaufenden Stange in der Höhe verschoben werden.
   Der Abstand der Scheinwerferposition L_z zur Geraden durch die obere Kante des Schildes sei $d = 12$.
   Bestimmen Sie die Scheinwerferposition an der vertikal verlaufenden Stange.
   Die Scheinwerferposition sei $L_{15}(12\,|-4\,|\,15)$.
   Berechnen Sie die Koordinaten des zu C gehörenden Eckpunktes des Schattens.

8 Geraden, Ebenen und Punkte

Gegeben sind die Geraden g mit $\vec{x} = \begin{pmatrix} 1 \\ 3 \\ -1 \end{pmatrix} + s \cdot \begin{pmatrix} 1 \\ -2 \\ 2 \end{pmatrix}$, $s \in \mathbb{R}$, und h mit $\vec{x} = \begin{pmatrix} 1 \\ 1 \\ -1 \end{pmatrix} + t \cdot \begin{pmatrix} 0 \\ 2 \\ 0 \end{pmatrix}$, $t \in \mathbb{R}$.

Gegeben sind die Punkte $P_a(1 + a\,|\,3 - 2 \cdot a\,|-1 + 2 \cdot a)$, $a \neq 0$.

a) Geben Sie P_1 und P_4 an.
   Zeigen Sie, dass alle Punkte P_a auf g liegen.
   Zeigen Sie, dass sich g und h im Punkt $P\,(1\,|\,3\,|-1)$ schneiden.
   Die Ebene E enthält den Punkt P und liegt senkrecht zu g.
   Ermitteln Sie den Abstand von E und P_a.

b) Für jeden Punkt P_a auf g gibt es auf h einen Punkt Q_a, sodass die Geraden durch P_a und Q_a senkrecht zu g verlaufen.
   Ergänzen Sie die Skizze so, dass sie die Situation veranschaulicht. Ermitteln Sie die Koordinaten von Q_a.

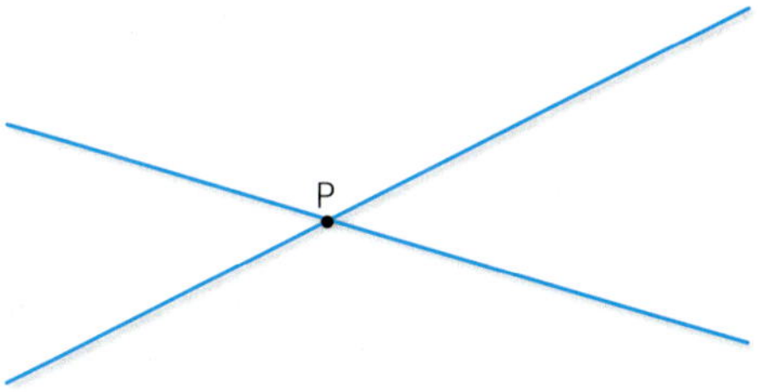

c) Es gibt eine Ebene F, bei der für jeden ihrer Punkte der Abstand zur Geraden g genauso groß ist wie der Abstand zur Geraden h.
   Bestimmen Sie eine Gleichung, die diese Ebene F beschreibt.

Stochastik

1 Ein Glücksrad

Betrachtet werden Glücksräder mit zwei Sektoren.

a) Beim Drehen eines solchen Glücksrads wird der Sektor „rot“ mit einer Wahrscheinlichkeit von 40 % angezeigt. Die Zufallsgröße X beschreibt die Anzahl der Ergebnisse „rot“, wenn das Rad dreimal gedreht wird. Geben Sie die Wahrscheinlichkeitsverteilung von X an. Bestimmen Sie die Mindestanzahl der Drehungen so, dass mit einer Wahrscheinlichkeit von mehr als 99 % mindestens einmal das Ergebnis „rot“ auftritt.
Die Zufallsgröße Y beschreibt die Anzahl der Ergebnisse „rot“, wenn das Rad 90-mal gedreht wird. Bestimmen Sie den Erwartungswert von Y.
Erläutern Sie, wie man ohne weitere Berechnungen die Wahrscheinlichkeiten für $Y = 30$, $Y = 33$ und $Y = 36$ bei 90 Drehungen vergleichen kann.

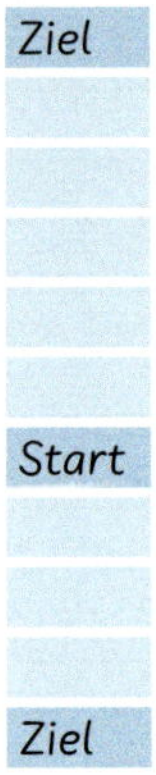

b) Ein Glücksrad steuert die Bewegung einer Spielfigur auf dem nebenstehenden Spielfeld nach folgenden Regeln:
- Zeigt das Rad „rot“, so wird die Figur um ein Feld nach unten gerückt.
- Zeigt das Rad nicht „rot“, so wird die Figur um ein Feld nach oben gerückt.
- Ist eines der beiden Zielfelder erreicht, so ist das Spiel beendet.
- Das Glücksrad wird bei einem Spiel höchstens sechsmal gedreht.

Für dieses Glücksrad gibt p den Anteil des Sektors „rot“ an.
Erläutern Sie, dass die Wahrscheinlichkeit für das Erreichen eines der beiden Zielfelder durch den Term $(1-p)^6 + p^4 + 4 \cdot (1-p) \cdot p^5$ berechnet werden kann.
Die Wahrscheinlichkeit für das Erreichen eines der beiden Zielfelder soll mindestens 15 % betragen. Ermitteln Sie die möglichen Werte für p.
(Genauigkeit der Angaben: zwei Nachkommastellen)

2 Brötchenteig

Großbäcker Müller stellt Weizenbrötchen her. Eine Maschine knetet den Brötchenteig und schneidet ihn in Portionen. Die Zufallsgröße X beschreibt die Masse der Teigstücke in Gramm (g) und wird als normalverteilt angenommen.

a) Der Erwartungswert der Masse der Teigstücke beträgt 52 g. Die Standardabweichung hat den Wert 1,5 g. Für die Herstellung gibt es folgende Bedingungen:
- Mindestens 90 % der Teigstücke haben eine Masse von mindestens 50 g.
- Maximal 2,5 % der Teigstücke haben eine Masse, die kleiner als 49 g ist.

Weisen Sie nach, dass die von der Maschine produzierten Teigstücke diese Bedingungen erfüllen. Erläutern Sie, dass mit der ersten Bedingung auch gilt: Mindestens 80 % der Teigstücke haben eine Masse zwischen 50 g und 54 g.

b) Herrn Müller ist die Standardabweichung der Masse der Teigstücke zu groß.
Er kauft deshalb eine neue Maschine, bei der die Standardabweichung nur noch 0,75 g beträgt und sich der Erwartungswert einstellen lässt.
Bestimmen Sie den kleinsten Erwartungswert auf 0,1 g genau, sodass die beiden Bedingungen aus a) erfüllt werden.

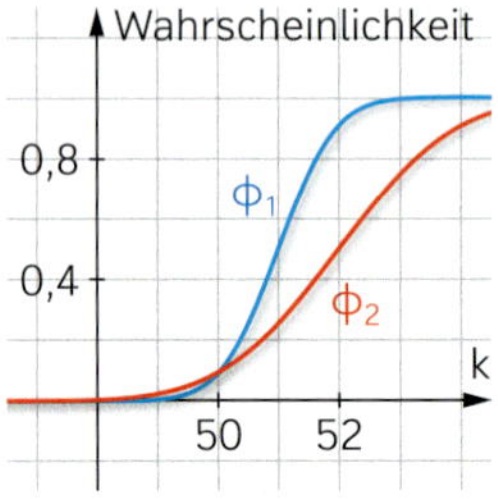

c) Die normalverteilten Zufallsgrößen X_1 und X_2 beschreiben für zwei verschiedene Maschinen M1 und M2 jeweils die Masse der Teigstücke in g.
In der Abbildung der Anlage sind die Graphen der Funktionen Φ_1 und Φ_2 mit $\Phi_1(k) = P(X_1 \le k)$ und $\Phi_2(k) = (X_2 \le k)$ dargestellt. Die beiden Graphen schneiden sich nur an der Stelle $k = 50$. Erläutern Sie die Bedeutung der Schnittstelle der beiden Graphen im Sachzusammenhang. Begründen Sie die Richtigkeit der folgenden Aussage für $x > 0$: Die Wahrscheinlichkeit dafür, dass die Masse eines Teigstückes in g zwischen 50 und $50 + x$ liegt, ist bei der Maschine M1 größer als bei der Maschine M2. Bestimmen Sie mithilfe des Graphen von Φ_1 jeweils einen Näherungswert für den Erwartungswert μ_1 und die Standardabweichung σ_1 von X_1.

3 **Intelligenzquotient**

In der Zeitung „DIE ZEIT" vom 21.03.2013 war zum Intelligenzquotienten (IQ) Folgendes zu lesen: *„Der IQ gibt an, wie intelligent eine Testperson im Vergleich zu anderen Gleichaltrigen aus derselben Bevölkerung ist. Intelligenzvergleiche zwischen sehr unterschiedlichen Gruppen, etwa Völkern, verbieten sich, weil Intelligenztests kulturell geprägt sind. Mit einem IQ von 100 verfügt man über durchschnittliche Intelligenz […]. Zwei Drittel der Bevölkerung haben einen IQ zwischen 85 und 115.*
Rund 17 Prozent können mit einem IQ von mehr als 115 als überdurchschnittlich intelligent gelten, und 2 Prozent mit einem IQ von mehr als 130 als hochbegabt."
Die Zufallsgröße X, die jeder zufällig ausgewählten Person ihren IQ zuordnet, wird als normalverteilt angenommen.

a) Erläutern Sie, dass unter diesen Voraussetzungen der Erwartungswert $\mu = 100$ und die Standardabweichung $\sigma = 15$ der Zufallsgröße X mit den Aussagen des obigen Textes näherungsweise ermittelt werden können.
Berechnen Sie mithilfe der Zufallsgröße X die Wahrscheinlichkeit dafür, dass eine zufällig ausgewählte Person einen IQ hat, der größer als 115 ist.
Berechnen Sie mithilfe der Zufallsgröße X den Anteil der Bevölkerung mit einem IQ, der größer als 95 und kleiner als 105 ist.

b) Eine zufällig ausgewählte Person ist mit einer Wahrscheinlichkeit von etwa 2,3 % hochbegabt.
Bestimmen Sie die Wahrscheinlichkeit dafür, dass sich unter 120 zufällig ausgewählten Personen mindestens eine hochbegabte Person befindet.
Der Wahrscheinlichkeitswert von 2,3 % für das Vorhandensein einer Hochbegabung wird angezweifelt. Es wird deshalb eine Stichprobe von 450 zufällig ausgewählten Personen untersucht. Die Untersuchung ergibt, dass sich in der Stichprobe 16 hochbegabte Personen befinden.
Entscheiden Sie mithilfe eines Vertrauensintervalls, ob man bei einer Vertrauenswahrscheinlichkeit von $\gamma = 95\,\%$ davon ausgehen kann, dass die Zweifel berechtigt sind.

c) Für die obige normalverteilte Zufallsgröße X ist φ mit $\varphi(t) = \frac{1}{15 \cdot \sqrt{2 \cdot \pi}} \cdot e^{-\frac{1}{2} \cdot \left(\frac{t-100}{15}\right)^2}$ die Dichtefunktion.
Bestimmen Sie in den beiden Gleichungen $\int_{-\infty}^{a} \varphi(t)\,dt = 0{,}2$ und $\int_{-\infty}^{b} \varphi(t)\,dt = 0{,}8$ die Werte für a und b.
Es soll gelten: $\int_{-\infty}^{c} \varphi(t)\,dt + \int_{-\infty}^{d} \varphi(t)\,dt = 1$.
Begründen Sie, dass daraus $\frac{c+d}{2} = 100$ folgt.

4 **Getränkelieferung**

Für die Produktion eines Getränks wird ein Rohstoff in Kanistern von drei Lieferanten angeliefert. Lieferant I bringt 50 %, Lieferant II 30 % und Lieferant III 20 % des Rohstoffes. Dabei ist bekannt, dass 0,5 % der Kanister von Lieferant I, 0,4 % der Kanister von Lieferant II und 0,6 % der Kanister von Lieferant III einen nicht erwünschten Zusatzstoff enthalten.

a) Bestimmen Sie die Wahrscheinlichkeiten für folgende Ereignisse:
A: Ein zufällig ausgewählter Kanister enthält den Zusatzstoff.
B: Ein zufällig ausgewählter Kanister stammt von Lieferant II oder Lieferant III und er enthält den Zusatzstoff nicht.
Ein aus der Gesamtanlieferung zufällig ausgewählter Kanister enthält den Zusatzstoff. Bestimmen Sie die Wahrscheinlichkeit dafür, dass dieser Kanister von Lieferant II stammt.

b) Aus einer großen Anzahl von Kanistern werden 10 zufällig ausgewählt.
Bestimmen Sie die Wahrscheinlichkeit dafür, dass davon mindestens ein Kanister von Lieferant III stammt.
Bestimmen Sie die Mindestanzahl der Kanister, die zufällig ausgewählt werden müssen, damit die Wahrscheinlichkeit, dass mindestens ein Kanister von Lieferant III stammt, größer als 99 % ist. (6 BE)

c) Für die weitere Betrachtung wird davon ausgegangen, dass die Wahrscheinlichkeit dafür, dass ein beliebiger Kanister den Zusatzstoff enthält, 0,005 beträgt.
1000 zufällig ausgewählte Kanister sollen auf den Zusatzstoff untersucht werden. Ein Labortest kostet dabei 20 €.
Es werden zwei Vorgehensweisen vorgeschlagen:
(1) Aus jedem Kanister wird eine Probe entnommen und getestet.
(2) Es werden die Proben von jeweils fünf Kanistern gemischt. Diese 200 Mischungen werden dann auf den Zusatzstoff getestet. Nur wenn dieser Test positiv ausfällt (das heißt hier, dass der Zusatzstoff nachgewiesen wird), werden fünf Proben der jeweiligen fünf Kanister einzeln untersucht.
Untersuchen Sie, ob die zu erwartenden Kosten bei dem Vorschlag (2) geringer sind als bei Vorschlag (1).

5 Karpfen

Die Zufallsgröße, die das Gewicht von Karpfen in Kilogramm beschreibt, wird hier als normalverteilt angenommen.

a) Für das Land A gelten die Kenngrößen $\mu = 2\,kg$ und $\sigma = 0{,}3\,kg$.
Bestimmen Sie
- den Anteil der Karpfen, die mindestens 2,5 kg wiegen.
- einen zum Erwartungswert symmetrischen Gewichtsbereich, in dem die Gewichte von 75 % der Karpfen liegen.

Die Karpfen sollen so in vier Gewichtsklassen eingeteilt werden, dass sich in jeder Klasse 25 % der Karpfen befinden.

Gewichtsklasse	I	II	III	IV
Gewichtsbereich	weniger als **a** kg	mindestens **a** kg weniger als **b** kg	mindestens **b** kg weniger als **c** kg	mindestens **c** kg
Anteil der Karpfen in der Gewichtsklasse	25 %	25 %	25 %	25 %

Berechnen Sie die Grenze a zwischen den Gewichtsklassen I und II.
Erläutern Sie, wie mit der Symmetrie der Verteilung und der Kenntnis von a die Gewichtsbereiche bestimmt werden können.

b) Im Land B gilt für die Standardabweichung $\sigma = 0{,}4\,kg$.
Ermitteln Sie den unbekannten Erwartungswert so, dass die folgenden Bedingungen beide erfüllt sind:
(1) Von den Karpfen wiegen 19 % mindestens 0,5 kg aber höchstens 1 kg und
(2) ungefähr 2,6 % der Karpfen sind schwerer als 2,1 kg.

c) Unabhängig vom Sachzusammenhang sollen normalverteilte Zufallsgrößen X betrachtet werden, für die gilt: $P(4 \le X \le 5) = 0{,}6$.
Begründen Sie die Gültigkeit der folgenden Aussagen:
(1) Für $\mu \le 4$ und für $\mu \ge 5$ kann die Bedingung nicht erfüllt werden.
(2) Für jedes μ mit $4 < \mu < 5$ gibt es genau ein σ, so dass gilt: $P(4 \le X \le 5) = 0{,}6$.

6 Bolzen und Buchsen

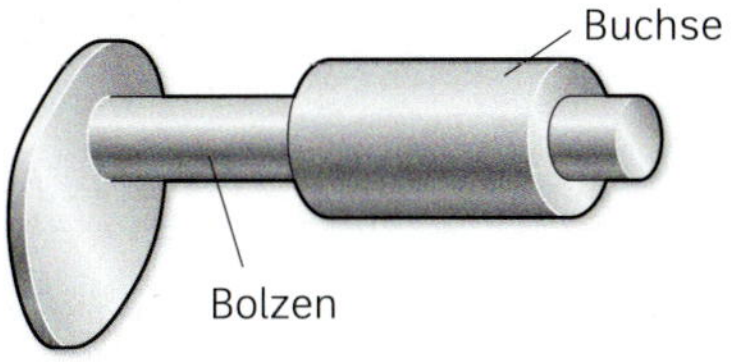

Eine Firma stellt Bolzen und Buchsen her. Dabei sollen die Bolzen in die Buchsen passen.
Die Zufallsgröße X gibt den Außendurchmesser der Bolzen in Millimetern, die Zufallsgröße Y den Innendurchmesser der Buchsen in Millimetern an. Beide Zufallsgrößen sollen als normalverteilt angesehen werden.
Nach bisherigen Erfahrungen geht man bei den Bolzen von einem Erwartungswert $\mu_X = 9{,}82\,\text{mm}$ und einer Standardabweichung $\sigma_X = 0{,}09\,\text{mm}$ aus. Bei den Buchsen geht man von einem Erwartungswert $\mu_Y = 10{,}12\,\text{mm}$ und einer Standardabweichung $\sigma_Y = 0{,}11\,\text{mm}$ aus.

a) Bestimmen Sie die Wahrscheinlichkeit dafür, dass der Außendurchmesser eines zufällig ausgewählten Bolzens höchstens 9,70 mm beträgt.
Bestimmen Sie die untere Grenze u so, dass für 75 % aller Außendurchmesser d der Bolzen gilt: $u \le d \le 9{,}90$.
Durch eine neue Vorgabe sollen 90 % der Außendurchmesser der Bolzen nur 1 % vom Erwartungswert $\mu_X = 9{,}82\,\text{mm}$ nach unten oder nach oben abweichen.
Bestimmen Sie die dafür benötigte Standardabweichung auf zwei Nachkommastellen gerundet.

b) Es werden der laufenden Produktion 100 Buchsen zufällig entnommen.
Berechnen Sie die Wahrscheinlichkeit dafür, dass bei mindestens 90 aller entnommenen Buchsen ein Bolzen mit einem Außendurchmesser von 10,00 mm hineinpasst.

c) Die Zufallsgröße W mit $W = Y - X$ ist normalverteilt.
Für den Erwartungswert μ_W gilt $\mu_W = \mu_Y - \mu_X$.
In der nebenstehenden Abbildung ist der Graph der zugehörigen Wahrscheinlichkeitsdichte φ dargestellt. Zusätzlich ist der Wert von $\int_{\mu_W - 1{,}96\cdot\sigma_W}^{\mu_W + 1{,}96\cdot\sigma_W} \varphi(w)\,dw$ in der zugehörigen schraffierten Fläche in Prozent angegeben.

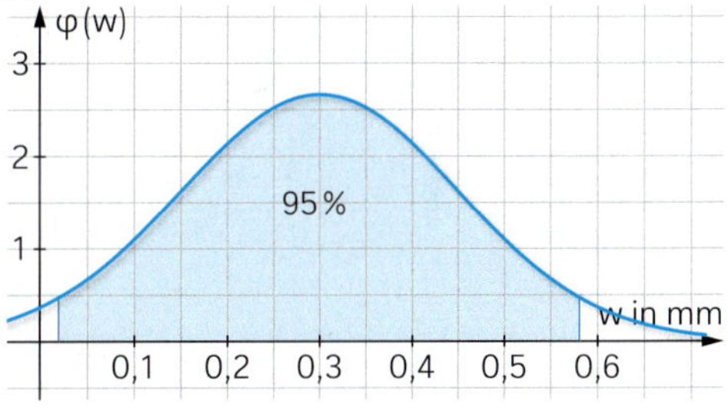

Zeigen Sie mithilfe der Grafik, dass $\sigma_W > \sigma_X$ gilt.
Untersuchen Sie mithilfe der Grafik die Gültigkeit folgender Aussage:
Die Wahrscheinlichkeit dafür, dass ein zufällig ausgewählter Bolzen in eine zufällig ausgewählte Buchse passt, ist größer als 97,5 %.

7 Wahlumfragen

Vor einer Wahl führen die drei Parteien A, B und C verschiedene Umfragen unter Wahlberechtigten durch.

a) Partei A führt eine Umfrage unter 400 Personen durch. Die Zufallsgröße X, die die Anzahl der Personen beschreibt, die Partei A wählen wollen, soll als binomialverteilt angenommen werden. Es wird angenommen, dass der Wähleranteil für Partei A 18 % beträgt. Bestimmen Sie
- die Wahrscheinlichkeit dafür, dass in der Umfrage mindestens 65 Personen und höchstens 80 Personen Partei A wählen wollen.
- das kleinste um den Erwartungswert von X symmetrische Intervall, in dem das Ergebnis dieser Umfrage mit einer Wahrscheinlichkeit von mindestens 95 % liegt.

b) Es wird eine Umfrage unter 1000 Wahlberechtigten durchgeführt. 34 % der Personen geben an, Partei B wählen zu wollen, 12 % der Personen geben an, Partei C wählen zu wollen. Es wird behauptet, dass die beiden Parteien B und C zusammen mindestens 50 % der Stimmen erreichen.
Untersuchen Sie mithilfe eines Vertrauensintervalls zur Sicherheitswahrscheinlichkeit von 95 %, ob diese Behauptung mit dem Ergebnis der Umfrage verträglich ist.
Eine zweite Umfrage unter 1000 Wahlberechtigten liefert für Partei B zur Sicherheitswahrscheinlichkeit von 95 % das Vertrauensintervall [0,3204; b].
Bestimmen Sie den Wert von b.

c) Es werden 1000 gleich große Stichproben simuliert. Für diese werden jeweils die zugehörigen Vertrauensintervalle für die beiden Sicherheitswahrscheinlichkeiten 75 % und 99 % berechnet.
Die Abbildungen 1 und 2 zeigen als Häufigkeitsdiagramme jeweils die linken Intervallgrenzen der zugehörigen Vertrauensintervalle.
Geben Sie eine Interpretation der Sicherheitswahrscheinlichkeit 75 % im Hinblick auf den unbekannten Anteil p der Grundgesamtheit an.
Entscheiden Sie, welche der beiden Abbildungen zur Sicherheitswahrscheinlichkeit 75 % und welche zur Sicherheitswahrscheinlichkeit 99 % gehört.

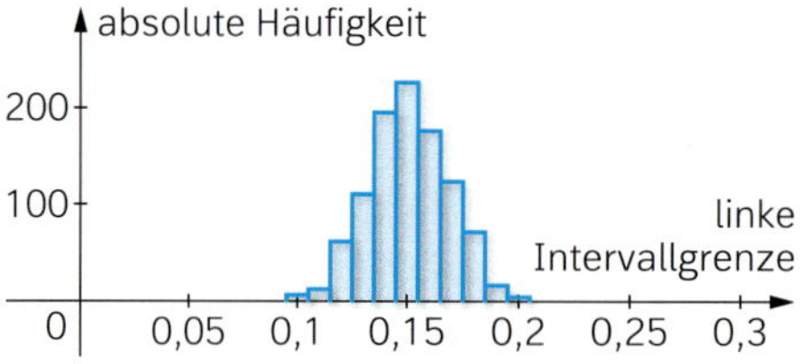

Abbildung 1: Häufigkeitsverteilung der linken Intervallgrenzen von 1000 Vertrauensintervallen

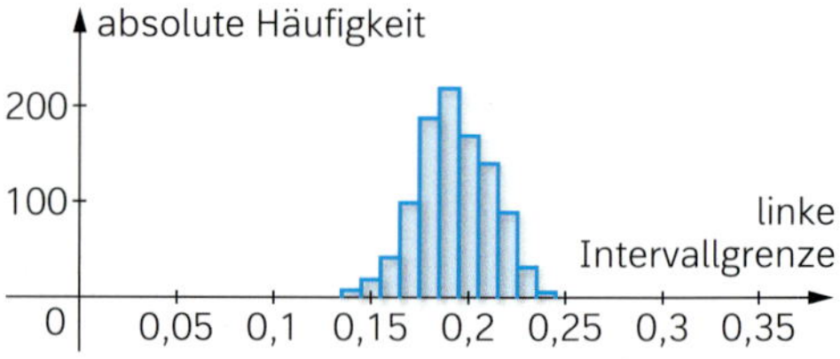

Abbildung 2: Häufigkeitsverteilung der linken Intervallgrenzen von 1000 Vertrauensintervallen

8 Oberarmlängen

In einer Studie wurden die Oberarmlängen von 947 amerikanischen Frauen im Alter von 20 bis 29 Jahren gemessen. Dabei ergab sich ein arithmetischer Mittelwert von $\overline{x} = 35{,}6\,\text{cm}$. Die Tabelle stellt eine zugehörige Häufigkeitsverteilung der Oberarmlängen dar.

Klasse	Bereich der Oberarmlängen in cm	Häufigkeit in %	Klassenmitte in cm
I	mehr als 30 und höchstens 32,7	10	31,35
II	mehr als 32,7 und höchstens 34,0	15	33,35
III	mehr als 34,0 und höchstens 35,5	25	34,75
IV	mehr als 35,5 und höchstens 37,0	25	36,25
V	mehr als 37,0 und höchstens 38,3	15	37,65
VI	mehr als 38,3 und höchstens 41,0	10	39,65

a) Geben Sie für eine zufällig aus der Stichprobe gewählte Frau anhand der Tabelle die Wahrscheinlichkeit dafür an, dass diese einer der Klassen III, IV oder V angehört.
Geben Sie einen möglichen Bereich an, in dem 75 % aller Oberarmlängen der Frauen der Stichprobe liegen.
Anhand der Klasseneinteilung der Tabelle wird ein Mittelwert der Oberarmlängen wie folgt berechnet:
$31{,}35 \cdot 0{,}1 + 33{,}35 \cdot 0{,}15 + 34{,}75 \cdot 0{,}25 + 36{,}25 \cdot 0{,}25 + 37{,}65 \cdot 0{,}15 + 39{,}65 \cdot 0{,}1 = 35{,}5$
Beschreiben Sie diese Berechnung.
Nennen Sie einen möglichen Grund dafür, dass dieser Mittelwert kleiner als der arithmetische Mittelwert $\overline{x}$ ist.

b) Im Folgenden wird angenommen, dass die Zufallsgröße X, welche die Oberarmlänge der Frauen von 20 bis 29 Jahren beschreibt, normalverteilt ist mit $\mu = 35{,}5\,\text{cm}$ und $\sigma = 2{,}23\,\text{cm}$. In der Abbildung ist der die Daten modellierende Graph der kumulierten Wahrscheinlichkeiten dargestellt. Berechnen Sie den Anteil der Frauen, die eine Oberarmlänge von mindestens 32,0 cm und höchstens 38,0 cm besitzen.

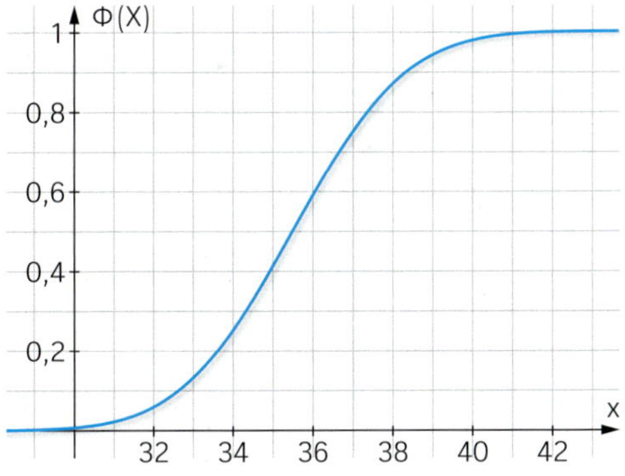

Bestimmen Sie mithilfe der Abbildung näherungsweise ein um den Erwartungswert symmetrisches Intervall, in dem 70 % der Oberarmlängen liegen.
Betrachtet wird eine andere Normalverteilung mit gleicher Standardabweichung von $\sigma = 2{,}23\,\text{cm}$, aber einem anderen Erwartungswert.
Bestimmen Sie mithilfe der gegebenen Abbildung den Erwartungswert so, dass etwa 75 % der Frauen eine Oberarmlänge von höchstens 38,5 cm besitzen.

c) Unabhängig vom Sachzusammenhang werden im Folgenden zwei normalverteilte Zufallsgrößen Y und Z mit den Erwartungswerten μ_Y und μ_Z und den zugehörigen Standardabweichungen σ_Y und σ_Z mit $\sigma_Y < \sigma_Z$ betrachtet.
Entscheiden Sie in Abhängigkeit von a, ob $P(Y \le \mu_Y + a) - P(Z \le \mu_Z + a)$ positiv, negativ oder null ist.

9 "Die goldene 10"

Das Spiel „Die goldene Zehn“ wird mit einem idealen Würfel gespielt, bei dem eine Seitenfläche mit einem „V“, zwei Seitenflächen mit einer „2“, zwei mit einer „5“ und eine mit einer „10“ bedruckt sind. Es gelten folgende Spielregeln:

- Zu Beginn eines Spiels beträgt die Punktzahl des Spielers null.
- Zeigt der Würfel eine Zahl, wird diese zur bisherigen Punktzahl addiert.
- Der Spieler gewinnt, wenn er genau die Punktzahl 10 erreicht.
- Er verliert, wenn er eine Punktzahl größer als 10 erreicht oder ein „V“ würfelt.
- Das Spiel ist beendet, wenn der Spieler gewonnen oder verloren hat.

Der Spieler zahlt vor dem Spiel einen Einsatz von einem Euro an den Spielleiter. Gewinnt der Spieler, so bekommt er pro Wurf in diesem Spiel zwei Euro ausgezahlt.

a) Das Spiel wird einmal gespielt. Bestimmen Sie die Wahrscheinlichkeit dafür, dass der Spieler mit zwei Würfen die Punktzahl 12 erreicht.

Die Zufallsgröße X beschreibt den an den Spieler ausgezahlten Betrag in Euro. Für die Wahrscheinlichkeitsverteilung von X gilt nebenstehende Tabelle.

k	0	2	4	10
P(X = k)	$\frac{349}{486}$	$\frac{1}{6}$	$\frac{1}{9}$	$\frac{1}{243}$

b) Begründen Sie, dass X nur die Werte 0, 2, 4 oder 10 annehmen kann. Begründen Sie, dass das Spiel nicht fair ist. Untersuchen Sie, ob bei unverändertem Einsatz der Auszahlungsbetrag pro Wurf so verändert werden kann, dass das Spiel fair wird.

c) Bestimmen Sie die Wahrscheinlichkeit dafür, dass der Spieler von 120 Spielen mindestens 30 und höchstens 50 gewinnt.
Erläutern Sie, welche Wahrscheinlichkeit im Sachzusammenhang des Spiels „Die goldene Zehn“ mit dem Term $1 - 19 \cdot \frac{349}{486} \cdot \left(\frac{137}{486}\right)^{18}$ berechnet werden kann.

d) Unabhängig vom Sachzusammenhang ist über eine Urne Folgendes bekannt:
- In der Urne befinden sich neben anderen Kugeln genau fünf gelbe Kugeln.
- Es werden zwei Kugeln gleichzeitig aus der Urne gezogen. Die Wahrscheinlichkeit, genau eine gelbe Kugel zu erhalten, beträgt $\frac{1}{3}$.

Leiten Sie eine Gleichung zur Bestimmung der Anzahl aller Kugeln in der Urne her.

10 Flugbuchung

Eine Fluggesellschaft setzt auf einer Strecke immer Flugzeuge des gleichen Typs mit 320 Sitzplätzen ein. Kunden der Fluggesellschaft, die einen Flug für diese Strecke gebucht haben, treten diesen erfahrungsgemäß mit einer Wahrscheinlichkeit von 5 % nicht an. Die Zufallsgröße X beschreibt die Anzahl der Passagiere, die den Flug nicht antreten.

a) Für ein Flugzeug dieses Typs sind für einen zufällig ausgewählten Flug auf dieser Strecke 320 Tickets verkauft worden.
Berechnen Sie die Wahrscheinlichkeit dafür, dass in diesem Flugzeug
- mindestens 12 Plätze frei bleiben,
- mehr als 6 aber weniger als 10 Plätze frei bleiben,
- mindestens 300 aber höchstens 310 Plätze genutzt werden.

Bestimmen Sie das kleinste um den Erwartungswert von X symmetrische Intervall, in dem die Anzahl der den Flug nicht antretenden Passagiere mit einer Wahrscheinlichkeit von mindestens 90 % liegt.

b) Um Flugzeuge besser auszulasten, ist die Fluggesellschaft auf der betrachteten Strecke dazu übergegangen, für ihre Flüge mehr Tickets zu verkaufen als Plätze vorhanden sind. Passagiere, die nicht mit dem gebuchten Flugzeug transportiert werden können, werden von der Fluggesellschaft entschädigt. Betrachtet werden zufällig ausgewählte Flüge, für die jeweils 368 Tickets verkauft worden sind.
Interpretieren Sie den Term $\binom{368}{30} \cdot 0{,}05^{30} \cdot 0{,}95^{338}$ auch im Hinblick auf die Anzahl der zu entschädigenden Personen.

c) Auf der betrachteten Strecke wollen 323 Personen den Flug antreten. Die Passagiere werden von der Fluggesellschaft angesprochen, ob sie den Flug freiwillig später antreten würden. Passagiere entscheiden sich unabhängig voneinander mit einer Wahrscheinlichkeit p für einen späteren Flug.
Berechnen Sie für $p = 0{,}15$ die Wahrscheinlichkeit dafür, dass ein Mitarbeiter genau 10 Passagiere ansprechen muss, um die drei Passagiere zu finden, die freiwillig später fliegen.
Begründen Sie die Richtigkeit der folgenden Aussage:
Der Term $1 - (1 - p)^k$ gibt die Wahrscheinlichkeit dafür an, dass höchstens k Passagiere angesprochen werden müssen, um einen Passagier zu finden, der freiwillig später fliegt.

11 Pupillardistanz

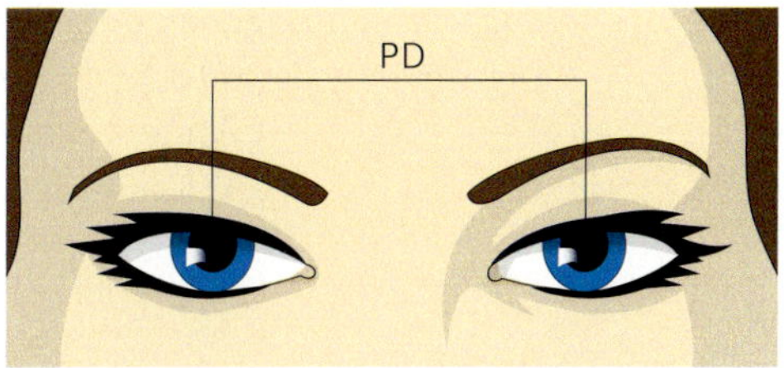

Die Pupillardistanz (PD) ist wichtig für das räumliche Sehen. Die Zufallsgröße X beschreibt die Pupillardistanz von Erwachsenen in mm und kann als annähernd normalverteilt mit $\mu = 63\,\text{mm}$ und $\sigma = 3{,}8\,\text{mm}$ angenommen werden.

a) Berechnen Sie die Wahrscheinlichkeit dafür, dass
- ein zufällig ausgewählter Erwachsener eine Pupillardistanz von höchstens 65 mm hat,
- die Pupillardistanz bei einem zufällig ausgewählten Erwachsenen um höchstens 2,5 mm von μ abweicht.

Bestimmen Sie den Mindestwert für die Pupillardistanz, den 80 % der Erwachsenen haben.
Die Wahrscheinlichkeit dafür, dass ein zufällig ausgewählter Erwachsener eine Pupillardistanz von mehr als 69,5 mm hat, wird mit 4,5 % angegeben. In einer Studie wurde die Pupillardistanz von 1012 Erwachsenen gemessen. 65 hatten eine Pupillardistanz von mehr als 69,5 mm.
Beurteilen Sie mit Hilfe eines Vertrauensintervalls, ob bei einer Sicherheitswahrscheinlichkeit von 95 % das Ergebnis der Studie mit der Angabe verträglich ist.

b) Ein Stereomikroskop hat Einstellungsmöglichkeiten für eine Pupillardistanz von 55 mm bis 71 mm.
Berechnen Sie die Wahrscheinlichkeit dafür, dass die Einstellungsmöglichkeiten für die Pupillardistanz eines zufällig ausgewählten Erwachsenen ausreichen.
Ein Hersteller von Stereomikroskopen will ein Gerät so bauen lassen, dass der Anteil der Erwachsenen, für den die Einstellungsmöglichkeiten für die Pupillardistanz nicht ausreichen, höchstens 0,2 % beträgt.
Bestimmen Sie den kleinstmöglichen Bereich der Pupillardistanz, der von dem Gerät abgedeckt werden muss.

c) Unabhängig vom Sachzusammenhang gilt für eine normalverteilte Zufallsgröße Y:

$P(Y \leq a) = 0{,}16$, $P(Y \geq b) = 0{,}16$ und $\int_c^d \varphi_{\mu;\,\sigma}(z)\,dz = 0{,}68$. Es ist $c \neq a$.

Begründen Sie, dass dann gilt:
- $\sigma \approx \frac{1}{2} \cdot (b - a)$
- $|d - c| > |b - a|$

12 SHELL-Jugendstudie

Die SHELL-Jugendstudie aus dem Jahr 2015 hat im Hinblick auf die Internetnutzung von Jugendlichen in Deutschland im Alter zwischen 14 und 18 Jahren fünf Typen festgelegt. Die Benennung dieser Internettypen beschreibt schlagwortartig das Hauptanliegen der Jugendlichen bei der Nutzung des Internets. Die durch die Studie ermittelte Verteilung wird im Folgenden angegeben:

Internettyp	Info-Nutzer	Medien-konsumenten	Digitale Bewohner	Gelegen-heitsnutzer	Interaktiv orientierte Selbstdarsteller
Anteil der Jugendlichen	25 %	24 %	20 %	19 %	12 %

a) Es wird nun modellhaft vorausgesetzt, dass die in der Tabelle angegebenen Anteile im Folgenden Wahrscheinlichkeiten darstellen.
Bei einer Straßenumfrage in Deutschland werden Jugendliche zufällig ausgewählt und danach befragt, wie sie das Internet nutzen.
Erläutern Sie die Bedeutung des Terms im Sachzusammenhang:
$\binom{50}{11} \cdot 0{,}24^{11} \cdot 0{,}76^{39} + \binom{50}{12} \cdot 0{,}24^{12} \cdot 0{,}76^{38} + \binom{50}{13} \cdot 0{,}24^{13} \cdot 0{,}76^{37}$.
Bestimmen Sie die Wahrscheinlichkeit dafür, dass unter 50 Jugendlichen
- höchstens sechs „Info-Nutzer“ sind,
- mehr als zehn „Info-Nutzer“ sind.

b) Der Anteil der weiblichen „Info-Nutzer“ unter den Jugendlichen beträgt 15,3 %. Betrachtet man die anderen Internettypen zusammen, so beträgt unter diesen der Anteil der weiblichen Jugendlichen 47,3 %.
Ermitteln Sie den Anteil
- der männlichen „Info-Nutzer“ unter den Jugendlichen,
- der „Info-Nutzer“ unter den männlichen Jugendlichen.

c) Die Schülerinnen und Schüler eines Mathematikkurses vermuten, dass der Anteil der „Gelegenheitsnutzer“ an ihrer Schule so groß ist wie in ganz Deutschland. Zur Überprüfung dieser Vermutung befragen sie n Jugendliche und ermitteln die zugehörigen Vertrauensintervalle zu einer Sicherheitswahrscheinlichkeit von 95 %.
Entscheiden Sie, welche der Darstellungen zu $n = 80$ bzw. zu $n = 160$ gehört. Zu einer anderen unbekannten Sicherheitswahrscheinlichkeit γ hat eine Arbeitsgruppe des Mathematikkurses zu einer Stichprobe von 200 befragten Jugendlichen mit 36 Gelegenheitsnutzern das Vertrauensintervall $[0{,}1428; p_{max}]$ bestimmt.
Ermitteln Sie die obere Intervallgrenze p_{max}. Beurteilen Sie mithilfe des Vertrauensintervalls die Vermutung der Kursteilnehmer.

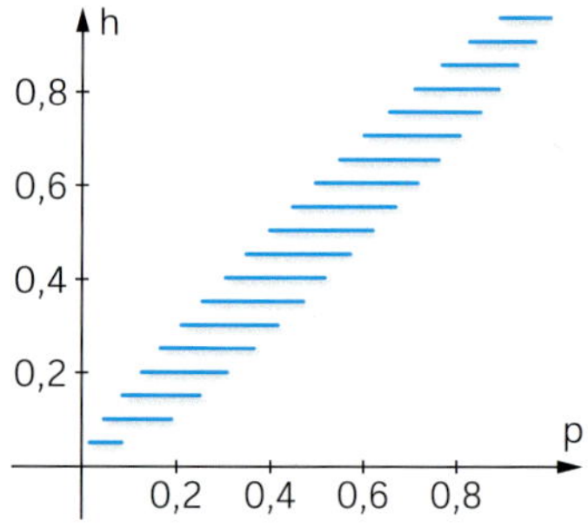

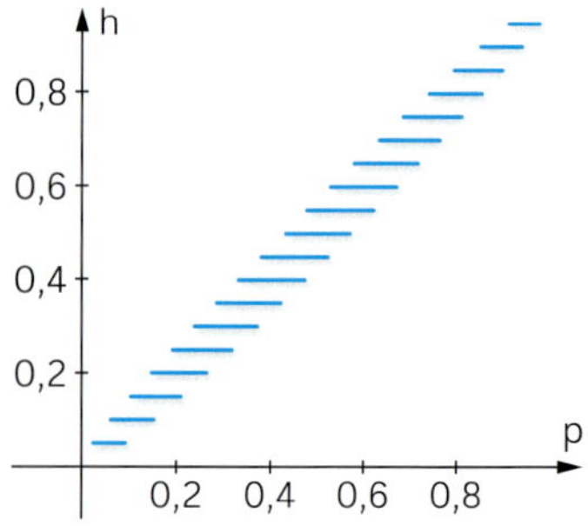

Zum Erinnern und Wiederholen

Schneller Zugriff zum Basiswissen aus den vorhergehenden Jahrgangsbänden

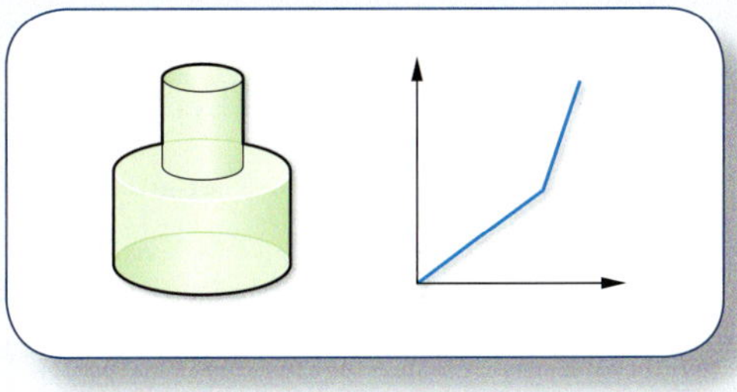

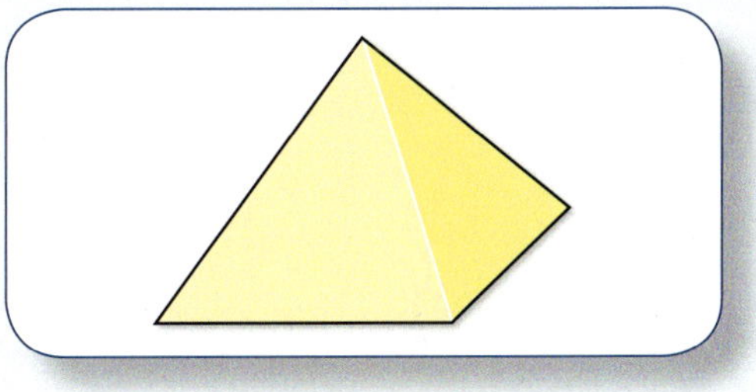

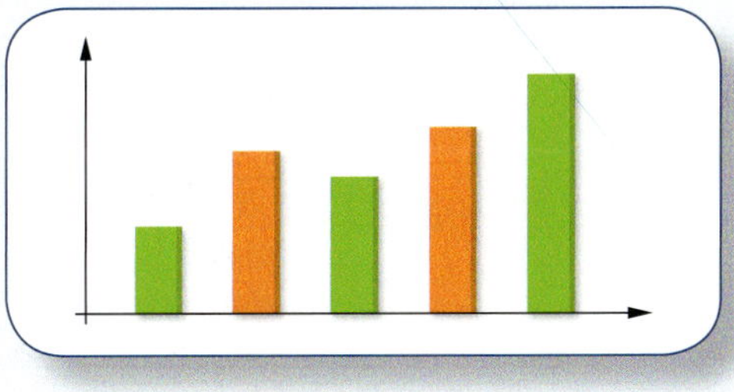

Basiswissen

Parameter verändern den Graphen der Sinusfunktion

$g(x) = \sin(b \cdot x)$ Beispiel: $\sin(0{,}5\,x)$

b: Streckung/Stauchung in x-Richtung

Periodenlänge, kleinster Wert, nach dem sich der Graph wiederholt: $\frac{2\pi}{b}$

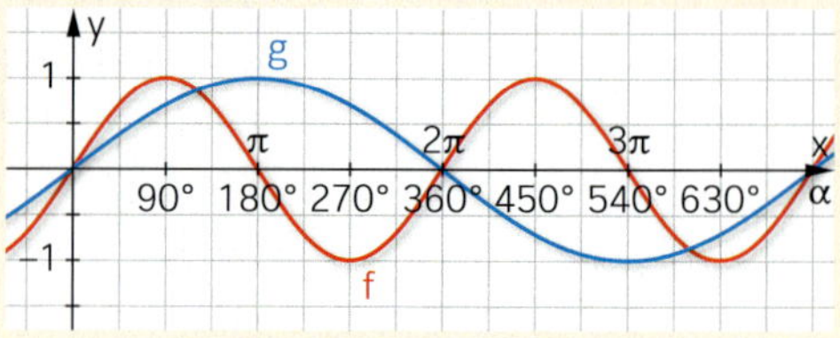

$g(x) = a \cdot \sin(x)$ Beispiel: $2\sin(x)$

a: Streckung/Stauchung in y-Richtung

Amplitude a: $a = \frac{y_{max} - y_{min}}{2}$

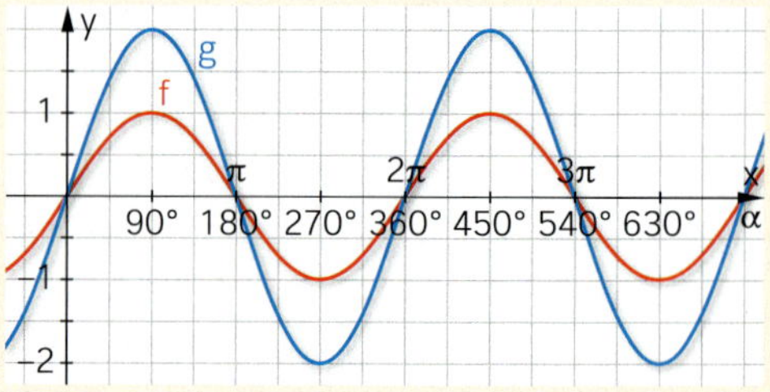

$g(x) = \sin(x - d)$ Beispiel: $\sin\left(x - \frac{\pi}{2}\right)$

d: Verschiebung in x-Richtung

Phasenverschiebung d

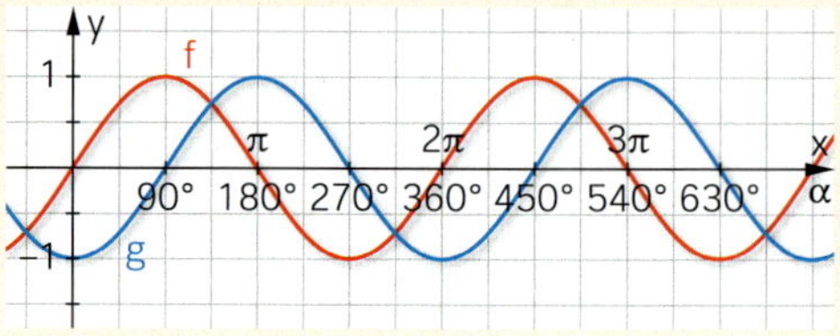

$g(x) = \sin(x) + e$ Beispiel: $\sin(x) + \frac{1}{2}$

e: Verschiebung in y-Richtung

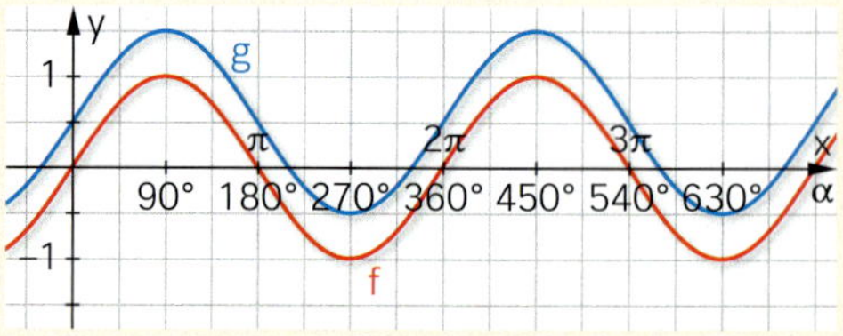

Veranschaulichung der Parameter der allgemeinen Sinusfunktion $g(x) = a \cdot \sin(b \cdot (x - d)) + e$ am Graphen.

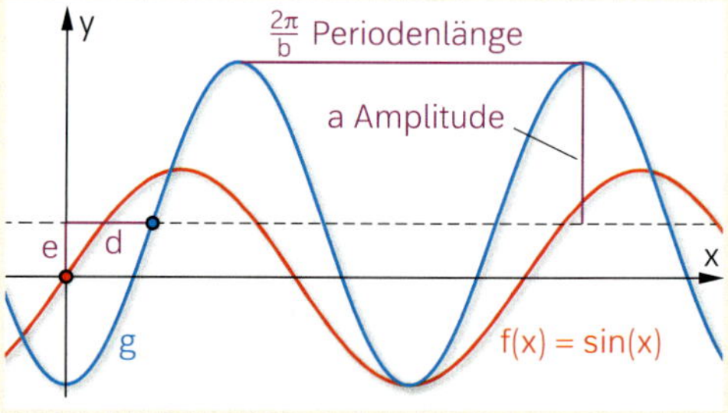

Übungen

1 Gleichungen gesucht

Bestimmen Sie zu folgenden Graphen eine Funktionsgleichung. Gibt es verschiedene Möglichkeiten ($x_{min} = 0$; $x_{max} = 4\pi$; $y_{min} = -2$; $y_{max} = 2$)?

a)
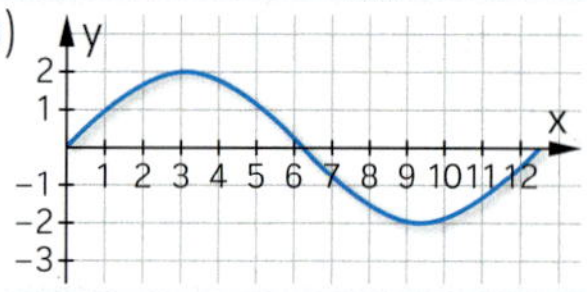

b)
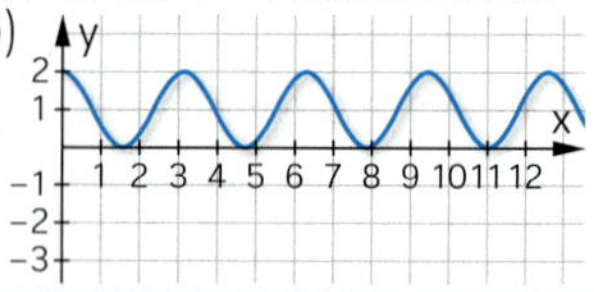

c)
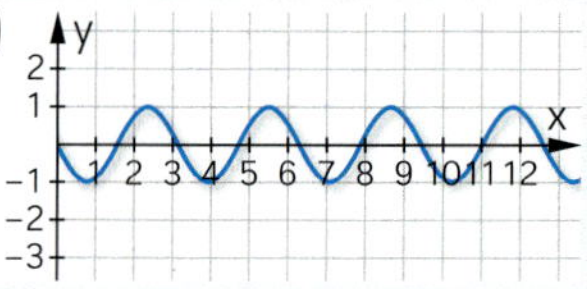

2 Gleichungen gesucht

Zeichnen Sie den Graphen und geben Sie jeweils eine Funktionsgleichung an.

Graph durch $(0\|0)$; y-Werte zwischen 0 und 4; erste positive Nullstelle bei 2π.	Periode $\frac{\pi}{3}$; y-Werte zwischen $-1{,}5$ und $1{,}5$; Maximum auf der y-Achse.	Periode 3π, erste negative Nullstelle bei $-\frac{\pi}{6}$; y-Werte zwischen 1 und 3.

Basiswissen

Änderungsverhalten: Mittlere und lokale Änderungsrate

Mit dem Differenzenquotienten können mittlere Änderungraten oder mittlere Steigungen in Intervallen numerisch erfasst werden.

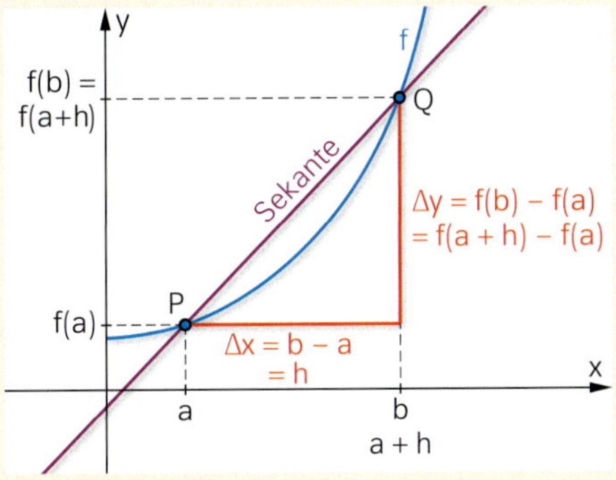

Differenzenquotient

$\frac{f(b) - f(a)}{b - a} = \frac{f(a + h) - f(a)}{h}$ für $b = a + h$

- Die mittlere Steigung ist die Steigung der Sekante durch P und Q.
- Für kleine Werte von h erhält man Näherungswerte für die lokale Änderungsrate an der Stelle a.

Lokale Änderungsrate

Der Grenzwert des Differenzenquotienten $\lim\limits_{h \to 0} \frac{f(a + h) - f(a)}{h}$ ist die lokale Änderungsrate an der Stelle a.

h-Methode

Man formt mit Mitteln der Algebra für $h \neq 0$ den Differenzenquotienten $\frac{f(x + h) - f(x)}{h}$ so um, dass man den Grenzwert gut ablesen kann.

Geometrische Interpretation

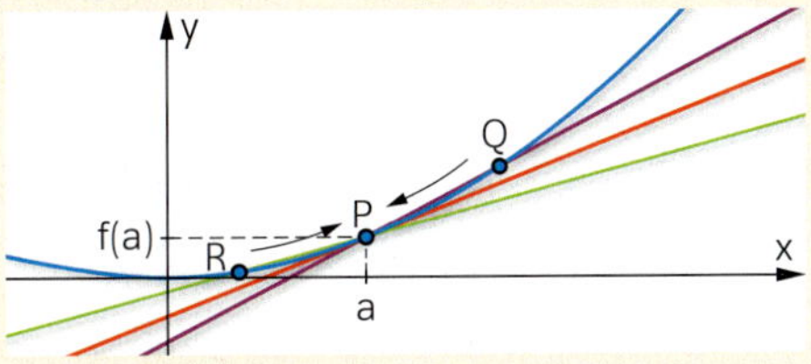

Die Sekanten nähern sich für $h \to 0$ der **Tangente** in $P(a|f(a))$ an den Graphen der Funktion. Der Grenzwert der Sekantensteigungen ist die Steigung der Tangente.

Beispiele

A Bestimmen Sie die mittlere Steigung von $f(x) = 6 - x^2$ im Intervall $[-1; 2]$.

Lösung: $\frac{f(2) - f(-1)}{2 - (-1)} = \frac{2 - 5}{3} = -1$

B Die lokale Änderungsrate von $f(x) = 2x^2$ an der Stelle $a = 3$ mit der h-Methode bestimmen.

Lösung: $\frac{2 \cdot (3 + h)^2 - 2 \cdot 3^2}{h} = \frac{2 \cdot (9 + 6h + h^2) - 18}{h} = \frac{12h + 2h^2}{h} = \frac{h \cdot (12 + 2h)}{h} = 12 + 2h$

$\lim\limits_{h \to 0} (12 + 2h) = 12$

Übungen

3 a) Bestimmen Sie die mittleren Steigungen zwischen jeweils zwei der Punkte A, B und C.

b) Geben Sie nach Augenmaß ein Intevall an, in dem die mittlere Steigung Null ist.

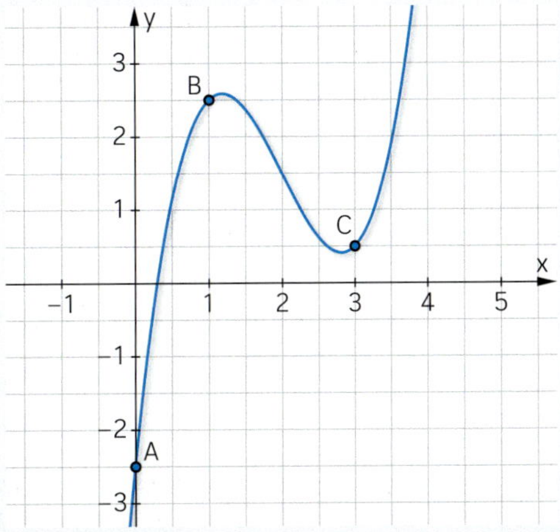

4 Ermitteln Sie die lokale Änderungsrate von f an der Stelle a mithilfe der „h-Methode".

a) $f(x) = \frac{1}{2}x^2$; $a = 3$

b) $f(x) = x^2 - 2$; $a = -1$

c) $f(x) = x^3$; $a = 2$

Basiswissen

Ableitungen

Die Sekantensteigungsfunktion

$m_{sek}(x) = \frac{f(x+h) - f(x)}{h}$ ist für kleine Werte von h (z. B. h = 0,001) eine sehr gute Näherung der Ableitung.

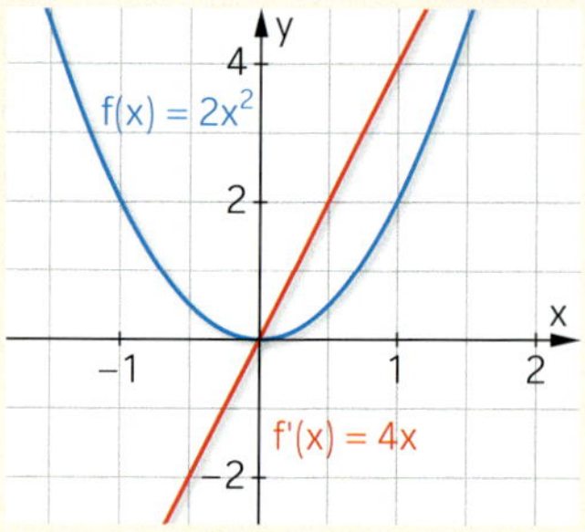

Die Ableitungsfunktion

Die Funktion, die jedem x-Wert die lokale Änderungsrate (lokale Steigung) der Funktion f an der Stelle x zuordnet, nennt man Ableitungsfunktion f′ oder kurz: Ableitung.

$f'(x) = \lim\limits_{h \to 0} \frac{f(x+h) - f(x)}{h}$

Monotonie in einem Intervall

$f'(x) \geq 0$: f ist monoton wachsend.

$f'(x) \leq 0$: f ist monoton fallend.

Ableitung der Grundfunktionen

Funktion f	Ableitung f′
$f(x) = x^2$	$f'(x) = 2x$
$f(x) = x^3$	$f'(x) = 3x^2$
$f(x) = x^4$	$f'(x) = 4x^3$
$f(x) = \sqrt{x}$	$f'(x) = \frac{1}{2\sqrt{x}}$
$f(x) = \frac{1}{x}$	$f'(x) = -\frac{1}{x^2}$
$f(x) = \sin(x)$	$f'(x) = \cos(x)$

Wichtige Ableitungsregeln

Potenzregel
$f(x) = x^n$ $\quad f'(x) = n\,x^{n-1}$

Regel für konstante Summanden
$f(x) = g(x) + c$ $\quad f'(x) = g'(x)$

Faktorregel
$f(x) = a\,g(x)$ $\quad f'(x) = a\,g'(x)$

Summenregel
$f(x) = g(x) + h(x)$ $\quad f'(x) = g'(x) + h'(x)$

Beispiele

A Bestimmen Sie die Ableitung von $f(x) = 2x^2$.

x	$m_{sek}(x)$	$f'(x)$
−1	−3,998	−4
0	0,002	0
1	4,002	4
2	8,002	8

1. Mit einer Sekantensteigungsfunktion:

Aus Tabelle oder Graph von m_{sek}

$f(x) = 2x^2$; $h = 0{,}001$

$m_{sek}(x) = 4x + 0{,}002$

$f'(x) = 4x$

2. Mit der h-Methode:

$f(x) = 2x^2$

$\frac{2(x+h)^2 - 2x^2}{h} = \frac{4xh + 2h^2}{h} = 4x + 2h$

$\Rightarrow f'(x) = \lim\limits_{h \to 0}(4x + 2h) = 4x$

B Bestimmen Sie die Ableitung von $f(x) = \frac{2}{3}x^3 - 2\sin(x) + 5x^2 - 8$.

Lösung: $f'(x) = \frac{3 \cdot 2}{3}x^2 - 2\cos(x) + 2 \cdot 5x = 2x^2 - 2\cos(x) + 10x$

Übungen

1 Bestimmen Sie die Ableitung mithilfe der h-Methode. $f(x) = -3x^2 + 1$

2 Ableitung bestimmen: $f(x) = \frac{4}{x} + 3x^6 - 2$; $\quad g(x) = 2\cos(x) - 4\sqrt{x}$; $\quad h(x) = \frac{8x - 4x^2}{2}$

3 Beantworten Sie für $f(x) = 2x^3 - 4x$ und $g(x) = -x^4 + 2x$.

a) Geben Sie die lokalen Änderungsraten an den Stellen −3; 2 und $\frac{1}{3}$ an.

b) In welchen Punkten haben die Graphen die Steigung 2; −6 und 8?

c) Bestimmen Sie jeweils die Schnittpunkte mit den Koordinatenachsen und die Steigung in diesen Punkten.

Basiswissen

Tangente und Normale

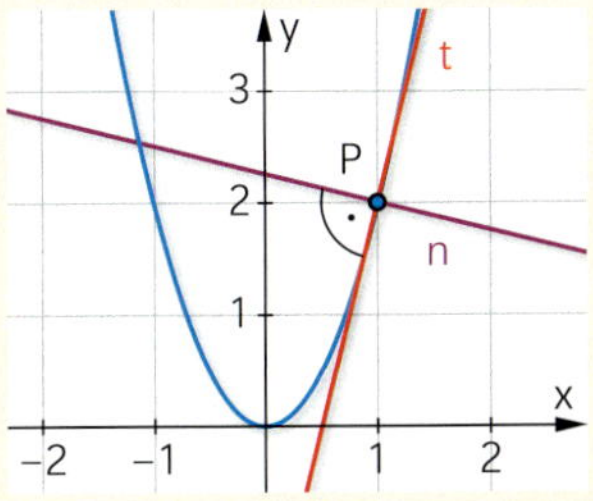

Gleichung der Tangente von f in $P(a|f(a))$:

$t(x) = f'(a) \cdot (x - a) + f(a)$

Die Normale in $P(a|f(a))$ ist die zur Tangente senkrechte Gerade durch P:

$n(x) = -\frac{1}{f'(a)} \cdot (x - a) + f(a)$

Die zweite Ableitung

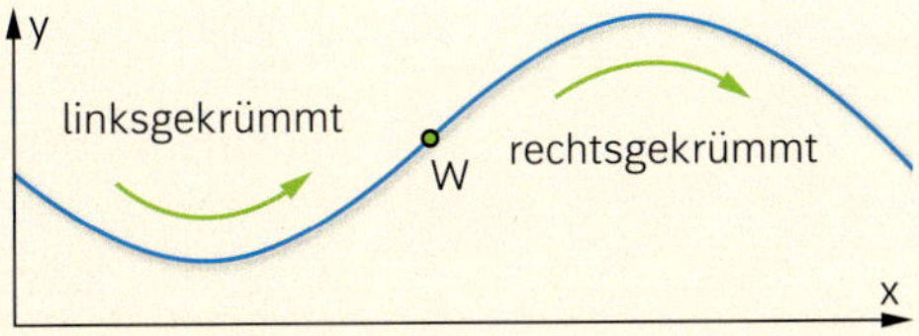

Die zweite Ableitung f″ ist die Ableitung der ersten Ableitung f′. Sie beschreibt das Änderungsverhalten der Ableitung f′, d. h. „die Änderung der Änderung“.

Die zweite Ableitung f″ gibt eine Vorstellung, in welcher Weise der Graph von f gekrümmt ist.

Wenn $f''(x) < 0$, dann ist der Graph von f **rechtsgekrümmt**.

Wenn $f''(x) > 0$, dann ist der Graph von f **linksgekrümmt**.

Ein **Wendepunkt** ist ein Punkt, in dem die Art der Krümmung wechselt.

Ein Wendepunkt mit waagerechter Tangente heißt **Sattelpunkt**.

Ganzrationale Funktion

Die Funktion f mit $f(x) = 2x^3 + 3x^2 - x + 4$ wird als ganzrationale Funktion dritten Grades bezeichnet. Allgemein: $f(x) = ax^3 + bx^2 + cx + d$

Eine Funktion f mit $f(x) = a_n x^n + a_{n-1} x^{n-1} + \ldots + a_1 x + a_0$ ($a_i \in \mathbb{R}$ und $a_n \neq 0$) heißt **ganzrationale Funktion n-ten Grades.**

Beispiele

A Bestimmen Sie die Gleichung der Tangente und der Normale in dem angegebenen Punkt des Graphen von f: $f(x) = \frac{1}{2}x^4 - 2$, $P(-2|f(-2))$

Lösung:

$f(-2) = \frac{1}{2} \cdot 16 - 2 = 6$; $\Rightarrow$ $t(x) = -16 \cdot (x - (-2)) + 6 = -16x - 26$

$f'(x) = 2x^3 \Rightarrow f'(-2) = 2 \cdot (-8) = -16$

$n(x) = -\frac{1}{-16}(x + 2) + 6 = \frac{1}{16}x + \frac{49}{8}$

B Bestimmen Sie die zweite Ableitung der Funktion f mit $f(x) = \frac{1}{4}x^4 + 3x^3$

Lösung: $f'(x) = x^3 + 9x^2$; $f''(x) = 3x^2 + 18x$

Übungen

1 Bestimmen Sie die Gleichung der Tangente und der Normale im Punkt $(1|f(1))$ des Graphen der Funktion f mit $f(x) = 2x^3 + x$.

2 Bestimmen Sie die zweite Ableitung der Funktion.

a) $f(x) = x^4 + 2x^3 - 4x$ b) $f(x) = x^3 - x^2 + x - 1$ c) $f(x) = \cos(x)$

3 Bestimmen Sie das Intervall in dem der Graph der Funktion f mit $f(x) = x^3 + 2x^2$ rechtsgekrümmt ist.

Basiswissen

Zusammenhänge zwischen Funktion und der 1. und 2. Ableitung

Funktion f	Ableitungen
wachsend	$f'(x) > 0$
fallend	$f'(x) < 0$
lokales Extremum	$f'(x)$ hat Vorzeichenwechsel oder $f'(x) = 0$ und $f''(x) \neq 0$
linksgekrümmt	$f''(x) > 0$
rechtsgekrümmt	$f''(x) < 0$
Wendepunkt	$f''(x)$ hat Vorzeichenwechsel oder $f'(x)$ hat lokales Extremum

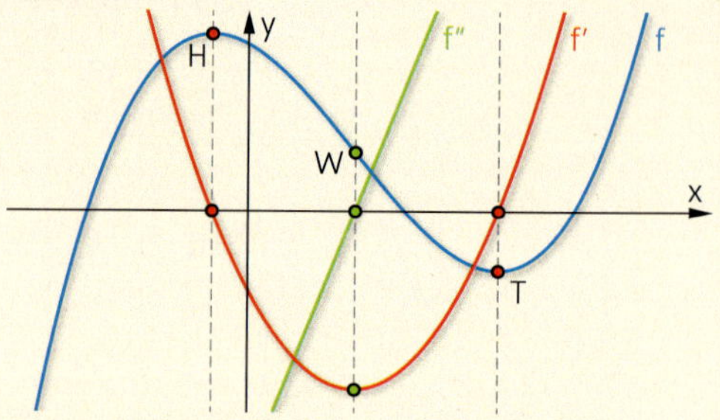

Lokale Extrempunkte

Für infrage kommende Stellen a gilt:
$f'(a) = 0$ (horizontale Tangente)

Wenn $f'(a) = 0$ und $f''(a) \neq 0$, dann ist $(a \mid f(a))$ ein lokaler Extrempunkt.
$f''(a) < 0$: $H(a \mid f(a))$ ist Hochpunkt
$f''(a) > 0$: $T(a \mid f(a))$ ist Tiefpunkt

oder

Wenn $f'(a) = 0$ ist und in a ein Vorzeichenwechsel von f' vorliegt, dann ist $(a \mid f(a))$ ein lokaler Extrempunkt.

Wendepunkte

Für infrage kommende Stellen a gilt:
$f''(a) = 0$

Wenn $f''(a) = 0$ und $f'''(a) \neq 0$, dann ist $W(a \mid f(a))$ ein Wendepunkt.

oder

Wenn $f''(a) = 0$ ist und in a ein Vorzeichenwechsel von f'' vorliegt, dann ist $(a \mid f(a))$ ein Wendepunkt.

Wendestellen von f sind Extremstellen von f'.

Beispiele

A Bestimmen Sie die lokalen Extrempunkte des Graphen der Funktion f mit $f(x) = 0{,}5x^4 - 4x^2$

Lösung:

Ableitungen bestimmen: $f'(x) = 2x^3 - 8x$; $f''(x) = 6x^2 - 8$

Nullstellen von $f'(x)$: $0{,}5x^4 - 4x^2 = 0$; $x_{E_1} = -2$; $x_{E_2} = 0$; $x_{E_3} = 2$

Art der Extremstellen:
$x_{E_1} = -2$: $f''(-2) > 0 \Rightarrow$ x-Koordinate eines lok. Tiefpunkt
$x_{E_2} = 0$: $f''(0) < 0 \Rightarrow$ x-Koordinate eines lok. Hochpunkt
$x_{E_3} = 2$: $f''(2) > 0 \Rightarrow$ x-Koordinate eines lok. Tiefpunkt

Funktionswerte bestimmen:
$f(-2) = -8 \Rightarrow$ lokaler Tiefpunkt $T(-2 \mid -8)$
$f(0) = 0 \Rightarrow$ lokaler Hochpunkt $H(0 \mid 0)$
$f''(2) = -8 \Rightarrow$ lokaler Tiefpunkt $T(2 \mid -8)$

Übungen

1 Bestimmen Sie die lokalen Extrempunkte des Graphen der Funktion f und g mit $f(x) = \frac{1}{3}x^3 + \frac{1}{2}x^2$ und $g(x) = x^4 - 2x^2 + 1$

2 Bestimmen Sie die Wendepunkte des Graphen der Funktion f mit $f(x) = x^3 + 6x^2 + 9x$.

3 Bestimmen Sie die Achsenschnittpunkte, Hoch-, Tief- und Wendepunkte des Graphen der Funktion f mit $f(x) = \frac{1}{9}x^3 - x^2$. Skizzieren Sie mit diesen Informationen den Graphen.

Basiswissen

Besondere Symmetrien bei Funktionsgraphen

Der Graph einer Funktion f ist **punktsymmetrisch zum Koordinatenursprung**, falls gilt: $f(-x) = -f(x)$ für alle x.

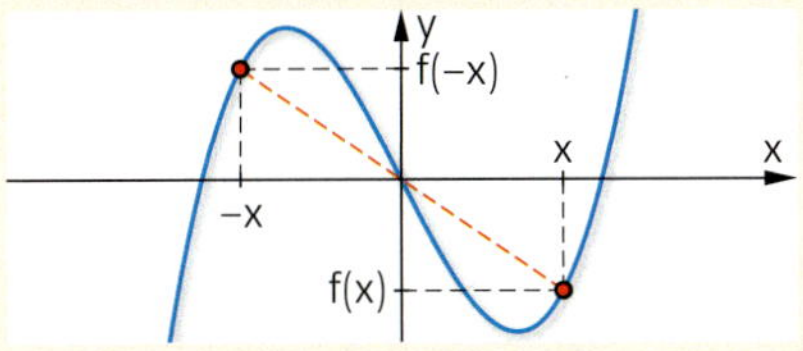

Der Graph einer Funktion f ist **achsensymmetrisch zur y-Achse**, falls gilt: $f(-x) = f(x)$ für alle x.

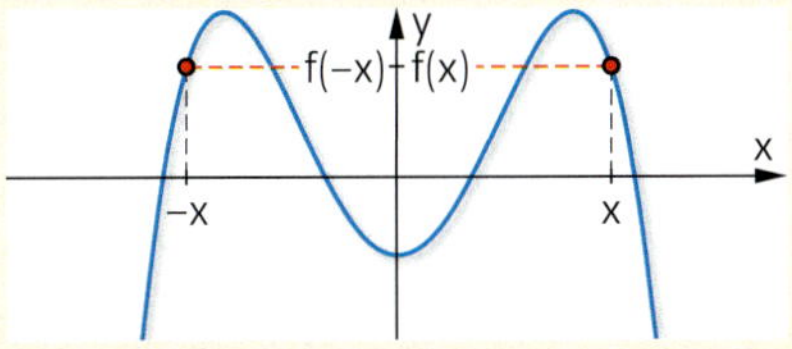

Wenn im Funktionsterm einer ganzrationalen Funktion **nur** Potenzen von x mit **ungeraden Exponenten** auftreten, so ist der Graph **punktsymmetrisch** zum Koordinatenursprung.

0 zählt hierbei als gerade.

Wenn im Funktionsterm einer ganzrationalen Funktion **nur** Potenzen von x mit **geraden Exponenten** auftreten, so ist der Graph **achsensymmetrisch** zur y-Achse.

Verhalten im Unendlichen

Der Graph jeder ganzrationalen Funktion f mit $f(x) = a_n x^n + a_{n-1} x^{n-1} + \ldots + a_1 x + a_0$ verhält sich im Unendlichen wie der Graph von $g(x) = a_n x^n$.

Beispiel:
$f(x) = x^4 - 8x^2 + 8;\ g(x) = x^4$

Für $x \to -\infty$ läuft $f(x) \to +\infty$,
für $x \to +\infty$ läuft $f(x) \to +\infty$.

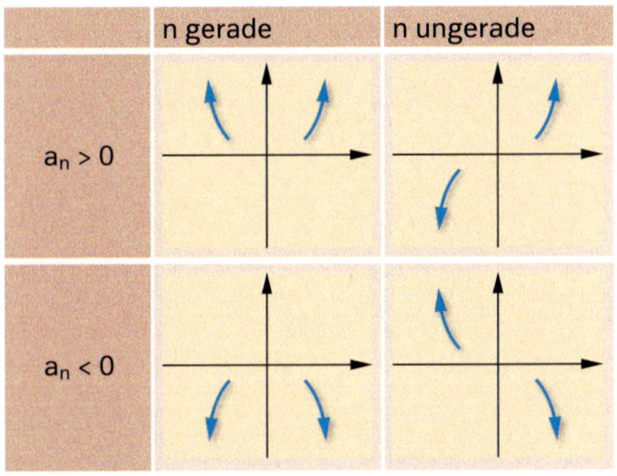

Ganzrationale Funktionen 3. Grades

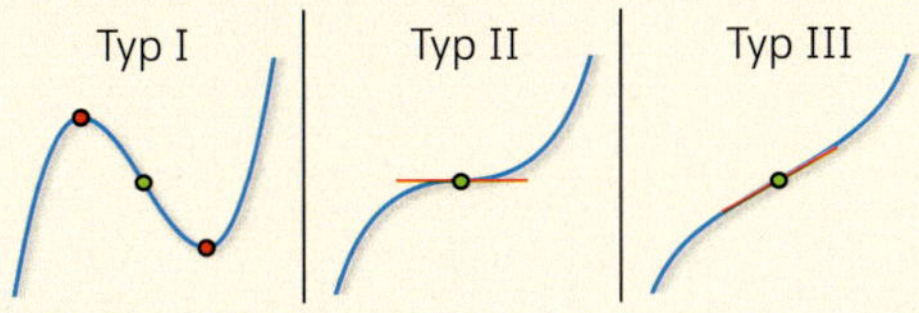

Alle Graphen sind punktsymmetrisch. Eine ganzrationale Funktion 3. Grades hat eine, zwei oder drei Nullstellen.

Beispiele

A Untersuchen Sie den Graphen der Funktion f mit $f(x) = \frac{1}{3}x^3 - 2x$ auf besondere Symmetrie und Verhalten im Unendlichen.

Lösung:

Begründen mit den Exponenten: In f(x) treten nur ungerade Exponenten von x auf, daher ist der Graph von f punktsymmetrisch zum Ursprung.

Begründen mit der Definition: $f(-x) = \frac{1}{3}(-x)^3 - 2(-x) = -\frac{1}{3}x^3 + 2x = -f(x)$

Verhalten im Unendlichen: Der Graph von f verhält sich wie der Graph von $g(x) = \frac{1}{3}x^3$.

Übungen

1 Untersuchen Sie den Graphen der Funktion auf besondere Symmetrie.

a) $f(x) = x^3 + x$ b) $f(x) = x^4 + 3x - 1$ c) $f(x) = x^3 + 3x^2 - 5x$

2 Untersuchen Sie das Verhalten des Graphen der Funktion im Unendlichen.

a) $f(x) = x^3 - 2x$ b) $f(x) = -x^4 + \frac{1}{4}x + x$ c) $f(x) = -\frac{1}{2}x^3 - x^2 + \frac{1}{8}x$

Basiswissen

Nullstellen und Gleichungen

Funktion f	Graph	Lösung der Gleichung $f(x) = 0$	Nullstellen
$f(x) = x^5 - x^2 - 2x + 1$		Kein algebraisches Verfahren vorhanden. Lösung durch grafischtabellarische Untersuchung	$x_1 \approx -1{,}145$; $x_2 \approx 0{,}419$; $x_3 \approx 1{,}251$
$f(x) = 3x - 10$	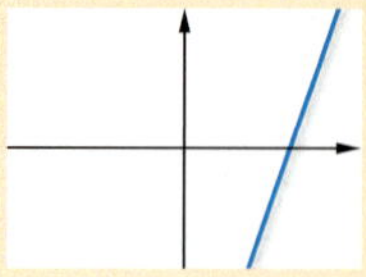	$3x - 10 = 0$ Äquivalenzumformungen Lösung: $x = \frac{10}{3}$	$x = \frac{10}{3}$
$f(x) = x^2 + 2x - 8$	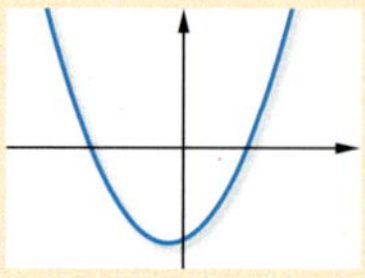	$x^2 + 2x - 8 = 0$ pq-Formel mit $p = 2$, $\frac{p}{2} = 1$ und $q = -8$ $x_{1/2} = -\frac{p}{2} \pm \sqrt{\left(\frac{p}{2}\right)^2 - q} = -1 \pm \sqrt{1+8}$ Lösungen: $x_1 = 2$ und $x_2 = -4$	$x_1 = 2$ $x_2 = -4$
$f(x) = x^2 - 4x + 4$	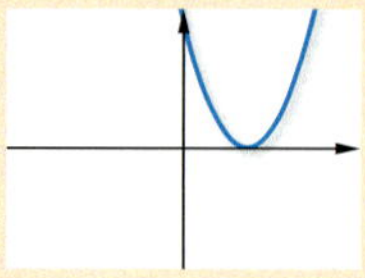	$x^2 - 4x + 4 = 0$ Binomische Formel $x^2 - 4x + 4 = (x-2)^2 = 0$ Lösung: $x = 2$	Extrempunkt $x = 2$ (doppelt)
$f(x) = x^2 - 2x + 2$	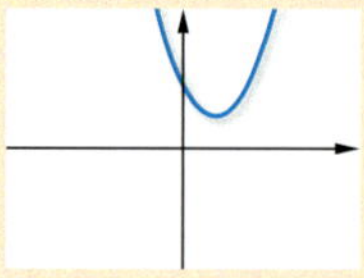	$x^2 - 2x + 2 = 0$ Diese Gleichung hat keine Lösungen.	keine Nullstellen
$f(x) = 3(x+1)(x-2)(x-3)$	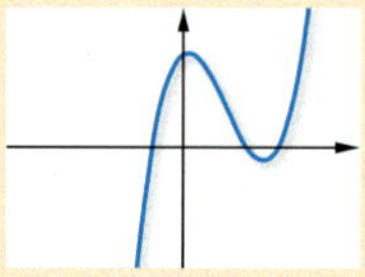	$3(x+1)(x-2)(x-3) = 0$ Ein Produkt ist gleich null, wenn einer der Faktoren null ist. Lösungen: $x_1 = -1$; $x_2 = 2$ und $x_3 = 3$	$x_1 = -1$ $x_2 = 2$ $x_3 = 3$
$f(x) = (x-1)^3(x^2 + x + 1)$	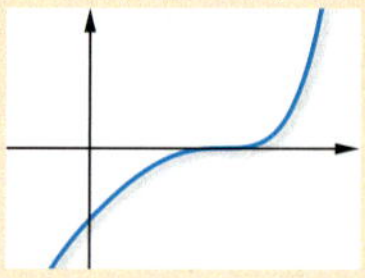	$(x-1)^3(x^2 + x + 1) = 0$ Lösung: $x = 1$ Die Gleichung $x^2 + x + 1 = 0$ hat keine Lösung.	Sattelpunkt $x = 1$ (dreifach)
$f(x) = x^4 - 2x^2$	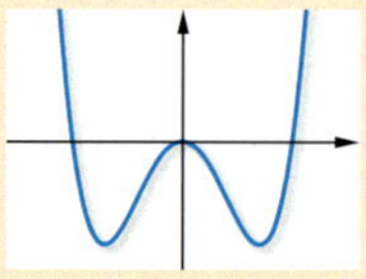	$x^4 - 2x^2 = 0$ Ausklammern $x^4 - 2x^2 = x^2(x^2 - 2)$ $= x^2(x+\sqrt{2})(x-\sqrt{2}) = 0$ Lösung: $x_1 = 0$; $x_2 = -\sqrt{2}$ und $x_3 = \sqrt{2}$	$x_1 = 0$ (doppelt) $x_2 = -\sqrt{2}$ $x_3 = \sqrt{2}$

Eine ganzrationale Funktion vom Grad n kann höchstens n Nullstellen besitzen.

Übungen

1 Bestimmen Sie mit einem algebraischen Verfahren die Nullstellen.

a) $f(x) = 4x + 3$
b) $f(x) = x^2 - 5x + 6$
c) $f(x) = x^3 + x$
d) $f(x) = (x+3)(x-1)$
e) $f(x) = x^3 - 2x$
e) $f(x) = x^2 + 2x + 2$

2 Bestimmen Sie die Nullstellen. Nutzen Sie möglichst ein algebraisches Verfahren.

a) $f(x) = x \cdot (x-5) \cdot \left(x + \frac{3}{2}\right)$
b) $f(x) = 5x^4 + 3x^3$
c) $f(x) = x^3 - 3x^2 - 2x$
d) $f(x) = x^4 - 2x^2 + 1$
e) $f(x) = 2 \cdot (x^2 + 1) \cdot (x^2 - 7)$
f) $f(x) = x^4 - 5x^2 + 4$
g) $f(x) = 2x^4 - 24x^2 + 70$
h) $f(x) = 2x^3 + x^2 - 4x + 1$
i) $f(x) = 3x^4 - 6x^2$
j) $f(x) = 4x^2 - 8x$
k) $f(x) = x^6 - x^3$
l) $f(x) = x^4 - 8x^3 - 4x + 3$

Basiswissen

Funktionen aus Daten

(1) Gerade durch zwei Punkte

Ansatz: $g(x) = ax + b$

Punkte	Bedingung	Gleichungen
A(−1 | 2,5)	$f(-1) = 2{,}5$	$-a + b = 2{,}5$
B(2 | −2)	$f(2) = -2$	$2a + b = -2$

Lineares Gleichungssystem (LGS)

(I) $-a + b = 2{,}5$

(II) $2a + b = -2$

Lösen mit Gleichsetzungsverfahren:

(I) $b = 2{,}5 + a$ $\Rightarrow$ $2{,}5 + a = -2a - 2$

(II) $b = -2a - 2$ $\quad a = -1{,}5$

Einsetzen in (I): $b = 2{,}5 + a = 2{,}5 - 1{,}5 = 1$

Gesuchte Gerade: $g(x) = -1{,}5x + 1$

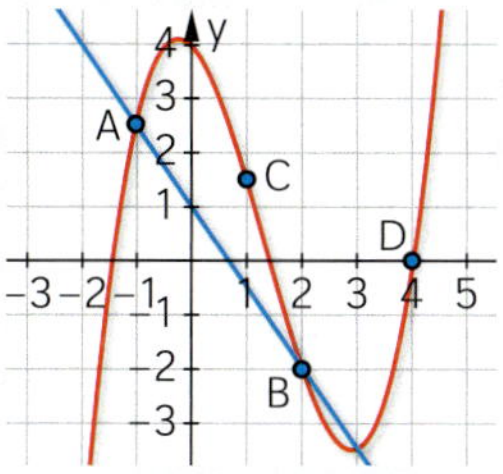

(2) Funktion durch vier Punkte

Ansatz: $f(x) = ax^3 + bx^2 + cx + d$

Punkte	Gleichungen
A(−1 | 2,5)	$-a + b - c + d = 2{,}5$
B(2 | −2)	$8a + 4b + 2c + d = -2$
C(1 | 1,5)	$a + b + c + d = 1{,}5$
D(4 | 0)	$64a + 16b + 4c + d = 0$

Lösen des LGS mit GTR

$$\begin{pmatrix} -1 & 1 & -1 & 1 & 2{,}5 \\ 8 & 4 & 2 & 1 & -2 \\ 1 & 1 & 1 & 1 & 1{,}5 \\ 64 & 16 & 4 & 1 & 1 \end{pmatrix} \xrightarrow{rref} \begin{pmatrix} 1 & 0 & 0 & 0 & 0{,}5 \\ 0 & 1 & 0 & 0 & -2 \\ 0 & 0 & 1 & 0 & -1 \\ 0 & 0 & 0 & 1 & 4 \end{pmatrix}$$

Gesuchte Funktion: $f(x) = \frac{1}{2}x^3 - 2x^2 - x + 4$

Modellieren aus Daten

Den Zusammenhang zwischen zwei Größen kann man mit Messungen oder Datenerhebungen untersuchen. Ziel der Modellierung mit Funktionen sind häufig, Prognosen.

Strategie

(1) Daten als Wertepaare in ein Koordinatensystem eintragen. Welcher Funktionstyp kommt infrage?

(2) Mithilfe ausgewählter Wertepaare eine Funktionsgleichung bestimmen, die vielleicht zu den Daten passt.

(3) Mit einem GTR oder Funktionenplotter können Funktionen berechnet werden, die in einem gewissen Sinne gut zu den Daten passen (Regression).

Beispiel: In einer Stadt wurden am vergangenen Wochenende fünf Wohnungen vermietet.

Wohnfläche in m²	40	48	51	54	60
Miete in €	276	290	324	350	376

(1) Es kommt eine lineare Funktion infrage.

(2) Gerade durch (40 | 276) und (60 | 376): $f(x) = 5x + 76$

(3) Lineare Regression: $g(x) = 5{,}36x + 52{,}1$

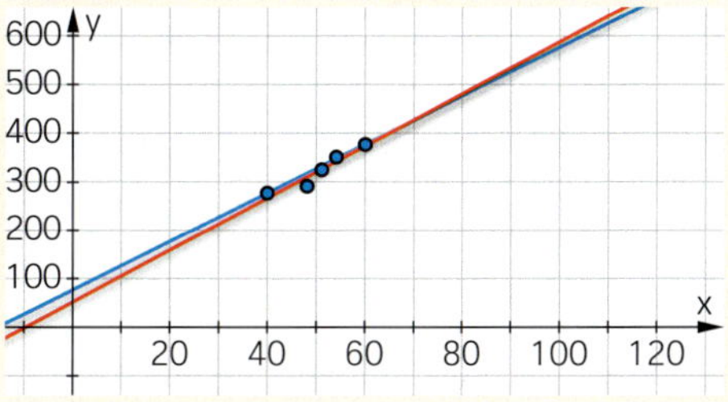

Prognose für Miete einer 120 m² Wohnung: $f(120) = 676$ €; $g(120) \approx 695$ €

Übungen

1 Bestimmen Sie eine passende Funktion zum angegebenen Typ. Erstellen Sie ohne GTR eine aussagekräftige Grafik. (A) $f(x) = a \cdot x + b$ (B) $f(x) = a \cdot x^2 + b \cdot x$

(1) A(2 | 6); B(−1 | 9) (2) A(6 | 0); B(2 | −2) (3) A(-3 | 5); B(0 | −2)

2 In der Tabelle sind die jährlichen Einnahmen eines großen Konzerns der letzten sechs Jahre dargestellt.

Jahr	1	2	3	4	5	6
Mio. €	230	210	210	245	290	370

a) Ermitteln Sie zwei zu den Daten passende Modelle.

b) Schätzen Sie mit dem Modell die Einnahmen des 10. Jahres.

Basiswissen

Modellieren

Die Produktionskosten für einzelne Stückzahlen werden mit der Kostenfunktion $K(x) = 0{,}1x^3 - 0{,}8x^2 + 3{,}2x + 4$ modelliert. Der Verkaufspreis beträgt 3 €/Stück.
Für welche Stückzahlen erhält man Gewinn? Wann ist dieser maximal?

Umsatzfunktion: $U(x) = 3x$ (3 €/Stück)
Gewinnfunktion: $G(x) = U(x) - K(x)$
Gewinnzone (grafisch-tabellarisch): $3 < x < 7$
Bei 3 Stück knapp in der Gewinnzone,
bei 7 Stück schon in der Verlustzone.
Maximaler Gewinn bei 5 Stück (gafisch-tabellarisch 5,2).

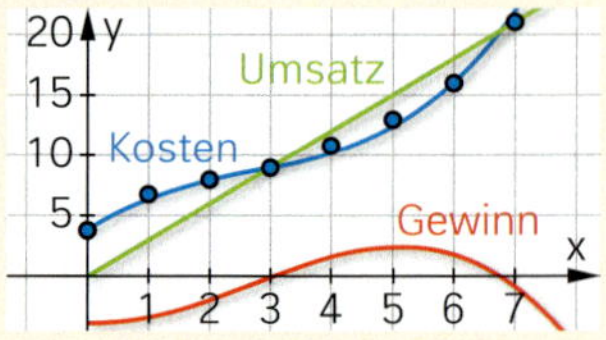

Optimieren

Welche quadratische Pyramide mit der Kantenlänge 10 hat ein maximales Volumen?

1. Skizze mit Bezeichnungen.
2. Formel für gesuchte Größe: $V(a,h) = \frac{1}{3}a^2 h$
3. Nebenbedingungen:
   $a^2 + a^2 = d^2 \Rightarrow d = a\sqrt{2}$
   $h^2 + \left(\frac{1}{2}d\right)^2 = h^2 + \left(\frac{1}{2}a\sqrt{2}\right)^2 = 10^2 \Rightarrow a^2 = 200 - 2h^2$
4. Nebenbedingung in Zielfunktion einsetzen:
   $V(h) = \frac{1}{3}a^2 h = \frac{1}{3}(200 - h^2)h$
5. Extremwert bestimmen
   Für $h \approx 8{,}16$ erhält man ein maximales Volumen von ca. 362,89.

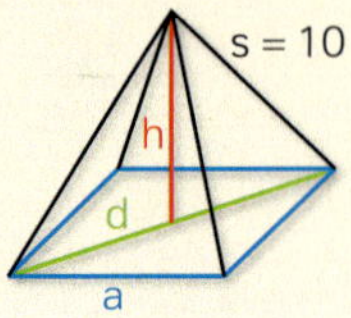

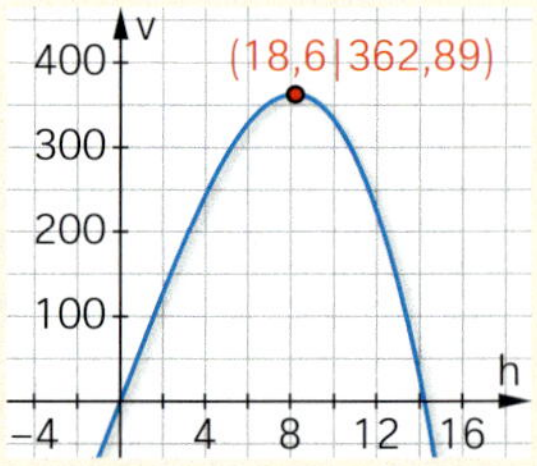

Übungen

1 Die Firma Flamingo produziert Radiergummis. Die dabei entstehenden Kosten werden durch die Kostenfunktion K mit $K(x) = 2{,}5x^3 - 16x^2 + 60x + 10$ (Stückzahl x in 100, Kosten K in €) beschrieben. Marktanalysen zeigen, dass je 100 Stück zu einem Preis von 40 € abgesetzt werden können.

- In welchem Bereich kann Gewinn erwirtschaftet werden?
- Bei welcher Stückzahl ist dieser maximal?
- Wie groß ist der maximale Gewinn?

2 Die Gerade $y = -0{,}5x + 4$ umschließt mit den Koordinatenachsen ein Dreieck. In dieses Dreieck werden Rechtecke eingebaut.
Welches Rechteck hat ...
a) ... maximalen Flächeninhalt?
b) ... maximalen Umfang?

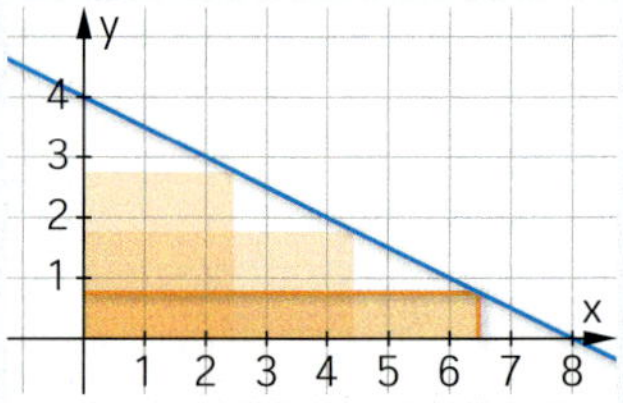

3 Ein Gewölbegang hat einen Querschnitt von der Form eines Rechtecks mit aufgesetztem Halbkreis. Der Umfang des Querschnitts ist mit $U = 10\,m$ fest vorgegeben. Wie muss das Gewölbe gestaltet werden, damit die Querschnittsfläche möglichst groß wird?

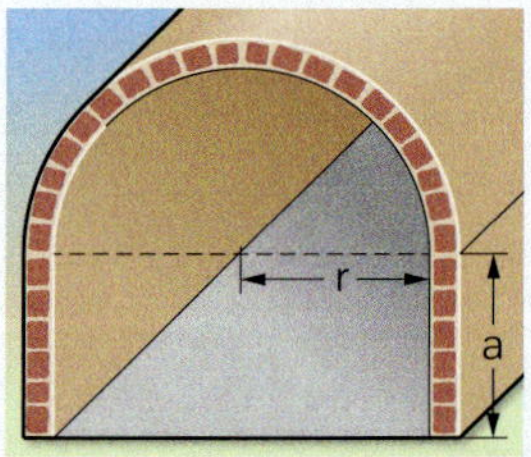

Basiswissen

Geometrie – Satz des Pythagoras

Satz des Pythagoras

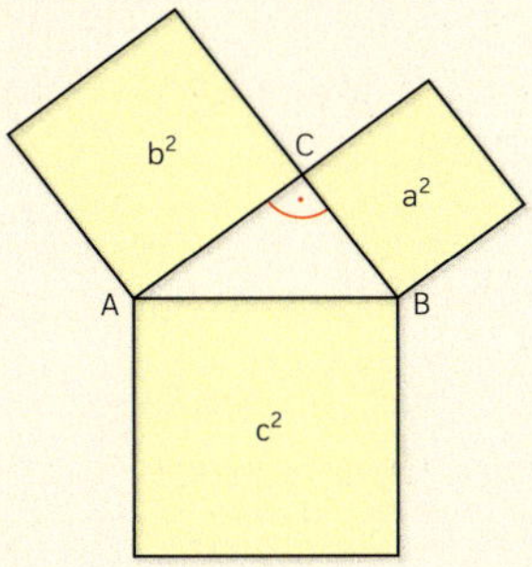

und seine Umkehrung

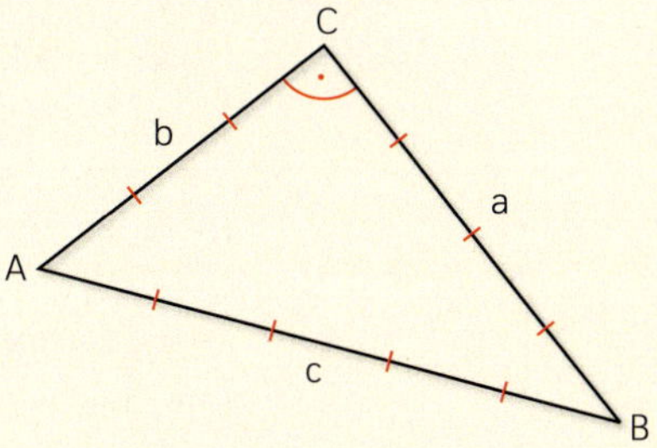

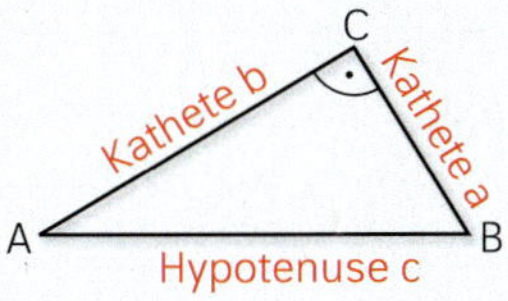

Ist das Dreieck ABC rechtwinklig mit rechtem Winkel bei C, dann gilt:
Die Quadrate über den Katheten haben zusammen denselben Flächeninhalt wie das Quadrat über der Hypotenuse:

$$a^2 + b^2 = c^2$$

Erfüllen die drei Seitenlängen a, b, c eines Dreiecks die Gleichung $a^2 + b^2 = c^2$, so gilt:
Das Dreieck ABC ist rechtwinklig, mit rechtem Winkel bei C.

Abstand zweier Punkte im Koordinatensystem

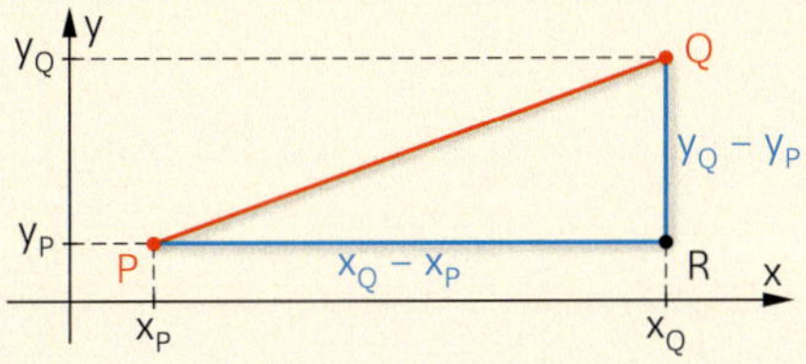

Mithilfe des Satzes von Pythagoras lassen sich Längen und Abstände berechnen.

Formel:

$\overline{PQ} = d(P, Q) = \sqrt{(x_Q - x_P)^2 + (y_Q - y_P)^2}$

Beispiele

A Berechnen Sie die Länge d der Diagonalen eines Rechtecks mit den Seitenlängen $a = 4\,cm$ und $b = 3\,cm$.
Lösung:

$d = \sqrt{4^2 + 3^2}\,cm = \sqrt{25}\,cm = 5\,cm$

Übungen

1 Berechnen Sie die Länge der Hypotenuse in einem rechtwinkligen Dreieck mit den Kathetenlängen 12 cm und 5 cm.

2 Berechnen Sie die Seitenlänge eines Quadrates dessen Diagonale 16 cm lang ist.

3 Eine Straße steigt auf 250 m um 20 m.
Berechnen sie die Länge des Straßenabschnitts.

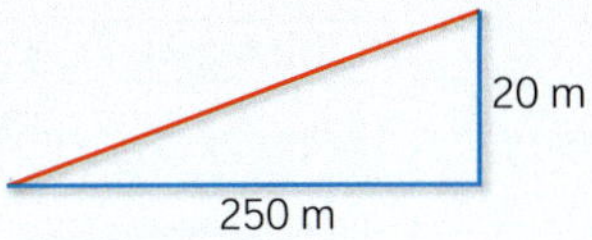

4 Berechnen Sie den Abstand der Punkte P (2 | 3 | –1) und Q (4 | 6 | 3).

5 Bestimmen Sie die Länge d der Flächendiagonalen und die Länge D der Rumdiagonalen eines Quaders mit den Seitenlängen 3 cm, 4 cm und 5 cm.

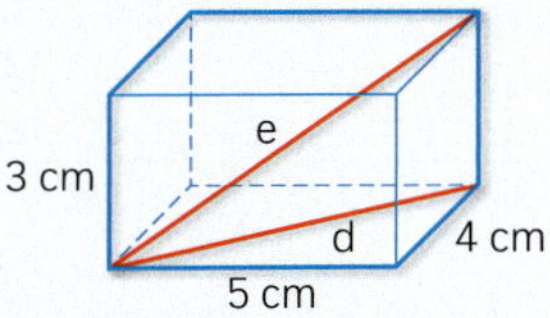

6 Berechnen Sie die Höhe in einem gleichseitigen Dreieck mit der Seitenlänge 5 cm.

Basiswissen

Geometrie – Flächenberechnungen

Rechteck

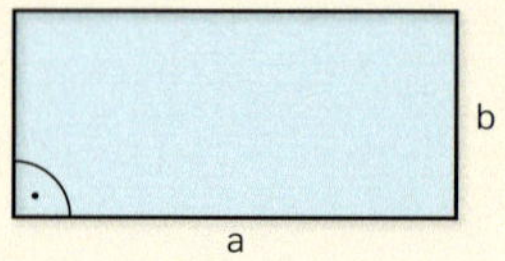

$A_{\square} = a \cdot b$

Dreieck

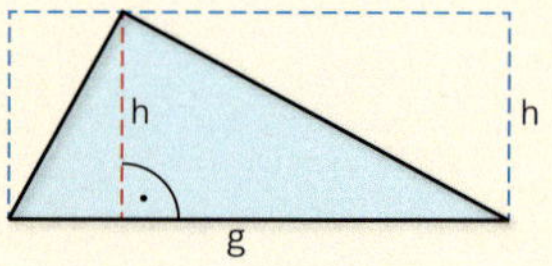

$A_{\triangle} = \frac{1}{2} \cdot g \cdot h$

Parallelogramm

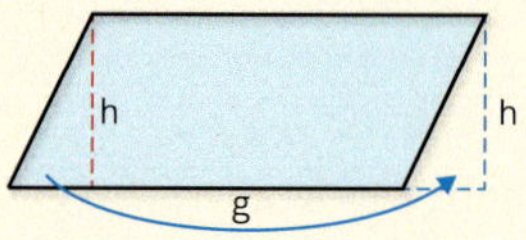

$A_{▱} = g \cdot h$

Trapez

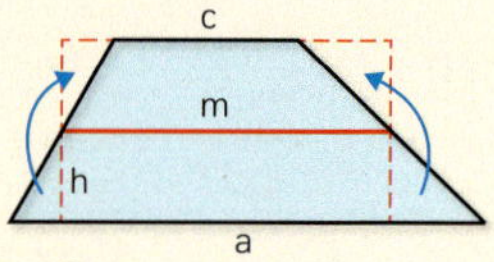

$A_{⏢} = m \cdot h = \frac{1}{2} \cdot (a + c) \cdot h$

Kreisumfang und Kreisfläche

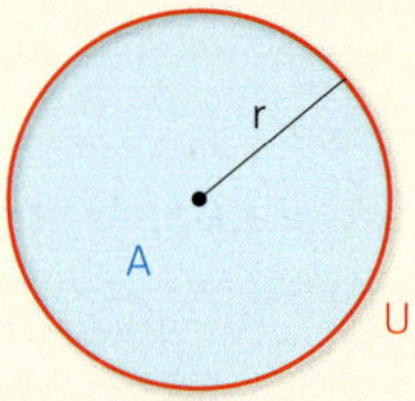

Kreisumfang: $U = 2 \cdot \pi \cdot r = \pi \cdot d$

Kreisfläche: $A = \pi \cdot r^2$

Kreisausschnitt

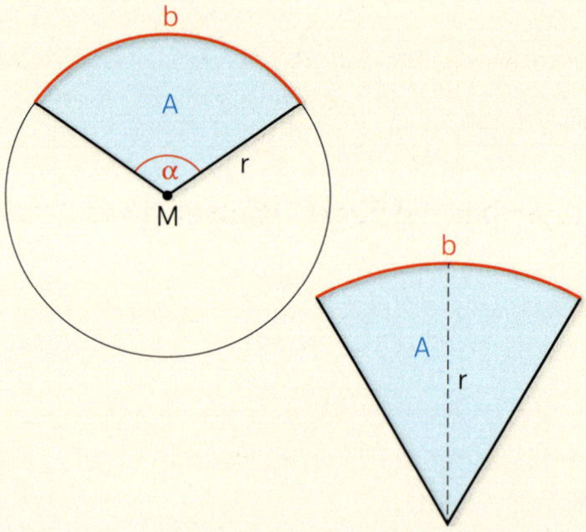

Mit Proportionalitätsüberlegungen gewinnt man Formeln für die Bogenlänge und den Flächeninhalt eines Kreisausschnitts.

Bogenlänge: $b = \frac{\alpha}{180°} \cdot \pi \cdot r$

Flächeninhalt: $A = \frac{\alpha}{360°} \cdot \pi \cdot r^2$

Zusammenhang zwischen Bogenlänge und Flächeninhalt des Kreisausschnitts:

$A = \frac{1}{2} \cdot b \cdot r$

Übungen

1 a) Berechnen Sie den Flächeninhalt eines rechtwinkligen Dreiecks mit den Kathetenlängen 12 cm und 5 cm.

b) Berechnen Sie den Flächeninhalt eines Trapezes mit $a = 2\,cm$, $c = 5\,cm$ und $h = 4\,cm$.

2 a) Ein Kreis hat den Radius $r = 4\,cm$.
Berechnen Sie den Flächeninhalt A und den Umfang U des Kreises.

b) Berechnen Sie den Durchmesser d und den Umfang U eines Kreises mit Flächeninhalt $A = 4\,m^2$.

3 Bestimmen Sie die Länge des Kreisbogens b und den Flächeninhalt A.

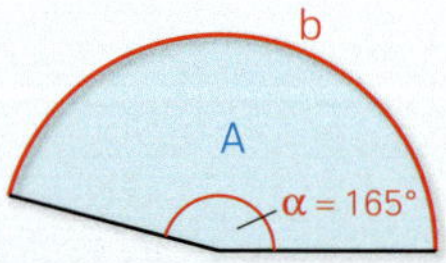

Basiswissen

Geometrie – Körperberechnungen

Prisma

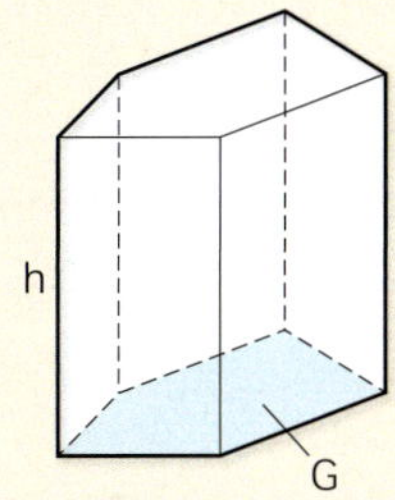

Mantelfläche M
= Fläche der Seitenflächen

$V = G \cdot h$

$O = 2 \cdot G + M$

Zylinder

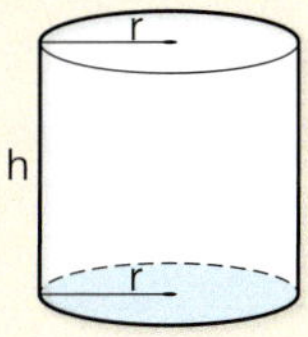

$V = G \cdot h = \pi \cdot r^2 \cdot h$

$O = 2 \cdot G + M = 2\pi \cdot r^2 + 2\pi \cdot r \cdot h$

Pyramide

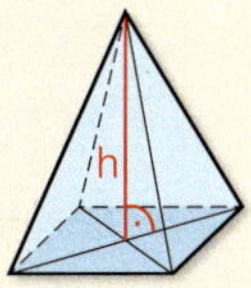

$V = \frac{1}{3} \cdot G \cdot h$

$O = G + M$

Kegel

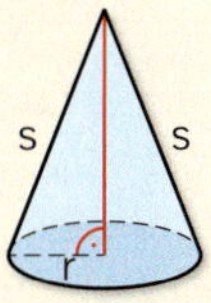

$V = \frac{1}{3} \cdot G \cdot h = \frac{1}{3} \cdot \pi \cdot r^2 \cdot h$

$O = G + M = \pi \cdot r^2 + \pi \cdot r \cdot s$

Kugel

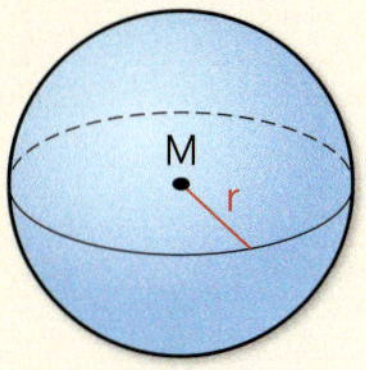

$V = \frac{4}{3}\pi \cdot r^3$

$O = 4 \cdot \pi \cdot r^2$

Beispiele

A Berechnen Sie das Volumen eines Kegels mit dem Radius 3 cm und der Höhe 5 cm.

Lösung: $V = \frac{1}{3} \cdot \pi \cdot 3^2 \cdot 5 = 47{,}1\ \text{cm}^3$

Übungen

1 In welchen Körper passen $50\ \text{cm}^3$ Wasser, ohne dass es überläuft?

K_1
$G = 30\ \text{cm}^2$
$h = 20\ \text{mm}$

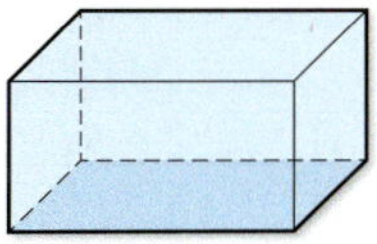

K_2
$G = 15\ \text{cm}^2$
$h = 0{,}3\ \text{mm}$

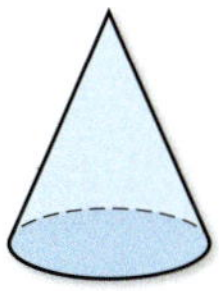

K_3
$G = 75\ \text{cm}^2$
$h = 20\ \text{mm}$

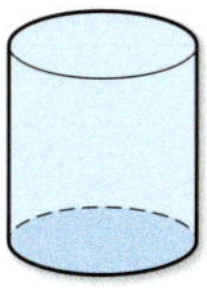

2 Bestimmen Sie das Volumen des durchgebohrten Körpers in Abhängigkeit von a.

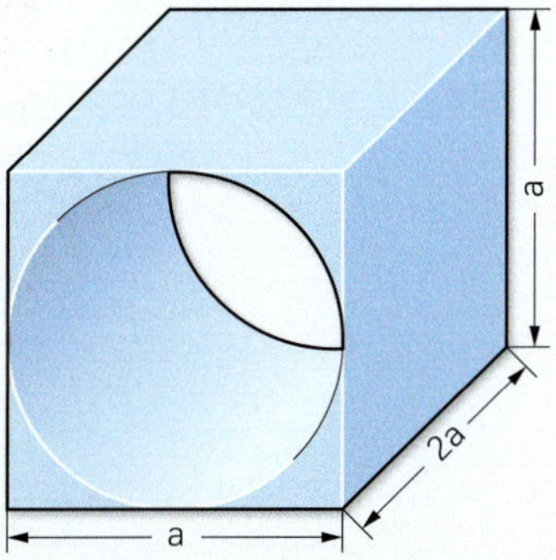

Basiswissen

Daten und Häufigkeitsdiagramme

Die Häufigkeitsverteilung von Daten kann man mit verschiedenartigen Diagrammen darstellen. Am häufigsten verwendet werden Säulen – Balken und Kreisdiagramme

Säulendiagramm und Balkendiagramm

Beispiel: Strom aus erneuerbaren Energien gewinnt in Deutschland immer mehr an Bedeutung. Für das Jahr 2012 sind die Daten in einer Tabelle zusammengestellt.

Energieträger	Wind	Wasser	Biomasse	Solar	Sonstige	Summe
Anteil in Mrd. kWh	46	21,2	34	28	6,8	136
% an erneuerbaren Energien	33,8	15,6	25	20,6	5	100

Quelle Arbeitsgruppe erneuerbare Energien AGEE

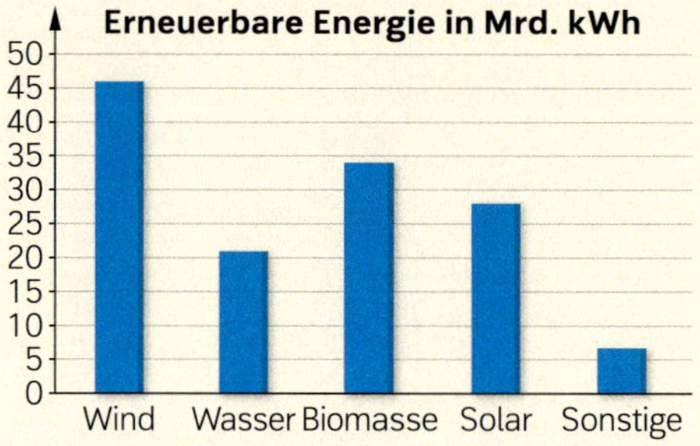

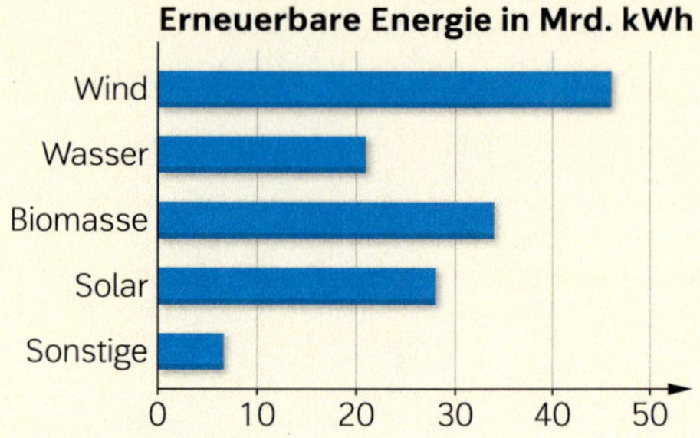

Säulen- und Balkendiagramme sind besonders geeignet, wenn absolute Werte weniger Daten verglichen werden sollen.

Kreisdiagramme

Kreis- und Tortendiagramme eignen sich gut zur Darstellung von relativen Anteilen. Für das Kreisdiagramm müssen Winkel berechnet werden: 1 % entspricht einem Winkel von 3,6°.

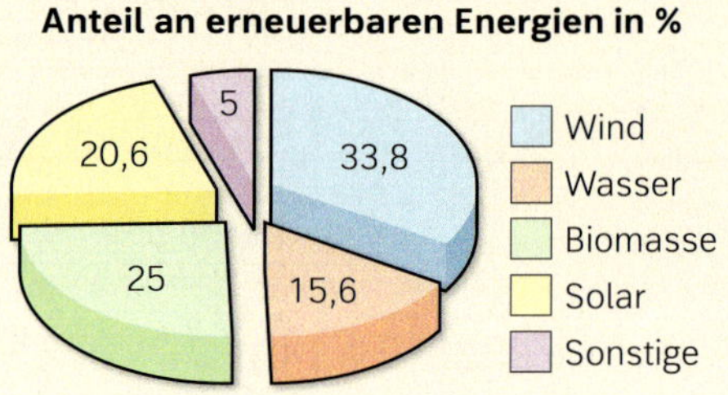

Übungen

1 Stellen Sie die Verteilung der relativen Häufigkeiten der Noten in einem
a) Säulendiagramm
b) Kreisdiagramm dar.

Noten	1	2	3	4	5	6
Anzahl	2	7	10	5	2	1

2 Ein Puppenmuseum wird an einem Sonntagvormittag von Kindern, Jugendlichen und Erwachsen besucht.

Alter der Besucher in Jahren
2, 5, 27, 33, 4, 64, 27, 25, 17, 15, 4, 6, 28, 17, 22, 57, 55, 9, 41, 6, 13, 14, 5, 7, 31

a) Erstellen Sie eine Tabelle der Häufigkeitsverteilung des Alters der Besucher. Teilen Sie das Alter von 0 bis 70 Jahren in Klassen der Breite 10 ein.
b) Stellen Sie die Häufigkeitsverteilung in einem Histogramm dar. Histogramme sehen ähnlich aus wie Säulendiagramme. Sind die Klassen, wie in dieser Aufgabe, gleichbreit, dann entspricht die Höhe der Rechtecke über der jeweiligen Klasse der absoluten oder auch der relativen Häufigkeit.

Basiswissen

Kenngrößen

Umfangreiche Datenmenge kann man knapp und treffend durch sogenannte „Kenngrößen" zu charakterisieren. Geeignete „Kenngrößen" sind z. B. Mittelwerte.

Mitelwerte

Es gibt verschiedene Mittelwerte, wie z.B. das arithmetische Mittel, den Zentralwert und den Modalwert.

Arithmetisches Mittel

Berechnung:
1. Die Summe aller Werte berechnen,
2. die Summe durch die Anzahl n der Werte dividieren.

$$\overline{x} = \frac{x_1 + x_2 + \ldots + x_n}{n}$$

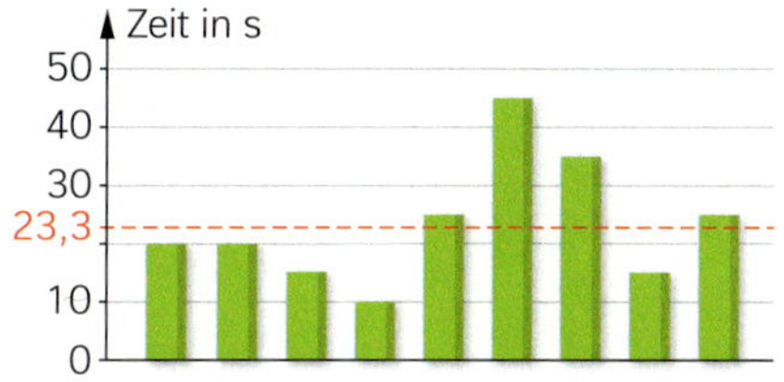

Median (Zentralwert)

Berechnung:
1. Alle Daten der Größe nach ordnen,
2. bei ungerader Anzahl n den Wert nehmen, der in der Mitte der geordneten Datenliste liegt,
3. bei gerader Anzahl n das arithmetische Mittel der beiden Werte nehmen, die in der Mitte stehen.

10	15	15	15	20	25	25	40	45

4 Werte — Zentralwert (20) — 4 Werte

Der Median ist robust gegenüber Ausreißern, d. h. wenn z. B. der größte Wert deutlich größer wird, so verändert sich der Median nicht.

Arithmetisches Mittel einer Häufigkeitsverteilung

Werte	x_1	x_2	...	x_k
rel. Häufigkeit	h_1	h_2	...	h_k

$\overline{x} = h_1 \cdot x_1 + h_2 \cdot x_2 + \ldots h_k \cdot x_k$

Modalwert

Der Modalwert ist der Wert, der am häufigsten in der Datenmenge vorkommt.
Den Modalwert verwendet man gerne, wenn man die Daten weder der Größe nach ordnen noch addieren kann.

Beispiele

A An einer Kursfahrt nehmen 16 Fünfzehnjährige, 10 Sechszehnjährige, 5 Siebzehnjährige und zwei Fahrtenleiter im Alter von 58 Jahren teil.

a) Erstellen Sie eine Häufigkeitsverteilung mit relativen Häufigkeiten des Alters der Personen, die an dieser Fahrt teilnehmen.

b) Berechnen Sie deren Durchschnittsalter.

Lösung:

a)

Alter	15	16	17	58
Häufigkeit	10	5	3	2
Rel. Häufigkeit	$\frac{10}{20} = 0{,}5$	$\frac{5}{20} = 0{,}25$	$\frac{3}{20} = 0{,}15$	$\frac{2}{20} = 0{,}1$

b) $\overline{x} = 0{,}5 \cdot 15 + 0{,}25 \cdot 16 + 0{,}15 \cdot 17 + 0{,}1 \cdot 58 = 19{,}85$

Übungen

1 a) Berechnen Sie den Median des Alters der Personen auf der Kursfahrt aus dem Beispiel.

b) Welcher der Mittelwerte, - der Median oder das arithmetische Mittel (siehe Beispiel) charakterisiert das Alter der Mitfahrer bei der Kursfahrt besser und warum?

c) Wie verändert sich das arithmetische Mittel und der Median des Alters, wenn einer der beiden Begleitpersonen früher nach Hause fahren muss?

Basiswissen

Der Mittelwert einer Datenverteilung verschweigt viel über die einzelnen Daten. Er gibt z.B. keine Auskunft darüber, wie weit die Daten um den Mittelwert streuen. Diese Information, ist bei vielen statistischen Untersuchungen von besonderer Bedeutung ist. Hier helfen sogenannte Streumaße.

Laufzeiten in s bei einem 100-m-Lauf:
9,9; 10,4; 10,6; 10,0; 9,9; 10,1; 9,8 $x_1, x_2, \ldots, x_n$

Arithmetische Mittel

$\overline{x} = \frac{9{,}9 + 10{,}4 + 10{,}6 + 10{,}0 + 9{,}9 + 10{,}1 + 9{,}8}{7} = 10{,}1$ $\overline{x} = \frac{x_1 + x_2 + \ldots + x_n}{n}$

Streumaße

Spannweite

Spannweite = Maximum der Datenwerte – Minimum der Datenwerte
Spannweite = 10,6 s – 9,8 s = 0,8 s

Varianz

Mittlere quadratische Abweichung vom arithmetischen Mittel

$V = \frac{(9{,}9 - 10{,}1)^2 + (10{,}4 - 10{,}1)^2 + \ldots + (9{,}8 - 10{,}1)^2}{7} \approx 0{,}074$ $V = \frac{(x_1 - \overline{x})^2 + (x_2 - \overline{x})^2 + \ldots + (x_n - \overline{x})^2}{n} = s^2$

Standardabweichung

Wurzel aus der Varianz

$s = \sqrt{V} = \sqrt{0{,}074} \approx 0{,}272$ $s = \sqrt{V}$

Berechnung der Varianz mithilfe von Häufigkeitsverteilungen

Werte	x_1	x_2	...	x_k
rel. Häufigkeit	h_1	h_2	...	h_k

$V = h_1 \cdot (x_1 - \overline{x})^2 + h_2 \cdot (x_2 - \overline{x})^2 + \ldots h_k \cdot (x_k - \overline{x})^2$

Beispiele

A Berechnen Sie die Varianz und die Standardabweichung für jeden den folgenden Datensatz: 3; 3; 3; 3; 3; 5 ; 5; 5; 5; 11; 11; 11; 11; 11; 11; 11

Lösung: Es handelt sich um 16 Daten.
Zunächst muss man das arithmetische Mittel berechnen: $\overline{x} = \frac{5}{16} \cdot 3 + \frac{4}{16} \cdot 5 + \frac{7}{16} \cdot 11 = 7$
Varianz: $V = \frac{5}{16} \cdot (3 - 7)^2 + \frac{4}{16} \cdot (5 - 7)^2 + \frac{7}{16} \cdot (11 - 7)^2 = 13$
Standardabweichung $s = \sqrt{13} = 3{,}61$

Übungen

1 Berechnen Sie für die drei Datensätze
A: 4, 8, 10, 11, 12 B: 5, 5, 5, 5, 5 C: 3, 2, 10, 15, 15
a) das arithmetische Mittel,
b) die Standardabweichung.
c) Welcher Datensatz besitzt die größte Standardabweichung?
d) Ist es möglich die Frage c) zu beantworten, ohne die Standardabweichung zu berechnen?

2 Die sieben Mitarbeiter einer kleinen Firma erhalten folgendes Jahreseinkommen:
28000 €; 21000 €; 32000 €; 255000 €; 30000 €; 26000 €; 21000 €
Berechnen Sie
a) die Spannweite, b) die Varianz und c) die Standardabweichung
der Einkommen.

Mathematische Symbole

Mengen, Zahlen

$\mathbb{N}$	Menge der natürlichen Zahlen
$\mathbb{Z}$	Menge der ganzen Zahlen
$\mathbb{Q}$	Menge der rationalen Zahlen
$\mathbb{R}_+$	Menge der positiven reellen Zahlen einschließlich Null
$\mathbb{R}^* = \mathbb{R}\setminus\{0\}$	Menge der reellen Zahlen ohne Null
$\mathbb{R}_+^*$	Menge der positiven reellen Zahlen ohne 0
$x \in M$	x ist Element von M
$\{x \in M \mid ...\}$	Menge aller x aus M, für die gilt ...
$\{a, b, c, d\}$	Menge mit den Elementen a, b, c, d
$\{\ \}$	leere Menge
$[a; b]$	abgeschlossenes Intervall, $\{x \in \mathbb{R} \mid a \le x \le b\}$
$a < b$	a kleiner b
$a \le b$	a kleiner oder gleich b
$\lvert x \rvert$	Betrag von x
$\sqrt{x}$	Quadratwurzel aus x
$\sqrt[n]{x}$	n-te Wurzel aus x
b^x	Potenz b hoch x
$\sin(x)$	Sinus x
$\cos(x)$	Kosinus x
$\ln(x)$	natürlicher Logarithmus von x

Funktionen

$y = e^x$	e-Funktion
$y = \sin(x)$	Sinusfunktion
$y = \cos(x)$	Kosinusfunktion
$y = \tan(x)$	Tangensfunktion
$y = \ln(x)$	natürliche Logarithmusfunktion
$x \mapsto f(x)$	Zuordnungsvorschrift der Funktion f
$y = F(x)$	Stammfunktion
$y = I_a(x) = \int_a^x f(t)\,dt$	Integralfunktion
D_f	Definitionsbereich von f
f'	Ableitungsfunktion von f
$f'(x_0)$	Ableitung von f an der Stelle x_0
$f''(x_0)$	zweite Ableitung von f an der Stelle x_0
$f'''(x_0)$	dritte Ableitung von f an der Stelle x_0
$\int_a^b f(x)\,dx$	Integral von a bis b der Funktion f

Geometrie

$P(x \mid y)$	Punkt mit den Koordinaten x und y
$P(x \mid y \mid z)$	Punkt mit den Koordinaten x, y und z
AB	Gerade durch A und B
$\overline{AB}$	Strecke mit den Endpunkten A und B
$\lvert AB \rvert$	Länge der Strecke $\overline{AB}$
ABC	Dreieck mit den Eckpunkten A, B und C
$g \parallel h$	g parallel zu h
$g \perp h$	g orthogonal zu h
$\begin{pmatrix} x_1 \\ x_2 \\ x_3 \end{pmatrix}$	Vektor mit den Komponenten x_1, x_2 und x_3
$\overrightarrow{OP}$	Ortsvektor des Punktes P
$\overrightarrow{PQ}$	Vektor von P nach Q
$\vec{v}$	Vektor $\vec{v}$
$-\vec{v}$	Gegenvektor von $\vec{v}$
$\vec{o}$	Nullvektor
$\lvert \vec{v} \rvert$	Länge (Betrag) des Vektors $\vec{v}$
$\vec{a} + \vec{b}$	Summe von $\vec{a}$ und $\vec{b}$
$r \cdot \vec{a}$	r-faches von $\vec{a}$
$\vec{a} \cdot \vec{b}$	Skalarprodukt von $\vec{a}$ und $\vec{b}$
$\vec{a} \times \vec{b}$	Vektorprodukt von $\vec{a}$ und $\vec{b}$
$\vec{n}$	Normalenvektor

Statistik

$\overline{x}$	arithmetisches Mittel
s	(empirische) Standardabweichung

Stochastik

A	Ereignis A
$\overline{A}$	Gegenereignis zu A
$A \cap B$	Und-Ereignis von A und B
$P(E)$	Wahrscheinlichkeit für das Ereignis E
$P(B \mid A)$	Wahrscheinlichkeit für B unter der Bedingung A
$n!$	n Fakultät
$\binom{n}{k}$	Binomialkoeffizient n über k
μ, $E(X)$	Erwartungswert der Zufallsgröße X
σ	Standardabweichung
X, Y, Z	Zufallsgrößen
$\varphi_{\mu;\sigma}(x)$	Dichtefunktion der Normalverteilung mit Erwartungswert μ und Standardabweichung σ

Lösungen zu den Check-ups

Lösungen zu Seite 61

1

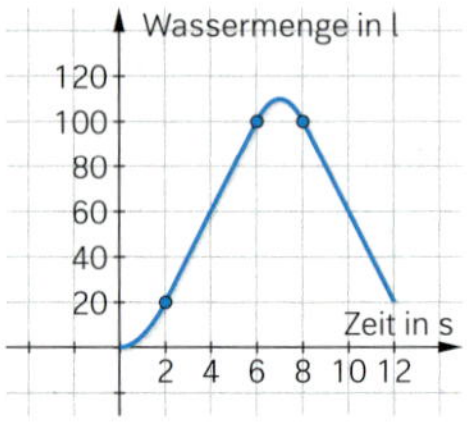

Die Bestandsfunktion gibt die Wassermenge im Becken zu jedem Zeitpunkt an.

2

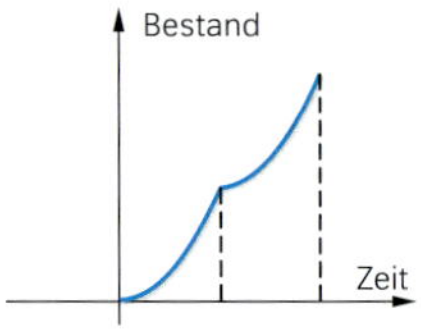

3 a) Wenn das Auto stets langsamer als mit 100 km/h gefahren ist, hat es weniger als 100 km in dieser Stunde zurückgelegt. Eine sehr grobe Schätzung liefert z. B. das arithmetische Mittel der angegebenen Werte der momentanen Geschwindigkeiten: 62 km/h, der zurückgelegte Weg könnte demnach 62 km sein.

b) Wegen $\Delta t = 5\,\text{min} = \frac{1}{12}\text{h}$ folgt für den Weg, der in einer Stunde zurückgelegt wird:

$$s = \frac{1}{12} \cdot \left(\frac{20+65}{2} + \frac{65+90}{2} + \ldots + \frac{90+75}{2} + \frac{75+25}{2}\right)$$

$$= \frac{1}{12} \cdot \left(\frac{20}{2} + 65 + 90 + \ldots + 75 + \frac{25}{2}\right) = \frac{1}{12} \cdot 777{,}5$$

$$\approx 64{,}8 \text{ (in km)}$$

Der Näherungswert entspricht der Erwartung aus a)

c) Die Bestandsfunktion gibt zu jedem Zeitpunkt den zurückgelegten Weg an.

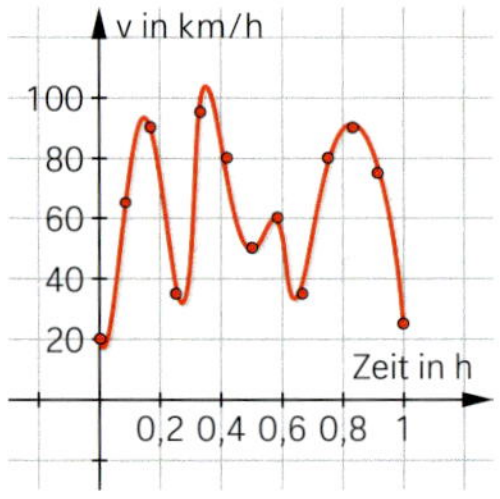

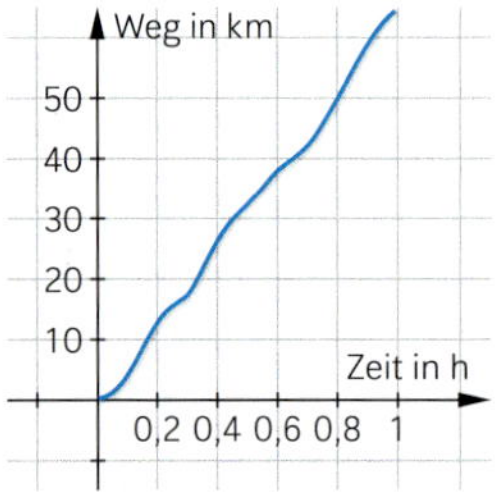

4 a) Zu Beginn wird kein CO_2 produziert. Die Gärungsgeschwindigkeit nimmt bis zum 3. Tag erst immer schneller, danach immer langsamer zu und ist nach 6,5 Tagen am größten. In weiteren 3,5 Tagen nimmt sie immer schneller ab. Nach 10 Tagen ist der Gärungsprozess beendet. sein.

b) Die Bestandsfunktion f(x) beschreibt die im Zeitraum [0; x] produzierte Menge an CO_2.

$$f(x) = -0{,}01\,x^4 + \frac{0{,}34}{3}x^3 + 0{,}32\,x^2$$

$$= -0{,}01\,x^4 + \frac{17}{150}x^3 + 0{,}32\,x^2$$

c) In den 10 Tagen wurden insgesamt $f(10) = 45\frac{1}{3}$ Liter produziert.

5 $f(x) = x;\ B(x) = \frac{1}{2}x^2$

Fläche in [0; 1]: $\frac{1 \cdot 1}{2} = \frac{1}{2} = B(1)$;

Fläche in [0; 2]: $\frac{2 \cdot 2}{2} = 2 = B(2)$;

Fläche in [0; 3]: $\frac{3 \cdot 3}{2} = \frac{9}{2} = B(3)$

6 Angegeben sind jeweils Stammfunktionen mit c = 0:

$F_1(x) = 3x$; $F_2(x) = 1{,}5x^2 - 2x$; $F_3(x) = \frac{1}{5}x^5 - \frac{4}{3}x^3 + 6x$;

$F_4(x) = \frac{1}{4}x^4 - \frac{2}{3}x^3 + \frac{1}{2}x^2$; $F_5(x) = \sin(x)$; $F_6(x) = \frac{1}{3}x^3 - 25x$

$F_7(x) = \frac{4}{3}\sqrt{x^3}$; $F_8(x) = \frac{a}{3}x^3$; $F_9(x) = -\frac{k+2}{x}$

Lösungen zu Seite 62

7 $\int_a^b f(x)\,dx$ ist im Fall I gleich 0, im Fall II kleiner als 0 und im Fall III größer als 0.

Begründung:

I: Fläche oberhalb = unterhalb der x-Achse

II: Fläche unterhalb der x-Achse > oberhalb der x-Achse

III: Fläche oberhalb der x-Achse > unterhalb der x-Achse.

8 a)

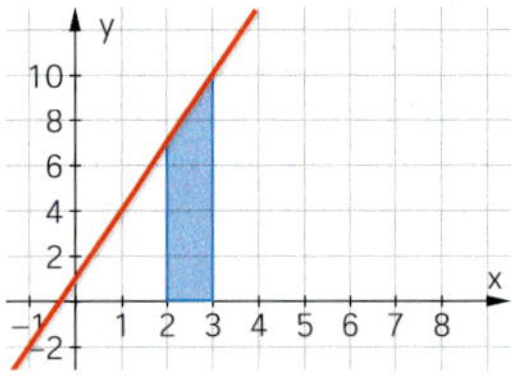

$F(x) = \frac{3}{2}x^2 + x$; $F(3) = \frac{33}{2}$; $F(2) = 8$

$$\int_2^3 3x + 1\,dx = F(3) - F(2) = \frac{17}{2} = 8{,}5$$

b)

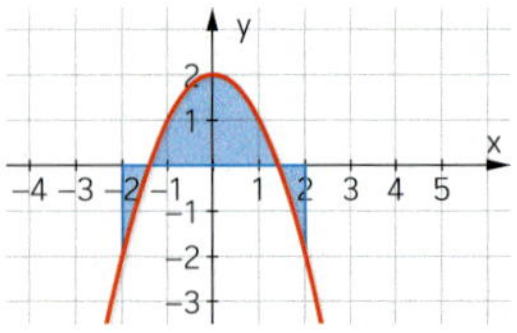

$F(x) = 2x - \frac{1}{3}x^3$; $F(-2) = -\frac{4}{3}$; $F(2) = \frac{4}{3}$

$$\int_{-2}^{2} 2 - x^2\,dx = F(2) - F(-2) = \frac{8}{3}$$

c) 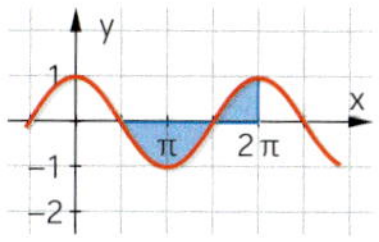

$F(x) = \sin(x);\ F(2\pi) = 0;\ F\left(\frac{\pi}{2}\right) = 1$

$\int_{\frac{\pi}{2}}^{2\pi} \cos(x)\,dx = F(2\pi) - F\left(\frac{\pi}{2}\right) = -1$

d) 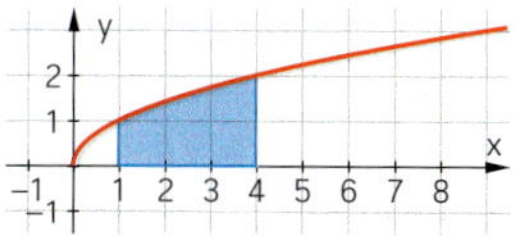

$F(x) = \frac{2}{3}\sqrt{x^3};\ F(4) = \frac{16}{3};\ F(1) = \frac{2}{3}$

$\int_1^4 \sqrt{x}\,dx = F(4) - F(1) = \frac{14}{3}$

9 a) $f(x) = -\frac{1}{2}x + 2;\ I_1(x) = -\frac{1}{4}x^2 + 2x - \frac{7}{4}$

b) $I_0(x) = -\frac{1}{4}x^2 + 2x;\ I\_2(x) = -\frac{1}{4}x^2 + 2x - 3$

I_0: Verschiebung um + 2 in y-Richtung, I_2: Verschiebung um $-\frac{5}{4}$ in y-Richtung

10 a) Wahr. Die Aussage gilt für jede Funktion f.

b) Falsch. $I_a(3) < 0$

c) Falsch. Integralfunktionen beschreiben orientierte Inhalte.

d) Wahr. $S_2 - S_1$ ist orientierter Inhalt.

11 (1) $A_4 = 1 \cdot 2^1 + 1 \cdot 2^2 + 1 \cdot 2^3 + 1 \cdot 2^4 = 2 + 4 + 8 + 16 = 30$

(2) $A_8 = 0{,}5 \cdot 2^{0{,}5} + 0{,}5 \cdot 2^1 + 0{,}5 \cdot 2^{1{,}5} + 0{,}5 \cdot 2^2 + 0{,}5 \cdot 2^{2{,}5} + 0{,}5 \cdot 2^3 + 0{,}5 \cdot 2^{3{,}5} + 0{,}5 \cdot 2^4 \approx 25{,}6$

prosum(4, 0, 4) = 30;

prosum(8, 0, 4) $= \frac{15(\sqrt{2} + 2)}{2} \approx 25{,}6066$

12 a) In den ersten 400 Tagen gibt es Verluste. Diese sind zu Beginn maximal und nehmen dann mit konstanter Rate ab. Nach 400 Tagen kommt der Betrieb in die Gewinnzone, die Gewinne pro Tag nehmen linear zu.

b) Zufluss: $z(x) = x - 400$

Gewinn: $G(x) = \frac{1}{2}x^2 - 400x$

c) $\int_0^{1095} x - 400\,dx = 161\,512{,}5$

Der Gewinn wird nach drei Jahren ca. 160 000 € betragen.

d) Eine lineare Gewinnzunahme über einen Zeitraum von zehn Jahren ist sehr unwahrscheinlich. Rechnerisch würde sich ergeben: $\int_0^{3650} x - 400\,dx = 5\,201\,250.$

Nach dem Modell würden in 10 Jahren ca. 5 Millionen Euro Gewinn gemacht werden.

Lösungen zu Seite 63

13 a) Die Lernrate nimmt bis etwas mehr als 10 Minuten abnehmend zu, danach symmetrisch ab, bis nach ca. 22 Minuten kein Lernzuwachs mehr stattfindet, die Lernrate ist Null.

b) $\int_0^{10} -0{,}009t^2 + 0{,}2t\,dt = 7.$ Es werden 7 Vokabeln in den ersten zehn Minuten gelernt.

Nullstellen von L(t): $x_1 = 0;\ x_2 = \frac{200}{9} \approx 22{,}22;$

$\int_0^{\frac{200}{9}} -0{,}009t^2 + 0{,}2t\,dt = \frac{4000}{243} \approx 16{,}46$

In den 22 Minuten Lernzeit werden zwischen 16 und 17 Vokabeln gelernt.

14 (1) 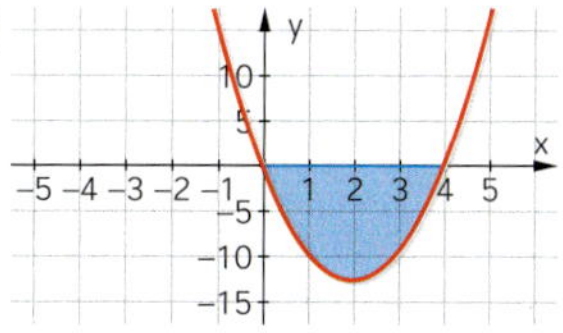

Nullstellen: $x_1 = 0;\ x_2 = 4$

$F(x) = x^3 - 6x^2;\ F(0) = 0;\ F(4) = -32$

$A = |F(4) - F(0)| = 32$

(2) 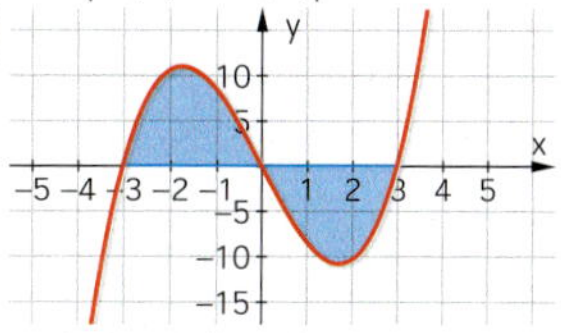

$f(x) = x \cdot (x^2 - 9)$

Nullstellen: $x_1 = 0;\ x_2 = -3;\ x_3 = 3$

$F(x) = \frac{1}{4}x^4 - \frac{9}{2}x^2;\ F(0) = 0;\ F(3) = \frac{81}{4} - \frac{81}{2} = -\frac{81}{4}$

$A = 2 \cdot |F(3) - F(0)| = 2 \cdot \frac{81}{4} = \frac{81}{2} = 40{,}5$

Wegen der Symmetrie von f braucht man nur das eine Integral zu berechnen.

(3) 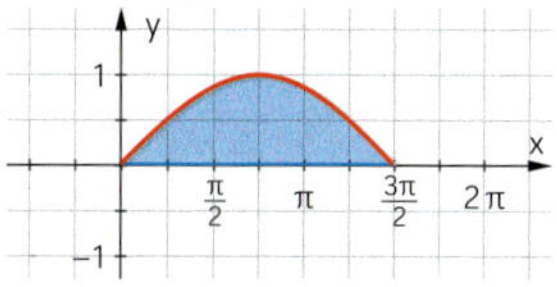

Nullstellen: $x_1 = 0;\ x_2 = \pi$

$F(x) = -\cos(x)$

$F(0) = -1;\ F(\pi) = 1$

$A = |1 - (-1)| = 2$

(4) 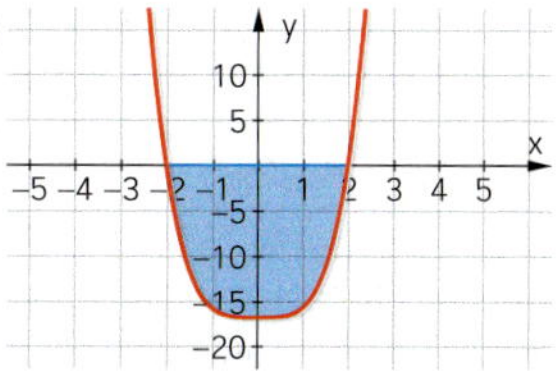

Nullstellen: $x_1 = -2;\ x_2 = 2$

$F(x) = \frac{1}{5}x^5 - 16x$

Wegen der Symmetrie benötigt man nur

$F(2) = \frac{32}{5} - 32 = -\frac{128}{5};\ F(0) = 0$

$A = 2 \cdot \left|-\frac{128}{5}\right| = \frac{256}{5} = 51{,}2$

(5)

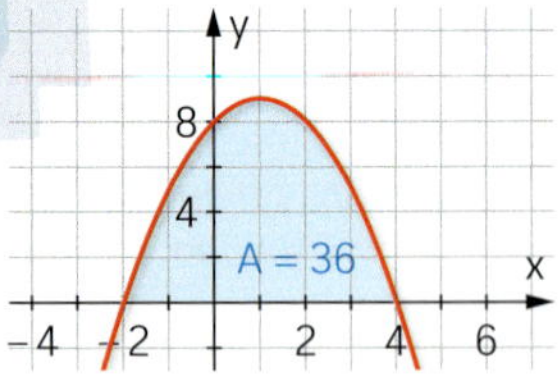

Nullstellen: $x_1 = -2;\ x_2 = 4$
$A = 36$

(6)

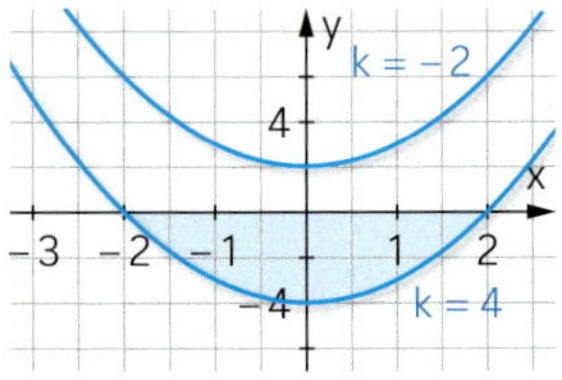

Nullstellen: $k > 0$: $x_1 = \sqrt{k};\ x_2 = -\sqrt{k}$;
$A = \frac{4}{3} \cdot k^{\frac{3}{2}} = \frac{4}{3}\sqrt{k}$

15

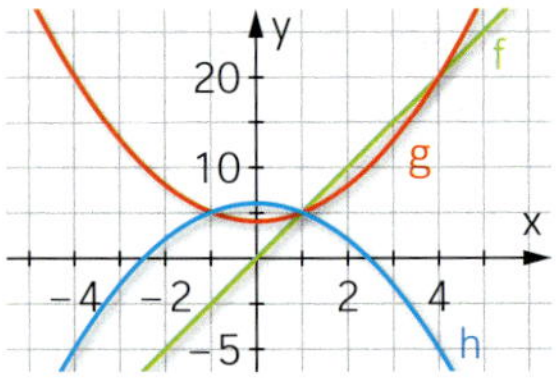

Schnittstellen f und g:
$5x = x^2 + 4 \Leftrightarrow x^2 - 5x + 4 = 0$
$\Rightarrow x_{1,2} = \frac{5}{2} \pm \sqrt{\left(\frac{5}{2}\right)^2 - 4} = \frac{5}{2} \pm \sqrt{\frac{9}{4}}$
$\Rightarrow x_1 = 1;\ x_2 = 4$
$\int_1^4 5x - (x^2 + 4)\,dx = \int_1^4 -x^2 + 5x - 4\,dx$
$F(x) = -\frac{1}{3}x^3 + \frac{5}{2}x^2 - 4x$
$F(4) = -\frac{64}{3} + 40 - 16 = \frac{8}{3}$;
$F(1) = -\frac{1}{3} + \frac{5}{2} - 4 = -\frac{1}{3} - \frac{3}{2} = -\frac{11}{6}$
$A = \left|\frac{8}{3} - \left(-\frac{11}{6}\right)\right| = \frac{9}{2} = 4{,}5$

Schnittstellen f und h:
$x_1 = -6;\ x_2 = 1;\ A = \frac{343}{6} = 57\frac{2}{3}$

Schnittstellen g und h:
$x_1 = -1;\ x_2 = 1;\ A = \frac{8}{3}$

16

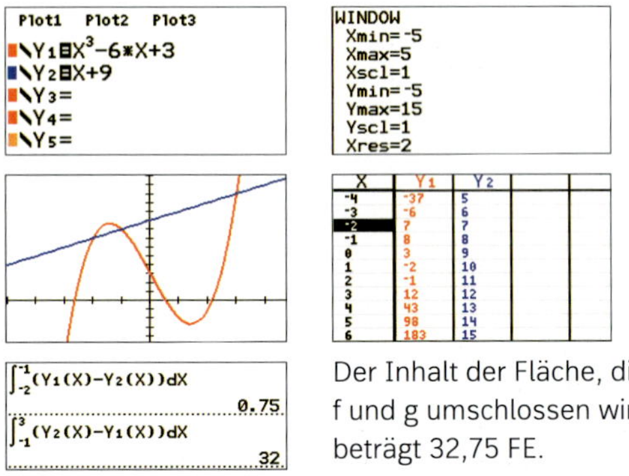

Der Inhalt der Fläche, die von f und g umschlossen wird, beträgt 32,75 FE.

17 a) $-\frac{1}{3}k^3 + 3k^2 = 0 \Rightarrow k_1 = 0;\ k_2 = 9$

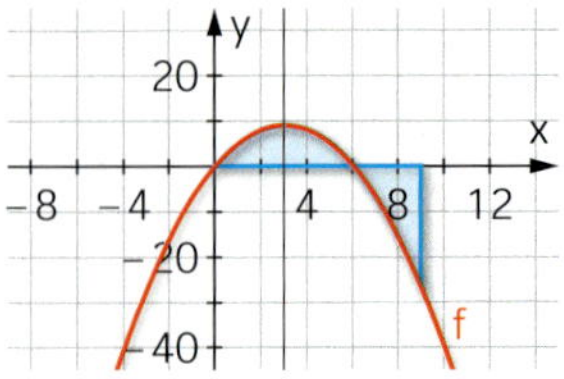

b) $-\frac{1}{3}k^3 + 3k^2 = 18$
grafisch-numerische Lösung: $k_1 \approx -2{,}2;\ k_2 \approx 3;\ k_3 \approx 8{,}2$

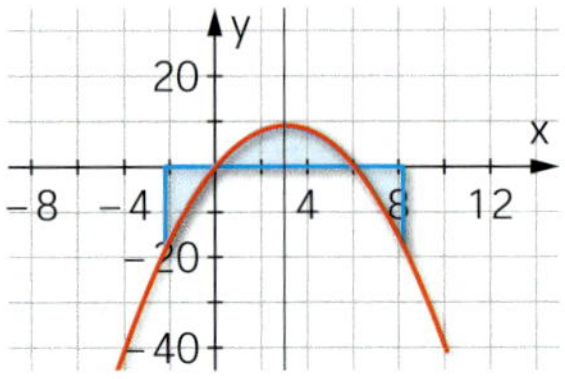

18 a) $\int_3^k \frac{2}{x^2}\,dx = \left[-\frac{2}{x}\right]_3^k = -\frac{2}{k} + \frac{2}{3} \underset{k \to \infty}{\rightarrow} \frac{2}{3}$

$\int_3^\infty \frac{2}{x^2}\,dx = \lim_{k \to \infty} \int_3^k \frac{2}{x^2}\,dx = \frac{2}{3}$

b) $\int_{-2}^0 \frac{2}{x^2}\,dx = \left[-\frac{2}{x}\right]_{-2}^k = -\frac{2}{k} + 1 \underset{k \to 0}{\rightarrow} \infty$

Das Integral existiert nicht.

19 $V_{außen} = \pi \cdot \int_0^1 (g(x))^2\,dx = \pi \cdot \left[\frac{x^2}{2}\right]_0^1 = \frac{\pi}{2}$

$V_{innen} = \pi \cdot \int_0^1 (f(x))^2\,dx = \pi \cdot \left[\frac{x^5}{5}\right]_0^1 = \frac{\pi}{5}$

$V_{außen} - V_{innen} = \frac{3\pi}{10} \approx 0{,}9$ (in Volumeneinheiten)

Lösungen zu Seite 116

1 a) $x = 3;\ y = -2$ b) $x = -2;\ y = 5;\ z = -1$
c) $x = 4;\ y = 2;\ z = 6$ d) $x = 1;\ y = 2;\ z = 1$
e) $x = -1;\ y = 2;\ z = -2$ f) $x = \frac{1}{2};\ y = 3;\ z = -\frac{1}{4}$

2 a) $x = \frac{2}{k+2};\ y = \frac{2k+8}{k+2}$; zwei Lösungen für $k \neq -2$; für $k = -2$ keine Lösung
b) $x = \frac{3}{2};\ y = \frac{3}{2} - k;\ z = 1 - k$
Lösungen liegen auf der Geraden $\vec{x} = \begin{pmatrix} 1{,}5 \\ 1{,}5 \\ 1 \end{pmatrix} + k\begin{pmatrix} 0 \\ -1 \\ -1 \end{pmatrix}$

3 Ansatz für eine ganzrationale Funktion 4. Grades mit Symmetrie zur y-Achse:
$f(x) = ax^4 + bx^2 + c \Rightarrow f'(x) = 4ax^3 + 2bx$
Bedingungen: Hochpunkt $(0|4) \Rightarrow f(0) = 4 \Rightarrow c = 4$
(Die Bedingung $f'(0) = 0$ liefert keine neue Information, da alle ganzrationalen Funktionen mit Symmetrie zur y-Achse ein Extremum auf der y-Achse haben.)
Tiefpunkt $(4|0)$: $f(4) = 0$ I $256a + 16b + 4 = 0$
$f'(4) = 0$ II $256a + 8b = 0$

Das LGS ist einfach ohne GTR mit Additionsverfahren zu lösen, weil in beiden Gleichungen 256 a auftritt:
Subtrahieren der beiden Gleichungen liefert $8b + 4 = 0$
$\Rightarrow b = -\frac{1}{2}$
Einsetzen in die 2. Gleichung liefert $256a + 8 \cdot \left(-\frac{1}{2}\right) = 0$
und somit $a = \frac{1}{64}$
Der Giebel wird durch die Funktion $f(x) = \frac{1}{64}x^4 - \frac{1}{2}x^2 + 4$ modelliert.
Bestimmung der Wendepunkte:
$f'(x) = \frac{1}{16}x^3 - x \Rightarrow f''(x) = \frac{3}{16}x^2 - 1$
Bedingung für Wendestelle:
$f''(x) = 0 \;\Rightarrow\; x^2 = \frac{16}{3} \Rightarrow x = \pm\frac{4}{\sqrt{3}} \approx \pm 2{,}309$
$f(\pm 2{,}309) \approx 1{,}778 \;\Rightarrow$ Wendepunkte $W_{1,2}(\pm 2{,}309/1{,}778)$
Fensterfläche:
Länge · Breite $= 2 \cdot 2{,}309\,\text{m} \cdot 1{,}778\,\text{m} \approx 8{,}21\,\text{m}^2$

4 Kriterium für „knickfrei“: Übereinstimmung in 1. Ableitung. Wegen der Symmetrie ist nur eine Betrachtung für $x > 0$ notwendig. Es gibt zwei Bedingungen: $f(1) = 1$ und $f'(1) = 1$ (Steigung von $y = x$ in Q), daher Ansatz mit quadratischer Funktion mit Symmetrie zur y-Achse:
$f(x) = ax^2 + b$
$f(1) = 1$: I $a + b = 1$
$f'(1) = 1$: II $2a = 1$, also $a = \frac{1}{2}$ und mit I dann $b = \frac{1}{2}$:
$f(x) = \frac{1}{2}x^2 + \frac{1}{2}$

5 (1) Interpolationspolynom durch A, B, C, D:
$f(x) = -0{,}0027x^3 + 0{,}0931x^2 - 0{,}677x + 5$

(2) (A) Für $0 \le x \le 10$ Parabel durch A, B, C:
$g_1(x) = 0{,}052x^2 - 0{,}54x + 5$
(B) Parabel durch C, D und knickfreie Verbindung in $C\,(f'(10) = 0{,}5)$:
$g_2(x) = 0{,}0281x^2 + 1{,}0625x - 3{,}0125$

Beide Modelle passen gut.

6 Folgende Daten sind dem Text zu entnehmen:
Abstoßpunkt: $P(0\,|\,1{,}80)$
Stoßweite: $Q(8{,}4\,|\,0)$ mit $f(x) = ax^2 + bx + c$
Steigung am Abstoßpunkt:
$m = f'(x) = \tan(a) = 0{,}9$ mit $f'(x) = 2ax + b$

Es entsteht das folgende LGS:
$$\left.\begin{array}{ll} \text{I} & 1{,}8 = 0 + 0 + c \\ \text{II} & 0 = 8{,}42a + 8{,}4b + c \\ \text{III} & 0{,}9 = 0 + b + 0 \end{array}\right\} \quad a \approx -0{,}133;\; b = 0{,}9;\; c = 1{,}8$$

$f(x) = -0{,}133x2 + 0{,}9x + 1{,}8$ (nach Punktprobe für P und Q korrekt)
Maximale Flughöhe ≙ Maximum:
$f'(x) = 0 \Rightarrow x \approx 3{,}4;\; f(3{,}4) \approx 3{,}3$
Auftreffwinkel ≙ Steigungswinkel an der Stelle $x = 8{,}4$,
d.h. $f'(8{,}4) \approx -1{,}33 \Rightarrow a \approx -53°$
$\Rightarrow$ Die maximale Flughöhe beträgt ca. 3,3 m und der Auftreffwinkel ca. 53°.

Lösungen zu Seite 117

7 (1) Kubische Regression:
$f(x) = 0{,}0022x^3 - 0{,}0375x^2 - 0{,}0043x + 2{,}9933$
(2) Regression mit ganzrationaler Funktion vom Grad 4:
$f(x) = 0{,}00001x^4 + 0{,}00215x^3 - 0{,}03778x^2 - 0{,}00242x + 2{,}99392$

(1)
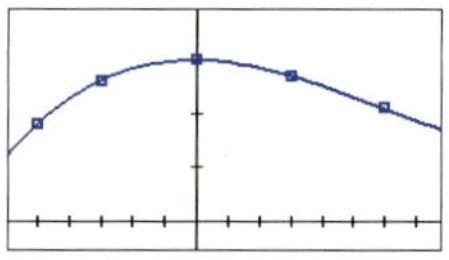
(2)
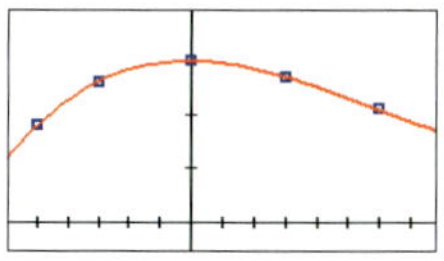

(3) Interpolationspolynom ACEF:
$f(x) = 0{,}00227x^3 - 0{,}03772x^2 - 0{,}00527x + 3$
(4) C als Hochpunkt; E als Wendepunkt:
$f(x) = 0{,}00208x^3 - 0{,}0375x^2 + 3$

(3)
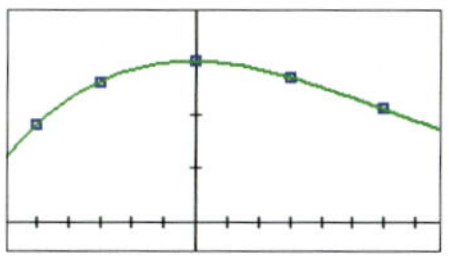
(4)
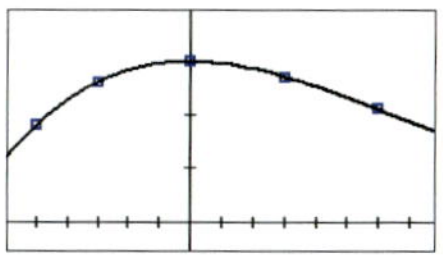

Die Modelle passen alle gleichermaßen gut. Regressionsfunktionen sind einfach mit dem GTR zu erzeugen, die dahinterstehende Mathematik ist aber unbekannt. Interpolationspolynome benötigen nur die Lage von Punkten auf Graphen, bei (4) werden darüberhinaus noch Ableitungen benötigt.

8 Regressionen:
(Lineare Funktion nach Augenmaß nicht sinnvoll)
(1) quadratische Funktion
$f_1(x) = 5{,}804x^2 + 8{,}725x + 7{,}821$

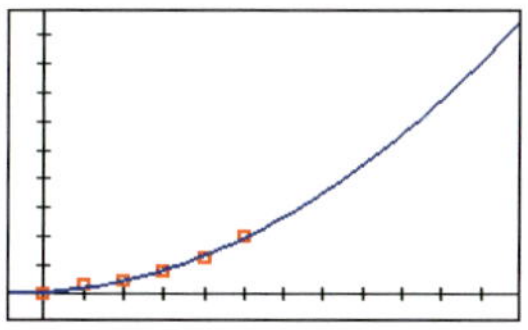

(2) Polynom vom Grad 3
$f_2(x) = 1{,}676x^3 - 6{,}766x^2 + 31{,}685x + 2{,}794$

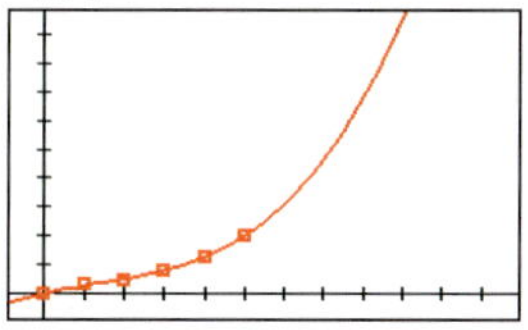

(3) Exponentialfunktion
$f_3(x) = 6{,}005 \cdot 2{,}21^x$

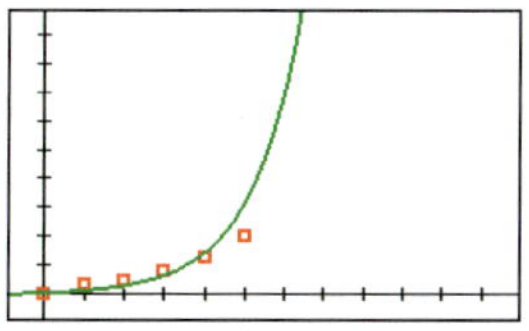

(1) und (2) passen sehr gut, (3) weniger gut. Die Anzahl der Fische nach 10 Jahren im exponentiellen Modell erscheint sehr unrealistisch. Nach $f_2(x)$ sind es nach 10 Jahren ungefähr doppelt so viele Fische wie nach dem Modell $f_1(x)$.

In der Realität wird das Wachstum wohl spätestens nach 10 Jahren zurückgehen, sodass die Bestände nicht in kurzer Zeit über alle Grenzen wachsen können. Langfristig sind alle drei Modelle sinnlos, weil nach ihnen die Bestände über alle Grenzen wachsen. Bei Datensätzen zu Populationen und ähnlichem ist genaue Passung mit Messpunkten (Interpolation) kein entscheidendes Gütekriterium. Es geht bei Daten mehr um Trends für weitere Entwicklungen. Stückweise Modellierungen lassen keine Prognosen zu, weil Funktionen von vornherein nur für Bereiche gelten.

X	Y1	Y2	Y3
8	449.05	681.33	3413.9
9	556.44	961.67	7543.8
10	675.43	1319	16670
11	806.03	1763.3	36836
12	948.24	2304.7	81400
13	1102.1	2953.3	179873
14	1267.5	3719	397476
15	1444.5	4612	878326
16	1633.1	5642.3	1.94E6
17	1833.4	6819.9	4.29E6
18	2045.2	8155	9.48E6

X=10

9 a) Sattelpunkt (1 | 5); Tiefpunkt (2 | 2); Hochpunkt (4 | ?)
$\Rightarrow$ 6 Bedingungen
Ansatz:
$f(x) = ax^5 + bx^4 + cx^3 + dx^2 + ex + f$
$\Rightarrow f'(x) = 5ax^4 + 4bx^3 + 3cx^2 + 2dx + e$
$\Rightarrow f''(x) = 20ax^3 + 12bx^2 + 6cx + 2d$
Bedingungen:
$f(1) = 5 \Rightarrow a + b + c + d + e + f = 5$
$f'(1) = 0 \Rightarrow 5a + 4b + 3c + 2d + e = 0$
$f''(1) = 0 \Rightarrow 20a + 12b + 6c + 2d = 0$
$f(2) = 2 \Rightarrow 32a + 16b + 8c + 4d + 2e + f = 2$
$f'(2) = 0 \Rightarrow 80a + 32b + 12c + 4d + e = 0$
$f'(4) = 0 \Rightarrow 1280a + 256b + 48c + 8d + e = 0$
Lösung:
$a = -3;\ b = 30;\ c = -105;\ d = 165;\ e = -120;\ f = 38$
$\Rightarrow f(x) = -3x^5 + 30x^4 - 105x^3 + 165x^2 - 120x + 38$

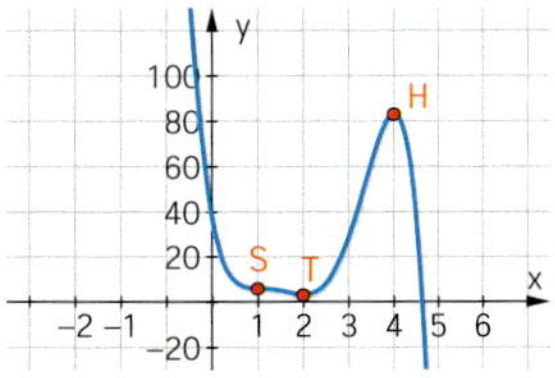

b) Hochpunkt (–2 | 3); Tiefpunkt (1 | 1); Hochpunkt (2 | ?)
$\Rightarrow$ 5 Bedingungen
Ansatz: $f(x) = ax^4 + bx^3 + cx^2 + dx + e$
$\Rightarrow f'(x) = 4ax^3 + 3bx^2 + 2cx + d$
$\Rightarrow f''(x) = 12ax^2 + 6bx + 2c$
Bedingungen:
$f(-2) = 3 \Rightarrow 16a - 8b + 4c - 2d + e = 3$
$f'(-2) = 0 \Rightarrow -32a + 12b - 4c + d = 0$
$f(1) = 1 \Rightarrow a + b + c + d + e = 1$
$f'(1) = 0 \Rightarrow 4a + 3b + 2c + d = 0$
$f'(2) = 0 \Rightarrow 32a + 12b + 4c + d = 0$
Lösung:
$a = -\frac{2}{45};\ b = \frac{8}{135};\ c = \frac{16}{45};\ d = -\frac{32}{45};\ e = \frac{181}{135}$
$\Rightarrow f(x) = -\frac{2}{45}x^4 + \frac{8}{135}x^3 + \frac{16}{45}x^2 - \frac{32}{45}x + \frac{181}{135}$
y-Koordinate des Hochpunkts: $f(2) = \frac{149}{135}$

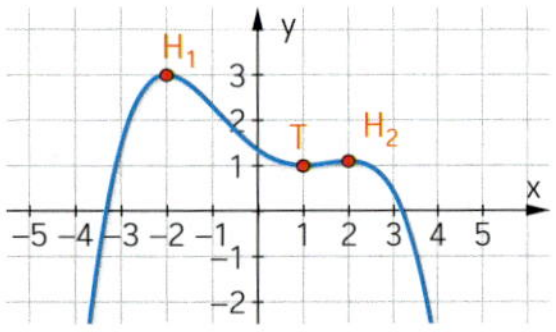

10 a) Am Graphen erkennbar: Hochpunkt (2 | 4); Tiefpunkt (5 | 1) $\Rightarrow$ 4 Bedingungen
Ansatz:
$f(x) = ax^3 + bx^2 + cx + d \Rightarrow f'(x) = 3ax^2 + 2bx + c$
Bedingungen:
$f(2) = 4 \Rightarrow 8a + 4b + 2c + d = 4$
$f'(2) = 0 \Rightarrow 12a + 4b + c = 0$
$f(5) = 1 \Rightarrow 125a + 25b + 5c + d = 1$
$f'(5) = 0 \Rightarrow 75a + 10b + c = 0$
Lösung:
$a = \frac{2}{9};\ b = -\frac{7}{3};\ c = \frac{20}{3};\ d = -\frac{16}{9}$
$\Rightarrow f(x) = \frac{2}{9}x^3 - \frac{7}{3}x^2 + \frac{20}{3}x - \frac{16}{9}$

b) Am Graphen erkennbar: Tiefpunkt (–2 | –1); Sattelpunkt (1 | 2) $\Rightarrow$ 5 Bedingungen
Ansatz:
$f(x) = ax^4 + bx^3 + cx^2 + dx + e$
$\Rightarrow f'(x) = 4ax^3 + 3bx^2 + 2cx + d$
$\Rightarrow f''(x) = 12ax^2 + 6bx + 2c$
Bedingungen:
$f(-2) = -1 \Rightarrow 16a - 8b + 4c - 2d + e = -1$
$f'(-2) = 0 \Rightarrow -32a + 12b - 4c + d = 0$
$f(1) = 2 \Rightarrow a + b + c + d + e = 2$
$f'(1) = 0 \Rightarrow 4a + 3b + 2c + d = 0$
$f''(1) = 0 \Rightarrow 12a + 6b + 2c = 0$
Lösung:
$a = \frac{1}{9};\ b = 0;\ c = -\frac{2}{3};\ d = \frac{8}{9};\ e = \frac{5}{3}$
$\Rightarrow f(x) = \frac{1}{9}x^4 - \frac{2}{3}x^2 + \frac{8}{9}x + \frac{5}{3}$

Lösungen zu Seite 118

11 a) $f(3) = 6$; für $x > 3$: $\lim\limits_{x \to 3} x^2 - 3 = 6$; $f'(3) = 2$;
für $x > 3$: $\lim\limits_{x \to 3} 2x = 6$
$\Rightarrow$ f ist stetig, aber nicht differenzierbar an der Stelle $x = 3$.

b) $f(1) = 1$; für $x > 1$: $\lim\limits_{x \to 1} 3x = 3$
$\Rightarrow$ f ist nicht stetig und somit auch nicht differenzierbar an der Stelle $x = 1$.

c) $f(1) = 2$; für $x > 1$: $\lim\limits_{x \to 1} -x^2 + 5x - 2 = 2$; $f'(1) = 3$;
für $x > 1$: $\lim\limits_{x \to 1} -2x + 5 = 3$
$\Rightarrow$ f ist stetig und differenzierbar an der Stelle $x = 1$.

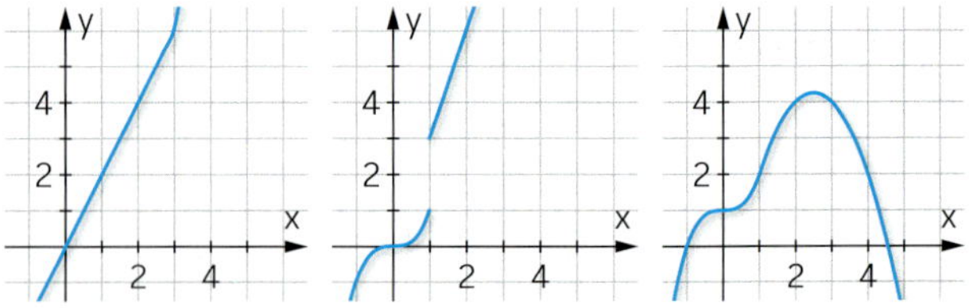

12 a) Falsch, denn z. B. $f(x) = |x|$ ist stetig, aber nicht differenzierbar.
b) Wahr.

13 a) Zum Beispiel: $g(x) = x + 1$
b) Zum Beispiel: $g(x) = (x - 1)^2 + 2$

14 Ja es gibt eine Stelle an der der Fahrradfahrer zur selben Zeit wie am Vortag ist (1). Ja es kann auch mehrere solcher Stellen geben, aber nur wenn der Fahrradfahrer schon auf dem Hinweg einen Ort mehrfach passiert.

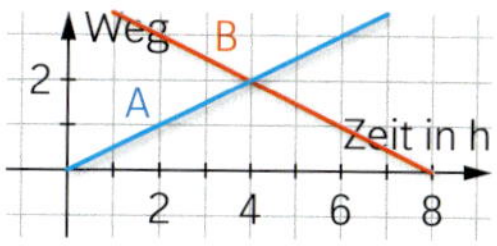

Weg-Zeit-Diagramm (1)

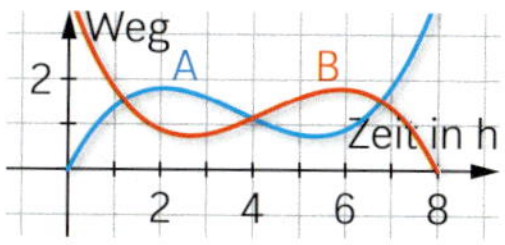

Weg-Zeit-Diagramm (2)

15 a) Wechsel des Vorzeichens von k bewirkt Spiegelung an $(0|0)$.

b) $f_k(x) = x\cdot(x^2 - 2kx + k^2) = x\cdot(x-k)^2$
k ist die doppelte Nullstelle von f_k.
Die Nullstelle 0 ist unabhängig von k.

c) $k < 0$: $HP(k|0)$; $TP\left(\frac{1}{3}k\,\middle|\,\frac{4}{27}k^3\right)$
$k > 0$: $TP(k|0)$; $HP\left(\frac{1}{3}k\,\middle|\,\frac{4}{27}k^3\right)$
$WP\left(\frac{2}{3}k\,\middle|\,\frac{2}{27}k^3\right)$

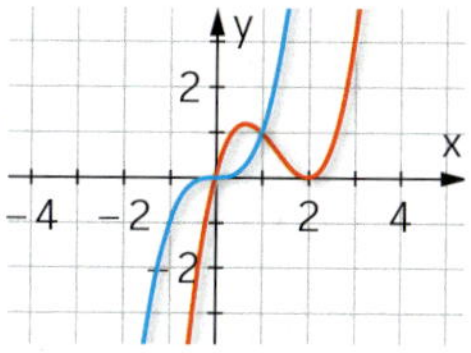

16 a) Nullstellen: $f_a(x) = 0$ also: $4 - a^2x^2 = 0$
$\Rightarrow x_1 = -\frac{2}{a};\ x_2 = \frac{2}{a}$
Wegen der Achsensymmetrie der Funktion gilt für den Flächeninhalt:

$$A = 2\cdot\int_0^{\frac{2}{a}} 4 - a^2x^2\,dx = 2\cdot\left[4x - \frac{1}{3}a^2x^3\right]_0^{\frac{2}{a}} = 2\cdot\left(\frac{8}{a} - \frac{8}{3a}\right) = \frac{32}{3a}$$

b) Bedingung: $\frac{32}{3a} = 1 \Leftrightarrow 3a = 32 \Leftrightarrow a = \frac{32}{3}$
Für $a = \frac{32}{3}$ hat der Flächeninhalt den Wert 1.

c) $\frac{32}{a} \underset{a\to 0}{\to} \infty$; $\frac{32}{a} \underset{a\to\infty}{\to} 0$ Für $a \to 0$ wächst die Fläche über alle Grenzen, für $a \to \infty$ wird die Fläche verschwindend klein.

Lösungen zu Seite 153

1 a) Produktregel:
$f'(x) = 2x\cdot(3x-1) + (x^2+1)\cdot 3 = 9x^2 - 2x + 3$
Alternativ erst ausmultiplizieren, dann Ableitung mit der Summenregel.

b) Kettenregel: $f'(x) = 4\cdot 5\cdot(4x-2)^5 = 20\cdot(4x-2)^5$

c) Kettenregel: $f'(x) = (2x-2)\cdot\cos(x^2 - 2x)$

d) Kettenregel: $f'(x) = \frac{6x-1}{2\sqrt{3x^2 - x + 1}}$

e) Produktregel: $f'(x) = \cos(x)\cdot\cos(x) + \sin(x)\cdot(-\sin(x))$
$= (\cos(x))^2 - (\sin(x))^2$

f) Produktregel: $f'(x) = 2x\cdot\sin(x) + x^2\cdot\cos(x)$

2 a) Es gilt nach der Kettenregel: $f'(x) = e^{-x}\cdot(-x)' = -e^{-x}$

b) Die Tangente an den Graphen von $g(x) = e^x$ im Punkt $(0|1)$ hat die Steigung 1. Der Graph von f geht aus dem Graphen von g durch das Spiegeln an der y-Achse hervor, gleiches gilt für seine Tangente im Punkt $(0|1)$. Dort hat der Graph von f somit die Steigung -1, also gilt: $f'(0) = -1$.
Mit $f'(x) = f'(0)\cdot e^{-x}$ folgt die Behauptung.

3 a) $f(x) = e^x + 1$ b) $f(x) = e^{-x} - 1$
c) $f(x) = e^{2x}$ d) $f(x) = 2e^x$

4 a) (1) $g(x) = e^{-x}$ (2) $g(x) = -e^x$
(3) $g(x) = e^{x+3}$ (4) $g(x) = e^x + 2$

b) f: Verschiebung um 2 in positive x-Richtung, Verschiebung um 1 in negative y-Richtung
g: Spiegelung an der y-Achse, Streckung mit Faktor 3 entlang der y-Achse
h: Spiegelung an x-Achse und y-Achse (Punktspiegelung an $(0|0)$, Streckung in y-Richtung um 2 Einheiten, Verschiebung um -1 in y-Richtung

5 a) $x = \ln(450) \approx 6{,}11$

b) $x = 2\cdot\ln(500) \approx 12{,}43$

c) $x = \ln(200\,000) + 2 \approx 14{,}21$

d) $x = 0$ (Der Fakor $e^x + 1$ kann nicht Null sein)

e) $x^2 - 1 = 0 \Rightarrow x_1 = 1;\ x_2 = -1$

f) kein algebraisches Lösungsverfahren vorhanden:
Grafisch-tabellarisch: $x_1 = 0;\ x_2 \approx 3{,}92$
Wegen $4\cdot e^{-0} = 4 = -0 + 4$ ist $x_1 = 0$ exakte Lösung.

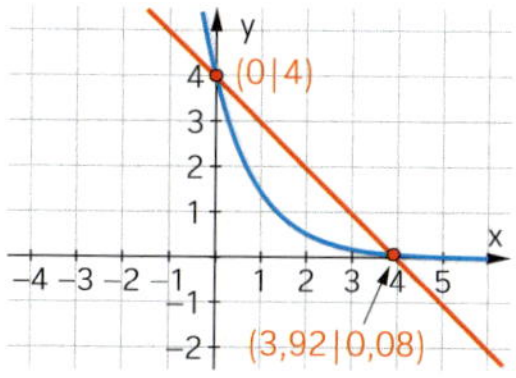

g) $4x - 3 = 7 - x \Rightarrow x = 2$

h) kein algebraisches Lösungsverfahren vorhanden:

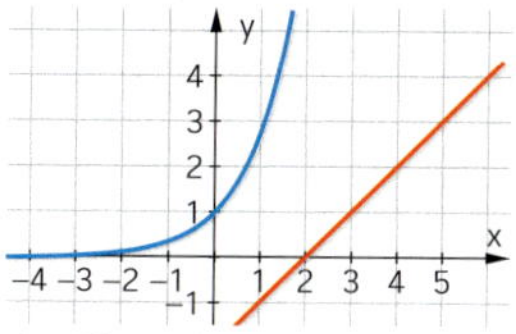

Grafik: Keine Lösung

i) $x = e^2 - 1 \approx 6{,}39$

Lösungen zu Seite 154

6

	f′(x)	f″(x)
a)	$1{,}5e^{0{,}5x}$	$0{,}75e^{0{,}5x}$
b)	$2e^{2x} - 2x$	$4e^{2x} - 2$
c)	$(3+2x)\cdot e^x$	$(5+2x)\cdot e^x$
d)	$(x^2+2x-1)\cdot e^x$	$(x^2+4x+1)\cdot e^x$
e)	$4(1-x)\cdot e^{-x}$	$4(x-2)\cdot e^{-x}$
f)	$(2x+x^2)\cdot e^x$	$(x^2+4x+2)\cdot e^x$
g)	$(-kx^2+2kx+1)\cdot e^{-x}$	$(kx^2-4kx+2k-1)\cdot e^{-x}$
h)	$\frac{2x}{x^2+1}$	
i)	$(4x-2k)\cdot e^{x^2-kx}$	$(8x^2-8kx+2k^2+4)\cdot e^{x^2-kx}$

7 a) $e^2 - e^{-1} \approx 7{,}02$ b) $e^3 - 1 \approx 19{,}09$

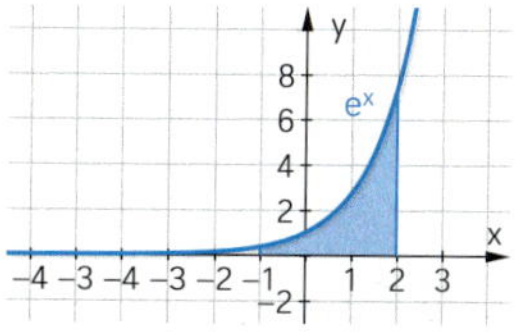

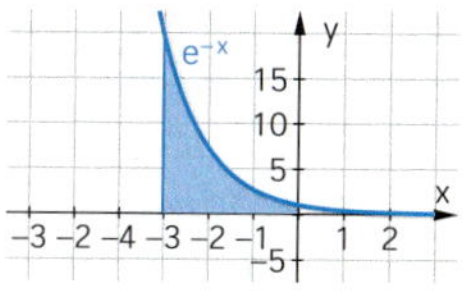

c) $2e^2 + 2e^{-2} - 2 \approx 5{,}52$

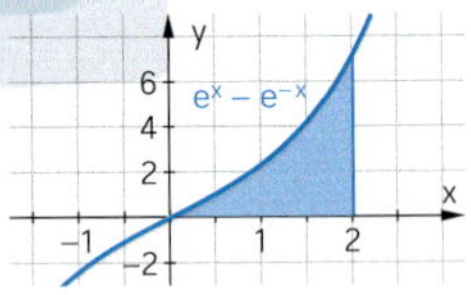

d) $2e^{\frac{3}{2}} - 2e^{-\frac{1}{2}} \approx 7{,}75$

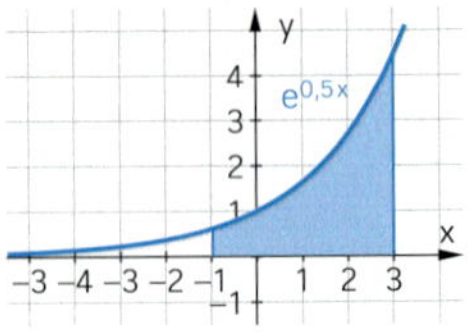

8 a) $x = \frac{\ln(2000)}{k}$ b) $a > 0$: $x = \ln(2a)$; $a < 0$: keine Lösung

c) $x_1 = 1 + \sqrt{1-k}$; $x_2 = 1 - \sqrt{1-k}$

9 a) $t(x) = 2x + 1$ b) $t(x) = 2e^2 \cdot x - e^2$

c) $t(x) = \frac{2}{e}x + \frac{2}{e}$

10 a) $f'(2) = 0{,}5 \cdot e \approx 1{,}36$ b) $x = 2 \cdot \ln(8) \approx 4{,}16$

c) $x = 2 \cdot \ln(30) \approx 6{,}80$ d) $\int_0^1 f(x)\,dx = 2 \cdot (\sqrt{e} - 1)$

11 a) $f_1(x) = e^x + x$; $f_2(x) = e^x - 2x$

$f_1(x) \xrightarrow[x\to\infty]{} \infty$; $f_2(x) \xrightarrow[x\to\infty]{} \infty$

$f_1(x) \xrightarrow[x\to-\infty]{} -\infty$; $f_2(x) \xrightarrow[x\to-\infty]{} \infty$

Nullstellen:

f_1: $x_N \approx -0{,}567$; f_2: keine

Lokale Extrempunkte:

f_1: keine; f_2: TP $(\ln(2) \mid 2 - \ln(2))$

Wendepunkte:

f_1: keine; f_2: keine

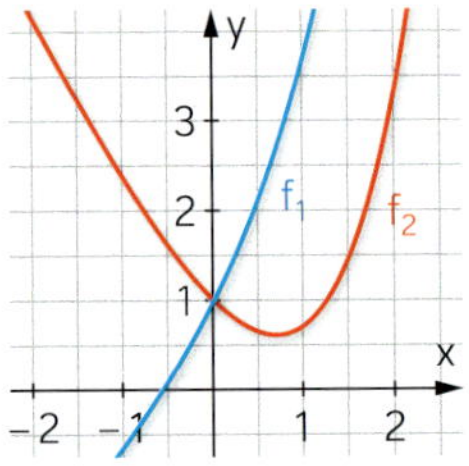

b) $g_1(x) = e^x + x^2$; $g_2(x) = e^x - x^2$

$g_1(x) \xrightarrow[x\to\infty]{} \infty$; $g_2(x) \xrightarrow[x\to\infty]{} \infty$

$g_1(x) \xrightarrow[x\to-\infty]{} \infty$; $g_2(x) \xrightarrow[x\to-\infty]{} -\infty$

Nullstellen:

g_1: keine; g_2: $x_N \approx -0{,}703$

Lokale Extrempunkte:

g_1: TP $\approx (-0{,}35 \mid 0{,}83)$; g_2: keine

Wendepunkte:

g_1: keine; g_2: $(\ln(2) \mid 2 - \ln(2)^2)$

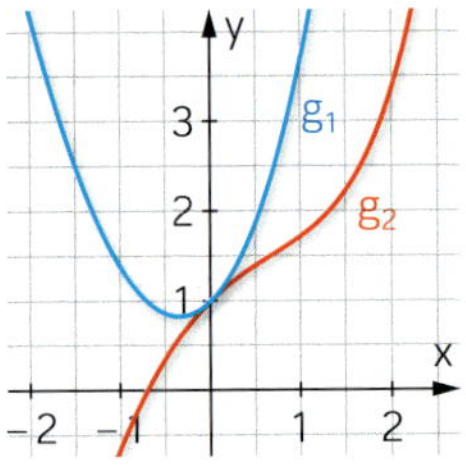

c) $l_1(x) = (e^x - 1)^2$; $l_2(x) = (e^x + 2)^2$

$l_1(x) \xrightarrow[x\to\infty]{} \infty$; $l_2(x) \xrightarrow[x\to\infty]{} \infty$

$l_1(x) \xrightarrow[x\to-\infty]{} 1$; $l_2(x) \xrightarrow[x\to-\infty]{} 4$

Nullstellen:

l_1: $x_N = 0$; l_2: keine

Lokale Extrempunkte:

l_1: TP $(0 \mid 0)$; l_2: keine

Wendepunkte:

l_1: WP $\left(-\ln(2) \mid \frac{1}{4}\right)$; l_2: keine

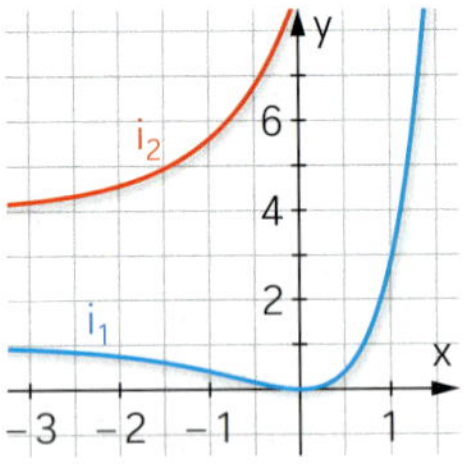

d) $m_1(x) = e^{x^2}$; $m_2(x) = e^{x^3}$

$m_1(x) \xrightarrow[x\to\infty]{} \infty$; $m_2(x) \xrightarrow[x\to\infty]{} \infty$

$m_1(x) \xrightarrow[x\to-\infty]{} \infty$; $m_2(x) \xrightarrow[x\to-\infty]{} 0$

Nullstellen:

m_1: keine; m_2: keine

Lokale Extrempunkte:

m_1: TP $(-0 \mid 1)$; m_2: keine

Wendepunkte:

m_1: keine; m_2: WP $\left(-\sqrt[3]{\frac{2}{3}} \mid e^{-\frac{2}{3}}\right) \approx (-0{,}87 \mid 0{,}51)$

Sattelpunkt: SP $(0 \mid 1)$

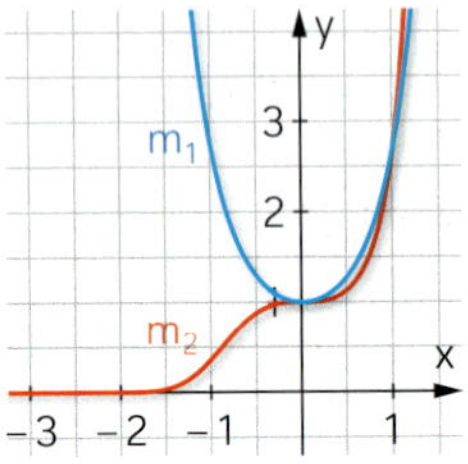

12 a) (A) $f_a(x) = e^x + ax$

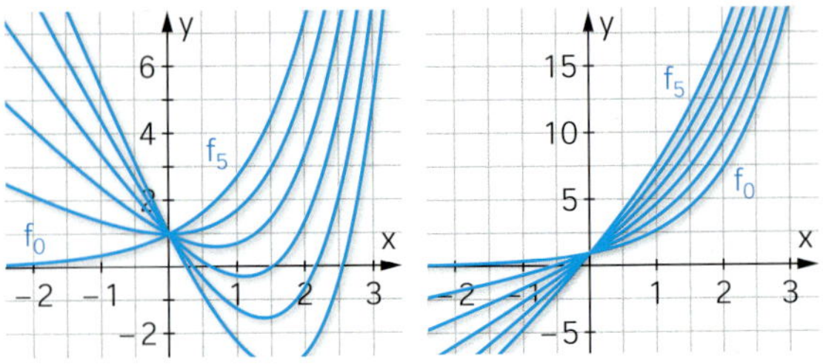

$a < 0$: 1 Tiefpunkt, Graph verläuft von ∞ nach ∞

$a = 0$: $f_a(x) = e^x$

$a > 0$: keine lokalen Extrem- und Wendepunkte

$y = ax$ ist Asymptote für $x \to -\infty$

Achsenschnittpunkte: $(0 \mid 1)$; Nullstellen sind nur grafisch-numerisch für konkrete Werte von a bestimmbar. Nach Grafik existieren für $a > 0$ eine Nullstelle, für $-3 \le a < 0$ keine und für $a \le -3$ zwei Nullstellen.

Lokale Extrempunkte: $\begin{cases} a \ge 0\text{: keine} \\ a < 0\text{: TP } (\ln(-a) \mid a \cdot \ln(-a) - a) \end{cases}$

Anmerkung: Mit der y-Koordinate lässt sich auch der Übergang von keiner zu zwei Nullstellen exakt bestimmen: $a \cdot \ln(-a) - a = 0 \Rightarrow a = -e \Rightarrow a = -e$ eine, $a < -e$ zwei Nullstellen. Wendepunkte: keine

(B) $f_b(x) = (e^x - b)^2$

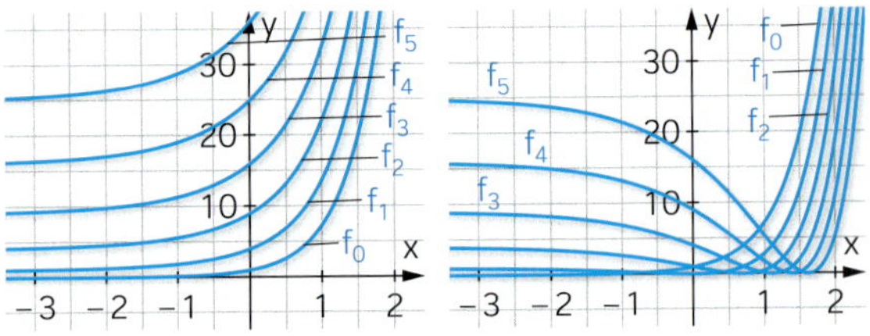

$f_b(x) \xrightarrow[x\to-\infty]{} b^2$; $f_b(x) \xrightarrow[x\to-\infty]{} \infty$; für $b > 0$ ein Tiefpunkt auf der x-Achse und ein Wendepunkt, für $b < 0$ keine Extrem- und Wendepunkte

Achsenschnittpunkte: $(0 \mid (1 - b)2)$; $b > 0$: $(\ln(b) \mid 0)$

Lokale Extrempunkte: $f_b'(x) = 2e^x(e^x - b)$; $b > 0$: TP $(\ln(b) \mid 0)$

Wendepunkte: $f_b''(x) = 2e^x(2e^x - b)$; $b > 0$: WP $\left(\ln\left(\frac{b}{2}\right) \mid \left(\frac{b^2}{4}\right)\right)$

b) (1) (A) $y = (a + 1) \cdot x + 1$ (B) $-2(b - 1) \cdot x + (b - 1)^2$

(2) (A) $a = 4 - e$ (B) $b_1 = e - 2$; $b_2 = e + 2$

Lösungen zu Seite 204

1	a)			b)	
	Wachstumstyp	Anfangsbestand f(0)	Langzeitverhalten	f(5) (≈)	f(x) = 30
(1)	begrenzt	15	$\lim_{x\to\infty} f(x) = 60$	43,45	$x = 5\ln(1{,}5) \approx 2{,}03$
(2)	exponentiell (Zerfall)	1000	$\lim_{x\to\infty} f(x) = 0$	779	$x = 20\ln\left(\frac{100}{3}\right) \approx 70{,}13$
(3)	logistisch	f(0) = 1	$\lim_{x\to\infty} f(x) = 100$	99,55	$x = \frac{1}{2}\ln\left(\frac{297}{7}\right) \approx 1{,}87$
(4)	begrenzt	f(0) = 100	$\lim_{x\to\infty} f(x) = 50$	80,33	existiert nicht: $50 \le f(x) \le 100$
(5)	logistisch	f(0) = 1	$\lim_{x\to\infty} f(x) = 37$	22,30	$x = -\frac{5}{4}\ln\left(\frac{7}{1080}\right) \approx 6{,}3$
(6)	exponentiell	f(0) = e	$f(x) \to \infty$	403,43	$x = \ln(30) - 1 \approx 2{,}4$

(1)

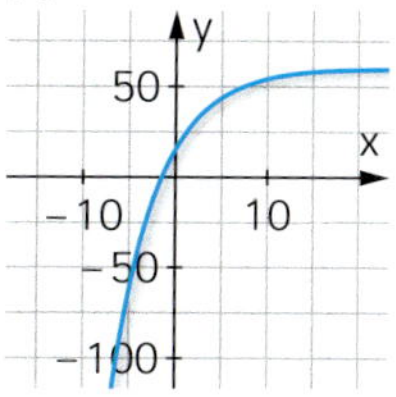

(2)

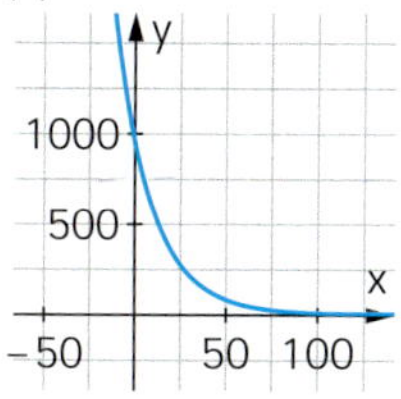

(3)

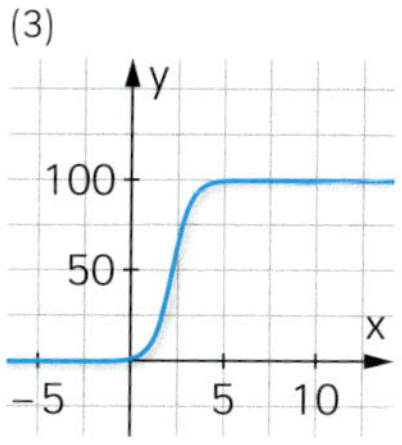

(4)

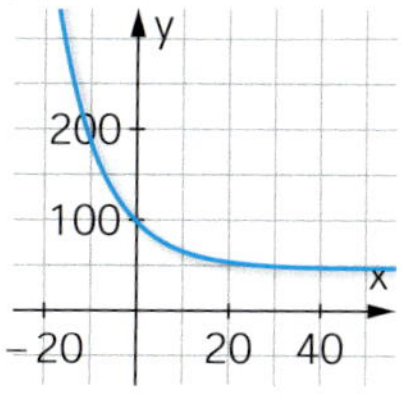

(5)

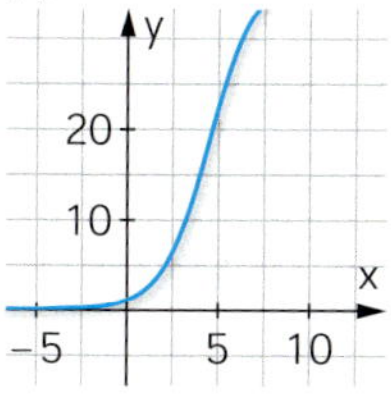

(6)

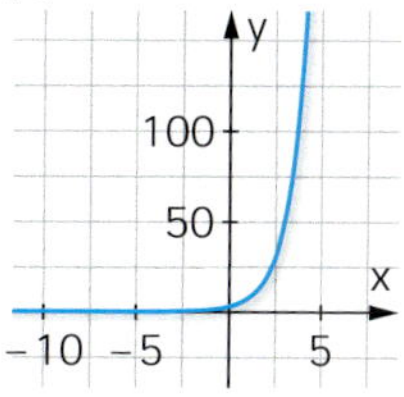

2 a)

1) $f(x) = a \cdot e^{0,8x}$

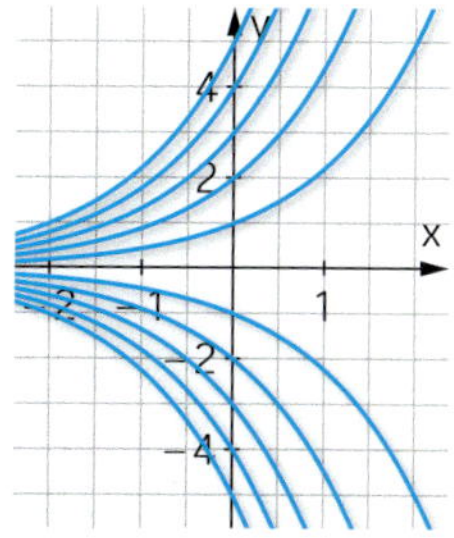

2) $f(x) = 8 \cdot e^{kx}$

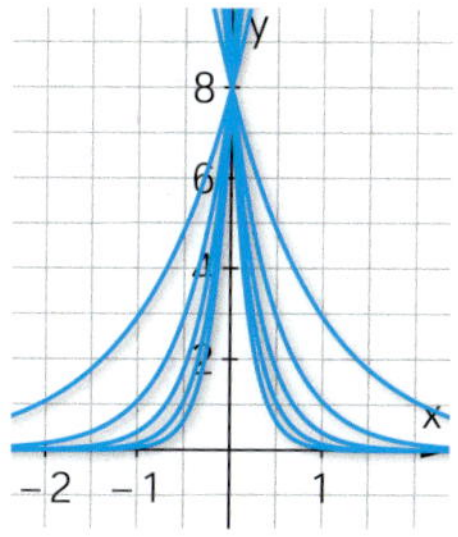

3) $f(x) = 20 \cdot e^{m} \cdot e^{-mx}$

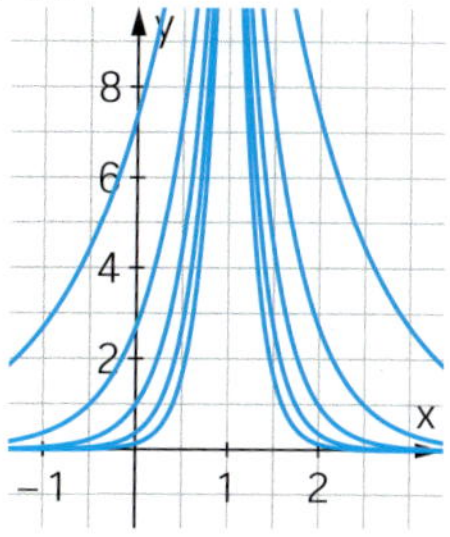

4) $f(x) = 10 \cdot e^{\ln(1,5) \cdot x} = 10 \cdot 1{,}5^x$

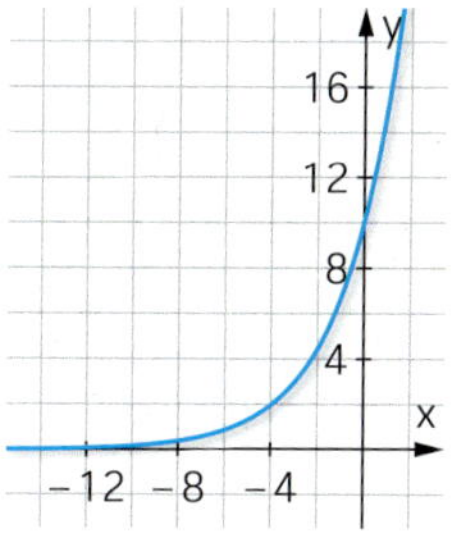

b)

1) $f(x) = -85 \cdot e^{-0,2x} + 100$

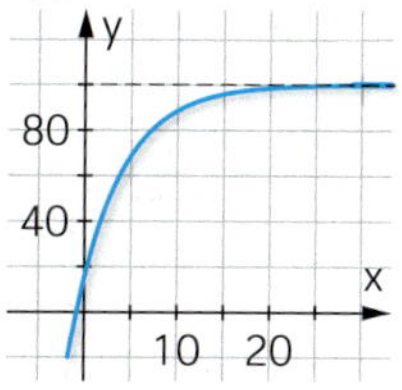

2) $f(x) = 8 \cdot e^{-0,25x} + 10$

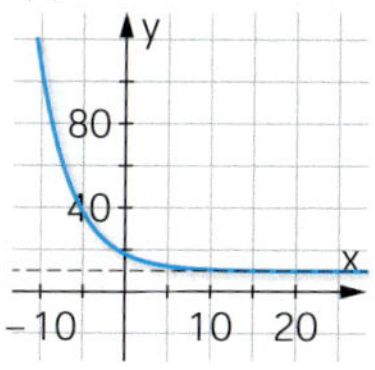

3) $A = 300;\ G = 1500;\ k = 0{,}128$: $f'(x) = 0{,}128 \cdot (1500 - f(x))$

4) $A = 2;\ G = 1;\ k = 0{,}45$: $f'(x) = 0{,}45 \cdot (1 - f(x))$

c)

1) $A = 25$;
$k = 0{,}003$;
$G = 90$

$f(x) = \dfrac{2250}{25 + 65 \cdot e^{-0,27x}}$

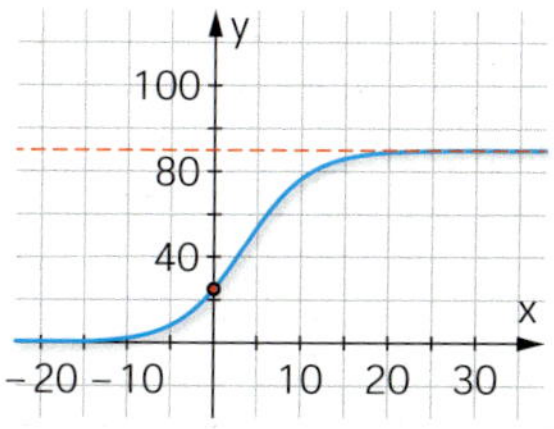

2) $A = 450$;
$k = 0{,}0001$;
$G = 1200$

$f(x) = \dfrac{540\,000}{450 + 750 \cdot e^{-0,12x}}$

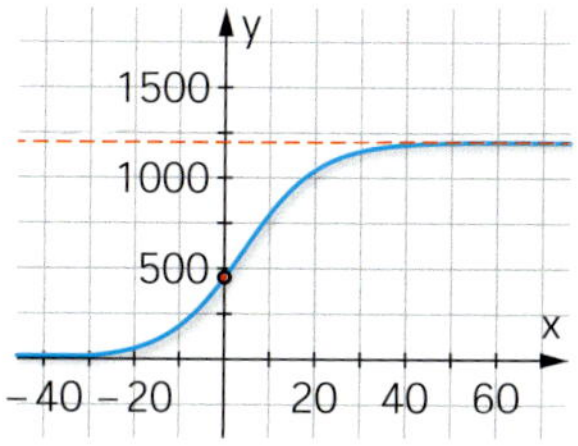

3) $A = 2;\ G = 8,\ k = 0{,}03$
$f'(x) = 0{,}03 \cdot f(x) \cdot (8 - f(x))$

4) $A = 100;\ G = 200,\ k = 0{,}00125$
$f'(x) = 0{,}00125 \cdot f(x) \cdot (200 - f(x))$

3 a) $f(x) = 250 \cdot e^{\ln(0,91)x} \approx 250 \cdot e^{-0,0943x}$

b) $f(x) = -1900\,e^{-kx} + 2000$;
$f(1) = 200 = -1900\,e^{-k} + 2000 \Rightarrow k = \ln\left(\frac{19}{18}\right) \approx 0{,}054$
$f(x) = -1900\,e^{-0,054x} + 2000$

c) $A = 20;\ G = 400$:
(1) $\frac{400}{1+b} = 20 \Rightarrow b = 19;\ \frac{\ln(19)}{k} = 5 \Rightarrow k = \frac{\ln(19)}{5} \approx 0{,}589$;
$f(x) = \dfrac{400}{1 + 19\,e^{-0,589x}}$

(2) $\frac{\ln(19)}{400k} = 5 \Rightarrow k = \frac{\ln(19)}{2000} \approx 0{,}00147$;
$f(x) = \dfrac{8000}{20 + 380\,e^{-0,589x}}$

4 a) $f(x) = 20 \cdot e^{\ln(1,5)x}$
$= 20 \cdot e^{0,4057x}$

Zeit	f'(x)
0	8,114
1	12,174
2	18,265
3	27,404

b) $f'(x) = 20 \cdot 0{,}4057 \cdot e^{0,4057x}$
$= 8{,}114 \cdot e^{0,4057x}$

Durchschnittliche Änderungsraten:

1. Tag:
$\frac{f(1) - f(0)}{1 - 0} \approx 10{,}007$;

2. Tag: 15,014;

3. Tag: 22,526

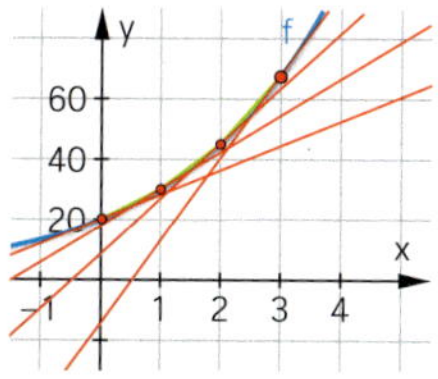

c) $20 \cdot e^{0,4057x} = 1\,000\,000$
$\Rightarrow x \approx 26{,}6694$
Nach knapp 27 Tagen ist die Fläche 100 m² groß.

d) in cm²: $20 \cdot e^{\ln(1,5)x} = 1\,490\,000\,000\,000\,000\,000$
$\Rightarrow x \approx 95{,}81$
Nach ca. 96 Tagen wäre die gesamte Landfläche der Erde bedeckt.
Man schätzt meist einen viel größeren Zeitraum.
Hinweis: $1\,km^2 = (100\,000\,cm)^2 = 10^{10} cm^2$;
149 Mill $= 149 \cdot 10^6$

Lösungen zu Seite 205

5 a) 85 °C, da $f(0) = 85$ gilt

b) 20 °C, da gilt: $f(x) \to 20$ für $x \to +\infty$

c) ca. 23 °C, da $f(15) \approx 23$ gilt

d) Nach ca. 6 min, da gilt:
$f(x) = 40 \Leftrightarrow x = -5 \cdot \ln\left(\frac{20}{65}\right) \approx 5{,}89$

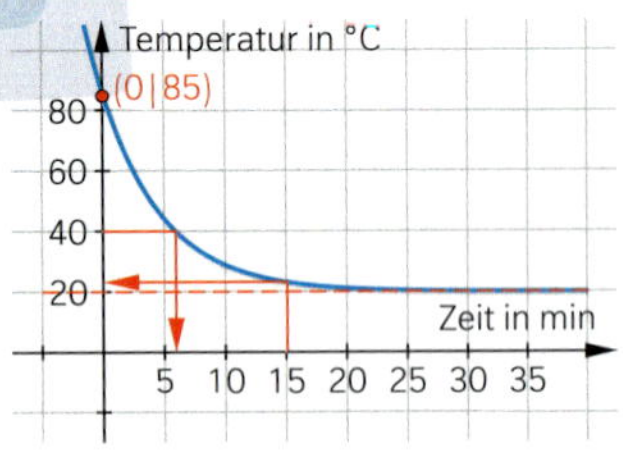

6 Einsetzen von A = G/2 in $f(x) = \frac{AG}{A + (G - A) \cdot e^{-kGx}}$:

$f(x) = \frac{\frac{G^2}{2}}{\frac{G}{2} + \frac{G}{2} \cdot e^{-kGx}} = \frac{G}{1 + e^{-kGx}}$

Der Anfangswert entspricht dem Wendepunkt.

7 Ansatz: $f(x) = A \cdot e^{kx}$ (1986: x = 0)

(1) Exponentielle Regression:

$f(x) = 6{,}7393 \cdot e^{0{,}1657x}$

(2) Mit (0|6,6) und (10|35,5):

$35{,}5 = 6{,}6 \cdot e^{10k} \Rightarrow k = \frac{1}{10} \ln\left(\frac{355}{66}\right) \approx 0{,}1682$

$g(x) = 6{,}6 \cdot e^{0{,}1682x}$

Nach Augenmaß passen beide Modelle gleich gut.

	f(x)	g(x)
2005: x = 19	157,1	161,2
2018: x = 32	1355,4	1435,8

Für 2018 erhält man schon recht unterschiedliche Prognosen.

8 Die größte Wachstumsgeschwindigkeit ist nach ca. 20 Jahren. Dann beträgt der Baumdurchmesser 20 + 10 + 18 + 32 + 40 = 120 mm. Damit ist 240 mm = 24 cm eine angemessene Grenze, also: $f(x) = \frac{4800}{20 + 220e^{-240kx}}$

Mit f(5) = 30 muss folgende Gleichung gelöst werden.

$30 = \frac{4800}{20 + 220e^{-1200k}}$ $\quad f(x) = \frac{4800}{20 + 220e^{-0{,}0904x}}$

(1) Grafisch:

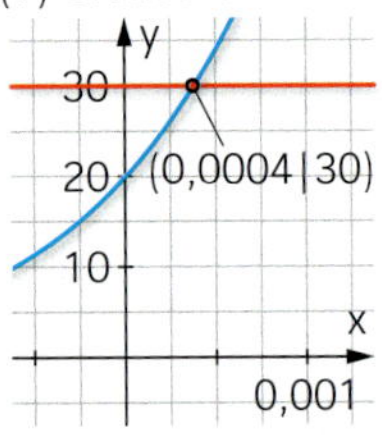

(2) CAS:

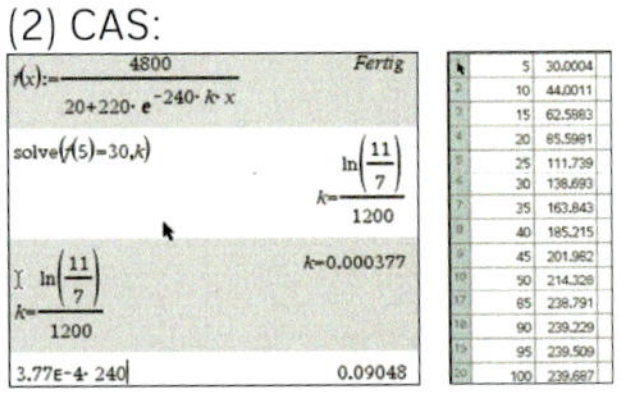

Die Funktionswerte passen nur mäßig zu den Daten.
f(50) = 214 mm; f(100) = 240 mm

9 a) $A_1(5) \approx 3{,}03\,km^2$; $A_2(5) \approx 3{,}68\,km^2$

Grafisch-numerische Lösungen sind angemessen.

A_1 ist nach ca. 2,6 und 25,4 Tagen 2000 m² groß.

A_2 ist nach ca. 1,3 und 12,7 Tagen 2000 m² groß.

$A_1'(t) = (1 - 0{,}1t) \cdot e^{-0{,}1t} = 0 \Rightarrow t = 10$;

$A_1(10) = 3{,}6787...$

$A_2'(t) = (2 - 0{,}4t) \cdot e^{-0{,}2t} = 0 \Rightarrow t = 5$; $A_2(5) = 3{,}6787...$

Die maximal bedeckte Fläche ist bei beiden Modellen ca. 3700 m² groß.

$A_1''(t) = (0{,}01t - 0{,}2) \cdot e^{-0{,}1t} = 0 \Rightarrow t = 20$

$A_2''(t) = (0{,}08t - 0{,}8) \cdot e^{-0{,}2t} = 0 \Rightarrow t = 10$

Nach 20 Tagen bei A_1 und 10 Tagen bei A_2 ist die Abnahme maximal, die maximale Zunahme ist bei beiden Modellen zu Beginn (t = 0).

b)

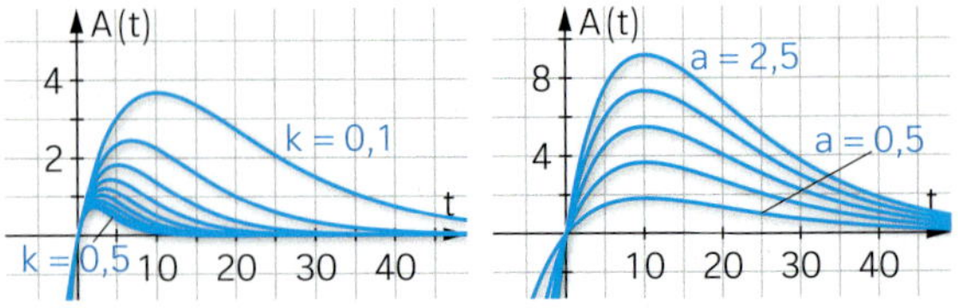

Maximal bedeckte Fläche:

$A'_{a,k}(t) = 0 \Rightarrow t = \frac{1}{k}$; $\quad A_{a,k}\left(\frac{1}{k}\right) = \frac{a}{e \cdot k}$

Zeitpunkt maximaler Abnahme: Wendepunkt:

$A''_{a,k}(t) = a \cdot k \cdot (k \cdot x - 2) \cdot e^{-kx} = 0 \Rightarrow t = \frac{2}{k}$

Lösungen zu Seite 247

1 Im „2-1-Koordinatensystem“:

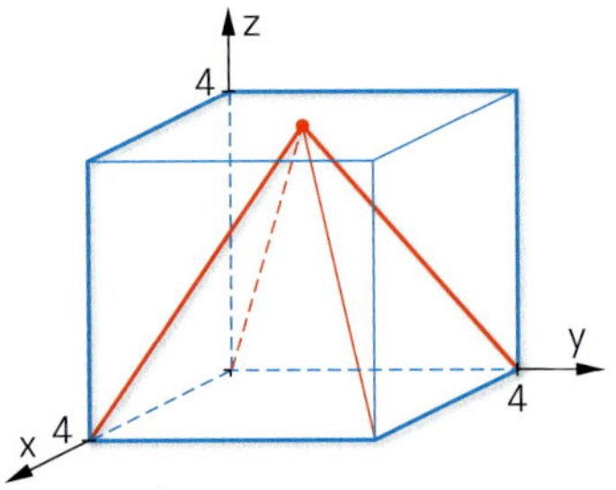

2 Koordinaten der Eckpunkte: A(5|0|0), M(5|5|2,5), G(0|5|5), N(0|0|2,5)

Seiten des Vierecks: $\overrightarrow{AM} = \begin{pmatrix} 0 \\ 5 \\ 2{,}5 \end{pmatrix}$, $\overrightarrow{MG} = \begin{pmatrix} -5 \\ 0 \\ 2{,}5 \end{pmatrix}$,

$\overrightarrow{GN} = \begin{pmatrix} 0 \\ -5 \\ -2{,}5 \end{pmatrix}$, $\overrightarrow{NA} = \begin{pmatrix} 5 \\ 0 \\ -2{,}5 \end{pmatrix}$

Für die Seitenlängen gilt jeweils $\sqrt{31{,}25}$.
Das Viereck ist eine Raute, aber kein Quadrat.

3 Die Punkte liegen auf einer Geraden, der Verlängerung der Raumdiagonalen im Würfel mit der Kantenlange 1 durch (0|0|0) und (1|1|1).

4 a) „1-1-Koordinatensystem“ b) „2-1-Koordinatensystem“

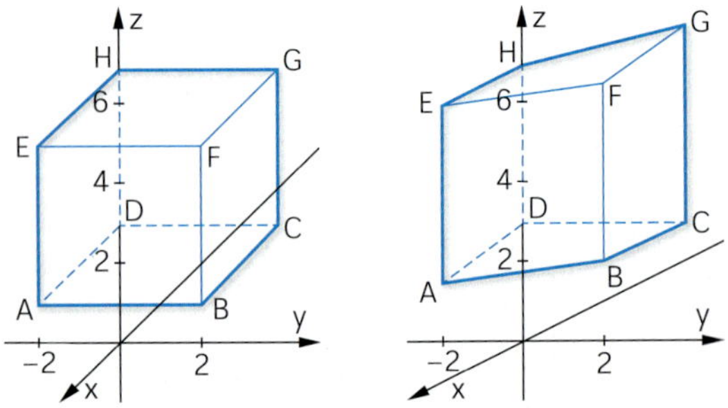

b) zeigt im 2-1-Koordinatensystem deutlich, dass es sich nicht um einen Würfel handelt.

5 Es gibt acht verschiedene Vektoren:
$\overrightarrow{AB}, \overrightarrow{AD}, \overrightarrow{AE}, \overrightarrow{EI}, \overrightarrow{HI}, \overrightarrow{FK}, \overrightarrow{GK}, \overrightarrow{IK}$
Parallel zueinander sind:
$\overrightarrow{AB} \parallel \overrightarrow{DC} \parallel \overrightarrow{EF} \parallel \overrightarrow{HG} \parallel \overrightarrow{IK}$ und $\overrightarrow{AD} \parallel \overrightarrow{BC} \parallel \overrightarrow{EH} \parallel \overrightarrow{FG}$ sowie
$\overrightarrow{AE} \parallel \overrightarrow{DH} \parallel \overrightarrow{BF} \parallel \overrightarrow{CG}$

6 a) Ortsvektoren der Eckpunkte des blauen Würfels:
$\begin{pmatrix}1\\0\\0\end{pmatrix}; \begin{pmatrix}1\\1\\0\end{pmatrix}; \begin{pmatrix}0\\1\\0\end{pmatrix}; \begin{pmatrix}0\\0\\0\end{pmatrix}; \begin{pmatrix}1\\0\\1\end{pmatrix}; \begin{pmatrix}1\\1\\1\end{pmatrix}; \begin{pmatrix}0\\1\\1\end{pmatrix}; \begin{pmatrix}0\\0\\1\end{pmatrix}$
Ortsvektoren der Eckpunkte des roten Würfels:
$\begin{pmatrix}0\\2{,}5\\0\end{pmatrix}; \begin{pmatrix}0\\3{,}5\\0\end{pmatrix}; \begin{pmatrix}-1\\3{,}5\\0\end{pmatrix}; \begin{pmatrix}-1\\2{,}5\\0\end{pmatrix}; \begin{pmatrix}0\\2{,}5\\1\end{pmatrix}; \begin{pmatrix}0\\3{,}5\\1\end{pmatrix};$
$\begin{pmatrix}-1\\3{,}5\\1\end{pmatrix}; \begin{pmatrix}-1\\2{,}5\\1\end{pmatrix}$
Ortsvektoren der Eckpunkte des grünen Würfels:
$\begin{pmatrix}0\\-1\\3\end{pmatrix}; \begin{pmatrix}0\\0\\3\end{pmatrix}; \begin{pmatrix}-1\\0\\3\end{pmatrix}; \begin{pmatrix}-1\\-1\\3\end{pmatrix}; \begin{pmatrix}0\\-1\\4\end{pmatrix}; \begin{pmatrix}0\\0\\4\end{pmatrix}; \begin{pmatrix}-1\\0\\4\end{pmatrix}; \begin{pmatrix}-1\\-1\\4\end{pmatrix}$
b) Verschiebungsvektoren:
blau → rot: $\begin{pmatrix}-1\\2{,}5\\0\end{pmatrix}$; rot → grün: $\begin{pmatrix}0\\-3{,}5\\3\end{pmatrix}$;
grün → blau: $\begin{pmatrix}1\\1\\-3\end{pmatrix}$

Lösungen zu Seite 248

7 a) $|\overrightarrow{AB}| = \left|\begin{pmatrix}2-4\\3-2\\8-7\end{pmatrix}\right| = \left|\begin{pmatrix}-2\\1\\1\end{pmatrix}\right| = \sqrt{(-2)^2+1^2+1^2} = \sqrt{6};$

$|\overrightarrow{BC}| = \left|\begin{pmatrix}3-2\\1-3\\9-8\end{pmatrix}\right| = \left|\begin{pmatrix}1\\-2\\1\end{pmatrix}\right| = \sqrt{1^2+(-2)^2+1^2} = \sqrt{6};$

$|\overrightarrow{AC}| = \left|\begin{pmatrix}3-4\\1-2\\9-7\end{pmatrix}\right| = \left|\begin{pmatrix}-1\\-1\\2\end{pmatrix}\right| = \sqrt{(-1)^2+(-1)^2+2^2} = \sqrt{6};$

Da alle Seiten gleich lang sind, ist das Dreieck ABC gleichseitig.

b) –

c) $|\overrightarrow{AB}| = \left|\begin{pmatrix}6-2\\4-1\\6-4\end{pmatrix}\right| = \left|\begin{pmatrix}4\\3\\2\end{pmatrix}\right| = \sqrt{4^2+3^2+2^2} = \sqrt{29};$

$|\overrightarrow{BC}| = \left|\begin{pmatrix}2-6\\2-4\\3-6\end{pmatrix}\right| = \left|\begin{pmatrix}-4\\-2\\-3\end{pmatrix}\right| = \sqrt{(-4)^2+(-2)^2+(-3)^2}$
$= \sqrt{29};$

$|\overrightarrow{AC}| = \left|\begin{pmatrix}2-2\\2-1\\3-4\end{pmatrix}\right| = \left|\begin{pmatrix}0\\1\\-1\end{pmatrix}\right| = \sqrt{0^2+1^2+(-1)^2} = \sqrt{2};$

Da die Seiten AB und BC gleich lang sind, ist das Dreieck ABC gleichschenklig.

8

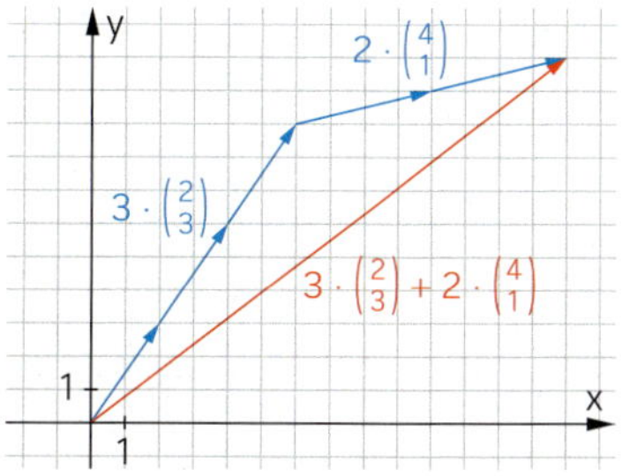

9 a) $\vec{m} = \vec{a} + \frac{1}{2}(\vec{b} - \vec{a}) = \frac{1}{2}\vec{a} + \frac{1}{2}\vec{b} = \frac{1}{2}(\vec{a} + \vec{b})$

$\vec{m} = \frac{1}{2}\left[\begin{pmatrix}1\\-3\\4\end{pmatrix} + \begin{pmatrix}5\\3\\2\end{pmatrix}\right] = \frac{1}{2}\begin{pmatrix}6\\0\\6\end{pmatrix} = \begin{pmatrix}3\\0\\3\end{pmatrix} \Rightarrow M = (3|0|3)$

b) $\vec{m} = \frac{1}{2}(\vec{a} + \vec{b}) \Leftrightarrow 2\vec{m} = \vec{a} + \vec{b} \Leftrightarrow \vec{b} = 2\vec{m} - \vec{a}$

$b = 2\begin{pmatrix}2\\-4\\1\end{pmatrix} - \begin{pmatrix}-1\\2\\3\end{pmatrix} = \begin{pmatrix}5\\-10\\-1\end{pmatrix} \Rightarrow B = (5|-10|-1)$

10 a) $\vec{c} = -\vec{b} + \vec{a};\ \vec{d} = -\frac{1}{2}\vec{b}$

b) $\vec{c} = \vec{a};\ \vec{d} = \frac{1}{2}(\vec{a} + \vec{b})$

11 a) $|\overrightarrow{AB}| = \left|\begin{pmatrix}2-1\\2-0\\7-4\end{pmatrix}\right| = \left|\begin{pmatrix}1\\2\\3\end{pmatrix}\right| = \sqrt{1^2+2^2+3^2} = \sqrt{14};$

$|\overrightarrow{BC}| = \left|\begin{pmatrix}3-2\\0-2\\10-7\end{pmatrix}\right| = \left|\begin{pmatrix}1\\-2\\3\end{pmatrix}\right| = \sqrt{1^2+(-2)^2+3^2} = \sqrt{14};$

$|\overrightarrow{CD}| = \left|\begin{pmatrix}2-3\\-2-0\\7-10\end{pmatrix}\right| = \left|\begin{pmatrix}-1\\-2\\-3\end{pmatrix}\right| = \sqrt{(-1)^2+(-2)^2+(-3)^2}$
$= \sqrt{14};$

$|\overrightarrow{DA}| = \left|\begin{pmatrix}1-2\\0-(-2)\\4-7\end{pmatrix}\right| = \left|\begin{pmatrix}-1\\2\\-3\end{pmatrix}\right| = \sqrt{(-1)^2+2^2+(-3)^2}$
$= \sqrt{14}$

b) Für den Mittelpunkt der Raute gilt:
$\vec{m} = \vec{a} + \frac{1}{2}\overrightarrow{AC} = \begin{pmatrix}1\\0\\4\end{pmatrix} + \frac{1}{2}\begin{pmatrix}3-1\\0-0\\10-4\end{pmatrix} = \begin{pmatrix}1\\0\\4\end{pmatrix} + \begin{pmatrix}1\\0\\3\end{pmatrix} = \begin{pmatrix}2\\0\\7\end{pmatrix}.$
Somit ist $M = (2|0|7)$.

12 a) S wird an C gespiegelt, indem der Vektor $\overrightarrow{SC} = \begin{pmatrix}-2\\2\\-3\end{pmatrix}$ nach C verschoben wird.
Damit gilt $S'_C = (0|7|0)$.
b) $S'_A = (8|-1|0);\ S'_B = (8|7|0);\ S'_D = (0|-1|0)$
c) Doppelpyramide

Lösungen zu Seite 249

13 $\begin{pmatrix}2\\3\\-4\end{pmatrix} \cdot \begin{pmatrix}0{,}5\\1{,}5\\2{,}5\end{pmatrix} = -4{,}5$ $\qquad \begin{pmatrix}-1\\1{,}5\\2\end{pmatrix} \cdot \begin{pmatrix}-1\\2\\-3\end{pmatrix} = -2$

$\begin{pmatrix}2\\-1\\-4\end{pmatrix} \cdot \begin{pmatrix}-4\\2\\-3\end{pmatrix} = 2$ $\qquad \begin{pmatrix}-1{,}5\\2\\0{,}5\end{pmatrix} \cdot \begin{pmatrix}-2\\-4\\3\end{pmatrix} = -3{,}5$

14 $\vec{a} \cdot \vec{b} = 5 < \vec{b} \cdot \vec{c} = 7 < \vec{a} \cdot \vec{c} = 10$

15 Das Viereck ABCD hat die Seitenvektoren $\vec{a} = \begin{pmatrix}5\\0\\1\end{pmatrix}$,
$\vec{b} = \begin{pmatrix}1\\3\\2\end{pmatrix}$, $\vec{c} = \begin{pmatrix}-5\\0\\-1\end{pmatrix}$ und $\vec{d} = \begin{pmatrix}-1\\-3\\-2\end{pmatrix}$.
Gegenüberliegende Seiten sind also parallel und gleichlang.
Benachbarte Seiten aber haben unterschiedliche Längen
$a = c = \sqrt{26},\ b = d = \sqrt{14}$

16 Für das Dreieck PQR gilt:

$\overrightarrow{PQ} = \begin{pmatrix} b-a \\ c-b \\ a-c \end{pmatrix}$, $\overrightarrow{QR} = \begin{pmatrix} c-b \\ a-c \\ b-a \end{pmatrix}$, $\overrightarrow{RP} = \begin{pmatrix} a-c \\ b-a \\ c-b \end{pmatrix}$

Die Seitenlängen sind demnach gleich.
Dieselben drei Koordinaten haben auch die Seitenvektoren im Dreieck STU. Die Seitenvektoren in VWX haben jeweils die Koordinaten $a-b$, $b-a$ und 0 und damit ebenfalls gleiche Länge.

17 $\vec{w} = \begin{pmatrix} 0 \\ 3 \\ 1 \end{pmatrix}$, es gibt unendlich viele orthogonale Vektoren, zum Beispiel $\vec{v} = \begin{pmatrix} 1 \\ 3 \\ 1 \end{pmatrix}$

18 Mit $\vec{u} = \begin{pmatrix} -1 \\ -3 \\ -2 \end{pmatrix}$ und $\vec{v} = \begin{pmatrix} 3 \\ 1 \\ -2 \end{pmatrix}$ gilt:

$\cos(\alpha) = \frac{-2}{\sqrt{14}\cdot\sqrt{14}} = -0{,}14 \Rightarrow \alpha = 98{,}21°$

19 Mit $\vec{u} = \begin{pmatrix} -3{,}5 \\ -0{,}5 \\ 2 \end{pmatrix}$, $\vec{v} = \begin{pmatrix} -1 \\ -3 \\ 4 \end{pmatrix}$, $\vec{w} = \begin{pmatrix} 2{,}5 \\ -2{,}5 \\ 2 \end{pmatrix}$ gilt:

(1) $\cos(\alpha) = \frac{13}{\sqrt{16{,}5}\cdot\sqrt{26}} = 0{,}63 \Rightarrow \alpha = 51{,}12°$

(2) $\cos(\beta) = \frac{3{,}5}{\sqrt{16{,}5}\cdot\sqrt{16{,}5}} = 0{,}21 \Rightarrow \beta = 77{,}75°$

(3) $\cos(\gamma) = \frac{13}{\sqrt{16{,}5}\cdot\sqrt{26}} = 0{,}63 \Rightarrow \gamma = 51{,}12°$

Das Dreieck ist somit gleichschenklig.

Lösungen zu Seite 288

1 Es entsteht das Viereck ACGE, das den Würfel halbiert.

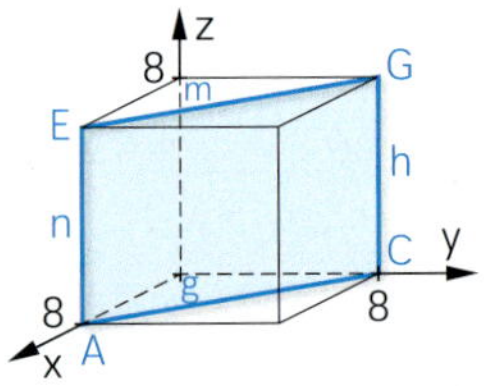

2 a) Parallel zu g sind z. B.

$h: \vec{x} = \begin{pmatrix} 0 \\ 2 \\ -1 \end{pmatrix} + t\begin{pmatrix} -2 \\ 1 \\ 4 \end{pmatrix}$ oder $k: \vec{x} = \begin{pmatrix} 1 \\ 2 \\ 3 \end{pmatrix} + t\begin{pmatrix} 4 \\ -2 \\ -8 \end{pmatrix}$.

Einen Schnittpunkt mit g haben z. B.

$h: \vec{x} = \begin{pmatrix} 1 \\ 2 \\ 3 \end{pmatrix} + t\begin{pmatrix} 3 \\ 0 \\ 1 \end{pmatrix}$ oder $k: \vec{x} = \begin{pmatrix} -1 \\ 3 \\ 7 \end{pmatrix} + t\begin{pmatrix} 2 \\ -4 \\ 5 \end{pmatrix}$.

b) g und k schneiden sich in S(3 | −1 | 2); h und k sind zueinander parallel; g und h sind windschief.

3 AB: $\vec{x} = \begin{pmatrix} 4 \\ 0 \\ 0 \end{pmatrix} + t\begin{pmatrix} 0 \\ 4 \\ 0 \end{pmatrix}$ mit $0 \le t \le 1$;

DC: $\vec{x} = t\begin{pmatrix} 0 \\ 4 \\ 0 \end{pmatrix}$ mit $0 \le t \le 1$;

AS: $\vec{x} = \begin{pmatrix} 4 \\ 0 \\ 0 \end{pmatrix} + t\begin{pmatrix} -2 \\ 2 \\ 6 \end{pmatrix}$ mit $0 \le t \le 1$;

CS: $\vec{x} = \begin{pmatrix} 0 \\ 4 \\ 0 \end{pmatrix} + t\begin{pmatrix} 2 \\ -2 \\ 6 \end{pmatrix}$ mit $0 \le t \le 1$

Für t = 1 ergibt sich bei beiden Geraden S(2 | 2 | 6).

4 Die Punkte im Sechseck sind R(9 | 0 | 4); S(3 | 0 | 0); T(0 | 1 | 0); U(0 | 3 | 4); V(3 | 3 | 6) und W(9 | 1 | 6).
Parallel sind $\overline{RS}$ und $\overline{UV}$; $\overline{ST}$ und $\overline{VW}$ sowie $\overline{TU}$ und $\overline{WR}$.

5 a) Die Geraden $g: \vec{x} = \begin{pmatrix} 0 \\ 7 \\ 0 \end{pmatrix} + r\begin{pmatrix} 4 \\ -4 \\ 4 \end{pmatrix}$ und

$h: \vec{x} = \begin{pmatrix} 2 \\ 5 \\ 0 \end{pmatrix} + s\begin{pmatrix} 0 \\ 0 \\ 1 \end{pmatrix}$ schneiden sich für $r = 0{,}5$ und $s = 2$ im Punkt (2 | 5 | 2).

b) Die Geraden $g: \vec{x} = \begin{pmatrix} 4 \\ 0 \\ 0 \end{pmatrix} + t\begin{pmatrix} -3 \\ 3 \\ 2 \end{pmatrix}$ und

$h: \vec{x} = \begin{pmatrix} 3 \\ 1 \\ 2 \end{pmatrix} + t\begin{pmatrix} -1 \\ 3 \\ -2 \end{pmatrix}$ sind windschief.

Lösungen zu Seite 289

6 Die Geraden g und h …
a) sind parallel zueinander
b) haben einen Schnittpunkt S(4 | 6 | −3,5)
c) sind identisch
d) sind windschief

7 a) Zwei sich schneidende Geraden mit r = 1 und s = 2
Schnittpunkt (gewählt): S(1 | 0 | 3)

$g_1: \vec{x} = \begin{pmatrix} 0 \\ 0 \\ 3 \end{pmatrix} + r\begin{pmatrix} 1 \\ 0 \\ 0 \end{pmatrix}$; $g_2: \vec{x} = \begin{pmatrix} 1 \\ 0 \\ 1 \end{pmatrix} + s\begin{pmatrix} 0 \\ 0 \\ 1 \end{pmatrix}$

b) Zwei parallele Geraden mit r + 2s = 0

$g_1: \vec{x} = r\begin{pmatrix} 1 \\ 1 \\ 1 \end{pmatrix}$; $g_2: \vec{x} = \begin{pmatrix} 1 \\ 0 \\ 0 \end{pmatrix} + s\begin{pmatrix} -3 \\ -3 \\ -3 \end{pmatrix}$

8 $S_{xy}(4 | -2 | 0)$;

$S_{xz}(\frac{8}{3} | 0 | \frac{2}{3})$;

$S_{yz}(0 | 4 | 2)$

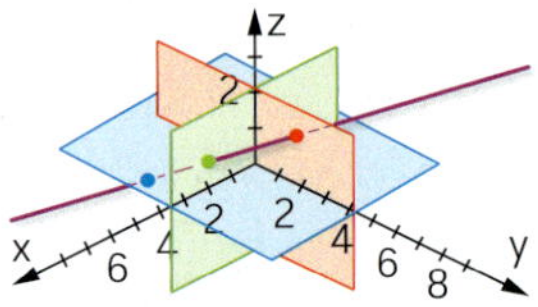

9 **Genau ein Spurpunkt:**
Gerade parallel zu zwei Grundebenen
Genau zwei Spurpunkte:
Gerade parallel zu einer Grundebene
Genau drei Spurpunkte:
Gerade nicht parallel zu einer Grundebene

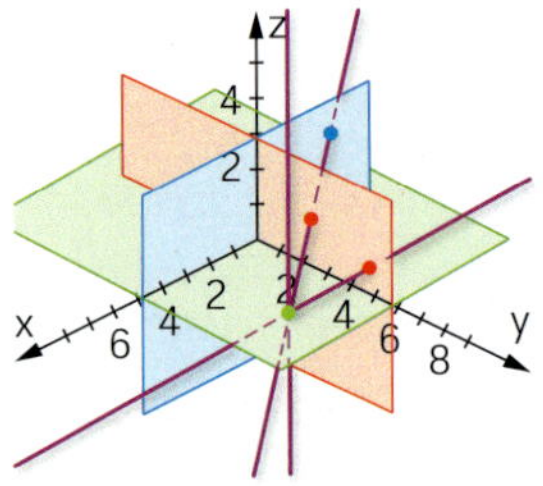

10 $p' = \begin{pmatrix} 1 & -\frac{1}{2} & 0 \\ 0 & 1 & 1 \end{pmatrix} \cdot \begin{pmatrix} 4 \\ 2 \\ 3 \end{pmatrix} = \begin{pmatrix} 3 \\ 5 \end{pmatrix}$; Bildpunkt von P ist P′(3 | 0 | 5)

11 a) $M = \begin{pmatrix} 1 & 0 & 2 \\ 0 & 1 & 1 \end{pmatrix}$
b)

A(0 | 0 | 0)	A′(0 | 0 | 0)
B(2 | 0 | 0)	B′(2 | 0 | 0)
C(2 | 2 | 0)	C′(2 | 2 | 0)
D(0 | 2 | 0)	D′(0 | 2 | 0)
E(0 | 0 | 2)	E′(4 | 2 | 0)
F(2 | 0 | 2)	F′(6 | 2 | 0)
G(2 | 2 | 2)	G′(6 | 4 | 0)
H(0 | 2 | 2)	H′(4 | 4 | 0)

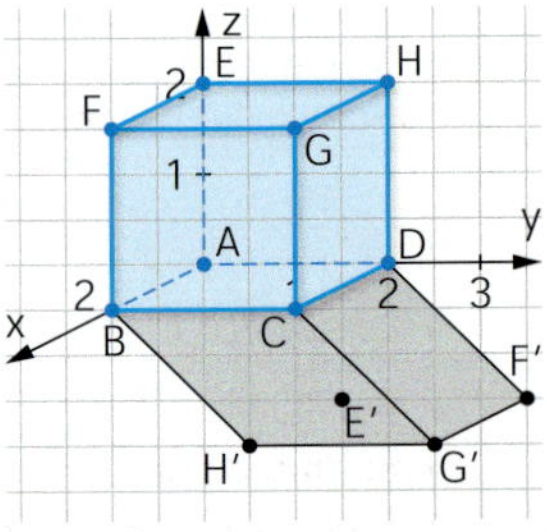

Lösungen zu Seite 349

1 a) vordere Dachfläche: $E\colon \vec{x} = \begin{pmatrix} 2 \\ 0 \\ 1{,}5 \end{pmatrix} + r \begin{pmatrix} 0 \\ 4 \\ 0 \end{pmatrix} + s \begin{pmatrix} -1 \\ 1 \\ 1{,}5 \end{pmatrix}$;

rechte Dachfläche: $E\colon \vec{x} = \begin{pmatrix} 2 \\ 4 \\ 1{,}5 \end{pmatrix} + r \begin{pmatrix} -2 \\ 0 \\ 0 \end{pmatrix} + s \begin{pmatrix} -1 \\ -1 \\ 1{,}5 \end{pmatrix}$;

hintere Dachfläche: $E\colon \vec{x} = \begin{pmatrix} 0 \\ 0 \\ 1{,}5 \end{pmatrix} + r \begin{pmatrix} 0 \\ 4 \\ 0 \end{pmatrix} + s \begin{pmatrix} 1 \\ 1 \\ 1{,}5 \end{pmatrix}$;

linke Dachfläche: $E\colon \vec{x} = \begin{pmatrix} 0 \\ 0 \\ 1{,}5 \end{pmatrix} + r \begin{pmatrix} 2 \\ 0 \\ 0 \end{pmatrix} + s \begin{pmatrix} 1 \\ 1 \\ 1{,}5 \end{pmatrix}$.

b) E ist die Ebene, in der die vordere Hausfläche liegt.

2 E beschreibt die Ebene, in der die Bodenfläche liegt.
F beschreibt die Ebene, in der das Dreieck ABD liegt.
Die Ebenen, in denen die weiteren Flächen liegen sind:
„hintere Fläche“: $E\colon \vec{x} = \begin{pmatrix} 0 \\ 0 \\ 0 \end{pmatrix} + r \begin{pmatrix} 0 \\ 4 \\ 0 \end{pmatrix} + s \begin{pmatrix} 0 \\ 2 \\ 2 \end{pmatrix}$;

„linke Fläche“: $E\colon \vec{x} = \begin{pmatrix} 0 \\ 0 \\ 0 \end{pmatrix} + r \begin{pmatrix} 4 \\ 2 \\ 0 \end{pmatrix} + s \begin{pmatrix} 0 \\ 2 \\ 2 \end{pmatrix}$

3 Beispiel für eine Gleichung einer Ebene durch den Ursprung: $E\colon \vec{x} = \begin{pmatrix} 0 \\ 0 \\ 0 \end{pmatrix} + r \begin{pmatrix} 1 \\ 0 \\ 0 \end{pmatrix} + s \begin{pmatrix} 0 \\ 1 \\ 0 \end{pmatrix}$.
Der Ursprung liegt auf E, da $\begin{pmatrix} 0 \\ 0 \\ 0 \end{pmatrix}$ Stützvektor von E ist.

4 Die Spurpunkte sind die Schnittpunkte der Ebene mit den Koordinatenachsen.
$S_1(4|0|0)$, $S_2(0|3|0)$, $S_3(0|0|2)$
Der Punkt $P(2|2|-1)$ liegt nicht auf E. Das zugehörige LGS ist nicht lösbar.

5 $\vec{w} = \begin{pmatrix} 1 \\ 3 \\ 1 \end{pmatrix}$; $\vec{w}$ ist bis auf die Länge eindeutig bestimmt, also: $\vec{w} = k \cdot \begin{pmatrix} 1 \\ 3 \\ 1 \end{pmatrix}$.

6 Normalenvektor zu E_1:
a) Es muss gelten: $n_2 + 4n_3 = 0$ und $n_1 + n_2 + n_3 = 0$

$\Rightarrow n_2 = -4n_3$ und $n_1 = 3n_3 \Rightarrow \vec{n} = \begin{pmatrix} 3 \\ -4 \\ 1 \end{pmatrix}$

E_2: $\vec{n} = \begin{pmatrix} -1 \\ -2 \\ 1 \end{pmatrix}$; E_3: $\vec{n} = \begin{pmatrix} 2 \\ -3 \\ 7 \end{pmatrix}$

Normalenvektor zu E_2:
Es muss gelten: $2n_1 + n_2 + 4n_3 = 0$ und $3n_1 + 3n_3 = 0$

$\Rightarrow n_1 = -n_3$ und $n_2 = -2n_3 \Rightarrow \vec{n} = \begin{pmatrix} -1 \\ -2 \\ 1 \end{pmatrix}$

Normalenvektor zu E_3: $\vec{n} = \begin{pmatrix} 2 \\ -3 \\ 7 \end{pmatrix}$

b) Normalenformen:

E_1: $\begin{pmatrix} 3 \\ -4 \\ 1 \end{pmatrix} \cdot \left(\vec{x} - \begin{pmatrix} 0 \\ 1 \\ 2 \end{pmatrix} \right) = 0$; E_2: $\begin{pmatrix} -1 \\ -2 \\ 1 \end{pmatrix} \cdot \left(\vec{x} - \begin{pmatrix} 2 \\ 1 \\ 4 \end{pmatrix} \right) = 0$;

E_3: $\begin{pmatrix} 2 \\ -3 \\ 7 \end{pmatrix} \cdot \left(\vec{x} - \begin{pmatrix} 5 \\ 0 \\ 0 \end{pmatrix} \right) = 0$

Koordinatenformen:
E_1: $3x - 4y + z = -2$; E_2: $x - 2y + z = 0$

7 a) $E\colon \vec{n} = \begin{pmatrix} \frac{1}{3} \\ \frac{1}{4} \\ \frac{1}{5} \end{pmatrix}$; $\vec{n} \cdot \begin{pmatrix} -3 \\ 4 \\ 0 \end{pmatrix} = \vec{n} \cdot \begin{pmatrix} 3 \\ 0 \\ -5 \end{pmatrix} = 0$

$(3|0|0)$ ist Punkt vom E $\left(\frac{3}{3} + \frac{0}{4} + \frac{0}{5}\right) = 1$

b) $S_x(3|0|0)$ $S_y(4|0|0)$ $S_z(5|0|0)$
Die Nenner geben Achsenabschnitte an. Allgemein:
$\frac{x}{a} + \frac{y}{b} + \frac{z}{c} = 1$; $S_x(a|0|0)$ $S_y(0|b|0)$ $S_z(0|0|c)$

Lösungen zu Seite 350

8 a) $\begin{pmatrix} 4 \\ -2 \\ 1 \end{pmatrix} \cdot \left(\vec{x} - \begin{pmatrix} 1 \\ 1 \\ 4 \end{pmatrix} \right) = 0$; $\begin{pmatrix} 4 \\ -2 \\ 1 \end{pmatrix} \cdot \vec{x} = 6$; $4x - 2y + z = 6$

b) $-x + 3y + z = 6$; z. B. mit $A(-6|0|0)$, $B(0|2|0)$ und $C(0|0|6)$: $\vec{x} = \begin{pmatrix} -6 \\ 0 \\ 0 \end{pmatrix} + r \begin{pmatrix} 6 \\ 2 \\ 0 \end{pmatrix} + s \begin{pmatrix} 6 \\ 0 \\ 6 \end{pmatrix}$

c) $\begin{pmatrix} -2 \\ 6 \\ -1 \end{pmatrix} \cdot x = 4$; z. B. mit $A(-2|0|0)$, $B(1|1|0)$ und $C(0|0|-4)$: $\vec{x} = \begin{pmatrix} -2 \\ 0 \\ 0 \end{pmatrix} + r \begin{pmatrix} 3 \\ 1 \\ 0 \end{pmatrix} + s \begin{pmatrix} 2 \\ 0 \\ -4 \end{pmatrix}$

9 a) yz-Ebene b) Parallelebene zur xy-Ebene mit Ab stand 4 (durch $(2|1|4)$
c) Parallelebene zu „Winkelhalbierendeebene“ im 2. und 4. Oktanden durch $(1|0|0)$
d) Ebene durch $(0|0|0)$ senkrecht zu $\vec{n} = \begin{pmatrix} 1 \\ 1 \\ 1 \end{pmatrix}$
e) xz-Ebene
f) „Winkelhalbierendeebene“ im 2. und 4. Oktanden

10 $E \parallel g_1$; g_2 liegt in E; $g_3 \cap E$ in $S(6|0|2)$

11 a) Das Dreieck in der Ebene $E: \vec{x} = \begin{pmatrix} 4 \\ 0 \\ 0 \end{pmatrix} + r \begin{pmatrix} -4 \\ 0 \\ 4 \end{pmatrix} + s \begin{pmatrix} 0 \\ 4 \\ 4 \end{pmatrix}$ wird von der Raumdiagonalen

$g: \vec{x} = \begin{pmatrix} 0 \\ 4 \\ 0 \end{pmatrix} + t \begin{pmatrix} 4 \\ -4 \\ 4 \end{pmatrix}$ im Punkt $S\left(\frac{8}{3}\middle|\frac{4}{3}\middle|\frac{8}{3}\right)$ geschnitten.

b) Die Gerade g schneidet nicht die Ebene, in der das Dreieck AFH liegt. Die Gerade ist parallel zur Ebene.

12 Der Schnittpunkt ist jeweils der Mittelpunkt des Würfels $M\left(\frac{1}{2}\middle|\frac{1}{2}\middle|\frac{1}{2}\right)$. Weitere solcher Ebenen, sind Ebenen, die den Würfel halbieren.

Lösungen zu Seite 351

13 a), d) Ebenen schneiden sich.
b) Ebenen sind parallel. c) Ebenen sind identisch.

14 $E_1: \vec{x} = \begin{pmatrix} 0 \\ 0 \\ 2 \end{pmatrix} + r \begin{pmatrix} 0 \\ 3 \\ 0 \end{pmatrix} + s \begin{pmatrix} 4 \\ 0 \\ 0 \end{pmatrix}$; $E_2: \vec{x} = \begin{pmatrix} 0 \\ 0 \\ 0 \end{pmatrix} + r \begin{pmatrix} 0 \\ 3 \\ 0 \end{pmatrix} + s \begin{pmatrix} 4 \\ 0 \\ 2 \end{pmatrix}$;

$E_3: \vec{x} = \begin{pmatrix} 0 \\ 0 \\ 0 \end{pmatrix} + r \begin{pmatrix} 0 \\ 3 \\ 0 \end{pmatrix} + s \begin{pmatrix} 4 \\ 0 \\ 0 \end{pmatrix}$

E_1 und E_3 sind zueinander parallel. E_1 und E_2 schneiden sich in der Schnittgeraden $g: \vec{x} = \begin{pmatrix} 4 \\ 0 \\ 2 \end{pmatrix} + t \begin{pmatrix} 0 \\ 3 \\ 0 \end{pmatrix}$. E_2 und E_3 schneiden sich in der Schnittgeraden $g: \vec{x} = \begin{pmatrix} 0 \\ 0 \\ 0 \end{pmatrix} + t \begin{pmatrix} 0 \\ 3 \\ 0 \end{pmatrix}$.

15 Für den Schnittwinkel α der Geraden gilt:

$$\cos(\alpha) = \frac{\begin{pmatrix} -1 \\ -2 \\ 1 \end{pmatrix} \cdot \begin{pmatrix} 1 \\ -2 \\ 1 \end{pmatrix}}{\sqrt{6} \pm \sqrt{6}} = \frac{4}{\sqrt{6} \cdot \sqrt{6}} = \frac{2}{3} \Rightarrow \alpha \approx 48{,}2°$$

16 Winkel zwischen g und h: $\cos(\alpha) = \frac{0}{\sqrt{2}} = 0 \Rightarrow \alpha = 90°$
Somit sind g und h orthogonal.
Winkel zwischen g und k: $\cos(\alpha) = \frac{1}{\sqrt{3}} = 0{,}58 \Rightarrow \alpha = 54{,}7°$
Winkel zwischen h und k:
$\cos(\alpha) = \frac{2}{\sqrt{2} \cdot \sqrt{3}} = 0{,}82 \Rightarrow \alpha = 35{,}3°$

17 Raumdiagonale $\vec{d} = \begin{pmatrix} 4 \\ 4 \\ 4 \end{pmatrix}$ steht nicht senkrecht auf $BC = \begin{pmatrix} -4 \\ 0 \\ 0 \end{pmatrix}$, da $\vec{d} \cdot \overline{BC} \neq 0$ und $\overline{BC}$ ein möglicher Richtungsvektor der Ebene ist.

Lösungen zu Seite 352

18 E hat die Koordinatenform $2x - 2y + z = 4$.
Mit dem Normalenvektor $\vec{n} = \begin{pmatrix} 2 \\ -2 \\ 1 \end{pmatrix}$ von E und den Richtungsvektoren

$\vec{u} = \begin{pmatrix} 1 \\ 0 \\ 0 \end{pmatrix}$, $\vec{u} = \begin{pmatrix} 0 \\ 0 \\ 1 \end{pmatrix}$ bzw. $\vec{u} = \begin{pmatrix} 0 \\ -2 \\ 4 \end{pmatrix}$ ergibt sich für die

Ergänzungswinkel β und die gesuchten Winkel α:
(1) Winkel zwischen E und x_1-Achse:
$\cos(\beta) = \frac{2}{3} \Rightarrow \beta = 48{,}2° \Rightarrow \alpha = 41{,}8°$
(2) Winkel zwischen E und x_3-Achse:
$\cos(\beta) = \frac{1}{3} \Rightarrow \beta = 70{,}5° \Rightarrow \alpha = 19{,}5°$
(3) Winkel zwischen E und Kante BS:
$\cos(\beta) = \frac{8}{3 \cdot \sqrt{20}} \Rightarrow \beta = 53{,}4° \Rightarrow \alpha = 36{,}6°$

19 a) Parameterdarstellungen und Normalenvektoren von E_1 und E_2:

E_1: $\vec{x} = \begin{pmatrix} 4 \\ 0 \\ 0 \end{pmatrix} + r\begin{pmatrix} -4 \\ -4 \\ 0 \end{pmatrix} + s\begin{pmatrix} -2 \\ 0 \\ 4 \end{pmatrix}$, $\vec{n} = \begin{pmatrix} 2 \\ -2 \\ 1 \end{pmatrix}$;

E_2: $\vec{x} = \begin{pmatrix} 4 \\ 0 \\ 0 \end{pmatrix} + r\begin{pmatrix} -4 \\ 4 \\ 0 \end{pmatrix} + s\begin{pmatrix} -2 \\ 0 \\ 4 \end{pmatrix}$, $\vec{n} = \begin{pmatrix} 2 \\ 2 \\ 1 \end{pmatrix}$

$\Rightarrow \cos(\alpha) = \frac{1}{9} \Rightarrow \alpha = 83{,}6°$
oder $\alpha = 96{,}4°$ (Ergänzungswinkel)
Überlegungen am Objekt ergeben, dass der Winkel zwischen den Seitenflächen größer als 90° sein muss. Somit gilt $\alpha = 96{,}4°$.

b) Die Deckfläche hat den Normalenvektor $\vec{n} = \begin{pmatrix} 0 \\ 0 \\ 1 \end{pmatrix}$.
Damit gilt für den Winkel β zwischen den Ebenen E_1 und der Deckfläche:
$\cos(\beta) = \frac{1}{\sqrt{9}} = \frac{1}{3} \Rightarrow \beta = 70{,}53°$
Der gesuchte Winkel ist größer als 90°. Es ist der Ergänzungswinkel zu 180°, nämlich 109,5°. Der Winkel zwischen zwei Seitenflächen ist kleiner als der Winkel zwischen einer Seitenfläche und der Deckfläche.

20 Abstand von O zu A: $d(O, A) = \sqrt{4 + 4 + 1} = 3$
Abstand von O zu g: $d(O, g) = 3$, denn g verläuft parallel zur y-Achse, auf der Höhe 3. Der Abstand von O zu g ist daher der Abstand von O zum Punkt (0|0|3). Abstand von O zu W: $d(O, W) = 4$, denn W verläuft parallel zur xz-Ebene, im Abstand 4. Der Abstand von O zu W ist daher der Abstand von O zum Punkt (0|4|0).

Lösungen zu Seite 353

21 Eine Gleichung der Bodenebene ist E: $\vec{x} = r\begin{pmatrix} 1 \\ 0 \\ 0 \end{pmatrix} + s\begin{pmatrix} 0 \\ 1 \\ 0 \end{pmatrix}$; ein Normalenvektor ist $\vec{n} = \begin{pmatrix} 0 \\ 0 \\ 1 \end{pmatrix}$

Die Lotgerade g: $\vec{x} = \begin{pmatrix} 2 \\ 2 \\ 4 \end{pmatrix} + t\begin{pmatrix} 0 \\ 0 \\ 1 \end{pmatrix}$ schneidet E für $t = -4$ in F(2|2|0).
Der Abstand von S zu E beträgt $d(S, F) = 4$.

22 Der Abstand Dachfirst zur Bodenfläche beträgt 3,5.

23 Abstand von A zu F: $d(A, F) = \sqrt{4 + 25 + 9} = 6{,}16$
Der Abstand von A zu F beträgt 6,16.
Abstand von A zu FG: Aufstellen der Geradengleichung g von FG: $\vec{x} = \begin{pmatrix} 2 \\ 5 \\ 3 \end{pmatrix} + t\begin{pmatrix} -4 \\ 0 \\ 0 \end{pmatrix}$
Der Richtungsvektor von g ist Normalenvektor der Hilfsebene H, die durch A verläuft:
Gleichung von H: $-4x = -16$ bzw. $x = 4$
Schnittpunkt g und H: $2 - 4t = 4 \Leftrightarrow t = -0{,}5 \Rightarrow S(4|5|3)$
$d(A, S) = \sqrt{0 + 25 + 9} = 5{,}83$
Der Abstand von A zu FG beträgt 5,83.
Abstand von A zu BCFG:
Ebenengleichung der Ebene E: $\vec{x} = \begin{pmatrix} 4 \\ 4 \\ 1 \end{pmatrix} + r\begin{pmatrix} -4 \\ 0 \\ 0 \end{pmatrix} + s\begin{pmatrix} -2 \\ 1 \\ 2 \end{pmatrix}$
Ein Normalenvektor von E: $\vec{n} = \begin{pmatrix} 0 \\ 2 \\ -1 \end{pmatrix}$;

zu E senkrechte Hilfsgerade h durch A mit

h: $\vec{x} = \begin{pmatrix} 4 \\ 0 \\ 0 \end{pmatrix} + t\begin{pmatrix} 0 \\ 2 \\ -1 \end{pmatrix}$

Das LGS zur Berechnung des Schnittpunktes E und h
(I: $4 - 4r - 2s = 4 \wedge$ II: $4 + s = 2t \wedge 1 + 2s = -t$)
ergibt $r = 0{,}6$; $s = -1{,}2$; $t = 1{,}4$ und den Schnittpunkt S(4|2,8|−1,4).
$d(A, S) = \sqrt{0 + 7{,}84 + 1{,}96} = 3{,}13$
Der Abstand von A zu BCFG beträgt 3,13.

24 $d(P, xy) = \frac{\left|0 - \begin{pmatrix} 0 \\ 0 \\ 1 \end{pmatrix} \cdot \begin{pmatrix} 4 \\ 3 \\ -2 \end{pmatrix}\right|}{\left|\begin{pmatrix} 0 \\ 0 \\ 1 \end{pmatrix}\right|} = 2$; $d(P, xz) = \frac{\left|0 - \begin{pmatrix} 0 \\ 1 \\ 0 \end{pmatrix} \cdot \begin{pmatrix} 4 \\ 3 \\ -2 \end{pmatrix}\right|}{\left|\begin{pmatrix} 0 \\ 1 \\ 0 \end{pmatrix}\right|} = 3$;

$d(P, yz) = \frac{\left|0 - \begin{pmatrix} 1 \\ 0 \\ 0 \end{pmatrix} \cdot \begin{pmatrix} 4 \\ 3 \\ -2 \end{pmatrix}\right|}{\left|\begin{pmatrix} 1 \\ 0 \\ 0 \end{pmatrix}\right|} = 4$

25 Abstand g-h: $d(g, h) = \frac{\sqrt{6}}{3}$; $d(g, k) = \frac{\sqrt{6}}{3}$; $d(h, k) = \frac{2}{3}\sqrt{3}$

Lösungen zu Seite 376

1 Man führt ein Zufallsexperiment häufig durch. Die relative Häufigkeit mit der ein bestimmtes Ereignis eintritt, ist die empirische Wahrscheinlichkeit des Eintretens des betreffenden Ereignisses.

2 a) Empirische Wahrscheinlichkeiten für

0-mal „Zahl": $\frac{11}{11+40+52+42+5} = \frac{11}{150} = 0{,}0733$;

1-mal „Zahl": $\frac{40}{150} = 0{,}2667$;

2-mal „Zahl": $\frac{52}{150} = 0{,}3467$;

3-mal „Zahl": $\frac{42}{150} = 0{,}2800$;

4-mal „Zahl": $\frac{5}{150} = 0{,}0333$

b) Es gibt 16 mögliche Ergebnisse:
KKKK, KKKZ, KKZK, KZKK, ZKKK, KKZZ, KZKZ, ZKKZ, KZZK, ZKZK, ZZKK, KZZZ, ZKZZ, ZZKZ, ZZZK, ZZZZ
Theoretische Wahrscheinlichkeit für

0-mal „Zahl": $\frac{1}{16} = 0{,}0625$

1- mal „Zahl": $\frac{4}{16} = 0{,}25$

2-mal „Zahl": $\frac{6}{16} = 0{,}375$

3-mal „Zahl": $\frac{4}{16} = 0{,}25$,

4-mal „Zahl": $\frac{1}{16} = 0{,}0625$

3 a) P („König") = $\frac{4}{52}$; Anzahl der Karten: 52;
Anzahl der „Könige": 4

b) Man würde eine Karte ziehen, überprüfen, ob es sich um einen „König" handelt, die gezogene Karte in das Spiel zurückstecken und gut mischen. Dann würde man erneut eine Karte ziehen und prüfen, ob es sich um einen König handelt usw. Nun ermittelt man die relative Häufigkeit, einen „König" gezogen zu haben.

4 Da die Gruppen unterschiedlich oft gewürfelt haben, kann man nicht einfach den Mittelwert der relativen Häufigkeiten als gesuchte Wahrscheinlichkeit verwenden. Man ergänzt zunächst die Tabelle um die absoluten Häufigkeiten, mit der jeweils die Augensumme 10 aufgetreten ist, sowie die Summe der Würfe und die Summe der absoluten Häufigkeiten. Die empirische Wahrscheinlichkeit p der Augensumme 10:

$p = \frac{141}{1538} = 0{,}92$

Gruppe	Anzahl der Würfe	Relative Häufigkeit %	Absolute Häufigkeit
1	264	9,1	24
2	404	9,4	38
3	298	9,7	29
4	117	8,6	10
5	265	8,7	23
6	190	9,0	17
Summe	1538		141

5 Man berechnet zunächst, wie viel Eskimos untersucht wurden.
133 + 340 + 27 = 500

P (Blutgruppe 0) = $\frac{133}{500} = 0{,}266 = 26{,}6\,\%$

P (Blutgruppe AB) = 0 %

Lösungen zu Seite 377

6 a)

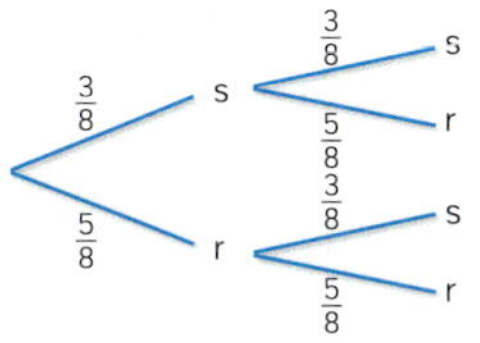

b) P (2-mal schwarz) = $\frac{3}{8} \cdot \frac{3}{8} = \frac{9}{64}$

P (2. Kugel schwarz) = $\frac{3}{8} \cdot \frac{3}{8} + \frac{5}{8} \cdot \frac{3}{8} = \frac{3}{8}$

P (genau eine Kugel ist schwarz) = $\frac{3}{8} \cdot \frac{5}{8} + \frac{5}{8} \cdot \frac{3}{8} = \frac{30}{64}$

7 a)

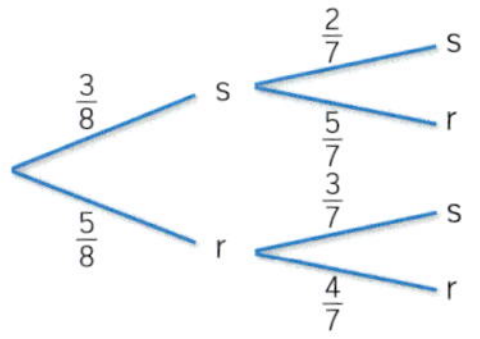

b) P (2-mal schwarz) = $\frac{3}{8} \cdot \frac{2}{7} = \frac{6}{56}$

P (2. Kugel schwarz) = $\frac{3}{8} \cdot \frac{2}{7} + \frac{5}{8} \cdot \frac{3}{7} = \frac{21}{56}$

P (genau eine Kugel ist schwarz) = $\frac{3}{8} \cdot \frac{5}{7} + \frac{5}{8} \cdot \frac{3}{7} = \frac{30}{56}$

8 a)

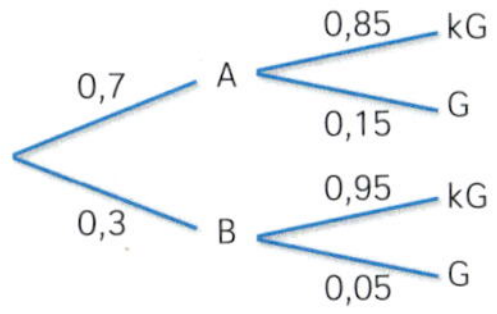

b) P (kG) = 0,7 · 0,85 + 0,3 · 0,95 = 0,88
Die Wahrscheinlichkeit, dass bei diesem Wagentyp innerhalb der ersten drei Jahre keine Garantie in Anspruch genommen wird, beträgt 88 %

9 a)

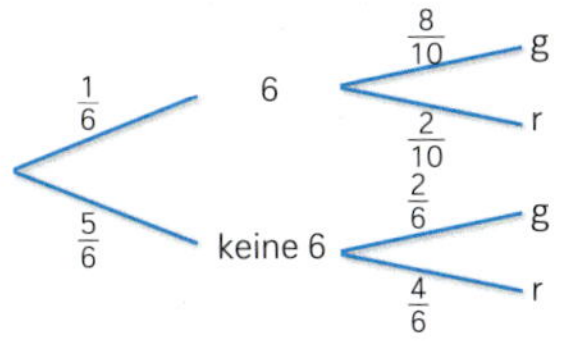

b) P (gelb) = $\frac{1}{6} \cdot \frac{8}{10} + \frac{5}{6} \cdot \frac{2}{6} = \frac{8}{60} + \frac{10}{36} \approx 0{,}41$

10

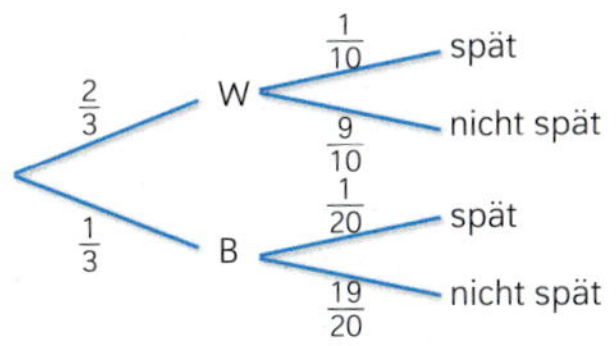

P (Sarah kommt zu spät) = $\frac{2}{3} \cdot \frac{1}{10} + \frac{1}{3} \cdot \frac{1}{20} = \frac{2}{30} + \frac{1}{60}$
$= \frac{5}{60} \approx 0{,}083$

Lösungen zu Seite 378

11 a) Münze: *randint*(0,1) b) Würfel: *randint*(1,6)
c) Glücksrad: *randint*(0,9) d) Roulette: *randint*(0,36)

12 Simulation von 100 Würfen mit zwei Tetraederwürfeln und Berechnung der Augensumme
randint(1,4, 100) + *randint*(1,4, 100)
Dann Häufigkeitsdiagramm von L1 erstellen

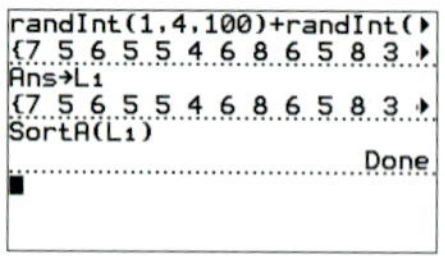

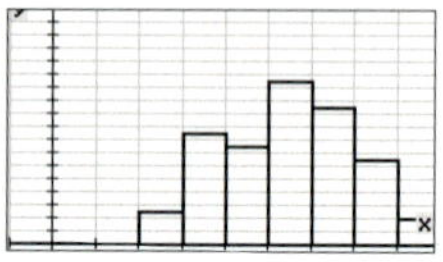

13 a) Die Wahrscheinlichkeit, dass eine Familie mit vier Kindern genau zwei Jungen und zwei Mädchen haben, beträgt $\frac{3}{6}$. Diese empirische Wahrscheinlichkeit beruht allerdings nur auf der Kenntnis von sechs Familien mit vier Kindern. Daher ist dies eine sehr unsichere Schätzung der gesuchten Wahrscheinlichkeit.

b) Simulationsplan

Modell	Jungen- und Mädchengeburten sind gleichwahrscheinlich
Zufallsgerät	Zufallszahlen 0 (Junge) und 1 (Mädchen), Viererserie simuliert vier Kinder **Randint(0,1,4)**
Ereignis	Anzahl der „0en" gleich zwei: Summe der vier Zufallszahlen ist 2
Anzahl der Wiederholungen	z. B. 100 Viererserien
Auswertung	Anzahl der Viererserien mit genau zwei „0en"

Mögliche Zufallsgeräte:
Münze: „Kopf" für Junge, „Zahl" für Mädchen
Würfel: gerade Augenzahl für Junge, ungerade für Mädchen
Glücksrad mit 10 gleich großen Feldern mit den Zahlen 0 bis 9: „Glückszahl" < 5 für Junge, „Glückszahl" ≥ 5 für Mädchen
Zufallszahlen 0 und 1 mit dem GTR: 0 für Junge, 1 für Mädchen

c) Man wertet Viererpäckchen aus, indem man die Anzahl der 0en bestimmt.
Es gibt 11 Päckchen mit genau zwei 0en. Insgesamt sind es 25 Viererpäckchen.
P(genau zwei Jungen bei vier Kindern) = $\frac{10}{25}$ = 0,40

14 Die Wahrscheinlichkeit, dass eine bestimmte Person zwar gebucht hat, aber die Fahrt nicht antritt, beträgt 20 %.

- Simulation mit Zufallszahlen von 0 bis 4
- 0 bedeutet, die betreffende Person kommt nicht
- Es werden 10 Zufallszahlen erzeugt und die Anzahl der 0en gezählt. Ist die Anzahl der Nullen 1 oder 0, dann ist er Kleinbus überbucht.

Im Falle der ausgedruckten 10-er Serie ist die Anzahl der „No-Shows", d. h. der Personen, die gebucht haben, aber nicht kommen, zwei (Anzahl der 0en).

Lösungen zu Seite 379

15 Man könnte eine große Anzahl von Patienten, die das betreffende Medikament nehmen, auf Nebenwirkungen untersuchen. Wichtig ist, dass es sich um eine große Anzahl von Patienten handelt.

16 Internet z. B. für das Jahr 2017
Samstagsziehung: $\frac{288}{336 + 288} = 0{,}4615$

17 Robert denkt, dass alle Kugeln die gleiche Ziehungshäufigkeit haben müssen, da alle Kugeln gleichwahrscheinlich gezogen werden. Robert hat nicht Recht, da die Ziehungshäufigkeiten der einzelnen Zahlen streuen, d.h. es können durchaus Unterschiede auftreten.
Ute argumentiert mit dem empirischen Gesetz der großen Zahl, das besagt, dass sich die relative Häufigkeit bei einem bestimmten Wert einpendeln muss. Ute denkt, dass es für die Zahl 13 sozusagen einen Rückstand gibt, der aufgeholt werden muss. Das wird er prinzipiell auch, – vielleicht nach ca. 10 Millionen Ausspielungen, d. h. auf sehr lange Sicht. Was könnte Paula gedacht haben? Vielleicht denkt sie, dass die Kugeln sich nicht erinnern, was bei den vorherigen Ziehungen geschehen ist. Dann ist die Ziehungswahrscheinlichkeit für alle Kugeln stets gleich. Dies ist richtig.

18 a) Stabilisierung bei 0,5
b) Eine gerade Zahl kann bei 10 Würfen 10-mal auftreten. Die Wahrscheinlichkeit dafür ist $\frac{1}{2^{10}} = \frac{1}{1024}$, also sehr gering – aber nicht unmöglich. Bei 2000 Simulationen tritt dieses Ereignis ca. 2-mal auf.
c) Bei einer Simulation von 10 000 Wurfserien kann man mit etwa 10 Zehnerserien rechnen, bei denen nur gerade Augenzahlen auftreten.

19 a) Angenommen die Wahrscheinlichkeit, mit der ein bestimmtes Ereignis eintritt (z. B. Münzwurf – Kopf) ist 0,5.
Das 95 %-Prognoseintervall, ist dasjenige zu p = 0,5 symmetrische Intervall, in das die relative Häufigkeit des betreffenden Ereignisses (z. B. Kopf) in etwa 95 % der Versuchsreihen liegt.
b) P(Augenzahl größer als 4) = $\frac{1}{3}$ = 0,333
95 %-Prognoseintervall bei 100 Würfen:
$\left[0{,}333 - \frac{1}{\sqrt{100}};\ 0{,}333 + \frac{1}{\sqrt{100}}\right] = [0{,}233;\ 0{,}433]$
95%-Prognoseintervall bei 1000 Würfen:
$\left[0{,}333 - \frac{1}{\sqrt{1000}};\ 0{,}333 + \frac{1}{\sqrt{1000}}\right] = [0{,}301;\ 0{,}365]$
c) 95 %-Prognoseintervall:
$\left[0{,}5 - \frac{1}{\sqrt{10000}};\ 0{,}5 + \frac{1}{\sqrt{10000}}\right] = [0{,}49;\ 0{,}51]$

Lösungen zu Seite 411

1 a) Die beiden letzten Ziffern können jeweils die Ziffern 0 bis 9 sein. Somit können die beiden letzten Ziffern $10 \cdot 10 = 100$ verschiedene Ziffernkombinationen sein.
Die Wahrscheinlichkeit, beide Ziffern zufällig richtig zu erraten beträgt $\frac{1}{10} \cdot \frac{1}{10} = \frac{1}{100}$.

b) Als Ziffernkombinationen fallen alle „Paschs" d. h. Paare mit zwei gleichen Ziffern aus. Von diesen „Paschs" gibt es 10. Somit ist die gesuchte Ratewahrscheinlichkeit $\frac{1}{90}$.

2 a)

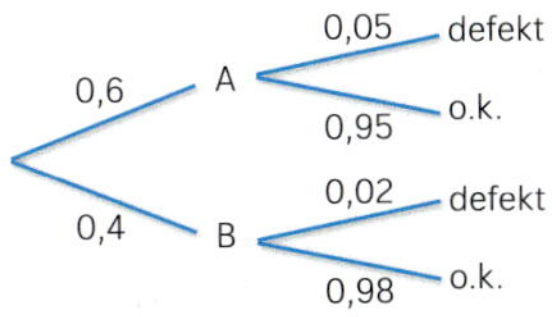

b) $P(\text{defekt}) = 0{,}6 \cdot 0{,}05 + 0{,}4 \cdot 0{,}02 = 0{,}038$

c) $P(A \mid \text{defekt}) = \frac{P(A \text{ und defekt})}{P(\text{defekt})} \quad \frac{0{,}6 \cdot 0{,}05}{0{,}6 \cdot 0{,}05 + 0{,}4 \cdot 0{,}02} = 0{,}790$

3 a)

	w	m	
MM	71	30	101
nMM	94	58	152
	165	88	253

b) $P(w) = \frac{165}{253} = 0{,}652 \qquad P(MM) = \frac{101}{253} = 0{,}399$

c) $P(MM \mid w) = \frac{71}{165} = 0{,}430$

d) $P(w \mid MM) = \frac{71}{101} = 0{,}703$

e) $P(w \mid MM) = 0{,}703 \neq P(w) = 0{,}652$
Die Ereignisse "gehört zum Mittelmanagement" und "ist weiblich" sind stochastisch abhängig.
Ob aber die Firmenleitung Frauen grundsätzlich bevorzugt, d. h. die Frage nach der Kausalität kann nicht beantwortet werden.

4 A: Peter fehlt montags $P(A) = \frac{1}{3}$
B: Petra fehlt montags $P(B) = \frac{2}{5}$
$P(A \text{ und } B) = \frac{7}{15}$
$P(A) \cdot P(B) = \frac{1}{3} \cdot \frac{2}{5} = \frac{2}{15}$
Da $P(A \text{ und } B) \neq P(A) \cdot P(B)$ sind die Ereignisse A und B stochastisch nicht unabhängig.

5 X: Blutgruppe 0, Y: rhesus negativ.
Laut Annahme sollen Blutgruppenzugehörigkeit zur Blutgruppe 0 und der Rhesusfaktor unabhängig sein.
Mit dieser Annahme kann man P (X und Y) berechnen.
Es gilt $P(X \text{ und } Y) = P(X) \cdot P(Y) = 0{,}41 \cdot 0{,}15 = 0{,}0615$
Die Wahrscheinlichkeit, dass eine zufällig ausgewählte Person Blutgruppe 0 hat und rhesus negativ ist, beträgt 6,15 %.

Lösungen zu Seite 412

6 Die Wahrscheinlichkeitsverteilung b ist fehlerhaft.
Begründung: Die Summe aller Wahrscheinlichkeiten ist größer als 1.

7 $\mu = 1{,}7; \ \sigma = 1{,}19$

8 a) X kann die Werte 95; 5; 0; –5 annehmen.

b)

X	95	5	0	–5
p	$\frac{1}{52}$	$\frac{3}{52}$	$\frac{12}{52}$	$\frac{36}{52}$

c) Erwartungswert $\mu = -1{,}35\,€$ Standardabweichung $\sigma = 13{,}80\,€$

d) Mit einem Erwartungswert von –1,35 € ist das Spiel nicht fair, daher sollte man sich nicht darauf einlassen.

9

Gewinne	50 000	5000 €	500 €	50 €
p	0,000 001	0,000 009	0,000 09	0,000 9

a) $\mu = 0{,}185\,€ \qquad \sigma = 52{,}44\,€$

b) Ausschüttung: $0{,}185\,€ \cdot 1\,000\,000 = 185\,000\,€$
Einnahmen: $1\,000\,000 \cdot 0{,}50\,€ = 500\,000\,€$
Gewinnertrag der Lotterie
$500\,000\,€ - 185\,000\,€ = 315\,000\,€$

10

Taschengeld	10	20	30	40	50	60
p	$\frac{1}{6}$	$\frac{1}{6}$	$\frac{1}{6}$	$\frac{1}{6}$	$\frac{1}{6}$	$\frac{1}{6}$

$\mu = \frac{1}{6} \cdot 10 + \frac{1}{6} \cdot 20 + \frac{1}{6} \cdot 30 + \frac{1}{6} \cdot 40 + \frac{1}{6} \cdot 50 + \frac{1}{6} \cdot 60 = 35$
Tina sollte sich für die Würfelvariante entscheiden, da sie so im Mittel mehr Taschengeld bekommt.

11 Erwartungswert für die Auszahlung
$P(4\,€) = \frac{1}{10} = 0{,}1 \qquad p(7\,€) = \frac{9}{10} \cdot \frac{1}{10} = 0{,}09$
$p(10\,€) = \frac{9}{10} \cdot \frac{9}{10} \cdot \frac{1}{10} = 0{,}081$
$\mu = 4\,€ \cdot 0{,}1 + 8\,€ \cdot 0{,}09 + 10\,€ \cdot 0{,}081 = 1{,}84$
Der Einsatz beträgt 2 €. Das Spiel ist also nicht fair.

Lösungen zu Seite 463

1 a) Keine BV, da die Anzahl n der Würfe nicht festliegt.
b) BV, $n = 300$; Treffer: hat Tagesschau geschaut; Befragungsergebnisse sind unabhängig.
c) keine BV, da Ziehen ohne Zurücklegen.
d) BV; $n = 5$; Treffer: Augenzahl 5; $p = \frac{1}{6}$; p bleibt bei allen Würfen gleich.

2 a) $n = 15$; $p = 0{,}35$; $P(X = 4) = 0{,}1792$
b) $P(X > 24) = 1 - P(X \leq 24) = 0{,}8493$

3 a) Es ist die Formel zur Berechnung von Wahrscheinlichkeiten bei einer Binomialverteilung mit $n = 40$ und $p = 0{,}3$. Mit der Formel wird $P(X = 12)$, die Wahrscheinlichkeit für genau 12 Treffer, berechnet.

b) $k = 10$; $n = 100$. Berechnet wird
$P(X = 10) = \binom{100}{10} \cdot 0{,}09^{10} \cdot (1 - 0{,}09)^{90}$,
die Wahrscheinlicheit für genau 10 Treffer.

4

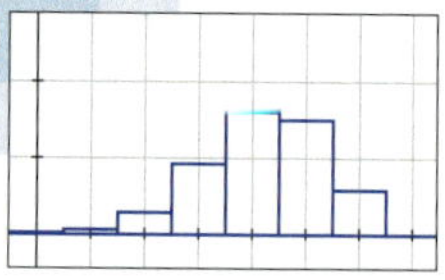

L1	L2	------
0	7.3E-4	
1	0.0102	
2	0.0595	
3	0.1852	
4	0.3241	
5	0.3025	
6	0.1176	

5 $n = 10$; $p(\text{erkrankt}) = 0{,}15$

a) $P(X = 0) = 0{,}15^0 \cdot 0{,}85^{10} = 0{,}1969$

b) $P(X = 1) = 10 \cdot 0{,}15^1 \cdot 0{,}85^9 = 0{,}3474$

c) $P(X > 3) = P(X \leq 3) = 0{,}0500$

6 Die größte Wahrscheinlichkeit hat der Ausfall von zwei Kopiermaschinen.
Es ist $P(X = 2) = 0{,}26181$

L1	L2	------	------
0	0.0617		
1	0.1844		
2	0.2618		
3	0.2347		
4	0.1491		
5	0.0713		
6	0.0266		
7	0.008		

7 a) $\binom{12}{4} = 495$ b) $\binom{25}{5} = 53\,130$

c) $\binom{100}{1} = 100$ d) $\binom{100}{0} = 1$

Lösungen zu Seite 464

8 a) Wahrscheinlichkeit von mehr als 5 Treffern
$P(X > 5) = 1 - P(X \leq 5) = 0{,}0473$

b) Wahrscheinlichkeit von höchstens 4 Treffern
$P(X \leq 4) = 0{,}0093$

c) Wahrscheinlichkeit von einer Trefferzahl zwischen 77 und 87 $P(77 \leq X \leq 87) = 0{,}8492$

9 $n = 8$; $p = 0{,}5$

a) $P(X = 4) = 0{,}2734$

b) $P(X \geq 4) = 1 - P(X \leq 3) = 0{,}6367$

c) $P(X \leq 4) = 0{,}6367$

10 $n = 24$; $p = \frac{1}{3}$

a) $\mu = 24 \cdot \frac{1}{3} = 8$; $\sigma = \sqrt{24 \cdot \frac{1}{3} \cdot \frac{2}{3}} = 2{,}31$

b) Aus Annas Klasse wurden 5 und somit deutlich weniger als erwartet ausgelost. Die Wahrscheinlichkeit, dass zufällig nur 5 oder noch weniger Schülerinnen und Schüler ausgelost werden: $P(X \leq 5) = 0{,}1382$
Dass zufällig auf fünf oder sogar noch weniger Schülerinnen und Schüler das Los fällt, beträgt 13,8 %, also gar nicht so unwahrscheinlich.

11 $n = 29$; $p = \frac{1}{8}$

a) $\mu = 29 \cdot \frac{1}{8} = 3{,}625$

b) $P(X > 6) = 1 - P(X \leq 6) = 0{,}062$
Die Wahrscheinlichkeit, dass zufällig mehr als sechs Schülerinnen und Schüler an allergischem Schnupf leiden, beträgt 6,2 %.

c) Allergien sind nicht ansteckend. Daher könnte die Binomialverteilung passen. Problem: Zu welcher Jahreszeit gilt die „Allergie-Wahrscheinlichkeit" 1/8?

12 Mit wachsendem n verschiebt sich das Histogramm nach rechts. Das Histogramm wird flacher und „zerfließt", da sich die Wahrscheinlichkeiten, die in der Summe 1 ergeben, auf die Werte 0, 1, 2 ... n, die die Zufallsvariable annehmen kann, verteilen. Das Histogramm wird symmetrischer um den Erwartungswert $\mu = n \cdot 0{,}1$.

13 $p = 0{,}15$; bestimmen so, dass

a) $P(X \geq 1) \geq 0{,}90$ $1 - P(X = 0) \geq 0{,}90$
Die Personengruppe muss mindestens 15 Personen groß sein.

b) $P(X \geq 5) \geq 0{,}90$ $1 - P(X \leq 4) \geq 0{,}90$
Die Personengruppe muss mindestens 52 Personen groß sein.

14 Unter einem 99 %-Prognoseintervall versteht man das kleinste zum Erwartungswert symmetrische Intervall, in das die Trefferzahl mit einer Wahrscheinlichkeit von mindestens 99 % fällt.

15 a) 95 %-Prognoseintervall; $n = 20$; $p = 0{,}6$;
$\mu = 20 \cdot 0{,}6 = 12$
Zu bestimmen: der kleinste Wert für t, für den gilt:
$P(12 - t \leq X \leq 12 + t) \geq 0{,}95$
Ergebnis $t = 4$.
Man erhält als 95 %-Prognoseintervall das Intervall [8; 16].

b) 90 %-Prognoseintervall; $n = 200$; $p = 0{,}35$;
$\mu = 200 \cdot 0{,}35 = 70$
Zu bestimmen: der kleinste Wert für t, für den gilt:
$P(70 - t \leq X \leq 70 + t) \geq 0{,}90$
Ergebnis $t = 11$.
Man erhält als 90 %-Prognoseintervall das Intervall [59; 81].

c) $n = 740$; $p = 0{,}08$; $\mu = 740 \cdot 0{,}08 = 59{,}2$
Zu bestimmen: der kleinste Wert für t, für den gilt:
$P(59{,}2 - t \leq X \leq 59{,}2 + t) \geq 0{,}99$
Ergebnis $t = 19$.
Man erhält als 99 %-Prognoseintervall das Intervall [40,2; 78,2]; „gerundet" [40; 79].

Lösungen zu Seite 465

16 diskrete Zufallsgrößen: a) und d)
stetige Zufallsgrößen: b), c), e)

17 Gesamtzahl: 379

Preis in €	250 – 500	500 – 800	800 – 1200	1200 – 2200
rel. Häuf.	0,22	0,33	0,24	0,21
Δx	250	300	400	1000
Dichte	0,00088	0,0011	0,0006	0,00021

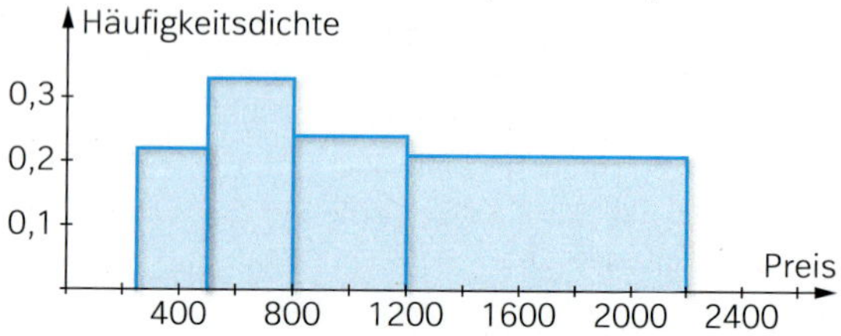

18 a) $P(a \leq X \geq b)$ ist die Fläche unter der Dichtefunktion in den Grenzen a und b;

$P(a \leq X \leq b) = \int_a^b d(x)$ Dabei ist d(x) die Dichtefunktion.

b) $P(X) = \int_a^a d(x) = 0$

19 a) 0,0013 b) 0,0808 c) 0,9836

20 a) $P(X \leq 600) = 0{,}0912$

$P(X \geq 1800) = 1 - P(X < 1800) = 0{,}0912$

Die Wahrscheinlichkeit, dass das Gewicht einer gefangenen Forelle höchstens 600 g und mindestens 1800 g beträgt, ist 0,1824, also rund 18,2 %.

b) $P(X \geq a) \leq 0{,}02 \Rightarrow P(X < a) \geq 0{,}98$

$a = 2125$

Fische mit einem Mindestgewicht von 2125 g werden prämiert.

21 $P(0{,}485 \leq X \leq 0{,}52) = P(-1{,}5 \leq Z \leq 2) = 0{,}9104$

Eine zufällig aus der Produktion herausgegriffene Mine passt mit einer Wahrscheinlichkeit von 91,04 % in den Druckbleistift.

Lösungen zu Seite 466

22 $P(X > 120) = 1 - P(X \leq 120) = 0{,}0478$

Rund 4,8 % mit über 120 km/h sind zu erwarten, bei 450 kontrollierten Fahrzeugen also ca. 22 Fahrzeuge.

23 a) 0,0287 b) $b = 15$ c) $\sigma = 3{,}6$ d) $\mu = 19$

24 a) 95 %-Prognoseintervall:

$[770 - 1{,}96 \cdot 15; 770 + 1{,}96 \cdot 15]$

= („gerundet") [740; 800]

b) Die angegebene Abweichung entspricht 3σ.

Die Wahrscheinlichkeit, dass die Füllmenge um 45 ml von 770 ml abweicht, beträgt 100 % − 99,7 % = 0,3 %.

25 $n = 580$; $p = 0{,}85$; $\mu = 493$; $\sigma = 8{,}60$

a) Da die Werte um den Erwartungswert streuen, könnte es auch zufällig sein, dass trotz der Überbuchung die Kapazität ausreicht.

b) $P(X \leq 485) = P(Z \leq -0{,}93) = 0{,}176$

Mit einer Wahrscheinlichkeit von 17,6 % reicht die Hotelkapazität aus.

(Dies ist eine geringe Wahrscheinlichkeit. Das Risiko der Überbuchung ist für die Ferienanlage recht groß.)

26 $n = 500$; $p = 0{,}1$; $\mu = 50$; $\sigma = 6{,}71$

Prognoseintervall:

$[50 - 2 \cdot 6{,}71; 50 + 2 \cdot 6{,}71] \approx [36; 64]$

Mit einer Wahrscheinlichkeit von 95,5 % fällt die absolute Häufigkeit der Zufallsziffer 9 bei 500 Versuchen in das Intervall [36; 64].

27 $n = 1000$; $p = 0{,}37$;

$\mu = 370$; $\sigma = 15{,}27$

Prognoseintervall:

$[370 - 1{,}96 \cdot 15{,}27; 370 + 1{,}96 \cdot 15{,}27] \approx [340; 400]$

Prognoseintervall für die relative Häufigkeit: [0,34; 0,4]

Lösungen zu Seite 496

1 $n = 20$;

$p = 0{,}7$;

$\mu = 20 \cdot 0{,}7 = 14$

$P(14 - t \leq X \leq 14 + t) \geq 0{,}95 \quad t = 4$

95 %-Prognoseintervall: [10; 18]

Das Schießergebnis ist stochastisch nicht verträglich mit einer Trefferwahrscheinlichkeit von 70 %.

2 a) $n = 400$; $p = 0{,}07$; $\mu = 400 \cdot 0{,}07 = 28$

$P(28 - t \leq X \leq 28 + t) \geq 0{,}95 \qquad t = 8$

90 %-Prognoseintervall: [20; 36]

Die Trefferhäufigkeit $H = 18$ ist auf dem 90 %-Niveau nicht verträglich mit $p = 0{,}07$.

b) $n = 400$; $p = 0{,}07$; $\mu = 400 \cdot 0{,}07 = 28$

$P(28 - t \leq X \leq 28 + t) \geq 0{,}99 \qquad t = 13$

99 %-Prognoseintervall: [15; 41]

Die Trefferhäufigkeit $H = 18$ ist auf dem 99 %-Niveau verträglich mit $p = 0{,}07$.

Die Aufgaben unterscheiden sich in der Sicherheitswahrscheinlichkeit. Bei der größeren Sicherheitswahrscheinlichkeit ist das Prognoseintervall größer als das bei der kleineren.

3 $n = 200$;

$p = 0{,}11$;

$\mu = 200 \cdot 0{,}11 = 22$

a) $P(22 - t \leq X \leq 22 + t) \geq 0{,}95 \qquad t = 9$

99 %-Prognoseintervall: [13; 31]

Die „Trefferhäufigkeit" $H = 35$ ist auf dem 95 %-Niveau nicht verträglich mit $p = 0{,}11$.

b) Man könnte folgern, dass sich der Anteil der Bevölkerung verändert hat (hier wohl vergrößert). Sicher kann man sich nicht sein, da Stichprobenergebnisse außerhalb des 95 %-Prognoseintervalls mit einer Wahrscheinlichkeit von bis zu 5 % auftreten können

4 [0,7033; 0,7527]

5 a) $\left[p - 1{,}96\sqrt{\frac{p(1-p)}{n}}, p + 1{,}96\sqrt{\frac{p(1-p)}{n}}\right]$

b) Die Prognoseintervalle sind proportional zu $\frac{1}{\sqrt{n}}$, somit gilt für das Konfidenzintervall: bei einer viermal so großen Stichprobe ist das zugehörige Konfidenzintervall $\frac{1}{\sqrt{4}} = \frac{1}{2}$-mal so groß.

Lösungen zu Seite 497

6 $n = 64$; $h = \frac{52}{64} = 0{,}8125$
$\Rightarrow$ 95%-Konfidenzintervall [0,7163; 0,9171]

7 a) Falsch, das Konfidenzintervall ist proportional zu $\frac{1}{\sqrt{n}}$.
Das Konfidenzintervall wird mit wachsendem Stichprobenumfang schmaler.
b) Wahr

8 a) Die Stichprobe muss repräsentativ sein.

b) $h = \frac{53}{150} = 0{,}3533$
$\Rightarrow$ 99%-Prognoseintervall [0,2526; 0,450]

9 $p(1-p) \le 0{,}25$ ist die Gleichung $1{,}96\sqrt{\frac{1}{4n}} = 0{,}01$
zu lösen $\Rightarrow$ $n > 9604$

10 a) Nullhypothese: Testperson rät nur
$\Rightarrow$ Trefferwahrscheinlichkeit $p = 0{,}5$
Alternativhypothese: Testperson hat übersinnliche Wahrnehmungsfähigkeiten
$\Rightarrow$ Trefferwahrscheinlichkeit $p > 0{,}5$

b) Stichprobenumfang 50 (Binomialverteilung)
Verwerfungsbereich von
H_0: $P(X \ge k) \le 0{,}05 \Rightarrow P(X \le k-1) \ge 0{,}95$
$\Rightarrow k - 1 = 31 \Rightarrow V = \{32, ..., 50\}$

c) Kleinere Irrtumswahrscheinlichkeit:
Der Verwerfungsbereich wird kleiner.

d) Fehler 1. Art: H_0 wird verworfen, obwohl sie wahr ist
Fehler 2. Art: H_0 wird nicht verworfen, obwohl sie falsch ist.

11 Bei einem zweiseitigen Test wird die Nullhypothese verworfen, wenn der in der Stichprobe ermittelte Wert der Testgröße stark nach unten oder nach oben vom Erwartungswert abweicht (zweiseitiger Verwerfungsbereich, siehe (2)).
Bei einem einseitigen Test wird die Nullhypothese verworfen, wenn die Testgröße entweder stark nach unten vom Erwartungswert abweicht (linksseitiger Verwerfungsbereich, siehe (3)) oder stark nach oben abweicht (rechtsseitiger Verwerfungsbereich, siehe (1)).

Lösungen zum Grundwissen

Lösungen zu Seite 14

1 a) $f'(x) = -6x^2 + 8x;\ f''(x) = -12x + 8$
b) $f'(x) = 4x^3 - x^{-2};\ f''(x) = 12x^2 + 2x^{-3}$
c) $f(x) = \frac{3x^2-2}{4};\ f''(x) = \frac{6x}{4}$

2 (1) 7 FE; (2) 6 FE; (3) 6 FE

3 $P(\text{2 rote Kugeln}) = \frac{2}{6} \cdot \frac{1}{5} = \frac{2}{30}$.

Lösungen zu Seite 19

1 a) $x_1 = 5;\ x_2 = 11$ b) $x = 10$

2 a) Wahr, für eine Funktion f vom Grad 3 ist der Graph von f″ eine Gerade, die nicht parallel zur x-Achse verläuft und besitzt somit eine Nullstelle und einen Vorzeichenwechsel.
b) Gegenbeispiel: $f(x) = x^4$, f hat keinen Wendepunkt.

3 $\frac{12}{30} = \frac{4}{10} = 40\,\%$

4 a)

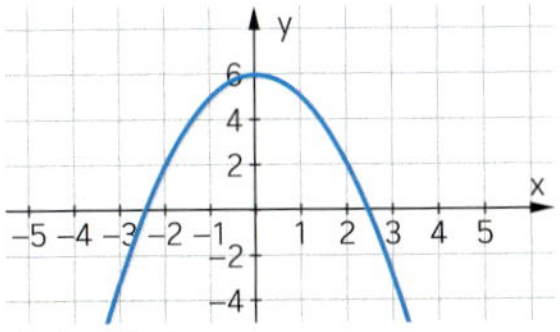

b) $\frac{f(2) - f(-1)}{3} = \frac{2-5}{3} = -1$
c) $f'(x) = -2x = 1 \Rightarrow x = -\frac{1}{2}$

5 $-\sqrt{5} < -\frac{11}{5} < -2 < -(0{,}5 - 1{,}5)$

6 $\frac{3}{5} = 0{,}6 = 60\,\%$
$0{,}125 = \frac{1}{8} = 12{,}5\,\%$
$\frac{5}{4} = 1{,}25 = 125\,\%$

Lösungen zu Seite 27

1 Koordinatenachsenschnittpunkte:
$(-\sqrt{12}\,|\,0);\ (0\,|\,0);\ (\sqrt{12}\,|\,0)$;
Extrempunkte: $H(-2\,|\,16);\ T(2\,|\,-16)$
Wendepunkt: $W(0\,|\,0)$

2 a)

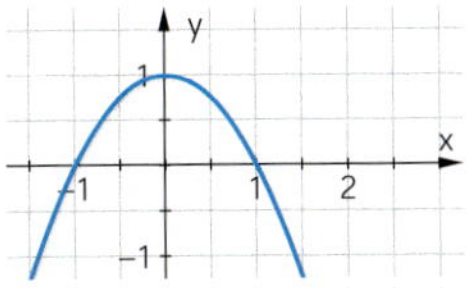

b)

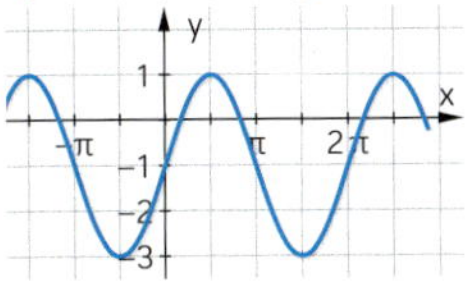

Lösungen zu Seite 31

1 a) 22 b) $\frac{22}{7}$

2 $x = 2a$ bzw. $a = \frac{1}{2}x$

Lösungen zu Seite 39

1 Tangente: $t(x) = -2x - 2$; Normale: $n(x) = -\frac{1}{2}x - 7$

2 $-2^2 < \sin(200°) < \sqrt{2} < \left(\frac{1}{2}\right)^{-2}$

Lösungen zu Seite 49

1 $-x^2 + 4 = 2x + 1$
$x^2 + 2x - 3 = 0$
$x_{1,2} = -1 \pm \sqrt{4}$
Schnittpunkte:
$(-3\,|\,-5);\ (1\,|\,3)$;

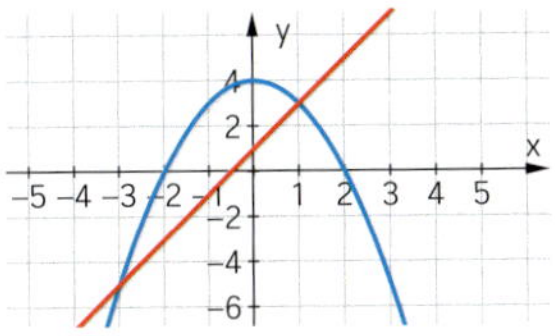

2 a) $2ab - 2b$ b) $2b$

Lösungen zu Seite 54

1 $(10^2)^3 = 10^6;\ (10^3)^2 = 10^6;\ 10^{(2^3)} = 10^8;\ 10^2 \cdot 10^3 = 10^5$

2 a) 3000 l b) 0,032 kg c) 3600 s d) 20 m/s

Lösungen zu Seite 57

1 a) Falsch, da aus Kenntnis des Funktionswerts an einer Stelle ohne Kenntnis der Funktion keine Aussagen über Funktionswerte an anderen Stellen gemacht werden können.
b) Wahr
c) Falsch, da aus Kenntnis des Funktionswerts von f″ an der Stelle 2 ohne Kenntnis der Funktion keine Aussage über den Funktionswert von f′ an der Stelle 2 gemacht werden kann.

Lösungen zu Seite 75

1 a) $f(3) = 7$ b) $f(-a) = a^2 + a + 1$
c) $2 \cdot f(a) = 2a^2 - 2a + 2$ d) $f(a) - f(2) = a^2 - a - 2$
e) $f(2a) = 4a^2 - 2a + 1$ f) $f(a-1) = a^2 - 3a + 3$

2 a) Streckung in y-Richtung mit dem Faktor 2
$g(x) = 2 \cdot \sin(x) = 2 \cdot f(x)$
b) Spiegelung an x-Achse
$h(x) = -\sin(x) = -f(x)$
c) Spiegelung an y-Achse
$k(x) = \sin(-x) = f(-x)$

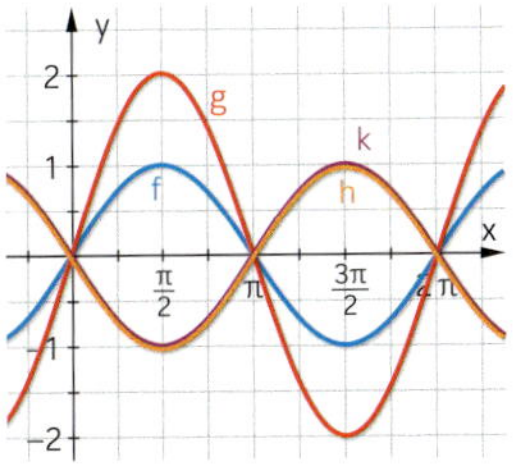

Lösungen zu Seite 80

1 Extrempunkte: $H(-\sqrt{2}\,|\,6{,}66)$; $T(\sqrt{2}\,|\,-4{,}66)$
Wendepunkt: $W(0\,|\,0)$
Der Graph von f ist für $-\sqrt{2} < x < \sqrt{2}$ monoton fallend.

2 $f'(x) = 2x + 1$; $g'(x) = 3$
a) $S_1(2\,|\,4)$: $f'(2) = 5$; $g'(2) = 3$;
$S_2(0\,|\,0)$: $f'(0) = 1$; $g'(0) = 3$
b) $f'(x) = 3 \Rightarrow x = 1$;
Im Punkt $P(1\,|\,0)$ ist die Steigung der Graphen gleich.

3 (2) $h(x) = -x^3 + 2x + 1$; Verhalten im Unendlichen
(3) $g(x) = x^3 + 2x + 1$; keine Extrempunkte wg. $g'(x) \neq 0$
(1) $f(x) = x^3 - 2x + 1$

Lösungen zu Seite 86

1 a) Der Tiefpunkt ist der Scheitelpunkt: $S(0{,}5\,|\,-0{,}75)$
b) Tangente: $t(x) = 3x - 3$; Normale: $n(x) = -\frac{1}{3}x + \frac{1}{3}$
c) Nullstellen: $x_1 = 0$; $x_2 = 1$; $\left|\int_0^1 (3x^2 - 3x)\,dx\right| = 0{,}5$

Lösungen zu Seite 92

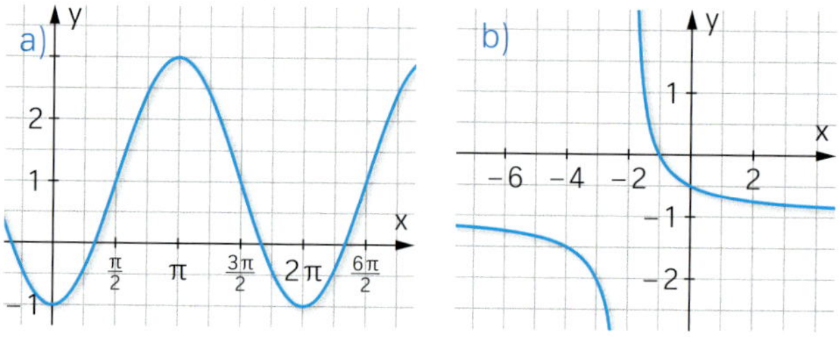

Lösungen zu Seite 100

1 50 % Steigung: $f(x) = \frac{1}{2}x$ Steigungswinkel: 26,57°
100 % Steigung: $f(x) = x$ Steigungswinkel: 45°
200 % Steigung: $f(x) = 2x$ Steigungswinkel: 63,43°

2

f (x)	$x^3 - 2x^2 + 1$	x^2	$-\cos(x)$	$\sin(x)$	$\sqrt{x}$	$x^3 + x$
f' (x)	$3x^2 - 4x$	$2x$	$\sin(x)$	$\cos(x)$	$\frac{1}{2\sqrt{x}}$	$3x^2 + 1$

Lösungen zu Seite 108

1 a) $a = \frac{5}{x}$ $x = \frac{5}{a}$
b) $a = \frac{3}{4}x^2$ $x = \sqrt{\frac{4}{3}a}$
c) $x = 3$ $x = k$

2 a) $-\frac{1}{8}$ b) $-\frac{2}{21}$
c) $-\frac{13}{8}$ d) $-\frac{8}{15}$

Lösungen zu Seite 115

1 $x = -2$; $y = 3$ $z = 5$

2 a) $f(x) = 2x + 1$ b) $(x - 1)^3 + 1$ c) $2(x + 2)^2$

Lösungen zu Seite 130

1 $G'(x) = 4x^3 - \frac{3}{2} \cdot 2 \cdot x^{\frac{3}{2}-1} = 4x^3 - 3 \cdot x^{\frac{1}{2}} = 4x^3 - 3\sqrt{x} = g(x)$

2 $x^2 + 8x = 0 \Rightarrow x_1 = 0$; $x_2 = -8$

3 $0{,}075 = \frac{75}{1000} = \frac{3}{40} = 7{,}5\,\%$
$\frac{11}{8} = 1{,}375 = 137{,}5\,\%$
$0{,}37\,\% = 0{,}0037 = \frac{37}{10000}$

Lösungen zu Seite 135

1

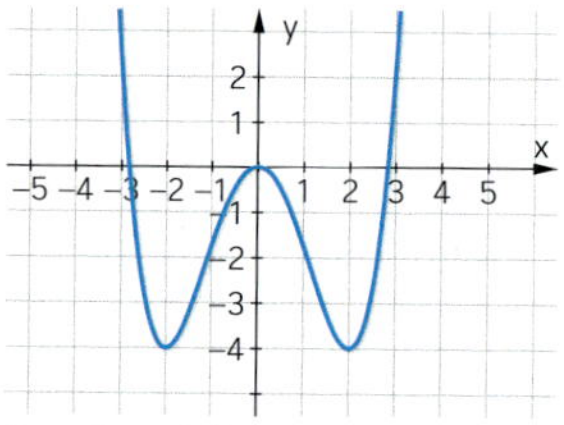

Der Graph hat drei Extrempunkte und daher zwei Krümmungswechsel.

2 $\left|\int_0^{\pi} (\sin(x))\,dx\right| = |-\cos(\pi) - (-\cos(0))| = |1 + 1| = 2$

Lösungen zu Seite 142

1

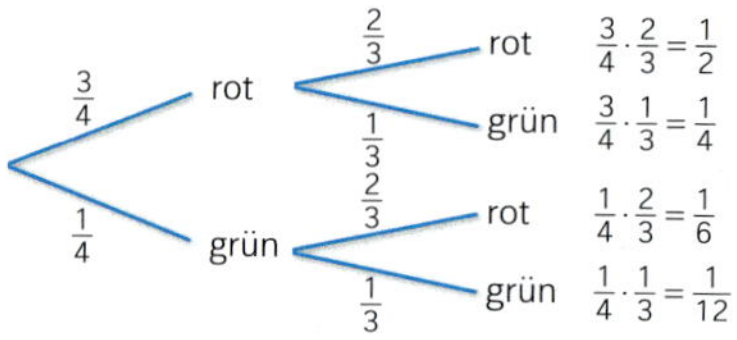

2

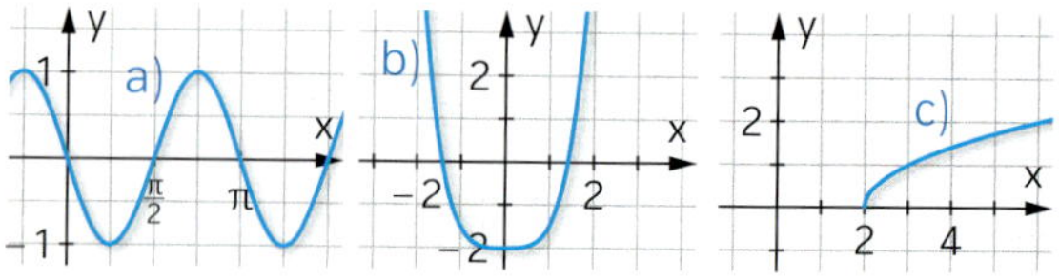

Lösungen zu Seite 151

1 $r = \sqrt{\frac{3 \cdot V}{h \cdot \pi}}$; $h = \frac{3 \cdot V}{r^2 \cdot \pi}$; Volumen eines Kegels.

2 a) $x^2 = 0$; genau eine Lösung, doppelte Nullstelle bei 0
b) $x^3 - x = 0$; drei Lösungen
c) $2x^2 + 3 = 0$; keine Lösung
d) $x^2 - x - 3 = 0$; zwei Lösungen

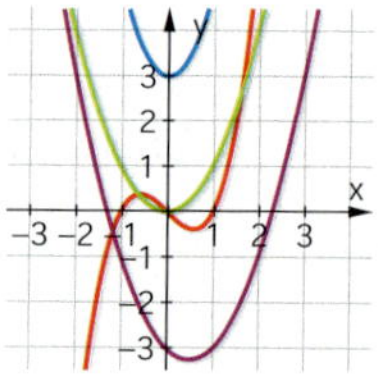

Lösungen zu Seite 168

1 $(-x)^6 = x^7 \cdot x^{-1} = (x^2)^3 = x^6$; $-x^6 = -x \cdot x^5$; $(x^7)^{-1} = x^{-7}$

2 $f'(x) = 6x$; $g'(x) = 6x^2$;
Gleichsetzen: $6x \cdot (x-1) = 0 \Rightarrow x_1 = 0$; $x_2 = 1$

3 $\ln(e) < 1{,}1 < \frac{10}{9} < \sqrt{1{,}44}$

Lösungen zu Seite 176

1 $x = -2$, $y = 3$

2 $\bar{x} = 18$; $s = 4{,}16$

Lösungen zu Seite 187

1 a) $x = -3$ b) $\sqrt[3]{6}$

2 Der Graph steigt weiter an, „flacht aber ab".

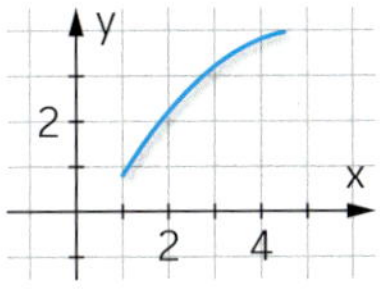

3 $\frac{1+a}{a^2}$

Lösungen zu Seite 197

1 $1 - (1-2p)^2 = -4 \cdot p \cdot (p-1)$

2 $t_f(x) = f(x)$; $t_g(x) = 2x - 4$

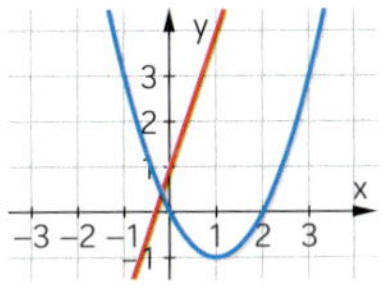

Lösungen zu Seite 218

1 $f(x) = 2x^2 + 5x - 3$; $f'(x) = 4x + 5$

2 a) Beide Steigungsdreiecke sind rechtwinklige Dreiecke.
Das Verhältnis der kürzeren zur längeren Kathete ist jeweils 3 : 4.

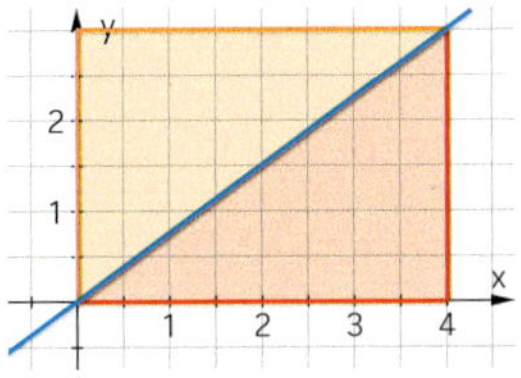

b) $d((0|0), (8|6)) = \sqrt{8^2 + 6^2} = 10$
$d\left((0|0), \left(a \middle| \frac{3}{4} \cdot a\right)\right) = \sqrt{a^2 + \left(\frac{3}{4} \cdot a\right)^2} = \sqrt{\frac{25}{16} \cdot a^2} = \frac{5}{4} \cdot a$

3 $2 \cdot a + 11 = 25 \Rightarrow a = 7$; Die zweite Seite ist 7 cm lang.

4 $x = 1$; $y = -1$

Lösungen zu Seite 223

1 $A = a \cdot b \Rightarrow A_2 = 2a \cdot 2b = 4A$;
Der Flächeninhalt vervierfacht sich.
$u_2 = 2 \cdot 2a + 2 \cdot 2b = 2 \cdot (2a + 2b) = 2u$;
Der Umfang verdoppelt sich.

2 a) 3000 l b) 0,032 kg c) 20 m/s

Lösungen zu Seite 232

1 Der Scheitelpunkt der nach unten geöffneten Parabel liegt oberhalb der x-Achse, daher besitzt die Funktion zwei Nullstellen.

2 $A = 20\,\text{cm}^2 \Rightarrow a = \sqrt{20}\,\text{cm}$

3 $P(\text{Mädchen}) = \frac{100}{205} = 48{,}78\,\%$

4 $x_1 = -3$; $x_2 = 3$

Lösungen zu Seite 241

1 $x_1 = -5$; $x_2 = 3$

2 Für große x wächst $g(x) = 2^x$ am stärksten.

3 $P(\text{keine 6, keine 6, 6}) = \frac{5}{6} \cdot \frac{5}{6} \cdot \frac{1}{6} = 11{,}57\,\%$

Lösungen zu Seite 261

1 Nullstellen von $3x - x^2$ sind die Nullstellen von f.
$x_1 = 0$; $x_2 = 3$

2 a) eine Gerade parallel zu z-Achse durch $(0|1|0)$
b) eine Ebene parallel zu yz-Ebene durch $(2|0|0)$

Lösungen zu Seite 266

1 $x_1 = -5$; $x_2 = -1$

2 Die Seiten: $\overrightarrow{AB} = \begin{pmatrix} -2 \\ 0 \end{pmatrix}$; $\overrightarrow{BC} = \begin{pmatrix} 0 \\ -2 \end{pmatrix}$; $\overrightarrow{CD} = \begin{pmatrix} 2 \\ 0 \end{pmatrix}$ und $\overrightarrow{DA} = \begin{pmatrix} 0 \\ 2 \end{pmatrix}$
Die Diagonalen: z. B. $\overrightarrow{CA} = \begin{pmatrix} 2 \\ 2 \end{pmatrix}$; $\overrightarrow{BD} = \begin{pmatrix} 2 \\ -2 \end{pmatrix}$

Lösungen zu Seite 275

1 a) Da jedem x-Wert genau ein y-Wert zugeordnet werden muss, gilt eine Achsensymmetrie zur x-Achse nur für $f(x) = 0$.
b) Es muss gelten: $f(-x) = f(x)$ und $f(-x) = -f(x)$
Dies ist nur für die Funktion f mit $f(x) = 0$ erfüllt.

2 $(10^2)^3 = 10^6$; $(10^3)^2 = 10^6$; $10^{(2^3)} = 10^8$; $10^2 \cdot 10^3 = 10^5$

Lösungen zu Seite 281

1 Die z-Koordinate muss jeweils negativ sein ($z < 0$).
a) $\vec{v} = \begin{pmatrix} 2 \\ 1 \\ -2 \end{pmatrix}$
b) Ursprünglich hat das Boot $|\vec{v}| = \sqrt{2^2 + 1^2 + (-2)^2} = 3\,\text{m}$ pro Minute zurückgelegt.
Nun soll gelten $\sqrt{2^2 + 1^2 + z^2} = 6 \Rightarrow z = \pm\sqrt{31}$.
Da $z < 0$ sein muss, ist $z \approx -5{,}6$.

Lösungen zu Seite 300

1 $d = \sqrt{2} \cdot a$

2 a) 2D: auf der Mittelsenkrechten zwischen A und B
3D: auf der Mittelebene zwischen A und B
b) 2D: auf einem Kreis mit Mittelpunkt C
3D: auf einer Kugel mit Mittelpunkt C

3 $x = 4$

4 $f(x) = -(x-1)^2$; $g(x) = -17 \cdot (x-1)^2$

Allgemein: $p(x) = a \cdot (x-1)^2$ mit $a < 0$.

Lösungen zu Seite 308

1 $x_1 = -15$; $x_2 = 1$

2 P (keine 6, 6) $= \frac{5}{6} \cdot \frac{1}{6} = 13{,}89\,\%$
Der dritte Wurf entfällt.

Lösungen zu Seite 313

1 $a = -0{,}1$ und $b = 0{,}2$
Beispiel für ganzzahlige Koordinaten: $\vec{w} = \begin{pmatrix} 1 \\ -10 \\ -2 \end{pmatrix}$
Ein Vektor $\vec{w}$ mit nur positiven Koordinaten existiert nicht.

2 a) $g(x) = -f(x)$, zum Beispiel $g(x) = -x^2$ und $f(x) = x^2$
b) Es muss gelten: $f(-x) = f(x)$ und $f(-x) = -f(x)$
Dies ist nur für die Funktion f mit $f(x) = 0$ erfüllt.

3 $x = 3$

Lösungen zu Seite 321

1 $A = a \cdot b \Rightarrow A_{\frac{1}{2}} = \frac{1}{2} a \cdot \frac{1}{2} b = \frac{1}{4} A$;
Der Flächeninhalt viertelt sich.
$u_{\frac{1}{2}} = \frac{1}{2} \cdot 2a + \frac{1}{2} \cdot 2b = \frac{1}{2} \cdot (2a + 2b) = \frac{1}{2} u$;
Der Umfang halbiert sich.

2 a) wahr, $f(1) = g(1) = h(1) = 1$
b) falsch, die Steigung beträgt 2, 3 bzw. 4
c) wahr, alle drei Graphen sind linksgekrümmt

3 $(1 \cdot 2 + 2 \cdot 6 + 3 \cdot 12 + 4 \cdot 5) : 25 = 2{,}8$

4 Die Gerade liegt in der x-z-Ebene.
Mit $t = 3$ folgt $P(3|0|6)$.

Lösungen zu Seite 328

1 Auf lange Sicht kann man 3,5 als Durchschnittswert erwarten.
Beispiel: Bei 6000 Würfen erwartet man je etwa 1000 „Einsen“, 1000 „Zweien“ usw. $\Rightarrow \bar{x} \approx \frac{1000 \cdot 1 + \ldots + 1000 \cdot 6}{6000}$
Nach dem Kürzen ergibt sich die gleiche Rechnung wie bei der Berechnung des Erwartungswerts:
$E(X) = \frac{1}{6} \cdot (1 + 2 + 3 + 4 + 5 + 6) = 3{,}5$.
Der Erwartungswert entspricht dem Durchschnittswert, der sich auf lange Sicht einstellt.

2 Falsch, denn die beiden Richtungsvektoren sind parallel.
Die Punktmenge ist eine Gerade.

Lösungen zu Seite 340

1 $h = 10\,\text{m} \cdot \sin(30°) = 5\,\text{m}$

2 a) $y = -x + 1$ b) $y = x - 4$ c) $y = -\frac{3}{5}$

Lösungen zu Seite 388

1 a) $|\overrightarrow{PQ}| = \left|\begin{pmatrix} 1 \\ 5 \end{pmatrix}\right| = \sqrt{26} \approx 5{,}10$
b) $\begin{pmatrix} 3 \\ 2 \end{pmatrix} + 0{,}5 \cdot \begin{pmatrix} 1 \\ 5 \end{pmatrix} = \begin{pmatrix} 3{,}5 \\ 4{,}5 \end{pmatrix} \Rightarrow M(3{,}5|4{,}5)$
c) $g\colon \vec{x} = \begin{pmatrix} 3 \\ 2 \end{pmatrix} + r \cdot \begin{pmatrix} 1 \\ 5 \end{pmatrix}$

2 Grafische Lösung: $x = 2$; $y = 5$

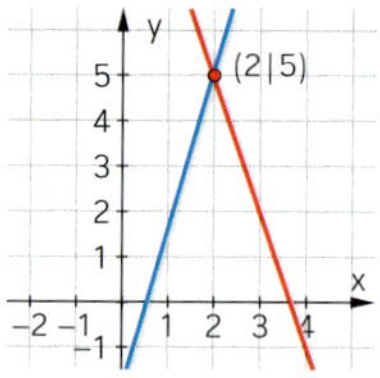

Lösungen zu Seite 396

1 $\sqrt{2^2 + 3^2} = \sqrt{13} \neq 2 + 3$
Die Gleichung gilt, wenn ein Summand 0 ist.

2 a) 1, 2 oder keine
b) Die Gleichung hat keine Lösung

Lösungen zu Seite 401

1 a) Die Vektoren sind parallel, wenn sie Vielfache voneinander sind. $\Rightarrow y = 4$; $z = -1{,}5$

b) $|\vec{a}| = \sqrt{119}$ $|\vec{b}| = \sqrt{27{,}25}$

2 a) Sie können sich schneiden, parallel, identisch oder windschief sein.
b) Man prüft, ob der Punkt des Ortsvektors der einen Geraden auf der anderen Geraden liegt.

Lösungen zu Seite 409

1 a) $f(x) = ax^3 + bx^2 + cx + d,\ a \neq 0$
b) $f'(x) = 3ax^2 + 2bx + c$
$f''(x) = 6ax + 2b$
$f'''(x) = 6a$
Die 1. Ableitung einer Funktion 3. Grades ist eine quadratische Funktion.

Da eine quadratische Funktion keine, eine oder zwei Nullstellen besitzen kann, ergibt sich die Anzahl der möglichen Extrempunkte. Die 2. Ableitung ist eine Gerade mit Steigung $m \neq 0$. Diese besitzt immer eine Nullstelle. Weiter gilt $f'''(x) = 6a \neq 0$, also besitzt f eine Wendestelle.

2 $f'(x) = 3x^2 - 12x + 3;$
$f''(x) = 6x - 12 \Rightarrow x_W = 2 \Rightarrow W(2|-5)$

Lösungen zu Seite 423

1 a) $f(x) = -x^2 + 4x = x \cdot (x - 4);\ x_1 = 0;\ x_2 = 4$
b)

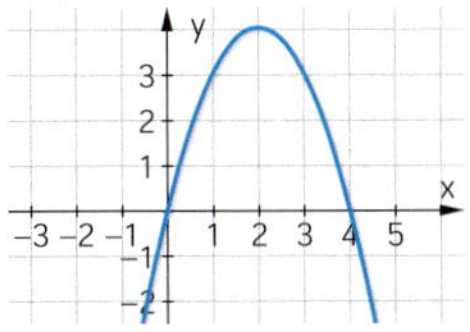

c) $f'(x) = -2x + 4 \Rightarrow x = 2$, also Maximum in $(2|4)$

2 Für das globale Maximum gilt, dass alle anderen Funktionswerte f(x) kleiner als das globale Maximum sind. Für ein lokales Maximum gilt dies nur in einer Umgebung um die lokale Maximumstelle.

Lösungen zu Seite 431

1 Die Funktion hat an dieser Stelle eine Nullstelle und einen Wendepunkt mit horizontaler Tangente, d.h. einen Sattelpunkt.

2 a) $f(x) = (x + 1)(x + 2)(x + 3)$
b) $f(x) = x^4 - x^2$
c) $f(x) = x^3$

Lösungen zu Seite 439

1 Notwendige Bedingung für die Existenz eines lokalen Extremums an der Stelle a: $f'(a) = 0$.
Hinreichende Bedingung für die Existenz eines lokalen Extremums an der Stelle a: $f'(a) = 0$ und $f''(a) \neq 0$.
Notwendige Bedingung für die Existenz eines Wendepunktes an der Stelle a: $f''(a) = 0$.
Hinreichende Bedingung für die Existenz eines Wendepunktes an der Stelle a: $f''(a) = 0$ ist und $f'''(a) \neq 0$.

2 $f(x) = x \cdot (x + a) = x^2 + ax$
$f'(x) = 2x + a;$
$f'(1{,}5) = -1 \Rightarrow 2 \cdot 1{,}5 + a = -1$
$\Rightarrow a = -4 \Rightarrow f(x) = x \cdot (x - 4)$

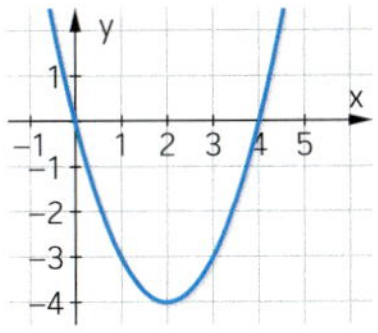

3 $f'(x) = 6\cos(2x + 1)$

Lösungen zu Seite 446

1 Die zweite Ableitung ist eine quadratische Funktion, die maximal zwei Nullstellen hat. Es ist aber auch möglich, dass die quadratische Funktion keine Nullstellen hat, z.B. $f(x) = x^2 + 1$.

2 $x = \begin{pmatrix} 0 \\ 4 \end{pmatrix} + r\begin{pmatrix} -5 \\ 3 \end{pmatrix}$

3 $x_1 = 2;\ x_2 = -2$

Lösungen zu Seite 453

1 (1) $y = -\frac{2}{5}x + \frac{6}{5}$ (2) $y = 4x - 1$
Gleichsetzen: $x = \frac{1}{2};\ y = 1$

2 Das Lösen eines LGS bedeutet grafisch die Untersuchung des Schnittproblems zweier Geraden in der Ebene. Zwei Geraden in der Ebene können sich schneiden (eine Lösung), parallel sein (keine Lösung) oder identisch sein (unendlich viele Lösungen).

Lösungen zu Seite 458

1 (1) $f'(x) = 2 \cdot e^{2x}$ (2) $f'(x) = 2x \cdot 2^{x^2}$

2 $x_1 = 3;\ x_2 = -3$

3 $\vec{x} = \begin{pmatrix} 1 \\ -2 \\ 3 \end{pmatrix} + r\begin{pmatrix} -5 \\ 2 \\ -5 \end{pmatrix} + s\begin{pmatrix} 5 \\ 5 \\ 3 \end{pmatrix}$

4 Wenn die drei Punkte auf einer Geraden liegen.

Lösungen zu Seite 475

1 a) P liegt in der xy-Ebene; Q liegt auf der z-Achse; R liegt in der yz-Ebene.

b) $g: \vec{x} = \begin{pmatrix} 2 \\ -3 \\ 0 \end{pmatrix} + r\begin{pmatrix} 2 \\ -3 \\ -6 \end{pmatrix}$ c) $h: \vec{x} = \begin{pmatrix} 0 \\ 5 \\ 5 \end{pmatrix} + r\begin{pmatrix} 2 \\ -3 \\ -6 \end{pmatrix}$

Lösungen zu Seite 484

1 Eine Funktion 3. Grades muss wegen ihres Verhaltens im Unendlichen mindestens eine Nullstelle besitzen.
Für $f(x) = ax^3 + bx^2 + cx + d$ gilt immer einer der beiden Fälle:
(1) $a > 0$: $x \to -\infty$ und $f(x) \to -\infty \Rightarrow x \to \infty$ und $f(x) \to \infty$
(2) $a < 0$: $x \to -\infty$ und $f(x) \to \infty \Rightarrow x \to \infty$ und $f(x) \to -\infty$

2 $x_{1/2} = 1 \pm \sqrt{1 + 3} \Rightarrow x_1 = -1;\ x_2 = 3$

Stichwortverzeichnis

Bildquellenverzeichnis

|action press, Hamburg: die bildstelle/REX FEATURES LTD. 484. |akg-images GmbH, Berlin: 131, 276; A. Paul Weber / (c) VG Bild-Kunst, Bonn, 2012 179; IAM/World History Archive 33. |alamy images, Abingdon/Oxfordshire: Balfore Archive Images 454; Blossey, Hans 179; Bognar, Tibor 76; GL Archive 134; Hector Acevedo/ZUMA Wire/Alamy Live News 357; Historic Images 233; Jochen Tack 159; Juniors Bildarchiv GmbH 66; lucky-photographer 198; Migos, Michael 361; PaulPaladin 440; PhotoAlto sas 67; Prisma by Dukas Presseagentur GmbH/Prisma/Sonderegger, Christof 198; Ruckszio, Manfred 38; The Granger Collection 131; The History Collection 33; The Natural History Museum London 203; VIEW Pictures Ltd 73; Wild Places Photography/Howes, Chris 430; Zoonar GmbH 9, 34, 209. |Bicer, Vasfi: 265. |Bostelmann, Michael, Neuhäusel: 237, 293, 294, 294, 294, 294. |Bridgeman Images, Berlin: 33, 178. |California Institute of Technology (Caltech), Pasadena: Courtesy of the Archives, California Institute of Technology 195. |Caro Fotoagentur, Berlin: Blume 293. |Deutsche Bundesbank, Frankfurt: 454. |Druwe & Polastri, Cremlingen/Weddel: 469. |Fabian, Michael, Hannover: 376. |fotolia.com, New York: Alexandr Mitiuc 95, 95; Alliance 486; Andrey Burdjukov 172; DeVIce 494; Fontanis 397; k-xperience 277; Kanea 152; Kzenon 178; Mitiuc, Alexandr 95; monropic 110; objectsforall 211, 245; PHILETDOM 432; reinobjektiv 14; Schauer, Marcel 69, 70, 70, 70, 70; Spencer 103, 107; womue 375. |Fritz Hansen AG, Frankfurt am Main: 90; Isager, Ditte 3, 68. |Getty Images, München: Caspar Benson 337; Christof Koepsel 267; Daniel J. Cox 186; John Madere 255; Neil Rabinowitz 183; Nigel Pavitt/JAI 330. |Hofmann, Sven, Braunschweig: 287. |Imago, Berlin: GEPA pictures 491; imagebroker 36, 347; imagebroker/boensch 15; McPHOTO/Baumann 59; Steinach 330. |Interfoto, München: Mary Evans Picture Library 383; Sammlung Rauch 233. |iStockphoto.com, Calgary: 159, 180, 461; -Panya- 185; Aksonov, Dmytro 74; AndreasWeber 202; AVTG 113; Barraud, Martin 293; bonetta 363; chendongshan 360; DamianKuzdak 37, 207; Dantesattic 34; Dmytro Aksonov 393; eb33 168; epixx 36; Fireglo2 175; fotolinchen 16; HaiMinhDuong 168; Hohl, Karl-Friedrich 4, 292; IntergalacticDesignStudio 89; iwikoz6 395; jacoblund 499, 517; Jodi Jacobson 379; JohnnyGreig 378; Katrin_Timoff 357; Kerrick 253; LDProd 50; LittleElefant 381; malerapaso 381; oliale72 4, 252; omada 16; panorios 472; PeopleImages 177; Rallef 516; rkristoffersen 159; RomoloTavani 3, 158; s-eyerkaufer 35; scanrail 171; shapecharge 176; simonkr 365, 382; takahashi_kei 39; thehague 169; zhuzhu Titel, Titel. |juniors@wildlife Bildagentur GmbH, Hamburg: G.Lacz 183. |Kepler-Gesellschaft e.V.: 58. |Körner, Henning, Oldenburg: 58, 88, 91, 235. |Lergenmüller, Arno, Roxheim: 5, 416. |Masters Traditional Games / www.mastersofgames.com, St. Albans: 381, 408. |mauritius images GmbH, Mittenwald: 409; imagebroker/Christian Reister 76; imagebroker/Horst Rudel 14; Photoshot 264. |Oster, Karlheinz, Mettmann: 95. |PantherMedia GmbH (panthermedia.net), München: fouroaks 172. |Picture-Alliance GmbH, Frankfurt/M.: 166; akg-images/NASA 20; dpa 91, 91; dpa/Frank Rumpenhorst 330; dpa/Weihrauch, Roland 468; Leemage 133, 224; MP/Leemage 101; MP/Leemage/maxppp 30; REUTERS/KEOGH, EDDIE 74; Sefano Bianchetti/Leemage 224. |RIVA 1920 Industria Mobili SPA, Cantù (CO): 71. |Schmidt, Prof. Günter, Stromberg: 59, 211, 211, 213, 219, 219, 219, 219, 230, 231, 231, 240, 293, 306, 328, 359, 491. |Schrage, K.-P., Braunschweig: 358. |Science Photo Library, München: 198; SPL 166; SPL/Sinclair Stammers 229. |Shutterstock.com, New York: Almeida, Ronaldo 73; BogDog 177; bonzodog 13; Chiffanna 123; Cholakov, Ivan 262; Cramman, Ian 293, 340; Eskemar 122; Ivin, Victor 264; JaysonPhotography 73; Lapis2380 4, 210; Leonid Dushin 165; LittleStocker 15; Luchi_a 122; MDGRPHCS 194; Neamov 196; PitK 10; Pormezz 187; Rawpixel 192; Roland Magnusson 3, 8; Ryzhov, Sergey 113; science photo 112, 191; Skydiving photo 509; steamroller_blues 196; timquo 378; Uellue 185; vesna cvorovic 382, 382; Vladimir Wrangel 524. |stock.adobe.com, Dublin: 175, 195; Africa Studio 95; All About The Stock 368, 433; AVTG 209; Bäckersjunge 187; Bernd Kröger 197; BestForYou 462; bigfoot 160; BillionPhotos.com 196; CL-Medien 92; Cynthia 491; Destina 107; Elenarts 5, 380; EpicStockMedia 104; eyetronic 403; Günter Menzl 373; hansenn 368; Häßler, K.-U. 208; jarun011 164; Jevtic, Budimir 115; juergenphilipps 50; Jürgen Fälchle 5, 470; Le-Bon, Jon 417, 460; LIGHTFIELD STUDIOS 369; lightmoon 435; MarySan 293; Michael Rosskothen 263; Palenque 160; rupbilder 174; san724 92; Sashkin 375, 378, 378; Schwier, Christian 484; Seybert, Gerhard 417; siamionov, pavel 438; siro46 159; taddle 378; Thomas Francois 168, 182; Tobif82 417; tope007 276; tpschult 381; Tran-Photography 5, 356; UtaSol 255; WEISHIN 391; Yang, Stefan 526; ©Ingo Bartussek 471; ©peterepting 469; ©Windowseat 321. |Thinkstock, Sandyford/Dublin: Wavebreakmedia Ltd 435. |Vogt, Thomas, Hargesheim / Bad Kreuznach: 216, 301, 488, 489. |Weller, Hubert Dr., Lahnau: 225, 266, 276, 277, 283, 284, 321. |Wojczak, Michael, Braunschweig: 97, 97, 106, 118, 118.

Wir arbeiten sehr sorgfältig daran, für alle verwendeten Abbildungen die Rechteinhaberinnen und Rechteinhaber zu ermitteln. Sollte uns dies im Einzelfall nicht vollständig gelungen sein, werden berechtigte Ansprüche selbstverständlich im Rahmen der üblichen Vereinbarungen abgegolten.